J. von Staudingers
Kommentar zum Bürgerlichen Gesetzbuch
mit Einführungsgesetz und Nebengesetzen
Buch 2 · Recht der Schuldverhältnisse
§§ 581–606
(Pacht, Landpacht, Leihe)

Kommentatorinnen und Kommentatoren

Dr. Karl-Dieter Albrecht
Vorsitzender Richter am Bayerischen Verwaltungsgerichtshof a. D., München

Dr. Christoph Althammer
Professor an der Universität Regensburg

Dr. Georg Annuß
Rechtsanwalt in München, Außerplanmäßiger Professor an der Universität Regensburg

Dr. Christian Armbrüster
Professor an der Freien Universität Berlin, Richter am Kammergericht a. D.

Dr. Arnd Arnold
Professor an der Universität Trier, Dipl.-Volksw.

Dr. Markus Artz
Professor an der Universität Bielefeld

Dr. Marietta Auer, S.J.D.
Professorin an der Universität Gießen

Dr. Martin Avenarius
Professor an der Universität zu Köln

Dr. Ivo Bach
Professor an der Universität Göttingen

Dr. Wolfgang Baumann
Notar in Wuppertal, Professor an der Bergischen Universität Wuppertal

Dr. Winfried Bausback
Professor a. D. an der Bergischen Universität Wuppertal, bayerischer Staatsminister der Justiz, Mitglied des Bayerischen Landtags

Dr. Roland Michael Beckmann
Professor an der Universität des Saarlandes, Saarbrücken

Dr. Dr. h. c. Detlev W. Belling, M.C.L.
Professor an der Universität Potsdam

Dr. Andreas Bergmann
Professor an der Fernuniversität Hagen

Dr. Falk Bernau
Richter am Bundesgerichtshof, Karlsruhe

Dr. Marcus Bieder
Professor an der Universität Osnabrück

Dr. Werner Bienwald
Professor an der Evangelischen Fachhochschule Hannover, Rechtsanwalt in Oldenburg

Dr. Tom Billing
Rechtsanwalt in Berlin

Dr. Claudia Bittner, LL.M.
Außerplanmäßige Professorin an der Universität Freiburg i. Br., Richterin am Hessischen Landessozialgericht

Dr. Eike Bleckwenn
Rechtsanwalt in Hannover

Dr. Reinhard Bork
Professor an der Universität Hamburg

Dr. Jan Busche
Professor an der Universität Düsseldorf

Dr. Georg Caspers
Professor an der Universität Erlangen-Nürnberg

Dr. Tiziana Chiusi
Professorin an der Universität des Saarlandes, Saarbrücken

Dr. Michael Coester, LL.M.
Professor an der Universität München

Dr. Dr. h. c. Dagmar Coester-Waltjen, LL.M.
Professorin an der Universität Göttingen

Dr. Thomas Diehn
Notar in Hamburg

Dr. Katrin Dobler
Regierungsdirektorin beim Justizministerium Baden-Württemberg

Dr. Heinrich Dörner
Professor an der Universität Münster

Dr. Werner Dürbeck
Richter am Oberlandesgericht Frankfurt a. M.

Dr. Anatol Dutta, M. Jur.
Professor an der Universität München

Dr. Christina Eberl-Borges
Professorin an der Universität Mainz

Dr. Dres. h. c. Werner F. Ebke, LL.M.
Professor an der Universität Heidelberg

Dr. Jan Eickelberg, LL.M.
Professor an der Hochschule für Wirtschaft und Recht, Berlin

Jost Emmerich
Richter am AG München

Dr. Volker Emmerich
Professor an der Universität Bayreuth, Richter am Oberlandesgericht Nürnberg a. D.

Dipl.-Kfm. Dr. Norbert Engel
Ministerialdirigent a. D., Rechtsanwalt in Erfurt

Dr. Cornelia Feldmann
Rechtsanwältin in Freiburg i. Br.

Dr. Timo Fest, LL.M.
Priv. Dozent an der Universität München

Dr. Karl-Heinz Fezer
Professor an der Universität Konstanz, Honorarprofessor an der Universität Leipzig, Richter am Oberlandesgericht Stuttgart a. D.

Dr. Philipp S. Fischinger, LL.M.
Professor an der Universität Mannheim

Dr. Holger Fleischer
Professor am Max-Planck-Institut, Hamburg

Dr. Rainer Frank
Professor an der Universität Freiburg i. Br.

Dr. Robert Freitag, Maître en droit
Professor an der Universität Erlangen-Nürnberg

Dr. Jörg Fritzsche
Professor an der Universität Regensburg

Dr. Beate Gsell, Maître en droit
Professorin an der Universität München, Richterin am Oberlandesgericht München

Dr. Karl-Heinz Gursky
Professor an der Universität Osnabrück

Dr. Thomas Gutmann, M. A.
Professor an der Universität Münster

Dr. Martin Gutzeit
Professor an der Universität Gießen

Dr. Martin Häublein
Professor an der Universität Innsbruck

Dr. Johannes Hager
Professor an der Universität München

Dr. Felix Hartmann, LL.M.
Professor an der Freien Universität Berlin

Dr. Wolfgang Hau
Professor an der Universität Passau

Dr. Rainer Hausmann
Professor an der Universität Konstanz

Dr. Stefan Heilmann
Vorsitzender Richter am Oberlandesgericht Frankfurt, Honorarprofessor an der Frankfurt University of Applied Sciences

Dr. Jan von Hein
Professor an der Universität Freiburg i. Br.

Dr. Christian Heinze
Professor an der Universität Hannover

Dr. Stefan Heinze
Notar in Moers

Dr. Tobias Helms
Professor an der Universität Marburg

Dr. Dr. h. c. mult. Dieter Henrich
Professor an der Universität Regensburg

Dr. Carsten Herresthal, LL.M.
Professor an der Universität Regensburg

Christian Hertel, LL.M.
Notar in Weilheim i. OB.

Dr. Stephanie Herzog
Rechtsanwältin in Würselen

Joseph Hönle
Notar in München

Dr. Ulrich Hönle
Notar in Waldmünchen

Dr. Bernd von Hoffmann †
Professor an der Universität Trier

Dr. Dr. h. c. Heinrich Honsell
Professor an der Universität Zürich, Honorarprofessor an der Universität Salzburg

Dr. Norbert Horn
Professor an der Universität zu Köln, Vorstand des Arbitration Documentation and Information Center e.V., Köln

Dr. Rainer Hüttemann
Professor an der Universität Bonn

Dr. Martin Illmer, MJur
Richter am Landgericht Hamburg, Privatdozent an der Bucerius Law School

Dr. Florian Jacoby
Professor an der Universität Bielefeld

Dr. Rainer Jagmann
Vorsitzender Richter am Oberlandesgericht Karlsruhe a. D.

Dr. Ulrich von Jeinsen
Rechtsanwalt und Notar in Hannover, Honorarprofessor an der Universität Hannover

Dr. Joachim Jickeli
Professor an der Universität zu Kiel

Dr. Dagmar Kaiser
Professorin an der Universität Mainz

Dr. Bernd Kannowski
Professor an der Universität Bayreuth

Dr. Rainer Kanzleiter
Notar a. D. in Ulm, Honorarprofessor an der Universität Augsburg

Dr. Sibylle Kessal-Wulf
Richterin des Bundesverfassungsgerichts, Karlsruhe

Dr. Christian Kesseler
Notar in Düren, Honorarprofessor an der Universität Trier

Dr. Fabian Klinck
Professor an der Universität Bochum

Dr. Frank Klinkhammer
Richter am Bundesgerichtshof, Karlsruhe, Honorarprofessor an der Universität Marburg

Dr. Steffen Klumpp
Professor an der Universität Erlangen-Nürnberg

Dr. Jürgen Kohler
Professor an der Universität Greifswald

Dr. Stefan Koos
Professor an der Universität der Bundeswehr München

Dr. Rüdiger Krause
Professor an der Universität Göttingen

Dr. Heinrich Kreuzer
Notar in München

Dr. Lena Kunz, LL.M.
Akad. Mitarbeiterin an der Universität Heidelberg

Dr. Hans-Dieter Kutter
Notar a. D. in Nürnberg

Dr. Arnold Lehmann-Richter
Professor an der Hochschule für Wirtschaft und Recht Berlin

Stefan Leupertz
Richter a. D. am Bundesgerichtshof, Honorarprofessor an der TU Dortmund

Johannes Liebrecht
Wiss. Referent am Max-Planck-Institut, Hamburg

Dr. Martin Löhnig
Professor an der Universität Regensburg

Dr. Dr. h. c. Manfred Löwisch
Professor an der Universität Freiburg i. Br., Rechtsanwalt in Lahr (Schw.), vorm. Richter am Oberlandesgericht Karlsruhe

Dr. Dirk Looschelders
Professor an der Universität Düsseldorf

Dr. Stephan Lorenz
Professor an der Universität München

Dr. Katharina Lugani
Professorin an der Universität Düsseldorf

Dr. Ulrich Magnus
Professor an der Universität Hamburg, Affiliate des MPI für ausländisches und internationales Privatrecht, Hamburg, Richter am Hanseatischen Oberlandesgericht zu Hamburg a. D.

Dr. Peter Mankowski
Professor an der Universität Hamburg

Dr. Heinz-Peter Mansel
Professor an der Universität zu Köln

Dr. Peter Marburger †
Professor an der Universität Trier

Dr. Wolfgang Marotzke
Professor an der Universität Tübingen

Dr. Sebastian A. E. Martens
Professor an der Universität Passau

Dr. Dr. Dr. h. c. mult. Michael Martinek, M.C.J.
Professor an der Universität des Saarlandes, Saarbrücken, Honorarprofessor an der Universität Johannesburg, Südafrika

Dr. Annemarie Matusche-Beckmann
Professorin an der Universität des Saarlandes, Saarbrücken

Dr. Gerald Mäsch
Professor an der Universität Münster

Dr. Jörg Mayer †
Honorarprofessor an der Universität Erlangen-Nürnberg, Notar in Simbach am Inn

Dr. Dr. Detlef Merten
Professor an der Deutschen Universität für Verwaltungswissenschaften Speyer

Dr. Tanja Mešina
Staatsanwältin, Stuttgart

Dr. Rudolf Meyer-Pritzl
Professor an der Universität zu Kiel, Richter am Schleswig-Holsteinischen Oberlandesgericht in Schleswig

Dr. Morten Mittelstädt
Notarassessor in Hamburg

Dr. Peter O. Mülbert
Professor an der Universität Mainz

Dr. Dirk Neumann
Vizepräsident des Bundesarbeitsgerichts a. D., Kassel, Präsident des Landesarbeitsgerichts Chemnitz a. D.

Dr. Hans-Heinrich Nöll
Rechtsanwalt in Hamburg

Dr. Jürgen Oechsler
Professor an der Universität Mainz

Dr. Hartmut Oetker
Professor an der Universität zu Kiel, Richter am Thüringer Oberlandesgericht in Jena

Wolfgang Olshausen
Notar a. D. in Rain am Lech

Dr. Dirk Olzen
Professor an der Universität Düsseldorf

Dr. Sebastian Omlor, LL.M., LL.M.
Professor an der Universität Marburg

Dr. Gerhard Otte
Professor an der Universität Bielefeld

Dr. Lore Maria Peschel-Gutzeit
Rechtsanwältin in Berlin, Senatorin für Justiz a. D. in Hamburg und Berlin, Vorsitzende Richterin am Hanseatischen Oberlandesgericht zu Hamburg i. R.

Dr. Frank Peters
Professor an der Universität Hamburg, Richter am Hanseatischen Oberlandesgericht zu Hamburg a. D.

Dr. Axel Pfeifer
Notar in Hamburg

Dr. Christian Picker
Dozent an der Universität München

Dr. Andreas Piekenbrock
Professor an der Universität Heidelberg

Dr. Jörg Pirrung
Richter am Gericht erster Instanz der Europäischen Gemeinschaften i. R., Professor an der Universität Trier

Dr. Dr. h. c. Ulrich Preis
Honorarprofessor an der Universität zu Köln

Dr. Maximilian Freiherr von Proff zu Irnich
Notar in Köln

Dr. Thomas Raff
Notarassessor, Kandel

Dr. Manfred Rapp
Notar a. D., Landsberg am Lech

Dr. Thomas Rauscher
Professor an der Universität Leipzig, Dipl. Math.

Dr. Peter Rawert, LL.M.
Notar in Hamburg, Honorarprofessor an der Universität Kiel

Eckhard Rehme
Vorsitzender Richter am Oberlandesgericht Oldenburg i. R.

Dr. Wolfgang Reimann
Notar a. D., Honorarprofessor an der Universität Regensburg

Dr. Tilman Repgen
Professor an der Universität Hamburg

Dr. Dieter Reuter †
Professor an der Universität zu Kiel, Richter am Schleswig-Holsteinischen Oberlandesgericht in Schleswig a. D.

Dr. Christoph Reymann, LL.M. Eur.
Notar in Neustadt b. Coburg, Professor an der Privaten Universität Liechtenstein

Dr. Reinhard Richardi
Professor an der Universität Regensburg, Präsident des Kirchlichen Arbeitsgerichtshofs der Deutschen Bischofskonferenz, Bonn

Dr. Volker Rieble
Professor an der Universität München,
Direktor des Zentrums für Arbeitsbeziehungen und Arbeitsrecht

Dr. Thomas Riehm
Professor an der Universität Passau

Dr. Anne Röthel
Professorin an der Bucerius Law School, Hamburg

Dr. Christian Rolfs
Professor an der Universität zu Köln

Dr. Herbert Roth
Professor an der Universität Regensburg

Dr. Ludwig Salgo
Apl. Professor an der Universität Frankfurt a. M.

Dr. Renate Schaub, LL.M.
Professorin an der Universität Bochum

Dr. Martin Josef Schermaier
Professor an der Universität Bonn

Dr. Gottfried Schiemann
Professor an der Universität Tübingen

Dr. Eberhard Schilken
Professor an der Universität Bonn

Dr. Peter Schlosser
Professor an der Universität München

Dr. Martin Schmidt-Kessel
Professor an der Universität Bayreuth

Dr. Günther Schotten
Notar a. D. in Köln, Professor an der Universität Bielefeld

Dr. Robert Schumacher, LL.M.
Notar in Köln

Dr. Roland Schwarze
Professor an der Universität Hannover

Dr. Andreas Schwennicke
Notar und Rechtsanwalt in Berlin

Dr. Maximilian Seibl, LL.M.
Oberregierungsrat im Bayerischen Staatsministerium für Gesundheit und Pflege, München

Dr. Hans Hermann Seiler
Professor an der Universität Hamburg, Richter am Hanseatischen Oberlandesgericht a. D.

Dr. Stephan Serr
Notar in Ochsenfurt

Dr. Reinhard Singer
Professor an der Humboldt-Universität Berlin, vorm. Richter am Oberlandesgericht Rostock

Dr. Dr. h. c. Ulrich Spellenberg
Professor an der Universität Bayreuth

Dr. Sebastian Spiegelberger
Notar a. D. in Rosenheim

Dr. Ansgar Staudinger
Professor an der Universität Bielefeld

Dr. Malte Stieper
Professor an der Universität Halle-Wittenberg

Dr. Markus Stoffels
Professor an der Universität Heidelberg

Dr. Dr. h. c. Fritz Sturm †
Professor an der Universität Lausanne

Dr. Gudrun Sturm
Assessorin, Wiss. Mitarbeiterin

Dr. Michael Stürner
Professor an der Universität Konstanz

Burkhard Thiele
Präsident des Oberlandesgerichts Rostock, Präsident des Landesverfassungsgerichts Mecklenburg-Vorpommern

Dr. Christoph Thole
Professor an der Universität zu Köln

Dr. Karsten Thorn
Professor an der Bucerius Law School, Hamburg

Dr. Gregor Thüsing, LL.M.
Professor an der Universität Bonn

Dr. Judith Ulshöfer
Notarassessorin in Ludwigshafen am Rhein

Dr. Barbara Veit
Professorin an der Universität Göttingen

Dr. Bea Verschraegen, LL.M., M.E.M.
Professorin an der Universität Wien, adjunct professor an der Universität Macao

Dr. Klaus Vieweg
Professor an der Universität Erlangen-Nürnberg

Dr. Markus Voltz
Notar in Offenburg

Dr. Reinhard Voppel
Rechtsanwalt in Köln

Dr. Christoph Weber
Akad. Rat a. Z. an der Universität München

Dr. Johannes Weber, LL.M.
Notarassessor, Geschäftsführer des Deutschen Notarinstituts, Würzburg

Gerd Weinreich
Vorsitzender Richter am Oberlandesgericht Oldenburg

Dr. Matthias Wendland, LL.M.
Privatdozent an der Universität München

Dr. Domenik H. Wendt
Professor an der Frankfurt University of Applied Sciences

Dr. Olaf Werner
Professor an der Universität Jena, Richter am Thüringer Oberlandesgericht Jena a. D.

Dr. Daniel Wiegand, LL.M.
Rechtsanwalt in München

Dr. Wolfgang Wiegand
Professor an der Universität Bern

Dr. Peter Winkler von Mohrenfels
Professor an der Universität Rostock, Richter am Oberlandesgericht Rostock a. D., Rechtsanwalt in Rostock

Dr. Hans Wolfsteiner
Notar a. D., Rechtsanwalt in München

Heinz Wöstmann
Richter am Bundesgerichtshof, Karlsruhe

Redaktorinnen und Redaktoren

Dr. Christian Baldus

Dr. Dr. h. c. mult. Christian von Bar, FBA

Dr. Michael Coester, LL.M.

Dr. Heinrich Dörner

Dr. Hans Christoph Grigoleit

Dr. Johannes Hager

Dr. Dr. h. c. mult. Dieter Henrich

Dr. Carsten Herresthal, LL.M.

Sebastian Herrler

Dr. Dagmar Kaiser

Dr. Dr. h. c. Manfred Löwisch

Dr. Ulrich Magnus

Dr. Peter Mankowski

Dr. Heinz-Peter Mansel

Dr. Peter O. Mülbert

Dr. Gerhard Otte

Dr. Lore Maria Peschel-Gutzeit

Dr. Manfred Rapp

Dr. Peter Rawert, LL.M.

Dr. Volker Rieble

Dr. Christian Rolfs

Dr. Herbert Roth

Dr. Markus Stoffels

Dr. Wolfgang Wiegand

J. von Staudingers
Kommentar zum Bürgerlichen Gesetzbuch mit Einführungsgesetz und Nebengesetzen

Buch 2
Recht der Schuldverhältnisse
§§ 581–606
(Pacht, Landpacht, Leihe)

Neubearbeitung 2018
von
Eike Bleckwenn
Martin Illmer
Renate Schaub

Redaktor
Sebastian Herrler

Sellier – de Gruyter · Berlin

Die Kommentatorinnen und Kommentatoren

Neubearbeitung 2018
Vorbem zu § 581 und § 581: Renate Schaub
§§ 582–583a: Renate Schaub
§§ 584–584b: Renate Schaub
§§ 585–597: Eike Bleckwenn/Ulrich von Jeinsen
§§ 598–606: Martin Illmer

Neubearbeitung 2013
Vorbem zu § 581 und § 581 Renate Schaub
§§ 582–583a Volker Emmerich/Renate Schaub
§§ 584–584b Jürgen Sonnenschein/Renate Schaub
§§ 585–597 Ulrich von Jeinsen
§§ 598–606 Dieter Reuter

Neubearbeitung 2005
Vorbem zu § 581, §§ 582–583a Volker Emmerich/Barbara Veit
§§ 581, 584–584b Jürgen Sonnenschein/Barbara Veit
§§ 585–597 Ulrich von Jeinsen
§§ 598–606 Dieter Reuter

Dreizehnte Bearbeitung 1996
Vorbem zu § 581, §§ 582–583a Volker Emmerich
§§ 581, 584–584b Jürgen Sonnenschein
§§ 585–597 Alfred Pikalo/Ulrich von Jeinsen
§§ 598–606 Dieter Reuter

Sachregister
Rechtsanwältin Dr. Martina Schulz, Pohlheim

Zitierweise
Staudinger/Schaub (2018) Vorbem 1 zu § 581
Staudinger/Schaub (2018) Vorbem 1 zu §§ 582 ff
Staudinger/Illmer (2018) § 598 Rn 1

Zitiert wird nach Paragraph bzw Artikel und Randnummer.

Hinweise
Das Abkürzungsverzeichnis befindet sich auf www.staudingerbgb.de.

Der Stand der Bearbeitung ist jeweils mit Monat und Jahr auf den linken Seiten unten angegeben.

Am Ende eines jeden Bandes befindet sich eine Übersicht über den aktuellen Stand des „Gesamtwerk Staudinger".

Die Deutsche Nationalbibliothek verzeichnet diese Publikation in der Deutschen Nationalbibliografie; detaillierte bibliografische Daten sind im Internet über http://dnb.dnb.de abrufbar.

ISBN 978-3-8059-1256-3

© Copyright 2018 by Dr. Arthur L. Sellier & Co. – Walter de Gruyter GmbH & Co. KG, Berlin. – Printed in Germany.

Dieses Werk einschließlich aller seiner Teile ist urheberrechtlich geschützt. Jede Verwertung außerhalb der engen Grenzen des Urheberrechtsgesetzes ist ohne Zustimmung des Verlages unzulässig und strafbar. Das gilt insbesondere für Vervielfältigungen, Übersetzungen, Mikroverfilmungen und die Einspeicherung und Verarbeitung in elektronischen Systemen.

Satz: fidus Publikations-Service, Nördlingen.

Druck und Bindearbeiten: Hubert & Co., Göttingen.

Umschlaggestaltung: Bib Wies, München.

♾ Gedruckt auf säurefreiem Papier, das die DIN ISO 9706 über Haltbarkeit erfüllt.

Inhaltsübersicht

	Seite[*]
Allgemeines Schrifttum	IX
Buch 2 · Recht der Schuldverhältnisse	
Abschnitt 8 · Einzelne Schuldverhältnisse	
Titel 5 · Mietvertrag, Pachtvertrag	
Untertitel 4 · Pachtvertrag	1
Untertitel 5 · Landpachtvertrag	324
Titel 6 · Leihe	637
Sachregister	687

---

[*] Zitiert wird nicht nach Seiten, sondern nach Paragraph bzw Artikel und Randnummer; siehe dazu auch „Zitierweise".

Allgemeines Schrifttum

Das Sonderschrifttum ist zu Beginn der einzelnen Kommentierungen bzw. in Fußnoten innerhalb der Kommentierung aufgeführt.

Beck'scher Online-Kommentar zum BGB (Hrsg: BAMBERGER/ROTH), zit: BeckOK/Bearbeiter (Stand)
Beck-online Großkommentar (Hrsg: GSELL/KRÜGER/LORENZ/REYMANN/HENSSLER), zit: BeckOGK/Bearbeiter (Stand)
DAUNER-LIEB/HEIDEL/RING, NomosKommentar BGB (3. Aufl 2016)
ERMAN, Bürgerliches Gesetzbuch, Handkommentar (15. Aufl 2017)
HERBERGER/MARTINEK/RÜSSMANN/WETH, juris Praxiskommentar BGB (7. Aufl 2014)
JAUERNIG, Bürgerliches Gesetzbuch (16. Aufl 2015)
Münchener Kommentar zum BGB (7. Aufl 2016)
PALANDT, Kommentar zum BGB (77. Aufl 2018)
PRÜTTING/WEGEN/WEINREICH, Kommentar zum BGB (12. Aufl 2017)
SCHULZE, Bürgerliches Gesetzbuch Handkommentar (9. Aufl 2017)
SOERGEL, Bürgerliches Gesetzbuch (13. Aufl 2007).

Untertitel 4
Pachtvertrag

Vorbemerkungen zu § 581

Schrifttum

W ABEL, Agrarpolitik (3. Aufl 1967)
ADLER, Rechtsfragen der Softwareüberlassung. Eine Untersuchung insbesondere der vielschichtigen Aspekte von sogenannten Weitergabeverboten (2014)
M AHRENS, Selbständige Tätigkeit im Insolvenzverfahren, KSzW 2012, 303
ANN/LOSCHELDER/GROSCH, Praxishandbuch Know-how-Schutz (2010)
Arbeitskreis für Insolvenzwesen Köln eV (Hrsg), Kölner Schrift zur Insolvenzordnung (3. Aufl 2009); zitiert: Kölner Schrift zur Insolvenzordnung/BEARBEITER
BARTELS, Freigabe des Unternehmens und Enthaftung des verbleibenden Alterwerbs (Masse) nach § 35 Abs 2 Satz 1 InsO, KTS 2012, 381
BARTENBACH, Patentlizenz- und Know-how-Vertrag (7. Aufl 2013)
BARTL, Hardware, Software und Allgemeine Geschäftsbedingungen, CR 1985, 13
BAUMBACH/LAUTERBACH/ALBERS/HARTMANN, Zivilprozessordnung (76. Aufl 2018)
J BAUR, Haftungsvoraussetzungen und Haftungsfolgen bei Tauglichkeitsmängeln der Erfindung, ZIIR 129 (1967) 1
BAUR/STURNER/BRUNS, Zwangsvollstreckungsrecht (13. Aufl 2006)
BEHR, Der Franchisevertrag – Eine Untersuchung zum Recht der USA mit vergleichenden Hinweisen zum deutschen Recht (1976)
L BERGER, Insolvenzschutz für Markenlizenzen (2006)
BETTINGER/SCHEFFELT, Application Service Providing – Vertragsgestaltung und Konflikt-Management, CR 2001, 729
BÖHM, Der Unternehmensführungvertrag. Unter besonderer Berücksichtigung des Gesellschafts- und Konzernrechts (2016)
BÖTTCHER, ZVG (6. Aufl 2016)
BOOCHS, Sponsoring in der Praxis (2000)
BORK, Bundeskleingartengesetz (7. Aufl 2008)
BOVENSIEPEN, Der Gräsungsvertrag, LZ 1930, 971
BRANDI-DOHRN, Die gewährleistungsrechtliche Einordnung des Software-Überlassungsvertrages, CR 1986, 63
BRAUN, Insolvenzordnung. Kommentar (7. Aufl 2017)
BRÜHL, Miete und Pacht nach Reichsrecht. Für den praktischen Gebrauch gemeinverständlich dargestellt (2. Aufl 1900)
BRUHN/MEHLINGER, Rechtliche Gestaltung des Sponsoring, Bd 1 (1992)
BÜCHNER, Die rechtlichen Grundlagen der Übertragung virtueller Güter (2011)
B BÜRGER, Sponsoring (Social-Sponsoring) – Ein neues Finanzierungsinstrument auch für steuerbegünstigte Dienstleistungsunternehmen im sozialen Bereich, BB 1993, 1850
HA BÜRGER, Nießbrauch, Pfandrecht und Pacht an Gesellschaftsanteilen der Personengesellschaften des Handelsrechts (Diss 1953)
HE BÜRGER, Die Sicherungspacht, JW 1934, 803
BUNSEN, Zur Lehre von den nicht getrennten Erzeugnissen, ArchBürgR 29 (1906) 11
BYDLINSKI, Juristische Methodenlehre und Rechtsbegriff (2. Aufl 1991)
CANARIS, Die Bedeutung der iustitia distributiva im deutschen Vertragsrecht (1997)
CEBULLA, Die Pacht nichtsächlicher Gegenstände. Rechtspacht und Pacht besonderer Gegenstände im Wirtschaftsleben (1999)
CHARMATZ, Zur Geschichte und Konstruktion der Vertragstypen im Schuldrecht (1937)

Vorbem zu § 581

CICHON, Internet-Verträge (2. Aufl 2005)
COING, Europäisches Privatrecht, Band I, Älteres Gemeines Recht (1500 bis 1800) (1985); zitiert: COING I
ders, Europäisches Privatrecht, Band II, 19. Jahrhundert: Überblick über die Entwicklung des Privatrechts in den ehemals gemeinrechtlichen Ländern (1800 bis 1914) (1989); zitiert: COING II
CROME, Die partiarischen Rechtsgeschäfte nach römischem und heutigem Reichsrecht. Nebst Beiträgen zur Lehre der verschiedenen Arbeitsverträge (1897)
CYMUTTA, Pacht- und Landpachtverträge in der Insolvenz, AUR 2009, 313
dies, Besonderheiten der Pacht- und Landpachtverträge in der Insolvenz, ZInsO 2009, 412
DANESHZADEH TABRIZI, Lizenzen in der Insolvenz nach dem Scheitern des Gesetzes zur Einführung eines § 108a InsO (2011)
DEGENER, Das Recht auf ungestörte Jagdausübung, AgrarR 1978, 328
DEGENHART, Neuordnung der Nutzungsverhältnisse an Grund und Boden im Beitrittsgebiet – Verfassungsfragen der Schuldrechtsanpassung, JZ 1994, 890
DERLEDER, Die Rechtsstellung des Wohn- und Gewerberaummieters in der Insolvenz des Vermieters. Eine praktische Darstellung anhand von 20 Fallbeispielen, NZM 2004, 568
DERNBURG, Lehrbuch des Preußischen Privatrechts I, Sachenrecht (5. Aufl 1894)
DINGELDEY, Der Pachtvertrag über Internetdomains, GuT 2004, 205
DÖRNER/JERSCH, Die Rechtsnatur der Software-Überlassungsverträge, IuR 1988, 137
DOMBROWSKI, Die Auswirkungen des Gesetzes zur Modernisierung des Schuldrechts vom 26. 11. 2001 (SMG) auf Franchiseverträge (2005)
DREIER/SCHULZE, UrhG (5. Aufl 2015)
DRUSCHEL/OEHMICHEN, Digitaler Wandel 3.0? Anregungen aus Verbrauchersicht – Teil II. Vertragstypologie, Gewährleistung und AGB, CR 2015, 233
ECKERT, Mietforderungen im vorläufigen Insolvenzverfahren. Besprechung des Urteils des BGH vom 18. 7. 2002, NZM 2002, 859, NZM 2003, 41

EKKENGA, Die Inhaltskontrolle von Franchise-Verträgen (1990)
ders, Grundfragen der AGB-Kontrolle von Franchise-Verträgen, AG 1989, 301
ELLENBERGER, Beeinträchtigung der Gebrauchsüberlassung durch eine vom Hersteller vorprogrammierte Sperre eines Computerprogramms, ZIP 1981, 870
EMMERICH, Franchising, JuS 1995, 761
ders/HABERSACK, Aktien- und GmbH-Konzernrecht (8. Aufl 2016)
dies, Konzernrecht (10. Aufl 2013)
EMPTING, Immaterialgüterrechte in der Insolvenz (2003)
ENGEL, Mängelansprüche bei Software-Verträgen, BB 1985, 1159
ENGISCH, Die Idee der Konkretisierung in Recht und Rechtswissenschaft unserer Zeit (2. Aufl 1968)
ENNECCERUS/LEHMANN, Recht der Schuldverhältnisse (15. Aufl 1958)
ERBARTH, Das Verhältnis der §§ 741 ff BGB zu den miet- und pachtrechtlichen Vorschriften, NZM 1998, 740
I ERNST, Pfändungsschutz für Miet-/Pachtzinsen und Untermietforderungen ZPO §§ 851b, 850i Abs 2, JurBüro 2005, 231
S ERNST, Verträge rund um die Domain, MMR 2002, 714
ESSER, Franchising – Der Franchisevertrag im Lichte der Rechtsprechung (2. Aufl 1995)
FENZL, Betriebspacht-, Betriebsüberlassungs- und Betriebsführungsverträge in der Konzernpraxis (2007)
FETSCH, Erstreckung der Beschlagnahme durch Zwangsverwaltung auch auf Forderungen aus Untermietverträgen, ZfIR 2005, 739
FIKENTSCHER/HEINEMANN, Schuldrecht (11. Aufl 2017)
M FISCHER, Die Unentgeltlichkeit im Zivilrecht (2002)
FLOHR/PETSCHE, Franchiserecht Deutschland und Österreich (2. Aufl 2008)
FORKEL, Der Franchisevertrag als Lizenz am Immaterialgut Unternehmen, ZHR 153 (1989) 511
FRÄNKEL, Das Miet- und Pachtrecht nach dem Bürgerlichen Gesetzbuch für das Deutsche Reich (1897)

FROMM/NORDEMANN, Urheberrecht (11. Aufl 2014)
GANTER, Die Verwertung von Gegenständen mit Absonderungsrechten im Lichte der Rechtsprechung des IX. Zivilsenats des BGH, ZInsO 2007, 841
GASSNER, Rechtsanwendung beim doppeltypischen Vertrag am Beispiel der Werkdienstwohnung, AcP 186 (1986) 325
GAUL/SCHILKEN/BECKER-EBERHARD, Zwangsvollstreckungsrecht (12. Aufl 2010)
GEIMER/SCHÜTZE, Europäisches Zivilverfahrensrecht (3. Aufl 2010)
GENNEN/VÖLKEL, Recht der IT-Verträge (2009)
C F W vGERBER, System des deutschen Privatrechts (17. Aufl 1895)
W GERBER, Nutzungsentschädigung nach billigem Ermessen bei Kündigung der Benutzungsvereinbarung einer Grundstücksgemeinschaft wegen Zahlungsverzug („Reiterhof"), ZIP 1998, 1196
GERNHUBER, Das Schuldverhältnis (1989)
GESSLER, Probleme des neuen Konzernrechts, DB 1965, 1691
GHASSEMI-TABAR/GUHLING/WEITEMEYER, Gewerberaummiete. Kommentar (2015)
GIESELER, Pfändbarkeit von Einkünften aus Vermietung und Verpachtung, JR 2006, 26
GIESLER/NAUSCHÜTT (Hrsg), Franchiserecht (3. Aufl 2016)
vGIERKE, Deutsches Privatrecht, II. Band Sachenrecht (1905); zitiert: vGIERKE II
ders, Deutsches Privatrecht, III. Band Schuldrecht (1917); zitiert: vGIERKE III
GITTER, Gebrauchsüberlassungsverträge – Handbuch des Schuldrechts, Bd 7 (1988)
GÖHRING, Hat der Einigungsvertrag Nutzungsbeziehungen in Pachtbeziehungen verwandelt?, NJ 1992, 246
GÖSSMANN, Das vertragliche Nutzungsrecht des ZGB, WM 1991, 1861
GÖTTING/MEYER/VORMBROCK (Hrsg), Gewerblicher Rechtsschutz und Wettbewerbsrecht. Praxishandbuch (2011)
GÖTTING/SCHERTZ/SEITZ, Handbuch des Persönlichkeitsrechts (2008)
GRÄDLER/ZINTL, Das Pfandrecht nach dem Pachtkreditgesetz, AUR 2013, 1
GRECO, Verwertung von Know-how. Vertragstypologische Zuordnung, Vertragserfüllung und Hinweise zur Vertragsgestaltung (2010)
vGRIESSENBECK, Die Schuldrechtsanpassung in den neuen Bundesländern, WiB 1994, 857
GRONEMEYER, Das neue Kleingartenrecht, AgrarR 1983, 207
GROSS, Der Lizenzvertrag (11. Aufl 2015)
B GRÜN, Das Sachenrechtsänderungsgesetz – Sachenrechtsbereinigung im Beitrittsgebiet und andere Änderungen im Immobiliarsachenrecht, NJW 1994, 2641
K GRÜN, Nutzungsentgelte für Datschengrundstücke, DtZ 1997, 306
GRÜNEBERG/WENDTLAND, Zur Beendigung von Nutzungsverträgen nach §§ 312 ff DDR-ZGB über Erholungs- und Freizeitgrundstücke außerhalb von Kleingartenanlagen, DtZ 1993, 101
GRÜTZMACHER, Application Service Providing – Urhebervertragsrechtliche Aspekte, ITRB 2001, 59
HAARMEYER/PAPE, Das Ende des zu allen Rechtshandlungen ermächtigten „schwachen" vorläufigen Insolvenzverwalters – Zu den Konsequenzen aus dem Urteil des BGH v 18. 7. 2002 – IX ZR 195/01 (ZInsO 2002, 819), ZInsO 2002, 845
HÄRTING, Die Gewährleistungspflicht von Internetdienstleistern, CR 2001, 37
ders, Domainverträge, ITRB 2002, 96
HARKE, Locatio conductio, Kolonat, Pacht, Landpacht (2005)
HEGER, Der Nießbrauch in usus modernus und Naturrecht (2004)
HEINEMANN, Die Bergwerkspacht, ZAkDR 1935, 667
HEINZ, Risikoverteilung bei Miete und Pacht, GuT 2004, 79
ders, Warum gilt Kauf bricht nicht Miete? – Zur Rechtstheorie des Miet- und Pachtvertrags, GuT 2008, 475
ders, Miete gegen Verpachtung – Ein unzulässiger „Swap" im nordrhein-westfälischen Hochschulbetrieb, GuT 2012, 339
HEINZE, Das pfändungsfreie Unternehmen im Insolvenzverfahren, ZInsO 2015, 1117
HELLHAMMER-HAWIG, Unterpacht, entgeltliche und unentgeltliche Jagderlaubnisse – gesetzliche

Vorgaben, tradiertes Verständnis und divergierende praktische Bedürfnisse, AUR 2012, 254
Henn/Pahlow, Patentvertragsrecht (6. Aufl 2017)
Henssler, Die zivil- und urheberrechtliche Behandlung von Software, MDR 1993, 489
Herrfurth, Der Fruchterwerb des Pächters nach Deutschem Rechte, Gemeinem Rechte und Bürgerlichem Gesetzbuche (1903)
Herrmann, Die Unternehmenspacht. Erscheinungsbild und Rechtsstruktur (Diss 1962)
Hertel, Jagdliche Eigentumsrechte des Jagdpächters, in: Dietlein/Froese (Hrsg), Jagdliches Eigentum (2018) 271
Heussen, Urheber- und lizenzrechtliche Aspekte bei der Gewährleistung für Computersoftware – Zugleich zum Problem der Rechtsnatur von Lizenzverträgen, GRUR 1987, 779
Heydn, Identitätskrise eines Wirtschaftsguts: Software im Spannungsfeld zwischen Schuldrecht und Urheberrecht. Eine grundsätzliche Betrachtung, CR 2010, 765
Hilty, Die Rechtsnatur des Softwarevertrages. Erkenntnisse aus der Entscheidung des EuGH UsedSoft vs Oracle, DR 2012, 625
Hoeniger, Vorstudien zum Problem der gemischten Verträge (1906)
ders, Die gemischten Verträge in ihren Grundformen (1910)
Hoeren, Softwareüberlassung an der Schnittstelle von Urheber- und Vertragsrecht, GRUR 1988, 340
Hörchner, Die Abgrenzung von Miete und Pacht an Räumen nach bürgerlichem Recht (1936)
Hofmann/Würdinger, Wirkung der Freigabe der selbständigen Tätigkeit nach § 35 Abs 2 InsO auf bestehende Dauerschuldverhältnisse, WM 2012, 522
Hofmann/Vendolsky, Die Pfändung von Miet- oder Pachtforderungen durch Grundpfandrechtsgläubiger in der Insolvenz des Vermieters oder Verpächters, ZfIR 2006, 403
T Hoffmann, Immaterialgüterrechte in der Insolvenz, ZInsO 2003, 732
Hohloch, Sponsoring-Vertrag – zur Struktur eines „atypischen Vertrags", in: FS H P Westermann (2008) 299
Hombrecher, Domains als Vermögenswerte – Rechtliche Aspekte des Kaufs, der Lizenzierung, der Beleihung und der Zwangsvollstreckung, MMR 2005, 647
Honsell/Mayer-Maly/Selb, Römisches Recht (4. Aufl 1987)
Horst, Einführung und Erhöhung von Entgelten bei Nutzungsrechten an Grundstücken in den neuen Ländern, DWW 1994, 14
U Huber, Betriebsführungsverträge zwischen selbständigen Unternehmen, ZHR 152 (1988) 1
ders, Betriebsführungsverträge zwischen konzernverbundenen Unternehmen, ZHR 152 (1988) 123
Huffer, Das partiarische Geschäft als Rechtstypus. Zugleich eine Studie über die Grundlagen der Typuslehre (1970)
Huhn, Grundstücksausbeutungsverträge im Einkommen- und im Umsatzsteuerrecht (Diss 1973)
Humberg, Sportstättensponsoring – Die Namensrechte bei Sportstätten (sog Namingrights), JR 2005, 89
ders, Die Möglichkeit zur außerordentlichen Kündigung eines Sportsponsoringvertrages aufgrund Dopings, JR 2005, 271
Intveen/Lohmann, Die Haftung des Providers bei ASP-Verträgen, ITRB 2002, 210
Jacobi, Miethe und Pacht – Ihre Stellung in der Kulturgeschichte, im Privatrecht und im Systeme des Entwurfes des bürgerlichen Gesetzbuches für das deutsche Reich (1889)
Jakobs/Schubert, Die Beratung des Bürgerlichen Gesetzbuchs in systematischer Zusammenstellung der unveröffentlichten Quellen, Recht der Schuldverhältnisse II, §§ 433 bis 651 (1980)
Janke, Nutzung von Bodenflächen zur Erholung – Rechtsprechung der ehemaligen DDR-Gerichte und Rechtsauffassungen zu §§ 312 bis 315 ZGB, NJ 1991, 238
Jedlitschka, Risikoverteilung beim Veranstaltungssponsoring – „The Games must go on.", GRUR 2014, 842
Jendrek, Recht der Gewerberaummietverhältnisse und Pachtrecht (2006)
Joachim, Der Managementvertrag (I), DZWiR 1992, 397
ders, Der Managementvertrag (Schluß), DZWiR 1992, 455

ders, Hotelbetreiberverträge als Pacht- und Managementverträge, NZM 2001, 162
JOERGES, Status und Kontrakt im Franchise-Recht, AG 1991, 325
M JUNKER, Zur Gewährleistung bei Veräußerung von Computer mit Computerprogramm, JZ 1988, 464
KAPPEY, Die Abgrenzung von Miete und Pacht bei der Überlassung von Räumen zu gewerblichen Zwecken (Diss 1965)
KASER, Das römische Privatrecht – Erster Abschnitt (2. Aufl 1971); zitiert: KASER I
ders, Das römische Privatrecht – Zweiter Abschnitt (2. Aufl 1975); zitiert: KASER II
ders/KNÜTEL/LOHSSE, Römisches Privatrecht (21. Aufl 2017)
KAYSER/THOLE, Insolvenzordnung (8. Aufl 2016)
KELLER, Die Entwicklung der Rechtsprechung zu Fragen der Zwangsverwaltung in den Jahren 2004 und 2005, ZfIR 2006, 445
KERN, Pachtrecht (2012)
KILIAN, Vertragsgestaltung und Mängelhaftung bei Computersoftware, CR 1986, 187
ders/HEUSSEN, Computerrechts-Handbuch (33. Ergänzungslieferung 2017)
KIOURTSOGLOU, Der Know-how-Vertrag im deutschen und europäischen Kartellrecht (1990)
KIRN/MÜLLER-HENGSTENBERG, Überfordert die digitale Welt der Industrie 4.0 die Vertragstypen des BGB?, NJW 2017, 433
KLEIN, Der Franchisevertrag. Das Leistungs- und Haftungsspektrum vom Beginn der Vertragsverhandlungen bis zur Vertragsbeendigung (2015)
KLEIN-BLENKERS, Das Recht der Unternehmenspacht (2008), zitiert: KLEIN-BLENKERS
KLETT/POHLE, Verträge über Internet-Dienstleistungen – Ausgewählte vertragsrechtliche Fragen im Verhältnis zwischen Providern und Endkunden, DRiZ 2007, 198
KLINCK, Kreditsicherungsrecht in der Landwirtschaft, in: HÄRTEL (Hrsg), Handbuch des Fachanwalts Agrarrecht (2012) 1433
KLINGMÜLLER, Namensrechte bei Sportstätten/Der Namensrechtsvertrag, SpuRt 2002, 59
KNEPPER, Bedeutung, Anwendungsformen und steuerliche Wirkungen von Unternehmensverträgen, BB 1982, 2061

KOCH, Application Service Providing als neue IT-Leistung – Eine erste Orientierung im Hinblick auf Leistungsbild und anwendbares Vertragsrecht, ITRB 2001, 39
ders, Computer-Vertragsrecht (7. Aufl 2009)
KÖHN, Der Betriebsführungsvertrag – Rechtliche Qualifikation und gesellschaftsrechtliche Wirksamkeitsvoraussetzungen, Der Konzern 2011, 530
Kölner Kommentar zur Insolvenzordnung, Bd 1 (2016), Bd 2 (2017)
KÖRNER, Der Bestand bzw Fortbestand von Schutzrechten und Know-how als Voraussetzung der Lizenzgebühren- bzw Schadensersatzpflicht, GRUR 1982, 341
KOHTE, § 850i ZPO – beachtliche Karriere einer lange Zeit unbekannten Norm, VuR 2014, 367
KOKERT, Der Begriff des Typus bei Karl Larenz (Diss 1995)
KOLVENBACH, Zivilrechtliche Ausgestaltung von Sponsorverträgen – „Was man unbedingt beachten sollte", AnwBl 1998, 289
KOOS, Lizenzvereinbarungen in der Insolvenz – Möglichkeiten einer insolvenzfesten Gestaltung von Lizenzen nach der jüngsten BGH-Rechtsprechung, MMR 2017, 13
KRAUSE, Grenzfälle zwischen Pacht und Kauf (1931)
KREUZER, Zuständigkeitssplitting kraft Richterspruch II, IPRax 1991, 25
KROPHOLLER/vHEIN, Europäisches Zivilprozessrecht (9. Aufl 2011)
vKÜBEL, Die Vorentwürfe der Redaktoren zum BGB – Die Vorlagen der Redaktoren für die erste Kommission zur Ausarbeitung des Entwurfs eines Bürgerlichen Gesetzbuches, Recht der Schuldverhältnisse, Teil 2 Besonderer Teil (Nachdruck 1980)
KÜHNLEIN, Kündigung von Datschengrundstücken – Entschädigung und Beseitigung von Baulichkeiten, VIZ 2000, 578
KUHLEN, Typuskonzeptionen in der Rechtstheorie (Diss 1977)
LARENZ, Richtiges Recht – Grundzüge einer Rechtsethik (1979)
ders/CANARIS, Lehrbuch des Schuldrechts, Band II/2: Besonderer Teil/2. Halbband (13. Aufl 1994)
LEHMANN, Zum gekoppelten und ungekoppel-

ten Vertrieb von Hard- und Software, CR 1987, 422

LEJEUNE, Vertragstypologische Einordnung von ASP Verträgen, CR 2007, 77

LENHARD, Vertragstypologie von Softwareüberlassungsverträgen. Neues Urhebervertragsrecht und neues Schuldrecht unter Berücksichtigung der Open Source-Softwareüberlassung (2006)

LENT, Die Gesetzeskonkurrenz im bürgerlichen Recht und Zivilprozeß, Bd I (1912)

LEONHARD, Besonderes Schuldrecht des BGB, Bd II (1931)

LEONHARDT/SMID/ZEUNER, Insolvenzordnung (3. Aufl 2010)

LIEBISCH, Das Wesen der unentgeltlichen Zuwendungen unter Lebenden im bürgerlichen Recht und im Reichssteuerrecht (1927)

LIESEGANG, Der Franchise-Vertrag (7. Aufl 2011)

ders, Die Bedeutung des AGB-Gesetzes für Franchiseverträge, BB 1991, 2381

LIMMER, Zahlungsanspruch aus Vorvertrag ohne Abschluss des Hauptvertrages, ZAP ERW 1997, 190

LÖFFLER, Betriebsführungsverträge mit Personengesellschaften, NJW 1983, 2920

LÖHNIG, Gesetz über die Zwangsversteigerung und die Zwangsverwaltung (2010)

LORZ/METZGER/STÖCKEL, Jagdrecht. Fischereirecht. Bundesjagdgesetz mit Verordnungen und Länderrecht. Binnenfischereirecht, Fischereischeinrecht, Seefischereirecht (4. Aufl 2011)

LOTMAR, Der Arbeitsvertrag nach dem Privatrecht des Deutschen Reiches (1902)

LÜTZENKIRCHEN, Die Entwicklung des Mietrechts in der obergerichtlichen Rechtsprechung des Jahres 2003, WuM 2004, 58

LUTZ, Lizenzierung von Computerprogrammen, GRUR 1976, 331

LWOWSKI/DAHM, Auf dem Weg zur europäischen Informationsgesellschaft, WM 2001, 1135

MAINCZYK, Bundeskleingartengesetz – Einigungsvertrag – Übernahme des Gesetzes in den neuen Bundesländern, BBauBl 1991, 78

ders, Neuregelung der Pachtzinsen im Kleingartenrecht – zur Änderung des Bundeskleingartengesetzes, ZfBR 1994, 203

ders/NESSLER, Bundeskleingartengesetz (11. Aufl 2015)

MALATIDIS, „Co-Creation" und „Success as a Service" im Rahmen von (Standard-)SaaS – Kein Standard für das BGB, ITRB 2017, 109

MARLY, Praxishandbuch Softwarerecht (6. Aufl 2014)

ders/JOBKE, Zum mietvertraglichen Charakter der Softwareüberlassung, LMK 2007, 209583

MAROTZKE, Insolvenzrechtliche Probleme bei Untermietverträgen über Immobilien, ZInsO 2007, 1

MARTINEK, Franchising (1987)

ders, Moderne Vertragstypen Band I – Leasing und Factoring (1991)

ders, Moderne Vertragstypen Band II – Franchising, Know-How-Verträge, Management- und Consulting-Verträge (1992)

ders/SEMLER/FLOHR, Handbuch des Vertriebsrechts (4. Aufl 2016)

MASER, Betriebspacht- und Betriebsüberlassungsverhältnisse in Konzernen (Diss 1985)

MATTHIESSEN, Schuldrechtsanpassung – Zur Wirksamkeit von Befristungs- und Kündigungsabreden in Nutzungsverträgen, NJ 1998, 72

ders, Das Erste Gesetz zur Änderung des Schuldrechtsanpassungsgesetzes, NJ 2002, 228

MAYER-MALY, Locatio conductio. Eine Untersuchung zum klassischen römischen Recht (1956)

McGUIRE, Die Lizenz (2012)

MEDICUS, Kreditsicherung durch Verfügung über künftiges Recht, JuS 1967, 385

MEHRINGS, Nochmals – Computersoftware und Mängelhaftung, GRUR 1985, 506

ders, Computersoftware und Gewährleistungsrecht, NJW 1986, 1904

MERKEL, Die Sicherungspacht, JW 1934, 805

MESSERSCHMIDT, Das Schuldrechtsänderungsgesetz – Schuldrechtsbereinigung im Beitrittsgebiet, NJW 1994, 2648

MEYER-RAVENSTEIN, Klagebefugnis eines Jagdpächters bei Abtrennung von Flächen aus der Pachtjagd, AuR 2003, 202

MICHALSKI, Abgrenzung von Gewerberaummiete und Pacht, in: Gedächtnisschrift Sonnenschein (2003) 383

MIMBERG, Konzernexterne Betriebspachtverträge im Recht der GmbH (Diss 2000)
MITTEIS, Zur Geschichte der Erbpacht im Alterthum (1901)
ders, Zwei Fragen aus dem bürgerlichen Recht (1905)
MITTELSTEIN/STERN, Die Miete nach dem Rechte des Deutschen Reiches (4. Aufl 1932)
A MÖLLER, Lizenzen an Unternehmenskennzeichen (2007)
C MÖLLER, Der Franchisevertrag im Bürgerlichen Recht, AcP 203 (2003) 319
MÜLLER-HENGSTENBERG/KIRN, Vertragscharakter des Application Service Providing-Vertrags, NJW 2007, 2370
Münchener Kommentar Insolvenzordnung, Band 1 §§ 1–102, InsVV (3. Aufl 2013), Band 2 §§ 103–269 (3. Aufl 2013)
Münchener Kommentar Zivilprozessordnung, Band 1 §§ 1–510c (5. Aufl 2016), Band 2 §§ 511–945 (5. Aufl 2016)
MUSIELAK/VOIT, ZPO (14. Aufl 2017)
NAGEL/GOTTWALD, Internationales Zivilprozessrecht (7. Aufl 2013)
J NESEMANN, Rechtsformen des Mobiliarkredits in der Landwirtschaft (1968)
T NESEMANN, Vertragsstrafen in Sponsoringverträgen im Zusammenhang mit Doping, NJW 2007, 2083
NIEBLER, Der Einfluß der Rechtsprechung des Bundesverfassungsgerichts auf das Zivilrecht, DNotZ 1987, 259
NIEMANN/PAUL, Bewölkt oder wolkenlos – rechtliche Herausforderungen des Cloud Computings, K & R 2009, 444
NIENDORFF, Mietrecht nach dem bürgerlichen Gesetzbuch (10. Aufl 1914)
OECHSLER, Gerechtigkeit im modernen Austauschvertrag. Die theoretischen Grundlagen der Vertragsgerechtigkeit und ihr praktischer Einfluss auf Auslegung, Ergänzung und Inhaltskontrolle des Vertrages (1997)
OESTERREICH, Die Betriebsüberlassung zwischen Vertragskonzern und faktischem Konzern: Zum sogenannten Umgehungsproblem bei den Unternehmensverträgen der §§ 291, 292 I Ziff 3 AktG (1979)
OSTERLOH, Zur Rechtsnatur der Softwareüberlassung im Rahmen eines ASP-Vertrages, jurisPR-BGHZivilR 4/2007 Anm 2
OTTE, Die dingliche Rechtsstellung des Mieters nach ALR und BGB, in: FS Wieacker (1978) 463
OTTEN, Sponsoring (2000)
PAGENBERG/BEIER, Lizenzverträge (6. Aufl 2008)
PAHLOW, Lizenz und Lizenzvertrag im Recht des Geistigen Eigentums (2006)
PAPE, Insolvenz im Mietrecht, WuM 2004, 645
PAPE/PAPE, Entwicklung der Rechtsprechung zum Verbraucherinsolvenz- und Restschuldbefreiungsverfahren in den Jahren 2011 und 2012 – Teil 2.1, ZInsO 2013, 685
PETERS, Leasinggeschäfte und Verbraucherdarlehensrecht, WM 2006, 1183
PFAFF, Der Know-how-Vertrag im bürgerlichen Recht, BB 1974, 565
PFAFF/OSTERRIETH, Lizenzverträge (3. Aufl 2010)
PFEIFER, Die Inhaltskontrolle von Franchiseverträgen – Eine Untersuchung konkreter Vertragsklauseln nach den §§ 305 ff BGB (2005)
PIENS/SCHULTE/VITZTHUM, Bundesberggesetz (2. Aufl 2013)
PLEISTER/WÜNDISCH, Lizenzen in der Insolvenz – eine unendliche Geschichte?, ZIP 2012, 1792
POHLE/AMMANN, Software as a Service – auch rechtlich eine Evolution?, K & R 2009, 625
POSER/BACKES, Sponsoringvertrag (4. Aufl 2010)
PRASSE, Entwicklungen im Recht des Franchisevertrags – Auf dem Weg zum Leitbild des Franchisevertrags, ZGS 2005, 379
PRES, Gestaltungsformen urheberrechtlicher Softwarelizenzverträge (1994)
ders, Gestaltungsformen urheberrechtlicher Softwarelizenzverträge, CR 1994, 520
PREUSS, Fortbestand des Mietverhältnisses im Zeitpunkt der Eröffnung des Insolvenzverfahrens, JR 2008, 418
PRIESTER, Betriebsführungsverträge im Aktienkonzern – organisationsrechtliche Instrumente, in: FS Hommelhoff (2012) 875
PRÜTTING/GEHRLEIN, ZPO (9. Aufl 2017)
PRUSKOWSKI, Das Merkmal der Zuwendung im Tatbestand der Schenkung (Diss 1987)

PUCHTA, Pandekten (11. Aufl 1872)
PURPS, Vertrags-Moratorium für Erholungsgrundstücke und § 314 IV ZGB-DDR, VIZ 1994, 223
ders, Schuldrechtsanpassung – ein Auslaufmodell? Die Entschädigungsregelungen bei Beendigung der Nutzungsverträge, NJ 2015, 309
RAAPE, Aneignungsüberlassung, JherJb 74 (1924) 179
ders, Aneignungsüberlassung aufgrund einer Bergwerkspacht, AcP 136 (1932) 210
RAETTIG, Die Abgrenzung zwischen Pacht und anderen Verträgen (1934)
RAUPACH, Schuldvertragliche Verpflichtungen anstelle beteiligungsgestützter Beherrschung, in: FS Bezzenberger (2000) 327
RAUSCHER, Europäisches Zivilprozess- und Kollisionsrecht, Band I (4. Aufl 2016), Band III (4. Aufl 2016)
Rechtshandbuch Vermögen und Investitionen in der ehemaligen DDR (RVI) (66. Ergänzungslieferung 2017)
REDEKER, IT-Recht (6. Aufl 2017)
M REHBINDER, Der Kantinenpachtvertrag im Blickfeld der Rechtstatsachenforschung (1972)
RICHTSFELD, Pflichtverletzungen und Leistungsstörungen bei Sportsponsoringverträgen, causa sport 2014, 143
RING, Grundstrukturen des Bergwerkseigentums, NotBZ 2006, 37
J RÖHRBORN/SINHART, Application Service Providing – juristische Einordnung und Vertragsgestaltung, CR 2001, 69
S RÖHRBORN, Der Sponsoringvertrag als Innengesellschaft (1997)
RÖTELMANN, Erbauseinandersetzung über einen Nachlaß mit Erdölabbauvertrag, Urteil OLG Celle v 19. 6. 1956, Az: 10 U 28/56, NJW 1957, 1321
RÖVEKAMP, Schuldrechtsanpassung (2. Aufl 1997)
ROTH/WOZNIAK, Betriebspachtverträge in der Insolvenz. Rechtliche Einordnung und insolvenzrechtliche Problemstellungen, ZInsO 2017, 1293
RÜMELIN, Dienstvertrag und Werkvertrag (1905)
SAENGER, ZPO. Handkommentar (7. Aufl 2017); zitiert: HkZPO

SCHACK, Internationales Zivilverfahrensrecht (7. Aufl 2017)
SCHANZE, in: JOERGES, Franchising and the Law/ Das Recht des Franchising (1991) 67
SCHAPP, Grundfragen der Rechtsgeschäftslehre (1986)
SCHAUB, Sponsoring und andere Verträge zur Förderung überindividueller Zwecke (2008)
SCHERTZ, Merchandising – Rechtsgrundlagen und Rechtspraxis (1997)
SCHIEMANN, Privatrechtliche Formen der Förderung überpersönlicher Zwecke, in: NEUHAUS (Hrsg), Mäzenatentum – Stiftungswesen – Sponsoring: Atzelsberger Gespräche 1998 (1999) 91
SCHLOSSER/HESS, EU-Zivilprozessrecht (4. Aufl 2015)
SCHLÜTER, Management- und Consulting-Verträge – die Vertragstechnik des internationalen Transfers von Betriebsführungs- und Beratungsleistungen (1987)
K SCHMIDT, Handelsrecht (6. Aufl 2014)
ders, Gesellschaftsrecht (4. Aufl 2002)
ders, Insolvenzrecht: Insolvenzschuldner im Dauerschuldverhältnis, JuS 2013, 174
SCHMIDT-RÄNTSCH, Zum Entwurf des Schuldrechtsänderungsgesetzes, DtZ 1994, 82
ders, Zur Neuordnung der Nutzung fremden Grund und Bodens – Sachenrechts- und Schuldrechtsbereinigung, DtZ 1994, 322
ders, Aktuelle Probleme der Schuldrechtsanpassung, ZIP 1996, 728
SCHMIDT-RIMPLER, Zum Vertragsproblem, in: FS Raiser (1974) 3
SCHMOLL/HÖLDER, Patentlizenz- und Know-how-Verträge in der Insolvenz – Teil I: Insolvenz des Lizenznehmers, GRUR 2004, 743
SCHNABEL, Neuregelung der Nutzungsverträge über Grundstücke im SchuldRÄndG, GE 1994, 1138
ders, Überlassungsverträge und „unechte Datschen" im Sachenrechtsbereinigungsgesetz, DtZ 1995, 258
ders, Erste praktische Erfahrungen mit der Schuldrechtsanpassung, NJW 1995, 2661
ders, Schuldrechtsänderungsgesetz (1995)
ders, Die Sachenrechtsbereinigung in den neuen Bundesländern – Eine Zwischenbilanz, NJW 1999, 2465

ders, Rechtsprechung zur Schuldrechtsanpassung und Sachenrechtsbereinigung, NJW 2000, 2387

ders, Datschen- und Grundstücksrecht 2000 (2000)

ders, Datschen- und Grundstücksrecht – Ergänzungsband zum Datschen- und Grundstücksrecht 2000 (2002)

Schneider, Vertragsrechtliche, gesellschaftsrechtliche und arbeitsrechtliche Probleme von Betriebspachtverträgen, Betriebsüberlassungsverträgen und Betriebsführungsverträgen, JbFStR 1982/83, 387

Schön, Der Nießbrauch an Sachen: Gesetzliche Struktur und rechtsgeschäftliche Gestaltung (1992)

Schopp, Jagdverpachtung und Jagdausübungsrecht des Pächters, MDR 1968, 808

ders, Pacht- und Mietrechtliches bei der Betriebsaufspaltung, ZMR 1979, 289

K Schreiber, Handbuch Immobilienrecht (3. Aufl 2011)

O Schreiber, Gemischte Verträge im Reichsschuldrecht, JherJb 60 (1912) 106

Schricker/Loewenheim, Urheberrecht (5. Aufl 2017)

Schroeder/Dördelmann, Haftung bei Gebrauchsüberlassung – Sharing im Spannungsfeld zwischen Miete und Leihe, ZJS 2016, 1

Schubert, Vorlagen der Redaktoren für die erste Kommission zur Ausarbeitung des Entwurfs eines Bürgerlichen Gesetzbuches, Recht der Schuldverhältnisse II (1980)

Schuck, Bundesjagdgesetz (2. Aufl 2015)

Schulze, Juristische Herausforderungen beim Car Sharing, BB 2013, 195

Schuschke, Einkünfte aus Vermietung und Verpachtung, LMK 2005, 64

ders/Walker, Vollstreckung und Vorläufiger Rechtsschutz (6. Aufl 2016)

Schwabe, Grundrechtspraxis im Kleingartenrecht – Exemplarisches zur Privatnützigkeit des Eigentums, NJW 2008, 477

Schwark, Zum Verhältnis von schuldrechtlichen Vertragstypen und Vertragswirklichkeit, insbesondere beim Werklieferungsvertrag, Jahrbuch für Rechtstheorie und Rechtssoziologie V (1978) 73

Schwerdtfeger, Der Versuch einer Abgrenzung zwischen Miete und Pacht (1925)

Sedlmeier/Kolk, ASP – Eine vertragstypologische Einordnung, MMR 2002, 75

Seemann, Der Lizenzvertrag in der Insolvenz (2002)

Sefrin, Die Kodifikationsreife des Finanzierungsleasingvertrages (1993)

Seraphim, Das Heuerlingswesen in Nordwestdeutschland (1948)

Shieh, Kündigung aus wichtigem Grund und Wegfall der Geschäftsgrundlage bei Patentlizenz- und Urheberrechtsverträgen (Diss 1990)

Sigulla, Vertragstypologie und Gesetzesleitbilder im modernen Dienstleistungsrecht (1987)

Simon, Das frühbyzantinische Emphyteuserecht, in: Modrzejewski/Liebs (Hrsg), Symposion 1977 – Vorträge zur griechischen und hellenistischen Rechtsgeschichte, 365

Skaupy, Zu den Begriffen „Franchise", „Franchisevereinbarungen" und „Franchising", NJW 1992, 1785

Smid, Struktur und systematischer Gehalt des deutschen Insolvenzrechts in der Judikatur des IX. Zivilsenats des Bundesgerichtshofs (XI, Teil 1), DZWiR 2013, 89

Söbbing, Cloud und Grid Computing: IT-Strategien der Zukunft rechtlich betrachtet, MMR 2008, Nr 5, XII

ders, Nutzungsrechteübertragung bei ASP und SaaS, ITRB 2015, 147

A Spies, Zeitweise Überlassung von Frequenzen, MMR 2003, 230

Spindler, Vertragsrecht der Internet-Provider (2. Aufl 2004)

ders/Klöhn, Neue Qualifikationsprobleme im E-Commerce. Verträge über die Verschaffung digitalisierter Informationen als Kaufvertrag, Werkvertrag, Verbrauchsgüterkauf?, CR 2003, 81

Spyridakes, Zur Problematik der Sachbestandteile (1966)

Stadie, Umsatzsteuergesetz (3. Aufl 2015)

Strobel, Die Unternehmenspacht im deutschen, französischen und italienischen Recht (Diss 1972)

Stegmaier, Rechtsprobleme zwischen Athleten und Verbänden beim Sportsponsoring (Diss 1999)

STEIN/JONAS, ZPO, Band 1 Einleitung §§ 1–77 (23. Aufl 2014), Band 7 §§ 704–827 (22. Aufl 2002), Band 8 §§ 802a–915h (23. Aufl 2017)
STÖBER, Zwangsversteigerungsgesetz (21. Aufl 2016)
STOFFELS, Gesetzlich nicht geregelte Schuldverträge (2001)
STRÖFER, Zivilrechtliche Einordnung der Substanzausbeuteverträge, BB 1979, 1477
THOMAS/PUTZO, ZPO (38. Aufl 2017)
TIETZ, Handbuch Franchising (2. Aufl 1991)
UHLENBRUCK, Insolvenzordnung (14. Aufl 2015)
ULLMANN, Die Schnittmenge von Franchise und Lizenz, CR 1991, 193
ULMER, Softwareüberlassung: Formulierung eines Lizenzvertrags, ITRB 2004, 213
VEELKEN, Der Betriebsführungsvertrag im deutschen und amerikanischen Aktien- und Konzernrecht (1975)
VEIL, Unternehmensverträge – Organisationsautonomie und Vermögensschutz im Recht der Aktiengesellschaft (2003)
VIEWEG, Sponsoring und Sportrecht (Teil II), SpuRt 1994, 73
VLANTOS, Die Verwertung von technischem Know-how. Ein Beitrag zu Begriff und Rechtsnatur des Know-hows sowie zur vertragstypologischen Zuordnung des Know-how-Vertrages (2014)
VOELSKOW, Zur Abgrenzung von Miete und Pacht, NJW 1983, 910
WAASER, Die Colonia Partiaria des römischen Rechts (1885)
WANDTKE/BULLINGER, Urheberrecht (4. Aufl 2014)
WANK, Die juristische Begriffsbildung (1985)
WARDENBACH, „ZGB-Erholungsgrundstücke" in der neuen Nutzungsentgeltverordnung, MDR 1993, 710
C WEBER/HÖTZEL, Das Schicksal der Softwarelizenz in der Lizenzkette bei Insolvenz des Lizenznehmers, NZI 2011, 432
HJ WEBER, „Franchising" – ein neuer Vertragstyp im Handelsrecht, JA 1983, 347
WEHRENS, Verträge über die Ausbeute von Bodenbestandteilen (1959)
WEIAND, Kultur- und Sportsponsoring im deutschen Recht unter besonderer Berücksichtigung urheber-, medien- und wettbewerbsrechtlicher Aspekte (1993)
ders, Rechtliche Aspekte des Sponsoring, NJW 1994, 227
ders, Wirtschaftliche und rechtliche Grundlagen des Kommunikationsinstruments Sponsoring, DStR 1996, 1897
WEIMAR, Die Vermietung von Hauswand- und Dachflächen, MDR 1960, 195
WEISSMÜLLER, Der Betriebsführungsvertrag – eine Alternative zum Unternehmenskauf?, BB 2000, 1949
WERRES, Gläubiger im Insolvenzeröffnungsverfahren – Massegläubiger oder Treuhandmodell? Zugleich eine Stellungnahme zur geplanten Änderung des § 55 Abs 2 InsO, ZInsO 2005, 1233
vWESTERHOLT/K BERGER, Der Application Service Provider und das neue Schuldrecht – Vertragsrechtliche Fragen zu seiner Stellung zwischen Lieferanten und Kunden, CR 2002, 81
vWESTPHALEN, Leasing als „sonstige Finanzierungshilfe" gemäß § 1 Abs 2 VerbrKrG, ZIP 1991, 639
ders, Der Leasingvertrag (7. Aufl 2015)
WETZEL, Die Rechte des Jagdpächters im Verwaltungsprozess unter Berücksichtigung der dinglichen Rechtsnatur des verpachteten Jagdausübungsrechts; dargestellt an Beispielen aus dem Jagd-, Bau- und Fachplanungsrecht (2008)
WICHERT, Gewerbemietrecht und Pacht (3. Aufl 2016)
WICKER, Vertragstypologische Einordnung von Cloud Computing-Verträgen – Rechtliche Lösungen bei auftretenden Mängeln, MMR 2013, 783
WIECZOREK/SCHÜTZE, Zivilprozeßordnung und Nebengesetze. Großkommentar, Band 1/2 – §§ 24–49 (4. Aufl 2015), Band 10/1 – §§ 803–863 (4. Aufl 2015)
WIEDEMANN, Lizenzen und Lizenzverträge in der Insolvenz (2006)
H J WIELING, Die Grundstücksmiete als dingliches Recht, in: Gedächtnisschrift Sonnenschein (2003) 201
ders, Vom untergegangenen, schlafenden und aufgewachten Eigentum bei Sachverbindungen, JZ 1985, 511

ders, Sachenrecht – Band 1: Sachen, Besitz und Rechte an beweglichen Sachen (2. Aufl 2006)

vWILMOWSKY, Der Mieter eines beweglichen Gegenstands in Insolvenz. Zum Inhalt des § 103 InsO bei Miet- und Pachtverhältnissen, ZInsO 2007, 731

ders, Vermieter (Verpächter, Lizenzgeber) in Insolvenz, ZInsO 2011, 1473

WINDBICHLER, Betriebsführungsverträge zur Bindung kleiner Unternehmen an große Ketten, ZIP 1987, 825

WINDEL, „Freigabe" von Dauerschuldverhältnissen aus der insolvenzrechtlichen Haftung, RdA 2012, 366

WINDSCHEID/KIPP, Lehrbuch des Pandektenrechts Bd 1 und 2 (9. Aufl 1906)

WITTNEBEN, Millionen für den guten Namen, SpuRt 2011, 151

ders, Die Vermarktung von Stadion-Namensrechten, WRP 2011, 1093

WITZEL, Gewährleistung und Haftung in Application Service Providing-Verträgen – Ausgestaltung von Gewährleistung und Haftung in ASP-Verträgen, ITRB 2002, 183

dies, Beschaffung von Open Source Software – Vertragliche Gestaltungsmöglichkeiten, ITRB 2016, 160

WÜRDINGER, Aktienrecht und das Recht der verbundenen Unternehmen – Eine schematische Darstellung (4. Aufl 1994)

ZIMMERMANN, The Law of Obligations. Roman Foundations of the Civilian Tradition (1990, Nachdruck 1992)

ZÖLLER, ZPO (32. Aufl 2017).

Systematische Übersicht

I.	Einführung	1
II.	Entwicklung	3
1.	Römisches Recht	4
2.	Weitere Entwicklung	7
a)	Gemeines Recht	7
b)	Deutsches Recht	9
3.	Vorläufer des BGB	11
4.	Entstehung des BGB	13
5.	Entwicklungen seit Inkrafttreten des BGB	14
6.	Folgerungen	16
III.	Wirtschaftliche Bedeutung der Pacht	19
IV.	Gesetzliche Regelungen	
1.	Überblick	20
2.	Regelungen im BGB	21
3.	Spezialgesetzliche Regelungen	23
4.	Übergangs- und Sonderregelungen für Rechtsverhältnisse im früheren Gebiet der DDR	25
a)	Ausgangspunkt: Art 232 § 3 EGBGB	26
b)	Sonderregelungen: Art 232 §§ 4, 4a EGBGB, Schuldrechtsanpassungsgesetz 1994	28
aa)	Überblick	28
bb)	Zeitraum bis einschließlich 31.12.1994	29
cc)	Zeitraum ab 1.1.1995	31
V.	Abgrenzung zu anderen Rechtsverhältnissen	
1.	Abgrenzungskriterien	33
2.	Miete	34
a)	Abgrenzungskriterien	34
b)	Überlassung von Grundstücken bzw Räumen mit Einrichtungsgegenständen	35
c)	Überlassung von Sachgesamtheiten	37
3.	Leasing	38
4.	Leihe	39
5.	Kauf	40
a)	Abgrenzungskriterien	40
b)	Abbauvertrag	41
c)	Aberntungsvertrag	42
d)	Viehgräsungsvertrag	43
e)	Lizenzvertrag	44
6.	Dienstvertrag	45
a)	Abgrenzungskriterien	45
b)	Überlassung des Betriebs eines Unternehmens	46
7.	Werkvertrag	48
8.	Verwahrungsvertrag	49

9.	Gesellschaft	50	dd)	Verlagsvertrag	87
a)	Abgrenzungskriterien	50	ee)	Überlassungsverträge im IT-Bereich	88
b)	Beispiele	51	ff)	Franchising	95
10.	Gemeinschaft	52	gg)	Sponsoring	96
11.	Landpacht	53	2.	Exkurs: Rechtliche Erfassung gemischter Verträge	97
12.	Nießbrauch	54			
13.	Andere Dienstbarkeiten	54a			
14.	Erbbaurecht	55	**VII.**	**Pachtkreditrecht**	
15.	Aneignungsrechte	56	1.	Überblick	98
			2.	Einzelne Regelungen	99
VI.	**Wichtige Erscheinungsformen der Pacht**	57	a)	Pachtkreditgesetz	99
			b)	Düngemittelsicherungsgesetz	106
1.	Erscheinungsformen und Abgrenzungen im Einzelfall	58	**VIII.**	**Pachtverträge in Zwangsvollstreckung und Insolvenz**	
a)	Pachtverträge im landwirtschaftlichen Bereich	58	1.	Zwangsvollstreckung	110
aa)	Abbau- und Aberntungsverträge	58	a)	Zwangsvollstreckung durch den Verpächter	110
bb)	Viehgräsungs-, Viehmast- und Tierzuchtverträge	59	b)	Zwangsvollstreckung durch den Pächter	111
cc)	Kleingartenpacht	60	c)	Zwangsvollstreckung durch Dritte	112
dd)	Heuerlingsvertrag	63	aa)	Zwangsvollstreckung durch Gläubiger des Verpächters	112
ee)	Siedlerpachtvertrag	64			
b)	Unternehmens- bzw Betriebspacht	65	bb)	Zwangsvollstreckung durch Gläubiger des Pächters	117
c)	Pachtverträge mit speziellen Pachtgegenständen	66	2.	Insolvenz	122
aa)	Bergwerkspacht	66	a)	Insolvenz des Verpächters	122
bb)	Jagdpacht	68	b)	Insolvenz des Pächters	126
cc)	Fischereipacht	71	**IX.**	**Internationales Privat- und Verfahrensrecht**	
dd)	Apothekenpacht	72			
ee)	Kantinenpacht	73	1.	Internationale Zuständigkeit	129
ff)	Netzpacht	74	a)	Internationale Zuständigkeit nach europäischem Zivilprozessrecht	130
gg)	Spektrumspacht	75			
hh)	Pacht von Milchquoten	76	b)	Internationale Zuständigkeit nach deutschem Zivilprozessrecht	132
ii)	Pacht von Gesellschaftsanteilen	77			
d)	Sicherungspacht	78	2.	Anwendbares Recht	134
e)	Weitere Verträge mit pachtrechtlichen Elementen	80	**X.**	**Bedeutung des Pachtvertragsrechts für die Erfassung gesetzlich nicht geregelter Vertragstypen und Zukunftsperspektiven**	135
aa)	Werbeverträge	81			
bb)	Lizenzverträge	83			
α)	Gewerblicher Rechtsschutz	84			
β)	Urheberrecht	85			
cc)	Know-how-Vertrag	86			

I. Einführung

1 Der Pachtvertrag ist nach der Konzeption der §§ 581 ff BGB ein schuldrechtlicher Vertrag zwischen Verpächter und Pächter. Der Verpächter verpflichtet sich, dem Pächter den Gebrauch eines Gegenstands sowie den Genuss der Früchte dieses

Gegenstands zu gewähren. Der Pachtgegenstand ist weit zu verstehen und umfasst letztlich alles, was Früchte iSd § 99 BGB hervorbringen kann, also Sachen, Rechte und sonstige Gegenstände (§ 581 Rn 5 ff), möglicherweise auch eine Mischung daraus (zB bei der Unternehmenspacht). Im Gegenzug zur Gebrauchsüberlassung verpflichtet sich der Pächter, die vereinbarte Pacht zu entrichten. Es handelt sich also um einen entgeltlichen Vertrag (s insb MIMBERG 29 ff; FIKENTSCHER/HEINEMANN, Schuldrecht Rn 1080). Die Laufzeit des Pachtvertrags kann bestimmt oder unbestimmt sein. Sie richtet sich in erster Linie nach der Parteivereinbarung, in zweiter Linie nach den Kündigungsregeln des Pachtrechts, ggf ergänzt durch mietrechtliche Vorschriften (§ 581 Abs 2 BGB). Kennzeichnend für den Pachtvertrag als Vertragstyp des Besonderen Schuldrechts ist also die entgeltliche Überlassung von Gebrauch und Fruchtgenuss am Pachtgegenstand (siehe zu den *essentialia negotii* auch BGH 15. 10. 2014 – XII ZR 111/12 Rn 72, NZM 2015, 211). Häufig wird der Pachtvertrag daher als Gebrauchsüberlassungsvertrag eingeordnet (s nur GITTER 117 ff; SOERGEL/HEINTZMANN Vor § 581 Rn 1). Genauer erscheint allerdings eine Qualifizierung als **Gestattungsvertrag** (s auch STAUDINGER/EMMERICH [2018] Vorbem 30 zu § 535; ERMAN/DICKERSBACH Vor § 581 Rn 2), da so auch die Rechtspacht sowie Pachtverträge, die sich nicht ausschließlich auf Sachen beziehen, erfasst werden.

Insbesondere im Zusammenhang mit dem Genuss der Früchte sowie in bestimmten 2 Fällen bei der Neuanschaffung von Inventargegenständen kommen bei Pachtverhältnissen neben schuldrechtlichen auch sachenrechtliche Elemente zum Tragen: Der Pächter erwirbt Eigentum an den Früchten nach § 956, § 957 oder § 958 BGB, also idR bereits mit der Trennung vom Pachtgegenstand (s BUNSEN ArchBürgR 29 [1906] 11 ff; HERRFURTH, Der Fruchterwerb des Pächters nach Deutschem Rechte, Gemeinem Rechte und Bürgerlichem Gesetzbuche 30; MEDICUS JuS 1967, 385, 386; SPYRIDAKES, Zur Problematik der Sachbestandteile 144 f; STAUDINGER/GURSKY/WIEGAND [2017] § 956 Rn 2; SOERGEL/HENSSLER § 956 Rn 3; BeckOK/KINDL [15. 6. 2017] § 956 Rn 1), und § 582a Abs 2 S 2 BGB und § 582a Abs 3 S 2 HS 2 BGB regeln Fälle eines Eigentumserwerbs kraft Gesetzes an neu angeschafften Inventarstücken eines Grundstücks, wenn der Pächter Inventar zum Schätzwert übernommen hat. Bei einer weitergehenden Verdinglichung der Rechtsstellung des Nutzungsberechtigten, insbesondere im Verhältnis zu Dritten, liegt jedoch kein Pachtvertrag, sondern ein Nießbrauch iSd §§ 1030 ff BGB vor (dazu näher unten Rn 54).

II. Entwicklung

Sucht man nach den historischen Wurzeln der Pacht iSd §§ 581 ff BGB, liegt das 3 Hauptaugenmerk regelmäßig auf der römischrechtlichen *locatio conductio* sowie auf den deutschrechtlichen Regeln des Pachtrechts (s insb CEBULLA 6 f). Neben diesen unmittelbaren Vorläufern lassen sich jedoch eine Reihe weiterer Rechtsinstitute ausmachen, die vergleichbare Regelungszwecke mit anderen rechtlichen Mitteln verfolgten. Diese haben insbesondere für die Abgrenzung der Pacht zu anderen Rechtsverhältnissen Bedeutung und werden daher ebenfalls kurz dargestellt.

1. Römisches Recht

Im römischen Recht war die Pacht nicht als eigenständiger Vertragstypus anerkannt. 4 Sie bildete zusammen mit der Miete eine Unterform der *locatio conductio*, die außerdem auch Dienst- und Werkverträge im Sinne unseres heutigen Verständnisses umfasste. Die drei Untertypen wurden zwar noch nicht als eigenständige Kategorien aufgefasst, aber praktisch unterschiedlich behandelt (MAYER-MALY 17 ff; ZIMMERMANN 339 f; HONSELL/MAYER-MALY/SELB 322 f). Die *locatio conductio rei* umfasste Gebrauchsüberlassungen mit und ohne Nutzungsrecht; die heutige Zweiteilung zwischen Miete und Pacht fand sich also noch nicht im römischen Recht (MAYER-MALY 22 f). Der *locator* überließ dem *conductor* eine Sache zum Gebrauch und ggf auch zur Nutzung und hatte diese in einem gebrauchs- und nutzungstauglichen Zustand zu erhalten (KASER/KNÜTEL/LOHSSE § 42 Rn 8). Pachtgegenstand konnten bewegliche und unbewegliche Sachen sein (KASER I 565 mwNw; JACOBI, Miethe und Pacht – Ihre Stellung in der Kulturgeschichte, im Privatrecht und im Systeme des Entwurfes des bürgerlichen Gesetzbuches für das deutsche Reich 27), aber auch Sklaven (KASER I 565 mwNw), Tiere (KASER I 565 mwNw), Unternehmen (MAYER-MALY 120 mwNw) und Rechte (PUCHTA § 365, S 542; HONSELL/MAYER-MALY/SELB 324 mwNw). Der *conductor* hatte den Pachtzins zu zahlen und den Pachtgegenstand nach Vertragsende zurückzugeben. Bei der Landpacht (Kolonat) war er zudem verpflichtet, den Boden zu bewirtschaften, was idR vertraglich festgelegt war (KASER/KNÜTEL/LOHSSE § 42 Rn 12; MAYER-MALY 180 ff; HARKE 24 ff mwNw). Er erwarb die Früchte mit Besitzergreifung; hatte ein anderer die Früchte gezogen und zunächst daran Eigentum erworben, konnte der Pächter sie mit Hilfe der *actio conducti* herausverlangen (KASER/KNÜTEL/LOHSSE § 26 Rn 7). Besitzrechtlich war die Stellung des Pächters sehr schwach: Er hatte lediglich „natürlichen Besitz" *(naturalis possessio)*, nicht auch Besitz im juristischen Sinne mit der Folge, dass er Besitzschutzrechte nicht selbst ausüben konnte, sondern darauf angewiesen war, dass der Verpächter dies tat (KASER/KNÜTEL/LOHSSE § 19 Rn 17 f; ZIMMERMANN 378; JACOBI, Miethe und Pacht – Ihre Stellung in der Kulturgeschichte, im Privatrecht und im Systeme des Entwurfes des bürgerlichen Gesetzbuches für das deutsche Reich 21 ff; SCHWERDTFEGER 8 f). Besser abgesichert war der Fruchtziehende beim Nießbrauch *(usus fructus,* s dazu nur KASER I 447 ff), der schon im römischen Recht von der *locatio conductio rei* abzugrenzen war, sowie bei der Erbpacht, die kommunale oder staatliche Ländereien betraf und bei der die Grenze zum Eigentum verschwamm (ZIMMERMANN 359; KASER I 455; KASER/KNÜTEL/LOHSSE § 30 Rn 3 f; ähnlich HONSELL/MAYER-MALY/SELB 192). Die Vertragsdauer richtete sich in erster Linie nach der Vereinbarung der Beteiligten, die den Pächter zugleich vor einem vorzeitigen Widerruf (der ansonsten aufgrund seiner schwachen besitzrechtlichen Stellung möglich gewesen wäre) schützte (s dazu KASER/KNÜTEL/LOHSSE § 19 Rn 13). Die Landpacht war häufig auf fünf Jahre angelegt (KASER I 568 mwNw; ZIMMERMANN 355 f mwNw). Wenn dem Pächter die Fruchtziehung aufgrund außergewöhnlicher Ereignisse (Brand, Missernte, Unwetter oÄ) nicht möglich war, kam eine Herabsetzung des Pachtzinses *(remissio mercedis)* in Betracht, deren Ursprung und dogmatische Einordnung in der romanistischen Forschung im Einzelnen allerdings umstritten ist (dazu insb HARKE 12 ff, MAYER-MALY 140 ff, beide mwNw). Mitunter wurde auch die Teilpacht *(colonia partiaria),* bei der ein Teil der Früchte an den Verpächter abzuführen war und die jedenfalls als Vorläuferin der partiarischen Rechtsverhältnisse (dazu näher unten § 581 Rn 104, 255 ff) betrachtet werden kann, als besondere Form der *locatio conductio* angesehen (KASER I 566 mwNw; ZIMMERMANN 354 mwNw; umfassend – auch zu abweichenden Ansichten – WAASER, Die Colonia Partiaria des römischen Rechts; zur Weiterentwicklung HARKE 37 ff).

5 Eine entgeltliche Überlassung von Gegenständen zu Zwecken des Gebrauchs und der Fruchtziehung erfolgte vor allem bei Grundstücken teilweise auch in anderen rechtlichen Formen. Neben der bereits angesprochenen Erbpacht sind insbesondere *ius perpetuum* (Dauerpacht an Grundstücken des Krongutes, s insb Kaser II 308 f; Kaser/Knütel/Lohsse § 30 Rn 3) und *Emphyteuse* (hellenistisch geprägte Erbpacht an Ländereien des kaiserlichen Privatvermögens, s nur Kaser II 308 ff; Honsell/Mayer-Maly/Selb 192; Puchta § 176, 267) zu nennen. Wenn auch Abgrenzung und Weiterentwicklungen in vielen Einzelheiten umstritten sind (s nur Mitteis, Zur Geschichte der Erbpacht im Alterthum 40 ff; Kaser II 310; Honsell/Mayer-Maly/Selb 192 f einerseits, Simon, Symposion [1977] 365 ff andererseits), lässt sich doch festhalten, dass je nach Art des überlassenen Gegenstands unterschiedliche Rechtsformen in Betracht kamen und dass bei den genannten Überlassungsformen die Stellung des Pächters eine stärkere war als bei der *locatio conductio*. Noch stärker war die Position des Nutzungsberechtigten beim Nießbrauch *(usus fructus)*, der im dritten Jahrhundert v Chr zu Versorgungszwecken entwickelt (Kaser I 448; Kaser/Knütel/Lohsse § 29 Rn 2; Honsell/Mayer-Maly/Selb 184 f) und deutlich von der obligatorischen *locatio conductio* getrennt wurde. Das Nutzungs- und Fruchtziehungsrecht des Nießbrauchers bezog sich zunächst insbesondere auf Grundstücke, später aber auch auf bewegliche Sachen und bestimmte Rechte (Kaser I 449, 454; Kaser/Knütel/Lohsse § 29 Rn 4; Honsell/Mayer-Maly/Selb 186 f). Vom ursprünglich persönlichen Recht, das Versorgungszwecken diente, entwickelte sich der Nießbrauch weiter zu einem Recht mit dinglicher Wirkung zugunsten des Nießbrauchers (vgl Honsell/Mayer-Maly/Selb 185 f; Kaser I 448, 454; Kaser/Knütel/Lohsse § 29 Rn 18), das im späteren Vulgarrecht sogar im Eigentum aufging (Kaser II 302 mNw), bei Justinian hingegen zu den Grunddienstbarkeiten parallel gesetzt wird (Kaser II 305 mNw). Aus der unbefristeten Pacht heraus entwickelte sich zudem das Erbbaurecht (vgl Kaser I 456; Honsell/Mayer-Maly/Selb 194), das ebenfalls zunehmend verdinglicht wurde (Kaser I 456; II 308; Honsell/Mayer-Maly/Selb 194; Kaser/Knütel/Lohsse § 30 Rn 7).

Die soziale Stellung des Pächters war bereits im klassischen römischen Recht relativ **6** schwach ausgeprägt (Zimmermann 352 f). Sie verschlechterte sich später noch weiter. Im weströmischen Reich entwickelten sich die rechtlichen Positionen von großen Erbpächtern und kleinen Zeitpächtern ab dem fünften Jahrhundert auseinander (Kaser II 401): Die Erbpächter erhielten eine fast eigentümerähnliche Rechtsstellung, die Zeitpächter wurden noch stärker vom Verpächter abhängig. Die *locatio conductio* wurde weitgehend verdrängt (Kaser II 401 ff; Mayer-Maly 79 f). In Ostrom blieb sie dagegen stärker erhalten, aber auch hier verschlechterte sich die Situation der Pächter (Kaser II 403 ff). Insgesamt wurden Pachtverträge mit starker sozialer Abhängigkeit des Pächters durch „Verhältnisse persönlicher Untertänigkeit" ersetzt (Kaser II 406; ähnlich Mayer-Maly 225 f). Hier zeigt sich eine grundlegende soziale Problematik, die vor allem Landpachtverträgen immanent ist. Zugleich wird deutlich, dass bei der Weiterentwicklung der Pacht unterschiedliche Tendenzen – Verdinglichung einerseits, persönliche Abhängigkeit andererseits – nebeneinander zu berücksichtigen sind.

2. Weitere Entwicklung

a) Gemeines Recht

Im gemeinen Recht wurde unter leichter Modifikation der römischrechtlichen **7** Grundsätze idR zwischen *locatio conductio rei* und *locatio conductio operae* differenziert (Coing I 456 f mNw). Bei der *locatio conductio rei,* die Miet- und Pachtverträge zusammenfasste (s insb WINDSCHEID/KIPP II 718 f), wurde der Pachtgegenstand sehr weit gefasst und schloss auch *res incorporales* ein (COING I 457; VKÜBEL 254 mwNw). Ob als Entgelt auch eine Sachleistung (zB die Übereignung eines Teils der Früchte) in Betracht kam, war umstritten (COING I 457; VKÜBEL 254 mwNw). Die gemeinrechtlichen Grundsätze wurden von Naturrechtslehre und *Usus modernus* aufgegriffen und bis in das 19. Jahrhundert weitergeführt (COING I 456 f; II 481). Das Remissionsrecht bei außergewöhnlich schlechter Ernte wurde ebenfalls beibehalten, die Kriterien dafür waren jedoch offenbar nicht völlig klar (vgl COING I 458). Im 19. Jahrhundert bildeten sich genauere Regelungen für Wohnungsmiete und Landpacht heraus, zB im französischen und italienischen Recht (COING II 481 mwNw). Daran zeigt sich, wo die Schwerpunkte der *locatio conductio rei* in der Praxis lagen. Die Einordnung als obligatorisches oder dingliches Rechtsverhältnis ist im gemeinen Recht nicht mehr eindeutig (COING II 482 mwNw; JACOBI, Miethe und Pacht – Ihre Stellung in der Kulturgeschichte, im Privatrecht und im Systeme des Entwurfes des bürgerlichen Gesetzbuches für das deutsche Reich 38 ff); gemeinsam ist den Weiterentwicklungen jedoch, dass auch bei den schuldrechtlichen Konzeptionen regelmäßig besondere Regeln zum Schutz des Mieters bzw Pächters bei Veräußerung des überlassenen Gegenstands vorgesehen waren (s dazu nur SCHWERDTFEGER 10 f mwNw).

8 Eine wichtige Rolle spielten im gemeinen Recht auch die *locatio conductio ad longum tempus,* die auf einen über zehn Jahre hinausgehenden Zeitraum angelegt war (COING I 369 f), sowie die ebenfalls regelmäßig langfristig angelegte *Emphyteuse* (COING I 367 f). Hier zeigt sich eine Tendenz des gemeinen Rechts zur Stärkung der besitzrechtlichen Stellung des Nutzungsberechtigten, zum einen durch die Vorstellung eines durch dingliche Klagen geschützten Rechts an unkörperlichen Sachen *(ius in re incorporali),* zum anderen durch die Konstruktion des Rechtsbesitzes *(quasi possessio),* für den an die fortdauernde Ausübung von Rechten angeknüpft wurde (COING I 341 ff). Mit Hilfe dieser Denkfiguren konnten auch außerhalb des römischen Rechts entwickelte Rechtsinstitute in das bestehende System integriert werden (COING I 342), was durch die von den Legisten entwickelte Differenzierung zwischen *dominium directum* und *dominium utile* noch weiter erleichtert wurde (COING I 350; s dazu auch WINDSCHEID/KIPP I 879 Fn 9). Das war beispielsweise auch für Lehnsverhältnisse von Bedeutung (zu deren Nähe zur Pacht insb CEBULLA 12 f), bei denen neben das ursprünglich im Vordergrund stehende persönliche Element auch ein sachenrechtliches trat (COING I 356 ff; GERBER, System des deutschen Privatrechts 277 ff; HEGER, Der Nießbrauch in usus modernus und Naturrecht 102 mwNw) und die erst im 19. Jahrhundert an Bedeutung verloren. Auch wenn im 16.–18. Jahrhundert die besitzrechtlichen Entwicklungen in verschiedenen Teilen Kontinentaleuropas auseinanderdrifteten, lässt sich doch bei bäuerlichen Nutzungsrechten insgesamt eine Tendenz zur Verstärkung der Stellung des Nutzungsberechtigten in Richtung einer Verdinglichung ausmachen, und zwar unabhängig von der ursprünglichen rechtlichen Einordnung, also auch bei ursprünglich der *locatio conductio* zugeordneten Rechtspositionen (COING I 376 f mwNw). Beim Nießbrauch *(ususfructus)* führten diese Tendenzen zu keinen wesentlichen Veränderungen (wenn auch zu einigen Verfeinerungen, vgl COING I 311 f; weiterhin auch WINDSCHEID/KIPP I 1032 ff; ausführlich HEGER, Der Nießbrauch in usus modernus und Naturrecht 24 ff), weil dieser bereits zuvor als dingliches Recht ausgestaltet war.

b) Deutsches Recht

9 Im deutschen Recht wurde deutlicher als im gemeinen Recht zwischen Miete und

Pacht differenziert (v Gierke III 509). Die **Pacht** entwickelte sich im Mittelalter aus der Zinsleihe; echte Pachtverträge lassen sich seit Ende des 14. Jahrhunderts nachweisen (v Gierke III 510 mwNw Fn 8). Häufige Pachtgegenstände waren Landgüter (die Landpacht entwickelte sich aus der Landgüterpacht, v Gierke III 555 ff) und Vieh (v Gierke III 566 ff), aber auch Rechte konnten verpachtet werden (v Gierke III 562). Die Teilpacht wurde vielerorts als zulässig angesehen, kam praktisch aber selten vor (v Gierke III 561 mwNw). Kennzeichnend für die deutschrechtliche Entwicklung war eine zunehmende Verfestigung der vertraglichen Bindung, mit der eine Stärkung der Rechtsstellung des Pächters einherging (v Gierke III 512 f, 515 mwNw). Die *Gewere* des Pächters an der Sache wurde wie ein dingliches Recht geschützt (v Gierke III 512 f; Schwerdtfeger 10; s auch Jacobi, Miethe und Pacht – Ihre Stellung in der Kulturgeschichte, im Privatrecht und im Systeme des Entwurfes des bürgerlichen Gesetzbuches für das deutsche Reich 41) und mit Hilfe von Kündigungsregelungen wurde der Pächter gegen eine plötzliche Vertragsbeendigung abgesichert (v Gierke III 515 mwNw). Diese Verbesserungen für den Pächter wurden auch unter Einfluss des gemeinen Rechts teilweise beibehalten (v Gierke III 515). Überhaupt ist die Verdinglichung von Forderungsrechten mit Hilfe der *Gewere* ein Kennzeichen der deutschrechtlichen Entwicklung (Coing II 608 ff).

10 Insgesamt lässt sich die Pacht, soweit sie verdinglicht wurde (was insbesondere für die Erbpacht galt, s Gerber, System des deutschen Privatrechts 370 f), im deutschen Recht als eines von mehreren **dinglichen Nutzungsrechten**, zu denen etwa auch *Emphyteuse*, Leihe und Nießbrauch gehörten, einstufen (zu diesen insb v Gierke II 601). Die Regeln für vererbliche und veräußerliche Nutzungsrechte an Grundstücken wurden vielfach auf selbständige liegenschaftliche Gerechtigkeiten erstreckt (v Gierke II 621). So entstand letztlich eine große Gruppe dinglicher Nutzungsrechte (vom Lehen – das freilich noch zusätzlich durch gegenseitige Treuepflichten gekennzeichnet war – über das Erbbaurecht bis zum Bergrecht, Wasser- und Deichrecht), die sich gegenüber dem Eigentum zunehmend verselbständigten (v Gierke II 623 ff, 634). Eine Vielfalt von Rechten, von denen die Pacht nur eines ist, wurde also in ähnlicher Weise behandelt; eine gewisse Sonderstellung kam aber nach wie vor dem Nießbrauch zu, bei dem die römischrechtliche Grundlage noch stärker nachwirkte (v Gierke II 678).

3. Vorläufer des BGB

11 Im **Allgemeinen Landrecht** für die Preußischen Staaten von 1794 spiegelte sich die Verdinglichung des Pachtvertrags wider (3 v Gierke II 611; Dernburg, Lehrbuch des Preußischen Privatrechts I, Sachenrecht § 290; Wieling, in: Gedächtnisschrift Sonnenschein 201, 201 f), der zusammen mit dem Mietvertrag unter dem Titel „Von dem Rechte zum Gebrauch oder Nutzung fremden Eigentums" geregelt war. Die „Sache" als Pachtgegenstand (Th I Tit XXI § 259) wurde weit verstanden und umfasste auch Rechte sowie Sachgesamtheiten (Th I Tit II §§ 7, 32; dazu insb Cebulla 11 f), ein ausführlicher Sonderabschnitt betraf die Pacht von Landgütern (Th I Tit XXI §§ 399–625). Eine gesonderte Regelung für „zur Cultur ausgesetzte [...] Güter [...] und Grundstücke [...]" enthielt der folgende Abschnitt (Th I Tit XXI §§ 626 ff). Für die unterschiedlichen Arten von Pachtverträgen waren auch Remissionsrechte vorgesehen, deren Reichweite und Interpretation im Einzelnen jedoch umstritten waren (Harke 66 ff).

12 Im Gegensatz zu dieser deutschrechtlich geprägten Regelung enthielt der **Dresdner**

Entwurf eines Allgemeinen Deutschen Gesetzes über Schuldverhältnisse von 1866 in Art 576–589 eine Regelung über die Pacht als schuldrechtlichen Vertrag. Teilweise vermischen sich jedoch bei diesem auf breiter rechtsvergleichender Grundlage erstellten Entwurf bereits die Einflüsse des römischen und gemeinen Rechts mit denjenigen des deutschen Rechts. So wird die Pacht – wie im deutschen Recht – als eigenständiger Vertrag geregelt, aber ergänzend wird in Art 578 auf mietrechtliche Vorschriften verwiesen. Die Teilpacht ist in Art 577 erfasst, das Remissionsrecht ist nach Art 584 ausgeschlossen. Im Anschluss an die Vorschriften über die Pacht finden sich Regelungen über die Viehverstellung (Art 590–597).

4. Entstehung des BGB

13 Bei der Entstehung des BGB vermischten sich die römisch- und deutschrechtlichen Einflüsse noch stärker als schon im Dresdner Entwurf, der Ausgangspunkt der Vorarbeiten zum BGB war (Jakobs/Schubert 615 ff; Schubert 246 ff, 423 ff). Die römischrechtlichen Wurzeln spiegeln sich vor allem in der Einordnung der Pacht als schuldrechtlichem Vertrag (Mot III 77 ff; vGierke III 540 f; vGierke II 612 Anm 18, jeweils mwNw auch zur Gegenansicht; Schwerdtfeger 14 ff; Jacobi, Miethe und Pacht – Ihre Stellung in der Kulturgeschichte, im Privatrecht und im Systeme des Entwurfes des bürgerlichen Gesetzbuches für das deutsche Reich 62; Wieling, in: Gedächtnisschrift Sonnenschein 201, 205 ff mwNw; zweifelnd Mitteis, Zwei Fragen aus dem bürgerlichen Recht 44 ff) sowie in der Nähe zur Miete wider (vGierke III 516); die grundsätzliche Differenzierung zwischen Pacht und Miete dürfte hingegen auf das deutsche Recht zurückzuführen sein (Mot II 368), ebenso wie der gegenüber dem römischen Recht ansatzweise verstärkte Schutz des Pächters (zB im Verhältnis zum Käufer des Pachtgegenstands, § 581 Abs 2 BGB iVm § 571 aF, jetzt § 566 BGB, dazu vGierke III 539 f; Schwerdtfeger 13 f; Jacobi, Miethe und Pacht – Ihre Stellung in der Kulturgeschichte, im Privatrecht und im Systeme des Entwurfes des bürgerlichen Gesetzbuches für das deutsche Reich 19; Otte, in: FS Wieacker [1978] 463, 474 f – zur Miete; Wieling, in: Gedächtnisschrift Sonnenschein 201, 207 ff mwNw, oder im Hinblick auf Vertragsdauer und Kündigungsmöglichkeiten, s auch vGierke II 516). Die meisten gesonderten Vorschriften über die Pacht beziehen sich auf die Pacht von landwirtschaftlichen Grundstücken, vereinzelt auch von Landgütern. Das Remissionsrecht wurde nach kontroversen, im Laufe des Gesetzgebungsverfahrens immer wieder aufflammenden Diskussionen letztlich nicht aufgenommen (Mot II 423 f; Jakobs/Schubert 621, 625 ff; Harke 71 ff mwNw), nicht zuletzt unter Hinweis auf eine bestehende Vertragspraxis, bei der das Remissionsrecht bei Pachtverträgen regelmäßig ausgeschlossen werde (Jakobs/Schubert 627). Bemerkenswert sind weiterhin die Streichung der ursprünglich geplanten Regelung über die Teilpacht (Jakobs/Schubert 619; s aber auch vGierke III 561 f, der davon ausgeht, dass einer solchen Variante des Pachtvertrags kein Hindernis entgegenstehe) sowie die Diskussionen über die Rechtspacht, aus denen sich ergibt, dass die Verfasser des BGB von der Möglichkeit einer Verpachtung von Rechten ausgingen, auch wenn der Wortlaut iE sehr knapp gefasst wurde (Mot II 421 f; Jakobs/Schubert 619; s auch vGierke III 562 ff). Auf eine gesonderte Bestimmung, dass der Verpächter verpflichtet sei, dem Pächter die Innehabung des Pachtgegenstands insoweit zu verschaffen, als dies zur Fruchtziehung erforderlich sei, wurde mit Blick auf die mietrechtlichen Vorschriften verzichtet (Mot II 422; Jakobs/Schubert 620). Ausführlich diskutiert wurden schließlich insbesondere die Rechtsfragen im Zusammenhang mit der Überlassung von Inventar an den Pächter (Jakobs/Schubert 641 ff; vGierke III 556 ff; Harke 95 f).

5. Entwicklungen seit Inkrafttreten des BGB

Nach Inkrafttreten dieser Regelungen entwickelte sich das Pachtrecht zunächst vor **14** allem außerhalb des BGB weiter; zu zahlreichen praktisch wichtigen Einzelbereichen des Pachtrechts wurden **gesonderte Gesetze** erlassen. Zu nennen sind neben den Pachtschutzordnungen von 1920 und 1925 (Pachtschutzordnung vom 9. 6. 1920, RGBl 1920 I 1193; Pachtschutzordnung vom 23. 7. 1925, RGBl 1925 I 152) und einigen nationalsozialistischen Sonderregelungen (dazu HARKE 82 ff mwNw) insbesondere die Regelungen über die Kleingartenpacht ab 1916 (Rn 60), das Inventarpfandrechtsgesetz vom 9. 7. 1926 (RGBl 1926 I 399, 412), später ersetzt durch das Pachtkreditgesetz vom 5. 8. 1951 (BGBl 1951 I 494), die Vorschriften über die Jagdpacht im Reichsjagdgesetz von 1934 (RGBl 1934 I 549), das 1953 durch das Bundesjagdgesetz (BGBl 1952 I 780, 843; 1961 I 304) abgelöst wurde, das Landpachtgesetz vom 25. 6. 1952 (BGBl 1952 I 343), die zunächst landes- und später bundesrechtlichen Regeln über die Apothekenpacht (s Rn 23, § 581 Rn 103 f) sowie die 1965 eingeführte Regelung über die Betriebspacht in § 292 Abs 1 Nr 3 AktG. Insofern lässt sich eine Fortsetzung der bereits bei der Analyse der historischen Entwicklung des Pachtrechts herausgearbeiteten Tendenz zur Aufsplitterung der Rechtsregeln für einzelne Lebensbereiche konstatieren. Bei der Landpacht erfolgte – nach zwei vorangegangenen Reformversuchen (Entwurf eines Gesetzes zur Neuordnung des landwirtschaftlichen Pachtrechts vom 1. 3. 1977, BT-Drucks 8/141; Entwurf eines Gesetzes zur Neuordnung des landwirtschaftlichen Pachtrechts vom 13. 10. 1982, BT-Drucks 9/2299) – 1985 eine teilweise Umkehrung dieser Entwicklung, indem die Vorschriften des Landpachtgesetzes durch das **Gesetz zur Neuordnung des landwirtschaftlichen Pachtrechts** vom 8. 11. 1985 (BGBl 1985 I 2065; s auch Entwurf vom 21. 10. 1983, BT-Drucks 10/509) in das BGB übernommen wurden (§§ 585–597 BGB); separat blieb allerdings das Landpachtverkehrsgesetz vom 8. 11. 1985 (BGBl 1985 I 2075). Hintergrund der häufigen Änderungen des Landpachtrechts war unter anderem die umstrittene Genehmigungs- und später Anzeigepflicht für Landpachtverträge (dazu STAUDINGER/EMMERICH[12] Rn 15 ff).

Weitere Änderungen des Pachtrechts im BGB ergaben sich durch das **Mietrechts-** **15** **reformgesetz** vom 19. 6. 2001 (BGBl 2001 I 1149) und das **Schuldrechtsmodernisierungsgesetz** vom 26. 11. 2001 (BGBl 2001 I 3138). Diese Modifikationen betrafen das Pachtrecht jedoch vor allem indirekt (über eine Änderung mietrechtlicher Regelungen, die in § 581 Abs 2 BGB in Bezug genommen werden) bzw terminologisch. Bei den Änderungen des Mietrechts ist vor allem zu vermerken, dass durch die Trennung von Mietrechts- und Schuldrechtsreform keine vollständige Abstimmung erfolgte. Weitreichende materiellrechtliche Änderungen, die auch in das Pachtrecht hineinwirken, brachte zunächst die Mietrechtsreform. Bei der Schuldrechtsreform wurden hingegen nur marginale Änderungen des Mietrechts vorgenommen, was teilweise zu Diskrepanzen zwischen mietvertraglichem Gewährleistungsrecht und Allgemeinem Schuldrecht geführt hat (dazu im Zusammenhang mit den einzelnen Regelungen). In terminologischer Hinsicht wurden im Zuge der Mietrechtsreform „Pachtzins" durch „Pacht" (§ 581 Abs 1 S 2, § 584b S 1 BGB) und „Pacht" durch „Pachtverhältnis" (§ 582a Abs 1 S 1, Abs 3 S 1 und S 4, § 584 Abs 1 und Abs 2 BGB) bzw „Pachtvertrag" (§ 581 Abs 2 BGB) ersetzt. Leider erfolgte die terminologische Umstellung jedoch nicht vollständig, sodass in §§ 584 Abs 1 letzter HS, 594a Abs 2 letzter HS, 595 Abs 3 Nr 3 letzter HS BGB weiterhin der Begriff „Pacht" verwendet wird, der aber im Sinne von „Pachtverhältnis" zu verstehen ist.

6. Folgerungen

16 Es zeigt sich, dass einige dem Pachtvertrag offenbar vom Wesen her immanente Fragen fast die gesamte historische Entwicklung dieses Vertragstyps durchziehen. Dies sind insbesondere die Risikoverteilung bei Ausschluss der Fruchtziehung durch äußere Ereignisse (also die Frage des Remissionsrechts) sowie die Rechtsstellung des Pächters. Mit Letzterer verbunden sind die Fragen der Berechtigung zur Unterverpachtung und des Schutzes des Pächters gegenüber Einwirkungen Dritter auf den Pachtgegenstand sowie bei einer Veräußerung des Pachtgegenstands und damit auch einer gewissen Verdinglichung der Pacht (zu Verdinglichungstendenzen bei der Miete, die teilweise auf die Pacht ausstrahlen, STAUDINGER/EMMERICH [2018] Vorbem 18 f zu § 535; WIELING, in: Gedächtnisschrift Sonnenschein 201, 212 ff mwNw; zu noch weitergehenden Verdinglichungstendenzen bei der Wohnraummiete ohne Ausstrahlungswirkung auf die Pacht STAUDINGER/EMMERICH [2018] Vorbem 20 zu § 535; s aber auch unten Rn 31 ff zur Pacht von so genannten Datschengrundstücken). Weiterhin wird deutlich, dass je nach Pachtgegenstand unterschiedliche Regeln erforderlich sein können. Vor allem die praktisch wichtige Verpachtung landwirtschaftlicher Grundstücke erfordert eine Reihe von Sonderregelungen, die jedoch nicht zwangsläufig auch räumlich und inhaltlich vom sonstigen Pachtrecht abgekoppelt werden müssen. Daher ist die Re-Integration des Landpachtrechts in das BGB sehr zu begrüßen.

17 Auch in **ausländischen Rechtsordnungen** ist die Pacht nicht stets gesondert erfasst. Eine separate Regelung erfährt sie etwa im schweizerischen Obligationenrecht (Art 275 ff OR) und im italienischen Recht (Art 1615 ff codice civile). Stärker mit dem Mietrecht verschmolzen, wenn auch noch vom Mietvertrag unterschieden, ist sie im österreichischen ABGB (§§ 1091 ff) und im französischen Recht (Art 1713 ff allgemein und Art 1764 ff Code Civil zur Landpacht). Dagegen geht die Pacht im englischen Recht in den Regeln über *bailment* in der Form des *contract for the hire of goods* (Sektionen 11G ff des Supply of Goods and Services Act 1982) mit auf. Auch der Draft Common Frame of Reference als mögliches Modell eines künftigen europäischen Privatrechts enthält keine gesonderte Regelung über Verträge, die der Pacht iSd §§ 581 ff BGB entsprechen würden. Jedoch lassen sich solche Verträge auch keinem der dort geregelten Vertragstypen vollständig zuordnen: In den Vorschriften über Mietverträge (Lease of Goods, IV. B. – 1:101 ff) wird ein Fruchtziehungsrecht nicht erwähnt (allerdings auch nicht ausgeschlossen) und die Regelungen über Franchising (IV. E. – 4:101 ff) regeln nur einen bestimmten Vertragstyp, der jedenfalls stark durch Elemente geprägt ist, die aus deutscher Sicht dem Pachtvertragsrecht zuzuordnen wären (näher zur Beurteilung von Franchisingverträgen Rn 95). Ob man daraus jedoch den Schluss einer Überflüssigkeit des Pachtvertrags als Vertragstypus ziehen kann (in diese Richtung aufgrund einer historischen und systematischen Auslegung des BGB HARKE 106 ff), erscheint zweifelhaft angesichts der Tatsache, dass etliche praktisch wichtige „moderne" Vertragstypen, die zumindest mit dem Pachtrecht in Verbindung gebracht werden können, wie zB Lizenz-, Know-how- oder Sponsoringverträge (dazu näher Rn 83 ff, 96), vom Regelungssystem des Draft Common Frame of Reference überhaupt nicht erfasst werden.

18 Die historische Entwicklung sowie der kurze rechtsvergleichende Überblick verdeutlichen, dass die Entwicklung der Pacht als eigenständiger Vertragstypus offenbar ebensowenig sachnotwendig ist wie eine Zusammenfassung sämtlicher entgeltlichen Nutzungsverträge mit Fruchtziehungsrecht zu einem einzigen Vertragstypus. Der erste Aspekt zeigt sich ansatzweise auch im heutigen deutschen Recht darin, dass innerhalb der Systematik der Vertragstypen des Besonderen Schuldrechts die Leihe sozusagen das unentgeltliche Gegenstück sowohl zur Pacht als auch zur Miete darstellt. Der zweite Aspekt spiegelt sich teilweise in der Differenzierung zwischen Pacht und Landpacht wider. Er sollte aber auch bei der Einordnung gesetzlich nicht geregelter Verträge berücksichtigt werden, denn das Ziel der Nutzungsüberlassung zur Fruchtziehung gegen Entgelt lässt sich auch in anderen Rechtsformen als derjenigen der Pacht erreichen. Die Analyse der – unmittelbaren und mittelbaren – historischen Vorläufer der Pacht hat gezeigt, dass ein breites Spektrum an Gestaltungsmöglichkeiten – von der (heute freilich überholten) Vorstellung eines persönlichen Abhängigkeitsverhältnisses bis zum dinglichen Recht (Nießbrauch) – zur Verfügung steht. Daher kann gefragt werden, ob eine Heranziehung der Regeln über den Pachtvertrag als „Auffangregeln" für praktische Gestaltungen unklarer rechtlicher Natur erforderlich und inhaltlich angemessen ist (dazu unten Rn 135).

III. Wirtschaftliche Bedeutung der Pacht

Insgesamt ist die Pacht wirtschaftlich höchst bedeutsam. Allerdings muss auch hier **19** nach den unterschiedlichen Ausprägungen der Pacht differenziert werden. So wird etwa die Bedeutung der – wegen der Anzeigepflicht relativ leicht nachzuverfolgenden – Landpacht daran deutlich, dass 2013 in den Bundesländern zwischen 49,6 % (Schleswig-Holstein) und 81,5 % (Thüringen) der landwirtschaftlichen Nutzfläche verpachtet waren (Statistisches Bundesamt 2013, in: Landwirtschaftskammer Nordrhein-Westfalen, Die Fachinformation für Beratung und Bildung [28. 8. 2014] S 16). Aber auch die wirtschaftliche Bedeutung anderer Pachtarten, wie etwa der Kleingartenpacht, der Jagd- und Fischereipacht sowie der Pacht von Gewerbebetrieben (zB Gaststätten, Apotheken), sollte nicht unterschätzt werden, selbst wenn hier kaum umfassendes statistisches Material existiert. Bezieht man über diese „klassischen" Formen der Pacht hinaus die Rechtspacht sowie diejenigen gesetzlich nicht ausdrücklich geregelten Vertragstypen mit in die Betrachtung ein, die pachtrechtliche Elemente aufweisen und daher ganz oder teilweise nach Pachtrecht zu beurteilen sind (dazu näher Rn 80 ff), wie zB Franchising-, Lizenz- oder Werbeverträge, wird die wirtschaftliche Relevanz der Pacht noch deutlicher.

IV. Gesetzliche Regelungen

1. Überblick

Das heutige Pachtrecht ist geprägt durch ein Nebeneinander mehrerer Regelungs- **20** systeme innerhalb und außerhalb des BGB (Rn 14). Insoweit setzt sich – trotz gewisser Reintegrationstendenzen in jüngerer Zeit (Rn 14 aE) – die historische Entwicklung nahezu ungebrochen fort. Auch die sich aus dem Blick auf andere Rechtsordnungen ergebende Erkenntnis, dass eine gesonderte Regelung der Pacht möglicherweise nicht sachnotwendig ist, wird durch dieses Nebeneinander vielfältiger Regeln bestätigt.

2. Regelungen im BGB

21 §§ 581 ff BGB liegt offenbar als gesetzgeberisches Grundmodell die Sachpacht zugrunde (Rn 13), was bei ihrer Anwendung auf Verträge mit anderen Pachtgegenständen zu berücksichtigen sein kann (dazu im Einzelnen bei den jeweiligen Regelungen). Auch bei der Beurteilung der Rechtspacht ist dieser Aspekt im Blick zu behalten; insofern ist bei der Anwendung der §§ 581 ff BGB stets die Differenzierung zwischen Rechts- und Sachpacht zu berücksichtigen. Bei der Sachpacht muss weiterhin zwischen der Verpachtung beweglicher und unbeweglicher Sachen unterschieden werden. Im Rahmen der Verpachtung unbeweglicher Sachen sind die Sonderregelungen über die Landpacht in §§ 585 ff BGB zu beachten; §§ 581 ff BGB gelten heute nur noch für die sogenannte einfache Grundstückspacht (zur Abgrenzung s Rn 53).

22 Die §§ 581 ff BGB sind zwar der Ausgangspunkt für die Beurteilung der Pacht nach dem BGB; zur vollständigen rechtlichen Würdigung von Pachtverträgen ist jedoch die Heranziehung weiterer Vorschriften erforderlich. Im Vordergrund stehen die Regeln des Mietrechts, auf die § 581 Abs 2 BGB verweist. Allerdings darf die Gegenüberstellung zur Miete, die durch die knappe eigenständige Regelung der Pacht in §§ 581 ff BGB nahe liegt, nicht zu einer verkürzten, die entsprechende Anwendung mietrechtlicher Vorschriften nicht hinreichend berücksichtigenden Betrachtungsweise führen, denn eine solche würde den unterschiedlichen Facetten der Pacht nicht vollständig gerecht. Weiterhin spielen natürlich auch allgemeine Vorschriften des Zivilrechts für die rechtliche Erfassung von Pachtverträgen eine Rolle. Praktisch wichtig sind in diesem Zusammenhang insbesondere Einschränkungen der Privatautonomie, wie etwa § 138 BGB oder spezialgesetzliche Regeln (§ 581 Rn 181 ff), sowie Formvorschriften (§ 581 Rn 157 ff).

3. Spezialgesetzliche Regelungen

23 Für eine ganze Reihe von Pachtgegenständen finden sich auch heute noch spezialgesetzliche Regelungen außerhalb des BGB. So ist die Kleingartenpacht im Bundeskleingartengesetz (BGBl 1983 I 210; 1994 I 766) geregelt, die Jagdpacht in §§ 11–14 BJagdG (BGBl 1952 I 780, 843; 1961 I 304) iVm Ausführungsgesetzen der Länder (Zusammenstellung bei Lorz/Metzger/Stöckel/Metzger § 11 BJagdG Rn 27, § 12 BJagdG Rn 5, § 13 BJagdG Rn 8, § 13a BJagdG Rn 6). Für die Fischereipacht existieren landesrechtliche Regelungen (Nachweise bei BGB-RGRK/Gelhaar Vor § 535 Rn 34; Lorz/Metzger/Stöckel/Metzger Ziff 3; Soergel/Heintzmann Vor § 581 Rn 10). Die Apothekenpacht schließlich ist in § 9 ApothekenG geregelt.

24 Neben diesen Regeln für bestimmte Pachtgegenstände sind für Pachtverträge weiterhin kartellrechtliche Bestimmungen (insb Art 101 f AEUV, §§ 1 ff GWB), bei besonderen Pachtgegenständen möglicherweise auch Vorschriften des Immaterialgüterrechts zu berücksichtigen (dazu näher Rn 83 ff). Vor allem aus den kartellrechtlichen Vorgaben können sich in bestimmten Fällen wichtige Einschränkungen der Privatautonomie ergeben. Für die Unternehmenspacht kann schließlich § 292 Abs 1 Nr 3 AktG iVm weiteren Regelungen des AktG heranzuziehen sein (§ 581 Rn 71 ff).

4. Übergangs- und Sonderregelungen für Rechtsverhältnisse im früheren Gebiet der DDR

Im Zuge der Wiedervereinigung Deutschlands 1990 war es erforderlich, Übergangs- und Sonderregelungen für Rechtsverhältnisse im früheren Gebiet der DDR zu entwickeln, die teilweise der Pacht ähnelten, mitunter aber auch anders ausgestaltet waren. Die Überleitung dieser Rechtsverhältnisse in Rechtsinstitute des BGB erfolgte mit Hilfe eines komplexen Systems von Übergangsregelungen, die nach der Art der überzuleitenden Rechtsverhältnisse sowie in zeitlicher Hinsicht abgestuft waren. Die wesentlichen Regelungen für pachtähnliche Rechtsverhältnisse, auf die es an dieser Stelle allein ankommt, finden sich in Art 232 §§ 3, 4, 4a EGBGB idF der Bekanntmachung vom 21. 9. 1994 (BGBl 1994 I 2494, 2517); zu Einzelheiten s die Kommentierung dieser Vorschriften. 25

a) Ausgangspunkt: Art 232 § 3 EGBGB

Art 232 § 3 EGBGB betrifft Pachtverhältnisse aufgrund von Verträgen, die vor dem Wirksamwerden des Beitritts am 3. 10. 1990 abgeschlossen worden waren. Diese richten sich von diesem Zeitpunkt an nach §§ 581–597 BGB, soweit nicht Sonderregelungen eingreifen, was allerdings in großem Umfang der Fall ist (s Rn 28 ff). Da die Pacht als Sonderform der Miete mit Inkrafttreten des ZGB der DDR 1976 abgeschafft worden war, erfasst Art 232 § 3 EGBGB nur relativ wenige Rechtsverhältnisse (zu Einzelheiten: STAUDINGER/ROLFS [2016] Art 232 § 3 EGBGB Rn 5; GÖHRING NJ 1992, 246, 247). In Betracht kommen zunächst Pachtverträge, die bereits vor Inkrafttreten des ZGB am 1. 1. 1976 bestanden (§ 2 Abs 2 EGZGB; zu Einschränkungen aber GÖHRING NJ 1992, 246, 247; GRÜNEBERG/WENDTLAND DtZ 1993, 101, 102 f). Weiterhin war auch unter Geltung des ZGB der Abschluss von Pachtverträgen im Rahmen der Vertragsfreiheit (§ 45 ZGB iVm §§ 2, 3 EGZGB) möglich, und zwar entweder als Verträge sui generis oder als pachtähnliche Nutzungsverträge nach §§ 71, 72 des Vertragsgesetzes vom 25. 3. 1982 (GBl 1982 I Nr 14 S 293). Auch diese Verträge sind Gegenstand von Art 232 § 3 EGBGB. Pachtverträge, die ab 1. 7. 1990 aufgrund der Vertragsfreiheit nach Art 2 Abs 1 S 2 des Vertrags über die Schaffung einer Währungs-, Wirtschafts- und Sozialunion zwischen der Bundesrepublik Deutschland und der Deutschen Demokratischen Republik vom 18. 5. 1990 und des gemeinsamen Protokolls über die Leitsätze hierzu (BGBl 1990 II 537, 545) geschlossen wurden, fallen ebenfalls unter Art 232 § 3 EGBGB (BGHZ 134, 170, 175). Für Pachtverhältnisse über land- und forstwirtschaftliche Nutzungsflächen, die aufgrund von Rechtsvorschriften der DDR begründet worden waren, gelten gem § 52 Abs 1 LwAnpG (GBl 1990 I Nr 42 S 642, Neufassung: BGBl 1991 I 1418) bereits seit 20. 7. 1990 die §§ 581–597 BGB, darauf wird in Art 232 § 3 Abs 2 EGBGB verwiesen. Dagegen haben Nutzungsverträge nach §§ 312–315 ZGB zwar ebenfalls pachtähnlichen Charakter; sie werden aber nicht von Art 232 § 3 EGBGB, sondern von der Sonderregelung in Art 232 § 4 EGBGB (dazu Rn 28 ff) erfasst. 26

Für alle unter Art 232 § 3 EGBGB fallenden Pachtverhältnisse gilt also seit 3. 10. 1990 das Pachtrecht des BGB (§§ 581–597 BGB). Ein besonderer Bestandsschutz für die von Art 232 § 3 EGBGB erfassten Pachtverträge im Gebiet der früheren DDR bestand und besteht nicht, zumal Art 232 § 2 Abs 5 EGBGB nur für gewerbliche Mietverhältnisse, also gerade nicht für die Pacht galt. 27

b) Sonderregelungen: Art 232 §§ 4, 4a EGBGB, Schuldrechtsanpassungsgesetz 1994

aa) Überblick

28 Art 232 § 4 EGBGB gewährleistet einen Bestandsschutz für Nutzungsverhältnisse nach den §§ 312–315 ZGB, die vor dem 3. 10. 1990 abgeschlossen worden waren, sowie für entsprechende Altverträge aus der Zeit vor Inkrafttreten des ZGB (Abs 4). Das sind zum einen Verträge, durch die land- und forstwirtschaftlich nicht genutzte Bodenflächen zum Zwecke der kleingärtnerischen Nutzung, Erholung und Freizeitgestaltung überlassen worden waren, zum anderen Nutzungsverträge über Garagen (Einzelheiten: Schnabel, Datschen- und Grundstücksrecht 2 ff). Vor allem die erstgenannten Verträge über so genannte Datschengrundstücke hatten in der DDR große praktische, vor allem soziale Bedeutung; betroffen waren ursprünglich etwa eine Million Verträge (Begr zum RegE für das Schuldrechtsanpassungsgesetz, BT-Drucks 12/7135, 26, 28, 35); 1999 bestanden immer noch ca 220 000 derartige Nutzungsverhältnisse (Anlage zu BT-Drucks 14/3612; zu einer differenzierenden Einschätzung der quantitativen und sozialen Bedeutung s Schnabel, Datschen- und Grundstücksrecht 15 ff). Sie waren häufig ohne Rücksicht auf Interessen der Grundstückseigentümer begründet worden und die Interessen der Nutzenden sollten auch nach der Wiedervereinigung zunächst noch sehr stark geschützt werden. Für die rechtliche Beurteilung ist zwischen zwei Zeitabschnitten zu differenzieren: Bis zum 31. 12. 1994 waren auf diese Verträge weiterhin die §§ 312–315 ZGB anzuwenden (dazu zB Gössmann WM 1991, 1861 ff; Janke NJ 1991, 238 ff mwNw), ergänzend galt ein Vertragsmoratorium (Art 232 §§ 4, 4a EGBGB). Zum 1. 1. 1995 wurden die Verträge durch das Schuldrechtsanpassungsgesetz in Miet- und Pachtverhältnisse iSd BGB umgewandelt, für die jedoch weiterhin zahlreiche Sonderregelungen gelten.

bb) Zeitraum bis einschließlich 31. 12. 1994

29 Vom 3. 10. 1990 bis einschließlich 31. 12. 1994 galten für derartige Verträge die §§ 312–315 ZGB weiter. Von Bedeutung war insbesondere § 314 Abs 3 ZGB, der eine Kündigung der Nutzungsverhältnisse durch den Überlassenden praktisch weitgehend ausschloss (s zB Gössmann WM 1991, 1861, 1866 ff; Janke NJ 1991, 238, 242 ff; Grüneberg/Wendtland DtZ 1993, 101, 103 ff). Hingegen war das Verbot des § 313 Abs 2 ZGB, die Grundstücke mit zu Wohnzwecken geeigneten Gebäuden zu bebauen (zulässig war nur der Bau von Wochenendhäusern aufgrund besonderer Abrede) in der Praxis vielfach nicht respektiert worden. Zusätzlich zur Weitergeltung der Regelungen des ZGB wurde in Art 232 § 4a EGBGB ein noch über § 314 ZGB hinausgehendes Vertragsmoratorium für die von § 4 erfassten Verträge festgelegt (dazu zB Purps VIZ 1994, 223 ff; Staudinger/Rauscher [2016] Art 232 § 4a EGBGB Rn 1 ff mwNw), das zusätzlich auch bestimmte Konstellationen erfasste, in denen die Nutzungsüberlassung zu DDR-Zeiten durch Nichtberechtigte erfolgt war. Zum Ausgleich ermöglichte Art 232 § 4 Abs 2 EGBGB iVm der Nutzungsentgeltverordnung vom 22. 7. 1993 (BGBl 1993 I 1339) eine moderate Erhöhung des Nutzungsentgelts (zu Einzelheiten Staudinger/Rauscher [2016] Art 232 § 4 EGBGB Rn 40 ff; Wardenbach MDR 1993, 710 ff; Horst DWW 1994, 14 ff; Schmidt-Räntsch DtZ 1994, 322, 330; ders ZIP 1996, 728, 730 f; K Grün DtZ 1997, 306 ff).

30 Für Verträge zum Zwecke der nicht gewerblichen kleingärtnerischen Nutzung, Erholung und Freizeitgestaltung gilt hingegen gem Art 232 § 4 Abs 3 EGBGB das Bundeskleingartengesetz vom 28. 2. 1983 (BGBl 1983 I 210) mit seinen Schutzvor-

schriften für Pächter, die einen weitgehenden Bestandsschutz sowie eine deutliche Beschränkung der Pachthöhe (Rn 62) gewährleisten (s insb §§ 20a, 20b BKleinG, die durch den Einigungsvertrag bzw das Schuldrechtsanpassungsgesetz in das Gesetz eingefügt wurden, BGBl 1990 II 1125; 1994 I 2538, 2552). Die Abgrenzung zu den Verträgen über sogenannte Datschengrundstücke kann im Einzelfall freilich problematisch sein (s STAUDINGER/RAUSCHER [2016] Art 232 § 4 EGBGB Rn 54 f; SCHNABEL NJW 1995, 2661, 2662 f; ders NJW 2000, 2387, 2388 mwNw; ders, Datschen- und Grundstücksrecht 9 ff; BGH NZM 2003, 375).

cc) Zeitraum ab 1. 1. 1995

Ab 1. 1. 1995 galten die Regelungen des Gesetzes zur Anpassung schuldrechtlicher **31** Nutzungsverhältnisse an Grundstücken im Beitrittsgebiet (Schuldrechtsanpassungsgesetz, SchuldRAnpG), das als Art 1 des Gesetzes zur Änderung schuldrechtlicher Bestimmungen im Beitrittsgebiet (Schuldrechtsänderungsgesetz) vom 21. 9. 1994 erlassen wurde (BGBl 1994 I 2538, zuletzt geändert durch Gesetz vom 17. 5. 2002 [BGBl 2002 I 1580]; ausführlich die Begr zum RegE BT-Drucks 12/7135, 26 ff; Ausschussbericht BT-Drucks 12/8035; BVerfG NJW 2000, 1471; RÖVEKAMP, Schuldrechtsanpassung; DEGENHART JZ 1994, 890 ff; GRIESSENBECK WiB 1994, 857; MATTHIESSEN NJ 1998, 72 ff; MESSERSCHMIDT NJW 1994, 2648 ff; SCHMIDT-RÄNTSCH DtZ 1994, 322, 327 ff; SCHNABEL, Schuldrechtsänderungsgesetz; ders, Datschen- und Grundstücksrecht 1 ff). Das Schuldrechtsanpassungsgesetz als Gesetz iSd Art 232 § 4 Abs 1 S 2 EGBGB passte die zunächst weiterhin nach dem ZGB behandelten Nutzungsverhältnisse dem BGB an. Es betrifft solche Nutzungsverhältnisse, die als primär schuldrechtlich einzustufen sind, also gem § 2 Abs 1 SchuldRAnpG insbesondere *nicht* alle diejenigen Rechtsverhältnisse, die unter das Sachenrechtsbereinigungsgesetz fallen (Art 1 des Sachenrechtsänderungsgesetzes vom 21. 9. 1994 [BGBl 1994 I 2457]; dazu BGH NZM 1999, 312, 315 f; RÖVEKAMP, Schuldrechtsanpassung Rn 120 ff; RVI/ZIMMERMANN § 1 SchuldRAnpG [Nr 412 B] Rn 1 ff; B GRÜN NJW 1994, 2641, 2644 f; SCHNABEL, Schuldrechtsänderungsgesetz § 2 Rn 2 ff; ders DtZ 1995, 258 ff; ders NJW 1999, 2465, 2470 f; SCHMIDT-RÄNTSCH DtZ 1994, 322 ff; ders ZIP 1996, 728 ff), und auch nicht Kleingartenpachtverträge, für die bereits seit dem 3. 10. 1993 das BKleingG gilt (§ 2 Abs 3 SchuldRAnpG, Rn 30). Unter das Schuldrechtsanpassungsgesetz fallen daher Nutzungsverträge iSd §§ 312–315 ZGB (auch bestimmte ohne Zustimmung des Grundstückseigentümers abgeschlossene oder mit Formmängeln behaftete Verträge, § 19 SchuldRAnpG) – zu einer Ausnahme BGH NZM 2005, 835 – sowie Überlassungsverträge iSd Art 232 § 1a EGBGB.

Die vom Schuldrechtsanpassungsgesetz erfassten Verträge wurden mit Wirkung vom **32** 1. 1. 1999 in Miet- oder Pachtverhältnisse im Sinne des BGB übergeleitet, je nach Ausgestaltung im Einzelfall (§ 6 Abs 1 SchRAnpG; s dazu die Begr zum RegE BT-Drucks 12/7135, 39 ff; SCHNABEL, Schuldrechtsänderungsgesetz § 6 Rn 1 f; RVI/ZIMMERMANN § 6 SchuldRAnpG [Nr 412 B] Rn 5; MESSERSCHMIDT NJW 1994, 2648, 2649; SCHMIDT-RÄNTSCH DtZ 1994, 322, 327 f). Da bei den praktisch wohl häufigsten Verträgen über die sogenannten Datschengrundstücke sich die Nutzungsberechtigten die Erträge aneignen durften, dürften diese Rechtsverhältnisse nunmehr als Pachtverträge iSd §§ 581 ff BGB zu behandeln sein; für den Pachtzins gilt die Nutzungsentgeltverordnung, §§ 20 f SchuldRAnpG (dazu insb SCHMIDT-RÄNTSCH DtZ 1994, 322, 330 f; SCHNABEL, Datschen- und Grundstücksrecht 33 ff; BGH NJW-RR 2010, 812 Rn 16 ff; WuM 2012, 568 Rn 14 ff). Allerdings gelten nach dem Schuldrechtsanpassungsgesetz noch immer zahlreiche Sonderregelungen für die umgewandelten Verträge, da der Gesetzgeber einen „sozialverträglichen Ausgleich" zwischen den Nutzungsberechtigten, die zu DDR-Zeiten eine sehr starke Rechtsstellung genossen hatten, und den Eigentümern anstrebte (Begr zum RegE BT-Drucks 12/7135, 40). Vor allem greift nach §§ 23, 23a und 24 SchuldRAnpG ein weitreichender Bestandsschutz zugunsten der bisherigen Nutzungsberechtigten (zu Einzelheiten: STAUDINGER/RAUSCHER [2016] Art 232 § 4 EGBGB Rn 75 ff; SCHMIDT-RÄNTSCH DtZ 1994, 322, 328 ff; ders ZIP 1996, 728, 731 f; MATTHIESSEN NJ 1998, 72 ff; KÜHNLEIN VIZ 2000, 578, 579 ff; SCHNABEL, Datschen- und Grundstücksrecht 28 ff). Dieser war im Gesetzgebungsverfahren kontrovers diskutiert worden (s nur Begr zum RegE BT-Drucks 12/7135, 54 ff; BT-Drucks 12/8035, 26 ff; zur rechtspolitischen Einschätzung zB DEGENHART JZ 1994, 890, 895 f; MESSERSCHMIDT NJW 1994, 2648, 2649 f; SCHNABEL GE 1994, 1138, 1142), wurde aber vom BVerfG als weitgehend grundgesetzkonform eingestuft (BVerfG NJW 2000, 1471, 1472 ff; VIZ 2000, 231; VIZ 2000, 232, dazu insb SCHNABEL, Datschen- und Grundstücksrecht 18 ff; BVerfG WM 2008, 549, 550 ff; s auch BGH NJW-RR 2010, 1531 Rn 18 f; LG Berlin ZOV 2004, 187, 188); wo insoweit Bedenken bestanden, hat der Gesetzgeber zwischenzeitlich nachgebessert (insb durch Einfügung einer Regelung über die Teilkündigung in § 23a SchuldRAnpÄndG vom 17. 5. 2002, BGBl 2002 I 1580; dazu insb SCHNABEL, Datschen- und Grundstücksrecht 18 ff; MATTHIESSEN NJ 2002, 228 ff; LG Neuruppin NJ 2008, 419 ff). §§ 11 ff SchuldRAnpG regeln die Folgen einer Vertragsbeendigung und sollen ebenfalls einen Interessenausgleich zwischen den Beteiligten herstellen, insbesondere wenn der Nutzungsberechtigte auf dem Grundstück ein Bauwerk errichtet hat (Einzelheiten: STAUDINGER/ RAUSCHER [2016] Art 232 § 4 EGBGB Rn 90 ff; SCHNABEL, Schuldrechtsänderungsgesetz § 11 Rn 1 ff; ders, Datschen- und Grundstücksrecht 52 ff; RVI/ZIMMERMANN § 11 SchuldRAnpG [412 B] Rn 1 ff). Wegen des Ablaufs der Kündigungsschutzfristen zum 3. 10. 2015 dürften die Entschädigungsregelungen, insbesondere § 12 SchuldRAnpG, künftig stärkere praktische Bedeutung erlangen (dazu im Überblick PURPS NJ 2015, 309 ff mwNw). Bei der Bewertung dieses Interessenausgleichs ist auch zu berücksichtigen, dass Mängel des Nutzungsvertrags nach § 19 SchuldRAnpG geheilt werden, was die Rechtsposition der Nutzungsberechtigten verstärkt. Sonderregelungen finden sich schließlich für diejenigen Fälle, in denen der Nutzer auf dem Grundstück bis zur Wiedervereinigung mit Billigung staatlicher Stellen ein Wohnzwecken oder gewerblichen Zwecken dienendes Bauwerk errichtet hat (§§ 43 ff SchuldRAnpG; dazu zB SCHNABEL, Schuldrechtsänderungsgesetz Vorbemerkung § 43 Rn 1 ff; MESSERSCHMIDT NJW 1994, 2648, 2650; SCHMIDT-RÄNTSCH DtZ 1994, 82, 85), sowie aufgrund des Erholungsnutzungsrechtsgesetzes (Art 2 des Schuldrechtsänderungsgesetzes, BGBl 1994 I 2538) für Nutzungsrechte, die zur Errichtung von Wochenendhäusern oder Garagen verliehen wurden (sie wurden idR in Erbbaurechte umgewandelt, §§ 2 ff ErholNutzG, s dazu die Begr zum RegE BT-Drucks 12/7135, 70 ff; MESSERSCHMIDT NJW 1994, 2648, 2651; SCHMIDT-RÄNTSCH DtZ 1994, 82, 86).

V. Abgrenzung zu anderen Rechtsverhältnissen

1. Abgrenzungskriterien

33 Bei der Abgrenzung der Pacht zu anderen Rechtsverhältnissen ist von dem oben (Rn 1) umschriebenen typischen Inhalt des Pachtvertrags auszugehen, welcher die entgeltliche Überlassung von Gebrauch und Fruchtgenuss am Pachtgegenstand auf schuldrechtlicher Ebene umfasst. Diese Charakteristika müssen vorliegen, damit ein Pachtvertrag gegeben ist. Die amtliche Überschrift des § 581 BGB legt eine typologische Betrachtungsweise nahe, die – trotz mancher berechtigter methodischer

Bedenken gegen die Typenlehre (s nur Bydlinski, Juristische Methodenlehre und Rechtsbegriff 543 ff; Kokert, Der Begriff des Typus bei Karl Larenz 279; Kuhlen, Typuskonzeptionen in der Rechtstheorie 85 f, 113, 126 f, 134 f, 162 f, 168 f; Engisch, Die Idee der Konkretisierung 284 ff; Oechsler, Gerechtigkeit im modernen Austauschvertrag 109 ff, 299 ff; Wank, Die juristische Begriffsbildung 125 f) – bei der Zuordnung von Verträgen zu den Vertragstypen des BGB sehr hilfreich sein kann, wo herkömmliche Auslegungsmethoden allein nicht weiterhelfen. Der beschriebene Inhalt des Pachtvertrags stellt also den Idealtypus dar, der von den §§ 581 ff BGB erfasst werden soll.

2. Miete

a) Abgrenzungskriterien

Pacht und Miete sind entgeltliche Gebrauchsgestattungsverträge (Rn 1). Entscheidend für die Abgrenzung ist, ob zu den vertragstypischen Pflichten des Überlassenden neben der Gebrauchsüberlassung auch die Gestattung der Fruchtziehung als für den Pachtvertrag typische Pflicht gehört, § 581 Abs 1 S 1 BGB (s zB BGH NJW 1979, 2351, 2352; ZMR 1981, 306; NJW-RR 1991, 906, 907; s auch Kappey 164, der aus diesem Merkmal zugleich eine stärkere persönliche Bindung zwischen Pächter und Verpächter ableiten will; aA Heinz GuT 2004, 79, 80 ff: Pacht als individuale Nutzungsüberlassung, Mietvertrag als Vertrag mit kollektiven Pflichten; ähnlich ders GuT 2012, 339, 340 f: entscheidend ist der Einfluss des Pächters auf die Nutzung der Pachtsache – mandativer Charakter der Pacht). Die Grenzziehung ist häufig klar, zB kommt bei einer Überlassung von Rechten allenfalls Pacht in Betracht (s zB Brühl, Miete und Pacht nach Reichsrecht 6: Überlassung des Gebrauchs eines patentierten Verfahrens auf Zeit gegen Entgelt; kritisch zur gesetzgeberischen Konzeption der Miete insoweit Kappey 96 ff; aA – Miete auch bei dinglichen Rechten – Heinz GuT 2008, 475, 478); dies kann aber in bestimmten Konstellationen Schwierigkeiten bereiten (s dazu schon Staudinger/Emmerich [2018] Vorbem 31 f zu § 535 sowie zB Michalski, in: Gedächtnisschrift Sonnenschein 383; Fränkel, Das Miet- und Pachtrecht nach dem Bürgerlichen Gesetzbuch für das Deutsche Reich 1 ff; Schwerdtfeger, Der Versuch einer Abgrenzung zwischen Miete und Pacht; Raettig, Die Abgrenzung zwischen Pacht und anderen Verträgen 3 ff; Hörchner, Die Abgrenzung von Miete und Pacht an Räumen; Kappey, Die Abgrenzung von Miete und Pacht bei der Überlassung von Räumen zu gewerblichen Zwecken; Strobel, Die Unternehmenspacht im deutschen, französischen und italienischen Recht 9 f; Mittelstein/Stern 32 ff; Niendorff, Mietrecht 12 ff; Joachim NZM 2001, 162; Heinz GuT 2004, 79 ff). Das ist vor allem der Fall, wenn eine Fruchtziehung möglich, aber nicht ausdrücklich Gegenstand der vertraglichen Vereinbarung ist sowie wenn mittelbare Früchte iSd § 99 Abs 3 BGB gezogen werden. Beide Konstellationen können bei der Überlassung beweglicher wie unbeweglicher Sachen auftreten (aA MünchKomm/Harke § 581 Rn 11; Erman/Dickersbach § 581 Rn 3, die bei beweglichen Sachen idR Miete annehmen wollen), auch zB beim Sharing, wenn dieses eine Gebrauchsüberlassung auf Zeit zum Gegenstand hat (ohne genauere Differenzierung nach Vertragsinhalt pauschal für eine Einordnung als Miete Schulze BB 2013, 195 ff, zum Car Sharing; Schroeder/Dördelmann ZJS 2016, 1, 2). Bei der Vertragsauslegung kann die Abgrenzung zwischen unmittelbaren und mittelbaren Früchten hilfreich sein: Wirft der überlassene Gegenstand unmittelbare Früchte ab, liegt die Annahme eines Pachtvertrags näher; kommen hingegen lediglich mittelbare Sachfrüchte als mögliche Nutzungen in Betracht (wie zB in BGH NJW 1968, 692, 693: Backmaschine – Pachtvertrag abgelehnt; BGHZ 51, 346, 350: Kaffeeröstmaschine – Pachtvertrag ohne nähere Begründung bejaht; BGH NJW-RR 1993, 178: Großrechner – Pachtvertrag abgelehnt), sind zusätzliche Indizien – die sich vor allem aus einer genauen Analyse des Vertragszwecks im Einzelfall ergeben können – für die Annahme eines Pachtvertrags erforderlich (s zu dieser grundlegenden Differenzierung schon SCHWERDTFEGER 33 ff; teilw abweichend hingegen HÖRCHNER 26 ff). Praktische Konsequenzen hat die Abgrenzung zwischen beiden Vertragstypen heute vor allem dann, wenn die Anwendung mietrechtlicher Regelungen in Frage steht, die nicht von der Verweisung in § 581 Abs 2 BGB erfasst werden (wie zB Regeln des Mieterschutzes bei der Raummiete, etwa §§ 4 Abs 1 S 2, 10 Abs 1 MHG aF oder § 23 Nr 2 lit a GVG, der für Pachtverträge nicht gilt, OLG Zweibrücken NJW-RR 1989, 716 mwNw), oder wenn pachtrechtliche Spezialregelungen des Zivilrechts, wie §§ 582 ff BGB, §§ 1, 2 LwVfG (für die Landpacht), § 708 Nr 7 ZPO (dazu OLG Düsseldorf MDR 2008, 1029), § 21 Abs 3 ZVG, aber auch pachtbezogene öffentlich-rechtliche Vorschriften, wie zB das Verbot der Apothekenpacht nach §§ 9, 12 ApothekenG (BGH NJW 1979, 2351; OLG Karlsruhe NJW 1970, 1977; OLG Zweibrücken BeckRS 1996, 30897458), oder steuerrechtliche Sonderregelungen (zB BVerwGE 39, 1, 2 ff: Schankerlaubnissteuer ist nur vom Verpächter, nicht vom Vermieter zu entrichten) eingreifen könnten. In den meisten Fällen lassen sich hingegen über § 581 Abs 2 BGB parallele Ergebnisse erzielen, was dazu führt, dass die Abgrenzungsfrage in der heutigen Rechtsprechung mitunter offen gelassen wird (s zB BGHZ 50, 39, 41; BGH NZM 1999, 559, 560; OLG Düsseldorf GE 2006, 325; GE 2006, 327; OLG Brandenburg 24. 2. 2010 – 3 U 112/09, juris; 28. 11. 2017 – 6 U 37/17, juris). In manchen Urteilen ist sogar trotz Einordnung als Pacht wechselweise von Pacht und Miete die Rede (zB BGH NJW 2005, 2006; BeckRS 2006, 01837; NJW 2011, 3151; OLG Koblenz 8. 11. 2004 – 12 U 244/03, juris; OLG Düsseldorf ZMR 2006, 279; DWW 2006, 240; OLGR 2007, 233; GuT 2011, 154; GuT 2011, 183; 14. 12. 2012 – 24 U 69/12, ZMR 2014, 116; OLG Köln 17. 10. 2006 – 22 U 78/06, juris; OLG Frankfurt ZMR 2006, 609; 10. 6. 2015 – 2 U 201/14, NJW 2015, 3584; OLG Nürnberg ZMR 2010, 524; OLG Schleswig GuT 2010, 439; OLG Stuttgart MDR 2010, 261; OLG Celle 11. 1. 2011 – 2 U 144/10, juris; OLG Rostock MDR 2011, 476; OLG Koblenz ZMR 2012, 187; OLG Bremen 17. 6. 2013, 3 U 36/11, juris), was gewisse Zweifel an der Sachnotwendigkeit eines eigenständigen Vertragstypus der Pacht (s Rn 18) noch verstärkt. Früher spielte die Abgrenzung im Rahmen weiterer spezialgesetzlicher Regelungen eine Rolle, etwa für die Ermäßigung der Stempelabgabe nach dem preußischen Stempelsteuergesetz idF vom 17. 7. 1909 bei der Vermietung für gewerbliche oder berufliche Zwecke oder für die Gerichtsferien, die nach § 200 Abs 2 Nr 4 GVG aF, für Mietsachen nicht galten (zu den früheren Unterschieden insb HÖRCHNER 11 f; KAPPEY 9 ff; CEBULLA 34 f). Die hierzu ergangene – vor allem reichsgerichtliche – Rechtsprechung ist jedoch stets vor dem Hintergrund der jeweiligen spezialgesetzlichen Differenzierungen zu betrachten mit der Folge, dass ihr für die Abgrenzung im BGB nur begrenzte Aussagekraft beizumessen ist (s auch VOELSKOW NJW 1983, 910).

b) Überlassung von Grundstücken bzw Räumen mit Einrichtungsgegenständen

35 Als besonders problematisch erweist sich die Abgrenzung zwischen Miete und Pacht bei der Überlassung von Grundstücken bzw Räumen mit Einrichtungsgegenständen, durch deren bestimmungsgemäßen Gebrauch Früchte gezogen werden können, zB bei eingerichteten Fabrikgebäuden, Geschäftsräumen, Gaststätten oder Kantinen. Um zu ermitteln, ob hier Raummiete, Raumpacht oder gar Unternehmenspacht in Betracht kommt, ist der Grundtypus des Pachtvertrags im Blick zu behalten, bei dem die Räume regelmäßig bereits im Zeitpunkt der Überlassung (und nicht erst später) mit einem die konkrete Fruchtziehung ermöglichenden Inventar ausgestattet sind, dieses vom Verpächter selbst (und nicht von einem Dritten) überlassen wird und über die Vertragszeit hinweg erhalten werden soll (§§ 582, 582a BGB). Fraglich

ist dann, welche Abweichungen von diesem Grundtypus eine andere rechtliche Einordnung erfordern. Das lässt sich nicht generalisierend beantworten. Im Rahmen einer typologischen Betrachtungsweise dürfte es – neben der Unterscheidung zwischen unmittelbaren und mittelbaren Früchten (s Rn 34) – darauf ankommen, wie stark der konkrete Vertrag insgesamt vom Grundtypus der Pacht abweicht: Je mehr Abweichungen vorliegen, desto eher ist ein anderer Vertragstypus, zB derjenige des Mietvertrags, einschlägig oder es liegt ausnahmsweise ein gemischter Vertrag vor (zur rechtlichen Behandlung gemischter Verträge Rn 97); im Verhältnis zwischen Miete und Pacht ist allerdings in Bezug auf ein- und denselben Vertragsgegenstand (anders evtl bei mehreren Vertragsgegenständen, s RAETTIG 36; ähnlich BRÜHL, Miete und Pacht nach Reichsrecht – Für den praktischen Gebrauch gemeinverständlich dargestellt 7) stets eine eindeutige Abgrenzung erforderlich, weil sich die Elemente beider Vertragstypen nicht beliebig kombinieren lassen (s auch OLG Köln WM 1987, 1308, 1309; ZMR 2007, 114, 114). Wichtige Indizien für die Annahme eines Pachtvertrags können Nebenpflichten des Nutzenden, zB zur Erhaltung des Inventars oder zur Nutzung (Erhaltungs- und Gebrauchs-/Betriebspflicht, § 581 Rn 286 ff, 292), die Höhe des Entgelts (OLG Karlsruhe NJW 1970, 1977 f; OLG Zweibrücken BeckRS 1996, 30897458; PIECK NJW 1970, 1977 f) und eine etwaige Umsatzabhängigkeit (zB BGH NJW 1979, 2351, 2352 – hier iE aber abgelehnt; OLG Karlsruhe NJW 1970, 1977, 1978), weiterhin ggf auch ein Konkurrenzverbot (OLG Zweibrücken BeckRS 1996, 30897458; PIECK NJW 1970, 1977, 1978) oder ein wesentlicher Beitrag des Überlassenden zur Beschaffung von Inventar (BGH NJW-RR 1991, 906, 907) sein. Erschwert wird die Abgrenzung durch die häufig nicht klar vorgenommene Differenzierung zwischen Raum- und Unternehmenspacht (dazu zB JENDREK, Recht der Gewerberaummietverhältnisse und Pachtrecht 208; § 581 Rn 21). Eine reine Raumpacht ist nur in seltenen Fällen denkbar (noch enger KAPPEY 152 ff; MünchKomm/HARKE § 581 Rn 11), meist dürfte bei der Überlassung von Grundstücken oder Räumen mit Einrichtungsgegenständen letztlich ein Unternehmen – im Sinne einer Gesamtheit von Sachen, Rechten, immateriellen Gütern und Verbindlichkeiten (vgl zum hier verwendeten Unternehmensbegriff § 581 Rn 64) – überlassen werden (das wird allerdings in der Rspr nicht immer berücksichtigt, s etwa die Beispiele zur Raumpacht § 581 Rn 22). Bezieht man diesen Aspekt (insbesondere die vielfältigen denkbaren Bestandteile eines Unternehmens, die Gegenstand einer Gebrauchsüberlassung sein können) in die Vertragsauslegung im Einzelfall mit ein, kann häufiger ein Pachtvertrag angenommen werden als bei einer Fixierung auf das Begriffspaar Raummiete/Raumpacht (so zB im Fall RG JW 1924, 802: Überlassung des Grundstücks des „Kaffee Kröpke" in Hannover ohne Einrichtung zum Betrieb eines Cafés, in dem richtigerweise Unternehmenspacht anzunehmen gewesen wäre). Auf die in den Entscheidungen des Reichsgerichts vielfach im Mittelpunkt stehende Frage, von wem und zu welchem Zeitpunkt Inventar überlassen wurde, kommt es daher häufig gar nicht entscheidend an (so iE auch – wenngleich von einem etwas anderen Ansatz her – VOELSKOW NJW 1983, 910, 911; anders teilw HERRMANN, Die Unternehmenspacht 126 f), ebenso nicht auf das Verhältnis des Wertes von Inventar und Räumen (so aber WICHERT, Gewerbemietrecht und Pacht 19). Eine Sonderkonstellation scheint auf den ersten Blick die **Überlassung einer Praxis zur Ausübung eines freien Berufs** darzustellen. Die frühere Rspr wertete diese – bei einer Zahnarztpraxis – einmal als Pachtvertrag (RG SeuffA 79 Nr 97), bei einer Anwaltspraxis hingegen als Mietvertrag, weil der Rechtsanwalt die Erträge nicht aus den Räumen und der Einrichtung, sondern aus seiner geistigen Arbeit ziehe, der gegenüber die sachlichen Hilfsmittel nur eine untergeordnete Rolle spielten (RG JW 1925, 472 Nr 14). Das zweite Urteil scheint jedoch noch von der Sonderstellung, die freien Berufen früher zukam, aber heute stark zurückgegangen ist, geprägt zu sein und seine Argumentation ist auf die meisten freien Berufe heute nicht mehr übertragbar. Daher sollten auch insoweit die allgemeinen Abgrenzungskriterien angewendet werden. Danach ist auch hier darauf abzustellen, ob die Räume im Zeitpunkt ihrer Überlassung zur Ausübung der freiberuflichen Tätigkeit geeignet und entsprechend ausgestattet sind oder nicht.

36 Beispiele: Ein Vertrag, in dem ein Raum in einem Bahnhofsgebäude zum Betrieb einer Wechselstube – mit Betriebspflicht – überlassen wurde (RGZ 108, 369, 370 f), sowie Verträge, bei denen neben den Räumen einer Schankwirtschaft bzw einer Metzgerei zusätzlich das Inventar vom früheren Grundstückseigentümer überlassen wurde (RGZ 114, 243, 245; 158, 180, 182 f; ähnlich schon RGZ 81, 23 ff; RG JW 1913, 982, 982 f), wurden zu Recht als Pachtverträge qualifiziert, genauso die Überlassung von Räumen mit den zum Betrieb einer Gaststätte mit Spielhallenbetrieb erforderlichen Einrichtungen (OLG Stuttgart ZMR 1989, 377, 378), die Überlassung von Räumen mit Geldspiel- und Unterhaltungsautomaten (BFH 2. 8. 2013 – X B 93/12, BFH/NV 2013, 1782) und die Überlassung eines komplett eingerichteten Hauses mit ausgestatteter Küche und Pflegeabteilung zur Nutzung als Altenwohn- und Pflegeheim (OLG Düsseldorf NZM 2011, 550). Ein Grenzfall lag vor in einer Konstellation, in der Gaststättenräume mit Inventar überlassen wurden, das der Nutzende erst noch vom Vorpächter käuflich erwerben musste (OLG Düsseldorf NJW-RR 1994, 399); das Argument, mit dem das Gericht hier einen Pachtvertrag bejahte (die Räume waren sofort und uneingeschränkt zur Aufnahme des Gaststättenbetriebs geeignet), vermag letztlich zu überzeugen. Daher wurden auch Verträge zur Überlassung von Räumen mit noch zu ergänzendem Inventar, das aber bereits im Zeitpunkt der Überlassung den Betrieb eines Theaters bzw einer Gaststätte in diesen Räumen ermöglichte (RG WarnRspr 1914 Nr 78; WarnRspr 1914 Nr 116; ähnlich RG WarnRspr 1913 Nr 89 – iE offen gelassen; OLG Düsseldorf ZMR 2011, 544, 545), sowie die Überlassung eines Hotels mit Inventar, auch wenn einzelne Gegenstände vom Nutzenden zu erwerben waren (RG WarnRspr 1924 Nr 103), zutreffend als Pachtverträge qualifiziert, ebenso die Überlassung von Geschäfts- und Wohnräumen mit lediglich Großinventar, aber eingeführter Unternehmensbezeichnung zum Betrieb einer Gaststätte, wenn der Verpächter bei der Beschaffung weiterer Inventargegenstände mit einem günstigen Darlehen behilflich war und Verfügungen über Inventargegenstände seiner Genehmigung bedurften (BGH NJW-RR 1991, 906). Nicht zwingend erscheint hingegen die Argumentation des Reichsgerichts in einem Fall, in dem ein Hotel zum Gebrauch überlassen und das Inventar käuflich erworben wurde, dass hier ein einheitlicher Pachtvertrag vorliege (RGZ 91, 310, 311; ähnlich RG WarnRspr 1915 Nr 217 sowie WarnRspr 1926 Nr 45, wo argumentiert wurde, dass es für die Vertragsnatur nicht darauf ankomme, wer das Inventar stelle); gleichwohl kann hier wegen der Überlassung von bestimmten mit dem Grundstück verbundenen und zum Betrieb einer Gaststätte erforderlichen Privilegien eine Unternehmenspacht bejaht werden. Dagegen wurden folgende Verträge zutreffend als **Mietverträge** eingestuft: Überlassung der Nutzung leerer Räume, für die der Nutzende Inventar anschaffte (RGZ 109, 206, 208; RG WarnRspr 1927 Nr 51; BGH NJW 1979, 2351, 2352), Überlassung leerer Ladenräume, bei der ein Teil des in den überlassenen Räumen ursprünglich vorhandenen Inventars nach Vertragsschluss durch den Nutzenden erworben und durch weitere Gegenstände ergänzt wurde (RGZ 122, 274, 277), Überlassung einer Halle mit Hoffläche und Fahrzeugeinstellplätzen für einen Kraftfahrzeugbetrieb und Abschleppdienst, die lediglich mit Heizung, sanitären Anlagen und Büroräumen ausgestattet war (BGH ZMR 1981, 306), Überlassung eines Grundstücks, auf dem später ein Werkstattgebäude errichtet und genutzt wurde (BGH NZM 1999, 312, 315), Überlassung eines Grundstücks zur Nutzung zu Erholungszwecken mit dem Recht, sich den Ertrag vorgenommener Anpflanzungen anzueignen (BGH NJW-RR 2009, 21 Rn 12 f), Überlassung des Geländes eines Autokinos zum Betrieb eines Gebrauchtwagenmarktes (OLG München MDR 1972, 425), Überlassung leerer Räume zum Betrieb einer Gaststätte (OLG Frankfurt 17. 10. 2014 – 2 U 43/14, ZMR 2015, 18, 18 ff). Entscheidend ist jeweils die Eignung des überlassenen Gegenstands zur geplanten Fruchtziehung im Zeitpunkt des Vertragsschlusses. Ein Grenzfall ist die Überlassung eines Grundstücks mit einem Gebäudeteil, das vom Nutzenden für einen Gewerbebetrieb erst noch herzurichten ist, wenn den Nutzenden gleichwohl eine Instandhaltungspflicht trifft (BGH ZMR 1969, 206: Miete). Ob in diesem Fall der etwas geringere Anteil überlassener Unternehmenselemente eine abweichende Beurteilung gegenüber der Konstellation in BGH NJW-RR 1991, 906 rechtfertigt, erscheint allerdings zweifelhaft. Das Beispiel verdeutlicht erneut, dass bei der Überlassung eines Unternehmens häufig ein Pachtvertrag anzunehmen sein kann, was mitunter durch eine zu starre Fixierung auf das Begriffspaar Raummiete/Raumpacht aus dem Blick geraten kann.

c) **Überlassung von Sachgesamtheiten**

Weiterhin bereitet die Überlassung von Sachgesamtheiten im Rahmen ein- und 37 desselben Vertrags Abgrenzungsschwierigkeiten, wenn nur ein Teil der überlassenen Gegenstände zur Fruchtziehung geeignet und bestimmt ist (wie zB bei der Überlassung eines Wohnhauses „mit Nutzgarten"), weil ein Vertrag immer nur einheitlich Miete oder Pacht sein kann. Hier ist – sofern nicht ausnahmsweise eine Trennung und damit auch eine separate rechtliche Behandlung beider Vertragsteile in Betracht kommt – auf den Hauptgegenstand der Überlassung bzw das Schwergewicht des Vertrags abzustellen (s etwa BGH NZM 1999, 312, 315; NJW-RR 2009, 21 Rn 13; OLG Köln ZMR 2007, 114; STAUDINGER/EMMERICH [2018] Vorbem 27 f zu § 535; FRÄNKEL, Das Miet- und Pachtrecht nach dem Bürgerlichen Gesetzbuch für das Deutsche Reich 3; LEONHARD Bd II 173; MITTELSTEIN/STERN 49 f; ebenso schon ALR I 21 §§ 260 f). So dürfte bei der Überlassung eines Wohngebäudes mit Nutzgarten regelmäßig Miete, bei der Überlassung eines landwirtschaftlichen Gutes mit Wohnhaus hingegen idR Pacht anzunehmen sein (OLG Köln WM 1987, 1308, 1309; MITTELSTEIN/STERN 50; s auch schon ALR I 21 §§ 260 f). Zudem lässt sich aus § 585 Abs 1 S 1 BGB folgern, dass der Schwerpunkt eines solchen Vertrags in Zweifelsfällen auf dem pachtvertraglichen Element liegen dürfte, sofern dieses nicht neben der Wohnnutzung untergeordnete Bedeutung (zB als Nebenerwerb) hat. Auch die entgeltliche Überlassung einer voll eingerichteten Golfanlage ist Pacht, nicht Miete (OLG Hamm 6. 5. 2011 – 30 U 15/10, juris).

3. Leasing

Überschneidungen können sich auch zwischen Pacht- und Leasingvertrag ergeben. 38 Relativ deutlich ist noch die Abgrenzung zum **Finanzierungsleasingvertrag**: Von einem Finanzierungsleasingvertrag, bei dem der Leasingnehmer aus dem Leasinggegenstand auch Früchte zieht (zB beim Leasing eines Fahrzeugs für ein Speditionsunternehmen), unterscheidet sich der Pachtvertrag dadurch, dass die Gebrauchs- und Nutzungsüberlassung lediglich auf Zeit angelegt ist. Das spiegelt sich insbesondere in der Bemessung des für die Überlassung zu entrichtenden Entgelts wider, das beim Pachtvertrag ausschließlich für die Nutzung des überlassenen Gegenstands, beim Finanzierungsleasing hingegen zu Erwerbszwecken (einschließlich eines Zinsaufschlags für die Ratenzahlung) entrichtet wird. Schwieriger ist die Abgrenzung zum **Operatingleasingvertrag**, bei dem der Leasinggegenstand nur für eine relativ kurze, teilweise sogar fest bestimmte Zeit überlassen wird, in der sich die Gesamtkosten des Leasinggebers nicht amortisieren. Steht dabei ausnahmsweise nicht die Gebrauchsüberlassung, sondern die Fruchtziehung im Vordergrund (insofern wird hier zusätzlich die Abgrenzung zwischen Pacht und Miete relevant), dürfte ein derartiger Vertrag – in Entsprechung zur Einstufung reiner Gebrauchsüberlassungen als Miete (s etwa STAUDINGER/STOFFELS [2014] Leasing Rn 17 mwNw; MünchKomm/KOCH Finanzierungsleasing Rn 5; ERMAN/DICKERSBACH Anh § 535 Rn 9; PALANDT/WEIDENKAFF Einf v § 535 Rn 40; vWESTPHALEN, Der Leasingvertrag, Kap A Rn 86; PETERS WM 2006, 1183, 1184) – als Pachtvertrag einzustufen sein (so iE auch STROBEL, Die Unternehmenspacht im deutschen, französischen und italienischen Recht 14). Der BGH ist in einem solchen Fall hingegen vom Vorliegen eines Leasingvertrags ausgegangen (BGHZ 111, 84, 95 ff; offen gelassen in BGH NJW 1998, 1637, 1639), was allerdings im Hinblick auf die Anwendbarkeit vertragsrechtlicher Regelungen noch nicht wesentlich weiterhilft. Zudem ist zu Recht hervorgehoben worden, dass es sich bei diesem Vertrag in Wirklichkeit nicht um einen Operatingleasingvertrag handelte (vWESTPHALEN ZIP 1991, 639, 640; STAUDINGER/STOFFELS [2014] Leasing Rn 17). Daher sollte an der Einordnung von Operatingleasingverträgen als Miet- oder Pachtverträge (je nachdem, ob die Gebrauchsüberlassung oder die Fruchtziehung im Vordergrund steht) festgehalten werden.

4. Leihe

39 Maßgebliches Abgrenzungskriterium zwischen Pacht und Leihe ist die Entgeltlichkeit bei der Pacht (s auch LÜTZENKIRCHEN WuM 2004, 58, 59); die Leihe ist das unentgeltliche Pendant zu Pacht und Miete. Eine Leihe (und nicht etwa eine Schenkung) liegt also immer dann vor, wenn eine Gebrauchsgestattung (mit oder ohne Fruchtziehungsrecht) unentgeltlich erfolgt. Die Abgrenzung ist vor allem wegen der unterschiedlichen Vertragsbeendigungsmöglichkeiten von Bedeutung; sie kann zB bei Lizenzverträgen (zu deren rechtlicher Einordnung insgesamt Rn 83 ff) oder bei Betriebsüberlassungsverträgen (hier können sich vor allem aktienrechtliche Unterschiede ergeben, s etwa EMMERICH/HABERSACK/EMMERICH, Aktien- und GmbH-Konzernrecht § 292 AktG Rn 43a; Kölner Kommentar/KOPPENSTEINER § 292 AktG Rn 77; MASER 43) praktisch relevant werden. Probleme bereitet die Abgrenzung vor allem bei der vom Gesetzgeber hinsichtlich der rechtlichen Einordnung bewusst offen gelassenen (Mot II 444) Überlassung von unkörperlichen Gegenständen oder Rechten (die von der hM jedoch als Leihe angesehen wird, dazu insb STAUDINGER/ILLMER § 598 Rn 10: Analogie zu §§ 598 ff; MünchKomm/HÄUBLEIN § 598 Rn 4; SOERGEL/HEINTZMANN § 598 Rn 4; ERMAN/vWESTPHALEN § 598 Rn 2; BeckOK/WAGNER [15. 6. 2017] § 598 Rn 16, alle mwNw; MIMBERG 29; **aA** FIKENTSCHER/HEINEMANN, Schuldrecht Rn 1062, 1081; PALANDT/WEIDENKAFF § 598 Rn 3), bei atypischen Gegenleistungen des Nutzenden (einen Sonderfall betraf OLG Koblenz DWW 2011, 214, wo die Pächterin den Verpächtern während der Laufzeit des Pachtvertrags die Nutzung einer Betriebswohnung auf dem gepachteten Betriebsgelände unentgeltlich überließ) sowie wenn ein Entgelt entrichtet wird, das hinter dem Wert der Gegenleistung zurückbleibt. Da nach hM eine entgeltlichkeitsbegründende Gegenleistung nicht zwingend vermögensrechtlicher Natur sein muss (s zB STAUDINGER/CHIUSI [2013] § 516 Rn 39; MünchKomm/KOCH § 516 Rn 25; FISCHER, Die Unentgeltlichkeit im Zivilrecht 98), kann ein entgeltlicher Vertrag auch dann vorliegen, wenn sich der Nutzende zB zu einem Tätigwerden verpflichtet. Gerade in derartigen

Fällen ist jedoch die Differenzierung zwischen Entgeltlichkeit und Unentgeltlichkeit (eine Mischform kommt schon wegen der einander widersprechenden Regelungen zur Vertragsbeendigung nicht in Betracht) besonders schwierig, weil sowohl die rechtliche Verbindlichkeit solcher Aktivitäten des Nutzenden (s zB BGH NJW 1992, 496, wo ein Theater einem Ensemble für zwei Spielzeiten „unentgeltlich" zur Benutzung überlassen, dann aber der Vertrag wegen Verschiebung und Absage mehrerer Aufführungen fristlos gekündigt wurde) als auch ihr Wert schwer zu ermitteln sind. Während in Bezug auf die rechtliche Verbindlichkeit die allgemeinen Regeln der Vertragsauslegung Anwendung finden (wobei neben dem Wortlaut auch sonstige Umstände des Einzelfalls zu berücksichtigen sind), ist für die Beurteilung der Entgeltlichkeit umstritten, ob diese nach objektiven Kriterien (so zB Schapp, Grundfragen der Rechtsgeschäftslehre 59 ff; Larenz, Richtiges Recht 75, 79) oder nach dem subjektiven Willen der Beteiligten (so zB Liebisch, Das Wesen der unentgeltlichen Zuwendungen 29; Schmidt-Rimpler, in: FS Raiser 3, 15; Pruskowski, Das Merkmal der Zuwendung im Tatbestand der Schenkung 162; Huffer, Das partiarische Geschäft als Rechtstypus 32; Canaris, Die Bedeutung der iustitia distributiva im deutschen Vertragsrecht 46 f; MünchKomm/Koch § 516 Rn 24; Fischer, Die Unentgeltlichkeit im Zivilrecht 53 ff mwNw) zu ermitteln ist, ob beide Komponenten zu kombinieren sind (so Lützenkirchen WuM 2004, 58, 59 speziell zur Abgrenzung zwischen Miete und Leihe – die praktische Durchführbarkeit erscheint im Konfliktfall allerdings zweifelhaft; Soergel/Eckert § 516 Rn 27 ff) oder ob es auf das Vorliegen äquivalenter Leistungen für die Entgeltlichkeit gar nicht ankommt (so zB Staudinger/Otto/Schwarze [2015] Vorbem 7 f zu §§ 320 ff; MünchKomm/Emmerich Vor § 320 Rn 6 mwNw). Schon weil es keinen einheitlichen allgemein anerkannten Maßstab zur Bewertung jeglicher denkbaren Vertragsleistungen gibt, andererseits aber wegen der Möglichkeit der Teilentgeltlichkeit bei gemischten Verträgen auch nicht ganz darauf verzichtet werden kann, nach der Äquivalenz der Vertragsleistungen zu fragen, ist dem subjektiven Äquivalenzbegriff der hM und Rspr zu folgen und auf den Nutzwert abzustellen, den die Parteien im Vertrag ihren wechselseitigen Leistungen beimessen (näher Schaub, Sponsoring und andere Verträge zur Förderung überindividueller Zwecke 227 ff mwNw). Dabei ist allerdings nicht allein die Bezeichnung der Leistung durch die Parteien maßgeblich, sondern es ist auf die gesamten Umstände des Vertrags abzustellen (s zB BGH LM Nr 1 zu § 556 BGB). Diese Kriterien sind auch für die Abgrenzung zwischen Pacht und Leihe zugrunde zu legen.

5. Kauf

a) Abgrenzungskriterien

40 Vom Kauf unterscheidet sich die Pacht dadurch, dass der Haupt-Vertragsgegenstand auf Zeit zum Gebrauch überlassen wird und lediglich die Früchte in das Eigentum des Pächters übergehen, während beim Kauf der Vertragsgegenstand vollständig übereignet wird. Praktische Bedeutung hat die Abgrenzung vor allem wegen der unterschiedlichen Gefahrtragungsregeln in Bezug auf den überlassenen Gegenstand (§ 446 BGB einerseits, § 581 Abs 2 BGB iVm § 536 BGB andererseits) sowie im Falle einer Veräußerung der Hauptsache, aus der die Früchte gezogen werden (sind künftige Früchte verkauft, dürfte Unmöglichkeit vorliegen, bei einem Pachtvertrag gilt hingegen § 581 Abs 2 BGB iVm § 566 BGB). Zudem kann in der Zwangsvollstreckung idR nur der Pächter gegen eine Pfändung der Früchte seitens der Gläubiger des Verpächters vorgehen (§§ 766, 771 ZPO), nicht aber der Käufer der Früchte (vgl zB Krause, Grenzfälle zwischen Pacht und Kauf 27 ff). Auch im Einkommen-

und Umsatzsteuerrecht ist die Differenzierung zwischen beiden Vertragstypen von Bedeutung. Die Abgrenzung bereitet vor allem in solchen Fällen Schwierigkeiten, in denen der Eigentumserwerb des Nutzenden praktisch im Vordergrund steht, wie insbesondere bei Verträgen über den Abbau von Bodenbestandteilen und über die Aberntung von Grundstücken. Die Grenzen verschwimmen noch mehr, weil in derartigen Fällen uU auch eine Rechtspacht in Betracht kommt. Auch hier muss im Rahmen einer typologischen Betrachtung (Rn 33) das Gesamtbild des Vertrags ausschlaggebend sein. Wichtige Indizien für die vertragstypologische Zuordnung können insbesondere Höhe und Berechnungsmodalitäten des Preises (dieser kann sich nur auf die Früchte oder auch auf die Gebrauchsüberlassung beziehen, s zB RAETTIG 29 f; weiterhin auch BGH NJW 1982, 2062, 2063; differenzierend KRAUSE, Grenzfälle zwischen Pacht und Kauf 70 ff) sowie der Umfang der Pflichten des Überlassenden (MünchKomm/HARKE § 581 Rn 10) sein; dagegen dürften die Zahlungsmodalitäten – einmalige oder periodische Zahlung – kaum als Abgrenzungshilfe in Betracht kommen (s STRÖFER BB 1979, 1477, 1479; WEHRENS, Verträge über die Ausbeute von Bodenbestandteilen 36; aA HUHN, Grundstücksausbeutungsverträge im Einkommen- und im Umsatzsteuerrecht 67). Zudem kann eine vertraglich vorgesehene Kündigungsmöglichkeit ein Indiz für das Vorliegen eines Pachtvertrags sein (STRÖFER BB 1979, 1477, 1480). Schließlich können auch etwaige vertragliche Regelungen der Gefahrtragung bzw über die Fruchtziehung bei der Abgrenzung hilfreich sein.

b) Abbauvertrag

41 Ein Vertrag über den Abbau anorganischer Bodenbestandteile, wie zB Sand, Kies, Öl, Kohle, Bims oder Kali (teilweise auch als Grundstücksausbeutungsvertrag bezeichnet, s etwa WEHRENS, Verträge über die Ausbeute von Bodenbestandteilen 2), kann als Kauf der zukünftigen Ausbeute (Sachkauf) oder des Rechts auf Gewinnung der abzubauenden Stoffe (Rechtskauf) oder als Pacht des Grundstücks oder des Rechts auf Gewinnung der abzubauenden Stoffe qualifiziert werden. Die Rspr hat hier vielfach Grundstückspacht angenommen, zB bei der Ausbeutung von Kies (RGZ 6, 4, 6; 94, 279, 280; RG JW 1903, 131 Nr 24; JW 1919, 674 Nr 2; BGH LM Nr 2 zu § 581 BGB; NJW 1979, 2034, 2035; NJW 1982, 2062; WM 1983, 531, 532; BGHZ 59, 64, 65 f; BGH NZM 2000, 134, 134 f), Steinen (RG JW 1909, 451 Nr 2; BGH NJW-RR 1992, 267) oder Bims (BGH NJW 1985, 1025 [insoweit nicht in BGHZ 93, 142, 144 abgedruckt]; NJW 1995, 2548; NJW-RR 2000, 647), dem Abbau von Quarzit (RG JW 1909, 451 Nr 2), Sand (RG SeuffA 83 [1929] 304 Nr 185; BGH LM Nr 35 zu § 581 BGB), Kali (RGZ 130, 275, 280; BGH LM Nr 4 zu § 133 [A] BGB; NJW 1959, 2203, 2204; NJW 1966, 105), Torf (BGH LM Nr 3 zu § 4 WohsiedlG), Ton (RGZ 27, 279, 281) oder Kohle (RG JW 1919, 379 Nr 6) sowie bei der Durchführung von Erdölbohrungen (BayObLGZ 1910, 280, 286). Häufig war eine solche Einordnung schon wegen gesetzlicher Einschränkungen des Grundstückserwerbs sinnvoll (s WEHRENS, Verträge über die Ausbeute von Bodenbestandteilen 2 f mwNw). Materiellrechtlich spricht für diese typologische Zuordnung, dass die Ausbeutung regelmäßig den Zugriff auf das Grundstück sowie ein eigenständiges Tätigwerden des Nutzenden zur Gewinnung der Bodenbestandteile voraussetzt (s auch RÖTELMANN NJW 1957, 1321 f; ähnlich schon FRÄNKEL, Das Miet- und Pachtrecht nach dem Bürgerlichen Gesetzbuch für das Deutsche Reich 3). Andererseits kann insbesondere bei der Überlassung der gesamten Ausbeute eines bestimmten Bodenbestandteils auch ein Kaufvertrag vorliegen (s dazu nur RG JW 1936, 1824 Nr 2; BGH LM Nr 35 zu § 581 BGB; BFH 11. 2. 2014 – IX R 25/13, BFHE 244, 555, 559: unwiderbringliche Übertragung von Salzabbaugerechtigkeiten; STRÖFER BB 1979, 1477, 1479 f; **aA** aber RG JW 1909, 451 Nr 2; BGH LM Nr 2 zu § 581 BGB; WEHRENS, Verträge über die Ausbeute von Bodenbestandteilen

37 f, der einen Rechtskauf nur annimmt, wenn Vertragsgegenstand ein dingliches Recht ist), der als Sach- oder Rechtskauf einzustufen ist – Letzteres umso eher, je gewichtiger der eigene Beitrag des Nutzenden zur Gewinnung des Stoffes ist. Eine Pacht des Rechts auf Gewinnung der abzubauenden Stoffe kommt schließlich in Betracht, wenn dieses nicht mit dem Grundstückseigentum zusammenfällt, wie es vor allem aufgrund bergrechtlicher Regelungen (s insb § 3 BBergG) der Fall sein kann (s auch WEHRENS, Verträge über die Ausbeute von Bodenbestandteilen 8 f). Letztlich ist in allen diesen Konstellationen eine einzelfallbezogene Betrachtung erforderlich, bei der neben den oben (Rn 40) angeführten Indizien insbesondere die Verfügungsgewalt über das Grundstück (STRÖFER BB 1979, 1477, 1480; einschränkend WEHRENS, Verträge über die Ausbeute von Bodenbestandteilen 37 f; HUHN, Grundstücksausbeutungsverträge im Einkommen- und Umsatzsteuerrecht 48) und etwaige Pflichten des Ausbeutenden zu Erhaltung und Pflege der Stammsache (WEHRENS, Verträge über die Ausbeute von Bodenbestandteilen 8) für das Vorliegen eines Pachtvertrags sprechen können.

c) Aberntungsvertrag

42 Die vertragstypologische Qualifizierung des Aberntungsvertrags, bei dem es – in Abgrenzung zum Abbauvertrag – um die Gewinnung organischer Bodenbestandteile geht, folgt weitgehend den gleichen Grundsätzen wie beim Abbauvertrag (Rn 41). Allerdings dürfte hier häufiger eine Begrenzung auf eine bestimmte Erntemenge und daher die Annahme eines Sach- oder Rechtskaufs in Betracht kommen, zB bei Verträgen über die Gras-, Obst- oder Getreideernte eines Jahres oder bei einem Vertrag über die Abholzung eines Grundstücks (s FRÄNKEL, Das Miet- und Pachtrecht nach dem Bürgerlichen Gesetzbuch für das Deutsche Reich 2; RGZ 26, 217, 219 f: Kauf einer Weideernte; RFHE 6, 123: Pacht eines Wiesengeländes; OLG Naumburg JW 1930, 845 f Nr 12; LG Neuruppin JW 1927, 2538 Nr 6; aA zB OLG Dresden OLGE 36 [1918 I] 68 f; WEHRENS, Verträge über die Ausbeute von Bodenbestandteilen 15: idR Pacht eines landwirtschaftlichen Grundstücks).

d) Viehgräsungsvertrag

43 Zum Viehgräsungsvertrag s Rn 59.

e) Lizenzvertrag

44 Auch beim Lizenzvertrag kann die Grenzziehung zwischen der Anwendung kauf- oder pachtvertraglicher Regeln problematisch sein. Ein Kaufvertrag (Rechtskauf) ist hier regelmäßig anzunehmen, wenn der Lizenzgegenstand vollständig (dh insb ohne verbleibende Rechte des Lizenzgebers) und dauerhaft (also nicht nur auf begrenzte Zeit) dem Lizenznehmer überlassen wird. Verbleiben hingegen Rechte beim Lizenzgeber oder werden Dritten ebenfalls Lizenzen eingeräumt oder erfolgt die Überlassung nur für eine bestimmte Zeit, fehlt es regelmäßig an der für den Kauf erforderlichen dauerhaften Verschaffung des Rechts, sodass allenfalls eine Rechtspacht in Betracht kommen kann (zur genaueren vertragsrechtlichen Behandlung Rn 83 ff). Hingegen dürfte die Bemessung der Lizenzgebühr in diesen Fällen bei der Abgrenzung kaum weiterhelfen, weil es kaum feste „Tarife" für Lizenzen gibt, aus denen sich weitergehende Folgerungen ableiten ließen.

6. Dienstvertrag

a) Abgrenzungskriterien

45 Die Frage der Abgrenzung zwischen Pacht- und Dienstvertrag stellt sich vor allem, wenn die Tätigkeit desjenigen, dem der Vertragsgegenstand zum Gebrauch überlassen wird, im Vordergrund steht, also insbesondere wenn eine Betriebspflicht vereinbart oder sogar vertragsimmanent ist. Im Rahmen der typologischen Betrachtungsweise (Rn 33) ist zu beachten, dass beim Pachtvertrag die Überlassung des zu nutzenden Vertragsgegenstands, beim Dienstvertrag hingegen das Tätigwerden im Vordergrund steht (s auch BGH NJW-RR 2004, 1566, 1567; OLG Hamm 6. 5. 2011 – 30 U 15/10, juris; OLG Koblenz 1. 10. 2013 – 3 U 328/13, juris). Weiterhin spricht das Vorliegen eines Abhängigkeitsverhältnisses eher für einen Dienst- als für einen Pachtvertrag (s auch ERMAN/DICKERSBACH Vor § 581 Rn 4; LAG Rheinland-Pfalz 12. 1. 2012 – 8 Sa 491/11, juris – iE abgelehnt). Im Ergebnis ist daher darauf abzustellen, ob die typischen Merkmale eines der beiden Vertragstypen überwiegen. Ein ergänzendes Indiz für das Vorliegen eines Pachtvertrags kann gegeben sein, wenn der Gewinn beim Betreibenden verbleibt. Bezieht man die Regeln über die Geschäftsbesorgung mit ein, können für einen Dienstvertrag mit Geschäftsbesorgungscharakter insbesondere Auskunfts-, Rechenschafts- und Herausgabepflichten desjenigen, dem der Vertragsgegenstand überlassen wird, sprechen (§ 675 Abs 1 BGB iVm §§ 666 f BGB). Die Abgrenzung zwischen Pacht- und Dienstvertrag ist schon wegen der Unterschiede bei den Regeln über die Mängelgewährleistung und die Vertragsbeendigung von Bedeutung – sofern ein arbeitsrechtlicher Einschlag hinzukommt auch wegen der zahlreichen arbeitsrechtlichen Spezialregelungen. Sie wird praktisch vor allem dann relevant, wenn Vertragsgegenstand ein Unternehmen ist, das (weiter) betrieben werden soll. Darüber hinaus spielt die Grenzziehung auch bei gemischten Verträgen häufig eine wichtige Rolle, zB bei Franchiseverträgen (dazu Rn 95) oder Betriebsführungsverträgen (dazu Rn 46).

b) Überlassung des Betriebs eines Unternehmens

46 Steht die Tätigkeit der Betriebsführung ganz und gar im Vordergrund, wie etwa bei einem **Betriebsführungsvertrag**, bei dem die Unternehmensführung – zB wegen eines Mangels eigener Managementkapazitäten – einem Außenstehenden überlassen wird, dieser aber entweder für Rechnung und im Namen des Unternehmens **(echter Betriebsführungsvertrag)** oder im eigenen Namen, aber für Rechnung des Unternehmens **(unechter Betriebsführungsvertrag)** tätig wird (s insb VEELKEN, Der Betriebsführungsvertrag im deutschen und amerikanischen Aktien- und Konzernrecht 15 ff; VEIL, Unternehmensverträge 47, 287; EMMERICH/HABERSACK/EMMERICH, Aktien- und GmbH-Konzernrecht § 292 AktG Rn 55; FENZL S 29 Rn 96 ff; K SCHMIDT, Gesellschaftsrecht § 17 III 1 lit d; WEISS-MÜLLER BB 2000, 1949, 1951), liegt regelmäßig ein Geschäftsbesorgungsvertrag mit dienstvertraglichem Charakter vor (s auch U HUBER ZHR 152 [1988] 1, 2 ff – mit Kritik an der Zuordnung der „unechten" Betriebsführungsverträge 4 f; KÖHN, Der Konzern 2011, 530, 531 f; STAUDINGER/MARTINEK/OMLOR [2017] § 675 Rn B 143; MARTINEK, Moderne Vertragstypen Bd II 285 f; EMMERICH/HABERSACK, Konzernrecht § 15 Rn 21; EMMERICH/HABERSACK/EMMERICH, Aktien- und GmbH-Konzernrecht § 292 AktG Rn 55; MünchKommAktG/ALTMEPPEN § 292 AktG Rn 147; SCHLÜTER, Management- und Consulting-Verträge 23 mwNw; JOACHIM NZM 2001, 162, 164; ders DZWiR 1992, 397, 398 mwNw; LÖFFLER NJW 1983, 2920, 2921; SCHAUB, Sponsoring und andere Verträge zur Förderung überindividueller Zwecke 264; BÖHM, Der Unternehmensführungsvertrag 77 ff mwNw; OLG München ZIP 1987, 849, 852). Auch wenn der unechte Betriebs-

führungsvertrag schon etwas stärker in Richtung Pachtvertrag tendiert, muss der Betriebsführer doch den Gewinn herausgeben, sodass auch dieser Vertrag dem Dienstvertrag noch näher steht als dem Pachtvertrag (s auch FENZL S 36 Rn 130). Wichtig ist in beiden Fällen das Weisungsrecht der Eigentümergesellschaft, das zumindest teilweise durch die besonderen dienstvertraglichen Kündigungsrechte des Betriebsführers (§§ 626, 627 BGB) „ausgeglichen" wird (s auch insb EMMERICH/ HABERSACK, Konzernrecht § 15 Rn 21; JOACHIM DZWiR 1992, 397, 403; BGH NJW 1982, 1817, 1818; OLG München ZIP 1987, 849). Wird ein fremdes Unternehmen hingegen im eigenen Namen und auf eigene Rechnung oder im fremden Namen auf eigene Rechnung geführt, tendiert das Rechtsgeschäft deutlich stärker in Richtung Pachtvertrag (s zB BGH WM 1986, 1359, 1360). In aktienrechtlicher Terminologie liegt im ersten Fall regelmäßig ein **Betriebspachtvertrag** vor, im zweiten Fall ein **Betriebsüberlassungsvertrag**, § 292 Abs 1 Nr 3 AktG (dazu näher § 581 Rn 72 f; kritisch MünchKomm/HARKE § 581 Rn 13 f). Der Betriebspachtvertrag ist regelmäßig Pachtvertrag iSd §§ 581 ff BGB (s insb EMMERICH/HABERSACK, Konzernrecht § 15 Rn 8; EMMERICH/HABERSACK/EMMERICH, Aktien- und GmbH-Konzernrecht § 292 AktG Rn 40; MünchKommAktG/ALTMEPPEN § 292 AktG Rn 97; HÜFFER/KOCH § 292 AktG Rn 18; RAUPACH, in: FS Bezzenberger 327, 333 f). Dagegen steht der Betriebsüberlassungsvertrag zivilrechtlich zwischen Pacht- und Geschäftsbesorgungsvertrag (s auch EMMERICH/HABERSACK, Konzernrecht § 15 Rn 18; EMMERICH/HABERSACK/EMMERICH, Aktien- und GmbH-Konzernrecht § 292 AktG Rn 43a; ähnlich HÜFFER/KOCH § 292 AktG Rn 19). Ein Geschäftsbesorgungsvertrag mit dienstvertraglichem Charakter dürfte in derartigen Konstellationen vor allem dann anzunehmen sein, wenn der Vertrag insgesamt deutlich durch dienstvertragliche Elemente geprägt ist, etwa bei starker Abhängigkeit des Betriebsführenden vom überlassenden Unternehmen (s zB RAGE 17, 5, 7; 18, 139, 140 ff). Hingegen kann ein Pachtvertrag (mit Auftrags- oder eher wohl Geschäftsbesorgungscharakter) vorliegen, wenn derjenige, der den Betrieb führt, stärker selbständig agiert. Weil das Pachtverhältnis nicht nach außen zu Tage tritt, sondern sich lediglich im Innenverhältnis auswirkt, wird hier mitunter von Innenpacht gesprochen (zB EMMERICH/HABERSACK, Konzernrecht § 15 Rn 18; GESSLER DB 1965, 1691, 1692; WÜRDINGER, Aktienrecht und das Recht der verbundenen Unternehmen § 68 IV S 312; MünchKommAktG/ALTMEPPEN § 292 AktG Rn 106; MASER 42; FENZL S 27 Rn 90; KNEPPER BB 1982, 2061, 2064; SCHNEIDER JbFStR 1982/83, 387, 389; RAUPACH, in: FS Bezzenberger 327, 334). Eine solche Konstruktion wahrt den pachtvertraglichen Charakter, denn ein Auftreten des Pächters nach außen im eigenen Namen ist keine konstitutive Voraussetzung des Pachtvertrags (MünchKomm/HARKE § 581 Rn 13; **aA** HERRMANN, Die Unternehmenspacht 58 f, 81; offen gelassen von RGZ 140, 206, 208) und auch ein Durchgangserwerb der Früchte durch den Verpächter dürfte die vertragstypologische Einordnung als Innenpacht nicht in Frage stellen. – Trotz der aktienrechtlich bedingten Zweiteilung in Betriebspachtvertrag und Betriebsüberlassungsvertrag einerseits und Betriebsführungsvertrag andererseits, die vor allem für die Anwendbarkeit des § 292 Abs 1 Nr 3 AktG von Bedeutung ist (dazu sogleich Rn 47 sowie § 581 Rn 72 ff), sollte nicht übersehen werden, dass für die *zivilrechtliche* Abgrenzung vom Betriebspachtvertrag als Prototyp des Pachtvertrags und vom echten Betriebsführungsvertrag als Prototyp des Geschäftsbesorgungsvertrags mit dienstvertraglichem Charakter auszugehen ist. Die bürgerlichrechtliche Differenzierung sollte nicht durch aktienrechtliche Wertungen präjudiziert, sondern es sollte auch hier auf die Ausgestaltung des Vertrags im Einzelfall abgestellt werden. Die Abgrenzung zwischen Dienst- und Pachtvertrag ist insbesondere für die Anwendung konzernrechtlicher Spezialrege-

Vorbem zu § 581

lungen bei der Betriebspacht (dazu Rn 47) sowie für die Anwendbarkeit des § 613a BGB von Bedeutung.

47 Die Differenzierung zwischen Betriebsführungsverträgen einerseits und Betriebspacht- und Betriebsüberlassungsverträgen andererseits ist vor allem für die Anwendbarkeit des § 292 Abs 1 Nr 3 AktG und der dort in Bezug genommenen Vorschriften von praktischer Bedeutung. Bei der **Betriebspacht** wird der Betrieb eines Unternehmens insgesamt verpachtet; der Pächter führt den Betrieb im eigenen Namen und auf eigene Rechnung (s insb FENZL S 7 f Rn 27 ff). Dagegen führt der Übernehmende beim **Betriebsüberlassungsvertrag** das überlassene Unternehmen zwar auch auf eigene Rechnung, aber im fremden Namen und letztlich auf fremdes Risiko (s insb SCHNEIDER JbFStR 1982/83, 387, 389). Abzugrenzen sind diese beiden unmittelbar von § 292 Abs 1 Nr 3 AktG erfassten Verträge vom **Betriebsführungsvertrag**, bei dem ein fremdes Unternehmen auf fremde Rechnung und in der Regel auch im fremden Namen (beim unechten Betriebsführungsvertrag hingegen im eigenen Namen) betrieben wird und der nicht in § 292 Abs 1 Nr 3 AktG genannt ist. Eine entsprechende Anwendung der Regelung zum Schutz der Eigentümergesellschaft und ihrer Gesellschafter wird jedoch zu Recht überwiegend bejaht, wenn dem Betriebsführer alle Aufgaben übertragen werden (zB EMMERICH/HABERSACK, Konzernrecht § 15 Rn 23; EMMERICH/HABERSACK/EMMERICH, Aktien- und GmbH-Konzernrecht § 292 AktG Rn 58; SPINDLER/STILZ/VEIL § 292 AktG Rn 54; PRIESTER, in: FS Hommelhoff 875, 883 ff; ähnlich MünchKommAktG/ALTMEPPEN § 292 AktG Rn 149 ff sowie Kölner Kommentar/KOPPENSTEINER § 292 AktG Rn 81: Analogie zu § 292 Abs 1 Nr 3 AktG; VEELKEN, Der Betriebsführungsvertrag im deutschen und amerikanischen Aktien- und Konzernrecht 248; OESTERREICH, Die Betriebsüberlassung zwischen Vertragskonzern und faktischem Konzern 53 f; WEISSMÜLLER BB 2000, 1949, 1950; WINDBICHLER ZIP 1987, 825, 828 f – für fehlendes Weisungsrecht des Eigentümers; differenzierend U HUBER ZHR 152 [1988] 123, 148, 151 f; FENZL S 86 Rn 306 ff; für den Managementvertrag auch JOACHIM DWiR 1992, 455, 457; für eine noch weitergehende Anwendung des § 292 Abs 1 Nr 3 AktG VEIL, Unternehmensverträge 290). Problematisch dürften hier vor allem diejenigen Fälle sein, in denen die Führung bestimmter Betriebsteile einem anderen überlassen wird: Hier können die Regeln über Unternehmensverträge, vor allem die weit reichende Eintragungspflicht, zu starken praktischen Restriktionen führen; andererseits muss auch einer Umgehung der §§ 293 ff AktG durch Aufteilung in mehrere Einzelverträge vorgebeugt werden, was im Aktienrecht etwa durch die Annahme eines Betriebsüberlassungsvertrags (anstelle einer Betriebspacht, die den gesamten Betrieb eines Unternehmens betrifft) geschehen kann (s nur EMMERICH/HABERSACK, Konzernrecht § 15 Rn 8). Zur Anwendung der §§ 293 ff AktG im Einzelnen § 581 Rn 71 ff.

7. Werkvertrag

48 Vom Werkvertrag unterscheidet sich der Pachtvertrag vor allem dadurch, dass der Verpächter dem Pächter keinen Erfolg schuldet, sondern lediglich die Überlassung von Gebrauch und Fruchtgenuss am Pachtgegenstand. Die Abgrenzung spielt insbesondere dann eine Rolle, wenn ein Betrieb oder Betriebsteile zu Produktionszwecken überlassen werden. Ein Werkvertrag ist vor allem dann gegeben, wenn der Überlassende in erster Linie die Verschaffung der Erzeugnisse schuldet, ein Pachtvertrag hingegen, wenn der Verpflichtete selbst wirtschaften kann (s auch RAETTIG 71). Ein wichtiges Indiz für die typologische Zuordnung ist, ob die Gegenleistung nach dem Erfolg der Produktion bemessen wird (dann eher Werkvertrag) oder nicht (dann eher Pachtvertrag). Daher liegt ein Werkvertrag vor, wenn der Besitzer eines Schleif- und Polierwerks die Veredelung der ihm von einem anderen Unternehmen gelieferten Rohgläser übernimmt, hingegen Pacht, wenn er sein Werk dem Lieferanten der Rohgläser zum eigenen Gebrauch überlässt (RG Recht 1908 Sp 228 Nr 1358). Werkverträge sind beispielsweise auch der Vertrag über die Herstellung eines Werbefilms (BGH MDR 1966, 496: Werkvertrag mit kaufrechtlichen Elementen) oder Tierzucht- (BGH NJW 1991, 166) oder Viehmastverträge (BGH MDR 1972, 232 f).

8. Verwahrungsvertrag

Beim Verwahrungsvertrag iSd §§ 688 ff BGB steht nicht die Nutzung, sondern die Verwahrung von beweglichen Sachen, die ebenso wie die Nutzung einer verpachteten beweglichen Sache gegen Entgelt erfolgen kann, im Vordergrund. Die Abgrenzung zum Pachtvertrag ist insbesondere wegen der abweichenden Regelungen zur Kostentragung (§ 693 BGB) sowie zur Vertragsbeendigung (§§ 695, 696 BGB) beim Verwahrungsvertrag von Bedeutung. Überschneidungen sind vor allem beim **Viehgräsungsvertrag** denkbar, bei dem eine oder mehrere Personen, idR Viehzüchter oder Viehhändler, ihre Tiere für die Sommermonate einem Landbesitzer zur Unterbringung auf bestimmten Weideflächen übergeben. Solche Verträge enthalten neben verwahrungsvertraglichen auch pacht- und mitunter kaufvertragliche Elemente (s zB Bovensiepen LZ 1930, 971; aA OLG Kiel SchlHAnz 1922, 174; LG Bielefeld MDR 1968, 668 Nr 51). Die pachtrechtlichen Komponenten dürften hier aber neben anderen Vertragselementen regelmäßig eher in den Hintergrund treten, sodass eine Anwendung der §§ 581 ff BGB allenfalls in Ergänzung zu anderen vertragsrechtlichen Regelungen in Betracht kommen dürfte.

9. Gesellschaft

a) Abgrenzungskriterien

Im Verhältnis zwischen Pacht- und Gesellschaftsvertrag sind typengemischte Verträge besonders häufig, was sich vor allem an partiarischen Pachtverträgen zeigt (dazu insb Crome, Die partiarischen Rechtsgeschäfte nach römischem und heutigem Reichsrecht nebst Beiträgen zur Lehre der verschiedenen Arbeitsverträge 52 f), bei denen der Pachtzins ganz oder teilweise nach dem Gewinn bzw Umsatz des Pächters bemessen (oder – bei der Teilpacht – ein Teil der gezogenen Nutzungen als Pachtzins entrichtet) wird und somit der Verpächter zumindest indirekt am Geschäftserfolg des Pächters partizipiert. Für das Vorliegen eines Gesellschaftsvertrags muss jedoch ein noch stärkeres Element der Interessengleichrichtung mit dem Ziel der Verwirklichung eines gemeinsamen Zwecks iSd §§ 705 ff BGB (in Abgrenzung zum Pachtvertrag, bei dem die Interessen der Beteiligten weitgehend entgegengesetzt sind) hinzukommen (s dazu etwa auch RGZ 149, 88, 89; 160, 361, 366; BGH NJW 1951, 308 f; NJW-RR 1988, 417, 418 – zum Verhältnis von Miet- und Gesellschaftsvertrag; OLG Karlsruhe SJZ 1950, 339, 341; OLG Hamm 6. 5. 2011 – 30 U 15/10, juris; Crome, Die partiarischen Rechtsgeschäfte nach römischem und heutigem Reichsrecht nebst Beiträgen zur Lehre der verschiedenen Arbeitsverträge 54 ff; Raettig 34; Strobel, Die Unternehmenspacht im deutschen, französischen und italienischen Recht 10; Klein-Blenkers 59). Entscheidend für die Abgrenzung, die zB für die Anwendbarkeit der §§ 708, 713, 723 ff BGB (und hier vor allem § 726 BGB) von Bedeutung ist, sollte daher sein, ob die Beteiligten einen über die bloße Vertragsdurchführung hinausgehenden gemeinsamen Zweck verfolgen (s auch Raettig 34) und insbesondere der Verpächter aktiv in irgendeiner Form zur Zweckerreichung beiträgt, die über eine bloße Gewinnbeteiligung (wie bei partiarischen Verträgen) hinausgeht. Auch Einwirkungs- und Kontrollrechte des Verpächters können wichtige Indizien für das Vorliegen eines Gesellschaftsvertrags sein (s zB RG HRR 1942 Nr 570; BGH NJW 1951, 308; NJW-RR 1988, 417, 418 – zum Verhältnis von Miet- und Gesellschaftsvertrag; Herrmann, Die Unternehmenspacht 53; Strobel, Die Unternehmenspacht im deutschen, französischen und italienischen Recht 11; Raettig 34). Weiterhin können Einsichtsrechte der Überlassenden, die Führung einer gemeinsamen Kasse sowie ein beiderseitiges Entnahmerecht für das Vorliegen eines Gesellschaftsvertrags sprechen (s insb RG HRR 1942 Nr 570).

b) Beispiele

51 Als Pachtverträge und nicht als Gesellschaftsverträge angesehen wurden beispielsweise die zeitlich beschränkte Überlassung einer Erfindung (Laval-Zentrifugal-Pumpen) zur Benutzung und Ausbeutung gegen eine feste Mindestgebühr und Beteiligung am Fakturenbetrag, aber ohne Gewinnbeteiligung (RGZ 122, 70, 73 f), die Überlassung eines Grundstücks mit Wohngebäude zwecks Errichtung einer Tankstelle mit allem Zubehör gegen Beteiligung am Treibstoffumsatz (RGZ 149, 88, 89 f: partiarischer Pachtvertrag), die Überlassung eines Lichtspieltheaters gegen Zahlung eines Mindestpachtzinses und eines zusätzlichen, umsatzabhängigen Pachtzinses (RGZ 160, 361, 366) und die Überlassung des Gebrauchs von Gebäuden auf einem Fabrikgrundstück zur Errichtung und Nutzung einer Sprühanlage (die nach Vertragsende zurückzugewähren war) gegen eine Vergütung mit einem Festbestandteil und einem vom Umfang der Produktion (nicht hingegen vom Gewinn) abhängigen Anteil (BGH NJW 1951, 308 f). Weiterhin wurde die Überlassung des Betriebs eines Reisebüros in einem Kaufhaus (mit einer Pflicht der Kaufhausbetreiberin, für das Reisebüro zu werben) als Mietvertrag mit werkvertraglichen Elementen (Umsatzmiete), nicht als Gesellschaftsvertrag qualifiziert (BGH NJW-RR 1988, 417, 418).

10. Gemeinschaft

52 Bei Grundstücken oder Grundstücksteilen, die im Miteigentum mehrerer Personen stehen, kann die Abgrenzung zwischen Pacht- bzw Mietrecht und den Regeln über die Gemeinschaft problematisch sein, wenn sie an einen oder mehrere Miteigentümer überlassen werden. Die vertragstypologische Zuordnung hat hier unter anderem Bedeutung für die Anwendbarkeit von Mieterschutzregelungen über § 581 Abs 2 BGB, für Entgeltansprüche sowie für die Rechtsfolgen einer Vertragsbeendigung. Eine klare Trennlinie lässt sich nicht ziehen, weil die Gemeinschaft neben der Überlassung fortbesteht; es lassen sich daher nur Anhaltspunkte dafür bestimmen, in welcher Konstellation welche Regeln zum Zuge kommen und wie etwaige Normenkollisionen zwischen Gemeinschafts- und Pacht- bzw Mietrecht aufzulösen sind. Grundsätzlich ist davon auszugehen, dass die Überlassung ein Miet- oder Pachtverhältnis begründet (s etwa BGH WM 1969, 298, 299 mwNw; NJW 1974, 364; NJW 1998, 372, 373; die Abgrenzung zwischen diesen beiden Vertragstypen erfolgt nach den oben Rn 34 f dargestellten Grundsätzen). Dieses kann jedoch im Einzelfall durch die Regeln über die Gemeinschaft überlagert werden (BGH WM 1969, 298, 299; NJW 1974, 364, 365; NJW 1998, 372, 373; Staudinger/Emmerich [2018] Vorbem 56 zu § 535; aus dogmatischen Gründen zu Recht kritisch, aber mit weitgehend vergleichbaren Ergebnissen Staudinger/vProff [2015] § 741 Rn 74 ff; **aA** Erbarth NZM 1998, 740, 741 ff; MünchKomm/Harke § 581 Rn 17), etwa im Hinblick auf das Verhältnis zwischen mehreren Vermietern bzw Verpächtern, für das Gemeinschaftsrecht gilt (OLG Brandenburg OLG-NL 2006, 153, 154), aber auch in Bezug auf den Pacht- oder Mietzins (BGH NJW 1974, 364, 365; NZM 2001, 45, 45 f) oder die Rechtsfolgen einer Beendigung der Überlassung (BGH NJW 1998, 372, 373, mit einer Rückausnahme aaO 374; kritisch Sonnenschein LM § 557 BGB Nr 23; Gerber ZIP 1998, 1196 f; Erbarth NZM 1998, 740, 741 ff; Limmer ZAP ERW 1997, 190, 191).

11. Landpacht

Der Landpachtvertrag ist eine spezielle Form des Pachtvertrags (Staudinger/Bleck- **53** wenn/vJeinsen § 585 Rn 1), bei dem gemäß § 585 Abs 1 BGB ein Grundstück mit den seiner Bewirtschaftung dienenden Wohn- und Wirtschaftsgebäuden oder ohne solche Gebäude überwiegend zur Landwirtschaft (verstanden als Bodenbewirtschaftung, mit der Bodennutzung verbundene Tierhaltung, um pflanzliche oder tierische Erzeugnisse zu gewinnen, sowie gartenbauliche Erzeugung) verpachtet wird. Die Abgrenzung zwischen Landpacht und sonstiger Pacht ist praktisch bedeutsam, weil für Landpachtverträge §§ 581 Abs 2 BGB iVm mietrechtlichen Vorschriften, 584, 584a und 584b BGB nicht gelten und die übrigen pachtrechtlichen Regelungen gem § 585 Abs 2 BGB durch Sonderregelungen modifiziert werden können. Es kommt daher entscheidend auf den Pachtgegenstand an, der für die Landpacht in § 585 BGB näher umschrieben wird. Problematisch ist insbesondere die Grenzziehung zur reinen Grundstückspacht (§ 581 Rn 12) sowie zur Unternehmenspacht: Sofern es um ein landwirtschaftliches Unternehmen iSd § 585 Abs 1 BGB geht, genießen die Regeln über die Landpacht Vorrang (zu Einzelheiten Staudinger/Bleckwenn/vJeinsen § 585 Rn 19 ff).

12. Nießbrauch

Die Abgrenzung zwischen Pacht und Nießbrauch, die unter anderem deswegen von **54** Bedeutung ist, weil der Nießbrauch weder übertragbar noch vererblich ist (§§ 1059, 1061 BGB), nicht der Grundschuld- und Hypothekenhaftung unterliegt (§ 1123 BGB) und vom Gegenstand her weiter reichen kann als die Pacht (Strobel, Die Unternehmenspacht im deutschen, französischen und italienischen Recht 12), erscheint auf den ersten Blick klar, weil der Pachtvertrag ein schuldrechtliches Rechtsgeschäft darstellt, beim Nießbrauch hingegen ein dingliches Recht begründet wird (s auch Herrmann, Die Unternehmenspacht 54; Strobel, Die Unternehmenspacht im deutschen, französischen und italienischen Recht 12; Klein-Blenkers 55, 83; Schreiber/Berger, Handbuch Immobilienrecht 1090 f). Beim näheren Hinsehen verschwimmen jedoch die vermeintlich deutlichen Konturen, weil bei Pachtverhältnissen in Bezug auf den Eigentumserwerb des Pächters an den Früchten sowie über § 582a Abs 2 S 2 BGB und § 582a Abs 3 S 2 HS 2 BGB auch sachenrechtliche Elemente mit hineinspielen (dazu bereits oben Rn 2). Daher ist die Differenzierung zu ergänzen: Solange ein Rechtsverhältnis lediglich die auch bei Pachtverträgen potentiell relevanten dinglichen Elemente enthält, handelt es sich um einen Pachtvertrag. Sofern jedoch eine weitergehende Verdinglichung der Stellung des Nutzenden erfolgt, liegt Nießbrauch vor. Pachtvertrag und Nießbrauchsbestellung können zwar, etwa als Verpflichtungs- und Verfügungsgeschäft, zusammentreffen; zwingend ist diese Verknüpfung aber nicht (s ausführlich Schön, Der Nießbrauch an Sachen 345 ff), sondern im Gegenteil eher selten (Schön 355 f mwNw; s auch RG Gruchot 52, 1200, 1203 ff; BGH NJW 1963, 1247; zum Sonderfall einer

Bestellung eines Sicherungsnießbrauchs neben einem Pachtvertrag OLG Schleswig 8. 12. 2016 – 7 U 47/15, BeckRS 2016, 114219).

13. Andere Dienstbarkeiten

54a Ähnlich ist die Abgrenzung zwischen Pacht und anderen Dienstbarkeiten vorzunehmen. Auch insoweit ist Parallelität denkbar, etwa wenn eine beschränkte persönliche Dienstbarkeit als dingliche Sicherheit für das Nutzungsrecht des Pächters vereinbart wird (BGH 27. 6. 2014 – V ZR 51/13 Rn 11, NZM 2014, 790 mwNw). Hier sprechen wiederum über das Pachtvertragstypische hinausgehende dingliche Elemente für das Vorliegen einer Dienstbarkeit und dies wird auch durch ergänzende schuldrechtliche Vereinbarungen nicht konterkariert (BGH 27. 6. 2014 – V ZR 51/13 Rn 13, NZM 2014, 790).

14. Erbbaurecht

55 Überschneidungen des Pachtvertrags können sich im Einzelfall auch mit dem Erbbaurecht iSd §§ 1 ff ErbbauRG ergeben, das die Nutzung eines Bauwerks betrifft (s auch STAUDINGER/RAPP [2017] Einl 1 zum ErbbauRG). Allerdings hat das Erbbaurecht im Unterschied zum Recht des Pächters dingliche Wirkung, es ist veräußerlich und vererblich (§ 1 Abs 1 ErbbauRG). Da das Erbbaurecht zudem im Grundbuch einzutragen ist, dürften sich hier kaum (oder allenfalls im Vorfeld einer solchen Eintragung) praktische Abgrenzungsprobleme ergeben.

15. Aneignungsrechte

56 Überschneidungen und damit Abgrenzungsfragen können auch im Verhältnis zwischen dinglichen Aneignungsrechten (§§ 954 ff BGB) und Pachtverträgen auftreten. Der Pächter erwirbt idR gem §§ 956 f BGB Eigentum an den Früchten des Pachtgegenstands (s Rn 2); insoweit besteht neben dem Pachtvertrag als Verpflichtungsgeschäft eine Aneignungsgestattung durch den Verpächter als dingliche Verfügung (s dazu insb STAUDINGER/GURSKY/WIEGAND [2017] § 956 Rn 9 mwNw – auch zu anderen Erklärungsansätzen –, Rn 7 ff, insb mit überzeugenden Argumenten gegen die sog Übertragungstheorie; SOERGEL/HENSSLER § 956 Rn 1; MünchKomm/OECHSLER § 956 Rn 2, 4; BeckOK/KINDL [15. 6. 2017] § 956 Rn 4). Aneignungsrechte können jedoch auch Gegenstände betreffen, die nicht ipso iure Grundstücksbestandteile und daher nicht ohne Weiteres Eigentum des Grundstücksinhabers sind, wie zB das Aneignungsrecht gem § 958 BGB bei bergfreien Bodenbestandteilen (s Rn 66 f) oder die Aneignungsrechte aufgrund von Jagd- oder Fischereiberechtigungen (s Rn 69, 71). Hier kann der Berechtigte sein dingliches Aneignungsrecht weiterverpachten.

VI. Wichtige Erscheinungsformen der Pacht

57 Im Folgenden werden wichtige Erscheinungsformen der Pacht im Überblick dargestellt. Besonderheiten, die sich bei bestimmten Pachtgegenständen für den Inhalt des Pachtvertrags ergeben, werden ausführlicher im Rahmen der Erläuterung des § 581 BGB erörtert.

1. Erscheinungsformen und Abgrenzungen im Einzelfall

a) Pachtverträge im landwirtschaftlichen Bereich
aa) Abbau- und Aberntungsverträge

Gegenstand von Pachtverträgen über Grundstücke kann der Abbau anorganischer **58** (Abbauvertrag) oder organischer (Aberntungsvertrag) Boden- bzw Grundstücksbestandteile sein, sofern nicht von vornherein die gesamte Ausbeute dem Vertragspartner überlassen wird (was insb bei Aberntungsverträgen häufiger der Fall sein kann), sondern dieser selbst einen entscheidenden Beitrag zur Gewinnung der abzubauenden Stoffe leistet (s Rn 41 f). Insoweit gelten die allgemeinen Regeln über Pachtverträge.

bb) Viehgräsungs-, Viehmast- und Tierzuchtverträge

Viehgräsungsverträge können im Einzelfall pachtrechtliche Elemente aufweisen, **59** sind jedoch regelmäßig nicht als Pachtverträge einzuordnen (s Rn 49). Viehmast- und Tierzuchtverträge entsprechen regelmäßig eher dem Vertragstypus des Werkvertrags als demjenigen des Pachtvertrags (s Rn 48).

cc) Kleingartenpacht

Die Kleingartenpacht war schon früh Gegenstand **gesonderter gesetzlicher Regelun-** **60** **gen** (s insb Bekanntmachung über die Festsetzung von Pachtpreisen für Kleingärten vom 4. 4. 1916, RGBl 1916, 234; Verordnung zur Ergänzung der Verordnung vom 4. 4. 1916 vom 12. 10. 1917, RGBl 1917, 897; beide später abgelöst durch die Kleingarten- und Kleinpachtlandordnung vom 31. 7. 1919, RGBl 1919, 1371; Ergänzungsgesetz vom 26. 6. 1935, RGBl 1935 I 809; Verordnung über Kündigungsschutz und andere kleingartenrechtliche Vorschriften vom 23. 5. 1942, RGBl 1942 I 343 idF der Verordnung vom 15. 12. 1944, RGBl 1944 I 347; Anordnung über eine erweiterte Kündigungsmöglichkeit von kleingärtnerisch bewirtschaftetem Land vom 23. 1. 1945, RAnz 1945 Nr 26; Bundesgesetz zur Änderung und Ergänzung kleingartenrechtlicher Vorschriften vom 28. 7. 1969, BGBl 1969 I 1013). Im Vordergrund standen Vorschriften zum **Schutz des Pächters**, vor allem die Gewährleistung eines weitreichenden Kündigungsschutzes sowie Beschränkungen der Höhe des Pachtzinses. Die besondere Schutzbedürftigkeit der Kleingartenpächter wurde ursprünglich mit dem Gesundheitsschutz (Gronemeyer AgrarR 1983, 207 f), später mit der Sicherung der Nahrungsmittelversorgung begründet (s zB BVerfG NJW 1980, 985, 988 mwNw; Gronemeyer AgrarR 1983, 207, 208). Heute werden vor allem der Freizeit- und Erholungswert des Kleingartens und seine Bedeutung für Wohnungsmieter ohne Hausgärten bzw kinderreiche Familien hervorgehoben (Städtebaubericht der Bundesregierung 1975, BT-Drucks 7/3583 Nr 181; BVerfG NJW 1980, 985, 988 f; BT-Drucks 9/1900, 9; BT-Drucks 9/2232, 14; BVerfG NJW-RR 1993, 971, 974; NJW 1998, 3559).

Der starke gesetzliche Schutz des Kleingartenpächters geriet angesichts der gewan- **61** delten sozialen Verhältnisse zunehmend in Konflikt mit dem verfassungsrechtlich gewährleisteten Schutz des Eigentums des Verpächters, insbesondere bei Kleingärten, die sich nicht auf öffentlichem Grund und Boden, sondern auf privaten Grundstücken befanden. Weil die Rechtsposition des Kleingartenpächters immer weiter verstärkt worden war (s dazu insb Niebler DNotZ 1987, 259, 268), erklärte das **BVerfG** (NJW 1980, 985) den Kündigungsschutz zugunsten des Kleingartenpächters 1979 für verfassungswidrig, ohne allerdings die Nichtigkeit der Regelung auszusprechen, weil verschiedene gesetzgeberische Möglichkeiten zur Beseitigung der Verfassungswidrigkeit bestanden. Laufende Verfahren wurden bis zu einer Neuregelung durch den Gesetzgeber größtenteils ausgesetzt (BGH NJW 1980, 2084, 2085; NJW 1981, 1547; NJW-RR 1995, 1296; Ausnahme: BGH NJW 1981, 1547 f).

62 Eine Neuregelung durch den Gesetzgeber erfolgte im **Bundeskleingartengesetz** (BKleingG) vom 28. 2. 1983 (BGBl 1983 I 210). Dieses Gesetz, das im früheren Gebiet der DDR am 3. 10. 1990 eingeführt wurde (§§ 20a, 20b BKleingG; s dazu auch MAINCZYK BBauBl 1991, 78 ff), fasste die zivil- und öffentlichrechtlichen Vorschriften über Kleingartenpachtverträge zusammen, hielt aber an der vom BVerfG kritisierten Pachtpreisbindung auf niedrigstem Niveau fest (§ 5 BKleingG idF v 28. 2. 1983) mit der Folge, dass die von Kleingartenpächtern zu zahlenden Pachtzinsen häufig sogar weit unter den die Eigentümer treffenden Grundstückslasten lagen. 1992 erklärte das **BVerfG** § 5 Abs 1 S 1 BKleingG (idF v 28. 2. 1983) in Bezug auf Pachtverhältnisse mit privaten Verpächtern für verfassungswidrig (BVerfG NJW-RR 1993, 971, 974 f) und verlangte eine unverzügliche Neuregelung der Materie (anders zuvor noch BGHZ 108, 147, 152 ff). Diese erfolgte mit dem Gesetz zur Änderung des Bundeskleingartengesetzes (BKleingÄndG) vom 8. 4. 1994 (BGBl 1994 I 766; s dazu auch Erklärung des Bundesministeriums für Bauwesen, Raumordnung und Städtebau, DtZ 1994, 276). Weitere Änderungen erfuhr § 5 BKleingG durch das Gesetz zur Neugliederung, Vereinfachung und Reform des Mietrechts vom 19. 6. 2001 (BGBl 2001 I 1149), das Gesetz zur Anpassung der Formvorschriften des Privatrechts und anderer Vorschriften an den modernen Rechtsgeschäftsverkehr vom 13. 7. 2001 (BGBl 2001 I 1542) sowie das Erste Gesetz über die Bereinigung von Bundesrecht im Zuständigkeitsbereich des Bundesministeriums für Verkehr, Bau und Städteentwicklung (BGBl 2006 I 2146). Der Höchstpachtbetrag gem § 5 Abs 1 S 1 BKleingG beträgt jetzt das Vierfache der ortsüblichen Pacht im erwerbsmäßigen Obst- und Gemüseanbau, bezogen auf die Gesamtfläche der Kleingartenanlage (s dazu zB MAINCZYK ZfBR 1994, 203, 204 f; SCHWABE NJW 2008, 477 ff; BORK, Bundeskleingartengesetz 12; MAINCZYK/NESSLER § 5 BKleingG Rn 7a ff). Ein gewisser „Ausgleich" für diesen idR immer noch relativ niedrigen Pachtzins ergibt sich für den Verpächter durch seine Ansprüche gegen den Pächter auf Erstattung von Aufwendungen (§ 5 Abs 4 BKleingG) und öffentlich-rechtlichen Lasten (§ 5 Abs 5 BKleingG). Unter Einbeziehung dieser Regelungen sowie des Aspektes, dass die Kleingartenanlagen regelmäßig an Vereine verpachtet würden, die alle Verwaltungsaufgaben übernähmen, hält das BVerfG die aktuelle Regelung des Höchstpachtzinses für verfassungsmäßig (BVerfG NJW-RR 1998, 1166, 1166 f; s auch BGH NJW-RR 1996, 143, 144; NJW 1997, 1071, 1071 f). Die Regelungen des BKleingG zur Höhe des Pachtzinses, zu Pachtdauer und Kündigungsmöglichkeiten führen auch in ihrer heutigen Fassung zu bedeutsamen Einschränkungen der Privatautonomie beim Abschluss von Pachtverträgen über Kleingärten im Sinne dieses Gesetzes (dazu näher § 581 Rn 14).

dd) Heuerlingsvertrag

63 Ein Heuerlingsvertrag ist ein Vertrag, bei dem derjenige, der ein Grundstück zur Nutzung und Fruchtziehung erhält (Heuerling; in manchen Regionen auch als Häusling oder Inst bezeichnet), als Gegenleistung Dienste gegenüber dem Überlassenden erbringt, zB durch Bewirtschaftung des überlassenen Grundstücks (s zB W ABEL, Agrarpolitik 115; STAUDINGER/PIKALO[12] Anh 77 zu § 597; SERAPHIM, Das Heuerlingswesen in Nordwestdeutschland, insb 7, 12). Es handelt sich um einen gemischten Vertrag mit pacht- und dienstvertraglichen Elementen und im Fall einer Abhängigkeit des Heuerlings vom Überlassenden um ein einheitliches Arbeitsverhältnis (RG JW 1938, 184, 185; OLG Oldenburg RdL 1952, 241; STAUDINGER/PIKALO[12] Anh 77 zu § 597). Früher waren Heuerlingsverträge mit Ausnahme der Verträge über die Überlassung eines Grundstücks als Deputat- oder Dienstland nach § 1 Abs 4 lit b des Landpachtgesetzes (Gesetz über das landwirtschaftliche Pachtwesen [Landpachtgesetz] vom 25. 6. 1952, BGBl 1952 I 343) den Landpachtverträgen gleichgestellt. Diese Regelung wurde 1985 bei der Einarbeitung des Landpachtgesetzes nicht in das BGB übernommen, sodass das Landpachtrecht nicht mehr auf Heuerlingsverträge anwendbar ist (s insb MünchKomm/ HARKE § 585 Rn 3; aA STAUDINGER/BLECKWENN/VJEINSEN § 585 Rn 13). Unter heutigen Verhältnissen dürfte diese Regelungslücke jedoch keine allzu große praktische Bedeutung mehr haben.

ee) Siedlerpachtverträge

Soweit nach den Siedlungs- und Bodenreformgesetzen der Länder im Siedlungswesen ein Träger-Bewerbervertrag abgeschlossen wurde, lag während der Bewerberzeit idR Miete oder Pacht vor. Es handelte sich dabei um normale bürgerlichrechtliche Verträge, obwohl die Zulassung des Siedlungsanwärters und dessen Auswahl hoheitlich durch Verwaltungsakt erfolgte (BayObLGZ 1967, 148, 153 f; zur Anwendung des § 313 aF [jetzt § 311b Abs 1] auf diese Verhältnisse s insb BGHZ 16, 334, 335 f; 20, 172, 173; vgl aber auch zur Nichtanwendbarkeit BGHZ 29, 76, 81). **64**

b) Unternehmens- bzw Betriebspacht

Die Begriffe Unternehmens- und Betriebspacht werden nicht immer trennscharf und einheitlich gebraucht. Am umfassendsten ist die Bezeichnung Unternehmenspacht im Sinne einer Verpachtung einer Gesamtheit von Sachen und Rechten. Der Begriff Betriebspacht spielt hingegen vor allem im Arbeits- und Konzernrecht eine Rolle. Im Konzernrecht ist die Abgrenzung zu Betriebsüberlassungs- und vor allem Betriebsführungsverträgen von Bedeutung, weil bei Betriebspacht- und Betriebsüberlassungsverträgen die mit § 292 Abs 1 Nr 3 AktG verbundenen Einschränkungen der Privatautonomie greifen, während die Anwendbarkeit dieser Regelungen bei Betriebsführungsverträgen umstritten ist (dazu § 581 Rn 74). Wichtige praktische Ausprägungen der Unternehmenspacht sind etwa die Gaststätten- und die Hotelpacht. **65**

c) Pachtverträge mit speziellen Pachtgegenständen
aa) Bergwerkspacht

Bergwerkspacht ist die entgeltliche Überlassung der Ausbeutung einzelner Grubenfelder durch den Bergwerkseigentümer oder den Grundstückseigentümer an einen Dritten. Gegenstand der **Überlassung durch den Bergwerkseigentümer** ist dessen Aneignungsrecht, das sich insbesondere auf das Aufsuchen, Gewinnen von Bodenschätzen und den Erwerb des Eigentums an diesen bezieht (s vor allem § 9 iVm § 8 BBergG). Daher handelt es sich bei der Bergwerkspacht um eine besondere Form der Rechtspacht, die nicht gesondert geregelt (§ 23 BBergG betrifft nur die Veräußerung, nicht hingegen die Verpachtung des Bergwerkseigentums, s insb RING NotBZ 2006, 37, 45) und daher nach §§ 581 ff BGB zu beurteilen ist (s auch STRÖFER BB 1979, 1477, 1478 f; RING NotBZ 2006, 37, 45; zur Abgrenzung zum Kaufvertrag oben Rn 41). Im Einzelfall kann auch Unternehmenspacht vorliegen, wenn ein bereits existierendes, auf den Abbau der Bodenschätze gerichtetes Unternehmen überlassen wird (RG JW **66**

1926, 2619 Nr 3; noch weitergehend Piens/Schulte/Vitzthum § 9 BBergG Rn 10; Ring NotBZ 2006, 37, 45). Sofern die **Überlassung durch den Grundeigentümer** erfolgt, muss beachtet werden, dass sich das Eigentum am Grundstück aufgrund bergrechtlicher Regelungen möglicherweise nicht auf die fraglichen Bodenbestandteile erstreckt (s insb § 3 Abs 2 S 2 BBergG). Nach § 311a Abs 1 BGB kann der Grundstückseigentümer in diesen Fällen zwar dennoch einen wirksamen Vertrag über den Abbau schließen (auch wenn verfügungsberechtigt regelmäßig der Bergwerkseigentümer wäre), aber es spricht doch einiges dafür, dass der Grundeigentümer, dem kein Recht auf die Bodenbestandteile zusteht, keinen auf eine unmögliche Leistung gerichteten Vertrag schließen will. Daher wäre in derartigen Fällen – sofern dies dem Parteiwillen entspräche – allenfalls eine Grundstückspacht (die sich dann aber gerade nicht auf die bergfreien Bodenbestandteile erstrecken würde) anzunehmen.

67 In der Bergwerkspacht wurde vor allem früher – über den Grundtypus des Pachtvertrags hinausgehend (s Rn 1) – teilweise neben dem schuldrechtlichen Vertrag zugleich eine Verfügung über das Aneignungsrecht des Bergwerkseigentümers gesehen (RGZ 135, 94, 101 ff; Raape AcP 136 [1932] 210, 212 ff; Heinemann ZAkDR 1935, 667 ff) mit der Folge, dass das Recht des Pächters auch gegenüber dem Bergwerkseigentümer durchgesetzt werden könnte. Die rechtliche Grundlage hierfür ist jedoch unklar und die Annahme einer Verfügung erscheint nicht zwingend erforderlich (dagegen auch Isay JW 1932, 2422, 2423 f; Piens/Schulte/Vitzthum § 9 BBergG Rn 24; Ring NotBZ 2006, 37, 45), zumal das Aneignungsrecht des Pächters im Verhältnis zu Dritten auch ohne die Annahme eines Verfügungscharakters bereits relativ weitreichend geschützt ist: Eine Aneignung durch Dritte verletzt ein ausschließliches Recht des Pächters mit der Folge, dass dieser vom Dritten insbesondere Schadensersatz nach § 823 Abs 1 BGB (als Naturalrestitution iSd § 249 Abs 1 BGB auch Herausgabe) bzw Herausgabe nach §§ 687 Abs 2, 681 S 2, 667 BGB verlangen oder die Eingriffskondiktion nach § 812 Abs 1 S 1 Var 2 BGB geltend machen kann (s RGZ 110, 1, 17; 161, 203, 208 – beide zu § 823 Abs 1; RGZ 135, 94, 102 f – zu § 687 Abs 2, allerdings unter Zugrundelegung eines dinglichen Charakters des Aneignungsrechts). Hingegen dürften sich aus dem Aneignungsrecht keine Herausgabeansprüche des Pächters gegen den Dritten aus § 861 BGB (mangels vorherigen Besitzes des Pächters) sowie analog § 985 BGB (mangels einer Regelungslücke; § 8 Abs 2 BBergG wird in § 9 BBergG auch nicht für entsprechend anwendbar erklärt) ergeben. Hier dürften die gleichen Argumente greifen, wie sie bei der Jagdpacht diskutiert werden (s Rn 69).

bb) Jagdpacht

68 Auch das Jagdrecht kann zum Gegenstand von Pachtverträgen gemacht werden. Gegenstand des Pachtvertrags ist nicht der Grund und Boden, auf dem gejagt werden darf, sondern das Jagdausübungsrecht. Daher handelt es sich um eine Rechtspacht (vgl zB BGHZ 115, 116, 120 f; BGH NZM 2008, 462 Rn 9; LG Stendal Jagdrechtliche Entscheidungen III Nr 189; LG Bonn Jagdrechtliche Entscheidungen III Nr 199; OLG Sachsen-Anhalt 27. 9. 2011 – 4 U 75/11, juris; Lorz/Metzger/Stöckel/Metzger § 11 BJagdG Rn 3; Mitzschke/Schäfer § 11 BJagdG Rn 3; Schuck/Koch § 11 BJagdG Rn 3; MünchKomm/Harke § 581 Rn 23; Hellhammer-Hawig AUR 2012, 254; Hertel, in: Dietlein/Froese, Jagdliches Eigentum 271, 273; ähnlich Erman/Dickersbach Vor § 581 Rn 30; **aA** VerfGH Rheinland-Pfalz DÖV 1951, 134, 135). Der Jagdpächter wird nicht Besitzer des Grundstücks (BGHZ 112, 392, 395 f).

Zwar wird in der Verpachtung eines Jagdausübungsrechts – anders als bei der Berg- **69** werkspacht (s Rn 67) – heute nicht mehr auch noch gleichzeitig eine Verfügung gesehen (s insb BGH MDR 1958, 325; BGHZ 112, 392, 395 f; BGH LM Nr 2 zu WaStrVermG; BGHZ 115, 116, 121; OLG Nürnberg VersR 1969, 620; BVerwG DVBl 1983, 898, 899; OVG Niedersachsen NuR 1994, 301; OVG Sachsen-Anhalt 26. 3. 1996 – 2 M 22/95, juris; VG Saarlouis BeckRS 2008, 37988; Wetzel, Die Rechte des Jagdpächters im Verwaltungsprozess 65 f; **aA** Raape AcP 136 [1932] 210, 212 ff; OVG Koblenz UPR 1982, 381, 382; wohl auch Hertel, in: Dietlein/ Froese, Jagdliches Eigentum 271, 273 f); gleichwohl entfaltet sie – insbesondere wegen des mit ihr verbundenen Aneignungsrechts des Pächters (§ 958 BGB) – gewisse **dingliche Wirkungen**. Der Jagdpächter erwirbt die ausschließliche Befugnis zur Wildhege, Jagdausübung und Aneignung des Jagdgutes (§ 11 Abs 1 S 1 iVm § 1 Abs 1 BJagdG). Diese soll die Grundlage für Schadensersatzansprüche nach § 823 Abs 1 BGB (BGH MDR 1958, 325; BGHZ 84, 261, 264; 112, 392, 400; 115, 116, 121; 132, 63, 65; 143, 321, 323 f; BGH NJW-RR 2004, 100, 101 f; Jagdrechtliche Entscheidungen I Nr 30; OLG Brandenburg Jagdrechtliche Entscheidungen IV Nr 111; OLG Thüringen RdL 2007, 190, 190; OLG Hamm 30. 10. 2009 – 30 U 182/08, juris; LG Nürnberg-Fürth VersR 1976, 646 – iE Schadensersatzanspruch abgelehnt; LG Trier NJW-RR 2006, 894, 895; LG Wuppertal 12. 3. 2013 – 1 O 270/12, Jagdrechtliche Entscheidungen III Nr 202; Lorz/Metzger/Stöckel/Metzger § 11 BJagdG Rn 8; Schuck/Koch § 11 BJagdG Rn 90 ff; Mitzschke/Schäfer § 11 BJagdG Rn 4; Kern § 581 Anh 4 Rn 4; Soergel/Heintzmann Vor § 581 Rn 9; MünchKomm/Oechsler § 958 Rn 9 [allgemein zum Aneignungsrecht]; Raape AcP 136 [1932] 210, 212 f; ders JherJb 74 [1924] 179, 228 ff – allerdings auf der Grundlage der Annahme eines zusätzlichen Verfügungsgeschäfts über die Aneignungsbefugnis; Schopp MDR 1968, 808, 810 – Begründung: Rechtsbesitz des Jagdpächters; Degener AgrarR 1978, 328, 330 f; Meyer-Ravenstein AUR 2003, 202, 203; Hertel, in: Dietlein/Froese, Jagdliches Eigentum 271, 275; Hauger jurisPR-BGHZivilR 12/2004 Anm 6 – auch zu den Grenzen dieses Schutzes; teilweise einschränkend BGH NJW-RR 2004, 100, 101 f), die vor allem im Verhältnis zu Wilderern Bedeutung haben, sowie für Beseitigungs- und Unterlassungsansprüche nach § 1004 BGB bilden (BGHZ 115, 116, 121; Mitzschke/Schäfer § 11 BJagdG Rn 4; Schuck/Koch § 11 BJagdG Rn 94 ff; Degener AgrarR 1978, 328, 331 ff; Schopp MDR 1968, 808, 810). Hinzu kommen Ansprüche des Pächters gegen den Verpächter aus § 581 Abs 2 BGB iVm § 535 Abs 1 S 2 BGB auf Erfüllung durch Abwehr der rechtswidrigen Störung (s dazu § 581 Rn 217 ff). Dagegen ergeben sich aus dem Aneignungsrecht keine Herausgabeansprüche des Pächters gegen Dritte aus § 861 BGB (mangels vorherigen Besitzes des Pächters am Jagdgut, s auch Staudinger/Gursky/Wiegand [2017] § 958 Rn 15) sowie analog § 985 BGB (mangels einer Regelungslücke, so auch MünchKomm/Oechsler § 958 Rn 9; Soergel/Henssler[13] § 958 Rn 7; **aA** zB Staudinger/Gursky/Wiegand [2017] § 958 Rn 14; BeckOK/Kindl [15. 6. 2017] § 958 Rn 9; Wieling, Sachenrecht I § 11 IV 3b; ders JZ 1985, 511, 516).

Das Jagdpachtrecht ist heute in erster Linie in §§ 11 ff BJagdG (BGBl 1961 I 304) **70** geregelt. Ergänzend gelten die Ausführungsgesetze der Länder (Nachw bei Lorz/ Metzger/Stöckel/Metzger BJagdG Vorbem Rn 32 ff) sowie §§ 581 ff BGB. Im Bundesjagdgesetz finden sich Sonderregelungen insbesondere zum Pachtgegenstand, zur Jagdpachtfähigkeit, zu Vertragsdauer, Vertragsform, Vertragsinhalt, zur Anzeigepflicht, zu Rechten des Pächters bei Wechsel des Grundeigentümers sowie zur Vertragsbeendigung (dazu im Einzelnen § 581 Rn 35, 111, 121 f, 132, 134, 142, 152, 156, 163 f, 198, 211 f, 262, 362, 457 f, 474).

cc) Fischereipacht

71 Die Pacht des Fischereirechts ist ähnlich wie die Jagdpacht eine Rechtspacht (s etwa MünchKomm/HARKE § 581 Rn 5; ERMAN/DICKERSBACH Vor § 581 Rn 35). Für die Fischereipacht existieren landesrechtliche Regelungen, die in ihrem Anwendungsbereich den §§ 581 ff BGB vorgehen (s dazu § 581 Rn 112, 115, 123, 135, 140, 153 f, 156 f, 165, 198, 211, 350, 442, 449, 472). Auch hier ist das Aneignungsrecht des Pächters iSd § 958 BGB über § 823 Abs 1 geschützt (BGHZ 49, 231, 234; BGH VersR 1969, 928 f; NJW-RR 2007, 1319 Rn 12; OLG Karlsruhe NZV 2003, 186, 187); Abwehransprüche nach § 1004 BGB dürften ebenfalls in Betracht kommen (so zB ausdrücklich für das Fischereirecht § 3 Abs 4 S 1 FischG BaWü – in der Neufassung von 2012 allerdings ausdrücklich als entsprechende Anwendung bezeichnet, § 4 Abs 2 BerlLFischG, § 6 Abs 4 SaarlFischG), da die Sach- und Rechtslage insofern derjenigen bei der Jagdpacht (Rn 69) entspricht. Ausdrücklich normiert ist seit 2012 in § 3 Abs 4 S 2 FischG BaWü auch der Besitzschutz des Ausübungsberechtigten.

dd) Apothekenpacht

72 Bei der Apothekenpacht kommt als Vertragsgegenstand die Apotheke als Unternehmen, nicht die Apothekenkonzession iSd §§ 1 ff ApothekenG in Betracht (s insb SOERGEL/HEINTZMANN Vor § 581 Rn 11; PALANDT/WEIDENKAFF Einf vor § 581 Rn 19; offen gelassen noch in BGH NJW 1960, 332, 332 f), allerdings sind solche Pachtverträge nur unter den sehr engen Voraussetzungen des § 9 ApothekenG zulässig (dazu näher § 581 Rn 103, 264) und ansonsten verboten. Denkbar ist die Verpachtung von Räumen bzw Einrichtung einer Apotheke, solange dadurch nicht die Restriktionen des § 9 ApothekenG umgangen werden (§ 581 Rn 104).

ee) Kantinenpacht

73 Bei der Kantinenpacht wird dem Pächter gestattet, in den Räumen des Verpächters (dieser ist idR ein Unternehmen oder eine Behörde) einen Kantinenbetrieb zu führen. Ein solcher Vertrag enthält Elemente von Raummiete, Raum- und Rechtspacht (s M REHBINDER, Der Kantinenpachtvertrag 16 f). Charakteristisch ist bei diesem Pachtgegenstand eine starke Einflussnahme des Verpächters auf Preise und Geschäftsbedingungen des Pächters (zu Grenzen s § 581 Rn 269), um eine möglichst preiswerte Versorgung der Mitarbeiter des Verpächters sicherzustellen. Hierin liegt auch die wesentliche Abweichung der Kantinenpacht von der Gaststättenpacht (M REHBINDER, Der Kantinenpachtvertrag 21 f).

ff) Netzpacht

74 Auch Energienetze sind in jüngerer Zeit vermehrt Gegenstand von Pachtverträgen geworden. Hintergrund sind europarechtliche Vorgaben zur Entflechtung vertikal integrierter Energieversorgungsunternehmen (**Unbundling**), welche eine Separierung des Betriebs von Energienetzen von der Energieerzeugung verlangen. Eine Möglichkeit hierfür bietet die **Verpachtung der Netzbetriebe** an eine Tochtergesellschaft. Da idR nicht lediglich das Energienetz, sondern der gesamte Netzbetrieb Vertragsgegenstand ist, handelt es sich um eine Sonderform der Unternehmenspacht, für welche insbesondere die Regelungen des EnWG zu beachten sind (dazu näher § 581 Rn 101).

gg) Spektrumspacht

75 Auch die Überlassung von Rechten zur Nutzung bestimmter Teilbereiche des elektromagnetischen Spektrums, zB zu Zwecken der Telekommunikation, kann Gegenstand eines Pachtvertrags sein (s auch SPIES MMR 2003, 230, 233). Da die Erstüberlassung in der Regel in einem öffentlichen Versteigerungsverfahren erfolgt, dürfte ein Pachtvertrag vor allem bei der entgeltlichen Überlassung solcher Rechte durch den ursprünglichen Ersteigerer an Dritte zu Zwecken der Fruchtziehung in Betracht kommen. Bei derartigen Pachtverträgen sind insbesondere die Überlagerungen durch öffentlich-rechtliche Regelungen, vor allem des Medienrechts, zu beachten.

hh) Pacht von Milchquoten

Auch das Recht, für die Vermarktung von Milch keine Abgaben im Rahmen der europäischen gemeinsamen Agrarpolitik zahlen zu müssen, das über so genannte **Milchquoten** (Referenzmengen) vergeben wurde, konnte Gegenstand von Pachtverträgen sein. Vor 1993 war die Überlassung von Milchquoten stets an die Überlassung eines landwirtschaftlichen Betriebs bzw einer landwirtschaftlichen Fläche gebunden und unterlag daher idR den Vorschriften über die Landpacht. In Einzelfällen konnte es jedoch seit 1993 zur flächenlosen Überlassung von Milchquoten kommen, insbesondere nach § 7 Abs 2a S 2 Nr 1 der Verordnung über die Abgaben im Rahmen von Garantiemengen im Bereich der Marktorganisation für Milch und Milcherzeugnisse aF (Verordnung über die Abgaben im Rahmen von Garantiemengen im Bereich der Marktorganisation für Milch und Milcherzeugnisse, Milch-Garantiemengen-Verordnung, zuletzt geändert durch Dreiunddreißigste Verordnung zur Änderung der Milch-Garantiemengen-Verordnung vom 25. 3. 1996, BGBl 1996 I 535; Einfügung des § 7 Abs 2a S 2 Nr 1 durch die Neunundzwanzigste Verordnung zur Änderung der Milch-Garantiemengen-Verordnung vom 24. 9. 1993, BGBl 1993 I 1659; zuletzt war die Verordnung zur Durchführung der EU-Milchquotenregelung, Milchquotenverordnung [aktuelle Fassung: BGBl 2011 I 775] maßgeblich; zur europarechtlichen Zulässigkeit einer flächenlosen Übertragung s Art 18 der Verordnung [EG] Nr 1788/2003 des Rates vom 29. 9. 2003 über die Erhebung einer Abgabe im Milchsektor, ABl EG Nr L 270 vom 21. 10. 2003, 123 ff). Verträge, welche die flächen- und betriebsungebundene zeitlich begrenzte und entgeltliche Überlassung einer Milchquote zum Gegenstand hatten, waren daher den Regeln über die Rechtspacht zu unterstellen. Nach dem Auslaufen der EU-Milchquotenregelung zum 31. 3. 2015 (Art 1 Abs 1 der Verordnung [EG] Nr 1788/2003) hat die Milchquotenpacht heute nur noch für die Abwicklung von Verträgen bis zu diesem Datum Bedeutung; seit 1. 4. 2015 existieren die Milchquoten als Pachtgegenstand nicht mehr (zu den Auswirkungen § 581 Rn 207).

ii) Pacht von Gesellschaftsanteilen

Vereinzelt wird auch eine Pacht von Gesellschaftsanteilen für möglich gehalten (BÜRGER, Nießbrauch, Pfandrecht und Pacht an Gesellschaftsanteilen der Personengesellschaften des Handelsrechts 75 ff). Das ist von vornherein nur für solche Gesellschaftsanteile denkbar, die überhaupt übertragbar sind. Fraglich ist allerdings, ob insoweit überhaupt ein eigenständiger Anwendungsbereich für die Regeln des Pachtrechts besteht. Schon der Gedanke der Gebrauchsüberlassung passt hier nicht recht: In Betracht dürfte nur eine zeitlich begrenzte, aber für diesen Zeitraum vollständige Übertragung von Gesellschaftsanteilen (mit Rückübertragungsanspruch nach Ende der Vertragslaufzeit) kommen, da die sich aus Gesellschaftsanteilen ergebenden Rechte und Pflichten regelmäßig nicht voneinander und insbesondere nicht von der Gesellschafterstellung (bei Personengesellschaften) bzw dem Gesellschaftsanteil (bei Kapitalgesellschaften) getrennt werden können. Der Unterschied zur Übertragung und Rückübertragung bestünde dann auf den ersten Blick vor allem darin, dass derjenige, der den Gesellschaftsanteil übertragen bekommt, bei Vorliegen eines Pachtvertrags weniger dafür zahlte als bei einer dauerhaften Übertragung. Bei einer dauerhaften Übertragung mit Rückübertragung müsste bei der Rückübertragung auch ein Entgelt entrichtet werden. Dann läge der Unterschied im Ergebnis hauptsächlich darin, ob das Risiko einer Entwertung des Gesellschaftsanteils den Überlassenden (bei von vornherein zeitlich begrenzter Übertragung) oder denjenigen, dem der Anteil übertragen wird (bei dauerhafter Übertragung mit Rückübertragung), trifft. Es ist nicht ersichtlich, in welchen Fällen ein praktisches Bedürfnis für eine solche Verpachtung von Gesellschaftsanteilen bestünde. Bei Anteilen an Kapitalgesellschaften kommt eine Fruchtziehung durch Tätigkeit des Pächters, wie sie für Pachtverträge typisch ist, allenfalls durch geschickten Einsatz der Beteiligungsrechte in Betracht; hier stellt sich allerdings die Frage, ob der Erwerb solcher Rechte im Wege einer zeitweiligen (und damit billiger erworbenen) Überlassung nicht zu unzulässigen Umgehungen des Unternehmens- und Aktionärsschutzes führen würde. Bei Personengesellschaften schließlich ist nicht ersichtlich, worin im Verhältnis zur Treuhand an Gesellschaftsanteilen (bei Entgeltlichkeit regelmäßig mit geschäftsbesorgungsvertraglichem Charakter, s nur BAUMBACH/HOPT/HOPT § 105 HGB Rn 35; KOLLER/KINDLER/ROTH/MORCK/KINDLER § 105 HGB Rn 20; MünchKommHGB/K SCHMIDT Vor § 230 HGB Rn 51 mwNw; aA BÜRGER, Nießbrauch, Pfandrecht und Pacht an Gesellschaftsanteilen der Personengesellschaften des Handelsrechts 79 ff) bzw zur Unterbeteiligung (Innengesellschaft, s etwa MünchKommHGB/K SCHMIDT Vor § 230 HGB Rn 97 ff; KOLLER/KINDLER/ROTH/MORCK/KINDLER § 230 HGB Rn 4; BAUMBACH/HOPT/HOPT § 105 HGB Rn 38; MünchKomm/SCHÄFER Vor § 705 Rn 92) der Vorteil einer pachtrechtlichen Konstruktion liegen soll. Da es hier nur um eine Rechtspacht gehen könnte, wären ohnehin kaum spezielle pachtrechtliche Regelungen anwendbar, und die über § 581 Abs 2 BGB heranzuziehenden Vorschriften des Mietrechts dürften in vielen Fällen nicht wesentlich weiterführen. Insgesamt erscheint somit eine Verpachtung von Gesellschaftsanteilen zwar theoretisch möglich, aber doch sehr „konstruiert" und es sind keine Fälle ersichtlich, in denen diese Frage bisher praktisch relevant geworden wäre.

d) Sicherungspacht

78 Die Sicherungspacht spielt vor allem bei landwirtschaftlichen Grundstücken eine Rolle. Sie können an einen Gläubiger als Sicherheit für dessen Forderungen verpachtet werden. Weil der Gläubiger aber in solchen Fällen den landwirtschaftlichen Betrieb nicht selbst führen will, wird ein solcher Pachtvertrag durchweg mit einem Betriebsüberlassungsvertrag verbunden, in dem sich der Sicherungsverpächter als Betriebsinhaber verpflichtet, den Betrieb für den Sicherungsnehmer als Pächter für dessen Rechnung fortzuführen (s BÜRGER JW 1934, 803, 804). Mit dieser Vertragsgestaltung soll dem Gläubiger eine Vorzugsstellung im Falle der Zwangsvollstreckung oder bei Insolvenz des Schuldners verschafft werden (BÜRGER JW 1934, 804).

79 Die Zulässigkeit einer derartigen Konstruktion ist allerdings zweifelhaft. Anders als beim Sicherungsnießbrauch, der heute allgemein für zulässig gehalten wird (STAUDINGER/C HEINZE [2017] § 1030 Rn 66 mwNw), sind für Pachtverträge besitzlose Pfandrechte nur für ganz bestimmte Ausnahmefälle zugelassen worden, insbesondere durch das Pachtkreditgesetz vom 5. 8. 1951 (BGBl 1951 I 494), zuletzt geändert durch Art 4 Nr 4 des Gesetzes vom 8. 11. 1985 (BGBl 1985 I 2065) und durch das Gesetz zur Sicherung der Düngemittel- und Saatgutversorgung vom 19. 1. 1949 (WiGBl 8). Aus

diesen Sonderregelungen (Einzelheiten Rn 98 ff) ergibt sich im Umkehrschluss, dass derselbe Erfolg zugunsten anderer Gläubiger nicht auf rechtsgeschäftlichem Wege begründet werden kann. Daher ist die Sicherungspacht nichtig, zumal sie idR auch nicht ernstlich gewollt sein dürfte (MERKEL JW 1934, 805 f).

e) Weitere Verträge mit pachtrechtlichen Elementen

Neben diesen Sonderformen ist zu berücksichtigen, dass pachtrechtliche Elemente auch in zahlreichen anderen (meist „gemischten") Verträgen enthalten sind, die häufig mit Pachtverträgen in Verbindung gebracht werden. Meist steht dabei die Überlassung von Rechten im Vordergrund. **80**

aa) Werbeverträge

So können etwa Werbeverträge pachtrechtliche Elemente enthalten. Werden **Werbeflächen** (zB der Anzeigenteil eines Theater- oder Konzertprogramms oder die Banden in einem Sportstadion) zur werblichen Nutzung **überlassen**, dürfte regelmäßig kein Miet-, sondern ein Pachtvertrag vorliegen, weil es dem Nutzenden maßgeblich auf gerade diese Nutzung und damit auf eine Fruchtziehung iSd §§ 581 ff BGB ankommt. Derartige Verträge hat die Rspr häufig als Pachtverträge qualifiziert (zB BGH NJW 1952, 620; LM § 581 Nr 11; NJW-RR 1994, 558; NJW-RR 1999, 845; GuT 2004, 54; OLG Naumburg OLGE 24, 340; OLG Hamburg 8. 4. 2009 – 5 U 169/07, juris; BFH BStBl II 1983, 386; zustimmend zB ERMAN/DICKERSBACH § 581 Rn 6; iE auch CEBULLA 167 ff); teilweise wird hier aber auch eine Anwendung der §§ 535 ff BGB erwogen (zB BGH NJW 1965, 1912 f; BB 1973, 819; OLG München NJW 1972, 1995; OLGR 1992, 178; OLG Köln OLGR 2000, 83; STAUDINGER/EMMERICH [2018] § 535 Rn 2; MünchKomm/HÄUBLEIN § 535 Rn 62, 72; SOERGEL/HEINTZMANN Vor § 535 Rn 24; GITTER 17; WEIMAR MDR 1960, 195 f). Eine typologische Zuordnung zum Pachtrecht erscheint nicht nur deswegen sinnvoll, weil der Pächter regelmäßig allein an einer gewinnbringenden Nutzung der Flächen und damit an einer Fruchtziehung iSd §§ 581 ff BGB interessiert ist, sondern auch weil sich der Ertrag der überlassenen Werbeflächen nur schwer quantifizieren lässt, was im Rahmen einer mietvertraglichen Einordnung zu Schwierigkeiten bei der Mängelgewährleistung führen würde, während im Pachtvertragsrecht der Grundsatz gilt, dass der Verpächter gegenüber dem Pächter nicht dafür einzustehen hat, dass der Pachtgegenstand ihm tatsächlich Gewinn bringt (§ 581 Rn 358). Sofern der Werbende lediglich ein Entgelt für die Nutzung der Werbeflächen zahlt, ist daher vom Vorliegen eines Pachtvertrags auszugehen. Sofern der Überlassende jedoch selbst noch zur Nutzung der Werbefläche beitragen muss (wie zB Sportler bei Trikotwerbung oder bei der Nutzung von Ausrüstungsgegenständen mit Werbeaufdrucken), liegt kein reiner Pachtvertrag vor, sondern ein Vertrag mit pachtrechtlichen Elementen auf der einen und werkvertragsrechtlichen Elementen auf der anderen Seite, bei dem regelmäßig das werkvertragliche Element dominieren dürfte (dazu näher SCHAUB, Sponsoring und andere Verträge zur Förderung überindividueller Zwecke 315). **81**

Auch bei der Überlassung bestimmter, durch das Persönlichkeitsrecht von Prominenten geprägter Rechtspositionen im Rahmen von **Merchandisingverträgen** (zu diesen Verträgen insb SCHERTZ, Merchandising; GÖTTING/SCHERTZ/SEITZ, Handbuch des Persönlichkeitsrechts § 43 Rn 1 ff mwNw; PFAFF/OSTERRIETH/BÜCHNER Rn 1138 ff; BARTENBACH Rn 335 ff), die häufig als gemischte Verträge eingestuft werden (s etwa GÖTTING/SCHERTZ/SEITZ, Handbuch des Persönlichkeitsrechts § 43 Rn 28; PFAFF/OSTERRIETH/BÜCHNER Rn 1169), lassen sich pachtrechtliche Elemente ausmachen: Wenn derartige Rechte nur auf Zeit zur **82**

Nutzung überlassen werden, wie etwa bei einer zeitlich begrenzten Einräumung von Rechten zur Vermarktung von Namen oder Bild einer berühmten Persönlichkeit, kommt eine ergänzende Anwendung der Regeln über die Rechtspacht in Betracht, soweit keine Spezialregelungen für derartige Rechtseinräumungen (wie zB §§ 27, 30 MarkenG, §§ 29, 31 DesignG, § 79 UrhG) eingreifen (ähnlich Pfaff/Osterrieth/Büchner Rn 1169).

bb) Lizenzverträge

83 Auch zeitlich begrenzte Lizenzverträge über Immaterialgüterrechte weisen häufig Elemente der Rechtspacht auf, die vor allem dort praktische Relevanz erlangen, wo immaterialgüterrechtliche Spezialregelungen fehlen. Da Lizenzverträge im deutschen Immaterialgüterrecht bislang nur fragmentarisch geregelt sind (zB in §§ 31 ff UrhG – Einräumung von Nutzungsrechten und angemessene Vergütung, § 15 Abs 2, 3 PatG, § 30 MarkenG, § 31 DesignG; hinzu kommen insb Regelungen über Zwangslizenzen), verbleibt hier ein weiter Anwendungsbereich für das Pachtrecht.

α) Gewerblicher Rechtsschutz

84 Lizenzverträge über gewerbliche Schutzrechte können Elemente einer Rechtspacht aufweisen. Die vertragstypologische Einordnung schuldrechtlicher Lizenzverträge ist allerdings umstritten; vertreten werden Einordnungen als Kauf- oder Schenkungsvertrag, Rechtspacht, Miete, Gesellschaftsvertrag oder eine Qualifikation als Vertrag sui generis (s zum Meinungsstand insb RGZ 122, 70, 73 ff; Gross, Der Lizenzvertrag Rn 19; Henn/Pahlow/Pahlow § 9 Rn 41; Bartenbach Rn 41 ff; A Möller, Lizenzen an Unternehmenskennzeichen 101 ff; Pagenberg/Beier Muster 1 Rn 36; Pfaff/Osterrieth A. I Rn 33, B. VIII Rn 966; McGuire, Die Lizenz 650 ff, alle mwNw). Entscheidend ist die Ausgestaltung des Lizenzvertrags im Einzelfall, wobei zu berücksichtigen ist, dass derartige Verträge meist umfangreiche Detailregelungen enthalten, sodass ein Rückgriff auf Vorschriften des BGB allenfalls zur Lückenfüllung im Einzelfall oder zur AGB-Kontrolle erforderlich ist. Die Anwendung der Regeln über die Rechtspacht dürfte bei Lizenzverträgen über gewerbliche Schutzrechte vor allem dann in Betracht kommen, wenn solche Rechte zur zeitlich begrenzten Nutzung überlassen werden (bei vollständiger und dauerhafter Übertragung wäre hingegen an einen Rechtskauf zu denken) und der Vertrag stärker von einem wechselseitigen Geben und Nehmen als von einem Zusammenwirken der Beteiligten (sonst wären auch gesellschaftsrechtliche Elemente zu berücksichtigen) geprägt ist. In derartigen Konstellationen überwiegen bei einem solchen Vertrag, bei dem die Nutzung des überlassenen Rechts und die Fruchtziehung daraus im Vordergrund stehen, pachtrechtliche Elemente (so auch zB Gross, Der Lizenzvertrag Rn 23; Cebulla 104 ff; Baur ZHR 129 [1967] 1, 9 ff; Schopp ZMR 1979, 289, 291; Körner GRUR 1982, 341, 342; Büchner 97 ff; für die einfache Lizenz auch Pahlow, Lizenz und Lizenzvertrag im Recht des Geistigen Eigentums 264 ff; MünchKomm/Harke § 581 Rn 18; nicht ganz deutlich BGH NJW 2006, 915, 916: Lizenzvertrag wird „entsprechend der Rechtspacht" als Dauernutzungsvertrag eingeordnet). Zwar steht dem Lizenznehmer bei der alleinigen oder „semi-ausschließlichen" Lizenz (bei der auch der Lizenzgeber das Recht verwerten darf) oder bei der einfachen Lizenz (bei der mehrere Lizenznehmer gleichartige Rechte erhalten können) kein alleiniges Nutzungsrecht am Lizenzgegenstand zu (dazu auch Gross, Der Lizenzvertrag Rn 23; Shieh, Kündigung aus wichtigem Grund und Wegfall der Geschäftsgrundlage bei Patentlizenz- und Urheberrechtsverträgen 20), aber dennoch enthalten solche Verträge mehr Elemente der Rechtspacht als etwa der Miete oder des Gesellschaftsvertrags und eine Qualifikation als Vertrag sui generis

allein hilft für die Lückenfüllung und Inhaltskontrolle noch nicht weiter. Zu Modifikationen der Pflichten der Beteiligten im Rahmen solcher Verträge § 581 Rn 48, 183, 213, 255, 288, 292, 327, 363, 382, zur Vertragsbeendigung § 581 Rn 459 f, 475.

β) Urheberrecht

Verträge über urheberrechtliche Nutzungsrechte, zu denen auch Filmverwertungs- und -vorführungsverträge zu zählen sind, können ebenfalls lizenzvertragliche Elemente enthalten. Weil sich Urheberrechte nicht vollständig von der Person des Urhebers separieren lassen (s nur § 29 Abs 1 UrhG), ist hier zwischen Erst- und Zweitverwertung zu differenzieren. Die **Erstverwertung** im Wege der Einräumung urheberrechtlicher Nutzungsrechte durch den Urheber an einen anderen (§ 31 UrhG) folgt speziellen urheberrechtlichen Regelungen; dabei entstehen selbständige, vom Urheberrecht abgeleitete Rechte. Diese Rechteeinräumung wird schon aufgrund dieser Besonderheiten häufig als Vertrag sui generis qualifiziert (s etwa SCHRICKER/LOEWENHEIM/OHLY Vor §§ 31 ff UrhG Rn 58; FROMM/NORDEMANN/J B NORDEMANN Vor §§ 31 ff UrhG Rn 164; WANDTKE/BULLINGER/WANDTKE/GRUNERT Vor §§ 31 ff UrhG Rn 67; DREIER/SCHULZE/SCHULZE Vor § 31 UrhG Rn 6). Allerdings lässt sich der schuldrechtliche Vertrag, welcher der Rechteeinräumung zugrunde liegt, mit den speziellen Vorschriften in §§ 31 ff UrhG nur partiell erfassen, insbesondere fehlen Regelungen über Leistungsstörungen und ihre Rechtsfolgen. Daher sollten auch bei der Einräumung urheberrechtlicher Nutzungsrechte die Regelungen über die Rechtspacht ergänzend angewandt werden, wenn entweder Nutzungsrechte für eine begrenzte Zeit eingeräumt werden oder wenn Vertragsgegenstand kein ausschließliches Nutzungsrecht ist. In den anderen Fällen liegt eine Heranziehung der Regelungen über den Rechtskauf näher. Die ergänzende Anwendung der §§ 581 ff BGB verträgt sich auch mit den urheberrechtlichen Besonderheiten, die sich insbesondere in § 31 UrhG widerspiegeln und vor allem für das Verhältnis des Inhabers der Nutzungsrechte zu Dritten Bedeutung haben. Bei der **Zweitverwertung** durch Lizenzerteilung an urheberrechtlichen Nutzungsrechten gelten die oben (Rn 84) für Lizenzverträge in Bezug auf gewerbliche Schutzrechte erörterten Grundsätze; hier kommen also bei zeitlich begrenzten Lizenzverträgen in Ergänzung der Spezialvorschriften des Urheberrechts ebenfalls die Regeln über die Rechtspacht zum Zuge (weitergehend CEBULLA 132 ff, der in noch größerem Umfang die Regeln über die Rechtspacht anwenden möchte).

85

cc) Know-how-Vertrag

Auch **Know-how-Verträge**, bei denen Ideen bzw Know-how gegen Entgelt überlassen werden, können Elemente der Rechtspacht aufweisen. Weil der Vertragsgegenstand hier nicht in gleicher Weise rechtlich verselbständigt ist wie etwa gewerbliche Schutzrechte oder Urheberrechte, handelt es sich beim Know-how-Vertrag nicht um einen Lizenzvertrag im oben (Rn 83 ff) beschriebenen Sinne, sondern um einen Vertrag sui generis (s zB MARTINEK, Moderne Vertragstypen Bd II 243 f; KIOURTSOGLOU, Der Know-how-Vertrag im deutschen und europäischen Kartellrecht 45 f; GITTER 448 mwNw; WIEDEMANN, Lizenzen und Lizenzverträge in der Insolvenz Rn 1065 ff [S 330 ff]; kritisch BARTENBACH Rn 218, 2663; RÖDER-HITSCHKE, in: GÖTTING/MEYER/VORMBROCK, Gewerblicher Rechtsschutz und Wettbewerbsrecht § 19 Rn 76 f; SCHOPP ZMR 1979, 289, 291; offen gelassen, jedoch mit Tendenz zu pachtvertraglicher Einordnung: BGH NJW 1981, 2684; dazu insb MEHRINGS GRUR 1985, 506 f; ELLENBERGER ZIP 1981, 870 ff). Je nach Ausgestaltung im Einzelfall kann ein solcher Vertrag Elemente des Kaufs (bei zeitlich nicht begrenzter Nutzungsüberlassung) oder der Pacht (wenn das Know-how lediglich für eine bestimmte Zeit zur Verfü-

86

gung gestellt wird) aufweisen (zu Einzelheiten der Differenzierung s Schaub, Sponsoring und andere Verträge zur Förderung überindividueller Zwecke 588 mwNw; Maassen/Wuttke, in: Ann/Loschelder/Grosch 263, 279 [Rn 45] mwNw; Vlantos, Die Verwertung von technischem Know-how 175 ff, allerdings mit Ablehnung einer Einordnung als Vertrag sui generis, 205). Bei der zeitlich begrenzten Überlassung von Know-how sind daher die §§ 581 ff BGB ergänzend heranzuziehen (s dazu auch Pfaff BB 1974, 565, 568 f; Körner GRUR 1982, 341, 342; Cebulla 189 f mwNw; etwas weitergehend wohl MünchKomm/Harke § 581 Rn 18; Soergel/Heintzmann Vor § 581 Rn 6; Erman/Dickersbach Vor § 581 Rn 9; Palandt/Weidenkaff Einf v § 581 Rn 8; Vlantos, Die Verwertung von technischem Know-how 191 ff; aA Greco, Verwertung von Know-how 120).

dd) Verlagsvertrag

87 Auch beim **Verlagsvertrag** als einem speziellen urheberrechtlichen Lizenzvertrag lassen sich Elemente der Rechtspacht ausmachen, wenn das Verlagsrecht auf Zeit überlassen wird. Die §§ 581 ff BGB dürften hier allerdings wegen der detaillierten Regelung im VerlG kaum eine Rolle spielen, sodass dieser Vertragstypus im Folgenden nicht weiter erörtert wird.

ee) Überlassungsverträge im IT-Bereich

88 Auch im IT-Bereich werden häufig schon wegen der Schnelllebigkeit derartiger Angebote sowie aus wirtschaftlichen Gründen zeitlich begrenzte Überlassungsverträge geschlossen. Diese können vor allem dann vertragstypologisch dem Pachtrecht zugeordnet werden, wenn Vertragsinhalt die Überlassung zur Fruchtziehung, und nicht lediglich zur bloßen Nutzung (sonst läge eine mietvertragliche Einordnung näher) ist. Diese Abgrenzung weist Überschneidungen mit der Frage nach dem Gegenstand der Überlassung auf, zumal die Anwendung von Mietrecht das Vorliegen einer Sache voraussetzt, während im Rahmen eines Pachtvertrags auch Rechte bzw „Gegenstände" überlassen werden können (dazu § 581 Rn 5). Die Differenzierung zwischen Pacht und Miete sollte aber auch hier nicht nach der rechtlichen Qualifizierung des Vertragsgegenstands (so die Tendenz bei OLG Köln MMR 2003, 191, 192: Anwendung von Pachtrecht „mangels Sachqualität" von Domainnamen; zustimmend Klett/Pohle DRiZ 2007, 198, 201), sondern vor allem danach erfolgen, ob die Überlassung zum Zweck der Fruchtziehung erfolgt, ob der überlassene Gegenstand also bereits bei Vertragsschluss entsprechend ausgestattet ist oder nicht (s dazu auch oben Rn 34). Daher kann etwa bei der Überlassung einer kompletten IT-Infrastruktur, mit der ein Unternehmen betrieben werden kann, ein Pachtvertrag angenommen werden, nicht hingegen ohne Weiteres bei der Überlassung einzelner Elemente eines IT-Systems. Die praktischen Unterschiede dürften freilich durch die Verweisung auf die mietvertraglichen Gewährleistungsregeln in § 581 Abs 2 BGB nicht allzu gravierend sein; vor allem unterliegt in beiden Fällen die Mängelgewährleistungspflicht des Überlassenden keinen zeitlichen Grenzen wie etwa beim Kauf- oder Werkvertrag.

89 Gegenstand zeitlich begrenzter Überlassungsverträge können zB **Internetdomains** sein, etwa wenn sich der Domaininhaber von einer solchen Überlassung einen dauerhaft größeren Gewinn verspricht als vom Verkauf (s etwa Dingeldey GuT 2004, 205). Ein Pachtvertrag dürfte dabei aber – entgegen manchen Stimmen in Rspr und Lit, welche die Frage der Fruchtziehung nicht näher problematisieren (zB OLG Köln MMR 2003, 191, 192; GRUR-RR 2010, 274, 275; LG Nürnberg-Fürth NJW-RR 2009, 622; Lwowski/Dahm WM 2001, 1135, 1138 – zum Ersterwerb; Härting CR 2001, 37, 41; ders ITRB 2002, 96, 98;

S Ernst MMR 2002, 714, 720 f; Dingeldey GuT 2004, 205 ff; Hombrecher MMR 2005, 647, 649; Klett/Pohle DRiZ 2007, 198, 201; Cichon § 3 Rn 372 ff, 389 ff) – nur ausnahmsweise in Betracht kommen, wenn die Überlassung zu Zwecken der Fruchtziehung erfolgt, also etwa bei einer bekannten Domain, aus der wirtschaftlicher Nutzen gezogen werden kann (so wohl die Konstellation in BGH WRP 2009, 1262 Rn 15), oder bei einer Domain, unter der bereits im Zeitpunkt der Überlassung eine kostenpflichtige Datenbank betrieben wird. Eine bloße Nutzung der Domain etwa im Rahmen eines bestehenden Unternehmens dürfte hingegen nicht zur Annahme eines Pachtvertrags führen, denn hier ist die Situation nicht anders als zB bei Produktionsmitteln, die einem Unternehmen auf Zeit überlassen werden und zur Erwirtschaftung eines Unternehmensgewinns beitragen, aus denen aber keine separaten Früchte gezogen werden. Schon deswegen dürfte ein Pachtvertrag idR nur im Verhältnis zwischen einem Erwerber der Domain und einer weiteren Person in Betracht kommen, nicht aber im Verhältnis zwischen dem Ersterwerber und der jeweiligen Vergabestelle (**aA** Lwowski/Dahm WM 2001, 1135, 1138). Pachtgegenstand ist bei der Domainpacht das Recht zur Nutzung der Domain.

Auch **Speicherplatz für Daten** – sei es auf einem Server oder in einer Datenwolke (Cloud) – ist häufig Gegenstand zeitlich begrenzter Überlassungsverträge **(Datahousing)**. Der Überlassende erbringt hier neben der reinen Überlassung meist weitere Leistungen, wie etwa Datensicherung oder Gewährleistung der Abrufbarkeit der Daten. Auf die Überlassung des Speicherplatzes selbst kann Pachtrecht anwendbar sein, wenn diese Vertragsleistung im Vordergrund steht und nicht durch andere Vertragskomponenten überlagert wird (s dazu etwa Söbbing MMR 2008 XII). Auch hier ist aber wiederum entscheidend, dass der Speicherplatz zur separaten Fruchtziehung, und nicht zur bloßen Nutzung überlassen wird. Daher dürften die meisten derartigen Verträge, selbst wenn die Nutzungsüberlassung im Vordergrund stehen sollte, aus ähnlichen Gründen wie bei Internetdomains (s Rn 89) keinen pacht-, sondern allenfalls mietvertraglichen Charakter haben (s dazu zB BGH NJW 2007, 2394 Rn 20; Röhrborn/Sinhart CR 2001, 69, 73; Koch ITRB 2001, 39, 42; Druschel/Oehmichen CR 2015, 233, 235; Cichon § 2 Rn 182 ff). Eine pachtvertragliche Typologisierung dürfte auch beim **Website-Hosting** nur in Einzelfällen in Betracht kommen (s auch Schuppert, in: Spindler, Teil V Rn 3), etwa wenn auf der Webseite ein Internet-Unternehmen betrieben wird, sofern die Überlassung zu Zwecken der Fruchtziehung im Zentrum des Vertrags steht und nicht durch andere Dienst- bzw Werkleistungen des Überlassenden überlagert wird (zum Überwiegen der tätigkeitsbezogenen Aspekte insb BGHZ 184, 345 Rn 20; OLG Düsseldorf MMR 2003, 474, 475; Schiedsgericht der Handelskammer Hamburg 8. 5. 2013 – GIX/2/Sch/1112, juris: Dauerschuldverhältnis mit miet- bzw leasing- nebst zT dienstvertraglichen oder handelsvertreterähnlichen und anfangs werkvertraglichen Elementen; Hilber/Rebus CR 2010, 331, 331 f; Redeker Rn 1105; M Junker jurisPR-ITR 22/2008 Anm 5; differenzierend Klett/Pohle DRiZ 2007, 198, 202 f; offen gelassen wurde die vertragstypologische Einordnung vom LG Karlsruhe CR 2007, 396, 396; zum Internet-System-Vertrag als Werkvertrag insb BGHZ 188, 149 Rn 9; BGH WM 2011, 1716 Rn 10; für eine Einordnung als gemischter Vertrag AG Düsseldorf 17. 3. 2005 – 28 C 16622/04, juris; ähnlich Klinger jurisPR-ITR 5/2011 Anm 2; differenzierend LG Mannheim 7. 12. 2010 – 11 O 273/10, juris).

Wenige pachtrechtliche Elemente lassen sich auch bei zeitlich begrenzten **Access-Provider-Verträgen** ausmachen. Bei diesen dürften nicht nur die zusätzlichen Tätigkeiten des Überlassenden im Vordergrund stehen (s dazu hier nur BGH NJW 2005, 2076,

2076 f; BGHZ 184, 345 Rn 18; Schuppert, in: Spindler, Teil II Rn 19 f mwNw; Klett/Pohle DRiZ 2007, 198, 199 [dienstvertragliche Einordnung]; Redeker Rn 1078 [Werkvertrag] mwNw; Härting CR 2001, 37, 39; aA Cichon § 1 Rn 69 ff: Mietvertrag), sondern es dürfte in der Regel auch wiederum an der separaten Fruchtziehung fehlen.

92 Dagegen erscheint bei der **Überlassung von Rechenleistung** auf Zeit eine Fruchtziehung eher möglich, und zwar unabhängig davon, ob die Rechenleistung auf einem Server oder in einer Datenwolke (Cloud) zur Verfügung gestellt wird. Bei derartigen Verträgen sollte daher genau analysiert werden, ob im Einzelfall das Zurverfügungstellen der Rechenleistung im Vordergrund steht oder ob bestimmte Tätigkeiten des Überlassenden dominieren, sodass ein dienst- oder werkvertraglicher Charakter des Vertrages näher läge.

93 Auch bei der zeitlich begrenzten **Überlassung von Plattformen** – sei es auf Servern oder in einer Datenwolke – erscheint eine Fruchtziehung und damit eine typologische Zuordnung zum Pachtvertrag im Einzelfall denkbar, wenn etwa auf der Plattform eine Anwendung zur Weiterentwicklung und anschließenden kommerziellen Verwertung durch einzelne Nutzer zur Verfügung gestellt wird. Auch hier muss aber die Möglichkeit einer separaten Fruchtziehung im Einzelfall sehr genau geprüft werden; die Nutzung der Plattform im Rahmen eines bestehenden Unternehmens allein reicht noch nicht aus.

94 Schließlich wird auch bei der entgeltlichen **Überlassung von Software** auf Zeit vereinzelt eine pachtvertragliche Einordnung vertreten, wenn die Überlassung (und nicht etwa zusätzliche Tätigkeiten des Überlassenden) im Zentrum des Vertrags steht (s zB Lutz GRUR 1976, 331, 334; Bartl CR 1985, 13, 14; Engel BB 1985, 1159, 1163 f; Brandi-Dohrn CR 1986, 63, 68 f; Heussen GRUR 1987, 779, 788 ff; Lehmann CR 1987, 422, 423; Junker JZ 1988, 464; Dörner/Jersch IuR 1988, 137, 146; Heydn CR 2010, 765, 773; Kilian/Heussen/Heydn, Teil 2, Vermarktung von Gebrauchtsoftware Rn 32 ff; Lenhard 190 mwNw: „pachtähnlich geprägte[r] Vertragsgegenstand" 220 ff; für bestimmte Fälle auch Mehrings NJW 1986, 1904, 1905; Soergel/Heintzmann Vor § 581 Rn 5; ähnlich Pres, Gestaltungsformen urheberrechtlicher Softwarelizenzverträge 52 f: analoge Anwendung des Pachtrechts in bestimmten Konstellationen; ders CR 1994, 520, 524; BGH NJW 2006, 915 Rn 21 in insolvenzrechtlichem Kontext, aber ohne nähere Ausführungen; iE offen gelassen in BGH NJW 1981, 2684, 2684). Hier haben sich zwar die Modalitäten der Überlassung gewandelt von der Überlassung eines Datenträgers über den Application Service Providing-Vertrag (ASP-Vertrag), bei dem Software gegen Entgelt zur Nutzung online bereitgestellt wird, bis zu „Software as a Service" (SaaS), dem Angebot von Software auf einer einzigen Plattform (auf einem Server oder in einer Datenwolke) für eine Vielzahl von Nutzern. In Bezug auf die pachtrechtlichen Aspekte dürften diese Entwicklungen jedoch zu keinen nennenswerten Unterschieden führen, denn auch hier kommt ein pachtvertraglicher Charakter nur in Betracht, wenn die Software von vornherein zur Fruchtziehung (zB zum Weitervertrieb) überlassen wird (ähnlich Koch, Teil 5 Rn 46 [S 411]; Röhrborn/Sinhart CR 2001, 69, 71), etwa bei der zeitlich begrenzten Überlassung von Software an einen Application Service Provider (Koch ITRB 2001, 39, 41) oder bei der Nutzung von Software zur Erstellung von Bildpostkarten oder Bildbänden, die kommerziell vertrieben werden, sofern eine solche Nutzung vertraglich vorgesehen und (insb lizenzrechtlich) erlaubt ist. Die bloße Nutzung der Software zur Erstellung von Dateien oder zur Nutzung eines Computers dürfte noch keine Fruchtziehung iSd § 99 BGB

darstellen (ähnlich Koch, Teil 5 Rn 46 [S 411]; aA Kilian/Heussen/Heydn, Teil 2, Vermarktung von Gebrauchtsoftware Rn 33), sondern lediglich einen Gebrauchsvorteil iSd § 100 BGB, der von den Früchten, auf die § 581 BGB abstellt, abzugrenzen ist. In den meisten Fällen dürfte daher bei der zeitlich begrenzten Überlassung von Software eine vertragstypologische Zuordnung zum Pachtrecht ausscheiden (s auch LG Köln CR 1996, 154; aA Druschel/Oehmichen CR 2015, 233, 234, allerdings ohne Erwägungen zur Fruchtziehung); häufig wird ein Mietvertrag angenommen (so zB von BGH NJW 2007, 2394 Rn 11 ff; BGHZ 184, 345 Rn 19; OLG Hamburg ITRB 2012, 102, 103 – zum ASP-Vertrag, sowie von der wohl hL, s etwa Redeker Rn 596 mwNw; Marly Rn 752 mwNw; Gennen/Völkel Rn 421; Bartenbach Rn 288; Bettinger/Scheffelt, in: Spindler, Teil XI Rn 17 f; dies CR 2001, 729, 731 f; Henssler MDR 1993, 489, 491; Grützmacher ITRB 2001, 59, 61; Koch ITRB 2001, 39, 40; Sedlmeier/Kolk MMR 2002, 75, 78 f; Witzel ITRB 2002, 183, 184; vWesterholt/Berger CR 2002, 81, 83; Intveen/Lohmann ITRB 2002, 210, 211; Pohle/Schmeding K & R 2007, 385 ff; Marly/Jobke LMK 2007, 209583; Klett/Pohle DRiZ 2007, 198, 203; Lejeune CR 2007, 77; Osterloh jurisPR-BGHZivilR 4/2007 Anm 2; Pohle/Ammann K & R 2009, 625, 625 ff; Niemann/Paul K & R 2009, 444, 447; Wicker MMR 2012, 783, 785 ff; Adler, Rechtsfragen der Softwareüberlassung 64 ff; differenzierend Müller-Hengstenberg/Kirn NJW 2007, 2370, 2372; Söbbing ITRB 2015, 147, 147 ff; Witzel ITRB 2016, 160, 163; Malatidis ITRB 2017, 109, 110), mitunter auch ein Lizenzvertrag (Kilian CR 1986, 187, 195: Know-how-Lizenzvertrag; Wiedemann, Lizenzen und Lizenzverträge in der Insolvenz Rn 1087 ff [S 339 ff]; Hilty CR 2012, 625, 637), Werkvertrag (so LG Essen 16. 12. 2016 – 16 O 174/17, CR 2017, 427; Kirn/Müller-Hengstenberg NJW 2017, 433, 437 für ASP- und IT-System-Verträge), Dienstvertrag (so Kirn/Müller-Hengstenberg NJW 2017, 433, 437 f für bestimmte Cloud Computing-Verträge) oder Kaufvertrag (Hoeren GRUR 1988, 340 ff; Ulmer ITRB 2004, 213, 214; unter Bezugnahme auf § 651 auch MünchKomm/S Lorenz § 474 Rn 10; differenzierend Spindler/Klöhn CR 2003, 81, 83 f). Sofern im Einzelfall eine pachtvertragliche Qualifikation in Betracht kommt, stellt sich allerdings die Frage, ob die verschuldensunabhängige Einstandspflicht des Verpächters für Mängel der Software in allen Fällen interessengerecht ist (dazu § 581 Rn 371). Weiterhin ist dann insbesondere bei „Software as a Service" zu bedenken, ob nicht das Nebeneinander von Nutzungs- und Fruchtziehungsrechten mehrerer Personen an der Software den pachtvertraglichen Charakter in Frage stellt. Zum Mietrecht hat der BGH (in Bezug auf einen Application Service Providing-Vertrag) entschieden, dass die Verschaffung des Besitzes nur erforderlich ist, wenn dies vertraglich vereinbart war, und dass es im Übrigen ausreicht, wenn ein Zugang zur Mietsache verschafft wird (BGH NJW 2007, 2394 Rn 19; ähnlich Röhrborn/Sinhart CR 2001, 69, 70 f; Koch ITRB 2001, 39, 40; Bettinger/Scheffelt, in: Spindler, Teil XI Rn 17; dies CR 2001, 729, 731 f; Sedlmeier/Kolk MMR 2002, 75, 78). Danach wäre es unschädlich, dass der Überlassende weiterhin unmittelbaren Besitz an der Software behält. Fraglich ist aber, ob die Nutzung durch weitere Personen Auswirkungen auf die Einordnung als Pachtvertrag hat. Da die mehrfache Nutzung der Software die Fruchtziehungsmöglichkeiten der einzelnen Nutzer regelmäßig nicht beeinträchtigt, dürfte diese Besonderheit der Annahme eines Pachtvertrags iE nicht entgegenstehen, sofern die sonstigen Voraussetzungen dieses Vertragstyps vorliegen (ähnlich zum Mietvertrag Sedlmeier/Kolk MMR 2002, 75, 78). Abzugrenzen sind diese Konstellationen zum ebenfalls praktisch relevanten Leasing von Software; insoweit gelten die allgemeinen Kriterien zur Differenzierung zwischen Pacht und Leasing (s Rn 38).

ff) Franchising
Auch **Franchiseverträge** zwischen Unternehmen verschiedener Marktstufen (nur **95**

diese sind Gegenstand der folgenden Darstellung) enthalten häufig Elemente, die als pachtrechtlich qualifiziert werden können. Zwar sind bereits die Erscheinungsformen von Franchiseverträgen äußerst vielfältig (s dazu nur STAUDINGER/EMMERICH/VEIT [2005] Vorbem 142 ff zu § 581 mwNw), was die Kontroversen um die vertragsrechtliche Beurteilung solcher Verträge noch verstärkt haben dürfte. So wird der Franchisevertrag teilweise in erster Linie als gemischter Vertrag angesehen (zB GITTER 496 f; BEHR, Der Franchisevertrag 142; ESSER, Franchising 20; FLOHR/PETSCHE/POHL, Franchiserecht Rn 396; LIESEGANG, Der Franchise-Vertrag 4; K SCHMIDT, Handelsrecht § 28 II 3d Rn 33; TIETZ, Handbuch Franchising 568 ff; DOMBROWSKI 14 f; PFEIFER, Die Inhaltskontrolle von Franchiseverträgen 123; GIESLER/NAUSCHÜTT/GIESLER, Franchiserecht 370 ff [Kap 5 Rn 171 ff] mwNw; HJ WEBER JA 1983, 347, 351 f; PRASSE ZGS 2005, 379, 381; KG MDR 1974, 144 f; OLG Schleswig NJW-RR 1987, 220, 221; OLG Frankfurt WiB 1996, 640, 641; OLG Hamm NZG 2000, 1169, 1170; OLG Düsseldorf WRP 2002, 235, 239), teilweise wird eine Einordnung als Geschäftsbesorgungsvertrag mit dienstvertraglichem Charakter vertreten (zB OLG München BB 2002, 2521, 2522; MARTINEK, Franchising 293 ff; ders, Moderne Vertragstypen Bd II 69 f; STAUDINGER/MARTINEK/OMLOR [2017] § 675 Rn B 241 ff – jeweils zum Subordinationsfranchising; ähnlich für bestimmte Ausprägungen des Franchising auch EKKENGA, Die Inhaltskontrolle von Franchise-Verträgen 72 ff; ders AG 1989, 301, 309 ff; SCHANZE, in: JOERGES, Franchising and the Law 67 ff), mitunter wird im Franchisevertrag ein Lizenzvertrag gesehen (zB FLOHR ZHR 153 [1989] 511, 525 ff; JOERGES AG 1991, 325, 335; E ULLMANN CR 1991, 193, 194 ff; SKAUPY NJW 1992, 1785, 1789 f), wieder andere betrachten ihn ausdrücklich als Ausprägung eines Pachtvertrags (CEBULLA 195 ff; MünchKomm/HARKE § 581 Rn 20: Betriebspachtvertrag; C MÖLLER AcP 203 [2003] 319, 328 ff, 333 ff; KLEIN, Der Franchisevertrag 120 ff; BGH NJW-RR 2007, 1286: „Pacht-/Franchisevertrag"; ähnlich OLG Frankfurt MDR 1980, 576, 577: Mischvertrag, bei dem pachtrechtliche Elemente deutlich im Vordergrund stehen) bzw sehen ihn als nach Pachtvertragsrecht zu behandelnden Lizenzvertrag an (zB STAUDINGER/EMMERICH/VEIT [2005] Vorbem 147 ff zu § 581; EMMERICH JuS 1995, 761, 763). Festhalten lässt sich jedenfalls, dass die Überlassung von Schutzrechten und Know-how durch den Franchisegeber an den Franchisenehmer pachtrechtlichen Charakter hat, da hier Rechte für einen begrenzten Zeitraum zur Fruchtziehung überlassen werden. Dieses Element prägt jedenfalls die Mehrzahl der Franchiseverträge und dürfte gegenüber den anderen Pflichten der Beteiligten (insbesondere den Unterstützungspflichten des Franchisegebers gegenüber dem Franchisenehmer, der Geheimhaltungspflicht des Franchisenehmers sowie weiteren beiderseitigen Treuepflichten in vielfältigen Ausprägungen) regelmäßig vertragsprägend sein. Daher sollte bei der rechtlichen Beurteilung des Franchisevertrags von den Vorschriften der Rechtspacht, und nicht von einem – hinsichtlich der rechtlichen Beurteilung selbst höchst umstrittenen – Lizenzvertrag ausgegangen werden. Allerdings sind die spezifischen Regeln über die Überlassung von Immaterialgüterrechten bzw Know-how ggf im Rahmen der Anwendung des Pachtvertragsrechts zu beachten. Zu berücksichtigen sind zudem einige Einschränkungen der Privatautonomie bei Franchiseverträgen, insbesondere kartellrechtliche Vorgaben (§ 581 Rn 186) und Regelungen des Verbraucherschutzrechts (§ 581 Rn 194), des Handelsvertreter- oder Arbeitsrechts (§ 581 Rn 195) sowie Besonderheiten bei der Kündigung (§ 581 Rn 462 f) und Rückabwicklung (§ 581 Rn 335).

gg) Sponsoring

96 Schließlich können auch **Sponsoringverträge** pachtrechtliche Elemente enthalten. Dieser Vertragstypus umfasst Rechtsgeschäfte, bei denen der Gesponserte eine Kommunikationsleistung (durch aktive Werbung oder das Verschaffen tätigkeits-

oder persönlichkeitsgeprägter Nutzungsmöglichkeiten) erbringt und dafür vom Sponsor eine Förderleistung in Form einer Geldzahlung, Sachzuwendung, Gebrauchsüberlassung, Werk- oder Dienstleistung (oder eine Kombination solcher Leistungen) erhält. Zugleich wird im Rahmen eines solchen Rechtsgeschäfts eine überindividuellen Zwecken dienende Aktivität des Gesponserten (Sponsoringobjekt) gefördert, deren Durchführung auch zur zusätzlichen Vertragspflicht des Gesponserten erhoben werden kann (zu Entwicklung und Implikationen dieser Sponsoringdefinition Schaub, Sponsoring und andere Verträge zur Förderung überindividueller Zwecke 18, 390, 476 ff, 723 ff). Je nach Wertverhältnis zwischen Kommunikations- und Förderleistung sowie nach dem Stellenwert des Sponsoringobjekts ist zwischen unterschiedlichen Typen von Sponsoringverträgen zu differenzieren (Schaub 723 ff; jetzt auch zB Jedlitschka GRUR 2014, 842, 842 f). Der Sponsoringvertrag wird häufig als Vertrag sui generis angesehen (s insb Bruhn/Mehlinger, Rechtliche Gestaltung des Sponsoring Bd 1 72; Weiand, Kultur- und Sportsponsoring im deutschen Recht 93; ders ZUM 1993, 81; ders NJW 1994, 227, 230; ders DStR 1996, 1897, 1899; Otten, Sponsoring 63; Boochs, Sponsoring in der Praxis 227; Stegmaier, Rechtsprobleme zwischen Athleten und Verbänden beim Sportsponsoring 23 f; Poser/Backes, Sponsoringvertrag 162; Bürger BB 1993, 1850; Vieweg SpuRt 1994, 73, 74; Kolvenbach AnwBl 1998, 289, 292; Humberg JR 2005, 271, 272; Nesemann NJW 2007, 2083; Hohloch, in: FS Westermann 299, 308 f; BGH NJW 1992, 2690 – allerdings lag hier kein Sponsoringvertrag im Sinne der obigen Definition vor; OLG München SpuRt 2000, 242, 243; ähnlich Richtsfeld causa sport 2014, 143, 145; **aA** Röhrborn, Der Sponsoringvertrag als Innengesellschaft 121 ff: Innengesellschaft; Staudinger/Martinek/Omlor [2017] § 675 Rn B 195; Schiemann, in: Atzelsberger Gespräche 1998, 91, 100 f: Rechtsgeschäft mit Elementen des Geschäftsbesorgungsvertrags), was wegen der unterschiedlichen Leistungsarten und Kombinationsmöglichkeiten dieser Leistungen nahe liegt. Jedoch muss zur Lückenfüllung und AGB-Kontrolle auch bei solchen Verträgen häufig auf gesetzliche Regelungen, insbesondere des Besonderen Schuldrechts, zurückgegriffen werden. Dabei ist von der Kommunikationsleistung des Gesponserten auszugehen, denn diese prägt als vertragscharakteristische Leistung den Sponsoringvertrag stärker als die nach Art und Umfang stark variable Leistung des Sponsors. Daher können die Regeln über die Rechtspacht ergänzend Anwendung finden, wenn der Gesponserte dem Sponsor Nutzungsmöglichkeiten verschafft, zB Werbemöglichkeiten (mit zeitlicher Begrenzung) bereitstellt oder dem Sponsor persönlichkeitsgeprägte Rechte auf Zeit überlässt (s zur Überlassung von Stadion-Namensrechten auch Klingmüller SpuRt 2002, 59, 60 f; Humberg JR 2005, 89, 91; Wittneben SpuRt 2011, 151; ders WRP 2011, 1093, 1098 ff). Diese Einzelleistungen des Gesponserten sind vertragsrechtlich so zu behandeln wie die Überlassung von Werbemöglichkeiten (Rn 81) bzw Merchandisingleistungen (Rn 82), sodass hier die Regelungen über die Rechtspacht ergänzend eingreifen können – allerdings ggf mit Modifikationen bei der Rechtsmängelgewährleistung in Bezug auf die Überlassung persönlichkeitsgeprägter Rechtspositionen (§ 581 Rn 381).

2. Exkurs: Rechtliche Erfassung gemischter Verträge

In den vorangegangenen Ausführungen wurde aufgezeigt, dass eine ganze Reihe gesetzlich nicht geregelter Verträge im Einzelfall einen pachtrechtlichen Einschlag aufweisen können. In den meisten Fällen kommen jedoch Elemente weiterer Vertragstypen hinzu, sodass kurz auf die rechtliche Erfassung solcher gemischten Verträge einzugehen ist, um die praktische Relevanz der pachtrechtlichen Elemente zu verdeutlichen. Da keine der zu Beginn des 20. Jahrhunderts entwickelten unterschiedlichen Methoden zur Behandlung gemischter Verträge (s dazu zB Staudinger/ Feldmann [2018] § 311 Rn 35 ff; Charmatz, Zur Geschichte und Konstruktion der Vertragstypen im Schuldrecht 294 ff; Stoffels, Gesetzlich nicht geregelte Schuldverträge 153 ff mwNw) für sämtliche Fälle zu zufriedenstellenden Lösungen führen konnte, stehen heute zu Recht meist Ansätze im Vordergrund, welche Elemente dieser Methoden miteinander verbinden (s zB MünchKomm/Emmerich § 311 Rn 29; Erman/Kindl Vor § 311 Rn 17; BeckOK/Gehrlein [15. 6. 2017] § 311 Rn 20; Gernhuber, Das Schuldverhältnis § 7 V 8d [S 169 f]; Enneccerus/Lehmann, Recht der Schuldverhältnisse 395 f; Larenz/Canaris, Schuldrecht II/2 § 63 I 3 [S 44 ff]; Schwark, Jahrbuch für Rechtstheorie und Rechtssoziologie V [1978] 73, 91). Auch wenn im Vordergrund der Betrachtung gemischter Verträge die Privatautonomie in der Ausprägung der Typenwahl- und -kombinationsfreiheit der Parteien steht (s dazu nur Charmatz, Zur Geschichte und Konstruktion der Vertragstypen im Schuldrecht 4 f; Martinek, Moderne Vertragstypen Bd I 17; Sigulla, Vertragstypologie und Gesetzesleitbilder im modernen Dienstleistungsrecht 94 f; Sefrin, Die Kodifikationsreife des Finanzierungsleasingvertrages 93 ff; Stoffels, Gesetzlich nicht geregelte Schuldverträge 101 f; O Schreiber JherJb 60 [1912] 106, 149 f; Gassner AcP 186 [1986] 325, 338), ist doch insbesondere wegen der Leitbildfunktion des dispositiven Rechts, etwa bei der Vertragsergänzung oder der AGB-Kontrolle, zu entscheiden, ob und in welchem Umfang die Regeln eines oder mehrerer gesetzlich geregelter Vertragstypen heranzuziehen sind. Bei den geschilderten Verträgen handelt es sich regelmäßig um typengemischte Verträge (wenn auch bisweilen mit Elementen atypischer Verträge), sodass in weitem Umfang ein Rückgriff auf gesetzliche Regelungen, darunter auch diejenigen des Pachtrechts, möglich ist. Bei einer solchen Heranziehung von Vorschriften des Besonderen Schuldrechts sollten zunächst die für die jeweiligen vertraglichen Leistungen am besten passenden Regeln ermittelt und – soweit dies ohne Wertungswidersprüche möglich ist – miteinander kombiniert werden. Dieser Ansatz modifiziert die früher vertretene Kombinationstheorie (dazu zB Rümelin, Dienstvertrag und Werkvertrag 321; Hoeniger, Vorstudien zum Problem der gemischten Verträge 29 ff; ders, Die gemischten Verträge in ihren Grundformen 382 ff; Lent, Gesetzeskonkurrenz Bd I 208 ff), indem nicht nur einzelne Normen, sondern ganze Regelungskomplexe miteinander kombiniert werden. Widersprechen sich einzelne anwendbare Regelungskomplexe und lassen sich die Vertragsbestandteile, welche den kollidierenden Regelungskomplexen zugeordnet werden können, nicht unabhängig voneinander beurteilen, muss – aufbauend auf der früheren Absorptionstheorie (dazu insb Lotmar, Der Arbeitsvertrag 215 ff, insb 239 ff; weitere Nachweise bei Stoffels, Gesetzlich nicht geregelte Schuldverträge 154 Fn 4) – ermittelt werden, welche Vorschriften im konkreten Fall vorrangig sind. Das erfordert eine einzelfallbezogene Betrachtung, bei der quantitative Kriterien (wie sie im Rahmen der Rspr des BGH häufig im Vordergrund stehen, s zB BGHZ 30, 120, 123; BGH NJW 1972, 247, 248; BGHZ 112, 40, 53; BGH WM 1987, 1533, 1534) ebenso zu berücksichtigen sind wie qualitative, immer zugleich mit Blick auf den Willen der Vertragspartner (im Rahmen der gesetzlichen Grenzen der Privatautonomie). Dieser Ansatz (zu Einzelheiten Schaub, Sponsoring und andere Verträge zur Förderung überindividueller Zwecke 63 ff) führt dazu, dass auf die oben beschriebenen Vertragsaspekte zunächst pachtrechtliche Regelungen anzuwenden und im Rahmen von deren Heranziehung etwaige Normenkollisionen zu prüfen sind, die im Einzelfall auch einmal zur Unanwendbarkeit des Pachtrechts führen können.

VII. Pachtkreditrecht

1. Überblick

Dem Pächter eines landwirtschaftlichen Grundstücks iSd §§ 585 ff BGB stehen aufgrund spezialgesetzlicher Regelungen einige besondere Kreditsicherungsmittel zur Verfügung. Diese ergeben sich aus dem Pachtkreditgesetz (PKrG) vom 5. 8. 1951 (BGBl 1951 I 494) idF des Gesetzes vom 8. 11. 1985 (BGBl 1985 I 2065) sowie aus dem Gesetz zur Sicherung der Düngemittel- und Saatgutversorgung vom 19. 1. 1949 (WGBl 1949, 8). **98**

2. Einzelne Regelungen

a) Pachtkreditgesetz

Als Kreditbasis für den Pächter kommt insbesondere das Inventar in Betracht. Auf dessen Besitz ist der Pächter jedoch für die Fruchtziehung idR angewiesen, sodass die Bestellung eines Pfandrechts gemäß §§ 1204 ff BGB idR ausscheidet. Da auch eine Sicherungsübereignung nicht immer in Betracht kommt, wurde durch das Inventarpfandrechtsgesetz vom 3. 7. 1926 (RGBl 1926 I 399, 412) erstmals die Möglichkeit geschaffen, zugunsten bestimmter Kreditinstitute ein **besitzloses Pfandrecht am Inventar** zu bestellen (eingehend RGZ 143, 7). Dieses kommt gem § 1 PKrG ausschließlich für Inventar in Betracht, das dem Pächter eines landwirtschaftlichen Grundstücks (§ 585 BGB; für eine engere Auslegung des Begriffs „landwirtschaftliches Grundstück" allerdings NESEMANN 89; wie hier KLINCK Rn 46 mwNw) gehört. **99**

Gegenstand des Pfandrechts ist Inventar als Sachgesamtheit (GRÄDLER/ZINTL AUR 2013, 1, 2 f), das weitgehend deckungsgleich mit Zubehör iSd §§ 97, 98 Nr 2 BGB ist. Umfasst werden zB Gerätschaften, aber auch die zur Fortführung des Betriebs bis zur nächsten Ernte erforderlichen landwirtschaftlichen Vorräte, die so genannten Wirtschaftsfrüchte, in Abgrenzung zu dem nicht erfassten Ernteüberschuss, den so genannten Verkaufsfrüchten (RGZ 142, 201, 202 ff; RG HRR 1931 Nr 597; BGHZ 41, 6, 7). **100**

Das Inventar muss im **Eigentum des Pächters** stehen, §§ 1, 3 Abs 1 PKrG, oder er muss ein Anwartschaftsrecht daran erworben haben (BGHZ 54, 319, 331). Die Erstreckung des Pfandrechts auf Fälle, in denen eine Landwirtschaft teilweise auf gepachtetem, teilweise auf eigenem Grund betrieben wird, ist umstritten (KLINCK Rn 46 mwNw zum Meinungsstand), dürfte aber – trotz der faktisch wohl in vielen Fällen nicht zu praktizierenden Trennbarkeit – zu bejahen sein (so auch KLINCK Rn 46 f), will man nicht das Pfandrecht nach dem PKrG in relativ weitem Umfang leerlaufen lassen. Das Pfandrecht umfasst auch Inventarstücke, an denen der Pächter nach Entstehung des Pfandrechts Eigentum (oder ein Anwartschaftsrecht) erwirbt, von dem Zeitpunkt an, zu dem der Pächter sie in das Inventar einverleibt, § 3 Abs 2 PKrG (s auch BGHZ 54, 319, 322 f; BGH MDR 1969, 215). Mit dem Boden verbundene Erzeugnisse werden erst mit der Trennung Gegenstand des Pfandrechts (BGH WM 1964, 195). **101**

Das Pfandrecht **entsteht** durch Einigung zwischen Pächter und Gläubiger (Kreditinstitut) über die Bestellung des Pfandrechts, § 2 Abs 1 S 1 und 2 PKrG; der Verpächter soll durch das Kreditinstitut benachrichtigt werden, § 2 Abs 2 PKrG. Erforderlich für die Pfandrechtsbestellung ist ein schriftlicher Verpfändungsvertrag, der **102** beim Amtsgericht niederzulegen ist, § 2 PKrG. Die Hinterlegung des Vertrags schließt gem § 5 Abs 1 PKrG einen gutgläubigen lastenfreien Erwerb Dritter aus, solange der Pächter den Betrieb fortführt (Rn 104). Auch können keine weiteren Pfandrechte für andere Kreditinstitute bestellt werden (RGZ 143, 7, 10 ff). Keine Wirksamkeitsvoraussetzung ist die Verwendung des Kredits für einen bestimmten Zweck durch den Pächter (BGHZ 54, 319, 322).

103 Ein **gutgläubiger Erwerb** des Pfandrechts an Inventarstücken, die nicht dem Pächter gehören, durch den Gläubiger gem § 4 Abs 1 PKrG kommt nur in Bezug auf solche Inventarstücke in Betracht, die sich schon bei Niederlegung des Vertrags im Besitz des Pächters befinden, nicht hingegen für später hinzugekommene Inventarstücke (BGHZ 35, 53, 55 ff; weitere Nachw bei KLINCK Rn 51; **aA** zB VWENDORFF RdL 1965, 221, 224). Die Beweislast für das fehlende Eigentum des Pächters trifft entsprechend § 1006 Abs 2 BGB denjenigen, der mit dieser Begründung das Pfandrecht des Pachtkreditinstituts bestreitet (BGHZ 54, 319, 324 f).

104 Das Pfandrecht **endet** mit Ablauf der Vertragsdauer. Eine vorherige **Enthaftung** der Inventarstücke tritt ein, wenn der Pächter innerhalb der Grenzen einer ordnungsmäßigen Wirtschaft über diese verfügt (zB – aber nicht nur – durch Veräußerung, s GRÄDLER/ZINTL AUR 2013, 1, 5) und sie vom Grundstück entfernt, § 5 Abs 2 PKrG. Keine Verfügung innerhalb der Grenzen einer ordnungsmäßigen Wirtschaft stellt es dar, wenn der Pächter den Betrieb aufgibt und das Inventar fortschafft. Trotzdem ist entgegen § 5 Abs 1 PKrG von diesem Zeitpunkt an ein gutgläubiger pfandrechtsfreier Erwerb Dritter an den Inventarstücken grundsätzlich möglich (BGHZ 51, 337, 339 f; vgl auch BGHZ 41, 6, 9).

105 Die **Verwertung** der Inventarstücke erfolgt durch Verkauf, auf den eine Reihe der BGB-Vorschriften über den Pfandverkauf entsprechend anwendbar sind, § 10 PKrG. Für eine Verwertung, die nicht im Wege öffentlicher Versteigerung erfolgt, ist gem § 11 Abs 1 S 2 PKrG die Einwilligung des Verpächters erforderlich. Für das **Verhältnis zum gesetzlichen Pfandrecht des Verpächters** (§ 592 BGB) gilt insbesondere § 11 Abs 1 S 3 PKrG, wonach das Kreditinstitut dem Verpächter auf sein Verlangen die Hälfte des Erlöses aus der Verwertung der Inventarstücke zur Befriedigung oder zur Sicherstellung für die ihm gegenüber dem Pächter zustehenden Forderungen, die durch das gesetzliche Pfandrecht gesichert sind, zu überlassen hat. Der Verpächter ist in diesem Rahmen also vorrangig zu befriedigen; dies gilt jedoch nicht bei einem **Wechsel der Pachtstelle** unter Mitnahme des Inventars (BGHZ 54, 319, 329 f – Vorrang des Inventarpfandrechts des Pachtkreditinstituts vor dem neuen Verpächterpfandrecht). Danach erfolgt die Befriedigung des Kreditinstituts und anschließend – nochmals nachrangig – kommen der Pächter oder dessen andere Gläubiger zum Zuge, § 11 Abs 1 S 4 PKrG.

b) Düngemittelsicherungsgesetz

106 Eine besondere Absicherung erfahren die Lieferanten von Düngemitteln und Saatgut durch das **Gesetz zur Sicherung der Düngemittel- und Saatgutversorgung (DüngMSaatG)** von 1949 (WiGBl 8 iVm der Verordnung vom 21. 2. 1950 [BGBl 1950 I 37] und dem Gesetz vom 30. 7. 1951 [BGBl 1951 I 476]). Sie erhalten zur Sicherung von Ansprüchen aus der Lieferung von Düngemitteln, anerkanntem Saatgut oder zugelassenem Handelssaatgut gem § 1 DüngMSaatG ein gesetzliches Pfandrecht an den der

Pfändung unterliegenden Früchten der nächsten Ernte nach Beschaffung und Verwendung der Düngemittel bzw des Saatgutes. Ebenfalls ein Pfandrecht steht Dritten zu, welche dem Pächter zur Bezahlung der Lieferung ein Darlehen gewährt haben (§ 1 Abs 2 DüngMSaatG). Das Pfandrecht erstreckt sich – im Gegensatz zum Pfandrecht am Inventar – auf die Verkaufsfrüchte, nicht auf die Wirtschaftsfrüchte iSd Ernteüberschusses (BGHZ 41, 6, 7) und geht allen anderen dinglichen Rechten (also auch dem Verpächterpfandrecht) vor.

Voraussetzung ist gem § 1 Abs 1 S 1 DüngMSaatG die Lieferung von Düngemitteln und anerkanntem Saatgut oder von zugelassenem Handelssaatgut – mit Ausnahme von Zuckerrübensamen –, die im Rahmen einer ordnungsmäßigen Wirtschaftsweise zur Steigerung des Ertrags der nächsten Ernte beschafft und verwendet werden (s auch BGHZ 120, 368, 371). Das Pfandrecht dürfte mit dem Anfallen der Früchte **entstehen**; eine Trennung vom Grundstück ist nach § 1 Abs 1 S 1 DüngMSaatG nicht erforderlich (s auch KLINCK Rn 67). Nicht erfasst werden gem § 1 Abs 1 S 2 DüngMSaatG Früchte, welche – insbesondere nach § 811 Abs 1 Nr 4 ZPO – nicht der Pfändung unterworfen sind. **Pfandgläubiger** ist der Lieferant (§ 1 Abs 1 DüngMSaatG) bzw der Darlehensgeber für eine solche Lieferung (§ 1 Abs 2 DüngMSaatG). 107

Die **Befriedigung des Pfandgläubigers** erfolgt gem § 3 Abs 2 S 1 DüngMSaatG durch Pfändung. Der Pfandgläubiger kann aber bereits vor Fälligkeit seiner Forderung gem § 3 Abs 1 DüngMSaatG verlangen, dass eine zur Sicherung seiner Forderung ausreichende Menge an Früchten ausgesondert und kenntlich gemacht wird; dann beschränkt sich das Pfandrecht auf diese Menge. Dieses Ausscheidungsrecht kann notfalls mit Hilfe einer einstweiligen Verfügung durchgesetzt werden, sobald die Erntezeit begonnen hat (BGHZ 120, 368, 374). 108

Das Pfandrecht **erlischt** mit der Entfernung der ihm unterliegenden Früchte vom Grundstück, es sei denn, dass diese ohne Wissen oder unter Widerspruch des Gläubigers erfolgt, § 2 Abs 1 DüngMSaatG. Ein Widerspruch ist nicht zulässig, wenn die Entfernung im Rahmen einer ordnungsmäßigen Wirtschaftsweise (also wenn reife, abgeerntete Früchte nach Veräußerung vom Grundstück weggeschafft und im Rahmen des regelmäßigen, üblichen Geschäftsbetriebs eines Landwirtes zum Erwerber verbracht werden, BGHZ 120, 368, 370 ff) erfolgt oder wenn die zurückbleibenden, dem Pfandrecht unterliegenden Früchte zur Sicherung des Gläubigers offenbar ausreichen, § 2 Abs 1 DüngMSaatG. Im Falle der unberechtigten Entfernung muss der Gläubiger gem § 2 Abs 2 DüngMSaatG seinen Anspruch auf Herausgabe zum Zwecke der Zurückschaffung in das Grundstück innerhalb eines Monats nach Kenntniserlangung von der unberechtigten Entfernung geltend machen, sonst erlischt sein Pfandrecht ebenfalls. Denkbar ist weiterhin ein Erlöschen des Pfandrechts analog § 936 BGB (KLINCK Rn 68 mwNw). Schließlich erlischt das Pfandrecht gem § 4 DüngMSaatG auch mit dem 1. April des auf die Ernte folgenden Jahres, wenn es nicht vorher gerichtlich geltend gemacht worden ist. 109

VIII. Pachtverträge in Zwangsvollstreckung und Insolvenz

1. Zwangsvollstreckung

a) Zwangsvollstreckung durch den Verpächter

110 Die Zwangsvollstreckung durch den Verpächter gegen den Pächter kann insbesondere in Bezug auf den Anspruch auf Herausgabe des Pachtgegenstands (bzw. die Rückübertragung eines verpachteten Rechts) sowie wegen des Anspruchs auf Zahlung des Pachtzinses erfolgen. Die **Herausgabe des Pachtgegenstands** wird bei beweglichen Sachen nach § 883 ZPO, bei unbeweglichen Sachen nach § 885 ZPO vollstreckt, ein Recht ist nach § 857 Abs 1 iVm §§ 828 ff ZPO zu verwerten. Wegen des Anspruchs auf **Zahlung des Pachtzinses** erfolgt die Vollstreckung nach §§ 808 ff ZPO. So kann der Pachtgegenstand nach §§ 808 ff ZPO (bewegliche Sachen) gepfändet oder nach § 55 ZVG (unbewegliche Sachen) versteigert werden. Bei einer Pfändung des Pachtgegenstands entsteht allerdings gemäß § 1256 Abs 1 S 1 BGB kein Pfändungspfandrecht des Verpächters iSd § 804 ZPO. Eine Zwangsvollstreckung in die **Früchte des Pachtgegenstands** kann vor der Trennung gemäß § 810 ZPO, nach der Trennung gemäß § 883 Abs 1 ZPO erfolgen. Für den **Vollstreckungsschutz des Pächters** gelten die allgemeinen Regeln; von Bedeutung kann bei einer Zwangsvollstreckung wegen Pachtzinsforderungen insbesondere § 811 Abs 1 Nr 3, 4, 5 oder 9 ZPO sein.

b) Zwangsvollstreckung durch den Pächter

111 Die Zwangsvollstreckung durch den Pächter gegenüber dem Verpächter kann insbesondere wegen der Ansprüche des Pächters auf Gebrauchsgewährung sowie wegen des Erhaltungsanspruchs in Betracht kommen. Der Anspruch auf **Gebrauchsgewährung** wird nach § 883 Abs 1 ZPO (bewegliche Sachen), § 885 ZPO (unbewegliche Sachen) oder § 857 Abs 1 iVm §§ 828 ff ZPO (Rechte) vollstreckt. In Bezug auf den Anspruch auf Gebrauchserhaltung kommt eine Vollstreckung nach § 887 Abs 1, 2 ZPO in Betracht.

c) Zwangsvollstreckung durch Dritte

aa) Zwangsvollstreckung durch Gläubiger des Verpächters

112 Eine Zwangsvollstreckung durch Gläubiger des Verpächters kann in Bezug auf den Pachtgegenstand, den Herausgabeanspruch gegen den Pächter oder in Bezug auf den Pachtzinsanspruch erfolgen.

113 Eine **Zwangsvollstreckung in den Pachtgegenstand** kann – wenn es sich um eine **bewegliche Sache** handelt – nach § 808 ZPO erfolgen, solange sich dieser Gegenstand noch im Gewahrsam des Verpächters befindet; eine Drittwiderspruchsklage des Pächters nach § 771 ZPO wegen seines Anspruchs gegen den Verpächter auf Gebrauchsgewährung und damit Überlassung des Pachtgegenstands dürfte wegen der Natur dieses Anspruchs als bloßer schuldrechtlicher Verschaffungsanspruch nicht in Betracht kommen (s nur OLG Rostock NJOZ 2005, 253; Baur/Stürner/Bruns Rn 46. 12; Gaul/Schilken/Becker-Eberhard § 41 Rn 99 ff; Stein/Jonas/Münzberg § 771 ZPO Rn 38; MünchKommZPO/K Schmidt/Brinkmann § 771 ZPO Rn 39 mwNw). Nach Überlassung des Pachtgegenstands an den Pächter kommt eine Pfändung einer beweglichen Sache als Pachtgegenstand durch Gläubiger des Verpächters gemäß § 809 ZPO nur bei Herausgabebereitschaft des Pächters (die im Einzelfall, aber nicht in der

Regel, seine Obhutspflicht gegenüber dem Verpächter, § 581 Rn 296 ff, verletzen kann, zB wenn er die Zwangsvollstreckung gegen den Verpächter fördert, RG JW 1938, 665 Nr 11 [Ls]) in Betracht.

Ist **Pachtgegenstand eine unbewegliche Sache**, kommt eine Zwangsversteigerung nach **114** § 55 ZVG oder eine Zwangsverwaltung in Betracht; der Pächter hat gemäß § 9 Nr 2 ZVG das Recht, sich am Verfahren zu beteiligen. Die Beschlagnahme des verpachteten Grundstücks erfasst gemäß § 21 Abs 2 ZVG bei der Zwangsversteigerung (anders aber nach § 148 Abs 1 S 1 ZVG bei der Zwangsverwaltung) nicht die Pachtforderung und berührt nach § 21 Abs 3 ZVG nicht das Recht des Pächters auf Fruchtgenuss. Die bereits vom Grundstück getrennten Früchte des Pachtgegenstands werden also – in Abweichung vom allgemeinen Grundsatz des § 20 Abs 2 ZVG iVm § 1120 BGB (dazu insb BÖTTCHER/BÖTTCHER § 21 ZVG Rn 27 ff; STÖBER § 20 ZVG Rn 3. 3) – nicht von der Beschlagnahme erfasst (s auch LÖHNIG/FISCHINGER § 20 ZVG Rn 27: Erzeugnisse fallen aus dem Haftungsverband nach § 1120 BGB, wenn ein anderer als der Grundstückseigentümer nach §§ 954–957 BGB Eigentum an den Früchten erwirbt). Nach der **Zwangsversteigerung** tritt der Erwerber gemäß § 57 ZVG iVm § 566 BGB in den Pachtvertrag ein, kann diesen aber nach § 57a ZVG kündigen (dazu insbesondere BGH 30. 10. 2013 – XII ZR 113/12 Rn 21 f, BGHZ 198, 337 mwNw). Bei Vorausverfügungen über die Pacht ist § 57b ZVG zu beachten (zu einzelnen Konstellationen insb BÖTTCHER/BÖTTCHER §§ 57–57b ZVG Rn 22 ff; LÖHNIG/GIETL §§ 57, 57a, 57b ZVG Rn 17 ff; STÖBER § 57b ZVG Rn 2. 1 f). Kommt es zu einer **Zwangsverwaltung**, bleibt ein bereits im Zeitpunkt der Beschlagnahme bestehender Pachtvertrag gemäß § 152 Abs 2 ZVG wirksam; der Zwangsverwalter tritt in diesen Vertrag ein (BÖTTCHER/KELLER § 152 ZVG Rn 41; STÖBER § 152 ZVG Rn 12. 3; ähnlich LÖHNIG/BÄUERLE § 152 ZVG Rn 24; eine andere Konstellation – Nutzungsüberlassung an eine Gesellschaft bürgerlichen Rechts als Gesellschafterbeitrag – lag BGH 15. 5. 2013 – XII ZR 115/11 Rn 15 ff, BGHZ 197, 235 zugrunde, hier wurde die Anwendung von § 152 Abs 2 ZVG abgelehnt). Nach § 183 ZVG, der eine Anwendung des § 57a ZVG ausschließt, ist der Zwangsverwalter nicht zur Kündigung des Pachtvertrags berechtigt; auch der Vorausverfügungen über die Pacht betreffende § 57b ZVG gilt nach § 183 ZVG bei der Zwangsverwaltung nicht. Weiterhin sind bei der Zwangsverwaltung die Sonderregelungen in § 169 ZVG für verpachtete Schiffe und (über § 171 f ZVG) für verpachtete Luftfahrzeuge zu beachten.

Für eine **Zwangsvollstreckung in den Herausgabeanspruch gegen den Pächter** gelten **115** bei beweglichen Sachen §§ 846, 847, 829 ff ZPO, bei unbeweglichen Sachen §§ 846, 848, 829 ff ZPO; die Sache wird anschließend nach § 814 ZPO bzw § 55 ZVG versteigert. Allerdings kann der Pächter wegen seiner Einwendungen, die er gemäß §§ 412, 404 BGB auch Gläubigern des Verpächters entgegenhalten kann, nach § 767 ZPO Vollstreckungsabwehrklage erheben.

In Bezug auf den **Pachtzinsanspruch** kommt eine Pfändung nach §§ 828 ff ZPO in **116** Betracht, bei der in Bezug auf einen regelmäßig zu zahlenden Pachtzins § 832 ZPO zu beachten ist. Ein **Pfändungsschutz** des Verpächters kann sich nach allgemeinen Regeln ergeben; wichtig ist hier der pachtvertragsspezifische Pfändungsschutz nach § 851b ZPO, wenn die Pacht zur laufenden Unterhaltung des Grundstücks, zur Vornahme notwendiger Instandsetzungsarbeiten und zur Befriedigung von Ansprüchen unentbehrlich ist, die bei einer Zwangsvollstreckung in das Grundstück dem Anspruch des Gläubigers nach § 10 ZVG vorgehen würden (Ziel: Erhaltung der wirtschaftlichen Grundlage des Grundstücks als Gegenstand der Einnahmenerzielung, zB MünchKommZPO/Smid § 851b ZPO Rn 1; Prütting/Gehrlein/Ahrens § 851b ZPO Rn 1; ähnlich Wieczorek/Schütze/Lüke § 851b ZPO Rn 1, bzw Sicherung der Unterhaltung des Grundstücks, zB Baumbach/Lauterbach/Albers/Hartmann § 851b ZPO Rn 2; Schuschke/Walker/Kessal-Wulf/Lorenz § 851b ZPO Rn 1). Denkbar ist daneben auch eine Heranziehung von § 850i Abs 1 S 1 Var 2 ZPO (BGH 26. 6. 2014 – XI ZB 88/13 Rn 8 ff, insb Rn 16, NJW-RR 2014, 1197; dazu zB Kluth NZI 2014, 899 ff; Kohte VuR 2014, 367, 369; Meller-Hannich WM 2014, 1485; Heinze ZInsO 2015, 1117, 1120 f; Cranshaw jurisPR-InsR 20/2014 Anm 1; Flatow jurisPR-MietR 19/2014 Anm 5). Hingegen kommen eine analoge Anwendung der §§ 850 ff ZPO im Übrigen sowie Vollstreckungsschutz nach § 765a ZPO nicht in Betracht (BGHZ 161, 371, 373 ff; dazu insb Schuschke LMK 2005, 64; Gieseler JR 2006, 26 ff; I Ernst JurBüro 2005, 231 ff).

bb) Zwangsvollstreckung durch Gläubiger des Pächters

117 Eine Zwangsvollstreckung durch Gläubiger des Pächters kann sich auf den Pachtgegenstand, das Nutzungs- und Fruchtziehungsrecht, die Früchte selbst oder auf das sonstige Vermögen des Pächters beziehen.

118 Eine **Zwangsvollstreckung in den Pachtgegenstand** selbst erfolgt bei beweglichen Sachen nach §§ 808 ff ZPO, bei Rechten nach §§ 828 ff ZPO und bei Grundstücken nach §§ 864 ff ZPO. Der Verpächter kann allerdings als Eigentümer des Pachtgegenstands bzw (bei der Rechtspacht) Inhaber des verpachteten Rechts Drittwiderspruchsklage nach § 771 ZPO erheben, weiterhin auch – etwa bei der Unterverpachtung – wegen seines Herausgabeanspruchs gegen den Pächter (s nur Gaul/Schilken/Becker-Eberhard § 41 Rn 99; teilw einschränkend Baur/Stürner/Bruns Rn 46. 12 Fn 45). Die Zwangsversteigerung eines verpachteten Grundstücks nach § 55 ZVG kommt wegen § 17 Abs 1 ZVG nicht in Betracht.

119 Will der Verpächter **in das Nutzungs- und Fruchtziehungsrecht des Pächters vollstrecken**, erfolgt dies nach § 857 ZPO, weil es sich bei diesem Recht um ein sonstiges Vermögensrecht iSd § 857 ZPO (dh um keine Geldforderung und keinen Herausgabeanspruch) handelt (s etwa MünchKommZPO/Smid § 857 ZPO Rn 17; Musielak/Voit/Becker § 857 ZPO Rn 15; Schuschke/Walker/Walker § 857 ZPO Rn 54; Stein/Jonas/Würdinger § 857 ZPO Rn 30; Wieczorek/Schütze/Lüke § 857 ZPO Rn 83; für Anlieferungs-Referenzmengen eines Milcherzeugers, wie sie etwa bei der Milchquotenpacht, s Rn 76, relevant sein konnten, auch BGH NJW-RR 2007, 1219 Rn 17 ff mwNw, auch zur Gegenansicht), das einen Vermögenswert derart verkörpert, dass die Pfandverwertung zur Befriedigung des Geldanspruchs des Gläubigers führen kann (s dazu hier nur Zöller/Herget § 857 ZPO Rn 2). Dabei ist allerdings zu beachten, dass gemäß § 857 Abs 3 sowie § 857 Abs 1 iVm § 851 Abs 1 ZPO eine Pfändung regelmäßig nur mit der nach § 581 Abs 2 BGB iVm § 540 Abs 1 S 1 BGB für die Überlassung an Dritte erforderlichen Zustimmung des Verpächters möglich ist.

120 Bei einer **Zwangsvollstreckung in die Früchte des Pachtgegenstands** geht es regelmäßig um körperliche Sachen, sodass insoweit §§ 808 ff ZPO zur Anwendung kommen. Die Früchte können auch während eines gegenüber dem Verpächter laufenden Zwangsversteigerungsverfahrens in Bezug auf das verpachtete Grundstück von Gläubigern des Pächters gepfändet werden (Stöber § 21 ZVG Rn 4. 1 mwNw).

Für eine **Zwangsvollstreckung in sonstiges Vermögen des Pächters** gelten keine be- 121
sonderen Regeln. Allerdings kann es im Einzelfall nach § 55 Abs 2 ZVG zur Mitversteigerung von Eigentum des Verpächters bei der Zwangsvollstreckung in ein dem Pächter gehörendes Grundstück kommen. Hat der Verpächter der Versteigerung nicht widersprochen (§ 37 Nr 5 ZVG), wird der Ersteigerer nach § 90 Abs 2 ZVG Eigentümer solcher mitversteigerten Gegenstände. Der **Pfändungsschutz** des Pächters nach §§ 808 ff ZPO, insbesondere nach § 811 Abs 1 Nr 3, 4, 5 oder 9 ZPO, ist auch hier zu beachten.

2. **Insolvenz**

a) **Insolvenz des Verpächters**

Bei Insolvenz des Verpächters hat der Insolvenzverwalter in Bezug auf den Pacht- 122
vertrag grundsätzlich nach § **103 InsO** ein **Wahlrecht** zwischen Erfüllung des Vertrags und Ablehnung der Erfüllung (zur dogmatischen Neubewertung nach Aufgabe der „Erlöschenstheorie" seit BGHZ 150, 353 s hier nur MünchKommInso/Kreft/Huber § 103 InsO Rn 4a; Uhlenbruck/Wegener § 103 InsO Rn 8 f mwNw). Bei Ablehnung der Erfüllung wird der Pächter gemäß § 103 Abs 2 S 1 InsO zum Insolvenzgläubiger. Umgekehrt kann der Pächter den Vertrag im Falle der Insolvenz des Verpächters allenfalls ausnahmsweise kündigen nach § 581 Abs 2 BGB bzw § 594e Abs 1 BGB iVm § 543 BGB (§ 112 InsO gilt nur in der Insolvenz des Pächters), wenn ihm die Möglichkeit zur vertragsgemäßen Nutzung des Pachtgegenstands ganz oder teilweise vorenthalten wird (vWilmowsky ZInsO 2011, 1473, 1473 f).

Bei der **Grundstücks- oder Raumpacht** gilt allerdings § 108 I 1 InsO, wonach der 123
Vertrag fortbesteht (s nur BGH 29. 1. 2015 – IX ZR 279/13 Rn 28, BGHZ 204, 81 mwNw). Das gilt auch, wenn der Pachtvertrag bewegliche und unbewegliche Gegenstände umfasst, aber durch die Verpachtung unbeweglicher Gegenstände geprägt ist (BGH 29. 1. 2015 – IX ZR 279/13 Rn 29 ff, BGHZ 204, 81 mwNw – zur Miete). Der BGH legt die Vorschrift bei der Miete (mit Auswirkungen auf den Pachtvertrag) einschränkend aus und wendet sie nur an, wenn der Vertragsgegenstand dem Mieter bereits überlassen worden war (BGHZ 173, 116 Rn 18 ff; zustimmend zB Gundlach NJW 2007, 3719; Marotzke JZ 2008, 206, 207 f; kritisch zB Dahl/J Schmitz NZI 2007, 716 f; Preuss JR 2008, 418, 419 f; bestätigt in BGH 11. 12. 2014 – IX ZR 87/14 Rn 18 ff, BGHZ 204, 1) und der Mieter den Besitz im Zeitpunkt der Insolvenzeröffnung nicht aufgegeben hatte (BGH 11. 12. 2014 – IX ZR 87/14 Rn 22 ff, BGHZ 204, 1 – allerdings problematisch, weil der Mieter zeitweilig den Besitz aufgegeben hatte, um dem Vermieter die Sanierung zu ermöglichen, dazu zB Schönfelder WM 2015, 139 ff; Marotzke EWiR 2015, 117 f; kritisch auch Dahl/Linnenbrink NZI 2015, 126 f; zustimmend Cymutta IMR 2015, 77) – geschützt wird nach der Rechtsprechung also nur der besitzende Mieter oder Pächter (BGH 11. 12. 2014 – IX ZR 87/14 Rn 25 ff, BGHZ 204, 1); ansonsten hat der Insolvenzverwalter ein Rücktrittsrecht (BGHZ 173, 116 Rn 18 ff). Die fortbestehenden Pachtforderungen sollen nach Eröffnung des Insolvenzverfahrens nicht mehr von absonderungsberechtigten Grundpfandgläubigern gepfändet werden können (so zur Miete – mit Bedeutung auch für die Pacht – BGHZ 168, 339 Rn 2 ff mwNw auch zu vorher entgegenstehenden Stimmen im Schrifttum; zust Anm Tetzlaff jurisPR-InsR 21/2006 Anm 2; BGH GuT 2007, 138 Rn 6 ff; GE 2009, 260 Rn 5 – zur Miete; ebenso Hofmann/Vendolsky ZfIR 2006, 403, 403 f; Ganter ZInsO 2007, 841, 849), auch nicht nach Aufhebung der Zwangsverwaltung, wenn die Erträge zuvor vom Zwangsverwalter eingezogen worden waren und nun in den Herausgabeanspruch der Insolvenzver-

walterin vollstreckt werden soll (BGH 10. 10. 2013 – IX ZB 197/11 Rn 7, NJW 2013, 3520, zust MITLEHNER NZI 2013, 1047 f; CRANSHAW jurisPR-InsR 1/2014 Anm 1; KNEES ZInsO 2015, 2010, 2013; teilw kritisch HINTZEN WuB VI E § 61 ZVG 1. 14). Zu Einzelheiten der Vertragsdurchführung im Falle der Insolvenz insb DERLEDER NZM 2004, 568, 571 ff; vWILMOWSKY ZInsO 2011, 1473 ff; zur Anwendbarkeit des § 108 InsO bei Untermiet- bzw -pachtverträgen insb MAROTZKE ZInsO 2007, 1 ff mwNw; eine Sonderkonstellation betraf insofern BGH NZM 2005, 433; dazu insb FETSCH ZfIR 2005, 739 ff; KELLER ZfIR 2006, 445, 447; zu Besonderheiten bei Betriebspachtverträgen ROTH/WOZNIAK ZInsO 2017, 1293, 1294 f. Vor Eröffnung des Insolvenzverfahrens getroffene Verfügungen des Verpächters über den Pachtzins (iSd § 110 Abs 2 InsO) sind nach § 110 Abs 1 InsO nur für den laufenden oder – bei Insolvenzeröffnung nach dem fünfzehnten Tag eines Monats – den laufenden und den folgenden Kalendermonat wirksam (zu Einzelheiten CYMUTTA AUR 2009, 313, 317; dies ZInsO 2009, 412, 418); in diesen Fällen besteht aber eine Aufrechnungsmöglichkeit für den Pächter nach § 110 Abs 3 InsO. Diese Vorschrift dient letztlich dem Schutz der Masse (s etwa Kölner Kommentar/ CYMUTTA § 110 InsO Rn 2; LEONHARDT/SMID/ZEUNER/ZEUNER § 110 InsO Rn 1; ähnlich MünchKommInsO/ECKERT § 110 InsO Rn 1: Erhaltung der Masse). Bei einer Veräußerung des Pachtgegenstands durch den Insolvenzverwalter tritt der Erwerber gemäß § 111 InsO in den Pachtvertrag ein; ihm steht allerdings ein Kündigungsrecht zu, wodurch die Veräußerung erleichtert werden soll (s nur MünchKommInsO/ECKERT § 111 InsO Rn 2; UHLENBRUCK/WEGENER § 111 InsO Rn 1; CYMUTTA AUR 2009, 313, 318; dies ZInsO 2009, 412, 418; ähnlich LEONHARDT/SMID/ZEUNER/ZEUNER § 111 InsO Rn 1).

124 Auch bei **Lizenzverträgen**, die früher unter § 21 Abs 1 KO aF insolvenzfest waren, sind de lege lata §§ 103 ff InsO anzuwenden (s nur BGH NJW 2006, 915 Rn 21 mwNw; BGH 21. 10. 2015 – I ZR 173/14 Rn 43 ff, NZI 2016, 97 – im konkreten Fall allerdings nicht einschlägig, insgesamt zustimmend Koos MMR 2017, 13, 14 f; RÜTHER NZI 2016, 103 f, teilweise kritisch CRANSHAW jurisPR-InsR 10/2016 Anm 1; gegen eine Anwendung der §§ 103 ff InsO BERBERICH ZInsO 2016, 154, 155 ff), was für Lizenznehmer bei Beendigung des Vertrags durch den Insolvenzverwalter gravierende wirtschaftliche Folgen haben kann. Daher werden immer wieder Reformvorschläge vorgelegt, um Lizenzen bei Insolvenz des Lizenzgebers erneut insolvenzfest auszugestalten (s insbesondere Gesetzentwurf der Bundesregierung: Entwurf eines Gesetzes zur Entschuldung mittelloser Personen, zur Stärkung der Gläubigerrechte sowie zur Regelung der Insolvenzfestigkeit von Lizenzen, BT-Drucks 16/7416, 8; § 108a InsO-E des Referentenentwurfs des Bundesministeriums der Justiz: Entwurf eines Gesetzes zur Verkürzung des Restschuldbefreiungsverfahrens, zur Stärkung der Gläubigerrechte und zur Insolvenzfestigkeit von Lizenzen, 2012, abrufbar unter http://www.bundesgerichtshof.de/DE/Bibliothek/G esMat/WP17/R/Restschuldverk.html, zuletzt abgerufen am 12. 12. 2017); eine Umsetzung ist jedoch bislang nicht erfolgt. Eine umfassende Lösung müsste eine Klärung der auch für die insolvenzrechtliche Behandlung wichtigen Fragen zu Rechtsnatur und Wirkungen (obligatorisch oder dinglich) der Lizenz einbeziehen (insb BGHZ 180, 344 Rn 17 ff; BGH GRUR 2012, 914 Rn 14 ff; GRUR 2012, 916 Rn 19 ff, 22 ff; offen gelassen in BGH 21. 10. 2015 – I ZR 173/14 Rn 43 ff, NZI 2016, 97). Solange eine solche Klärung durch den Gesetzgeber noch aussteht, dürfte die Frage im Mittelpunkt stehen, in welchen Fällen ein Lizenzvertrag insolvenzfest ist (dazu etwa BGH 21. 10. 2015 – I ZR 173/14 Rn 44 f, NZI 2016, 97: beidseitige vollständige Erfüllung vor Eröffnung des Insolvenzverfahrens, zustimmend BERBERICH ZInsO 2016, 154, 155 f; in der Literatur finden sich insoweit zahlreiche Versuche, s dazu hier nur BeckOGK/PAHLOW [1. 9. 2017] § 581 Rn 337 ff mwNw).

In Bezug auf den **Pachtgegenstand** selbst wird der Pächter in erster Linie vertragliche 125
Ansprüche geltend machen, sodass ein ihm wegen seines Rechts zum Besitz iSd
§ 986 BGB jedenfalls im Fall einer Wahl der Erfüllung durch den Insolvenzverwalter
wohl ebenfalls zustehendes Aussonderungsrecht nach § 47 InsO (s MünchKommInsO/
Ganter § 47 InsO Rn 341 – ohne Differenzierung nach der Ausübung des Wahlrechts durch den
Insolvenzverwalter) kaum gesonderte Bedeutung erlangen dürfte. Entsprechendes
dürfte für ein – gleichfalls wohl auf die Fälle einer Erfüllungswahl durch den Insolvenzverwalter zu beschränkendes – Aussonderungsrecht nach § 47 InsO in Bezug
auf die **Früchte des Pachtgegenstands** (s für das Aneignungsrecht aus Abbau-, Jagd- und
Fischereirechten HmbKomm/Büchler § 47 InsO Rn 6; MünchKommInsO/Ganter § 47 InsO
Rn 324; gegen ein Aussonderungsrecht aufgrund des Wegnahmerechts nach §§ 548, 581 Kölner
Kommentar/Hess § 47 InsO Rn 28) gelten. Das **Pächterpfandrecht am Inventar nach § 583
BGB** begründet ein Absonderungsrecht nach § 50 InsO (Cymutta AUR 2009, 313, 317;
dies ZInsO 2009, 412, 417 f).

b) Insolvenz des Pächters

Im Falle einer Insolvenz des Pächters steht dem Insolvenzverwalter ebenfalls ein 126
Wahlrecht nach § 103 InsO zu (zu Einzelheiten bei der Pacht beweglicher Gegenstände insb
vWilmowsky ZInsO 2007, 731 ff; zu Betriebspachtverträgen und der bei diesen sinnvollen Differenzierung zwischen Verträgen, die mit einem Gesellschafter oder mit einem Dritten abgeschlossen
sind, Roth/Wozniak ZInsO 2017, 1293, 1295 ff; zu Lizenzverträgen insb Seemann, Der Lizenzvertrag in der Insolvenz 7 ff; Empting, Immaterialgüterrechte in der Insolvenz 186 ff; L Berger, Insolvenzschutz für Markenlizenzen 199 ff; T Hoffmann ZInsO 2003, 732, 737 ff; Schmoll/Hölder
GRUR 2004, 743, 747 f; Weber/Hötzel NZI 2011, 432, 433 ff; Helm GRUR 2012, 97, 98; auch hier
käme es jedoch maßgeblich auf die Klärung der Frage von Rechtsnatur und obligatorischem oder
dinglichem Charakter der Lizenz an, Rn 124). Bei der Grundstücks- bzw Raumpacht ist
allerdings § 109 InsO zu beachten (dazu insb Pape WuM 2004, 645, 648 f; Cymutta AUR
2009, 313, 314 f; dies ZInsO 2009, 412, 413 f): Der Insolvenzverwalter kann den Vertrag
unter den Voraussetzungen des § 109 Abs 1 InsO kündigen bzw nach § 109 Abs 2
InsO vom Vertrag zurücktreten, wenn das Grundstück bzw die Räume dem Pächter
noch nicht überlassen worden waren; dann kommen Schadensersatzansprüche des
Verpächters nach § 109 Abs 1 S 3 bzw § 109 Abs 2 S 2 InsO in Betracht, bei der
Landpacht kann eine Wertersatzpflicht des Verpächters nach § 596a Abs 1, 3 BGB
entstehen (Cymutta AUR 2009, 313, 315; dies ZInsO 2009, 412, 414). Hingegen darf der
Verpächter – unabhängig vom Pachtgegenstand – gemäß § 112 InsO nach Stellung
des Antrags auf Eröffnung des Insolvenzverfahrens den Pachtvertrag aus den in
§ 112 InsO genannten Gründen nicht mehr kündigen, um die wirtschaftliche Einheit
des Schuldnervermögens und damit letztlich die Gesamtheit der Gläubiger zu schützen (s zum Zweck des § 112 InsO etwa Leonhardt/Smid/Zeuner/Zeuner § 112 InsO Rn 1;
MünchKommInsO/Eckert § 112 InsO Rn 1; Uhlenbruck/Wegener § 112 InsO Rn 2; kritisch
Kayser/Thole/Marotzke § 112 InsO Rn 2); diese Regelung ist gemäß § 119 InsO unabdingbar (s zur Problematik von Lösungsklauseln insb Braun/Kroth § 119 InsO Rn 9 ff, insb 12;
Kayser/Thole/Marotzke § 119 InsO Rn 2 ff, insb 4; MünchKommInsO/Huber § 119 InsO
Rn 23 ff, insb 28 ff, jew mwNw). Eine Kündigung durch den Verpächter nach § 581 Abs 2
bzw § 594e Abs 1 BGB iVm § 543 Abs 2 S 1 Nr 3 BGB kommt nach Stellung des
Insolvenzantrags nur noch in Bezug auf Pachtzahlungen in Betracht, die erst nach
Antragstellung fällig wurden (BGHZ 151, 353, 371; dazu insb Haarmeyer/Pape ZInsO 2002,
845, 849 f; Eckert NZM 2003, 41, 45 f; Werres ZInsO 2005, 1233, 1235). Zu berücksichtigen ist
allerdings, dass sich nach neuerer Rechtsprechung des BGH eine Freigabeerklärung

durch den Insolvenzverwalter nach § 35 Abs 2 S 1 InsO auch auf Ansprüche aus bereits bei Insolvenzeröffnung bestehenden Miet- oder Pachtverhältnissen bezieht, wenn diese der Ausübung einer selbständigen Tätigkeit des Pächters dienen, und insoweit eine zusätzliche Kündigung nicht erforderlich ist (BGH 9. 2. 2012 – IX ZR 75/11 Rn 16 ff, BGHZ 192, 322; dazu zB M Ahrens KSzW 2012, 303, 307 f; Bartels KTS 2012, 381, 396 ff; Andres NZI 2012, 413; Henkel EWiR 2012, 287; Hofmann/Würdinger WM 2012, 522; K Schmidt JuS 2013, 174; Smid DZWiR 2013, 89, 100 f; Pape/Pape ZInsO 2013, 685, 689 ff; kritisch insbesondere Windel RdA 2012, 366; Walke jurisPR-Mietrecht 9/2012 Nr 5).

127 Bereits vor Stellung des Insolvenzantrags fällig gewordene **Pachtforderungen** werden als Insolvenzforderungen Gegenstand des Verteilungsverfahrens und daher iE nur quotal befriedigt (s insb Pape WuM 2004, 645, 649 f); der Verpächter kann das Verpächterpfandrecht wegen rückständiger Pacht für das letzte Jahr vor Verfahrenseröffnung ausüben, § 50 Abs 1 iVm Abs 2 S 1 InsO, aber der Insolvenzverwalter ist gemäß §§ 166 ff InsO zur Verwertung der Pfandsache berechtigt (Kölner Schrift zur Insolvenzordnung/Pape Kap 13 Rn 67). Dabei ist stets zu prüfen, ob das Pfandrecht gemäß §§ 129 ff InsO der Anfechtung unterliegt. Zwischen Antragstellung und Eröffnung des Insolvenzverfahrens fällig gewordene Forderungen werden gemäß § 55 Abs 2 S 2 InsO zu Masseverbindlichkeiten, wenn die Verfügungsbefugnis über das Vermögen des Schuldners auf den Insolvenzverwalter übergegangen ist (§ 55 Abs 2 S 1 InsO), andernfalls werden auch sie lediglich zu Insolvenzforderungen. Das Schicksal der Pachtforderungen, die erst nach Eröffnung des Insolvenzverfahrens fällig werden, richtet sich nach der Ausübung des Wahlrechts durch den Insolvenzverwalter gemäß § 103 InsO.

128 Ein Aussonderungsrecht des Verpächters iSd § 47 InsO (mit dem Ziel der Verschaffung des unmittelbaren Besitzes, nicht aber der Räumung, MünchKommInsO/Ganter § 47 InsO Rn 465; Cymutta AUR 2009, 313, 315; dies ZInsO 2009, 412, 414 f; BGHZ 148, 252, 255 ff) kommt in Bezug auf den **Pachtgegenstand** nur nach Vertragsbeendigung (etwa aufgrund einer Kündigung durch den Insolvenzverwalter nach § 103 Abs 2 S 1 InsO oder durch den Verpächter im Rahmen des nach § 112 InsO Zulässigen) in Betracht (s dazu auch Leonhardt/Smid/Zeuner/Leonhardt § 47 InsO Rn 15; MünchKommInsO/Ganter § 47 InsO Rn 341; Pape WuM 2004, 645, 649; Cymutta AUR 2009, 313, 315), denn solange der Pachtvertrag fortbesteht, kann der Pächter einem Herausgabeanspruch des Verpächters aus § 985 BGB sein Recht zum Besitz nach § 986 BGB entgegenhalten. Auf dem Pächter überlassenes **Inventar** (§§ 582 ff BGB) kann der Verpächter nur zugreifen, wenn der Pächter daran nicht Eigentum erworben hat, sonst fällt es in die Insolvenzmasse (Cymutta ZInsO 2009, 412, 416 f). In Bezug auf die **Früchte des Pachtgegenstands** steht dem Verpächter während des Fortbestehens des Vertrags mangels Rechtsgrundlage ebenfalls kein Aussonderungsrecht zu. Nach Vertragsbeendigung, etwa durch Kündigung oder Zeitablauf, erstreckt sich der Herausgabeanspruch des Verpächters aus § 985 BGB in Bezug auf den Pachtgegenstand auch auf etwaige daraus nach Vertragsbeendigung gezogene Früchte, sodass auch diese vom Aussonderungsrecht nach § 47 InsO erfasst werden dürften. Das **Verpächterpfandrecht** führt grundsätzlich zu einem Absonderungsrecht des Verpächters (s insb BGH 19. 12. 2013 – IX ZR 127/11 Rn 8, NJW 2014, 1239 zum Verpächterpfandrecht aus § 592; Pape WuM 2004, 645, 650; Cymutta AUR 2009, 313, 316; dies ZInsO 2009, 412, 415 f), allerdings nur in Bezug auf die Pacht für die letzten zwölf Monate vor Eröffnung des Insolvenzverfahrens und nicht wegen einer Entschädigung, die infolge einer Kündigung des Insolvenzverwalters zu zahlen ist, § 50 Abs 2 S 1 InsO; diese Einschränkungen gelten gemäß § 50 Abs 2 S 2 InsO nicht für die Pacht landwirtschaftlicher Grundstücke. Das **Wegnahmerecht des Pächters** nach § 581 Abs 1 BGB iVm § 539 Abs 2 BGB bzw nach § 591a BGB wird durch die Insolvenzeröffnung nicht berührt (Cymutta AUR 2009, 313, 315; dies ZInsO 2009, 412, 415).

IX. Internationales Privat- und Verfahrensrecht

1. Internationale Zuständigkeit

Im Internationalen Zuständigkeitsrecht existieren für Klagen aus Pachtverträgen über unbewegliche Sachen teilweise besondere Vorschriften, welche eine ausschließliche Zuständigkeit begründen. Dagegen richtet sich die internationale Zuständigkeit bei Klagen aus Pachtverträgen über bewegliche Sachen oder Rechte und wohl auch bei der Unternehmenspacht nach allgemeinen Regeln. **129**

a)   Internationale Zuständigkeit nach europäischem Zivilprozessrecht
Sowohl die Brüssel Ia-VO (Verordnung [EU] Nr 1215/2012 des Europäischen Parlaments und des Rates über die gerichtliche Zuständigkeit und die Anerkennung und Vollstreckung von Entscheidungen in Zivil- und Handelssachen [Neufassung], ABl EU 2012, L 351, 1) als auch das LugÜ (Übereinkommen über die gerichtliche Zuständigkeit und die Anerkennung und Vollstreckung von Entscheidungen in Zivil- und Handelssachen, ABl EU 2009, L 147, 5) enthalten spezielle Regeln für die internationale Zuständigkeit bei Verträgen über die Miete oder Pacht unbeweglicher Sachen. So sind bei Klagen aus derartigen Verträgen nach **Art 24 Nr 1 S 1 Brüssel Ia-VO** bzw dem gleich lautenden **Art 22 Nr 1 S 1 LugÜ** die Gerichte des Mitgliedstaats ausschließlich zuständig, in dem die unbewegliche Sache belegen ist. Diese Regelungen, deren Zweck heftig umstritten ist (Jenard-Bericht, ABl EG C 59, 1, 34 f: Hintergrund sind komplizierte gesetzliche Sonderregelungen in Bezug auf solche Verträge in den einzelnen Staaten; Schlosser/Hess/Schlosser Art 24 EuGVVO Rn 1a: Anwendung lokaler zwingender Vorschriften, Erleichterung der Beweiserhebung; iE offen gelassen von Geimer/Schütze/Geimer A. 1 Art 22 EuGVVO Rn 105 ff), dürften in erster Linie die Grundstückspacht betreffen; bei der Raumpacht könnten sie vor allem für die Verpachtung von Ferienwohnungen zum Zweck der Weitervermietung von Bedeutung sein (nicht aber für die Überlassung einer Ferienwohnung durch einen Reiseveranstalter, BGH 23. 10. 2012 – X ZR 157/11 Rn 10, NJW 2013, 308 mwNw – zu Art 22 Nr 1 EuGVVO aF). Dagegen dürfte eine Anwendung von Art 24 Nr 1 S 2 Brüssel Ia-VO bzw Art 22 Nr 1 S 2 LugÜ, wonach bei Klagen wegen der Pacht unbeweglicher Sachen zum vorübergehenden privaten Gebrauch für höchstens sechs aufeinander folgende Monate daneben auch die Gerichte am Wohnsitz des Beklagten zuständig sind, sofern der Pächter eine natürliche Person ist und Eigentümer und Pächter ihren Wohnsitz in demselben Mitgliedstaat haben, bei Pachtverträgen allenfalls ausnahmsweise in Betracht kommen. Der Begriff des Pachtvertrags in Art 24 Nr 1 Brüssel Ia-VO bzw Art 22 Nr 1 LugÜ ist zwar autonom, dh nach europäischen Grundsätzen auszulegen (s nur BGH NJW-RR 2008, 1381 Rn 14 zu Art 22 EuGVVO aF; Rauscher/Mankowski Art 24 Brüssel Ia-VO Rn 26; Schlosser/Hess/Schlosser Art 24 EuGVVO Rn 7; Geimer/Schütze/Geimer A. 1 Art 22 EuGVVO Rn 110), dürfte aber Pachtverträge iSd §§ 581 ff BGB mit erfassen. Da Art 24 Nr 1 Brüssel Ia-VO bzw Art 22 Nr 1 LugÜ nicht zwischen Miet- und Pachtverträgen differenzieren, ist entscheidendes Merkmal letztlich die **Ge-** **130**

brauchsüberlassung (Rauscher/Mankowski Art 24 Brüssel Ia-VO Rn 26; Schlosser/Hess/Schlosser Art 24 EuGVVO Rn 7), welche beim Pachtvertrag nach §§ 581 ff BGB regelmäßig vorliegt. Andererseits setzen Art 24 Nr 1 Brüssel Ia-VO bzw Art 22 Nr 1 LugÜ offenbar voraus, dass die Überlassung einer **unbeweglichen Sache** im Zentrum des Vertrags steht, sodass die Regelung auf die Unternehmenspacht nicht anzuwenden sein dürfte, selbst wenn im Rahmen eines solchen Pachtvertrags Grundstücke bzw Räume mitüberlassen werden (s insb EuGH Slg 1977, 2383 Rn 16, 19 zu Art 22 EuGVVO aF; ähnlich Geimer/Schütze/Geimer A. 1 Art 22 EuGVVO Rn 113 mwNw; Kropholler/vHein Art 22 EuGVVO Rn 24; Rauscher/Mankowski Art 24 Brüssel Ia-VO Rn 28). Von Art 24 Nr 1 Brüssel Ia-VO bzw Art 22 Nr 1 LugÜ erfasst werden **vertragliche Ansprüche von Verpächter und Pächter** (s zB EuGH Slg 1985, 99 Rn 26 zu Art 22 EuGVVO aF; Geimer/Schütze/Geimer A. 1 Art 22 EuGVVO Rn 119; Kropholler/vHein Art 22 EuGVVO Rn 26; Nagel/Gottwald § 3 Rn 259; Schlosser/Hess/Schlosser Art 24 EuGVVO Rn 7; für eine Ausweitung auf nicht vertragliche Ansprüche Geimer/Schütze/Geimer A. 1 Art 22 EuGVVO Rn 118), einschließlich des Anspruchs auf Zahlung der Pacht (EuGH Slg 1985, 99 Rn 26; ablehnend noch Jenard-Bericht, ABl EG 1979, C 59, 1, 35; offen gelassen im Schlosser-Bericht, ABl EG 1979, C 59, 71 Rn 164 [S 120] Nr 164), nicht aber nachvertragliche Ansprüche (Rauscher/Mankowski Art 24 Brüssel Ia-VO Rn 44). Bei **Pachtverträgen über Grundstücke (oder Räume) in mehreren Staaten** geht der EuGH grundsätzlich von einer territorialen Aufspaltung der internationalen Zuständigkeit aus; eine Annexzuständigkeit der Gerichte eines einzigen Mitgliedstaates komme nur bei ganz überwiegender Belegenheit der Grundstücke in einem Mitgliedstaat in Betracht (EuGH Slg 1988, 3791 Rn 13 f zu Art 22 EuGVVO aF). Dagegen wird in der Literatur teilweise gefordert, die Gerichte jedes betroffenen Mitgliedstaates sollten über das gesamte Pachtverhältnis entscheiden können (zB Geimer/Schütze/Geimer A. 1 Art 22 EuGVVO Rn 101; Kreuzer IPRax 1991, 25, 27 zu Art 22 EuGVVO; ähnlich Kropholler/vHein Art 22 EuGVVO Rn 28). Sinnvoll erscheint hieran die Zuständigkeitskonzentration in einem einzigen Mitgliedstaat. Allerdings sollte, um den – wenn auch umstrittenen – Schutzzweck des Art 24 Nr 1 S 1 Brüssel Ia-VO bzw Art 22 Nr 1 S 1 LugÜ zumindest teilweise zu wahren, auch auf die quantitativen Verhältnisse der Grundstücke in den einzelnen Staaten geachtet werden, damit nicht durch eine frühzeitige Klage die Gerichte eines Staates, in dem nur ein kleiner Teil der betroffenen Fläche belegen ist, zur Entscheidung auch über die Rechtslage in anderen – deutlich stärker involvierten – Staaten berufen werden.

131 Für die Pacht von **beweglichen Sachen oder Rechten** sowie für die **Pacht sonstiger Gegenstände** einschließlich der Unternehmenspacht gilt Art 7 Nr 1 Brüssel Ia-VO bzw Art 5 Nr 1 LugÜ (aA teilweise Geimer/Schütze/Geimer A. 1 Art 22 EuGVVO Rn 109: Annexzuständigkeit nach Art 22 Nr 1 für bewegliche Sachen, wenn Hauptgegenstand des Pachtvertrags Immobilien sind). Unter den Sonderregelungen in Art 7 Nr 1 lit b Brüssel Ia-VO bzw Art 5 Nr 1 lit b LugÜ könnte allenfalls für bestimmte Pachtverträge, etwa für Lizenzverträge, die europäisch-autonom weit auszulegende (dazu insb BGH NJW 2006, 1806 Rn 12 zu Art 5 EuGVVO aF; Geimer/Schütze/Geimer A. 1 Art 5 EuGVVO Rn 89 mwNw; Krohpoller/vHein Art 5 EuGVVO Rn 42 f) Regelung über die Erbringung von Dienstleistungen in Betracht kommen. Aber vom Leitbild des „typischen" Dienstleistungsvertrags, bei dem ein Tätigwerden gegen Entgelt, und nicht eine Gebrauchsüberlassung im Vordergrund steht (s etwa EuGH Slg 2009, 3327 Rn 29; Kropholler/vHein Art 5 EuGVVO Rn 43), ist der Pachtvertrag noch so weit entfernt (s auch Rauscher/Leible Art 7 Brüssel Ia-VO Rn 69 f mwNw; zum Lizenzvertrag auch EuGH Slg 2009 I,

3327 Rn 26 ff, insb 44 zu Art 5 EuGVVO aF; Kropholler/vHein Art 5 EuGVVO Rn 43), dass es sinnvoller erscheint, **Art 7 Nr 1 lit c iVm lit a Brüssel Ia-VO bzw Art 5 Nr 1 lit c iVm lit a LugÜ** anzuwenden, wonach die Gerichte am Erfüllungsort der im Streit stehenden Verpflichtung international zuständig sind (Geimer/Schütze/Geimer A. 1 Art 5 EuGVVO Rn 93 ff; Kropholler/vHein Art 5 EuGVVO Rn 29 ff; Rauscher/Leible Art 7 Brüssel Ia-VO Rn 41 ff mwNw; s auch EuGH Slg 2009 I, 3327 Rn 51 ff zu Art 5 EuGVVO aF). Ergänzend kann auch der allgemeine Gerichtsstand am Wohnsitz des Beklagten nach Art 4 Abs 1 iVm Art 62 f Brüssel Ia-VO bzw Art 2 Abs 1 iVm Art 59 f LugÜ in Betracht kommen.

b) Internationale Zuständigkeit nach deutschem Zivilprozessrecht
Im deutschen internationalen Zivilprozessrecht statuiert **§ 29a Abs 1 ZPO** nach dem Grundsatz der Doppelfunktionalität der Regelungen über die örtliche Zuständigkeit (s dazu nur BGHZ 44, 46, 47 ff; 94, 156, 157 f mwNw; Schack Rn 266 mwNw) eine ausschließliche internationale Zuständigkeit der Gerichte des Belegenheitsortes für die **Raumpacht**. Die Regelung gilt allerdings nicht für die Grundstückspacht (s etwa HkZPO/Bendtsen § 29a ZPO Rn 4; MünchKommZPO/Patzina § 29a ZPO Rn 4; Musielak/Voit/Heinrich § 29a ZPO Rn 4; Stein/Jonas/Roth § 29a ZPO Rn 7; Thomas/Putzo/Hüsstege § 29a ZPO Rn 6; Wieczorek/Schütze/Smid/Hartmann § 29a ZPO Rn 6; Zöller/Schultzky § 29a ZPO Rn 6) und hat daher für Pachtverträge iE einen relativ engen Anwendungsbereich. Auch die Unternehmenspacht sieht die wohl hM als nicht von § 29a ZPO erfasst an, weil das „Übergewicht" bei diesen Verträgen nicht auf der Überlassung der Räume liegt (s etwa Wieczorek/Schütze/Smid/Hartmann § 29a ZPO Rn 22; etwas weitergehend MünchKommZPO/Patzina § 29a ZPO Rn 15). Bei Pachtverträgen über Grundstücke dürfte auch § 26 iVm § 24 ZPO idR nicht greifen, weil § 26 ZPO eine persönliche Inanspruchnahme des Eigentümers oder Besitzers als solchen voraussetzt (HkZPO/Bendtsen § 26 ZPO Rn 2; MünchKommZPO/Patzina § 26 ZPO Rn 2; Musielak/Voit/Heinrich § 26 ZPO Rn 2; Prütting/Gehrlein/Bey § 26 ZPO Rn 3; Stein/Jonas/Roth § 26 ZPO Rn 4); insofern ist die Abgrenzung zum Nießbrauch (s Rn 54) von Bedeutung. Daher gelten für die **Pacht sämtlicher Gegenstände außer Räumen** die **allgemeinen Regeln**, dh es kann insbesondere am Gerichtsstand des Erfüllungsortes nach § 29 ZPO sowie am Gerichtsstand des (Wohn-)Sitzes des Beklagten nach § 12 iVm §§ 13 ff bzw § 17 ZPO geklagt werden. Für Klagen gegen den Verpächter kann im Einzelfall – bei fehlendem Wohnsitz im Inland – auch der Gerichtsstand des Vermögens nach § 23 ZPO in Betracht kommen, wenn sich der Pachtgegenstand im Inland befindet.

132

Die dargestellten Zuständigkeitsregeln gelten auch für Streitigkeiten über das Eigentum an Früchten oder Inventar, denn § 24 Abs 1 ZPO bezieht sich nur auf Grundstücke (s nur MünchKommZPO/Patzina § 24 ZPO Rn 2 ff; Musielak/Voit/Heinrich § 24 ZPO Rn 1; Prütting/Gehrlein/Bey § 24 ZPO Rn 3; Stein/Jonas/Roth § 24 ZPO Rn 1; Wieczorek/Schütze/Smid/Hartmann § 24 ZPO Rn 2 ff; Zöller/Schultzky § 24 ZPO Rn 2 ff; BGH NJW 1998, 1321, 1321), sodass kein besonderer dinglicher Gerichtsstand gegeben ist.

133

2. Anwendbares Recht

Das auf Pachtverträge anwendbare Recht bestimmt sich in Fällen mit Auslandsberührung einheitlich nach der **Rom I-Verordnung** (Verordnung [EG] Nr 593/2008 des Europäischen Parlaments und des Rates vom 17. 6. 2008 über das auf vertrag-

134

liche Schuldverhältnisse anzuwendende Recht, ABl EU 2009, L 309, S 87). Danach kommt es in erster Linie auf eine **Rechtswahl** der Vertragspartner an **(Art 3 Rom I-VO)**. Nachrangig ist – da ein Pachtvertrag idR kein Verbrauchervertrag iSd Art 6 Rom I-VO sein dürfte und bei Verträgen über unbewegliche Sachen zudem Art 6 Abs 4 lit c Rom I-VO zu beachten ist – **Art 4 Rom I-VO** anzuwenden. Für die Pacht unbeweglicher Sachen, also für die Grundstücks- und Raumpacht, gilt gem Art 4 Abs 1 lit c Rom I-VO das Recht des Staates, in dem der Pachtgegenstand belegen ist. Für die Pacht von beweglichen Sachen, Rechten oder sonstigen Gegenständen ist mangels einer Spezialregelung gem Art 4 Abs 2 Rom I-VO das Recht am gewöhnlichen Aufenthalt (iSd Art 19 Rom I-VO) des Verpächters anzuwenden (so für die Pacht beweglicher Sachen auch RAUSCHER/THORN Art 4 Rom I-VO Rn 92; STAUDINGER/MAGNUS [2016] Art 4 Rom I-VO Rn 259 iVm Rn 256 mwNw; für Lizenzverträge kann allerdings Abweichendes gelten, RAUSCHER/THORN Art 4 Rom I-VO Rn 124 ff; STAUDINGER/MAGNUS [2016] Art 4 Rom I-VO Rn 553; BeckOK/SPICKHOFF [15. 6. 2017] Art 4 Rom I-VO Rn 71), denn dieser dürfte idR diejenige Person sein, welche die für den Pachtvertrag charakteristische Leistung (Überlassung eines zur Fruchtziehung geeigneten Gegenstands) erbringt. Zu einer Einschränkung der Anwendbarkeit deutschen Rechts s § 581 Rn 277.

X. Bedeutung des Pachtvertragsrechts für die Erfassung gesetzlich nicht geregelter Vertragstypen und Zukunftsperspektiven

135 Der Überblick über die vielfältigen Vertragsgegenstände, die bei der Pacht in Betracht kommen, hat gezeigt, dass das Pachtrecht bei einer großen Zahl höchst unterschiedlicher Verträge eine Rolle spielen kann. Der äußerst flexible Vertragstypus des Pachtvertrags ist offen für die Aufnahme immer wieder neuer Pachtgegenstände, was etwa Netz- oder bis vor kurzem Milchquotenpacht verdeutlichen. Das zeigt sich auch und gerade im Vergleich mit anderen Vertragstypen, bei denen eine solche Offenheit nicht gegeben ist (zB bei der Miete, die auf die Überlassung von Sachen beschränkt ist). Die geringe Regelungsdichte des Pachtrechts – abgesehen von der Landpacht, für die in §§ 585 ff BGB detailliertere Regelungen existieren – verstärkt diese Flexibilität noch. Die Kehrseite der großen Offenheit ist allerdings eine geringere Rechtssicherheit, weil für viele Fragen gesetzliche Detailregelungen fehlen. Daher spielt die Vertragsgestaltung gerade in den „Randbereichen" des Pachtrechts eine große Rolle. Mit ihrer Hilfe lassen sich innerhalb des sehr weit gesteckten gesetzlichen Rahmens für unterschiedlichste Vertragsgegenstände „maßgeschneiderte" Regelungen finden, ohne den gesetzlichen Rahmen zu verlassen. Andererseits führen diese Abweichungsmöglichkeiten, die – etwa bei Lizenzverträgen – praktisch auch vielfach genutzt werden, zu einer stärkeren Uneinheitlichkeit des Gesamttypus des Pachtvertrags, sodass letztlich an der Eignung der pachtrechtlichen Regelungen zur Erfassung einer großen Vielfalt von Vertragsgegenständen gezweifelt werden könnte. Trotzdem lassen sich vor allem mit Blick auf die in § 581 Abs 1 BGB geregelten Hauptpflichten der Parteien gewisse Grundcharakteristika des Pachtvertrags festhalten, die im Rahmen des § 581 BGB näher herausgestellt werden.

§ 581
Vertragstypische Pflichten beim Pachtvertrag

(1) Durch den Pachtvertrag wird der Verpächter verpflichtet, dem Pächter den Gebrauch des verpachteten Gegenstands und den Genuss der Früchte, soweit sie nach den Regeln einer ordnungsmäßigen Wirtschaft als Ertrag anzusehen sind, während der Pachtzeit zu gewähren. Der Pächter ist verpflichtet, dem Verpächter die vereinbarte Pacht zu entrichten.

(2) Auf den Pachtvertrag mit Ausnahme des Landpachtvertrags sind, soweit sich nicht aus den §§ 582 bis 584b etwas anderes ergibt, die Vorschriften über den Mietvertrag entsprechend anzuwenden.

Materialien: E I §§ 531, 532; II § 521; III § 574; Mot II 421 ff; Prot II 232 f; Art 1 Nr 1 G zur Neuordnung des landwirtschaftlichen Pachtrechts vom 8. 11. 1985 (BGBl I 2065); Begr zum RegE BT-Drucks 10/509, 15; Ausschussbericht BT-Drucks 10/3830, 28; Mietrechtsreformgesetz vom 19. 6. 2001 (BGBl I 1149); Begr zum RegE BT-Drucks 14/4553, 34 ff, 75; Stellungnahme des Bundesrates BT-Drucks 14/4553, 82 ff; Ausschussbericht BT-Drucks 14/5663, 33 f, 75 ff.

Schrifttum

Siehe auch Schrifttum der Vorbem zu § 581.
AHLBRECHT/BENGSOHN, Die Unternehmenspacht und ihre Behandlung im Handelsregister, Rpfleger 1982, 361
C AHRENS, Die Verwertung persönlichkeitsrechtlicher Positionen (2002)
AIGNER/MOHR, Vermietung von Flächen für Photovoltaikanlagen – Chance oder Risiko?, ZfIR 2009, 8
ALLWEIL, Der Grundstücksmiet- oder -pachtvertrag, ZMR 1964, 353
ANN/BARONA, Schuldrechtsmodernisierung und gewerblicher Rechtsschutz (2002)
APPEL/BEISHEIM/EDELMANN/KAUFMANN, Praxis des Unbundling – der Teufel steckt im Detail, ER 2006, 36
ARNDT/FETZER/SCHERER/GRAULICH, TKG (2. Aufl 2015)
AUFDERHAAR/JAEGER, Reform des Rechts der Preisklauseln in der immobilienrechtlichen Praxis, ZfIR 2008, 121
dies, Praxisrelevante Probleme beim Umgang mit Preisklauseln im Gewerberaummietrecht, NZM 2009, 564
BACHMANN/ERNST, Nutzungsüberlassungen zwischen Betriebsaufspaltung, Betriebsverpachtung und atypisch stiller Gesellschaft, SteuerStud 2007, 364
BÄLZ, Einheit und Vielheit im Konzern, in: FS Raiser (1974) 287
BARTEL, Wettbewerbsprobleme auf dem deutschen Energiemarkt durch Unternehmenszusammenschlüsse (2011)
BARTH, Die Betriebsaufspaltung – ein klassisches Beispiel für die Grenzen der Rechtsprechung in Steuersachen, DB 1985, 510
ders, Ein bemerkenswertes Jubiläum – fünfzig Jahre Sonderbehandlung der Betriebsaufspaltung ohne gesetzlich normierten Tatbestand, BB 1985, 1861
BAUER/BÖLLE, Kein Ausgleich für anonyme Kunden – Besprechung des Urteils des Bundesgerichtshofes vom 5. 2. 2015, IHR 2015, 94
BAUMBACH/HOPT, HGB (37. Aufl 2016)
BAUMBACH/HUECK, GmbHG (21. Aufl 2017)
BAUMERT/SCHMIDT-LEITHOFF, Die ertragsteuerliche Belastung der Betriebsaufspaltung nach der Unternehmensteuerreform 2008, DStR 2008, 888
BAUR/STÜRNER, Sachenrecht (18. Aufl 2009)
BAYREUTHER, Wirtschaftlich-existenziell abhängige Unternehmen im Konzern-, Kartell- und

§ 581

Arbeitsrecht. Zugleich ein Beitrag zur rechtlichen Erfassung moderner Unternehmensverträge (2001)
Bechtold/Bosch, GWB (8. Aufl 2015)
Bechtold/Bosch/Brinker, EU-Kartellrecht (3. Aufl 2014)
Beck'sches Handbuch der Personengesellschaften, hrsg v W Müller/D Hoffmann (4. Aufl 2014)
Becker/Hecht, Auswirkungen des Preisklauselgesetzes auf die IT-Vertragsgestaltung, ITRB 2008, 251
Becker/Zapfe, Energiekartellrechtsanwendung in Zeiten der Regulierung, ZWeR 2007, 419
Beckmann/Buchsteiner, Kündigung von Kleingartenflächen zum Zweck der Errichtung von Bauvorhaben, NVwZ 2014, 1196
Behrendt/Schlereth, Unbundling – Steuerrechtliche Beurteilung der Verwaltungsauffassung zum Energiewirtschaftsgesetz (EnWG), BB 2006, 2050
Beisheim, Legal Unbundling, in: Beisheim/Edelmann (Hrsg), Unbundling. Handlungsspielräume und Optionen für die Entflechtung von EVU (2006) 36
Bendel, Reformbestreben und Reformerfordernisse im landwirtschaftlichen Bodenrecht, AgrarR 1981, 89
Benkard, Patentgesetz. Gebrauchsmustergesetz (11. Aufl 2015)
C Berger, Zum unentgeltlichen Erwerb eines vermieteten oder verpachteten Grundstücks, an dem sich der Veräußerer einen Nießbrauch vorbehalten hat, durch einen Minderjährigen, LMK 2005, 85
P Berger/Wündisch, Urhebervertragsrecht (2. Aufl 2015)
Bergmann, Fischereirecht (1966)
Beuermann, Verjährung der Mängelbeseitigungsansprüche des Mieters auch bei Veräußerung des Grundstücks, GE 2008, 236
Beyer, Milchquotenpächterschutz bei Betriebspacht, AgrarR 1994, 218
H-J Bieber, Verwerfliche Gesinnung bei auffälligem Missverhältnis zwischen Leistung und Gegenleistung bei gewerblicher Vermietung/Verpachtung, jurisPR-MietR 12/2004 Anm 4
ders, Überlassung der Pachtsache an Dritten bei identitätswahrender Umwandlung einer GbR auf der Pächterseite, jurisPR-MietR 6/2010 Anm 6
U Bieber, Schönheitsreparaturen und Pacht, jurisPR-MietR 7/2011 Anm 3
Billing/Lettl, Franchising und § 20 Abs 1 GWB, WRP 2012, 773, 906
Binder, Der Gegenstand, ZHR 59 (1907) 1
D Birk/Desens/Tappe, Steuerrecht (20. Aufl 2017)
R Birk, Betriebsaufspaltung und Änderung der Konzernorganisation im Arbeitsrecht, ZGR 1984, 23
Blank, Ordentliche Kündigung bei Pachtverhältnissen unter auflösender Bedingung, LMK 2009, 284072
ders/Börstinghaus, Mietrecht (5. Aufl 2017)
Börner, Netzübernahme: Braucht man das Pachtmodell?, Vw 2009, 201
Böttcher, Abschied von der „Gesamtbetrachtung" – Sieg des Abstraktionsprinzips! – Immobilienschenkungen an Minderjährige, Rpfleger 2006, 293
Borutzki-Pasing, Sittenwidrigkeit einer Pflichtenabwälzung, jurisPR-MietR 23/2009 Anm 5
Both, Anwendbarkeit des Bundeskleingartengesetzes auf Gartenparzellen, die in den neuen Bundesländern vor dem 3. 10. 1990 mit zu Wohnzwecken geeigneten Gebäuden bebaut wurden, jurisPR-MietR 3/2004 Anm 4
ders, Nutzung eines Drittels der Bodenfläche zum Anbau von Gartenerzeugnissen für den Eigenbedarf als Voraussetzung für Kleingartenanlage, jurisPR-MietR 6/2004 Anm 4
ders, Mängelbeseitigungsansprüche – Verwirkung, Verjährung, GE 2009, 238
Brandhoff/Fuchs, Brauchen Verpächter von Solaranlagen eine BaFin-Erlaubnis? Leasing und Pacht von Photovoltaikanlagen als Finanzdienstleistung, AG 2015, R 173
Brandmüller, Die Betriebsaufspaltung nach dem Unternehmenssteuerreformgesetz 2008 und dem Jahressteuergesetz 2008, in: FS Spiegelberger (2009) 45
Breyer, Gesetz über das Apothekenwesen – Bundesapothekengesetz. Kommentar mit Bemerkungen zur Apothekenbetriebsordnung (1961)

BROCKMEIER, Die Haftung bei Geschäftsübernahme mit Firmenfortführung, insbesondere beim Rückerwerb des Verpächters vom Pächter und bei tatsächlicher und unmittelbarer Aufeinanderfolge von Pächtern (Diss 1990)
BROX/ELSING, Die Mängelhaftung bei Kauf, Miete und Werkvertrag, JuS 1976, 1
BUB, Die auf – nach der EOP-Methode festgestellter – Pachtzinsüberhöhung beruhende Sittenwidrigkeit von Gaststätten-Pachtverträgen, ZMR 1995, 509
BUCHMÜLLER, Die Privilegierung von „Scheibenpachtmodellen" im EEG 2017, ZNER 2017, 18
BÜHLER, Brauerei- und Gaststättenrecht (14. Aufl 2014)
ders, Zur Feststellung des Wuchertatbestandes bei der Gewerberaummiete, EWiR 2005, 243
BUMILLER, Der Franchisenehmer zwischen Zivil- und Arbeitsgerichtsbarkeit, NJW 1998, 2953
BUNJES/GEIST, UStG (11. Aufl 2012)
BUSSE, Zur Frage der Pfändbarkeit von Milchquoten und der Rechtsnatur der Milchquotenübertragung – Zugleich ein Beitrag zu Kontingentierungen im Wirtschaftsverwaltungsrecht, AUR 2006, 153
ders, Das Grundsatzurteil des BVerwG vom 24. 6. 2010 zum milchquotenrechtlichen Übernahmerecht, AUR 2011, 1
ders, Das Auslaufen der EU-Milchquotenregelung zum Milchquotenjahr 2014/15, AUR 2015, 10
BYRLA, Das apothekenrechtliche Fremd- und Mehrbesitzverbot. Zugleich eine kritische Auseinandersetzung mit dem Jahresgutachten 2014 des Sachverständigenrats zur Begutachtung der Entwicklung im Gesundheitswesen, A & R 2015, 154
CALLIESS/RUFFERT, EUV/AEUV (5. Aufl 2016)
CANARIS, Die Enthaftungsregelung der §§ 26, 28 Abs 3 HGB auf dem Prüfstand der Verfassung, in: FS Odersky (1996) 753
ders, Handelsrecht (24. Aufl 2006)
CARLÉ, Die Betriebsaufspaltung. Gestaltung Beratung Muster (2. Aufl 2014)
ders, Betriebsaufspaltung – ein „Rechtsinstitut" – Kontinuität der Rechtsprechung?, in: FS Spiegelberger (2009) 55

CREZELIUS, Steuerrechtliche Rechtsanwendung und allgemeine Rechtsordnung (1983)
ders, Steuerrecht II. Die einzelnen Steuerarten (2. Aufl 1994)
ders, Die Betriebsaufspaltung – ein methodologischer Irrgarten, in: FS Streck (2011) 45
CZIBERE/WEISE, Zivilrechtliche Folgen von (Hardcore-) Kartellverstößen in Franchiseverhältnissen, ZVertriebsR 2014, 279
DÄUBLER/HJORT/SCHUBERT/WOLMERATH (Hrsg), Arbeitsrecht (4. Aufl 2017)
H DEHMER, Betriebsaufspaltung. Recht – Steuern – Bilanzierung (3. Aufl 2015)
ders, BFH zur umsatzsteuerlichen Organschaft – Der Tod der Betriebsaufspaltung?, DStR 2010, 1701
DIEDERICHSEN/SCHMIDT/BENEKE, Rechtliche Besonderheiten bei Hoteltransaktionen, ZfIR 2014, 165
DIEKMANN/REINHARDT, Fremdbesitz, Apotheken und Niederlassungsfreiheit – Ein Beitrag zur Erteilung einer Apothekenbetriebsgenehmigung durch das Saarland an die Aktiengesellschaft niederländischen Rechts DocMorris NV, WRP 2006, 1165
DIERDORF, Herrschaft und Abhängigkeit einer Aktiengesellschaft auf schuldvertraglicher und tatsächlicher Grundlage (1978)
DIETL/FALTL, Dachflächen-Verträge für die Errichtung von PV-Anlagen, ZNER 2012, 353
DÖPFER, Zur vertraglichen Aufspaltung der Tätigkeit des Tankstellenpächters in eine hauptberufliche Shoptätigkeit und ein nebenberufliches Tankgeschäft, EWiR 2008, 17
DÖRNER, Die Unternehmenspacht – Rechtsstellung der Vertragsparteien unter besonderer Berücksichtigung der Pflicht des Unternehmenspächters zur ordnungsgemäßen Unternehmensführung sowie der Rechtslage bei Vertragsbeendigung (2010)
DÖTSCH, Fortführung des Betriebs bei Betriebsverpachtung, jurisPR-SteuerR 40/2009 Anm 5
DRÖGE, Die Betriebsverpachtung als Instrument zur Beendigung des unternehmerischen Engagements – eine ertragsteuerlich orientierte Analyse unter besonderer Berücksichtigung des Wahlrechts zwischen Betriebsfortführung und Betriebsaufgabe (1993)

DROSSART, Neue obergerichtliche Rechtsprechung zum Vertriebsrecht, IHR 2016, 7
DRÜEN, Über konsistente Rechtsfortbildung – Rechtsmethodische und verfassungsrechtliche Vorgaben am Beispiel des richterrechtlichen Instituts der Betriebsaufspaltung. Zugleich Anmerkungen zum Vorlagebeschluss des BFH v 12. 5. 2004 – X R 59/00, GmbHR 2005, 69
DÜRKES, Wertsicherungsklauseln (10. Aufl 1992)
DÜSING/SCHULZE, Pächterschutz bei Betriebspacht in der Milchgarantiemengen-VO, AgrarR 1993, 376
EBENROTH, Absatzmittlungsverträge im Spannungsverhältnis von Kartell- und Zivilrecht (1980)
ders/BOUJONG/JOOST/STROHN, HGB, Band 1 (3. Aufl 2014)
ECKERT, Bedeutung der Mietrechtsreform für die gewerbliche Miete, NZM 2001, 409
EICHENHOFER, Schranken der Niederlassungsfreiheit für Apotheker im Binnenmarkt, MedR 2009, 593
EISENSCHMID, Anmerkung zur Entscheidung des BGH vom 13. 7. 2011, XII ZR 189/09, NJW 2011, 3151
ders, Nichtraucherschutz kein Mangel der Pachtsache, LMK 2011, 324591
ELSHORST, Die Kündigung gem § 567 BGB bei Mietverträgen über mehr als 30 Jahre, NZM 1999, 449
EMMERICH, Kartellrecht (13. Aufl 2014)
ENNECCERUS/NIPPERDEY, Allgemeiner Teil des Bürgerlichen Rechts. Ein Lehrbuch. Erster Halbband: Allgemeine Lehren, Personen, Rechtsobjekte (15. Aufl 1959)
ENSENBACH, Schriftform: nur „Formsache"?, FWW 2008, 210
Erfurter Kommentar zum Arbeitsrecht (18. Aufl 2018)
K-M ERNST, Verjährung im Wohnraummietrecht, WuM 2008, 695
EUSANI, Zweckstörungen bei gewerblichen Mietverhältnissen, ZMR 2003, 473
FALK/SCHNEIDER, Die bereicherte Pächterin: Zur Angemessenheit der Minderung des Pachtzinses bei der Umsatzpacht, ZMR 2011, 697
FEHRENBACHER, Steuerrecht (6. Aufl 2017)

FELIX (Hrsg), Kölner Handbuch der Betriebsaufspaltung und Betriebsverpachtung (4. Aufl 1979)
FELLER, Teleologische Reduktion des § 181 letzter Halbsatz BGB bei nicht lediglich rechtlich vorteilhaften Erfüllungsgeschäften, DNotZ 1989, 66
FENZL, Betriebspachtvertrag und Betriebsführungsvertrag – Verträge im Grenzbereich zwischen gesellschaftlichen Organisations- und schuldrechtlichen Austauschverträgen, Der Konzern 2006, 18
ders, Ausgewählte steuerliche Fragen bei der Verpachtung von Stromnetzen im Zuge des Unbundling, RdE 2006, 224
FERNANDES FORTUNATO, Früchte und Nutzungen. Eine dogmenhistorische Untersuchung zur privatrechtlichen Erfassung von Vermögensverträgen (2012)
FEUERLEIN, Die Verjährung von Erfüllungsansprüchen aus dem Mietvertrag, WuM 2008, 385
E FISCHER, Zahlungsverpflichtungen für Lizenzgebühren in Know-how-Verträgen, wenn der Vertragsgegenstand offenkundig geworden ist, GRUR 1985, 638
N FISCHER, Anfechtung von Willenserklärungen im Mietrecht, WuM 2006, 3
FLOHR, Franchisevertrag (4. Aufl 2010)
ders, Franchise-Nehmer: Arbeitnehmer oder selbständiger Absatzmittler?, DStR 2003, 1622
ders, Aktuelle Tendenzen im Franchise-Recht, BB 2006, 389
ders, Bezugsverpflichtung und Einkaufsvorteile, ZAP Fach 16, 371
ders, Ausgleichsanspruch des Franchise-Nehmers bei Vertragsbeendigung nach Handelsvertretergrundsätzen, ZAP Fach 6, 461
ders, Der Franchise-Vertrag, ZAP Fach 6, 473
FLUME, Der Entwurf eines Gepräge-Rechtsprechungs-Gesetzes, DB 1985, 1152
FORKEL, Gebundene Rechtsübertragungen (1977)
FORST/HOFFMANN, Betriebspacht-, Betriebsüberlassungs- und Betriebsführungsverträge – Alternative Wege zur Herstellung eines steuerlichen Einheitsunternehmens, EStB 2005, 195
FOTH, Der Investitionsersatzanspruch des Vertragshändlers – Vorschlag einer funktionsgerechten Lösung des Problems nicht-amortisier-

ter Investitionen bei Beendigung von Vertragshändler-Verträgen, BB 1987, 1270
FRHR V U Z FRANCKENSTEIN/GRÄFENSTEIN, Pflegereform 2008 – Auswirkungen auf den Pachtzins für Pflegeheime?, NZS 2009, 194
FRANK, Rechtsfragen beim Tod eines Jägers/Jagdpächters, ZEV 2005, 475
FRIEDRICH, Kleingärtnerische Nutzung nach dem Bundeskleingartengesetz, NJ 2003, 12
FRITZSCHE, „Notwendige" Wettbewerbsbeschränkungen im Spannungsfeld von Verbot und Freistellung nach Art 85 EGV, ZHR 160 (1996) 31
FÜHR/MENZEL, Grundstücksschenkung des gesetzlichen Vertreters an Minderjährige, FamRZ 2005, 1729
FÜHRLING, Sonstige Unternehmensverträge mit einer abhängigen GmbH (1993)
GEISLER, Entsprechende Anwendung des § 9 ZPO bei Kündigung eines auf unbestimmte Zeit abgeschlossenen Kleingartenpachtverhältnisses, jurisPR BGHZivilR 18/2005 Anm 3
GELDMACHER, Verbotene Apothekenpacht, DWW 1999, 109
ders, Die Kaution im Miet- und Pachtverhältnis – Teil 7/1 – Gerichtliche Spruchpraxis Juni 2003 bis Mai 2004, DWW 2004, 215
ders, Die Kaution im Miet- und Pachtverhältnis – Teil 7/2 – Gerichtliche Spruchpraxis Juni 2003 bis Mai 2004, DWW 2004, 248
ders, Die Kaution im Miet- und Pachtverhältnis – Teil 9 – Gerichtliche Spruchpraxis Juni 2004 bis Mai 2005, DWW 2005, 270
ders, Die Kaution im Miet- und Pachtverhältnis – Teil 10 – Gerichtliche Spruchpraxis Juni 2005 bis Mai 2007, DWW 2007, 269
ders, Die Kaution im Miet- und Pachtverhältnis (I) – Teil 11 – Gerichtliche Spruchpraxis Juni 2007 bis Dezember 2010, DWW 2011, 122
ders, Die Kaution im Miet- und Pachtverhältnis (II) – Teil 11 – Gerichtliche Sprachpraxis Juni 2007 bis Dezember 2010, DWW 2011, 170
GERBER, Überraschende Regelungen im neuen Preisklauselgesetz. Ein Zwischenruf anlässlich des „Bürokratieabbaus" in der gewerblichen Miete zu den Implikationen der §§ 305 ff BGB, NZM 2008, 152
GERGEN, Zur Auswertungspflicht des Verlegers bei Übersetzungsverträgen, NJW 2005, 569

GERLAND/HELM, Übergang zum Übertragungsmodell (Ownership Unbundling) bei Energieversorgungsunternehmen – Wege aus dem Pachtmodell?, BB 2008, 192
GERSEMANN/HUSE/HINRICHS/LEIPNITZ, Ist das Pachtmodell nach dem neuen Energiewirtschaftsgesetz noch sinnvoll?, Vw 2004, 273
GESSLER, Abgrenzungs- und Umgehungsprobleme bei Unternehmensverträgen, in: FS Ballerstedt (1975) 219
ders/HEFERMEHL/ECKHARDT/KROPFF, AktG, Band 4, §§ 291 bis 410 (1975)
vGIERKE/SANDROCK, Handels- und Wirtschaftsrecht (9. Aufl 1975)
GLUTH, Betriebsaufspaltung: Verpachtung des gesamten Betriebs an einen Dritten, GmbHR 2007, 1101
GÖTTING, Persönlichkeitsrechte als Vermögensrechte (1995)
ders, Gewerblicher Rechtsschutz (10. Aufl 2014)
GRÄFENSTEIN/FRHR V U Z FRANCKENSTEIN, Zur Vermietung und Verpachtung von Pflegeheimen, ZfIR 2008, 395
GREINER, Direktansprüche zwischen Eigentümer und Untermieter?, ZMR 1998, 403
ders, Zum Anspruch des Eigentümers gegen den Untermieter auf Zahlung einer Nutzungsentschädigung nach Beendigung des Hauptmietvertrages, ZMR 1999, 482
GROSS, Der Lizenzvertrag (11. Aufl 2015)
ders, Know-how-Lizenzvertrag (7. Aufl 2016)
GRUBER, Gaststättenpacht und Getränkebezugsverpflichtung, NZM 1999, 1073
HAARMANN, Wegfall der Geschäftsgrundlage bei Dauerrechtsverhältnissen (1979)
HACK/DOS SANTOS GONCALVES, Kartellrechtliche Grenzen der Werbung in Franchisesystemen, GWR 2015, 614
HAEDICKE, Rechtskauf und Rechtsmängelhaftung (2003)
ders, Die Gewährleistungshaftung bei Patentveräußerungs- und Patentlizenzverträgen und das neue Schuldrecht, GRUR 2004, 123
HÄDE, Das Wertsicherungsverbot nach dem Preisklauselgesetz, DVBl 2008, 1465
HAIBT/RINNE, Altlasten als zivilrechtliches Haftungsrisiko und Innenausgleich zwischen mehreren Störern, ZIP 1997, 2113
HAMANN, Die Betriebspflicht des Mieters bei

Geschäftsraummietverhältnissen, ZMR 2001, 581

HANS, Markenlizenzverträge: Beendigungs- und Störungsfragen, GWR 2016, 437

HANSEN, Beendigungsschutz beim Subordinationsfranchising?, ZGS 2006, 376

HARKE, Zwei Fragen aus dem Recht der Kleingartenpachtverträge, ZMR 2004, 87

HECKELMANN, Die Verjährung konkurrierender Ansprüche aus Mietverhältnissen – BGH NJW 1977, 1335, JuS 1977, 799

Heidelberger Kommentar zum Aktiengesetz (4. Aufl 2017)

HEINTZMANN, Die Kaution bei der gewerblichen Miete und Pacht, WiB 1995, 569

HELBING, Frequenzhandel und Wettbewerb. Verhinderung von Wettbewerbsverzerrungen nach Einführung eines Frequenzhandels (2008)

ders, Übertragung und Überlassung von Frequenznutzungsrechten am Beispiel der Frequenzen für den breitbandigen drahtlosen Netzzugang, K & R 2006, 505

HELLNER/ROUSSEAU, Preisklauseln in der Legal Due Diligence, NZM 2009, 301

HENSSLER/STROHN, Gesellschaftsrecht (3. Aufl 2016)

HENSSLER/WILLEMSEN/KALB, Arbeitsrecht Kommentar (7. Aufl 2016)

HENN/PAHLOW, Patentvertragsrecht. Grundprinzipien – Vertragsformen – Rechtsgestaltung (6. Aufl 2017)

HEROLD, Kann die Kündigung eines Miet- oder Pachtvertrages zurückgenommen werden?, BlGBW 1972, 126

HEYMANN/EMMERICH, HGB (2. Aufl 1996)

HILBER, Preisanpassungsklauseln im unternehmerischen Verkehr – Rechtliche Grenzen und Möglichkeiten, BB 2011, 2691

HINZ, Die Umstellung auf Wärmecontracting, WuM 2014, 55

HOENIKE/GIEBEL, Die Besicherung von Krediten an Telekommunikationsunternehmen, MMR 2005, 217

J HOFFMANN, Sittenwidrigkeit überhöhter Gewerbepacht, BGHRep 2004, 1614

W HOFFMANN, Bilanzierung bei Betriebsaufspaltung, StuB 2010, 249

HOLZMÜLLER/vKÖCKRITZ, Zur Kartellrechtswidrigkeit langfristiger Bezugsbindungen und ihrer prozessualen Geltendmachung, BB 2009, 1712

HONSELL, Die zivilrechtliche Sanktion der Sittenwidrigkeit, JZ 1975, 439

ders, Die Rückabwicklung sittenwidriger oder verbotener Geschäfte. Eine rechtsgeschichtliche und rechtsvergleichende Untersuchung zu § 817 BGB (1974)

HORN/HENSSLER, Der Vertriebsfranchisenehmer als selbständiger Unternehmer, ZIP 1998, 589

HÜFFER/KOCH, AktG (12. Aufl 2016)

U HUBER, Die Schuldenhaftung beim Unternehmenserwerb und das Prinzip der Privatautonomie, in: FS Raisch (1995) 85

IMMENGA/MESTMÄCKER, Wettbewerbsrecht, Band 1. EU/Teil 2 (5. Aufl 2012), Band 2. GWB (5. Aufl 2014)

ISAY, Das Recht am Unternehmen (1910)

JACOBS, Umsatzsteuerliche Organschaft – BFH erteilt der horizontalen mittelbaren finanziellen Eingliederung eine Absage, NWB 2011, 2283

JERSCHKE, Ist die Schenkung eines vermieteten Grundstücks rechtlich vorteilhaft?, DNotZ 1982, 459

JICKELI, Miet- und Pachtverträge im Kartellrecht, in: Gedächtnisschrift Sonnenschein (2003) 463

JOACHIM, Risikozurechnungen im gewerblichen Miet- und Pachtrecht, BB 1988, 779

ders, Aktuelle Rechtsfragen gewerblicher Nutzungsüberlassungen, ZIP 1991, 966

ders, Wirklichkeit und Recht des Shopping-Centers bzw Einkaufszentrums – Die Sicht des Projektentwicklers, Betreibers, Center-Managers und Gewerberaummieters, NZM 2000, 785

ders, Besteht Bestandsschutz für „Bestandverträge" bzw Betreiberverträge im Einkaufszentrum? – Zur Abgrenzung zwischen Miet- und Pachtvertrag im Shopping-Center und ein Blick auf eine österreichische Kontroverse, NZM 2008, 511

JOCHUM, Steuerrecht I (2010)

KALIGIN, Die Betriebsaufspaltung – Ein Leitfaden für die Rechts-, Steuer- und Wirtschaftspraxis (10. Aufl 2017)

KANZLEITER, Haftungsgefahren nach § 25 I HGB bei der – angeblichen – „Weiterführung" eines insolventen Gastronomiebetriebs, DNotZ 2006, 590

KAUFMANN/WUTZEL, Steuerliche Besonderheiten, in: BEISHEIM/EDELMANN (Hrsg), Unbundling. Handlungsspielräume und Optionen für die Entflechtung von EVU (2006) 61

KERN, Pachtrecht (2012)

KESSLER/KÖHLER/KRÖNER/RISSE, Konzernsteuerrecht (2. Aufl 2008)

KESSLER/TEUFEL, Die klassische Betriebsaufspaltung nach der Unternehmenssteuerreform – Wegfall der steuerplanerischen und steuersystematischen Geschäftsgrundlage eines „Recht(sprechungs)instituts", BB 2001, 17

dies, Die umgekehrte Betriebsaufspaltung zwischen Schwestergesellschaften – eine attraktive Rechtsformkombination nach der Unternehmenssteuerreform 2001, DStR 2001, 869

KIESER, Apothekenrecht. Einführung und Grundlagen (2. Aufl 2015)

KIESSLING, Die Kaution im Miet- und Pachtvertrag, JZ 2004, 1146

G KIRCHHOFF, Das Verbot von Wertsicherungsklauseln im neuen Preisklauselgesetz, DNotZ 2007, 913

KLEIN, Der Franchisevertrag. Das Leistungs- und Haftungsspektrum vom Beginn der Vertragsverhandlungen bis zur Vertragsbeendigung (2015)

KLEIN-BLENKERS, Rechtsformen der Unternehmen (2. Aufl 2016); zitiert: KLEIN-BLENKERS, Rechtsformen der Unternehmen

KLEMM, EEG-Umlage und Eigenstromprivileg – Eine rechtliche Analyse des Pacht- und Betriebsführungsmodells, REE 2013, 1

ders, EEG-Eigenversorgung: Einstufung des Pacht- und Betriebsführungsmodells als Finanzierungsleasing? – Zu den Vorgaben des Kreditwesengesetzes für Energiedienstleistungsverträge, REE 2015, 73

KLINGELHÖFFER, Die Bedeutung des Steuerrechts bei der Auslegung und Anwendung zivilrechtlicher Normen, DStR 1997, 544

KNOBBE-KEUK, Bilanz- und Unternehmenssteuerrecht (9. Aufl 1993)

KNOPPE, Betriebsverpachtung, Betriebsaufspaltung. Pachtverhältnisse gewerblicher Betriebe im Steuerrecht (7. Aufl 1985)

ders, Betriebsaufspaltung. Heidelberger Musterverträge (5. Aufl 1999)

ders, Verpachtung eines Gewerbebetriebes (9. Aufl 2005)

KNOPS, Begründung und Beendigung von (Jagd-)Pachtverträgen ohne Zustimmung des Hauptverpächters, ZMR 1997, 9

H KÖHLER, Vorvertrag, etc, Jura 1979, 465

Kölner Kommentar zum Aktiengesetz, Bd 6 (3. Aufl 2004)

CH KOENIG, Die Pacht von Rechten aus wirtschaftsverwaltungsrechtlichen Genehmigungen, GewArch 1994, 217

KOHLER, Über die Verpflichtungen des Pächters eines Geschäftsetablissements, AcP 71 (1887) 397

KOLBE, Wachstumsbeschleunigungsgesetz – Senkung der Hinzurechnung für Miet- und Pachtzinsen ab 1. 1. 2010, BBK 2010, 102

KOLLER, Die Risikozurechnung bei Vertragsstörungen in Austauschverträgen. Eine Untersuchung zur Rechtsfortbildung auf dem Gebiet der materiellen Leistungserschwerung, Zweckstörung sowie Schadensersatzhaftung bei Sach- und Dienstleistungen (1979)

ders/KINDLER/ROTH/MORCK, HGB (8. Aufl 2015)

KORN/STRAHL, Betriebsaufspaltung – Aktuelle Probleme und Gestaltungshinweise. Steuerforum 2009 (2009)

KORTE/SPRISSLER, Haftungsausschluss bei Betriebsverpachtung und deren Beendigung, GStB 2004, 68

KRASSER/ANN, Patentrecht (7. Aufl 2016)

KRASSER/SCHMID, Der Lizenzvertrag über technische Schutzrechte aus der Sicht des deutschen Zivilrechts, GRUR Int 1982, 324

U KRAUSE, Zivilrechtliche Probleme der Verpachtung von Unternehmen, MittRhNotK 1990, 237

KREIKENBOHM/NIEDERSTETTER, Qualifizierte Schriftformklauseln in Mietverträgen, NJW 2009, 406

KRIMPHOVE, Europäische Fusionskontrolle (1992)

KROLL, Ist der Franchisenehmer in eine fremde Absatzorganisation eingegliedert? – Zu den Voraussetzungen des Ausgleichsanspruchs gemäß § 89b HGB analog, ZVertriebsR 2014, 290

Kropff, AktG (1965)
Krüger, Grundstücksschenkungen an Minderjährige, ZNotP 2006, 202
Kruse, Lehrbuch des Steuerrechts, Band I, Allgemeiner Teil (1991)
Kühling/Hermeier, Der Wechsel des Konzessionärs bei Wegenutzungsverträgen nach § 46 Abs 2 EnWG – wem gehört fortan die Infrastruktur?, GewArch 2008, 102
Kürten/E C Westermann, Beginn einer differenzierteren Betrachtung von Unternehmensverträgen? – Unterjährige Aufhebung von Betriebspachtverträgen –, GmbHR 2014, 852
Küstner, Der Ausgleichsanspruch des Handelsvertreters, Vertragshändlers und Franchisenehmers im Warenverkehr, ZAP Fach 15, 463, 485
Kuhnigk, Voraussetzungen für die Anerkennung von Flächen als „Kleingartenanlage", NJ 2011, 95
Landfermann, Zum neuen Bundeskleingartengesetz, NJW 1983, 2670
Lange, Schenkungen an beschränkt Geschäftsfähige und § 107 BGB, NJW 1955, 1339
Langen/Bunte, Kartellrecht, Band 1 – Deutsches Kartellrecht (12. Aufl 2014), Band 2 – Europäisches Kartellrecht (12. Aufl 2014)
Larenz, Lehrbuch des Schuldrechts, Band II: Besonderer Teil/Halbband 1 (13. Aufl 1986)
Latzel, Die analoge Anwendbarkeit von § 89b HGB auf Franchiseverträge unter Berücksichtigung der neuesten Rechtsprechung des BGH, ZVertriebsR 2015, 90
Leenen, Der „vertragsgemäße Gebrauch" der Mietsache als Problem der Rechtsgeschäftslehre, MDR 1980, 353
Lehmann-Richter, Der Mängelbeseitigungsanspruch des Mieters und Gegenrechte des Vermieters, NJW 2008, 1196
Lemaire, Umfang der Hinzurechnung gem § 8 Nr 7 Satz 2 GewStG bei der Übernahme von Zinszahlungen für ein Bankdarlehen in Zusammenhang mit der Unternehmenspacht vom Besitzunternehmen, EFG 2009, 213
Leo, Sind Schriftformheilungsklauseln in Gewerberaummietverträgen wirksam?, NZM 2006, 815
ders/Ghassemi-Tabar, Ausgequalmt! Und nun? – Rechtsfolgen der Nichtraucherschutzgesetze für gewerbliche Mietverhältnisse, insbesondere Gaststättenmiet- und -pachtverträge, NZM 2008, 271
Lettl, Die Haftung des Erwerbers eines Handelsgeschäfts wegen Firmenfortführung nach § 25 Abs 1 Satz 1 HGB, WM 2006, 2336
Levedag, Die Betriebsaufspaltung im Fadenkreuz der Unternehmensteuerreform 2008 und des Jahressteuergesetzes 2008 – eine Bestandsaufnahme, GmbHR 2008, 281
Lieder/Ziemann, Entflechtung mit Pachtmodellen im Energiewirtschaftsrecht, RdE 2006, 217
Lindenmeyer, Die Unternehmenspacht. Eine Einführung in Wesen, Funktion und Probleme für Juristen, Betriebswirtschaftler, Steuerfachleute und Treuhänder (1983)
Lipinsky, Reform des Pachtrechts und Entwicklung der Landpacht, AgrarR 1977, 217
ders, Landpacht – Herausforderung für die Agrarpolitik, AgrarR 1979, Beil I 3
Löscher, Mitbenützungsrechte Dritter bei Grunddienstbarkeiten, Rpfleger 1962, 432
Loewenheim/Meessen/Riesenkampff/Kersting/Meyer-Lindemann, Kartellrecht (3. Aufl 2016)
Looschelders, Mietrechtliche Gewährleistung und allgemeines Leistungsstörungsrecht nach der Schuldrechtsreform, in: Artz/Börstinghaus (Hrsg), 10 Jahre Mietrechtsreformgesetz – Eine Bilanz (2011) 141
Lorz/Metzger/Stöckel, Jagdrecht Fischereirecht. Bundesjagdgesetz mit Verordnungen und Länderrecht. Binnenfischereirecht, Fischereischeinrecht, Seefischereirecht (4. Aufl 2011)
Lübbe/Funke, Rechtliches Unbundling nach dem neuen Energiewirtschaftsgesetz – Gestaltung von Konzessionsverträgen beim Pachtmodell, Vw 2005, 77
Lüdecke/Fischer, Lizenzverträge (1957)
Lukanow, Der Pächterquotenschutz bei Milchwirtschaftsbetrieben, AgrarR 1994, 115
Lutter/Hommelhoff, GmbHG (19. Aufl 2016)
Märkle, Die Betriebsaufspaltung an der Schwelle zu einem neuen Jahrtausend, BB Beil 7 zu Nr 31/00, 1
Mand, Das Fremdbesitzverbot für Apotheken ist tot. Es lebe das apothekenrechtliche Fremdbesitzverbot!, WRP 2008, 906

Manz, Verpächterwahlrecht und Fortführungsfiktion, DStR 2013, 1512

Maskow, Ausgewählte Entwicklungen des Kleingartenrechts in den neuen Bundesländern, NJ 2004, 5

ders, Gemeinschaftliche Einrichtungen als notwendiges Merkmal einer Kleingartenanlage. Urteilsanmerkung zu BGH – III ZR/05 – 27. 10. 2005, NJ 2006, 78

Matthey/Kluth/Fröndhoff, Ungeplanter Betriebsübergang bei Miete und Pacht von Gewerbeimmobilien. Risiken und haftungsrechtliche Konsequenzen für Vermieter und Makler, NZM 2005, 1

Mayer, Der Eintritt des Grundstückserwerbers in bestehende Miet- und Pachtverhältnisse, ZMR 1990, 121

Mehring, Die Sittenwidrigkeit einer Pachtzinsvereinbarung im Gaststättengewerbe, EWiR 1999, 823

Meilicke, Zum Übergang der Arbeitsverhältnisse nach § 613a BGB bei Pächterwechsel, DB 1982, 1168

Merkel, Die Vermarktung von Teilaspekten des Persönlichkeitsrechts nach dem allgemeinen Zivilrecht und dem Markenrecht (2014)

Mertens, Die Reichweite gesetzlicher Formvorschriften im BGB, JZ 2004, 431

Mestmäcker, Verwaltung, Konzerngewalt und Rechte der Aktionäre (1958)

ders, Zur Systematik des Rechts der verbundenen Unternehmen im neuen Aktiengesetz, in: FG Kronstein (1967) 129

Metzger, Dienst gegen Daten: Ein synallagmatischer Vertrag, AcP 216 (2016) 817

H Meyer, Die Freigabe des begrenzten Mehrbesitzes, DAZ 2004, 865

W Meyer, Die aktuelle höchstrichterliche Rechtsprechung im Vertriebsrecht 2015/16, ZVertriebsR 2017, 89

Meyer-Ravenstein, Ersatz von Wildschäden an befriedeten Bezirken – Anm zum Urteil des BGH vom 4. 3. 2010, AuR 2010, 195

ders, Schriftform des Jagdpachtvertrages, AUR 2015, 445

Michalski, Die Sittenwidrigkeit von Miet-/Pachtzinsen für Gewerberäume, ZMR 1996, 1

ders, Pflicht des Pächters von Gewerberäumen zur Nutzung der Pachtsache (Betriebspflicht) und Rechtsfolgen eines Pflichtverstoßes, ZMR 1996, 527

ders, Das Vormiet- und Vorpachtrecht, ZMR 1999, 1

ders, Der Mietvorvertrag, ZMR 1999, 141

ders/Heidinger/Leible/J Schmidt, GmbHG, Band 1 (3. Aufl 2017)

Micker, Aktuelle Praxisfragen der Betriebsaufspaltung, DStR 2012, 589

Mittelbach, Gewerbliche Miet- und Pachtverträge in steuerlicher Sicht (4. Aufl 1979)

Mitzschke/Schäfer, Bundesjagdgesetz (4. Aufl 1982)

Mückl, Ein Gemeinschaftsbetrieb als Mittel zur „Rettung" des Pachtmodells?, RdE 2013, 68

Müller/Walther, Miet- und Pachtrecht (Stand: 2011)

Münchener Kommentar Aktiengesetz, Band 1 (4. Aufl 2016), Band 5 (4. Aufl 2015)

Münchener Kommentar GmbHG, Band 1 (2. Aufl 2015)

Münchener Kommentar HGB, Band 1 (4. Aufl 2016), Band 3 (3. Aufl 2012)

Nassall, Subjektive Voraussetzungen einer sittenwidrigen Pachtzinsvereinbarung, jurisPR-BGHZivilR 46/2004 Anm 4

Nelissen, Wirksamer Abschluss von Betriebspachtverträgen, DB 2007, 786

Neuhaus, Die Vermietung von Messeflächen und Messeständen, GuT 2009, 83

ders, Indexklauseln in gewerblichen Mietverträgen – Kernprobleme des neuen Preisklauselgesetzes, MDR 2010, 848

ders, Aktuelle Brennpunkte der gesetzlichen Schriftform im gewerblichen Miet- und Pachtrecht, ZMR 2011, 1

ders, Schriftformklauseln im gewerblichen Mietrecht, ZMR 2014, 15

ders, Indexklauseln im Gewerberaummietrecht, ZAP Fach 4, 1507

Niebel, Das Kartellrecht der Markenlizenz unter besonderer Berücksichtigung des Europäischen Gemeinschaftsrechts, WRP 2003, 482

Niebling, AGB-Verwendung bei Geschäftsbeziehungen zwischen Unternehmen (b2b), MDR 2011, 1399

Nies, Das Recht des Pächters an der Milchquote, AgrarR 1990, 225

Niggemann/Simmert, Unternehmensverpach-

tung als Instrument zur Nachfolge-, Rechtsform- und Steueroptimierung, sj 2007, Nr 14, 34
dies, Generationslücke durch Betriebsverpachtung überbrücken, NWB-BB 2010, 215
Niklas, Der Ausgleichsanspruch des Franchisenehmers beim anonymen Massengeschäft, ZVertriebsR 2016, 362
Nörr/Scheyhing, Sukzessionen: Forderungszession, Vertragsübernahme, Schuldübernahme (1983)
Oertmann, Rechtsgutachten über die landwirtschaftliche Inventarfrage (1921)
Oetker, HGB (5. Aufl 2017)
Oppenländer, Die Unternehmenspacht – insbesondere das Verhältnis von Pächter und Verpächter bei der Verpachtung eines Unternehmens (1974)
Ostermann, Risikoverteilung zwischen den Parteien von Gewerbemietverträgen in Einkaufszentren, GuT 2003, 39
Patzak/Beyerlein, Adressdatenhandel zu Telefonmarketingzwecken – Vertragstypologische Einordnung unter Berücksichtigung der Haftungsfragen, MMR 2007, 687
Petersen, Unternehmenssteuerrecht und bewegliches System – Betriebsaufspaltung, Mitunternehmerschaft, verdeckte Gewinnausschüttung (1999)
Pieck, Nochmals: Miet- oder Pachtvertrag über eine Apotheke, PharmaZ 1970, 1721
ders, Nachfolgefragen im Apothekenrecht – Zur Miete über Apothekenbetriebsräume, PharmaZ 1971, 375
ders, Auswirkungen der Preisspannen-Verordnung auf den Apotheken-Pachtzins?, PharmaZ 1979, 1461
Planck/Knoke, Bürgerliches Gesetzbuch II 2. Recht der Schuldverhältnisse (Besonderer Teil) §§ 433–853 (1928)
Polley, Softwareverträge und ihre kartellrechtliche Wirksamkeit, CR 2004, 641
Prasse, Der Ausgleichsanspruch des Franchisenehmers, MDR 2008, 122
Quack, Vermögenserwerb als Zusammenschlusstatbestand in der Fusionskontrollverordnung des Rates der Europäischen Gemeinschaften vom 21. 12. 1989, in: FS Traub (1994) 321
Queling, Außerordentliche Kündigung eines Jagdpächters durch die Jagdgenossenschaft, LKV 2011, 212
Rademacher, Wertsicherungsklauseln in Mietverträgen über Gewerberaum nach dem Euro-Einführungsgesetz, ZMR 1999, 218
Raettig, Die Abgrenzung zwischen Pacht- und anderen Verträgen (1934)
M Rehbinder, Der Tankstellenvertrag im Blickfeld der Rechtstatsachenforschung (1971)
Reul, Aufhebung der Genehmigungspflicht bei Wertsicherungsklauseln – Das neue Preisklauselgesetz, MittBayNot 2007, 445
R Reuter, Zulässigkeit der reconductio tacita bei der Pacht nach BGB, DJZ 1900, 478
Rittner/Dreher, Europäisches und deutsches Wirtschaftsrecht (3. Aufl 2008)
Röcken, Das Mandat im Kleingartenrecht, MDR 2013, 1143
Rödding, Die Barkaution im Miet- und Pachtrecht, BB 1968, 934
Röhricht/Graf vWestphalen/Haas, HGB (4. Aufl 2014)
Roellecke, Rechtsstaatliche Grenzen der Steuerrechtsprechung am Beispiel der Betriebsaufspaltung, in: FS Duden (1977) 481
Roquette, Das Mietrecht des Bürgerlichen Gesetzbuchs (1966)
H M Roth, Zivilrechtliche Herausforderungen bei Windenergieanlagen-Projekten an Land – Unter besonderer Berücksichtigung des Vertrags über die Nutzung von projektrelevanten Grundstücken als Instrument der Standortsicherung, ZfIR 2015, 635
Rothe, Bundeskleingartengesetz (1983)
Rother, Sittenwidriges Rechtsgeschäft und sexuelle Liberalisierung, AcP 172 (1972) 498
Rüsken, Ein Pächter ist nur Milcherzeuger, wenn er „selbständig" Milcherzeugung betreibt, BFH-PR 2008, 123
Saalfrank, Vermietung von Apothekenräumen, NZM 2001, 971
Sack, Der „spezifische Gegenstand" von Immaterialgüterrechten als immanente Schranke des Art 85 Abs 1 EG-Vertrag bei Wettbewerbsbeschränkungen in Lizenzverträgen, RIW 1997, 449
ders, Zur Vereinbarkeit wettbewerbsbeschränkender Abreden in Lizenz- und Know-how-

Verträgen mit europäischem und deutschem Kartellrecht, WRP 1999, 592

SÄCKER, Entflechtung von Netzgeschäft und Vertrieb bei den Energieversorgungsunternehmen: Gesellschaftsrechtliche Möglichkeiten zur Umsetzung des sog Legal Unbundling, DB 2004, 691

ders, Aktuelle Rechtsfragen des Unbundling in der Energiewirtschaft, RdE 2005, 85 ff

ders, Die wettbewerbsrechtliche Beurteilung von Netzkooperationen, Beteiligungen an Netzgesellschaften, Netzpacht und Betriebsführungsverträgen, ZNER 2005, 270

ders, Telekommunikationsgesetz (3. Aufl 2013)

ders/JAECKS, Die Netzüberlassungspflicht im Energiewirtschaftsgesetz: Eigentumsübertragung oder Gebrauchsüberlassung?, BB 2001, 997

SALZMANN, Die Betriebsaufspaltung – Rechtsinstitut ohne Rechtsgrundlage, in: FS Spiegelberger (2009) 401

SATTLER, Personenbezogene Daten als Leistungsgegenstand – Die Einwilligung als Wegbereiter des Datenschuldrechts, JZ 2017, 1036

SAUER/STOLL, Unternehmensverpachtung bei drohender Insolvenz und das Risiko der gleichzeitigen Existenzvernichtungshaftung, BB 2011, 1091

SCHAUB, Mietrechtsreform und Schuldrechtsmodernisierung – am Beispiel des Schadensersatzes nach § 536a BGB, in: ARTZ/BÖRSTINGHAUS (Hrsg), 10 Jahre Mietrechtsreformgesetz – Eine Bilanz (2011) 168

SCHEER-HENNINGS/QUAST, OLG Rostock: Kündigung trotz Nachholungsklausel!, ZMR 2009, 180

SCHENK/WERDEIN, Güterkraftverkehr (2010)

SCHERTZ, Der Merchandisingvertrag, ZUM 2003, 631

SCHEURLE/MAYEN, TKG (2. Aufl 2008)

SCHIEDERMAIR/PIECK, Apothekengesetz (3. Aufl 1981)

SCHIESSL, Abgrenzung der branchenfremden Betriebsverpachtung zur Betriebsaufgabe, FR 2005, 823

SCHLEMMINGER, Das Schriftformerfordernis bei Abschluß langfristiger Mietverträge, NJW 1992, 2249

ders, Risiken bei Vorkaufsrechtsklauseln in Miet- und Pachtverträgen, NZM 1999, 890

M J SCHMID, Zur Verjährung des Anspruchs auf Herstellung eines ordnungsgemäßen Zustands, ZMR 2009, 585

ders, Übergang zum Wärme-Contracting bei vermieteten Eigentumswohnungen, CuR 2013, 64

ders, Neuregelung des Übergangs zur Wärmelieferung, ZMR 2013, 776

K SCHMIDT, Betriebspacht, Betriebsüberlassung und Betriebsführung im handelsrechtlichen Stresstest – Ein „anderer" Blick auf „andere" Unternehmensverträge nach § 292 Abs 1 Nr 3 und auf Geschäftsführungsverträge nach § 291 Abs 1 AktG, in: FS Hoffmann-Becking (2013) 1054

ders/LUTTER, AktG (3. Aufl 2015)

L SCHMIDT/WACKER, EStG (36. Aufl 2017)

U SCHMIDT/HACKENBERGER, Konkurrenzschutz in Mietverträgen und Kartellrecht, DB 1962, 957

SCHMIDT-FUTTERER, Mietrecht (13. Aufl 2017)

SCHNABEL, Kleingärten iSd BKleingG nur, wenn Erzeugung von Gartenbauprodukten – maßgeblich – die Anlage prägt, ZOV 2004, 162

ders, Wann ist ein Garten ein Bundeskleingarten?, GE 2004, 942

U H SCHNEIDER/REUSCH, Die Vertretung und die Mitwirkung der Gesellschafter bei der Gründung einer GmbH & Still, DB 1989, 713

P SCHOLZ, Das Vermieterpfandrecht und seine Verwertung in der mietrechtlichen Praxis, ZMR 2010, 1

SCHOLZ, GmbHG, Bd I (12. Aufl 2018)

SCHOOR, Das Verpächterwahlrecht bei Verpachtung eines ganzen Betriebs, DStR 1997, 1

ders, Beratungsaspekte und Gestaltungsmöglichkeiten bei einer Betriebsverpachtung im Ganzen, INF 2007, 148, 151

SCHOPP, Die Kaution in der Geschäftsraummiete und -pacht, ZMR 1969, 1

ders, Das zweite Wohnraumkündigungsschutzgesetz, ZMR 1975, 97

K SCHREIBER, Das Arbeitsverhältnis beim Übergang des Betriebs, RdA 1982, 137

SCHRICKER, Probleme der Schuldenhaftung bei Übernahme eines Handelsgeschäfts, ZGR 1972, 121

SCHUBERT/KÜTING, Pacht- und Überlassungs-

verträge – Analyse einer unternehmungspolitischen Gestaltungsform zwischenbetrieblicher Zusammenarbeit, DB 1976, Beilage Nr 7, 1
SCHUBERT/SCHMIEDEL/KRAMPE (Hrsg), Quellen zum Handelsgesetzbuch von 1897: Gesamtwerk in 3 Bänden, Bd II/2 (1988)
SCHÜRNBRANDT, „Verdeckte" und „atypische" Beherrschungsverträge im Aktien- und GmbH-Recht, ZHR 169 (2005) 35
SCHULTE (Hrsg), Handbuch Fusionskontrolle (2. Aufl 2010)
SCHULTE/JUST, Kartellrecht (2. Aufl 2016)
SCHULTZ, Stolperstein Wertsicherung, NZM 2008, 425
SCHULZE-OSTERLOH, Zivilrecht und Steuerrecht, AcP 190 (1990) 139
SCHULZE ZUR WIESCHE, Die betrieblichen Erbauseinandersetzungen und ihr Einfluss auf die neuen Verschonungsregelungen, BB 2009, 1391
S SCHUSTER, Korrektur angezeigt – Gedanken zum Verpächterwahlrecht, FR 2007, 584
SCHWEITZER, Rechtsfolgen der Unzulässigkeit von Wertsicherungsklauseln in gewerblichen Mietverträgen – Überlegungen zu § 8 PreisklG, ZfIR 2009, 689
SCHWINTOWSKI, Das Unternehmen im Bereicherungsausgleich, JZ 1987, 588
SEITTER, Sittenwidrigkeit von Gaststättenpachtverträgen wegen Pachtzinsüberhöhung, ZMR 1996, 587
SEITZ/WERNER, Unbundling in der Energiewirtschaft: arbeitsrechtliche Fallstricke und Gestaltungsmöglichkeiten, BB 2005, 1961
SIBER, Das gesetzliche Pfandrecht des Vermieters, des Verpächters und des Gastwirtes nach dem Bürgerlichen Gesetzbuche für das Deutsche Reich (1900)
SIEVERT/BEHNES, Das Unbundling in der Energiewirtschaft aus steuerlicher Sicht, RdE 2005, 93
SINGER, Die Zukunft des Fremdbesitzverbots für Anwaltssozietäten, AnwBl 2010, 79
SLOTTA, Die Entscheidung über die Betriebspacht bzw Betriebsverpachtung (1986)
SÖFFING/MICKER, Die Betriebsaufspaltung. Formen, Voraussetzungen, Rechtsfolgen (6. Aufl 2016)

SOHM, Vermögensrecht. Gegenstand. Verfügung, Arch Bürg R 28 (1906) 173
SOJKA, Bricht Kauf Jagdpacht?, RdL 1976, 281
SOLFRIAN, Das Ende der Betriebsverpachtung (Diss 2000)
SONDER, Der Weg zu einer Sonderstellung des (freien) Apothekers im Gemeinschaftsrecht? – Das Urteil „Doc Morris" und die Folgen, APR 2009, 143
SONNENSCHEIN, Der Vertrag mit Schutzwirkung für Dritte – und immer neue Fragen, JA 1979, 225
ders, Von der Wohnraummiete über die Geschäftsraummiete zur Pacht – und zurück, in: FS Seuss (1987) 253
SPECHT, Konsequenzen der Ökonomisierung informationeller Selbstbestimmung: Die zivilrechtliche Erfassung des Datenhandels (2012)
dies, Daten als Gegenleistung – Verlangt die Digitalisierung nach einem neuen Vertragstypus?, JZ 2017, 763
SPINDLER/STILZ, AktG, Band 2 (3. Aufl 2015)
STANG, Bundeskleingartengesetz. Kommentar (2. Aufl 1995)
STAPEL, Wertsicherungsklauseln in Miet- und Pachtverträgen nach dem Preisangaben- und Preisklauselgesetz (PaPkG) sowie der Preisklauselverordnung (PrKV), WuM 1999, 204
STARCK, Rechtliche Bewertung der Niederlassungsfreiheit und des Fremdbesitzverbots im Apothekenrecht (2007)
STAUB, HGB (5. Aufl 2009)
STEFFEN, Jagdpachtsachen vor dem Landwirtschaftsgericht, RdL 1979, 283
STENZEL, Die Miet- und Pachtkaution in ihren alltäglichen Erscheinungsformen (Diss 1974)
STOCKENHUBER, Die Europäische Fusionskontrolle. Das materielle Recht (1995)
STRAHL, Umgekehrte und mitunternehmerische Betriebsaufspaltung als Gestaltungsmodelle unter besonderer Berücksichtigung der Unternehmensteuerreform 2008, in: FS Schaumburg (2009) 493
ders/DEMUTH, Gestaltende Steuerberatungspraxis: Kapitalgesellschaften, Personengesellschaften, Umwandlungen, Betriebsaufspaltungen, Gewinnermittlung (2011)
STRASSER, Scheingeschäft und Strohmanngeschäft im Jagdrecht, AuR 2008, 92

STRAUCH, Auf deutschen Dächern – Dachnutzungsverträge für Photovoltaik-Anlagen, ZNER 2010, 247

STREYL, Zur Unverjährbarkeit des Mängelbeseitigungsanspruchs, WuM 2009, 630

STROBEL, Die Unternehmenspacht im deutschen, französischen und italienischen Recht (1972)

STÜRNER, Der lediglich rechtliche Vorteil, AcP 173 (1973) 402

STUTZ, Der Minderjährige im Grundstücksverkehr, MittRhNotK 1993, 205

TAEGER, Die Offenbarung von Betriebs- und Geschäftsgeheimnissen (Diss 1988)

TAMKE, Die Europäisierung des deutschen Apothekenrechts. Europarechtliche Notwendigkeit und nationalrechtliche Vertretbarkeit einer Liberalisierung (2009)

dies, Die Anwendung des europäischen Vergaberechts auf sozialrechtliche Dienstleistungserbringungsverträge, ZESAR 2009, 381

TAUPITZ/SCHELLING, Das apothekenrechtliche Verbot des „Mehrbesitzes" – auf ewig verfassungsfest?, NJW 1999, 1751

THUME, Zur Inhaltskontrolle eines Tankstellenpächtervertrags, BB 2007, 1750

TIEDEMANN, Die Funktion der Milchquote. Ein dogmatischer Klärungsversuch, AgrarR 1992, 349

TIMME/HÜLK, Schriftformmangel trotz Schriftformheilungsklausel?, NZM 2008, 764

TIPKE/LANG, Steuerrecht (22. Aufl 2015)

THUME, Zum Ausgleichsanspruch des handelsvertreterähnlichen Vertriebsmittlers, BB 2016, 578

ULMER/HABERSACK/LÖBBE, GmbHG Großkommentar, Band 3 (2. Aufl 2016)

USINGER, Abschied von der Marktmiete? Wider den Einsatz der EOP-Methode zur Bestimmung des Wertverhältnisses von Leistung und Gegenleistung bei der Pacht von Gaststätten und sonstigen Gewerberäumen, NZM 1998, 641

ders, Zulässige und unzulässige Wertsicherungsklauseln in Gewerbemietverträgen, NZM 2009, 297

VOGT, Durchgriffsanspruch des gewerblichen Mieters bei Konkurrenzschutz?, MDR 1993, 498

WÄLZHOLZ, Die Vererbung und Übertragung von Betriebsvermögen nach den gleichlautenden Ländererlassen zum ErbStRG, DStR 2009, 1605

WAGNER, Betriebswirtschaftliche Gedanken zur gerechten Pacht, AgrarR 1977, 129

WALDNER, Zur lediglich rechtlichen Vorteilhaftigkeit eines Grundstückserwerbs durch den Minderjährigen, BGHRep 2005, 351

WALTERSPIEL, Die Kostenmiete im Gastgewerbe? Nochmals zur Anwendbarkeit der EOP-Methode, ZMR 1996, 468

ders, Die Ermittlung des „Objektiven Werts" der Pacht eines gastgewerblich genutzten Ertragsobjekts, NZM 2000, 70

ders, Zur Sittenwidrigkeit gastgewerblicher Pachtverträge – Eine Replik auf die BGH-Entscheidung vom 13. 6. 2001, NZM 2001, 795

WANK, Franchisenehmer und Scheinselbständigkeit, ZSR 1996, 387

WEHRHEIM/RUPP, Die Neuerungen bei der Gewerbesteuer im Zuge der Unternehmensteuerreform 2008 und deren Konsequenzen für die Betriebsaufspaltung, BB 2008, 920

WEICHEL, Die steuerliche Behandlung des „2-Stufen-Modells" beim Unbundling, IR 2006, 173

WEIMAR, Rechtsfragen zum Vermieter- und Verpächter-Pfandrecht, BlGBW 1978, 118

ders, Rechtsfragen zur Mietkaution, ZfSH 1980, 68

WENDT, Fortführungsfiktion bei Betriebsverpachtung und Betriebsunterbrechung nach § 16 Abs 3b EStG, FR 2011, 1023

WESSELBAUM-NEUGEBAUER, Die GmbH und Co. KG versus Betriebsaufspaltung – Vermeidung einer gewerbesteuerlichen Doppelbesteuerung, GmbHR 2007, 1300

WESTENBERGER, Umsatzmiete (-pacht) und Mehrwertsteuer, BB 1967, 1273

WIEDEMANN (Hrsg), Handbuch des Kartellrechts (3. Aufl 2016)

WIEDMANN/LANGERFELDT, Verschärftes Unbundling in der deutschen Energiewirtschaft (Teil 1), ET 2004, 158

dies, Verschärftes Unbundling in der deutschen Energiewirtschaft (Teil 2), ET 2004, 248

WIEK, Bedeutung von Formularerklärungen für die Annahme konkludent vereinbarter Betriebspflichten, NZM 2002, 327

WILHELM, Die Haftung bei Fortführung eines

§ 581

Handelsgeschäfts ohne Übernahmevertrag mit dem Vorgänger, NJW 1986, 1797
WILHELM, Das Merkmal „lediglich rechtlich vorteilhaft" bei Verfügungen über Grundstücksrechte, NJW 2006, 2353
WILLMS/WAHLIG, Zur Genehmigungsbedürftigkeit von Wertsicherungsvereinbarungen nach § 3 WährG und zur Neufassung der Genehmigungsgrundsätze der Deutschen Bundesbank, BB 1978, 973
WINKLER, Rechtsfragen im Zusammenhang mit dem Erbfall eines Jägers, ZErb 2010, 218
WITTICH, Die Betriebsaufspaltung als Mitunternehmerschaft – Eine Untersuchung zur steuer- und gesellschaftsrechtlichen Einordnung der Betriebsaufspaltung unter besonderer Berücksichtigung der eigenkapitalersetzenden Nutzungsüberlassung und der Haftung im qualifizierten faktischen Konzern (2002)
WOERNER, Die Betriebsaufspaltung auf dem Prüfstand. Eine kritische Bestandsaufnahme aus aktueller Sicht, BB 1985, 1609
WOLF/ECKERT/BALL, Handbuch des gewerblichen Miet-, Pacht- und Leasingrechts (10. Aufl 2009)
WOLF/NEUNER, Allgemeiner Teil des Bürgerlichen Rechts (11. Aufl 2016).

Systematische Übersicht

I.	**Allgemeines**	
1.	Überblick	1
2.	Entstehung der Vorschrift	3
a)	Entstehung des BGB	3
b)	Entwicklungen seit Inkrafttreten des BGB	4
II.	**Gegenstand des Pachtvertrags**	
1.	Allgemeines	5
2.	Sachen	9
a)	Unbewegliche Sachen	9
aa)	Allgemeines	9
bb)	Grundstücke	11
cc)	Räume	15
b)	Bewegliche Sachen	23
aa)	Allgemeines	23
bb)	Anwendungsfälle	28
3.	Rechte	29
a)	Allgemeines	29
b)	Einzelne Rechte	32
aa)	Aneignungsrechte	32
bb)	Beschränkte dingliche Rechte	39
cc)	Immaterialgüterrechte	46
dd)	Werberechte	50
ee)	Sonstige Nutzungsrechte	52
4.	Sonstige Gegenstände	63
a)	Allgemeines	63
b)	Unternehmenspacht	64
aa)	Allgemeines	64
bb)	Firmenrecht	69
cc)	Arbeitsrecht	70
dd)	Recht der verbundenen Unternehmen	71
α)	Allgemeines	71
β)	Voraussetzungen des § 292 Abs 1 Nr 3 AktG	72
γ)	Besondere Regeln für Betriebspacht- und Betriebsüberlassungsverträge	75
δ)	Anwendbarkeit des § 292 Abs 1 Nr 3 AktG bei atypischen Gestaltungen	79
ε)	Schutzmechanismen bei Unternehmen anderer Rechtsform	83
ee)	Kartellrecht	84
ff)	Steuerrecht	85
α)	Unternehmenspacht	86
β)	Betriebsaufspaltung	93
γ)	Zusammenfassung	100
gg)	Sonderfall: Netzpacht	101
hh)	Sonderfall: Apothekenpacht	103
ii)	Übergreifende Aspekte	105
c)	Know-how	106
d)	Besondere Pachtgegenstände im IT-Bereich	107
III.	**Parteien des Pachtvertrags**	
1.	Allgemeines	109
2.	Verpächter	110
a)	Allgemeines	110
b)	Wechsel in der Person des Verpächters	114
aa)	Parteiwechsel	114
bb)	Veräußerung des Pachtgegenstands	115
α)	Gesetzliche Regelungen	115

β)	Voraussetzungen des § 566	116
γ)	Rechtsfolgen	126
3.	Pächter	131
a)	Allgemeines	131
b)	Besondere Anforderungen an die Person des Pächters	133
c)	Wechsel in der Person des Pächters	137
IV.	**Zustandekommen des Pachtvertrags**	
1.	Allgemeines	144
2.	Vertragsschluss	145
a)	Allgemeines	145
b)	Vertragsdauer	148
c)	Zustimmungserfordernisse	154
d)	Anzeigeerfordernisse	156
3.	Form	157
a)	Allgemeines	157
b)	Pachtverträge über Grundstücke oder Räume	158
c)	Jagdpacht	163
d)	Fischereipacht	165
e)	Milchquotenpacht	166
f)	Unternehmenspacht	167
g)	Franchisevertrag	172
4.	Vertragsinhalt, insbesondere Einschränkungen der Privatautonomie	173
a)	§ 134	173
b)	§ 138	174
c)	Kartellrechtliche Einschränkungen der Privatautonomie	181
aa)	Typische Wettbewerbsbeschränkungen in Pachtverträgen	182
bb)	Besondere Vertragsgegenstände	183
cc)	Zusätzliche kartellrechtliche Einschränkungen der Privatautonomie bei der Unternehmenspacht	187
α)	Allgemeines	187
β)	Fusionskontrolle von Unternehmenspachtverträgen nach der Fusionskontrollverordnung (FKVO)	188
γ)	Fusionskontrolle von Unternehmenspachtverträgen nach §§ 35 ff GWB	192
d)	Weitere Einschränkungen der Privatautonomie beim Franchisevertrag	194
e)	Sonstige Einschränkungen der Privatautonomie	196
5.	Besondere Vereinbarungen	197
a)	Vorvertrag	197
b)	Vorpachtrecht	199
c)	Anpachtrecht	202
d)	Option	203
V.	**Pflichten des Verpächters**	
1.	Hauptleistungspflichten	206
a)	Allgemeines	206
b)	Gewährung des Gebrauchs	207
aa)	Allgemeines	207
bb)	Überlassung des Pachtgegenstands	210
α)	Pacht beweglicher oder unbeweglicher Sachen	210
β)	Rechtspacht	211
γ)	Pacht sonstiger Gegenstände	214
δ)	Zeitpunkt der Überlassung	215
cc)	Gebrauchserhaltung	216
α)	Allgemeines	216
β)	Fernhalten von Störungen	217
γ)	Instandhaltung bzw Instandsetzung	224
c)	Gewährung des Fruchtgenusses	228
aa)	Allgemeines	228
bb)	Umfang der Verpflichtung	229
cc)	Fruchterwerb durch den Pächter	233
dd)	Risikotragung	234
d)	Verjährung	236
2.	Nebenpflichten	237
a)	Nebenpflichten nach §§ 241 Abs 2, 242	237
b)	Tragung der Lasten des Pachtgegenstands, § 581 Abs 2 iVm § 535 Abs 1 S 3	238
c)	Vor- und nachvertragliche Pflichten	240
VI.	**Pflichten des Pächters**	
1.	Hauptleistungspflichten	241
a)	Allgemeines	241
b)	Entrichtung der Pacht	242
aa)	Inhalt der Leistungspflicht	242
bb)	Art und Weise der Leistung	248
cc)	Bemessung	253
α)	Allgemeines	253
β)	Fester Betrag	254
γ)	Variabler Betrag	255
dd)	Höhe	259
α)	Allgemeines	259
β)	Grenzen der Privatautonomie	263
γ)	Spätere Veränderungen der Höhe der Pacht	270
ee)	Dauer der Verpflichtung	284

ff)	Verjährung und Verwirkung	285	b)	Sachmängelgewährleistung, § 581 Abs 2 iVm §§ 536 ff		357
c)	Gebrauchspflicht/Betriebspflicht?	286	aa)	Voraussetzungen		357
d)	Erhaltung des Pachtgegenstands	292	α)	Sachmangel des Pachtgegenstands bzw Fehlen zugesicherter Eigenschaften		357
e)	Sonstige Hauptpflichten	293				
2.	Nebenpflichten	294				
a)	Allgemeines	294	β)	Mängelanzeige		364
b)	Abnahmepflicht?	295	γ)	Einschränkung der Sachmängelgewährleistung bei Kenntnis des Pächters vom Mangel sowie bei vorbehaltloser Annahme des Pachtgegenstands		365
c)	Obhutspflicht	296				
d)	Fürsorgepflicht	300				
e)	Informationspflichten	301				
f)	Duldungspflichten	302				
aa)	Besichtigung	303				
bb)	Erhaltungs- und Verbesserungsmaßnahmen	305	δ)	Kein vertraglicher Haftungsausschluss		367
cc)	Verpächterpfandrecht	306	bb)	Rechtsfolgen		369
g)	Kaution	307	c)	Rechtsmängelgewährleistung, § 581 Abs 2 iVm § 536 Abs 3 iVm Abs 1, 2		376
h)	Treuepflicht und Wettbewerbsverbot	310				
aa)	Treuepflicht	310	d)	Besonderheiten der Mängelgewährleistung bei der Unternehmenspacht		385
bb)	Wettbewerbsverbot	311				
i)	Evtl: Unterlassung unberechtigter Gebrauchsüberlassung an Dritte	315	2.	Aufwendungsersatzanspruch des Pächters und Wegnahmerecht, § 581 Abs 2 iVm § 539		390
k)	Übernahme einer Haftung gegenüber Dritten	317				
l)	Eintritt in die Rechte und Pflichten des Verpächters beim Betriebsübergang	322	3.	Ansprüche des Verpächters bei vertragswidrigem Gebrauch durch den Pächter, § 581 Abs 2 iVm § 541		394
m)	Besondere Nebenpflichten des Pächters bei Lizenzverträgen	327	4.	Ansprüche des Verpächters wegen Verletzung der Rückgabepflicht des Pächters		398
3.	Pflicht zur Rückgewähr des Pachtgegenstands	328	5.	Ansprüche bei Verletzung von Nebenpflichten		399
4.	Vor- und nachvertragliche Pflichten	339	6.	Ansprüche bei Verletzung vor- oder nachvertraglicher Pflichten		403
VII.	**Gebrauchsüberlassung an Dritte, insbesondere Unterverpachtung**		7.	Rechtsschutz gegenüber Beeinträchtigungen des Pachtgegenstands durch Dritte		404
1.	Gebrauchsüberlassung an Dritte	340				
a)	Gesetzliche Regelungen	340	8.	Verjährung		405
b)	Formen der Gebrauchsüberlassung	343	a)	Allgemeines		405
c)	Erlaubnis des Verpächters	345	b)	Verjährung der Ansprüche des Verpächters		406
2.	Insbesondere: Unterverpachtung	349				
a)	Allgemeines	349	c)	Verjährung der Ansprüche des Pächters		409
b)	Zustandekommen	350				
c)	Rechtswirkungen	351	d)	Abweichende Parteivereinbarungen		412
d)	Beendigung	355				
VIII.	**Sekundäransprüche der Vertragsparteien**		**IX.**	**Pfandrechte der Vertragspartner**		
1.	Gewährleistungsansprüche des Pächters	356	1.	Verpächterpfandrecht		413
			a)	Allgemeines		413
			b)	Entstehung		414
a)	Allgemeines	356	c)	Erlöschen		416
			d)	Rechtsfolgen		419

2.	Pächterpfandrecht	422	ee) Know-how-Vertrag	461
			ff) Franchisevertrag	462
X.	**Beendigung des Pachtverhältnisses**		gg) Milchquotenpacht	464
1.	Regelungsstruktur	423	4. Beendigung aufgrund sonstiger	
2.	Beendigung durch Zeitablauf	426	Umstände	465
3.	Beendigung durch Kündigung	429	a) Allgemeines	465
a)	Allgemeines	429	b) Beendigung durch einen oder beide	
aa)	Anwendbare Regelungen	429	Vertragspartner	466
bb)	Ausschluss des Kündigungsrechts	431	c) Beendigung durch Eintritt weiterer	
cc)	Modifikationen durch Parteivereinbarung	432	Umstände	469
			5. Rechtsfolgen der Beendigung	477
dd)	Kündigungserklärung	433	a) Allgemeines	477
b)	Ordentliche Kündigung	437	b) Rückgabe des Pachtgegenstands	478
c)	Außerordentliche Kündigung	441	c) Rückerstattung vorausbezahlter	
aa)	Allgemeines	441	Pacht	479
bb)	Außerordentliche befristete Kündigung	442	d) Im Einzelfall: Bereicherungsausgleich	479a
cc)	Außerordentliche fristlose Kündigung	444	**XI.** **Zusammenfassender Überblick zur entsprechenden Anwendung mietvertragsrechtlicher Vorschriften nach § 581 Abs 2**	
d)	Rechtsfolgen der Kündigung	451		
e)	Sonderregelungen für bestimmte Vertragsgegenstände	454	1. Allgemeines	480
aa)	Unternehmenspacht	454	2. Anwendbare Vorschriften des Mietrechts	481
bb)	Kleingartenpacht	455		
cc)	Jagdpacht	457		
dd)	Lizenzvertrag	459		

I. Allgemeines

1. Überblick

§ 581 BGB enthält die zentrale Regelung für alle Arten von Pachtverträgen. In **1** Abs 1 werden die Hauptpflichten der Vertragspartner und damit zugleich die vertragstypischen Pflichten beim Pachtvertrag geregelt, Abs 2 enthält eine Verweisung auf mietrechtliche Vorschriften, die unter dem Vorbehalt der Anwendung der speziellen pachtvertraglichen Vorschriften der §§ 582–584b BGB steht. In dieser kurzen Vorschrift ist die gesamte gesetzliche Regelung der Pacht – mit Ausnahme der Landpacht, für die §§ 585 ff BGB ergänzende, detailliertere Spezialregelungen enthalten, sowie spezialgesetzlicher Regelungen für bestimmte Pachtgegenstände – kurz umrissen. Darin zeigt sich zugleich eine Grundproblematik des Pachtrechts: Die §§ 581 ff BGB enthalten nur einige grundlegende, sehr allgemein gehaltene Regelungen des Pachtvertrags (in § 581 Abs 1 BGB) sowie (in §§ 582 ff BGB) Spezialvorschriften für Einzelfragen. Letztlich werden nur die Grundlagen und einzelne Spezialfragen, also nur ein Ausschnitt des gesamten Pachtrechts, von diesen Regelungen erfasst. Für viele Einzelfragen ist der Rückgriff auf mietrechtliche Regeln über § 581 Abs 2 BGB entscheidend, deren Anwendbarkeit jedoch für jeden Einzelfall genau zu analysieren ist und je nach Pachtgegenstand variieren kann. Diese geringe Regelungsdichte erleichtert zwar die Rechtsanwendung nicht stets, kann andererseits aber wegen der dadurch ermöglichten Flexibilität im Einzelfall und der Offenheit für neuartige Vertragsgestaltungen auch als gewisse „Stärke" des Pachtrechts angesehen werden. Die für die flexible Handhabung der §§ 581 ff BGB wichtige Abdingbarkeit der pachtrechtlichen Regelungen wird jeweils im Rahmen der einzelnen Vorschriften erörtert.

2 Zentral für den Pachtvertrag als Vertragstypus ist die Regelung der Hauptpflichten der Vertragspartner in § 581 Abs 1 BGB. Die für den Pachtvertrag charakteristische Pflicht ist die Pflicht des Verpächters, dem Pächter den Gebrauch des Pachtgegenstands und den Genuss der Früchte des Pachtgegenstands zu gewähren (§ 581 Abs 1 S 1 BGB). Ihr steht die Hauptpflicht des Pächters zur Entrichtung der Pacht gegenüber (§ 581 Abs 1 S 2 BGB). Da der Begriff des Pachtgegenstands sehr weit zu verstehen ist und bewegliche sowie unbewegliche Sachen, Rechte und sonstige Gegenstände umfasst (Rn 5, 9 ff), ergibt sich hieraus eine Vielzahl möglicher Anwendungsfälle der §§ 581 ff BGB. Zugleich folgt aus den Pflichten der Parteien, dass es sich beim Pachtvertrag um ein Dauerschuldverhältnis mit den für derartige Verträge zu berücksichtigenden Besonderheiten handelt. Im Folgenden werden die Grundzüge des Pachtrechts für alle Pachtverträge sowie die Abweichungen für bestimmte Vertragsgegenstände erläutert. Die Darstellung folgt dabei nicht dem gesetzlichen Aufbau, sondern fasst die wesentlichen Regelungen in und außerhalb der §§ 581 ff BGB unter übergeordneten Gesichtspunkten zusammen und zeigt Abweichungen für einzelne Vertragsgegenstände (aufgrund spezialgesetzlicher Regelungen oder wegen Besonderheiten des jeweiligen Vertragsgegenstands) auf.

2. Entstehung der Vorschrift

a) Entstehung des BGB

3 Nach dem Vorbild des Dresdner Entwurfs (Art 576, 578) war die grundlegende Regelung des Pachtvertrags im Entwurf der **Ersten Kommission** auf zwei Vorschriften (E I §§ 531, 532) verteilt. Zusätzlich wurde in Anlehnung an das Preußische Allgemeine Landrecht (I 21 § 259) das Recht des Pächters auf Gebrauchsgewährung normiert. Der Gegenstand des Pachtvertrags wurde nicht näher spezifiziert, weil sowohl Sachen als auch Rechte durch den Begriff des verpachteten Gegenstands erfasst würden (Mot II 421; Jakobs/Schubert 619). Im Zusammenhang mit der in E I §§ 531, 532 vorgesehenen Verweisung auf Vorschriften des Mietrechts wurde ausdrücklich festgehalten, dass eine direkte Anwendung nicht zutreffend sei und daher nur eine entsprechende Anwendung in Betracht komme (Jakobs/Schubert 620). Im Entwurf der **Zweiten Kommission** wurde die grundlegende Regelung des Pachtvertrags aus redaktionellen Gründen in einer Vorschrift (E II § 521) zusammengefasst (Prot II 232; Jakobs/Schubert 624 ff). In der endgültigen Fassung der **Reichstagskommission** wurde sie durch den einschränkenden Zusatz hinsichtlich des Genusses der Früchte, soweit diese nach den Regeln einer ordnungsmäßigen Wirtschaft als Ertrag anzusehen seien, ergänzt, um sie mit den übrigen Vorschriften des BGB über die Früchte in Einklang zu bringen (Jakobs/Schubert 627). Eine ursprünglich vorgesehene Regelung über eine Pachtzinsminderung beim zufälligen Untergang der Früchte (E I § 534) wurde letztlich nicht übernommen (Prot II 242 f).

b) Entwicklungen seit Inkrafttreten des BGB

4 Durch das **Gesetz zur Neuordnung des landwirtschaftlichen Pachtrechts** vom 8. 11.

1985 (BGBl 1985 I 2065) wurde § 581 Abs 2 BGB hinsichtlich der Verweisung geändert. § 581 Abs 1 BGB wurde abweichend vom ursprünglichen Entwurf (Art 1 Nr 1 RegE, BT-Drucks 10/509, 4) ohne inhaltliche Änderung in das Neuordnungsgesetz einbezogen, um den vollständigen Text des Pacht- und Landpachtrechts im Bundesgesetzblatt verkünden zu können (Ausschussbericht, BT-Drucks 10/3830, 4, 28). Das **Mietrechtsreformgesetz** vom 19. 6. 2001 (BGBl 2001 I 1149) führte zu sprachlichen Korrekturen in § 581 BGB, die auf die Ersetzung des Begriffs „Pachtzins" durch „Pacht" zurückzuführen sind (BT-Drucks 14/4553, 75). In Abs 1 S 2 wurden, angelehnt an die Änderungen im Mietrecht, die Wörter „vereinbarter Pachtzins" durch „vereinbarte Pacht", in Abs 2 die Wörter „Pacht", „Landpacht" und „Miete" durch „Pachtvertrag", „Landpachtvertrag" sowie „Mietvertrag" ersetzt. Das **Schuldrechtsmodernisierungsgesetz** vom 26. 11. 2001 (BGBl 2001 I 3138) wirkte sich durch einzelne Änderungen im Mietrecht indirekt auch auf den Inhalt der Verweisung in § 581 Abs 2 BGB aus (näher dazu Vorbem 15 zu § 581).

II. Gegenstand des Pachtvertrags

1. Allgemeines

Was Gegenstand des Pachtvertrags iSd 581 Abs 1 S 1 BGB ist, wird weder in dieser 5 Vorschrift noch an anderer Stelle des Gesetzes näher definiert. Einigkeit besteht darüber, dass **jedenfalls Sachen und Rechte** verpachtet werden können (zB Münch-Komm/Harke § 581 Rn 4; Soergel/Heintzmann § 581 Rn 1; BeckOK/C Wagner [15. 6. 2017] § 581 Rn 2; NK-BGB/Klein-Blenkers Vor §§ 581–584b Rn 2; Erman/Dickersbach § 581 Rn 3; Palandt/Weidenkaff § 581 Rn 3). Die Rechtswirklichkeit geht jedoch längst darüber hinaus, indem zahlreiche Pachtverträge über **Gegenstände** geschlossen werden, die weder Sachen noch Rechte darstellen. Mittlerweile sogar gesetzlich anerkannt ist die Möglichkeit, ein Unternehmen zu verpachten (s etwa §§ 583a, 1822 Nr 4 BGB, § 22 Abs 2 HGB, § 292 Abs 1 Nr 3 AktG, § 102 Abs 2 VVG), zu dem neben Sachen und Rechten auch zB Goodwill oder Kundenstamm gehören. Darüber hinaus werden Pachtverträge über vielfältige Gegenstände – vom Energienetz bis zur Internetdomain – geschlossen (s nur Vorbem 74 ff, 88 ff zu § 581). Es muss allerdings hinterfragt werden, ob diese Rechtspraxis vom gesetzlichen Modell der §§ 581 ff BGB gedeckt ist, ob also §§ 581 ff BGB auch die Verpachtung von Gegenständen, welche weder Sachen noch Rechte sind, erfassen und welche Konsequenzen dies bei der Anwendung der pacht- und (über § 581 Abs 2 BGB) mietrechtlichen Vorschriften hat.

Die **Entstehungsgeschichte** des § 581 BGB liefert insoweit keine eindeutigen Hin- 6 weise. Im Gesetzgebungsverfahren wechselten sich Vorschläge zur Erfassung von „Gegenständen" einerseits und von „Sachen und Rechten" andererseits ab (s Prot I 2151 f: Vorschläge von vKübel Nr 358, vSchmitt Nr 378, Kurlbaum Nr 375; zusammenfassend Cebulla 42 f). Auch die Äußerung, dass die Pacht nicht bloß körperliche Sachen, sondern auch andere Gegenstände, namentlich Rechte, betreffen könne (Mot II 421), hilft für die Frage eines über Sachen und Rechte hinausgehenden Gegenstandsbegriffs noch nicht weiter. Da das BGB den Begriff des Gegenstands nicht einheitlich verwendet (s nur Cebulla 17 ff, insb 25 f mwNw), lässt auch der **Wortlaut** des Gesetzes keine eindeutigen Schlüsse zu.

Zu beachten ist allerdings der **systematische Zusammenhang** des § 581 BGB mit § 99 7

BGB: Gegenstand iSd § 581 BGB kann nur sein, was sowohl zum Gebrauch als auch zur Fruchtziehung geeignet ist. Hier stellt sich das Problem, dass § 99 BGB nur Früchte von Sachen und Rechten, nicht aber Früchte sonstiger Gegenstände definiert. Fraglich ist aber, ob dies eine Einbeziehung sonstiger Gegenstände in § 581 BGB ausschließt (so zB PWW/Riecke § 581 Rn 2; ähnlich MünchKomm/Harke § 581 Rn 4: Beschränkung auf Sach-, Rechts- und Betriebspachtverträge; Erman/Dickersbach § 581 Rn 3: Sachen, Rechte, Sach- und Rechtsgesamtheiten; Palandt/Weidenkaff § 581 Rn 3: Sachen, Rechte sowie Sach- und Rechtsgesamtheiten; NK-BGB/Klein-Blenkers Vor §§ 581–584b Rn 2: Sachen, Rechte sowie Sach- und Rechtsgesamtheiten) oder nicht (so zB ausdrücklich Soergel/Heintzmann § 581 Rn 1; BeckOK/C Wagner [15. 6. 2017] § 581 Rn 2), sodass lediglich eine Regelungslücke in § 99 für bestimmte Pachtgegenstände zu konstatieren wäre. Schon für Unternehmen, die nach dem Willen des Gesetzgebers von §§ 581 ff BGB erfasst werden sollen (Prot 2098 ff; Jakobs/Schubert 623; s jetzt auch vor allem § 583a BGB), passt § 99 BGB nicht vollständig (für eine Einordnung des Unternehmensgewinns als Rechtsfrüchte zB BGHZ 7, 208, 218; OLG München OLGE 38, 146, 147; MünchKomm/Harke § 581 Rn 6; ähnlich BGH LM Nr 7 zu § 818 Abs 2). Daher kann aus § 99 BGB kein Argument gegen die Einbeziehung sonstiger Gegenstände in das Pachtvertragsrecht der §§ 581 ff BGB abgeleitet werden. Ebensowenig führt aber das Argument, dass letztlich alle Erträge des Pächters Rechtsfrüchte iSd § 99 Abs 2 BGB seien (dazu insb Cebulla 55) für die Frage des Gegenstandsbegriffs weiter. Entscheidend kann daher letztlich nur die Eignung des Pachtgegenstands Früchte hervorzubringen sein, nicht aber eine Einordnung als Sache oder Recht. Daher kann der Gegenstandsbegriff über Sachen und Rechte hinausgehen und auch andere Vermögensgegenstände erfassen, was bereits die gesetzliche Anerkennung der Unternehmenspacht zeigt. Eine solche weite Auslegung des Gegenstandsbegriffs (so im Ergebnis auch E Krause, Grenzfälle zwischen Pacht und Kauf 9 f; ebenso mit anderer Begründung Cebulla 60 ff) hilft auch bei Überlassungsverträgen über Gegenstände weiter, deren Rechtsnatur schwer zu bestimmen oder umstritten ist (wie zB Software oder Know-how). In Bezug auf die Fruchtgewinnung durch den Pächter ist ggf eine Analogie zu § 99 Abs 2 BGB (s etwa MünchKomm/Stresemann § 99 Rn 11; Enneccerus/Nipperdey, Allgemeiner Teil 820; Palandt/ Ellenberger § 99 Rn 3: sogar unmittelbare Anwendung) erforderlich, für die mittelbaren Früchte, die der Verpächter in Form der Pachtzinsen zieht, eine Analogie zu § 99 Abs 3 BGB (s etwa Wolf/Neuner § 27 Rn 6: unmittelbare Anwendung; Cebulla 56 ff; aA Fernandes Fortunato, Früchte und Nutzungen 212). Bei der Anwendung der einzelnen Vorschriften des Pachtrechts und – über § 581 Abs 2 BGB – des Mietrechts ist allerdings ggf nach den unterschiedlichen Arten von Pachtgegenständen zu differenzieren. Bei „sonstigen Gegenständen", die weder Sachen noch Rechte sind, ist jeweils genau zu untersuchen, ob pacht- bzw mietrechtliche Regelungen, die sich nur auf bestimmte Pachtgegenstände beziehen, zur Lückenfüllung entsprechend herangezogen werden können.

8 Die **Eignung zur Fruchtziehung** als wesentliches Charakteristikum des Pachtvertrags in Abgrenzung zur Miete (Vorbem 34 zu § 581) ist trotz dieser Erweiterung des § 99 BGB auf Gegenstände, die keine Sachen oder Rechte sind, im Übrigen streng auf Früchte iSd § 99 BGB zu begrenzen. § 581 BGB nimmt nur auf diese Vorschrift Bezug, nicht hingegen auf § 100 BGB, der neben Früchten auch Gebrauchsvorteile (wie sie insb stets bei der Miete gezogen werden) umfasst. Entscheidend sollte im Rahmen der §§ 581 ff BGB nicht sein, dass der Pachtgegenstand „von selbst" Früch-

te abwirft, sondern ob aus ihm – und sei es auch durch aktive Tätigkeit des Pächters – Früchte gewonnen werden können.

2. Sachen

a) Unbewegliche Sachen
aa) Allgemeines

Als unbewegliche Sachen, deren Verpachtung sich nach §§ 581 ff BGB richtet, kommen vor allem Grundstücke, die nicht unter die Regelung der Landpacht in §§ 585 ff BGB fallen, einschließlich Kleingärten, sowie Räume in Betracht. 9

Die **Einordnung** eines Pachtvertrags als Grundstückspacht – in Abgrenzung zur Landpacht einerseits und zur Pacht beweglicher Sachen oder Rechte andererseits – ist für die Anwendung einiger grundstücksspezifischer Regelungen von **Bedeutung**. So ist – anders als bei der Landpacht (§ 585 Abs 2 BGB) – gemäß § 581 Abs 2 BGB iVm §§ 578 Abs 1, 550 BGB bei einem Vertragsschluss für längere Zeit als ein Jahr Schriftform erforderlich und es gilt nach § 581 Abs 2 BGB iVm §§ 578 Abs 1, 566 BGB der Grundsatz „Kauf bricht nicht Pacht". Zudem enthalten §§ 582 ff BGB einige Sondervorschriften für die Grundstückspacht, die weder bei der Landpacht (§ 585 Abs 2 BGB) noch bei der Pacht sonstiger Gegenstände gelten, vor allem die von § 573c BGB abweichende Kündigungsfrist des § 584 BGB und die – nur auf die Landpacht nicht anwendbare – gegenüber § 546a BGB vorrangige Regelung in § 584b BGB über Ansprüche bei verspäteter Rückgabe. 10

bb) Grundstücke

Gegenstand eines Grundstückspachtvertrags muss nicht ein Grundstück iSd Grundbuchrechts sein (s dazu BAUR/STÜRNER § 3 A I 3 Rn 5), sondern es kommen auch Grundstücksteile (BFHE 126, 63) oder mehrere Grundstücke in Betracht. Entscheidend ist die Parteivereinbarung. Da die Verpachtung von Grundstücken, die überwiegend zu landwirtschaftlichen Zwecken (dh gem § 585 Abs 1 S 2 BGB zur Bodenbewirtschaftung, zur mit der Bodennutzung verbundenen Tierhaltung oder zur gartenbaulichen Erzeugung) erfolgt, dem Landpachtrecht unterliegt (§§ 585 ff BGB), bleiben für die reine Grundstückspacht iSd §§ 581 ff BGB nur wenige Vertragsgegenstände übrig. Dazu zählen insbesondere Grundstücksnutzungen, die nicht unter §§ 585 ff BGB fallen, wie etwa die separate Verpachtung forstwirtschaftlicher Betriebe und (klein-)gärtnerisch genutzter Grundstücke sowie Bodenabbauverträge. Hier stellt sich eine Reihe von Abgrenzungsfragen. 11

In **Abgrenzung zum Landpachtvertrag** kommt eine reine Grundstückspacht zB bei der Zupacht einzelner Grundstücke zu einem landwirtschaftlichen Betrieb in Betracht (dazu allgemein LIPINSKY AgrarR 1977, 217, 218; ders AgrarR 1979, Beil I 3, 4; WAGNER AgrarR 1977, 129; BENDEL AgrarR 1981, 89, 91). Weitere **Beispiele** einer Grundstückspacht sind die Überlassung der Nutzung von Schilfrohr oder Reet an einem See (RGZ 56, 83, 84), der Grasernte einer Wiese (OLG Oldenburg NdsRpfl 1948, 15, 15 f) oder an Straßenrändern (OLG Schleswig SchlHAnz 1949, 376, 377 f), die Gestattung der Quellwasserentnahme (RGH HRR 1934, Nr 1197: pachtähnliches Verhältnis) sowie der Fischerei in einem geschlossenen Privatgewässer (KG OLGE 38, 93; OLG Stettin OLGE 24, 343), die sich von der Fischereipacht als Rechtspacht (Rn 36) dadurch unterscheidet, dass die Fische hier nicht herrenlos sind und daher nicht dem Fischereirecht unterliegen. 12

Weiterhin kommen als Grundstückspachtverträge in Betracht die Verpachtung eines Grundstücks als Bauland – selbst wenn es zuvor landwirtschaftlich genutzt wurde (BGH LM Nr 8 zur PreisstopVO), eines Sees zum Betrieb von Booten oder eines Grundstücks zur Unterhaltung eines gebührenpflichtigen Parkplatzes oder Campingplatzes. Auch die **Verpachtung forstwirtschaftlicher Grundstücke** ist nach §§ 581 ff BGB zu beurteilen, sofern diese Grundstücke nicht zur Nutzung in einem überwiegend landwirtschaftlichen Betrieb verpachtet werden (§ 585 Abs 3 BGB). In derartigen Fällen dürfte es sich allerdings häufig nicht mehr um Grundstücks-, sondern um Unternehmenspacht (Rn 64 ff) handeln.

13 Bei **Bodenabbauverträgen** stellt sich insbesondere die Frage der **Abgrenzung zur Rechtspacht**. Bei der Gewinnung von Rohstoffen im Bergbau wird regelmäßig die Abbaugerechtigkeit und damit ein Recht verpachtet, nicht ein Grundstück (so ausdrücklich für den Kohleabbau RGZ 135, 94; RG JW 1901, 266 Nr 38; offen gelassen für den Kaliabbau in BGH LM Nr 1 zu § 595 BGB; LM Nr 4 zu § 133 [A] BGB; LM Nr 2 zu § 242 [Ba] BGB). Gerade bei Abbauverträgen kann auch ein schuldrechtliches Nutzungsrecht aufgrund eines Pachtvertrags neben einem dinglichen Nutzungsrecht in Form einer Dienstbarkeit bestehen (BGH NJW 1963, 1247). Die Rspr sieht dies jedoch als Ausnahmefall an und verlangt eine zweifelsfreie, idR ausdrückliche Vereinbarung (BGH NJW 1963, 1247; NJW 1974, 2123). Das einer Dienstbarkeit zur Bodenausbeutung zugrunde liegende Kausalgeschäft ist daher nicht ohne Weiteres als Pachtvertrag zu qualifizieren (BGH NJW 1974, 2123, 2123 f).

14 Bei der **Kleingartenpacht** sind etliche **Einschränkungen der Privatautonomie** zu beachten, die sich aus dem Bundeskleingartengesetz ergeben (s Vorbem 62 zu § 581). Diese gegenüber §§ 581 ff BGB vorrangigen (§ 4 Abs 1 BKleingG), unabdingbaren (§ 13 BKleingG) Regelungen betreffen insbesondere die Höhe des Pachtzinses (§ 5 BKleingG) sowie die Möglichkeiten einer Beendigung des Pachtvertrags (§§ 6, 8 ff BKleingG) und sind anwendbar, wenn ein Kleingarten iSd Kleingartengesetzes verpachtet wird. Die **Definition des Kleingartens** ergibt sich aus §§ 1, 3 BKleingG. Entscheidend sind die nicht gewerbsmäßige, kleingärtnerische Nutzung zu Erholungszwecken sowie die Lage des Grundstücks in einer Kleingartenanlage (§ 1 Abs 1 BKleingG iVm der Abgrenzung in § 1 Abs 2 BKleingG, s dazu zB BGHZ 156, 71, 73 ff; BGH WM 2000, 779, 782; WuM 2004, 349, 350 f; NJ 2004, 510, 511; OLG Naumburg ZOV 2001, 398, 399 f; KG ZOV 2004, 279, 280; OLG Brandenburg NJ 2007, 126, 126 f; Friedrich NJ 2003, 12 ff; Maskow NJ 2004, 5, 5 ff; Kuhnigk NJ 2011, 95, 99 ff), wobei nach der neueren Rspr des BGH mindestens fünf Pachtparzellen sowie das Vorliegen gemeinschaftlicher Einrichtungen erforderlich sind (BGH NJW-RR 2006, 385, 386; dazu Maskow NJ 2006, 78; LG Düsseldorf 29. 9. 2016 – 18b O 28/14, juris Rn 57 ff – mit Abweichung von der Mindestzahl aufgrund einer Anbindung an benachbarte Anlagen) und die kleingärtnerische Nutzung den Charakter der Anlage maßgeblich prägen, aber nicht zwingend mindestens 50 % der Parzellen ausmachen muss (BGH NJ 2004, 510, 511 f mwNw, auch zu abw Ansichten; dazu Both jurisPR-MietR 6/2004 Anm 4; zustimmend OVG Mecklenburg-Vorpommern 6. 5. 2009 – 3 K 30/07, NordÖR 2009, 357, 359; BGH ZOV 2004, 78, 79; dazu Both jurisPR-MietR 3/2004 Anm 4; BGH WuM 2004, 349, 351; dazu Schnabel ZOV 2004, 162 f; ders GE 2004, 942 ff; Kuhnigk NJ 2011, 95, 101 f; s aber auch BGH NZM 2004, 438, 440, wo bereits bei einer Bebauung von 37 % der Parzellen mit Gebäuden und einer großen Straße mit anliegender Bebauung, welche die Anlage durchquerte, das Vorliegen einer Kleingartenanlage abgelehnt wurde). Zudem soll der Garten nicht größer als 400 Quadratmeter sein (§ 3 Abs 1 BKleingG) und darf grundsätzlich nur mit einfachen Lauben, die nicht zum dauernden Wohnen geeignet sind, bebaut sein (§ 3 Abs 2 BKleingG; hier ist jedoch die Regelung zum Bestandsschutz in § 18 BKleingG zu beachten, s dazu zB BGH NJW 1992, 1832; WuM 2004, 349, 350 ff; zu den Grenzen des Bestandsschutzes etwa OLG Hamm 13. 11. 2007 – 7 U 22/07, juris). Die Regelungen des BKleingG gelten gemäß § 2 Abs 2 BKleingG auch für Pachtverträge über Grundstücke zu dem Zweck, die Grundstücke aufgrund einzelner Kleingartenpachtverträge weiterzuverpachten **(Zwischenpachtverträge)**, sofern eine als gemeinnützig anerkannte Kleingärtnerorganisation oder die Gemeinde zwischengeschaltet ist (zu den Mindestanforderungen an den Inhalt eines Zwischenpachtvertrags OLG Brandenburg 4. 12. 2002 – 3 U 44/02, juris), sowie für Verträge, in denen die Geltung des BKleingG vereinbart ist (KG ZOV 2004, 178, 178 f). Zu den einzelnen Einschränkungen der Privatautonomie unten Rn 265, 455 f

cc) Räume

Die §§ 581 ff BGB enthalten – anders als etwa § 578 BGB (und auch dessen Vorgängerregelung § 580 aF) – keine gesonderten Regeln über die Raumpacht. Das lässt jedoch nicht den Umkehrschluss zu, dass die Regeln über die Grundstückspacht nicht auch für die Raumpacht gelten würden. Vielmehr ist davon auszugehen, dass entweder bei der nachträglichen Einfügung der mietrechtlichen Regelung in der Zweiten Kommission (E II § 480 Abs 2; JAKOBS/SCHUBERT 614) die gleichgelagerte Problematik bei der Pacht übersehen wurde oder eine ausdrückliche Regelung wegen der Generalverweisung des § 581 Abs 2 BGB auf das Mietrecht für überflüssig gehalten wurde. Daher sind die Vorschriften über die Grundstückspacht grundsätzlich auch auf die Raumpacht anwendbar (s zum alten Recht zB BGH LM Nr 2 zu § 595 BGB; BGB-RGRK/GELHAAR § 595 Rn 1). **15**

Die **Einordnung** eines Vertrags als Raumpacht ist für die Abgrenzung zur Landpacht, zur Pacht beweglicher Sachen sowie zur Unternehmenspacht von **Bedeutung**. Im Unterschied zur Landpacht (§ 585 Abs 2 BGB) gelten für die Raumpacht das Schriftformerfordernis für Verträge mit einer Dauer von über einem Jahr gem § 581 Abs 2 BGB iVm §§ 578 Abs 2, 550 BGB sowie § 581 Abs 2 BGB iVm §§ 578 Abs 2, 566 BGB („Pacht bricht nicht Miete"). Zudem sind bei der Verpachtung von Räumen mit Inventar die Sonderregelungen für Kündigungsfrist und verspätete Rückgabe in §§ 584a, 584b BGB zu beachten, die von § 581 Abs 2 BGB iVm § 573c BGB bzw § 581 Abs 2 BGB iVm § 546a BGB abweichen. Die Abgrenzung zwischen Raum- und Unternehmenspacht ist vor allem wegen der Anwendbarkeit zahlreicher Sonderregelungen zur Unternehmenspacht (Rn 69 ff) wichtig. **16**

Gegenstand der Raumpacht sind Räume iSv allseits umschlossenen Teilen eines festen Gebäudes, die so groß sind, dass sich ein Mensch darin aufhalten kann (STAUDINGER/EMMERICH [2018] § 578 Rn 5a mwNw). Gebäude wiederum sind alle unbeweglichen, mit dem Erdboden fest verbundenen Bauwerke, die zum Aufenthalt von Menschen bestimmt und geeignet sind (STAUDINGER/EMMERICH [2018] Vorbem 23 zu § 535). Pachtgegenstand kann ein einzelner Raum, mehrere Räume, aber auch ein ganzes Gebäude sein, weiterhin aufgrund eines Erbbaurechts errichtete Räume oder Räume, die im Teileigentum nach § 1 Abs 3 WEG stehen. Die Raumpacht ist abzugrenzen zur Grundstückspacht, zur Überlassung vom Räumen in beweglichen Sachen, zur Rechtspacht und insbesondere zur Unternehmenspacht. **17**

18 Sofern ein Grundstück mit Gebäude oder Gebäuden überlassen wird, stellt sich die Frage einer **Abgrenzung** der Raumpacht **zur Grundstückspacht**. Diese Unterscheidung dürfte wegen der weitgehenden Gleichbehandlung von Grundstücks- und Raumpacht (Rn 15) keine große praktische Bedeutung haben; sie spielt jedoch für die Verweisung auf einzelne mietrechtliche Vorschriften in § 578 BGB (Abs 1 gilt für die Grundstücks-, Abs 2 für die Raumpacht) sowie in § 579 Abs 2 BGB eine Rolle. Für das Vorliegen von Raumpacht kommt es hier entscheidend darauf an, dass das Gebäude und nicht das Grundstück Gegenstand der Fruchtziehung ist.

19 Die **Abgrenzung zur Pacht beweglicher Sachen**, die insbesondere für die Anwendbarkeit der §§ 582, 582a, 583, 584 BGB von Bedeutung ist, wird vor allem bei der Überlassung von Räumen in beweglichen Sachen, wie zB Verkaufswagen oder nicht im Schiffsregister eingetragenen Schiffen, relevant (Rn 28). Hier kommt es entscheidend auf die Qualifizierung des Gegenstands, in dem sich der verpachtete Raum bzw die Räume befinden, als bewegliche oder unbewegliche Sache gemäß §§ 93 ff BGB an.

20 Die Raumpacht bedarf in Einzelfällen auch der **Abgrenzung zur Rechtspacht**, etwa mit Blick auf die Anwendbarkeit des § 584b BGB oder der Regeln über die Mängelgewährleistung. Diese Abgrenzungsfrage tritt vor allem in Fällen auf, in denen es um die zeitlich begrenzte Nutzung einer in eine größere Organisation integrierten Einrichtung geht, zB einer Bahnhofsbuchhandlung (BGH LM Nr 11 zu § 581 BGB) oder eines Ausschanks in einer Markthalle (BGH LM Nr 31 zu § 581 BGB). Entscheidend ist hier regelmäßig, ob die Früchte in erster Linie aus der Überlassung der Räumlichkeiten gezogen werden (dann Raumpacht) oder eher aus dem Recht, die in ein größeres Unternehmen integrierte Einrichtung zu nutzen, was insbesondere bei einer gewissen Abhängigkeit vom Hauptbetrieb der Fall sein kann (dann Rechtspacht, Rn 55).

21 Am schwierigsten erscheint die **Abgrenzung** der Raumpacht **zur Unternehmenspacht**. Die meisten zur Raumpacht genannten Beispiele (STAUDINGER/EMMERICH/VEIT [2004] § 581 Rn 21 ff) – Hotel-, Gaststätten-, Kantinen-, Tankstellen- oder Fabrikpacht, Pacht der Verkaufsräume eines Handelsgeschäfts – könnten auch solche einer Unternehmenspacht sein mit der Folge, dass die zahlreichen Spezialregelungen zur Unternehmenspacht (Rn 68 ff) zu berücksichtigen wären. Die Abgrenzung richtet sich danach, ob im konkreten Fall die Überlassung von Räumen und Inventar im Vordergrund steht (dann idR Raumpacht) oder ob darüber hinaus auch etwa Goodwill, Kundenstamm, Firma, gewerbliche Schutzrechte etc Gegenstand der Überlassung sind (dann idR Unternehmenspacht; s zur Abgrenzung auch KLEIN-BLENKERS 59 f).

22 **Beispielsfälle**, in denen Raumpacht angenommen wurde, sind etwa die Überlassung von Räumlichkeiten zum Betrieb einer Gastwirtschaft (RGZ 81, 23; 87, 277, 278; 114, 243, 244 f; BGH NJWE-MietR 1997, 150), einer Gaststätte mit Beherbergungsbetrieb (BGHZ 141, 257, 263, 266), eines Hotels (BGH NJW 2004, 774: mit Restaurant; OLG Düsseldorf ZMR 2009, 443), einer Fleischerei (RGZ 122, 274), einer Fabrik (BGH NJW 1967, 1223) oder eines Handelsgeschäfts (RG JW 1927, 1469; HRR 1929 Nr 1209). Häufiger wurde hingegen der konkrete Pachtgegenstand offen gelassen, so zB bei der Überlassung von Hotels (zB RGZ 103, 271; WarnR 1924 Nr 103), Erholungsheimen (RGZ 102, 186), Pensionaten (RG WarnR 1922 Nr 38), Gaststätten (zB BGHZ 54, 145; 109, 314; BGH NJW-RR 1991, 906;

BGHZ 102, 237; 151, 353; BGH NZM 2001, 810; NZM 2003, 313), Werkskantinen (BGH WM 1977, 591), Tankstellen (BGB-RGRK/Gelhaar Vorbem 274 zu § 535, anders beim Stationärsvertrag Rn 273; M Rehbinder, Tankstellenvertrag 13, 15), Fabrikräumen (BGH WM 1959, 1160) oder Wohnungen zur Untervermietung (RG LZ 1927, 529 Nr 3; Sonnenschein, in: FS Seuß 253, 261, 266). Eher in Richtung Unternehmenspacht tendierten hingegen einzelne Entscheidungen zur Überlassung des Unternehmens einer Zinnerei (RG WarnR 1926 Nr 183, S 270), eines Hotels (OLG Rostock NJW-RR 2012, 222), einer betriebsfähigen Bäckerei und Konditorei (RG JW 1928, 2517 Nr 3) oder zur Überlassung eines Garderobenbetriebs (RGZ 97, 166, 167 ff). Die Rechtsprechung ist hier leider sehr uneinheitlich, was sich besonders deutlich an den Entscheidungen zur Überlassung von Hotels zeigt, die in allen drei angeführten Gruppen zu finden sind.

b) Bewegliche Sachen
aa) Allgemeines

Auf separate Pachtverträge über bewegliche Sachen sind §§ 581 ff BGB ohne Modifikationen – aber auch ohne die Regelungen über spezielle Pachtgegenstände (§§ 582–584 BGB) – anzuwenden. Es verbleibt damit lediglich eine Anwendbarkeit der §§ 581, 584a, 584b BGB. Die **Einordnung** als Pachtvertrag, der sich ausschließlich auf eine bewegliche Sache bezieht, ist daher vor allem für die Nichtanwendbarkeit der besonderen Regelungen über die Landpacht, die Grundstückspacht, die Rechtspacht und die Unternehmenspacht von **Bedeutung**. 23

Die Landpacht umfasst gem § 585 Abs 1 S 1 BGB in erster Linie Grundstücke (ggf iVm Wohn- und Wirtschaftsräumen), nicht aber bewegliche Sachen. Allerdings wird bereits durch die Nennung der Tierhaltung in § 585 Abs 1 S 2 BGB und weiterhin durch die Verweisung auf die Regelungen über die Mitverpachtung von Inventar in § 585 Abs 2 BGB deutlich, dass die Landpacht auch die Überlassung beweglicher Sachen, welche der landwirtschaftlichen Nutzung dienen, mit umfasst. Eine isolierte Anwendung der §§ 581 ff BGB kommt daher in **Abgrenzung** zur **Landpacht** nur in Betracht, wenn bewegliche Sachen ohne einen Zusammenhang mit der Nutzung in einem landwirtschaftlichen Betrieb zu Zwecken der Fruchtziehung überlassen werden. 24

Von der **Grundstücks- bzw Raumpacht**, für die zusätzlich die §§ 582, 582a, 583, 584 BGB gelten, ist die Pacht beweglicher Sachen nach der Qualifizierung des Pachtgegenstands gem §§ 93 ff BGB **abzugrenzen** (s auch Rn 19). Sofern zusammen mit einem Grundstück oder Raum bewegliche Sachen überlassen werden, liegt regelmäßig Grundstücks- bzw Raumpacht vor, was sich insbesondere aus §§ 582 ff BGB schließen lässt. 25

Die **Abgrenzung** der Pacht beweglicher Sachen zur **Rechtspacht**, die für die Anwendbarkeit des § 584 BGB sowie bei der Heranziehung mietvertraglicher Mängelgewährleistungsvorschriften über § 581 Abs 2 BGB von Bedeutung sein kann, bereitet in Einzelfällen Probleme, etwa bei der (praktisch freilich seltenen, Vorbem 94 zu § 581) Verpachtung von Software. Hier wird nach den allgemeinen Abgrenzungskriterien, insbesondere unter Berücksichtigung der Sachdefinition in § 90 BGB, vorzugehen sein (s zur speziellen Problematik der Software hier nur Staudinger/Stieper [2017] § 90 Rn 12 ff; MünchKomm/Stresemann § 90 Rn 25; BeckOK/Fritzsche [15. 6. 2017] § 90 Rn 25 f, jew mwNw). 26

27 Hinsichtlich der **Unternehmenspacht** ergeben sich auf den ersten Blick kaum Abgrenzungsfragen, da zu einem Unternehmen regelmäßig nicht lediglich bewegliche Sachen, sondern insbesondere auch Grundstücke oder Räumlichkeiten gehören. Bei bestimmten beweglichen Sachen, insbesondere Transportmitteln, kann jedoch die wegen der Anwendbarkeit des § 583a BGB sowie der Spezialregelungen über die Unternehmenspacht außerhalb des BGB (Rn 69 ff) bedeutsame **Abgrenzung** relevant werden. Hier kommt es entscheidend darauf an, ob neben der Sache selbst noch Weiteres, wie etwa Goodwill oder Kundenstamm, überlassen wird (dann Unternehmenspacht, zB bei einer Privateisenbahn oder Bergbahn, RG JW 1898, 524; RFHE 13, 298) oder nicht (dann Pacht einer beweglichen Sache).

bb) Anwendungsfälle

28 **Beispiele** für die separate Pacht beweglicher Sachen sind etwa die Verpachtung von Tieren zum Ziehen natürlicher (zB OLG Düsseldorf OLGR 2001, 189 f; Mittelstein/Stern 30) oder juristischer (vgl BGH WarnR 1964 Nr 88: durch ein Pferd erzielter Reingewinn, Pacht aber iE aus anderen Gründen abgelehnt) Früchte, die Verpachtung von Verkaufswagen, von Verkehrsmitteln, wie etwa nicht im Schiffsregister eingetragenen (vgl §§ 581 Abs 2, 580a BGB) Schiffen, Omnibussen, Lastkraftwagen oder Flugzeugen, sowie von Maschinen zur Fruchtziehung (BGHZ 51, 346, 350: Kaffeeröstmaschine; s aber auch BGH LM Nr 7 zu § 196 BGB: Vermietung eines bemannten Schiffs; BGH NJW 1968, 692, 693: Vermietung einer Bäckereimaschinenanlage).

3. Rechte

a) Allgemeines

29 Für die Rechtspacht gelten § 581 BGB sowie §§ 584–584b BGB. Die **Einordnung** eines Vertrags als Rechtspacht ist daher für die Abgrenzung zu anderen Pachtarten, wie etwa zur Landpacht, zur Grundstücks- oder Raumpacht oder zur Unternehmenspacht, für die spezielle Regelungen existieren, sowie für die Mängelhaftung nach § 581 Abs 2 BGB iVm §§ 536 ff BGB von Bedeutung.

30 Zur **Abgrenzung** der Rechtspacht zur Grundstückspacht s Rn 13, zur Raumpacht Rn 20 und zur Pacht beweglicher Sachen Rn 26. Von der Unternehmenspacht unterscheidet sich die Rechtspacht dadurch, dass sie ausschließlich Rechte und keine anderen Vermögensgegenstände umfasst. Im Verhältnis zur Landpacht dürften sich idR keine Abgrenzungsprobleme ergeben.

31 Dass **Gegenstand eines Pachtvertrags** auch **Rechte** sein können, ergibt sich aus § 584 BGB sowie aus der Entstehungsgeschichte der §§ 581 ff BGB (Mot II 421; Prot I 2161 ff). Welche Eigenschaften ein Recht aufweisen muss, um verpachtet werden zu können, lässt sich daraus jedoch nicht ableiten. In Betracht kommen allein subjektive Rechte (Cebulla 62 ff), die einer bestimmten Person zustehen (Cebulla 64 ff; Ch Koenig GewArch 1994, 217), zur Fruchtziehung geeignet sind (Ch Koenig GewArch 1994, 217; ähnlich Raettig 43) und einem anderen überlassen werden dürfen (Cebulla 68 ff, 78 ff; RG JW 1901, 266 Nr 38; BGH NJW-RR 1986, 1243, 1244: Genehmigung nach dem PBefG; Ch Koenig GewArch 1994, 217), wofür nicht zwingend Übertragbarkeit erforderlich ist, sondern auch die Möglichkeit einer Ausübungsüberlassung ausreichen kann. Nicht entscheidend ist der privat- oder öffentlich-rechtliche Charakter eines Rechts (Raettig 65; Ch Koenig GewArch 1994, 217 ff; s auch BGH NJW-RR 1986, 1243). Gegenstand von Pachtverträgen können daher insbesondere Aneignungsrechte, beschränkte dingliche Rechte, Immaterialgüterrechte, Werberechte sowie sonstige Nutzungsrechte (in einem weit verstandenen Sinne) sein. Vergleicht man die Rechtspacht mit der Pacht von Sachen, wird deutlich, dass Voraussetzung einer Rechtspacht nicht – wie vereinzelt (Cebulla 72 ff) gefordert – sein muss, dass bereits bei Vertragsschluss ein selbständiges Recht existiert, sondern das Recht kann auch – wie insbesondere ein urheberrechtliches Nutzungsrecht – erst im Zeitpunkt des Vertragsschlusses entstehen. Auch eine bewegliche oder unbewegliche Sache kann zur Fruchtziehung überlassen werden, wenn aus ihr zuvor noch keine Früchte gezogen wurden, sie aber dazu generell geeignet ist. Daher können auch Rechte verpachtet werden, bei denen die konkrete Fruchtziehungsmöglichkeit erst durch die Verpachtung entsteht (aA Cebulla 72 ff, der in diesen Fällen von der Pacht eines sonstigen Gegenstands ausgeht).

b) Einzelne Rechte
aa) Aneignungsrechte

Verpachtet werden können das Aneignungsrecht des Bergwerkseigentümers, das Jagdausübungsrecht und das Fischereirecht. In allen Fällen gelten vorrangig spezialgesetzliche Sonderregelungen; ergänzend sind §§ 581 ff BGB anzuwenden. **32**

Für die Verpachtung des **Aneignungsrechts des Bergwerkseigentümers** (Vorbem 66 f zu § 581) existieren im BBergG, das heute die landesrechtlichen Vorschriften weitestgehend abgelöst hat, keine speziellen Regelungen, daher kommen – unter Beachtung der Vorschriften des BBergG über das Aneignungsrecht – in Bezug auf die pachtvertraglichen Aspekte §§ 581, 584 ff BGB zur Anwendung. Im Einzelfall kann auch eine Unternehmenspacht gegeben sein (auch dazu Vorbem 66 zu § 581 sowie RG JW 1926, 2619 Nr 3). **33**

Dagegen bestehen für die Verpachtung des **Jagdausübungsrechts** (Vorbem 68 ff zu § 581) in §§ 11 ff BJagdG iVm den Ausführungsgesetzen der Länder recht ausführliche Spezialvorschriften, etwa in Bezug auf Pachtgegenstand, Jagdpachtfähigkeit, Vertragsdauer, Vertragsform, Vertragsinhalt, Anzeigepflicht, Rechte des Pächters bei Wechsel des Grundeigentümers sowie Vertragsbeendigung (Rn 35, 111, 115, 121 f, 132, 134, 142, 152, 156, 163 f, 198, 211 f, 262, 457 f, 472 ff), neben denen §§ 581, 584 ff BGB lediglich ergänzend zur Anwendung kommen (s etwa BGH NJW-RR 1987, 839; NZM 2000, 241, 242; NZM 2008, 462 Rn 9). **34**

Vertragsgegenstand ist das Jagdausübungsrecht (§ 11 Abs 1 S 1 BJagdG), nicht das Jagdrecht selbst, das als Teil des Eigentums nicht selbständig übertragen werden, im Einzelfall (BGHZ 84, 59, 60; BGH Jagdrechtliche Entscheidungen I Nr 30; LG Bonn 30. 9. 2008 – 7 O 233/08, juris; Schopp MDR 1968, 808, 809; Meyer-Ravenstein AUR 2003, 202, 202 f; Winkler ZErb 2010, 218, 220) aber ausnahmsweise vom Eigentum getrennt sein kann (§ 3 BJagdG). **Unzulässig** ist die Verpachtung nur eines Teils des Jagdausübungsrechts, zB für bestimmte Wildarten oder Jahreszeiten **(Teilpacht,** s § 11 Abs 1 S 2 HS 1 und Abs 6 BJagdG; BGHZ 115, 116, 118 ff; Ausnahme: § 11 Abs 1 S 2 HS 2 BJagdG). Die Verpachtung des Jagdausübungsrechts ist zu unterscheiden von der (entgeltlichen oder unentgeltlichen) Erteilung einer **Jagderlaubnis** nach § 11 Abs 1 S 3, Abs 3, Abs 6 S 2, Abs 7 BJagdG iVm Landesrecht durch den Jagdausübungsberechtigten an einen Dritten (Jagdgast), die sich in erster Linie auf das Erlegen eines jagdbaren **35**

Tieres, nicht aber ohne Weiteres auch auf dessen Aneignung bezieht (s dazu etwa BGH Jagdrechtliche Entscheidungen I Nr 30; NJW-RR 1999, 125, 125 f; Lorz/Metzger/Stöckel/Metzger § 11 BJagdG Rn 21; Hellhammer-Hawig AUR 2012, 254, 255 ff) und nicht zur Umgehung der gesetzlichen Anforderungen für die Jagdpacht führen darf (OLG Frankfurt 11. 7. 2005 – 15 Ww 1/04, juris).

36 Die Verpachtung des **Fischereirechts** (Vorbem 71 zu § 581) ist nach dem Vorbehalt in Art 69 EGBGB landesrechtlich geregelt (Nachw bei Lorz/Metzger/Stöckel/Metzger Abschnitt 3 Rn 1 ff). Die Überlassung des Fischereirechts durch den Berechtigten an einen anderen zur Ausübung, wie zB nach § 17 FischG BaWü, § 3 HbgFischereiG oder § 11 LFischG Schleswig-Holstein, ist Rechtspacht. Sie ist von der Verpachtung eines Grundstücks mit Fischereigewässern durch den Eigentümer (Grundstückspacht) zu unterscheiden. Beide Pachtarten können jedoch auch miteinander verbunden werden (Bergmann, Fischereirecht 182). Der Pachtvertrag kann nicht auf einen Teil des Fischereirechts – etwa auf bestimmte Fischarten – beschränkt werden (Lorz/Metzger/Stöckel/Metzger, 2 A. Einleitung Rn 33), denkbar ist allenfalls die Verpachtung eines beschränkten selbständigen Fischereirechts (BGH NJW-RR 2004, 1282, 1283 f zur verfassungskonformen einschränkenden Auslegung von § 13 Abs 3 NdsFischG). Bei Überlassung der **Fischereierlaubnis**, die im Einzelfall ebenfalls Rechtspacht, möglicherweise aber auch Schenkung, gemischter Vertrag oder auch ein reines Gefälligkeitsverhältnis sein kann (Lorz/Metzger/Stöckel/Metzger, 2 A. Einleitung Rn 39; Bergmann, Fischereirecht 193 f), kann hingegen die Erlaubnis auf den Fischfang, bestimmte Fischarten oder bestimmte Gewässerstrecken beschränkt werden (s zu gegenständlichen und zeitlichen Beschränkungen § 13 Abs 2 Nr 2 HessFischG, § 18 Abs 2 LFischG Rheinland-Pfalz, § 14 Abs 3 Nr 2 LFischG Schleswig-Holstein, § 14 Abs 2 Nr 2 ThürFischG; zu räumlichen Beschränkungen § 37 Abs 1 Nr 4 FischG BaWü, § 58 Abs 1 Nr 4 Nds FischG, § 37 iVm § 38 Abs 1 Nr 4 LFischG NRW, § 42 LFischG Rheinland-Pfalz, § 35 Abs 1 Nr 4 SaarlFischG, § 19 SächsFischG iVm § 34 Abs 1 Nr 4 SächsFischVO, § 14 Abs 5 Nr 5 LFischG Schleswig-Holstein).

37 Bei der Fischereipacht enthalten **landesrechtliche Regelungen** teilweise Sondervorschriften, die §§ 581 ff BGB vorgehen. Diese betreffen insbesondere Vertragsschluss, Vertragsinhalt und Vertragsdauer (Rn 123, 135, 140, 153 f, 156 f, 165, 350, 449, 472); die Nichteinhaltung dieser Vorgaben führt nach den Landesgesetzen häufig zur Nichtigkeit des Pachtvertrags nach § 134 BGB (Lorz/Metzger/Stöckel/Metzger, 2 A. Einleitung Rn 36).

38 Auch **Regalien** iSv Aneignungs- und Nutzungsrechten besonderer Art (Staudinger/Albrecht [2012] Art 73 EGBGB Rn 4), die gemäß Art 73 EGBGB Landesrecht unterliegen, können verpachtet werden (s zB RG JW 1937, 2106, 2106 f: Fährregal; Ch Koenig GewArch 1994, 217). Ihre praktische Bedeutung ist heute allerdings stark zurückgegangen; denkbar erscheint vor allem noch die Verpachtung einzelner nach Inkrafttreten des BBergG weiter geltender Bergregalien (dazu auch Art 67 EGBGB sowie Staudinger/Albrecht [2012] Art 73 EGBGB Rn 15) oder wasserrechtlicher Regalien (Staudinger/Albrecht [2012] Art 73 EGBGB Rn 22 ff; s auch OLG Frankfurt 21. 6. 2006 – 14 U 72/07, juris).

bb) Beschränkte dingliche Rechte

39 Auch beschränkte dingliche Rechte können verpachtet werden, sofern sie ein

Fruchtziehungsrecht beinhalten oder schuldrechtlich zur Fruchtziehung überlassen werden können (s dazu bereits Rn 31). Denkbar ist die Verpachtung von Nutzungsrechten an Grundstücken, an beweglichen Sachen und an Rechten, im Einzelfall auch die Verpachtung von Sicherungsrechten, sofern sie mit einem Nutzungsrecht verbunden sind. Die Bedeutung der Rechtspacht liegt im unmittelbaren Fruchterwerb durch den Pächter nach §§ 956 f BGB.

Bei der Verpachtung einer **Grunddienstbarkeit** iSd §§ 1018 ff BGB ist deren Abhängigkeit vom herrschenden Grundstück zu berücksichtigen. Da die Ausübung einer Grunddienstbarkeit nicht separat einem anderen überlassen werden kann, kommt – unter Übertragung der zur Ausübungsüberlassung anerkannten Grundsätze (BGH LM Nr 20 zu § 1018 BGB; LM Nr 23 zu § 1018 BGB; LÖSCHER Rpfleger 1962, 432 ff; MünchKomm/MOHR § 1018 Rn 22; STAUDINGER/J WEBER [2017] § 1018 Rn 9 mwNw) – eine Verpachtung dieses Rechts nur zusammen mit dem herrschenden Grundstück in Betracht. Die Grunddienstbarkeit wird dann als Bestandteil des herrschenden Grundstücks iSd § 96 BGB mitverpachtet; idR liegt in einem solchen Fall Grundstückspacht vor. Denkbar ist es möglicherweise auch, neben dem Grundstückspachtvertrag einen isolierten Rechtspachtvertrag zu schließen (so wohl für den Regelfall CEBULLA 89), sofern eine unterschiedliche Ausgestaltung beider Verträge angestrebt ist und die Verbindung zwischen Dienstbarkeit und herrschendem Grundstück dadurch nicht aufgehoben wird. **40**

Auch der **Nießbrauch** an Sachen (§§ 1030 ff BGB), Rechten (§§ 1068 ff BGB) oder verzinslichen Forderungen (§§ 1076 ff BGB) kann einem anderen jedenfalls mit schuldrechtlicher Wirkung zur Ausübung überlassen werden (§ 1059 S 2 BGB; MUGDAN III, 981; zum Streit über die Rechtsnatur der Überlassung s hier nur STAUDINGER/C HEINZE [2017] § 1059 Rn 18 mwNw) und daher Gegenstand einer Rechtspacht sein (s insb CEBULLA 90 f). Davon zu trennen ist die Verpachtung des Gegenstands, der mit dem Nießbrauch belastet ist. Für die Verpachtung eines mit einem Nießbrauch belasteten Grundstücks enthält § 1059d BGB eine Spezialregelung für den Fall einer Übertragung des Nießbrauchs. **41**

Auch **beschränkte persönliche Dienstbarkeiten** iSd §§ 1090 ff BGB können gemäß § 1092 Abs 1 S 2 BGB in bestimmten Fällen zur Ausübung überlassen und daher auch verpachtet werden. In Betracht kommt daher zB die Verpachtung eines Wohnungsrechts (§ 1093 BGB), Wohnungserbbaurechts (§ 30 WEG), Dauerwohnrechts (§ 31 Abs 1 WEG) oder Dauernutzungsrechts (§ 31 Abs 2 WEG), sofern das Recht zur Fruchtziehung, dh zur Weitervermietung oder -verpachtung der Räume überlassen wird. **42**

Ebenso kann eine **Reallast** iSd § 1105 Abs 1 BGB als subjektiv-persönliches Recht, das in Gestalt der aus dem belasteten Grundstück zu entrichtenden wiederkehrenden Leistungen Früchte bringt, Gegenstand eines Pachtvertrags sein (s auch CEBULLA 91 f). Die subjektiv-dingliche Reallast iSd § 1105 Abs 2 BGB kann hingegen – wie die Grunddienstbarkeit (Rn 40) – nur zusammen mit dem herrschenden Grundstück verpachtet werden. **43**

Dagegen kommt die Verpachtung von Pfandrechten nur ausnahmsweise in Betracht, und zwar für das **Nutzungspfandrecht** an Sachen oder Rechten gemäß § 1213 BGB, **44** für Rechte iVm § 1273 Abs 2 BGB (s auch Cebulla 93). Nach § 581 Abs 2 BGB iVm § 540 BGB ist hierfür die Zustimmung des Verpfänders erforderlich. Für Sicherungs- und Verwertungspfandrechte scheidet hingegen eine Verpachtung aus, weil der Ertrag aus der Verwertung keine Frucht iSd § 99 BGB darstellt.

45 Schließlich kommt auch das **Erbbaurecht** iSd §§ 1 ff ErbbauRG als Pachtgegenstand in Betracht. Rechtspacht liegt hier vor, wenn der **Erbbauberechtigte** das Erbbaurecht einem Dritten gegen Entgelt zur Bebauung überlässt (BGH LM Nr 8 zur PreisstopVO) oder wenn er ihm das Recht mit dem bereits errichteten Bauwerk zur Fruchtziehung (idR durch Vermietung oder Verpachtung) überlässt (s auch Cebulla 94). Dagegen ist Raumpacht gegeben, wenn der Erbbauberechtigte das Bauwerk, das wesentlicher Bestandteil des Erbbaurechts ist, verpachtet (s auch Cebulla 94). Weil das Erbbaurecht rechtlich weitgehend wie ein Grundstück behandelt wird (s dazu hier nur Staudinger/Rapp [2017] § 11 ErbbauRG Rn 2), sind gemäß § 11 Abs 1 S 1 ErbbauRG die Vorschriften über die Grundstückspacht entsprechend anzuwenden. Der **Grundstückseigentümer** kann das Erbbaugrundstück teilweise verpachten, wenn die Ausübung des Erbbaurechts auf einen bestimmten Teil des Grundstücks beschränkt (Staudinger/Rapp [2017] § 1 ErbbauRG Rn 16), im Übrigen aber dem Grundstückseigentümer die Nutzungsmöglichkeit verblieben ist. In diesem Fall liegt Grundstückspacht vor. Zudem kann der Grundstückseigentümer im Wege der Rechtspacht sein Recht auf den Erbbauzins nach den Grundsätzen über die Verpachtung von Reallasten (Rn 43) verpachten, vgl § 9 ErbbauRG.

cc) Immaterialgüterrechte

46 Auch bei einer zeitlich begrenzten Überlassung von Immaterialgüterrechten gegen Entgelt im Rahmen von **Lizenzverträgen** kann eine Verpachtung von Rechten vorliegen (Vorbem 83 ff zu § 581). Entsprechendes kann gelten, wenn solche Rechte im Rahmen anderer Verträge überlassen werden (wie etwa bei Franchise- oder Sponsoringverträgen) und die Überlassung nach Pachtrecht zu beurteilen ist (zur rechtlichen Erfassung gemischter Verträge Vorbem 97 zu § 581).

47 Bei Lizenzverträgen über **gewerbliche Schutzrechte** ergeben sich im Hinblick auf den Vertragsgegenstand keine Besonderheiten; derartige Rechte sind zur Fruchtziehung geeignet sowie übertragbar und können daher verpachtet werden. Auf die Frage der dinglichen oder obligatorischen Wirkung einer Lizenz kommt es im Rahmen des schuldrechtlichen Pachtvertrags nicht an. Bei der Rechtsanwendung sind vorrangige Regelungen in immaterialgüterrechtlichen Spezialgesetzen zu beachten (insb § 15 Abs 2, Abs 3 PatG, § 30 MarkenG, § 22 Abs 2, Abs 3 GebrMG, § 31 DesignG), wobei insbesondere §§ 15 Abs 3 PatG, 30 Abs 5 MarkenG, 22 Abs 3 GebrMG, 31 Abs 5 DesignG gegenüber § 581 Abs 2 BGB iVm §§ 566 ff BGB vorrangig sind. Ergänzend gelten §§ 581 ff BGB, allerdings mit Modifikationen insbesondere bei den Pflichten der Vertragsparteien (Rn 213, 288, 292, 327, 363, 382) und bei der Vertragsbeendigung (Rn 459) sowie gewissen Einschränkungen der Privatautonomie (Rn 183, 196).

48 Im Bereich des **Urheberrechts** ist hingegen zu berücksichtigen, dass das Urheberrecht so stark durch das Persönlichkeitsrecht des Urhebers geprägt wird, dass es sich nicht vollständig von der Person des Urhebers trennen lässt, § 29 Abs 1 UrhG. Daher kommt hier keine Überlassung des Urheberrechts in Betracht, sondern gemäß §§ 31 ff UrhG nur die Einräumung (§§ 29 Abs 2, 31 UrhG) und ggf spätere Weiterübertragung (§§ 34, 35 UrhG) von Nutzungsrechten. Da es aber nach hier vertretener Ansicht für die Rechtspacht ausreicht, dass ein Recht erst im Rahmen der Überlassung in der zur Fruchtziehung genutzten Form entsteht (Rn 31), kann auch die zeitlich begrenzte **Einräumung von Nutzungsrechten** gegen Entgelt als Rechtspacht angesehen werden (so im Ansatz auch RGZ 115, 17, 20 f für einen Bühnenaufführungsvertrag, bei dem allerdings das Vorliegen eines Pachtvertrags wegen der Vereinbarung einer Aufführungspflicht als Hauptpflicht abgelehnt wurde). Die **Weiterübertragung** derartiger Nutzungsrechte gegen Entgelt und auf Zeit ist ebenso wie Lizenzen an gewerblichen Schutzrechten als Rechtspacht zu behandeln. Auch hier sind §§ 31 ff UrhG als vorrangige Regelungen zu beachten. Diese Vorschriften betreffen aber hauptsächlich Einzelaspekte, insbesondere den Übertragungsgegenstand (§§ 31 f) sowie die Vergütung (§§ 32 ff). Ergänzend können daher auch hier §§ 581 ff BGB zur Anwendung kommen, allerdings ggf mit Modifikationen (Rn 288, 327) und Einschränkungen der Privatautonomie (Rn 183, 196).

Dagegen wird bei **Verlagsverträgen** als speziellen urheberrechtlichen Lizenzverträ- **49** gen (Vorbem 87 zu § 581) kein Recht überlassen, sondern nach § 1 VerlG ein „Werk" der Literatur oder der Tonkunst. Weil aber bei diesem „Werk" die Verkörperung eine eher untergeordnete Rolle spielt, ist bei seiner zeitlich begrenzten Überlassung auch nicht die Überlassung des körperlichen Gegenstands entscheidend. Vielmehr dürfte es sich bei diesen Verträgen weder um Rechtspacht noch um Sachpacht, sondern um die Pacht eines sonstigen Gegenstands (Rn 63) handeln.

dd) Werberechte
Auch Werberechte kommen als Gegenstand einer Rechtspacht in Betracht (aA CE- **50** BULLA 164 ff: Pacht besonderer Gegenstände), etwa die **Überlassung von Werbeflächen**, zB in Theaterprogrammen (OLG Naumburg OLGE 24, 340, 340 f), auf Anschlagsäulen (BGH NJW 1952, 620, 620 f; BayObLG BayVBl 2003, 26, 27), auf Entfernungstafeln auf einem Golfplatz (BGH NJW-RR 1994, 558, 559: „einem Vertrag über die Verpachtung eines Rechts gleichzustellen"), auf den Banden eines Sportstadions (BGH NZM 1999, 461) oder im Internet. Hingegen dürfte die Überlassung einer Fläche zum Aufstellen einer Werbeanlage (BGH GuT 2004, 54) eher eine Grundstückspacht oder Pacht eines sonstigen Gegenstands als eine Rechtspacht darstellen (aA STAUDINGER/SONNENSCHEIN/VEIT [2004] § 581 Rn 46).

Auch im Rahmen von **Merchandisingverträgen** werden Werberechte zu Zwecken der **51** Fruchtziehung gegen Entgelt überlassen. Sofern Gegenstand einer solchen Überlassung selbständige Rechte, zB Markenrechte oder Leistungsschutzrechte ausübender Künstler (§§ 73 ff UrhG), sind, kommt bei einer Überlassung auf Zeit auch hier eine Rechtspacht in Betracht. Schwieriger ist die rechtliche Beurteilung der Überlassung anderer vom Persönlichkeitsrecht geprägter Positionen, die sich (noch) nicht rechtlich verselbständigt haben. Hier sollte ein auf den Schutzumfang der jeweiligen Aspekte des Persönlichkeitsrechts bezogener Ansatz gewählt und für die Verwertbarkeit darauf abgestellt werden, wie weit der Schutzumfang des jeweiligen Aspekts des Persönlichkeitsrechts reicht (dazu näher SCHAUB, Sponsoring und andere Verträge zur Förderung überindividueller Zwecke 345 ff mwNw; MERKEL, Die Vermarktung von Teilaspekten des Persönlichkeitsrechts nach dem allgemeinen Zivilrecht und dem Markenrecht 71 ff). Eine Verwertung im Rahmen eines Merchandisingvertrags kommt dann nur für rechtlich geschützte Teilaspekte des Persönlichkeitsrechts in Betracht. Bei einer derartigen Eingrenzung des Übertragungsgegenstands erscheint es naheliegend, bei einer zeitweisen entgeltlichen Überlassung einer solchen Position die Verpachtung eines Rechts anzunehmen (aA CEBULLA 170 ff: Pachtvertrag über einen besonderen Gegenstand). Im Rahmen der Rechtspacht als überwiegend schuldrechtlichem Vertrag (Vorbem 2 zu § 581) dürfte die umstrittene Frage der obligatorischen, dinglichen oder andersartigen Wirkung („gebundene Rechtsübertragung") der Überlassung solcher Rechte (s zu den drei Meinungsrichtungen repräsentativ insb GÖTTING, Persönlichkeitsrechte als Vermögensrechte 142 ff; FORKEL, gebundene Rechtsübertragungen 23 ff, 33 ff, 42 ff, 132 ff, 192 ff, 240; C AHRENS, Die Verwertung persönlichkeitsrechtlicher Positionen 396 ff, jeweils mwNw) nicht entscheidend sein.

ee) Sonstige Nutzungsrechte

52 Schließlich kommen eine Reihe sonstiger Nutzungsrechte (in einem weit verstandenen Sinne) als Pachtgegenstände in Betracht. Diesen Rechten ist vor allem gemeinsam, dass sie die Voraussetzungen eines verpachtungsfähigen Rechts (Rn 31) erfüllen; regelmäßig geht es um die Ausübung bestimmter Tätigkeiten, die nicht jedermann ohne Erfüllung besonderer (rechtlicher bzw tatsächlicher) Voraussetzungen möglich ist.

53 Dazu gehören zum einen bestimmte **Beförderungsrechte**, wobei es entscheidend auf die Übertragbarkeit der jeweiligen Rechte ankommt. Verpachtet werden können daher zB das Recht zur Beförderung von Personen (BGH NJW-RR 1986, 1243; CH KOENIG GewArch 1994, 217, 218; dabei sind die Vorgaben des § 2 Abs 2 Nr 2 und 3 PBefG einzuhalten – bei Taxis liegt unter den Voraussetzungen des § 2 Abs 3 PBefG allerdings keine Rechtspacht, sondern Unternehmenspacht vor), nicht aber das Recht zum Betrieb von Güterkraftverkehr, da eine Übertragbarkeit dieses höchstpersönlichen Rechts in § 3 GüKG nicht vorgesehen ist und die Ausnahmen nach § 8 GüKG sonst keinen Sinn ergäben (s auch SCHENK/WERDEIN, Güterkraftverkehr § 3 Rn 38; CH KOENIG GewArch 1994, 217, 218 f – zu § 11 Abs 1 S 2 GüKG aF). Entsprechendes dürfte auch für Gemeinschaftslizenzen nach Art 3 f der Gemeinschaftslizenzverordnung (Verordnung [EG] Nr 1072/2009 des Europäischen Parlaments und des Rates vom 21. 10. 2009 über gemeinsame Regeln für den Zugang zum Markt des grenzüberschreitenden Güterkraftverkehrs [Neufassung], ABl EU 2009 Nr L 300, S 72; Änderungen: ABl EU 2012 Nr L 178, S 5; ABl EU 2013 Nr L 158, S 1) gelten.

54 Weiterhin sind zu den sonstigen Nutzungsrechten übertragbare **Realgewerbeberechtigungen** zu rechnen, also vererbliche und übertragbare (§ 48 GewO) Befugnisse zur Ausübung eines Gewerbes, die wie dingliche Rechte behandelt werden (STAUDINGER/MERTEN [2012] Art 74 EGBGB Rn 5 mwNw). Sie unterliegen gemäß Art 74 EGBGB Landesrecht, ihre praktische Bedeutung ist jedoch insbesondere durch § 10 GewO sowie wegen des Verlusts der Exklusivität derartiger Rechte aufgrund der Niederlassungsfreiheit (Art 12 GG, Art 49 AEUV) heute stark zurückgegangen (STAUDINGER/MERTEN [2012] Art 74 EGBGB Rn 6 ff mwNw). In den wenigen verbleibenden Fällen, etwa bei der Verpachtung von Apotheken (s dazu die Ausnahmeregelung in § 6 Abs 1 GewO), dürfte regelmäßig keine reine Rechtspacht, sondern – wenn etwa Räumlichkeiten, Zubehörgegenstände, möglicherweise auch ein Kundenstamm mit überlassen werden – Unternehmenspacht vorliegen.

Schließlich erfassen die Regeln über die Rechtspacht auch Rechte zur **Nutzung einer** 55
in eine größere Organisation integrierten Einrichtung, und zwar immer dann, wenn
nicht die Überlassung von Grund und Boden oder Räumlichkeiten im Vordergrund
steht, sondern das Recht zur Nutzung der Einrichtung selbst (ähnlich in Bezug auf
Verträge in Shopping-Centern JOACHIM NZM 2008, 511 ff mwNw zur teilw abweichenden Beurteilung im österreichischen Recht). So können etwa der Garderobenbetrieb in einem
Sportpalast (RGZ 97, 166, 169 f; s zur Abgrenzung aber auch RGZ 140, 206, 207 f), die Wechselstube in einem Bahnhofsgebäude (RGZ 108, 369, 370 f), eine Buchhandlung in einer
Hotelhalle (RG DJZ 1925, 432: „mietähnliches Verhältnis") oder in einem Bahnhofsgebäude (BGH LM Nr 11 zu § 581 BGB), das Ausschankrecht eines Gastwirts in einer Markthalle (BGH LM Nr 31 zu § 581 BGB) oder eine Tankstelle innerhalb eines Garagenunternehmens (LG Berlin DR 1941, 1900, 1900 f) verpachtet werden. Entsprechendes gilt
für Messestände, nicht aber für bloße Messeflächen (NEUHAUS GuT 2009, 83). Ähnlich
dürfte auch die Überlassung des ausschließlichen Rechts, auf einem Grundstück eine
Breitbandkabelanlage zu errichten, zu unterhalten und mit den Wohnungsmietern
Einzelverträge abzuschließen zu beurteilen sein (nicht eindeutig insofern BGH NJW 2002,
3322, 3323, wo die Anwendung mietrechtlicher Vorschriften abgelehnt, Pachtrecht aber nicht explizit
angesprochen wurde). Entscheidend für die Abgrenzung derartiger Verträge zur
Grundstücks- bzw Raumpacht ist, dass die Früchte in erster Linie aus dem Nutzungsrecht (in Abhängigkeit vom Hauptbetrieb), und nicht aus der Überlassung der
Räumlichkeiten gezogen werden (s Rn 20).

Auch die Verpachtung anderer Nutzungsrechte ist im Einzelfall denkbar, zB des 56
Rechts, einen See mit Motorbooten zu gewerbsmäßigen Zwecken zu befahren (FG
Schleswig Holstein EFG 1988, 83, 84).

Wegen der Vergünstigungen insbesondere durch § 33 des Erneuerbare-Energien- 57
Gesetzes aF bzw heute §§ 61 ff EEG hat auch die Überlassung von **Dachnutzungsrechten zum Betrieb von Photovoltaik-Anlagen** an Bedeutung gewonnen. Die Überlassung der Dachfläche zum Betrieb solcher Anlagen sollte – in Parallele zur
Überlassung von Werbeflächen (Rn 50) – als Rechtspacht behandelt werden (offen
gelassen von STRAUCH ZNER 2010, 247, 248; für eine Einordnung als Mietvertrag hingegen AIGNER/
MOHR ZfIR 2009, 8, 10; DIETL/FALTL ZNER 2012, 353 f mwNw zum Meinungsstand). Zu Besonderheiten der Rechtsgestaltung bei derartigen Pachtverträgen STRAUCH ZNER
2010, 247, 249 ff, zum möglichen Wegfall der Geschäftsgrundlage Rn 450. Auch die
Überlassung des Betriebs anderer Anlagen zur Stromerzeugung, zB von Blockheizkraftwerken, kann als Pachtvertrag (dann allerdings regelmäßig in Form der Sachpacht) ausgestaltet sein (dazu zB KLEMM REE 2013, 1, 4 ff; REE 2015, 73 ff; zur besonderen
Konstellation des „Scheibenpachtmodells", bei dem allerdings auch pachtrechtlich eine genaue
Zuordnung von Pachtgegenständen zu bestimmten Pächtern problematisch ist, KLEMM REE 2013,
1, 4; BUCHMÜLLER ZNER 2017, 18 ff, insb 21 zur Zuordnung von bestimmten Anteilen an der
Anlagenleistung – „Kraftwerksscheiben" – in bestimmten Fällen). Sind derartige Überlassungen als Finanzierungsleasing iSd § 32 Abs 1 iVm § 1 Abs 1a S 2 Nr 10 KWG einzustufen – was auch bei einer grundsätzlichen Qualifizierung als Rechts- oder Sachpacht in Betracht kommen kann –, bedürfen sie allerdings der schriftlichen
Erlaubnis der Bundesanstalt für Finanzdienstleistungsaufsicht (dazu zB KLEMM REE
2015, 73 ff; BRANDHOFF/FUCHS AG 2015, R 173 f). Für Flächennutzungsverträge zum Betrieb von Windkraftanlagen ist hingegen nach den allgemeinen Grundsätzen zur
Abgrenzung zwischen Miet- und Pachtvertrag (Vorbem 34 ff zu § 581) zu differenzieren:

Wird mit dem Grundstück bereits die Anlage mitüberlassen, dürfte regelmäßig ein Pachtvertrag vorliegen. Wenn hingegen die Anlage erst vom Betreiber auf dem Grundstück errichtet wird, dürfte eher ein Grundstücksmietvertrag gegeben sein (teilweise aA H M Roth ZfIR 2015, 635, 639f mwNw zum Meinungsstand).

58 Auch bei der **langfristigen Überlassung von Adressdaten** (für nicht nur einmaligen Gebrauch) wurde eine Einordnung als Rechtspacht in Betracht gezogen (Patzak/ Beyerlein MMR 2007, 687, 689f), denn Vertragsgegenstand ist hier das zur Fruchtziehung geeignete Nutzungsrecht an den Adressen. Allerdings darf der Überlassende die Adressen nicht gleichzeitig selbst nutzen, sonst weicht die Vereinbarung zu stark vom Grundtypus des Pachtvertrags ab, bei dem die Überlassung zur Fruchtziehung regelmäßig ausschließlich – ohne Einschränkungen durch Beteiligung anderer – erfolgt. Daher wird auch die **Überlassung von Daten** im Allgemeinen, deren wirtschaftliche Bedeutung mittlerweile enorm ist, in den meisten Fällen vertragstypologisch **nicht** als Pacht zu qualifizieren sein: Werden Daten zur ausschließlichen Nutzung überlassen, dürfte regelmäßig keine für einen Pachtvertrag konstitutive Überlassung auf Zeit vorliegen. Eine zeitlich begrenzte Überlassung von Daten zur ausschließlichen Nutzung, die als Pacht (wohl eines „sonstigen Gegenstands") angesehen werden könnte, dürfte – sofern sie datenschutzrechtlich zulässig wäre – praktisch selten sein (dies wird bei der Parallele zum Lizenzvertrag, über die etwa Metzger AcP 216 [2016] 817, 837f die Regeln über die Rechtspacht anwenden will, nicht hinreichend deutlich). Werden Daten hingegen zeitlich begrenzt, aber nicht zur ausschließlichen Nutzung überlassen, liegt keine uneingeschränkte Überlassung zur Fruchtziehung vor. Das entspricht nicht dem Grundtypus der Pacht, könnte allerdings – wie bei der Überlassung von Software (Vorbem 94 zu § 581) – unschädlich sein, wenn die mehrfache Nutzung die Fruchtziehungsmöglichkeiten der einzelnen Nutzer nicht beeinträchtigte. Das muss allerdings für Daten bezweifelt werden, weil der Wert ihrer Nutzung gerade auf einer gewissen Exklusivität beruht, mehrfache Nutzungen also in der Regel rivalisieren. Daher kann die vertragstypologische Abweichung vom Pachtrecht hier nicht mit der für die Überlassung von Software angewandten Argumentation überwunden werden mit der Folge, dass das Pachtrecht bei der Überlassung von Daten letztlich keine entscheidende Rolle spielen dürfte (anders Specht, Konsequenzen der Ökonomisierung informationeller Selbstbestimmung: Die zivilrechtliche Erfassung des Datenhandels [2012] 129ff, 161ff u passim, allerdings unter der Prämisse – S 129 – einer Rechtsdoppelung als „prägende[m] Merkmal der Gebrauchsüberlassungsverträge", die sich aus der dafür angegebenen Fundstelle – Gitter, Gebrauchsüberlassungsverträge 4 – und auch aus dem Vertragstypus der Pacht nicht klar ergibt; ähnlich Specht JZ 2017, 763, 765; Sattler JZ 2017, 1036, 1038).

59 Bei der **Spektrumspacht** ist Gegenstand des Überlassungsvertrags das Recht zur Nutzung bestimmter Teilbereiche des elektromagnetischen Spektrums, etwa zu Zwecken der Telekommunikation. Regelmäßig wird es hier um Fälle der Zweitüberlassung gehen, wenn etwa der ursprüngliche Ersteigerer bestimmter Frequenzen diese einem anderen zur Nutzung (zB zum Aufbau eines gebührenpflichtigen Telekommunikationsnetzes, aus dem mittelbare Rechtsfrüchte iSd § 99 Abs 3 BGB in Form von Gebühren gezogen werden, s auch Spies MMR 2003, 230, 233f) auf begrenzte Zeit gegen Entgelt überlässt. Hier sind insbesondere im Rahmen des Vertragsschlusses medienrechtliche Spezialregelungen, vor allem §§ 52ff TKG, zu beachten. Eine Spektrumspacht könnte danach insbesondere unter den Voraussetzungen des § 55

Abs 8 TKG in Betracht kommen (s insb HOENIKE/GIEBEL MMR 2005, 217; HELBING K & R 2006, 505, 507 f, beide noch zu § 55 Abs 7 TKG aF). Unter den weiten Begriff der Übertragung sollte dabei auch – gewissermaßen als „Minus" – die zeitweilige Überlassung gefasst werden (so auch Bundesnetzagentur, ABl RegTP 12/2005, 1021, 1023; SCHEURLE/MAYEN/ HAHN/HARTL § 55 TKG Rn 63; ARNDT/FETZER/SCHERER/GRAULICH/MARWINSKI § 55 TKG Rn 40; s auch SPIES MMR 2003, 230, 233). Evtl kommt auch nach der Freigabe bestimmter Frequenzbereiche für den Handel gemäß § 62 TKG eine Rechtspacht in Betracht, sofern unter Handel auch die zeitweilige Überlassung verstanden wird, was im Erst-recht-Schluss gegenüber § 55 Abs 8 TKG anzunehmen sein dürfte (so iE auch HELBING, Frequenzhandel und Wettbewerb 91 f). Beim Vertragsschluss nach § 55 Abs 8 TKG ist in jedem Fall die Mitwirkung der Bundesnetzagentur erforderlich. Im Rahmen des § 62 TKG müsste der Handel nach den zuvor festgelegten Vorgaben dieser Behörde erfolgen; die öffentlich-rechtliche Prägung stünde hier deutlich im Vordergrund. Zu kartellrechtlichen Einschränkungen bei der Spektrumspacht s insb HELBING, Frequenzhandel und Wettbewerb 163 ff mwNw.

Schließlich stellte auch die flächenungebundene **Milchquotenpacht** (Vorbem 76 zu **60** § 581) eine besondere Form der Rechtspacht dar (BGH NJW-RR 2010, 198 Rn 14; BGHZ 114, 277, 281; OLG Koblenz 18. 6. 2013 – 3 U 972/12, BZAR 2013, 329, 330; s auch BUSSE AUR 2006, 153, 154 f; ders AUR 2011, 1, 4; RÜSKEN BFH-PR 2008, 123 ff). Sofern das Recht, für die Vermarktung von Milch keine Abgaben im Rahmen der europäischen gemeinsamen Agrarpolitik zahlen zu müssen (s dazu etwa TIEDEMANN AgrarR 1992, 349 ff), separat, dh ohne Verbindung mit einer landwirtschaftlichen Fläche oder einem landwirtschaftlichen Betrieb überlassen wurde, lag Rechtspacht vor, ansonsten galten die Regeln über die Landpacht (§§ 585 ff BGB). Die flächenungebundene Überlassung von Milchquoten war von 1993 bis zum 31. 3. 2015 in bestimmten Konstellationen denkbar (Vorbem 76 zu § 581) und unterlag §§ 581 ff BGB (BGH NJW-RR 2010, 198 Rn 14). Allerdings konnten sich hier Regelungslücken ergeben, die ggf durch entsprechende Anwendung einzelner Vorschriften über die Landpacht zu schließen waren (Rn 464). Zudem führte das komplexe Zusammenspiel von Europarecht, Verfassungsrecht, allgemeinem Verwaltungsrecht, Steuerrecht und Zivilrecht zu einer starken Überlagerung der Regelungen des Pachtrechts durch öffentlich-rechtliche Vorgaben (s etwa zur Rückgewährpflicht des Pächters bei Vertragsbeendigung Rn 330, zur Kündigung Rn 464). Viele Einzelaspekte des Verhältnisses der unterschiedlichen Regelungen über die Milchquotenpacht zueinander waren klärungsbedürftig (exemplarisch zeigt sich die Problematik etwa in der BVerwG AUR 2011, 30 zugrunde liegenden Fallkonstellation, die etliche Zivil- und Verwaltungsgerichte beschäftigte). Der vom EuGH statuierte Schutz des Pächters durch das Eigentumsgrundrecht (EuGH Slg 1989, 2633 iVm Rn 27 der Schlussanträge von Generalanwalt JACOBS; dazu etwa NIES AgrarR 1990, 225 ff; DÜSING/SCHULZE AgrarR 1993, 376 ff; LUKANOW AgrarR 1994, 115 ff; BEYER AgrarR 1994, 218 f) ließ sich allerdings nicht ohne Weiteres in das Regelungssystem der §§ 581 ff BGB integrieren; nach dem Ende der europäischen Milchquotenregelung muss dieser „Sonderweg" aus der Perspektive des deutschen Rechts nicht mehr weiter verfolgt werden. Denkbar ist neben der Milchquotenpacht auch eine **Pacht anderer Lieferquoten** als Rechtspacht (s etwa LG Hildesheim NL-BzAR 2008, 506 zur Pacht von Zuckerrübenlieferquoten); insofern können die Erwägungen zur Milchquotenpacht ihre Bedeutung behalten.

Sofern im Einzelfall die Überlassung einer Internetdomain ausnahmsweise als **61** Pachtvertrag **(Domainpacht)** zu qualifizieren ist (Vorbem 89 zu § 581), ist Pachtgegenstand das Recht zur Nutzung der Domain. Daher handelt es sich trotz der Schwierigkeiten einer rechtlichen Einordnung der Domain selbst um Rechtspacht. Probleme können sich bei solchen Verträgen allerdings in Bezug auf die Haftung für Rechtsverletzungen gegenüber Dritten ergeben (dazu Rn 320).

62 Die Pacht von **Gesellschaftsanteilen** wäre ebenfalls als Rechtspacht einzuordnen, erscheint aber konstruktiv nicht erforderlich und dürfte auch praktisch kaum relevant werden (Vorbem 77 zu § 581).

4. Sonstige Gegenstände

a) Allgemeines

63 Pachtverträge können auch über sonstige Gegenstände, die weder Sachen noch Rechte sind, geschlossen werden (Rn 5 ff). In diesen Zusammenhang gehören die Unternehmenspacht sowie – separat oder im Rahmen anderer Verträge – insbesondere die Verpachtung von Know-how, Internetdomains oder Software. Der weite Begriff des Pachtgegenstands ermöglicht es auch, das Regelungsmodell des Pachtvertrags in Zukunft ggf auf weitere neuartige Gegenstände zu erweitern. Die **Einordnung als „sonstiger Gegenstand"** führt allerdings zunächst lediglich zur Anwendung derjenigen Pachtrechtsvorschriften, die keine speziellen Pachtgegenstände, wie etwa Grundstücke oder Rechte, betreffen, also letztlich nur der §§ 581 (iVm Mietrecht), 584a, 584b BGB. Ob weitere Vorschriften über bestimmte Pachtgegenstände ergänzend herangezogen werden können und auch welche Regelungen des Mietrechts im Rahmen der Verweisung des § 581 Abs 2 BGB letztlich anwendbar sind, ist im Einzelfall unter genauer Analyse des jeweiligen Pachtgegenstands zu entscheiden.

b) Unternehmenspacht
aa) Allgemeines

64 Der „Prototyp" eines Pachtvertrags über einen „sonstigen Gegenstand" ist die Unternehmenspacht als Verpachtung einer Gesamtheit von Sachen, Rechten und sonstigen Vermögensgegenständen (s dazu etwa FENZL S 11 Rn 40 ff; zu Einschränkungen bei der Apothekenpacht durch § 9 ApothekenG s Rn 103 f). Bereits der Gesetzgeber des BGB ging davon aus, dass die Verpachtung eines Unternehmens möglich ist (Prot-RJA 455 f; Prot 2098 ff; s jetzt auch vor allem § 583a; anders noch SOHM Arch Bürg R 28 [1906] 173, 181; BINDER ZHR 59 [1907] 19); zudem wird die Zulässigkeit der Unternehmens- oder Betriebspacht in einer Reihe von gesetzlichen Vorschriften vorausgesetzt, so insbesondere in §§ 583a, 1822 Nr 4 BGB, § 22 Abs 2 HGB, § 292 Abs 1 Nr 3 AktG, § 102 Abs 2 VVG. Die Terminologie ist in den verschiedenen Rechtsgebieten uneinheitlich (s dazu nur KLEIN-BLENKERS, Rechtsformen der Unternehmen 43 f; ders, Das Recht der Unternehmenspacht 33 ff; K SCHMIDT, Gesellschaftsrecht 940; ders, Handelsrecht § 3 I 1a Rn 1), weil mit Blick auf die überlassene Organisationseinheit mitunter von der Überlassung eines Unternehmens oder Unternehmensteils (so zB in § 1059a Abs 1 Nr 2 BGB; ähnlich § 102 Abs 2 VVG), teilweise aber auch von der Überlassung des Betriebs eines Unternehmens bzw eines Betriebsteils die Rede ist (so zB in §§ 613a, 1822 Nr 4 BGB, § 292 Abs 1 Nr 3 AktG; noch anders § 22 Abs 2 HGB: Handelsgeschäft als Gegenstand der Überlassung). Hier wird im Folgenden der insgesamt weiter reichende **Begriff der Unternehmenspacht** im Sinne einer Überlassung eines gesamten Unternehmens als Organisationseinheit als Oberbegriff verwendet (vgl insb

vGierke/Sandrock, Handels- und Wirtschaftsrecht I, § 13 III, S 181: Unternehmen als „der durch ein Gewerbe [Betriebstätigkeit] geschaffene Tätigkeitsbereich mit den ihm [regelmäßig] ein- und angegliederten Sachen und Rechten, einschließlich der zu ihm gehörenden Schulden"; Klein-Blenkers, Rechtsformen der Unternehmen 43; ähnlich K Schmidt, Handelsrecht § 3 I 2 Rn 4 ff; Canaris, Handelsrecht § 3 Rn 7; Rittner/Dreher, Europäisches und deutsches Wirtschaftsrecht § 8 C III Rn 21). Manche Sonderregelungen betreffen allerdings lediglich die Betriebspacht im Sinne einer Überlassung des Betriebs des Unternehmens (insoweit zu verstehen als eher arbeitstechnische Organisationseinheit), also einen Unterfall der Unternehmenspacht. Im Folgenden wird Unternehmenspacht in Anlehnung an die allgemeine Charakterisierung des Pachtvertrags (Vorbem 1 zu § 581) verstanden als schuldrechtlicher Vertrag, in dem ein Vertragspartner (Verpächter) dem anderen (Pächter) die Nutzung seines Unternehmens (im Sinne einer arbeitstechnischen Organisationseinheit, die Sachen, Rechte, Know-how etc umfassen kann) und das Ziehen der Früchte aus diesem Unternehmen gegen Entgelt auf Zeit gestattet (s auch insb Klein-Blenkers 40, 47 ff; gegen eine Einordnung als Pachtvertrag hingegen Dörmer 122 ff). Der Unternehmensbegriff ist dabei weit zu verstehen und kann zB auch freiberufliche Praxen (s schon RG SeuffA 79 Nr 97 – Zahnarztpraxis; weiterhin zB Oppenländer, Die Unternehmenspacht 161 ff; Klein-Blenkers 122 ff mwNw) oder Pflegeheime (dazu – auch mit Blick auf Besonderheiten bei der Vertragsgestaltung – insb Gräfenstein/Frhr v u z Franckenstein ZfIR 2008, 395 ff; Frhr v u z Franckenstein/Gräfenstein NZS 2009, 194 ff) umfassen.

Auch die Verpachtung eines **Unternehmensteils**, der sich als selbständiger Betrieb führen lässt (zB der Inseratenteil eines Zeitungsunternehmens, s etwa RGZ 70, 20, 23; RG JW 1933, 2762, 2763; offen gelassen in BGH NJW-RR 2003, 894, 895), ist als Unternehmenspacht in diesem Sinne anzusehen, und zwar auch dann, wenn der Unternehmensteil erst anlässlich der Verpachtung von einem vorher einheitlichen Unternehmen getrennt wird. Die Unternehmenspacht ist von der bloßen Raumpacht, bei der erst nach der Verpachtung von Räumlichkeiten eine Unternehmenstätigkeit durch den Pächter aufgenommen wird, abzugrenzen. Dabei kann es zB eine Rolle spielen, wie hoch das Entgelt ist (OLG Karlsruhe NJW 1970, 1977 mAnm Pieck: Unternehmenspacht, wenn das Entgelt den üblicherweise gezahlten Pachtzinsen für vergleichbare Unternehmen entspricht). Zudem kann im Einzelfall auch einmal eine reine Rechtspacht vorliegen, wenn das Recht zur Nutzung einer in eine größere Organisation integrierten Einrichtung überlassen wird (Rn 55).

65

Beispielsfälle, in denen ein (Unternehmens-)Pachtvertrag vorliegen kann, sind: Anschlagswesen einer Gemeinde (RGZ 82, 340, 343; vgl aber auch RG DJ 1934, 837, 838: Rechtspacht); Anzeigenteil einer Zeitung (RGZ 70, 20, 22; RG JW 1933, 2762 Nr 3; offen gelassen in BGH NJW-RR 2003, 894, 895); Apotheke (RG JW 1903, 5 Nr 11; BGH LM Nr 8 zu § 581 BGB; NJW 1964, 2203; WarnR 1967 Nr 145; NJW-RR 1998, 803, 804 – Vertrag im konkreten Fall allerdings nichtig; KG OLGE 25, 37; vgl aber auch KG OLGE 30, 338 f); Badeanstalt (RG Recht 1909 Nr 2241; JW 1915, 102 Nr 20; Gruchot 45, 361); Bergwerk (RG JW 1926, 2619 Nr 3); Brauerei (RG JW 1903, 34 Nr 48); Druckerei (BGH NJW 1984, 1186); Einzelhandel mit Textilien (OLG Hamburg AG 2001, 91); Eisenbahn (RG JW 1881, 214; JW 1898, 524 Nr 75; RG Bolze 2 Nr 924); Fleischerei und Wurstfabrik (RGZ 133, 318) bzw Metzgerei (RGZ 158, 180); Fotostudio (OLG Düsseldorf ZMR 1998, 218); Gastwirtschaft (RG Bolze 20 Nr 433; BGH NJW-RR 1991, 906, 907); Handelsgeschäft (RG Bolze 7 Nr 523; BayObLG Recht 1909, Nr 1393; KG DJZ 1906, 86; BGH NJW 1986, 2306: Einzelhandelsgeschäft; OLG Stuttgart Recht 1917 Nr 901; OLG Celle OLGR 1999, 319; OLG Hamburg NZG 2000, 421); Hotel (BGH NJW-RR

66

1988, 199: Hotel samt Gaststätte; NJW 2000, 354); Kantine (BGH WM 1977, 591; M Rehbinder, Der Kantinenpachtvertrag im Blickfeld der Rechtstatsachenforschung); Klempnerei und Verzinnerei (RG WarnR 1926 Nr 183; OLG Celle BB 1954, 298); Lichtspieltheater (RGZ 138, 192, 195 f; 160, 361); Malzfabrik (RGZ 138, 199, 202); Mühle (BGH NJW 1988, 2880; OLG Stettin Recht 1906 Nr 1050); Parkhaus (OLG Düsseldorf DWW 2007, 147); Rehabilitationsklinik (BAG NJW 2007, 246, 248 f); Sägewerk (RGZ 168, 44, 46 f); Sportstudio (OLG Celle 11. 1. 2011 – 2 U 144/10, juris); Steuerberaterkanzlei (BFH GmbH-Rdsch 1997, 568); Tankstelle (BGH NJW 2006, 1792; NJW-RR 2007, 1286; OLG Hamburg GuT 2006, 147); Wäscherei und Färberei (RG HRR 1929 Nr 1208); Wasserwerk (OLG Brandenburg OLG-NL 2006, 153 f); Zahnarztpraxis (RG LZ 1925, 373).

67 Die insbesondere ökonomischen **Gründe** für die Verpachtung eines Unternehmens – genauer: des Betriebs eines Unternehmens – können vielfältig sein. Denkbare Motive sind etwa auf Seiten des Verpächters die Bestandssicherung und Fortführung eines bestehenden (Klein-)Unternehmens (Herrmann, Die Unternehmenspacht 2 f; Oppenländer, Die Unternehmenspacht 5 ff; Knoppe, Verpachtung eines Gewerbebetriebes 54 f; Fenzl S 51 Rn 182 f; Maser 81; Dröge 1 ff; Führling, Sonstige Unternehmensverträge mit einer abhängigen GmbH 87; Mimberg 64; Klein-Blenkers 23; NK-BGB/Klein-Blenkers Anh zu §§ 581–597 Rn 4; Lindenmeyer, Die Unternehmenspacht 76 f; Schneider JbFStR 1982/83, 387, 390; U Krause MittRhNotK 1990, 237, 238; Niggemann/Simmert NWB-BB 2010, 215, 215 f) oder – bei Großunternehmen – eine Dezentralisierung (Oppenländer, Die Unternehmenspacht 23; Maser 91 ff; Führling, Sonstige Unternehmensverträge mit einer abhängigen GmbH 87) bzw Neuordnung (Maser 128 ff; Fenzl S 45 f Rn 157 ff; ders Der Konzern 2006, 18, 19 f; Klein-Blenkers 23; Schneider JbFStR 1982/83, 387, 392), verbunden mit einer Vereinheitlichung und Straffung der Produktion (s Kölner Kommentar/Koppensteiner § 292 AktG Rn 93; ähnlich Maser 83 ff, 130 f), sowie möglicherweise Strategieentscheidungen in Bezug auf die Mitbestimmung im Unternehmen (Maser 93 ff, 129). Auf Seiten des Pächters spielen ein im Vergleich zum Unternehmenskauf vermindertes Risiko (vgl Kölner Kommentar/Koppensteiner § 292 AktG Rn 93; Mimberg 65) bzw ein geringerer Kapitalaufwand (zB Oppenländer, Die Unternehmenspacht 12 f, 16 f; Knoppe, Verpachtung eines Gewerbebetriebes 55 f; Maser 82; Fenzl S 49 f Rn 172 ff; Mimberg 65; U Krause MittRhNotK 1990, 237, 238), günstigere Produktionskosten (Oppenländer, Die Unternehmenspacht 17), Steuer- und Gebührenersparnisse (Oppenländer, Die Unternehmenspacht 18; Kölner Kommentar/Koppensteiner § 292 AktG Rn 93; differenzierend Knoppe, Verpachtung eines Gewerbebetriebes 58; Maser 105 f, 144; Mimberg 65 f) eine Rolle. Gewissermaßen von beiden Seiten her können die ökonomischen Synergieeffekte bei Zusammenfassung mehrerer Unternehmen (s auch Herrmann, Die Unternehmenspacht 4 f; Knoppe, Verpachtung eines Gewerbebetriebes 57 f; Mimberg 65) und eine größere Flexibilität in der Unternehmenspolitik (Oppenländer, Die Unternehmenspacht 18) von Bedeutung sein. Zur betriebswirtschaftlichen Beurteilung insb Slotta, Die Entscheidung über die Betriebspacht bzw Betriebsverpachtung 37 ff; Maser 127 ff; Schubert/Küting DB 1976, Beil 7, 1, 6 ff; zur besonderen Bedeutung der Unternehmenspacht im Energiesektor s Rn 101 f. Zum – iE relativ geringen – Risiko der Existenzvernichtungshaftung bei Verpachtung eines Unternehmens Sauer/Stoll BB 2011, 1091 ff.

68 Auf der Ebene des allgemeinen Zivilrechts ist bei der Unternehmenspacht vor allem der Vielschichtigkeit des Pachtgegenstands Rechnung zu tragen, nachdem im Gesetzgebungsverfahren ein Antrag auf Aufnahme von Sondervorschriften für diesen Bereich gescheitert war (Mugdan II 876, 880, 888). Für die Rechte und Pflichten der

Vertragspartner kommt es entscheidend darauf an, welche Sachen und Rechte zum verpachteten Unternehmen gehören. Fraglich kann insbesondere sein, ob die Regeln für unterschiedliche Pachtgegenstände hier kumulativ oder – in Bezug auf die einzelnen Unternehmensteile – alternativ anzuwenden sind. Dabei dürfte nach der Art der Vorschriften zu differenzieren sein: So können etwa in Bezug auf die konkreten Modalitäten der Überlassung einzelner Unternehmenselemente (Rechte, bewegliche, unbewegliche Sachen, sonstige Vermögensgegenstände) die für diese Elemente geltenden Regeln jeweils separat zur Anwendung kommen, während Schutzvorschriften (wie zB §§ 550, 566 BGB iVm §§ 578 Abs 1, 581 Abs 2 BGB für die Raumpacht) wohl einheitlich für den gesamten Vertrag gelten müssen und damit bei unterschiedlichen verpachteten Unternehmenselementen ggf zu kumulieren sind. Auch eine für die Übertragung einzelner Unternehmensbestandteile (zB Grundstücke) erforderliche Form sollte möglichst auf den gesamten Vertrag erstreckt werden, da Spezialregelungen für die Unternehmens- bzw Betriebspacht (wie zB § 613a BGB oder § 292 Abs 1 Nr 3 AktG) häufig auf den gesamten Vertrag Bezug nehmen, sodass eine Aufteilung unter einzelnen Aspekten nicht sinnvoll erscheint und auch Fragen einer Gesetzesumgehung aufwerfen würde. Schließlich ergeben sich aufgrund der Charakteristika des Unternehmens als Pachtgegenstand einige Besonderheiten bei den Pflichten der Beteiligten. So sind die Vertragspartner etwa analog §§ 1034, 1035 BGB verpflichtet, bei der Errichtung eines Eröffnungsinventars und einer Eröffnungsbilanz mitzuwirken (Isay, Das Recht am Unternehmen 159 f; Oppenländer, Die Unternehmenspacht 212 f). Darüber hinaus sind Besonderheiten zu berücksichtigen, die sich durch die Einwirkung von Regelungen aus anderen Rechtsgebieten auf den Pachtvertrag ergeben. Von Bedeutung sind hier vor allem Firmen-, Arbeits-, Konzern-, Kartell- und Steuerrecht. Diese Regelungskomplexe werden hier kurz dargestellt; die Einzelheiten werden im Zusammenhang mit denjenigen allgemeinen pachtrechtlichen Regelungen erläutert, die für die Unternehmenspacht durch spezialgesetzliche Regelungen Modifikationen erfahren (Rn 155, 157, 167 ff, 173, 187 ff, 214, 314, 317, 321 ff, 331 ff, 385 ff, 396, 423, 448 f, 454).

bb) Firmenrecht

Sofern es sich bei dem verpachteten Unternehmen um ein Handelsgeschäft handelt – **69** was regelmäßig der Fall sein dürfte –, kann der Pächter mit Einwilligung des Verpächters gemäß § 22 Abs 2 iVm Abs 1 HGB die **Firma** des Handelsgeschäfts **fortführen** (s dazu etwa MünchKommHGB/Heidinger § 22 HGB Rn 102; Strobel, Die Unternehmenspacht im deutschen, französischen und italienischen Recht 32; Ahlbrecht/Bengsohn Rpfleger 1982, 361, 362; K Schmidt, in: FS Hoffmann-Becking 1053, 1058; OLG Hamm NJW-RR 1998, 611, 612), was im Handelsregister einzutragen ist (Baumbach/Hopt/Hopt § 22 HGB Rn 13; Koller/Kindler/Roth/Morck/Roth § 22 HGB Rn 19; Röhricht/Graf vWestphalen/ Haas/Ries § 22 HGB Rn 66 ff). Während der Dauer des Pachtvertrags darf der Verpächter dann die Firma selbst nicht führen (s zB Staub/Burgard § 22 HGB Rn 115 f; Röhricht/Graf vWestphalen/Haas/Ries § 22 HGB Rn 59 ff; Oetker/Schlingloff § 22 HGB Rn 37; MünchKommHGB/Heidinger § 22 HGB Rn 75 – mit einer Modifikation; Maser 58; Bay-ObLG MDR 1978, 760 – zur umgekehrten Konstellation; teilw einschränkend Strobel, Die Unternehmenspacht im deutschen, französischen und italienischen Recht 33 f; zu gesellschaftsrechtlich bedingten Fragen der Firmenfortführung bei der Unternehmenspacht auch Maser 57 ff). Die Firmenfortführung durch den Pächter hat Auswirkungen insbesondere auf die Außenhaftung gegenüber Dritten (Rn 321, 332 f).

cc) Arbeitsrecht

70 Die Arbeitnehmerschutzregelung des § 613a BGB, der festlegt, dass beim Übergang eines Betriebs oder Betriebsteils durch Rechtsgeschäft der neue Betriebsinhaber in die Rechte und Pflichten aus den im Zeitpunkt des Übergangs bestehenden Arbeitsverhältnissen eintritt, spielt auch bei der Verpachtung von Unternehmen eine wichtige Rolle, indem sie zusätzliche Pflichten des Pächters begründet (Rn 322 ff).

dd) Recht der verbundenen Unternehmen
α) Allgemeines

71 Verpachtet eine deutsche AG oder KGaA den gesamten Betrieb ihres Unternehmens, sind einige Sonderregelungen aus dem Recht der verbundenen Unternehmen zu beachten, die Abschluss, Änderung und Beendigung des Vertrags betreffen können. Gemäß § 292 Abs 1 Nr 3 AktG wird ein solcher Vertrag in der Regel als Unternehmensvertrag eingeordnet, weil die Gesellschaft iE zur „Rentnergesellschaft" wird, ihr Unternehmen also letztlich nicht mehr selbst betreibt. Die Betriebspacht wird daher teilweise als ein Mittel der Konzerneingliederung angesehen (s zB EMMERICH/HABERSACK, Konzernrecht § 15 Rn 13; MESTMÄCKER, Verwaltung, Konzerngewalt und Rechte der Aktionäre 316 ff). Nach aA ist sie vor allem wegen der Veränderung der Zuständigkeiten unter § 292 Abs 1 Nr 3 AktG zu subsumieren, weil der Pächter als herrschendes Unternehmen die Vertragsbedingungen, die Betriebsführung und auch die Vertragsbeendigung weitgehend in der Hand hat (s zB GESSLER/HEFERMEHL/ECKHARDT/KROPFF/GESSLER § 292 AktG Rn 66 ff; VEIL, Unternehmensverträge 126 ff; SPINDLER/STILZ/VEIL § 292 AktG Rn 36). Teilweise werden auch beide Aspekte kumulativ als Voraussetzung einer Anwendung des § 292 Abs 1 Nr 3 AktG betrachtet (FENZL S 73 Rn 261; ders Der Konzern 2006, 18, 27 ff). Wie Betriebspachtverträge behandelt werden weiterhin Verträge zur Überlassung des Betriebs einer deutschen AG oder KGaA (Betriebsüberlassungsverträge), die – je nach Ausgestaltung im Einzelfall – auch pachtvertraglichen Charakter haben können (s Vorbem 46 f zu § 581). Für Abschluss, Änderung und Beendigung von Unternehmensverträgen enthalten §§ 293 ff AktG etliche Spezialregelungen, die dem Eingriff in die Unternehmensstruktur, den solche Verträge regelmäßig bewirken, Rechnung tragen sollen (s insb HÜFFER/KOCH § 291 AktG Rn 2; SPINDLER/STILZ/VEIL § 292 AktG Rn 36; für eine einzelfallbezogene Anwendung hingegen FENZL S 66 ff Rn 237 ff, S 70 ff Rn 251 ff; ders Der Konzern 2006, 18, 27 ff). Der Gesetzgeber ging jedoch von der Prämisse aus, dass Betriebspacht- und Betriebsüberlassungsverträge in erster Linie schuldrechtliche Austauschverträge darstellten und daher nicht in gleichem Maße wie die in § 291 AktG genannten Unternehmensverträge konzernrechtliche Probleme aufwürfen (Begründung zum RegE des § 292 bei KROPFF, AktG S 378 f; zustimmend zB HÜFFER/KOCH § 292 AktG Rn 2 mwNw; BÄLZ, in: FS L Raiser 287, 304 f; kritisch zB EMMERICH/HABERSACK, Konzernrecht § 15 Rn 6; EMMERICH/HABERSACK/EMMERICH, Aktien- und GmbH-Konzernrecht § 292 AktG Rn 39). Daher sind nur einzelne Regeln über Unternehmensverträge auf die Unternehmenspacht anwendbar (Rn 75 ff). Diese Vorschriften gelten nach zutreffender hM für konzerninterne wie -externe Betriebspachtverträge gleichermaßen (s insb SPINDLER/STILZ/VEIL § 292 AktG Rn 34; HÜFFER/KOCH § 292 AktG Rn 3; MIMBERG 78 ff; aA SCHNEIDER JbFStR 1982/83, 387, 408; SCHNEIDER/REUSCH DB 1989, 713, 715).

β) Voraussetzungen des § 292 Abs 1 Nr 3 AktG

72 Beim **Betriebspachtvertrag** iSd § 292 Abs 1 Nr 3 AktG wird auf den zivilrechtlichen Begriff des Pachtvertrags zurückgegriffen (s insb EMMERICH/HABERSACK, Konzernrecht § 15

Rn 8; EMMERICH/HABERSACK/EMMERICH, Aktien- und GmbH-Konzernrecht § 292 AktG Rn 40; MünchKommAktG/ALTMEPPEN § 292 AktG Rn 97; Kölner Kommentar/KOPPENSTEINER § 292 AktG Rn 75, teilw differenzierend allerdings Rn 77; SPINDLER/STILZ/VEIL § 292 AktG Rn 38 ff; VEIL, Unternehmensverträge 127; HÜFFER/KOCH § 292 AktG Rn 18; HENSSLER/STROHN/PASCHOS, Gesellschaftsrecht § 292 AktG Rn 12; DIERDORF, Herrschaft und Abhängigkeit einer Aktiengesellschaft auf schuldvertraglicher und tatsächlicher Grundlage 117; MASER 46; MIMBERG 26 ff). Dies ermöglicht allerdings nur eine erste Orientierung, weil gerade bei der Unternehmenspacht auch im allgemeinen Zivilrecht die Konturen des Pachtvertrags nicht völlig klar sind (s auch insb OESTERREICH, Die Betriebsüberlassung zwischen Vertragskonzern und faktischem Konzern 71 f). Typischerweise verpflichtet sich im Betriebspachtvertrag die verpachtende AG oder KGaA (zur Frage der entsprechenden Anwendung der Regelung bei Verpachtung durch andere Gesellschaften Rn 83, 170, 171), dem Pächter den Betrieb ihres Unternehmens zum Gebrauch und zur Fruchtziehung für die Dauer der Pachtzeit zu überlassen. Der Pächter verpflichtet sich, die vereinbarte Pacht zu zahlen und führt den Betrieb im eigenen Namen und für eigene Rechnung.

§ 292 Abs 1 Nr 3 AktG stellt **Betriebsüberlassungsverträge**, bei denen ein fremdes Unternehmen im fremden Namen auf eigene Rechnung geführt wird, den Betriebspachtverträgen gleich, auch wenn Betriebsüberlassungsverträge zivilrechtlich nicht stets als Pachtverträge anzusehen sein müssen (Vorbem 46 zu § 581; teilw **aA** MünchKomm/HARKE § 581 Rn 13). Für die aktienrechtliche Einordnung ist nicht die vertragstypologische Zuordnung im Zivilrecht, sondern die faktische Möglichkeit der Einflussnahme auf das überlassene Unternehmen, die nicht maßgeblich vom Handeln im eigenen oder fremden Namen abhängt, entscheidend. Allerdings dürfte in allen Fällen, in denen eine für die Anwendung des § 292 Abs 1 Nr 3 AktG hinreichende Möglichkeit der Einflussnahme auf das überlassene Unternehmen gegeben ist, auch zivilrechtlich nicht mehr ein Dienstvertrag mit Geschäftsbesorgungscharakter, sondern ein Pachtvertrag (Innenpacht) mit Geschäftsbesorgungscharakter vorliegen (Vorbem 46 zu § 581). 73

Umstritten ist schließlich, ob § 292 Abs 1 Nr 3 AktG auch auf **Betriebsführungsverträge** anzuwenden ist. Von der wohl hM wird dies zu Recht bejaht, wenn dem Betriebsführer alle Aufgaben übertragen werden (Vorbem 47 zu § 581). Bei diesen Verträgen handelt es sich jedoch zivilrechtlich nicht um Pachtverträge, sondern um Geschäftsbesorgungsverträge mit dienstvertraglichem Charakter (Vorbem 46 zu § 581), sodass die Behandlung dieser Verträge im Recht der verbundenen Unternehmen hier nicht näher dargestellt wird. 74

γ) **Besondere Regeln für Betriebspacht- und Betriebsüberlassungsverträge**
Für Betriebspachtverträge gilt neben einigen verfahrensrechtlichen Vorschriften (insbesondere dem Erfordernis der Zustimmung der Hauptversammlung, § 293 Abs 1 AktG, die gemäß § 130 Abs 1 S 1 AktG notariell zu beurkunden ist, weiterhin zB dem Schriftformerfordernis, § 293 Abs 3 AktG iVm § 126 BGB, und den Berichts- und Prüfungspflichten nach §§ 293a ff AktG) vor allem das für Unternehmensverträge konstitutive Eintragungserfordernis nach § 294 AktG. Weiterhin sind für Vertragsmodifikationen und Beendigungsmöglichkeiten die Sonderregelungen in §§ 295 ff AktG zu beachten. Zudem sind die Regeln über verbundene Unternehmen (§§ 15 ff AktG) anwendbar, sofern auch der Pächter ein Unternehmen iSd §§ 15 ff AktG ist (s insb EMMERICH/HABERSACK, Konzernrecht § 15 Rn 12; EMMERICH/HABERSACK/EM- 75

Merich, Aktien- und GmbH-Konzernrecht § 292 AktG Rn 47; Kölner Kommentar/Koppensteiner § 292 AktG Rn 6 ff; Schmidt/Lutter/Langenbucher § 292 AktG Rn 45; keine Unternehmenseigenschaft wird vorausgesetzt von Hüffer/Koch § 292 AktG Rn 3), was infolge der Führung des verpachteten Unternehmens regelmäßig der Fall sein dürfte (s zB Emmerich/Habersack, Konzernrecht § 15 Rn 10; Emmerich/Habersack/Emmerich, Aktien- und GmbH-Konzernrecht § 292 AktG Rn 41; MünchKommAktG/Altmeppen § 292 AktG Rn 95; differenzierend Kölner Kommentar/Koppensteiner § 292 AktG Rn 6, allerdings in Bezug auf eine Sonderkonstellation).

76 Sofern der vereinbarte Pachtzins hinter dem Wert des Pachtgegenstands zurückbleibt, also nach bürgerlichrechtlichem Verständnis kein voll entgeltlicher Vertrag vorliegt, sind insbesondere § 292 Abs 3 AktG und § 302 Abs 2 AktG von Bedeutung (Rn 267).

77 Neben den genannten Regelungen können §§ 311 ff AktG, insbesondere § 317 AktG, anwendbar sein, wenn ein Abhängigkeitsverhältnis (iSd § 17 AktG, s dazu insb BGHZ 121, 144, 146; 135, 107, 114 f; MünchKommAktG/Bayer § 17 AktG Rn 11 ff; Hüffer/Koch § 17 AktG Rn 4 ff; Emmerich/Habersack/Emmerich, Aktien- und GmbH-Konzernrecht § 17 Rn 5 ff mwNw; Bayreuther, Wirtschaftlich-existenziell abhängige Unternehmen im Konzern-, Kartell- und Arbeitsrecht, insb 32 ff, 85 ff mwNw), aber kein Beherrschungsvertrag iSd § 291 AktG vorliegt (s zB Mestmäcker, in: FG Kronstein 129, 149; Emmerich/Habersack/Emmerich, Aktien- und GmbH-Konzernrecht § 292 AktG Rn 47, 52; Emmerich/Habersack/Habersack, Aktien- und GmbH-Konzernrecht § 311 AktG Rn 16; Kölner Kommentar/Koppensteiner § 292 AktG Rn 21, 29; Hüffer/Koch § 292 AktG Rn 31; Spindler/Stilz/Veil § 292 AktG Rn 47; Gessler/Hefermehl/Eckhardt/Kropff/Gessler § 292 AktG Rn 97; Veelken, Der Betriebsführungsvertrag im deutschen und amerikanischen Aktien- und Konzernrecht 253; Schubert/Küting DB 1976 Beil Nr 7, 1, 2; Strobel, Die Unternehmenspacht im deutschen, französischen und italienischen Recht 16; aA insb Oesterreich, Die Betriebsüberlassung zwischen Vertragskonzern und faktischem Konzern 102 ff mwNw). Durch diese Regelungen wird der Einfluss des herrschenden Unternehmens zugunsten der Gläubiger und Aktionäre des beherrschten Unternehmens eingegrenzt.

78 Umstritten ist, ob und inwieweit bei einer Abhängigkeit der verpachtenden AG oder KGaA vom Pächter darüber hinaus weitere Schutzregelungen des Konzernrechts, insbesondere diejenigen über Beherrschungsverträge, anzuwenden sind. Dies wird meist als Frage einer **Umgehung der §§ 293 ff AktG** diskutiert (s dazu insb Gessler DB 1965, 1691, 1693 ff; ders, in: FS Ballerstedt 219 ff; Oesterreich, Die Betriebsüberlassung zwischen Vertragskonzern und faktischem Konzern 14 ff mwNw, 129 ff; Emmerich/Habersack/Emmerich, Aktien- und GmbH-Konzernrecht § 292 AktG Rn 61; Heidelberger Kommentar/Schenk § 292 AktG Rn 24; Schürnbrandt ZHR 169 [2005] 35, 37 ff). Zunächst ist zu fragen, in welchen Konstellationen von Betriebspachtverträgen das Eingreifen weiterer Schutzregelungen erforderlich ist. Entscheidend darf hier nicht die Bezeichnung (auch) als Beherrschungsvertrag, sondern muss allein der tatsächliche Inhalt des Vertrags sein (s auch Emmerich/Habersack, Konzernrecht § 15 Rn 25; Emmerich/Habersack/Emmerich, Aktien- und GmbH-Konzernrecht § 292 AktG Rn 61; Kölner Kommentar/Koppensteiner § 292 AktG Rn 10 iVm § 291 AktG Rn 27 ff; Hüffer/Koch § 292 AktG Rn 24; Oesterreich, Die Betriebsüberlassung zwischen Vertragskonzern und faktischem Konzern 133 ff; Schürnbrandt ZHR 169 [2005] 35, 41 ff; stärker differenzierend Fenzl S 87 f Rn 310 ff); ein falsch bezeichneter Vertrag ist nicht nichtig, sondern bei Einhaltung der für seinen materiellrechtlichen Inhalt maßgeb-

lichen gesetzlichen Anforderungen gültig (s auch MESTMÄCKER, in: FG Kronstein 129, 149 f; MünchKommAktG/ALTMEPPEN § 291 AktG Rn 47, § 292 AktG Rn 139; MIMBERG 52 ff; EMMERICH/ HABERSACK/EMMERICH, Aktien- und GmbH-Konzernrecht § 292 AktG Rn 61 f; **aA** insb GESSLER DB 1965, 1691, 1693 f; ders, in: FS Ballerstedt 219, 233 ff; MASER 78 f; FÜHRLING, Sonstige Unternehmensverträge mit einer abhängigen GmbH 80). Als Beispiel für ein Abhängigkeitsverhältnis, das weitere Schutzmechanismen erfordert, wird insbesondere die Vereinbarung von Weisungsrechten des Pächters auch hinsichtlich der pachtfreien Unternehmenssphäre der Verpächterin (etwa im Hinblick auf die Verwendung der Pacht) genannt (EMMERICH/HABERSACK, Konzernrecht § 15 Rn 24; EMMERICH/HABERSACK/EMMERICH, Aktien- und GmbH-Konzernrecht § 292 AktG Rn 60; MünchKommAktG/ALTMEPPEN § 292 AktG Rn 138; Kölner Kommentar/KOPPENSTEINER § 291 AktG Rn 32; Heidelberger Kommentar/SCHENK § 292 AktG Rn 24; MASER 71 f; DIERDORF, Herrschaft und Abhängigkeit einer Aktiengesellschaft auf schuldvertraglicher und tatsächlicher Grundlage 122 f; FÜHRLING, Sonstige Unternehmensverträge mit einer abhängigen GmbH 77 f; genauer differenzierend MIMBERG 47; kritisch VEIL, Unternehmensverträge 248). Wird ein konzernrechtliches Beherrschungsverhältnis im konkreten Fall bejaht, ist weiterhin umstritten, welche Rechtsfolgen greifen. Überwiegend wird eine Anwendung der Regeln über Beherrschungsverträge (§§ 291, 293 ff, 304 ff AktG) vertreten (EMMERICH/HABERSACK, Konzernrecht § 15 Rn 25 f; EMMERICH/HABERSACK/EMMERICH, Aktien- und GmbH-Konzernrecht § 292 AktG Rn 45; MünchKommAktG/ALTMEPPEN § 292 AktG Rn 139; Kölner Kommentar/KOPPENSTEINER § 292 AktG Rn 29 ff; STROBEL, Die Unternehmenspacht im deutschen, französischen und italienischen Recht 17 f; SCHÜRNBRANDT ZHR 169 [2005] 35, 47 ff; VEELKEN, Der Betriebsführungsvertrag im deutschen und amerikanischen Aktien- und Konzernrecht 257 mwNw); nach **aA** kommen die Regeln über den qualifizierten faktischen Konzern zur Anwendung (s insb VEIL, Unternehmensverträge 252 ff; SPINDLER/STILZ/VEIL § 292 AktG Rn 47 ff).

δ) Anwendbarkeit des § 292 Abs 1 Nr 3 AktG bei atypischen Gestaltungen
Problematisch ist die Anwendung des § 292 Abs 1 Nr 3 AktG bei atypischen Gestaltungen von Betriebspachtverträgen. Hier muss eine Abgrenzung in zwei Richtungen erfolgen: zu nicht mehr vom AktG erfassten Rechtsgeschäften einerseits und zu Beherrschungsverträgen iSd § 291 Abs 1 AktG andererseits. **79**

Nicht mehr vom AktG erfasst sind insbesondere Pachtverträge, die nicht den Betrieb des gesamten Unternehmens, sondern nur einen Unternehmensteil erfassen. Auf die Verpachtung eines solchen **Teilbetriebs** ist § 292 Abs 1 Nr 3 AktG nicht anwendbar (wohl aber §§ 581 ff BGB), weil diese Regelung die Überlassung der gesamten betrieblichen Anlagen voraussetzt (s etwa EMMERICH/HABERSACK, Konzernrecht § 15 Rn 8; MünchKommAktG/ALTMEPPEN § 292 AktG Rn 97; MIMBERG 28; FENZL S 73 Rn 260; KNOPPE, Betriebsverpachtung, Betriebsaufspaltung 37; ähnlich Kölner Kommentar/KOPPENSTEINER § 292 AktG Rn 75 f). Wird lediglich ein Teilbetrieb überlassen oder werden jedenfalls nicht sämtliche Einzelbetriebe eines Unternehmens verpachtet, liegt kein schwerwiegender Eingriff in die Unternehmensstruktur vor, der eine Anwendung der §§ 293 ff AktG erfordern würde (s etwa Kölner Kommentar/KOPPENSTEINER § 292 AktG Rn 75; MünchKommAktG/ALTMEPPEN § 292 AktG Rn 97; EMMERICH/HABERSACK/EMMERICH, Aktien- und GmbH-Konzernrecht § 292 AktG Rn 40a; HÜFFER/KOCH § 292 AktG Rn 18). Problematisch ist allerdings die Behandlung etwaiger Umgehungsgeschäfte: Werden lediglich einzelne, völlig unbedeutende Betriebe vom Pachtvertrag ausgenommen, sollte § 292 Abs 1 Nr 3 AktG anwendbar bleiben (s insb SPINDLER/STILZ/VEIL § 292 AktG Rn 40; **80**

MünchKommAktG/Altmeppen § 292 AktG Rn 97; ähnlich Kölner Kommentar/Koppensteiner § 292 AktG Rn 76).

81 Wenn der Pächter hingegen den Betrieb selbst nicht übernehmen möchte und mit dem Verpächter vereinbart, dass dieser den Betrieb in Zukunft im Namen und für Rechnung des Pächters führt, liegt ein **atypischer Betriebspachtvertrag** vor, der sich zivilrechtlich als gemischter Vertrag mit Elementen von Pacht- und Geschäftsbesorgungsvertrag darstellt (s auch Dierdorf, Herrschaft und Abhängigkeit einer Aktiengesellschaft auf schuldvertraglicher und tatsächlicher Grundlage 123 mwNw). An der Einordnung als Unternehmensvertrag iSd §§ 291 ff AktG ändert eine solche Vereinbarung nichts; entscheidend für die Abgrenzung zwischen § 291 Abs 1 AktG und § 292 Abs 1 Nr 3 AktG muss hier der Umfang des Weisungsrechts des Pächters gegenüber dem Verpächter sein. Solange sich dieses auf die Betriebsführung beschränkt, dürfte noch ein Betriebspachtvertrag iSd § 292 Abs 1 Nr 3 AktG anzunehmen sein (s zB Dierdorf, Herrschaft und Abhängigkeit einer Aktiengesellschaft auf schuldvertraglicher und tatsächlicher Grundlage 123; Mimberg 46 ff); geht es weiter (zB wenn es die Verwendung der Pacht, die Ausübung von Beteiligungsrechten oder gar die gesamte Unternehmensführung erfasst, s etwa Emmerich/Habersack, Konzernrecht § 15 Rn 24; MünchKommAktG/Altmeppen § 292 AktG Rn 138; Gessler/Hefermehl/Eckhardt/Kropff/Gessler § 292 AktG Rn 64, 99 ff; Fenzl Der Konzern 2006, 18, 27 ff), ist bei konzernexternen Verträgen von einem Vertrag iSd § 291 Abs 1 AktG auszugehen.

82 Entsprechendes muss für **atypische Betriebsüberlassungsverträge** gelten, bei denen das überlassende Unternehmen vom Übernehmer beauftragt wird, den Betrieb für dessen Rechnung weiterzuführen (s dazu zB Gessler/Hefermehl/Eckhardt/Kropff/Gessler § 292 AktG Rn 74; MünchKommAktG/Altmeppen § 292 AktG Rn 108). Für die Grenzziehung zwischen § 292 Abs 1 Nr 3 AktG und § 291 AktG kommt es daher wiederum maßgeblich auf den Umfang des Weisungsrechts des Übernehmers sowie auf die konzerninterne bzw -externe Wirkung an (Rn 81).

ε) **Schutzmechanismen bei Unternehmen anderer Rechtsform**
83 Da § 292 Abs 1 Nr 3 AktG nur für die AG und die KGaA gilt, stellt sich bei der Verpachtung von Unternehmen anderer Rechtsformen, für die entsprechende gesetzliche Regelungen fehlen, die Frage nach dem Eingreifen vergleichbarer oder zumindest ähnlicher Schutzmechanismen. Die Problematik kann bei der Verpachtung des Betriebs einer GmbH oder einer Personenhandelsgesellschaft auftreten. Bei der Verpachtung des Betriebs einer **GmbH** kommt teilweise eine Analogie zu §§ 291 ff AktG in Betracht (Rn 170); bei der Verpachtung einer **Personengesellschaft** ist hingegen größere Zurückhaltung angebracht (Rn 171).

ee) **Kartellrecht**
84 Unternehmenspachtverträge können als Zusammenschlüsse im Sinne der deutschen bzw europäischen Regelungen zur Fusionskontrolle (§§ 35 ff GWB bzw Art 1 ff EG-Fusionskontrollverordnung, Verordnung [EG] Nr 139/2004 des Rates vom 20. 1. 2004 über die Kontrolle von Unternehmenszusammenschlüssen, ABl EU 2004 L 24, S 1, im Folgenden FKVO) anmeldepflichtig sein, wenn sie die Aufgreifkriterien der genannten Regelungen erfüllen, also vor allem bei groß dimensionierten Unternehmenspachtverträgen. Dann sind die kartellrechtlichen Einschränkungen der Privatautonomie bereits im Rahmen des Vertragsschlusses zu beachten (Rn 187 ff).

ff) Steuerrecht

Von großer praktischer Bedeutung sind die Wechselwirkungen zwischen Unterneh- 85
menspacht und Steuerrecht (zur steuerrechtlichen Beurteilung s insb FELIX, Kölner Handbuch der Betriebsaufspaltung und Betriebsverpachtung; FORST/HOFFMANN EStB 2005, 195 ff; KALIGIN, Die Betriebsaufspaltung; KLEIN-BLENKERS, Das Recht der Unternehmenspacht; KNOBBE-KEUK, Bilanz- und Unternehmenssteuerrecht; KNOPPE, Pachtverhältnisse gewerblicher Betriebe im Steuerrecht; KORN/STRAHL, Betriebsaufspaltung – Aktuelle Probleme und Gestaltungshinweise; MITTELBACH, Gewerbliche Miet- und Pachtverträge in steuerlicher Sicht; NIGGEMANN/SIMMERT sj 2007, 34 ff; PETERSEN, Unternehmenssteuerrecht und bewegliches System; SÖFFING/MICKER, Die Betriebsaufspaltung; WITTICH, Die Betriebsaufspaltung als Mitunternehmerschaft). So können bestimmte Ausgestaltungen der Unternehmenspacht steuerrechtlich motiviert sein; in manchen Fällen – insbesondere bei der Beendigung einer Betriebsaufspaltung (dazu Rn 100) – spielt die Unternehmenspacht aber auch eine entscheidende Rolle für die steuerrechtlichen Konsequenzen der Umstrukturierung eines Unternehmens. Auch wenn mit der hM davon auszugehen ist, dass die wirtschaftliche Betrachtungsweise im Steuerrecht nicht zwangsläufig an zivilrechtliche Gestaltungen anknüpft (s dazu insb BVerfG NJW 1992, 1219 f; SCHULZE-OSTERLOH AcP 190 [1990] 139 ff; KLINGELHÖFFER DStR 1997, 544 ff; D BIRK/DESENS/TAPPE, Steuerrecht Rn 47; FEHRENBACHER, Steuerrecht § 1 Rn 5; KRUSE, Lehrbuch des Steuerrechts, Bd I 24; JOCHUM, Steuerrecht I Rn 6 ff; TIPKE/LANG/SEER, Steuerrecht § 1 Rn 31 ff mwNw, § 5 Rn 77 ff; aA insb CREZELIUS, Steuerrechtliche Rechtsanwendung und allgemeine Rechtsordnung 62 ff – aber mit Ausnahmen; ders, Steuerrecht II § 1 Rn 12 f, S 7 ff), was sich nicht zuletzt an § 21 EStG zeigt, der eben nicht sämtliche Einkünfte im Rahmen von Pachtverträgen iSd §§ 581 ff erfasst, ist ein kurzer Überblick über die steuerrechtlichen Grundlagen für das Verständnis der Unternehmenspacht im Zivilrecht sowie für die Rechtsgestaltung in diesem Bereich sinnvoll.

α) Unternehmenspacht

Die Unternehmenspacht wirkt sich vor allem im Hinblick auf Einkommen- und 86
Gewerbesteuer aus (zum Erbschaftsteuerrecht s insb SCHULZE ZUR WIESCHE BB 2009, 1391 ff; WÄLZHOLZ DStR 2009, 1605 ff). Ein Unternehmer erzielt regelmäßig Einkünfte aus Gewerbebetrieb iSd § 15 Abs 1 S 1 Nr 1 EStG und ist gewerbesteuerpflichtig. Verpachtet er sein Unternehmen, wird der Gewerbebetrieb in der Folgezeit vom Pächter geführt. Die Verpachtung stellt also auf Seiten des Verpächters eigentlich eine Betriebsaufgabe dar, denn dieser betreibt kein Gewerbe mehr und nimmt nicht mehr am wirtschaftlichen Verkehr teil (s insb KNOBBE-KEUK 793). Dann wäre der Verpächter verpflichtet, den Veräußerungsgewinn einschließlich der im Betriebsvermögen enthaltenen stillen Reserven gemäß § 16 Abs 2 EStG zu versteuern (s insb § 16 Abs 3 S 1 iVm Abs 1 S 1 Nr 1 EStG: als Veräußerung gilt auch die Aufgabe des Gewerbebetriebs), wobei ihm ggf ein Freibetrag nach § 16 Abs 4 EStG sowie ein ermäßigter Steuersatz nach § 34 Abs 3 EStG zugute kommen können (zu Einzelheiten der Gewinnermittlung s insb DRÖGE 344 ff). In der Folgezeit würde der Verpächter Einnahmen aus Vermietung und Verpachtung gemäß § 21 EStG erzielen, die durch Überschussrechnung gem §§ 8 ff EStG zu ermitteln wären (zu Einzelheiten DRÖGE 362 ff). Er wäre nicht mehr gewerbesteuerpflichtig, da er kein Gewerbe betriebe iSd § 2 Abs 1 GewStG (aA in Bezug auf den Teil der Pacht, der auf den Geschäftswert des Betriebs entfällt, BACHMANN/ERNST SteuerStud 2007, 364, 370) und die Verpachtung idR auch nicht als bloße Betriebsunterbrechung iSd § 2 Abs 4 GewStG anzusehen wäre (s dazu insb BFH BB 1961, 1230, 1230; BB 1998, 2041, 2042; FG Köln EFG 2009, 1244, 1245 f).

87 Diese **steuerrechtlichen Konsequenzen auf Seiten des Verpächters** wurden seit jeher für unbefriedigend gehalten, vor allem weil der Verpächter aus dem erhaltenen Pachtzins idR die Steuerschuld nicht begleichen kann und weil die Betriebsaufgabe nach Beendigung der Pacht ggf wieder rückgängig gemacht werden müsste (vgl nur KNOBBE-KEUK 793). Der RFH nahm daher zunächst an, dass der Betrieb vom Verpächter nicht aufgegeben werde (RFH RStBl 1930, 199; RStBl 1932, 625 f; StuW 1934 Nr 87, S 202). Die spätere Rspr ging davon aus, dass der Betrieb während der Verpachtung für den Verpächter ruhe und dieser während der Pachtzeit Einkünfte aus Vermietung und Verpachtung (§ 21 EStG), nicht aber aus Gewerbebetrieb (§ 16 EStG) erziele (RFH RStBl 1937, 939, 940; BFH BStBl III 1956, 18, 19; BStBl III 1957, 273, 274; weitergehend bereits BFH BStBl III 1959, 482 sowie BFH BStBl III 1961, 155, 156 f). Seit einer Entscheidung des Großen Senats des BFH im Jahr 1963 wird jedoch in ständiger Rspr angenommen, dass es keinen ruhenden Gewerbebetrieb gibt und dem **Verpächter** ein **Wahlrecht** zusteht, ob er den Betrieb aufgeben oder fortführen möchte (BFH GS NJW 1964, 942, 943 f; so im Ansatz auch schon BFH BStBl III 1959, 482 sowie BStBl III 1961, 155, 157; weiterhin insb BFH BB 1985, 1447 f; BStBl II 1988, 257, 258 f; DStR 1994, 1344 f; NJW-RR 1998, 324, 325 ff; BB 1998, 2041; HFR 2001, 977, 978; DStR 2003, 1785, 1787 f; BB 2005, 84, 86; HFR 2007, 989, 990; DStR 2009, 313, 314 f; NJW-RR 2009, 1546, 1547; BFHE 226, 224, 227; BFH 15. 4. 2010 – IV R 58/07, juris; 3. 4. 2014 – X R 16/10, BFH/NV 2014, 1038, 1041 f; BGH NJW 2004, 444, 445; R 16 [5] EStR 2008 sowie Schreiben des BMF vom 17. 10. 1994, BStBl I 1994, 771; dazu zB KNOBBE-KEUK 794: teleologische Reduktion des Betriebsaufgabetatbestands; SCHOOR DStR 1997, 1 ff; DRÖGE 137 ff [zu den Voraussetzungen für die Ausübung des Wahlrechts]; KALIGIN 99 f; SÖFFING/MICKER Rn 1601 ff; teilw kritisch SCHUSTER FR 2007, 584 ff; kritisch insg SOLFRIAN, Das Ende der Betriebsverpachtung). Im Zweifel (dh ohne Aufgabeerklärung des bisherigen Betriebsinhabers) wird von einer Betriebsfortführung ausgegangen; die Betriebsaufgabe kann aber auch noch zu einem späteren Zeitpunkt erfolgen (BFH NJW 1964, 942, 944; BB 1998, 2041; BB 2003, 2383, 2384; DStR 2003, 1785, 1787 f; BB 2005, 84, 86; DStR 2009, 313, 314 f; NJW-RR 2009, 1546, 1547 f; 15. 4. 2010 – IV R 58/07 Rn 22, juris; 7. 11. 2013 – X R 21/11 Rn 13, GmbHR 2014, 237; 6. 4. 2016 – X R 52/13 Rn 20 ff, GmbHR 2016, 890; R 16 [5] EStR 2008; KNOBBE-KEUK 795; zu einer Sonderkonstellation bei der Apothekenpacht BFH DStRE 2007, 269, 269 f). Eine Absicht des Verpächters, den Betrieb tatsächlich nach Beendigung des Pachtverhältnisses fortzuführen, wurde früher teilweise gefordert (vgl die Nachweise in BFH NJW-RR 2009, 1546, 1548); der BFH tendierte später offenbar zur Aufgabe dieses ohnehin schwer zu verifizierenden Merkmals (BFH NJW-RR 2009, 1546, 1548; zustimmend zB DÖTSCH jurisPR-SteuerR 40/2009 Anm 5; WENDT FR 2011, 1023, 1024 f). Die Wiederaufnahme des Betriebs durch den Verpächter nach Beendigung des Pachtverhältnisses muss jedoch objektiv möglich sein. Mittlerweile geht der BFH sogar davon aus, dass für eine Betriebsfortführung nicht einmal die Fortführung eines branchengleichen Unternehmens erforderlich sei (BFH DStR 2003, 1785, 1788 mwNw; BFHE 216, 412, 420 f; BFH DStR 2009, 313, 316; NJW-RR 2009, 1546, 1547; 3. 4. 2014 – X R 16/10, BFH/NV 2014, 1038, 1040 f; SCHIESSL FR 2005, 823 ff mwNw – auch zu Grenzen der Verpachtung an branchenfremde Unternehmen; anders noch BFHE 116, 540, 544). Zudem hat die Fortführungsfiktion in § 16 Abs 3b EStG mittlerweile die Rechtslage etwas vereinfacht, wenn auch nicht alle Zweifelsfragen beseitigt (siehe zu dieser Regelung insbesondere BMF BStBl 2016 I, 1326; WENDT FR 2011, 1023; MANZ DStR 2013, 1512). Das Wahlrecht kann nur von natürlichen Personen oder nicht gewerblich geprägten Personengesellschaften ausgeübt werden (s dazu insb SCHOOR DStR 1997, 1, 2 f mwNw); bei einer Personengesellschaft muss es zudem von allen Gesellschaftern einheitlich ausgeübt werden (BFH NJW 1995, 279, 280; NJW-RR 1998, 324, 326; SCHOOR DStR 1997, 1, 3; offen gelassen bei KNOBBE-KEUK 853). Eine zeitliche Höchstgrenze für die Anwendung der steuerrechtlichen Grundsätze über die Betriebspacht wird vom BFH nicht angenommen (BFH NJW 2009, 1546, 1548 mwNw; anders aber teilweise die Literatur, siehe etwa BLÜMICH/SCHALLMOSER § 16 EStG Rn 527; SCHMIDT/ WACKER § 16 EStG Rn 186). Das Wahlrecht des Verpächters bei der Verpachtung eines Gewerbebetriebs wird regelmäßig auch nicht vom Umgehungsverbot des § 42 AO erfasst (s nur DRÖGE 111).

Eine **Fortführung des Betriebs** setzt voraus, dass der Gewerbebetrieb im Ganzen **88** verpachtet wird. Der Pachtvertrag muss sich auf die wesentlichen Grundlagen des Betriebs als einheitlichen ganzen erstrecken; der Betrieb muss als lebender wirtschaftlicher Organismus erhalten bleiben (BFH BStBl III 1966, 49, 50; BStBl II 1968, 78, 79; DB 1977, 2167, 2168; BFHE 152, 62, 65; BFH BB 1990, 2322, 2323; BB 1994, 1835, 1836; NJW-RR 1997, 1123, 1124; BB 1998, 29, 30 f; NJW-RR 1998, 324, 326 f; HFR 2001, 977, 978; NZG 2004, 52, 53; BStBl II 2008, 220, 221; DStR 2009, 313, 314 f; NJW-RR 2009, 1546, 1547 mwNw; BFHE 226, 224, 227 ff; 7. 11. 2013 – X R 21/11 Rn 12 ff, GmbHR 2014, 437; 3. 4. 2014 – X R 16/10, BFH/NV 2014, 1038, 1040; 6. 4. 2016 – X R 52/13 Rn 23, GmbHR 2016, 890; R 16 [5] EStR 2008 iVm H 16 [5] 2009; DRÖGE 127 ff). In einem solchen Fall erzielt der Verpächter Einkünfte aus Gewerbebetrieb iSd § 15 Abs 1 S 1 Nr 1 EStG. Diese sind nach §§ 4 ff EStG zu ermitteln, sodass bei dieser Variante die stillen Reserven nicht besteuert werden, solange sie nicht – etwa durch Veräußerungen oder Entnahmen – realisiert werden. Als Gewinn aus dem Gewerbebetrieb erfasst wird jedoch der Pachtzins, auf den allerdings für den Verpächter keine Gewerbesteuer anfällt (BFH GS NJW 1964, 942, 943; R 2. 2 GewStR 2009; KNOBBE-KEUK 795; DRÖGE 129 f). Die Einkünfte des Verpächters aus Gewerbebetrieb sind grundsätzlich durch Betriebsvermögensvergleich gemäß §§ 4 Abs 1, 5 Abs 1 EStG zu ermitteln. Der Verpächter kann aber nach § 4 Abs 3 EStG auch die Überschussrechnung als Gewinnermittlungsmethode wählen, wenn er während der Verpachtung des Betriebs nicht mehr der Buchführungspflicht nach §§ 140, 141 AO unterliegt und auch nicht freiwillig Bücher führt (vgl zB DRÖGE 15, 199 ff).

Eine **Betriebsaufgabe** mit den oben (Rn 86 f) geschilderten Folgen liegt hingegen vor, **89** wenn der Betrieb eingestellt und der betriebliche Organismus aufgelöst wird, dh wenn alle wesentlichen Betriebsgrundlagen innerhalb kurzer Zeit und damit in einem einheitlichen Vorgang entweder in das Privatvermögen überführt oder einzeln an verschiedene Erwerber veräußert oder wenn sie teilweise veräußert und teilweise in das Privatvermögen überführt werden und damit der Betrieb als selbständiger Organismus des Wirtschaftslebens zu bestehen aufhört (s R 16 [2] EStR 2008; BFH BStBl II 1976, 670 f; DB 1982, 626, 627; BB 1991, 895; BMF BStBl I 2000, 1253). Entscheidend ist nicht das im Zusammenhang mit dem Abschluss des Pachtvertrags Erklärte (oder nicht Erklärte), sondern die tatsächliche Aufgabe des Betriebs (BFH BB 1998, 29, 30; NJW-RR 1998, 607; BStBl II 2008, 220, 221 ff; BStBl II 2009, 303, 304 f; 1. 10. 2015 – XB 71/15 Rn 27, NZI 2016, 260). Die Einkünfte des Verpächters nach der Betriebsaufgabe sind durch Überschussrechnung (§§ 8 ff EStG) zu ermitteln.

Der **Pächter** erzielt bei der Unternehmensverpachtung Einnahmen aus Gewerbe- **90** betrieb iSd § 15 EStG und ist gewerbesteuerpflichtig (wobei seit 2008 die Hinzurechnungsregel in § 8 Nr 1 lit d, e GewStG zu beachten ist, nach der auch ein Teil der Pacht dem Gewinn hinzugerechnet wird). Sein Gewinn ist durch Betriebsvermögensvergleich gemäß §§ 4 Abs 1, 5 Abs 1 EStG zu ermitteln (vgl DRÖGE 15); die Pacht ist abzugsfähige Betriebsausgabe iSd § 4 Abs 4 EStG (SOLFRIAN, Das Ende der Betriebsverpachtung 49 mwNw).

91 Diese steuerrechtlichen Grundsätze der Unternehmensverpachtung gelten auch bei der Verpachtung eines **Teilbetriebs** (BFH DB 1983, 2397, 2398 [„betriebsaufgabeähnlicher Vorgang"]; GmbHR 1998, 550 f; H 16 [3] EStR 2008 m Hinw 2009; zu Einschränkungen des Verpächterwahlrechts allerdings SCHOOR DStR 1997, 1, 2; zu einer besonderen Konstellation – Übergang des Verpächterwahlrechts bei teilentgeltlicher Veräußerung – BFH 6. 4. 2016 – X R 52/13 Rn 29 ff, GmbHR 2016, 890) sowie für die Unterverpachtung (FG Münster EFG 1999, 1014, 1014; FG Niedersachsen 17. 10. 2007 – 9 K 236/01, juris). Bei der Verpachtung eines Unternehmens unter **Familienangehörigen** sind zudem §§ 41 Abs 2, 42 AO besonders im Blick zu behalten (s dazu insb DRÖGE 113 ff mwNw aus der Rspr; KNOPPE, Betriebsverpachtung, Betriebsaufspaltung 70 ff); die vertraglichen Vereinbarungen müssen insbesondere einem Fremdvergleich standhalten (DRÖGE 118 ff mwNw).

92 Auch wenn es steuerrechtlich idR nicht entscheidend ist, ob ein Miet- oder Pachtvertrag vorliegt (zB BFH BStBl III 1966, 49, 50), wird die Abgrenzung zwischen beiden Vertragstypen im Steuerrecht iE weitgehend parallel wie im allgemeinen Zivilrecht (Vorbem 34 zu § 581) vorgenommen (s zB BFH DB 1968, 247, 248; BB 1974, 213; BStBl II 1975, 885, 886 f; BFHE 65, 189, 190 ff; 145, 134, 136 f; 161, 152, 153).

β) Betriebsaufspaltung
93 Im Zusammenhang mit einem Pachtvertrag über ein Unternehmen kann auch eine Betriebsaufspaltung erfolgen. Diese unterliegt steuerrechtlich speziellen Regeln, welche den allgemeinen Regeln über die Besteuerung der Unternehmenspacht (Rn 85 ff) vorgehen und daher hier ebenfalls kurz darzustellen sind. Eine Betriebsaufspaltung kann auf Seiten der Beteiligten vor allem haftungs- bzw steuerrechtlich motiviert sein (s zB KNOPPE, Betriebsaufspaltung 22; zum Haftungsrecht eingehend KALIGIN 27 ff; zur steuerrechtlichen Entwicklung KNOBBE-KEUK 866 f; zu weiteren denkbaren Motiven KALIGIN 65 ff; zu arbeitsrechtlichen Hintergründen R BIRK ZGR 1984, 23, 29 ff). Die haftungsrechtlichen Vorteile der Betriebsaufspaltung haben sich jedoch über die Jahre teilweise erheblich gewandelt (s KALIGIN 24 ff), und auch die steuerrechtlichen Anreize für eine Betriebsaufspaltung (s nur KNOBBE-KEUK 863) sind in der Vergangenheit wohl geringer geworden, etwa durch die Unternehmensteuerreformen von 2001 (dazu zB KESSLER/TEUFEL BB 2001, 17, 23 ff; dies DStR 2001, 869 ff; WEHRHEIM/RUPP BB 2008, 920, 921 f; zur steuerlichen Bedeutung der klassischen Betriebsaufspaltung nach Erlass der Steuerentlastungsgesetze 1999/2000/2002 und des Steuersenkungsgesetzes MÄRKLE BB Beil 7 zu Nr 31/2000, 1 ff; ders DStR 2002, 1109, 1110; KESSLER/TEUFEL BB 2001, 17) und 2008 (dazu zB BAUMERT/SCHMIDT-LEITHOFF DStR 2008, 888 ff; LEVEDAG GmbHR 2008, 281 ff; KORN/STRAHL 16 ff; SÖFFING/MICKER Rn 1852 ff; stärker differenzierend BRANDMÜLLER, in: FS Spiegelberger 45, 46 ff; WESSELBAUM-NEUGEBAUER GmbHR 2007, 1300, 1302 ff; STRAHL, in: FS Schaumburg 493 ff; LEMAIRE EFG 2009, 213, 214; WEHRHEIM/RUPP BB 2008, 920, 922 ff); anders hingegen die Anreize durch das Wachstumsbeschleunigungsgesetz 2010 (Gesetz zur Beschleunigung des Wirtschaftswachstums [Wachstumsbeschleunigungsgesetz] vom 22. 12. 2009, BGBl 2009 I 3950; zur Senkung der Hinzurechnung für Miet- und Pachtzinsen insb KOLBE BBK 2010, 102 ff). Die steuerrechtlichen Regeln der Betriebsaufspaltung, die vom BVerfG sowohl im Hinblick auf Art 3 Abs 1 GG (NJW 1969, 689 f; GmbHR 1995, 308; NJW 2004, 2513, 2514) als auch in Bezug auf Art 20 Abs 3 GG (NJW 1969, 689, 690; NJW 1985, 2939 f; NJW 2004, 2513,

2514) gebilligt wurden, sind durch das Ziel motiviert, die gewerbesteuerliche Bemessungsgrundlage zu erhalten (s etwa Levedag GmbHR 2008, 281, 282).

Bei der Betriebsaufspaltung werden die Funktionen eines Unternehmens auf zwei – **94** nach der steuerrechtlichen Rspr als selbständig anzusehende – Unternehmen, ein Besitz- und ein Betriebsunternehmen (ersteres – idR eine Personengesellschaft – führt der Verpächter, letzteres – idR eine Kapitalgesellschaft – der Pächter), aufgeteilt. Die Betriebsaufspaltung kann durch Aufspaltung innerhalb eines Unternehmens erfolgen, aber auch durch Gründung eines Betriebsunternehmens (zB durch eine Personengesellschaft), vgl dazu auch § 134 Abs 1 UmwG. Für die Unternehmenspacht sind insbesondere zwei Arten der Betriebsaufspaltung von Bedeutung (sie werden steuerrechtlich gleich behandelt): Bei der **echten Betriebsaufspaltung** wird ein bisher einheitliches Unternehmen in zwei rechtlich selbständige Unternehmen aufgespalten, und zwar entweder in Besitz- und Betriebsgesellschaft oder in Produktions- und Vertriebsgesellschaft (Kaligin 23 f; Knoppe, Betriebsverpachtung, Betriebsaufspaltung 41 f; ders, Betriebsaufspaltung 22 f; Söffing/Micker Rn 45 ff; Dehmer § 1 Rn 28 ff; die zweite Form ist aber für die Unternehmenspacht idR nicht relevant, Knoppe, Betriebsverpachtung, Betriebsaufspaltung 42). Bei der **unechten Betriebsaufspaltung** werden hingegen von vornherein zwei rechtlich selbständige Unternehmen gegründet (zeitgleich oder zeitversetzt, vgl insb Knoppe, Betriebsaufspaltung 23; ders, Betriebsverpachtung, Betriebsaufspaltung 42; Kaligin 24 f; Söffing/Micker Rn 54 ff; Dehmer § 1 Rn 31 ff; BFH BB 2002, 1462; 10. 5. 2016 – X R 5/14 Rn 24 ff, GmbHR 2016, 1320). Zu weiteren Varianten Kaligin 25 ff; Knoppe, Betriebsverpachtung, Betriebsaufspaltung 43 f.

Die **Voraussetzungen** einer Betriebsaufspaltung im Sinne des Steuerrechts sind im **95** Einzelnen höchst umstritten. Wesentliche Merkmale sind jedoch sachliche und personelle Verflechtung zwischen beiden Unternehmen. Die **sachliche Verflechtung** setzt voraus, dass dem Betriebsunternehmen vom Besitzunternehmen wesentliche Betriebsgrundlagen überlassen werden (s insb RFH RStBl 1930, 199; RStBl 1931, 484 f; BFH NJW 1961, 428, 430; BStBl II 1975, 781, 782; BB 1986, 651, 653; BB 1992, 195, 196; BStBl II 2000, 621, 621 f; DStR 2000, 816; BStBl II 2006, 176, 176 f; BStBl II 2006, 804; BFHE 220, 152, 154 f; BFH NJW-RR 2008, 991, 992; BFHE 228, 98, 107; 16. 2. 2012 – X ZB 99/10 Rn 7 ff, BeckRS 2012, 95116; 29. 11. 2012 – IV R 37/10 Rn 21 ff, GmbHR 2013, 723; 29. 7. 2015 – IV R 16/13 Rn 13, GmbHR 2015, 1337; 10. 5. 2016 – X R 5/14 Rn 15, 19 ff, GmbHR 2016, 1320). Hierzu existiert eine umfangreiche Kasuistik (s im Einzelnen Kaligin 149 ff), die jedoch für die Unternehmenspacht in vielen Fällen nicht entscheidend sein dürfte, weil bei der Verpachtung eines gesamten Unternehmens idR auch die wesentlichen Betriebsgrundlagen überlassen werden. Entscheidend für eine **personelle Verflechtung** ist der einheitliche geschäftliche Betätigungswille mit der Folge, dass die Personen, die das Besitzunternehmen beherrschen, in der Betriebsgesellschaft ihren Willen durchsetzen können (s insb BFH GS BB 1972, 30, 31; weiterhin zB BFH BB 1973, 374 f; BB 1973, 602; BB 1981, 895; BStBl II 1983, 299; GmbHR 1993, 110, 111; DStR 2000, 816; DStR 2002, 260, 261; BFHE 169, 231, 233 ff; 197, 254, 256 ff; 212, 100, 102 ff; 220, 152, 155 f; 228, 98, 106; BFH 23. 3. 2011 – X R 45/09 Rn 28 ff, NZG 2011, 916; NZG 2012, 278, 279; 16. 5. 2013 – IV R 54/11 Rn 34 ff, BB 2014, 33; 10. 5. 2016 – X R 5/14 Rn 15, GmbHR 2016, 1320; BMF BStBl I 2002, 1028; zu weiteren Einzelheiten insb Kaligin 104 ff). Im Einzelnen ist hier vieles problematisch, unter anderem die Frage der Zusammenrechnung von Beteiligungen naher Angehöriger (s insb Kaligin 108 ff; Söffing/Micker Rn 486 ff; Dehmer § 2 Rn 166 ff; Micker DStR 2012, 589, 590 f mwNw). Unklar sind auch noch immer die Auswirkungen der neueren Judikatur des BFH zum Umsatzsteuerrecht, in der die Voraussetzungen der personellen Verflechtung deutlich eingeschränkt werden (BFH DStR 2010, 1277, 1279 f; BB 2011, 1250, 1251 ff), auf die ertragsteuerliche Beurteilung der Betriebsaufspaltung (s dazu zB Dehmer § 5 Rn 33 ff; ders DStR 2010, 1701 ff; Behrens BB 2010, 2349, 2352; ders BB 2011, 1253 ff; Jacobs NWB 2011, 2283, 2284 ff).

96 Wenn ein Fall der **Mitunternehmerschaft** iSd § 15 Abs 1 S 1 Nr 2 EStG vorliegt, gelten die Regeln über die Betriebsaufspaltung nicht in allen Fällen. Die Einzelheiten eines Vorranges des § 15 Abs 1 S 1 Nr 2 EStG (s dazu etwa BFH DB 1985, 1975, 1977; DB 1994, 1602, 1603; Schoor DStR 1997, 1, 3 f; Kaligin 97 ff; Söffing/Micker Rn 768 ff; kritisch Knobbe-Keuk 895) oder der Annahme einer mitunternehmerischen Betriebsaufspaltung nach der neueren Rspr (s etwa BFH BB 1996, 2074, 2075 f; NJW 1999, 1135, 1135 f mwNw; NJW-RR 2005, 1700, 1701; BFHE 228, 98, 107 f; BMF, Schreiben vom 28. 4. 1998, BStBl I 1998, 583; zu den Folgen zB Korn/Strahl 26 ff; Söffing/Micker Rn 778 ff) sind teilweise unklar (s dazu hier nur Söffing/Micker Rn 821 ff mwNw; Schmidt/Wacker § 15 EStG Rn 858 f mwNw).

97 Eine Betriebsaufspaltung führt beim **Verpächter** zu folgenden **steuerrechtlichen Konsequenzen**: Er gibt seinen Betrieb nicht auf (mit der Folge, dass auch die stillen Reserven nicht aufgelöst werden und somit in diesem Zeitpunkt auch nicht zu versteuern sind), sondern erzielt Einnahmen aus Gewerbebetrieb gemäß § 15 EStG (zu Einzelheiten Kaligin 196 ff mwNw; Söffing/Micker Rn 953 ff; Carlé; Rn 417; kritisch zB Dehmer § 5 Rn 5 ff mwNw). Diese umfassen neben den laufenden Pachtzinszahlungen auch Veräußerungsgewinne sowie laufende Gewinnausschüttungen (s auch Knobbe-Keuk 885). Bei unentgeltlicher Nutzungsüberlassung oder einer Nutzungsüberlassung zu einem unangemessen niedrigen Nutzungsentgelt ist § 3c Abs 2 EStG zu beachten (s dazu hier nur BFH 28. 2. 2013 – IV R 49/11, GmbHR 2013, 656; 17. 7. 2013 – X R 17/11, NZG 2013, 1158; 17. 7. 2013 – X R 6/12, GmbHR 2013, 1337; BMF BStBl 2013 I, 1269; Söffing/Micker Rn 1527 ff mwNw). Zudem unterliegt der Verpächter (als Besitzunternehmen) der Gewerbesteuerpflicht gemäß § 2 Abs 1 S 2 GewStG (s dazu etwa Kaligin 244 ff mwNw; Märkle BB Beil 7 zu Nr 31/2000, 1, 13; Wesselbaum-Neugebauer GmbHR 2007, 1300, 1301 ff; zu Einzelaspekten auch Söffing/Micker Rn 1558 ff mwNw; RFH RStBl 1942, 1081 ff; BFH BB 1972, 30, 31; BStBl II 1985, 199, 200; NV 1996, 213 zur gewerblich geprägten Personengesellschaft; GmbHR 2000, 889, 890; BStBl II 2005, 778, 779 zur gewerblich geprägten Personengesellschaft; BFH 27. 7. 2009 – IV B 122/08, juris; offen gelassen in BFH DB 2011, 1255, 1256), was vom BVerfG als verfassungsmäßig angesehen wird (s insb BVerfG NJW 1969, 689 f; NJW 1985, 2939 f).

98 Der **Pächter** unterliegt in den Fällen der Betriebsaufspaltung idR der Körperschaftsteuerpflicht (zu Einzelheiten Kaligin 250 ff) und der Gewerbesteuerpflicht (Kaligin 271 ff). Die Pachtzahlungen sind im Rahmen der Gewerbesteuer als Betriebsausgaben abzugsfähig (Kessler/Köhler/Kröner/Risse, Konzernsteuerrecht Rn 309); zu beachten ist aber die Hinzurechnungsregelung in § 8 Nr 1 lit d, e GewStG.

99 Die steuerrechtlichen Regeln über die Betriebsaufspaltung sind zwar mittlerweile lange etabliert, im Einzelnen ist jedoch vieles umstritten. Teilweise wird die Betriebsaufspaltung im Steuerrecht insgesamt kritisch beurteilt (s etwa Knobbe-Keuk 889, 896; Roellecke, in: FS Duden 481, 499; Flume DB 1985, 1152, 1154; Barth BB 1985, 1861 ff; ders DB 1985, 510 ff; Woerner BB 1985, 1609 ff; Drüen GmbHR 2005, 69 ff; Carlé;, in: FS Spiegelberger 55 ff; Salzmann, in: FS Spiegelberger 401 ff; Crezelius, in: FS Streck 45 ff; Söffing/Micker

Rn 963 ff mwNw). Unklar ist auch, ob und inwieweit trotz der grundsätzlichen steuerrechtlichen Unabhängigkeit beider Unternehmen eine korrespondierende Bilanzierung bei Besitz- und Betriebsunternehmen erforderlich ist (so etwa BFH DB 1966, 445, 446; BStBl II 1975, 700, 702 ff; FG München 23. 4. 1990 – 13 K 13328/85, juris; Nds FG BeckRS 2012, 94065; kritisch Knobbe-Keuk 886; Söffing/Micker Rn 1161 ff; Dehmer § 5 Rn 62 ff; anders aber zB BFH NJW 1990, 1620 f; BB 1991, 1301, 1302; BB 1992, 30, 31; BB 1999, 507, 509; FG Baden-Württemberg BB 1992, 2391; FG Hamburg 10. 8. 2012 – 6 K 221/10, GmbHR 2012, 1372, 1373 f; Carlé; Rn 417; differenzierend etwa W Hoffmann StuB 2010, 249, 249 f). Zu den umsatzsteuerlichen Konsequenzen insbesondere Kaligin 310 ff mwNw.

γ) **Zusammenfassung**

Zusammenfassend lässt sich festhalten, dass die ertragsteuerrechtlichen Regeln über die Unternehmenspacht nur greifen, wenn keine Betriebsaufspaltung vorliegt, für die spezielle Regeln gelten. Die allgemeinen Regeln über die Unternehmenspacht können wieder aufleben, wenn eine Betriebsaufspaltung später wegfällt, zB wenn der von der Rspr verlangte einheitliche geschäftliche Betätigungswille „verloren geht". In diesen Fällen erlangt der fortbestehende Pachtvertrag als Grundlage der Besteuerung entscheidende Bedeutung, weil dann mit Hilfe des Wahlrechts des Besitzunternehmens in Bezug auf die Besteuerung die Konsequenzen der Betriebsaufgabe, die sonst bei Wegfall der Voraussetzungen der Betriebsaufspaltung einträten, verhindert werden können (vgl insb Knobbe-Keuk 892; Schoor DStR 1997, 1, 3; ders INF 2007, 148, 151; ausführlich Kaligin 292 ff mwNw; BFH BB 1996, 2074; BStBl II 1998, 325, 327 f; GmbHR 2005, 947, 948 f; BB 2006, 1486, 1487 – im konkreten Fall allerdings abgelehnt; BFHE 216, 412, 419; zur umstrittenen Frage der Beendigung der Betriebsaufspaltung bei Unterverpachtung Gluth GmbHR 2007, 1101 f mwNw). Zu beachten bleibt allerdings, dass nicht in allen Fällen einer Betriebsaufspaltung eine Unternehmenspacht in Betracht kommt, sondern dass bei manchen Betriebsaufspaltungen zwar wesentliche Grundlagen des Betriebs übertragen werden, jedoch nicht immer so viele, dass schon eine Unternehmenspacht angenommen werden kann. Für die hier zu betrachtenden Pachtfälle spielen die Feinheiten der steuerrechtlichen Voraussetzungen der Betriebsaufspaltung daher häufig keine entscheidende Rolle, weil dann, wenn ein Unternehmen verpachtet wird, regelmäßig auch die wesentlichen Betriebsgrundlagen überlassen werden.

gg) Sonderfall: Netzpacht

Bei der Netzpacht (Vorbem 74 zu § 581) handelt es sich um eine Sonderform der Unternehmenspacht im Energiesektor. Sie spielt eine Rolle für die Entflechtung nach §§ 7 Abs 1, 8 ff EnWG, möglicherweise auch – aber jedenfalls mit praktisch geringerer Bedeutung – für die Überlassung nach § 46 Abs 2 S 2 EnWG (dazu insb Bartel 457 ff; Kühling/Hermeier GewArch 2008, 102 ff; Börner Vw 2009, 201 ff; Säcker/Jaecks BB 2001, 997, 999 ff – zu § 13 Abs 2 S 2 EnWG aF; Lübbe/Funke Vw 2005, 77, 78 – zu § 13 Abs 2 S 2 EnWG aF; OLG Frankfurt OLGR 2008, 561, 562; OLG Koblenz ZNER 2009, 146, 148 f mwNw; aA OLG Schleswig ZNER 2006, 154, 157). § 7 Abs 1 EnWG schreibt in Umsetzung zweier EG-Richtlinien (Richtlinien Nr 2009/72/EG vom 13. 7. 2009, ABl EU 2009, L 211, 55 und Nr 2009/73/EG vom 13. 7. 2009, ABl EU 2009, L 211, 94) vor, dass vertikal integrierte Energieversorgungsunternehmen der Gas- und Stromversorgung sicherzustellen haben, dass Netzbetreiber, die mit ihnen iSd § 3 Nr 38 EnWG verbunden sind, hinsichtlich ihrer Rechtsform unabhängig von anderen Tätigkeitsbereichen der Energieversorgung sind; die Voraussetzungen einer solchen Unabhängigkeit werden in §§ 7a, 7b EnWG konkretisiert. Eine bisher häufig gewählte (dazu GERLAND/HELM BB 2008, 192 mwNw; LIEDER/ZIEMANN RdE 2006, 217, 218) Möglichkeit der **Entflechtung (Unbundling)** ist die Verpachtung des Netzbetreiberunternehmens an eine 100 %ige Tochtergesellschaft des Energieversorgungsunternehmens, die häufig für eine Dauer von drei Jahren mit vertraglicher Verlängerungsoption erfolgt (s BARTEL 457; FENZL RdE 2006, 224, 226). Gegenüber der für eine Entflechtung ebenfalls in Betracht kommenden Eigentumsübertragung hat dieses Modell den Vorteil der einfachen zivilrechtlichen Durchführbarkeit im Rahmen eines schuldrechtlichen Vertrags; das Energieversorgungsunternehmen behält das Eigentum an den verpachteten Netzen (s dazu insb GERLAND/HELM BB 2008, 192, 192 f; FENZL RdE 2006, 224, 225 f; BEISHEIM, in: BEISHEIM/EDELMANN, Unbundling 36, 50; zu Einschränkungen dieses Modells durch die Regulierungspraxis der Bundesnetzagentur MÜCKL RdE 2013, 68 ff). Der Sache nach handelt es sich um eine Unternehmenspacht, bei der auch die arbeitsrechtlichen Konsequenzen des § 613a BGB zu berücksichtigen sind (s insb SÄCKER DB 2004, 691, 692 f; ders RdE 2005, 85, 88; SEITZ/WERNER BB 2005, 1961, 1965; LIEDER/ZIEMANN RdE 2006, 217, 219; SIEVERT/BEHNES RdE 2005, 93, 95; GERSEMANN/HUSE/HINRICHS/LEIPNITZ Vw 2004, 273, 275; BEISHEIM, in: BEISHEIM/EDELMANN, Unbundling 36, 52 ff). In kartellrechtlicher Hinsicht ist bei Netzpachtmodellen vor allem § 37 Abs 1 Nr 2 S 2 lit a GWB (Kontrollerwerb) zu beachten, der allerdings eine bestimmte – im Einzelnen unklare – Dauer des Pachtverhältnisses voraussetzt (BECKER/ZAPFE ZWeR 2007, 419, 438 f; SÄCKER ZNER 2005, 270, 272 geht von fünf Jahren aus; allgemein zur erforderlichen Dauer Rn 193); auch die Regelungen des Vergaberechts können bei der Wahl des Vertragspartners zu berücksichtigen sein (dazu etwa TUGENDREICH ZfBR 2014, 547, 549 ff). Weiterhin sind bei der Ausgestaltung des Pachtvertrags die sonstigen Vorgaben des EnWG zu beachten. Wegen dieser speziellen Anforderungen dürften die gesellschaftsrechtlichen Regeln, die sonst in vielen Fällen der Unternehmenspacht eingreifen (Rn 71 ff), bei der Netzpacht keine Rolle spielen, weil in den Entflechtungsfällen das Versorgungsunternehmen gerade nicht zur Rentnergesellschaft wird, sondern nur einen Teilbetrieb verpachtet (BEISHEIM, in: BEISHEIM/EDELMANN, Unbundling 36, 50). Auch wenn auf europäischer Ebene seit 2009 eine vollständige Entflechtung auch in eigentumsrechtlicher Hinsicht (Ownership Unbundling) favorisiert wird, dürfte wegen der von den europäischen Regelwerken eröffneten regelungstechnischen Alternativen für Ausnahmefälle die Verpachtung von Energienetzen weiterhin rechtliche Relevanz behalten.

102 Von besonderer Bedeutung sind auch bei der Netzpacht die steuerrechtlichen Konsequenzen, die allerdings noch nicht bis ins Letzte ausgelotet sind (s insb BEHRENDT/SCHLERETH BB 2006, 2050, 2052 f; WEICHEL IR 2006, 173 ff; APPEL/BEISHEIM/EDELMANN/KAUFMANN ER 2006, 36, 38; KAUFMANN/WUTZEL, in: BEISHEIM/EDELMANN, Unbundling 61, 74 ff). Da die Entflechtung auf Dauer angelegt sein soll, wäre eigentlich auf Seiten des Energieversorgungsunternehmens von einer Betriebsaufgabe (ua mit der Konsequenz, dass die stillen Reserven aufgedeckt werden müssten) auszugehen. In der energierechtlichen Literatur wird bislang vor allem diskutiert, ob der Pächter zum wirtschaftlichen Eigentümer wird (dagegen zB FENZL RdE 2006, 224, 227; GERSEMANN/HUSE/HINRICHS/LEIPNITZ Vw 2004, 273, 274; für bestimmte Gestaltungen auch KAUFMANN/WUTZEL, in: BEISHEIM/EDELMANN, Unbundling 61, 77 f; iE offen gelassen von SIEVERT/BEHNES RdE 2005, 93, 95 f). Wenn man dies annähme, müsste (jedenfalls bei Kapitalgesellschaften – zum Netzbetrieb durch eine Personengesellschaft SIEVERT/BEHNES RdE 2005, 93, 96 f) dem Verpächter wohl auch hier ein Wahlrecht zwischen Betriebsaufgabe und Weiterführung des Unternehmens zugestanden werden (Rn 87); allerdings träfe den Pächter die Grunderwerbsteuerpflicht nach § 1 Abs 2 GrEStG (s etwa SIEVERT/BEHNES RdE 2005, 93, 96). Teilweise wird angenommen, dass das Verpachtungsmodell als Mittel der Entflechtung durch die Unternehmensteuerreform 2008 (insbesondere wegen der Hinzurechnungsregel in § 8 Abs 1 lit d, e GewStG) deutlich an Attraktivität verloren habe (GERLAND/HELM BB 2008, 192, 193).

hh) Sonderfall: Apothekenpacht

103 Wird eine Apotheke als Unternehmen verpachtet (Vorbem 72 zu § 581), sind die weitreichenden **Einschränkungen der Privatautonomie** in § 9 ApothekenG zu beachten. Ausgangspunkt der Regelung ist das grundsätzliche Verbot der Apothekenpacht; ein Verstoß gegen § 9 ApothekenG führt zur Nichtigkeit des Vertrags nach § 12 ApothekenG (s dazu insb BGH NJW 1979, 2351; NJW-RR 1998, 803, 804; GELDMACHER DWW 1999, 109, 112). Fraglich ist, ob dieses Verbot heute noch mit gesundheitspolitischen Erwägungen (Leitbild des „Apothekers in seiner Apotheke") zu rechtfertigen ist (s insb BVerfG NJW 1964, 1067, 1069; BVerwG NJW 1994, 2430, 2431; ähnlich BGHZ 75, 214, 215) oder ob es letztlich nicht einem Konkurrenzschutz zugunsten der Apotheker dient, der unter heutigen Verhältnissen schwer zu begründen ist (kritisch zB MünchKomm/HARKE § 581 Rn 27; TAUPITZ/SCHELLING NJW 1999, 1751 ff; DIEKMANN/REINHARDT WRP 2006, 1165 ff; explizit für eine Abschaffung: Sachverständigenrat zur Begutachtung der Entwicklung im Gesundheitswesen, Jahresgutachten 2014, BT-Drucks 18/1940, S 123 ff, 128; positiver hingegen STARCK, Rechtliche Bewertung der Niederlassungsfreiheit und des Fremdbesitzverbots im Apothekenrecht 27 ff; MAND WRP 2008, 906 ff; BYRLA A & R 2015, 154 ff). Es wurde aber vom BVerfG als zulässig angesehen (NJW 1964, 1067, 1069 ff) und dürfte nach dem Urteil des EuGH in der Rechtssache Doc Morris (NJW 2009, 2112), das sich auf das allgemeine Fremdbesitzverbot bezog, auch europarechtskonform sein (so schon STARCK, Rechtliche Bewertung der Niederlassungsfreiheit und des Fremdbesitzverbots im Apothekenrecht 40 ff mwNw; **aA** zB TAMKE 155 ff – alle vor dem Urteil des EuGH; zustimmend zum Urteil des EuGH iE H MEYER A & R 2009, 130 ff; SINGER DStR 2010, 78 f; kritisch zB TAMKE ZESAR 2009, 381, 382 ff; MARTINI NJW 2009, 2116; HERRMANN EuZW 2009, 413, 414 f; BEHME/PETROVIC NZG 2009, 794, 795; EICHENHOFER MedR 2009, 597, 598; SINGER AnwBl 2010, 79 ff; KERN § 581 Anh 2 Rn 20; differenzierend SONDER APR 2009, 143, 148). Ausnahmen vom Pachtverbot sieht § 9 Abs 1 ApothekenG insbesondere für Fälle vor, in denen der Verpächter die Apotheke aus einem in seiner Person liegenden Grund nicht mehr selbst betreiben kann, sowie nach dem Tod des Apothekers zur Erhaltung der Apotheke zum Lebensunterhalt für die Hinterbliebenen. Auch in diesen Fällen darf die Apotheke aber nur an einen approbierten Apotheker verpachtet werden (§ 9 Abs 2 ApothekenG).

104 Immer wieder wird in der Praxis versucht, das weitreichende Verbot der Apothekenpacht mit abweichenden Gestaltungsformen zu umgehen. Dem sollen jedoch weitere Verbote entgegenwirken. So sind nach der heutigen Fassung des § 8 S 2 ApothekenG auch **stille Gesellschaften** sowie sonstige **partiarische Rechtsverhältnisse** nicht approbierter Personen mit Apothekern unzulässig und somit nach § 12 ApothekenG nichtig (s dazu insb BGH NJW 1997, 3091, 3091 f; NJW-RR 1998, 803, 804 f; NZM 2004, 190, 190 f; MEYER DAZ 2004, 865, 873 f; anders die Rspr vor Einführung dieser Regelung, s BGH NJW 1972, 338, 339; BGHZ 75, 214, 215 ff); dies gilt jedoch gem § 8 S 3 ApothekenG nicht für Pachtverträge (s auch BGH NJW 1997, 3091, 3092; KIESER, Apothekenrecht 21 ff). Die **Verpachtung von Räumen bzw Einrichtungsgegenständen**, die für den Betrieb von Apotheken geeignet sind, ist zwar grundsätzlich zulässig (s nur BGH NJW 1979, 2351, 2352 – problematisch allerdings aus heutiger Sicht in Bezug auf die Vereinbarung einer Umsatzmiete; NJW-RR 1998, 803, 804; LG Nürnberg-Fürth NJW-RR 1992, 17, 18; SAALFRANK NZM 2001, 971, 976). Allerdings ist sie verboten und nach § 12 ApothekenG nichtig, wenn sie der Umgehung des § 9 ApothekenG dient (WOLF/ECKERT/BALL Rn 1719 f, S 524 f). Problematisch sind vor allem diejenigen Fälle, in denen bei einer Apothekenneugründung nicht nur die Räume, sondern auch die zum Betrieb der Apotheke erforderlichen Inventarstücke zur Verfügung gestellt werden (ein Umgehungsgeschäft wird in derartigen Fällen etwa angenommen von GELDMACHER DWW 1999, 109, 110; OLG Hamm ZMR 1984, 199; differenzierend SAALFRANK NZM 2001, 971, 976 f; offen gelassen von BGH NJW-RR 1998, 803, 804). Für ein Umgehungsgeschäft können eine Reihe von Indizien sprechen, etwa wenn bereits ein Apothekenbetrieb mit Kundenstamm, Goodwill, Personal etc vorhanden ist und der Pächter den Betrieb in den überlassenen Räumen ohne Weiteres aufnehmen kann, selbst wenn er die idR sehr wertvollen Warenvorräte zusätzlich kaufen muss (vgl OLG München ZMR 1997, 297). Weiterhin können zB die Verpflichtung zur Fortführung eines eingeführten Geschäftsnamens sowie die Vereinbarung einer hohen Umsatzpacht oder eines Wettbewerbsverbotes auf ein Umgehungsgeschäft hindeuten (OLG Karlsruhe [ZS Freiburg] NJW 1970, 1977, 1978; OLG Zweibrücken BeckRS 1996, 30897458; PIECK PharmZ 1970, 1721, 1721 f; ders PharmZ 1971, 375, 376; differenzierend in Bezug auf die Pachthöhe GELDMACHER DWW 1999, 109, 111). Als zulässig wurde hingegen ein Kaufvertrag über eine Apotheke samt Einrichtungsgegenständen angesehen, der ein Wiederkaufsrecht des Verkäufers enthielt (Statthaltervertrag), obwohl gleichzeitig die Räume zum Betrieb der Apotheke vermietet wurden (LG Nürnberg-Fürth NJW-RR 1992, 17, 18).

ii) Übergreifende Aspekte

105 Die rechtliche Erfassung der Unternehmenspacht bereitet aus mehreren Gründen praktische Probleme. Längerfristig angelegte Unternehmenspachtverträge nähern sich von ihren Wirkungen her endgültigen Unternehmensüberlassungsverträgen stark an, ohne diesen völlig gleichgestellt werden zu können, weil am Ende des Pachtvertrags das Unternehmen an den Verpächter zurückfällt. Das wirkt sich im Firmen-, Arbeits-, Konzern-, Kartell- und Steuerrecht aus, und zwar vor allem bei Regelungen zum Schutz bestimmter Personengruppen. So sollten für den Fall der Firmenfortführung in Bezug auf Haftung und Enthaftung klare kautelarjuristische Regelungen getroffen werden, weil das gesetzliche Modell des Gläubigerschutzes für die Unternehmenspacht nur teilweise passt. Die Probleme werden hier durch die Trennung von Eigentum und Besitz im Verhältnis zwischen Verpächter und Pächter noch verstärkt. Auch die arbeitnehmerschützenden Regeln über den Betriebsübergang, die konzernrechtlichen Schutzvorschriften und die kartellrechtlichen Tatbestände setzen eine gewisse Dauerhaftigkeit voraus, die insbesondere im Kartellrecht mangels klarer Abgrenzungskriterien zu Rechtsunsicherheit bei der Verpachtung von Unternehmen mit erheblichen Marktanteilen führen kann. Ebenso stellt sich die Frage der Betriebsaufgabe im Steuerrecht gerade deswegen, weil mit der Verpachtung keine endgültige Veränderung der Rechtszuständigkeit verbunden ist. – Teilweise führt auch der Verbleib des Eigentums an Betriebsmitteln, Gebäuden etc beim Verpächter zu Komplikationen, etwa in Bezug auf die Enthaftung nach § 26 HGB oder mit Blick auf die Gewerbesteuerpflicht. Dagegen beruhen die konzernrechtlichen Sonderregelungen über die Unternehmenspacht zu einem wesentlichen Teil auf der Veränderung der Entscheidungszuständigkeit, sodass hier die sachenrechtlichen Verhältnisse nicht entscheidend sind. – Weitere Probleme ergeben sich regelmäßig bei Aufteilungen bzw Umstrukturierungen eines Unternehmens im Zu-

c) Know-how

Wird im Rahmen eines Know-how-Vertrags oder eines anderen Vertrags (zB eines **106** Franchise- oder Sponsoringvertrags; zur rechtlichen Erfassung gemischter Verträge Vorbem 97 zu § 581) Know-how auf Zeit gegen Entgelt zur Fruchtziehung überlassen, handelt es sich um die Pacht eines sonstigen Gegenstands. Da zweifelhaft ist, ob Know-how als Gegenstand iSd § 581 BGB oder als Recht im Sinne eines Immaterialgüterrechts angesehen werden kann (dazu insb Martinek, Moderne Vertragstypen Bd II 240; Cebulla 179 ff mwNw), erscheint es sinnvoll, hier von der Pacht eines sonstigen Gegenstands auszugehen und im Rahmen der ergänzenden Anwendung der §§ 581 ff BGB jeweils im konkreten Fall zu überprüfen, ob neben den allgemeinen Regeln des Pachtrechts auch diejenigen über die Rechtspacht entsprechend herangezogen werden können. Das dürfte regelmäßig der Fall sein und wird auch nicht dadurch gehindert, dass Know-how nach Vertragsbeendigung nicht zurückübertragen werden kann, zumal die Rückübertragungspflicht im Einzelfall ggf durch eine Geheimhaltungspflicht substituiert werden kann. Gewisse Modifikationen der Regeln über die Rechtspacht sind allerdings bei der Rechtsmängelhaftung erforderlich (Rn 383).

d) Besondere Pachtgegenstände im IT-Bereich

Da die rechtliche Qualifizierung von **Software** höchst umstritten ist (s dazu nur Stau- **107** dinger/Stieper [2017] § 90 Rn 12; MünchKomm/Stresemann § 90 Rn 25; BeckOK/Fritzsche [15. 6. 2017] § 90 Rn 25 f, jew mwNw) und zudem die Überlassung von Software auf Zeit in sehr unterschiedlichen Formen erfolgen kann, erscheint es sinnvoll, in den seltenen Fällen, in denen hier überhaupt ein Pachtvertrag in Betracht kommt (Vorbem 94 zu § 581), von der Pacht eines sonstigen Gegenstands auszugehen und im jeweiligen Einzelfall zu untersuchen, ob neben §§ 581, 584a, 584b BGB auch die Anwendung der Regeln über spezielle Pachtgegenstände, insbesondere derjenigen über die Rechtspacht, in Betracht kommt.

Grenzfälle zwischen der Rechtspacht und der Pacht sonstiger Gegenstände sind **108** **Website-Hosting**, die **Überlassung von Rechenleistung** sowie die **Überlassung von Plattformen**. Alle drei Vertragsgegenstände können im Einzelfall auch verpachtet werden (Vorbem 90, 92, 93 zu § 581). Man könnte hier darauf abstellen, dass Gegenstand des Pachtvertrags das jeweilige Nutzungsrecht ist. Da aber bei solchen Verträgen vielfältige Elemente zusammenwirken, erscheint es sinnvoller, von der Pacht sonstiger Gegenstände auszugehen, um das Spektrum der anwendbaren Regelungen nicht von vornherein einzuschränken, sondern einzelfallbezogen entscheiden zu können, ob zusätzlich auch die Regeln über die Rechtspacht entsprechend herangezogen werden können. Dagegen ist die **Domainpacht** als Rechtspacht einzustufen (Rn 61).

III. Parteien des Pachtvertrags

1. Allgemeines

Parteien des Pachtvertrags können grundsätzlich alle natürlichen und juristischen **109** Personen des privaten und des öffentlichen Rechts sein, weiterhin auch die BGB-

Gesellschaft als teilrechtsfähige Gesellschaft (grundlegend BGHZ 146, 341), nicht aber die Erbengemeinschaft – hier sind die einzelnen Miterben Parteien des Pachtvertrags (BGH NJW 2002, 3389, 3390 – zum Mietrecht). Bei der Verpachtung eines Unternehmens durch eine Kapitalgesellschaft können gesellschaftsrechtliche Sonderregelungen, wie insbesondere § 292 Abs 1 Nr 3 AktG, zu beachten sein (§ 581 Rn 71 ff).

2. Verpächter

a) Allgemeines

110 Verpächter ist derjenige, der den zur Fruchtziehung geeigneten Gegenstand gegen Entgelt überlässt. Er muss nicht zwingend Eigentümer des Pachtgegenstands sein (OLG München WuM 1995, 152, 153; KERN § 581 Rn 46).

111 Bei der **Jagdpacht** kann Verpächter nur derjenige sein, dem das Jagdausübungsrecht zusteht, also der Eigentümer oder Nutznießer (§ 7 Abs 4 BJagdG) oder in einem gemeinschaftlichen Jagdbezirk eine Jagdgenossenschaft (§ 8 Abs 5 BJagdG; zum Vertragsschluss in diesen Fällen LORZ/METZGER/STÖCKEL/METZGER § 11 BJagdG Rn 9; OLG Brandenburg Jagdrechtliche Entscheidungen IV Nr 111).

112 Bei der **Fischereipacht** kommt als Verpächter nur derjenige in Betracht, dem das Fischereiausübungsrecht zusteht.

113 Verpächter können auch mehrere Personen (**Mitverpächter**) sein, zB infolge Veräußerung eines Teils von mehreren verpachteten Grundstücken (§§ 581 Abs 2, 566 BGB). Hier wird der Pachtvertrag idR nicht geteilt, sondern bleibt als einheitlicher bestehen (OLG Rostock OLGR 2001, 283, 283 f; OLG Brandenburg 15. 3. 2007 – 5 U 117/06, juris). Im Innenverhältnis liegt dann regelmäßig eine Bruchteilsgemeinschaft iSd §§ 741 ff BGB vor (OLG Brandenburg 15. 12. 2010 – 3 U 58/10, juris), im Einzelfall evtl auch eine Gesellschaft bürgerlichen Rechts (OLG München ZWE 2012, 130, 130 f). Die Auswirkungen etwa auf Vertragsschluss, Rechte und Pflichten der Beteiligten sowie Kündigung entsprechen weitgehend denjenigen bei der Miete (STAUDINGER/EMMERICH [2018] Vorbem 73 ff zu § 535 mwNw). Mehrere Verpächter sind in Bezug auf Forderungen aus dem Pachtvertrag idR Mitgläubiger iSd § 432 BGB (s zB OLG Rostock OLGR 2001, 283, 283 f; OLG Hamm 6. 5. 2011 – 30 U 15/10, juris; OLG Brandenburg 26. 1. 2012 – 5 W [Lw] 10/11, juris; OLG Hamm 21. 2. 2013 – 10 U 109/12, RNotZ 2013, 365, 369) mit der Folge, dass die Zahlung der Pacht (OLG Brandenburg 15. 12. 2010 – 3 U 58/10, juris; 26. 1. 2012 – 5 W [Lw] 10/11, juris) oder die Herausgabe des Pachtgegenstands (OLG Hamm 6. 5. 2011 – 30 U 15/10, juris) idR nur von allen Gläubigern und an alle Gläubiger verlangt werden kann (Ausnahme: OLG Brandenburg 15. 12. 2010 – 3 U 58/10, juris) und die Kündigung nur durch die Gläubiger gemeinsam (OLG Braunschweig OLGR 1994, 189; OLG Rostock OLGR 2001, 283, 285; OLG Brandenburg 15. 3. 2007 – 5 U 117/06, juris; OLG Hamm 6. 5. 2011 – 30 U 15/10, juris) bzw durch einen von allen anderen Mitgliedern der Bruchteilsgemeinschaft ermächtigten Verpächter (OLG Hamm 21. 2. 2013 – 10 U 109/12, RNotZ 2013, 365, 371 f) erfolgen kann.

b) Wechsel in der Person des Verpächters
aa) Parteiwechsel

114 Ein **Parteiwechsel** richtet sich zunächst nach allgemeinen Regeln, dh der Wechsel des Verpächters bedarf sowohl bei einer Schuldübernahme (§ 415 BGB) als auch bei

einer Vertragsübernahme der Mitwirkung (Zustimmung bzw Beteiligung am Vertrag selbst) des Pächters (s zu § 415 auch OLG Düsseldorf DWW 2001, 63; OLG Hamm 6. 5. 2011 – 30 U 15/10, juris). Zudem müssen etwaige für den ursprünglichen Vertrag geltende Formerfordernisse auch bei einer solchen Vertragsänderung eingehalten werden.

bb) Veräußerung des Pachtgegenstands
α) Gesetzliche Regelungen

Eine Sonderkonstellation stellt die **Veräußerung des Pachtgegenstands** dar. Hier gilt in erster Linie § 581 Abs 2 BGB iVm den Regelungen des Mietrechts (zur abweichenden Struktur von – auch steuerrechtlich motivierten – Asset Deals bei Hotelimmobilien insbesondere DIEDERICHSEN/SCHMIDT/BENEKE ZfIR 2014, 165, 169 ff). Bei der Verpachtung eines Grundstücks oder Raumes greift daher § 581 Abs 2 BGB iVm §§ 578 Abs 1 bzw Abs 2 S 1, 566 BGB, dh der Erwerber tritt anstelle des Verpächters in die sich während seines Eigentums ergebenden Rechte und Pflichten aus dem Pachtvertrag ein; entscheidend ist insoweit das Bestehen eines Pachtvertrags, nicht der Vertragsbeginn (BGHZ 42, 333, 340). Entsprechendes gilt kraft Verweisung für die Jagdpacht (§ 14 Abs 1 S 1 BJagdG), die Pacht eines eingetragenen Schiffs (§ 578a Abs 1 BGB) und in manchen Bundesländern auch für die Fischereipacht (Rn 472). Für die Verpachtung sonstiger Rechte oder beweglicher Sachen besteht keine Regelung, sodass hier grundsätzlich nicht von einem Eintritt des Erwerbers in die Rechte und Pflichten aus dem Pachtvertrag auszugehen ist, sondern mit diesem ggf ein neuer Pachtvertrag zu schließen ist. **115**

β) Voraussetzungen des § 566

Der **Anwendungsbereich des § 566 BGB** ist nur bei der Grundstücks- und Raumpacht sowie ggf bei anderen Pachtgegenständen kraft gesetzlicher Verweisung (Rn 115) eröffnet. **116**

Zur **Grundstückspacht** zählen auch Bodenabbauverträge (RGZ 94, 279, 280; RG JW 1919, 379; JW 1919, 674; BayObLGZ 10, 280, 286), die Gestattung der Quellwasserentnahme gegen ein einmaliges Entgelt (RG HRR 1934, Nr 1197) und die Verpachtung geschlossener Privatgewässer zur Fischerei, weil dabei nicht das Fischereirecht, sondern das Seegrundstück den Pachtgegenstand bildet (KG OLGE 38, 93). Fraglich ist eine Anwendbarkeit des § 566 BGB bei einer Verbindung des Grundstücks mit weiteren Gegenständen oder wenn die Pacht eines Rechts mit der Überlassung eines Grundstücks verbunden wird. **117**

Bei der **Pacht eines Grundstücks mit weiteren Gegenständen** teilen diese Gegenstände nach § 93 BGB ohne Weiteres das rechtliche Schicksal des Grundstücks, soweit es sich um wesentliche Bestandteile handelt. Fraglich ist, ob § 566 BGB auch für mitverpachtete Sachen und Rechte gilt, wie vor allem bei der Verpachtung eingerichteter Geschäftsräume und bei der Unternehmenspacht. Die Rspr geht dem Problem mitunter dadurch aus dem Weg, dass sie bei solchen zusammengesetzten Verträgen im Zweifel einen vertraglichen Ausschluss der §§ 566 ff BGB annimmt (KG JW 1925, 2266 mAnm JOSEF JW 1926, 718 – zur Miete). Das Schrifttum stimmt dem teilweise zu, soweit sich der Vertrag über Grundstück bzw Räume und über die mitverpachteten Gegenstände nicht getrennt beurteilen lässt (MITTELSTEIN/STERN 650 – zu §§ 571 ff aF; JOSEF JW 1926, 718 – zur Miete; ders Gruchot 49, 737, 753 f – zur Miete; ähnlich BLANK/BÖRSTINGHAUS § 566 Rn 6 – zur Miete; differenzierend STAUDINGER/EMMERICH [2018] § 566 Rn 57 – zur **118**

Miete). Für die Lösung des Problems ist das Ziel der §§ 581 Abs 2 BGB iVm 566, 578 Abs 1 BGB entscheidend, den Pächter bei einer Veräußerung des Grundstücks in der Weise zu schützen, dass der Grundstückserwerber neuer Vertragspartner wird und ihm so der Vertragsgegenstand erhalten bleibt. Dieser Schutzzweck legt eine eher extensive Auslegung nahe: Erstreckt sich die Grundstücks- oder Raumpacht auf bewegliche Sachen, was für die Verpachtung eingerichteter Geschäftsräume geradezu typisch ist, handelt es sich um einen einheitlichen Vertrag. Die Regelungen der §§ 566, 578 Abs 1 BGB knüpfen an die Veräußerung des Grundstücks an und binden den Erwerber für die Dauer seines Eigentums an dem Grundstück. Erstreckt sich diese Veräußerung nach § 926 BGB auf bewegliche Sachen, die nach §§ 97, 98 BGB Zubehör des Grundstücks sind, so ist auch der Geltungsbereich der §§ 566, 578 Abs 1 BGB auf diese Sachen auszudehnen (KG OLGE 38, 93, 94; OLG Kiel DRiZ 1933 Nr 79). Zum Schutz des Pächters kann einer formalen Trennung der Veräußerungsgeschäfte keine Bedeutung beigemessen werden. Andere Sachen sowie Rechte, die nicht in einem Rechtsakt mit dem Grundstück veräußert werden können, werden hingegen nicht von den §§ 566, 578 Abs 1 BGB erfasst. Insoweit ist der Abschluss eines neuen Pachtvertrags mit dem Erwerber erforderlich, soweit sich der Pächter hinsichtlich der beweglichen Sachen nicht mit dem schwächeren Schutz des § 986 Abs 2 BGB begnügen will. Wird nur das Grundstück veräußert, während mitverpachtete bewegliche Sachen im Eigentum des bisherigen Verpächters bleiben, wird der Pachtvertrag nicht in zwei selbständige Verträge aufgespalten, sondern besteht im Interesse des Pächters als einheitlicher Vertrag mit zwei Verpächtern (Rn 113) fort. Ähnliches gilt, wenn mitverpachtete Rechte nicht mitveräußert werden. Die gleichen Probleme ergeben sich, wenn ein Grundstück an verschiedene Personen verpachtet wird oder wenn mehrere Gebäude als Einheit verpachtet werden und während der Vertragszeit ein Teil der Gebäude an verschiedene Erwerber veräußert wird (OLG Rostock OLGR 2001, 283, 284). Werden hingegen das Grundstück einerseits und bewegliche Sachen oder Rechte andererseits an verschiedene Personen veräußert, greift § 566 BGB nur für den Grundstückserwerber ein. Insoweit ist der Pachtvertrag auf jeden Fall aufzuteilen. Im Übrigen ist der Pächter nur durch § 986 Abs 2 BGB geschützt. Die Komplikationen zeigen, dass in derartigen Fällen eine vertragliche Vereinbarung der Beteiligten unter Einbeziehung des Pächters empfehlenswert ist.

119 Bei der **Verbindung einer Rechtspacht mit der Überlassung eines Grundstücks** stellt sich die Frage einer entsprechenden Anwendbarkeit des § 566 BGB nur dann, wenn das verpachtete Recht überhaupt veräußerlich ist, also insbesondere nicht bei der Verpachtung eines Nießbrauchs oder einer beschränkten persönlichen Dienstbarkeit. Bei der Verpachtung einer Grunddienstbarkeit ist § 566 BGB insoweit unmittelbar anwendbar, als das herrschende Grundstück veräußert wird und damit die Dienstbarkeit als Bestandteil iSd § 96 BGB auf den Erwerber übergeht. Teilweise ist die entsprechende Anwendung des § 566 BGB im Gesetz ausdrücklich angeordnet, so für die Veräußerung eines verpachteten Dauernutzungsrechts in den §§ 37 Abs 2 und 3, 31 Abs 3 WEG, oder sie ergibt sich aus einer Verweisung auf die Vorschriften des BGB über Grundstücke, so in § 11 Abs 1 ErbbauRG für die Veräußerung eines verpachteten Erbbaurechts. Darüber hinaus ist § 566 BGB wegen seines Charakters als Sondervorschrift idR nicht entsprechend anwendbar. Dies wird zwar in erster Linie für andersartige Rechtsverhältnisse als Miete oder Pacht ausgeführt (STAUDINGER/EMMERICH [2018] § 566 Rn 19f), gilt aber für einen anderen Vertragsgegenstand als ein Grundstück in gleicher Weise. So wird die Anwendung des § 566 BGB auf die Rechtspacht auch dann abgelehnt, falls das Recht überlassen wird, eine in eine größere Organisation integrierte Einrichtung zu nutzen (dazu allgemein Rn 55), selbst wenn sich die Nutzung auf ein Grundstück, Räume oder Teile derselben erstreckt (RGZ 97, 166; RG DJZ 1925, 432 – zur Miete; BGH LM Nr 31 zu § 581 BGB). Nach dieser Auffassung, die auf die Rspr zum MietSchG zurückgeht (BGH LM Nr 31), fällt nicht jede Überlassung eines örtlichen Bereichs zur Nutzung unter den Begriff der Raumüberlassung. Der Pächter muss vielmehr die tatsächliche Gewalt im Sinne einer wenigstens teilweise oder zeitweise selbständigen Verfügungsmöglichkeit ausüben. Dies hängt ganz von den Umständen und der Vertragsgestaltung im Einzelfall ab. Auch soweit die Benutzung eines Grundstücks nur als Nebenleistung erscheint, ändert dies nicht die rechtliche Natur eines Rechtspachtvertrags (RGZ 70, 70, 74). Hat der Pächter keinen Besitz, scheidet die Anwendbarkeit des § 566 BGB aus. Kann der Pächter jedoch die tatsächliche Gewalt über ein Grundstück oder dessen Teile ausüben, wird durch das dann beherrschende Element der Grundstücksüberlassung auch der Vertragscharakter als solcher bestimmt, sodass nicht mehr Rechtspacht, sondern Grundstücks- oder Raumpacht vorliegt. Damit sind die §§ 566, 578 Abs 1, Abs 2 S 1 BGB unmittelbar anwendbar.

Bei Veräußerung oder Belastung eines im Schiffsregister eingetragenen verpachteten **Schiffs** gilt § 566 BGB über die Verweisung in §§ 581 Abs 2, 578a BGB ebenfalls; in Bezug auf Verfügungen über die Pacht ist § 578a Abs 2 BGB zu beachten. **120**

Gemäß § 14 Abs 1 S 1 BJagdG finden bei der **Jagdpacht** §§ 566–567b BGB entsprechende Anwendung, wenn ein Eigenjagdbezirk ganz oder teilweise veräußert wird. Daher tritt der Erwerber der zu dem Jagdbezirk gehörenden Grundstücke mit Eigentumsübergang in den Jagdpachtvertrag ein (BGHZ 62, 297, 301 ff; Lorz/Metzger/Stöckel/Metzger § 14 BJagdG Rn 2; Mitzschke/Schäfer § 14 BJagdG Rn 1; Sojka RdL 1976, 281 f). Auch das Erlöschen des Eigenjagdbezirks wegen Wegfalls der Voraussetzungen des § 7 Abs 1 BJagdG infolge der Veräußerung von Teilflächen, zB für den Straßenbau, hat nach dem Rechtsgedanken der §§ 581 Abs 2, 566 BGB keine Auswirkungen auf den Fortbestand eines vorher abgeschlossenen Jagdpachtvertrags (s insb BGHZ 117, 309, 311; BayObLG RdL 2002, 47, 49; OLG Nürnberg BayVBl 2001, 762; Mitzschke/Schäfer § 14 BJagdG Rn 2). Die Parteien können aber eine von §§ 14 Abs 1 S 1 BJagdG, 566 abweichende Regelung in Form einer auflösenden Bedingung iSd § 158 Abs 2 BGB treffen (OLG Celle Jagdrechtliche Entscheidungen III Nr 52; AG Kleve Jagdrechtliche Entscheidungen III Nr 145). Bei Begründung eines neuen oder Verlängerung des bisherigen Jagdpachtverhältnisses durch eine Jagdgenossenschaft ist § 566 BGB hingegen nicht anwendbar, wenn die Voraussetzungen des § 7 BJagdG für die Entstehung eines Eigenjagdbezirks hinsichtlich eines Teils der Grundstücke bereits vor Abschluss des Pachtvertrags eingetreten waren (BGHZ 62, 297, 304 – zu § 571 aF). **121**

Bei Veräußerung eines zu einem gemeinschaftlichen Jagdbezirk gehörenden Grundstücks tritt der Erwerber nach § 14 Abs 2 BJagdG ebenfalls in den von der Jagdgenossenschaft abgeschlossenen Pachtvertrag ein. Entscheidend ist aber nicht der Abschluss des Pachtvertrags vor der Veräußerung, sondern ob dessen Laufzeit bereits begonnen hat. Bilden die Grundstücke des Erwerbers zusammen einen Eigenjagdbezirk, muss er einen Vertrag über die Begründung eines neuen Jagdpachtverhältnisses oder über die Fortführung des laufenden Verhältnisses nicht **122** gegen sich gelten lassen, wenn die Laufzeit des neuen oder die Fortführung des laufenden Jagdpachtverhältnisses erst nach der Entstehung seines Eigenjagdbezirks beginnt (grundlegend BGHZ 62, 297, 304; weiterhin OLG Rostock AUR 2005, 404, 406: einschränkende Auslegung des § 184 Abs 1, daher ausnahmsweise keine Rückwirkung einer Genehmigung des Pachtvertrags zum Schutz zwischenzeitlich wohlerworbener Rechte Dritter; LG Darmstadt Jagdrechtliche Entscheidungen III Nr 148; LG Bad Kreuznach Jagdrechtliche Entscheidungen III Nr 183; Lorz/Metzger/Stöckel/Metzger § 14 BJagdG Rn 4; Schuck/Koch § 14 BJagdG Rn 26 ff; Mitzschke/Schäfer § 14 BJagdG Rn 6). Nach dem Rechtsgedanken des § 14 Abs 2 BJagdG wird ein laufender Jagdpachtvertrag in seinem Bestand auch nicht dadurch berührt, dass ein Grundstückseigentümer die mit seiner Zustimmung verpachteten Grundstücksflächen jetzt als Eigenjagdbezirk für sich reklamiert (OLG Saarbrücken 9. 2. 1999 – 4 U 565/98, juris).

123 Die Auswirkungen eines **Wechsels des Grundstückseigentümers** auf die **Fischereipacht** hängen stark von Gegenstand und Ausgestaltung des Pachtvertrags im Einzelfall ab. Bei einer Grundstückpacht, die auch das Fischereirecht erfasst, gelten bei Veräußerung des Grundstücks §§ 581 Abs 2, 578 Abs 1, 566 ff BGB, das Pachtrecht besteht also fort. Für die isolierte Veräußerung des (dann idR auch separat verpachteten) Fischereirechts gilt jedoch die Verweisung in § 578 BGB nicht, sodass §§ 566 ff BGB nur anwendbar sind, wenn dies gesetzlich ausdrücklich angeordnet ist (wie zB in § 18 Abs 4 FischG BaWü, § 12 Nds FischG, § 14 Abs 3 LFischG NRW). Diese gesetzlichen Anordnungen sollten wegen der engen Verbindung zwischen Grundstück und Fischereirecht in erweiternder Auslegung auch auf diejenigen Fälle angewandt werden, in denen das Grundstück, mit dem das Fischereirecht verbunden ist, veräußert wird (KG JW 1934, 1252 Nr 1; Bergmann, Fischereirecht 185).

124 Die **Veräußerung durch den Verpächter** iSd § 566 BGB setzt die Vollendung des Eigentumserwerbs des Dritten kraft Rechtsgeschäfts (§§ 873, 925 BGB) oder im Wege der Zwangsversteigerung (§§ 57 ff ZVG, dazu insb BGH NJW 1965, 2198, 2198; OLG Stuttgart OLGR 2006, 455, 456) voraus. Vor Vollendung des Eigentumserwerbs, also insbesondere zwischen Abschluss des schuldrechtlichen Erwerbsvertrags und Grundbucheintragung, treten die Rechtsfolgen der §§ 566 ff BGB noch nicht ein. Der Erwerber kann daher zB Ansprüche gegen den Pächter auf Pachtzahlung nur geltend machen, wenn der Verpächter ihm seine Ansprüche abgetreten hat (OLG Düsseldorf DWW 1993, 76).

125 Die **Überlassung des Pachtgegenstands an den Pächter vor der Veräußerung** ist weitere Tatbestandsvoraussetzung des § 566 BGB. Entscheidend ist, dass dem Pächter der vertragsgemäße Gebrauch eingeräumt und die Fruchtziehung ermöglicht wurde, §§ 581, 535 Abs 1 S 2 BGB. Daher stellt eine bloße Besitzübertragung unter Ausschluss des Fruchtziehungsrechts noch keine vertragsmäßige Überlassung an den Pächter iSd §§ 566, 578 Abs 1, Abs 2 S 1 BGB dar. Entscheidend ist regelmäßig der Erwerb des unmittelbaren Besitzes (s OLG Koblenz RdL 2004, 148, 149).

γ) **Rechtsfolgen**

126 Der Grundstückserwerber tritt nach **§ 566 Abs 1 BGB** anstelle des bisherigen Verpächters in die **Rechte und Pflichten aus dem Pachtverhältnis** ein. Er übernimmt sämtliche Rechte und Pflichten des Verpächters, die sich auf den Pachtgegenstand, seine Überlassung und Rückgabe sowie auf die Entrichtung der Gegenleistung

beziehen oder die auf Vereinbarungen beruhen, die in einem unlösbaren Zusammenhang mit dem Pachtvertrag stehen (RG JW 1906, 58; JW 1939, 286, 287; BGH NJW 1965, 2198, 2198 f; OLG Stuttgart OLGR 2006, 455, 456). Entscheidend ist der Stand des Pachtvertrags im Zeitpunkt des Erwerbs. Das gilt auch, wenn die Laufzeit des Pachtvertrags erst nach dem Grundstückserwerb beginnt (BGHZ 42, 333, 340). Der Erwerber übernimmt auch die aus einem Vorpachtrecht des Pächters für den Fall der Beendigung des ursprünglichen Vertrags erwachsenden Pflichten (BGHZ 55, 71, 74 f; dazu Braxmaier LM Nr 17 zu § 571 BGB). Der Eintritt des Grundstückserwerbers in den Pachtvertrag wird nicht durch eine Auflassungsvormerkung zugunsten des ankaufsberechtigten Pächters verhindert, auch wenn der Ankaufsfall durch den Grundstückserwerb eintritt (BGH LM Nr 13 zu § 883 BGB; dazu U H Schneider JR 1974, 515).

Zu den vom Erwerber übernommenen Pflichten kann zB eine vertraglich vereinbarte Übernahme des Inventars bei Pachtende gehören (BGH NJW 1965, 2198, 2198 f; 12. 10. 2016 – XII ZR 9/15 Rn 30, NJW 2017, 254; **aA** OLG Kassel OLGE 17, 16). Dagegen gehen Rechte und Pflichten aus selbständigen Nebenabreden, die nur anlässlich des Abschlusses eines Pachtvertrags getroffen werden oder damit in wirtschaftlichem Zusammenhang stehen (wie zB ein Darlehensversprechen des Pächters gegenüber dem Verpächter, RG JW 1939, 286, 287), nicht auf den Grundstückserwerber über (Staudinger/Emmerich [2018] § 566 Rn 39 – zum Mietrecht). Problematisch ist hier vor allem die Ermittlung der Selbständigkeit einer Nebenabrede. Soweit in der Rspr – insbesondere zum Mietrecht (Nachw bei Staudinger/Emmerich [2018] § 566 Rn 39) – darauf abgestellt wird, ob sich die Verpflichtungen auf den Vertragsgegenstand beziehen und daher idR nur durch dessen Eigentümer erfüllt werden können, ist dem nicht zu folgen, weil bei einer derartigen selektiven Überleitung von Pflichten das Gesamtgefüge des Pachtvertrags erheblich modifiziert werden könnte (zB wenn – wie im Fall RG JW 1906, 58 – ein Wettbewerbsverbot zwischen den Vertragspartnern mit Vertragsstrafeversprechen den Erwerber nicht binden soll) mit der Folge, dass der Schutzzweck des § 566 BGB verfehlt würde. Entscheidend sollte daher nicht auf den Grundstücksbezug der Abrede abgestellt werden, sondern darauf, ob diese nach dem Willen der Vertragspartner einen untrennbaren Bestandteil des Pachtvertrags bildet (so zum Mietrecht auch Staudinger/Emmerich [2018] § 566 Rn 40). Nicht ohne Weiteres geht etwa eine vor Eintragung des neuen Erwerbers getroffene Vergütungszusage des ursprünglichen Verpächters gegenüber dem Pächter auf den Erwerber über, die eine Entschädigung für eine Verkürzung der Pachtzeit darstellt (BGH WM 1961, 1025, 1027), oder eine Verpflichtung des Verpächters, beträchtliche Kosten für die Errichtung eines Gebäudes auf dem verpachteten Grundstück zu übernehmen (OLG Stuttgart OLGR 2006, 455, 456 f – unter Zugrundelegung der mietrechtlichen Rspr zum Bezug der Verpflichtung zum Pachtgegenstand).

127

Erfüllt der Erwerber die auf ihn übergegangenen Pflichten aus dem Pachtvertrag nicht, so haftet der ursprüngliche, nunmehr aus dem Pachtvertrag ausgeschiedene Verpächter nach § 581 Abs 2 BGB iVm § 566 Abs 2 S 1 BGB wie ein Bürge, der auf die Einrede der Vorausklage verzichtet hat, für etwaige dem Pächter durch die Nichterfüllung von Verpächterpflichten durch den Erwerber entstehende Schäden. Die Haftung des früheren Verpächters endet jedoch gemäß § 581 Abs 2 BGB iVm § 566 Abs 2 S 2 BGB, wenn der Pächter Kenntnis vom Eigentumsübergang erlangt hat und den Pachtvertrag nicht zum nächstmöglichen ordentlichen Kündigungstermin beendet.

128

129 Neben den Rechtsfolgen des § 566 BGB sind auch diejenigen nach §§ 566a–567b BGB zu beachten, die gemäß § 581 Abs 2 BGB iVm § 578 Abs 1 bzw Abs 2 S 1 BGB bei der Grundstücks- bzw Raumpacht ebenfalls entsprechend anwendbar sind. In § 566a BGB sind Fragen der Sicherheitsleistung durch den Pächter geregelt. § 566b BGB begrenzt die Wirksamkeit von Vorausverfügungen des Verpächters über die Pacht, während § 566c BGB Schranken für Rechtsgeschäfte über die Entrichtung der Pacht zwischen Pächter und Verpächter aufstellt. § 566d BGB erhält dem Pächter in Anlehnung an § 406 BGB die Aufrechnungsmöglichkeit, die er dem bisherigen Verpächter gegenüber bereits erworben hat, hinsichtlich der Pachtforderung des Grundstückserwerbers. Durch § 566e BGB wird ähnlich wie in § 409 BGB das Vertrauen des Pächters auf eine Mitteilung des Verpächters über die Veräußerung geschützt. Die Vorschriften der §§ 566–566e BGB gelten nach § 567 BGB entsprechend bei der Belastung des Pachtgrundstücks mit dem Recht eines Dritten, wenn durch die Ausübung des Rechts dem Pächter der vertragsgemäße Gebrauch oder der Fruchtgenuss entzogen wird. Nach § 567a BGB kann bei einer Veräußerung oder Belastung vor Überlassung des Grundstücks der Erwerber durch Erfüllungsübernahme die gleiche Rechtsstellung wie in den Fällen der §§ 566 Abs 1 und 567 BGB erlangen. In § 567b BGB wird der Fall der Weiterveräußerung des verpachteten Grundstücks durch den Erwerber geregelt.

130 Von den §§ 566 ff BGB kann grundsätzlich **durch Parteivereinbarung abgewichen** werden, da die Regelungen dispositiv sind (s nur STAUDINGER/EMMERICH [2018] § 566 Rn 57, § 566a Rn 18, § 566b Rn 21). Allerdings unterliegen abweichende Vereinbarungen insbesondere wegen der Betroffenheit von drei Personen relativ starken Einschränkungen (s insb STAUDINGER/EMMERICH [2018] § 566 Rn 57f; MAYER ZMR 1990, 121, 123f).

3. Pächter

a) Allgemeines

131 Pächter kann eine Einzelperson sein; es kommen jedoch – vor allem bei der Verpachtung von Rechten – auch mehrere Personen als **Mitpächter** in Betracht. Diese bilden idR zumindest eine BGB-Gesellschaft (BGHZ 115, 116, 121; BGH NZM 2000, 241, 243; OLG Karlsruhe Jagdrechtliche Entscheidungen III Nr 174), sodass sich die Ausübung von Gestaltungsrechten nach den §§ 705 ff BGB iVm den Regeln über die Außengesellschaft richtet (s etwa OLG Karlsruhe Jagdrechtliche Entscheidungen III Nr 174). Daher müssen sie insbesondere Gestaltungsrechte idR gemeinsam ausüben, § 709 BGB (s etwa für den Widerspruch gegen eine Kündigung und zu einer möglichen Ausnahme OLG Karlsruhe Jagdrechtliche Entscheidungen III Nr 174). Mitpächter bilden allerdings in Bezug auf eine Räumungsklage nicht zwingend eine notwendige Streitgenossenschaft, wenn etwa nur einer der Mitpächter räumungsunwillig ist (OLG München BeckRS 2008, 25581). Der Pachtvertrag ist grundsätzlich durch sämtliche Mitpächter zu unterzeichnen, was insbesondere bei gesetzlichen Schriftformerfordernissen von Bedeutung ist (s etwa BGH 27. 11. 2009 – LwZR 16/09, juris; BGH 27. 11. 2009 – LwZR 17/09, juris). Beim Abschluss bzw der Änderung eines Landpachtvertrags durch Eheleute ist zu berücksichtigen, dass die Grundsätze über Mietverträge über eine gemeinsame Ehewohnung nicht ohne Weiteres übertragbar sind, weil hier nicht regelmäßig ein Interesse aller Beteiligten daran besteht, dass beide Eheleute Vertragspartner werden (BGHZ 125, 175, 179f).

Häufig ist eine Verpachtung an mehrere Personen bei der **Jagdpacht**, § 13a BJagdG. **132**
Auch hier bilden die Mitpächter im Innenverhältnis eine BGB-Gesellschaft (BGH
NJW-RR 1987, 839, 840; BGHZ 115, 116, 121; OLG Hamm AgrarR 1996, 404, 405; OLG Oldenburg
Jagdrechtliche Entscheidungen III Nr 129; LG Stralsund Jagdrechtliche Entscheidungen I Nr 101;
LG Oldenburg Jagdrechtliche Entscheidungen III Nr 188; LG Nürnberg-Fürth RdL 2009, 231, 232;
LORZ/METZGER/STÖCKEL/METZGER § 13a BJagdG Rn 3; MITZSCHKE/SCHÄFER § 11 BJagdG
Rn 97 ff; FRANK ZEV 2005, 475, 476), für welche neben §§ 705 ff BGB die Spezialregelung
in § 13a BJagdG zu beachten ist. Scheidet ein Mitpächter aus, bleibt der Pachtver-
trag grundsätzlich mit den anderen nach § 13a S 1 BJagdG bestehen, sofern die
Beteiligten keine abweichende Regelung getroffen haben (LG Magdeburg Jagdrecht-
liche Entscheidungen III Nr 164; LG Nürnberg-Fürth RdL 2009, 231, 232). Gemäß § 11 Abs 3
S 3 BJagdG erhöht sich bei der Verpachtung an mehrere Personen die zulässige
Gesamtfläche für die Ausübung des Jagdrechts nach der Zahl der Mitpächter. Sofern
bei der **Fischereipacht** nach Landesrecht nur natürliche und juristische Personen als
Pächter in Betracht kommen, könnte die Annahme einer BGB-Gesellschaft im
Außenverhältnis Schwierigkeiten bereiten (s etwa VG Meiningen NuR 2007, 221, 222 f:
Verpachtung an die einzelnen Gesellschafter); denkbar erschiene allerdings aufgrund der
Anerkennung der Rechtsfähigkeit der Außengesellschaft auch eine Analogie zu den
Regeln über juristische Personen.

b)   Besondere Anforderungen an die Person des Pächters
Bei manchen Vertragsgegenständen, insbesondere bei der Verpachtung bestimmter **133**
Rechte oder ggf bei der Unternehmenspacht, stellen spezialgesetzliche Regelungen
besondere Anforderungen an die Person des Pächters. Dies betrifft insbesondere die
Jagd- und Fischereipacht, aber auch die Verpachtung einzelner anderer Rechte.

Bei der **Jagdpacht** kann Pächter idR nur sein, wer einen Jagdschein hat und bereits **134**
zuvor drei Jahre lang in Deutschland besessen hat **(Jagdpachtfähigkeit**, § 11 Abs 5
BJagdG). Ein Verstoß gegen diese Vorschrift macht den Pachtvertrag nichtig (§ 11
Abs 6 S 1 BJagdG; s dazu BGHZ 30, 159; LG Stendal Jagdrechtliche Entscheidungen III Nr 189;
LG Flensburg 4. 2. 2013 – 3 O 29/12, Jagdrechtliche Entscheidungen III Nr 203; STRASSER AuR 2008,
92, 93); eine trotzdem erfolgte Jagdausübung durch den Pächter stellt eine Ordnungswidrigkeit iSd § 39 Abs 1 Nr 3 BJagdG dar. Wegen § 11 Abs 5 BJagdG kann auch
eine Personengesellschaft nicht Jagdpächterin sein, sondern lediglich die einzelnen
Gesellschafter als Mitpächter (OLG Celle 20. 8. 2014 – 7 U 38/14, AUR 2015, 53, 54; zustimmend MEYER-RAVENSTEIN jurisPR-AgrarR 1/2015 Nr 3).

Bei der **Fischereipacht** wird für den Pächter in manchen landesrechtlichen Regelun- **135**
gen verlangt, dass er bestimmte Voraussetzungen erfüllt, insbesondere im Besitz
eines gültigen Fischereischeins ist (zB Art 25 Abs 2 S 1 BayFiG, § 12 Abs 3 LFischG
Schleswig-Holstein).

Auch bei manchen anderen Pachtgegenständen, wie etwa bei der Verpachtung von **136**
Personenbeförderungsrechten oder Realgewerbeberechtigungen (Rn 53, 54), werden
an die Person des Pächters besondere Anforderungen gestellt.

c)   Wechsel in der Person des Pächters
Auch für einen **Parteiwechsel** in der Person des Pächters gelten in erster Linie die **137**
allgemeinen Regeln (s schon Rn 114), dh es ist in jedem Fall die Mitwirkung des

Verpächters sowie die Einhaltung von ggf für den Vertragsschluss geltenden Formanforderungen erforderlich (unklar insoweit der Sachverhalt von BGH 20. 6. 2013 – IX ZB 11/12, NZM 2013, 858, wo unter Rn 9 ff offenbar von einem Wechsel des Pächters ausgegangen wird). Die Zustimmung des Verpächters zu einem Parteiwechsel, etwa zum Einsatz eines Ersatzpächters, kann bereits im ursprünglichen Pachtvertrag gegeben (RG JW 1924, 798 Nr 5) oder später erteilt werden (BGH LM Nr 16 zu § 581 BGB; WM 1963, 217; ZfIR 2003, 121). Kein Parteiwechsel liegt vor bei der identitätswahrenden Umwandlung einer Gesellschaft auf Pächterseite (BGH NZM 2010, 280 Rn 16 ff mAnm Bieber jurisPR-MietR 6/2010 Anm 6 zur Umwandlung einer GbR in eine OHG und danach in eine GmbH gem §§ 190 ff UmwG bei der Landpacht).

138 Diese allgemeinen Regeln gelten auch für die **Unterverpachtung** (näher dazu Rn 349 ff). Vor allem kommt hier § 553 BGB idR nicht zum Zuge, weil §§ 581 Abs 2, 578 BGB für Grundstücke und Räume, die keine Wohnräume sind, nicht auf diese Vorschrift verweisen, eine Pacht von Wohnräumen aber regelmäßig nicht in Betracht kommt. Für die Verpachtung von beweglichen Sachen und Rechten kommt eine Anwendung des § 553 BGB erst recht nicht in Betracht (anders ohne nähere Begründung BGH NZM 2000, 241, 242). Daher bedarf die Unterverpachtung regelmäßig der Zustimmung des Verpächters.

139 Eine Weiter- oder Unterverpachtung des **Jagdausübungsrechts** ist zulässig, sofern sie mit Zustimmung des Hauptverpächters erfolgt und Schriftform sowie Anzeigepflicht nach §§ 11, 12 BJagdG eingehalten werden (Mitzschke/Schäfer § 11 BJagdG Rn 90 ff; vgl auch RG WarnR 1910 Nr 381; KG OLGE 13, 389). Eine Unterverpachtung liegt auch darin, dass der Jagdpächter mit anderen Personen eine Gesellschaft gründet und den Mitgesellschaftern gegen Entgelt die Befugnis einräumt, die Jagd auszuüben (RGZ 63, 293). Die Unterpacht ist von der selbständigen entgeltlichen Jagderlaubnis abzugrenzen (OLG Celle NdsRpfl 1984, 72). Einem Unterpachtvertrag gleich zu erachten ist jedoch eine Vereinbarung zwischen einem Jagdpächter und dem Inhaber einer entgeltlichen Jagderlaubnis, wonach der Erlaubnisinhaber im Innenverhältnis zum Jagdpächter in Bezug auf die Wahrnehmung des Jagdausübungsrechts und der sonstigen Pächterrechte eine völlig gleichberechtigte Stellung innehaben soll (BGH NZM 2000, 241, 242), oder ein Vertrag, in dem ein Jagdpächter einem Jäger gegen Entgelt den zahlenmäßig geregelten Abschuss von Wild in seinem Jagdbezirk gestattet (OLG Düsseldorf MDR 1975, 228 [LS]).

140 Die Zulässigkeit einer Unter- oder Weiterverpachtung des **Fischereiausübungsrechts** richtet sich nach den jeweiligen landesrechtlichen Bestimmungen. Sie kann im Pachtvertrag zugelassen werden (zB § 18 Abs 1 S 2 FischG BaWü, § 16 Abs 1 S 2 SächsFischG), idR wird die Zustimmung des Hauptverpächters gefordert (zB Art 28 S 1 BayFiG, § 11 Abs 1 S 3 LFischG Berlin, § 10 Abs 5 S 2 BbgFischG, § 11 Abs 3 S 3 HessFischG, § 14 Abs 1 S 3 LFischG Rheinland-Pfalz, § 10 Abs 1 S 2 SaarlFischG, § 11 Abs 1 S 2 LFischG Schleswig-Holstein, § 12 Abs 1 S 2 ThürFischG). Vereinzelt werden Unter- und Weiterverpachtung aber auch für unzulässig erklärt (zB § 3 Abs 1 S 2 HbgFischereiG).

141 Beim **Tod des Pächters** gehen dessen Rechte und Pflichten aus dem Pachtvertrag gemäß §§ 1922, 1967 BGB auf die Erben über. Ein Eintrittsrecht anderer nahe stehender Personen iSd § 563 BGB kommt mangels Verweisung in § 578 BGB auch

bei der Grundstücks- oder Raumpacht nicht in Betracht. Sofern an die Person des Pächters spezielle Anforderungen gestellt werden, können für die Rechtsnachfolge gesetzliche Spezialregelungen zu beachten sein (Rn 133 ff).

Bei der **Jagdpacht** führt der Tod des Pächters ebenfalls nicht zum Erlöschen des Vertrags (Winkler ZErb 2010, 218, 220). Vielmehr gehen die Rechte und Pflichten des Pächters auf die Erben über, auch wenn diese nicht jagdpachtfähig sind (OLG Düsseldorf MDR 1970, 140; Mitzschke/Schäfer § 11 BJagdG Rn 134; Frank ZEV 2005, 475, 475). Im Anschluss muss aber ggf für die Übernahme der Rechte und Pflichten des Pächters Vorsorge getroffen werden (Frank ZEV 2005, 475, 476 – zum bayerischen Landesrecht; umfassend zu den unterschiedlichen Rechtsfolgen nach den einzelnen Landesjagdgesetzen und zu Gestaltungsvarianten im Jagdpachtvertrag Winkler ZErb 2010, 218, 221 ff, 224 f). 142

Eine Sonderregelung in Bezug auf den **Tod des Pächters** enthält für die **Kleingartenpacht** § 12 BKleingG. Danach endet der Kleingartenpachtvertrag gemäß § 12 Abs 1 BKleingG mit Ablauf des Kalendermonats, der auf den Tod des Kleingärtners folgt; der Ehegatte oder Lebenspartner hat jedoch nach § 12 Abs 2 BKleingG das Recht, einen gemeinschaftlich geschlossenen Kleingartenpachtvertrag fortzusetzen. § 12 Abs 2 BKleingG entspricht iE § 581 Abs 2 iVm § 563 Abs 1 iVm Abs 3 S 1. Eine Regelung, welche den übrigen Absätzen des § 563 entspricht, insbesondere zugunsten der Kinder, enthält § 12 BKleingG nicht. Die Vorschrift ist auf Kinder des Kleingärtners auch nicht entsprechend anwendbar, weil es hier – anders als bei § 563 – gerade nicht um den Schutz des Lebensmittelpunktes der Familienangehörigen geht (BGH NZM 2007, 285 Rn 11), was sich nicht zuletzt aus § 3 Abs 2 BKleingG ergibt und selbst für diejenigen Fälle gilt, in denen eine Gartenlaube im Rahmen des Bestandsschutzes gemäß § 18 Abs 2 BKleingG ausnahmsweise zu Wohnzwecken genutzt wurde (BGH NZM 2007, 285 Rn 11). 143

IV. Zustandekommen des Pachtvertrags

1. Allgemeines

Das Zustandekommen des Pachtvertrags richtet sich grundsätzlich nach den allgemeinen Regeln über Rechtsgeschäfte. Bei besonderen Pachtgegenständen können jedoch spezialgesetzliche Regelungen zu beachten sein, die insbesondere Zustimmungs- oder Formerfordernisse, aber auch in Bezug auf den Vertragsinhalt mitunter bedeutsame Einschränkungen der Privatautonomie statuieren. 144

2. Vertragsschluss

a) Allgemeines
Der **Vertragsschluss** richtet sich nach allgemeinen Vorschriften, also insbesondere nach §§ 145 ff BGB (s zur Anwendung des § 150 Abs 2 BGB etwa OLG Brandenburg NL-BzAR 2009, 156, 160 f; zu § 154 BGB OLG Düsseldorf ZMR 2010, 677, 678). Im Einzelfall kann ein Pachtvertrag als Scheingeschäft gemäß § 117 BGB nichtig sein, so etwa bei einer aus steuerlichen Gründen niedriger angesetzten Pacht (BGH WM 1985, 647, 648; das verdeckte Geschäft kann hingegen gültig bleiben). Auch ein „Pachtvertrag", in welchem sich der Verpächter ein lebenslanges Wohn- und Verwaltungsrecht an der verpachteten Immobilie einräumen ließ, wurde als nichtig gemäß § 117 BGB angesehen, weil aus 145

den gesamten Umständen des Einzelfalls deutlich wurde, dass eine Verpachtung iSd § 581 BGB letztlich nicht bezweckt war (LG Hildesheim NdsRpfl 2009, 133). Fraglich ist die Anwendung des § 117 BGB bei Strohmanngeschäften. Der BGH hat bei Anpachtung einer Jagd durch Strohmänner für eine nicht jagdpachtfähige AG § 117 BGB angewandt (BGH NJW-RR 2007, 1209 Rn 8 – allerdings nur ausnahmsweise, weil nicht die leitenden Angestellten einer AG, sondern die nicht jagdpachtfähige AG selbst Pächterin werden sollte; krit STRASSER AuR 2008, 92 f); für ein Strohmanngeschäft in Bezug auf eine Gaststättenkonzession wurde ein Eingreifen des § 117 BGB hingegen abgelehnt, weil der Strohmann die vertraglichen Rechte und Pflichten im Außenverhältnis ernstlich wahrnehmen sollte (OLG Naumburg MDR 2005, 741, 741). Das dürfte auch für die Einschaltung eines Strohmanns bei der Jagdpacht idR zutreffen. Wendet man in solchen Fällen § 117 BGB nicht an, muss allerdings ein Verstoß gegen ein gesetzliches Verbot iSd § 134 BGB genau geprüft werden.

145a In Bezug auf etwaige **Vertragsänderungen** greifen die allgemeinen Regeln über Rechtsgeschäfte; das gilt auch für die Abgrenzung zur Novation, die beim Pachtvertrag – wie sonst auch – nur ausnahmsweise anzunehmen ist (BGH 14. 3. 2013 – III ZR 417/12 Rn 14, NZM 2013, 545).

146 Der wesentliche **Vertragsinhalt**, also Pachtgegenstand, Vertragsdauer und Höhe der Pacht, muss hinreichend bestimmt sein (BGHZ 55, 248, 249; OLG Düsseldorf ZMR 2010, 677, 677 f). Dafür reicht es aus, wenn die Bestimmung einer Leistung durch Heranziehung dispositiven Gesetzesrechts möglich ist (OLG Koblenz OLGR 2007, 634, 634) oder sie einem Vertragspartner bzw einem Dritten überlassen wird, §§ 315 ff BGB (s zur Höhe des Pachtzinses auch Rn 259 ff). An der Bestimmbarkeit der Leistung fehlt es allerdings, wenn die Angaben der Vertragsschließenden nicht ausreichen, um den Vertragsinhalt – und sei es auch nach billigem Ermessen (§ 317 Abs 1 BGB) – zu bestimmen, etwa weil die Spielräume für den Dritten sehr groß und die Parteiinteressen gegenläufig sind (BGHZ 55, 248, 249 ff). Vor allem bei der **Unternehmenspacht** sind detailliertere Regelungen als für den bloßen Vertragsschluss erforderlich dringend anzuraten, insbesondere mit Blick auf die Pflichten der Beteiligten in Bezug auf den Betrieb des Unternehmens (dazu insb KLEIN-BLENKERS 107).

147 Für die **Vertragsauslegung** gelten die allgemeinen Regeln (§§ 133, 157 BGB); unerheblich ist die Bezeichnung des Vertrags (zB RGZ 102, 186, 187; BGH NJW 1995, 2548, 2548 f). Auch nach Vertragsschluss liegende Ereignisse können uU zur Auslegung der vertragsbegründenden Willenserklärungen herangezogen werden (OLG Düsseldorf ZMR 2011, 718, 719). Zur ergänzenden Vertragsauslegung beim Pachtvertrag in einer speziellen, steuerrechtlich geprägten Situation BGH 15. 10. 2014 – XII ZR 111/12 Rn 69 ff, NZM 2015, 211.

b) Vertragsdauer

148 Die Bestimmung der **Vertragsdauer** unterliegt in erster Linie der Parteiautonomie. Daneben sind einige mietrechtliche Regelungen sowie Sondervorschriften für bestimmte Vertragsgegenstände zu beachten.

149 Zunächst ist für die Vertragsdauer § 581 Abs 2 BGB iVm § 542 Abs 2 BGB von Bedeutung. Danach endet ein auf bestimmte Zeit eingegangenes Pachtverhältnis idR mit Ablauf dieser Zeit, sofern es nicht in den gesetzlich zugelassenen Fällen außerordentlich gekündigt oder aber verlängert wird. Ein solches auf bestimmte Zeit eingegangenes Pachtverhältnis ist nicht nur bei einem vertraglich bestimmten Enddatum gegeben, sondern auch bei einer Festlegung, wonach der Vertrag bis zum Eintritt eines bestimmten Ereignisses andauern soll (Staudinger/Rolfs [2018] § 542 Rn 139 ff mwNw), zB bis zur vollständigen Ausbeutung von Bodenbestandteilen (RG JW 1909, 451, 452). Kein befristeter Vertrag liegt allerdings vor, wenn die Ausbeute nach der vertraglichen Vereinbarung zwar innerhalb von drei Jahren vollendet sein soll, der Pächter aber nicht verpflichtet ist, innerhalb einer bestimmten Frist mit der Ausbeute zu beginnen (BGH NJW 1995, 2548, 2549).

150 Ist die Pachtdauer nicht bestimmt, kann gemäß § 581 Abs 2 BGB iVm § 542 Abs 1 BGB jeder Vertragspartner das Pachtverhältnis nach den gesetzlichen Vorschriften kündigen. Der Pachtvertrag besteht dann also bis zur Kündigung. Als auf unbestimmte Zeit geschlossen gilt auch ein Grundstücks- oder Raumpachtvertrag, bei dem das Schriftformerfordernis nicht beachtet wurde, § 581 Abs 2 BGB iVm §§ 578 Abs 1, Abs 2 S 1, 550 S 1 letzter HS BGB.

151 Die Privatautonomie der Parteien eines **Kleingartenpachtvertrags** ist hinsichtlich der Vertragsdauer eingeschränkt: Ein Kleingartenvertrag über einen Dauerkleingarten iSd § 1 Abs 3 BKleingG (dh ein Kleingarten auf einer Fläche, die im Bebauungsplan für Kleingärten festgesetzt ist) darf gemäß § 6 BKleingG nur auf unbestimmte Zeit geschlossen werden.

152 Bei der **Jagdpacht** soll die **Vertragsdauer** mindestens neun Jahre betragen (§ 11 Abs 4 S 2 BJagdG). Eine Nichteinhaltung dieser Mindestdauer führt jedoch nicht zur Nichtigkeit, sondern allenfalls zur Beanstandung des Jagdpachtvertrags (Lorz/Metzger/Stöckel/Metzger § 11 BJagdG Rn 13; Schuck/Koch § 11 BJagdG Rn 107; **aA** OLG Brandenburg Jagdrechtliche Entscheidungen III Nr 151; zu Besonderheiten des Brandenburgischen Jagdgesetzes bei der Benennung einer jagdpachtfähigen Person BGH 23. 10. 2014 – III ZR 35/14 Rn 20 ff, NZM 2015, 346; dazu Meyer-Ravenstein jurisPR-AgrarR 9/2014 Anm 2).

153 Die Landesgesetze schreiben für **Fischereipachtverträge** regelmäßig eine relativ lange **Mindestdauer** vor, die etwa zwischen neun und zwölf Jahren liegt (Lorz/Metzger/Stöckel/Metzger, 2 A. Einleitung Rn 35). Bei Verstößen hiergegen ist der Pachtvertrag nichtig oder – soweit Ausnahmen genehmigt werden können – schwebend unwirksam (Lorz/Metzger/Stöckel/Metzger, 2 A. Einleitung Rn 36; Bergmann, Fischereirecht 186 f). Ein solcher Vertrag kann vorzeitig nur durch außerordentliche Kündigung nach allgemeinen Regeln beendet werden (KG JW 1934, 1252 Nr 1). Wird ein Vertrag über die Mindestdauer hinaus auf unbestimmte Zeit abgeschlossen, ist er nach § 584 BGB mit der Frist von einem halben Jahr zum Schluss eines Pachtjahres ordentlich kündbar, soweit die Landesgesetze keine Sonderregelung treffen (Bergmann, Fischereirecht 189 – zu § 595 BGB aF). Vereinzelt wird für Fischereipachtverträge auch eine Höchstdauer festgelegt (Bergmann, Fischereirecht 186). Zu beachten sind in den Fischereigesetzen normierte besondere Beendigungsgründe, zB Anschluss des Gewässers an einen gemeinschaftlichen Fischereibezirk, Einbeziehung in eine Fischereigenossenschaft oder Entziehung des Fischereischeins (s zB Art 26 BayFiG, § 20 FischG Ba-Wü; Bergmann, Fischereirecht 189 mwNw).

c) Zustimmungserfordernisse

154 Die Wirksamkeit des Pachtvertrags kann im Einzelfall von der Zustimmung eines Dritten abhängen. Dies ist bei bestimmten Pachtgegenständen der Fall. So ist nach manchen Landesgesetzen für die Fischereipacht die Genehmigung durch die Fischereibehörde (LORZ/METZGER/STÖCKEL/METZGER, 2 A. Einleitung Rn 34) erforderlich. Die Verpachtung eines Unternehmens durch eine AG oder KGaA bedarf gemäß § 293 Abs 1 AktG der Zustimmung der Hauptversammlung (Rn 75) und bei der Spektrumspacht ist die Mitwirkung der Bundesnetzagentur erforderlich (Rn 59). Die Verpachtung eines Grundstücks in einem Umlegungsgebiet bedarf schließlich nach § 51 Abs 1 S 1 Nr 1 BauGB der Genehmigung der Umlegungsstelle (dazu BGH WM 1981, 853, 854 f). Dagegen ist die Erlaubnis des Hauptverpächters bei der Unterverpachtung nach §§ 581 Abs 2, 540 Abs 1 S 1 BGB keine Wirksamkeitsvoraussetzung für den Unterpachtvertrag; vielmehr hat der Pächter in diesen Fällen regelmäßig ein außerordentliches Kündigungsrecht gemäß § 540 Abs 1 S 2 BGB.

155 Der Pachtvertrag mit einem **beschränkt Geschäftsfähigen** bedarf nach allgemeinen Grundsätzen (§§ 107 ff BGB) der Zustimmung des gesetzlichen Vertreters. Das gilt für die Stellung als Pächter – wegen der dabei entstehenden Zahlungs- und sonstigen Pflichten (Rn 241 ff) – ebenso wie für diejenige als Verpächter (BGHZ 162, 137, 140 f – zum Eintritt eines Minderjährigen in ein Pachtverhältnis als Verpächter; dazu insb BERGER LMK 2005, 89 f; EVERTS ZEV 2005, 211 f; FELLER MittBayNot 2005, 415 f; FEMBACHER DNotZ 2005, 627 ff; FÜHR/MENZEL FamRZ 2005, 1729; MÜSSIG JZ 2006, 150 ff; BÖTTCHER Rpfleger 2006, 293 ff; WILHELM NJW 2006, 2353, 2354; KRÜGER ZNotP 2006, 202, 206 f). Insbesondere die Verpflichtungen zur Überlassung an den Pächter, zu Schadens- bzw Aufwendungsersatz oder zur Rückgewähr von Sicherheiten sind nicht lediglich rechtlich vorteilhaft iSd § 107 BGB (BGHZ 162, 137, 140 mwNw; LANGE NJW 1955, 1339, 1341; FELLER DNotZ 1989, 66, 72; aA STÜRNER AcP 173 [1973] 402, 431, 448; JERSCHKE DNotZ 1982, 459, 473; STUTZ MittRhNotK 1993, 205, 211). Das gilt auch für den Erwerb eines verpachteten Grundstücks durch einen Minderjährigen, wenn sich der Veräußerer den Nießbrauch am Grundstück vorbehält und dabei Verpächter bliebe (was umstritten ist, s BGHZ 162, 137, 141 mwNw; zustimmend FELLER MittBayNot 2005, 415; FÜHR/MENZEL FamRZ 2005, 1729; BÖTTCHER Rpfleger 2006, 293, 294; ähnlich schon WALDNER BGHRep 2005, 351, 352; kritisch BERGER LMK 2005, 89, 90; EVERTS ZEV 2005, 211; FEMBACHER DNotZ 2005, 627, 628), weil dann mit dem Tod des Veräußerers der Minderjährige in die Pflichten aus dem Pachtvertrag eintritt (BGHZ 162, 137, 141). Etwas anderes kann nur gelten, wenn der Pachtvertrag ausdrücklich auf die Dauer des Nießbrauchs begrenzt wird (BERGER LMK 2005, 89, 90). Bei Pachtverträgen, durch die der beschränkt Geschäftsfähige zu wiederkehrenden Leistungen verpflichtet wird (was regelmäßig der Fall sein dürfte) und die länger als ein Jahr nach dem Eintritt der Volljährigkeit fortdauern sollen, ist gemäß § 1643 Abs 1 BGB iVm § 1822 Nr 5 BGB zusätzlich zur Zustimmung des gesetzlichen Vertreters eine Genehmigung des Vormundschaftsgerichts erforderlich. Auf den für die Unternehmenspacht relevanten § 1822 Nr 4 BGB wird in § 1643 Abs 1 BGB hingegen nicht verwiesen.

d) Anzeigeerfordernisse

156 Bei einzelnen Pachtgegenständen sind keine Genehmigungs-, sondern lediglich **Anzeigeerfordernisse** zu beachten. Das gilt insbesondere für die **Jagdpacht** nach § 12 BJagdG (zur Anwendbarkeit auf Unterpachtverträge HELLHAMMER-HAWIG AUR 2012, 254, 255): An die Stelle der nach dem RJagdG von 1934 erforderlichen behördlichen Genehmigung ist eine bloße Beanstandungsbefugnis der zuständigen Behörde getreten. Eine Beanstandung ist nur möglich, wenn die Vorschriften über die Pachtdauer nicht beachtet sind oder wenn zu erwarten ist, dass durch eine vertragsmäßige Jagdausübung die Grundsätze des § 1 Abs 2 BJagdG verletzt werden (§ 12 Abs 1 S 2 BJagdG; Steffen RdL 1979, 283, 284). Eine Beanstandung aus anderen Gründen ist nicht möglich, sodass aus der Nichtbeanstandung des Vertrags durch die zuständige Behörde keine Schlussfolgerungen für die zivilrechtliche Wirksamkeit des Vertrags gezogen werden können. Auch ein unbeanstandet gebliebener Vertrag kann daher durchaus nach § 11 Abs 6 BJagdG nichtig sein (BGHZ 115, 116, 118 f; BGH RdL 1965, 102, 103). Nach § 12 Abs 4 S 1 BJagdG darf der Pächter die Jagd vor Ablauf von drei Wochen nach Anzeige des Vertrags nicht ausüben. Die gleichwohl erfolgte Jagdausübung stellt eine Ordnungswidrigkeit dar (§ 39 Abs 1 Nr 3 BJagdG) und kann als Wilderei verfolgt werden (Schopp MDR 1968, 808, 810 f). Auch bei der **Fischereipacht** gilt nach Landesrecht teilweise kein Genehmigungs-, sondern lediglich ein Anzeigeerfordernis (Lorz/Metzger/Stöckel/Metzger, 2. A. Einleitung Rn 34).

3. Form

a) Allgemeines

Grundsätzlich bedarf der Abschluss eines Pachtvertrags keiner besonderen Form. Je **157** nach Pachtgegenstand können jedoch im Einzelfall besondere Formerfordernisse eingreifen. Diese können sich aus dem Pachtvertrag (s etwa OLG Nürnberg ZMR 2010, 524, 526 f; OLG Düsseldorf GE 2011, 1680: doppelte/qualifizierte Schriftformklausel; allgemein zu Schriftformklauseln insb Neuhaus ZMR 2014, 15 ff) oder aus gesetzlichen Regelungen ergeben. Die Rechtsfolgen von Formmängeln sind aus § 125 BGB abzuleiten, sofern keine spezialgesetzlichen Regelungen eingreifen. Besondere Formvorschriften existieren insbesondere für die Grundstückspacht, die Jagdpacht, die Fischereipacht, die Unternehmenspacht sowie früher für die Milchquotenpacht. Dagegen sind kartellrechtliche Schriftformerfordernisse (insbesondere nach § 34 GWB aF) heute allenfalls noch für „Altfälle" relevant.

b) Pachtverträge über Grundstücke oder Räume

Pachtverträge über Grundstücke oder Räume (separat oder auch als Bestandteil **158** eines Unternehmens bei der Unternehmenspacht), die für längere Zeit als ein Jahr geschlossen werden, bedürfen gemäß § 581 Abs 2 BGB iVm §§ 578 Abs 1 bzw Abs 2 S 1, 550 S 1 BGB der **Schriftform** iSd § 126 BGB (s zB OLG Brandenburg 7. 2. 2008 – 3 U 103/06, juris; OLG Nürnberg ZMR 2010, 524, 525 ff; OLG Düsseldorf ZMR 2011, 544, 546; OLG Hamm 24. 5. 2013 – 30 U 4/11, juris; Ensenbach FWW 2008, 210 f; Neuhaus ZMR 2011, 1, 5 ff mwNw; weiterhin – zur Miete – insb Staudinger/Emmerich [2018] § 550 Rn 11 mwNw; aA Eckert NZM 2001, 409, 410 f). Das Schriftformerfordernis dient insbesondere der Information etwaiger Erwerber des Pachtgegenstands über Bestehen und Inhalt langfristig abgeschlossener Verträge (s zB BGH LM Nr 22 zu § 566 BGB; BGHZ 42, 333, 338 f; BGH NJW 2000, 354, 357; NJ 2005, 173, 174 – zur Landpacht; NZM 2010, 280 Rn 27 – zur Landpacht m insoweit krit Anm Bieber jurisPR-MietR 6/2010 Anm 6; OLG München NJW 1963, 1619; NJW-RR 1996, 654, 655; ähnlich OLG Düsseldorf NJW-RR 1995, 1417; Neuhaus ZMR 2011, 1, 2), daneben hat es auch in begrenztem Umfang Warn- und Beweisfunktion (Neuhaus ZMR 2011, 2). Es gilt auch für auf diese Gegenstände bezogene Unterpachtverträge (BGHZ 81, 46, 50 f; kritisch MünchKomm/Harke § 581 Rn 22), für die Begründung eines Vorpachtrechts (BGHZ 55, 71, 76; BeckOGK/Schlinker [1. 9. 2017] § 581 Rn 29; aA MünchKomm/Harke § 581

Rn 22) oder einer Verlängerungsoption (BGH NJW-RR 1987, 1227), nicht aber idR für Vorverträge (BGH LM Nr 1 zu § 566 BGB; MünchKomm/Harke § 581 Rn 22; Rn 197). Das Schriftformerfordernis betrifft in erster Linie entsprechend langfristige Pachtverträge, ggf auch unbefristete Pachtverträge mit einer Möglichkeit zur ordentlichen Kündigung erst nach Ablauf eines Jahres (s etwa OLG Düsseldorf ZMR 2009, 845, 846 mwNw aus der mietrechtlichen Rspr). Erfasst wird grundsätzlich der gesamte Vertrag, also insbesondere die exakte Beschreibung des Pachtgegenstands (s etwa OLG Brandenburg 4. 7. 2007 – 3 U 186708, juris; 7. 2. 2008 – 3 U 103/06, juris; OLG Düsseldorf 3. 4. 2008 – 10 U 137/07, juris mwNw; OLG Hamm 24. 5. 2013 – 30 U 66/11, NZM 2014, 309 zur Verpachtung von Grünland, dessen Grenzen sich aus dem Vertrag nicht hinreichend klar ergaben; 24. 5. 2013 – 30 U 4/11, juris), aber zB auch Eigenschaftszusicherungen (OLG Hamburg NJW-RR 1998, 1091, 1092), nicht hingegen zwingend Anlagen, die lediglich Beweiszwecken dienen sollen, wie etwa ein zusätzliches Inventarverzeichnis (BGH NZM 2009, 198, 198 f), oder Materialien zur Erläuterung oder Veranschaulichung des Vertragstextes (OLG Düsseldorf ZMR 2011, 544, 546 f). Alle Vertragsparteien müssen die Vertragsurkunde unterzeichnen (BGH NZM 2010, 280 Rn 27 mwNw); eine etwaige Vertretung muss sich aus der Vertragsurkunde selbst ergeben (BGH NZM 2010, 280 Rn 27 mwNw; LG Berlin GE 2007, 846, 847; ausführlich zu unterschiedlichen Konstellationen Neuhaus ZMR 2011, 1, 2 ff). Bei einer Gesellschaft bürgerlichen Rechts kann die Unterzeichnung durch sämtliche Gesellschafter mit dem Zusatz „Gesellschafter der GbR" ausreichen (BGH 27. 11. 2009 – LwZR 16/09, juris; 27. 11. 2009 – LwZR 17/09, juris). Bei einer KG ist zur Unterschrift der vertretungsberechtigten Gesellschafter kein Zusatz erforderlich, für einen Prokuristen reicht die Beifügung „ppa" (OLG Köln GuT 2005, 146, 147 f).

159 Als problematisch kann sich das Schriftformerfordernis vor allem bei **Vertragsänderungen** erweisen, und zwar sowohl hinsichtlich der Formbedürftigkeit als auch hinsichtlich der Formwahrung im Einzelfall. Grundsätzlich sind Vertragsänderungen ebenso wie der ursprüngliche Vertrag **formbedürftig**. Allerdings müssen diejenigen Vertragsteile, die nicht von der Änderung betroffen sind, nicht erneut schriftlich bestätigt werden, weil dies zur Wahrung des Formzwecks des § 550 BGB nicht erforderlich ist (BGH LM Nr 22 zu § 566 BGB; NZM 1999, 559, 561). Ansonsten bedarf jede wesentliche Änderung des Pachtvertrags der Schriftform (s etwa BGHZ 50, 39, 41; 125, 175, 177; OLG München NJW 1963, 1619; ausführlich Neuhaus ZMR 2011, 1, 9 mwNw); dazu gehören zB Vertragsverlängerungen (s zB BGHZ 42, 333, 338 f; 50, 39, 41) oder Renovierungsregelungen (OLG Düsseldorf 29. 10. 2009 – 10 U 41/09, jurion); offen gelassen wurde dies mitunter für den Parteiwechsel (RG JW 1924, 798 Nr 5 mwNw). Ausgenommen vom Schriftformerfordernis sind unwesentliche Änderungen des Vertrags (zB BGH NJW 2000, 354, 358 mwNw; OLG München NJW-RR 1996, 654, 655; OLG Düsseldorf 29. 10. 2009 – 10 U 41/09, jurion), wie etwa über die Verwendung der Kaution (OLG München NJW-RR 1996, 654, 655). Zur **Wahrung der Schriftform** bei Vertragsänderungen, insbesondere zum Erfordernis der Einheitlichkeit der Urkunde im Rahmen des § 126 BGB, ist die sogenannte „Auflockerungsrechtsprechung" des BGH zu beachten, die in bestimmten Fällen auch die Bezugnahme auf andere Urkunden ohne unmittelbare körperliche Verbindung zulässt (dazu insb Staudinger/Hertel [2017] § 126 Rn 112 ff; Neuhaus ZMR 2011, 1, 9, beide mwNw). So kann etwa bei der Verlängerung eines Pachtvertrags zwischen den ursprünglichen Vertragspartnern eine solche Ausnahme in Betracht kommen, wenn die *essentialia negotii* in der neuen Urkunde enthalten sind (BGHZ 42, 333, 338; 50, 39, 41 f). Eine körperliche Verbindung zwischen Hauptvertrag und Anlagen kann auch entbehrlich sein, wenn ein Nachtrag hinreichend auf den Ursprungsvertrag Bezug nimmt (BGH NZM 2000, 548, 549) bzw wenn sich der Zusammenhang von beiden unzweifelhaft aus einer Verweisung im Hauptvertrag und dem Inhalt der Anlage, der nur den Pachtgegenstand selbst betreffen kann, ergibt (BGH NJW 2000, 354, 357f). Schließlich kann sogar die Verweisung auf eine Anlage zum schriftlichen Pachtvertrag (Inventarverzeichnis) ausreichen, selbst wenn diese Anlage letztlich nicht erstellt, der Vertrag aber einvernehmlich durchgeführt wurde (BGH NJW 2000, 354, 357). Sehr weitgehend wendet der BGH (LM Nr 35 zu § 581 BGB) die allgemeinen Grundsätze über Blankettunterschriften auch auf Änderungen eines Pachtvertrags an mit der Folge, dass ein von den Vertragspartnern bereits unterschriebener Vertrag nicht erneut unterzeichnet werden müsse, wenn sich die Beteiligten über die Vertragsänderung einig seien und es ihrem Willen entspreche, dass die Unterschriften für den veränderten Vertragsinhalt Gültigkeit behalten sollten (ähnlich iE auch OLG München NJW-RR 1996, 654, 655). Bei einer derart großzügigen Auslegung könnte allerdings das Schriftformerfordernis für Vertragsänderungen im Ergebnis weitgehend obsolet werden. Häufig versuchen die Vertragspartner, mit Hilfe von **Schriftformheilungsklauseln** eine Formunwirksamkeit des Vertrags im Fall von Änderungen zu verhindern, etwa indem sich die Beteiligten verpflichten, alles zu tun, um dem gesetzlichen Schriftformerfordernis zu genügen und den Vertrag nicht unter Berufung auf Formnichtigkeit zu kündigen. Der BGH hat entschieden, dass solche Klauseln die Kündigung des Vertrags durch einen späteren Erwerber des Grundstücks bzw der Räume nicht als treuwidrig erscheinen lassen (s insb BGH 22. 1. 2014 – XII ZR 68/10 Rn 27, BGHZ 200, 98; 30. 4. 2014 – XII ZR 146/12 Rn 29 ff, NJW 2014, 2102; 25. 1. 2017 – XII ZR 69/16, NJW 2017, 1017 Rn 12 ff, hier aber im Ergebnis offen gelassen; 27. 9. 2017 – XII ZR 114/16 Rn 34 ff, BB 2017, 2761, hier allerdings Verstoß gegen Treu und Glauben aus anderen Gründen bejaht – alle zur Miete). Im Verhältnis zwischen den ursprünglichen Vertragspartnern wird dies hingegen von der instanzgerichtlichen Rechtsprechung überwiegend anders gesehen (Nachw aus der instanzgerichtlichen Rspr zum Mietrecht bei OLG Dresden 23. 11. 2016 – 5 U 2031/15, MDR 2017, 390; weitere Nachw bei STAUDINGER/EMMERICH [2018] § 550 Rn 44 mit Kritik Rn 45 ff). Da in Bezug auf Dritte nicht eine Unwirksamkeit der Klausel, sondern lediglich die Zulässigkeit der Kündigung angenommen wurde (BGH 22. 1. 2014 – XII ZR 68/10 Rn 27, BGHZ 200, 98; 30. 4. 2014 – XII ZR 146/12, NJW 2014, 2102; 25. 1. 2017 – XII ZR 69/16, NJW 2017, 1017 – alle zur Miete), führt diese Argumentation auch nicht zu einer relativen Unwirksamkeit der Schriftformklausel, die dogmatisch kaum begründbar sein dürfte. Trotzdem erscheint die schon fast zum Regelfall gewordene Annahme eines Verstoßes gegen Treu und Glauben bei Berufung auf das Schriftformerfordernis trotz Vorliegens einer Schriftformheilungsklausel mit Blick auf den zwingenden Charakter des § 550 BGB nicht unbedenklich (s zur Kritik nur STAUDINGER/EMMERICH [2018] § 550 Rn 45 ff mwNw).

Bei **Nichtbeachtung des Schriftformerfordernisses** nach § 581 Abs 2 BGB iVm §§ 578 **160** Abs 1 bzw Abs 2 S 1, 550 S 1 BGB tritt nicht die Rechtsfolge des § 125 S 1 BGB ein, sondern der Vertrag läuft nach § 550 S 1 letzter HS BGB für unbestimmte Zeit. Das gilt auch für einen aufgrund der Ausübung eines Vorpachtrechts zustande gekommenen nicht schriftlichen Pachtvertrag, wenn der Pachtvertrag des Verpflichteten mit dem Dritten die Form gewahrt hat (BGHZ 55, 71, 76 f). Der Vertrag kann regulär nach § 584 Abs 1 BGB, frühestens aber zum Ablauf eines Jahres nach Überlassung des Pachtgegenstands gekündigt werden, § 581 Abs 2 BGB iVm §§ 578 Abs 1 bzw Abs 2 S 1, 550 S 2 BGB (s insb OLG Nürnberg ZMR 2010, 524, 526). Es verstößt aber nicht gegen Treu und Glauben, eine solche Kündigung auf die mangelnde Schriftform zu stützen (BGHZ 50, 39, 45 – im konkreten Fall offen gelassen; BGH NJW 2004, 1103, 1103 f – zur Miete). Treuwidrig kann es hingegen sein, wenn der Verpächter einen formgerecht geschlossenen Pachtvertrag, der dann formlos durch Erhöhung des Pachtzinses geändert worden ist, vorzeitig mit der Begründung kündigen möchte, der gesamte Pachtvertrag entbehre wegen der Änderung nunmehr der Schriftform (OLG München NJW-RR 1996, 654, 655). Wegen der im Vergleich zu § 125 S 1 BGB weniger weit reichenden Rechtsfolgen von Formmängeln werden teilweise die Grundsätze über die treuwidrige Berufung auf Nichteinhaltung der Schriftform im Rahmen von § 581 Abs 2 BGB iVm § 550 BGB zu Recht eingeschränkt (OLG Hamm 6. 5. 2011 – 30 U 15/10, juris), teilweise wird auch kautelarjuristisch vorgesorgt (dazu insb ENSENBACH FWW 2008, 210, 211; SCHEER-HENNINGS/QUAST ZMR 2009, 180 ff; zum Mietrecht LEO NZM 2006, 815 f mwNw; zur neueren Rspr in Bezug auf Schriftformklauseln Rn 159). Beschränkt sich der Formmangel auf einen **Änderungsvertrag**, entfällt auch die Formgültigkeit des ursprünglichen Vertrags (BGHZ 50, 39, 43 mwNw; 125, 175, 181). Dies gilt aber nicht für bloße Vertragsverlängerungen; hier bleibt nach der Rspr der ursprüngliche Vertrag formwirksam, nur der Verlängerungsvertrag unterliegt der Rechtsfolge des § 550 S 1 BGB (BGHZ 50, 39, 43 f – zu § 566 aF; 125, 175, 181 – zum Landpachtvertrag).

161 Trifft das gesetzliche Schriftformerfordernis nach § 581 Abs 2 BGB iVm §§ 578 Abs 1 bzw Abs 2 S 1, 550 S 1 BGB mit einem gewillkürten Schriftformerfordernis zusammen, so ist das gewillkürte Schriftformerfordernis regelmäßig im Sinne des gesetzlichen Schriftformerfordernisses auszulegen, wenn sich aus den Parteivereinbarungen nichts anderes ergibt. Die Rechtsprechung geht insofern davon aus, dass die Parteien nichts anderes vereinbaren wollten als sie anschließend durch die Vertragsunterzeichnung verwirklicht haben (BGH NJW 2000, 354, 356; NZM 2000, 548, 548). Daher ist in derartigen Fällen weder § 154 Abs 1 S 1 BGB noch § 125 S 2 BGB anwendbar, wenn die Form des § 550 S 1 BGB gewahrt wurde (BGH NJW 2000, 354, 356; NZM 2000, 548, 548 – in beiden Fällen jedoch letztlich nicht entscheidungserheblich; anders allerdings vom Ansatz her OLG Nürnberg ZMR 2010, 524, 526 f – iE jedoch offen gelassen).

162 Sofern ein Pachtvertrag mit einem nach § 311b Abs 1 BGB formbedürftigen **Grundstücksgeschäft** verbunden wird (zB bei Begründung eines Ankaufsrechts oder Vorkaufsrechts des Pächters), ist eine notarielle Beurkundung auch des Pachtvertrags erforderlich (BGH LM Nr 50 zu § 313 BGB zum Ankaufsrecht; LM Nr 2 zu § 581 BGB; OLG Koblenz NJW-RR 1996, 744, 745; OLG Rostock OLGR 2000, 245, 245 f; OLG Saarbrücken 8. 10. 2009 – 8 U 460/08, juris; OLG Oldenburg 13. 2. 2009 – 14 U 68/08, juris; ALLWEIL ZMR 1964, 353, 354; SCHLEMMINGER NZM 1999, 890, 891 ff; KNOPPE, Betriebsverpachtung, Betriebsaufspaltung 29; ders, Verpachtung eines Gewerbebetriebes 30; **aA** OLG München WuM 1995, 152, 153, jeweils zum Vorkaufsrecht; gegen eine Anwendung des § 139 BGB OLG Celle RdL 1953, 332 für eine Sonderkonstellation, in welcher der Pächter, zu dessen Gunsten sich das Vorkaufsrecht auswirkte, die Fortsetzung des Pachtvertrags wünschte). Ebenso ist der Pachtvertrag gemäß § 11 Abs 2 ErbbauRG iVm § 311b Abs 1 BGB notariell zu beurkunden, wenn sich der Verpächter verpflichtet, dem Pächter ein Erbbaurecht einzuräumen (BGH LM Nr 8 zur PreisstopVO – zu § 11 Abs 2 ErbbauVO iVm § 313 BGB aF). Zur Anwendbarkeit des § **311b Abs 2 bzw 3 BGB** auf einen Pachtvertrag s OLG Hamm 6. 5. 2011 – 30 U 15/10, juris (iE abgelehnt).

c) Jagdpacht

163 Vor allem mit Rücksicht auf die lange Vertragsdauer und zu Zwecken der Sicherheit des Rechtsverkehrs (s etwa LG Stendal Jagdrechtliche Entscheidungen III Nr 189) hat das Gesetz für den Abschluss von **Jagdpachtverträgen** Schriftform vorgeschrieben (§ 11 Abs 4 S 1 BJagdG). Diese Regelung war erforderlich, weil § 581 Abs 2 BGB iVm § 550 BGB für die Rechtspacht nicht gilt (RGZ 51, 279, 280 f; 107, 291, 293 – zu § 566 aF). Dieses Schriftformerfordernis, das Warn- und Beweisfunktion hat (s etwa OLG Koblenz 10. 12. 2013 – 3 U 939/13, Jagdrechtliche Entscheidungen III Nr 205; LG Kassel 27. 1. 2016 – 6 O 663/15, Jagdrechtliche Entscheidungen III Nr 215; MEYER-RAVENSTEIN AUR 2015, 445, 446), aber im Gegensatz zu § 550 BGB nicht auch den Erwerber schützt (OLG Hamm Jagdrechtliche Entscheidungen III Nr 197; offen gelassen: OLG Düsseldorf 24. 7. 2014 – 9 U 105/13, AUR 2014, 392; deutlicher für einen Schutz des Erwerbers sowie zuständiger Behörden LÜCKEMEIER AUR 2014, 393, 395), gilt – anders als das nach § 581 Abs 2 BGB iVm §§ 578 Abs 1 bzw Abs 2 S 1, 550 S 1 BGB (Rn 197) – auch für einen Vorvertrag (RGZ 112, 199, 201 f; BGHZ 61, 48, 49 f; BGH NJW-RR 1994, 778, 779; OLG Köln AgrarR 2001, 91), die Verpflichtung zur Teilnahme an einem Ausschreibungsverfahren zur Vorbereitung einer Jagdpacht (LG Kassel 27. 1. 2016 – 6 O 663/15, Jagdrechtliche Entscheidungen III Nr 215), für spätere Änderungen und Ergänzungen (MITZSCHKE/SCHÄFER § 11 BJagdG Rn 52; BGH NJW-RR 1994, 778, 779; OLG Düsseldorf ZMR 2003, 737, 738; OLG Koblenz 13. 7. 2015 – 12 U 130/14, Jagdrechtliche Entscheidungen III Nr 214), für Unterpacht (LG Oldenburg Jagdrechtliche Entscheidungen III Nr 188; LG Verden Jagdrechtliche Entscheidungen III Nr 71; **aA** OLG Oldenburg NdsRpfl 1960, 275) und Mitpacht (OLG Karlsruhe Recht 1940, 2790), nicht aber für Sicherungsrechte (LG Münster Jagdrechtliche Entscheidungen III Nr 167: Bürgschaft) oder den Gesellschaftsvertrag von Mitpächtern (OLG Sachsen-Anhalt RdL 2003, 19). Die Spezifizierung des Pachtgegenstands kann auch durch eine Beschreibung der geographischen Gegebenheiten erfolgen, aber nur wenn so der Grenzverlauf im Wesentlichen zweifelsfrei ermittelt werden kann und Unklarheiten nur in Einzelfällen auftreten und durch Entscheidung der zuständigen Behörde geklärt werden können (OLG Koblenz 11. 2. 2014 – 3 U 939/13, Jagdrechtliche Entscheidungen III Nr 206; s auch LÜCKEMEIER AUR 2014, 393, 395; einschränkend MEYER-RAVENSTEIN jurisPR-AgrarR 7/2014 Anm 2; ders AUR 2015, 445, 446 ff); nicht ausreichend ist eine nur für die Vertragspartner verständliche Beschreibung des Jagdbezirks (LG Wuppertal 12. 3. 2013 – 1 O 270/12, Jagdrechtliche Entscheidungen III Nr 202). Grundsätzlich müssen alle Vereinbarungen in einer einzigen Urkunde enthalten sein (siehe speziell zur Jagdpacht nur LG Hildesheim 12. 6. 2013 – 2 O 139/13, Jagdrechtliche Entscheidungen III Nr 204 mwNw); eine Ergänzung durch andere Urkunden ist jedoch im Einzelfall möglich, wenn die Zusammengehörigkeit der Urkunden zweifelsfrei erkennbar ist (OLG Koblenz 10. 12. 2013 – 3 U 939/13, Jagdrechtliche Entscheidungen III Nr 205). Vereinbaren die Parteien neben einem Jagdpachtvertrag in einer gesonderten Urkunde weitere Leistungen des Jagdpächters, muss entweder die Haupturkunde auf die ergänzende Urkunde oder zumindest die ergänzende Urkunde auf die Haupturkunde Bezug nehmen; einer körperlichen Verbindung bedarf es nicht (LG Lübeck Jagdrechtliche Entscheidungen III Nr 158).

164 Bei Nichteinhaltung der erforderlichen Form ist der Vertrag gemäß § 11 Abs 6 S 1 BJagdG nichtig; diese Rechtsfolge kann auch eintreten, wenn nur ein Teil der Abreden nicht in Schriftform erfolgt ist (BGH NJW-RR 1994, 778, 779; OLG Hamm 30. 10. 2009 – 30 U 182/08, juris; OLG Sachsen-Anhalt 27. 9. 2011 – 4 U 75/11, juris), wobei umstritten ist, ob sich dies aus § 139 BGB (BGH WM 1978, 846 f) oder daraus ergibt, dass das BJagdG keine Teilnichtigkeit kennt (so OLG Oldenburg Jagdrechtliche Entscheidungen III Nr 129; MITZSCHKE/SCHÄFER § 11 BJagdG Rn 50, 122). Der Pachtzins kann bei Formnichtigkeit des Pachtvertrags nicht nach Bereicherungsrecht zurückverlangt werden, §§ 814, 817 S 2, 242 BGB, da bei einem ausgebildeten Jäger vermutet wird, dass er das Schriftformerfordernis für Jagdpachtverträge kennt (OLG Koblenz 28. 9. 1999 – 1 U 890/96, juris; OLG Jena NJW-RR 2003, 267, 269). Eine Umgehungsvereinbarung, etwa durch ein Strohmanngeschäft, ist gem § 134 BGB iVm § 11 Abs 5, Abs 6 S 1 BJagdG unwirksam (LG Bochum Jagdrechtliche Entscheidungen V Nr 61 – zur Umgehung des Anzeigeverfahrens; LG Köln 29. 1. 2009 – 2 O 203/08, juris; ähnlich OLG Jena NJW-RR 2003, 267, 268 f – iE allerdings abgelehnt; BGH Jagdrechtliche Entscheidungen III Nr 69 – iE ebenfalls abgelehnt). Ein Scheingeschäft iSd § 117 BGB liegt bei der Einschaltung eines Strohmannes hingegen nur ausnahmsweise vor (Rn 145). Wird die Jagd trotz Nichtigkeit des Pachtvertrags ausgeübt, stellt dies eine Ordnungswidrigkeit iSd § 39 Abs 1 Nr 3 BJagdG dar.

d) Fischereipacht

165 Ein **Fischereipachtvertrag** ist idR ebenfalls **schriftlich** abzuschließen (LORZ/METZGER/STÖCKEL/METZGER, 2 A. Einleitung Rn 33). Zudem bedürfen Abschluss und Änderung eines Fischereipachtvertrags in manchen Bundesländern einer **Genehmigung** (als Wirksamkeitsvoraussetzung des Vertrags) oder einer **Anzeige** bei der Fischereibehörde (s Rn 156). Diese Erfordernisse gelten entsprechend auch für Vorverträge (BGHZ 61, 48). Ein Verstoß gegen das Schriftformerfordernis hat idR Nichtigkeit des Pachtvertrags zur Folge (s § 12 Abs 3 LFischG Berlin, § 11 Abs 3 Bbg FischG, § 12 Abs 5 HessFischG, § 14 Abs 2 LFischG NRW, § 16 Abs 4 LFischG Rheinland-Pfalz, § 12 Abs 4 Saarl FischG, § 12 Abs 1 S 1 iVm Abs 6 LFischG Schleswig-Holstein, § 13 Abs 1 S 1 iVm Abs 5 ThürFischG). Soweit Ausnahmen genehmigt werden können, tritt schwebende Unwirksamkeit ein (RG SeuffA 83 Nr 212).

e) Milchquotenpacht

166 Zu Formerfordernissen bei der bis zum 31. 3. 2015 relevanten **Milchquotenpacht** s BUSSE AUR 2011, 1, 4 ff mwNw.

f) Unternehmenspacht

167 Bei der Unternehmenspacht können – je nach Gegenstand des Unternehmens – allgemeine Formvorschriften zu beachten sein, zB § 581 Abs 2 BGB iVm §§ 578 Abs 1 bzw Abs 2 S 1, 550 S 1 BGB, wenn Räume mitverpachtet werden (differenzierend OPPENLÄNDER, Die Unternehmenspacht 177). § 550 S 1 BGB führt jedoch bei der Unternehmenspacht zu erheblichen praktischen Schwierigkeiten, sodass hier eine möglichst restriktive Anwendung anzustreben ist (s dazu insb KLEIN-BLENKERS 115 ff mwNw). Denkbar ist auch eine Anwendung des § 311b Abs 1, wenn bei Mitverpachtung eines Grundstücks ein An- oder Vorkaufsrecht des Pächters begründet wird. Evtl kann auch § 311b Abs 2 oder 3 BGB einschlägig sein, wenn der Pachtvertrag mit einem nach diesen Vorschriften beurkundungspflichtigen Geschäft verbunden ist, wohl aber noch nicht bei bloßer Überlassung eines Unternehmens, welches das gegenwärtige oder künftige Vermögen des Verpächters darstellt, im Rahmen eines Pachtvertrags (s insb KLEIN-BLENKERS 119 f mwNw; aA OPPENLÄNDER, Die Unternehmenspacht 178 f mwNw – zu § 311 BGB aF: entsprechende Anwendung wegen Schwierigkeiten bei der Differenzierung zwischen Nießbrauch und Pacht).

168 Beim Abschluss von **Betriebspachtverträgen** iSd § 292 Abs 1 Nr 3 AktG (§ 581

Rn 72 ff) sind einige zusätzliche Formerfordernisse zu beachten: Der Vertragsschluss bedarf der notariell bekundeten Zustimmung der Hauptversammlung, § 293 Abs 1 iVm § 130 Abs 1 S 1 AktG. Zudem ist gemäß § 293 Abs 3 AktG iVm § 126 BGB beim Vertragsschluss die Schriftform zu wahren und der Vertrag wird gemäß § 294 AktG erst mit Eintragung in das Handelsregister wirksam. Bei Vertragsänderungen ist § 295 AktG zu beachten.

Ein Betriebspachtvertrag iSd § 292 Abs 1 Nr 3 AktG, bei dem der vereinbarte **169** Pachtzins hinter dem Wert des Vertragsgegenstands zurückbleibt, ist gemäß § 292 Abs 3 AktG selbst dann, wenn gegen das Verbot der verdeckten Gewinnausschüttung (§§ 57, 58, 60 AktG) verstoßen wird, nicht nichtig, sondern lediglich anfechtbar nach § 243 Abs 1 oder 2 iVm § 246 Abs 1 AktG (s dazu insb EMMERICH/HABERSACK/ EMMERICH, Aktien- und GmbH-Konzernrecht § 292 AktG Rn 51a mwNw; Kölner Kommentar/ KOPPENSTEINER § 292 AktG Rn 23 ff; HÜFFER/KOCH § 292 AktG Rn 30; teilw modifizierend MünchKommAktG/ALTMEPPEN § 292 AktG Rn 118 ff; für eine einschränkende Auslegung der Regelung aus europarechtlichen Gründen VEIL, Unternehmensverträge 175; SPINDLER/STILZ/VEIL § 292 AktG Rn 45).

Bei der Verpachtung (oder Überlassung) des Betriebs einer **GmbH** ähnelt die Si- **170** tuation derjenigen bei der AG oder KGaA: Die Führung des Betriebs der GmbH durch den Pächter auf eigene Rechnung im eigenen (beim Betriebspachtvertrag) bzw fremden (beim Betriebsüberlassungsvertrag) Namen verändert die Struktur der verpachtenden GmbH grundlegend; diese verwandelt sich letztlich in eine Rentnergesellschaft (EMMERICH/HABERSACK, Konzernrecht § 32 Rn 56; SCHOLZ/EMMERICH Anh § 13 GmbHG Rn 216; ULMER/HABERSACK/LÖBBE/CASPER Anh § 77 GmbHG Rn 199 und 221; FÜHRLING, Sonstige Unternehmensverträge mit einer abhängigen GmbH 118). Daher ist neben dem Abschluss des Pachtvertrags nach §§ 581 ff BGB – unabhängig von der Frage des Vorliegens eines Abhängigkeitsverhältnisses – eine Satzungsänderung durch notariell zu beurkundenden Beschluss der Gesellschafter nach §§ 53, 54 GmbHG erforderlich, damit der Vertrag wirksam wird (EMMERICH/HABERSACK, Konzernrecht § 32 Rn 56; FÜHRLING, Sonstige Unternehmensverträge mit einer abhängigen GmbH 140 f; SCHOLZ/EMMERICH Anh § 13 GmbHG Rn 218; BAUMBACH/HUECK/BEURSKENS Anh Rn 105; MünchKommGmbHG/ LIEBSCHER § 13 GmbHG Anh Rn 784; MIMBERG 124 ff; U KRAUSE MittRhNotK 1990, 237, 245; NELISSEN DB 2007, 786, 787; SCHÜRNBRANDT ZHR 169 [2005] 35, 48 ff; BGHZ 105, 324, 341 f; BGH NJW 1992, 1452, 1453; ähnlich iE DÖRMER 133 ff mit abweichender dogmatischer Begründung). Umstritten ist allerdings, ob eine Dreiviertelmehrheit ausreicht oder wegen einer Zweckänderung der Gesellschaft durch die Verpachtung analog § 33 Abs 1 S 2 BGB Einstimmigkeit erforderlich ist (s zB BGHZ 105, 324, 332 [offen gelassen]; BAUMBACH/ HUECK/BEURSKENS Anh Rn 106; U KRAUSE MittRhNotK 1990, 237, 245 f; NELISSEN DB 2007, 786, 787 f [Einstimmigkeit erforderlich]; MünchKommGmbHG/LIEBSCHER § 13 GmbHG Anh Rn 784 [Dreiviertelmehrheit]; MICHALSKI/HEIDINGER/LEIBLE/J SCHMIDT/SERVATIUS Syst Darst 4 Rn 382 [§ 293 AktG – Dreiviertelmehrheit – analog]; LUTTER/HOMMELHOFF/LUTTER/HOMMELHOFF Anh zu § 13 GmbHG Rn 78 iVm Rn 65 [Dreiviertelmehrheit]; differenzierend EMMERICH/HABERSACK, Konzernrecht § 32 Rn 56; EMMERICH/HABERSACK/EMMERICH, Aktien- und GmbH-Konzernrecht § 292 AktG Rn 54; SCHOLZ/EMMERICH Anh § 13 Rn 219). Eine Eintragung der Verpachtung in das Handelsregister wird vielfach gefordert (s zB BGHZ 105, 324, 338; BAUMBACH/ HUECK/BEURSKENS Anh Rn 106; SCHOLZ/EMMERICH Anh § 13 GmbHG Rn 218; EMMERICH/HABERSACK, Konzernrecht § 32 Rn 56; MICHALSKI/HEIDINGER/LEIBLE/J SCHMIDT/SERVATIUS Syst Darst 4 Rn 384; NELISSEN DB 2007, 786, 788 f; OLG Zweibrücken 29. 10. 2013 – 3 W 82/13,

NZG 2015, 319, 319 f – zur Aufhebung des Vertrags, allerdings unter Ablehnung einer Analogie zu § 296 AktG im konkreten Fall, kritisch zur Begründung L Beck EWiR 2014, 619, 620, zustimmend Priester GmbHR 2014, 254 sowie Kürten/E C Westermann GmbHR 2014, 852 ff mit ausführlicher Darstellung des Meinungsstandes; aA mit eingehender Begründung LG Paderborn NotBZ 2008, 352, 353). Die rechtliche Begründung ist jedoch nicht einfach; denkbar ist vor allem eine Analogie zu § 294 AktG zum Schutz aktueller und potentieller Gläubiger sowie künftiger Aktionäre (Michalski/Heidinger/Leible/J Schmidt/Servatius Syst Darst 4 Rn 384; ähnlich Lutter/Hommelhoff/Lutter/Hommelhoff Anh zu § 13 GmbHG Rn 78 iVm Rn 63 [„kann" eingetragen werden]; Emmerich/Habersack, Konzernrecht § 32 Rn 56; Nelissen DB 2007, 786, 789), teilweise wird auch § 54 GmbHG analog herangezogen (Baumbach/Hueck/Beurskens Anh Rn 106; Schürnbrandt ZHR 169 [2005] 35, 48). Die gesetzliche Grundlage für eine Eintragung erscheint zweifelhaft; ein Eintragungszwang wird sich allenfalls aus einer Analogie zu den genannten Vorschriften ableiten lassen, wenn deren Schutzzweck im Einzelfall tangiert ist, was nicht bei allen Konstellationen der Unternehmenspacht der Fall sein dürfte. Problematisch sind weiterhin die Sicherung der abhängigen Gesellschaft, ihrer Gesellschafter und Gläubiger sowie die Umgehung eines Beherrschungsvertrags durch einen Betriebspacht- oder Betriebsüberlassungsvertrag (s etwa Scholz/Emmerich Anh § 13 GmbHG Rn 221 f; Ulmer/Habersack/Löbbe/Casper § 77 GmbHG Anh Rn 199 ff und 221 f; Michalski/Heidinger/Leible/J Schmidt/Servatius Syst Darst 4 Rn 387; Schürnbrandt ZHR 169 [2005] 35, 37 ff). Hier wird – je nach Situation – auch eine analoge Anwendung der §§ 291 ff AktG (oder einzelner dieser Regelungen) in Erwägung gezogen (s zB Emmerich/Habersack, Konzernrecht § 32 Rn 4; Scholz/Emmerich Anh § 13 GmbHG Rn 222; Michalski/Heidinger/Leible/J Schmidt/Servatius Syst Darst 4 Rn 387; teilw einschränkend Baumbach/Hueck/Beurskens Anh Rn 104 ff; noch stärker zurückhaltend MünchKommAktG/Altmeppen § 292 AktG Rn 8). Zu weiteren Einzelheiten s vor allem Führling, insb 140 f, 146 f, 167 ff, 188 ff, 204 f, 280 ff, 300 f, 308 f, 317 f, 330 ff, 336 ff, 349 ff, 358 ff; Mimberg 103 ff; Nelissen DB 2007, 786, 787 ff; Dörmer 132 ff.

171 Bei der Verpachtung oder Überlassung des Betriebs einer **Personenhandelsgesellschaft** kann sich wegen der grundlegenden Veränderung der Struktur der Gesellschaft (Beispiel: OLG Hamburg NZG 2000, 421, 422) ebenfalls – und wiederum unabhängig vom Vorliegen eines Abhängigkeitsverhältnisses – die Frage nach Schutzmechanismen stellen. Hier dürfte gemäß § 116 Abs 2 HGB regelmäßig die Zustimmung aller Gesellschafter erforderlich sein, weil eine solche Maßnahme über den gewöhnlichen Betrieb des Handelsgewerbes hinausgeht (s zB Nelissen DB 2007, 786, 789; MünchKommHGB/Mülbert KonzernR Rn 3. 18; Beck'sches Handbuch der Personengesellschaften/Röhrs § 27 Rn 71; Emmerich/Habersack, Konzernrecht § 34 Rn 7: zu Abhängigkeitsverhältnissen, nicht speziell zur Verpachtung; weitergehend Dörmer 146 ff: § 119 HGB als Ausgangspunkt). Schriftform dürfte hingegen wegen der Formfreiheit des Gesellschaftsvertrags selbst auch für die Verpachtung des Betriebs einer Personenhandelsgesellschaft nicht in Betracht kommen (s zB Nelissen DB 2007, 786, 789; MünchKommHGB/Mülbert KonzernR Rn 3. 18; Dörmer 148; aA Heymann/Emmerich § 105 HGB Anh Rn 22). Entsprechendes sollte auch für die Eintragung in das Handelsregister gelten (s zB Nelissen DB 2007, 786, 790; Dörmer 148; aA Heymann/Emmerich § 105 HGB Anh Rn 22), sodass die Überlassung des Betriebs einer Personenhandelsgesellschaft iE keiner besonderen Form bedarf.

g) Franchisevertrag

Zu einem etwaigen Schriftformerfordernis bei Franchiseverträgen, in welchen Bezugspflichten statuiert werden, nach § 510 Abs 1 S 1 Nr 3 BGB s Rn 194. **172**

4. Vertragsinhalt, insbesondere Einschränkungen der Privatautonomie

a) § 134

Auch Pachtverträge müssen sich in den Grenzen des gesetzlich Zulässigen halten. **173** Nichtig sind daher insbesondere Pachtverträge, die gegen Verbote iSd § 134 BGB verstoßen. Zu denken ist etwa an Verstöße gegen § 2 GastG (Erfordernis einer Gewerbeerlaubnis für den Betrieb einer Gaststätte, OLG Stuttgart GewArch 1984, 387; NJW 1987, 3269, 3270; LG Berlin NJW 1977, 1826, 1826 f) oder gegen Vorschriften von Berufsordnungen (zu für die Verpachtung ggf relevanten Regelungen insb KLEIN-BLENKERS 123 ff), sofern man diese als Gesetze iSd § 134 BGB ansieht (was umstritten ist, s zu ärztlichen Berufsordnungen BayObLG MedR 2001, 206, 209 f mNw, auch zur Gegenansicht). Bei einem Verstoß gegen § 9 ApothekenG ist dagegen die Nichtigkeitsfolge der Spezialregelung in § 12 ApothekenG zu entnehmen.

b) § 138

Häufiger als § 134 BGB wird von den Gerichten im Zusammenhang mit Pachtverträgen § 138 BGB geprüft. Ein Pachtvertrag kann insbesondere wegen einer besonders langen Dauer, wegen der Höhe des Pachtzinses, wegen der Umgehung gesetzlicher Vorschriften oder im Einzelfall wegen des Pachtgegenstands – oder aufgrund einer Kumulation derartiger Faktoren – als sittenwidrig eingestuft werden. Daneben kann auch eine Bestellung von Personalsicherheiten durch nahe Angehörige in Bezug auf einen Pachtvertrag (BGH GuT 2005, 6, 8: sittenwidriger Schuldbeitritt der Ehefrau zu den Pachtverbindlichkeiten ihres Ehemannes; OLG Celle 5. 7. 2005 – 16 U 1/05, juris; s aber auch OLG Brandenburg 17. 1. 2007 – 3 U 66/06, juris; LG Itzehoe GuT 2010, 439, 440 f; OLG Schleswig GuT 2010, 439, 441 f; LG Dortmund 7. 6. 2006 – 22 O 146/05, juris: zur möglicherweise eingeschränkten Anwendbarkeit dieser Grundsätze bei Gewerberaumpachtverträgen) oder ein Vertragsschluss zur planmäßigen Vereitelung von Gläubigerrechten (BGH NZM 2005, 433, 433) nach allgemeinen Grundsätzen gegen § 138 BGB verstoßen. **174**

Eine Sittenwidrigkeit eines Pachtvertrags wegen **überlanger Vertragsdauer**, etwa bei Bezugsbindungen (STAUDINGER/SACK/FISCHINGER [2017] § 138 Rn 351 ff, 365 mwNw; MünchKomm/ARMBRÜSTER § 138 Rn 76 ff mwNw), kommt nur im Einzelfall in Betracht. So wurde etwa die Nichtigkeit eines Pachtvertrags über eine Golfanlage wegen „überlanger Vertragsdauer" insbesondere unter Hinweis auf § 581 Abs 2 BGB iVm § 544 BGB abgelehnt (OLG Hamm 6. 5. 2011 – 30 U 15/10, juris). **175**

Häufiger kommt eine Sittenwidrigkeit von Pachtverträgen wegen eines **überhöhten Pachtzinses** in Betracht. Als zentral erweist sich hier, welche Kriterien für das Vorliegen eines **auffälligen Missverhältnisses** zwischen der Überlassung zur Fruchtziehung und der Höhe des Pachtzinses zugrunde gelegt werden. Vor allem bei der Gaststättenpacht erfolgte früher häufig eine Orientierung an den Erträgen des Pachtobjekts, etwa im Rahmen der so genannten EOP-Methode (an der Ertragskraft orientierte Pachtwertfindung, s etwa MICHALSKI ZMR 1996, 1, 3 f; WALTERSPIEL ZMR 1996, 468, 470 f; SEITTER ZMR 1996, 587 ff; kritisch BUB ZMR 1995, 509, 512; USINGER NZM 1998, 641 ff) oder der „indirekten Vergleichswertmethode", die auf die ortsübliche Ver- **176** gleichspacht abstellte (s insb OLG München NZM 2000, 1059, 1061; WALTERSPIEL NZM 2000, 70 ff; ders NZM 2001, 795, 796 f). Beide Methoden lehnt der BGH jedoch ab und betont, dass nicht auf betriebswirtschaftliche Rentabilitätserwägungen, sondern auf die konkreten Marktverhältnisse des Einzelfalls abzustellen sei (BGHZ 141, 257, 264 ff; BGH NJW 2002, 55, 56; bestätigt in BGH NZM 2002, 822, 823; NJW 2004, 3553, 3554; NJW-RR 2004, 1454, 1454; s auch OLG München OLGR 2003, 118, 118 f; OLG Koblenz 22. 3. 2004 – 12 W 164/04, juris; OLG Brandenburg 9. 6. 2010 – 3 U 204/07, juris; angewendet wurde die EOP-Methode allerdings in einem Fall, in dem keine marktübliche Vergleichspacht ermittelt werden konnte, OLG Hamm 20. 12. 2012 – 27 U 151/11, juris, dies dürfte mit Blick auf die Rechtsprechung des BGH jedoch den konkreten Nachweis erfordern, dass die Marktverhältnisse anders nicht ermittelt werden können). Zudem dürfe die gesetzliche Risikoverteilung zwischen Verpächter und Pächter, nach welcher der Pächter in Bezug auf den Pachtgegenstand das Verwendungsrisiko trägt (s Rn 234), nicht zu Lasten des Verpächters modifiziert werden (BGHZ 141, 257, 264 ff). Vielmehr sei die ortsübliche Vergleichspacht in jedem Einzelfall durch einen mit der konkreten Marktsituation vertrauten Sachverständigen gesondert zu ermitteln (BGH NJW 2002, 55, 56; NZM 2002, 822, 823; NZM 2004, 741). Selbst wenn sich nach diesen Kriterien im Ergebnis ein auffälliges Missverhältnis zwischen Leistung und Gegenleistung beim Pachtvertrag ergibt, müssen jedoch noch **zusätzliche sittenwidrigkeitsbegründende Umstände**, wie etwa eine verwerfliche Gesinnung des Verpächters, hinzutreten, damit § 138 BGB durchgreifen kann (s speziell zur Unternehmenspacht insb KLEIN-BLENKERS 129 f). Der BGH lehnt eine Übertragung der für Teilzahlungs- und Ratenkreditverträge entwickelten Grundsätze, wonach bereits aus dem auffälligen Missverhältnis zwischen Leistung und Gegenleistung auf eine verwerfliche Gesinnung des Begünstigten geschlossen werden kann (zB BGHZ 80, 153, 161 f; 98, 174, 178; BGH NJW 2000, 1487, 1488; BGHZ 146, 298, 303 f), auf Pachtverträge ab, sodass hier stets noch konkret zu prüfen ist, ob das auffällige Missverhältnis für den Verpächter erkennbar war (BGH NJW 2002, 55, 57; NJW 2004, 3553, 3555; NJW-RR 2004, 1454, 1454 f; OLG Freiburg 26. 9. 2002 – 9 U 13/01, juris; OLG Karlsruhe NZM 2003, 108, 108 f; OLG Frankfurt 10. 10. 2014 – 2 U 245/12, juris; ebenso BIEBER jurisPR-MietR 12/2004 Anm 4 – mit berechtigtem Hinweis auf dabei denkbare praktische Probleme; NASSALL jurisPR-BGHZivilR 46/2004 Anm 4; J HOFFMANN BGHRep 2004, 1614 f; BÜHLER EWiR 2005, 243 f; **aA** MICHALSKI ZMR 1996, 1, 2, 5 und offenbar auch KERN § 581 Rn 205). So fehlt es etwa an einer verwerflichen Gesinnung, wenn der Pächter an seinen Unterpächter lediglich den von ihm selbst gezahlten Pachtzins weitergibt und keine Anhaltspunkte dafür vorhanden sind, dass er selbst den überhöhten Pachtzins schon in sittenwidriger Absicht akzeptiert hat (OLG Hamm NJW-RR 1995, 205, 205 f; dazu BUB ZMR 1995, 509, 513). Auch die Vereinbarung einer Erhöhung des Pachtzinses vor Ablauf der zuvor für Erhöhungen vereinbarten Fristen ist nicht bereits per se sittenwidrig, sondern erst dann, wenn weitere sittenwidrigkeitsbegründende Umstände hinzutreten, die in der Gesamtbetrachtung zum Verdikt der Sittenwidrigkeit führen (OLG Brandenburg 27. 1. 2015 – 6 U 76/13, GmbHR 2015, 353, 355).

177 In bestimmten Fällen kann die Sittenwidrigkeit eines Pachtvertrags auch aus der **Umgehung gesetzlicher Vorschriften** hergeleitet werden. So wurde etwa bei Abschluss eines langfristigen Pachtvertrags zum Zwecke der Umgehung eines Vorkaufsrechts Sittenwidrigkeit in Betracht gezogen (OLG Naumburg OLGR 2003, 392 [LS]). In derartigen Fällen sollte allerdings stets zunächst § 134 BGB geprüft werden (s etwa MünchKomm/ARMBRÜSTER § 138 Rn 4 mwNw; **aA** STAUDINGER/SACK/SEIBL [2017] § 134 Rn 152 f), ggf auch § 117 BGB (KLEIN-BLENKERS 129).

Schließlich kann sich die Sittenwidrigkeit eines Pachtvertrags auch aus dem **Pacht-** 178
gegenstand selbst ergeben. Das wurde früher bei Pachtverträgen über Grundstücke
oder Gebäude, die als Bordelle genutzt wurden, angenommen (BGHZ 41, 341, 343 f;
BGH BB 1969, 1106; Honsell, Die Rückabwicklung sittenwidriger oder verbotener Geschäfte 7 ff –
zur Miete; krit Rother AcP 172 [1972] 498, 508 ff). Heute hat sich die Einstellung dazu
gewandelt, was sich unter anderem an § 1 ProstG ablesen lässt. Daher sind Pachtverträge über Bordelle nunmehr nur noch dann als sittenwidrig iSd § 138 BGB und
damit nichtig anzusehen, wenn zum Vertragsgegenstand noch sittenwidrigkeitsbegründende Elemente hinzutreten, wie etwa eine Ausbeutung der Prostituierten in
wirtschaftlicher oder sonstiger Hinsicht (BGHZ 63, 365, 367; BGH NJW-RR 1990, 750;
Klein-Blenkers 128; Staudinger/Sack/Fischinger [2017] Anh zu § 138: § 1 ProstG Rn 78
mwNw). Hier werden ausnahmsweise die Folgeverträge (zB die Vereinbarung eines
unverhältnismäßig hohen Entgelts für die Wohnungsgewährung in den Verträgen
mit den Prostituierten) in die Beurteilung der Sittenwidrigkeit des Pachtvertrags
einbezogen (BGHZ 63, 365, 367; BGH NJW-RR 1990, 750; OLG Hamm NJW 1975, 653, 654;
Honsell JZ 1975, 439; MünchKomm/Harke § 581 Rn 27).

Eine Sittenwidrigkeit aufgrund **sonstiger Umstände** ist insbesondere anhand des 179
Gesamtbilds des Vertrags zu ermitteln. So ist etwa eine in einem Pachtvertrag über
eine Lavagrube enthaltene Regelung, die es dem Pächter verbietet, für den Lavaabbau geeignete Grundstücke in einer Gemeinde zu erwerben, nicht wegen Knebelung
des Pächters sittenwidrig, wenn sich gleichzeitig die Gemeinde als Verpächterin
verpflichtet, im Rahmen einer Betriebserweiterung ggf angrenzende Parzellen, in
denen Lavaabbau möglich ist, zu erwerben und diese der Pächterin zum Lavaabbau
im Rahmen des bestehenden Pachtvertrags zur Verfügung zu stellen (OLG Koblenz
NJW-RR 2005, 570, 571).

Im Einzelfall kann auch eine Nichtigkeit eines **Franchisevertrags** nach § 138 Abs 1 180
BGB in Betracht kommen, wenn die wirtschaftliche Bewegungsfreiheit des Franchisenehmers übermäßig beeinträchtigt wird oder die Chancen und Risiken ganz
einseitig zugunsten des Franchisegebers verteilt sind (BGHZ 99, 101, 105; BGH BeckRS
2002, 6698; OLG Hamm NZG 2000, 1169, 1169 ff; Gitter 519 ff; Joerges AG 1991, 325, 335 f;
Martinek, Moderne Vertragstypen Bd II 90 ff; Martinek/Semler/Flohr/Flohr, Vertriebsrecht
§ 30 Rn 180; Esser, Franchising 57 ff; Flohr/Petsche/Pohl, Franchiserecht Rn 413 ff; Giesler/
Nauschütt/Güntzel, Franchiserecht 267 ff [Kap 4 Rn 1 ff] mwNw).

c) Kartellrechtliche Einschränkungen der Privatautonomie
Bei Pachtverträgen sind häufig auch kartellrechtliche Einschrankungen der Privat- 181
autonomie zu berücksichtigen. Das gilt für eine Reihe besonderer Vertragsgegenstände sowie für die Unternehmenspacht.

aa) Typische Wettbewerbsbeschränkungen in Pachtverträgen
Pachtverträge zwischen Unternehmen enthalten häufig bestimmte kartellrechtlich 182
relevante Vereinbarungen. Neben Konkurrenzschutzvereinbarungen (Rn 220 ff) und
Wettbewerbsverboten (Rn 311 ff) dürften vor allem **Ausschließlichkeitsbindungen**
praktisch relevant sein. Diese können wettbewerbsbeschränkende Vereinbarungen
iSd § 1 GWB bzw des Art 101 Abs 1 AEUV darstellen. Zu beachten ist jedoch, dass
Alleinbezugsverpflichtungen, wie etwa bei der Gaststättenpacht – Bierbezug (dazu
insb Gruber NZM 1999, 1073 ff; Bühler, Brauerei- und Gaststättenrecht Rn 2 2399 ff [S 673 ff];

Ghassemi-Tabar/Guhling/Weitemeyer/Baldus Anhang zu § 584b BGB Rn 159 ff) – oder bei der Tankstellenpacht, idR nicht gegen diese Vorschriften verstoßen, weil sie regelmäßig positiv zu bewertenden Zwecken dienen (s insb EuGH Slg 1991, I-935 Rn 10 ff; Slg 2008, I-6681 Rn 35 ff; Immenga/Mestmäcker/Zimmer § 1 GWB Rn 342, 344 ff; Bechtold/Bosch § 1 GWB Rn 69 ff; Langen/Bunte/Bahr Nach § 2 GWB Rn 288, 294; Schulte/Just/Lober § 1 GWB Rn 71; MünchKomm/Armbrüster § 138 Rn 75 – zu Bierlieferungsverträgen; Staudinger/Sack/Fischinger [2017] § 138 Rn 345 ff; Ghassemi-Tabar/Guhling/Weitemeyer/Baldus Anhang zu § 584b BGB Rn 183). Zudem kann hier auch eine Freistellung nach Art 2 der Vertikal-Gruppenfreistellungsverordnung (Verordnung 330/2010 der Kommission vom 20. 4. 2010 über die Anwendung von Art 101 Absatz 3 des Vertrags über die Arbeitsweise der Europäischen Union auf Gruppen von vertikalen Vereinbarungen und abgestimmten Verhaltensweisen, ABl EU 2010 Nr L 102, 1 ff) in Betracht kommen, sofern Art 4, 5 dieser Verordnung nicht durchgreifen (s etwa Immenga/Mestmäcker/Zimmer § 1 GWB Rn 347; Bechtold/Bosch § 1 GWB Rn 69; Langen/Bunte/Bahr Nach § 2 GWB Rn 289 ff, 294 ff, jew mwNw; Wiedemann/Kirchhoff/Seeliger, Handbuch des Kartellrechts § 11 Rn 282 f). Bei Vorliegen einer marktbeherrschenden Stellung des Verpächters kann weiterhin – je nach Dimension der beteiligten Unternehmen – § 19 Abs 2 Nr 1 Var 1 GWB oder Art 102 S 2 lit b AEUV zu beachten sein (s etwa Immenga/Mestmäcker/Markert § 19 GWB Rn 195 ff; Bechtold/Bosch § 19 GWB Rn 8 f; Wiedemann/Lübbert/Schöner, Handbuch des Kartellrechts § 23 Rn 73 ff; Holzmüller/vKöckritz BB 2009, 1712, 1715 f).

bb) Besondere Vertragsgegenstände

183 Bei **Lizenzverträgen** über **gewerbliche Schutzrechte** sind §§ 1 ff GWB und Art 101 AEUV im Blick zu behalten, sofern die vertraglichen Vereinbarungen zu Wettbewerbsbeschränkungen führen, die nicht zum spezifischen Gegenstand des lizenzierten Schutzrechts gehören (s zB Bartenbach Rn 679; Immenga/Mestmäcker/Ullrich/Heinemann Bd I/2 GRUR Rn B 13 f; Sack RIW 1997, 449, 450; ders WRP 1999, 592, 594 ff; Calliess/Ruffert/Weiss Art 101 AEUV Rn 226; Fritzsche ZHR 160 [1996] 31, 46; Niebel WRP 2003, 482, 483 ff). Im Einzelfall kann eine Freistellung nach der Gruppenfreistellungsverordnung für Technologietransfer-Vereinbarungen (Verordnung 216/314/EU der Kommission vom 21. 3. 2014 über die Anwendung von Artikel 101 Absatz 3 des Vertrags über die Arbeitsweise der Europäischen Union auf Gruppen von Technologietransfer-Vereinbarungen, ABl EU 2014 Nr L 93, 17 ff) in Betracht kommen, aber nur wenn das Verwertungsrisiko zum Teil beim Lizenzgeber verbleibt (Art 1 Abs 1 lit c ii der Verordnung), wie insbesondere bei Vereinbarung einer umsatzabhängigen Lizenzgebühr. Bei der **Einräumung urheberrechtlicher Nutzungsrechte** oder **urheberrechtlichen Lizenzverträgen** (Vorbem 85 zu § 581) sind ebenfalls insbesondere §§ 1 ff GWB und Art 101 AEUV zu berücksichtigen, sofern die vertraglichen Vereinbarungen nicht den spezifischen Gegenstand des Urheberrechts betreffen (dazu insb EuGH Slg 1981, 147 Rn 13; Slg 1998, I-5171 Rn 3 ff; Loewenheim/Meessen/Riesenkampff/Kersting/Meyer-Lindemann/J B Nordemann Europäisches Recht, 3. Teil – Gewerblicher Rechtsschutz und Urheberrecht Rn 79 ff; Langen/Bunte/Jestaedt Nach Art 101 AEUV Rn 1264 ff). Die Gruppenfreistellungsverordnung für Technologietransfer-Vereinbarungen kann hier nur bei Softwareurheberrechten (Art 1 Abs 1 lit b vii der Verordnung) zu einer Freistellung führen. Auch aus den einschlägigen Spezialgesetzen können sich im Einzelfall Begrenzungen der Privatautonomie ergeben, so zB aus §§ 32 f UrhG in Bezug auf die Vergütung für die Einräumung urheberrechtlicher Nutzungsrechte.

Bei **Know-how-Verträgen** spielen kartellrechtliche Einschränkungen der Privatauto- **184**
nomie ebenfalls eine wichtige Rolle. Im Rahmen der Anwendung von §§ 1 ff GWB
bzw Art 101 AEUV ist insbesondere die Gruppenfreistellungsverordnung für Technologietransfer-Vereinbarungen (Verordnung 216/314/EU der Kommission vom
21. 3. 2014 über die Anwendung von Artikel 101 Absatz 3 des Vertrags über die
Arbeitsweise der Europäischen Union auf Gruppen von Technologietransfer-Vereinbarungen, ABl EU 2014 Nr L 93, 17 ff) zu beachten, die gemäß Art 1 Abs 1 lit b iVm
lit i auch auf Know-how-Verträge Anwendung findet (s dazu insb Wuttke, in: Ann/
Loschelder/Grosch 302 ff Rn 120 ff).

Wettbewerbsbeschränkende Vereinbarungen (zB Ausschließlichkeitsbindungen, **185**
Weiterveräußerungs- oder Wettbewerbsverbote) bei der **Überlassung von Software
auf Zeit** – soweit diese nach Pachtrecht zu beurteilen ist (Vorbem 94 zu § 581) – sind
ebenfalls an §§ 1 ff GWB bzw Art 101 AEUV zu messen. Die Freistellungsmöglichkeiten sind hier vor allem dadurch eingeschränkt, dass die Gruppenfreistellungsverordnung für Technologietransfer-Vereinbarungen (Verordnung [EU] Nr 216/314 der
Kommission vom 21. 3. 2014 über die Anwendung von Artikel 101 Absatz 3 des
Vertrags über die Arbeitsweise der Europäischen Union auf Gruppen von Technologietransfer-Vereinbarungen, ABl EU 2014 Nr L 93, 17 ff) gemäß Art 2 Abs 3 nur
Vereinbarungen zwischen Unternehmen erfasst, welche die Produktion der Ver-
tragsprodukte ermöglichen, und die Vertikal-Gruppenfreistellungsverordnung (Verordnung [EU] Nr 330/2010 der Kommission vom 20. 4. 2010 über die Anwendung
von Artikel 101 Absatz 3 des Vertrags über die Arbeitsweise der Europäischen
Union auf Gruppen von vertikalen Vereinbarungen und abgestimmten Verhaltensweisen, ABl EU 2010 Nr L 102, 1 ff) Lizenzvereinbarungen nach Art 3 nur in wenigen
Konstellationen erfasst (zu Einzelheiten insb Niebel WRP 2003, 482, 489; Polley CR 2004,
641 ff – beide zur Vorgängerverordnung).

Bei **Franchiseverträgen** sind ebenfalls kartellrechtliche Grenzen der Privatautonomie **186**
zu berücksichtigen (zur aktuellen Rechtslage insb Liesegang, Der Franchisevertrag 14 ff; Pfaff/
Osterrieth Rn 1066 f, 1083, 1101 f, 1118 f; Czibere/Weise ZVertriebsR 2014, 275 ff; Hack/Dos
Santos Concalves GWR 2015, 614 ff). Solche Verträge enthalten typischerweise wett-
bewerbsbeschränkende Vereinbarungen iSd §§ 1 ff GWB bzw des Art 101 AEUV.
Zu beachten ist jedoch die Möglichkeit einer Freistellung nach § 2 GWB bzw
Art 101 Abs 3 AEUV, jeweils iVm der Vertikal-Gruppenfreistellungsverordnung
(Verordnung [EU] Nr 330/2010 der Kommission vom 20. 4. 2010 über die Anwen-
dung von Artikel 101 Absatz 3 des Vertrags über die Arbeitsweise der Europäischen
Union auf Gruppen von vertikalen Vereinbarungen und abgestimmten Verhaltensweisen, ABl EU 2010 Nr L 102, S 1 ff). Zudem können einzelne Bestimmungen in
Franchiseverträgen auch unbillige Behinderungen iSd § 20 GWB darstellen; dies
wird jedoch heute zunehmend mit Zurückhaltung beurteilt (dazu zB BGHZ 152, 361,
365 ff; BKartA ZIP 2006, 1788, 1789 f mAnm Giesler/Güntzel 1792 ff; BGH NJW 2009, 1753
Rn 12 ff, 19 ff mwNw – iE abgelehnt; kritisch teilweise Giesler/Güntzel EWiR 2009, 511 ff; zustimmend Flohr ZAP Fach 16, 371; s auch Billing/Lettl WRP 2012, 773 ff, 906 ff mwNw); auch
eine Anwendung von Art 102 AEUV könnte ggf in Betracht kommen.

cc) Zusätzliche kartellrechtliche Einschränkungen der Privatautonomie bei der Unternehmenspacht

α) Allgemeines

187 **Unternehmenspachtverträge** können bei der zuständigen Kartellbehörde anzumelden sein, wenn die Aufgreifkriterien der Zusammenschlusskontrolle nach deutschem (§§ 35 ff GWB) oder europäischem Recht (Art 1 ff der EG-Fusionskontrollverordnung, Verordnung [EG] Nr 139/2004 des Rates vom 20. 1. 2004 über die Kontrolle von Unternehmenszusammenschlüssen, ABl EU 2004 Nr L 24, 1, im Folgenden FKVO) gegeben sind, also insbesondere bei der Verpachtung sehr gewinnbringender Unternehmen. Im Einzelfall kann durch den Pachtvertrag selbst (zur Beurteilung einzelner Vertragsbestimmungen Rn 182 ff, 223, 314) auch § 1 GWB bzw Art 101 AUEV berührt sein, etwa bei Vorliegen eines aktuellen oder potentiellen Wettbewerbsverhältnisses zwischen Verpächter und Pächter, das nicht erst durch die Vertragsdurchführung entsteht (dazu insb DÖRMER 157 ff, 177), oder wenn mit der Unternehmenspacht die Gründung eines Gemeinschaftsunternehmens verbunden ist (s dazu STROBEL, Die Unternehmenspacht im deutschen, französischen und italienischen Recht 41 ff). Hingegen sind manche der früheren kartellrechtlichen Restriktionen (s zB BGH WuW/E BGH 1581 zur Einflussnahme des Verpächters auf die Preise bei der Kantinenpacht) heute nicht mehr in gleicher Weise relevant. Meist – vor allem wohl bei der Verpachtung von Unternehmen, die auf neuen Märkten, auf denen sich noch nicht allzu viele Unternehmen betätigen, aktiv sind – wird es jedoch auf die Regeln der Fusionskontrolle ankommen, die im Folgenden kurz dargestellt werden.

β) Fusionskontrolle von Unternehmenspachtverträgen nach der Fusionskontrollverordnung (FKVO)

188 Der sehr weit gefasste **Unternehmensbegriff** des europäischen Kartellrechts (s dazu hier nur IMMENGA/MESTMÄCKER/IMMENGA/KÖRBER Art 3 FKVO Rn 7 mwNw aus Rspr und Lit), der privatwirtschaftliche wie öffentliche Unternehmen einschließt (IMMENGA/MESTMÄCKER/IMMENGA/KÖRBER Art 3 FKVO Rn 8 mwNw), umfasst auch Unternehmen im Sinne der hier verwendeten Definition der Unternehmenspacht (s Rn 64).

189 Voraussetzung der Prüfung eines Unternehmenszusammenschlusses durch die Europäische Kommission ist zunächst ein **Unternehmenszusammenschluss von gemeinschaftsweiter Bedeutung** iSd Art 21 FKVO. Ausnahmen von diesem Erfordernis sind in Art 1 iVm Art 4 Abs 4 FKVO sowie in Art 3 iVm Art 4 Abs 5 FKVO geregelt; weiterhin können Unternehmenszusammenschlüsse nach der Anmeldung unter den Voraussetzungen von Art 9 FKVO an die nationalen Kartellbehörden bzw unter den Voraussetzungen des Art 22 FKVO an die Kommission verwiesen werden. Damit ein Zusammenschluss gemeinschaftsweite Bedeutung erlangt, müssen die quantitativen Voraussetzungen von Art 1 Abs 2 oder Abs 3 FKVO erfüllt sein; die Berechnung des Umsatzes der beteiligten Unternehmen wird in Art 5 FKVO konkretisiert.

190 Weiterhin muss ein **Zusammenschluss iSd Art 3 FKVO**, dh eine „dauerhafte Veränderung der Kontrolle", gegeben sein. Bei der Unternehmenspacht kommt ein **Kontrollerwerb** iSd Art 3 Abs 1 lit b iVm Abs 2 lit a FKVO in Betracht, also ein Erwerb der unmittelbaren oder mittelbaren Kontrolle über die Gesamtheit oder Teile eines oder mehrerer anderer Unternehmen durch Vertrag (Abs 1 lit b), der die Möglichkeit gewährt, einen bestimmenden Einfluss auf die Tätigkeit eines Unternehmens auszuüben durch Nutzungsrechte an der Gesamtheit oder an Teilen des Vermögens des Unternehmens (Abs 2 lit a), wenn der Pächter aufgrund des Unternehmenspachtvertrags die Kontrolle über mindestens zwei Unternehmen bzw Unternehmensteile erlangt (s dazu insb Konsolidierte Mitteilung der Kommission zu Zuständigkeitsfragen gemäß der Verordnung [EG] Nr 139/2004 des Rates über die Kontrolle von Unternehmenszusammenschlüssen, ABl EU 2008 Nr C 95, 1, berichtigt ABl EU 2009 Nr C 43, 10 Rn 18; Kommission 11. 2. 2002, M. 2632 – Deutsche Bahn/ECG International/United Depots/JV Rn 9; Kommission 20. 7. 2005, M. 3858 – Lehman Brothers/SCG/Starwood/Le Meridien Rn 8 ff, 12; IMMENGA/MESTMÄCKER/IMMENGA/KÖRBER Art 3 FKVO Rn 51; LOEWENHEIM/MEESSEN/RIESENKAMPFF/KERSTING/MEYER-LINDEMANN/RIESENKAMPFF/STEINBARTH Art 3 FKVO Rn 26; HENSCHEN, in: SCHULTE, Handbuch Fusionskontrolle Rn 1049; WIEDEMANN/RICHTER/STEINVORTH, Handbuch des Kartellrechts § 19 Rn 68 f; QUACK, in: FS Traub 321, 325; KRIMPHOVE, Europäische Fusionskontrolle 248 ff; STOCKENHUBER, Die Europäische Fusionskontrolle 112 f; DÖRMER 149; JICKELI, in: Gedächtnisschrift Sonnenschein 463, 471 ff). Der Begriff der Kontrolle ist hier ähnlich zu verstehen wie bei § 17 AktG (s etwa HENSCHEN, in: SCHULTE, Handbuch Fusionskontrolle Rn 1053), aber eine faktische Kontrolle kann bereits ausreichen (EMMERICH, Kartellrecht § 33 Rn 11 f; LOEWENHEIM/MEESSEN/KERSTING/MEYER-LINDEMANN/RIESENKAMPFF/RIESENKAMPFF/STEINBARTH Art 3 FKVO Rn 17; BECHTOLD/BOSCH/BRINKER Art 3 FKVO Rn 17; HENSCHEN, in: SCHULTE, Handbuch Fusionskontrolle Rn 965, 1035; differenzierend IMMENGA/MESTMÄCKER/IMMENGA/KÖRBER Art 3 FKVO Rn 28 ff; Mitteilung der Kommission, ABl EU 2008 Nr C 95, S 1, berichtigt ABl EU 2009 Nr C 43, 10 Rn 22). Die Kontrolle muss durch den Vertrag begründet werden; die bloße Verstärkung einer bereits bestehenden Kontrolle reicht nicht aus (vgl LOEWENHEIM/MEESSEN/RIESENKAMPFF/KERSTING/MEYER-LINDEMANN/RIESENKAMPFF/STEINBARTH Art 3 FKVO Rn 27; aA LANGEN/BUNTE/KÄSEBERG Art 3 FKVO Rn 40). Sofern lediglich Unternehmensteile erworben werden, kommt es darauf an, ob dem übertragenen Teil ein eigener Marktumsatz zugeordnet werden kann (s insb Konsolidierte Mitteilung der Kommission zu Zuständigkeitsfragen gemäß der Verordnung [EG] Nr 139/2004 des Rates über die Kontrolle von Unternehmenszusammenschlüssen, ABl EU 2008 Nr C 95, 1, berichtigt ABl EU 2009 Nr C 43, 10 Rn 24 mwNw; IMMENGA/MESTMÄCKER/IMMENGA/KÖRBER Art 3 FKVO Rn 59; ähnlich BECHTOLD/BOSCH/BRINKER Art 3 FKVO Rn 22); der Verpächter darf nicht mehr die unternehmerische Kontrolle behalten (s insb Kommission 13. 9. 1991, M 130 – Delta Air Lines/Pan Am Rn 3, 7; WIEDEMANN/RICHTER/STEINVORTH, Handbuch des Kartellrechts § 19 Rn 69).

191 Problematisch ist bei der Unternehmenspacht aber vor allem das sich aus dem Wortlaut von Art 3 FKVO sowie aus Erwägungsgrund 20 ergebende Erfordernis einer **dauerhaften Veränderung der Kontrolle** (s dazu insb IMMENGA/MESTMÄCKER/IMMENGA/KÖRBER Art 3 FKVO Rn 63; LOEWENHEIM/MEESSEN/RIESENKAMPFF/KERSTING/MEYER-LINDEMANN/RIESENKAMPFF/STEINBARTH Art 3 FKVO Rn 3, 27; LANGEN/BUNTE/KÄSEBERG Art 3 FKVO Rn 27; BECHTOLD/BOSCH/BRINKER Art 3 FKVO Rn 17; HENSCHEN, in: SCHULTE, Handbuch Fusionskontrolle Rn 984 ff; KRIMPHOVE, Europäische Fusionskontrolle 242 f; STOCKENHUBER, Die Europäische Fusionskontrolle 85 Fn 55; Kommission 28. 3. 1994, M 425 – Banco Santander/British Telecommunications Rn 21; Kommission 6. 5. 1994, M 440 – GE/ENI/Nuovo Pignone [II] Rn 9; Kommission 19. 9. 1994, M 502 – VAG/SAB Rn 4; Kommission 15. 9. 1995, M 604 – Albacom Rn 19). Daher käme eine Fusionskontrolle nur bei sehr langfristig angelegten Unternehmenspachtverträgen in Betracht; nach der Entscheidungspraxis der Kommission dürfte entweder keine Möglichkeit der Kündigung durch den Verpächter gegeben sein (Konsolidierte Mitteilung der Kommission zu Zuständigkeitsfragen gemäß der

Verordnung [EG] Nr 139/2004 des Rates über die Kontrolle von Unternehmenszusammenschlüssen, ABl EU 2008 Nr C 95 S 1, berichtigt ABl EU 2009 Nr C 43, 10 Rn 18) oder es müsste – bei einem Unternehmenspachtvertrag mit begrenzter Laufzeit – zumindest die Möglichkeit einer Verlängerung bestehen (Konsolidierte Mitteilung der Kommission zu Zuständigkeitsfragen gemäß der Verordnung [EG] Nr 139/2004 des Rates über die Kontrolle von Unternehmenszusammenschlüssen, ABl EU 2008 Nr C 95 S 1, berichtigt ABl EU 2009 Nr C 43, 10 Rn 28). Bei begrenzter Laufzeit des Pachtvertrags muss zudem eine Grenze zum vorübergehenden Zwischenerwerb gezogen werden, der keinen Zusammenschlusstatbestand auslöst und früher bei einer Vertragsdauer von bis zu drei Jahren angenommen wurde (Kommission 18. 11. 2002, M. 2854 – RAG/Degussa Rn 12, 13; HENSCHEN, in: SCHULTE, Handbuch Fusionskontrolle Rn 986), heute jedoch nur noch bei einer Vertragsdauer von maximal einem Jahr (Konsolidierte Mitteilung der Kommission zu Zuständigkeitsfragen gemäß der Verordnung [EG] Nr 139/2004 des Rates über die Kontrolle von Unternehmenszusammenschlüssen, ABl EU 2008 Nr C 95 S 1, berichtigt ABl EU 2009 Nr C 43, 10 Rn 31). In einem Fall wurde bei einem zunächst auf drei Jahre ausgerichteten Pachtvertrag mit Verlängerungsmöglichkeit um weitere fünf Jahre ein Kontrollerwerb bejaht (Kommission 11. 2. 2002, M. 2632 – Deutsche Bahn/ECT International/United Depots/JV). Die Rechtslage ist hier für zeitlich begrenzte Unternehmenspachtverträge unsicher: Einerseits dürfte in solchen Fällen das Erfordernis einer dauerhaften Kontrolle nach der Entscheidungspraxis der Kommission kaum erfüllt sein, andererseits werden Unternehmenspachtverträge regelmäßig als Beispiel für einen Kontrollerwerb genannt. Da aber derartige Verträge meist nicht zeitlich unbegrenzt abgeschlossen werden bzw Kündigungsmöglichkeiten für den Verpächter bestehen, passen diese beiden Elemente nicht recht zusammen, sodass eine erhebliche Rechtsunsicherheit verbleibt. Abhilfe könnte ein Lösungsvorschlag von JICKELI schaffen, der darauf abstellt, ob damit zu rechnen ist, dass die Verbindung so lange besteht, dass sie die Struktur der beteiligten Unternehmen und damit der betroffenen Märkte beeinflusst (JICKELI, in: Gedächtnisschrift Sonnenschein 463, 473). Dadurch könnte der auf den ersten Blick entstehende Widerspruch zwischen der bisherigen – größtenteils nicht auf Unternehmenspachtverträge bezogenen – Entscheidungspraxis der Kommission und der gängigen Zuordnung von Unternehmenspachtverträgen zum Kontrollerwerb einer sowohl den Parteiinteressen als auch dem Normzweck gerecht werdenden Lösung zugeführt werden. Solange sich dieser Lösungsvorschlag noch nicht allgemein etabliert hat, bleibt allerdings für die Praxis vorerst eine gewisse Rechtsunsicherheit bestehen. Sofern bei einem befristeten Unternehmenspachtvertrag die quantitativen Schwellen der FKVO tangiert sind, sollte daher „sicherheitshalber" – und auch zur Klärung der Rechtslage – eine Anmeldung bei der Kommission (Art 4 Abs 1 FKVO) erfolgen. Sofern ein Zusammenschluss die Aufgreifkriterien der FKVO erfüllt, prüft die Kommission, ob durch ihn wirksamer Wettbewerb im Gemeinsamen Markt oder in einem wesentlichen Teil desselben erheblich behindert würde, insbesondere durch Begründung oder Verstärkung einer beherrschenden Stellung, oder nicht. Im ersten Fall wird der Zusammenschluss gem Art 2 Abs 3 FKVO untersagt oder mit Änderungen, unter Bedingungen oder Auflagen genehmigt, im zweiten Fall greift der Erlaubnisvorbehalt des Art 2 Abs 2 FKVO.

γ) **Fusionskontrolle von Unternehmenspachtverträgen nach §§ 35 ff GWB**

192 Die Fusionskontrolle von Unternehmenspachtverträgen nach §§ 35 ff GWB ist seit der 6. GWB-Novelle (BGBl 1998 I 2521) teilweise an der Fusionskontrolle nach der

FKVO orientiert (s nur IMMENGA/MESTMÄCKER/THOMAS § 35 GWB Rn 4), sodass in qualitativer Hinsicht ähnliche Kriterien gelten. §§ 35 ff GWB kommen bei Unternehmenszusammenschlüssen zum Zuge, für die keine ausschließliche Zuständigkeit der Kommission besteht, § 35 Abs 3 GWB. Voraussetzung ist auch hier ein Zusammenschluss von mindestens zwei Unternehmen (zu Einzelheiten s insb § 36 Abs 2 GWB); die Aufgreifschwellen ergeben sich aus § 35 Abs 1 GWB (mit Ausnahmen in § 35 Abs 2 GWB). Bei der Unternehmenspacht kommt ein **Kontrollerwerb iSd § 37 Abs 1 Nr 2 GWB** in Betracht (Erwerb von Nutzungsrechten bzw Vertrag, der bestimmenden Einfluss auf ein anderes Unternehmen gewährt; s dazu insb BGHZ 170, 130 Rn 13 f mwNw; IMMENGA/MESTMÄCKER/THOMAS § 37 GWB Rn 136; LOEWENHEIM/MEESSEN/RIESENKAMPFF/KERSTING/MEYER-LINDEMANN/RIESENKAMPFF/STEINBARTH § 37 GWB Rn 13; BECHTOLD/BOSCH § 37 GWB Rn 12; DÖRMER 149; JICKELI, in: Gedächtnisschrift Sonnenschein 463, 471 ff); die Ausnahmen nach § 37 Abs 3 GWB dürften bei der Unternehmenspacht kaum eine Rolle spielen. Eine Kontrolle iSd § 37 Abs 1 Nr 2 GWB dürfte idR gegeben sein, wenn die Voraussetzungen des § 17 AktG vorliegen. Fraglich ist, ob auch darüber hinaus ein Kontrollerwerb in Betracht kommt. Denkbar ist er jedenfalls bei der Verpachtung von Unternehmen, die keine Aktiengesellschaften sind, bei denen aber eine ähnliche Kontrolle durch den Pächter erfolgt wie in den Fällen des § 17 AktG. Ob weiterhin auch bei einer lediglich faktischen Möglichkeit, Einfluss auf das gepachtete Unternehmen auszuüben, ein Kontrollerwerb nach § 37 Abs 1 Nr 2 GWB vorliegen kann, ist umstritten; vielfach wird hier – wie im europäischen Kartellrecht – eine faktische Einflussnahmemöglichkeit als ausreichend angesehen (zB LOEWENHEIM/MEESSEN/RIESENKAMPFF/KERSTING/MEYER-LINDEMANN/RIESENKAMPFF/STEINBARTH § 37 GWB Rn 14 f; LANGEN/BUNTE/KALLFASS § 37 GWB Rn 29; PETER, in: SCHULTE, Handbuch Fusionskontrolle Rn 140; BECHTOLD/BOSCH § 37 GWB Rn 12; BGH WuW/E BGH 2337, 2339; ähnlich WIEDEMANN/RICHTER/STEINVORTH, Handbuch des Kartellrechts § 19 Rn 76, aber letztlich auf Nr 4 abstellend; enger EMMERICH, Kartellrecht § 33 Rn 12). Jedenfalls kommt es auch hier darauf an, dass die Möglichkeit eines bestimmenden Einflusses des Pächters auf das gepachtete Unternehmen gegeben ist (PETER, in: SCHULTE, Handbuch Fusionskontrolle Rn 139; IMMENGA/MESTMÄCKER/THOMAS § 37 GWB Rn 85), was zumindest den Erwerb der Kontrolle über einen „wesentlichen Teil" des Unternehmensvermögens voraussetzt (s insb BGHZ 170, 130 Rn 11 ff; BKartA 23. 8. 2006 WuW/E DE-V 1285, 1286 f; IMMENGA/MESTMÄCKER/THOMAS § 37 GWB Rn 46 ff; BECHTOLD/BOSCH § 37 GWB Rn 18; EMMERICH, Kartellrecht § 33 Rn 14). Der Pächter darf auch nach deutschem Recht nicht bereits vorher bestimmenden Einfluss auf das gepachtete Unternehmen ausgeübt haben (s nur IMMENGA/MESTMÄCKER/THOMAS § 37 GWB Rn 194, 200; BECHTOLD/BOSCH § 37 GWB Rn 20); ggf kann aber bei Verstärkung einer bereits bestehenden Unternehmensverbindung § 37 Abs 2 GWB einschlägig sein (dazu zB MASER 189 ff - zu § 23 Abs 2 GWB aF; IMMENGA/MESTMÄCKER/THOMAS § 37 GWB Rn 365; LOEWENHEIM/MEESSEN/RIESENKAMPFF/KERSTING/MEYER-LINDEMANN/RIESENKAMPFF/STEINBARTH § 37 GWB Rn 38).

Problematisch ist hier – wie im europäischen Recht – das Erfordernis einer **auf Dauer angelegten Kontrolle** (s dazu insb IMMENGA/MESTMÄCKER/THOMAS § 37 GWB Rn 93 ff; LOEWENHEIM/MEESSEN/RIESENKAMPFF/KERSTING/MEYER-LINDEMANN/RIESENKAMPFF/STEINBARTH § 37 GWB Rn 15; BECHTOLD/BOSCH § 37 GWB Rn 12), denn wiederum sind die Kriterien bzw zeitlichen Maßstäbe unklar. Der oben (Rn 191) dargestellte Lösungsvorschlag von JICKELI (in: Gedächtnisschrift Sonnenschein 463, 473) sollte auch hier Beachtung finden. Trotzdem dürfte sich im Interesse der Rechtssicherheit bei zeitlich begrenzten Unternehmenspachtverträgen, welche im Übrigen die Aufgreif- 193 kriterien des GWB erfüllen, eine Anmeldung beim Bundeskartellamt empfehlen. Dieses prüft dann insbesondere, ob durch den Pachtvertrag die Begründung oder Verstärkung einer marktbeherrschenden Stellung zu erwarten ist (§§ 36 Abs 1, 19 Abs 2, 3 GWB) und greift bei Vorliegen dieser Voraussetzungen ein.

d) Weitere Einschränkungen der Privatautonomie beim Franchisevertrag

194 Fraglich erscheint gerade angesichts der zunehmenden Tendenz zur Annahme einer Selbständigkeit des Franchisenehmers, inwieweit gleichzeitig verbraucherschützende Vorschriften zu seinen Gunsten eingreifen können. Das dürfte idR nur der Fall sein, wenn der Franchisenehmer als Existenzgründer iSd § 513 BGB anzusehen ist. Bisher wurde im Hinblick auf **Bezugspflichten** in **Franchiseverträgen** auf das **Schriftformerfordernis** des § 510 Abs 1 S 1 Nr 3 BGB rekurriert (s insb GITTER 513 ff – zum AbzG; GIESLER/NAUSCHÜTT/GIESLER, Franchiserecht 720 ff [Kap 9 Rn 293 ff]; aA MARTINEK, Moderne Vertragstypen Bd II 100 ff; kritisch auch MünchKomm/HARKE § 581 Rn 24) und dem Franchisenehmer auch das **Widerrufsrecht** gem § 510 Abs 2 BGB iVm § 355 BGB zugestanden (BGHZ 97, 351, 357 ff; 112, 288, 293 f; 128, 156, 160 ff; BGH NJW 1998, 540, 541 – insoweit in BGHZ 137, 115 nicht abgedruckt; GIESLER/NAUSCHÜTT/GIESLER, Franchiserecht 707 ff [Kap 9 Rn 259 ff]; GIESLER/NAUSCHÜTT/HÖPFNER, Franchiserecht 842 ff [Kap 12 Rn 114 ff]; FLOHR/PETSCHE/FLOHR, Franchiserecht Rn 154 ff; FLOHR, Franchisevertrag 66 ff; LIESEGANG, Der Franchisevertrag 13 f; DOMBROWSKI 19 ff, 27 ff; E ULLMANN CR 1991, 193, 196). Da der Existenzgründer nicht der „klassische" Verbraucher ist, sondern hier einer bestimmten Personengruppe unter engen Voraussetzungen ebenfalls bestimmte Vorteile des Verbraucherschutzes zugute kommen sollen, ergibt sich insoweit kein Widerspruch zur arbeits- und handelsrechtlichen Tendenz einer Einordnung als Selbständiger (Rn 195). Allerdings sollte die Anwendbarkeit verbraucherschützender Regelungen – auch mit Blick auf den Verbraucherbegriff des EuGH (JZ 1998, 896 Rn 17) – heute dezidiert auf diese Fälle der Existenzgründung begrenzt werden (noch enger BGHZ 162, 253, 255 ff).

195 Weiterhin können bei **Franchiseverträgen** Vorgaben des **Arbeits- bzw Handelsvertreterrechts** zu berücksichtigen sein, welche die Privatautonomie beschränken. Ob und unter welchen Voraussetzungen der Franchisenehmer in den Genuss des Schutzes arbeitsrechtlicher Vorschriften kommt, ist umstritten. Teilweise wird der Franchisenehmer in Fällen persönlicher bzw wirtschaftlicher Abhängigkeit vom Franchisegeber als **Arbeitnehmer oder arbeitnehmerähnliche Person** qualifiziert (s etwa BAG NJW 1997, 2973, 2974; BGHZ 140, 11, 19 ff; BGH BB 2000, 483, 483 f – iE abgelehnt; NJW-RR 2003, 277, 280 f – iE abgelehnt; OLG Düsseldorf OLGR 2009, 216, 217 – iE abgelehnt; WANK ZSR 1996, 387, 396 f; GIESLER/NAUSCHÜTT/GIESLER, Franchiserecht 745 ff [Kap 10 Rn 58 ff] mwNw), teilweise aber auch – sofern keine besonderen, abhängigkeitsbegründenden Umstände vorliegen – als selbständiger Kaufmann iSd § 1 Abs 1 HGB angesehen (so etwa OLG Schleswig NJW-RR 1987, 220, 221 ff; OLG Düsseldorf NJW 1998, 2978, 2980; NJW 1998, 2981, 2982 f; MARTINEK ZIP 1988, 1362, 1372; EKKENGA AG 1989, 301, 305; BUMILLER NJW 1998, 2953, 2954 f; HORN/HENSSLER ZIP 1998, 589 ff). Die Tendenz scheint dahin zu gehen, in vielen Fällen von einer Selbständigkeit des Franchisenehmers auszugehen (s etwa BGH BB 2000, 483, 483 f; dazu – iE differenzierend – FLOHR DStR 2003, 1622, 1625 f; BSG NJW 2010, 2539 Rn 23 ff – zum Sozialversicherungsrecht), wobei im Einzelfall auch die gesetzgeberischen Wertungen des **Handelsvertreterrechts** (etwa § 84 Abs 1 S 2, § 85, § 86, § 89b HGB) herangezogen werden können (zur Anwendung des Handelsvertreterrechts s insb BGH NJW-RR 1987, 612, 613; BB 2000, 483, 483 f; NJW-RR 2002, 1554, 1555; NJW-RR 2007, 1286 Rn 11 ff; BB

2010, 335 Rn 23; NJW-RR 2011, 614 Rn 13 ff; tendenziell einschränkend in Bezug auf § 89b HGB für Franchiseverträge, die ein anonymes Massengeschäft betreffen, insbesondere BGH 5. 2. 2015 – VII ZR 109/13 Rn 17 ff, BGHZ 204, 166, zustimmend zB Lindhorst NJW 2015, 947; Gieseler EWiR 2015, 513; Drossart IHR 2016, 7, 16; differenzierend zB Latzel ZVertriebsR 2015, 90 ff; Rafsendjani ZVertriebsR 2015, 104 ff; Bauer/Bölle IHR 2015, 94, 95 ff; Niklas ZVertriebsR 2016, 362 ff; W Meyer ZVertriebsR 2017, 89, 94 f; weiterhin BGH 21. 7. 2016 – I ZR 229/15 Rn 31, NJW 2017, 475; s weiterhin Martinek, Franchising 318 ff, 326 f, 329 f, 330 ff, 353 ff, 373 f; ders, Besondere Vertragstypen Bd II 86, 105 ff, 124 ff, 150 ff, 163 f – jeweils zum Subordinationsfranchising; ders/ Semler/Flohr/Flohr, Vertriebsrecht § 30 Rn 292 ff; Kern § 581 Anh 1 Rn 3; HJ Weber JA 1983, 347, 352 f; H Köhler NJW 1990, 1689, 1690 ff; Joerges AG 1991, 325, 339 ff; E Ullmann CR 1991, 193, 199 f; Küstner ZAP Fach 15, 463, 468; Flohr BB 2006, 389, 400 mwNw; ders ZAP Fach 6, 461; ders ZAP Fach 6, 473, 491 f; Hansen ZGS 2006, 376, 381 ff; Prasse MDR 2008, 122 ff; Kroll ZVertriebsR 2014, 290 ff; Latzel ZVertriebsR 2015, 90 ff; Rafsendjani ZVertriebsR 2015, 104 ff; Thume BB 2016, 278 ff; Giesler/Nauschütt/Kroll, Franchiserecht 523 ff mwNw [Kap 7 Rn 1 ff]; Klein, Der Franchisevertrag 372 ff; Liesegang, Der Franchisevertrag 11).

e) Sonstige Einschränkungen der Privatautonomie

196 Auch außerhalb von Franchiseverträgen können im Einzelfall im Rahmen eines Pachtvertrags neben den §§ 581 ff BGB Regelungen des **Handelsvertreterrechts** zu berücksichtigen sein, was etwa bei **„Tankstellen(verwalter)verträgen"**, die rechtlich idR als Pachtverträge zu qualifizieren sein dürften, häufig der Fall ist (zB BGH NJW-RR 2002, 1548, 1549 ff; NJW-RR 2006, 615 Rn 12 ff; WRP 2007, 1480, 1482 ff; WRP 2009, 326 Rn 23 ff; NJW-RR 2010, 43 Rn 15 ff; NJW 2010, 3578 Rn 15; IHR 2010, 154 Rn 15 ff; 17. 11. 2016 – VII ZR 6/16, NJW 2017, 662 – ohne ausdrückliche Ausführungen zur vertragsrechtlichen Einordnung; OLG München OLGR 2007, 387, 388; MDR 2009, 339; OLG Hamm 27. 2. 2011 – 18 U 63/06, juris). Insbesondere kann der Ausgleichsanspruch des Handelsvertreters aus § 89b HGB nicht ohne Weiteres dadurch ausgeschlossen werden, dass der Tankstellenbetreiber in AGB oder individualvertraglich als Handelsvertreter im Nebenberuf (auf den gemäß § 92b Abs 1 HGB § 89b HGB nicht anzuwenden ist) eingestuft wird (BGH NJW-RR 2007, 1286 Rn 11 ff mwNw; zustimmend Döpfer EWiR § 92b HGB 2008, 18; Thume BB 2007, 1750, 1751 f; Niebling MDR 2011, 1399, 1403). Offen ist in der Rspr noch, ob das auch für das so genannte „Shop-Geschäft" von Tankstellenpächtern gilt (dafür Thume BB 2007, 1750, 1752; BGH NJW-RR 2004, 898 betraf insoweit eine Sonderkonstellation).
Bei **Lizenzverträgen** ist hingegen stets eine genaue Prüfung erforderlich, ob im Einzelfall ebenfalls Regelungen des Handelsvertreterrechts zur Anwendung kommen können (BGH GRUR 2010, 1107 Rn 22 ff).

5. Besondere Vereinbarungen

a) Vorvertrag

197 Die Parteien können sich durch Vorvertrag verpflichten, einen Pachtvertrag abzuschließen (Michalski ZMR 1999, 141; allg auch H Köhler Jura 1979, 465), was auch bei der Unternehmenspacht wichtig sein kann (Klein-Blenkers 106 f). Aus dem Vorvertrag kann idR auf Abgabe der Willenserklärung zum Abschluss des Hauptvertrags geklagt werden, wobei der Klageantrag regelmäßig den gesamten Vertragsinhalt zu umfassen hat (BGH WuM 1994, 71). Grundsätzlich unterliegt der Vorvertrag nicht etwaigen für den Pachtvertrag geltenden Formerfordernissen. Das gilt insbesondere für die Schriftform bei Grundstücks- oder Raumpachtverträgen, die für längere Zeit als ein Jahr geschlossen werden, gemäß § 581 Abs 2 BGB iVm §§ 578 Abs 1 bzw

Abs 2 S 1, 550 S 1 BGB (BGH NJW 1954, 71; NJW 1970, 1596; OLG Karlsruhe ZMR 2010, 680, 681; s zum Mietrecht auch STAUDINGER/EMMERICH [2018] Vorbem 92 zu § 535 mwNw), denn ein durch § 550 BGB geschützter Grundstückserwerber wird durch den Vorvertrag noch nicht gebunden (BGH NJW 1970, 1596; aA MICHALSKI ZMR 1999, 141, 143). Soll ein Vorvertrag später zum endgültigen Vertrag werden, bedarf die entsprechende Änderungsvereinbarung der Schriftform, und zwar selbst dann, wenn bereits beim Vorvertrag die Schriftform gewahrt war (BGH NJW 1970, 1596). Zudem kann ein Vorvertrag ausnahmsweise auch dann formbedürftig sein, wenn mit ihm über die Vereinbarung eines empfindlichen Nachteils ein indirekter Zwang zum Abschluss des Hauptvertrags ausgeübt werden soll (OLG Karlsruhe ZMR 2010, 680, 681 mwNw – im konkreten Fall jedoch abgelehnt). Im Einzelfall kann ein Vorvertrag auch im Zusammenhang mit Verhandlungen über das Fortbestehen eines Pachtvertrags geschlossen werden; dann ist jedoch genau zu prüfen, ob die Beteiligten lediglich einen Vorvertrag für einen neuen Pachtvertrag oder auch eine Vertragsänderung vereinbaren wollten (BGH NJW-RR 2010, 1508 Rn 31 ff).

198 Bei der **Jagdpacht** (Rn 163; MICHALSKI ZMR 1999, 141, 150 f) und bei der **Fischereipacht** (Rn 165) bedarf der Vorvertrag der für den jeweiligen Hauptvertrag vorgesehenen Form.

b) Vorpachtrecht

199 Die Bestellung eines Vorpachtrechts ist gesetzlich nicht geregelt, im Rahmen der Parteiautonomie jedoch zulässig, § 311 Abs 1 BGB (BGHZ 102, 237, 240; BGH 24. 11. 2017 – LwZR 5/16 Rn 11, NZM 2018, 126). Ein Vorpachtrecht räumt dem Berechtigten die Befugnis ein, in einen vom Verpächter mit einem Dritten abgeschlossenen Pachtvertrag einzutreten (MICHALSKI ZMR 1999, 1, 1 f). Eine solche Vereinbarung kommt auch in Betracht, wenn der Vorpachtberechtigte bereits Pächter ist und ihm das Vorpachtrecht für den Fall der Vertragsbeendigung als Mittel der Verlängerung eingeräumt wird; die Abgrenzung zur Verlängerungsoption (Rn 205) erfolgt in diesen Fällen durch Auslegung der Parteivereinbarung (OLG Hamm ZMR 1995, 248, 250). Abzugrenzen ist das Vorpachtrecht auch von der Bestellung eines subjektiv-persönlichen Vorkaufsrechts auf die Dauer eines bestimmten Pachtvertrags (OLG Zweibrücken DNotZ 1990, 177). Bei der Begründung des Vorpachtrechts sollte genau festgelegt werden, in welchen Fällen das Vorpachtrecht greifen soll, insbesondere inwieweit es gegebenenfalls über die Dauer des bestehenden Pachtvertrags hinaus wirken soll, etwa auch noch bei einer Neuverpachtung nach einer zwischenzeitlichen Eigennutzung durch den Verpächter. Ob allerdings bei Vereinbarung eines Vorpachtrechts in Allgemeinen Geschäftsbedingungen des Pächters bei Fehlen näherer Regelungen zu dessen Inhalt stets schon eine unangemessene Benachteiligung des Verpächters sowie eine mangelnde Bestimmtheit iSd § 307 Abs 1 S 1 und 2 BGB anzunehmen ist (so OLG Brandenburg 16. 7. 2015 – 5 U [Lw] 85/14, BzAR 2016, 195, 197 ff; zustimmend SCHUHMACHER jurisPR-AgrarR 6/2015 Anm 2; jetzt auch BGH 24. 11. 2017 – LwZR 5/16, NZM 2018, 126: Verstoß gegen das Transparenzgebot, weil unklar war, für wie viele Fälle das Vorpachtrecht gelten sollte und auf welchen Zeitraum es sich erstreckte), sollte im Einzelfall genau überprüft werden, weil es zumindest nicht völlig ausgeschlossen erscheint, dass sich die Vereinbarung und damit auch das Vorpachtrecht nur auf den laufenden Vertrag selbst bezieht. Eine präzise Beschreibung des „Vorpachtfalles" in der Vereinbarung sollte auf jeden Fall angestrebt werden.

Auf das Vorpachtrecht sind die Regelungen über das Vorkaufsrecht (§§ 463 ff BGB) **200**
entsprechend anwendbar (BGHZ 102, 237, 240 – zu §§ 504 ff aF; VG Freiburg 18. 12. 2007 – 4 K
1763/06, juris). Das gilt insbesondere für die Voraussetzungen der Ausübung des Vorpachtrechts entsprechend § 463 BGB (RGZ 125, 123, 125 – zu § 504 aF), für Art und Weise
der Ausübung und Umfang der Vorpachtberechtigung entsprechend §§ 464–467 BGB
(RGZ 123, 265, 267 ff – zu §§ 505–508 aF; für eine weitergehende Formbedürftigkeit MICHALSKI ZMR
1999, 1, 2) sowie für die Ausübungsfrist entsprechend § 469 Abs 2 BGB (BGHZ 55, 71,
75 ff; BGH ZMR 1958, 153, 153 f – jeweils zu § 510 aF). Bei der Ausübung des Vorpachtrechts
muss der Berechtigte bereit sein, in die im Hauptvertrag vereinbarten Pflichten einzutreten, sofern es sich nicht ausnahmsweise um Regelungen handelt, die „Fremdkörper" im Rahmen des Hauptvertrags darstellen (BGHZ 102, 237, 241 ff mwNw).

Mit der Ausübung des Vorpachtrechts kommt entsprechend § 464 Abs 2 BGB zwi- **201**
schen dem Berechtigten und dem Verpflichteten ein Pachtvertrag unter den Bestimmungen zustande, welche der Verpflichtete mit dem Dritten vereinbart hat. Eine
Ausnahme ist denkbar, wenn zum Schein (§ 117 BGB) eine besonders hohe Pacht
festgelegt wurde, um dem Vorpachtberechtigten das Vorpachtrecht zu verleiden. In
einem solchen Fall kommt der Vertrag zwischen Verpächter und Vorpachtberechtigtem zu den wirklich vereinbarten Bedingungen zustande (OLG Sachsen-Anhalt 7. 7.
2005 – 2 U 14/05 [Lw], juris mwNw zum Vorkaufsrecht). Dies entspricht allgemeinen Rechtsgedanken, wie sie in §§ 117, 138 BGB einerseits und §§ 242, 464, 465, 469 Abs 1 S 1
BGB andererseits zum Ausdruck kommen. Bestand zwischen dem Berechtigten und
dem Verpflichteten bereits ein Pachtvertrag, wird anders als bei der Verlängerungsoption (Rn 205) im Falle der Ausübung des Vorpachtrechts nicht der ursprüngliche
Vertrag fortgesetzt, sondern ein neuer Vertrag begründet (BGHZ 55, 71, 74). Auch
wenn es sich bei dem Vertrag mit dem Dritten, in den der Vorpachtberechtigte
eintritt, um einen längerfristigen Grundstücks- bzw Raumpachtvertrag handelt,
der nach § 581 Abs 2 BGB iVm §§ 578 Abs 1 bzw Abs 2 S 1, 550 S 1 BGB schriftlich
abzuschließen ist, bedarf die Erklärung zur Ausübung des Vorpachtrechts entsprechend § 464 Abs 1 S 2 BGB nicht dieser Form. Ist beim Vertrag mit dem Dritten die
Schriftform nicht eingehalten, kommt auch der Vertrag mit dem Vorpachtberechtigten nur auf unbestimmte Zeit mit der eingeschränkten Kündigungsmöglichkeit
des § 550 S 2 BGB zustande. Ist der Vertrag mit dem Dritten im Einklang mit § 550
S 1 BGB schriftlich abgeschlossen, ist zu fragen, ob auch der Vertrag mit dem Vorpachtberechtigten ungeachtet seines formlos wirksamen Zustandekommens schriftlich niederzulegen ist. Der BGH hat die Frage offen gelassen und jedenfalls nach
§ 242 BGB ein Kündigungsrecht des Verpächters vor dem Zeitpunkt ausgeschlossen,
in dem der Vertrag mit dem Dritten hätte aufgelöst werden können (BGHZ 55, 71, 77).
Nach dem Zweck des § 550 BGB bedarf der Vertrag mit dem Vorpachtberechtigten
indessen nicht der Schriftform. Er ist durch formlose Erklärung mit dem Inhalt des
Vertrags zustande gekommen, der zwischen dem Verpflichteten und dem Dritten
abgeschlossen worden ist. Diese Urkunde, die regelmäßig in den Händen des Verpächters ist, reicht im Hinblick auf die §§ 566 ff BGB zur Information eines etwaigen
Grundstückserwerbers aus (s auch MICHALSKI ZMR 1999, 1, 2). Ein Schutz des Vorpachtberechtigten ist entbehrlich, zumal das Gesetz in § 464 Abs 1 S 1 BGB selbst bei
einer Erwerbsverpflichtung nach § 311b Abs 1 S 1 BGB auf einen solchen Schutz
durch Formzwang verzichtet und § 550 BGB keinen Schutz vor dem Eingehen langfristiger Bindungen bezweckt (RG HRR 1933 Nr 873 – zu § 566 BGB aF). Der Rückgriff
des BGH auf § 242 BGB ist daher überflüssig. Auch wenn das Vorpachtrecht noch

nicht ausgeübt worden ist, tritt der Erwerber eines Pachtgrundstücks entsprechend § 581 Abs 2 BGB iVm §§ 578 Abs 1 bzw Abs 2 S 1, 566 BGB in die Verpflichtungen des Veräußerers ein (BGHZ 55, 71, 73 f).

c) Anpachtrecht

202 Durch die Vereinbarung eines Anpachtrechts verpflichtet sich der Verpächter, unter bestimmten Voraussetzungen den Pachtgegenstand zunächst dem Berechtigten anzubieten, wobei der Vertragsinhalt erst nach Annahme dieses Angebots festgelegt werden soll. Rechtlich lässt sich das als Vorvertrag unter einer aufschiebenden Potestativbedingung (dass sich der Verpächter zur Verpachtung entschließt) konstruieren (STAUDINGER/EMMERICH [2018] Vorbem 98 zu § 535). Eine Pflicht der Wohnungseigentümer einer Ferienpark-Anlage, ihre Wohnung für eine längere, aber begrenzte Zeit an eine Betriebsgesellschaft zu verpachten, kann in der Gemeinschaftsordnung und darauf aufbauenden Beschlüssen wirksam begründet werden (BayObLG NJW-RR 1988, 1163, 1163 f).

d) Option

203 Optionen bzw Optionsrechte können sowohl in Bezug auf die Begründung als auch auf die Verlängerung von Pachtverhältnissen eine Rolle spielen. Sie geben dem (aktuellen oder potentiellen) Pächter das Recht, durch einseitige Erklärung bestimmte Rechtsfolgen herbeizuführen.

204 Wird einer Person das Recht eingeräumt, durch einseitige Erklärung einen Pachtvertrag zustande zu bringen, dient die Option der erstmaligen **Begründung** eines Pachtverhältnisses. Dies lässt sich rechtlich durch einen langfristig bindenden Antrag des anderen Teils, einen Vorvertrag oder einen durch Ausübung der Option aufschiebend bedingten Vertrag konstruieren (H KÖHLER Jura 1979, 465, 467 f; STAUDINGER/EMMERICH [2018] Vorbem 100 zu § 535 – zum Mietrecht).

205 Bei der **Verlängerungsoption** wird dem Pächter das Recht eingeräumt, einen auf bestimmte Zeit abgeschlossenen Pachtvertrag durch einseitige Erklärung auf bestimmte oder unbestimmte Zeit zu verlängern. Dabei wird – anders als bei der Ausübung des Vorpachtrechts (Rn 201) – kein neuer Vertrag geschlossen, sondern der ursprüngliche Pachtvertrag fortgesetzt (BGHZ 55, 71, 74; BGH NJW 1968, 551, 552). Nicht entscheidend ist die Bezeichnung im Vertrag. Daher kann auch ein als Vorpachtrecht bezeichnetes Recht nach dem Parteiwillen eine Verlängerungsoption sein (OLG Hamm ZMR 1995, 248, 250). Da die Verlängerungsoption die Vertragszeit bestimmt, bedarf auch die Absprache über die vorgesehene Optionszeit im Falle des § 581 Abs 2 BGB iVm § 550 BGB der Schriftform (BGH NJW-RR 1987, 1227, 1228; OLG Düsseldorf GuT 2011, 283, 284). Von der Verlängerungsoption ist die Verlängerungsklausel zu unterscheiden, nach der sich ein auf bestimmte Zeit abgeschlossener Vertrag auf bestimmte oder unbestimmte Zeit verlängert, wenn nicht ein Vertragspartner innerhalb einer bestimmten Frist vor Ablauf des Pachtverhältnisses die weitere Fortsetzung ablehnt (Rn 427). Im Unterschied hierzu muss der Pächter von einer Verlängerungsoption zwar unverzüglich, aber nicht vor Ablauf der Kündigungsfrist Gebrauch machen (BGH NJW 1985, 2581, 2582). Denkbar ist es aber auch, bei entsprechender vertraglicher Vereinbarung im Einzelfall die Ausübung der Option durch Nichtausübung eines Kündigungsrechts zu einem bestimmten Zeitpunkt zu fingieren (OLG Düsseldorf GuT 2011, 283, 284).

V. Pflichten des Verpächters

1. Hauptleistungspflichten

a) Allgemeines

Hauptleistungspflichten des Verpächters sind nach § 581 Abs 1 BGB die Gewährung **206** des Gebrauchs des verpachteten Gegenstands sowie des Genusses der Früchte, soweit sie nach den Regeln einer ordnungsmäßigen Wirtschaft als Ertrag anzusehen sind. Das erste Element der Gebrauchsüberlassung ist nach Art und Umfang der Hauptpflicht des Vermieters bei der Miete vergleichbar (s schon Mot II 422) und ist nicht auf die Überlassung des zur Fruchtziehung erforderlichen Gebrauchs beschränkt. Das zweite Element ist das entscheidende Abgrenzungsmerkmal zur Miete (Vorbem 34 zu § 581) und damit zugleich das besondere Charakteristikum des Pachtvertrags.

b) Gewährung des Gebrauchs
aa) Allgemeines

Die Verpflichtung des Verpächters zur Gebrauchsgewährung entspricht weitge- **207** hend der Verpflichtung des Vermieters nach § 535 Abs 1 BGB. Der Verpächter ist nicht nur zur Duldung der Nutzung durch den Pächter, sondern zu positivem Tun verpflichtet, was insbesondere in der Wortwahl des Gesetzgebers („gewähren" statt „überlassen") zum Ausdruck kommt (Mot II 369 – zum Mietrecht; BGHZ 19, 85, 93f – zum Mietrecht; OLG Naumburg ZMR 2000, 290, 291). Zu überlassen ist der vereinbarte Vertragsgegenstand selbst. Wird dieser, zB durch Brand, im Wesentlichen zerstört, erlischt der Anspruch des Pächters auf Gebrauchsüberlassung nach § 275 Abs 1 BGB, und zwar auch dann, wenn einzelne Teile, die zur Pachtnutzung hergerichtet werden können, erhalten geblieben sind; entscheidend kommt es darauf an, ob die Identität des Pachtgegenstands noch gewahrt ist (OLG Stuttgart MDR 2010, 261, 261f). Ebenso erlischt der Primäranspruch des Pächters nach § 275 Abs 1 BGB etwa infolge einer Zwangsversteigerung des Pachtgegenstands (OLG Celle GuT 2007, 304, 305) oder bei der Milchquotenpacht durch den Wegfall des Vertragsgegenstands mit Auslaufen der europäischen Milchquotenregelung zum 31. 3. 2015 (zu den Konsequenzen im Einzelnen BUSSE AUR 2015, 10, 16ff). Die Pflicht zur Gebrauchsgewährung erschöpft sich nicht in einmaligem Tun, sondern erstreckt sich auf die gesamte Vertragslaufzeit. Die Erhaltung des zum vertragsgemäßen Gebrauch (dh zur Fruchtziehung) geeigneten Zustands der Pachtsache gemäß § 581 Abs 2 BGB iVm § 535 Abs 1 S 2 BGB (s Rn 224 ff) ist daher Teil dieser Pflicht (s auch Mot II 373).

Der **Umfang** der Verpflichtung zur Gebrauchsgewährung richtet sich nach dem **208** konkreten Pachtgegenstand und nach dem Inhalt des Pachtvertrags im Einzelfall. Für die Vertragsauslegung lassen sich je nach Pachtgegenstand bestimmte Grundelemente der Verpflichtung des Verpächters zur Überlassung des Pachtgegenstands und zur Gebrauchserhaltung aufzeigen. So muss sich der Pachtgegenstand im Zeitpunkt der Überlassung an den Pächter in einem zum vertragsmäßigen Gebrauch geeigneten Zustand befinden, was in etwa dem Begriff der Tauglichkeit iSd § 536 Abs 1 BGB entspricht. Darüber hinaus muss der Pachtgegenstand entsprechend dem besonderen Zweck der Pacht geeignet sein, natürliche oder juristische Früchte abzuwerfen.

209 Was im Einzelfall den **vertragsmäßigen Gebrauch** darstellt, ist anhand der Parteivereinbarung zu ermitteln. Ergänzend sind die gesamten Umstände des Vertrags zu berücksichtigen wie Art, Größe und Lage des Pachtgegenstands sowie vor allem die Verkehrssitte (STAUDINGER/EMMERICH [2018] § 535 Rn 35 ff mwNw; LEENEN MDR 1980, 353, 355 f – beide zum Mietrecht). Insbesondere bei der Pacht von Gewerberäumen und Unternehmen ist der genaue Vertragszweck, welcher für den Umfang der Überlassungspflicht maßgeblich ist, sorgfältig zu ermitteln. So kann der Vertragszweck auf einen bestimmten Geschäftsbetrieb beschränkt werden, zB auf die Nutzung eines Anwesens als Lager, Ausstellungsraum und Café mit Betriebswohnungen (OLG München ZMR 2001, 347, 348) oder auf ein „Technologiezentrum" (das nicht auch den Betrieb eines „Call-Centers" umfassen muss, s OLG Düsseldorf ZMR 2003, 349). Problematisch sein kann insbesondere, ob bzw unter welchen Voraussetzungen bei der Raum- oder Unternehmenspacht die Gewährleistung der Energieversorgung Teil der Überlassungspflicht des Verpächters ist (s dazu etwa LG Leipzig MDR 1994, 1010). Der Umfang der Verpflichtung des Verpächters kann durch spätere Parteivereinbarung stillschweigend geändert werden, soweit keine Formvorschriften entgegenstehen, zB auch durch eine von der Gegenseite über längere Zeit hingenommene abweichende Nutzung der Pachtsache (OLG Düsseldorf DWW 1992, 82).

bb) Überlassung des Pachtgegenstands
α) Pacht beweglicher oder unbeweglicher Sachen

210 Bei der **Pacht beweglicher oder unbeweglicher Sachen** muss der Verpächter dem Pächter idR den unmittelbaren Besitz iSd § 854 BGB an der Sache verschaffen (konstitutiv ist dieses Erfordernis jedoch nicht, BGH NJW-RR 2004, 1566, 1567); er selbst wird zum mittelbaren Besitzer gemäß § 868 BGB. Die Besitzverschaffung erfolgt regelmäßig durch Übergabe, kann aber im Einzelfall auch auf andere Weise vonstatten gehen, zB indem der Verpächter dem Pächter die Sache so zur Verfügung stellt, dass dieser sie ohne Weiteres übernehmen kann (BGH LM Nr 31 zu § 581 BGB; LM Nr 1 zu § 578 BGB). Je nach Pachtgegenstand kann im Einzelfall auch die Verschaffung einer anderen Form des Besitzes ausreichen, zB von mittelbarem Besitz oder Mitbesitz des Pächters (RGZ 108, 204, 205; RG JW 1905, 46 Nr 13 – beide zum Mietrecht). Im Einzelfall können auch weitergehende Handlungen des Verpächters erforderlich sein, zB die Gewährung der Zufahrt zu einem verpachteten Grundstück (RG WarnR 1920 Nr 106) oder die Erhaltung von Zufahrtswegen zu einem verpachteten Grundstück in dem für den Benutzungszweck erforderlichen Zustand (RG SeuffA 83 Nr 185). Umgekehrt kann der Gebrauch an einem verpachteten Grundstück nur insoweit gewährt werden, wie er auch dem Verpächter zusteht, dh er kann zB durch dingliche, ggf aber auch vertragliche Rechte Dritter eingeschränkt sein (BGH 22. 4. 2016 – V ZR 189/15 Rn 32 f, NZM 2016, 640: vertraglich vereinbarte Durchfahrtberechtigung; insoweit könnte allerdings im Verhältnis zwischen Pächter und Verpächter ein Mangel des Pachtgegenstands oder eine vorvertragliche Aufklärungspflicht des Verpächters – Rn 240 – angenommen werden). Weiterhin kann die Überlassung bestimmten Zubehörs geschuldet sein, das zum Gebrauch des Pachtgegenstands unentbehrlich ist, wie zB die Schlüssel bei der Pacht von Räumen oder Gebäuden oder das Mobiliar von Geschäftsräumen. Bei der Verpachtung von Räumlichkeiten zum Betrieb eines bestimmten Gewerbes hat der Verpächter dafür zu sorgen, dass der Aufnahme eines solchen Gewerbes in den Räumen keine privat- oder öffentlich-rechtlichen Hindernisse entgegenstehen (OLG Hamm ZMR 1982, 206). Bei der Mitverpachtung von Inventargegenständen ist im Falle des Fehlens einer Inventarisierung § 311c BGB entsprechend anzuwenden (OLG

Düsseldorf ZMR 2011, 544, 547; 6. 12. 2012 – 10 U 63/12, ZMR 2013, 794, 794 f; BGH NJW 2007, 216 – zur Miete).

β) Rechtspacht

Bei der **Rechtspacht** muss der Verpächter dem Pächter die Ausübung des Rechts ermöglichen. Welche Handlungen dafür im Einzelnen erforderlich sind, richtet sich nach dem zu überlassenden Recht. Regelmäßig wird der Verpächter dem Pächter gegenüber zur Erteilung einer Ausübungsermächtigung verpflichtet sein (Münch-Komm/Harke § 581 Rn 3). Weiterhin kann den Verpächter zB eine Pflicht zur Übergabe von Urkunden oder zur Anzeige der Überlassung des Rechts gegenüber etwaigen Schuldnern treffen, möglicherweise auch zur Überlassung des Besitzes an Sachen, die zur Ausübung des Rechts benötigt werden, oder zur Gewährung des Zugangs zu bestimmten Stellen, an denen das Recht ausgeübt werden kann, wie etwa bei der Jagd- oder Fischereipacht. **211**

Bei der **Jagdpacht** als spezieller Form der Rechtspacht sind noch einige Besonderheiten zu beachten. So muss bei Verpachtung eines Teils des Jagdbezirks im Rahmen der Jagdpacht eine bestimmte Mindestgröße eingehalten werden (§ 11 Abs 2 BJagdG). Der Jagdpächter kann allerdings nicht ohne Weiteres mindern, wenn der Jagdbezirk nicht die im Vertrag ohne Gewähr angegebene Größe hat (Rn 370). Zudem wird der Verpächter auch durch eine vertragliche Verpflichtung des Pächters zu Hegemaßnahmen nicht von seiner Pflicht zur Gebrauchsgewährung entlastet, weil Hegemaßnahmen den Wildbestand neben anderen Faktoren nur bedingt beeinflussen können (s BGH NZM 2008, 462 Rn 12). **212**

Bei **Lizenzverträgen** mit pachtvertraglichem Charakter (Vorbem 83 ff zu § 581) ist zwischen unterschiedlichen Untertypen zu differenzieren: Bei der ausschließlichen Lizenz erhält der Lizenznehmer das Recht zur ausschließlichen Nutzung des verpachteten Rechts (s dazu zB Erman/Dickersbach Vor § 581 Rn 8; McGuire, Die Lizenz 100 f mwNw); diese Verträge entsprechen weitgehend dem Grundtypus der Rechtspacht iSd §§ 581 ff BGB. Bei der alleinigen oder „semi-ausschließlichen" Lizenz erhält der Lizenzgeber zwar ebenfalls ein ausschließliches Nutzungsrecht. Dieses wirkt jedoch nicht gegenüber dem Lizenzgeber, der ein Recht zur Nutzung des Lizenzgegenstands behält (dazu insb Gross, Der Lizenzvertrag Rn 38; Henn/Pahlow/Pahlow § 9 Rn 5); hier unterliegt daher das Recht des Lizenznehmers auf Gebrauchsgewährung einer vertragsimmanenten Einschränkung. Bei der einfachen Lizenz erhält der Lizenznehmer lediglich ein Nutzungsrecht ohne Abwehrbefugnisse gegenüber Dritten oder dem Lizenzgeber; derartige Lizenzen können mehreren Personen nebeneinander erteilt werden (s dazu zB Erman/Dickersbach Vor § 581 Rn 8; McGuire, Die Lizenz 101). Der Lizenznehmer ist jedoch gegenüber Erwerbern später erteilter Lizenzen kraft Gesetzes (insb nach § 15 Abs 3 PatG, § 30 Abs 5 MarkenG, § 22 Abs 3 GebrMG, § 31 Abs 5 DesignG) geschützt. **213**

γ) Pacht sonstiger Gegenstände

Bei der **Pacht sonstiger Gegenstände** schuldet der Verpächter ebenfalls die Überlassung des jeweiligen Pachtgegenstands, so wie sie nach der Natur des Pachtgegenstands möglich ist (zB bei Software das Zurverfügungstellen in körperlicher oder unkörperlicher Form oder bei Know-how das Zugänglichmachen der erforderlichen Informationen). Häufig wird hier auch eine Kombination unterschiedlicher Ge- **214** brauchsgewährungshandlungen geschuldet sein, so etwa bei der **Unternehmenspacht** als wichtigstem Unterfall der Pacht sonstiger Gegenstände. Hier kann die Überlassung von Grundstücken bzw Räumlichkeiten, von beweglichen Sachen, von Rechten sowie von immateriellen Gütern (zB Goodwill) geschuldet sein (zu Einzelheiten insb STROBEL, Die Unternehmenspacht im deutschen, französischen und italienischen Recht 22 ff; DÖRMER 181 ff; FENZL S 13 Rn 50; KLEIN-BLENKERS 140 ff). Die Gebrauchsüberlassung bezieht sich in erster Linie auf das Anlagevermögen, während das Umlaufvermögen dem Pächter regelmäßig nicht lediglich zum Gebrauch, sondern auf Dauer überlassen wird (zB MASER 116 ff; SLOTTA, Die Entscheidung über die Betriebspacht bzw Betriebsverpachtung 25 f, 164 ff; ausführlich DÖRMER 181 ff; kritisch KLEIN-BLENKERS 149 f). Trotzdem dürfte dieses kaufrechtliche Element nichts an der grundlegenden vertragstypologischen Einordnung als Pachtvertrag ändern, da es mit Blick auf den Gesamtvertrag regelmäßig von untergeordneter Bedeutung ist. Nach den oben angesprochenen Grundsätzen zur rechtlichen Erfassung gemischter Verträge (Vorbem 97 zu § 581) ist auf die dauerhafte Überlassung des Umlaufvermögens daher in erster Linie Kaufrecht (§§ 433 ff BGB, ggf iVm §§ 377 f HGB) anzuwenden. In Bezug auf die für den Pachtvertrag entscheidende Überlassung des Anlagevermögens ist eine möglichst detaillierte Auflistung der zu überlassenden Wirtschaftsgüter üblich und sinnvoll, auch wenn für den schuldrechtlichen Vertrag grundsätzlich Bestimmbarkeit genügt (STROBEL, Die Unternehmenspacht im deutschen, französischen und italienischen Recht 22 ff; KNOPPE, Verpachtung eines Gewerbebetriebes 20; FENZL S 10 f Rn 38 f; KLEIN-BLENKERS 148 f); vereinzelt wird sogar die Errichtung eines Inventars und einer Bilanz durch die Vertragspartner analog §§ 1034 f BGB gefordert (OPPENLÄNDER, Die Unternehmenspacht 212 f). Ebenso sollte der genaue Zeitpunkt der Überlassung ausdrücklich festgelegt werden (s insb KLEIN-BLENKERS 162 f). Der Verpächter ist zudem regelmäßig zur Einweisung des Pächters in das Unternehmen verpflichtet (s zB OPPENLÄNDER, Die Unternehmenspacht 274; KLEIN-BLENKERS 160 ff mwNw; K SCHMIDT, Handelsrecht § 5 III 2b Rn 53 [iVm § 5 I 3 Rn 12]; CANARIS, Handelsrecht 160). Erforderlich ist weiterhin idR, dass der Verpächter dem Pächter den Eintritt in laufende Verträge, zB mit Lieferanten oder Kunden, ermöglicht; insofern sollte – auch zur Absicherung gegen das etwaige Scheitern einer Vertragsübernahme – stets eine detaillierte Regelung, möglichst unter Einbeziehung der Vertragspartner, erfolgen (dazu zB OPPENLÄNDER, Die Unternehmenspacht 240 ff; FENZL S 25 Rn 85; KLEIN-BLENKERS 153 ff; K SCHMIDT, Handelsrecht § 7 IV 3 Rn 69 ff). Fraglich ist, ob der Verpächter auch zur Einwilligung in die Fortführung der Firma durch den Pächter (Rn 69) verpflichtet ist. Das wird sich ohne konkrete Anhaltspunkte nur schwer aus dem Unternehmenspachtvertrag ableiten lassen, sodass die Einwilligung stets ausdrücklich erfolgen sollte (s auch OPPENLÄNDER, Die Unternehmenspacht 231 ff; KLEIN-BLENKERS 152 f mwNw). Zum Vertragsgegenstand bei der **Betriebsaufspaltung** insb KALIGIN 82 f.

δ) Zeitpunkt der Überlassung

215 Der **Zeitpunkt der Überlassung** ist dem Pachtvertrag zu entnehmen oder durch Vertragsauslegung nach §§ 133, 157 BGB zu ermitteln. Grundsätzlich sind die Leistungen nicht nach § 320 BGB Zug um Zug zu erbringen, sondern der Verpächter ist gemäß § 581 Abs 2 BGB iVm § 579 BGB vorleistungspflichtig (RG JW 1903, 35 Nr 49), sofern nichts anderes vereinbart ist (s etwa RG JW 1906, 333 Nr 8 zur Vereinbarung einer Zug um Zug-Leistung). Vertragliche Abreden über den Überlassungszeitpunkt müssen insbesondere bei formularmäßiger Verwendung hinreichend bestimmt sein und dürfen den Pächter nicht zu stark benachteiligen. So ist etwa eine Klausel, wonach das

Pachtverhältnis über ein Gebäude mit dessen Fertigstellung beginnt, wegen Unbestimmtheit des Zeitpunkts der Überlassung unwirksam, und zwar auch gegenüber einem Kaufmann (LG Mannheim WuM 1999, 686). Weiterhin ist eine Klausel nach § 308 Nr 1 BGB unwirksam, welche den Pachtbeginn über ein bislang landwirtschaftlich genutztes Gelände zur Errichtung eines Golfplatzes von zahlreichen Bedingungen (zB Erteilung einer Baugenehmigung, Gründung eines Golfclubs, Anpachtung der erforderlichen Gesamtfläche) abhängig macht und es so dem Verpächter in die Hand gibt, den Vertragsbeginn auf unabsehbare Zeit hinauszuschieben (OLG Karlsruhe NJW-RR 1995, 504, 504 f – zu § 10 Nr 1 AGBG aF). Andererseits sollte bei der Beurteilung derartiger Klauseln gerade mit Blick auf die große Reichweite der Gebrauchsgewährungspflicht des Verpächters auch auf die Realisierbarkeit für den Verpächter geachtet werden.

cc) Gebrauchserhaltung
α) Allgemeines

Der Verpächter ist nach § 581 Abs 2 BGB iVm § 535 Abs 1 S 2 BGB auch zur **216** Erhaltung des Pachtgegenstands zum vertraglichen Gebrauch während der gesamten Vertragsdauer verpflichtet. Diese allgemeine Erhaltungspflicht umfasst insbesondere das Fernhalten von Störungen des vertragsmäßigen Gebrauchs sowie die Instandhaltung bzw Instandsetzung des Pachtgegenstands.

β) Fernhalten von Störungen

Die Pflicht des Verpächters zum Fernhalten von Störungen betrifft sowohl Störungen durch Dritte als auch solche durch den Verpächter selbst. Der Umfang der Pflicht richtet sich nach dem konkreten Vertragsinhalt; besonderes Augenmerk ist auf etwaige Einschränkungen der Pflicht im Pachtvertrag selbst zu richten. Eine besondere Ausprägung der Störungsabwehr ist der Konkurrenzschutz (Rn 220 ff). **217**

Die **Abwehr von Störungen durch Dritte** kann aktive Maßnahmen des Verpächters, **218** zB zur Absicherung des Pachtgegenstands gegen von außen drohende Gefahren sowie Lärmbelästigungen und sonstige nach § 906 BGB unzulässige Immissionen erfordern, ggf aber auch Duldungspflichten gegenüber dem Pächter begründen (zB OLG Frankfurt DB 1980, 1259: Zustimmung zur Einfriedung der genutzten Fläche durch den Pächter). Die Abwehrpflichten des Verpächters finden dort ihre Grenze, wo Duldungspflichten, zB gegenüber der Allgemeinheit, bestehen, wie etwa beim Betretungsrecht von Grundstücken im Rahmen des Gemeingebrauchs oder kraft gesetzlicher Anordnung, wie etwa nach § 14 BWaldG. Auch muss der Pächter ortsübliche Beeinträchtigungen, wie etwa gelegentliche Baumaßnahmen begrenzten Ausmaßes in der Nähe eines Ladenlokals (OLG Hamburg WuM 2003, 146 – zum Mietrecht), hinnehmen.

Weiterhin ist der Verpächter zur **Unterlassung eigener Störungen** des vertragsmäßi- **219** gen Gebrauchs verpflichtet. Dazu gehört insbesondere, dass ihm ohne besondere vertragliche Vereinbarung und ohne besonderen Anlass (wie zB Reparaturen, Neuverpachtung nach Kündigung, Verkauf des Pachtgegenstands) kein Recht zur Besichtigung der Pachtsache zusteht (Rn 303 f). Weiterhin ist der Verpächter nicht ohne Weiteres befugt, den Pachtgegenstand in einer Weise zu verändern, dass dies Auswirkungen auf die Fruchtziehung durch den Pächter hat (OLG Koblenz ZMR 2008, 793,

794: Umstellung des Betriebs einer verpachteten freien Tankstelle auf Markenkraftstoffe – allerdings mit kaum verallgemeinerungsfähigen vertragsrechtlichen Erwägungen zu den Konsequenzen).

220 Eine wichtige Rolle spielt der **Schutz des Pächters vor Konkurrenz** durch den Verpächter oder Dritte (zB BGH 24. 5. 2006 – XII ZR 165/05, juris) als spezieller Form der Störung des vertragsmäßigen Gebrauchs. Diese Pflicht des Verpächters kann vertraglich vereinbart, aber auch – im Rahmen des nach allgemeinen Regeln Zulässigen – ausgeschlossen werden (zur Möglichkeit des – auch formularvertraglichen – Ausschlusses OLG München 13. 12. 2002 – 21 U 1938/02, juris, insoweit in OLGR 2003, 118 nicht abgedruckt; OLG Hamburg ZMR 1987, 94, 94 f – zum Mietrecht; OLG Düsseldorf BB 1992, 1889 – zum Mietrecht). Haben die Parteien keine ausdrückliche Regelung getroffen, wird die Verpflichtung des Verpächters zum Konkurrenzschutz aus dem Anspruch des Pächters auf Gewährung des vertragsmäßigen Gebrauchs (s zB BGHZ 70, 79, 80 f – zum Mietrecht; BGH LM Nr 5 zu § 536 BGB – zum Mietrecht; NJW 1979, 1404, 1405 – zum Mietrecht; OLG Bremen OLGR 2006, 371, 372 – zum Mietrecht; OLG Brandenburg 16. 9. 2009 – 3 U 180/08, juris – zum Mietrecht; KG ZMR 2011, 30, 32 – zum Mietrecht; OLG Hamm 28. 6. 2011 – I-7 U 54/10, juris – zum Mietrecht; zur Unternehmenspacht zB OPPENLÄNDER, Die Unternehmenspacht 276 ff; DRÖGE 37 f; FENZL S 13 f Rn 50; U KRAUSE MittRhNotK 1990, 237, 244; ähnlich KLEIN-BLENKERS 261 f) abgeleitet, §§ 581 Abs 2, 535 Abs 1 S 1 BGB iVm §§ 133, 157, 242 BGB, und durch das Recht des Pächters auf ungestörten Fruchtgenuss unterstrichen (OLG Celle MDR 1964, 59).

221 Hinsichtlich des gegenständlichen und räumlichen Umfangs des Konkurrenzschutzes gelten weitgehend die gleichen Grundsätze wie für den Konkurrenzschutz im Rahmen eines Mietvertrags (STAUDINGER/EMMERICH [2018] § 535 Rn 23 ff). Bei der Verpachtung von Gewerbebetrieben gehört der Konkurrenzschutz durch den Verpächter auch ohne ausdrückliche Vereinbarung zur Gewährung des vertragsmäßigen Gebrauchs (OLG Frankfurt NZM 2004, 706, 707). Sein Umfang richtet sich danach, welchen Besitzstand der Pächter nach den bei Vertragsschluss ersichtlichen Umständen erwarten konnte bzw sollte, wobei Prioritätsgesichtspunkte maßgebend sind (OLG Frankfurt NZM 2004, 706, 707). Wer in Kenntnis einer bestehenden Wettbewerbssituation Räume pachtet, kann keinen Konkurrenzschutz beanspruchen (OLG Frankfurt NZM 2004, 706, 708).

222 Der Konkurrenzschutz kann als vertraglicher Primäranspruch (§ 581 Abs 2 BGB iVm § 535 Abs 1 S 2 BGB) präventiv mit Hilfe der Unterlassungsklage durchgesetzt werden, sofern ein Rechtsschutzinteresse besteht (BGH NJW-RR 1989, 263, 264 – zum Mietrecht). Bei Verletzung der Pflicht des Verpächters zum Schutz des Pächters vor Konkurrenz kann der Pächter Schadensersatz nach § 581 Abs 2 BGB iVm § 536a BGB wegen Verletzung einer leistungsbezogenen Nebenpflicht verlangen oder nach § 581 Abs 2 BGB iVm § 543 Abs 2 Nr 1 BGB den Pachtvertrag fristlos kündigen (s WALTHER, in: MÜLLER/WALTHER § 581 Rn 54 ff, 63 ff; teilw anders KERN § 581 Rn 149 ff). Ein Vorgehen gegen einen Konkurrenten, zB einen Mitpächter, ist allenfalls dann möglich, wenn dies in den jeweiligen Pachtverträgen vereinbart ist (VOGT MDR 1993, 498, 498 f; KERN § 581 Rn 158).

223 Grenzen der Privatautonomie bei der Vereinbarung von Konkurrenzschutz ergeben sich aus dem Recht gegen Wettbewerbsbeschränkungen, insbesondere aus dem Verbot wettbewerbsbeschränkender Handlungen in § 1 GWB (bzw im Einzelfall – bei

Beeinträchtigung des zwischenstaatlichen Handels – aus Art 101 AEUV). Dies ist auch dann noch zu prüfen, wenn der Pachtvertrag als solcher nicht gegen § 1 GWB bzw Art 101 AEUV verstößt (dazu schon oben Rn 182). Wettbewerbsverbote in Austauschverträgen können zulässig sein, wenn für sie bei wertender Betrachtungsweise im Hinblick auf die Freiheit des Wettbewerbs ein anzuerkennendes Interesse besteht (s zB BGH NJW-RR 1986, 1486, 1487 mwNw; NJW 1997, 2324, 2325 f; NJW-RR 1998, 1508, 1509 mwNw; OLG Naumburg GRUR-RR 2005, 98, 99). Das kann bei Pachtverträgen der Fall sein, wenn ohne eine Konkurrenzschutzklausel ein kartellrechtlich neutraler Hauptzweck des Vertrags (zB seine Wirtschaftlichkeit für den Pächter) erheblich beeinträchtigt würde und sich die Klausel auf das zur Vermeidung eines solchen Effekts Notwendige beschränkt (OLG Naumburg GRUR-RR 2005, 98, 99 f; s auch JICKELI, in: Gedächtnisschrift Sonnenschein 463, 466 ff); erforderlich ist jedoch stets eine genaue Prüfung aller Umstände des Einzelfalls. Weiterhin können insbesondere bei einem Abhängigkeitsverhältnis zwischen Verpächter und Pächter auch kartellrechtliche Regelungen über wettbewerbsbeschränkendes Verhalten (§§ 19 f GWB oder im Einzelfall Art 102 AEUV) bei Konkurrenzschutzklauseln zu beachten sein (s dazu etwa OLG Frankfurt NZM 2004, 706, 706 f).

γ) Instandhaltung bzw Instandsetzung

224 Zur Gebrauchserhaltung gehört auch die Instandhaltung bzw – im Fall von Mängeln – Instandsetzung des Pachtgegenstands durch den Verpächter. Für die Verpachtung von Grundstücken – und auch von Räumen (Rn 15) – enthalten §§ 582, 582a BGB Sonderregelungen zur Erhaltung des Inventars, die nach § 585 Abs 2 BGB auch für die Landpacht gelten. Diese Vorschriften sind auf die isolierte Verpachtung von Grundstücken ebenso anwendbar wie auf die Überlassung von Grundstücken im Rahmen von Unternehmenspachtverträgen (Vorbem 2 zu §§ 582–583a). Diese gesetzliche Pflichtenverteilung kann jedoch von den Parteien – wie bei der Miete (STAUDINGER/EMMERICH [2018] § 535 Rn 109 ff) – zumindest individualvertraglich abbedungen werden, zB durch Vereinbarung einer Reparaturpflicht des Pächters (s zB OLG Düsseldorf DWW 2005, 200, 201 f). Bei der Auslegung derartiger Klauseln im Einzelfall sollte jedoch berücksichtigt werden, dass bei Unklarheiten im Zweifelsfall die gesetzliche Risikoverteilung greifen sollte, solche Vereinbarungen also tendenziell eng auszulegen sind. So fällt etwa bei einer Reparaturklausel, die Schäden „an Dach und Fach" ausnimmt, ein Schaden am Wasserleitungsrohr in den Verantwortungsbereich des Verpächters (OLG Hamm ZMR 1988, 260, 261; hingegen erscheint die Annahme einer „Dach und Fach"-Reparaturklausel in OLG Rostock NZM 2010, 42, 43 nicht ganz nachvollziehbar, s auch BORUTZKI-PASING jurisPR-MietR 23/2009 Anm 5), ebenso durch Dritte verursachte Substanzschäden an der Pachtsache (OLG Koblenz NJW-RR 1990, 20: Mauer einer Gaststätte). Auch kann zwischen der Übernahme einer allgemeinen Instandhaltungspflicht (etwa der Pflicht, den Pachtgegenstand „mit der erforderlichen Sorgfalt zu behandeln und ihn in gutem und gebrauchsfähigem Zustand zu erhalten") und einer Instandsetzungspflicht zu differenzieren sein (OLG Düsseldorf NZM 2000, 464). Zu berücksichtigen ist auch, ob sich die Übernahme derartiger Pflichten durch den Pächter in der Bemessung der Pacht widerspiegelt (AG Bernau NJ 2005, 41, 42). Zudem unterliegen derartige formularvertragliche Klauseln der AGB-Kontrolle (OLG Rostock NZM 2010, 42, 43 – im konkreten Fall wurde jedoch iE eine individualvertragliche Vereinbarung angenommen; OLG Düsseldorf NJW 2011, 1011, 1012 – zur Gewerberaumpacht m krit Anm BIEBER jurisPR-MietR 7/2011 Anm 3; OLG Celle 22. 3. 2012 – 2 U 127/11, MietRB 2012, 194: kein Verstoß einer Klausel, nach der der Pächter verpflichtet wird, das Inventar zu erhalten und entsprechend den Regeln einer ordnungsgemäßen Wirtschaft zu ersetzen, gegen § 307 I BGB; zustimmend Fuchslocher InfoM 2012, 376; anders hingegen LG Hannover 11. 2. 2013 – 9 S 43/12, juris: formularmäßige vollständige Abwälzung der Erhaltungskosten auf den Pächter ist nach § 307 Abs 2 Nr 1 unwirksam; zustimmend Gerhards IMR 2013, 293; ebenfalls im Ergebnis zustimmend, aber mit berechtigter Kritik an der Begründung Wolbers InfoM 2013, 280), wobei beim gesetzlichen Leitbild ggf auch §§ 582, 582a BGB zu berücksichtigen sind. Weiterhin kommt im Einzelfall eine Überprüfung am Maßstab des § 138 BGB in Betracht (Borutzki-Pasing jurisPR-MietR 23/2009 Anm 5), die allerdings nur in seltenen Ausnahmefällen zur Unwirksamkeit des Pachtvertrags führen dürfte. In diesem Bereich besteht noch einige Rechtsunsicherheit (s auch Borutzki-Pasing jurisPR-MietR 23/2009 Anm 5).

225 Die **Instandhaltungspflicht** des Verpächters kann insbesondere eine **Prüfungspflicht** im Hinblick auf mögliche Mängel auslösen (so zB für Versorgungsleitungen OLG Düsseldorf ZMR 2000, 377, 378). Der Umfang dieser Pflicht richtet sich nach den Umständen des Einzelfalls, wobei auch etwaige vertragliche Risikoverteilungen zu berücksichtigen sind. Sie findet ihre Grenzen dort, wo eine Überprüfung des Pachtgegenstands auf seinen vertragsmäßigen Zustand nach Treu und Glauben dem Verpächter nicht mehr zumutbar ist, zB wenn die Kontrolle einen unzumutbaren Aufwand erfordert und keine Gewähr für eine dauerhafte Funktionstauglichkeit bietet, wie etwa die Freilegung eines unter einem verpachteten Teich befindlichen Wasserauslaufrohrs durch teilweises Aufgraben des Dammes (BGH NJW-RR 1993, 521). Weiterhin ist Teil der Instandhaltungspflicht eine **Pflicht** des Verpächters **zur Abwehr drohender Gefahren für den Pächter** sowie etwaige in den Schutzbereich des Pachtvertrags einbezogene Personen (insb Angehörige, ggf auch Arbeitnehmer). Das umfasst etwa die Gewährleistung der Sicherheit des verpachteten Gegenstands, zB bei Maschinen, sowie die Einhaltung öffentlich-rechtlicher Standards, zB bau-, feuer- oder gewerbepolizeilicher oder umweltschutzrechtlicher Vorgaben. Der Verpächter muss zB dafür sorgen, dass keine Feuchtigkeit durch das Dach eines verpachteten Gebäudes eindringt (OLG Düsseldorf NZM 2000, 464) oder er muss Vorkehrungen gegen das drohende Umstürzen von auf dem Grundstück befindlichen Bäumen treffen (OLG Hamm ZMR 2000, 289, 289). Gerade bei solchen vom Pachtgegenstand ausgehenden Gefahren ist jedoch auch die Nähe der Vertragsparteien zum Pachtgegenstand zu berücksichtigen. So kann etwa den Pächter ein Mitverschulden treffen, wenn er – insbesondere aufgrund seines unmittelbaren Besitzes an der Pachtsache – die Gefahr bemerken und den Schaden verhindern oder vermindern konnte (OLG Hamm ZMR 2000, 289, 290). Soweit im Zusammenhang mit den Gefahrenabwehrpflichten des Verpächters (mitunter auch in Bezug auf die Prüfungspflicht) von „Verkehrssicherungspflichten" des Verpächters die Rede ist (s etwa zum Mietrecht Staudinger/Emmerich [2018] § 535 Rn 29 mwNw), sollte beachtet werden, dass es sich hier – anders als bei den Verkehrssicherungspflichten iSd § 823 BGB – nicht um Pflichten gegenüber jedermann, sondern um vertragliche Sicherungspflichten, die in erster Linie zwischen den Vertragspartnern wirken, handelt. Verkehrssicherungspflichten iSd § 823 BGB gegenüber Dritten können den Verpächter, aber auch den Pächter treffen (dazu unten Rn 318).

226 Zeigen sich bei den im Rahmen der Instandhaltungspflicht erfolgenden Überprüfungen durch den Verpächter Mängel des Pachtgegenstands oder treten solche Mängel anderweitig zutage, greift die **Instandsetzungspflicht** des Verpächters. So ist der Verpächter etwa verpflichtet, die Versorgung verpachteter Betriebsräume mit Wärme usw sicherzustellen und bei Ausfall der Versorgung Abhilfe zu schaffen

(BGH NZM 1999, 559, 560). Besonderheiten ergeben sich jedoch für das Wärme-Contracting aus § 556c BGB, der auf die Pacht von Wohn- und Gewerberäumen über § 581 Abs 2 BGB (ggf iVm § 578 Abs 2 S 2 BGB) entsprechend anwendbar sein dürfte (in der Literatur wird für die Anwendbarkeit mitunter ohne nähere Begründung § 582 BGB herangezogen, zB ERMAN/LÜTZENKIRCHEN § 556c Rn 1; MünchKomm/ SCHMID-ZEHELEIN § 556c Rn 6; SCHMID CuR 2013, 64; ders ZMR 2013, 776, 777; aus § 582 BGB – dann wohl Abs 1 – dürfte sich jedoch insoweit wohl nicht etwas anderes ergeben iSd § 581 Abs 2 BGB, sodass eine Anwendung über § 581 Abs 2 BGB näher liegen dürfte; wie hier HINZ WuM 2014, 55, 58). Die Instandsetzungspflicht erstreckt sich nicht auf etwaige Verbesserungen des Pachtgegenstands, solange eine vertragsmäßige Nutzung ohne derartige Maßnahmen weiterhin möglich ist (RG HRR 1932 Nr 1433). Sofern öffentlich-rechtliche Bestimmungen allerdings bestimmte Erneuerungsmaßnahmen zwingend vorschreiben (zB eine energietechnische Umrüstung oder zusätzliche Maßnahmen der Arbeitssicherheit in einem Unternehmen), ist deren Durchführung Sache des Verpächters.

Die Instandhaltungs- und die Instandsetzungspflicht finden ihre **Grenzen** in den **227** gesetzlichen Regelungen des allgemeinen Leistungsstörungsrechts. So enden diese Pflichten bei vollständiger und irreparabler Zerstörung des Pachtgegenstands (§ 275 Abs 1 BGB); die Rechtsfolgen richten sich dann nach allgemeinem Leistungsstörungsrecht (§ 275 Abs 4 BGB iVm §§ 280, 283 ff, 311a, 326 BGB – je nach Situation des Einzelfalls). Sofern der Pachtgegenstand nur teilweise zerstört wird bzw seine Instandsetzung einen erheblichen Aufwand erfordert, kann je nach Fallkonstellation bei einem groben Missverhältnis zwischen dem Reparaturaufwand des Verpächters und dem Leistungsinteresse des Pächters § 275 Abs 2 BGB eingreifen (mit den oben genannten Rechtsfolgen) oder – bei wirtschaftlicher Unzumutbarkeit der Reparatur – § 313 BGB. Dann stellt sich insbesondere die problematische Frage der Abgrenzung zwischen beiden Regelungen, die sich in bestimmten Fällen auch überschneiden können (s dazu etwa STAUDINGER/LÖWISCH/CASPERS [2014] § 275 Rn 117 ff; MünchKomm/ERNST § 275 Rn 19 ff mwNw). Bei der Frage einer Zumutbarkeit der Reparatur für den Verpächter sind auch etwaige Versicherungsleistungen zu berücksichtigen (BGH NJW 1976, 1506, 1507 – zur Rechtslage vor der Schuldrechtsmodernisierung). Die Abgrenzung zwischen vollständiger und teilweiser Zerstörung des Pachtgegenstands im Einzelfall kann allerdings problematisch sein. Hier muss insbesondere auf den konkreten Pachtgegenstand und die Möglichkeit der Fruchtziehung als prägendes Element des Pachtvertrags abgestellt werden. So kann etwa bei Verpachtung eines bebauten Grundstücks die völlige Zerstörung des Gebäudes nicht lediglich als Beschädigung, sondern als vollständige Zerstörung des Pachtgegenstands angesehen werden, wenn die Früchte durch Nutzung des Gebäudes gewonnen wurden (so iE auch RG SeuffA 43 Nr 16; BGH NJW 1976, 1506, 1507; LG Frankfurt aM NJW 1976, 572, 573 m krit Anm DOPJANS NJW 1976, 898).

c) Gewährung des Fruchtgenusses
aa) Allgemeines
Neben der Gebrauchsgewährung ist der Verpächter verpflichtet, dem Pächter den **228** Genuss der Früchte des Pachtgegenstands zu gewähren. Diese Pflicht bildet – in Verbindung mit dem Fruchterwerb durch den Pächter – das zusätzliche Element, welches den Pachtvertrag vom Mietvertrag unterscheidet. Daher ist diese Pflicht des Verpächters auch nicht vollständig abdingbar (GITTER 119). Für die Abgrenzung

zwischen Miet- und Pachtvertrag kommt es entscheidend auf die Differenzierung zwischen Früchten iSd § 99 BGB und Gebrauchsvorteilen iSd § 100 BGB (die bereits von der Pflicht zur Gebrauchsgewährung erfasst werden und zB auch dem Mieter zustehen) an. Früchte iSd § 581 BGB iVm § 99 BGB sind in erster Linie unmittelbare Früchte (früher: natürliche Früchte), und zwar sowohl Sachfrüchte iSd § 99 Abs 1 BGB (Erzeugnisse der Sache und sonstige Ausbeute, welche aus der Sache ihrer Bestimmung gemäß gewonnen wird) als auch Rechtsfrüchte iSd § 99 Abs 2 BGB (die Erträge, welche das Recht seiner Bestimmung gemäß gewährt). Mittelbare Früchte (früher: juristische Früchte) iSd § 99 Abs 3 BGB (Erträge, welche eine Sache oder ein Recht vermöge eines Rechtsverhältnisses gewährt) können ebenfalls von §§ 581 ff BGB erfasst werden (Mot II 421 f), aber nur wenn eine Erlaubnis des Verpächters zur Unterverpachtung besteht, § 581 Abs 2 BGB iVm § 540 BGB.

bb) Umfang der Verpflichtung

229 Die Pflicht des Verpächters zur Gewährung des Fruchtgenusses (und das damit korrespondierende Fruchtziehungsrecht des Pächters) erstreckt sich gem § 99 Abs 1 HS 1 BGB bei Sachen in erster Linie auf deren Erzeugnisse. Weitere Bestandteile sind nur erfasst, wenn sie zur bestimmungsgemäßen Ausbeute iSd § 99 Abs 1 HS 2 BGB gehören, was nach dem Vertragszweck unter Berücksichtigung des Grundsatzes, dass die Muttersache erhalten bleiben muss, zu ermitteln ist. Bei Rechtsfrüchten iSd § 99 Abs 2 BGB kommt es auf die Erträge an. In beiden Fällen sind nach § 581 Abs 1 S 1 BGB nur solche Früchte erfasst, die nach den Regeln einer ordnungsmäßigen Wirtschaft als Ertrag anzusehen sind, dh die Pflicht des Verpächters zur Gewährung des Fruchtgenusses erstreckt sich nicht auf sogenannte Übermaßfrüchte. Das ergibt sich für Rechtsfrüchte zusätzlich aus § 99 Abs 2 BGB (Erträge, welche das Recht „seiner Bestimmung gemäß" gewährt). Daher findet die Pflicht des Verpächters (ebenso wie das Fruchtziehungsrecht des Pächters) ihre Grenze dort, wo Früchte auf nicht wirtschaftsgemäßen Eingriffen oder Natureinflüssen beruhen, wenn sie den Substanzwert des Pachtgegenstands oder dessen spätere Nutzungsmöglichkeiten mindern, wie zB der Raubbau nicht schlagreifer Waldbestände oder die durch Windbruch anfallenden Erträge.

230 Auf manche **besonderen Pachtgegenstände** lassen sich die allgemeinen Grundsätze über die Gewährung des Fruchtgenusses nicht ohne Weiteres übertragen. So muss insbesondere bei der **Unternehmenspacht** immer im Einzelfall ermittelt werden, welche potentiellen Früchte des Unternehmens von der Pflicht des Verpächters erfasst werden, zumal sich die Unternehmenserträge in ihren vielfältigen Erscheinungsformen nicht stets im Rahmen des § 99 BGB erfassen lassen (zu den einzelnen Einordnungsmöglichkeiten s zB OPPENLÄNDER, Die Unternehmenspacht 325 ff; SLOTTA, Die Entscheidung über die Betriebspacht bzw Betriebsverpachtung 15; DRÖGE 38 ff; DÖRMER 100 ff mwNw). Bei der **Spektrumspacht** (Rn 59) ist zu beachten, dass sich die Eignung des Spektrums zur fruchtbringenden Nutzung aus dem Frequenznutzungsplan iSd § 54 TKG ergibt (SPIES MMR 2003, 230, 233).

231 Im Rahmen **vertraglicher Vereinbarungen** können die Pflicht des Verpächters zur Gewährung des Fruchtgenusses und zugleich das Fruchtziehungsrecht des Pächters in gewissen Grenzen modifiziert werden. So ist etwa eine Beschränkung auf bestimmte Fruchtarten (zB auf bestimmte Obstsorten oder bestimmte Sorten von

Jagdwild) oder eine bestimmte Fruchtmenge möglich. Der Rahmen der Parteiautonomie ist hier relativ weit, zB kann der Pachtgegenstand auch vollständig ausgebeutet werden (zB RG JW 1901, 266 Nr 38; JW 1909, 451; BGH LM Nr 2 zu § 581 BGB). Sofern allerdings das Fruchtziehungsrecht vollständig ausgeschlossen wird, liegt kein Pacht-, sondern allenfalls ein Mietvertrag vor.

Mit der Verpflichtung zur Gewährung des Fruchtgenusses verbunden ist die Verpflichtung des Verpächters, **Störungen** durch Dritte, welche den Fruchtgenuss beeinträchtigen könnten, **fernzuhalten**. Diese Pflicht dürfte jedoch neben der aus der Gebrauchsgewährungspflicht folgenden Pflicht zum Fernhalten von Störungen (Rn 217 ff) nur selten selbständige Bedeutung erlangen, nämlich nur dann, wenn es um Störungen ausschließlich bei der Fruchtziehung geht (etwa durch Diebstahl des vom Pächter erlegten Wildes oÄ). 232

cc) Fruchterwerb durch den Pächter

Der Pächter erwirbt die Früchte des Pachtgegenstands nach den für den jeweiligen Pachtgegenstand geltenden dinglichen Regeln. So erlangt er Eigentum an den Erzeugnissen oder sonstigen Bestandteilen einer Sache idR nach §§ 956, 957 BGB mit Trennung vom Pachtgegenstand, bei der Jagd- oder Fischereipacht oder bei Ausbeutungsrechten nach § 958 BGB (Vorbem 56 zu § 581). Entscheidend für die rechtliche Wirksamkeit des Fruchterwerbs als Erfüllungsgeschäft ist regelmäßig die Aneignungsgestattung (bei Sachen) bzw die Ausübungsermächtigung (bei Rechten) durch den Verpächter als Erfüllungshandlung in Bezug auf den Pachtvertrag. Ihr Umfang (und damit auch die Reichweite der Wirksamkeit des Erfüllungsgeschäfts) richtet sich nach dem Umfang der Pflicht des Verpächters zur Gewährung des Fruchtgenusses und des damit korrespondierenden Fruchtziehungsrechts des Pächters. 233

dd) Risikotragung

Die Verpflichtung des Verpächters beschränkt sich auf die Gebrauchsgewährung und die Gewährung des Fruchtgenusses. Nicht verantwortlich ist er für den Ertrag des Pachtgegenstands; das **Fruchtziehungsrisiko** trägt nach der gesetzlichen Risikoverteilung vielmehr der Pächter (s zB RG WarnR 1908 Nr 39; BGH NJW 1978, 2390, 2391 f; NJW 1982, 2062, 2063; WM 1994, 1136, 1137; BGHZ 141, 257, 265; MEHRING EWiR 1999, 823, 824; BÜHLER EWiR 2001, 1035, 1036; zur Unternehmenspacht insb KLEIN-BLENKERS 267 ff mwNw). Das gilt auch für die Möglichkeit, das Fruchtziehungsrecht auszuüben, § 581 Abs 2 BGB iVm § 537 BGB. In den Risikobereich des Pächters fällt also insbesondere die Rentabilität des Pachtgegenstands (s etwa BGH DB 1974, 437; NJW 1970, 1313, 1313; iE auch BGH NJW 2011, 3151 Rn 17; OLG Koblenz 15. 3. 2004 – 12 U 242/03, juris; 22. 3. 2004 – 12 W 164/04, juris; 8. 11. 2004 – 12 U 244/03, juris; OLG Düsseldorf DWW 2007, 147, 147 mwNw aus der mietrechtlichen Rspr; differenzierend aber OPPENLÄNDER, Die Unternehmenspacht 335 ff). Ob dies allerdings auch uneingeschränkt gelten muss, wenn beide Vertragspartner von falschen Rentabilitätserwartungen ausgingen (so BGH NJW 1970, 1313, 1314), mag mit Blick auf § 313 BGB bezweifelt werden. Weiterhin trägt der Pächter auch bei etwaigen Betriebsumstellungen oder -erweiterungen das Fruchtziehungs- und damit letztlich das Rentabilitätsrisiko (s etwa OLG Hamm ZMR 1970, 53, 53 f). In den Risikobereich des Verpächters fallen hingegen Beeinträchtigungen des Fruchtgenusses durch Mängel des Pachtgegenstands. Für diese ist er nach § 581 Abs 2 BGB iVm §§ 536 ff BGB verantwortlich (Rn 356 ff). 234

235 Auch in Bezug auf diese gesetzliche Risikoverteilung sind abweichende **Parteivereinbarungen** zulässig. Eine solche Vereinbarung muss sich jedoch wegen des Abweichens vom gesetzlichen Grundmodell mit hinreichender Klarheit aus dem Vertrag ergeben. Vor allem wenn dem Pächter vertragliche Bindungen, zB in der Preisgestaltung, auferlegt werden, kommt eine von den gesetzlichen Vorgaben abweichende Risikoverteilung mit einer stärkeren Belastung des Verpächters in Betracht (s zB BGH LM Nr 40 zu § 581 BGB – zur Kantinenpacht). Das kann zB bei Franchiseverträgen eine wichtige Rolle spielen.

d) Verjährung

236 Die Ansprüche des Pächters auf Gebrauchsgewährung und Gewährung des Fruchtgenusses verjähren gemäß § 195 BGB in der dreijährigen Regelverjährungsfrist. Fraglich ist allerdings wegen des Dauercharakters dieser Pflichten, in welchem Zeitpunkt die Verjährungsfrist beginnt. Die Entstehung des Anspruchs iSd § 199 Abs 1 BGB könnte im Extremfall zu einer Verjährung vor Ende des Pachtvertrags führen (s etwa BGH NJW 1995, 2549, 2549 – zu § 198 S 1 BGB aF, mit noch größerer Brisanz aber für die seit 2002 geltende kürzere Verjährungsfrist). Daher wurde zunächst in Erwägung gezogen, entweder im Rahmen des § 199 Abs 1 BGB auf das Ende des Jahres, in dem der konkrete Mangel entstanden ist und der Pächter davon Kenntnis erlangt hat, abzustellen (LG Berlin BeckRS 2008, 21372; FEUERLEIN WuM 2008, 385, 385 – zum Mietrecht; LEHMANN-RICHTER NJW 2008, 1196, 1197 ff; BEUERMANN GE 2008, 236; M J SCHMID ZMR 2009, 585, 586) oder die Verjährungsfrist entsprechend § 199 Abs 5 BGB erst mit einer Zuwiderhandlung des Verpächters durch Unterlassen beginnen zu lassen (BGH NJW 1995, 2548, 2549; ähnlich ERNST WuM 2008, 695, 695 – zum Mietrecht). Dann entschied der BGH (NJW 2010, 1292 Rn 17 f – zum Mietrecht, aber auf das Pachtrecht übertragbar; ebenso bereits LG Aachen ZMR 2010, 113, 114 f; STREYL WuM 2009, 630, 630 f; BOTH GE 2009, 238, 239), dass der Anspruch auf Gebrauchsgewährung (Entsprechendes muss beim Pachtvertrag dann auch für den Anspruch auf Gewährung des Fruchtgenusses gelten) als vertragliche Dauerverpflichtung nicht verjähre, sondern während der Laufzeit des Vertrags ständig neu entstehe. Da sich die zuvor erwogenen Regeln mit dem Pflichtengefüge des Pachtvertrags nur schwer in Einklang bringen lassen, ist der Lösung des BGH zuzustimmen.

2. Nebenpflichten

a) Nebenpflichten nach §§ 241 Abs 2, 242

237 Nebenpflichten nach allgemeinen Regeln (§§ 241 Abs 2, 242 BGB) treffen den Verpächter nur in geringem Umfang, weil die Erhaltungspflicht als Hauptpflicht des Verpächters bereits viele der sonst typischerweise über §§ 241 Abs 2, 242 BGB erfassten Nebenpflichten (insb Schutz- und Loyalitätspflichten gegenüber dem Vertragspartner sowie Schutzpflichten in Bezug auf den Vertragsgegenstand) umfasst. Relevant bleiben daneben insbesondere **Aufklärungs-, Rücksichtnahme- und Loyalitätspflichten** nach allgemeinen Regeln, zB für den Fall der Zwangsvollstreckung in das Vermögen des Verpächters (Vorbem 112 ff zu § 581) die Pflicht zur Aufklärung hierüber, jedenfalls wenn der Pachtgegenstand betroffen sein könnte, sodass der Pächter rechtzeitig gegen etwaige Vollstreckungsmaßnahmen vorgehen kann. Weitere denkbare Nebenpflichten sind etwa die Pflicht des Verpächters, dem Pächter im Einzelfall eine persönliche Dienstbarkeit hinsichtlich der Errichtung eines Gebäudes auf dem Pachtgrundstück zu bewilligen (OLG Brandenburg 28. 4. 2010 – 3 U 93/09,

juris) oder bei der Unternehmenspacht eine Pflicht zur Aufklärung darüber, dass ein nicht unerheblicher Teil der Unternehmensumsätze und des Lohns von Angestellten nicht ordnungsgemäß verbucht worden waren (OLG Hamm 25. 8. 2006 – 11 U 39/05, juris). Zudem können weitere Nebenpflichten des Verpächters vertraglich vereinbart werden, deren Verletzung zu Ansprüchen nach den allgemeinen Regeln führt (s zB BGH WM 1977, 1089, 1090). Beim **Know-how-Vertrag** konkretisieren sich die Rücksichtnahme- und Loyalitätspflicht häufig in einer Geheimhaltungspflicht (s nur Maassen/Wuttke, in: Ann/Loschelder/Grosch 283 [Rn 61]). In **Lizenzverträgen** werden häufig zusätzliche Nebenpflichten der Beteiligten vereinbart. Dazu gehören insbesondere die Überlassung von Gegenständen oder Informationen, die zur Nutzung der Lizenz erforderlich sind, durch den Lizenzgeber (dazu insb Bartenbach Rn 1430f; Gitter 402 f; Gross, Der Lizenzvertrag Rn 243 ff), bei nicht ausschließlichen Lizenzen idR auch die Aufrechterhaltung der Schutzrechtsanmeldung (dazu etwa Gross, Der Lizenzvertrag Rn 201 ff; 270 ff; Henn/Pahlow/Pahlow § 9 Rn 63; Bartenbach Rn 1375ff; Ann/Barona, Schuldrechtsmodernisierung und gewerblicher Rechtsschutz Rn 98; Lüdecke/Fischer, Lizenzverträge 257 f; Gitter 401; noch weitergehend – auch für die ausschließliche Lizenz – Krasser/Schmid GRUR Int 1982, 324, 330 f; ohne Differenzierung zwischen den Lizenzarten auch McGuire, Die Lizenz 699 ff) und evtl ihre Verteidigung gegen Schutzrechtsverletzungen (zu den teilweise umstrittenen Einzelheiten s insbesondere Gross, Der Lizenzvertrag Rn 279 ff; Henn/Pahlow/Pahlow § 9 Rn 66ff; Bartenbach Rn 1385 ff; Krasser/Schmid GRUR Int 1982, 324, 331; Lüdecke/Fischer, Lizenzverträge 289 ff; Gitter 401; McGuire, Die Lizenz 702 ff).

b) Tragung der Lasten des Pachtgegenstands, § 581 Abs 2 iVm § 535 Abs 1 S 3

Der Verpächter ist nach § 581 Abs 2 BGB iVm § 535 Abs 1 S 3 BGB dazu verpflichtet, die **Lasten des Pachtgegenstands**, also alle privatrechtlichen und öffentlich-rechtlichen Verbindlichkeiten sowie die durch den Gebrauch der Sache entstehenden Neben- und Betriebskosten (Staudinger/Emmerich [2018] § 535 Rn 64 f), zu tragen, also zB Getränkesteuer (LG Mannheim WuM 1976, 125, 125), Gaststättenerlaubnissteuer (VG Frankfurt aM NVwZ-RR 2004, 374, 375) oder Grundsteuer – auch soweit das Pächterinventar in den für die Bewertung maßgebenden Einheitswert eingeflossen ist (OLG Celle RdL 1951, 278; AG Hamburg NJW 1953, 66, 67; aA OLG Königsberg HRR 1942 Nr 430; dieser Fall kann nach § 34 Abs 4 BewG vor allem bei land- und forstwirtschaftlichen Betrieben, aber auch bei den in §§ 26 und 70 BewG vorgesehenen Ausnahmen vom bewertungsrechtlichen Verbot der Zusammenfassung von Wirtschaftsgütern verschiedener Eigentümer zu einer wirtschaftlichen Einheit eintreten). Daher kommen insoweit Ansprüche des Verpächters gegen den Pächter aus Geschäftsführung ohne Auftrag oder ungerechtfertigter Bereicherung nicht in Betracht (s etwa LG Mannheim WuM 1976, 125, 125). Die Pflicht zur Tragung der Lasten des Pachtgegenstands ist allerdings dispositiv und wird insbesondere bei der Unternehmenspacht häufig abbedungen (s zB Dröge 41; Klein-Blenkers 251); dann ist der Pächter gegenüber dem Verpächter regelmäßig aus dem Pachtvertrag zur Erstattung der von diesem getragenen Lasten verpflichtet (dazu zählen im Zweifel aber nicht Anliegerbeiträge und Anschlusskosten, OLG Celle MDR 1983, 402). Dies ist als zusätzliche Form der Pachtzinszahlung anzusehen (Rn 243). **238**

Bei der **Kleingartenpacht** kann der Verpächter nach § 5 Abs 5 S 1 BKleingG vom Pächter Erstattung der öffentlich-rechtlichen Lasten verlangen, die auf dem Kleingartengrundstück ruhen; insoweit gilt also eine Ausnahme vom Grundsatz der §§ 581 **239**

Abs 2, 535 Abs 1 S 3 BGB. Die Regelung ist allerdings ebenfalls abdingbar (s etwa BGH NJW-RR 2000, 1405, 1406).

c) Vor- und nachvertragliche Pflichten

240 Weiterhin treffen den Verpächter vor- und nachvertragliche Pflichten nach allgemeinen Regeln (§§ 311 Abs 2, 241 Abs 2, 242 BGB). Als vorvertragliche Pflichten kommen insbesondere Aufklärungs- und Rücksichtnahmepflichten in Betracht, die je nach Vertragsgegenstand im Einzelfall zu bestimmen sind. So darf der Verpächter etwa keine unvollständigen oder unrichtigen Angaben über Umsätze oder Erträge des Pachtobjekts machen, auch wenn ansonsten die Information über diese Faktoren dem Pächter obliegt (OLG Düsseldorf OLGR 2007, 233, 234). Im nachvertraglichen Stadium können insbesondere Rücksichtnahme- und Loyalitätspflichten eine Rolle spielen, zB die Duldung eines Hinweises mit der neuen Adresse des Pächters nach Vertragsbeendigung (OLG Düsseldorf NJW 1988, 2545 – zum Mietrecht) oder die Fortsetzung des Konkurrenzschutzes (Rn 220 ff) – im Rahmen des kartellrechtlich Zulässigen – über das Vertragsende hinaus.

VI. Pflichten des Pächters

1. Hauptleistungspflichten

a) Allgemeines

241 Hauptleistungspflicht des Pächters ist es in erster Linie, dem Verpächter die vereinbarte Pacht zu entrichten, § 581 Abs 1 S 2 BGB. Daneben können die Vertragsparteien weitere Hauptpflichten des Pächters ausdrücklich oder konkludent vereinbaren, die dann ebenso wie die Pflicht zur Zahlung der Pacht im Austauschverhältnis mit den Hauptpflichten des Verpächters stehen (was seit der Schuldrechtsmodernisierung 2002 freilich nur noch für §§ 320–322 BGB relevant ist). Häufig werden als zusätzliche Hauptpflichten des Pächters Abnahme-, Gebrauchs- und Erhaltungspflichten vereinbart.

b) Entrichtung der Pacht
aa) Inhalt der Leistungspflicht

242 Da gesetzlich nicht festgelegt ist, worin die Pacht zu bestehen hat, geht die hM – wie im Mietrecht (STAUDINGER/EMMERICH [2018] § 535 Rn 84, 88) – davon aus, dass diese nicht zwingend als Geldzahlung zu leisten ist, sondern auch andere Leistungen, zB Sach- oder Dienstleistungen oder Gebrauchsüberlassungen, in Betracht kommen (s schon Mot II 372, 422; weiterhin zB PALANDT/WEIDENKAFF § 581 Rn 10; OLG Frankfurt NZM 2009, 334, 334; einschränkend MünchKomm/HARKE § 581 Rn 7; LARENZ, Schuldrecht II/1 § 48 II b). Daher können etliche Verträge, die auf den ersten Blick als Typenkombinationsverträge erscheinen mögen, als Pachtverträge eingeordnet werden, zB wenn der Pächter als Pacht eine Sach- oder Dienstleistung oder gar seinerseits eine Gebrauchsüberlassung schuldet. Je eigenständiger allerdings die Gegenleistung des Pächters ist, desto eher sollten hier die Regeln über gemischte Verträge (Vorbem 97 zu § 581) zur Anwendung gelangen, um den Spezifika der Leistungen beider Vertragspartner hinreichend gerecht werden zu können.

243 Praktisch häufig dürften diejenigen Fälle sein, in denen sich der Pächter zur Lieferung eines Teils der Früchte des Pachtgegenstands verpflichtet. Ebenso kann vereinbart werden, dass der Pächter Kosten, die mit dem Pachtgegenstand verbunden sind, wie zB Steuern, sonstige Abgaben oder öffentliche Lasten, trägt (s zB RGZ 115, 209, 210 ff: Rentenbankzinsen; 122, 335, 336 ff: Vermögensteuer; RG Recht 1928 Nr 540: Hauszinssteuer; HRR 1928 Nr 604: Grundsteuer; JW 1930, 320: Vermögensteuer; BGH LM Nr 7 zu § 581 BGB: Hand- und Spanndienste; NJW-RR 2000, 1405, 1406: Grundsteuer, Straßenreinigungsgebühren, Anliegerbeiträge; 15. 10. 2014 – XII ZR 111/12 Rn 73, NZM 2015, 211: öffentliche Abgaben und Steuern mit Ausnahme der seitens der Verpächter zu tragenden Einkommen- und Vermögensteuern; BFH BStBl III 1959, 451: Vermögensabgabe; OLG Hamm SeuffA 77 Nr 127: Amtsbeitragslasten; OLG Brandenburg 20. 11. 2002 – 3 U 128/01, juris: laufende Unterhaltungskosten). Die Zahlung der Einkommensteuer für den Verpächter kann zwar theoretisch auch vom Pächter übernommen werden (s dazu OLG Oldenburg NdsRpfl 1952, 152); in einem solchen Fall ist aber zu berücksichtigen, dass die Pacht ebenfalls einen Teil des zu versteuernden Einkommens des Verpächters darstellt, sodass sich die genaue Berechnung schwierig gestaltet. Weiterhin kann der Pächter auch die Kosten einer Renovierung (RGZ 136, 407, 414 f) bzw der laufenden Unterhaltung des Pachtgegenstands (OLG Bamberg OLGZ 1976, 195, 199) übernehmen. Ebenso kann er Werkleistungen, zB bauliche Maßnahmen am Pachtgegenstand (OLG Bamberg OLGZ 1976, 195, 199; LG Mannheim DWW 1964, 29) oder die Pflege von Grünflächen (BGH LM Nr 1 zu § 556 BGB: Werkleistung als Vorausleistung), oder Dienstleistungen (wie zB beim Heuerlingsvertrag, Vorbem 63 zu § 581) gegenüber dem Verpächter erbringen. Denkbar ist schließlich auch die Übernahme einer Schuld des Verpächters durch den Pächter bzw die Herabsetzung des Kaufpreises, wenn eine Sache verkauft und anschließend vom Verkäufer gepachtet wird (RG WarnR 1927 Nr 52 – zum Mietrecht; BGH NJW 2000, 2987, 2987 f), oder eine Gebrauchsüberlassung an Sachen oder Rechten durch den Pächter an den Verpächter, bis hin zum wechselseitigen Austausch von Pachtgegenständen (RG JR 1926 Nr 456 – zum Mietrecht; BayZ 1927, 74 – zum Mietrecht; BGH NJW-RR 1994, 971).

Wegen der unterschiedlichen denkbaren Formen der Pacht gewinnen Mechanismen **244** Bedeutung, mit deren Hilfe die konkret vereinbarte Form der Pacht ggf abgewandelt werden kann. So kann zB eine **Wahlschuld** zwischen Geld- und Naturalleistung vereinbart werden (was allerdings bei der Verwendung von Preisklauseln Probleme aufwerfen kann, Rn 273 ff). Das Wahlrecht kann abweichend von § 262 BGB auch dem Verpächter eingeräumt werden. Falls nichts anderes vereinbart ist, muss das Wahlrecht zu Beginn eines Pachtjahres ausgeübt werden, auch wenn die Pacht in anderen Zeitabständen entrichtet wird. Das entspricht Treu und Glauben mit Rücksicht auf die Verkehrssitte, weil der andere Vertragsteil sonst nicht rechtzeitig disponieren kann (BGH RdL 1953, 242, 243). Denkbar ist weiterhin die Vereinbarung einer **Ersetzungsbefugnis** im Verhältnis zwischen unterschiedlichen Pachtleistungen (OLG Breslau JW 1930, 2453). Die Befugnis kann nach dem Vertrag dem Pächter oder dem Verpächter zustehen. Für ihre Ausübung gilt weitgehend das gleiche wie für die Wahlschuld mit der Ausnahme, dass dem Pächter die Ersetzungsbefugnis noch im Zeitpunkt der Fälligkeit der Leistung zuzubilligen ist, weil sie für ihn in besonderer Weise den Charakter eines Ersatzrechts trägt. Ansprüche auf Entrichtung der Pacht können ggf auch im Urkundenprozess geltend gemacht werden (BGH NJW 1999, 1408; NJW 2005, 2701, 2701; OLG Saarbrücken 8. 10. 2009 – 8 U 460/08, juris).

Die Pflicht zur Entrichtung der Pacht wird modifiziert, wenn der **Pächter sein Ge-** **245** **brauchs- bzw Fruchtziehungsrecht nicht ausüben kann**. Hierbei kommt es entscheidend auf die Ursache des Hindernisses an.

246 Sofern der **Pachtgegenstand untergegangen oder vollständig zerstört** ist und der **Pächter dies nicht zu vertreten** hat, wird der Pächter von seiner Verpflichtung zur Pachtzahlung nach allgemeinen Grundsätzen des Leistungsstörungsrechts, die mangels spezieller Regelung in §§ 581 ff BGB (einschließlich § 581 Abs 2 BGB iVm §§ 535 ff BGB) auch für den Pachtvertrag gelten, ab dem Zeitpunkt des Untergangs bzw der Zerstörung befreit, § 326 Abs 1 S 1 BGB (s etwa LG Köln ZMR 1985, 338 – zum alten Recht; OLG Köln BeckRS 2011, 21983; weiterhin OLG Koblenz OLGR 2001, 170, 171 zu einer Konstellation, in welcher der Pächter den Untergang der Pachtsache zu vertreten hatte).

247 Wird der **Pächter durch einen in seiner Person liegenden Grund an der Ausübung des Gebrauchs- bzw Fruchtziehungsrechts gehindert**, so wird er gemäß § 581 Abs 2 BGB iVm § 537 Abs 1 S 1 BGB dadurch nicht von seiner Pflicht zur Entrichtung der Pacht befreit (s auch OLG Düsseldorf ZMR 1994, 402, 405). Dies ist Konsequenz der Tragung des Gebrauchs- und Fruchtziehungsrisikos durch den Pächter (s insb Rn 234 f). Der Verpächter muss sich nach § 581 Abs 2 BGB iVm § 537 Abs 1 S 2 BGB ggf den Wert der ersparten Aufwendungen sowie von Vorteilen aus einer anderweitigen Verwertung des Gebrauchs anrechnen lassen, wobei es ihm gemäß § 254 Abs 2 BGB S 1 obliegt, den Pachtausfallschaden gering zu halten (OLG Düsseldorf ZMR 2011, 718, 720). Ist die Hinderung der Ausübung der Rechte des Pächters allerdings Folge der Überlassung des Gebrauchs an einen Dritten durch den Verpächter, ist der Pächter nach § 581 Abs 2 BGB iVm § 537 Abs 2 BGB nicht zur Entrichtung der Pacht verpflichtet. Problematisch ist die Anwendbarkeit dieser Regelung allerdings in Fällen, in denen der Pächter den Pachtgegenstand vorzeitig und endgültig nicht mehr nutzt, obwohl der Vertrag noch nicht beendet ist, und der Verpächter den Pachtgegenstand einem Dritten, insbesondere einem neuen Pächter, überlässt. Hier entsteht ein Widerspruch zwischen den Wertungen des § 537 Abs 2 BGB und des § 537 Abs 1 S 2 BGB, der von der heute hM und Rspr durch einschränkende Auslegung des § 537 Abs 2 BGB aufgelöst wird, weil es rechtsmissbräuchlich wäre, wenn der Pächter sich in einer durch sein Verhalten verursachten Situation auf einen Wegfall seiner Zahlungspflicht beriefe (s BGHZ 122, 163, 168 f; STAUDINGER/EMMERICH [2018] § 537 Rn 36 mwNw zum Mietrecht). Es muss allerdings stets sehr genau geprüft werden, ob im Einzelfall nicht das Pachtverhältnis einvernehmlich beendet wurde, wodurch die Zahlungspflicht des Pächters ebenfalls entfiele.

bb) Art und Weise der Leistung

248 Da es sich beim Pachtvertrag um ein Dauerschuldverhältnis und nicht um ein Wiederkehrschuldverhältnis mit jeweils neuem Entstehungsgrund handelt, kann die Pacht im Rahmen der Parteiautonomie **sowohl als einmalige als auch als wiederkehrende Leistung** vereinbart werden; Mischformen sind denkbar, ebenso eine Vorausleistung (BGH LM Nr 1 zu § 556 BGB). IdR werden – vor allem bei längerfristigen Pachtverträgen – wiederkehrende Leistungen für bestimmte Zeitabschnitte vereinbart. Einmalige Leistungen (s zB RG WarnR 1927 Nr 52; DRiZ 1934 Nr 265; BGH NJW 1995, 2548, 2549; OLG Bamberg OLGZ 1976, 195) sind häufiger bei einer kürzeren Pachtdauer oder einer Verpachtung zu einem einmaligen Zweck; sie können aber nach der Rspr des RG auch bei Pachtverträgen auf unbestimmte Zeit vereinbart werden (RG DRiZ 1934 Nr 265; offen gelassen von BGH NJW 1976, 2264, 2265 – zum Mietrecht). Dem ist zuzustimmen, weil es Sache der Parteien ist, die Höhe der Pacht zu bestimmen. Das bei unbestimmter Vertragsdauer erhöhte Renditerisiko für den Verpächter wird durch die Möglichkeit der ordentlichen Kündigung zumindest teilweise kompensiert; in

Extremfällen kann evtl § 138 BGB eingreifen (Rn 176). Bei einer Einmalzahlung ist allerdings die vertragstypologische Zuordnung besonders sorgfältig zu prüfen (s dazu – in Bezug auf das Mietrecht, aber mit Bedeutung ebenso für das Pachtrecht – BGH NJW 1976, 2264, 2265); ist ein Pachtvertrag gewollt, sollte dies in der Vereinbarung hinreichend deutlich gemacht werden. Weiterhin ist in Bezug auf Vorausverfügungen des Verpächters über die Pacht im Falle einer Veräußerung des Pachtgegenstands § 581 Abs 2 BGB iVm § 566b BGB zu beachten.

Die **Fälligkeit** der Pachtforderung richtet sich nach dem von den Vertragspartnern Vereinbarten (zur Parteiautonomie im Anwendungsbereich des § 579 BGB zB OLG München ZMR 1996, 376, 378). Dabei ist zu beachten, dass im Pachtrecht Vorleistungen des Pächters nicht in gleicher Weise üblich sind wie im Mietrecht, sodass die Annahme einer Vorleistungspflicht des Pächters etwa im Rahmen ergänzender Vertragsauslegung besonderer Anhaltspunkte bedarf. **249**

Bei Fehlen einer Parteivereinbarung richtet sich die Fälligkeit mangels spezieller Regelungen im Pachtrecht (§ 587 BGB gilt nach seiner systematischen Stellung nur für die Landpacht) nach § 581 Abs 2 BGB iVm § 579 BGB. Bei der Pacht von Grundstücken, im Schiffsregister eingetragenen Schiffen und beweglichen Sachen ist die Pacht gemäß § 579 Abs 1 BGB stets am Ende bestimmter Zeitabschnitte zu entrichten, je nach Bemessung im Einzelfall am Ende des Pachtverhältnisses (§ 579 Abs 1 S 1 BGB) oder am Ende der Zeitabschnitte, nach denen sie bemessen ist (§ 579 Abs 1 S 2 BGB). Für Pachtverträge über Grundstücke enthält § 579 Abs 1 S 3 BGB eine Spezialregelung, nach der die Pacht bei Bemessungszeiträumen von einem Vierteljahr oder länger jeweils nach Ablauf eines Kalendervierteljahres am ersten Werktag des folgenden Monats zu entrichten ist, bei kürzeren Bemessungszeiträumen gilt § 579 Abs 1 S 2 BGB (Entrichtung nach Ablauf der einzelnen Zeitabschnitte). Für die Raumpacht gilt § 581 Abs 2 BGB iVm §§ 579 Abs 2, 556b Abs 1 BGB, dh hier ist die Pacht regelmäßig zu Beginn, spätestens bis zum dritten Werktag der einzelnen Bemessungszeiträume zu entrichten. Vor allem wegen der entgegengesetzten Regelungen für Grundstücke und Räume muss bei Pachtverträgen, die mehrere Gegenstände umfassen, eine klare Abgrenzung getroffen werden, für die auf den Gegenstand der Fruchtziehung abzustellen ist (Rn 18). § 579 BGB muss bei einer Pacht, die in variablen Beträgen berechnet wird (Rn 255), dahingehend verstanden werden, dass die Berechnung zum Ende des jeweils nach § 579 maßgeblichen Zeitabschnitts zu erfolgen hat. Bei Abhängigkeit der Pacht vom Gewinn des Pächters kommt nur eine zeitlich verschobene Entrichtung der Pacht am Fälligkeitstermin, welcher der Feststellung des jeweiligen Gewinns (dazu § 243 Abs 3 HGB) folgt, in Betracht. **250**

Für den **Erfüllungsort** der Pachtzahlung gelten mangels spezieller Vorschriften die allgemeinen Regeln, dh die Pacht ist bei Fehlen einer diesbezüglichen Parteivereinbarung nach § 269 BGB grundsätzlich am Ort des Wohnsitzes bzw der gewerblichen Niederlassung des Pächters zu entrichten; für Geldzahlungen gilt § 270 BGB. **251**

Eine **Aufrechnung** mit der Pachtforderung durch den Pächter ist grundsätzlich möglich; sie setzt lediglich Erfüllbarkeit der Pachtforderung voraus, sodass nicht nur gegen fällige, sondern auch gegen betagte (bereits entstandene, aber noch nicht **252** fällige) Forderungen aufgerechnet werden kann (OLG Nürnberg OLGR 2009, 121, 122 f). Die Aufrechnung kann jedoch vertraglich ausgeschlossen werden, da § 556b Abs 2 BGB in § 578 BGB nicht genannt ist und daher nur für die Wohnraummiete, nicht aber für die Pacht gilt (s nur Staudinger/Weitemeyer [2018] § 556b Rn 8; OLG Celle MietRB 2012, 194); bei einem Aufrechnungsverbot in Allgemeinen Geschäftsbedingungen ist allerdings § 309 Nr 3 BGB zu beachten. Weiterhin ist im Falle der Insolvenz des Verpächters eine Aufrechnung durch den Pächter mit erst nach Eröffnung des Insolvenzverfahrens fällig gewordenen Pachtforderungen nach § 96 Abs 1 Nr 1 InsO unzulässig (s BGHZ 86, 382, 386 – zu § 54 VglO iVm § 55 S 1 Nr 1 KO aF).

cc) Bemessung
α) Allgemeines

253 Die Pacht kann in einem festen oder einem variablen Betrag oder in einer Mischung aus beiden bestehen (zu einem Mischmodell bei der Hotelpacht zB Joachim NZM 2001, 162, 163 f; zu Mischmodellen bei der Unternehmenspacht allgemein zB Maser 171 f; Strobel, Die Unternehmenspacht im deutschen, französischen und italienischen Recht 26; Knoppe, Verpachtung eines Gewerbebetriebes 24; Dröge 35; Fenzl S 16 ff Rn 57 ff; Kaligin 86 ff). Bei festen Beträgen stellt sich vor allem die Frage nachträglicher Anpassungsmöglichkeiten, die sowohl aus der Perspektive des Verpächters als auch aus derjenigen des Pächters relevant werden kann, und zwar sowohl bei der Vertragsgestaltung (Rn 270 ff) als auch nachträglich (Rn 271, 280 ff). Bei variablen Beträgen ist insbesondere die Abgrenzung zum Gesellschaftsvertrag (Vorbem 50 f zu § 581) von Bedeutung. Kombinationen zwischen festem und variablem Betrag werden vor allem dann gewählt, wenn der Verpächter am Umsatz oder Gewinn des Pächters beteiligt werden, zugleich aber eine garantierte Mindestpacht erhalten soll. Das kann etwa durch eine „Aufstockung" des festen Pachtbetrags im Falle des Erreichens einer bestimmten Umsatz- oder Gewinngrenze (zB RGZ 160, 361, 366 f; OLG Celle ZMR 1973, 109, 111) oder durch Vereinbarung einer zusätzlichen Pachtzahlung im Rahmen einer variablen Pacht bei Nichterreichen einer solchen Grenze (zB BGHZ 109, 314, 314 f; Gruber NZM 1999, 1073, 1074 ff) bewirkt werden.

β) Fester Betrag

254 Die Pacht kann in einem festen Betrag bemessen werden, und zwar bei Pachtverträgen auf bestimmte und unbestimmte Zeit gleichermaßen (zur Vereinbarung eines festen Pachtzinses bei der Unternehmenspacht insb Strobel, Die Unternehmenspacht im deutschen, französischen und italienischen Recht 27; Knoppe, Verpachtung eines Gewerbebetriebes 24; Dröge 32; Klein-Blenkers 110 f; teilweise wird die praktische Bedeutung eines festen Pachtzinses für diesen Pachtgegenstand allerdings auch als gering eingestuft, s zB Maser 171 f; Fenzl S 15 f Rn 55 f). Der feste Betrag kann als einmalige oder wiederkehrende Leistung entrichtet werden. Wiederkehrende Leistungen werden idR nach festen Zeitabschnitten bemessen, deren Dauer mit dem Pachtjahr nicht übereinzustimmen braucht und deren Bemessung den Parteien freigestellt ist. Bei einer solchen Bemessung der Pacht trägt der Pächter das Rentabilitätsrisiko allein (s zB OLG Düsseldorf ZMR 1998, 218, 219; OLG München ZMR 2001, 708, 709), wie es auch dem gesetzlichen Grundmodell des § 581 Abs 2 BGB iVm § 537 BGB entspricht. Das Risiko ist für den Pächter hier jedoch wegen der regelmäßig in die Pacht einkalkulierten Fruchtziehungsmöglichkeit höher als bei der Miete, weshalb Vereinbarungen, die über einen festen Pachtbetrag hinausgehen (sei es in Form variabler Pachtelemente, sei es in Form von Abänderungsmöglichkeiten), stark an Bedeutung gewinnen. Bei Fehlen ausdrücklicher diesbezüglicher Vereinbarungen sind im Rahmen der ergänzenden Vertragsauslegung insbesondere weitere vom Pächter übernommene Pflichten (zB eine etwaige Gebrauchspflicht, Rn 286 ff) zu berücksichtigen.

γ) **Variabler Betrag**
Sofern der Maßstab für die Bemessung der Pacht ein variabler ist, richtet er sich 255 regelmäßig nach den vom Pächter gezogenen Früchten, wobei unterschiedliche Möglichkeiten der Berechnung in Betracht kommen. Vor allem bei Pachtverträgen, in deren Rahmen organische oder anorganische Erzeugnisse, also zB Feldfrüchte oder Bodenschätze, gewonnen werden, kommt eine Bemessung der Pacht nach den durch den Pächter gezogenen Früchten in Betracht. Denkbar ist aber auch eine Orientierung an dem vom Pächter erzielten Umsatz oder Gewinn (derartige Vereinbarungen bleiben auch vom Preisklauselgesetz unberührt, s BR-Drucks 68/07 v 26. 1. 2007, 69; AUFDERHAAR/JAEGER ZfIR 2008, 121, 123; NEUHAUS MDR 2010, 848). Welche Berechnungsart gewollt ist, richtet sich nach der Parteivereinbarung. Bei der Auslegung des Pachtvertrags im Fall des Fehlens einer konkreten Vereinbarung ist davon auszugehen, dass die Verwendung des Begriffs „Einnahmen" sich idR auf den Umsatz bezieht. Mit dem Begriff „Ertrag" wird hingegen häufig der Gewinn als Reinertrag bezeichnet, in Einzelfällen kann aber auch der Umsatz gemeint sein. Eine solche partiarische Pacht ist auch bei der **Apothekenpacht** – anders als bei der Miete einer Apotheke – gemäß § 8 S 3 ApothekenG zulässig (Rn 104). Häufig ist eine variable Bemessung der Pacht auch beim **Lizenzvertrag**. Hier wird vielfach kein ausschließlich festes Entgelt vereinbart, sondern die Vergütung des Lizenzgebers enthält auch eine erfolgsbezogene Komponente, also ein partiarisches Element (s hier nur HUFFER, Das partiarische Geschäft als Rechtstypus 46).

Eine Bemessung der Pacht unmittelbar nach den durch den Pächter **gezogenen** 256 **Früchten** (dazu bereits Mot II 422; weiterhin zB RGZ 140, 206, 208; RG HRR 1934 Nr 1196; BGH WarnR 1964 Nr 88) kann sich bei organischen wie anorganischen Erzeugnissen insbesondere an der bestimmungsgemäßen Ausbeute des Pachtgegenstands orientieren (RG JW 1901, 266; JR 1925 Nr 1742; BGH LM Nr 4 zu § 133 [A] BGB; LM Nr 39 zu § 242 [Bb] BGB; NJW 1966, 105; OLG Bamberg JW 1932, 1066). Denkbar ist die Entrichtung des Pachtzinses sowohl in Naturalien als auch in Geld. Im letzten Fall ist auf den Verkaufspreis abzustellen, wobei es eine Frage der Auslegung ist, ob der Marktpreis oder der vom Pächter verlangte Verkaufspreis maßgebend ist. Bei schwankenden Preisen ist auf den Durchschnittserlös abzustellen. Auf den tatsächlichen Verkauf kommt es nicht an.

Eine Bemessung der Pacht nach dem vom Pächter erzielten **Umsatz** ist praktisch 257 häufig (s zB RGZ 149, 88, 89; 160, 361, 366; BGH DB 1967, 2022; NJW 1979, 2351, 2352; zur Unternehmenspacht zB STROBEL, Die Unternehmenspacht im deutschen, französischen und italienischen Recht 26 f; MASER 173 ff; KNOPPE, Verpachtung eines Gewerbebetriebes 24; DRÖGE 32 ff; FENZL S 16 Rn 57; KLEIN-BLENKERS 111 f; ablehnend – aufgrund einer abweichenden Konzeption des Pachtvertrags – HEINZ GuT 2004, 79, 81), kann jedoch einige Berechnungsprobleme aufwerfen. Zum einen kommen für die Berechnung des Umsatzes selbst unterschiedliche Methoden in Betracht, zum anderen ist fraglich, ob die Umsatzsteuer bei der Bemessung der Pacht mit zu berücksichtigen ist. Für die Umsatzberechnung gilt in erster Linie die Parteiautonomie, dh sie muss nicht an steuer- oder bilanzrechtlichen Vorschriften (zB §§ 10, 19 UStG oder §§ 275 Abs 2 Nr 1, 277 HGB) ausgerichtet werden. Denkbar ist eine Orientierung an den vom Pächter tatsächlich erzielten oder an vereinbarten Entgelten; als umsatzmindernder Posten kann die Umsatzsteuer berücksichtigt werden, ggf auch andere Ausgaben des Pächters (Westenberger BB 1967, 1273, 1273). Ohne konkrete Parteivereinbarung sind der Umsatzberechnung die vom Pächter tatsächlich erzielten Bruttoeinnahmen einschließlich aller Steuern zugrunde zu legen (OLG Celle BB 1974, 157; OLG Oldenburg 7. 11. 2013 – 1 U 62/13 NJW-RR 2014, 571 – „gesamte Einspeisevergütung", stützende Argumentation durch AGB-Auslegung zu Lasten der Pächterin als Verwenderin, § 305c Abs 2; zustimmend Warfsmann ZMR 2014, 417 f; Palandt/Weidenkaff § 581 Rn 10); der Pächter trägt dann auch das Risiko späterer Steuererhöhungen. Zu Problemen bei der Berechnung der Minderung in bestimmten Fällen s Rn 370.

258 Die Pacht kann alternativ auch nach dem **Gewinn** des Pächters berechnet werden (s zB RGZ 160, 361, 366; BGH NJW 1954, 425; zur Unternehmenspacht insb Klein-Blenkers 111). Hier untersteht die Gewinnermittlung ebenfalls in erster Linie der Parteiautonomie; bei Fehlen ausdrücklicher Vereinbarungen ist sie idR Sache des Pächters. Dieser muss sich aber im Rahmen etwaiger Rechtsvorschriften über die Gewinnermittlung halten, weil deren Anwendung in aller Regel von den Parteien stillschweigend vorausgesetzt wird. Dies gilt etwa bei Kaufleuten, die den Vorschriften über die Rechnungslegung in §§ 238 ff HGB unterfallen. Sofern die Parteien nicht ausdrücklich die Steuerbilanz als Bemessungsgrundlage vereinbaren, ist von der Handelsbilanz auszugehen, weil diese auch im Übrigen für Gläubiger des Kaufmanns maßgebend ist, während die Steuerbilanz Sonderzwecke im Verhältnis zum Staat erfüllt. Ist der Pächter handelsrechtlich nicht buchführungspflichtig, steht ihm die Art der Gewinnermittlung frei. Um willkürliche Ansätze auszuschließen, muss sich die Gewinnermittlung jedoch im Rahmen allgemein anerkannter Grundsätze ordnungsmäßiger Buchführung halten. So kann der Pächter etwa zwischen Bilanzierung nach handelsrechtlichen Vorschriften und einer Einnahme-Überschuss-Rechnung wählen, wie sie das Steuerrecht in § 4 Abs 3 EStG vorsieht. Angesichts des besonderen Zwecks steuerrechtlicher Gewinnermittlungsvorschriften kann der steuerliche Gewinn auch in diesem Fall mangels besonderer Abreden der Parteien nicht schlechthin als Bemessungsgrundlage für die Pacht maßgebend sein. Dies gilt etwa für die steuerrechtlichen Vorschriften des § 4 Abs 3 S 3 iVm §§ 7 ff EStG über die Absetzung für Abnutzung, wenn handelsrechtlich an sich andere Möglichkeiten gegeben sind.

dd) Höhe
α) Allgemeines

259 Die konkrete Höhe der Pacht richtet sich ebenfalls in erster Linie nach der – ausdrücklichen oder stillschweigenden – Parteivereinbarung. Auch wenn die Pacht zu den essentialia negotii gehört, scheitert ein Vertragsschluss aber nicht am Fehlen einer Festlegung der Höhe der Pacht, sofern die Beteiligten sich über die Entgeltlichkeit als solche geeinigt haben und die Höhe der Pacht bestimmbar ist. Zwar existieren für die Pacht keine den §§ 612 Abs 2, 632 Abs 2 BGB entsprechenden Regelungen, aber diese Vorschriften können hier entsprechend angewandt werden, da ihnen ein allgemeiner Rechtsgedanke zugrunde liegt (Roquette, Das Mietrecht des Bürgerlichen Gesetzbuches § 535 Rn 238). Dabei wird idR auf die übliche Vergütung abzustellen sein, die für einen gleichen oder ähnlichen Pachtgegenstand an dem betreffenden Ort unter normalen Verhältnissen im Allgemeinen entrichtet wird. Ist eine übliche Vergütung nicht feststellbar, ist eine Pacht in angemessener Höhe geschuldet. Die Bestimmung steht nach §§ 316, 315 BGB im Zweifel dem Verpächter zu und ist nach billigem Ermessen zu treffen (RG LZ 1914, 1027 Nr 2; KG NJW 1955, 949, 949 – zur Miete; BGH BB 1967, 1310 – zur Miete; s auch LG Mainz 14. 5. 2002 – 1 O 311/01, juris). Ob eine solche Bestimmung der Billigkeit entspricht, ergibt sich aus einer Abwägung der objektiven wirtschaftlichen Interessenlage zwischen den Vertragspartnern (BGHZ 41, 271, 279), wobei es auf die Bedeutung und den Wert des Pachtgegenstands ankommt. Die Bestimmung der Pacht kann nach § 317 BGB einem Dritten, zB einem Sachverständigen, überlassen werden (BFHE 102, 247, 250). Es genügt allerdings nicht, dass nur der Weg zur Bestimmung der Leistung angegeben ist. Auch die Gesichtspunkte, die von der zur Entscheidung berufenen Person zu berücksichtigen sind, müssen in der vertraglichen Vereinbarung enthalten sein (BGHZ 55, 248, 251).

Die Pacht umfasst die **Umsatzsteuer**, die der Verpächter für die entgeltliche Überlassung des Pachtgegenstands zu zahlen hat. Steuerbefreit ist nach § 4 Nr 12 lit a UStG nur die Verpachtung von Grundstücken, grundstücksgleichen Rechten und von staatlichen Hoheitsrechten, die Nutzungen von Grund und Boden betreffen. Hierzu gehören auch Grundstücksteile, wie vor allem einzelne Räume eines Gebäudes, wobei die Abgrenzung zur Rechtspacht (Rn 20) an Bedeutung gewinnt. Soweit das Entgelt auf Teile des Pachtgegenstands entfällt, die nicht von der Steuerbefreiung erfasst werden, ist es zum Zwecke der Besteuerung grundsätzlich aufzuteilen (s etwa Bunjes/Geist/Heidner § 4 UStG Nr 12 Rn 28; Stadie § 4 UStG Nr 12 Rn 15). Davon wird nur bei ortsüblichen Nebenleistungen wie Heizung oÄ abgesehen (s etwa Bunjes/Geist/Heidner § 4 UStG Nr 12 Rn 36 mwNw; Stadie § 4 UStG Nr 12 Rn 13). Haben die Parteien die Umsatzsteuer bei der Vereinbarung der Pacht nicht gesondert ausgewiesen, kann der Verpächter deren Zahlung nicht neben dem vereinbarten Betrag verlangen, soweit die Parteien nicht eine abweichende Regelung getroffen haben oder ein dahingehender Handelsbrauch zwischen Unternehmen besteht, die zum Vorsteuerabzug berechtigt sind. **260**

Die **Betriebskosten** für den Pachtgegenstand dürften bei Fehlen einer besonderen diesbezüglichen Vereinbarung regelmäßig von der Pacht mit umfasst sein, können also – etwa bei Erhöhung – nicht zusätzlich in Rechnung gestellt werden (BGH NJW-RR 2004, 586, 586 f – zur Miete; ausführlich Kern § 581 Rn 214 ff). Spezialfragen im Zusammenhang mit Betriebskosten haben in der rein pachtrechtlichen Rspr bislang erstaunlich selten eine Rolle gespielt (s vor allem OLG Düsseldorf 16. 1. 1997 – 10 U 6/96, juris = WuM 1997, 218 – ohne entscheidende Passage; ZMR 2000, 603, 603 f; DWW 2007, 147, 148; ZMR 2008, 292, 293 f; 28. 10. 2010 – 10 U 22/10, juris; ZMR 2011, 718, 719 f; OLG Brandenburg 1. 10. 2007 – 3 U 28/06, juris; OLG Hamm MietRB 2010, 137; LG Bonn WuM 1990, 378; AG Trier 25. 5. 2007 – 7 C 522/06, juris = GuT 2007, 235 [nur LS]). Daher sei insoweit auf die umfangreiche mietrechtliche Spezialliteratur verwiesen (Nachw insb bei Staudinger/Emmerich [2018] § 535 Rn 63 ff; Kern § 581 Rn 214 ff). **261**

Bei der **Jagdpacht** soll nach einer Entscheidung des OLG Koblenz (ZMR 2004, 579, 580) zur Pacht auch eine Pauschale für „Maßnahmen zur Verhütung von Wildschäden im Walde" zählen. Die Abgrenzung zu einem pauschalierten Schadensersatz wurde hier insbesondere aufgrund der Bemessung des Pauschalbetrags (Bindung an **262** die Lebenshaltungskosten privater Haushalte) vorgenommen und erscheint aufgrund dieser besonderen Konstellation kaum verallgemeinerungsfähig.

β) **Grenzen der Privatautonomie**

263 **Grenzen der Privatautonomie** ergeben sich in erster Linie aus § 138 BGB (Rn 176), § 291 Abs 1 Nr 3 StGB, § 4 WiStG sowie aus spezialgesetzlichen Regelungen, wie etwa §§ 9 Abs 2 S 2, 12 ApothekenG, § 5 Abs 1 BKleingG, §§ 32, 32a UrhG oder §§ 21 f EnWG. Besondere Regeln gelten zudem nach dem AktG für die Fälle der Betriebspacht, in denen der Pachtzins hinter dem Wert des Pachtgegenstands zurückbleibt. Im Einzelfall können sich Einschränkungen der Privatautonomie mit Einfluss auf die Bemessung der Pacht auch einmal unmittelbar aus dem Grundsatz von Treu und Glauben ergeben (Rn 269).

264 Bei der **Apothekenpacht** darf der Pachtvertrag nach § 9 Abs 2 S 2 ApothekenG die berufliche Verantwortlichkeit und Entscheidungsfreiheit des pachtenden Apothekers nicht beeinträchtigen; ansonsten ist der Pachtvertrag gem § 12 ApothekenG nichtig. Das kann bereits unterhalb der Grenze des § 138 BGB der Fall sein (Breyer § 9 ApothekenG Anm 5; Schiedermair/Pieck § 9 ApothekenG Rn 114 ff; BGHZ 75, 214, 215 ff zur stillen Beteiligung nach § 8 ApothekenG).

265 Bei der **Kleingartenpacht** ist die Höhe der Pacht gemäß § 5 Abs 1 BKleingG beschränkt auf den vierfachen Betrag der ortsüblichen Pacht im erwerbsmäßigen Obst- und Gemüseanbau, bezogen auf die Gesamtfläche der Kleingartenanlage (zu den Auswirkungen auf die Streitwertbemessung nach §§ 8, 9 ZPO s insb BGH NJW-RR 2005, 867, 868 f; NZM 2008, 461, 462; NJW-RR 2009, 775, 775 f; WuM 2010, 370 f; 26. 11. 2015 – III ZB 84/15 Rn 6, NZM 2016, 196; 18. 5. 2017 – III ZR 525/16 Rn 7 ff, juris; Geisler jurisPR-BGHZivilR 18/2005 Anm 3). Ein gewisser „Ausgleich" dieses Höchstpachtzinses zugunsten des Verpächters ergibt sich durch die Erstattungsansprüche des Verpächters gegen den Pächter nach § 5 Abs 4 und Abs 5 BKleingG (dazu näher Vorbem 62 zu § 581; s auch insb BGH NJW-RR 1996, 143, 144; NJW-RR 2000, 1405, 1406 f mwNw; NJW-RR 2009, 775, 775 f); eine Verpflichtung der einzelnen Kleingärtner zur anteiligen Tragung von Einnahmeausfällen eines Zwischenpächters bei Leerstand einzelner Parzellen ergibt sich aus § 5 BKleingG nicht (s OLG Braunschweig 26. 3. 2014 – 9 U 57/14, RdL 2015, 127, 128). Bei Abweichung vom Höchstsatz des § 5 Abs 1 BKleingG kann nach § 5 Abs 3 BKleingG in einem Anpassungsverfahren die Herab- bzw Heraufsetzung der vereinbarten Pacht (je nachdem, wer Anpassung begehrt) verlangt werden. Dabei ist umstritten, ob eine gegen § 5 Abs 1 BKleingG verstoßende Vereinbarung nichtig ist (so die wohl hM, zB BGHZ 108, 147, 150; Stang § 5 BKleingG Rn 37 – für Fälle der ursprünglichen Pachtzinsüberschreitung; Mainczyk/Nessler § 5 BKleingG Rn 14) oder ob sie bis zur Anpassung eine Naturalobligation zur Zahlung der überhöhten Pacht begründet mit der Folge, dass der Verpächter die zu viel gezahlte Pacht behalten darf (Harke ZMR 2004, 87, 88 f). Der überzeugenden Argumentation von Harke ist zu folgen: Seine Lösung lässt sich mit Wortlaut und Zweck des § 5 BKleingG besser in Einklang bringen als der erste Ansatz, der eine Nichtigkeit der Pachtzinsvereinbarung bis zur Anpassung zur Folge hätte.

266 Bei **Verträgen über urheberrechtliche Nutzungsrechte** sind in Bezug auf die Angemessenheit der Vergütung die Sonderregelungen in §§ 32 f UrhG zu beachten.

Sofern bei der **Betriebspacht** iSd § 292 Abs 1 Nr 3 AktG (Rn 72 ff) der vereinbarte **267** Pachtzins hinter dem Wert des Pachtgegenstands zurückbleibt, also nach bürgerlichrechtlichem Verständnis kein voll entgeltlicher Vertrag vorliegt, sind insbesondere § 292 Abs 3 AktG und § 302 Abs 2 AktG von Bedeutung. Gemäß § 292 Abs 3 AktG sind Vertrag (und zustimmender Beschluss der Hauptversammlung) selbst dann, wenn sie gegen das Verbot der verdeckten Gewinnausschüttung (§§ 57, 58, 60 AktG) verstoßen, nicht nichtig, sondern lediglich anfechtbar nach § 243 Abs 1 oder 2 iVm § 246 Abs 1 AktG (s dazu insb EMMERICH/HABERSACK/EMMERICH, Aktien- und GmbH-Konzernrecht § 292 AktG Rn 51a mwNw; Kölner Kommentar/KOPPENSTEINER § 292 AktG Rn 23 ff; HÜFFER/KOCH § 292 AktG Rn 30; teilw modifizierend MünchKommAktG/ALTMEPPEN § 292 AktG Rn 118 ff; für eine einschränkende Auslegung der Regelung aus europarechtlichen Gründen VEIL, Unternehmensverträge 175; SPINDLER/STILZ/VEIL § 292 AktG Rn 45). Bei den Rechtsfolgen des § 292 Abs 3 AktG ist – je nach aktienrechtlicher Stellung des Pächters – zwischen unterschiedlichen Konstellationen zu differenzieren (s dazu im Einzelnen EMMERICH/HABERSACK/EMMERICH, Aktien- und GmbH-Konzernrecht § 292 AktG Rn 50 ff; MünchKommAktG/ALTMEPPEN § 292 AktG Rn 116 ff mwNw; SPINDLER/STILZ/VEIL § 292 AktG Rn 45 f). § 302 Abs 2 AktG enthält eine Sonderregelung zur Anpassung der Pacht für die Verpachtung oder Überlassung einer abhängigen Gesellschaft, die vor allem bei konzerninternen Pachtverträgen eine Rolle spielt und die Privatautonomie, für welche die Bestimmung von Leistung und Gegenleistung und ihres Verhältnisses zueinander ein zentrales Element ist, einschränkt, um ein etwaiges Ungleichgewicht zwischen Pächter und beherrschtem Unternehmen bei Vertragsschluss auszugleichen. Problematisch ist in beiden Konstellationen vor allem die Ermittlung der Angemessenheit der vereinbarten Gegenleistung. Der subjektive Entgeltlichkeitsbegriff (Vorbem 39 zu § 581) dürfte hier nicht weiterhelfen; erforderlich ist vielmehr ein stärker objektivierender Maßstab, dessen Bestimmung im Einzelnen allerdings umstritten ist: Teilweise wird auf die bisherige Ertragslage der verpachtenden Gesellschaft bzw die hypothetische Ertragslage ohne den Vertragsschluss (zB HÜFFER/KOCH § 292 AktG Rn 25; Kölner Kommentar/KOPPENSTEINER § 292 AktG Rn 101 ff, § 302 AktG Rn 62), teilweise auf den Marktpreis, also die übliche Pacht, die ggf nach § 287 ZPO zu schätzen sei, abgestellt (zB EMMERICH/HABERSACK, Konzernrecht § 15 Rn 14; EMMERICH/HABERSACK/EMMERICH, Aktien- und GmbH-Konzernrecht § 292 AktG Rn 49, § 302 AktG Rn 47; ähnlich MünchKommAktG/ALTMEPPEN § 292 AktG Rn 114, § 302 AktG Rn 62).

Bei der **Netzpacht** unterliegt das Entgelt den Regelungen der §§ 21 f EnWG und **268** kann nach § 21 Abs 3 EnWG von der Regulierungsbehörde überprüft werden.

Einschränkungen der Privatautonomie bei der Bemessung des Pachtzinses sind vereinzelt unmittelbar aus dem **Grundsatz von Treu und Glauben** abgeleitet worden, **269** dürften allerdings kaum verallgemeinerungsfähig sein. Beschränkt zB bei der **Kantinenpacht** der Verpächter den Pächter in der Möglichkeit der Gewinnerzielung, so muss er sich nach Treu und Glauben an den sich daraus für den Pächter ergebenden Risiken beteiligen; daraus kann sich im Einzelfall die Verpflichtung des Verpächters ergeben, dem Pächter einen Nachlass bei der Pacht zu gewähren oder Zuschüsse zu zahlen (BGH LM Nr 40 zu § 581 BGB).

γ) Spätere Veränderungen der Höhe der Pacht
Wegen der Langfristigkeit vieler Pachtverträge sind die Möglichkeiten späterer **270** Veränderungen der Höhe der Pacht von großer praktischer Relevanz. Dies umso

mehr, als § 558 BGB auf die Wohnraummiete beschränkt ist und daher bei der Pacht nicht zur Anwendung gelangt. Je nach Situation im Einzelfall kann sowohl eine nachträgliche Erhöhung als auch eine nachträgliche Herabsetzung der Pacht in Erwägung zu ziehen sein. Hierbei ist zu differenzieren zwischen den Möglichkeiten der Vertragspartner, im Rahmen der Parteiautonomie Vorsorge für spätere Entwicklungen, die eine abweichende Bemessung des Pachtzinses sinnvoll erscheinen lassen, zu treffen und den Möglichkeiten einer späteren Modifikation der Pacht aufgrund gesetzlicher Regelungen im Ausnahmefall.

271 Im Rahmen der **Parteiautonomie** ist zunächst eine Modifikation der Pacht durch spätere Vertragsänderung – im Rahmen der allgemeinen Grenzen der Parteiautonomie in Bezug auf die Form des Vertrags (Rn 157 ff; auch bei Vertragsänderungen muss die ggf für den Vertragsschluss erforderliche Form eingehalten werden) und die Höhe der Pacht (Rn 263 ff) – jederzeit möglich. Die Vertragspartner können auch schon beim Vertragsschluss Vorsorge für spätere Veränderungen treffen, zB indem sie vereinbaren, die Pacht in bestimmten Zeitabständen um bestimmte Beträge zu erhöhen (Staffelpacht, zB OLG Celle OLGZ 1966, 6) oder die Höhe der Pacht in bestimmten Zeitabständen oder bei Eintritt bestimmter Ereignisse zu überprüfen und ggf anzupassen (s zB RG WarnR 1929 Nr 131; BGH NJW 1964, 1021, 1022 – zum Mietrecht; OLG Köln GuT 2002, 133; LG Münster WuM 1981, 16 [LS]). Ob allerdings der Eintritt einer „erheblichen Änderung der wirtschaftlichen Verhältnisse" (so die Formulierung in einem Mietvertrag, BGH NJW 1964, 1021, 1022) hinreichend bestimmt ist, um eine Pflicht zu erneuten Verhandlungen über die Höhe der Pacht zu begründen, erscheint unter heutigen Verhältnissen zweifelhaft. Sinnvoller erscheint es, die Neubestimmung der Pacht von der Veränderung bestimmter Bezugsgrößen abhängig zu machen. Solange dabei keine „automatische" Veränderung der Pachthöhe, sondern eine Neufestsetzung durch die Vertragspartner oder einen Dritten vereinbart wird, steht einer solchen Vereinbarung auch das Preisklauselgesetz (Rn 273 ff) nicht entgegen (s dazu – zur Rechtslage vor dem PrKG – auch bereits BGH BB 1962, 737; WM 1967, 515, 516; OLG Hamburg ZMR 1985, 237; Dürkes, Wertsicherungsklauseln Rn B 48 f, D 545 ff; Stapel WuM 1999, 204; Rademacher ZMR 1999, 218).

272 Die nachträgliche Neubemessung der Pacht kann – wie schon die anfängliche Festsetzung der Pachthöhe (Rn 259) – einem **Dritten** überlassen werden (BGH NJW 1977, 801; WM 1982, 102). Dabei müssen allerdings alle relevanten Berechnungsfaktoren, insbesondere die Entwicklung des Pachtzinses für Vergleichsobjekte, berücksichtigt sein und das Ergebnis muss nachprüfbar sein, sonst ist die Bestimmung nach § 319 Abs 1 S 1 BGB für die Vertragspartner nicht verbindlich (BGH NJW 1977, 801, 802); die Höhe der Pacht ist dann durch Urteil zu bestimmen, § 319 Abs 1 S 2 BGB (BGH WM 1982, 102, 103 f).

273 **Grenzen der Parteiautonomie** können sich für „vorsorgende" Vereinbarungen zur Modifikation der Pachthöhe insbesondere aus den Regelungen über Preisklauseln im Gesetz über das Verbot der Verwendung von Preisklauseln bei der Bestimmung von Geldschulden **(Preisklauselgesetz, PrKG**, BGBl 2007 I 2246, 2247; letzte Änderungen: BGBl 2009 I 2355, 2387) ergeben. Nach § 1 dieses Gesetzes ist die **Vereinbarung sogenannter Preisklauseln**, bei denen der Betrag von Geldschulden (dazu insb G Kirchhoff DNotZ 2007, 913, 915 f) unmittelbar und selbsttätig durch den Preis oder Wert von anderen Gütern oder Leistungen bestimmt wird, die mit den vereinbarten Gütern

oder Leistungen nicht vergleichbar sind (sogenannte echte Gleitklauseln), grundsätzlich **verboten**. Die Regelung betrifft also alle diejenigen Vereinbarungen, in denen die Pacht in einer Geldschuld besteht, die durch eine aufschiebende Bedingung iSd § 158 Abs 1 BGB mit dem Preis oder Wert von anderen Gütern und Leistungen dergestalt verknüpft wird, dass sie bei Veränderungen des Bezugspreises oder -wertes ebenfalls ohne Weiteres Zutun der Vertragspartner modifiziert (praktisch idR erhöht) wird. Derartige Vereinbarungen wurden aus Gründen des Inflationsschutzes früher sehr streng kontrolliert und reglementiert. Infolge der währungspolitischen Umstellungen im Zusammenhang mit der Einführung des Euro wurden diese Regelungen zunehmend gelockert, zuletzt 2007 im Rahmen des sogenannten Bürokratieabbaugesetzes (Zweites Gesetz zum Abbau bürokratischer Hemmnisse insbesondere in der mittelständischen Wirtschaft, BGBl 2007 I 2246). Die Verfassungs- und Europarechtskonformität der heutigen Regelungen im PrKG werden zwar teilweise bezweifelt (zur Verfassungskonformität zB SCHULTZ NZM 2008, 425, 426 einerseits, HÄDE DVBl 2008, 1465, 1469 andererseits; offen gelassen von HELLNER/ROUSSEAU NZM 2009, 301, 302; zur Europarechtskonformität zB HÄDE DVBl 2008, 1465, 1469 ff). Trotzdem werden die Regelungen hier dargestellt, denn solange ihr Verstoß gegen deutsches oder europäisches Recht nicht sicher feststeht, muss damit gerechnet werden, dass Preisklauseln in Pachtverträgen von den Gerichten an ihnen gemessen werden.

Zu dem Verbot von Preisklauseln in § 1 PrKG statuiert das Gesetz selbst eine Reihe von **Ausnahmen**, von denen etliche für Pachtverträge relevant sein können. Diese betreffen einerseits bestimmte Arten von Preisklauseln, andererseits bestimmte Vertragsarten, darüber hinaus Verträge mit Gebietsfremden. **274**

Die – in Verträgen jeglicher Art und damit auch in Pachtverträgen – zulässigen Preisklauseln sind in **§ 1 Abs 2 PrKG** genannt. Zulässig sind nach § 1 Abs 2 Nr 1 PrKG zunächst Leistungsvorbehaltsklauseln, die hinsichtlich des Ausmaßes der Änderung der Pacht einen Ermessensspielraum lassen, der es ermöglicht, die neue Höhe der Pacht nach Billigkeitsgrundsätzen zu bestimmen (s Rn 259 aE). Weiterhin sind auch sogenannte Spannungsklauseln, bei denen die in ein Verhältnis zueinander gesetzten Güter oder Leistungen im Wesentlichen gleichartig oder zumindest vergleichbar sind, nach § 1 Abs 2 Nr 2 PrKG nicht verboten. Die Bindung des Pachtzinses an die Entwicklung der Pacht für vergleichbare Pachtobjekte (mit vergleichbarer Nutzungsart und in vergleichbarer Lage) ist daher zulässig; die Schwierigkeit dürfte hier vor allem darin bestehen, die Grenzen der Vergleichbarkeit zu ermitteln (s auch DÜRKES, Wertsicherungsklauseln Rn D 15 ff; WILLMS/WAHLIG BB 1978, 973, 974), sodass die Vereinbarung von Spannungsklauseln stets mit einer gewissen Rechtsunsicherheit behaftet bleibt. Zulässig sind nach § 1 Abs 2 Nr 3 PrKG schließlich auch sogenannte Kostenelementeklauseln, nach denen die Pacht insoweit von der Entwicklung der Preise oder Werte von Gütern oder Leistungen abhängig gemacht wird, als diese die Selbstkosten des Verpächters bei der Erbringung der Gegenleistung unmittelbar beeinflussen. Derartige Klauseln können zB dann sinnvoll sein, wenn der Verpächter vertraglich verpflichtet ist, die Energieversorgung für das Pachtobjekt zu übernehmen (Rn 209). Von geringerer praktischer Relevanz dürfte (auch) für Pachtverträge die letzte Ausnahme in § 1 Abs 2 Nr 4 PrKG für Klauseln, die lediglich zu einer Ermäßigung der Geldschuld, hier also der Pacht, führen (Ermäßigungsklauseln), sein. **275**

276 Wegen der bei Spannungsklauseln verbleibenden Rechtsunsicherheit und des begrenzten Anwendungsbereichs von Kostenelementeklauseln haben die weitergehenden, nicht auf bestimmte Arten von Preisklauseln beschränkten **Ausnahmen in § 3 Abs 1 Nr 1 lit d und e sowie Abs 3 PrKG** große Bedeutung für Pachtverträge. Sie betreffen Verträge über wiederkehrende Zahlungen, die zu erbringen sind für die Dauer von mindestens zehn Jahren, gerechnet vom Vertragsabschluss bis zur Fälligkeit der letzten Zahlung (lit d) oder bei denen der Verpächter auf die Dauer von mindestens zehn Jahren auf das Recht zur ordentlichen Kündigung verzichtet oder der Pächter das Recht hat, die Vertragsdauer auf mindestens zehn Jahre zu verlängern (lit e). In solchen Verträgen sind Preisklauseln zulässig, wenn die Pacht an bestimmte Preisindices, derzeit konkret an den Verbraucherpreisindex (VPI) des Statistischen Bundesamtes oder den Harmonisierten Verbraucherpreisindex (HVPI) für Deutschland (AUFDERHAAR/JAEGER ZfIR 2008, 121, 124; NEUHAUS MDR 2010, 848), bei land- oder forstwirtschaftlichen Pachtverträgen auch an eine künftige Entwicklung der Grundstückspreise oder -werte (§ 3 Abs 3 PrKG), geknüpft wird (zu Fragen des Bezugspunktes nach Änderung eines solchen Indexes insb BGH NZM 2009, 398, 398 ff; SCHULTZ NZM 2008, 425, 428 f; AUFDERHAAR/JAEGER ZfIR 2008, 121, 124; dies NZM 2009, 564, 571 ff; HELLNER/ROUSSEAU NZM 2009, 301, 307 ff) und zudem die Voraussetzungen des § 2 PrKG (keine unangemessene Benachteiligung einer Vertragspartei, hinreichende Bestimmtheit der Preisklausel; zu Einzelfällen im Immobilienrecht insb AUFDERHAAR/JAEGER ZfIR 2008, 121, 123; HELLNER/ROUSSEAU NZM 2009, 301, 305; NEUHAUS MDR 2010, 848, 849) vorliegen. Problematisch ist hier vor allem die erforderliche Vertragsdauer. Weitgehende Einigkeit besteht noch darüber, dass der Zehnjahreszeitraum des § 3 Abs 1 Nr 1 lit d PrKG entgegen dem von früheren Normfassungen abweichenden, wohl auf einem redaktionellen Versehen beruhenden Wortlaut nicht mit dem Vertragsschluss, sondern mit dem Beginn des Pachtvertrags beginnt, was insbesondere bei Vertragsschlüssen vor Fertigstellung des Pachtobjekts von Bedeutung sein kann (zB USINGER NZM 2009, 297, 298; AUFDERHAAR/JAEGER NZM 2009, 564, 567; auf den Vertragsschluss abzustellen scheint dagegen NEUHAUS MDR 2010, 848, 849). Zudem ist zu beachten, dass § 3 PrKG nur darauf abstellt, dass eine ordentliche Kündigung durch den Gläubiger nicht möglich ist. Unberührt bleiben also die Möglichkeiten des Verpächters zur außerordentlichen Kündigung sowie ein etwaiges ordentliches Kündigungsrecht des Pächters (AUFDERHAAR/JAEGER ZfIR 2008, 121, 124). Problematische Konstellationen können auftreten, wenn die Vertragsdauer nicht von vornherein zehn Jahre beträgt (zu Einzelfällen – in Bezug auf das Mietrecht, aber mit Bedeutung auch für Pachtverträge – insb AUFDERHAAR/JAEGER NZM 2009, 564, 565 ff). So reicht etwa eine Verlängerung eines Pachtvertrags auf zehn Jahre durch Nachtrag nicht aus (AUFDERHAAR/JAEGER NZM 2009, 564, 566; NEUHAUS MDR 2010, 848, 850). Schließlich ergeben sich auch Probleme hinsichtlich der erforderlichen Vertragsdauer, wenn die Schriftform nach § 581 Abs 2 BGB iVm § 550 BGB nicht gewahrt wurde (dazu insbesondere NEUHAUS ZAP Fach 4, 1507). Dann steht dem Verpächter ein ordentliches Kündigungsrecht zu, sodass die Voraussetzungen des § 3 Abs 1 Nr 2 lit d, e bzw Abs 3 PrKG nicht erfüllt sind (s etwa AUFDERHAAR/JAEGER NZM 2009, 564, 568; HELLNER/ROUSSEAU NZM 2009, 301, 306; NEUHAUS MDR 2010, 848, 849). Daher ist auch mit Blick auf das PrKG die Aufnahme einer sogenannten Schriftformheilungsklausel in formbedürftige Pachtverträge sinnvoll (AUFDERHAAR/JAEGER ZfIR 2008, 121, 129; dies NZM 2009, 564, 568; allgemein zu solchen Klauseln SCHLEMMINGER NJW 1992, 2249, 2255; KREIKENBOHM/NIEDERSTETTER NJW 2009, 406 sowie oben Rn 159); evtl kommt bei Vorliegen einer salvatorischen Klausel auch die Umdeutung einer Preisklausel in einen Leistungsvorbehalt iSd § 1 Abs 2 Nr 1 PrKG in Betracht (OLG

Rostock NZM 2005, 506 zu § 4 PrKV aF; Timme/Hülk NZM 2008, 764 – zur Miete; Hellner/Rousseau NZM 2009, 301, 307; Neuhaus MDR 2010, 848, 852; offen gelassen von Aufderhaar/Jaeger ZfIR 2008, 121, 128). Die Problematik hat allerdings seit 2007 wegen der geänderten Rechtsfolgen der Unzulässigkeit von Preisklauseln (Rn 278 f) an Brisanz verloren (dazu auch Schultz NZM 2008, 425, 427). Sind alle Voraussetzungen des § 3 Abs 1 Nr 1 lit d oder lit e PrKG iVm § 2 PrKG erfüllt, ist eine Preisklausel in einem Pachtvertrag auch dann wirksam, wenn sie nicht den Vorgaben des § 1 Abs 2 PrKG entspricht (zu unterschiedlichen Gestaltungsmöglichkeiten – in Bezug auf Mietverträge – Usinger NZM 2009, 297, 298 ff).

Ohne jede Einschränkung wirksam sind nach **§ 6 PrKG** Preisklauseln in Verträgen **277** von gebietsansässigen Unternehmern iSd § 14 BGB mit Gebietsfremden (iSd § 4 Abs 1 Außenwirtschaftsgesetz, Reul MittBayNot 2007, 445, 449). Im Verhältnis zu gebietsfremden Pächtern gelten also sämtliche dargestellten Einschränkungen für Preisklauseln nicht, selbst wenn der Pachtvertrag deutschem Recht unterliegt. Die Regelung in § 6 PrKG, welche Wettbewerbsnachteile für deutsche Unternehmen im Ausland vermeiden soll (s zur Vorgängerregelung Beschlussempfehlung und Bericht des Rechtsausschusses zum Entwurf eines Gesetzes zur Einführung des Euro, BT-Drucks 13/10334 v 1. 4. 1998, 41), stellt damit gewissermaßen ein Gegenstück zu den sonst im Internationalen Privatrecht häufigeren Eingriffsnormen dar, indem sie bestimmte Normen des deutschen Rechts sogar auf ansonsten deutschem Recht unterliegende Verträge mit Gebietsfremden für unanwendbar erklärt.

Bemerkenswert sind die **Rechtsfolgen verbotener Preisklauseln**. Entgegen § 134 BGB **278** ist eine gegen das PrKG verstoßende Vereinbarung nicht nichtig, sondern – bei Fehlen anderweitiger Vereinbarungen – nach der Spezialregelung in § 8 PrKG schwebend wirksam, bis der Verstoß gegen das PrKG rechtskräftig festgestellt ist (dies kann für Altverträge eine Rechtsänderung auslösen, wirkt allerdings nicht auf Zeiträume vor Inkrafttreten der aktuellen Fassung des PrKG zurück, BGH 13. 11. 2013 – XII ZR 142/12 Rn 32, NJW 2014, 52; dazu inb Schweitzer ZfIR 2014, 49 ff; OLG Brandenburg 6. 5. 2014 – 3 U 75/11, juris; 14. 4. 2015 – 6 U 77/12, juris). Bis zu diesem Zeitpunkt bleibt also der Pächter zur Zahlung der infolge einer unwirksamen Preisklausel erhöhten Pacht verpflichtet (im Extremfall droht ihm bei Verweigerung der Zahlung sogar die Kündigung wegen Zahlungsverzugs, Neuhaus MDR 2010, 848, 851); bereits gezahlte Beträge kann er nicht kondizieren, weil insoweit ein Rechtsgrund besteht (Aufderhaar/Jaeger ZfIR 2008, 121, 126; dies NZM 2009, 564, 575). Da § 8 PrKG die rechtskräftige Feststellung des Verstoßes voraussetzt, bleibt dem Pächter nur die Möglichkeit der Feststellungsklage, um von seiner Zahlungspflicht frei zu werden (Reul MittBayNot 2007, 445, 450; Schultz NZM 2008, 425, 427; Aufderhaar/Jaeger NZM 2009, 564, 565; Schweitzer ZfIR 2009, 689, 692; Neuhaus MDR 2010, 848, 851; ders ZAP Fach 4, 1507). Im Zahlungsprozess kann er zwar Feststellungswiderklage erheben, wird aber gleichwohl zur Zahlung der bis dahin fälligen Pacht verurteilt. Diese eigentümlichen Rechtsfolgen, die 2007 nach einigen Kontroversen im Gesetzgebungsverfahren festgelegt wurden, um den Bürokratieabbau voranzutreiben und den Gläubigern von Geldschulden mehr Rechtssicherheit zu verschaffen (BR-Drucks 68/07, 53, 67; BT-Drucks 16/4764, 16; Aufderhaar/Jaeger NZM 2009, 564, 575; Hellner/Rousseau NZM 2009, 301, 306; Schweitzer ZfIR 2009, 689, 690; Hilber BB 2011, 2691, 2692), haben für heftige Diskussionen gesorgt, sind aber trotz der unbefriedigenden Ergebnisse, die sich besonders bei zwei einander widersprechenden Verurteilungen im Zahlungsprozess mit Widerklage zeigen (der Pächter wird zur Zahlung der Pacht aufgrund der Erhöhung verurteilt, gleichzeitig wird auf seine Wiederklage hin die zur Erhöhung führende Klausel für unwirksam erklärt, s insb Hellner/Rousseau NZM 2009, 301, 306; Schweitzer ZfIR 2009, 689, 692), de lege lata hinzunehmen. Die Möglichkeit, von dieser Regelung durch Parteivereinbarung abzuweichen, die in § 8 S 1 PrKG vorgesehen ist, könnte vor diesem Hintergrund – etwa in Form salvatorischer Klauseln (s dazu etwa Hilber BB 2011, 2691, 2693) – bedeutsam werden. Unklar bleiben zudem die Rechtsfolgen der gerichtlichen Unwirksamerklärung einer Preisklausel. In Betracht käme eine ergänzende Vertragsauslegung (so zB BGHZ 63, 132, 135 f; BGH NJW 1983, 1909, 1910; BeckOK/Grothe [15. 6. 2017] § 244 Rn 24; BeckOK/Unberath [1. 3. 2011] § 313 Rn 42; ähnlich Neuhaus MDR 2010, 848, 852: Umdeutung; deutlicher ders ZAP Fach 4, 1507), eine Lösung über § 313 BGB (so zB Palandt/Grüneberg Anh zu § 245 § 8 PrKG Rn 1) oder evtl auch das Belassen einer Vertragslücke nach Wegfall der Preisklausel (iE offen gelassen von Aufderhaar/Jaeger ZfIR 2008, 121, 126 f; deutlicher dies NZM 2009, 564, 576; tendenziell auch Hellner/Rousseau NZM 2009, 301, 307). IdR dürfte die Unwirksamkeit einer Preisklausel jedenfalls nicht gemäß § 139 BGB die Nichtigkeit des gesamten Pachtvertrags nach sich ziehen (so auch Becker/Hecht ITRB 2008, 251, 253; Hellner/Rousseau NZM 2009, 301, 307; für die Aufnahme einer salvatorischen Klausel Reul MittBayNot 2007, 445, 451). – In Bezug auf die gesamten Rechtsfolgen wird sehr genau auf die Umstände des Einzelfalls abzustellen sein. Eine ergänzende Vertragsauslegung, die idR einer Anwendung der Regeln über die Geschäftsgrundlage vorgeht (s etwa BGHZ 81, 135, 143; 90, 69, 74 mwNw; 164, 286, 292; BGH NJW-RR 2008, 562, 563; NJW 2009, 1348, 1349; OLG Frankfurt 10. 10. 2014 – 2 U 245/12, juris; MünchKomm/Finkenauer § 313 Rn 143; Larenz/Wolf, Allgemeiner Teil § 38 Rn 51; Staudinger/H Roth [2015] § 157 Rn 9 mwNw), dürfte nach der aktuellen Regelung genauer zu prüfen sein als unter Geltung der Vorgängerregelung, nach der es bei problematischen Klauseln auf deren behördliche Genehmigung ankam (§ 3 Abs 2 PaPkG iVm § 7 PkV aF, BGBl 1984 I 1429; BGBl 1998 I 3043).

279 Noch weitgehend ungeklärt ist das Verhältnis des PrKG und insbesondere der Regelung in § 8 PrKG zu den Regelungen über die Kontrolle Allgemeiner Geschäftsbedingungen in §§ 305 ff BGB. Es erschiene denkbar, eine formularmäßig vereinbarte Preisklausel, die nach dem PrKG unzulässig ist, jedenfalls in Bezug auf ihre Ausgestaltung zugleich der Inhaltskontrolle zu unterwerfen. Dann könnte sie häufig wohl zugleich als unangemessene Benachteiligung des Pächters iSd § 307 Abs 1 S 1 BGB anzusehen sein (so zB Gerber NZM 2008, 152, 154 f; Schweitzer ZfIR 2009, 689, 693 ff; Neuhaus MDR 2010, 848, 851; tendenziell auch Becker/Hecht ITRB 2008, 251, 253). Ob allerdings eine solche Vorgehensweise mit § 307 Abs 3 S 1 BGB sowie mit Sinn und Zweck des § 8 PrKG vereinbar ist, erscheint fraglich, vor allem weil durch eine derartige Klauselkontrolle die spezielle Rechtsfolgenregelung in § 8 PrKG und damit auch die mit der Regelung verfolgten Zwecke (Rn 278) weitgehend gegenstandslos werden dürften (so auch Aufderhaar/Jaeger NZM 2009, 564, 575 f; Hilber BB 2011, 2691, 2693; mit anderer Begründung weiterhin Schultz NZM 2008, 425, 427).

280 Eine Anwendung der Regeln über die **Störung der Geschäftsgrundlage, § 313 BGB** (§ 593 BGB als Spezialregelung einer Störung der Geschäftsgrundlage [Staudinger/Bleckwenn/vJeinsen § 593 Rn 7] ist auf die Landpacht beschränkt, BGH NJW 1959, 2203, 2204 – zu § 7 LandpachtG aF), dürfte allenfalls in Fällen einer gravierenden Änderung der Umstände, welche der Bemessung der Pacht zugrundeliegen, in Betracht kommen (s dazu allgemein Haarmann, Wegfall der Geschäftsgrundlage bei Dauerrechtsverhältnissen;

KOLLER, Die Risikozurechnung bei Vertragsstörungen in Austauschverträgen; LG Trier AUR 2006, 336 – iE abgelehnt; speziell zur Situation bei der Miete oder Pacht von Pflegeheimen nach der Pflegereform 2008 FRHR V U Z FRANCKENSTEIN/GRÄFENSTEIN NZS 2009, 194, 196 f).

Nach allgemeinen Grundsätzen ist eine Heranziehung des § 313 BGB etwa denkbar, **281** wenn Leistung und Gegenleistung in ein so unerträgliches Missverhältnis geraten sind, dass eine Anpassung (idR geht es hier um eine **Heraufsetzung**) der Pacht durch Treu und Glauben geboten ist, zB infolge von Krieg und Staatsumwälzung (RGZ 104, 218, 220 ff: Heraufsetzung der Pacht) oder in sonstigen Fällen einer extremen Störung des Äquivalenzverhältnisses zwischen Leistung und Gegenleistung (zB Heraufsetzung des Erbbauzinses bei einem Kaufkraftschwund von mehr als 60 %, BGHZ 77, 191, 198 f; 90, 227, 229; 111, 214, 215 f mwNw). Bei der Kleingartenpacht sind im Rahmen einer Prüfung der Regeln über Störungen der Geschäftsgrundlage die durch § 5 BKleingG gesetzten Grenzen zu beachten (BGH NJW-RR 1999, 237, 238). In den meisten Fällen einer Veränderung tatsächlicher Umstände wird eine Heraufsetzung der Pacht nach den Regeln über die Störung der Geschäftsgrundlage jedoch abgelehnt, so zB mehrfach für Kaliabbauverträge, sofern der Preisanstieg für Kalisalze eine Folge der allgemeinen Kaufkraftminderung war und darin keine Steigerung des inneren Wertes der Kalisalze zum Ausdruck kam (BGH LM Nr 39 zu § 242 [Bb] BGB; NJW 1966, 105, 106 f; ähnlich schon BGH NJW 1959, 2203, 2204) oder wenn ein Ungleichgewicht von Leistung und Gegenleistung bereits im ursprünglichen Vertrag angelegt war (OLG Nürnberg OLGR 2000, 250, 251).

Eine **Herabsetzung** der Pacht wegen Störung der Geschäftsgrundlage kommt eben- **282** falls nur in seltenen Ausnahmefällen in Betracht, etwa bei Ausfall der Fruchtziehung infolge höherer Gewalt (BGH NJW 1951, 836, 837: Explosion in einem Kalibergwerk – iE offen gelassen; BGH WM 1957, 401, 402 f: wenn Rentabilität des gepachteten Grundstücks in Frage steht, mindestens aber das grundsätzliche Gleichgewicht zwischen Leistung und Gegenleistung in unerträglicher Weise gestört wäre; BGH LM Nr 27 zu § 242 [Ba] BGB: schwere Beschädigung der überlassenen Grubenanlage durch Explosion; BGH NJW 1958, 785: Bebaubarkeit des gepachteten Grundstücks und Unterbrechung der Rohstoffzufuhr für die Produktion des Pächters aufgrund der Berlin-Blockade – iE offen gelassen; OLG Schleswig OLGR 2004, 247, 248: bestandskräftige Versagung der Genehmigung einer Nutzungsänderung, die Geschäftsgrundlage des Vertrags war; OLG Brandenburg 31. 8. 2005 – 3 U 106/02, juris: nachhaltige Störung des Äquivalenzverhältnisses zwischen Leistung und Gegenleistung aufgrund öffentlich-rechtlicher Regelungen, die nach Vertragsschluss in Kraft getreten sind). Auch hier sind jedoch – vor allem weil grundsätzlich der Pächter das Fruchtziehungsrisiko trägt (Rn 234) – strenge Maßstäbe anzulegen (s etwa BGH NJW 1978, 2390, 2391 f; OLG Hamm ZMR 1970, 53, 54; LG Bonn Jagdrechtliche Entscheidungen III Nr 199; LG Magdeburg Jagdrechtliche Entscheidungen III Nr 180; JOACHIM BB 1988, 779, 780 f; ähnlich ders ZIP 1991, 966, 966 f; PIECK PharmaZ 1979, 1461, 1462; EUSANI ZMR 2003, 473 ff – zur Miete), und zwar selbst dann, wenn beide Vertragspartner von falschen Rentabilitätserwartungen ausgingen (BGH BB 1974, 437; NJW 1970, 1313, 1313 f).

Auch bei einer **Herabsetzung der Pacht infolge** einer **Ausübung vertraglicher Män- 283 gelgewährleistungsrechte** ist der Grundsatz zu beachten, dass nach der gesetzlichen Risikoverteilung (die freilich von den Vertragspartnern modifiziert werden kann, zB durch Vereinbarung einer von den gezogenen Früchten abhängigen Pacht) der Pächter das Fruchtziehungsrisiko trägt (Rn 234). Da der Gesetzgeber ein Remissionsrecht des Pächters gerade nicht in das BGB aufgenommen hat (Vorbem 13 zu § 581), ist der Verpächter lediglich für Mängel des Pachtgegenstands selbst (und damit auch für solche Mängel, welche die Fruchtziehung beeinträchtigen) verantwortlich, nicht hingegen für sonstige Beeinträchtigungen der Fruchtziehung durch den Pächter. Eine Herabsetzung der Pacht im Rahmen der Minderung nach §§ 581 Abs 2, 536 BGB kommt daher nur bei Vorliegen eines Mangels des Pachtgegenstands iSd § 536 BGB in Betracht. Unberührt von dieser gesetzlichen Risikoverteilung bleiben allerdings Schadensersatzansprüche des Pächters aus §§ 311 Abs 2, 280 Abs 1, 241 Abs 2 BGB oder aus § 826 BGB bei Täuschung durch den Verpächter über die Erträge des Pachtgegenstands, weil hier Grund der Haftung ein zusätzliches schuldhaftes Verhalten des Verpächters ist.

ee) Dauer der Verpflichtung

284 Die Dauer der Verpflichtung zur Zahlung der Pacht entspricht grundsätzlich der Laufzeit des Pachtvertrags, sie „steht und fällt" mit der Vertragsdauer. Ein Erlass ist nach allgemeinen Regeln möglich, unterliegt aber strengen Anforderungen (OLG Brandenburg ZMR 2009, 599). Die Zahlungspflicht beginnt erst mit der Überlassung des Pachtgegenstands, § 581 Abs 2 BGB iVm § 537 Abs 2 BGB (OLG Düsseldorf ZMR 1986, 164). Bei nicht rechtzeitiger Rückgabe des Pachtgegenstands durch den Pächter nach Beendigung des Vertrags besteht die Pflicht zur Pachtzahlung nicht fort, der Verpächter hat aber einen Anspruch auf Entschädigung nach § 584b BGB.

ff) Verjährung und Verwirkung

285 Die Pachtforderung des Verpächters **verjährt** nach allgemeinen Regeln, also in der Dreijahresfrist des § 195 BGB iVm § 199 Abs 1 BGB. Eine **Verwirkung** des Anspruchs auf Zahlung der Pacht kommt nach allgemeinen Regeln (§ 242 BGB) ebenfalls in Betracht (s etwa BGH MDR 1965, 902; KG WuM 1992, 67, 68). Bedeutung hat sie insbesondere, wenn die Pacht in regelmäßigen Zeitabschnitten entrichtet wird und etwaige Nachforderungen des Verpächters nicht rechtzeitig geltend gemacht werden (zB OLG Celle NJW-RR 1991, 271: Zuschläge zur Pacht wurden abweichend von einer vertraglichen Wertsicherungsklausel über mehrere Jahre hinweg in unregelmäßigen Abständen verlangt und geleistet). Aber auch hier bleibt die Frage der Verwirkung stets eine solche des Einzelfalls, für die sich kaum allgemeine Regeln entwickeln und auf die sich auch die für Mietverträge geltenden Grundsätze nicht ohne Weiteres übertragen lassen (OLG Köln WM 1987, 1308, 1310). Insgesamt ist die Rspr bei der Annahme einer Verwirkung eher zurückhaltend und hat sie zB beim Unterlassen einer Abrechnung von Nebenkosten für mehrere Jahre (OLG Düsseldorf ZMR 2000, 603) sowie beim Versäumen der Frist zur Abrechnung von Betriebskostenvorauszahlungen (OLG Koblenz GuT 2002, 43, 44) abgelehnt.

c) Gebrauchspflicht/Betriebspflicht?

286 Umstritten ist, ob und inwieweit eine Gebrauchs- bzw Betriebspflicht des Pächters besteht. Aus dem **gesetzlichen Pflichtenprogramm** der §§ 581 ff BGB oder aus der **Rechtsnatur** des Pachtvertrags **ergibt sich eine solche Pflicht nicht ohne Weiteres** (s insb RGZ 115, 17, 20 f, wo wegen der Vereinbarung einer Aufführungspflicht als Hauptpflicht im Rahmen eines Bühnenaufführungsvertrags sogar das Vorliegen eines Pachtvertrags abgelehnt wurde; RGZ 160, 361, 367; weiterhin etwa RG JR 1925 Nr 1742; Michalski ZMR 1996, 527; Soergel/Heintzmann § 581 Rn 5; BeckOK/C Wagner [15. 6. 2017] § 581 Rn 21; NK-BGB/Klein-Blenkers § 581 Rn 15; Palandt/Weidenkaff § 581 Rn 11; PWW/Riecke § 581 Rn 8; aA für Unternehmenspacht und Franchising unter Rückgriff auf einen allgemeineren Begriff des Pachtvertrags,

wie er vor allem im Landpachtrecht seinen Niederschlag finde, MünchKomm/HARKE § 581 Rn 9), da in §§ 581 ff BGB eine § 586 Abs 1 S 3 BGB entsprechende Regelung fehlt. Im Einzelfall kann allerdings eine spezialgesetzliche Regelung bestehen, wie etwa für den Verlagsvertrag (Vorbem 87 zu § 581) in §§ 1, 14 VerlG.

Im Rahmen der **Parteiautonomie** kann aber eine Gebrauchs- bzw Betriebspflicht **287** vereinbart werden. Das ist durch **ausdrückliche Regelung** unproblematisch möglich (s zB BGH WM 1983, 531, 532; NZM 2010, 361 – zur Miete; KG HRR 1933 Nr 1422; OLG Celle ZMR 1973, 109; OLG Hamm BB 1974, 1609; OLG München ZMR 2001, 347; OLG Düsseldorf GuT 2004, 53; OLG Hamburg GuT 2003, 57, 58 – zur Miete; LG Nürnberg NZM 2009, 454; HAMANN ZMR 2001, 581; JOACHIM NZM 2000, 785, 798; WIEK NZM 2002, 327; HEINZ GuT 2004, 79 ff), grundsätzlich auch in Allgemeinen Geschäftsbedingungen (keine überraschende Klausel, s etwa OLG Düsseldorf NZM 1999, 124, 124 f – zum Mietrecht; OLG Rostock NZM 2004, 460 – zum Mietrecht; OLG Naumburg NZM 2008, 772 – zum Mietrecht; KG 5. 3. 2009 – 8 U 177/08, juris – zum Mietrecht; MICHALSKI ZMR 1996, 527). Zweifelhaft ist jedoch, ob und inwieweit ohne ausdrückliche Parteiabrede eine **konkludente Vereinbarung** einer Gebrauchs- oder Betriebspflicht angenommen oder eine solche Pflicht gar im Wege der **ergänzenden Vertragsauslegung** ermittelt werden kann (die Grenzen dürften fließend sein, s dazu nur STAUDINGER/ROTH [2015] § 157 Rn 5). Beide Methoden dürften beim Pachtvertrag idR zu identischen Ergebnissen führen, denn wenn etwa ausnahmsweise – wie insbesondere bei der Grundstückspacht – Formerfordernisse zu wahren sind, ist nicht nur bei der ergänzenden Vertragsauslegung, sondern auch bei der Annahme einer konkludenten Vereinbarung Zurückhaltung geboten. Bei einer unklaren Vereinbarung in Allgemeinen Geschäftsbedingungen kann allerdings das Umgekehrte gelten: So hat der BGH bei Unklarheiten über das Vorliegen einer Auswertungspflicht in einem formularmäßigen Übersetzervertrag angenommen, dass diese Zweifel zu Lasten des Verwenders gingen mit der Konsequenz, dass von einer Auswertungspflicht auszugehen sei (BGH NJW 2005, 596, 599).

Die Annahme einer Gebrauchs- bzw Betriebspflicht ohne ausdrückliche Vereinba- **288** rung kann sich insbesondere aus der Natur des Pachtgegenstands oder aus bestimmten Vertragselementen, wie insbesondere umsatz- oder gewinnbezogenen Vergütungsvereinbarungen, ergeben; sie bedarf jedoch stets sehr deutlicher Anhaltspunkte. Aus der **Natur des Pachtgegenstands** kann etwa eine Gebrauchs- bzw Betriebspflicht abgeleitet werden, wenn der Gebrauch für die Erhaltung des Pachtgegenstands unerlässlich ist, wie zB bei der Unternehmenspacht (KOHLER AcP 71 [1887] 397, 401; HERRMANN, Die Unternehmenspacht 142 f; DRÖGE 42 f; FENZL S 14 Rn 53, dies Der Konzern 2006, 18, 22; KLEIN-BLENKERS 242 ff; NK-BGB/KLEIN-BLENKERS Anh zu §§ 581–597 Rn 25; PWW/ RIECKE § 581 Rn 8; U KRAUSE MittRhNotK 1990, 237, 244; etwas einschränkend MünchKomm/ HARKE § 581 Rn 9; mit anderer Begründung – Analogie zur Erhaltungspflicht bei der Miete und bei der Landpacht – auch STROBEL, Die Unternehmenspacht im deutschen, französischen und italienischen Recht 29 ff; für die Annahme einer konkludenten Vereinbarung DÖRMER 264 f), bei der Pacht eines Grundstücks, das zur Erhaltung der Fruchtfähigkeit ständiger Bestellung bedarf (s auch AG Düsseldorf 7. 5. 2012 – 55 C 15346/11, juris zu einer speziellen Konstellation bei der Kleingartenpacht), oder beim ausschließlichen Lizenzvertrag (Rn 213), weil bei diesem sonst das Recht, das Gegenstand des Lizenzvertrags ist, gänzlich ungenutzt bliebe und der Vertrag letztlich gegenstandslos würde (s nur McGUIRE, Die Lizenz 710 ff mwNw zum Meinungsstand, wenn auch mit teilweise abweichender Differenzierung). Das bloße Interesse des Verpächters an der Fortführung des Betriebs dürfte idR nicht ausreichen. Die Fälle, in denen sich aus der Natur des Pachtgegenstands eine Gebrauchs- oder Betriebspflicht ableiten lässt, sind jedoch praktisch nicht allzu häufig (abgelehnt zB in RGZ 136, 433, 436; 138, 202, 207 f; bejaht zB in OLG Köln DWW 2000, 336). Alternativ oder ergänzend kann auch auf die **Vereinbarung einer nutzungsbezogenen Vergütung**, insbesondere einer umsatz- oder gewinnbezogenen Pacht (Rn 257 f), abgestellt werden, weil in derartigen Fällen der Nichtgebrauch des Pachtgegenstands die Pacht möglicherweise sogar bis auf Null reduzieren könnte (zB RGZ 149, 88, 90; 160, 361, 366 f; BGH LM Nr 3 zu § 242 [Bf] BGB). Auch hier sind jedoch zusätzliche Indizien erforderlich, um eine Gebrauchs- oder Betriebspflicht anzunehmen (so auch BGH NJW 2005, 596, 599; zustimmend Gergen NJW 2005, 569, 570; Schricker LMK 2005, 29; weiterhin LG Nürnberg-Fürth NJW-RR 2009, 622, 622 f; Soergel/Heintzmann § 581 Rn 5; Michalski ZMR 1996, 527, 528) – zB ein Pachtgegenstand, der nur durch Nutzung erhalten werden kann –, denn in derartigen Fällen käme für den Verpächter auch die Möglichkeit einer außerordentlichen Kündigung des Pachtvertrags nach § 581 Abs 2 BGB iVm § 543 Abs 1, Abs 2 S 1 Nr 3 BGB in Betracht. Zudem kommt es entscheidend darauf an, ob die umsatz- oder gewinnbezogene Vergütung im Einzelfall die gesamte Pacht ausmacht oder etwa nur einen unwesentlichen Teil davon.

289 Bei der **Unternehmenspacht**, für die regelmäßig eine Betriebspflicht bejaht wird (Rn 288), stellt sich die Frage der Konkretisierung des Pflichteninhalts. Häufig wird bereits im Pachtvertrag festgelegt, dass der Pächter die Sorgfalt eines ordentlichen und gewissenhaften Geschäftsleiters anzuwenden hat (zB Klein-Blenkers 240; Dörmer 229), mitunter soll er aber auch lediglich zur Anwendung eigenüblicher Sorgfalt verpflichtet sein (s insb Dörmer 229). Sofern keine vertragliche Regelung existiert, sollte davon ausgegangen werden, dass der Pächter zum ordnungsgemäßen Betrieb verpflichtet ist (s etwa Klein-Blenkers 242; NK-BGB/Klein-Blenkers Anh zu §§ 581–597 Rn 25; Dörmer 230 ff), da nur so das Unternehmen erhalten und damit auch später in ordnungsgemäßem Zustand zurückgegeben werden kann. Dieser dürfte sich in erster Linie auf die Erhaltung des Unternehmens beziehen; die Annahme einer Pflicht zur Weiterentwicklung des Unternehmens bedarf bei Fehlen einer diesbezüglichen vertraglichen Vereinbarung starker Anhaltspunkte im sonstigen Vertrag. Die Grenze ist allerdings im Einzelfall schwer zu ziehen, da schon Erhaltung und ordnungsgemäßer Betrieb des Unternehmens eine Weiterentwicklung in gewissem Umfang erfordern. Daher wird vorgeschlagen, insoweit im Rahmen der ergänzenden Vertragsauslegung auf die branchentypische Entwicklung abzustellen (Dörmer 235 ff). Problematisch bleibt auch dann jedoch die Abgrenzung zu Veränderungen des Unternehmens als solchem. Hier wird teilweise auf den Unternehmenskern (Klein-Blenkers 247 ff), teilweise auf den Unternehmensgegenstand (Dörmer 243 ff) abgestellt. Beides bedarf jedoch der Konkretisierung im Einzelfall (dazu nach ihrem jeweiligen Ansatz Klein-Blenkers 247 ff, 256 ff; Dörmer 246 ff; allgemein auch schon Schopp ZMR 1979, 289, 294).

290 Für die **Apothekenpacht** hat der BGH festgehalten, dass es bei Aufgabe der gepachteten Apotheke durch den Pächter und Errichtung einer neuen Apotheke von den Umständen abhängt, ob zwischen beiden Unternehmen Identität besteht. In diesem Fall muss der Pächter die neue Apotheke als Pachtbetrieb fortführen, ihn trifft hier also ausnahmsweise eine Betriebspflicht; andernfalls kann der Verpächter lediglich Schadensersatz für die vertragswidrige Aufgabe der alten Apotheke, nicht aber Herausgabe der neuen Apotheke verlangen (BGH LM Nr 8 zu § 581 BGB).

Ist nach diesen Grundsätzen im Einzelfall von einer Gebrauchs- bzw Betriebspflicht **291**
des Pächters auszugehen, muss bei der Vertragsauslegung zusätzlich beachtet werden, dass der Umfang dieser Pflicht dem allgemeinen Grundsatz von Treu und Glauben unterliegt, sodass etwa ein besonders intensiver oder ein ununterbrochener Gebrauch idR nicht verlangt werden kann (s etwa OLG Hamm BB 1974, 1609 zu Betriebsferien bei der Unternehmenspacht). Auch die Schwierigkeiten der genauen Bestimmung des Umfangs einer in den Vertrag hineininterpretierten Gebrauchspflicht zeigen, dass bei der Annahme einer solchen Pflicht ohne ausdrückliche Vereinbarung insgesamt Zurückhaltung angebracht ist.

d) Erhaltung des Pachtgegenstands

Grundsätzlich ist nach § 581 Abs 2 BGB iVm § 535 Abs 1 S 2 BGB der Verpächter **292**
zur Erhaltung des Pachtgegenstands verpflichtet (Rn 216, 224 ff); etwas anderes gilt für mitverpachtetes Inventar nach §§ 582, 582a BGB (zur Situation bei der Unternehmenspacht insb STROBEL, Die Unternehmenspacht im deutschen, französischen und italienischen Recht 25 f; MASER 120 f, 168 ff; SLOTTA, Die Entscheidung über die Betriebspacht bzw Betriebsverpachtung 16 ff; DRÖGE 12 ff, 45 ff; FENZL S 19 ff Rn 65 ff; KLEIN-BLENKERS 248 ff mwNw; KALIGIN 83 ff; SCHOPP ZMR 1979, 289, 293 – zur Betriebsaufspaltung; § 582 Rn 4 ff). Die Erhaltungspflicht kann jedoch auch sonst im Einzelfall auf den Pächter **übertragen** werden (s insb BGHZ 77, 301, 305). Je nach Vereinbarung wird diese Pflicht dann zur Haupt- oder Nebenpflicht des Pächters; die Einordnung dürfte jedoch heute kaum noch praktische Bedeutung haben, weil bei Verletzung dieser Pflicht – sofern die Schwelle von § 581 Abs 2 BGB iVm § 543 BGB nicht erreicht ist – mangels einer Spezialregelung im Pacht- bzw Mietrecht regelmäßig §§ 280 f, 283, 323 BGB zur Anwendung kommen. In jedem Fall muss sich die Übertragung der Erhaltungspflicht hinreichend deutlich aus dem Pachtvertrag ergeben, weil es sich um eine Abweichung vom gesetzlichen Regelungsmodell handelt; derartige Klauseln werden in der Praxis zu Recht meist eng ausgelegt (zB OLG Koblenz NJW-RR 1990, 20; OLG Hamm NJW-RR 1993, 1229, 1230). Die AGB-Kontrolle ähnelt derjenigen im Mietrecht, sodass etwa die formularmäßige Verpflichtung der Pächterin eines Gaststättenobjekts, sowohl turnusmäßig Schönheitsreparaturen durchzuführen als auch eine Endrenovierung vorzunehmen, wegen des dabei auftretenden Summierungseffekts unwirksam sein kann (BGH NJW 2005, 2006, 2007 mwNw aus der mietrechtlichen Rspr). Eine recht weite Auslegung von Regelungen zur Übertragung von Teilaspekten der Erhaltungspflicht auf den Pächter kann hingegen bei der Unternehmenspacht in Betracht kommen, wo die Erhaltung des Geschäftswertes des verpachteten Unternehmens allein dem Pächter möglich ist (s etwa DRÖGE 90 f; FENZL S 21 ff Rn 72 ff; teilweise differenzierend KLEIN-BLENKERS 249 ff). Für die Überlassung von Immaterialgüterrechten, insbesondere im Rahmen von Lizenzverträgen, muss dies hingegen nicht in gleicher Weise gelten (so aber wohl DRÖGE 91), weil zB gewerbliche Schutzrechte auch vom Verpächter durch Weiterzahlung von Gebühren erhalten werden können. Beim Know-how-Vertrag dürfte hingegen die Geheimhaltung des Know-how auch Teil der Erhaltungspflicht des Pächters sein (zu dieser Pflicht insb MAASSEN/WUTTKE, in: ANN/LOSCHELDER/GROSCH 284 ff [Rn 64 ff]).

e) Sonstige Hauptpflichten

Sofern ein variabler Pachtzins vereinbart ist, der auf der Fruchtziehung durch den **293**
Pächter basiert (Rn 255 ff), verpflichtet sich der Pächter häufig, dem Verpächter zu bestimmten Zeitpunkten eine **Abrechnung** zu erteilen. Dabei handelt es sich idR um

eine Hauptpflicht (deren genauer Inhalt sich nach der konkreten Vereinbarung richtet) mit der Folge, dass der Verpächter bei Verletzung dieser Pflicht zur fristlosen Kündigung berechtigt ist (OLG Nürnberg DWW 1961, 60, 61; OLG Düsseldorf NJW-RR 1990, 1098, 1099).

2. Nebenpflichten

a) Allgemeines

294 Nebenpflichten des Pächters können sich aus dem Gesetz oder aus Parteivereinbarung, unter besonderer Berücksichtigung des Grundsatzes von Treu und Glauben (§ 242 BGB), ergeben. Der Charakter der Pacht als Dauerschuldverhältnis führt zu gesteigerten gegenseitigen Rücksichtnahmepflichten, die allerdings nicht immer denjenigen bei der Miete (insbesondere der Wohnraummiete) entsprechen, weil der Pachtvertrag häufig stärker von gegenläufigen wirtschaftlichen Interessen als von einer persönlichen Bindung des Pächters an den Pachtgegenstand geprägt ist.

b) Abnahmepflicht?

295 Der Pächter ist grundsätzlich nicht zur Abnahme des Pachtgegenstands verpflichtet. Daher gerät er durch Nichtannahme des vom Verpächter angebotenen Pachtgegenstands nur in Gläubigerverzug nach §§ 293 ff BGB. Etwas anderes kann gelten, wenn den Pächter ausnahmsweise eine Gebrauchs- bzw Betriebspflicht trifft (Rn 286 ff), weil diese auch eine Abnahme des Pachtgegenstands voraussetzt.

c) Obhutspflicht

296 Der Pächter hat für die Dauer der Überlassung des Pachtgegenstands (die ggf von der Vertragslaufzeit abweichen kann) eine Obhutspflicht in Bezug auf diesen Gegenstand (vgl auch Mot II 400 – zur Miete), da während dieser Zeit allein er die Möglichkeit hat, auf den Pachtgegenstand einzuwirken. Die Pflicht ergibt sich aus der Natur des Pachtvertrags sowie aus den §§ 581 Abs 2, 538, 546 BGB, nach denen der Pächter zur Rückgabe verpflichtet und für Veränderungen oder Verschlechterungen des Pachtgegenstands durch nicht vertragsmäßigen Gebrauch verantwortlich ist (s etwa OLG Düsseldorf ZMR 1965, 51; OLG Naumburg OLGE 20, 110), ergänzend kann ggf § 242 BGB herangezogen werden. Auch die Anzeigepflicht des Pächters bei Mängeln nach §§ 581 Abs 2, 536c BGB ist eine Ausprägung dieser Obhutspflicht.

297 In erster Linie ist die Obhutspflicht auf **schonende Behandlung und Schutz des Pachtgegenstands im Rahmen des vertragsgemäßen Gebrauchs** gerichtet; sie ist gewissermaßen die „Kehrseite" des vertragsgemäßen Gebrauchs, den der Verpächter zu ermöglichen hat. So ist der Pächter zB verpflichtet, Maßnahmen gegen das Einfrieren und Platzen von Wasserleitungen (OLG Düsseldorf OLGR 2001, 177; LG Münster NJW-RR 1988, 1234) oder zur Brandverhütung (zB OLG Düsseldorf NZM 1999, 234, 235; ZMR 2002, 583, 584: Entzündung von Fett in einer Fritteuse; OLG Hamm VersR 2002, 62, 62 f: Brand in einer Diskothek) zu treffen. Weiterhin darf er keine zur Nutzung überlassenen Gegenstände entfernen und zweckentfremden (RG JR 1925 Nr 1336; LG Aachen MDR 1951, 33) und er muss einen gepachteten Betrieb nach wirtschaftlichen Grundsätzen führen, wenn er sich dazu verpflichtet hat (RGZ 149, 88, 90). Bei Verpachtung einer bergrechtlichen Abbaugerechtigkeit darf das Grundstück nicht zur unterirdischen Speicherung von Rohöl benutzt werden (BGH WM 1981, 129). Gegenstand der Obhutspflicht kann es im Einzelfall auch sein, den Verpächter vor Inanspruchnahme durch

Fraglich ist, ob und inwieweit der Pächter im Rahmen seiner Nutzung und Frucht- **298**
ziehung im Einzelfall zu **Veränderungen des Pachtgegenstands** (zB zu Neuerungen an Einzelgegenständen oder zu Modifikationen des Geschäftsbereichs bei der Unternehmenspacht) berechtigt ist. Ausgangspunkt muss der Maßstab des vertragsgemäßen Gebrauchs sein (§ 581 Abs 2 BGB iVm § 538 BGB), aber dieser allein hilft – auch iVm § 242 BGB – nicht über sämtliche Auslegungsschwierigkeiten hinweg. Fehlen konkrete vertragliche Vereinbarungen, sollte aus Sicht eines objektiven Betrachters im Zeitpunkt der Vornahme der Maßnahme entschieden werden, ob das Nutzungsinteresse des Pächters im konkreten Fall das Interesse des Verpächters an der Erhaltung des Vertragsgegenstands überwiegt. Unzulässig ist jedenfalls eine Beeinträchtigung oder wesentliche Veränderung des gesamten Verwendungszwecks des Pachtgegenstands, wenn diese Rückwirkungen für den Verpächter als Eigentümer des Pachtgegenstands haben kann (BGH LM Nr 1 zu § 550 BGB). Sie kann einen Schadensersatzanspruch des Verpächters gegen den Pächter wegen Verletzung der Rückgewährpflicht auslösen (BGH LM Nr 8 zu § 581 BGB).

Bei der **Unternehmenspacht** kann der Pächter zur Vornahme von Änderungen am **298a**
Unternehmen befugt sein, solange der Kern des gepachteten Unternehmens unberührt bleibt und sein Vorgehen aus betriebswirtschaftlicher Sicht vernünftig ist (OLG Celle 27. 6. 2013 – 2 U 3/13 Rn 130, 133, juris). Dies stellt eine Konkretisierung der erforderlichen Perspektive eines objektiven Betrachters dar.

In **Kleingartenpachtverträgen** wurde eine klauselmäßige Vereinbarung, wonach der **299**
Pächter selbst oder vertreten durch einen Dritten an Gemeinschaftsarbeiten teilzunehmen oder als Ersatz ein Entgelt zu leisten hat, vor allem wegen der Möglichkeit der Einschaltung eines Dritten als zulässig iSd § 307 BGB angesehen (AG Hannover WuM 2009, 449, 449 f). Eine solche Vereinbarung muss jedoch Bestandteil des Pachtvertrags und nicht etwa lediglich vereinsrechtliche Verpflichtung im Verhältnis zu einem Kleingartenverein sein (OLG Hamm NJW-RR 2004, 298, 299).

d) Fürsorgepflicht

Mitunter wird neben der Obhutspflicht noch gesondert eine Fürsorgepflicht genannt **300**
(zB RGZ 106, 133, 133 zum Mietrecht). Will man hier differenzieren, bleibt neben der Obhutspflicht in Bezug auf den Pachtgegenstand Raum für eine Fürsorgepflicht des Pächters in Bezug auf die Vertragsdurchführung sowie den Schutz von Person und anderen Rechtsgütern des Verpächters. Letztlich handelt es sich dabei um einen Teilaspekt der allgemeinen Schutzpflicht nach § 241 Abs 2 BGB. Aus der Fürsorgepflicht des Pächters dürfte sich auch eine Verpflichtung ergeben, den Verpächter ggf über Zwangsvollstreckungsmaßnahmen gegen den Pächter, welche den Pachtgegenstand betreffen (Vorbem 118 zu § 581), zu informieren, damit der Verpächter ggf rechtzeitig Drittwiderspruchsklage nach § 771 ZPO erheben kann; insoweit begründet die Fürsorgepflicht eine Informationspflicht (Rn 301).

e) Informationspflichten

301 Der Pächter ist gegenüber dem Verpächter nach allgemeinen Grundsätzen (§§ 241 Abs 2, 242 BGB) zur Information über den Pachtgegenstand verpflichtet, wenn dafür ein Bedürfnis des Verpächters bestehen kann. Das wird regelmäßig bei einer gewinn- bzw umsatzabhängigen Bemessung der Pacht der Fall sein (s etwa OLG Brandenburg ZMR 2007, 778, 779 f zur Übergabe betriebswirtschaftlicher Auswertungen und deren Bestätigung durch einen Buchprüfer oder Steuerberater; OLG Jena 18. 11. 2015 – 2 U 864/14 Rn 46, juris) oder bei einer den Pachtgegenstand betreffenden Zwangsvollstreckung. Darüber hinaus sind Informationspflichten vor allem bei der **Unternehmenspacht** von großer praktischer Bedeutung (s dazu etwa FENZL S 121 ff Rn 420 ff; KLEIN-BLENKERS 357 f; DÖRMER 317); hier sollten möglichst konkrete vertragliche Regelungen getroffen werden.

f) Duldungspflichten

302 Nicht umfassend gesetzlich geregelt und daher in erster Linie der Parteivereinbarung bzw der Vertragsauslegung überlassen sind Duldungspflichten des Pächters. Sie können in Bezug auf eine Besichtigung des Pachtgegenstands durch den Verpächter oder im Zusammenhang mit Erhaltungs- und Verbesserungsmaßnahmen eine Rolle spielen.

aa) Besichtigung

303 Ein Besichtigungsrecht des Verpächters wurde (in Bezug auf verpachtete Grundstücke) bewusst nicht in das BGB aufgenommen. Ebenso wie im Mietrecht (Prot II 216 f) sei die Frage eines Besichtigungsrechts nur anhand der tatsächlichen Umstände des einzelnen Falles nach den Grundsätzen von Treu und Glauben zu entscheiden und entziehe sich deshalb einer positiv-rechtlichen Vorschrift (Prot II 252).

304 Fehlt eine ausdrückliche Vereinbarung über ein Besichtigungsrecht, ist nach dem **Grundsatz von Treu und Glauben, § 242 BGB**, unter Abwägung des Gebrauchsinteresses des Pächters und des Erhaltungsinteresses des Verpächters zu ermitteln, ob ein solches Recht im Einzelfall konkludent vereinbart wurde bzw dem Pachtvertrag im Wege ergänzender Vertragsauslegung zu entnehmen ist. In die **Interessenabwägung** sind auch die evtl betroffenen Grundrechte des Pächters aus Art 12, 13 GG sowie das Eigentumsrecht des Verpächters nach Art 14 GG einzubeziehen. Eine Beeinträchtigung des Gebrauchsrechts des Pächters dürfte dabei – ähnlich wie im Mietrecht (s dazu STAUDINGER/EMMERICH [2018] § 535 Rn 97 ff) – nur ausnahmsweise bei deutlich überwiegenden Interessen des Verpächters in Betracht kommen. Denkbar erscheint dies etwa bei der Notwendigkeit von Reparaturen durch den Verpächter, bei Verkaufsabsicht in Bezug auf den Pachtgegenstand (zB RGZ 106, 270, 271; LG Frankfurt aM NZM 2002, 696 – beide zur Miete) oder vor Vertragsende zur Besichtigung durch einen etwaigen Nachfolgepächter (Prot II 216, 252). Im letzten Fall dürfte das Besichtigungsrecht innerhalb eines angemessenen Zeitraums vor Ablauf des Pachtvertrags – der unter Berücksichtigung der im konkreten Fall maßgeblichen Kündigungsfristen bestimmt werden kann – bestehen. Im Einzelfall kann sich auch ein Besichtigungsrecht des Verpächters auch aus § 809 BGB ergeben (RG WarnR 1927 Nr 142).

bb) Erhaltungs- und Verbesserungsmaßnahmen

305 Eine Duldungspflicht des Pächters in Bezug auf Erhaltungs- und Verbesserungsmaßnahmen des Verpächters kann sich bei der Raumpacht aus § 581 Abs 2 BGB iVm §§ 578 Abs 2 S 1, 555a ff BGB ergeben, im Übrigen wiederum aus einer ausdrücklichen oder konkludenten Vereinbarung der Vertragspartner oder durch ergänzende Vertragsauslegung unter besonderer Berücksichtigung des Grundsatzes von Treu und Glauben, § 242 BGB, und der einander gegenüberstehenden Interessen der Vertragspartner (s etwa BGH NJW 1972, 723, 724 – zum Mietrecht). Bei der Auslegung einer Parteiabrede über eine Räumungspflicht des Pächters bei der Raumpacht wegen der Durchführung baulicher Maßnahmen durch den Verpächter kann sich aus einer Abwägung der Interessen der Beteiligten ergeben, dass zB eine vorherige Mitteilung erforderlich sein kann (BGH NJW-RR 2003, 584, 585). Zu den Auswirkungen der Duldungspflicht auf etwaige Schadensersatzansprüche des Pächters Rn 371.

cc) Verpächterpfandrecht
Weitere Duldungspflichten des Pächters eines Grundstücks oder von Räumen ergeben sich, wenn dem Verpächter für seine Forderungen aus dem Pachtvertrag nach §§ 581 Abs 2, 578 Abs 1, Abs 2 S 1, 562 ff BGB ein Pfandrecht an den eingebrachten Sachen des Pächters zusteht (Rn 413 ff). **306**

g) Kaution
Häufig wird im Pachtvertrag auch eine Kautionsleistung des Pächters vereinbart **307**
(s etwa Rödding BB 1968, 934; Schopp ZMR 1969, 1; Stenzel, Die Miet- und Pachtkaution in ihren alltäglichen Erscheinungsformen; Weimar ZfSH 1980, 68 – zur Miete; Knoppe, Verpachtung eines Gewerbebetriebes 32; Kiessling JZ 2004, 1146 ff – insb zur Miete; zur Rechtsprechungsentwicklung Geldmacher DWW 2004, 215 ff, 248 ff; DWW 2005, 270 ff; DWW 2007, 269 ff; DWW 2011, 122 ff, 170 ff). Eine gesetzliche Regelung fehlt und wurde vom Gesetzgeber bewusst nicht getroffen (Jakobs/Schubert 624), sodass eine Pflicht zur Kautionsleistung nur durch Parteivereinbarung begründet werden kann. § 551 BGB, der für die Wohnraummiete Einzelheiten der Kautionsleistung konkretisiert, ist bei der Grundstücks- und Raumpacht nicht entsprechend anwendbar, § 578 BGB. Sofern im Pachtvertrag nicht alle Einzelheiten geregelt sind, können aber im Rahmen der ergänzenden Vertragsauslegung die zum Mietrecht entwickelten Rechtsprechungsgrundsätze, die dort für die Gewerberaummiete auch nach der gesetzlichen Regelung in § 551 BGB von Bedeutung sind, herangezogen werden, denn die Interessenlage ist insoweit vergleichbar.

Die Kaution wird idR als Geldbetrag geleistet; denkbar sind aber auch andere **308**
Formen der Sicherheitsleistung, wie etwa die Hinterlegung von Wertpapieren, Verpfändung oder Sicherungsübereignung beweglicher Sachen, Bürgschaft (BGHZ 138, 49, 52 f; OLG Celle NJW-RR 2003, 155) oder die Anlage in einem kapitalbildenden Fonds (LG Frankenthal ZMR 2001, 712).

Wichtige Rechtsfragen im Zusammenhang mit der Vereinbarung einer Kaution sind **309**
insbesondere Folgen einer Nichtleistung des Pächters, Anlageform, Verzinsungspflicht des Verpächters, Aufrechnungsmöglichkeiten des Pächters sowie der Rückzahlungsanspruch des Pächters nach Vertragsende. Insoweit gelten insbesondere die zur Gewerberaummiete entwickelten Grundsätze (Staudinger/Emmerich [2018] § 551 Rn 35 f mwNw). Die Kaution – oder jedenfalls die erste Rate – dürfte regelmäßig zu Beginn der Vertragslaufzeit **fällig** sein (s zum Mietrecht insb Staudinger/Emmerich [2018]

§ 551 Rn 12 mwNw), ihre Zahlung kann aber auch noch nach Vertragsbeendigung verlangt werden, wenn sie zur Sicherung vertraglicher Ansprüche des Verpächters erforderlich ist (BGH NJW 1981, 976, 977; OLG Düsseldorf ZMR 2000, 211; 14. 12. 2006 – 10 U 74/06, juris, insoweit in OLGR 2007, 233 nicht abgedruckt). Bei **Nichtzahlung** einer fälligen Kaution kann dem Verpächter im Einzelfall sogar ein Recht zur Kündigung des Pachtverhältnisses zustehen (OLG Celle ZMR 2002, 505, 506 f: im Einzelfall fristlose Kündigung nach § 581 Abs 2 iVm § 554a aF; OLG München NZM 2000, 908, 908). Die Kaution ist vom sonstigen Vermögen des Verpächters getrennt **anzulegen** (KG NZM 1999, 376) und darf nicht etwa für nicht gesicherte Fremdforderungen verwertet werden (OLG Düsseldorf ZMR 2008, 47 mwNw aus der mietrechtlichen Rspr). Eine **Verzinsungspflicht** des Verpächters kann sich unmittelbar aus der vertraglichen Vereinbarung (zB OLG Düsseldorf NJW 1978, 2511) oder im Wege ergänzender Vertragsauslegung ergeben (s zum Mietrecht – Verzinsung nach dem üblichen Zinssatz – insb BGHZ 84, 345, 349 f; 127, 138, 142 ff; HEINTZMANN WiB 1995, 569). Nach Beendigung des Pachtvertrags und Erstellung einer Endabrechnung durch den Verpächter ist die Kaution innerhalb einer angemessenen Frist, für die es keine starren Regeln gibt, **zurückzuzahlen** (zB OLG Celle OLGZ 1966, 6; OLG Düsseldorf DWW 1992, 52; OLGR 2004, 180, 181; OLG Hamburg NJW-RR 1988, 651; OLG Karlsruhe WuM 1987, 156). Der Rückzahlungsanspruch kann sich entweder unmittelbar oder im Wege ergänzender Vertragsauslegung aus dem Pachtvertrag ergeben; ansonsten folgt er aus § 812 Abs 2 S 1 Var 1 BGB (s auch OLG Düsseldorf OLGR 2004, 180, 180). Die Kaution darf nicht als Druckmittel zur Anerkennung einer strittigen Forderung benutzt werden (OLG Hamm WM 1970, 698). Eine vorbehaltlose Rückzahlung der Kaution nach eingehender Besichtigung der Pachtsache ist als konkludenter Verzicht des Verpächters auf Ansprüche wegen Beschädigung des Pachtgegenstands anzusehen (OLG München NJW-RR 1990, 20). Der **Verpächter** kann die Kaution gegen noch offene Ansprüche gegen den Pächter, zB Pachtzinsansprüche oder Schadensersatzansprüche, **aufrechnen** (zB OLG München WuM 2002, 492; OLG Düsseldorf GE 2006, 327, 329). Eine **Aufrechnung durch den Pächter** mit der Kaution kommt erst in Betracht, wenn sein Rückzahlungsanspruch fällig ist (s insb OLG Karlsruhe WuM 1987, 156; OLG Hamburg NJW-RR 1988, 651; OLG Düsseldorf OLGR 2004, 180, 181). Wurde die Kaution in Form einer Bürgschaft geleistet, ist bei Verjährung der Forderungen des Verpächters weder § 216 Abs 1 BGB noch § 215 BGB noch die Rspr zu § 17 Abs 8 VOB/B entsprechend anwendbar, sodass sowohl Pächter als auch Bürge mit Erfolg die Einrede der Verjährung erheben können (BGHZ 138, 49, 53 ff). Bei Regelungen über den Verfall der Kaution für den Fall eines bestimmten Verhaltens des Pächters ist zu prüfen, ob es sich um die Vereinbarung eines pauschalierten Schadensersatzes oder einer Vertragsstrafe iSd §§ 339 ff BGB handelt (OLG München OLGR 2007, 3, 4).

h) Treuepflicht und Wettbewerbsverbot
aa) Treuepflicht

310 Schließlich trifft den Pächter auch eine **Treuepflicht**. Sie verbietet es ihm etwa, durch Weiterführung des gepachteten Unternehmens in anderen Räumen dem Verpächter die weitere Nutzung des Pachtgegenstands unmöglich zu machen (RGZ 158, 180, 184; RG JW 1936, 1829 – zur Miete; BGH LM Nr 8 zu § 581 BGB); dies gilt jedoch nicht, wenn der Pächter das Geschäft in den gepachteten Räumen im Wesentlichen selbst aufgebaut hat (RGZ 165, 35, 40 f). Aus der Treuepflicht folgt auch, dass der Pächter den Geschäftsbetrieb nicht vorzeitig einstellen, das Inventar veräußern und die Geschäftsräume kündigen darf (GRÖGER Rpfleger 1982, 70; s zur Unternehmenspacht – für die sich diese

Verpflichtung auch aus einer Betriebspflicht ableiten lässt – zB Oppenländer, Die Unternehmenspacht 284 ff; Dröge 43 ff – beide auch zu Abgrenzungsschwierigkeiten im Einzelfall). Die Treuepflicht ist dem Pachtvertrag immanent; spezielle Ausprägungen finden sich in den Regelungen des UWG, insbesondere in § 3 Abs 1 iVm § 4 Nr 4 UWG (Verbot des Behinderungswettbewerbs, zB durch Abwerben von Kunden, s dazu etwa BGH NJW 1970, 471, 471 f – zu § 1 UWG aF). Zu nachvertraglichen Rücksichtnahme- und Loyalitätspflichten Rn 339.

bb) Wettbewerbsverbot

Die Treuepflicht wird häufig durch ein **Wettbewerbsverbot** für den Pächter konkretisiert, wonach diesem jeglicher Wettbewerb in Bezug auf den Pachtgegenstand, insbesondere durch Betrieb eines konkurrierenden Unternehmens, verboten ist. Ein solches Verbot ergibt sich nicht unmittelbar aus dem Gesetz (§§ 60 f HGB für Handlungsgehilfen bzw §§ 112 f HGB für Gesellschafter einer OHG sind wegen der andersartigen Interessenlage nicht – auch nicht entsprechend – anwendbar, BGHZ 24, 165, 167 f; OLG Stuttgart WRP 1977, 476, 478; s auch Strobel, Die Unternehmenspacht im deutschen, französischen und italienischen Recht 26) noch unmittelbar aus dem Pachtvertrag, sondern bedarf idR einer – ausdrücklichen oder konkludenten – Vereinbarung (s etwa Dröge 45 f mwNw; BeckOK/C Wagner [15. 6. 2017] § 581 Rn 21; OLG Celle 27. 6. 2013 – 2 U 3/13 Rn 143 ff, juris). Ein solches Wettbewerbsverbot stellt gewissermaßen das Korrelat zur Pflicht des Verpächters zum Konkurrenzschutz des Pächters (Rn 220 ff) dar und wird insbesondere bei der **Unternehmenspacht** häufig vereinbart (s zB Herrmann, Die Unternehmenspacht 57 mwNw; U Krause MittRhNotK 1990, 237, 244). Inhalt, Umfang und Dauer des Verbots können **ausdrücklich** festgelegt werden (s zB BGH NJW 1964, 2203; OLG Zweibrücken OLGZ 1972, 208; OLG Stuttgart OLGR 2000, 155, 155 f). Problematisch ist, unter welchen Voraussetzungen ohne eine solche ausdrückliche Vereinbarung von einem **konkludenten** Wettbewerbsverbot ausgegangen werden kann. Für die Annahme einer solchen, die Handlungsfreiheit des Pächters erheblich einschränkenden Regelung sind deutliche Anhaltspunkte erforderlich. Nicht ausreichend ist tatsächliches Verhalten des Pächters (keine Eröffnung eines Konkurrenzunternehmens über eine gewisse Zeit, OLG Koblenz ZMR 1993, 72, 73). Selbst die Vereinbarung einer Gebrauchs- bzw Betriebspflicht des Pächters in Verbindung mit einem zumindest teilweise umsatzabhängigen Pachtzins, für den zugleich ein Mindestbetrag festgelegt ist, wurde als nicht ausreichend angesehen (RGZ 160, 361, 367 f). Dieses Beispiel verdeutlicht, dass die Annahme eines konkludenten Wettbewerbsverbots nur ausnahmsweise in Betracht kommt.

311

Grenzen der Privatautonomie können sich für Wettbewerbsverbote insbesondere aus § 138 BGB oder aus kartellrechtlichen Regelungen ergeben.

312

Im Rahmen des **§ 138 BGB** gilt, dass ein Wettbewerbsverbot einem berechtigten Interesse des Verpächters dienen muss und die wirtschaftliche Betätigung des Pächters nicht unbillig behindern darf (s dazu allgemein Staudinger/Sack/Fischinger [2017] § 138 Rn 459 mwNw). Daraus ist für das Pachtrecht insbesondere abzuleiten, dass ein Wettbewerbsverbot räumlich und zeitlich so weit wie möglich zu begrenzen ist. Es kommt also auf die örtliche und zeitliche Reichweite einer möglichen Konkurrenz im Einzelfall an. Ein über das Vertragsende hinausreichendes Wettbewerbsverbot ist grundsätzlich zulässig, muss jedoch zeitlich je nach konkretem Pachtgegenstand beschränkt werden. Früher wurden häufig mehrjährige Beschränkungen für zulässig

313

erachtet (s zB BGH NJW 1964, 2203: drei Jahre bei Apothekenpacht; ebenso OLG Stuttgart WRP 1977, 476, 478 f; anders kann bei einem Mietvertrag zu entscheiden sein, LG Hof ApoR 2006, 64, 66 f; OLG Celle ZMR 1990, 414: drei Jahre bei Pacht einer Kfz-Werkstatt mit Tankstelle; OLG Celle OLGR 1999, 319: zwei Jahre bei Pacht eines Handels- und Handwerksunternehmens, iE aber offen gelassen). Ob dies heute noch in gleicher Weise fortgelten kann oder ob sich die Lebensverhältnisse so stark dynamisiert haben, dass insgesamt kürzere Fristen anzusetzen sind (so LG Berlin GE 2009, 1437 unter Bezugnahme auf neuere Urteile des BGH zum Konkurrenzschutz bei Anwaltssozietäten), wird im jeweiligen Einzelfall entschieden werden müssen. Dabei dürfte nicht nur die Art des Pachtgegenstands, sondern vor allem auch die Konkurrenzsituation in der konkreten räumlichen Umgebung eine Rolle spielen. Bei der Verpachtung mehrerer Geschäfte oder Unternehmen durch denselben Verpächter kann auch eine gegenständliche Begrenzung sinnvoll sein, um die einzelnen Pächter jeweils vor Konkurrenz zu schützen (Schmidt/Hackenberger DB 1962, 957, 958). Gegebenenfalls kann auch die Vereinbarung einer Karenzentschädigung erforderlich sein (KG MDR 1974, 144, 145: Vereinbarung eines Wettbewerbsverbots ohne Karenzentschädigung für den Fall der Beendigung eines Franchisevertrags ist sittenwidrig). Ein Wettbewerbsverbot ist einerseits nicht schon allein deshalb sittenwidrig, weil der Verpächter zur selben Zeit oder am selben Ort kein Konkurrenzunternehmen betreibt (RGZ 47, 238, 240 f; OLG Zweibrücken OLGZ 1972, 208, 211 f; aA OLG Hamm WuW/E OLG 1426). Ob Sittenwidrigkeit andererseits – wie das RG (aaO) annimmt – erst in Betracht kommt, wenn Wettbewerb durch den Verpächter dauerhaft ausgeschlossen ist, mag bezweifelt werden. Im Interesse der Berufsfreiheit des Pächters sollte entscheidend sein, ob der Verpächter gegenwärtig ein Konkurrenzunternehmen betreibt oder ob dies aufgrund konkreter Anhaltspunkte in absehbarer Zeit zu erwarten ist. Dieser Prognosezeitraum darf nicht zu lang bemessen sein. Dabei sind die Umstände des Einzelfalles maßgebend. Beim Verstoß eines Wettbewerbsverbots gegen § 138 BGB sind im konkreten Fall die Rechtsprechungsgrundsätze zur Reduktion sittenwidriger Wettbewerbsverbote auf das zulässige Maß zu beachten (Staudinger/Sack/Fischinger [2017] § 138 Rn 467 ff mwNw).

314 Sofern Verpächter und Pächter Unternehmen iSd GWB sind, kann die Vereinbarung eines Wettbewerbsverbots – selbst wenn der Pachtvertrag als solcher kartellrechtlich zulässig ist (dazu Rn 181 ff) – auch gegen **§ 1 GWB** – bzw bei Eignung zur Beeinträchtigung des zwischenstaatlichen Handels gegen **Art 101 Abs 1 AEUV** – verstoßen, wenn das Verbot eine spürbare (zum Spürbarkeitserfordernis insb Immenga/Mestmäcker/Zimmer § 1 GWB Rn 139 ff mwNw) Beschränkung des Wettbewerbs auf dem relevanten Markt bezweckt oder bewirkt. Ein solcher Verstoß hätte – neben speziellen kartellrechtlichen Sanktionen – auch die Nichtigkeit der Vereinbarung nach § 134 BGB zur Folge (zum Verbotsgesetzcharakter von § 1 GWB insb Emmerich, Kartellrecht § 21 Rn 41; Bechtold/Bosch § 1 GWB Rn 90; Staudinger/Sack/Seibl [2017] § 134 Rn 248 ff mwNw). Auch bei der Unternehmenspacht wird man idR nicht davon ausgehen können, dass ein Wettbewerbsverbot dem Pachtvertrag immanent ist (s zur Immanenztheorie insb Immenga/Mestmäcker/Zimmer § 1 GWB Rn 139 ff; Langen/Bunte/Krauss § 1 GWB Rn 145 ff; Emmerich, Kartellrecht § 21 Rn 19 ff). Daher kommt es hier besonders auf etwaige Freistellungsmöglichkeiten nach § 2 Abs 1, 2 GWB bzw Art 101 Abs 2, 3 AEUV an. Von Interesse ist hier insbesondere Art 2 iVm Art 5 der Vertikal-Gruppenfreistellungsverordnung (Verordnung [EU] Nr 330/2010 der Kommission vom 20. 4. 2010 über die Anwendung von Art 101 Absatz 3 des Vertrags über die Arbeitsweise der Europäischen Union auf Gruppen von vertikalen Vereinbarungen und abgestimmten Verhaltensweisen, ABl EU 2010 Nr L 102, 1 ff). Danach kommt eine Freistellung von Wettbewerbsverboten in vertikalen Vereinbarungen – zu denen Pachtverträge idR zu zählen sein dürften – regelmäßig in Betracht, wenn diese sich entweder auf die Laufzeit des Pachtvertrags beschränken (Art 5 Abs 2) oder nicht für eine Dauer von mehr als fünf Jahren oder für eine unbestimmte Dauer vereinbart werden (Art 5 Abs 1 lit a; kritisch JICKELI, in: Gedächtnisschrift Sonnenschein 463, 469 f). Da weitergehende Vereinbarungen meist auch mit Blick auf § 138 BGB problematisch sind (Rn 313), dürften die kartellrechtlichen Grenzen der Privatautonomie für Wettbewerbsverbote in Unternehmenspachtverträgen regelmäßig keine entscheidende Rolle spielen.

i) Evtl: Unterlassung unberechtigter Gebrauchsüberlassung an Dritte

315 Nach § 581 Abs 2 BGB iVm § 540 Abs 1 S 1 BGB ist der Pächter ohne die Erlaubnis des Verpächters nicht berechtigt, den Gebrauch des Pachtgegenstands einem Dritten zu überlassen. Anders als bei der Wohnraummiete hat der Pächter keinen Anspruch auf eine diesbezügliche Erlaubnis des Verpächters, da § 553 BGB für die Grundstücks- und Raumpacht in § 578 BGB nicht für anwendbar erklärt wird. Auch auf die Rechtspacht ist § 553 BGB nach Auffassung des BGH schon deshalb nicht entsprechend anzuwenden, weil die Vorschrift im Wesentlichen für die Miete unbeweglicher Sachen von Bedeutung sei (BGH NJW-RR 1994, 558, 558 – zu § 549 aF). Gerade bei der Rechtspacht sollte jedoch die Interessenlage der Parteien im konkreten Fall berücksichtigt werden. Diese kann im Einzelfall derjenigen nach §§ 540, 553 BGB vergleichbar sein, wenn die Rechtspacht durch eine enge persönliche Beziehung zwischen Verpächter und Pächter geprägt ist (angedeutet, aber iE offen gelassen von BGH NJW-RR 1994, 558, 559; s auch Prot II, 180; MUGDAN II 846, 1250). Zunächst ist allerdings davon auszugehen, dass die Gebrauchsüberlassung an Dritte unzulässig ist und somit den zulässigen vertragsgemäßen Gebrauch der Pachtsache überschreitet (s zur Unternehmenspacht auch KLEIN-BLENKERS 264 ff). Daher ist der Pächter verpflichtet, eine solche zu unterlassen, sofern nicht im Einzelfall etwas anderes vereinbart ist.

316 Die grundsätzlich unzulässige Gebrauchsüberlassung an Dritte (s dazu allgemein STAUDINGER/EMMERICH [2018] § 540 Rn 1 mwNw) umfasst vor allem die Weiterverpachtung (dazu näher Rn 349 ff), Weitervermietung (BGH NJW 1952, 821, 821 f) oder Leihe (KG HRR 1936 Nr 10; LG Aachen MDR 1963, 684). Sie ist insbesondere von Abtretung, Schuldübernahme und Schuldbeitritt abzugrenzen (s nur STAUDINGER/EMMERICH [2018] § 540 Rn 39 ff mwNw). Keine unzulässige Überlassung an Dritte liegt in einer identitätswahrenden gesellschaftsrechtlichen Umwandlung der Pächterin (BGHZ 150, 365, 367 f – zur Landpacht; BGH NZM 2010, 280 Rn 17, 19 – zur Landpacht: Umwandlung einer GbR in eine OHG und danach formwechselnd in eine GmbH, dazu insb BIERER jurisPR-MietR 6/2010 Anm 6; s auch OLG Brandenburg 26. 5. 2011 – 5 U (Lw) 10/08, juris; 5 U (Lw) 3/08, juris; 5 U (Lw) 8/08, juris – alle zur Landpacht). Zulässig ist auch die Einschaltung von Stellvertretern, Verwaltern oder Gehilfen (Prot II 234, 238), nicht jedoch – wie früher teilweise angenommen (RG BayZ 1925, 341; OLG Oldenburg OLGE 1, 405) – die Überlassung zum unselbständigen Gebrauch, zB an Familienangehörige (OLG Hamm NJW 1982, 2876, 2876 ff – zum Mietrecht, aber mit Relevanz auch für die Pacht).

k) Übernahme einer Haftung gegenüber Dritten

317 Bei bestimmten Pachtgegenständen wird häufig auch die Übernahme einer Haftung gegenüber Dritten durch den Pächter vereinbart. Da eine solche Haftung regelmäßig aus dem Eigentum am Pachtgegenstand folgt, bedarf ihre Überwälzung auf den Pächter grundsätzlich besonderer Vereinbarung. Die Übernahme einer entsprechenden Haftpflichtversicherung durch den Pächter – die idR zunächst beim Verpächter bestehen wird – ist idR gesondert zu vereinbaren; bei der Unternehmenspacht geht eine Betriebshaftpflichtversicherung jedoch gemäß § 102 Abs 2 VVG kraft Gesetzes auf den Pächter über.

318 Der Verpächter kann insbesondere die ihm obliegende **Verkehrssicherungspflicht** in Bezug auf den Pachtgegenstand auf den Pächter **übertragen**; er bleibt dann jedoch nach den allgemeinen Grundsätzen über die Delegation von Verkehrspflichten (s dazu insb BGHZ 110, 114, 121 f mwNw; 142, 227, 233; 149, 206, 212) neben dem Pächter sicherungspflichtig, ihn trifft insbesondere eine Überwachungspflicht (s BGH NJW 1952, 61, 61 f; NJW 1985, 270, 271; VersR 1986, 916, 916; OLG Koblenz OLGR 2005, 528, 530; OLG Hamburg 8. 4. 2009 – 5 U 169/07, juris; KALIGIN 86). Den Pächter können allerdings – insbesondere aufgrund einer Verkehrseröffnung im Zusammenhang mit dem Pachtgegenstand oder einer Umgestaltung des Pachtgegenstands – auch eigene Verkehrssicherungspflichten treffen (s etwa KG VersR 2005, 1251; OLG Hamm 24. 2. 2017 – 7 U 76/16, ZMR 2017, 523, 523 f; OLG Schleswig 10. 8. 2017 – 7 U 28/16, DAR 2018, 150; OLG Stuttgart 21. 9. 2017 – 2 U 11/17, NJW-RR 2018, 146; OLG Frankfurt 29. 9. 2017 – 8 U 183/16, jurion – im konkreten Fall allerdings abgelehnt). Es kann aber auch vertraglich vereinbart werden, dass der Verpächter die Verkehrssicherungspflicht, die den Pächter als Besitzer der Pachtsache trifft, vollständig oder teilweise übernimmt; dann verbleibt beim Pächter lediglich eine Überwachungspflicht (OLG Nürnberg VersR 1996, 900). Werden Gebäude mitverpachtet, sind auch §§ 836 ff BGB im Blick zu behalten.

319 Im Pachtvertrag zwischen einer **Jagdgenossenschaft** und einem Pächter kann auch vereinbart werden, dass der Pächter Dritten den **Wildschaden** iSd § 29 Abs 1 S 3 BJagdG zu erstatten hat; der Pächter kann die Haftung vollständig oder mit Einschränkungen (unabhängig davon, nach welchen Kriterien diese erfolgen) übernehmen (BGH 11. 12. 2014 – III ZR 169/14 Rn 9 f, NZM 2015, 345; zustimmend MEYER-RAVENSTEIN jurisPR-AgrarR 3/2015 Rn 2). Eine solche Haftungsübernahme gilt allerdings nicht für Wildschäden auf Flächen in einem befriedeten Bezirk, auf denen die Jagd ruht, selbst wenn eine Ersatzpflicht für derartige Fälle nach Landesrecht nicht ausdrücklich ausgeschlossen ist (BGHZ 184, 334 Rn 10 ff; dazu BELLING JZ 2010, 1128 ff; KRESSE NJ 2010, 253 f; kritisch MEYER-RAVENSTEIN AuR 2010, 195 ff). Für den Ersatzanspruch des Dritten sind die Voraussetzungen des BJagdG (insb § 34 BJagdG) zu beachten (BGH NZM 2010, 670 Rn 9 ff; NJW-RR 2011, 1106 Rn 16 ff). Die Bemessung des Schadensersatzes richtet sich nach §§ 249 ff BGB (BGH NJW 2011, 852 Rn 12 ff, auch zu Einzelheiten der Berechnung des Schadensersatzes für die Beschädigung von Forstpflanzen). Liegt keine derartige Vereinbarung vor, ist der Pächter nicht Tierhalter oder Tieraufseher iSd §§ 833, 834 BGB (LG Gera Jagdrechtliche Entscheidungen XX Nr 60).

320 Bei der **Domainpacht** stellt sich die Frage der Haftung für Rechtsverletzungen gegenüber Dritten. Unmittelbar Handelnder und damit Haftender ist hier der Pächter (so iE auch BGH WRP 2009, 1262 Rn 16 ff). Allerdings verbleibt – wie bei der Verletzung allgemeiner Verkehrpflichten (Rn 318) – ein „Rest" der Verantwortung beim Domaininhaber (weitergehend DINGELDEY GuT 2004, 205, 206, der den Domaininhaber als primären Haftungsadressaten ansieht), der auf vertraglichem Wege Einfluss auf die Nutzung der verpachteten Domain nehmen kann, dem aber lediglich begrenzte Prüfungspflichten im Rahmen der Störerhaftung obliegen (BGH WRP 2009, 1262 Rn 16, 20 ff; dazu insb Spieker MMR 2009, 754 f; Leible LMK 2009, 293073; zu Besonderheiten dieser Entscheidung gegenüber sonstigen Judikaten zur Störerhaftung Härting K & R 2009, 647 f; ders K & R 2010, 38 f; s weiterhin OLG Köln GRUR-RR 2010, 274, 275 – auch zur Wissenszurechnung in einer speziellen Konstellation). Auf jeden Fall kann der Domaininhaber im Innenverhältnis eine Freistellung von der Haftung für diejenigen Fälle vereinbaren, in denen er für eine vom Pächter begangene Rechtsverletzung (zB die Verletzung von Kennzeichenrechten eines Dritten) in die Haftung genommen wird (s auch Dingeldey GuT 2004, 205, 206 f; Härting ITRB 2002, 96, 97). Die Freistellungspflicht würde dann wohl eine Nebenpflicht des Pächters darstellen. Dieser Weg erscheint sicherer als generell eine Nebenpflicht des Pächters, keine Rechtsverletzungen gegenüber Dritten zu begehen, anzunehmen, bei deren Verletzung der Pächter gegenüber dem Verpächter aus §§ 280 Abs 1, 241 Abs 2 BGB haften würde.

Der **Pächter eines Unternehmens haftet bei Firmenfortführung** nach § 25 Abs 1 HGB, **321** also kraft Gesetzes, **gegenüber Dritten**, somit im **Außenverhältnis**, für alle im Betrieb des Handelsgeschäfts begründeten Verbindlichkeiten des Verpächters (s zur Anwendbarkeit des § 25 HGB auch auf Pachtverträge etwa Schubert/Schmiedel/Krampe, Quellen zum Handelsgesetzbuch von 1897, Bd II/2 978; RGZ 133, 318, 322 ff; BGH NJW 1982, 1647 mAnm K Schmidt; NJW 1984, 1186 f mAnm K Schmidt; OLG Rostock OLGR 2006, 487, 488 f; OLG Stuttgart 26. 2. 2010 – 8 W 99/10, juris; K Schmidt, Handelsrecht § 8 I 1b Rn 7; K Schmidt, in: FS Hoffmann-Becking 1053, 1059; Canaris, Handelsrecht § 7 Rn 23; Strobel, Die Unternehmenspacht im deutschen, französischen und italienischen Recht 34 f; Staub/Burgard § 25 HGB Rn 52; MünchKommHGB/Thiessen § 25 HGB Rn 45; Oetker/Vossler § 25 HGB Rn 15; Röhricht/Graf vWestphalen/Haas/Ries § 25 Rn 6; Herrmann, Die Unternehmenspacht 117 ff; Brockmeier 121 ff mwNw; Klein-Blenkers 158 f; U Krause MittRhNotK 1990, 237, 240; Sauer/Stoll BB 2011, 1091, 1092; **aA** Schricker ZGR 1972, 120, 153 f Fn 128; Dörmer 215 f), wenn keine wirksame abweichende Vereinbarung gem § 25 Abs 2 HGB vorliegt (dazu zB Knoppe, Verpachtung eines Gewerbebetriebes 22; Dröge 103 f; Klein-Blenkers 159). Die allgemeinen Probleme bei rechtlicher Einordnung und Interpretation des § 25 HGB (s dazu hier nur grundlegend K Schmidt, Handelsrecht § 7 II Rn 16 ff sowie Brockmeier 14 ff) werden allerdings bei der Unternehmenspacht besonders deutlich, da hier etliche Konstellationen denkbar sind, die sich wegen ihrer zeitlichen Begrenztheit ein gutes Stück weit von der Grundkonzeption des § 25 HGB entfernen. Das sollte bei der Anwendung des § 25 HGB auf die Unternehmenspacht stets im Blick behalten werden. – Da die körperlichen und immateriellen Bestandteile des Unternehmens nach wie vor im Eigentum des Verpächters stehen, kann sich die Haftung nach § 25 HGB im Ergebnis nur auf das Privatvermögen des Pächters beziehen (s dazu insb MünchKommHGB/Thiessen § 26 HGB Rn 16; Staub/Burgard § 26 HGB Rn 13). Das ist vor allem wegen der mit § 25 HGB korrespondierenden Regelung zur Enthaftung des Veräußerers in § 26 HGB von Bedeutung, die sinnvollerweise nur eingreifen könnte, wenn auf Seiten des Pächters auch das Unternehmensvermögen als Haftungsmasse zur Verfügung stünde. Mitunter wird daher bei Pachtverträgen eine teleologische Reduktion des § 26 HGB angenommen, also im Ergebnis eine Enthaftung des Verpächters abgelehnt (zB Koller/Kindler/Roth/Morck/Roth § 26 HGB Rn 9; Röhricht/Graf vWestphalen/Haas/Ries § 26 HGB Rn 9; Oetker/Vossler § 26 HGB Rn 6; Staub/Burgard § 26 HGB Rn 13; **aA** Canaris, in: FS Odersky 753, 756 f; ders, Handelsrecht § 7 Rn 58 f; MünchKommHGB/Thiessen § 26 Rn 16: Analogie zu § 134 UmwG). Das erscheint sinnvoll; gleichwohl ist es aus Gründen der Rechtssicherheit zu empfehlen, § 26 HGB bei langfristigen Pachtverträgen abzubedingen (s dazu etwa BAUMBACH/HOPT/HOPT § 26 HGB Rn 12; ähnlich OETKER/VOSSLER § 26 HGB Rn 14; allgemein zur Abdingbarkeit des § 26 HGB etwa STAUB/BURGARD § 26 HGB Rn 35 f; RÖHRICHT/GRAF v WESTPHALEN/HAAS/RIESS § 26 HGB Rn 21). Auf das **Innenverhältnis** zwischen Verpächter und Pächter bezieht sich § 25 HGB nicht. Hier ist in erster Linie maßgeblich, was im Pachtvertrag vereinbart wurde. Sinnvoll erscheint im Interesse der Funktionsfähigkeit des Unternehmens und zur Herstellung eines Gleichlaufs zwischen Innen- und Außenverhältnis eine Vereinbarung der Haftungsübernahme auch im Innenverhältnis (so auch insb STROBEL, Die Unternehmenspacht im deutschen, französischen und italienischen Recht 35). Die Annahme einer konkludenten Haftungsübernahme im Innenverhältnis bedarf hingegen deutlicher Anhaltspunkte, weshalb eine ausdrückliche Parteivereinbarung dringend anzuraten ist.

l) Eintritt in die Rechte und Pflichten des Verpächters beim Betriebsübergang

322 Unter den Voraussetzungen des § 613a Abs 1 S 1 BGB tritt bei der **Unternehmenspacht** der Pächter in die Rechte und Pflichten des Verpächters aus den im Zeitpunkt des Übergangs bestehenden Arbeitsverhältnissen ein; insoweit werden kraft Gesetzes zusätzliche Pflichten des Pächters begründet.

323 Voraussetzung ist zunächst der **Übergang eines Betriebs oder Betriebsteils**, der zugleich dessen Fortführung voraussetzt (s dazu hier nur MünchKomm/MÜLLER-GLÖGE § 613a Rn 54 ff; Erfurter Kommentar/PREIS § 613a Rn 49 ff mwNw; zum Betriebsübergang bei Miete und Pacht von Gewerbeimmobilien allgemein MATTHEY/KLUTH/FRÖNDHOFF NZM 2005, 1 ff). Eine solche Übertragung eines Betriebs oder Betriebsteils ist bei der Verpachtung eines Unternehmens als wirtschaftlicher Einheit idR anzunehmen (s insb BAG NJW 1979, 2634, 2635; NJW 1981, 2212; NZA 1987, 382, 384; NZA 1987, 419, 420; NZA-RR 2008, 367, 370; 8. 5. 2014 – 2 AZR 1005/12 Rn 19, NZA 2015, 889; BGH NJW 2006, 1792 Rn 18; EuGH Slg 1987, 5465, 5483 Rn 13; EuGH NJW 2004, 45 Rn 33 ff; LAG München 20. 8. 2009 – 4 Sa 19/09, juris; LAG Stuttgart 9. 3. 2016 – 4 Sa 19/15, ZIP 2016, 2382, 2383 f – nicht rechtskräftig, zu einer Konstellation – echter Betriebsführungsvertrag –, in der § 613a letztlich nicht eingriff; MEILICKE DB 1982, 1168; SCHNEIDER JbFStR 1982/83, 387, 409; HENSSLER/WILLEMSEN/KALB/WILLEMSEN § 613a Rn 212), weil sie zum Übergang des Betriebs auf den Pächter führt. Auch bei einem Pächterwechsel kommt eine Anwendung des § 613a BGB in Betracht, selbst wenn zwischen dem bisherigen und dem neuen Pächter keine unmittelbaren rechtsgeschäftlichen Beziehungen bestehen (BAG NJW 1981, 2212; NZA 1987, 419, 420; NJW 2009, 391, 394; NJW 2010, 1689, 1690 ff – iE aus anderen Gründen abgelehnt; BGH NJW 2006, 1792 Rn 18; EuGH Slg 1988, 739, 753 Rn 10 f; EuGH NJW 1997, 2039 Rn 12; NJW 2004, 45 Rn 39; LAG Hamburg DB 1986, 1576, 1577; 3. 3. 2005 – 1 Sa 35/04, juris; 1. 4. 2005 – 6 Sa 68/04, juris; 7. 4. 2005 – 7 Sa 65/04, juris; iE auch MEILICKE DB 1982, 1168 f, aber mit Kritik an der ursprünglichen Begründung des BAG), der neue Pächter aber den Betrieb identitätswahrend fortführt (BAG NJW 2010, 1689, 1690 ff; EuGH Slg 1988, 739, 753 Rn 10 f; EuGH NJW 1997, 2039 Rn 12; anders die Konstellation in BAG 18. 9. 2014 – 8 AZR 733/13 Rn 22 ff, NJW 2015, 973; MünchKomm/MÜLLER-GLÖGE § 613a Rn 60, 66; HENSSLER/WILLEMSEN/KALB/WILLEMSEN § 613a Rn 199; KARTHAUS/RICHTER, in: DÄUBLER/HJORT/SCHUBERT/WOLMERATH, Arbeitsrecht § 613a BGB Rn 77; PALANDT/WEIDENKAFF § 613a Rn 11a; K SCHREIBER RdA 1982, 137, 143) und allenfalls eine kurzfristige zeitliche Lücke zwischen den Pachtverträgen besteht (vgl auch BAG NJW 1998, 1253, 1254; STAUDINGER/ANNUSS [2016] § 613a Rn 83; MünchKomm/MÜLLER-GLÖGE § 613a Rn 66; Erfurter Kommentar/PREIS § 613a Rn 60; KARTHAUS/RICHTER, in: DÄUBLER/HJORT/SCHUBERT/WOLMERATH, Arbeitsrecht § 613a BGB Rn 77). Weiterhin kann ein Betriebsübergang vorliegen bei der Rückgabe des verpachteten Betriebs an den Verpächter, wenn dieser den Betrieb tatsächlich selbst fortführt (STAUDINGER/ANNUSS [2016] § 613a Rn 128; MünchKomm/MÜLLER-GLÖGE § 613a Rn 60 mwNw; Erfurter Kommentar/PREIS § 613a Rn 54; BeckOK/FUCHS [25. 6. 2017] § 613a Rn 24: zumindest vorübergehende Fortführung erforderlich; PALANDT/WEIDENKAFF § 613a Rn 11a; EuGH Slg 1987, 5465, 5484 Rn 14 f; EuGH NJW 1999, 2461, 2462; BSG ZIP 1998, 483, 484 f; BAG NJW 1999, 2461, 2461 f – iE abgelehnt; BAG 23. 9. 1999 – 8 AZR 135/99, juris – iE abgelehnt; weiter noch BAG NZA 1987, 419, 420; NZA 1988, 838, 840; NJW 1995, 3404, 3405), also nicht bereits bei einer bloßen Kündigung des Pachtvertrags (s etwa BAG 14. 3. 2013 – 8 AZR 153/12 Rn 32, AP Nr 201 zu § 1 KSchG 1969 Betriebsbedingte Kündigung mwNw; 14. 3. 2013 – 8 AZR 154/12 Rn 32, AP Nr 199 zu § 1 KSchG 1969 Betriebsbedingte Kündigung; 14. 3. 2013 – 8 AZR 155/12, juris Rn 32; ERMAN/EDENFELD § 613a Rn 7). Dabei ist die Definition von Betrieb bzw Betriebsteil – nicht zuletzt infolge der Rspr des EuGH – zunehmend ausgeweitet worden, sodass ein Betriebsübergang nunmehr zB bereits beim Erwerb – und damit auch bei der Verpachtung – einer organisatorischen Einheit von Personen und Sachen ohne relevante materielle oder immaterielle Betriebsmittel vorliegen kann (s dazu insb EuGH NJW 1994, 2343 f; NJW 1997, 2039 f; NJW 2002, 811, 812 f; NZA 2009, 251, 252 ff; BAG NJW 1998, 1253, 1254 f; NJW 1998, 2994, 2995; NZA 1999, 420, 421 f; NZA 2003, 93, 97 f; NZA 2003, 315, 317 f; NJW 2004, 2324, 2325 f; NZA 2004, 316, 317 ff; NJW 2009, 391, 394 f; NJW 2010, 1689, 1690 ff). Allerdings kann nicht davon ausgegangen werden, dass die Anforderungen an das Vorliegen eines Unternehmenspachtvertrags (insb in Abgrenzung zur Miete, dazu Vorbem 34 f zu § 581) mit denjenigen für die Annahme eines Betriebs bzw Betriebsteils iSd § 613a BGB deckungsgleich sind (s dazu nur das Bsp in BAG NJW 2010, 1689, 1690 ff). Vor allem bei der Verpachtung eines einzelnen Unternehmensteils – und insbesondere wenn hier die Überlassung von Rechten im Vordergrund steht – ist stets genau zu prüfen, ob dieser Unternehmensteil eine ihre Identität bewahrende wirtschaftliche Einheit im Sinne einer organisierten Zusammenfassung von Ressourcen zur Verfolgung einer wirtschaftlichen Haupt- oder Nebentätigkeit iSd Art 1 Abs 1 lit b der RL (EG) Nr 2001/23 (ABl EG 2001, L 82/16, geändert durch Richtlinie [EU] Nr 2015/1794, ABl EU 2015, L 263/1) als Grundlage der Regelung in § 613a BGB darstellt (zu den Kriterien für das Vorliegen einer solchen wirtschaftlichen Einheit s hier nur Erfurter Kommentar/PREIS § 613a BGB Rn 10 ff mwNw).

Ein **Inhaberwechsel** setzt voraus, dass der neue Inhaber den Betrieb als wirtschaftliche Einheit selbst fortführt (s zB Erfurter Kommentar/PREIS § 613a BGB Rn 50 ff mwNw; BeckOK/FUCHS [15. 6. 2017] § 613a Rn 15). Das ist bei der „klassischen" Unternehmenspacht der Fall, weil der Pächter den Betrieb hier im eigenen Namen führt (s zB STAUDINGER/ANNUSS [2016] § 613a Rn 101; MünchKomm/MÜLLER-GLÖGE § 613a Rn 55), ebenso wenn der Verpächter die Betriebsführung leitet, diese aber im Namen und auf Rechnung des Pächters erfolgt (Erfurter Kommentar/PREIS § 613a Rn 46, KARTHAUS/RICHTER, in: DÄUBLER/HJORT/SCHUBERT/WOLMERATH, Arbeitsrecht § 613a BGB Rn 22; ERMAN/EDENFELD § 613a Rn 10). Kein Inhaberwechsel ist anzunehmen bei der bloßen Innenpacht (STAUDINGER/ANNUSS [2016] § 613a Rn 101 mwNw) oder beim Abschluss eines echten Betriebsführungsvertrags (s zB BAG NJW 1998, 2549, 2550; STAUDINGER/ANNUSS [2016] § 613a Rn 101 mwNw; zu diesem Vertragstypus allg Vorbem 46 f zu § 581). **324**

Schließlich muss die Überlassung des Betriebs oder Betriebsteils **durch Rechtsgeschäft** erfolgen. Dieses Merkmal dürfte bei der Unternehmenspacht idR keine Probleme aufwerfen, weil hier regelmäßig ein bereits bestehendes Unternehmen durch Vertrag überlassen wird (s dazu zB BAG NJW 1979, 2634, 2635; MünchKomm/MÜLLER-GLÖGE § 613a Rn 64; BeckOK/FUCHS [15. 6. 2017] § 613a Rn 24; Erfurter Kommentar/PREIS § 613a BGB **325**

Rn 59; Karthaus/Richter, in: Däubler/Hjort/Schubert/Wolmerath, Arbeitsrecht § 613a BGB Rn 73; K Schreiber RdA 1982, 137, 143; Meilicke DB 1982, 1168; weiterhin auch Erman/Edenfeld § 613a Rn 29; Palandt/Weidenkaff § 613a Rn 17). Sofern der Betrieb des Unternehmens erst nach Vertragsschluss aufgenommen wird (dazu etwa Staudinger/Annuss [2016] § 613a Rn 128), liegt häufig kein Pacht-, sondern ein Mietvertrag vor (Vorbem 36 zu § 581). Auch der Rückfall des Unternehmens an den Verpächter wird überwiegend als rechtsgeschäftlich veranlasst in diesem Sinne angesehen (BAG NZA 1987, 419, 420; NJW 1995, 3404, 3405 f; EuGH NZA 1990, 885, 886; MünchKomm/Müller-Glöge § 613a Rn 65; BeckOK/Fuchs [15. 6. 2017] § 613a Rn 24; Erfurter Kommentar/Preis § 613a BGB Rn 60; Henssler/Willemsen/Kalb/Willemsen § 613a Rn 213; Karthaus/Richter, in: Däubler/ Hjort/Schubert/Wolmerath, Arbeitsrecht § 613a BGB Rn 73), ebenso die Zweitverpachtung (s Rn 316, 349 ff; enger in Bezug auf das Vorliegen eines Rechtsgeschäfts noch BAG NJW 1981, 2212), auch wenn die Konstruktion des „Rechtsgeschäfts" hier unterschiedlich vorgenommen wird (Erman/Edenfeld § 613a Rn 30: Übertragung der dinglichen Verfügungsberechtigung über die wesentlichen Betriebsmittel durch den Erst- an einen Zweitpächter; BeckOK/ Fuchs [15. 6. 2017] § 613a Rn 24: Übertragung in zwei Schritten, entscheidend ist aber Bewahrung der wirtschaftlichen Einheit des Betriebs; BAG NJW 1981, 2212 f: teleologische und systematische Auslegung des § 613a BGB).

326 **Rechtsfolge** des Betriebsübergangs iSd § 613a BGB ist der Eintritt des Pächters in die Rechte und Pflichten des Verpächters aus den im Zeitpunkt des Übergangs bestehenden Arbeitsverhältnissen, § 613a Abs 1 S 1 BGB. Der Betriebsübergang ist den Arbeitnehmern durch den Verpächter gem § 613a Abs 5 BGB anzuzeigen; diese können dem Übergang des Arbeitsverhältnisses gemäß § 613a Abs 6 BGB widersprechen. Zu beachten ist, dass § 613a BGB nicht für Vertragsverhältnisse mit Handelsvertretern gilt. Diese enden vielmehr mit dem Betriebsübergang; der Handelsvertreter hat lediglich einen Ausgleichsanspruch nach § 89b HGB. Im Interesse einer vollständigen Betriebsfortführung wird daher empfohlen, vor Abschluss eines Unternehmenspachtvertrags mit dem Handelsvertreter den Übergang des Handelsvertretervertrags auf den Pächter zu vereinbaren (Knoppe, Verpachtung eines Gewerbebetriebs 22). Zu den betriebsverfassungsrechtlichen Auswirkungen des Betriebsübergangs im Rahmen der Unternehmenspacht s insb Fenzl S 135 f Rn 476 ff.

m) **Besondere Nebenpflichten des Pächters bei Lizenzverträgen**

327 In Lizenzverträgen werden neben besonderen Pflichten des Lizenzgebers (s Rn 237) idR auch einige besondere Nebenpflichten des Lizenznehmers vereinbart. So wird vor allem bei ausschließlichen Lizenzverträgen häufig eine **Ausübungspflicht** (dazu zB Berger, in: Berger/Wündisch, Urhebervertragsrecht § 1 Rn 199; Benkard/Ullmann/Deichfuss § 15 PatG Rn 134 ff mwNw aus der Rspr; Gross, Know-how-Lizenzvertrag Erläuterung zu III. 1 und 2; kritisch Krasser/Ann, Patentrecht § 41 Rn 22) sowie eine **Nichtangriffspflicht** (dazu zB Gross, Der Lizenzvertrag Rn 213 f; Henn Rn 336; Gitter 408; Götting, Gewerblicher Rechtsschutz § 27 Rn 13; McGuire, Die Lizenz 711 ff; Maassen/Wuttke, in: Ann/Loschelder/ Grosch 289 f [Rn 78 ff]) statuiert. Häufig ist zudem die Vereinbarung von beiderseitigen **Geheimhaltungspflichten** (dazu zB Gross, Der Lizenzvertrag Rn 219 ff, 278; ders, Know-how-Lizenzvertrag Erläuterung zu III. 12; Henn/Pahlow/Pahlow § 10 Rn 20 ff und 29 ff; Maassen/ Wuttke, in: Ann/Loschelder/Grosch 284 ff [Rn 64 ff]) sowie **Wettbewerbsverboten**, die allerdings kartellrechtlichen Bedenken unterliegen (s insbesondere Art 5 Abs 2 der Gruppenfreistellungsverordnung für Technologietransfer-Vereinbarungen [Verordnung [EU] Nr 314/2016 der Kommission vom 21. 3. 2014 über die Anwendung von

Art 101 Abs 3 des Vertrags über die Arbeitsweise der Europäischen Union auf Gruppen von Technologietransfer-Vereinbarungen, ABl EU 2014, L 93/17] sowie bereits oben Rn 314).

3. Pflicht zur Rückgewähr des Pachtgegenstands

Nach Ende der Vertragslaufzeit ist der Pächter verpflichtet, den Pachtgegenstand **328** dem Verpächter zurückzugewähren, § 581 Abs 2 BGB iVm § 546 Abs 1 BGB. Voraussetzung des Rückgabeanspruchs des Verpächters nach § 581 Abs 2 BGB iVm § 546 Abs 1 BGB ist die Beendigung eines zuvor wirksamen Pachtverhältnisses (OLG München NJW-RR 1989, 524). Die Regelung gilt sowohl im Verhältnis der Parteien des Hauptvertrags als auch zwischen dem Hauptverpächter und einem Dritten, dem der Pachtgegenstand vom Hauptpächter überlassen wurde (§ 546 Abs 2 BGB), und zwar sowohl bei der Unterverpachtung (zB OLG München NJW-RR 1989, 524; LG Mannheim ZMR 1966, 48) als auch bei mehrstufigen Überlassungen (zu mehrstufigen Kleingartenverhältnissen, bei denen die Voraussetzungen des § 10 Abs 3 BKleingG für einen Eintritt des Verpächters in die Verträge mit den Kleingärtnern bei Kündigung des Zwischenpachtverhältnisses nicht erfüllt sind, BGHZ 119, 300, 302 ff; BGH NJW-RR 1994, 779, 780; NZM 2002, 698). Die Rückgewähr kann auch an eine Hilfsperson des Verpächters erfolgen, sofern die rechtliche Stellung der Hilfsperson dazu führt, dass die Rückgewährpflicht gegenüber dem Verpächter erfüllt wird, also etwa wenn die Hilfsperson Empfangsvertreter und gleichzeitig Besitzmittler ist (etwas einseitig auf Stellvertretung bzw Abtretung von Ansprüchen der Verpächterin abstellend OLG Brandenburg 2. 6. 2015 – 6 U 143/13, juris); ansonsten gilt für die Erfüllung der Rückgewährpflicht § 362 Abs 2 BGB iVm § 185 BGB. Der Inhalt der Rückgewährpflicht hängt vom Pachtgegenstand sowie davon ab, was zur Fruchtziehung aus dem Pachtgegenstand benötigt wird. Teilleistungen des Pächters sind nach § 266 BGB grundsätzlich unzulässig (LG Mannheim MDR 1965, 140). Eine vorzeitige Erfüllung der Rückgabepflicht ist zwar nach § 271 Abs 2 BGB regelmäßig möglich (OLG Dresden NZM 2000, 827 – zur Miete), aber nicht wenn der Pachtgegenstand durch die vorzeitige Rückgabe beeinträchtigt wird oder wenn es dem Verpächter nicht möglich ist, den vorzeitig zurückgegebenen Pachtgegenstand unterzubringen oder wenn eine vertragliche Gebrauchs- bzw Betriebspflicht des Pächters besteht. Grundsätzlich ist der Pachtgegenstand in dem Zustand zurückzugewähren, in dem er sich zur Zeit der Beendigung des Pachtverhältnisses befindet, auch wenn der Verpächter die Rückgabe nicht unter Hinweis auf den nicht vertragsgemäßen Zustand ablehnen darf (zB BGHZ 86, 204, 209 f; OLG Düsseldorf ZMR 1987, 215, 215; BezG Cottbus WuM 1994, 146 – alle zur Miete). Verschlechterungen durch vertragsgemäßen Gebrauch hat der Pächter nicht zu vertreten, § 581 Abs 2 BGB iVm § 538 BGB, sofern er sich nicht vertraglich zur Wiederherstellung verpflichtet hat. Für die rechtliche Zulässigkeit von Endrenovierungs- und Schönheitsreparaturklauseln gelten die mietrechtlichen Grundsätze (OLG München GuT 2005, 215, 216 mwNw aus der mietrechtlichen Rspr; STAUDINGER/EMMERICH [2018] § 535 Rn 101 ff mwNw). Stehen bei einer vertraglichen Verpflichtung zur Wiederherstellung der Wert des Pachtgegenstands und der Wiederherstellungsaufwand in einem krassen Missverhältnis, ist dem Pächter die Wiederherstellung nicht zuzumuten, sodass er den Verpächter nach § 251 Abs 2 BGB in Geld entschädigen kann (BGH NJW 1976, 235). Entsprechendes gilt auch, wenn der Pächter den Pachtgegenstand nicht in dem Zustand zurückzugeben vermag, der ordnungsgemäßer Bewirtschaftung entspricht, und der Wiederherstellungsaufwand außer Verhältnis zum Wert des Pachtgegenstands steht (BGH

NJW 2010, 2341 Rn 20; NZM 2010, 442 Rn 10 ff, beide zur Dekontaminierung eines verpachteten Grundstücks). Allerdings ist der Bezugspunkt für die Beurteilung der Unverhältnismäßigkeit hier schwer zu bestimmen. Der BGH bezog auch das Risiko einer Inanspruchnahme des Verpächters durch Dritte in die Betrachtung ein, obwohl sich dieses im konkreten Fall noch nicht realisiert hatte (NJW 2010, 2341 Rn 20). Überzeugender erscheint es, insoweit darauf abzustellen, ob Allgemeininteressen an der Wiederherstellung des geschädigten Gutes bestehen (BGH NZM 2010, 442 Rn 22). Zu berücksichtigen ist auch, dass ein Abstellen allein auf den Wert des Pachtgegenstands (so offenbar BGH NZM 2010, 442 Rn 13 ff, wo die Frage allerdings nicht entscheidungserheblich war) dem Charakter des Pachtvertrags als Dauerschuldverhältnis, bei dem der Pachtgegenstand eine längerfristige Einnahmequelle für den Verpächter darstellen kann, nicht gerecht wird; zumindest müsste man auch das Interesse des Verpächters an künftigen Erträgen des Pachtgegenstands berücksichtigen. Ist der Pächter zur Vornahme von Schönheitsreparaturen verpflichtet, die durch einen Umbau des Pachtgegenstands durch den Verpächter ihren Wert verlieren würden, nimmt die Rspr im Wege der ergänzenden Vertragsauslegung eine Pflicht des Pächters an, für die nicht vorgenommenen Schönheitsreparaturen einen Geldausgleich zu zahlen (BGHZ 77, 301, 304 f; OLG Düsseldorf ZMR 1994, 402, 409 f; OLG Oldenburg NZM 2000, 828; OLG München GuT 2005, 215, 216).

329 Bewegliche oder unbewegliche **Sachen** sind gemäß §§ 581 Abs 2, 546 BGB zurückzugewähren. Bei verpachteten Räumen sind die Schlüssel zurückzugeben, vom Pächter untergebrachte Einrichtungsgegenstände sind zu entfernen (OLG Koblenz NZM 2006, 181, 181; dort auch zur Abgrenzung zur Vorenthaltung des Pachtgegenstands iSd § 584b). Die Pflicht des Pächters zur Entfernung von Einrichtungsgegenständen kann insbesondere bei der **Kleingartenpacht** von praktischer Bedeutung sein, wenn das Pachtobjekt vom Pächter individuell mit Baulichkeiten, Anlagen, Einrichtungen und Anpflanzungen versehen wurde, die nach § 95 Abs 1 BGB regelmäßig nicht Eigentum des Verpächters geworden sind (dazu sowie zu etwaigen Einschränkungen der Parteiautonomie Rn 455; die Vermutung eines lediglich vorübergehenden Zwecks bei Verbindung von Gegenständen mit dem Grundstück durch den Pächter oder Mieter – dazu BGH 7. 4. 2017 – V ZR 52/16 Rn 8, NJW 2017, 2099 – sollte allerdings nicht überdehnt werden, sondern es sollte insbesondere die Dauer des Nutzungsverhältnisses mit berücksichtigt werden, s dazu insb STIEPER NJW 2017, 2101 f). Auch das **Zubehör** des Pachtgegenstands unterliegt der Rückgewährpflicht. Für die Grundstückspacht enthält § 582a Abs 3 BGB für die Fälle einer Inventarübernahme zum Schätzwert eine Spezialregelung über die Rückgewähr des Inventars. Einrichtungen und bauliche Veränderungen durch den Pächter sind grundsätzlich zu beseitigen, soweit sie nicht nach dem Vertrag dem Verpächter zu belassen sind (OLG Köln NZM 1998, 767; zur Miete STAUDINGER/ROLFS [2018] § 546 Rn 27 ff) oder ausnahmsweise eine begründete bzw berechtigte Erwartung des späteren Eigentumserwerbs am Grundstück durch den Pächter bestand (BGH 19. 7. 2013 – V ZR 93/12 Rn 8, NJW 2013, 3364; OLG Brandenburg 5. 4. 2007 – 5 U 129/06, juris, beide mwNw aus der mietrechtlichen Rspr).

330 Bei der **Rechtspacht** muss der Pächter alle Handlungen vornehmen, die erforderlich sind, um dem Verpächter die Ausübung des Rechts wieder zu ermöglichen, zB erhaltene Urkunden zurückgeben, den Besitz an sonstigen Sachen zurückgewähren, die zur Ausübung des Rechts benötigt werden, oder – bei der Jagd- bzw Fischereipacht – dem Verpächter Zugang zu den Jagd- bzw Fischereigründen gewähren.

Besonderen Regeln unterlag die Rückgabepflicht des Pächters bei der Milchquotenpacht, weil Milchquoten nicht an jedermann veräußert werden konnten (s dazu etwa BGH GuT 2007, 153 Rn 4; NZM 2008, 621 Rn 14 ff; AUR 2012, 93 Rn 21; Busse AUR 2006, 153, 156 ff; ders AUR 2011, 1 ff). Davon zu unterscheiden ist die Rückgabepflicht bei der flächenlosen Verpachtung von Rübenquoten, weil hier die Betriebsprämien nicht in gleicher Weise wie bei der Milchquotenpacht mit der Produktion selbst verbunden sind. Daher können diese Prämien nicht vom Verpächter nach § 581 Abs 2 BGB iVm § 546 BGB und auch nicht aufgrund einer ergänzenden Vertragsauslegung oder – sofern daneben überhaupt anwendbar – wegen Wegfalls der Geschäftsgrundlage herausverlangt werden (LG Hildesheim NL-BzAR 2008, 506, 508 ff).

Bei der **Unternehmenspacht** sind die überlassenen Unternehmensbestandteile, also 331 zB Grundstücke bzw Räume, bewegliche Sachen, Rechte sowie immaterielle Güter, nach den jeweils für die einzelnen Gegenstände maßgeblichen Regeln zurückzugewähren (zu Einzelheiten s insb OPPENLÄNDER, Die Unternehmenspacht 302 ff; KLEIN-BLENKERS 325 ff). Dazu gehört auch Zubehör, wie zB ein Fernsprechanschluss (OLG Saarbrücken OLGZ 1971, 322, 324 ff; LG Konstanz NJW 1971, 515, 515 f; **aA** LG Nürnberg-Fürth MDR 1967, 47). Besonders schwierig erscheint die Rückgewähr immaterieller Unternehmenselemente, wie zB Goodwill (s etwa BFH GmbHR 1997, 568: Steuerberaterpraxis; LG Berlin VuR 2002, 331, 331 ff: Tierarztpraxis). Hier wird nicht immer eine bestimmte Handlung des Pächters verlangt werden können (s aber zB LG Berlin VuR 2002, 331, 332 f: Pflicht zur Rückgabe der Kundenkartei einer gepachteten Tierarztpraxis); indirekt konkretisiert sich aber die Pflicht zur Rückgewähr derartiger Unternehmensbestandteile insbesondere in nachvertraglichen Wettbewerbsverboten (Rn 240, 339), in einer Pflicht zur Rückeinführung in das Unternehmen (dazu KLEIN-BLENKERS 331 f; DÖRMER 328) sowie darin, dass dem Pächter regelmäßig kein Ausgleichsanspruch für einen Zuwachs an Goodwill zusteht (s insb BGH NJW 1986, 2306, 2306 f – selbst wenn der Verpächter gleichzeitig stiller Gesellschafter des Geschäftsinhabers war; BGH NJW-RR 2003, 894, 895). Ein etwaiges Anwachsen des Unternehmens kommt bei Beendigung des Pachtvertrags daher bei Fehlen besonderer Absprachen regelmäßig dem Verpächter zugute (s auch STROBEL, Die Unternehmenspacht im deutschen, französischen und italienischen Recht 46; OPPENLÄNDER, Die Unternehmenspacht 347; KLEIN-BLENKERS 343; **aA** DÖRMER 343 ff). Sofern der Pächter allerdings selbst erst die Betriebsgrundlagen geschaffen hat – wie zB häufig bei der Apothekenpacht –, ist durch Vertragsauslegung zu ermitteln, ob diese bei Vertragsbeendigung dem Verpächter herauszugeben sind (BGH ZMR 1961, 162, 164; NJW 1964, 2204; LM Nr 1b zu § 597 BGB). Hat der Pächter einen Warenbestand bei Pachtbeginn durch Kauf übernommen, ist dieser – sofern nichts anderes vereinbart wurde – bei Beendigung des Pachtverhältnisses nicht zurückzugeben oder wertmäßig auszugleichen (BGH WuM 1992, 246).

Wird bei Beendigung der Unternehmenspacht die **Firma fortgeführt**, ist nunmehr 332 wiederum der Verpächter in das Handelsregister einzutragen, ohne dass es dafür einer Vereinbarung der Vertragspartner bedürfte (s auch HERRMANN, Die Unternehmenspacht 122 ff; DÖRMER 331; MünchKommHGB/HEIDINGER § 22 HGB Rn 103 mwNw). Die Haftung nach § 25 HGB trifft dann wiederum den Verpächter (RGZ 133, 318, 323; STAUB/ BURGARD § 25 Rn 53; MünchKommHGB/THIESSEN § 25 HGB Rn 46; RÖHRICHT/GRAF VWESTPHALEN/HAAS/RIES § 25 HGB Rn 6; CANARIS, Handelsrecht § 7 Rn 23; KORTE/SPRISSLER GStB 2004, 68, 71), und zwar bereits ab Wirksamwerden einer Kündigung seitens des Pächters, sodass hier die vorsorgliche Vereinbarung eines Haftungsausschlusses zugunsten des

Verpächters für die Rückübertragung bereits im Pachtvertrag zu empfehlen ist (s auch RGZ 133, 318, 323 f; Staub/Burgard § 25 Rn 53; MünchKommHGB/Thiessen § 25 HGB Rn 46; Brockmeier 138 ff; Nörr/Scheyhing, Sukzessionen [1983] § 30 A VI, 385; Korte/Sprissler GStB 2004, 68, 71 f). Zur Rückübertragung einer Geschäftsbezeichnung s BGH MDR 1959, 184.

333 Im Falle der unmittelbaren **Weiterverpachtung** durch den Verpächter nach Beendigung eines Pachtvertrags ist § 25 HGB seinem Wortlaut und auch seinem Schutzzweck nach ebenfalls anwendbar. Problematisch ist hier allerdings der Schutz des Zweitpächters, weil er kaum Möglichkeiten hat, eine Haftungsbeschränkung nach § 25 Abs 2 HGB zu erreichen. Trotzdem bejaht die Rspr eine Anwendbarkeit des § 25 HGB (BGH NJW 1984, 1186, 1187 mAnm K Schmidt; NJW 2006, 1001, 1002 – zum Mietrecht; ähnlich BGH DB 2008, 2475, 2476; LAG Hamm 26. 11. 2003 – 14 Sa 1075/03, juris – iE wegen mangelnder Firmenfortführung abgelehnt; OLG Frankfurt NJW-RR 2005, 1349, 1350; KG KGR 2005, 47, 48 f; OLG Jena OLGR 2007, 106 f – iE Anwendung des § 25 HGB allerdings abgelehnt; OLG Stuttgart NZG 2010, 628, 630; zustimmend zB Oetker/Vossler § 25 HGB Rn 18 f; K Schmidt NJW 1984, 1187; Wilhelm NJW 1986, 1797 f; Brockmeier 154 ff); in der Literatur wird teilweise eine einschränkende Auslegung der Regelung befürwortet (zB MünchKommHGB/Thiessen § 25 HGB Rn 49 f; Heymann/Emmerich § 25 HGB Rn 13, 18–20; Kanzleiter DNotZ 2006, 590, 592 f; Lettl WM 2006, 2336, 2339 ff; ebenso OLG Hamm NJW-RR 1997, 733; OLG Rostock OLGR 2006, 487, 488). Angesichts der insoweit verbleibenden Rechtsunsicherheit sollte in den ersten Pachtvertrag sicherheitshalber eine Regelung aufgenommen werden, die nicht nur dem Verpächter, sondern auch einem etwaigen Zweitpächter den Ausschluss der Haftung ermöglicht (s dazu auch BGH NJW 1984, 1186, 1187; Oetker/Vossler § 25 HGB Rn 19; Röhricht/vWestphalen/Haas/Ries § 25 HGB Rn 6; Brockmeier 159 f; kritisch MünchKommHGB/Thiessen § 25 HGB Rn 50), auch wenn vieles für die Ansicht spricht, die wegen der auf den Veräußerer ausgerichteten Intention des § 25 HGB dem Zweiterwerber die Möglichkeit eines einseitigen Haftungsausschlusses zugesteht (zB Staub/Burgard § 25 Rn 54; MünchKommHGB/Thiessen § 25 HGB Rn 50; Oetker/Vossler § 25 HGB Rn 19, 35; Röhricht/Graf vWestphalen/Haas/Ries § 25 HGB Rn 6; Wilhelm NJW 1986, 1797, 1798; U Huber, in: FS Raisch 85, 99; K Schmidt, Handelsrecht § 7 IV 2a Rn 106 ff; Canaris, Handelsrecht § 7 Rn 34; ders, in: FS Frotz 11, 31).

334 Bei **Softwareüberlassungsverträgen** kann – soweit sie als Pachtverträge zu qualifizieren sind (Vorbem 94 zu § 581) – die Rückgabepflicht durch eine Pflicht zur Vernichtung des Datenträgers oder Löschung des Programms ersetzt werden, weil für den Überlassenden nicht die körperliche Rückgabe entscheidend ist, sondern dass die Software nicht mehr über das Vertragsende hinaus genutzt wird (s auch Dörner/Jersch IuR 1988, 137, 146 f).

335 Bei **Franchiseverträgen** können neben den pachtrechtlichen Regeln der Rückabwicklung auch §§ 87 Abs 3, 89b, 90, 90a Abs 1 S 3 HGB sowie – in Bezug auf eine vom Franchisenehmer geleistete Eintrittsgebühr – ggf §§ 812 ff BGB zu beachten sein (s etwa Giesler/Nauschütt/Jesse, Franchiserecht 863 ff [Kap 13 Rn 31 ff, 54 ff]; ausführlich Staudinger/Emmerich/Veit [2004] Vorbem 174 zu § 581). Ausgangspunkt sollten – wie bei den Voraussetzungen der Vertragsbeendigung (Rn 462 f) – die pachtrechtlichen Regeln sein. Danach hat der Franchisenehmer nach Vertragsende alles, was er vom Franchisegeber erhalten hat, zurückzugeben, insbesondere alles, worin das Know-how des Franchisegebers dokumentiert ist (§ 581 Abs 2 BGB iVm § 546 BGB). Er kann kein Zu-

rückbehaltungsrecht an den ihm zum Betrieb des Franchisingbetriebs überlassenen Räumen geltend machen, nicht einmal dann, wenn zwischen Franchise- und Pachtvertrag ein unmittelbarer rechtlicher und wirtschaftlicher Zusammenhang besteht (OLG Hamburg WiB 1997, 480 mAnm Flohr). Der Franchisenehmer kann gem § 242 BGB verpflichtet sein, die Vertragsware zurückzunehmen, weil der Franchisenehmer sie nach Vertragsbeendigung nicht mehr absetzen kann (s etwa BGHZ 137, 115 – iE abgelehnt; Liesegang BB 1991, 2381, 2384 f; Martinek, Moderne Vertragstypen Bd II 164 ff; Giesler/Nauschütt/Jesse, Franchiserecht 860 ff [Kap 13 Rn 18 ff]; differenzierend Gitter 512).

Die **Durchsetzung des Rückgabeanspruchs** steht unter dem Vorbehalt von Treu und **336** Glauben, § 242 BGB, der allerdings – wie stets – nur in Ausnahmesituationen greift. So verstößt ein Verlangen des Verpächters, ein zur Errichtung einer Notwohnung überlassenes Pachtgrundstück gemäß den im Pachtvertrag getroffenen Vereinbarungen entschädigungslos zu räumen, nicht gegen Treu und Glauben, wenn diese Rechtsfolge dem Pächter für den Fall der Inanspruchnahme des Grundstücks zu öffentlichen Zwecken bekannt sein musste (LG Mannheim WuM 1971, 154, 155). Weiterhin stellt es auch keine unzulässige Rechtsausübung dar, wenn der Verpächter den Pachtgegenstand nach Beendigung des Pachtverhältnisses nur in der Absicht herausverlangt, den bisherigen Pächter zur Vereinbarung einer höheren Pacht zu veranlassen (BGH WM 1980, 1073, 1073 f). Bei der Überlassung eines Pachtgegenstands in Verbindung mit Wohnräumen stellt sich die Frage, ob insoweit besondere Schutzvorschriften (§§ 574 ff BGB; § 940a ZPO) greifen. Hier dürfte es darauf ankommen, welches Vertragselement dominiert (s insb Rn 430). Die Vertragspartner können insoweit auch eine ausdrückliche Regelung treffen (s etwa LG Wiesbaden NJW-RR 1993, 1293).

Der **Pächter** kann dem Rückgewähranspruch ein **Zurückbehaltungsrecht** nach all- **337** gemeinen Regeln (§ 273 BGB bzw § 1000 BGB) entgegensetzen (zur Miete Staudinger/Rolfs [2018] § 570 Rn 4). Dieses greift allerdings faktisch hauptsächlich bei der **Pacht beweglicher Sachen**. Bei der **Grundstücks- bzw Raumpacht** ist es nach § 581 Abs 2 BGB iVm §§ 578 Abs 1, Abs 2 S 1, 570 BGB ausgeschlossen (OLG Brandenburg 15. 2. 2012 – 4 U 146/11 Rn 22, juris; anders ohne Bezugnahme auf § 570 offenbar im Ansatz OLG Düsseldorf GuT 2005, 157 – iE jedoch abgelehnt), weil die darin liegende besondere Sicherheit in keinem Verhältnis zu den Gegenansprüchen des Pächters steht (Prot II 189). Der Ausschluss erstreckt sich auf die Bestandteile des Grundstücks bzw Raums. Er gilt aber nicht für das Inventar (Prot II 246, 248 f) und wird zudem durch das Pächterpfandrecht nach § 583 BGB an Inventarstücken des Verpächters eingeschränkt. Ist ein Pachtvertrag zur Erfüllung einer Schuld aus einem Dienst- oder Werkvertrag abgeschlossen, so ist dem Pächter nach Beendigung des Pachtverhältnisses die Geltendmachung eines Zurückbehaltungsrechts gegenüber dem Herausgabeanspruch aus § 546 Abs 1 BGB auch verwehrt, wenn die Schuld des Verpächters aus dem früheren Vertrag noch nicht vollständig erfüllt ist (BGH MDR 1960, 482). Die Geltendmachung ist selbst dann ausgeschlossen, wenn dem Pächter gerade für die Auflösung des Pachtverhältnisses ein Entschädigungsanspruch zusteht (RGZ 108, 137, 138; LG Mannheim WuM 1971, 154, 155). Die Regelung des § 570 BGB steht auch einer entsprechenden Anwendung des § 986 Abs 1 BGB auf den Rückgabeanspruch entgegen (BGH ZMR 1998, 754, 755 – zur Miete). § 570 BGB ist auch im Rahmen der **Unternehmenspacht** bzw **Rechtspacht** entsprechend anwendbar, soweit im Rahmen solcher Verträge Grundstücke bzw Räume mit überlassen werden.

338 Bei **Verletzung** der Rückgabepflicht des Pächters kommt ein Schadensersatzanspruch des Verpächters gemäß §§ 581 Abs 2, 546 Abs 1, 280 Abs 1, Abs 3, 281 BGB in Betracht (s zB BGH NJW 2010, 2341 Rn 18 ff; OLG Hamm ZMR 1995, 25, 26 – zur öffentlich-rechtlichen Entschädigungspflicht bei einem Mietvertrag über eine Gaststätte; OLG Brandenburg 15. 12. 2010 – 3 U 58/10, juris); der Pächter muss sich das Verhalten Dritter zurechnen lassen, die auf seine Veranlassung mit dem Pachtgegenstand in Berührung kommen (BGH NJW 2010, 2341 Rn 19). Bei verspäteter Rückgabe greift die Spezialregelung in § 584b BGB mit der Folge, dass § 546a BGB nicht über § 581 Abs 2 BGB anwendbar ist (s auch OLG Brandenburg 9. 6. 2010 – 3 U 204/07, juris; **aA** offenbar – ohne jegliche Bezugnahme auf § 584b BGB, aber evtl auch unter Vermischung von Miet- und Pachtvertrag – OLG Köln 17. 10. 2006 – 22 U 78/06, juris und OLG Rostock MDR 2011, 476, 476).

4. Vor- und nachvertragliche Pflichten

339 Auch für den Pächter gelten die allgemeinen Regeln über vor- und nachvertragliche Pflichten (§§ 311 Abs 2, 241 Abs 2, 242 BGB). Während spezielle vorvertragliche Pflichten des Pächters selten sein dürften, haben seine Rücksichtnahme- und Loyalitätspflichten nach Ablauf der Pachtdauer größere Bedeutung. Neben nachvertraglichen Wettbewerbsverboten (s zu Wettbewerbsverboten allgemein Rn 314, 327) ist insbesondere die Rücksichtnahmepflicht des Pächters bei der Unternehmenspacht praktisch relevant. So ist der Pächter vor allem verpflichtet, die Fortführung des Unternehmens durch den Verpächter oder einen nachfolgenden Pächter nicht zu behindern, zB keine irreführenden Hinweise zu geben, wenn er selbst ein vergleichbares Unternehmen fortführt (LG Berlin VuR 2002, 331, 332), den Telefonanschluss eines gepachteten Gewerbebetriebs aufrechtzuerhalten (s Rn 331) und nicht die Telefonnummer der gepachteten Gaststätte nach Ablauf der Pachtdauer bis zum Erscheinen neuer Telefonbücher und Restaurantführer für ein eigenes, vergleichbares Unternehmen zu verwenden (OLG Nürnberg NJW-RR 1999, 737, 738). Der Pächter darf idR auch nicht ein gepachtetes Unternehmen nach Ablauf der Pachtdauer eigenständig, zB in anderen Räumlichkeiten, fortführen (RGZ 158, 180, 184 f), es sei denn, er hat es dem Unternehmer zu diesem Zweck abgekauft (RGZ 165, 35, 40). Eine Ausprägung der Loyalitätspflichten des Pächters ist auch die Verpflichtung, die geschäftliche Bezeichnung des Pachtgegenstands nicht nach Vertragsende selbst zu nutzen, da das Nutzungsrecht an derartigen Bezeichnungen oder auch anderen Kennzeichenrechten, wie etwa Marken, dem Verpächter zusteht (OLG Frankfurt 7. 7. 2016 – 6 U 19/16, WRP 2016, 1287, 1289; zur bösgläubigen Markenanmeldung durch einen Pächter BPatG 17. 4. 2014 – 30 W [pat] 32/12, GRUR 2014, 780, 783).

VII. Gebrauchsüberlassung an Dritte, insbesondere Unterverpachtung

1. Gebrauchsüberlassung an Dritte

a) Gesetzliche Regelungen

340 Für die Gebrauchsüberlassung an Dritte gilt in erster Linie § 581 Abs 2 BGB iVm § 540 BGB; zu beachten ist zudem § 584a Abs 1 BGB, welcher eine Anwendung des § 540 Abs 1 S 2 BGB bei Pachtverträgen ausschließt. Diese Regelungen können jedoch durch Parteivereinbarungen weitgehend modifiziert werden. So kann der Verpächter etwa eine allgemeine, uneingeschränkte Erlaubnis zur Gebrauchsüberlassung an Dritte erteilen (s zur Miete STAUDINGER/EMMERICH [2018] § 540 Rn 10; BLANK/

BÖRSTINGHAUS § 540 Rn 59; SCHMIDT-FUTTERER/BLANK § 540 Rn 57) oder umgekehrt die Erteilung der Erlaubnis von zusätzlichen Voraussetzungen abhängig machen (s zur Miete MünchKomm/BIEBER § 540 Rn 26; BLANK/BÖRSTINGHAUS § 540 Rn 62 ff; SCHMIDT-FUTTERER/BLANK § 540 Rn 58 ff) und § 584a BGB ist ebenfalls dispositiv (§ 584a Rn 4).

341 Sofern keine besonderen Parteivereinbarungen vorliegen, gilt zunächst § 581 Abs 2 BGB iVm § 540 Abs 1 S 1 BGB, wonach die Überlassung des Pachtgegenstands an einen Dritten der Erlaubnis des Verpächters bedarf. Bei erlaubter Überlassung an einen Dritten haftet der Pächter für diesen nach § 581 Abs 2 BGB iVm § 540 Abs 2 BGB.

342 Teilweise wird diskutiert, ob § 581 Abs 2 BGB iVm § 540 Abs 1 S 1 BGB auf sämtliche Formen der Pacht anzuwenden ist, weil § 540 BGB (§ 549 aF) in erster Linie auf die Miete unbeweglicher Sachen abzielt (Prot II 180). Daher hat der BGH die Regelung auf einen Fall der Rechtspacht nicht angewandt (BGH NJW-RR 1994, 558, 558 f), was jedoch Bedenken unterliegt (Rn 315). Sinnvoll erscheint es, § 581 Abs 2 BGB iVm § 540 Abs 1 S 1 BGB grundsätzlich auf alle Arten von Pachtgegenständen anzuwenden und im Einzelfall zu prüfen, ob und inwieweit der ursprüngliche Pachtvertrag durch eine enge persönliche Beziehung zwischen Verpächter und Pächter geprägt ist. Sofern eine solche Prägung nicht vorhanden ist oder sehr schwach ausfällt, sollte genau untersucht werden, ob nicht eine – möglicherweise auch konkludente – Erlaubnis der Unterverpachtung Bestandteil des Pachtvertrags ist.

b) Formen der Gebrauchsüberlassung

343 **Gebrauchsüberlassung iSd § 581 Abs 2 BGB iVm § 540 BGB** ist die Überlassung des Pachtgegenstands oder eines Teils davon (Prot II 236 f) an Dritte für eine gewisse Dauer zum selbständigen oder unselbständigen Gebrauch (s zum zugrunde liegenden mietrechtlichen Begriff der Gebrauchsüberlassung insb STAUDINGER/EMMERICH [2018] § 540 Rn 2 mwNw), ggf auch zum Fruchtgenuss. Nicht entscheidend ist die Rechtsform der Gebrauchsüberlassung im Verhältnis zwischen Pächter und Drittem; hierbei kann es sich zB um Pacht, Miete oder auch Leihe handeln, denn es kommt nicht darauf an, dass der Pächter seine eigene Rechtsstellung auf den Dritten überträgt (s insb BGH NJW 1952, 821 – zu Pacht und Miete; KG HRR 1936, Nr 10 – zur Leihe; LG Aachen MDR 1963, 684 – zur Leihe). Auch auf die Selbständigkeit oder Unselbständigkeit des Gebrauchs kommt es nach der neueren Rspr nicht mehr an (BGHZ 157, 1, 5; BGH WuM 2010, 30 Rn 9 – beide zum Mietrecht; STAUDINGER/EMMERICH [2018] § 540 Rn 2 mwNw; aA früher insb RG BayZ 1925, 341; OLG Oldenburg OLGE 1, 405).

344 Die Gebrauchsüberlassung an Dritte ist **abzugrenzen** von der Überlassung der gesamten Rechtsposition des Pächters an einen Dritten, wie sie beispielsweise bei Abtretung, Schuldübernahme oder Schuldbeitritt in Betracht kommt (s zum Mietrecht ausführlich STAUDINGER/EMMERICH [2018] § 540 Rn 42 ff). Sofern in derartigen Fällen ein **Pächterwechsel** vorliegt (Rn 137), handelt es sich nicht um eine Gebrauchsüberlassung an Dritte iSd §§ 581 Abs 2, 540 BGB. Auch bei der bloßen **Delegation von Aufgaben des Pächters** an einen Vertreter, Verwalter oder Gehilfen liegt keine Überlassung an Dritte vor, wenn der Pächter den Pachtgegenstand rechtlich voll in der Hand behält (Prot II 234, 238).

c) Erlaubnis des Verpächters

345 Die **Erlaubnis des Verpächters** ist für die Unterverpachtung zwar grundsätzlich nach § 581 Abs 1 BGB iVm § 540 Abs 1 S 1 BGB erforderlich, aber sie ist keine Voraussetzung für die Wirksamkeit des Unterpachtvertrags (RGZ 81, 59, 60 – zur Miete; BGH BB 1977, 515, 516; NZM 2006, 699 Rn 31 – zur Miete; Knops ZMR 1997, 9, 12) und das Erfordernis einer Erlaubnis kann auch ganz oder teilweise abbedungen werden (OLG Düsseldorf ZMR 2011, 282). Die Erlaubnis ist eine **empfangsbedürftige Willenserklärung** (BGHZ 59, 3, 7), die wegen ihrer Auswirkungen auf den Pachtvertrag (die Überlassung des Pachtgegenstands stellt bei Vorliegen einer Erlaubnis keine Pflichtverletzung durch den Pächter dar) dem Hauptpächter jedenfalls zugehen muss, selbst wenn sie zunächst gegenüber dem Unterpächter erklärt wird (BGH GuT 2009, 110 Rn 18). Über den Zeitpunkt der Erlaubnis enthält § 540 Abs 1 S 1 BGB keine Aussage. Daher erscheint auch eine nachträgliche Erteilung denkbar, welche die Pflichtverletzung des Hauptpächters, die in der unberechtigten Überlassung an einen Dritten bestand (s Rn 315 f), wohl entfallen ließe. Es handelt sich dennoch nicht um eine Zustimmung iSd §§ 182 ff BGB (BGHZ 59, 3, 7; offen gelassen in BGH GuT 2009, 110 Rn 18). Die Erlaubnis bedarf keiner bestimmten Form, sofern die Vertragsparteien hierzu nichts vereinbart haben (BGH GuT 2009, 110 Rn 17; Staudinger/Emmerich [2018] § 540 Rn 12 mwNw – zur Miete).

346 Ein **Anspruch auf Erteilung der Erlaubnis besteht grundsätzlich nicht**. Das ergibt sich im Umkehrschluss aus § 553 BGB, der nur für die Wohnraummiete gilt und folglich auf Pachtverträge nicht übertragbar ist. Bei Verweigerung der Erlaubnis durch den Verpächter kommt – anders als im Mietrecht – keine außerordentliche Kündigung durch den Pächter nach § 540 Abs 1 S 2 BGB in Betracht, weil eine entsprechende Anwendung dieser Regelung nach § 584a Abs 1 BGB ausgeschlossen ist.

Die Beteiligten können aber **vereinbaren**, dass der Pächter einen Anspruch auf Erteilung einer Erlaubnis zur Unterverpachtung hat (§ 584a Rn 15); dann steht ihm bei Verweigerung der Erlaubnis auch das Kündigungsrecht nach § 540 Abs 1 S 2 BGB zu, weil § 584a Abs 1 BGB insoweit als abbedungen zu betrachten ist (§ 584a Rn 15). Der Verpächter darf die Zustimmung auch nicht willkürlich verweigern (OLG Düsseldorf ZMR 2011, 282, 282 f). Im Einzelfall kann sich auch aus dem Grundsatz von Treu und Glauben möglicherweise ein Anspruch auf Erlaubniserteilung ergeben (s etwa OLG Breslau DJ 1937, 1087; OLG Köln RdL 1960, 48 – zu Familien-Pachtübergabeverträgen).

347 **Vorliegen und Umfang der Erlaubnis** sind im Einzelfall durch Auslegung zu ermitteln. Die Erlaubnis kann wie jede Willenserklärung auch konkludent abgegeben werden. Allerdings sind hierfür deutliche Anhaltspunkte erforderlich; Schweigen auf eine diesbezügliche Anfrage des Pächters reicht grundsätzlich nicht aus. Auch aus einer Vereinbarung, wonach der Pächter im Falle einer Erkrankung berechtigt ist, einen Nachfolger zu stellen, lässt sich nicht ohne Weiteres eine Erlaubnis zur Unterverpachtung ableiten (KG GE 1927, 1080, 1081). Die Erlaubnis kann auch unter Einschränkungen, zB nur für eine bestimmte Art der Gebrauchsüberlassung oder die Überlassung an eine bestimmte Person, erfolgen. Der Pächter ist an den Umfang der Erlaubnis gebunden; zudem darf auch die erlaubte Überlassung an Dritte nicht zu einer unzumutbaren Belastung für den Verpächter führen (OLG Hamm NJW 1992, 916).

Betrachtet man mit dem BGH (BGHZ 59, 3, 7) die Erlaubnis als empfangsbedürftige 348
Willenserklärung, kann diese nach Zugang beim Pächter gemäß § 130 Abs 1 BGB
grundsätzlich nicht mehr **widerrufen** werden – unabhängig davon, ob sich der Pächter bereits zur Überlassung des Pachtgegenstands an einen Dritten verpflichtet hat
(aA zum Mietrecht STAUDINGER/EMMERICH [2018] § 540 Rn 13: erst ab wirksamer Verpflichtung des
Pächters zur Überlassung an einen Dritten). Wurde allerdings ein Widerrufsvorbehalt vereinbart, kommt auch ein späterer Widerruf in Betracht.

2. Insbesondere: Unterverpachtung

a) Allgemeines

Bei der Unterverpachtung als wichtiger Form einer Gebrauchsüberlassung an Dritte 349
überlässt der Pächter den Pachtgegenstand (evtl auch lediglich einen Teil davon,
BGH NJW 1952, 821, 821) einem Dritten gegen Entgelt zur Nutzung und Fruchtziehung.
Zwischen Pächter (Unterverpächter) und Drittem (Unterpächter) wird dabei ein
eigenständiger Pachtvertrag (Unterpachtvertrag) geschlossen.

b) Zustandekommen

Das **Zustandekommen** des Unterpachtvertrags richtet sich nach allgemeinen Regeln 350
(Rn 144 ff), dh insbesondere die Vorschriften über die Vertragsdauer bei bestimmten
Pachtgegenständen (Rn 151 ff) sowie etwaige Zustimmungs- oder Anzeigeerfordernisse (Rn 156) und Formerfordernisse (Rn 157 ff) sind zu beachten. Weiterhin sind
etwaige gesetzliche Verbote einer Unterpacht, etwa nach § 3 Abs 1 S 2 HbgFischereiG, oder spezialgesetzliche konstitutive Zustimmungserfordernisse, insbesondere
nach Art 28 BayFischereiG, oder sonstige Voraussetzungen (Vereinbarung im
Hauptvertrag, § 16 Abs 1 S 2 SächsFischereiG) zu berücksichtigen. Die Erlaubnis
des Hauptverpächters nach § 581 Abs 2 BGB iVm § 540 Abs 1 S 1 BGB ist hingegen
keine Wirksamkeitsvoraussetzung des Unterpachtvertrags (s Rn 345).

c) Rechtswirkungen

Hinsichtlich der **Rechtswirkungen** des Unterpachtvertrags ist zwischen den unter- 351
schiedlichen Beteiligten zu differenzieren. Grundsätzlich stehen Haupt- und Unterpachtvertrag unabhängig nebeneinander, sofern sie nicht von den Beteiligten rechtlich miteinander verbunden werden, etwa indem der Unterpachtvertrag unter der
auflösenden Bedingung der Beendigung des Hauptpachtvertrags geschlossen wird
(§ 158 Abs 2 BGB).

Im Verhältnis zwischen **Unterverpächter und Unterpächter** handelt es sich um einen 352
Pachtvertrag, für den die allgemeinen Regeln der §§ 581 ff BGB gelten, dh es bestehen die gleichen Rechte und Pflichten der Vertragspartner; vertragliche Ansprüche kommen insoweit regelmäßig nur zwischen Unterverpächter und Unterpächter
in Betracht. Der Pflichtenumfang kann jedoch von demjenigen im Hauptpachtvertrag abweichen (s zB zur Prüfungspflicht des Unterverpächters in Bezug auf elektrische Anlagen
und Betriebsmittel OLG Düsseldorf ZMR 2000, 377, 378). Mängelgewährleistungsansprüche
des Unterpächters gegen den Hauptpächter/Unterverpächter dürften – zusätzlich zu
den allgemeinen Fällen der Mängelgewährleistung beim Pachtvertrag (s Rn 356 ff) –
dann eine wichtige Rolle spielen, wenn die Erlaubnis zur Unterverpachtung nach
§§ 581 Abs 2, 540 Abs 1 S 1 BGB fehlte, der Hauptverpächter wegen der unberechtigten Unterverpachtung den Hauptpachtvertrag beendet (s Rn 447) und an-

schließend vom Unterpächter nach § 581 Abs 2 BGB iVm § 546 Abs 2 BGB Herausgabe des Pachtgegenstands verlangt. Ggf kann ein Unterpachtvertrag wegen arglistiger Täuschung über die fehlende Erlaubnis des Hauptverpächters angefochten werden; diese Anfechtungsmöglichkeit steht jedoch unter dem Vorbehalt von Treu und Glauben, der etwa dann durchgreift, wenn der Unterpächter unter tätiger Mitwirkung des bisherigen Hauptpächters zu gleichen Bedingungen mit dem Hauptverpächter kontrahieren kann (BGH BB 1977, 515, 516).

353 Im Rahmen der Rechtsbeziehung zwischen **Hauptverpächter und Hauptpächter/Unterverpächter** wirkt sich die Doppelstellung des Letzteren aus: Neben den allgemeinen pachtvertraglichen Regelungen, die im Verhältnis zwischen Hauptverpächter und Hauptpächter gelten, ist hier insbesondere § 581 Abs 2 BGB iVm § 540 Abs 1 S 1, Abs 2 BGB von Bedeutung. So stellt die unberechtigte Unterverpachtung eine Pflichtverletzung des Hauptpächters gegenüber dem Hauptverpächter dar (s Rn 315 f, 345), die insbesondere Schadensersatzansprüche auslösen kann (s Rn 395). Weiterhin hat der Hauptpächter selbst bei berechtigter Unterverpachtung nach § 581 Abs 2 BGB iVm § 540 Abs 2 BGB ein etwaiges Verschulden des Unterpächters beim Gebrauch des Pachtgegenstands zu vertreten (s etwa RGZ 157, 363; RG HRR 1932 Nr 111; BGHZ 112, 307), und zwar selbst bei Weiterverpachtung durch den Unterpächter (RG HRR 1932 Nr 111) sowie bei vorsätzlichem Handeln des dritten Besitzers des Pachtgegenstands (BGHZ 112, 307, 310).

354 Zwischen **Hauptverpächter und Unterpächter** besteht weder eine unmittelbare vertragliche Beziehung noch kommt eine Einbeziehung des Unterpächters in den Schutzbereich des Hauptpachtvertrags in Betracht, weil es insoweit wegen der eigenen Ansprüche, die dem Unterpächter gegen den Unterverpächter zustehen, an der für eine Einbeziehung erforderlichen Schutzbedürftigkeit fehlt (s etwa BGHZ 70, 327, 329 f; OLG Hamm BB 1978, 1589, 1591; SONNENSCHEIN JA 1979, 225 mwNw). Allerdings können bestimmte Aspekte der beiden einzelnen Pachtverträge auf das Verhältnis zwischen Hauptverpächter und Unterpächter einwirken. So hat der Hauptpächter nach Beendigung des Hauptpachtvertrags einen unmittelbaren Anspruch gegen den Unterpächter auf Herausgabe des Pachtgegenstands nach § 581 Abs 2 BGB iVm § 546 Abs 2 BGB mit der Folge, dass der Unterpächter anschließend den Unterpachtvertrag nach § 581 Abs 2 BGB iVm § 543 Abs 2 S 1 Nr 1 BGB wegen Entziehung des vertragsgemäßen Gebrauchs der Pachtsache fristlos kündigen kann. Weiterhin wirkt ein Verzicht des Unterpächters auf Ansprüche auf Verwendungsersatz oder auf sein Wegnahmerecht gegenüber dem Unterverpächter nach § 581 Abs 2 BGB iVm §§ 536a Abs 2 Nr 2, 539 Abs 2 BGB auch gegenüber dem Hauptverpächter (RGZ 158, 394, 403).

d) Beendigung

355 Die **Beendigung** des Unterpachtvertrags richtet sich nach allgemeinen Regeln und kann wegen des Nebeneinanders beider Pachtverträge grundsätzlich zu einem von der Beendigung des Hauptpachtvertrags abweichenden Zeitpunkt erfolgen. Beendigungsgründe sind zunächst diejenigen, die für den Pachtvertrag allgemein gelten (s Rn 423 ff). Sofern der Hauptpachtvertrag vor dem Unterpachtvertrag endet, können der Herausgabeanspruch des Hauptverpächters gegen den Unterpächter aus §§ 581 Abs 2, 546 Abs 2 BGB und bei dessen Geltendmachung das besondere Kündigungsrecht des Unterpächters nach §§ 581 Abs 2, 543 Abs 2 S 1 Nr 1 BGB

(s Rn 354) eine Rolle spielen. Im Übrigen sind die Umstände des Einzelfalls zu berücksichtigen, die ggf zu zusätzlichen Kündigungsmöglichkeiten des Unterpächters führen können, etwa aus Gründen des Investitionsschutzes bei Fehlen der Erlaubnis zur Unterverpachtung (BGH LM Nr 1 zu § 542 BGB).

VIII. Sekundäransprüche der Vertragsparteien

1. Gewährleistungsansprüche des Pächters

a) Allgemeines

Die Mängelgewährleistungsansprüche des Pächters wegen Sach- oder Rechtsmängeln des Pachtgegenstands ergeben sich in erster Linie aus § 581 Abs 2 BGB iVm §§ 536 ff BGB. Ergänzend kann auch allgemeines Mängelgewährleistungsrecht (§§ 280 ff, 320 ff BGB) zur Anwendung kommen (s dazu – zum Mietrecht – insb STAUDINGER/EMMERICH [2018] Vorbem 2 ff zu § 536 mwNw), etwa das Zurückbehaltungsrecht nach § 320 BGB (dazu etwa BGH 11. 1. 2006 – XII ZR 16/04, juris), das Entfallen der Pflicht zur Zahlung der Pacht nach § 326 Abs 1 S 1 BGB (Rn 246), aber auch das Entfallen der Leistungspflicht des Verpächters nach § 275 BGB (Rn 207). Allerdings ist bei Anwendung des allgemeinen Leistungsstörungsrechts grundsätzlich von einem Vorrang der speziellen mietvertraglichen Mängelgewährleistungsregeln, welche über § 581 Abs 2 BGB zur Anwendung kommen, auszugehen. Insbesondere kommt eine Anwendung der Regeln über Unmöglichkeit nur bei dauerhafter Unmöglichkeit der Gebrauchsüberlassung in Betracht (s zum Rücktritt Rn 467) und die Regeln über die Störung der Geschäftsgrundlage (§ 313 BGB) können nur bei Störungen in Betracht gezogen werden, die nicht in den Risikobereich eines Vertragspartners fallen (s zum Rücktritt Rn 450; zu Störungen des Äquivalenzverhältnisses bei der Bemessung der Pacht Rn 280 ff).

356

b) Sachmängelgewährleistung, § 581 Abs 2 iVm §§ 536 ff

aa) Voraussetzungen

α) Sachmangel des Pachtgegenstands bzw Fehlen zugesicherter Eigenschaften

Erste Voraussetzung der Sachmängelgewährleistung durch den Verpächter gegenüber dem Pächter ist das Vorliegen eines **Sachmangels des Pachtgegenstands** iSd § 581 Abs 2 BGB iVm § 536 Abs 1 BGB. Es kommt darauf an, ob der Pachtgegenstand bereits im Zeitpunkt der Überlassung an den Pächter oder später während der Pachtzeit einen Mangel aufweist, der seine Tauglichkeit zum vertragsgemäßen Gebrauch aufhebt (S 1) oder mehr als nur unerheblich mindert (S 2 und 3). Wegen der Abstellung auf den vertragsgemäßen Gebrauch gilt also ein **subjektiver Mangelbegriff** (zum Mietrecht STAUDINGER/EMMERICH [2018] § 536 Rn 5; LOOSCHELDERS, in: ARTZ/BÖRSTINGHAUS, 10 Jahre Mietrechtsreformgesetz 141, 142); die Einzelheiten sind ggf durch Auslegung des Pachtvertrags gemäß §§ 133, 157 BGB zu ermitteln (OLG Düsseldorf GuT 2010, 353, 354 mwNw aus der mietrechtlichen Rspr). Ein Sachmangel kann sich sowohl aus der Beschaffenheit des Pachtgegenstands als auch aus seinen Beziehungen zur Umwelt oder aus öffentlich-rechtlichen Beschränkungen ergeben. Die Parteien können den Mangelbegriff im Rahmen ihrer vertraglichen Vereinbarungen konkretisieren, zB das Vorliegen eines Mangels von einer Bestätigung durch einen Gutachterausschuss im Rahmen regelmäßiger Überprüfungen abhängig machen (OLG Düsseldorf DWW 2006, 244, 245 mwNw aus der mietrechtlichen Rspr). Dem Sachmangel gleichgestellt

357

ist nach § 581 Abs 2 BGB iVm § 536 Abs 2 BGB das **Fehlen zugesicherter Eigenschaften**.

358 Ein Mangel, der sich aus der **Beschaffenheit des Pachtgegenstands** ergibt, kann bei einem **Grundstück** zB die Versumpfung oder Überschwemmungsgefahr sein (RG JW 1921, 332 m krit Anm PARTSCH). Bei einem Steinbruch kann ein Mangel vorliegen, wenn er bereits teilweise ausgebeutet ist und dies nicht der vertraglichen Vereinbarung entspricht (BGH LM Nr 55 zu § 242 [Cd] BGB). Bei einer mit Bruchsteinen gepflasterten Schiffslände können Ausspülungen, Lockerungs- und Rutscherscheinungen einen Mangel darstellen (OLG Bamberg OLGZ 1976, 195). Bei der **Gebäude- bzw Raumpacht** ist vor allem an Baumängel zu denken, wie zB mangelhafte Isolierung (OLG Köln MDR 1973, 409 [LS]), Feuchtigkeitsschäden mit Schimmelbildung in einer Gaststätte (OLG Düsseldorf GuT 2010, 355, 355 f), einen schadhaften Durchlauferhitzer (BGH LM Nr 12/13 zu § 538 BGB), zu hohe Temperatur in Arbeitsräumen (OLG Rostock NZM 2001, 425; KG OLGR 2003, 97) oder Mängel eines erst noch herzustellenden Kinogebäudes im Zeitpunkt der Fertigstellung oder Übergabe (BGHZ 9, 320). Bei der **Rechtspacht** kommen Sachmängel eher selten in Betracht, etwa in Bezug auf gleichzeitig mit dem Recht überlassene Gegenstände (RGZ 158, 321; 161, 321, 324 f; BGHZ 2, 331: mangelhafter Film bei Filmverwertungsvertrag) oder bei Mängeln des Rechts selbst, zB wenn eine im Rahmen eines Know-how-Vertrags überlassene Erfindung unbrauchbar ist (OLG Hamm NJW-RR 1993, 1270 – im konkreten Fall allerdings abgelehnt). Bei der **Unternehmenspacht** können sich Sachmängel vor allem auf einzelne Unternehmensbestandteile (Grundstück, Räume, Inventar, Rechte etc) beziehen. Weicht der Umsatz bzw Gewinn des Unternehmens von den Erwartungen ab, stellt dies regelmäßig keinen Sachmangel dar, sondern begründet allenfalls eine Haftung nach § 311 Abs 2 BGB (BGH NJWE-MietR 1997, 150, 150 – zur Rechtslage vor der Schuldrechtsmodernisierung; OLG Düsseldorf OLGR 2007, 233, 233 f). In Betracht kommt allerdings im Einzelfall eine Zusicherung solcher Unternehmenseigenschaften (Rn 361, 389). Auch ein vertragswidriges Verhalten des Verpächters im Sinne einer Konkurrenz zum Unternehmen des Pächters kann einen Sachmangel eines Unternehmens darstellen (OLG Frankfurt NZM 2004, 706, 708). Zu Mängeln des Vertragsgegenstands beim **Franchising** s insb GIESLER/NAUSCHÜTT/GIESLER, Franchiserecht 463 ff (Kap 5 Rn 445 ff); MünchKomm/ HARKE § 581 Rn 37 ff mwNw. Für die **Jagdpacht** ist die Sonderregelung in § 6a Abs 2 BJagdG zu beachten.

359 Mängel, die sich aus den **Beziehungen des Pachtgegenstands zu seiner Umwelt** ergeben, können zB Beeinträchtigungen des Zugangs zu einem gepachteten Unternehmen (LG Frankfurt aM NJW 1976, 1355: Einrichtung von Fußgängerzone und Einbahnstraßensystem in unmittelbarer Nähe eines Kur- und Kongresszentrums; AG Gießen WuM 2000, 354: gesperrte Fußgängerbrücke unmittelbar neben einem zum Betrieb eines Kiosks gepachteten Grundstück; OSTERMANN GuT 2003, 39, 41 – zur Miete; aA für Straßenbaumaßnahmen OLG Düsseldorf ZMR 1999, 471, 471 f – zur Miete) oder anderen Pachtgegenstand (OLG Celle RdL 1970, 127, 128: Sperrung der Zugangswege zur Ausübung der Jagd bei Jagdpacht) oder der Wegfall des Publikums wegen Schließung des Hauptbetriebs bei der Garderobenpacht (RG Recht 1912 Nr 43) sein.

360 Auch **öffentlich-rechtliche Beschränkungen** können einen Mangel des Pachtgegenstands darstellen, zB Gebrauchsbeschränkungen aufgrund von Beschaffenheit und Lage des Pachtgegenstands (BGHZ 68, 294, 296; BGH LM Nr 17 zu § 537 BGB; OLG Mün-

chen OLGR 1997, 62, 63). Beispiele sind Bauverbote (BGH NJW 1958, 785 m krit Anm KUBISCH NJW 1958, 1084), baurechtliche Nutzungsbeschränkungen (LG Berlin NJW-RR 1990, 852 – zur Miete), das Verbot öffentlicher Tänze in einem Tanzlokal (RGZ 87, 277; 91, 310; RG WarnR 1918 Nr 110; SeuffA 73 Nr 223; **aA** RG JW 1918, 88 Nr 8 – zur Miete), die zeitliche Beschränkung von Tanz und Musik sowie die Vorverlegung der Sperrstunde eines Nachtlokals oder einer Diskothek (RGZ 88, 96; RG WarnR 1919 Nr 9; BGHZ 68, 294; dazu CLASSEN LM Nr 26 zu § 538 BGB; kritisch KRAMPE JZ 1978, 438), die Versagung einer Schankerlaubnis aus räumlichen Gründen (RG WarnR 1936 Nr 19), der Wegfall der Sondernutzung eines öffentlichen Weges zur Bewirtung von Gästen eines verpachteten Hotels (RG HRR 1931 Nr 1641), die Untersagung der Nutzung einer Gaststätte (OLG Brandenburg OLGR 1998, 411, 413; OLG Koblenz 8. 11. 2004 – 12 U 244/03, juris – im konkreten Fall allerdings abgelehnt) sowie eine behördliche Anordnung, welche die Nutzung eines Teils des verpachteten Altenwohn- und Pflegeheims untersagt (OLG Düsseldorf NZM 2011, 550, 551). Beim Fehlen einer gewerblichen Nutzungsgenehmigung soll es darauf ankommen, ob bereits eine behördliche Untersagung vorliegt oder ein behördliches Einschreiten ernsthaft zu befürchten ist (OLG Düsseldorf DWW 2006, 240, 240 f mwNw aus der mietrechtlichen Rspr – im konkreten Fall abgelehnt); das erscheint allerdings sehr weitgehend, weil bereits die fehlende Genehmigung selbst Wert und Nutzbarkeit des Pachtgegenstands beeinträchtigt. In allen diesen Fällen ist der subjektive Mangelbegriff maßgeblich, sodass es entscheidend auf eine **Beeinträchtigung der vertraglich vereinbarten Nutzung** des Pachtgegenstands ankommt (zu Besonderheiten bei Gewerbemietverträgen in Einkaufszentren insb OSTERMANN GuT 2003, 39 ff). **Abgelehnt** wurde das Vorliegen eines Sachmangels daher beispielsweise bei Kürzung der Polizeistunde und Beschränkung der Musikerlaubnis für ein Kaffeehaus (RGZ 93, 144, 146 f), bei Verweigerung einer öffentlich-rechtlichen Genehmigung für einen andersartigen als den ursprünglich gepachteten Betrieb (BGH NJW-RR 1991, 1102), bei Vorliegen einer beschränkten Speisenkonzession für eine Gaststätte (OLG Oldenburg NJW-RR 1992, 662) oder bei Begrenzung der Musiklautstärke auf 90 dB (A) bei der Verpachtung von Räumen zum Betrieb einer „gemütlich thematisierten Werkstattkneipe mit Kommunikationsgastronomie" (OLG Koblenz NJW-RR 2002, 1522). Ebenfalls verneint hat der BGH das Vorliegen eines Mangels einer verpachteten Gaststätte aufgrund eines nachträglich eingeführten gesetzlichen **Rauchverbots**, weil dieses nicht auf der konkreten Beschaffenheit des Pachtgegenstands beruhe, sondern in persönlichen oder betrieblichen Umständen des Pächters seine Ursache habe (BGH NJW 2011, 3151 Rn 10 ff; s auch OLG Koblenz NJW-RR 2010, 203, 203 f als Vorinstanz; weiterhin OLG München NJW 2010, 1297). Das Nichtrauchergesetz Rheinland-Pfalz stelle nicht auf die konkreten baulichen Gegebenheiten, sondern auf die Nutzungsart der betroffenen Baulichkeiten ab und betreffe daher nur die betrieblichen Verhältnisse des Pächters (BGH NJW 2011, 3151 Rn 12 f; zustimmend EISENSCHMID LMK 2011, 324591; kritisch LEO/GHASSEMI-TABAR NJW 2011, 3152 f). Die Gegenansicht geht davon aus, dass in Einzelfällen dem Pachtvertrag durch Auslegung entnommen werden könne, dass die Möglichkeit des Rauchens zum vertragsgemäßen Gebrauch zähle mit der Folge, dass die vertragliche Mängelgewährleistung durchgreife (LEO/GHASSEMI-TABAR NZM 2008, 271, 271 ff). Andernfalls könne ausnahmsweise an eine Heranziehung des § 313 BGB gedacht werden (LEO/GHASSEMI-TABAR NZM 2008, 271, 273 f). Eine pauschale, für alle Fälle gleichermaßen geeignete Lösung wird sich hier nicht finden lassen. Das Urteil des BGH knüpft an die Grundlagen der bisherigen Rspr an. Allerdings dürften dadurch weiterreichende Parteivereinbarungen nicht von vornherein ausgeschlossen sein. Die Frage dürfte hauptsächlich für „Altverträge" aus der Zeit vor Einführung der Rauchverbote relevant sein. Diesen Verträgen wird aber wohl nur selten ein Parteiwille, nach dem die Rauchmöglichkeit zum vertragsgemäßen Gebrauch gehört, mit hinreichender Deutlichkeit entnommen werden können. Dies kann für Pächter gravierende Auswirkungen haben, wird aber auch nur selten die Schwelle des § 313 BGB erreichen.

361 Auch das Fehlen oder der spätere Wegfall **zugesicherter Eigenschaften** begründet nach § 581 Abs 2 BGB iVm § 536 Abs 2 BGB Ansprüche wegen Sachmängelgewährleistung. **Eigenschaften** sind – in Anlehnung an die mietrechtliche Definition (STAUDINGER/EMMERICH [2018] § 536 Rn 66 mwNw) – alle rechtlichen und tatsächlichen Verhältnisse des Pachtgegenstands, die diesem für eine gewisse Dauer anhaften und auf seine Wertschätzung Einfluss haben. **Zugesichert** ist eine Eigenschaft dann, wenn der Verpächter vertraglich bindend (dh ausdrücklich oder zumindest konkludent) erklärt, für ihr Vorhandensein einstehen zu wollen (s zum Mietrecht nur STAUDINGER/EMMERICH [2018] § 536 Rn 64 mwNw). Bloße Angaben über das Vorhandensein einer Eigenschaft reichen nicht aus (s etwa OLG Hamburg NZM 1998, 307, 308: unter „Ehrenwort" abgegebene Umsatzprognose; OLG München ZMR 2001, 708). **Gegenstand einer Zusicherung** war in Pachtverträgen zB die Benutzbarkeit eines im Gemeingebrauch stehenden Weges zur Bewirtung von Gästen bei der Verpachtung eines Hotels (RG HRR 1931 Nr 1641), die Benutzbarkeit von Räumen zu einem bestimmten gewerblichen Zweck (OLG Düsseldorf DWW 1991, 16), die Verpflichtungsfreiheit des Pachtobjekts (BGH NJW-RR 1988, 199, 200: Verpflichtungsfreiheit einer Gaststätte gegenüber jeglicher Brauerei, da Verpächter lediglich schuldrechtlich gebunden) oder der Umsatz eines Unternehmens bei der Unternehmenspacht – eine Zusicherung wird in diesen Fällen aber in der Praxis häufig abgelehnt (s etwa RG WarnR 1927 Nr 139; JW 1937, 675 Nr 2; BGH NJWE-MietR 1997, 150; OLG Hamburg NZM 1998, 307, 308; OLG München ZMR 2001, 708). Für die Zusicherung einer bestimmten Grundstücks- bzw Raumgröße galten früher besondere Vorschriften (§ 537 Abs 2 S 2 aF, ggf iVm § 580 aF); heute richtet sie sich nach den allgemeinen, soeben dargestellten Regeln.

362 Bei der **Jagdpacht** gelten in Bezug auf Mängel des Jagdausübungsrechts als Vertragsgegenstand grundsätzlich ebenfalls die §§ 581 Abs 2, 536 f BGB, auch wenn es sich um eine Rechtspacht handelt (s insb BGH NZM 2008, 462 Rn 9). Die Regeln über die Sachmängelgewährleistung gehen hier – wie sonst auch – den allgemeinen Regeln, etwa über den Wegfall der Geschäftsgrundlage oder die ergänzende Vertragsauslegung, vor (BGH NZM 2008, 462 Rn 8, 11; OLG Bamberg OLGR 2007, 721, 722; LG Bonn Jagdrechtliche Entscheidungen III Nr 199). Ein Gewährleistungsansprüche auslösender Mangel kann bei der Jagdpacht vorliegen, wenn das verpachtete Jagdrevier nicht die vereinbarte Beschaffenheit aufweist (zB wenn die bejagbare Fläche kleiner ist als vereinbart, LG Bonn Jagdrechtliche Entscheidungen III Nr 199), wobei es auf die allgemeine Beschaffenheit, nicht auf den konkreten Wildbestand ankommt, sofern vertraglich nichts anderes vereinbart ist. So muss bei einem als Hochwildrevier verpachteten Jagdrevier zum Hochwild zählendes Schalenwild im Revier als Standwild vorkommen (BGH NZM 2008, 462 Rn 10 mwNw, auch zu teilweise landesrechtlich bedingten abweichenden Ansichten; einschränkend noch OLG Bamberg OLGR 2007, 721, 722 f als Vorinstanz; weiterhin OLG Hamm 26. 8. 2009 – 30 U 217/08, juris; LG Marburg Jagdrechtliche Entscheidungen III Nr 182; ähnlich AG Frankenberg-Eder Jagdrechtliche Entscheidungen III Nr 170), aber darüber hinaus besteht ohne eine diesbezügliche vertragliche Vereinbarung kein Anspruch auf Gewährleistung eines bestimmten Wildbestandes (zB OLG

Düsseldorf OLGR 2007, 257, 258; LG Bonn 30. 9. 2008 – 7 O 233/08, juris; AG Rotenburg Jagdrechtliche Entscheidungen III Nr 181). Häufiger stellt sich die Frage, ob ein Sachmangel vorliegt, bei **Handlungen Dritter** (zB dem Bau von Versorgungsanlagen) im Jagdrevier. Auch hier ist entscheidend, ob diese Handlungen das Jagdausübungsrecht mehr als nur unerheblich beeinträchtigen (zB OLG Celle LZ 1918, 459: Wild wird durch Lärm eines neben dem Jagdrevier angelegten Schießplatzes vergrämt; OLG Düsseldorf AgrarR 1997, 302: Jagd wird durch Errichtung einer wilddicht eingezäunten Gärtnerei beeinträchtigt); die Nutzung des Gebiets durch Berechtigte, zB Anlieger (s zB AG Linz am Rhein Jagdrechtliche Entscheidungen III Nr 178), Wanderer oder Nordic Walker (LG Bonn Jagdrechtliche Entscheidungen III Nr 199), oder die Errichtung einer Windkraftanlage, die den Wildbestand nicht nachweislich beeinträchtigt (LG Hildesheim Jagdrechtliche Entscheidungen III Nr 166), reichen dafür nicht aus. Anders war die Konstellation in einem vom LG Neuruppin (GuT 2008, 327) entschiedenen Fall, in dem bereits im Zeitpunkt des Vertragsschlusses konkrete Pläne zum Bau von Windkraftanlagen im Jagdrevier vorlagen, von denen der Verpächter Kenntnis hatte. Daher standen hier eine Anfechtung nach § 123 BGB und ein Schadensersatzanspruch aus culpa in contrahendo im Zentrum der Entscheidung. Allerdings muss bei der culpa in contrahendo die Frage des Verhältnisses zu pacht- bzw mietvertraglichen Mängelgewährleistungsansprüchen (Rn 403) genau im Blick behalten werden.

Bei **Lizenzverträgen über gewerbliche Schutzrechte** wird im Hinblick auf Tauglichkeitsmängel des Lizenzgegenstands häufig allgemeines Leistungsstörungsrecht angewandt (s zB Bartenbach Rn 1530 ff; Pfaff/Osterrieth B. I Rn 25). Das mag zum einen mit den Unsicherheiten bei der vertragstypologischen Zuordnung von Lizenzverträgen (Vorbem zu § 581 Rn 84) zusammenhängen, zum anderen ist es (vor allem bei Lizenzverträgen, bei denen die Regeln über den Rechtskauf eingreifen könnten) möglicherweise auch noch auf Unzulänglichkeiten der Mängelgewährleistungsregeln im Besonderen Schuldrecht vor der Schuldrechtsmodernisierung 2002 zurückzuführen (s dazu näher Schaub, Sponsoring und andere Verträge zur Förderung überindividueller Zwecke 579). Heute sollte bei Lizenzverträgen mit pachtvertraglichem Charakter jedoch – trotz nicht vollständiger Abstimmung zwischen modernisiertem Schuldrecht und Mietrecht (dazu Vorbem 15 zu § 581) – in erster Linie § 581 Abs 2 BGB iVm §§ 536 ff BGB angewandt und lediglich dort, wo Besonderheiten des Gewerblichen Rechtsschutzes dies erfordern, lizenzvertragsspezifisch modifiziert werden. Für die Sachmängelgewährleistung ist dann insbesondere zu beachten, dass Lizenzverträge idR eine Art Spekulationselement enthalten (dazu zB Gross, Der Lizenzvertrag Rn 13; Bartenbach Rn 25 mwNw; McGuire, Die Lizenz 719 f), sodass der Lizenzgeber insbesondere nicht für die wirtschaftliche (sondern idR nur für die technische) Verwertbarkeit des Lizenzgegenstands haftet (s zB Gross, Der Lizenzvertrag Rn 13; Henn/Pahlow/Pahlow § 9 Rn 49; Bartenbach Rn 1600 ff; Pagenberg/Beier Muster 1 Rn 48, 60, Muster 4 Rn 69; Pfaff/Osterrieth B. I Rn 23; Gitter 419; Lüdecke/Fischer, Lizenzverträge 123 ff). Dies lässt sich erreichen, indem man den Begriff „vertragsgemäßer Gebrauch" in § 536 Abs 1 BGB nicht auch auf die wirtschaftliche Verwendbarkeit erstreckt (ähnlich iE Cebulla 128 f durch strikte Begrenzung der geschuldeten Leistung und zurückhaltende Anwendung der Entsprechungsklausel in § 581 Abs 2). Da sich das Lizenzverträgen innewohnende Spekulationselement zudem regelmäßig auf die Bemessung der Lizenzgebühr auswirkt, erscheint eine Anwendung des § 313 BGB nicht bereits bei Mängeln der wirtschaftlichen Verwertbarkeit, sondern allenfalls in Ausnahmekonstellationen, etwa bei unvorhersehbaren technischen Entwicklungen, erforderlich (zu denkbaren Ausnahmekon- 363 stellationen zB GROSS, Der Lizenzvertrag Rn 85 f; BARTENBACH Rn 544 ff, 1605; LÜDECKE/FISCHER, Lizenzverträge 606 f; kritisch PAHLOW, Lizenz und Lizenzvertrag im Recht des Geistigen Eigentums 314), nicht aber ohne Weiteres bei bloßen Störungen des Gleichgewichts von Leistung und Gegenleistung.

β) **Mängelanzeige**

364 Nach § 581 Abs 2 BGB iVm § 536c Abs 1 BGB ist bei nach Vertragsschluss auftretenden Mängeln des Pachtgegenstands der Pächter zur unverzüglichen Anzeige des Mangels gegenüber dem Verpächter verpflichtet; ebenso wenn sich ein Dritter ein Recht an dem Pachtgegenstand anmaßt. Diese Anzeigepflicht ist letztlich Ausfluss der Obhutspflicht des Pächters (Rn 296 ff; Mot II 400 – zur Miete; RGZ 59, 161, 162). Sie hat aber Auswirkungen auf die Sachmängelgewährleistung, weil nach § 581 Abs 2 BGB iVm § 536c Abs 2 S 2 BGB Minderung, Schadensersatz wegen Nichterfüllung und fristlose außerordentliche Kündigung nach § 543 Abs 3 S 1 BGB ausgeschlossen sind, sofern der Verpächter infolge der Unterlassung der Anzeige nicht Abhilfe schaffen konnte (was nicht der Fall ist, wenn dem Verpächter der Mangel schon bekannt war, OLG Saarbrücken WuM 1989, 133, oder eine rechtzeitige Anzeige im konkreten Fall keine hinreichenden Maßnahmen des Verpächters nach sich gezogen hätte, OLG Düsseldorf GuT 2010, 355 – iE sehr weitgehend).

γ) **Einschränkung der Sachmängelgewährleistung bei Kenntnis des Pächters vom Mangel sowie bei vorbehaltloser Annahme des Pachtgegenstands**

365 Die **Sachmängelgewährleistungsrechte des Pächters** nach § 581 Abs 2 BGB iVm §§ 536, 536a BGB sind **gemäß § 581 Abs 2 BGB iVm § 536b BGB eingeschränkt** bei Kenntnis oder grob fahrlässiger Unkenntnis des Pächters vom Mangel im Zeitpunkt des Vertragsschlusses (bzw einer Vertragsverlängerung, OLG Düsseldorf ZMR 1994, 402, 405) sowie bei vorbehaltloser Annahme des Pachtgegenstands. Bei Kenntnis des Pächters vom Mangel sind die Rechte aus §§ 536, 536a BGB vollständig ausgeschlossen, § 536b S 1 BGB, bei grobfahrlässiger Unkenntnis des Pächters können sie nur im Falle arglistigen Verschweigens des Mangels durch den Verpächter geltend gemacht werden, § 536b S 2 BGB. Nimmt der Pächter den mangelhaften Pachtgegenstand trotz Kenntnis vom Mangel an, kann er die Rechte aus §§ 536, 536a BGB nur geltend machen, wenn er sich seine Rechte bei der Annahme vorbehält, § 536b S 3 BGB. Alle diese Einschränkungen gelten über die Verweisung in § 543 Abs 4 S 1 BGB auch für das Recht des Pächters zur außerordentlichen fristlosen Kündigung. Die Regelungen des § 536b BGB sind allerdings abdingbar, zB durch eine Vereinbarung, nach der auch wiederholt geübte Nachsicht nicht als stillschweigende Duldung von Vertragsverstößen und Versäumnissen gilt und daraus keine Rechte hergeleitet werden können (BGH NZM 2004, 27, 27 f). Zum Verhältnis zur Anfechtung unten Rn 468.

366 Die Einschränkungen des § 581 Abs 2 BGB iVm § 536b BGB werden **entsprechend angewandt**, wenn der Pächter trotz Kenntnis eines Mangels den Gebrauch des Pachtgegenstands vorbehaltlos fortsetzt und insbesondere die Pacht in voller Höhe weiterzahlt (zB BGH NJW-RR 1992, 267, 268; OLG München ZMR 1993, 466, 467; OLG Koblenz NZM 1999, 1100, beide mwNw aus dem Mietrecht; OLG Frankfurt NZM 2004, 706, 708).

δ) **Kein vertraglicher Haftungsausschluss**

367 Die Sachmängelgewährleistungsrechte des Pächters nach § 581 Abs 2 BGB iVm

§§ 536, 536a BGB und auch das Kündigungsrecht nach § 581 Abs 2 BGB iVm § 543 Abs 2 Nr 1 BGB können durch Parteivereinbarung **abbedungen** werden; dies ergibt sich bereits im Umkehrschluss aus § 536d BGB. Die allgemeinen Grenzen für Haftungseinschränkungen und -ausschlüsse gelten auch hier, dh es sind insbesondere §§ 138, 242, 276 Abs 3 BGB sowie § 536d BGB zu beachten, bei Verwendung Allgemeiner Geschäftsbedingungen zudem §§ 307 Abs 1 und 2, 309 Nr 7 BGB. Eine unangemessene Benachteiligung iSd § 307 Abs 1 und 2 BGB kann etwa darin liegen, dass dem Pächter einer Gaststätte das Risiko der Erteilung der Gaststättenkonzession für sämtliche Fälle (und damit auch für vom Verpächter zu vertretende Hindernisse) aufgebürdet wird (BGH NJW-RR 1993, 519, 520) oder die Minderung bei verdeckten Mängeln ausgeschlossen ist (OLG Düsseldorf NZM 2011, 250, 251).

Beispiele sind etwa die Vereinbarung einer Ausschlussfrist für die Geltendmachung **368** von Gewährleistungsrechten (RG JW 1917, 284: die Frist darf nicht so kurz bemessen sein, dass die sachgemäße Vorbereitung einer etwaigen Klage unmöglich ist), ein Ausschluss der verschuldensunabhängigen Haftung für anfängliche Sachmängel – jedenfalls im kaufmännischen Verkehr (BGH NJW-RR 1993, 519, 520; OLG Celle MietRB 2012, 194), ein Ausschluss der Rechte des Pächters auf Minderung, Zurückbehaltung und Aufrechnung für den Fall, dass sich der Verpächter mit ihrer Geltendmachung nicht einverstanden erklärt (OLG Düsseldorf ZMR 1999, 23; ähnlich OLG Celle MietRB 2012, 194), der Ausschluss einer Verantwortlichkeit des Verpächters für Wettbewerbshandlungen Dritter (RG JW 1937, 2106, 2107) oder ein Verzicht auf Schadensersatzansprüche (OLG Frankfurt VersR 1973, 425). Die Vereinbarung eines Ausschlusses von Minderung und Schadensersatz bei Mängeln des Pachtgegenstands erstreckt sich auch auf Körperschäden (OLG Bremen VersR 1967, 86) und ein Verzicht auf Schadensersatzansprüche erfasst idR auch außervertragliche Ansprüche (OLG Frankfurt VersR 1973, 425); hier ist allerdings bei der Vertragsauslegung besonders auf die Umstände des Einzelfalls zu achten.

bb) Rechtsfolgen
Als Rechte des Pächters bei Vorliegen eines Sachmangels des Pachtgegenstands **369** kommen Minderung, Schadens- oder Aufwendungsersatz sowie ein Recht zur außerordentlichen fristlosen Kündigung in Betracht.

Die **Minderung** tritt bei der Pacht – wie bei der Miete – kraft Gesetzes ein (OLG Köln **370** MDR 1973, 409 [LS]). Ist die Tauglichkeit des Pachtgegenstands zum vertragsgemäßen Gebrauch vollständig aufgehoben, ist der Pächter für die Zeit, in der die Tauglichkeit aufgehoben ist, von der Pflicht zur Entrichtung der Pacht befreit, § 581 Abs 2 BGB iVm § 536 Abs 1 S 1 BGB. Bei einer bloßen Minderung der Tauglichkeit hat er nur eine angemessene herabgesetzte Pacht zu entrichten, § 581 Abs 2 BGB iVm § 536 Abs 1 S 2 BGB. Diese ist nach den Umständen des Einzelfalls zu ermitteln (s zur Miete STAUDINGER/EMMERICH [2018] § 536 Rn 97 f). Als problematisch kann sich eine starre Anwendung der Regeln über die Minderung bei der Umsatzpacht erweisen, vor allem wenn der Verpächter bereits aufgrund der umsatzabhängigen Bemessung der Pacht einen Großteil des Verwendungsrisikos des Pachtgegenstands trägt. Hier sollte jedenfalls in denjenigen Fällen, in denen der Pächter durch die Minderung besser gestellt würde als bei Mangelfreiheit des Pachtgegenstands, eine Minderung als nicht mehr angemessen iSd § 581 Abs 2 BGB iVm § 536 Abs 1 S 2 BGB angesehen werden (FALK/SCHNEIDER ZMR 2011, 697, 698 f). Bei Abtretung eines Teils der

Pachtforderung durch den Verpächter erstreckt sich eine Minderung grundsätzlich auf jeden der durch die Abtretung entstandenen Forderungsteile nach dem Verhältnis ihrer Höhe (BGH NJW 1983, 1902, 1903). Der **Jagdpächter** kann bei Unterschreitung der Größe des Jagdbezirks nicht ohne Weiteres den Pachtzins mindern, sofern die im Vertrag genannten Grenzen des Jagdbezirks stimmen und die gesetzliche Mindestgröße nicht unterschritten wird (OLG Koblenz MDR 1978, 932 f), solange der Pachtzins der tatsächlichen Größe angemessen ist (KG HRR 1935 Nr 1447) oder wenn die Gebrauchstauglichkeit nur unerheblich beeinträchtigt ist (OLG Düsseldorf ZMR 2003, 737, 737 f). In Betracht kommt eine Minderung aber möglicherweise dann, wenn der Pachtzins auf die im Vertrag angegebene Größe des Jagdbezirks zugemessen wurde sowie dann, wenn dem Pächter durch Einwirkungen, die er nicht zu vertreten hat, die Ausübung seiner Jagdbefugnis unmöglich wird, zB weil er durch Manöver während der Hauptjagdzeit daran gehindert wird, der Jagd nachzugehen (BGHZ 112, 392, 396 f).

371 Der Anspruch des Pächters auf **Schadensersatz** nach § 581 Abs 2 BGB iVm § 536a Abs 1 BGB ist in Bezug auf bereits bei Vertragsschluss vorhandene Mängel des Pachtgegenstands verschuldensunabhängig (§ 536a Abs 1 Var 1 BGB); insofern besteht eine Garantiehaftung des Verpächters. Bei später entstehenden Mängeln haftet der Verpächter nur dann auf Schadensersatz, wenn er den Mangel zu vertreten hat (§ 536a Abs 1 Var 2 BGB) oder mit dessen Beseitigung in Verzug kommt (§ 536a Abs 1 Var 3 BGB). Wegen dieser unterschiedlichen Voraussetzungen kann es entscheidend darauf ankommen, ob ein Mangel des Pachtgegenstands bereits bei Vertragsschluss vorlag. Das wird etwa angenommen, wenn ein erst noch herzustellender Gegenstand verpachtet wird und der Mangel im Zeitpunkt der Fertigstellung oder der Übergabe vorhanden ist (BGHZ 9, 320; dazu Delbrück LM Nr 2 zu § 538 BGB). Dagegen liegt kein anfänglicher Mangel vor, wenn die zuständige Behörde nach mehreren Jahren Pachtdauer Einschränkungen der Nutzung einer gepachteten Diskothek für die Zukunft verfügt (BGHZ 68, 294; kritisch Krampe JZ 1978, 438) oder wenn sich die Übergabe des Pachtgegenstands durch einen unbegründeten Nachbarwiderspruch verzögert (BGH NJW 1992, 3226). Ist der Pachtgegenstand wegen nach § 581 Abs 2 BGB iVm §§ 555a ff BGB zu duldender Modernisierungsmaßnahmen des Verpächters eine Zeit lang nicht nutzbar, kann ein Schadensersatzanspruch aus § 581 Abs 2 BGB iVm § 536a Abs 1 Var 2 BGB nur darauf gestützt werden, dass dem Verpächter eine über diese Maßnahme hinausgehende Pflichtverletzung zur Last fällt, etwa wenn der zu beseitigende Mangel bereits bei Vertragsschluss vorlag oder danach infolge eines Verschuldens des Verpächters mit seinen laufenden Erhaltungspflichten ein Reparaturstau eingetreten ist oder soweit die Maßnahme über das erforderliche Maß hinausgeht (OLG Saarbrücken 20. 12. 2010 – 8 U 507/09, juris – zu § 554 aF). Zudem ist ggf die Einschränkung nach § 536 Abs 1a BGB zu beachten. Bei der **Überlassung von Software** spielt – sofern Pachtvertragsrecht zur Anwendung kommt (Vorbem 94 zu § 581) – die Frage der verschuldensunabhängigen Schadensersatzhaftung nach § 581 Abs 2 BGB iVm § 536a Abs 1 Var 1 BGB eine praktisch besonders wichtige Rolle (s dazu etwa Lenhard, Vertragstypologie von Softwareüberlassungsverträgen 268 f), weil es sich bei Softwaremängeln regelmäßig um bereits im Zeitpunkt der Überlassung bestehende Mängel handelt und der Überlassende so für die gesamte Vertragsdauer einer weitreichenden Einstandspflicht unterliegt, sofern die Haftung nicht vertraglich im Rahmen der gesetzlichen Möglichkeiten (insbesondere unter

Berücksichtigung von § 276 Abs 3 BGB und § 309 Nr 7 lit b BGB) eingeschränkt ist.

Der Schadensersatz nach § 581 Abs 2 BGB iVm § 536a Abs 1 BGB umfasst sämtliche Mangelschäden und Mangelfolgeschäden des Pächters und etwaiger mitgeschützter Dritter (BGH LM Nr 12/13 zu § 538 BGB; OLG Bremen VersR 1967, 86, 86; STAUDINGER/EMMERICH [2018] § 536a Rn 19 mwNw aus dem Mietrecht), also Sach-, Vermögens- und Gesundheitsschäden. **372**

Unter den Voraussetzungen des § 581 Abs 2 BGB iVm § 536a Abs 2 BGB kann der Pächter **Ersatz für** eigene **Aufwendungen zur Mängelbeseitigung** verlangen. Dies kommt insbesondere bei Verzug des Verpächters iSd § 286 BGB (der zB auch bei ernsthafter und endgültiger Verweigerung der Mängelbeseitigung vorliegen kann, LG Berlin GE 1987, 1271) in Betracht (§ 536a Abs 2 Nr 1 BGB) oder wenn die umgehende Beseitigung des Mangels zur Erhaltung oder Wiederherstellung des Bestands des Pachtgegenstands notwendig ist (§ 536a Abs 2 Nr 2 BGB). Im zweiten Fall geht es um Notmaßnahmen zur Erhaltung des Pachtgegenstands, wenn wegen der Dringlichkeit der Maßnahmen keine Zeit mehr bleibt, den Mangel dem Verpächter anzuzeigen und ihn ggf in Verzug zu setzen (STAUDINGER/EMMERICH [2018] § 536a Rn 35 ff mwNw zur Miete). Aufwendungen iSd § 536a Abs 2 BGB sind solche iSd § 670 BGB, was sich insbesondere aus dem Zusammenhang der Vorschrift mit § 539 Abs 1 BGB und der dort enthaltenen Verweisung auf §§ 677 ff BGB und damit auch auf § 683 S 1 BGB iVm § 670 BGB ergibt. Entscheidend bei § 536a Abs 2 Nr 2 BGB ist, dass die Aufwendungen zur Beseitigung des Mangels des Pachtgegenstands notwendig sind; nicht erfasst werden insbesondere Aufwendungen zur Verbesserung oder Veränderung des Pachtgegenstands (zur Miete STAUDINGER/EMMERICH [2018] § 536a Rn 39 mwNw), auch nicht solche zur erstmaligen Herstellung des vertragsgemäßen Zustands (OLG Zweibrücken OLGR 2002, 4 zur Gaststättenpacht); insofern kommt allenfalls ein Ersatz nach § 581 Abs 2 BGB iVm §§ 539 Abs 1, 683 S 1, 670 BGB (Rn 391) oder ein Wegnahmerecht des Pächters nach § 581 Abs 2 BGB iVm § 539 Abs 2 BGB (Rn 392) in Betracht. **373**

Da § 536a BGB andere Ansprüche des Pächters auf Aufwendungsersatz grundsätzlich nicht ausschließt (s etwa OLG Düsseldorf ZMR 1990, 57, 57), können bei Mängelbeseitigungsmaßnahmen des Pächters im Einzelfall auch Aufwendungsersatzansprüche aus § 684 BGB iVm Bereicherungsrecht (OLG Düsseldorf ZMR 1990, 57, 57 – im konkreten Fall allerdings abgelehnt) oder solche aus § 536a Abs 1 BGB iVm § 284 BGB (s zum Mietrecht STAUDINGER/EMMERICH [2018] § 536a Rn 24; SCHAUB, in: ARTZ/BÖRSTINGHAUS, 10 Jahre Mietrechtsreformgesetz 168, 177 f mwNw zum Meinungsstand im Mietrecht) in Betracht kommen. **374**

Weiterhin steht dem Pächter gemäß § 581 Abs 2 BGB iVm § 543 Abs 1, Abs 2 Nr 1 BGB ein Recht zur **außerordentlichen fristlosen Kündigung des Pachtvertrags aus wichtigem Grund** zu, wenn ihm der vertragsgemäße Gebrauch des Pachtgegenstands ganz oder zum Teil nicht rechtzeitig gewährt oder wieder entzogen wird. Das ist insbesondere bei Vorliegen eines Mangels iSd § 536 BGB anzunehmen, weil der Verpächter nach § 535 Abs 1 BGB zur Überlassung und Erhaltung des Pachtgegenstands in einem zum vertragsgemäßen Gebrauch geeigneten Zustand verpflichtet ist (s auch Mot II 418 f). **375**

c) Rechtsmängelgewährleistung, § 581 Abs 2 iVm § 536 Abs 3 iVm Abs 1, 2

376 Die Rechtsmängelgewährleistung folgt ähnlichen Regeln wie die Sachmängelgewährleistung, weil für Rechtsmängel gemäß § 536 Abs 3 BGB die Regelungen in § 536 Abs 1 und 2 BGB entsprechend gelten und in den folgenden Vorschriften von Mängeln im Sinne des § 536 BGB die Rede ist, sodass sie Rechtsmängel ebenfalls erfassen.

377 **Voraussetzung** der Rechtsmängelhaftung ist, dass dem Pächter der vertragsgemäße Gebrauch des Pachtgegenstands oder die Möglichkeit der Fruchtziehung durch das Recht eines Dritten ganz oder teilweise entzogen wird, § 581 Abs 2 BGB iVm § 536 Abs 3 BGB. Nicht bereits das Bestehen von Rechten Dritter löst daher die Rechtsmängelhaftung aus, sondern erst die ganze oder teilweise Entziehung des vertragsgemäßen Gebrauchs, sodass es sich um eine Eviktionshaftung handelt (s insb OLG Köln ZMR 1981, 177; zur Miete auch STAUDINGER/EMMERICH [2018] § 536 Rn 79).

378 **Rechte Dritter** sind nur private Rechte, nicht hingegen öffentlich-rechtliche Beschränkungen oder Verbote (s etwa STAUDINGER/EMMERICH [2018] § 536 Rn 80; OLG Brandenburg 31. 8. 2005 – 3 U 106/02, juris; öffentlich-rechtliche Einschränkungen der Nutzungsmöglichkeit können jedoch ggf das Vorliegen eines Sachmangels begründen, Rn 360). In Betracht kommen dingliche Rechte Dritter, zB Eigentum (OLG Zweibrücken OLGZ 1972, 208) oder beschränkte dingliche Rechte, aber auch obligatorische Rechte, zB bei Doppelverpachtung, aber – wegen des Charakters als Eviktionshaftung – nur wenn ein anderer den Pachtgegenstand rechtmäßig besitzt (BGH LM Nr 4 zu § 541 BGB; DNotZ 1969, 672; NJW 1991, 3277; OLG Köln ZMR 1981, 177); hier gehen die Regeln über die Rechtsmängelhaftung denjenigen über Unmöglichkeit vor (BGH NJW 1991, 3277, 3277 f). Nicht entscheidend ist, ob das Recht des Dritten von Anfang an besteht oder erst nach Vertragsschluss und Überlassung des Pachtgegenstands begründet wird (BGHZ 63, 132; **aA** RGZ 65, 29, 33).

379 Eine **Entziehung des vertragsgemäßen Gebrauchs** ist nicht nur bei einer Entziehung nach Überlassung, sondern auch dann gegeben, wenn dem Pächter bereits bei Beginn des Pachtverhältnisses der Gebrauch des Pachtgegenstands nicht gewährt werden kann (BGH NJW 1961, 917 – zur Miete; NJW 1991, 3277, 3277 f). Die entsprechende Anwendung auf das Pachtrecht bedeutet, dass auch die Entziehung des Fruchtgenusses unter § 536 Abs 3 BGB fällt, weil es sich bei dessen Gewährung um eine weitere Hauptpflicht des Verpächters handelt, deren Erfüllung durch Rechte Dritter beeinträchtigt werden kann. Deshalb kommt es nicht darauf an, ob sich das beeinträchtigende Recht auf den Pachtgegenstand oder nur auf die Früchte, etwa nach deren Trennung, erstreckt. Eine Entziehung des Besitzes wurde in einem Fall abgelehnt, in dem bei ungeklärten Eigentumsverhältnissen in den neuen Bundesländern die Gemeinde an den Pächter mit dem Wunsch herantrat, ihrerseits als Verpächterin einen Pachtvertrag über das Grundstück abzuschließen (OLG München WuM 1995, 152).

380 Die **Rechtsfolgen** bei Vorliegen eines Rechtsmangels sind wegen der Gleichstellung der Rechtsmängel mit Sachmängeln in § 536 Abs 3 BGB im Ergebnis die gleichen wie bei der Sachmängelhaftung (Rn 369 ff). In Betracht kommen also eine Minderung der Pacht nach § 581 Abs 2 BGB iVm § 536 Abs 1 BGB, Schadensersatz nach § 581 Abs 2 BGB iVm § 536a Abs 1 BGB, Aufwendungsersatz nach § 581 Abs 2 BGB iVm

§ 536a Abs 2 BGB oder nach allgemeinen Regeln einschließlich § 284 BGB sowie eine außerordentliche fristlose Kündigung aus wichtigem Grund nach § 581 Abs 2 BGB iVm § 543 Abs 4 iVm Abs 2 Nr 1 BGB.

Bei **Merchandisingverträgen** erscheint allerdings die uneingeschränkte Anwendung der Regeln über die Rechtsmängelgewährleistung, insbesondere die verschuldensunabhängige Haftung auf Schadensersatz nach § 581 Abs 2 BGB iVm § 536a Abs 2 iVm Abs 1 Var 1 BGB, dann nicht ganz angemessen, wenn sich Konflikte aufgrund von Unsicherheiten über die rechtlichen Möglichkeiten und Grenzen der Verwertung von Persönlichkeitsrechten ergeben. Hier wäre die Annahme eines konkludenten Haftungsausschlusses zu erwägen, soweit dem Vermarktenden keine Rechte zur Vermarktung des jeweiligen Teilaspekts seiner Persönlichkeit zustehen. Kautelarjuristisch bestünde der sicherere Weg allerdings darin, eine entsprechende Haftungsausschlussklausel konkret zu vereinbaren (s dazu auch SCHERTZ ZUM 2003, 631, 641). Entsprechendes sollte bei **Sponsoringverträgen** in Bezug auf Kommunikationsleistungen des Gesponserten, die persönlichkeitsgeprägte Rechtspositionen betreffen, gelten. **381**

Auch bei **Lizenzverträgen über gewerbliche Schutzrechte** kann die Rechtsmängelhaftung in bestimmten Fällen zu modifizieren sein, weil manche Rechtsmängel für den Lizenzgeber nicht beherrschbar sind. Das spielt vor allem dann eine Rolle, wenn ein Lizenzvertrag nach Anmeldung, aber vor Eintragung eines Schutzrechts geschlossen wird, kann aber im Einzelfall auch bei nach der Eintragung geschlossenen Verträgen relevant werden. Zu denken ist insbesondere an Fälle von Vorbenutzungsrechten, Abhängigkeit von anderen Schutzrechten oder Nichterteilung des angemeldeten Schutzrechts (s dazu insb GROSS, Der Lizenzvertrag Rn 336 ff; HENN/PAHLOW/PAHLOW § 9 Rn 49 – für Vorbenutzungsrechte; ANN/BARONA, Schuldrechtsmodernisierung und gewerblicher Rechtsschutz 146; PAGENBERG/BEIER Muster 1 Rn 42 f; PAHLOW, Lizenz und Lizenzvertrag im Recht des Geistigen Eigentums 309 ff – für relative Lizenzen; ähnlich LÜDECKE/FISCHER 175, 215, 217 ff, 247). Vor allem bei Patenten, aber auch bei anderen gewerblichen Schutzrechten sollte in derartigen Konstellationen stets genau geprüft werden, ob die verschuldensunabhängige Rechtsmängelhaftung nach §§ 581 Abs 2, 536a Abs 1 Var 1 BGB im Einzelfall angemessen erscheint oder ob ggf eine stillschweigende Abbedingung dieser Haftung (dazu zB PAGENBERG/BEIER Muster 1 Rn 43 – zum Patentübertragungsvertrag; PFAFF/OSTERRIETH B. I Rn 31 ff, insb 33; enger HAEDICKE GRUR 2004, 123, 124 f; **aA** ANN/BARONA, Schuldrechtsmodernisierung und gewerblicher Rechtsschutz Rn 186: Lösung über § 313 BGB) anzunehmen ist. **382**

Bei **Know-how-Verträgen** dürfte eine Rechtsmängelhaftung aufgrund des Charakters des Vertragsgegenstands kaum in Betracht kommen. Der Überlassende könnte allenfalls dafür haften, dass das überlassene Wissen geheim oder nicht durch Dritte (zB wegen Verletzung von § 3 Abs 1 iVm § 4 Nr 4 UWG oder nach § 823 Abs 2 BGB iVm § 17 UWG – Verrat von Geschäfts- oder Betriebsgeheimnissen) angreifbar ist (s dazu insb LÜDECKE/FISCHER 652; MAASSEN/WUTTKE, in: ANN/LOSCHELDER/GROSCH 263, 282 f [Rn 59]; RÖDER-HITSCHKE, in: GÖTTING/MEYER/VORMBROCK, Gewerblicher Rechtsschutz und Wettbewerbsrecht § 19 Rn 104; HAEDICKE, Rechtskauf und Rechtsmängelhaftung 324 – in Bezug auf den Rechtskauf). **383**

Bei **Softwareüberlassungsverträgen** – soweit sie ausnahmsweise als Pachtverträge zu **384** qualifizieren sind (Vorbem 94 zu § 581) – stellt sich ebenfalls die Frage, ob die verschuldensunabhängige Rechtsmängelhaftung angemessen ist. Auch solche Verträge können im Einzelfall relativ weit vom gesetzlichen Leitbild, nach dem der Verpächter derartige Mängel weitgehend beherrschen kann, entfernt sein. Hier können ähnliche Konstellationen auftreten wie bei Lizenzverträgen über gewerbliche Schutzrechte (Rn 382), sodass auch hier sehr genau im Einzelfall zu prüfen ist, ob die verschuldensunabhängige Rechtsmängelhaftung ggf als stillschweigend abbedungen anzusehen ist. Mehr Rechtsklarheit lässt sich nur durch vertragliche Haftungseinschränkungen oder -ausschlüsse, die den Besonderheiten des konkreten Vertragsgegenstands Rechnung tragen, erreichen.

d) Besonderheiten der Mängelgewährleistung bei der Unternehmenspacht

385 Bei der Unternehmenspacht stellen sich einige Sonderfragen der Mängelgewährleistung, auf die hier nur kurz hingewiesen werden kann; im Übrigen ist auf die Spezialliteratur zur Unternehmenspacht zu verweisen (s insbesondere KLEIN-BLENKERS 171 ff mwNw; DÖRMER 223 ff, 318).

386 Schon die generelle **Anwendbarkeit von § 581 Abs 2 BGB iVm §§ 536 ff BGB** ist bei der Unternehmenspacht nicht unumstritten; insbesondere DÖRMER (223 ff) spricht sich stattdessen für eine Heranziehung der §§ 434 ff BGB aus – allerdings basierend auf der hier nicht geteilten Prämisse, dass die Unternehmenspacht einen Vertrag sui generis darstelle, der nicht den Pachtverträgen iSd § 581 BGB zugeordnet werden könne. Betrachtet man – wie hier (Rn 64) – die Unternehmenspacht als Pacht eines sonstigen Gegenstands iSd §§ 581 ff BGB, sind Grundlage der Mängelgewährleistung die §§ 581 Abs 2, 536 ff BGB (s auch KLEIN-BLENKERS 173 ff).

387 Die größten Probleme bereitet jedoch bei der Unternehmenspacht die Frage, nach welchen Kriterien das **Vorliegen eines Unternehmensmangels** zu beurteilen ist. Problematisch ist insbesondere, ob und wann ein Mangel des Unternehmens oder nur einzelner Unternehmensbestandteile vorliegt, wie Sach- und Rechtsmängel voneinander abzugrenzen sind und für welche Arten von Unternehmensmängeln der Verpächter einzustehen hat. Der subjektive Mangelbegriff ist hier zwar – wie auch sonst im Pachtrecht (Rn 357) – Ausgangspunkt, kann aber über diese allgemeinen Fragen häufig nicht vollständig hinweghelfen. Die Frage nach dem **Bezugspunkt des Mangels** (Unternehmen oder Unternehmensbestandteil) dürfte vor allem für die Beurteilung der Erheblichkeit des Mangels nach § 536 Abs 1 S 3 BGB von Bedeutung sein. Grundsätzlich sollte hier auf den Pachtgegenstand, also regelmäßig das Unternehmen als Ganzes, abgestellt werden (so auch KLEIN-BLENKERS 182 ff; OPPENLÄNDER, Die Unternehmenspacht 360 ff; ähnlich – wenn auch von einem abweichenden dogmatischen Ausgangspunkt her – DÖRMER 225 f). Der Verpächter ist dabei auch hinsichtlich einzelner Unternehmensteile zur Gebrauchserhaltung und bei Mangelhaftigkeit zur Mängelgewährleistung verpflichtet, aber nur im Rahmen der Erheblichkeitsschranke des § 536 Abs 1 S 3 BGB, die mit besonderem Blick auf die Rechtsfolgen der Minderung und Kündigung angewandt werden sollte. Ein Unternehmen kann mit **Sach- oder Rechtsmängeln** behaftet sein (Beispiele insb bei OPPENLÄNDER, Die Unternehmenspacht 367 ff; KLEIN-BLENKERS 180 ff, 285 ff). In den meisten Fällen dürfte es allerdings um Sachmängel iSd § 536 Abs 1 bzw 2 BGB gehen, wobei die Frage einer Zusicherung bestimmter Unternehmenseigenschaften eine wichtige Rolle spielt. Problematisch sind vor allem Abweichungen des Unternehmensumsatzes von den Erwartungen der

Beteiligten, insbesondere des Pächters (s zum Meinungsstand insb KLEIN-BLENKERS, 202 ff mwNw sowie BGH NJWE-MietR 1997, 150, 150: unrichtige oder unvollständige Angaben über Umsätze oder Erträge eines Unternehmens stellen idR weder einen Sachmangel noch eine zugesicherte Eigenschaft dar).

Bei Vorliegen eines Sach- oder Rechtsmangels stellt sich weiter die Frage, ob die **388** **gesetzlichen Ansprüche des Pächters** bei der Unternehmenspacht im Einzelfall möglicherweise zu **modifizieren** sind. Teilweise wird diskutiert, ob die Anwendung der gesetzlichen Mängelgewährleistungsregeln für nachträgliche Mängel bei der Unternehmenspacht angemessen ist (s insb ISAY, Das Recht am Unternehmen 158 f; STROBEL, Die Unternehmenspacht im deutschen, französischen und italienischen Recht 25; differenzierend KLEIN-BLENKERS 284 ff). Die Frage dürfte allerdings bei genauer Eingrenzung der haftungsauslösenden Unternehmensmängel nur noch selten eine praktische Rolle spielen (s auch OPPENLÄNDER, Die Unternehmenspacht 363). Außerdem wird mitunter gefordert, die Garantiehaftung nach § 536a Abs 1 Var 1 BGB bei der Unternehmenspacht durch das Erfordernis eines Verschuldens des Verpächters zu modifizieren (KLEIN-BLENKERS 222 f); auch insoweit dürfte es aber stark auf die Umstände des Einzelfalls ankommen. Wichtig erscheint es weiterhin, vor allem mit Blick auf eine mögliche Kündigung des Unternehmenspachtvertrags durch den Pächter nach § 581 Abs 2 BGB iVm § 543 Abs 1, Abs 2 S 1 Nr 1 BGB, bei der Interessenabwägung nach § 543 Abs 1 S 2 BGB die Besonderheiten der Unternehmenspacht und insbesondere das Gewicht des Mangels im Verhältnis zum gesamten Unternehmen genau im Blick zu behalten, um eine Kündigung wegen mit Blick auf das Gesamtunternehmen verhältnismäßig geringfügiger (wenn auch evtl nicht iSd § 536 Abs 1 S 3 BGB unerheblicher) Mängel zu vermeiden.

Gerade wegen der geschilderten Schwierigkeiten ist die **Vertragsgestaltung** bei der **389** Unternehmenspacht von zentraler Bedeutung. Hier sollte insbesondere der „Soll-Zustand" des Unternehmens so präzise wie möglich beschrieben und bei für die Beteiligten zentralen Eigenschaften möglicherweise eine entsprechende Zusicherung in Erwägung gezogen werden. Auch die Möglichkeit vertraglicher Modifikationen der gesetzlichen Mängelgewährleistungsregeln (Rn 388) sollte genau im Blick behalten werden.

2. Aufwendungsersatzanspruch des Pächters und Wegnahmerecht, § 581 Abs 2 iVm § 539

Unabhängig vom Vorliegen eines Mangels des Pachtgegenstands kann dem Pächter **390** gegenüber dem Verpächter ein Aufwendungsersatzanspruch oder ein Wegnahmerecht nach § 581 Abs 2 BGB iVm § 539 BGB zustehen.

Der **Aufwendungsersatzanspruch** nach § 581 Abs 2 BGB iVm §§ 539 Abs 1, 683 S 1, **391** 670 BGB setzt Aufwendungen des Pächters auf den Pachtgegenstand voraus, die ihm der Verpächter nicht nach § 581 Abs 2 BGB iVm § 536a Abs 2 BGB zu ersetzen hat. Diese sind nach den Vorschriften über die Geschäftsführung ohne Auftrag, insbesondere nach §§ 683 S 1, 670 BGB, ersatzfähig; der Aufwendungsbegriff ist derjenige des § 670 BGB. Nach diesen Regelungen kann im Einzelfall ein Ersatz von Aufwendungen zur Verbesserung oder Veränderung des Pachtgegenstands in Betracht kommen. Teilweise wird bei Pachtverträgen mit einer Gebrauchs- bzw Betriebspflicht des Pächters eine Heranziehung des Rechtsgedankens des § 591 Abs 2 BGB befürwortet (MünchKomm/Harke § 581 Rn 45), was in der Sache zwar sinnvoll erscheint, aber praktische Probleme aufwerfen könnte, weil im Streitfall keine den Landwirtschaftsgerichten vergleichbare spezialisierte Institution zur Entscheidung über die Verwendungen existiert.

392 Das **Wegnahmerecht** des Pächters nach § 581 Abs 2 BGB iVm § 539 Abs 2 BGB bezieht sich auf **Einrichtungen**, mit denen der Pächter den Pachtgegenstand versehen hat. Das sind – in Anlehnung an die mietrechtliche Definition (Staudinger/Emmerich [2018] § 539 Rn 26 mwNw) – bewegliche Sachen, die vom Pächter mit dem Pachtgegenstand körperlich verbunden werden und dazu bestimmt sind, dem wirtschaftlichen Zweck des Pachtgegenstands als Hauptsache zu dienen, wie zB Aufbauten auf einem Grundstück (BGHZ 81, 146, 150). Der Verpächter kann bei der Raumpacht die Ausübung des Wegnahmerechts nach § 581 Abs 2 BGB iVm §§ 578 Abs 2 S 1, 552 Abs 1 BGB durch Zahlung einer angemessenen Entschädigung abwenden, wenn nicht der Pächter ein berechtigtes Interesse an der Wegnahme hat. Umgekehrt kann der Pächter, wenn er nach dem Vertrag zur Wegnahme von Einrichtungen verpflichtet ist, diese nicht dem Verpächter aufdrängen und Zahlung einer Entschädigung fordern (OLG Düsseldorf OLGR 2007, 399, 399 f).

393 § 539 BGB ist **dispositiv**, sodass die Parteien des Pachtvertrags die Ansprüche des Pächters auf Aufwendungsersatz bzw auf Wegnahme von Einrichtungen nach dieser Vorschrift beschränken oder ausschließen können (zum Mietrecht insb Staudinger/Emmerich [2018] § 552 Rn 10 ff). Die Einschränkung für solche Vereinbarungen in § 552 Abs 2 BGB gilt nur für die Wohnraummiete, nicht aber für die Pacht, denn in § 578 Abs 2 S 1 BGB wird nur § 552 Abs 1 BGB für entsprechend anwendbar erklärt. Daher dürfen – innerhalb der allgemeinen gesetzlichen Grenzen (insbesondere des § 138 BGB) – die Rechte des Pächters nach § 539 BGB sogar vollständig und entschädigungslos ausgeschlossen werden (BGH NJW 1967, 1223, 1224; OLG Hamburg MDR 1964, 509; implizit auch BGH 19. 7. 2013 – V ZR 93/12, NJW 2013, 3364; aA LG Hamburg ZMR 1968, 89). Der Verzicht eines Unterpächters auf seine Ansprüche auf Verwendungsersatz gegenüber dem Hauptpächter/Unterverpächter wirkt auch im Verhältnis zum Hauptverpächter (RGZ 158, 394, 403 f). Ein Verzicht auf das Wegnahmerecht kann dingliche Auswirkungen haben: Wenn die Parteien vereinbaren, dass alle mit dem Grund und Boden verbundenen Anlagen auf den Verpächter übergehen sollen, werden die Anlagen keine Scheinbestandteile iSd § 95 BGB, sondern nach § 94 BGB wesentliche Bestandteile des Grundstücks und fallen sogleich mit dem Einbau in das Eigentum des Grundstückseigentümers (BGH WM 1973, 560, 562; zu etwaigen bereicherungsrechtlichen Folgen Rn 479a). Es kommt nicht darauf an, ob eine Entschädigung vorgesehen ist oder nicht. Selbst der Verzicht des Pächters gegen Zahlung einer Entschädigung kann die Eigenschaft der Anlagen als Scheinbestandteil nicht bewahren, weil der Pächter auch dann wie bei einem Übernahmerecht des Verpächters (BGH LM Nr 5 zu § 95 BGB; DB 1964, 368; DB 1965, 1553) den Einbau nicht nur für eigene Zwecke, sondern auch für die des Verpächters vornimmt. Bleibt der vorübergehende Zweck trotz eines Übernahmerechts des Verpächters gewahrt, werden Einrichtungen des Pächters weder wesentliche Bestandteile noch Zubehör des Gebäudes (BGH WM 1971, 1086, 1087 f).

3. Ansprüche des Verpächters bei vertragswidrigem Gebrauch durch den Pächter, § 581 Abs 2 iVm § 541

Bei **vertragswidrigem Gebrauch des Pachtgegenstands** durch den Pächter, zB bei nicht **394** zulässigen Veränderungen (Rn 298) oder bei Verschlechterungen, welche der Pächter zu vertreten hat (wobei § 581 Abs 2 BGB iVm § 538 BGB zu beachten ist), sowie bei Fruchtziehung entgegen den Regeln einer ordnungsgemäßen Wirtschaft kann der Verpächter gemäß § 581 Abs 2 BGB iVm § 541 BGB nach Abmahnung des Pächters auf Unterlassung klagen; sofern der vertragswidrige Zustand durch bloßes Unterlassen nicht zu beenden ist, muss er beseitigt werden (s etwa OLG Hamm 13. 11. 2007 – 7 U 22/07, juris: Rückbau einer übergroßen Gartenlaube). Bei Verschulden des Pächters (für das wiederum § 581 Abs 2 BGB iVm § 538 BGB zu berücksichtigen ist) stehen dem Verpächter auch vertragsrechtliche (§ 280 Abs 1 BGB) und ggf deliktsrechtliche Schadensersatzansprüche gegen den Pächter zu (s etwa OLG Köln MDR 2010, 1054 zur Tötung eines gepachteten Pferds beim Ausritt – Schadensersatzpflicht im konkreten Fall allerdings abgelehnt; zu Einzelheiten bei der Unternehmenspacht insb Klein-Blenkers 298). Außerdem kann er den Pachtvertrag nach § 581 Abs 2 BGB iVm § 543 Abs 2 S 1 Nr 2 BGB aus wichtigem Grund außerordentlich fristlos kündigen. Wenn zwischen den Parteien streitig ist, ob verpachtete Räume infolge des Pachtgebrauchs beschädigt worden sind, trägt der Verpächter die Beweislast dafür, dass die Schadensursache dem Obhutsbereich des Pächters entstammt. Eine in seinen eigenen Verantwortungsbereich fallende Schadensursache muss der Verpächter selbst ausräumen (BGHZ 126, 124, 128 f mAnm Baumgärtel JZ 1995, 311; BGH NJW 1994, 1880; OLG Saarbrücken WuM 1989, 133; OLG Düsseldorf ZMR 2003, 25, 26).

Im Falle einer **unberechtigten Überlassung des Pachtgegenstands an einen Dritten** **395** (s Rn 315 f sowie Rn 345 ff) steht dem Verpächter nach § 581 Abs 2 BGB iVm § 541 BGB gegen den (Haupt-)Pächter ein Anspruch auf Unterlassung zu. Hinzutreten kann ein Anspruch auf Schadensersatz wegen Verletzung einer Nebenpflicht nach § 280 Abs 1 BGB sowie ggf ein Recht zur außerordentlichen fristlosen Kündigung nach § 581 Abs 2 BGB iVm § 543 Abs 2 S 1 Nr 2 Var 2 BGB (s auch BGH NZM 2000, 241, 242). Vom Unterpächter kann der Hauptverpächter nach § 985 BGB Herausgabe des Pachtgegenstands (allerdings idR nur an den Hauptpächter, § 986 Abs 1 S 2 BGB) verlangen. Ob darüber hinaus Ansprüche aus §§ 987 ff BGB in Betracht kommen, ist umstritten (dafür etwa OLG Hamburg ZMR 1999, 481, 481 f; dagegen zB Greiner ZMR 1998, 403, 405 f; ders ZMR 1999, 482 f).

Bei **Verstoß gegen eine vertraglich vereinbarte Gebrauchs- bzw Betriebspflicht** **396** (Rn 286 ff) kann dem Verpächter ein Schadensersatzanspruch nach § 280 Abs 1 BGB (s etwa RG SeuffA 83 Nr 212; OLG Hamm BB 1974, 1609) – zB wegen Ausfalls oder Rückgangs einer umsatzbezogenen Pacht – oder ein Kündigungsrecht nach § 581 Abs 2 BGB iVm § 543 Abs 2 S 1 Nr 2 BGB zustehen. Bei der **Unternehmenspacht** kommt zusätzlich eine Haftung des Pächters gegenüber dem Verpächter aus § 280 Abs 1 BGB bei Nichteinhaltung vertraglicher Zielvorgaben für die Unternehmensführung in Betracht (näher Dörner 294 ff).

Fraglich ist, ob dem Verpächter bei einer **Fortführung der Firma seines Unternehmens** **397** **durch den Pächter** mit Blick auf eine geplante Firmenfortführung nach Beendigung des Pachtvertrags noch einzelne mit der Firma verbundene Rechte, wie zB das selbständige Klagerecht aus § 37 Abs 2 HGB, verbleiben (so STROBEL, Die Unternehmenspacht im deutschen, französischen und italienischen Recht 33). Weil der Verpächter während der Dauer des Pachtverhältnisses nicht „Berechtigter" iSd § 37 Abs 2 HGB ist, erscheint dies problematisch; daher wird er in erster Linie auf pachtvertragliche Ansprüche gegen den Pächter – idR wegen Verletzung einer Nebenpflicht – zu verweisen sein. Insofern sollte bei der Vertragsgestaltung vorgesorgt werden.

4. Ansprüche des Verpächters wegen Verletzung der Rückgabepflicht des Pächters

398 Bei einer Verletzung der Rückgabepflicht des Pächters kann dem Verpächter ein Anspruch auf Schadensersatz nach § 581 Abs 2 BGB iVm §§ 546 Abs 1, 280 Abs 1, Abs 3, 281 BGB zustehen (Rn 338); bei verspäteter Rückgabe kommt § 584b BGB zur Anwendung. Sind Wohnräume im Rahmen eines einheitlichen Pachtvertrags überlassen worden, wird zT die Gewährung einer gerichtlichen Räumungsfrist nach § 721 oder § 794a ZPO zugelassen, soweit die Pacht- und die Wohnräume aus tatsächlichen Gründen getrennt zurückgegeben werden können, also eine teilbare Leistung vorliegt (OLG Hamburg MDR 1972, 955; LG Hamburg WuM 1993, 36, 37; WuM 1993, 203, 204; LG Mannheim WuM 1971, 154, 156; ZMR 1974, 48; ZMR 1993, 79, 80; ZMR 1994, 21, 22; BAUMBACH/LAUTERBACH/ALBERS/HARTMANN § 721 ZPO Rn 4; aA LG Wiesbaden NJW-RR 1993, 1293; LG Frankfurt aM WuM 1994, 15, 16). Diese Auffassung, die den Schutz des Pächters in seinem persönlichen Wohn- und Lebensbereich verfolgt, kann aber nicht zu einer entsprechenden Anwendbarkeit des § 571 Abs 2 BGB führen, die den Nutzenden von Wohnraum für die Dauer der Räumungsfrist von der Verpflichtung zum Ersatz eines weiteren Schadens entbindet. Insoweit geht es nicht mehr um den Schutz des persönlichen Lebensbereichs; eine weitergehende, materielle Entlastung des Pächters ist nicht geboten.

5. Ansprüche bei Verletzung von Nebenpflichten

399 Bei Verletzung von Nebenpflichten durch den Verpächter oder Pächter kommen mangels spezieller Regelungen im Pachtrecht regelmäßig die Vorschriften des Allgemeinen Schuldrechts (§ 280 Abs 1 BGB, ggf auch § 280 Abs 1, Abs 3 BGB iVm § 282 BGB bzw § 324 BGB) zum Zuge.

400 Auf Seiten des **Verpächters** ist insbesondere an eine Verletzung von **Aufklärungs-, Rücksichtnahme- oder Loyalitätspflichten** (Rn 237) zu denken. Sie kann Schadensersatzansprüche des Pächters nach § 280 Abs 1 BGB iVm § 241 Abs 2 BGB begründen (s etwa BGH WM 1977, 1089, 1090).

401 Eine Verletzung der **Obhutspflicht** des **Pächters** (Rn 296 ff) kann Schadensersatzansprüche nach § 280 Abs 1 BGB iVm § 241 Abs 2 BGB auslösen (zB OLG Düsseldorf ZMR 2002, 583 – zur pFV; OLG Hamm VersR 2002, 62, 62; LG Münster NJW-RR 1988, 1234 – zur pFV; LG Köln 16. 4. 2009 – 2 O 343/06, juris; 16. 4. 2009 – 2 O 343/08, juris), ggf auch solche aus § 823 Abs 1 BGB (BGH NJW-RR 1988, 659) – auch für Schäden am Pachtgegenstand, da dieser Eigentum des Verpächters bleibt. Denkbar sind weiterhin Unterlassungsansprüche nach § 581 Abs 2 BGB iVm § 541 BGB sowie – in schwerwiegenden Fällen – ein Recht des Verpächters zur außerordentlichen fristlosen Kündigung nach § 581 Abs 2 BGB iVm § 543 Abs 1, Abs 2 S 1 Nr 2 BGB. Auch bei Verletzung der

Fürsorgepflicht des Pächters (Rn 300) sind Schadensersatzansprüche nach § 280 Abs 1 BGB iVm § 241 Abs 2 BGB denkbar, zB bei nicht rechtzeitiger Information des Verpächters über eine den Pachtgegenstand betreffende Zwangsvollstreckung (Rn 301), sodass der Verpächter insbesondere nicht rechtzeitig Drittwiderspruchsklage erheben konnte (bei Unmöglichkeit der Rückgabe des Pachtgegenstands kommt ein Schadensersatzanspruch nach §§ 280 Abs 1, Abs 3, 283 BGB in Betracht). Daneben kann im Einzelfall wiederum ein deliktsrechtlicher Anspruch gegeben sein. Schließlich kann auch bei Verletzung einer **Duldungspflicht** des Pächters (Rn 302 ff) ein Schadensersatzanspruch des Verpächters nach § 280 Abs 1 BGB entstehen, etwa wenn dadurch ein Verkauf oder eine Neuverpachtung scheitert (so KG OLGE 16, 426, 426 f – zur pFV bei der Miete; AG Bergisch-Gladbach WuM 1977, 27, 27 f).

Auch die Eröffnung eines Konkurrenzunternehmens in der Nachbarschaft durch den Pächter kann einen Schadensersatzanspruch des Verpächters nach § 280 Abs 1 BGB auslösen (s etwa RG JW 1936, 1829; KG JW 1936, 2932 – jeweils zur Miete). Der Schaden muss allerdings im konkreten Einzelfall stets sehr genau geprüft werden. Ein Schaden kann zB vorliegen, wenn der Pächter aufgrund des Betriebs eines konkurrierenden Unternehmens den Pachtgegenstand nicht oder in geringerem Umfang nutzt und dadurch – etwa bei Vereinbarung einer ganz oder teilweise umsatzabhängigen Pacht – dem Verpächter ein Teil der Pacht entgeht (s etwa die Fallkonstellationen in RGZ 160, 361, 369 sowie BGH LM Nr 8 zu § 581 BGB, in denen es aber jeweils nicht um Schadensersatzansprüche ging). **402**

6. Ansprüche bei Verletzung vor- oder nachvertraglicher Pflichten

Bei Verletzung vor- oder nachvertraglicher Pflichten des Verpächters (Rn 240) oder Pächters (Rn 339) kommen – ähnlich wie bei sonstigen Nebenpflichtverletzungen (Rn 399 ff) – in erster Linie Schadensersatzansprüche des anderen Teils nach § 280 Abs 1 BGB iVm § 241 Abs 2 BGB (bei Verletzung vorvertraglicher Pflichten iVm § 311 Abs 2 BGB) in Betracht (s etwa OLG Koblenz ZMR 2012, 187, insb zum Verschulden des Pächters). Im Verhältnis zu § 581 Abs 2 BGB iVm §§ 536 ff BGB ist allerdings von einem grundsätzlichen Vorrang der pachtvertraglichen Mängelgewährleistung auszugehen. Das ist im Mietrecht anerkannt für den Zeitraum ab Übergabe der Mietsache (s nur BGHZ 93, 142, 145; 136, 102, 106 ff; SCHMIDT-FUTTERER/EISENSCHMID § 536 Rn 608 mwNw; **aA** STAUDINGER/EMMERICH [2018] Vorbem 62a zu § 535 mwNw), sollte aber auch schon vor der Übergabe gelten (s nur LOOSCHELDERS, in: ARTZ/BÖRSTINGHAUS, 10 Jahre Mietrechtsreformgesetz 141, 148 ff; SCHAUB, in: ARTZ/BÖRSTINGHAUS, 10 Jahre Mietrechtsreformgesetz 168, 171 ff jew mwNw, auch zur **aA**). Die insoweit geltenden Grundsätze sollten auf Pachtverträge übertragen werden. Fraglich ist, ob wegen vorvertraglicher Pflichtverletzungen auch der Pachtvertrag vorzeitig beendet werden kann. Dies dürfte nach § 581 Abs 2 BGB iVm § 543 Abs 1 BGB ausnahmsweise möglich sein, wenn die vorvertragliche Pflichtverletzung so schwerwiegend ist, dass dem anderen Teil eine Fortsetzung des Vertrags bis zum nächsten regulären Kündigungstermin nicht mehr zumutbar ist. **403**

7. Rechtsschutz gegenüber Beeinträchtigungen des Pachtgegenstands durch Dritte

Bei Beeinträchtigungen des Pachtgegenstands durch Dritte stellt sich die Frage, **404** welchem Vertragspartner Abwehr- bzw Schadensersatzansprüche gegen den Dritten zustehen. Ansprüche aus § 823 Abs 1 BGB bzw § 862 BGB oder § 1004 BGB wegen Beschädigung bzw Gefährdung des Pachtgegenstands können sowohl vom Verpächter als Eigentümer als auch vom Pächter als Besitzer (zB wenn der Pächter im Verhältnis zum Verpächter zur Erhaltung des Pachtgegenstands verpflichtet ist, OLG Naumburg 25. 9. 2014 – 2 U 27/14, NJW-RR 2015, 217) geltend gemacht werden, da es denkbar ist, dass beiden ein Schaden entsteht. Im Innenverhältnis erscheint (nicht zuletzt wegen der Unteilbarkeit etwaiger quasinegatorischer Unterlassungsansprüche) eine entsprechende Heranziehung des § 432 BGB sinnvoll (s auch OPPENLÄNDER, Die Unternehmenspacht 292 f). Entsprechendes sollte dann auch für Ansprüche aus § 823 Abs 1 BGB wegen Verletzung des Rechts am Unternehmen sowie für Ansprüche aus § 8 UWG gelten (sofern Pächter und Verpächter Mitbewerber des Schädigers iSd §§ 8 Abs 3 Nr 1, 2 Abs 1 Nr 3 UWG sind), denn hier können ebenfalls Verpächter und Pächter nebeneinander durch tatsächliche oder drohende Eingriffe Dritter betroffen sein (s auch OPPENLÄNDER, Die Unternehmenspacht 293 ff, 296 ff).

8. Verjährung

a) Allgemeines

405 Ansprüche des Verpächters bzw des Pächters aus dem Pachtvertrag verjähren grundsätzlich innerhalb der regelmäßigen dreijährigen Verjährungsfrist nach § 195 BGB. Eine Sonderregelung besteht für Ersatzansprüche des Verpächters wegen Veränderungen oder Verschlechterungen des Pachtgegenstands sowie für Ansprüche des Pächters auf Ersatz von Aufwendungen oder auf Gestattung der Wegnahme einer Einrichtung: Insoweit gilt § 581 Abs 2 BGB iVm § 548 BGB, der eine möglichst rasche Vollziehung der Auseinandersetzung der Parteien gewährleisten soll (Prot II 177, 194 zu § 558 Abs 1 aF); dieser Zweck kann sogar Auswirkungen auf Ansprüche Dritter haben (BGHZ 98, 235, 236 ff: Inanspruchnahme des Pächters als Verhaltensstörer, nachdem Beseitigungsanspruch des Verpächters verjährt ist; dazu PETERS JZ 1987, 198; OLG Düsseldorf ZMR 1988, 380: Aufwendungsersatzanspruch des Pächters gegen Hauseigentümer, der als schuldrechtlich Begünstigter in den Pachtvertrag mit einbezogen worden ist).

b) Verjährung der Ansprüche des Verpächters

406 Erfüllungsansprüche des Verpächters, zB auf Pachtzinszahlung oder auf Rückgabe des Pachtgegenstands (§ 581 Abs 2 BGB iVm § 546 BGB), verjähren innerhalb der **regelmäßigen Verjährungsfrist des § 195 BGB**. Diese Frist gilt auch für Ansprüche des Verpächters auf rückständige Pacht bzw auf Schadensersatz wegen Ausfalls der Pacht (BGH NJW 1968, 692 – zum alten Recht), wegen vollständiger Zerstörung des Pachtgegenstands (BGH NJW 1981, 2406, 2407 – in Bezug auf einen Mietvertrag; NJW 1993, 2797) und auf Nutzungsentschädigung nach § 584b BGB wegen Vorenthaltung des Pachtgegenstands (BGHZ 68, 307, 310 – zur Miete; dazu WOLF LM Nr 9 zu § 557 BGB; einschränkend HECKELMANN JuS 1977, 799). Auch der Anspruch des Verpächters auf Rückzahlung einer unter dem Vorbehalt der Geltendmachung von Ansprüchen wegen später aufgedeckter Schäden bereits zurückerstatteten Kaution soll nicht von § 548 BGB, sondern von der regelmäßigen Verjährungsfrist erfasst werden, weil er nicht auf Veränderungen oder Verschlechterungen des Pachtgegenstands beruht, sondern nur in der Höhe davon abhängig ist (RGZ 142, 258, 264).

407 Dagegen gilt die **sechsmonatige Verjährungsfrist nach § 581 Abs 2 BGB iVm § 548**

Abs 1 BGB für alle Ersatzansprüche des Verpächters wegen Veränderungen oder Verschlechterungen des Pachtgegenstands, und zwar für vertragliche und gesetzliche Ansprüche gleichermaßen (zur früheren Rechtslage RGZ 62, 329, 330; 95, 302, 303). Die Sechsmonatsfrist **beginnt** idR mit Rückgabe des Pachtgegenstands, also wenn der Verpächter die unmittelbare Sachherrschaft erlangt und dadurch in der Lage ist, ihn auf Veränderungen oder Verschlechterungen zu untersuchen (BGH NJW 1980, 389, 390 mwNw; NJ 2001, 535; NJW 2004, 774, 775; OLG Koblenz VersR 2002, 64; 21. 10. 2013 – 5 U 507/13, juris: auch wenn kein Besichtigungs- und Rückgabetermin vereinbart ist, der Verpächter aber Zugang zum Pachtgegenstand hat). In Einzelfällen ist allerdings ein früherer oder späterer Beginn denkbar. So kann die Verjährungsfrist schon vor der Rückgabe beginnen, wenn der Verpächter bereits in der Lage ist, den Pachtgegenstand auf Veränderungen oder Verschlechterungen zu untersuchen (BGHZ 98, 59, 63 f – zur Miete; BGH NJW 1994, 1858, 1861 mwNw; OLG Düsseldorf BB 1989, 2069). Wird hingegen der Anspruch des Verpächters erst nach der Rückgabe fällig, beginnt die Verjährung erst mit Fälligkeit der Forderung (BGHZ 107, 179, 182 mwNw). Zudem gilt § 548 BGB auch für Ersatzansprüche, die erst nach Rückgabe des Pachtgegenstands entstanden sind (OLG Koblenz ZMR 2003, 927, 928 f mwNw). Die Verjährung eines Erfüllungsanspruchs, der sich später in einen Anspruch auf Schadensersatz wegen Nichterfüllung verwandelt, wird auf die Verjährungsfrist des Schadensersatzanspruchs nicht angerechnet (BGHZ 107, 179, 184; kritisch Peters JZ 1989, 749, 750). Die Verjährung der Ersatzansprüche des Verpächters **endet** gemäß § 548 Abs 1 S 3 BGB spätestens mit der Verjährung seiner Ansprüche auf Rückgabe des Pachtgegenstands, also idR gemäß § 195 BGB innerhalb von drei Jahren nach Vertragsbeendigung.

In den Anwendungsbereich des § 548 Abs 1 BGB fallen **Schadensersatzansprüche** **408** wegen Pflichtverletzungen des Pächters aus § 280 Abs 1 BGB, zB wegen Verletzung des Goodwills eines verpachteten Unternehmens (OLG Karlsruhe BB 1970, 147, 148) oder wegen unterlassener Schönheitsreparaturen und Instandsetzungsarbeiten (OLG Düsseldorf ZMR 1994, 402, 410). Unerheblich ist dabei, ob der Verpächter einen Zahlungs- oder einen Wiederherstellungsanspruch geltend macht (BGH NJW 1980, 389, 390). Weiterhin werden **Beseitigungsansprüche** des Verpächters (zB OLG Kiel OLGE 43, 55; OLG Düsseldorf DWW 1993, 138; OLG Köln NZM 1998, 767, 767 f; OLG Koblenz 21. 10. 2013 – 5 U 507/13, juris) oder **Ersatzansprüche wegen Unterlassung einer Mängelanzeige** aus § 581 Abs 2 BGB iVm § 536c Abs 2 S 1 BGB erfasst. § 548 Abs 1 BGB gilt auch für **gesetzliche Ersatzansprüche des Verpächters**, zB aus §§ 280 Abs 1, 311 Abs 2, 241 Abs 2 BGB, aus Delikt (BGHZ 98, 235, 237 f; BGH NJW 2001, 2253, 2253 f; BGHZ 151, 71, 76; BGH NZM 2002, 698, 699), aus dem Eigentum (BGHZ 98, 235, 241, 135, 152, 156), für Ersatzansprüche des Verpächters aus § 179 Abs 1 BGB gegen den vollmachtlosen Vertreter des Pächters (BGH NJW 2004, 774), für **Ansprüche des Hauptpächters gegen den Unterpächter** (BGH NJW 1997, 1983 f) oder für **Ausgleichsansprüche gegen den Pächter aus § 426 Abs 1 BGB** (OLG Karlsruhe BB 1988, 2130, 2132 – zur Miete: gesamtschuldnerische Haftung für Altlasten; aA Haibt/Rinne ZIP 1997, 2113, 2116).

c) Verjährung der Ansprüche des Pächters
Ansprüche des Pächters, die nicht auf Aufwendungsersatz oder auf Gestattung der **409** Wegnahme einer Einrichtung gerichtet sind, verjähren innerhalb der **regelmäßigen Verjährungsfrist des § 195 BGB**. Diese Regelung gilt also insbesondere für die Ansprüche des Pächters auf Gebrauchsüberlassung und Gebrauchserhaltung. Sofern Aufwendungsersatzansprüche des Pächters von den Vertragsparteien als Pachtvo-

rauszahlungen (iSd § 547 BGB) behandelt werden, unterliegen sie ebenfalls der regelmäßigen Verjährung (BGHZ 54, 347, 350 – zu § 558 aF). Entsprechendes gilt, wenn Bereicherungsansprüche darauf gestützt werden, dass der Verpächter vorzeitig in den Genuss der Aufwendungen des Pächters gelangt sei (BGH NJW 1968, 888 – zu § 558 aF). Im Einzelfall können auch bestimmte Ansprüche des Pächters auf Aufwendungsersatz wegen ihm gehörenden Inventars nach § 195 BGB verjähren (RGZ 152, 100, 103; dazu näher Rn 410 aE). Für eine Kündigungsentschädigung nach § 11 Abs 1 S 1 BKleingG gilt wegen ihrer Nähe zum öffentlich-rechtlichen Entschädigungsanspruch die regelmäßige Verjährungsfrist des § 195 BGB (BGH NZM 2002, 698, 699).

410 Hingegen verjähren in der **Sechsmonatsfrist nach § 581 Abs 2 BGB iVm § 548 Abs 2 BGB** Ansprüche des Pächters auf **Ersatz von Aufwendungen** (§ 581 Abs 2 BGB iVm § 536a Abs 2 BGB bzw § 581 Abs 2 BGB iVm § 539 Abs 1 BGB) sowie auf **Gestattung der Wegnahme einer Einrichtung** (§ 581 Abs 2 BGB iVm § 539 Abs 2 BGB). Auch **damit in unmittelbarem Zusammenhang stehende Ansprüche** unterliegen der kurzen Verjährungsfrist nach § 548 BGB, zB ein Anspruch des Pächters auf Entschädigung für zurückgelassene Einrichtungen (LG Mannheim WuM 1986, 279, 279 f: selbst bei vertraglichem Ausschluss des Wegnahmerechts und schriftlicher Vereinbarung über die Höhe der Entschädigung; OLG Bremen NZM 2002, 292 [LS]), ein Duldungsanspruch gegen den Verpächter, der sich aus dem Wegnahmerecht des Pächters ergibt, § 581 Abs 2 BGB iVm § 548 BGB (BGHZ 81, 146, 151), oder ein Anspruch auf Entschädigung wegen des aus baulichen Veränderungen des Pachtobjekts resultierenden Wertzuwachses (OLG Hamm WuM 1996, 474). Auch **gesetzliche Ansprüche** mit entsprechendem Anspruchsziel fallen unter § 548 Abs 2 BGB, zB Aufwendungsersatzansprüche aus Geschäftsführung ohne Auftrag (LG Nürnberg-Fürth ZMR 2000, 228, 229), aus Verwendungskondiktion oder auf Ersatz des Verzugsschadens bei Verweigerung der Wegnahme einer Einrichtung durch den Verpächter (OLG Hamm MDR 1981, 674). Als problematisch kann sich der Anwendungsbereich des § 548 Abs 2 BGB insbesondere dann erweisen, wenn der Pächter Ersatzansprüche in Bezug auf dem Verpächter überlassenes Inventar geltend macht, die nicht unter § 581 Abs 2 BGB iVm § 536a Abs 2 BGB bzw § 539 Abs 1 BGB fallen. Hier gilt als Grundregel, dass § 548 Abs 2 BGB anzuwenden ist für Ansprüche wegen Aufwendungen auf Inventarstücke, die im Eigentum des Verpächters stehen (dh auch bei einer Inventarübernahme zum Schätzwert nach § 582a BGB), nicht aber bei Aufwendungen auf Inventar, das im Eigentum des Pächters steht, auch wenn er – etwa aufgrund besonderer vertraglicher Vereinbarung – zur Rücküberlassung an den Verpächter verpflichtet ist (RGZ 152, 100, 103).

411 Die kurze Verjährungsfrist nach § 581 Abs 2 BGB iVm § 548 Abs 2 BGB **beginnt** mit der Beendigung des Pachtverhältnisses (s etwa OLG Hamm WuM 1996, 474 zur Beendigung durch fristlose Kündigung). Im Falle einer Veräußerung des Pachtgegenstands, die bei der Grundstücks- oder Raumpacht nach § 581 Abs 2 BGB iVm §§ 578 Abs 1, Abs 2 S 1, 566 BGB zu einer Beendigung des ursprünglichen Pachtverhältnisses führt, ist die Regelung allerdings dahingehend zu modifizieren, dass der Pächter zusätzlich Kenntnis vom Veräußerungsvorgang haben muss, damit die Verjährungsfrist zu laufen beginnt (BGH NJW 1965, 1225, 1226). Die Verjährung eines der kurzen Frist des § 548 Abs 2 BGB unterliegenden Schadensersatzanspruchs des Pächters (Rn 410) beginnt erst mit Schadenseintritt (OLG Hamm MDR 1981, 674).

d) Abweichende Parteivereinbarungen

§ 548 BGB ist nicht zwingend; daher können die Parteien des Pachtvertrags abwei- **412** chende Vereinbarungen über die Verjährung treffen. Denkbar ist etwa die Vereinbarung eines abweichenden Verjährungsbeginns (zB eines späteren Beginns, BGH MDR 1964, 139, 140; **aA** LG Karlsruhe NJW 1976, 1945, 1946) oder eine Verlängerung oder Verkürzung der Verjährungsfrist. Grenzen derartiger Parteivereinbarungen ergeben sich insbesondere aus § 202 Abs 2 BGB sowie für Vereinbarungen in Allgemeinen Geschäftsbedingungen aus § 307 Abs 1 und 2 BGB, wobei umstritten ist, ob bereits jede Abweichung zu Lasten des anderen Vertragsteils idR als unangemessene Benachteiligung zu bewerten ist (so insb STAUDINGER/EMMERICH [2018] § 548 Rn 46 mwNw, auch zur **aA**).

IX. Pfandrechte der Vertragspartner

1. Verpächterpfandrecht

a) Allgemeines

Nach § 581 Abs 2 BGB iVm §§ 578 Abs 1, Abs 2 S 1, 562 BGB steht dem Verpächter **413** bei der Grundstücks- bzw Raumpacht für seine Forderungen aus dem Pachtverhältnis ein gesetzliches Pfandrecht iSd § 1257 BGB iVm §§ 1204 ff BGB an den eingebrachten Sachen des Pächters zu (s dazu etwa SIBER, Das gesetzliche Pfandrecht des Vermieters, des Verpächters und des Gastwirtes nach dem Bürgerlichen Gesetzbuche für das Deutsche Reich; WEIMAR BlGBW 1978, 118 ff; PASCHKE GE 2006, 420 ff – zur Miete; P SCHOLZ ZMR 2010, 1 ff; FEHRENBACH NZM 2012, 1 ff – zur Miete).

b) Entstehung

Voraussetzung der Entstehung des Verpächterpfandrechts ist zunächst das Bestehen **414** eines **Grundstücks- oder Raumpachtvertrags**, § 581 Abs 2 BGB iVm §§ 578 Abs 1, Abs 2 S 1, 562 Abs 1 S 1 BGB. Das Pfandrecht steht dem Verpächter zu.

Das Pfandrecht entsteht an **eingebrachten, pfändbaren** (§ 811 ZPO) **Sachen** (iSd § 90) **415** **des Pächters**, § 581 Abs 2 BGB iVm §§ 578 Abs 1, Abs 2 S 1, 562 Abs 1 BGB. Es kann am Inventar ebenso entstehen wie an zum Verkauf bestimmten Waren (RGZ 132, 116, 119) oder auf dem Grundstück hergestellten Erzeugnissen (RGZ 132, 116, 118 ff). Sachen im Eigentum Dritter unterliegen nicht dem Pfandrecht (Mot II 404; Prot II 200 ff); ein gutgläubiger Erwerb des gesetzlichen Pfandrechts nach §§ 1257, 1207 BGB kommt nicht in Betracht (zur Miete: STAUDINGER/EMMERICH [2018] § 562 Rn 3 mwNw). Das Pfandrecht entsteht mit dem Einbringen der Sachen durch den Pächter, also mit dem willentlichen Hineinbringen in den Machtbereich des Verpächters (SIBER, Das gesetzliche Pfandrecht des Vermieters, des Verpächters und des Gastwirtes nach dem Bürgerlichen Gesetzbuche für das Deutsche Reich 20 ff), die Einbringung ist dennoch Realakt (STAUDINGER/EMMERICH [2018] § 562 Rn 10 mwNw). Ob Sachen eingebracht wurden, ist unter Würdigung sämtlicher Umstände des Einzelfalls zu ermitteln. Eine bestimmungsgemäße regelmäßige wie vorübergehende Verbringung von Gegenständen aus dem räumlichen Machtbereich des Verpächters, zB von betrieblich genutzten Fahrzeugen, steht dem Pfandrecht nicht entgegen (OLG Frankfurt ZMR 2006, 609, 609 f).

c) Erlöschen

Das Verpächterpfandrecht erlischt nach den **allgemeinen Regeln** für besitzlose ge- **416** setzliche Pfandrechte, also vor allem bei Tilgung der gesicherten Forderung, §§ 1257, 1252 BGB, weiterhin etwa bei rechtmäßiger Veräußerung des Pfandes, §§ 1257, 1242 Abs 2 S 1 BGB, bei Übertragung der gesicherten Forderung unter Ausschluss des Übergangs des Pfandrechts, §§ 1257, 1250 Abs 2 BGB, bei Aufhebung des Pfandrechts, §§ 1257, 1255 BGB, oder bei Zusammentreffen mit dem Eigentum am Pfandgegenstand, §§ 1257, 1256 BGB.

417 Weiterhin erlischt das Verpächterpfandrecht nach **§ 581 Abs 2 BGB iVm § 562a BGB** mit der Entfernung der eingebrachten Sachen vom gepachteten Grundstück – bzw aus dem gepachteten Raum –, also mit deren willentlicher Entfernung durch den Pächter oder einen Dritten oder auch mit Entfernung aufgrund eines Hoheitsaktes. Wenn der Pächter von verschiedenen Personen mehrere Grundstücke gepachtet hat, auf denen er einen einheitlichen Betrieb unterhält, ist eine Sache auch dann entfernt, wenn sie vom Grundstück des einen Verpächters auf das eines anderen Verpächters geschafft wird (RGZ 74, 247, 248). Das Verpächterpfandrecht **erlischt** allerdings **nicht**, wenn die **Entfernung ohne Wissen oder unter Widerspruch des Verpächters** erfolgt, § 562a S 1 HS 2 BGB. Das Widerspruchsrecht des Verpächters ist nach § 562a S 2 BGB ausgeschlossen, wenn die Entfernung den gewöhnlichen Lebensverhältnissen entspricht oder wenn die zurückbleibenden Sachen zur Sicherung des Verpächters offenbar ausreichen. Daher darf der Pächter etwa die Geschäftseinnahmen eines Ladengeschäfts täglich aus der Kasse entfernen (OLG Braunschweig MDR 1980, 403, 403 f) oder die reifen Früchte eines gepachteten landwirtschaftlichen Grundstücks ernten und veräußern (BGHZ 120, 368, 370 ff – zum Düngemittelsicherungsgesetz), nicht aber Gegenstände zu Zwecken der Sicherungsübereignung an einen anderen entfernen (OLG Frankfurt ZMR 2006, 609, 610).

418 Nach **§ 562b Abs 2 S 2 BGB** erlischt das Verpächterpfandrecht schließlich auch einen Monat, nachdem der Verpächter von der Entfernung der Sachen Kenntnis erlangt hat, wenn er seinen Herausgabeanspruch aus § 562b Abs 2 S 1 BGB nicht vorher gerichtlich geltend gemacht hat.

d) Rechtsfolgen

419 Folge der Einbringung pfändbarer Sachen ist die Entstehung eines gesetzlichen Pfandrechts des Verpächters für seine Forderungen aus dem Pachtverhältnis, § 581 Abs 2 BGB iVm §§ 578 Abs 1, Abs 2 S 1, 562 Abs 1 S 1 BGB, nicht aber für künftige Entschädigungsforderungen oder für die Pacht für eine spätere Zeit als das laufende und das folgende Jahr, § 581 Abs 2 BGB iVm §§ 578 Abs 1, Abs 2 S 1, 562 Abs 2 BGB. Das Pfandrecht erfasst nur Forderungen, die sich aus dem Wesen des Pachtvertrags als entgeltlicher Gebrauchsüberlassung ergeben (BGHZ 60, 22, 25 – zur Miete), also insbesondere Pachtforderungen bzw Ansprüche auf Zahlung von Nebenkosten, Schadensersatzansprüche wegen vertragswidrigen Gebrauchs des Pachtgegenstands (Rn 394) oder wegen Unterlassung der Mängelanzeige (Rn 408), den Rückgabeanspruch aus § 581 Abs 2 BGB iVm § 546 BGB sowie ggf Ansprüche aus Vertragsstrafenversprechen nach § 339 BGB. Eine Einschränkung des Verpächterpfandrechts enthält § 581 Abs 2 BGB iVm §§ 578 Abs 1, Abs 2 S 1, 562d BGB für den Fall, dass eine Sache, die dem Verpächterpfandrecht unterliegt, für einen anderen Gläubiger gepfändet wird: Das Verpächterpfandrecht kann dann nicht wegen der Pacht für eine frühere Zeit als das letzte Jahr vor der Pfändung geltend gemacht werden.

Der Verpächter darf sein Pfandrecht mit Hilfe des **Selbsthilferechts nach § 562b Abs 1 BGB** gegenüber dem Pächter durchsetzen, sofern er nach § 562a BGB berechtigt ist, der Entfernung von Sachen von dem Grundstück bzw aus den gepachteten Räumen zu widersprechen. Er kann daher in solchen Fällen die Entfernung der Sachen verhindern bzw sie bei Auszug des Pächters in Besitz nehmen. Wurden dem Pfandrecht unterliegende **Sachen bereits vom Grundstück bzw aus den gepachteten Räumen entfernt**, kann der Verpächter zunächst allgemeine Ansprüche wegen Eigentumsverletzung, etwa aus §§ 985 und 1004 BGB iVm §§ 1227, 1257 BGB, oder aus § 823 Abs 1 BGB bzw § 823 Abs 2 BGB iVm § 289 StGB geltend machen. Bei einer Veräußerung des Pfandgegenstands kann er Herausgabe des Erlöses nach § 816 Abs 1 BGB verlangen (OLG Schleswig OLGR 2001, 336). Hier ist jedoch die spezielle Regelung in **§ 562b Abs 2 S 1 BGB** zu beachten: Bei einer Entfernung ohne Wissen oder unter Widerspruch des Verpächters kann der Verpächter die Herausgabe zum Zwecke der Zurückschaffung auf das Grundstück sowie – nach Auszug des Pächters – die Überlassung des Besitzes verlangen. Dadurch werden auch Herausgabeansprüche des Verpächters nach allgemeinen Regeln dahingehend eingeschränkt, dass er vor einem Auszug des Pächters nur Zurückschaffung der Sachen auf das Pachtgrundstück, nicht aber Besitzverschaffung verlangen kann und dass nach einem Erlöschen des Pfandrechts nach § 562 Abs 2 S 2 BGB auch keine allgemeinen Ansprüche wegen Verletzung des Pfandrechts mehr geltend gemacht werden können (**aA** allerdings die hM im Mietrecht, s STAUDINGER/EMMERICH [2018] § 562b Rn 21 mwNw zum Meinungsstand).

Der Pächter kann die Geltendmachung des Verpächterpfandrechts nach **§ 562c BGB** durch **Sicherheitsleistung** gemäß §§ 232 ff BGB abwenden, und zwar für jede einzelne Sache, wenn er in Höhe ihres Wertes Sicherheit leistet. Das Abwendungsrecht steht nach der Rspr auch Dritten zu, die Eigentümer der vom Pächter eingebrachten Sachen sind, sofern ihnen das Verpächterpfandrecht im Rang vorgeht (BGH WM 1971, 1086, 1088).

2. Pächterpfandrecht

Dem Pächter eines Grundstücks oder von Räumen steht nach § 583 BGB für Forderungen gegen den Verpächter, die sich auf mitgepachtetes Inventar beziehen, ein gesetzliches Pfandrecht an Inventarstücken zu, die in seinen Besitz gelangt sind (dazu § 583 Rn 1 ff).

X. Beendigung des Pachtverhältnisses

1. Regelungsstruktur

Die Beendigung des Pachtverhältnisses ist in §§ 581 ff BGB nur im Ansatz erfasst. So enthält **§ 584 BGB** eine Regelung über die Kündigungsfrist bei Pachtverhältnissen über Grundstücke oder Rechte. Im Übrigen ist auf **§ 581 Abs 2 BGB iVm den Vorschriften über die Beendigung von Mietverhältnissen** zurückzugreifen, sofern diese nicht die Wohnraummiete betreffen. Dabei ist allerdings zu beachten, dass **§ 584a BGB** bestimmte Kündigungsrechte des Mietrechts für nicht anwendbar erklärt. Bei der **Unternehmenspacht** sind zudem ggf die besonderen Regelungen der §§ 296 ff AktG (dazu Rn 454) zu beachten, bei der **Jagdpacht** § 13 BJagdG (Rn 474). Des Wei-

§ 581

teren ist zu berücksichtigen, dass eine Beendigung des Pachtvertrags im Einzelfall auch aufgrund sonstiger Umstände in Betracht kommt (Rn 469 ff).

424 Bei Rechtsstreitigkeiten über die Beendigung eines Pachtverhältnisses ist für den **Zuständigkeitsstreitwert** § 8 ZPO zu beachten. Dieser kann jedoch im Einzelfall zu wenig brauchbaren Ergebnissen führen, etwa bei Pachtverträgen mit unbestimmter Dauer. Dann ist ergänzend § 9 ZPO heranzuziehen (BGH NZM 2005, 435, 436 f, zustimmend GEISSLER jurisPR-BGHZivilR 18/2005 Anm 3; BGH NZM 2008, 461 Rn 7; NJW-RR 2009, 775 Rn 8; WuM 2010, 370 Rn 9; 26. 11. 2015 – III ZB 84/15 Rn 6, NZM 2016, 196 zur Anwendbarkeit auch auf Kleingartenpachtverhältnisse iSd BKleingG; 18. 5. 2017 – III ZR 525/16 Rn 7 ff, MDR 2017, 971).

425 Sofern die Kündigung auf vertragswidriges Verhalten des anderen Vertragspartners zurückgeht, kommen neben der Kündigung auch **Schadensersatzansprüche** aus Vertrag oder Delikt in Betracht (BGHZ 95, 39, 44 – zur Miete; BGH NJW 2000, 2342, 2343; KG GE 2002, 258 – im konkreten Fall allerdings abgelehnt, weil auch der andere Teil hätte fristlos kündigen können). Kündigung und Schadensersatz sind grundsätzlich nebeneinander möglich, können sich aber im Einzelfall wechselseitig beeinflussen. Zudem kann eine Kündigung unter bestimmten Voraussetzungen auch gleichzeitig einen Schadensersatzanspruch auslösen (Rn 453).

2. Beendigung durch Zeitablauf

426 Ein Pachtverhältnis, das auf bestimmte Zeit eingegangen ist, endet nach § 581 Abs 2 BGB iVm § 542 Abs 2 BGB mit dem Ablauf dieser Zeit, sofern es nicht zulässigerweise außerordentlich gekündigt oder verlängert wird.

427 Ein **Pachtverhältnis auf bestimmte Zeit** liegt vor, wenn im Pachtvertrag die Vertragsdauer genau bestimmt (zB kalendermäßig festgelegt oder an den Eintritt eines zukünftigen, gewissen Ereignisses gebunden) oder aufgrund des Vertragsinhalts hinreichend bestimmbar ist (STAUDINGER/ROLFS [2018] § 542 Rn 136 ff mwNw), zB wenn der Vertrag mit dem Erreichen eines bestimmten Vertragszwecks enden soll, wie etwa bei einem Vertrag über die Gewinnung von Bodenbestandteilen bis zu deren vollständiger Ausbeutung (RG JW 1909, 451, 452), sofern das Vertragsende vorhersehbar ist (abgelehnt etwa in BGH NJW 1995, 2548, 2549, wo der Pächter nicht verpflichtet war, innerhalb einer bestimmten Frist mit der Ausbeute zu beginnen). Auf bestimmte Zeit eingegangen ist auch ein Pachtvertrag mit einer Verlängerungsoption (Rn 205). Er endet, wenn von dem Optionsrecht nicht rechtzeitig Gebrauch gemacht wird (STAUDINGER/ROLFS [2018] § 542 Rn 149). Entsprechendes gilt für einen Pachtvertrag mit Verlängerungsklausel, wenn ein Vertragsteil fristgerecht die Fortsetzung ablehnt (BGH NJW 1975, 40; STAUDINGER/ROLFS [2018] § 542 Rn 152). Bei der Kleingartenpacht ist zu beachten, dass ein Vertrag, der auf bestimmte Zeit abgeschlossen wurde und sich vereinbarungsgemäß um eine bestimmte Zeit verlängert, wenn er nicht fristgerecht „gekündigt" wird, wie ein unbefristeter Vertrag zu behandeln ist, der nicht unter § 16 Abs 3 und 4 BKleingG fällt (BGHZ 113, 290, 293). Nicht auf bestimmte, sondern auf unbestimmte Zeit geschlossen ist hingegen ein Pachtvertrag, der unter einer auflösenden Bedingung (zB Untersagung der Nutzung des Pachtgegenstands aufgrund behördlicher Anordnung) steht (BGH GuT 2009, 108 Rn 11 ff mAnm BLANK LMK 2009, 284072; zur ordentlichen Kündbarkeit solcher Verträge s Rn 437). Denkbar ist auch eine

Kombination der Bindung des Vertrags an ein Ereignis, dessen Eintritt unbestimmt ist, mit der ersatzweisen Festlegung eines Beendigungszeitpunktes, falls das Ereignis bis zu einem bestimmten Zeitpunkt nicht eingetreten ist (OLG Brandenburg GuT 2011, 521, 522 f).

Ein **Vertragsverlängerung**, welche eine Beendigung des Pachtvertrags nach § 581 **428** Abs 2 BGB iVm § 542 BGB hindert, kann insbesondere eine stillschweigende Verlängerung nach **§ 581 Abs 2 BGB iVm § 545 BGB** sein. Eine solche Verlängerung des Pachtverhältnisses auf unbestimmte Zeit kommt zustande, wenn der Pächter nach Ablauf der Pachtzeit den Gebrauch der Pachtsache fortsetzt, sofern nicht eine Vertragspartei ihren entgegenstehenden Willen innerhalb von zwei Wochen dem anderen Teil erklärt; der Fristbeginn wird in § 545 S 2 BGB präzisiert. § 545 BGB gilt auch für die Pacht und wird nicht durch die Regelung des § 584b BGB über die Entschädigungspflicht bei verspäteter Rückgabe ausgeschlossen (RG HRR 1932 Nr 1648; R Reuter DJZ 1900, 478). Die Fortsetzung des Gebrauchs (siehe dazu etwa OLG Düsseldorf GuT 2011, 154, 156) ist eine tatsächliche Handlung, keine Willenserklärung oder Willensbetätigung (s zur Miete Staudinger/Emmerich [2018] § 545 Rn 8 mwNw; **aA** Mot II 431). Es reicht aus, dass der Pächter den Pachtgegenstand mit der Möglichkeit weiterer Benutzung behält. Auf eine tatsächliche Benutzung oder gar Fruchtziehung kommt es nicht an; das Behalten muss aber weiter gehen als eine Vorenthaltung des Pachtgegenstands iSd § 584b BGB (§ 584b Rn 10 ff). Ein Gebrauch der Pachtsache iSd § 581 Abs 2 BGB iVm § 545 BGB kann auch in einer Unterverpachtung liegen (RG HRR 1932 Nr 111), selbst wenn der Pächter einen entgegenstehenden, aber nicht erklärten Willen hatte und dem Unterpächter den Besitz nicht mehr vermitteln wollte (BGH WuM 1986, 281, 282). Um die Verlängerung des Pachtverhältnisses auf unbestimmte Zeit zu verhindern, ist ein ausdrücklicher Widerspruch (iS einer empfangsbedürftigen Willenserklärung, Staudinger/Emmerich [2018] § 545 Rn 10) erforderlich. Dafür reicht es zB nicht aus, wenn ein Unterpächter trotz Beendigung des Unterpachtvertrags den Pachtgebrauch in tatsächlicher Hinsicht unverändert fortsetzt und nicht erklärt, den Pachtbesitz in Zukunft aufgrund eines mit dem Hauptverpächter direkt geschlossen Pachtvertrags ausüben zu wollen (OLG Düsseldorf DWW 1992, 366 – zu § 568 aF).

3. Beendigung durch Kündigung

a) Allgemeines
aa) Anwendbare Regelungen

Ein Pachtverhältnis kann auch durch Kündigung beendet werden, was insbesondere **429** für auf unbestimmte Zeit eingegangene, aber – vor allem wegen der Möglichkeiten einer außerordentlichen Kündigung – auch für befristete Pachtverträge von Bedeutung sein kann. Die Grundlagen der Kündigung von Pachtverhältnissen auf unbestimmte Zeit ergeben sich aus § 581 Abs 2 BGB iVm § 542 Abs 1 BGB, wonach jede Vertragspartei das Pachtverhältnis nach den gesetzlichen Vorschriften kündigen kann. Gesetzliche Vorschriften in diesem Sinne sind die Regelungen über die ordentliche und die außerordentliche Kündigung. Für die **ordentliche Kündigung** gilt bei der Grundstücks- oder Raumpacht § 584 Abs 1 BGB (zur Anwendbarkeit bei der Unternehmenspacht § 584 Rn 14), bei sonstigen Pachtgegenständen § 581 Abs 2 BGB insbesondere iVm § 580a Abs 3 BGB (zur entsprechenden Anwendbarkeit der Kündigungsregeln der Wohnraummiete in besonderen Fällen s Rn 430). Voraussetzung einer solchen

Kündigung ist die Einhaltung der vorgegebenen Kündigungsfrist; das Vorliegen eines Kündigungsgrundes ist – anders als bei der Wohnraummiete nach § 573 BGB – nicht erforderlich (KG JW 1937, 2108 mAnm Roquette – zu § 564b aF). Eine **außerordentliche Kündigung** kommt als befristete oder unbefristete in Betracht. Eine außerordentliche befristete Kündigung erfordert neben der Wahrung einer etwaigen gesetzlichen Kündigungsfrist (§ 584 Abs 2 iVm Abs 1 BGB für die Grundstücks- oder Rechtspacht) das Vorliegen eines gesetzlichen Kündigungsgrundes; eine außerordentliche fristlose Kündigung kommt in den gesetzlich vorgesehenen Fällen bei Vorliegen eines entsprechenden Kündigungsgrundes in Betracht. Hinsichtlich der Kündigungsgründe bei der außerordentlichen Kündigung sind die sich aus § 584a BGB ergebenden Einschränkungen zu beachten. Im Einzelfall ist auch eine außerordentliche Kündigung wegen Störung der Geschäftsgrundlage nach § 313 Abs 3 S 2 BGB denkbar (Rn 450).

430 Problematisch ist, ob und inwieweit bei Pachtverträgen, die mit einer Überlassung von Wohnraum an den Pächter verbunden sind, eine ergänzende Heranziehung der auf Pachtverträge sonst grundsätzlich nicht anwendbaren (s insb Rn 252, 270, 315, 346, 393, 398, 443 f) Regelungen über die Wohnraummiete in Betracht kommt. Bei einer rechtlichen Trennung beider Verträge wären die Vorschriften über die Wohnraummiete zweifelsfrei anwendbar. Allerdings könnte in derartigen Fällen der Mieterschutz ohne ein gleichzeitiges Fortbestehen des Pachtvertrags für den Pächter sinnlos werden, sodass insbesondere über eine rechtliche Verknüpfung des Fortbestands beider Verträge im Wege der Parteivereinbarung nachgedacht werden sollte. Noch deutlicher wird der Zusammenhang, wenn nicht zwei separate Verträge vorliegen, sondern ein einheitlicher. Bei derartigen gemischten Verträgen hat die Rspr darauf abgestellt, welches Vertragselement vorherrsche; dessen Regelungen sollten den Ausschlag geben (zB RGZ 108, 369, 371; RG JW 1927, 582 Nr 7; BGH NJW 1953, 1391; DB 1954, 999; aA RGZ 168, 44, 46; Schopp ZMR 1975, 97, 98). Mit Blick auf § 585 Abs 1 S 1 BGB dürfte eine solche Handhabung auch dem Willen des Gesetzgebers entsprechen (OLG Köln WM 1987, 1308, 1310). Weiterhin steht sie auch mit den hier zugrunde gelegten Grundsätzen für die rechtliche Erfassung gemischter Verträge (Vorbem 97 zu § 581) im Einklang, weil eine Kombination der Regeln beider Vertragselemente zu unauflösbaren Widersprüchen führen würde und somit einem Regelungssystem Vorrang eingeräumt werden muss. Auch bei Überwiegen der Pachtelemente im Einzelfall können die Vertragspartner zudem die Anwendbarkeit der Vorschriften über die Kündigung bei der Wohnraummiete vertraglich vereinbaren (BGH MDR 1966, 228, 229; BGHZ 94, 11, 17 – zur Miete; LG Bonn WuM 1990, 378 – zur Miete).

bb) Ausschluss des Kündigungsrechts

431 Das Kündigungsrecht kann von den Parteien vertraglich eingeschränkt werden (Rn 432). Zudem steht seine Ausübung unter dem allgemeinen Vorbehalt von Treu und Glauben, § 242 BGB. So kann es etwa eine **unzulässige Rechtsausübung** darstellen, wenn der Verpächter den Vertrag wegen Zahlungsverzugs des Pächters kündigt, obwohl er die nicht rechtzeitige Zahlung der Pacht durch sein eigenes arglistiges Verhalten verursacht hat (BGH LM Nr 55 zu § 242 [Cd] BGB) oder er dem Pächter das Betreten und die Bewirtschaftung des Pachtgrundstücks verboten hat (OLG Celle RdL 1966, 216). Eine unzulässige Rechtsausübung kann auch darin liegen, dass die Kündigung eines langfristigen Vertrags, die auf § 544 BGB gestützt wird, gegen die Verpflichtung des Kündigenden aus einer Wettbewerbsabrede verstößt

(BGH MDR 1968, 233, 234), dass der Kündigende die Voraussetzungen des Kündigungsgrundes in treuwidriger Weise selbst herbeigeführt hat (BGH GuT 2009, 110 Rn 22) oder dass Kündigungsgründe nur vorgeschoben werden, um sich vorzeitig von dem Pachtverhältnis lösen zu können (BGH ZMR 2008, 359).

cc) Modifikationen durch Parteivereinbarung
Die Regelungen über die Kündigung beim Pachtvertrag sind dispositiv und können **432** daher durch Parteivereinbarung modifiziert werden (s etwa BGH WM 1972, 1250, 1251; OLG Celle RdL 1953, 332, 333; OLG Nürnberg DWW 1961, 60; OLG Hamm 7. 6. 2005 – 7 U 32/04, juris; OLG Brandenburg 24. 2. 2010 – 3 U 112/09, juris; GuT 2011, 521, 522; OLG Bamberg 15. 3. 2012 – 8 U 4/12, juris). Dabei können die Voraussetzungen einer Kündigung, zB die erforderliche Form oder die in Betracht kommenden Kündigungsgründe, verschärft oder abgemildert werden. Zudem kann das Kündigungsrecht vertraglich ausgeschlossen werden. Dabei sind allerdings die über § 581 Abs 2 BGB anwendbaren Formvorschriften in § 550 BGB und § 544 BGB zu beachten: Nach § 550 S 1 BGB bedarf ein Verzicht auf ein Kündigungsrecht für unbestimmte Zeit der Schriftform, ansonsten besteht ein Kündigungsrecht nach § 550 S 2 BGB (s auch LG Mannheim WuM 1970, 26, 27). Gemäß § 544 BGB kann ein für eine längere Zeit als 30 Jahre geschlossener Pachtvertrag nach Ablauf von 30 Jahren nach Überlassung des Pachtgegenstands von jedem Vertragspartner außerordentlich mit der gesetzlichen Frist gekündigt werden (RG WarnR 1915 Nr 167; BGH NJW 1996, 2028, 2029; OLG Frankfurt 21. 6. 2006 – 14 U 72/04, juris; OLG Bamberg 15. 3. 2012 – 8 U 4/12, juris). Eine dieses Kündigungsrecht ausschließende Vereinbarung ist wegen der Unabdingbarkeit des § 544 BGB unzulässig (OLG Bamberg 15. 3. 2012 – 8 U 4/12, juris; BGH BB 1951, 974; NZM 2004, 190, 191 – zur Miete; OLG Frankfurt NZM 1999, 419, 420 – zur Miete; ELSHORST NZM 1999, 449 f); auf einen Vertrag zur Begründung einer Grunddienstbarkeit ist die Regelung jedoch nicht anwendbar (BGH NJW 1974, 2123, 2124).

dd) Kündigungserklärung
Die Kündigung erfolgt durch **einseitige empfangsbedürftige Willenserklärung** (STAU- **433** DINGER/ROLFS [2018] § 542 Rn 5); Stellvertretung ist auf beiden Seiten zulässig (RG SeuffA 60 Nr 34). Stehen auf Pächter- bzw Verpächterseite mehrere Beteiligte, kann der Pachtvertrag nur von allen bzw gegenüber allen Beteiligten gekündigt werden (Mot II 413; BGH MDR 1964, 308, 309; BGHZ 144, 370, 379 – zum Leasing; OLG Celle ZMR 2002, 187). Zu Kompetenzfragen bei der Kündigung eines Jagdpachtvertrags durch eine Jagdgenossenschaft QUELING LKV 2011, 212 ff; zur außerordentlichen Kündigung beim Jagdpachtvertrag gegenüber einem einzelnen Mitpächter s Rn 458. Praktisch relevant werden immer wieder Fragen des **Zugangs einer Kündigung**. So geht die schriftliche Kündigungserklärung, die der Verpächter einem vom Pächter zur Entgegennahme einer solchen Erklärung nicht bevollmächtigten Rechtsanwalt zuleitet, in dem Zeitpunkt dem Pächter zu, in dem der Rechtsanwalt den Auftrag des Pächters annimmt, gegen die Kündigung nicht nur wegen Fehlens einer Empfangsvollmacht, sondern auch wegen Fehlens des Kündigungsgrundes vorzugehen (BGH NJW 1980, 990, 990 f). Eine Kündigung kann unter den Voraussetzungen des § 174 BGB zurückgewiesen werden, zB wenn lediglich eine beglaubigte Abschrift der Vollmachtsurkunde vorgelegt wird, selbst wenn die Kündigungserklärung durch Vermittlung eines Gerichtsvollziehers zugestellt wird (BGH NJW 1981, 1210), oder – analog § 174 BGB (dazu WERTENBRUCH WuB II J § 705 BGB) – wenn ein alleinvertretungsberechtigter Gesellschafter einer GbR die Kündigung erklärt und weder eine Vollmacht der anderen Gesell-

schafter noch eine sonstige Erklärung beifügt, aus der sich seine Befugnis zur alleinigen Vertretung der Gesellschaft ergibt (BGH NJW 2002, 1194, 1195; dazu WERTENBRUCH WuB II J § 705 BGB).

434 Die Kündigung bedarf grundsätzlich keiner bestimmten **Form** (anders für die Landpacht § 594f BGB); bei gemischten Verträgen kann allerdings § 568 Abs 1 BGB anwendbar sein, wenn der Wohnraumanteil gegenüber den Pachtelementen überwiegt (Rn 430) und bei der Kündigung eines Kleingartenpachtvertrags ist nach § 7 BKleingG iVm § 126 BGB Schriftform erforderlich. Auch vertraglich kann eine bestimmte Form der Kündigung festgelegt werden (zur Miete STAUDINGER/ROLFS [2018] § 542 Rn 105 f). Die Kündigung kann auch konkludent erklärt werden (zur Miete STAUDINGER/ROLFS [2018] § 542 Rn 103). Ist für eine Kündigung, die in einem prozessualen Schriftsatz enthalten ist, die Schriftform vorgeschrieben, so ist das Formerfordernis durch den unterschriebenen Beglaubigungsvermerk des Prozessbevollmächtigten nur dann erfüllt, wenn der Prozessbevollmächtigte die Kündigung selbst ausgesprochen hat (BGH WuM 1987, 209).

435 Die Kündigung muss den Willen **erkennen lassen**, das Pachtverhältnis beenden zu wollen. Sie muss nicht als Kündigung bezeichnet werden, sondern kann zB auch in einer Erklärung des Pächters bestehen, auf die Ausübung seiner Rechte zu verzichten (BGH LM Nr 1 zu § 595 BGB), oder in einem prozessualen Schriftsatz erfolgen, wenn sie sich daraus mit hinreichender Deutlichkeit ergibt (OLG Brandenburg 1. 7. 2009 – 3 U 145/08, juris). Kündigungstermin und Kündigungsgrund müssen grundsätzlich nicht angegeben werden (STAUDINGER/ROLFS [2018] § 542 Rn 76 f, 78 ff), auch bei der außerordentlichen Kündigung (BGH WM 1975, 897, 899; NJW-RR 1996, 144; OLG Frankfurt AgrarR 1991, 107), was sich insbesondere aus einem Vergleich von § 543 BGB mit dem bei der Pacht nicht anwendbaren § 569 Abs 4 BGB ergibt.

436 Eine **bedingte Kündigung** dürfte – wie im Mietrecht (STAUDINGER/ROLFS [2018] § 542 Rn 87 ff) – unter bestimmten, engen Voraussetzungen unter besonderer Berücksichtigung der Interessen des Empfängers als zulässig anzusehen sein. Umstritten ist die Zulässigkeit einer **Teilkündigung** (s zum Mietrecht insb STAUDINGER/ROLFS [2018] § 542 Rn 92 ff). Eine solche ist jedenfalls in Bezug auf einzelne Vertragsvereinbarungen unzulässig. Ob sie für einzelne Teile des Pachtgegenstands akzeptiert werden kann, ist umstritten (dafür RGZ 114, 243, 245 f; dagegen RGZ 150, 321, 321 f; KG JW 1927, 603 Nr 4), wird aber von der heute hM ebenfalls abgelehnt, sofern die Parteien dies nicht vertraglich vorgesehen haben oder die Zusammenfassung mehrerer Pachtgegenstände in einem Vertrag im Grunde nur zufällig ist (zur Miete STAUDINGER/ROLFS [2018] § 542 Rn 94 ff mwNw).

b) Ordentliche Kündigung

437 Durch die ordentliche Kündigung wird ein auf unbestimmte Zeit eingegangenes (bzw nach § 550 S 1 BGB für unbestimmte Zeit geltendes) Pachtverhältnis zu einem vorgesehenen Termin beendet, § 581 Abs 2 BGB iVm § 542 BGB. Das gilt nach der Rspr auch für einen unter einer auflösenden Bedingung geschlossenen Pachtvertrag, sofern die Vertragspartner nicht die ordentliche Kündigung ausschließen wollten, was von demjenigen darzulegen ist, der sich darauf beruft (BGH GuT 2009, 108 Rn 14 mwNw zum Meinungsstand). Voraussetzung der ordentlichen Kündigung ist neben dem Vorliegen einer Kündigungserklärung die Einhaltung einer bestimmten Kündi-

gungsfrist. Die Dauer der Kündigungsfrist ist für die Grundstücks- und Rechtspacht in § 584 Abs 1 BGB geregelt, für sonstige Pachtgegenstände in § 581 Abs 2 BGB iVm § 580a Abs 3 BGB; abweichende Parteivereinbarungen sind zulässig. Für die Berechnung der Frist gelten §§ 187 ff BGB, aber nicht – insbesondere unter Berücksichtigung des Zwecks der Frist und der Rechtssicherheit – § 193 BGB (BGHZ 162, 175, 179 f mwNw zum Meinungsstand; aA RG JW 1907, 705; LG Kiel WuM 1994, 542, 543).

Die Kündigung eines Pachtverhältnisses über ein **Grundstück** oder ein **Recht an einer** **438** **unbeweglichen Sache** (zur einschränkenden Auslegung des § 584 s Rn 440 sowie § 584 Rn 12) ist bei Fehlen einer speziellen Parteivereinbarung nach § 584 Abs 1 BGB nur zum Ende eines Pachtjahres möglich und hat spätestens am dritten Werktag des halben Jahres zu erfolgen, mit dessen Ablauf die Pacht enden soll (zu Einzelheiten § 584 Rn 21 ff). Diese Regelung wird auch auf die **Raumpacht** angewandt (BGH LM Nr 2 zu § 595 BGB – zu § 595 aF; aA OLG München HRR 1939 Nr 140; wohl auch OLG Frankfurt NZM 2009, 334, 334, ohne allerdings auf § 584 BGB einzugehen), ist also bei der Pacht von Geschäftsräumen vorrangig gegenüber § 580a Abs 2 BGB.

Für die Pacht **beweglicher Sachen** kann sich die Kündigungsfrist ebenfalls aus einer **439** Parteivereinbarung ergeben. Ansonsten gilt mangels einer speziellen pachtrechtlichen Regelung § 581 Abs 2 BGB iVm § 580a Abs 3 BGB. Die Frist richtet sich nach der Bemessung der Pacht: Bei einer Bemessung nach Tagen kann das Pachtverhältnis an jedem Tag zum Ablauf des folgenden Tages gekündigt werden, bei einer Bemessung nach längeren Zeitabschnitten spätestens am dritten Tag vor dem Tag, mit dessen Ablauf das Pachtverhältnis enden soll.

Nicht gesetzlich geregelt ist die Kündigungsfrist für die Pacht eines **Rechts an einer** **440** **beweglichen Sache**. Die Gesetzesverfasser hielten eine Regelung für entbehrlich, weil in solchen Fällen eine Verpachtung der Sache selbst anzunehmen sei (Mot II 428). Nach seinem Wortlaut, der nicht auf die Pacht bestimmter Rechte beschränkt ist, könnte § 584 Abs 1 BGB anwendbar sein. Die hL lehnt eine Anwendung dieser Regelung auf die Pacht von Rechten an beweglichen Sachen jedoch zu Recht ab (zB BGB-RGRK/Gelhaar § 595 Rn 1; MünchKomm/Harke § 584 Rn 1; Oertmann § 595 Anm 2; Planck/Knoke § 595 Anm 1), weil ein solcher Pachtvertrag keiner längeren Kündigungsfrist unterliegen kann als derjenige über die Sache selbst und der Regelungszweck des § 584 BGB, dem schwankenden Fruchtgenuss bei der Grundstückspacht Rechnung zu tragen (Mot II 427), hier nicht greift (ausführlich § 584 Rn 12). Daher ist für die Kündigungsfrist bei der Pacht eines Rechts an einer beweglichen Sache § 581 Abs 2 BGB iVm § 580a Abs 3 BGB anzuwenden.

c) Außerordentliche Kündigung
aa) Allgemeines

Die außerordentliche Kündigung – also die Kündigung vor einem regulären Kün- **441** digungs- oder Endtermin – kommt bei befristeten wie unbefristeten Pachtverhältnissen in Betracht. Sie kann unter Einhaltung einer gesetzlichen Frist (außerordentliche befristete Kündigung) oder fristlos (außerordentliche fristlose Kündigung) erfolgen. Voraussetzung einer außerordentlichen Kündigung ist stets das Vorliegen eines Kündigungsgrunds, bei der außerordentlichen befristeten Kündigung zudem die Einhaltung der Kündigungsfrist. Die Parteien des Pachtvertrags können durch

Parteivereinbarung von den gesetzlichen Regelungen im Rahmen des nach allgemeinen Regeln Zulässigen abweichen.

bb) Außerordentliche befristete Kündigung

442 Eine außerordentliche befristete Kündigung eines Pachtverhältnisses kommt in Betracht, wenn sie gesetzlich oder vertraglich vorgesehen ist. So können insbesondere nach **§ 581 Abs 2 BGB iVm § 544 BGB** Pachtverhältnisse, die für eine längere Zeit als 30 Jahre, aber nicht auf Lebenszeit des Verpächters oder des Pächters geschlossen wurden, nach Ablauf von 30 Jahren nach Überlassung des Pachtgegenstands unter Einhaltung der gesetzlichen Frist (die sich – je nach Pachtgegenstand – aus § 584 BGB, der auch für die außerordentliche befristete Kündigung eines Pachtverhältnisses von bestimmter Dauer gilt, OLG Celle NJW-RR 1988, 80, oder aus § 581 Abs 2 BGB iVm § 580a BGB ergibt, Rn 429) gekündigt werden (s etwa RG HRR 1931 Nr 584 – zur Miete). Entsprechendes gilt für einen Vertrag zur Ausbeutung von Kaligewinnungsrechten, der bis zur Erschöpfung des Vorrates, jedenfalls aber für eine längere Zeit als 30 Jahre geschlossen wurde (RGZ 96, 220, 221). Auch derjenige, der ein verpachtetes Grundstück in der Zwangsversteigerung ersteht, hat nach **§ 57a ZVG** ein außerordentliches befristetes Kündigungsrecht zum ersten ordentlichen Kündigungstermin (s etwa OLG Celle NJW-RR 1988, 80; BGH 30. 10. 2013 – XII ZR 113/12 Rn 21 f, BGHZ 198, 337 mwNw); dies gilt auch bei der Fischereipacht (KG JW 1934, 1252 Nr 1). **Weitere außerordentliche befristete Kündigungsrechte** können sich aus § 1056 Abs 2 iVm Abs 3 BGB, § 2135 iVm § 1056 Abs 2, BGB, aus § 30 Abs 2 iVm Abs 3 ErbbauRG, aus § 109 Abs 1 InsO sowie aus § 111 InsO (dazu zB OLG Brandenburg ZMR 2007, 778, 779) ergeben.

443 Ausgeschlossen ist die außerordentliche befristete Kündigung – anders als im Mietrecht – bei Verweigerung der Erlaubnis zur Überlassung des Pachtgegenstands an einen Dritten, weil § 540 Abs 1 S 2 BGB nach § 584a Abs 1 BGB bei der Pacht nicht anwendbar ist. Auch die Kündigungsrechte bei der Wohnraummiete aus §§ 563 Abs 4, 563a Abs 2, 564 S 2 BGB sind bei der Pacht nicht anwendbar (s zur grundsätzlichen Unanwendbarkeit der Vorschriften über die Wohnraummiete allgemein Rn 430). Das Kündigungsrecht bei Tod des Pächters nach § 581 Abs 2 BGB iVm § 580 BGB wird nach § 584a Abs 2 BGB auf die Erben des Pächters **beschränkt** (s etwa RG WarnR 1914 Nr 116); diese Beschränkung gilt nicht für die Landpacht, § 594d BGB.

cc) Außerordentliche fristlose Kündigung

444 Auch die außerordentliche fristlose Kündigung setzt eine gesetzliche oder vertragliche (§ 569 Abs 5 BGB gilt lediglich für die Wohnraummiete) Regelung voraus. Zentrale gesetzliche Vorschrift ist heute § 581 Abs 2 BGB iVm § 543 BGB, der eine Reihe von Kündigungsgründen, die regelmäßig auf einem relativ schwerwiegenden Fehlverhalten des Vertragspartners beruhen, nennt. Diese Regelung ist jedenfalls in ihrem in § 543 Abs 1 BGB normierten Kern nicht abdingbar (vgl auch BGH NJW 1992, 2628, 2629; OLG Hamm 7. 6. 2005 – 7 U 32/04, juris: Modifikationen des Abs 2 bleiben möglich; LG Landshut 10. 12. 2007 – 43 O 273/07, juris). Voraussetzungen der außerordentlichen fristlosen Kündigung sind danach stets ein wichtiger Grund, eine rechtzeitige Kündigungserklärung (binnen angemessener Frist nach Kenntniserlangung vom Kündigungsgrund, OLG München NJW-RR 2002, 631, 632; OLG Hamm 23. 11. 2010 – 10 U 73/10, juris) und ggf eine Abmahnung gemäß § 581 Abs 2 BGB iVm § 543 Abs 3 BGB. Einige „typische" wichtige Gründe sind in § 543 Abs 2 BGB normiert, wobei im Rahmen der entsprechenden Anwendung dieser Vorschrift die Besonderheiten der Pacht, insbesondere das Fruchtziehungsrecht des Pächters (Rn 228 ff) und eine etwaige Gebrauchs- bzw Betriebspflicht (Rn 286 ff) zu berücksichtigen sind. Ergänzend enthält § 543 Abs 1 S 2 BGB eine allgemeine Regelung der fristlosen Kündigung aus wichtigem Grund, in welche Grundsätze der früheren Rspr Eingang gefunden haben (RegE BT-Drucks 14/4553, 43). Gegenüber diesen Regelungen dürfte § 314 BGB regelmäßig nachrangig sein (anders allerdings – ohne auf § 543 einzugehen – für die Fischereipacht OLG Brandenburg 24. 3. 2011 – 5 U [Lw] 27/10, juris und für die Pacht eines Grundstücks mit Vereinsheim OLG Brandenburg 13. 8. 2014 – 4 U 108/12, juris; unklar OLG Brandenburg 18. 6. 2013 – 3 U 134/11, BzAR 2013, 470, 473, wo neben § 543 teilweise auf § 314 Abs 3 abgestellt wird). Zudem können die Vertragsparteien grundsätzlich weitergehende außerordentliche Kündigungsrechte vereinbaren.

Der **Pächter** kann nach § 581 Abs 2 BGB iVm § 543 Abs 1, Abs 2 S 1 Nr 1 BGB das **445** Pachtverhältnis aus wichtigem Grund fristlos kündigen, wenn ihm der **vertragsgemäße Gebrauch** der Pachtsache ganz oder zum Teil **nicht rechtzeitig gewährt oder wieder entzogen** wird. Entsprechendes muss gelten, wenn dem Pächter der **Fruchtgenuss** als maßgeblicher Bestandteil des Pachtvertrags nicht rechtzeitig gewährt oder wieder entzogen wird. § 543 Abs 2 S 1 Nr 1 BGB kommt also vor allem bei Sach- oder Rechtsmängeln des Pachtgegenstands, die nicht vom Pächter zu vertreten sind, zur Anwendung; in Bezug auf die Beweislast ist § 543 Abs 4 S 2 BGB zu beachten. Auf ein Vertretenmüssen des Mangels durch den Verpächter kommt es nicht an (RGZ 98, 101, 103). **Beispiele** für Kündigungsgründe nach § 581 Abs 2 BGB iVm § 543 Abs 1, Abs 2 S 1 Nr 1 BGB sind mangelhaftes Funktionieren des Wasserabflusses in einer Metzgerei (BGH WM 1983, 660, 661), Mängel der Stellplätze einer Tiefgarage bei der Pacht einer Hotelanlage mit Tiefgarage (KG GE 2002, 258), ein auf den Pachtgegenstand (und nicht auf die Person des Pächters) bezogenes behördliches Nutzungsverbot (RGZ 88, 96, 99; 98, 101, 103; OLG Brandenburg OLGR 1998, 411, 413 f; OLG Düsseldorf DWW 1991, 16 – zur Miete; DWW 1993, 99, 100), die Entvölkerung eines zum Fang von Fischen und Krebsen gepachteten Sees von Krebsen infolge einer Tierseuche (OLG Stettin OLGE 24, 343) oder der Entzug der vertragsgemäßen Nutzung gepachteter Apothekenräume durch Kündigung des Mietvertrags mit dem Verpächter (OLG Zweibrücken OLGZ 1972, 208, 209 f), nicht aber ohne Weiteres der Wegfall eines Quotensystems zur Ausbeutung von Kalivorkommen (BGH LM Nr 1 zu § 595 BGB). Bei eingebauten Programmsperren überlassener Computerprogramme kommt es auf den Einzelfall an: So begründet eine Sperre gegen unbefugte Nutzung bei gleichzeitigem Bestehen einer Pflicht des Pächters zum aktiven Schutz des Programms kein Kündigungsrecht des Pächters (BGH NJW 1981, 2684, 2685); anders kann dies aber sein, wenn sie als Druckmittel benutzt wird, um einen Wartungsvertrag abzuschließen (BGH NJW 1987, 2004, 2006). Ein **Unterpachtverhältnis** kann auch dann aus wichtigem Grund gekündigt werden, wenn der Hauptverpächter die Erlaubnis zur Unterverpachtung verweigert (BGH MDR 1959, 1005: selbst wenn der Hauptverpächter mangels Kündigung des Hauptvertrags noch nicht Herausgabe vom Unterverpächter verlangt hat, denn der Unterpächter benötigt Gewissheit über den Bestand seines Pachtvertrags) oder wenn der Hauptpächter die Erlaubnis des Hauptverpächters nicht beibringen kann (BGH WuM 1987, 116, 117 mAnm Eckert EWiR 1/87 zu § 549 aF). **Ausgeschlossen** ist die Kündigung nach § 581 Abs 2 BGB iVm § 543 Abs 1, Abs 2 S 1 Nr 1 BGB, wenn der Fehler des Pachtgegenstands auf einem Verschulden des Pächters beruht (OLG Düsseldorf ZMR 1994, 402, 407), ebenso wenn der Pächter den Pachtgegenstand trotz Vereinbarung einer Gebrauchs- bzw Betriebspflicht gar nicht gebrauchen will und sich für die Kündigung auf einen mangelhaften Zustand des Pachtobjekts beruft (OLG Celle ZMR 2002, 187, 188). Auf eine Vereinbarung, welche die Mängelgewährleistungsrechte des Pächters einschränkt, kann sich der Verpächter hingegen nach § 581 Abs 2 BGB iVm §§ 543 Abs 4 S 1, 536d BGB nicht berufen, wenn er den Mangel arglistig verschwiegen hat. Die Kündigung durch den Pächter nach § 581 Abs 2 BGB iVm § 543 Abs 1, Abs 2 S 1 Nr 1 BGB kann nur unter den **Voraussetzungen des § 543 Abs 3 BGB** erfolgen, dh idR muss eine angemessene Abhilfefrist (ersatzweise reicht auch die Bezugnahme auf eine behördliche Verfügung, welche dem Verpächter unter Fristsetzung die Mängelbeseitigung aufgibt, BGH WM 1983, 660, 661) folgenlos verstrichen oder eine Abhilfe erfolglos geblieben sein. Zudem ist **§ 543 Abs 4 S 1 BGB iVm § 536b BGB** (Ausschluss bzw Einschränkung des Rücktrittsrechts bei Kenntnis des Pächters vom Mangel bei Vertragsschluss oder Annahme) entsprechend anzuwenden.

446 Fraglich ist, ob der **Pächter** im Einzelfall auch zur außerordentlichen fristlosen Kündigung nach § 581 Abs 2 BGB iVm §§ 578 Abs 2 S 3, 569 Abs 1 BGB berechtigt ist, wenn der Pachtgegenstand einen Wohnraum oder einen anderen zum Aufenthalt von Menschen bestimmten Raum, wie zB Gaststättenräume oder auch Viehställe, in denen ständig gearbeitet wird, mit umfasst und von der Beschaffenheit dieses Raumes eine **Gesundheitsgefährdung** ausgeht (so etwa OLG Koblenz NJW-RR 1992, 1228; OLG Brandenburg OLGR 1998, 411, 413 f – beide zu § 544 aF; MünchKomm/Harke § 581 Rn 54; Soergel/Heintzmann § 581 Rn 16). Hier ist jedoch zu berücksichtigen, dass der für die Wohnraummiete geltende § 569 BGB bei gemischten Verträgen mit Pacht- und Mietelementen nur angewendet werden kann, wenn das mietrechtliche Element im konkreten Fall überwiegt (Rn 430). Zudem erscheint ein Rückgriff auf § 569 BGB heute nicht mehr erforderlich, weil in derartigen Fällen regelmäßig auch eine Kündigung nach § 543 Abs 1 iVm Abs 2 Nr 1 BGB möglich ist und eine Fristsetzung oder Abmahnung gegenüber dem Verpächter bei Vorliegen einer Gesundheitsgefährdung nach § 543 Abs 3 S 2 Nr 2 BGB häufig entbehrlich sein dürfte.

447 Der **Verpächter** kann nach § 581 Abs 2 BGB iVm § 543 Abs 1, Abs 2 S 1 Nr 2 BGB das Pachtverhältnis bei **erheblicher Gefährdung des Pachtgegenstands durch den Pächter oder unbefugter Überlassung an einen Dritten** fristlos kündigen. Ein Verschulden des Pächters ist nicht erforderlich. Bei anderen als den in § 543 Abs 2 S 1 Nr 2 BGB genannten Formen des vertragswidrigen Gebrauchs kommt – anders als bei § 553 aF – nur noch eine Kündigung unter den Voraussetzungen des § 543 Abs 1 BGB in Betracht (s zum Mietrecht auch Staudinger/Emmerich [2018] § 543 Rn 27 mwNw), denn auch wenn der Gesetzgeber in § 543 Abs 2 S 1 Nr 2 BGB eigentlich § 553 aF übernehmen wollte (BT-Drucks 14/4553, 44), ist die jetzige Regelung vom Wortlaut her doch deutlich enger gefasst. Daher kann auch die frühere Rspr zum vertragswidrigen Gebrauch durch den Pächter zur Auslegung des § 543 Abs 2 S 1 Nr 2 BGB nur mit Vorsicht herangezogen werden; sie spielt jedoch für die Kündigungsmöglichkeiten nach § 543 Abs 1 BGB nach wie vor eine wichtige Rolle (Rn 449). Nach wie vor relevant bleibt die frühere Rspr zur unbefugten Überlassung des Pachtgegenstands an Dritte. So berechtigt etwa die unbefugte Überlassung eines Jagdausübungsrechts zur Kündigung (BGH NZM 2000, 241, 242), nicht aber eine Untervermietung der Pächterwohnung, wenn die Parteien die Kündigung aus wichtigem Grund vertraglich auf eine unerlaubte Unterverpachtung des ganzen Pachtgegenstands beschränkt haben (OLG Hamm ZMR 1995, 248, 249). Die Kündigung nach § 543 Abs 1 iVm Abs 2

S 1 Nr 2 BGB kann nur unter den Voraussetzungen des **§ 543 Abs 3 BGB** erfolgen; eine Abmahnung ist jedoch zB entbehrlich, wenn das Fehlverhalten des Vertragspartners die Vertrauensgrundlage in so schwerwiegender Weise erschüttert hat, dass diese auch durch eine erfolgreiche Abmahnung nicht wieder hergestellt werden kann (BGH NZM 2000, 241, 243). Offen gelassen hat der BGH bislang, ob die Kündigung nach § 543 Abs 2 S 1 Nr 2 BGB – wie vor der Mietrechtsreform 2001 – voraussetzt, dass die Rechte des Überlassenden durch die Überlassung an den Dritten in erheblichem Maße gefährdet worden sind (BGH GuT 2009, 110 Rn 25 f; für ein grundsätzliches Festhalten an diesem Erfordernis STAUDINGER/EMMERICH [2018] § 543 Rn 40 f mwNw zum Meinungsstand).

448 Weiterhin kommt eine fristlose Kündigung durch den **Verpächter** bei **Verzug des Pächters mit der Entrichtung der Pacht** nach § 581 Abs 2 BGB iVm § 543 Abs 1, Abs 2 S 1 Nr 3 BGB in Betracht. Voraussetzung ist zunächst das Vorliegen eines Zahlungsverzugs des Pächters iSd § 286 BGB mit der Pacht. Verzug tritt nicht ein, wenn dem Pächter ein Leistungsverweigerungsrecht zusteht, das er vor oder bei Fälligkeit der Forderung ausübt (BGH NJW 2007, 1269 Rn 23 ff – Leistungsverweigerungsrecht nach § 410 Abs 1 BGB; OLG Düsseldorf ZMR 1988, 304, 306 – Zurückbehaltungsrecht). Der Verzug muss sich auf die Pachtzahlung beziehen; dazu gehören auch Nebenkosten und Umlagen, soweit sie als Entgelt für die Gebrauchsüberlassung entrichtet werden, selbst wenn ihrer Berechnung nur das Prinzip der Kostendeckung zugrundeliegt (BGH WM 1975, 897, 899). Bei Verzug des Pächters mit anderen Leistungen greifen idR die allgemeinen Vorschriften über den Schuldnerverzug (OLG Kiel SchlHAnz 1928, 26); im Einzelfall kann hier aber eine Heranziehung von § 543 Abs 2 S 1 BGB bzw § 543 Abs 1 S 1 BGB angebracht sein, die allerdings zurückhaltend zu handhaben ist (OLG Brandenburg ZMR 2008, 116, 117 f betraf insoweit eine sehr spezielle Konstellation: Verweigerung der Zahlung von Trinkwasseranschlusskosten nach Abgabe der eidesstattlichen Versicherung). Das Ausmaß des Verzugs, der zur Kündigung berechtigt, wird in § 543 Abs 2 S 1 Nr 3 lit a und b BGB präzisiert. Diese Regelung passt allerdings für bestimmte Pachtgegenstände nur mit Einschränkungen, vor allem wenn die Pacht für längere Zeitabschnitte entrichtet wird. Daher wird beim **Jagdpachtvertrag** angenommen, dass bei jährlicher Pachtzahlung im Rahmen von § 581 Abs 2 BGB iVm § 543 Abs 2 Nr 3a BGB ein Verzug mit mindestens zwei Zahlungen erforderlich ist (LG Verden Jagdrechtliche Entscheidungen III Nr 177; anders noch die Vorinstanz: AG Walsrode Jagdrechtliche Entscheidungen III Nr 176). Für die **Unternehmenspacht** ist mit überzeugenden Argumenten vorgeschlagen worden, einen zur außerordentlichen Kündigung berechtigenden Grund anzunehmen, wenn der Pächter für zwei aufeinanderfolgende Termine mit der Entrichtung der Pacht oder eines nicht unerheblichen Teils der Pacht in Verzug ist; wenn die Pacht jährlich oder in noch längeren Zeitabschnitten zu entrichten sei, müsse der Pächter mit der Entrichtung der Pacht oder eines nicht unerheblichen Teils derselben länger als drei Monate in Verzug sein (KLEIN-BLENKERS 293). Das Kündigungsrecht des Verpächters wird nicht dadurch ausgeschlossen, dass er den Pachtanspruch abgetreten hat, denn er bleibt weiterhin Vertragspartei (OLG Naumburg OLGE 24, 340, 341). Dabei macht es keinen Unterschied, ob der Pächter vor oder nach der Abtretung in Verzug geraten ist, weil sich auch der Verzug gegenüber dem Zessionar aufgrund etwaiger Gewährleistungsrechte nachteilig für den Verpächter als Zedenten auswirken kann. Umgekehrt kann der Verpächter auch dann wegen Zahlungsverzugs kündigen, wenn ein Dritter anstelle des Pächters in den Vertrag eingetreten ist, der Pächter aber für die Erfüllung der Pachtforderungen weiterhin haftet und der

Eintritt des Dritten im Zeitpunkt der Kündigung rückwirkend aufgehoben worden ist (OLG Düsseldorf ZMR 1988, 304, 306). Eine unzulässige Rechtsausübung liegt vor, wenn der Verpächter in einem jahrelangen Rechtsstreit Erstattungsansprüche durchsetzt und nach Erlass eines für ihn günstigen Urteils nach § 543 Abs 2 S 1 Nr 3 BGB kündigt, ohne dem Pächter eine angemessene Frist zur Zahlung des Urteilsbetrags zu setzen (OLG München ZMR 1998, 632, 633). Zudem kommt eine Kündigung wegen Zahlungsverzugs des Pächters nach § 543 Abs 2 S 2 BGB nicht in Betracht, wenn der Verpächter vorher befriedigt wird. Weiterhin ist die Kündigung nach § 543 Abs 2 S 1 Nr 3 BGB nach einem Antrag auf Eröffnung des Insolvenzverfahrens gegen den Pächter in Bezug auf einen vor der Verfahrenseröffnung eingetretenen Zahlungsverzug des Pächters nach § 112 Nr 1 InsO ausgeschlossen. Die Kündigung wegen Zahlungsverzugs des Pächters wird zudem gemäß § 543 Abs 2 S 3 BGB unwirksam, wenn der Pächter sich von seiner Schuld durch Aufrechnung befreien konnte und unverzüglich nach der Kündigung die Aufrechnung erklärt. Bei dem Kündigungsgrund des § 543 Abs 2 S 1 Nr 3 BGB sind **vertragliche Modifikationen und Präzisierungen** verbreitet, die jedoch häufig Auslegungsfragen aufwerfen. Haben die Parteien vertraglich als Voraussetzung der Kündigung eine formelle, schriftliche Zahlungsaufforderung des Verpächters vorgeschrieben, muss diese Erklärung für den Pächter eindeutig sein, um die nachfolgende Kündigung nicht unwirksam zu machen (BGH MDR 1973, 44). Ist eine wiederholte unpünktliche oder unvollständige Zahlung als Kündigungsvoraussetzung vereinbart, ist dieser die ernsthafte, endgültige Ankündigung gleichzustellen, in Zukunft einen erheblichen Teil der Pacht nicht mehr zu entrichten (BGH WM 1985, 647, 649). Wurde vereinbart, dass der Verpächter bei mehrmaliger verspäteter Pachtzahlung zur fristlosen Kündigung berechtigt ist, kommt eine Kündigung nur in Betracht, wenn der vereinbarte Zahlungstermin mehrfach erheblich überschritten wird (LG Berlin NJW 1972, 1324). Ist die Kündigung vertraglich an eine bestimmte Dauer des Schuldnerverzugs gebunden und gerät der Verpächter vor Fristablauf in Annahmeverzug, sind die Kündigungsvoraussetzungen nicht erfüllt (RG WarnR 1913 Nr 355). Wurde vereinbart, dass erst bei Verzug mit sechs Monatsraten die fristlose Kündigung nach nochmaliger Fristsetzung gerechtfertigt sein soll, kommt eine Kündigung nur bei Vorliegen dieser verschärften Voraussetzungen in Betracht (OLG Hamm 7. 6. 2005 – 7 U 32/04, juris). Bei **formularvertraglichen Vereinbarungen** sind §§ 305 ff BGB zu berücksichtigen. Eine Klausel, die dem Verpächter das Recht zur fristlosen Kündigung zugesteht, „wenn der Pächter mit der Zahlung einer Pachtrate ganz oder teilweise länger als einen Monat nach Zahlungsaufforderung trotz schriftlicher Mahnung im Rückstand ist", verstößt wegen der erheblichen Abweichung vom Leitbild des § 543 Abs 2 S 1 Nr 3a BGB gegen § 307 BGB und ist deshalb unwirksam; gleichwohl muss der Verpächter bei einer unmittelbar auf § 543 Abs 2 S 1 Nr 3 BGB gestützten Kündigung mit der Zahlungsaufforderung und der schriftlichen Mahnung das in der Klausel vorgesehene Verfahren einhalten (BGH NJW 1987, 2506, 2507 f). Wirksam ist dagegen eine Klausel, wonach der Verpächter dann, wenn die jährlich in einer Summe zu zahlende Pacht „am Fälligkeitstag nicht dem Konto des Verpächters gutgeschrieben" ist, „nach zweimaliger schriftlicher Abmahnung der fälligen Pacht" den Pachtvertrag fristlos kündigen kann. Allerdings muss durch die Vereinbarung dafür Sorge getragen werden, dass die sonstigen gesetzlichen Voraussetzungen des Verzugs und die Unwirksamkeits- und Ausschlussgründe des § 543 Abs 2 S 2 und 3 BGB weiter anwendbar bleiben (OLG Brandenburg ZMR 2000, 373, 374 – zu einer individualvertraglichen Vereinbarung).

Schließlich besteht für beide Vertragspartner gleichermaßen bei Nichtvorliegen der **449**
Voraussetzungen des § 543 Abs 2 BGB ergänzend die Möglichkeit einer außerordentlichen fristlosen Kündigung des Pachtvertrags aus wichtigem Grund nach § 581 Abs 2 BGB iVm § 543 Abs 1 BGB. Das Vorliegen eines wichtigen Grundes wird in § 543 Abs 1 S 2 BGB präzisiert; entscheidend ist insbesondere die Unzumutbarkeit einer Fortsetzung des Pachtverhältnisses bis zum nächsten ordentlichen Kündigungstermin. Sofern der wichtige Grund in der Verletzung einer Pflicht aus dem Pachtvertrag besteht, ist zudem § 543 Abs 3 BGB zu berücksichtigen. Im Rahmen der Präzisierung des wichtigen Grundes können die **in der Rspr** insbesondere vor der Mietrechtsreform **entwickelten Grundsätze** zur fristlosen Kündigung von Dauerschuldverhältnissen aus wichtigem Grund herangezogen werden, allerdings mit der Maßgabe, dass ein Verschulden der Vertragsparteien, das nach der früheren Rspr nicht Kündigungsvoraussetzung war (RGZ 94, 234, 236; RG JR 1925 Nr 1009; RGZ 150, 193, 204 – zur Miete), aber gleichwohl im Rahmen der erforderlichen Interessenabwägung Berücksichtigung finden konnte (s etwa BGH NJW 1963, 1451), nunmehr als einer von mehreren relevanten Umständen zu berücksichtigen ist. Ein Verhalten Dritter müssen sich die Vertragspartner ggf nach § 278 BGB bzw § 540 Abs 2 BGB zurechnen lassen (BGH MDR 1961, 226; OLG Naumburg GuT 2004, 10, 11). Die außerordentliche fristlose Kündigung eines Pachtvertrags kommt danach insbesondere in Betracht, wenn das Vertragsverhältnis so stark zerrüttet ist, dass ein **gedeihliches Zusammenwirken der Vertragspartner nicht mehr zu erwarten** ist (zB RG JW 1936, 1146; BGH NJW 1963, 1451; OLG München ZMR 1996, 654, 656; NJWE-MietR 1996, 127, 129 – im konkreten Fall abgelehnt), zB wenn der Pachtvertrag eine besondere Zusammenarbeit erforderte (RGZ 94, 234, 236; RG JR 1925 Nr 1009; HRR 1933 Nr 344 – im konkreten Fall allerdings abgelehnt; JW 1937, 1146; BGH NJW 1963, 1451; MDR 1961, 226: Strafanzeige gegen den Verpächter durch Ehefrau des Pächters), aber auch wenn die **Durchführung des Vertrags aufgrund besonderer Umstände erheblich gefährdet** wurde (BGH NJW 1951, 836; LM Nr 1 zu § 595 BGB; WM 1967, 515, 517; OLG München ZMR 1996, 654, 656; LG Stralsund Jagdrechtliche Entscheidungen III Nr 128), etwa bei Streitigkeiten, die von einem Vertragsteil verschuldet wurden (KG JW 1932, 1067 Nr 3; OLG Celle NdsRpfl 1947, 103, 104 f), bei Beschimpfungen und Misshandlungen der anderen Partei (OLG München BayZ 1933, 114; OLG Brandenburg 20. 11. 2002 – 3 U 128/01, juris; anders OLG München NJW-RR 2002, 631, 632; siehe aber auch OLG Düsseldorf ZMR 2011, 282, 283 f: Bezeichnung als „Lügenbold" reicht nicht aus), ihrer Angehörigen oder Vertrauenspersonen (RGZ 94, 234, 236). Nicht als wichtiger Kündigungsgrund wurde eine drohende Umqualifizierung der Gebrauchsüberlassung nach § 32a GmbHG aF in haftendes Kapital angesehen, weil die Umqualifizierung Folge einer anderweitigen, nicht ausgenutzten Kündigungsmöglichkeit sei (BGHZ 140, 147, 149 f mwNw). Hingegen wurde ein zur außerordentlichen Kündigung berechtigender wichtiger Grund in einer **Gefährdung von Leben und Gesundheit** der Pächterin gesehen (BGH WM 1967, 515, 517). Weiterhin kommt eine außerordentliche Kündigung nach § 543 Abs 1 BGB bei **vertragswidrigem Verhalten des Pächters** in Betracht, zB bei unwaidmännischer und nicht pfleglicher Jagdausübung (RG HRR 1928 Nr 417), Verstößen gegen Fischereivorschriften (RG JW 1925, 1121 Nr 19 – im konkreten Fall allerdings abgelehnt), wenn der Pächter den Pachtgegenstand völlig verkommen lässt (§ 543 Abs 1 BGB iVm Abs 2 S 1 Nr 2 BGB; s aber auch OLG Hamm 7. 6. 2005 – 7 U 32/04, juris: mangelhafte Pflege eines gepachteten Golfplatzes kein hinreichender Kündigungsgrund; AG Düsseldorf 7. 5. 2012 – 55 C 15346/11, juris zur Kleingartenpacht), wenn der Pächter kontinuierlich vertragliche Pflichten nicht einhält (OLG Brandenburg 18. 6. 2013 – 3 U 134/11, BzAR 2013, 470, 473 zur Verletzung der Pflicht des Pächters einer Biogasanlage,

sämtliches im Zuge der Biogasgewinnung entstehendes Endsubstrat der Verpächterin, welche zuvor die Gülle lieferte, wieder zur Verfügung zu stellen), bei Nutzung einer verpachteten Tankstelle als Mietwagenagentur (OLG Hamm NZM 1999, 1050, 1051), eines gepachteten Grundstücks, auf dem der Verpächter und seine Mutter wohnen, zum gewerbsmäßigen Betrieb eines Pferdestalls (OLG Karlsruhe ZMR 1987, 419, 420 f) oder eines Anwesens, das als Lager für Ausstellungsräume oder als Café mit Betriebswohnungen gepachtet wurde, als Unterkunft für Asylbewerber (OLG München ZMR 2001, 347, 348 f), bei ständig unpünktlicher Zahlung der Pacht (OLG Düsseldorf DWW 1992, 113; OLG München ZMR 1996, 376, 377) oder Nichtleistung der vereinbarten Kaution bei einem gewerblichen Pachtverhältnis (OLG München WuM 2000, 304; offen gelassen von OLG Nürnberg ZMR 2010, 524, 525 f), beim dringenden, auf objektiven Tatsachen beruhenden schwerwiegenden Verdacht einer schweren Straftat von besonderer Tragweite – Spendenbetrug (OLG Frankfurt 13. 11. 2009 – 2 U 76/09, juris – hier war ein derartiger Kündigungsgrund auch vertraglich vereinbart), weiterhin bei einem Verhalten des Pächters gegenüber einem Dritten (Bedarfsträger beim Beförderungsvertrag), das wesentlich dazu beigetragen hat, dass der Pachtvertrag nicht mehr weiter durchgeführt werden kann (BGH NJW-RR 1986, 1243, 1244 f) oder bei wiederholter Angabe unrichtiger Pachtzahlen (OLG Düsseldorf NZM 2001, 1033, 1034) oder Verweigerung der monatlichen Abrechnung (OLG Nürnberg DWW 1961, 60, 61) im Rahmen der Umsatzpacht. Sehr weitgehend OLG München BB 1995, 329, 330, wo die Kündigung wegen Verstoßes gegen eine mit dem Pachtvertrag verbundene ausschließliche Getränkebezugspflicht bei Vereinbarung eines Kündigungsrechts für derartige Fälle als zulässig angesehen wurde (kritisch NIEBLING BB 1995, 330 f); anders OLG Stuttgart ZMR 1989, 377, 379, wo eine Kündigung wegen Einstellung des vertraglich versprochenen Bierbezugs bei der Pacht von Gaststättenräumen mit Spielhallenbetrieb aufgrund einer behördlichen Untersagung des Alkoholausschanks nach Erhöhung der Anzahl der Geldautomaten wegen Fehlens einer wesentlichen Vertragsverletzung als nicht zulässig erachtet wurde. Abgelehnt wurde ein Kündigungsgrund auch wegen der Überlassung von Zimmern in einem gepachteten Gasthof an Asylbewerber (OLG München NJWE-MietR 1996, 127, 128 f) sowie bei einer Verunreinigung des Trinkwassernetzes durch Unterpächter, da der Verpächter im konkreten Fall schneller und mit besseren Erfolgsaussichten den rechtswidrigen Zustand beseitigen konnte (OLG Naumburg GuT 2004, 10, 11 f). Auch rechtfertigen laufende Kürzungen der Pacht, die der Verpächter über mehrere Jahre unbeanstandet hingenommen hat, keine Kündigung nach § 543 Abs 1 BGB (OLG Köln ZMR 2000, 459, 461). Ob auch die **Verletzung einer etwaigen Gebrauchs- bzw Betriebspflicht** des Pächters (Rn 286 ff) einen zur Kündigung berechtigenden vertragswidrigen Gebrauch darstellt, muss differenzierend beurteilt werden und hängt insbesondere vom genauen Umfang der Gebrauchs- bzw Betriebspflicht und den Auswirkungen ihrer Verletzung auf den gesamten Vertrag, auch mit Blick auf eine etwaige Umsatzbeteiligung des Verpächters, ab (eine Kündigung wurde abgelehnt zB in RGZ 160, 361, 366 ff; bejaht wurde sie in RG JR 1925 Nr 1742; RGZ 149, 88, 90 ff; BGH WM 1983, 531, 532; OLG Brandenburg 29. 11. 2000 – 3 U 111/99, juris; eine Sonderkonstellation betraf der Fall BGH NJW-RR 1986, 1243). Bei der Unternehmenspacht ist zudem ggf ein unternehmerischer Handlungsspielraum des Pächters zu berücksichtigen (dazu insb KLEIN-BLENKERS 294). Ein **vertragswidriges Verhalten des Verpächters**, das Grund zur fristlosen Kündigung geben kann, liegt zB vor, wenn der Verpächter trotz einer Vielzahl von Mahnungen über viele Jahre hinweg keine Nebenkostenabrechnung aufstellt und selbst nach der Aufstellung noch Schwierigkeiten macht, den Rückzahlungsanspruch des Pächters zu erfüllen (OLG Düsseldorf DWW 1991, 78, 79). Bei jeder Kündigung wegen vertragswidrigen Verhaltens eines Vertragspartners ist jedoch zu prüfen, ob dieses nicht die **Schwelle des § 543 Abs 2 S 1 Nr 2 BGB** erreicht, weil diese spezielle Regelung dann gegenüber einer Anwendung von § 543 Abs 1 vorrangig wäre. Zudem sollte wie bei der Landpacht (BGH NZM 2010, 552 Rn 14) auch bei von §§ 581 ff BGB erfassten Pachtgegenständen die Kündigung aus wichtigem Grund innerhalb einer angemessenen Frist nach Eintritt des Kündigungsgrunds und dessen Kenntnis beim Kündigungsberechtigten dem anderen Teil zugehen (s dazu auch OLG Düsseldorf OLGR 2004, 180, 180; OLG Nürnberg ZMR 2010, 524, 526); andernfalls entstünde ein innerer Widerspruch zur Wichtigkeit des Kündigungsgrunds.

Ergänzend kann im Einzelfall auch eine **Kündigung** des Pachtvertrags **wegen Störung der Geschäftsgrundlage** nach § 313 Abs 3 S 2 BGB in Betracht kommen. Die Voraussetzungen einer solchen Kündigung sind allerdings mit den Anforderungen an das Vorliegen einer Störung der Geschäftsgrundlage und dem Erfordernis, dass eine Vertragsanpassung nicht möglich oder einem Teil nicht zumutbar ist (§ 313 Abs 3 S 1 BGB) relativ hoch angesetzt. Daher wird eine Kündigung des Pachtvertrags nach § 313 BGB allenfalls ausnahmsweise in Betracht kommen. Insbesondere ist eine Störung der Geschäftsgrundlage regelmäßig abzulehnen bei Umständen, die in den Risikobereich eines Vertragspartners fallen, wie etwa ein Umsatzrückgang beim Pachtgegenstand (BGH LM Nr 1 zu § 595 BGB; MDR 1971, 209; OLG Hamm ZMR 1970, 53, 54; OLG Düsseldorf ZMR 1998, 218, 219; ähnlich LG Landshut 10. 12. 2007 – 43 O 273/07, juris; s auch KLEIN-BLENKERS 308), sonstige Äquivalenzstörungen auf Seiten des Pächters (BGH NJW 1978, 2390, 2391 – selbst wenn diese zum Vermögensverfall führen können; LG Bonn 30. 9. 2008 – 7 O 233/08, juris; AG Wittlich AUR 2007, 91, 92: Risiko, den Pachtvertrag aus gesundheitlichen Gründen nicht weiter erfüllen zu können) oder die vertraglich zulässige, zum Rückgang der umsatzbezogenen Pacht führende Aufnahme eines Konkurrenzbetriebs durch den Pächter (RGZ 160, 361, 365). Auch bei modifizierter Nutzung des Pachtgegenstands erscheint eine Anwendung des § 313 BGB mit Blick auf den vorrangigen § 543 Abs 1 BGB zweifelhaft (in Betracht gezogen von OLG Hamm 7. 6. 2005 – 7 U 32/04, juris, für die Pacht eines Golfplatzes in Bezug auf die geplante Kündigung einer Nutzungsvereinbarung mit einem Golfclub zugunsten einer Nutzung als öffentliche Golfanlage). Zudem kommt selbst dann, wenn eine Störung der Geschäftsgrundlage zu bejahen ist, eine Kündigung im Verhältnis zur Vertragsanpassung nur als ultima ratio in Betracht (s etwa RGZ 107, 151, 153 ff; RG BayZ 1924, 290; WarnR 1926 Nr 80; 1926 Nr 106; BGH NJW 1995, 836, 837; OLG Stuttgart ZMR 1989, 377, 379; BFH NV 2005, 1629, 1631 f). Angenommen wurde eine Kündigung wegen Wegfalls der Geschäftsgrundlage bei einem Pachtvertrag über ein Grundstück, auf dem eine Photovoltaik-Anlage betrieben werden sollte, nach Wegfall der Förderung für die Stromerzeugung nach dem EEG (OLG Saarbrücken 4. 10. 2012 – 8 U 391/11, NJW 2012, 3731). Allerdings könnte in diesem speziellen Fall bezweifelt werden, ob tatsächlich ein Pachtvertrag vorlag, weil der „Pächter" die Anlage erst nach Vertragsschluss auf dem Grundstück errichten wollte – auch wenn sich der Verpächter diesen Nutzungszweck offenbar mit trug, weil im Vertrag von einem gemeinsamen Projekt die Rede war (kritisch zur Anwendung des § 313 insgesamt HÖRNDLER InfoM 2012, 489). Unabhängig von der vertragsrechtlichen Einordnung erscheint in derartigen Fällen eine Anwendung des § 313 BGB denkbar, wenn die Förderung tatsächlich von beiden Vertragspartnern zur Grundlage des Vertrags gemacht wurde (kritisch allerdings zur Entscheidung im konkreten Fall VOLZ/KREIBICH REE 2012, 230 f); diese Erwägungen könnten auch für etwaige Fälle einer Netzpacht (Rn 101) eine Rolle spielen.

450

d) Rechtsfolgen der Kündigung

451 Rechtsfolge einer wirksamen Kündigung ist in erster Linie die **Beendigung des Pachtverhältnisses**, und zwar entweder – bei der ordentlichen bzw bei der außerordentlichen befristeten Kündigung – zum nächstmöglichen Kündigungstermin oder – bei der außerordentlichen fristlosen Kündigung – mit sofortiger Wirkung bzw zum Ablauf einer Auslauffrist, die im Rahmen der Parteiautonomie vereinbart werden kann, wenn eine sofortige Vertragsbeendigung nicht den Parteiinteressen entspricht. Für das Vorliegen der Tatbestandsvoraussetzungen der Kündigung ist der Zeitpunkt des Zugangs der Kündigungserklärung maßgeblich. Wurde bei der ordentlichen Kündigung die maßgebliche Kündigungsfrist nicht eingehalten oder eine unzutreffende Kündigungsfrist angegeben, so wirkt die Kündigung idR zum nächsten zulässigen Termin, sofern der Kündigende das Pachtverhältnis auf jeden Fall beenden will und dieser Wille dem Kündigungsempfänger erkennbar ist (OLG Köln RdL 1960, 48; OLG Frankfurt NJW-RR 1990, 337). Ist der Tatbestand für eine außerordentliche fristlose Kündigung nicht erfüllt, kommt eine Umdeutung der Erklärung in eine ordentliche Kündigung oder in ein Angebot zur einvernehmlichen Vertragsaufhebung in Betracht (OLG Köln ZMR 2001, 967, 968; STAUDINGER/ROLFS [2018] § 542 Rn 121 f – zur Miete; einschränkend BGH NJW 1981, 43, 43 ff – zur Miete). Eine Umdeutung einer ordentlichen in eine außerordentliche Kündigung käme im Pachtrecht – anders als etwa bei der Miete (dazu STAUDINGER/ROLFS [2018] § 542 Rn 123) – zwar theoretisch in Betracht, weil § 569 Abs 4 BGB hier nicht gilt, dürfte aber praktisch selten relevant werden.

452 Die **Kündigung** kann auch **widerrufen oder einvernehmlich aufgehoben** werden (HEROLD BlGBW 1972, 126; STAUDINGER/ROLFS [2018] § 542 Rn 124 ff – zur Miete). Ein Widerruf ist nach allgemeinen Regeln (§ 130 Abs 1 S 2 BGB) nur vor oder gleichzeitig mit Zugang der Kündigungserklärung möglich. Nach Ablauf der Widerrufsfrist kommt nur eine einvernehmliche Aufhebung der Kündigung durch Vereinbarung beider Vertragspartner in Betracht. Allerdings kann durch eine einseitige Fortsetzung des Gebrauchs durch den Pächter nach Beendigung des Pachtverhältnisses gemäß § 581 Abs 2 BGB iVm § 545 BGB das Pachtverhältnis verlängert werden (LG Hannover ZMR 1979, 248, 249; **aA** OLG Karlsruhe OLGE 2, 480 – beide zur Miete). Folge eines wirksamen Widerrufs bzw einer wirksamen einvernehmlichen Aufhebung der Kündigung ist der Fortbestand des Pachtverhältnisses, wenn es noch nicht beendet war (BGH NJW 1974, 1081), ansonsten ein neuer Vertragsschluss (OLG Hamm ZMR 1979, 249, 249 f – zur Miete).

453 Neben der Kündigung können die Vertragspartner bei schuldhafter Pflichtverletzung durch den anderen Teil auch **Schadensersatzansprüche** geltend machen (Rn 425). Neben Schadensersatzansprüchen wegen der schuldhaften Pflichtverletzung kommen auch Ansprüche auf Ersatz von infolge der Kündigung entstehenden weiteren Schäden aus § 280 Abs 1 BGB in Betracht, etwa auf Seiten des Verpächters wegen des durch die Kündigung verursachten Pachtausfalls oder auf Seiten des Pächters wegen eines Kündigungsfolgeschadens (KG GE 2002, 258 – allerdings nicht, wenn auch der Verpächter hätte fristlos kündigen können). Sofern der Verpächter Ersatz des kündigungsbedingten Pachtausfalls verlangt, kann er Schadensersatz aber nur bis zum nächsten ordentlichen Kündigungstermin fordern (BGH ZMR 1955, 105; NJW-RR 1998, 1125, 1125 ff; OLG München WuM 2002, 492, 493; **aA** OLG Düsseldorf ZMR 1985, 89, 90 – zur Miete: Schadensersatz bis zur Neuverpachtung; offenbar auch OLG Köln WuM 1999, 288), denn andernfalls fehlt es an einer Kausalität zwischen der zur Kündigung berechtigenden Pflichtverletzung durch den Pächter und dem Schaden des Verpächters. Ersatz für einen Zeitraum, in dem sich eine Neuverpachtung verzögert, kann nur verlangt werden, wenn der Verpächter eine bereits mögliche Neuverpachtung aus berechtigten Gründen ablehnt (OLG Frankfurt WuM 1992, 436). Zudem ist im Rahmen eines derartigen Schadensersatzanspruchs des Verpächters auch dessen Obliegenheit zur Schadensminderung gemäß § 254 Abs 2 S 1 BGB zu beachten (BGH WM 1984, 171, 172). Schließlich kann auch eine grundlose fristlose Kündigung eine Pflichtverletzung darstellen, die einen Schadensersatzanspruch nach § 280 Abs 1 BGB auslöst (BGH NJW 1988, 1268, 1269; OLG Frankfurt OLGR 2001, 125, 126; OLG München OLGR 2002, 281, 282). Handelt es sich bei dem Pachtgegenstand um ein Gewerbegrundstück, erscheint auch ein Anspruch des Pächters aus § 823 Abs 1 BGB wegen Verletzung des Rechts am Unternehmen denkbar; ein solcher Anspruch ist aber nicht bei jeder grundlosen fristlosen Kündigung gegeben, weil die Unwirksamkeit der Kündigung nicht stets als rechtswidrig iSd § 823 BGB zu beurteilen ist (OLG Hamm BB 1978, 1589, 1590). Die formularmäßige Vereinbarung einer Vertragsstrafe für den Fall der vorzeitigen Auflösung des Pachtverhältnisses (OLG Hamburg NJW-RR 1988, 651 – zu § 11 Nr 6 bzw § 9 AGBGB aF) bzw für den Fall, dass der Pächter die fristlose Kündigung des Vertrags verschuldet (OLG Düsseldorf MDR 1996, 465 – zu § 11 Nr 6 bzw § 9 AGBGB aF), ist nach § 309 Nr 6 BGB bzw § 307 BGB unwirksam.

e) Sonderregelungen für bestimmte Vertragsgegenstände
aa) Unternehmenspacht
Für die Beendigung eines **Betriebspachtvertrags** iSd § 292 Abs 1 Nr 3 AktG (Rn 72 ff) **454** sind die Sonderregelungen in §§ 296 ff AktG zu beachten, die gegenüber §§ 581 ff BGB vorrangig sind, soweit sie reichen. So kommt eine einvernehmliche Aufhebung des Betriebspachtvertrags nur unter den Voraussetzungen des § 296 AktG, also nur zum Ende des Geschäftsjahres oder sonst vertraglich bestimmten Abrechnungszeitraums und nur mit Wirkung für die Zukunft, in Betracht (zu einer Sonderkonstellation bei der GmbH allerdings OLG Zweibrücken 29. 10. 2013 – 3 W 82/13, NZG 2015, 319; dazu Rn 170). Sie muss schriftlich erfolgen, § 296 Abs 1 S 3 AktG. Weiterhin enthält § 297 AktG Sonderregelungen für die Kündigung aus wichtigem Grund (§ 297 Abs 1 BGB) sowie eine partielle Detailregelung für die ordentliche Kündigung (§ 297 Abs 2 BGB); hier ist zudem wiederum die Schriftform nach § 297 Abs 3 BGB zu beachten. Nach § 298 AktG ist die Beendigung des Pachtvertrags unverzüglich zur Eintragung in das Handelsregister anzumelden.

bb) Kleingartenpacht
Beim **Kleingartenpachtvertrag** unterliegen die Möglichkeiten der Vertragsbeendi- **455** gung einigen Einschränkungen der Privatautonomie. Ein solcher Vertrag kann vom Verpächter nur unter recht restriktiven Voraussetzungen ordentlich (§ 9 BKleingG; dazu etwa AG München 7. 4. 2016 – 432 C 2769/16, ZMR 2017, 313) oder außerordentlich (§ 8 BKleingG) gekündigt werden; weitere Kündigungsgründe zugunsten des Verpächters können nicht vereinbart werden (§ 13 BKleingG). Praktische Bedeutung hat vor allem § 9 Abs 1 Nr 4 BKleingG, wonach der Verpächter kündigen kann, wenn planungsrechtlich eine andere als die kleingärtnerische Nutzung zulässig und der Eigentümer durch die Fortsetzung des Pachtverhältnisses an einer anderen wirtschaftlichen Verwertung gehindert ist und dadurch erhebliche Nachteile erleiden würde (s dazu BVerfG NJW 1998, 3559; BGHZ 113, 290, 294 ff; ähnlich auch BGHZ 151, 71, 77;

zum früheren Recht BGHZ 80, 87, 93 ff). Diese Regelung gilt allerdings nur für Kleingartenpachtverträge, die auf unbestimmte Zeit geschlossen wurden (§ 9 Abs 3 BKleingG). In Bezug auf eine Kündigung, um das Grundstück einer anderen, im Bebauungsplan festgelegten Nutzung zuzuführen nach § 9 Abs 1 Nr 5 BKleingG ist zu beachten, dass es – allgemeinen Grundsätzen entsprechend – Sache des Verpächters ist, darzulegen und zu beweisen, dass das Grundstück alsbald der im Bebauungsplan festgesetzten Nutzung zugeführt oder dafür vorbereitet wird, wobei keine zu hohen Anforderungen gestellt werden dürfen (eine Vorlage verbindlicher Kreditzusagen ist regelmäßig nicht erforderlich, BGH 13. 2. 2014 – III ZR 250/13 Rn 25 ff, NZM 2014, 352; ausführlich zu möglichen Kriterien – mit kritischer Würdigung der Rspr – BECKMANN/BUCHSTEINER NVwZ 2014, 1196, 1198 f). Ausreichend kann auch ein übergeleiteter Bebauungsplan, wie zB ein solcher nach § 173 Abs 3 S 1 BlnBauG aF, sein (BGH 13. 2. 2014 – III ZR 250/13 Rn 13 ff, NZM 2014, 352, insoweit iE zustimmend BECKMANN/BUCHSTEINER NVwZ 2014, 1196, 1197 f). Kritisch zu § 9 Abs 1 Nr 4 und Nr 5 BKleingG mit Änderungsvorschlag BECKMANN/BUCHSTEINER NVwZ 2014, 1196. – Für die Kündigung durch den Pächter gelten weitgehend die Regelungen des BGB (§ 4 Abs 1 BKleingG, s zB MAINCZYK/NESSLER § 4 BKleingG Rn 4 ff; STANG § 4 BKleingG Rn 15 f; LANDFERMANN NJW 1983, 2670, 2672). Jede Kündigung, unabhängig vom Kündigenden, muss gemäß § 7 BKleingG in Schriftform (§ 126 BGB) erfolgen.

455a In Bezug auf die Rechtsfolgen der Kündigung ist zu beachten, dass gerade bei der Kleingartenpacht häufig ein besonderes Interesse des Verpächters an der Entfernung von Baulichkeiten, Anlagen, Einrichtungen und Anpflanzungen, mit denen der Pächter den Kleingarten versehen hat, besteht. Diese ist Teil der Rückgabepflicht nach § 4 Abs 1 BKleingG, § 581 Abs 2 BGB iVm § 546 Abs 1 BGB, kann aber auch weitergehend ausgestaltet werden. Der BGH misst den Interessen des Verpächters an der Sicherstellung der ordnungsgemäßen kleingärtnerischen Nutzung und der Förderung des Wohls der Gemeinschaft der Kleingärtner in der Anlage große Bedeutung bei. So wurde etwa eine Klausel in einem Kleingartenpachtvertrag, nach welcher der abgebende Pächter für den Fall, dass kein Nachpächter vorhanden ist, den Kleingarten bis zur Neuverpachtung unter Fortzahlung der vereinbarten Entgelte und Gebühren zu bewirtschaften oder die Baulichkeiten einschließlich Fundamente, befestigte Wege und Anpflanzungen zu entfernen und den Kleingarten im umgegrabenen Zustand zu übergeben hat, in Allgemeinen Geschäftsbedingungen für zulässig erachtet (BGH 21. 2. 2013 – III ZR 266/12 Rn 9 ff, NZM 2013, 315; 11. 4. 2013 – III ZR 249/12 Rn 10 ff, juris; zustimmend RÖCKEN MDR 2013, 1143, 1146), sofern nicht im Einzelfall eine unzulässige Rechtsausübung iSd § 242 BGB vorliegt (BGH 21. 2. 2013 – III ZR 266/12 Rn 24, NZM 2013, 315; 11. 4. 2013 – III ZR 249/12 Rn 15, juris). Hier wird der Nutzung von Kleingärten vor allem unter sozialpolitischen und städtebaulichen Gesichtspunkten große Bedeutung beigemessen (BGH 21. 2. 2013 – III ZR 266/12 Rn 20, NZM 2013, 315; 11. 4. 2013 – III ZR 249/12 Rn 21, juris). Mit Blick auf das Wahlrecht des Pächters zwischen Entfernung der Einrichtungen oder Fortsetzung der Bewirtschaftung erscheint der Interessenausgleich insgesamt angemessen, auch wenn die Untermauerung der Argumentation des BGH mit § 584b BGB (BGH 21. 2. 2013 – III ZR 266/12 Rn 18, 23, NZM 2013, 315; 11. 4. 2013 – III ZR 249/12 Rn 19, 24, juris) mit Blick auf die dort geregelte spezielle Konstellation nicht ganz zu überzeugen vermag.

456 Bei **Zwischenpachtverträgen über Kleingärten** (s Rn 14) kommen nach § 10 BKleingG zusätzliche Kündigungsgründe zugunsten des Verpächters in Betracht, die ihren

Grund in bestimmten Verhaltensweisen oder Eigenschaften des Zwischenpächters haben. Wird ein Zwischenpachtvertrag aus einem der in § 10 Abs 1 BKleingG genannten Gründe gekündigt, tritt der Verpächter gemäß § 10 Abs 3 BKleingG kraft Gesetzes in die Verträge des Zwischenpächters mit den Kleingärtnern ein. Diese auf die Spezifika der Zwischenpacht von Kleingärten zugeschnittene Regelung sollte nicht über Wortlaut und Zielsetzung hinaus auf andere Konstellationen, wie etwa eine Aufhebungsvereinbarung zwischen Haupt- und Zwischenpächter (dazu mit überzeugenden Argumenten HARKE ZMR 2004, 87, 89 f; aA STANG § 10 BKleingG Rn 17; MAINCZYK/NESSLER § 10 BKleingG Rn 6; KERN § 581 Anh 3 Rn 69 f) oder eine Kündigung durch den Verpächter nach § 9 BKleingG (dazu insb BVerfG NJW 1998, 3559; BGHZ 119, 300, 303 f; 151, 71, 73 f; BGH NJW-RR 1994, 779), ausgedehnt werden (für eine noch weitergehende teleologische Reduktion des Anwendungsbereichs KERN § 581 Anh 3 Rn 66). In denjenigen Fällen, in denen die Kündigung des Zwischenpachtvertrags daher mangels einer Anwendung des § 10 Abs 3 BKleingG auf den Vertrag mit dem Endpächter durchschlägt, muss Letzterer den Kleingarten nach § 4 Abs 1 BKleingG iVm §§ 581 Abs 2, 546 Abs 2 BGB unmittelbar an den Hauptverpächter herausgeben. Er kann aber bei bestimmten Kündigungsgründen im Rahmen des § 9 Abs 1 BKleingG eine Entschädigung nach § 11 BKleingG verlangen (BGHZ 151, 71, 75; OLG Brandenburg 15. 9. 2015 – 6 U 79/14, MDR 2015, 1414).

cc) Jagdpacht

Für die **ordentliche Kündigung** eines Jagdpachtvertrags existieren keine besonderen **457** Regeln im BJagdG; manche der allgemeinen Regeln (insb § 581 Abs 2 BGB iVm § 580a BGB) passen aber für die Jagdpacht nicht – zum einen, weil sie die Rechtspacht nicht erfassen, zum anderen weil die Jagdpacht regelmäßig für eine relativ lange Dauer (§ 11 Abs 4 S 2 BJagdG) vereinbart wird. Eine ordentliche Kündigung dürfte daher hauptsächlich in Betracht kommen, wenn sie im Vertrag vorgesehen ist (dem dürfte auch § 11 Abs 4 S 2 BJagdG nicht entgegenstehen; aA – zum Landesrecht – OLG Brandenburg Jagdrechtliche Entscheidungen III Nr 151: Nichtigkeit des Vertrags gemäß § 134 BGB bei Kündigungsbefugnis zum Ende jedes Jagdjahres). Ein unbefristeter Pachtvertrag kann zum Ende jedes Pachtjahres gekündigt werden, § 584 Abs 1 BGB (s auch LG Stendal Jagdrechtliche Entscheidungen IV Nr 96), beim befristeten Pachtvertrag ist eine ordentliche Kündigung hingegen nicht ohne Weiteres möglich, § 581 Abs 2 BGB iVm § 542 Abs 2 BGB (OLG Hamm Jagdrechtliche Entscheidungen III Nr 197).

Eine **außerordentliche Kündigung** eines Jagdpachtvertrags ist nach allgemeinen **458** Grundsätzen (Rn 441 ff), also bei Vorliegen eines wichtigen Grundes innerhalb angemessener Frist und ggf nach Abmahnung (dazu etwa LG Bückeburg 30. 1. 2013 – 1 O 63/12, Jagdrechtliche Entscheidungen III Nr 201) möglich. An das Vorliegen eines wichtigen Grundes sind jedoch strenge Anforderungen zu stellen: Einmalige Vertragsverstöße reichen nicht aus (zB OLG Oldenburg NdsRpfl 1960, 275, 275 f; OLG Koblenz OLGR 1998, 469 f), selbst bei wiederholten Zuwiderhandlungen gegen vertragliche Verpflichtungen werden hohe Anforderungen gestellt (OLG Hamm Jagdrechtliche Entscheidungen III Nr 197). Auch scharfe Differenzen über die Vertragsauslegung wurden nicht ohne Weiteres als Kündigungsgrund akzeptiert (OLG Hamm Jagdrechtliche Entscheidungen III Nr 20; OLG Koblenz OLGR 1998, 469 f: kein Kündigungsgrund, wenn durch gerichtliche Klärung der Gefahr vertragswidrigen Verhaltens entgegengewirkt werden kann; LG Stendal Jagdrechtliche Entscheidungen III Nr 140; LG Koblenz Jagdrechtliche Entscheidungen III Nr 146; s auch LG Dessau Jagdrechtliche Entscheidungen III Nr 131). Denkbar ist eine Kündigung aus wichtigem Grund etwa, wenn der Pächter unbefugt einem Dritten das Jagdausübungsrecht überlässt (BGH NJW-RR 2000, 717, 718). Bei **Mitpächtern** kann der Verpächter – im Gegensatz zur ordentlichen Kündigung, die nur gegenüber sämtlichen Mitpächtern ausgesprochen werden kann – auch dann, wenn in der Person eines einzigen Mitpächters ein wichtiger Grund vorliegt, nur diesem gegenüber fristlos kündigen (OLG Celle Jagdrechtliche Entscheidungen III Nr 153); der Jagdpachtvertrag bleibt dann nach § 13a BJagdG grundsätzlich bestehen. Vorstellbar ist aber auch eine außerordentliche Kündigung gegenüber sämtlichen Pächtern, wenn Auseinandersetzungen zwischen den Mitpächtern die Erreichung des Vertragszwecks gefährden oder sich zum Nachteil Dritter auswirken (OLG Celle 4. 6. 2014 – 7 U 202/13, AUR 2014, 336, 337 f mwNw).

458a Der **Jagdpachtvertrag erlischt** zudem nach § 13 BJagdG, wenn dem Pächter der Jagdschein unanfechtbar entzogen worden ist oder wenn die Gültigkeitsdauer des Jagdscheines abgelaufen ist und entweder die zuständige Behörde die Erteilung eines neuen Jagdscheines unanfechtbar abgelehnt hat oder der Pächter die Voraussetzungen für die Erteilung eines neuen Jagdscheines nicht fristgemäß erfüllt (dazu mit einer relativ strengen, dem Wortlaut der Norm entsprechenden Auslegung OLG Düsseldorf 24. 7. 2014 – 9 U 105/13, AUR 2014, 392, 393; zustimmend LÜCKEMEIER AUR 2014, 393, 394).

dd) Lizenzvertrag

459 Bei **Lizenzverträgen über gewerbliche Schutzrechte** sind für die Vertragsbeendigung ggf Sonderregelungen zu beachten. So enden solche Verträge idR mit dem Erlöschen des zugrunde liegenden Schutzrechts, etwa durch Ablauf der Schutzfrist, Erlöschen, Widerruf oder Nichtigerklärung; hierfür existieren regelmäßig spezialgesetzliche Sonderregelungen. Ergänzend kann insbesondere § 581 Abs 2 BGB iVm § 543 BGB zur Anwendung kommen, denn § 543 BGB passt für Gebrauchsüberlassungsverträge jeglicher Art, auch für solche, die sich auf Rechte beziehen und mit einem Fruchtziehungsrecht verbunden sind. Die Regelung ist auch hinreichend flexibel, um den Besonderheiten von Lizenzverträgen gerecht zu werden, sodass ihre Anwendung derjenigen des allgemeineren § 314 BGB, die teilweise in den Vordergrund gestellt wird (s etwa BARTENBACH Rn 38, 2437; HAEDICKE, Rechtskauf und Rechtsmängelhaftung 254; ANN/BARONA, Schuldrechtsmodernisierung und gewerblicher Rechtsschutz Rn 146 aE; PAGENBERG/BEIER Muster 1 Rn 38, 296, Muster 4 Rn 67, 70; GROSS, Der Lizenzvertrag Rn 485 ff; MCGUIRE, Die Lizenz 743 f; HENN/PAHLOW/PAHLOW § 9 Rn 138 f; einschränkend HANS GWR 2016, 437, 437 f), vorgezogen werden sollte (zu Einzelheiten SCHAUB, Sponsoring und andere Verträge zur Förderung überindividueller Zwecke 583 f). Bei Lizenzverträgen mit gesellschaftsrechtlichem Einschlag kann im Einzelfall auch die Wertung des § 723 Abs 1 BGB zu berücksichtigen sein (s dazu auch BGH GRUR 1959, 616, 617). Dagegen erscheint eine Anwendung von § 581 Abs 2 BGB iVm § 542 BGB kaum passend, weil die Nutzungsdauer eines gewerblichen Schutzrechts nicht mit derjenigen von Wohnraum oder Grundstücken zu vergleichen ist und bei einer Anwendung des § 542 BGB auch den Besonderheiten gewerblicher Schutzrechte nicht hinreichend Rechnung getragen werden könnte (näher dazu SCHAUB, Sponsoring und andere Verträge zur Förderung überindividueller Zwecke 583).

460 Bei **urheberrechtlichen Lizenzverträgen** sind die zusätzlichen Sonderregelungen über die Vertragsbeendigung in §§ 41 f UrhG zu beachten, bei **Verlagsverträgen** §§ 18, 29, 30, 31, 32, 35 VerlG.

ee) Know-how-Vertrag

Die Laufzeit von **Know-how-Verträgen** endet regelmäßig dann, wenn geheimes **461** Know-how offenkundig wird (s etwa Henn/Pahlow/Pahlow § 10 Rn 42; Taeger, Die Offenbarung von Betriebs- und Geschäftsgeheimnissen 180; Krasser/Schmid GRUR Int 1982, 324, 341; differenzierend Körner GRUR 1982, 341, 344 ff; kritisch insb E Fischer GRUR 1985, 638, 640). Ergänzend kann bei zeitlich begrenzten Know-how-Verträgen, welche Elemente der Rechtspacht aufweisen (Vorbem 86 zu § 581), auch § 581 Abs 2 BGB iVm § 543 Abs 1 BGB angewandt werden (vgl auch Gitter 458); diese Regelungen sollten als die spezielleren gegenüber § 314 BGB vorrangig zum Zuge kommen (anders allerdings BGH NJW 2011, 1438 Rn 27 ff – Anwendung von § 314).

ff) Franchisevertrag

Beim **Franchisevertrag** stellt sich die Frage, ob auf die **ordentliche Kündigung** § 89 **462** HGB analog anzuwenden ist (so zB BGH NJW-RR 2002, 1554, 1555; Behr, Der Franchisevertrag 150 ff; Martinek, Moderne Vertragstypen Bd II 121 ff; Giesler/Nauschütt/Höpfner, Franchiserecht 806 ff [Kapitel 12 Rn 31 ff]; MünchKommHGB/vHoyningen-Huene § 89 HGB Rn 6; Ebenroth/Boujong/Joost/Strohn/Löwisch § 89 HGB Rn 51; Oetker/Busche § 89 HGB Rn 26) oder § 584 BGB (so Kern § 581 Anh 1 Rn 64; Palandt/Weidenkaff Einf vor § 581 Rn 28; ähnlich C Möller AcP 203 [2003] 319, 338) oder ob differenzierend zu entscheiden ist (so MünchKomm/Harke § 581 Rn 57; Klein, Der Franchisevertrag 332 f). Die Anwendung des § 584 BGB trägt zum einem dem Bestandsschutzinteresse des Franchisenehmers – vor allem in der „Anlaufphase" des Vertrags – besser Rechnung, zum anderen erscheint sie auch deshalb angemessener, weil die pachtrechtlichen Elemente beim Franchising regelmäßig gegenüber denjenigen des Handelsvertreterrechts überwiegen dürften. Mitunter wird für bestimmte Fälle auch eine Heranziehung des § 594a BGB befürwortet (insb MünchKomm/Harke § 581 Rn 57); ob aber die Vorteile der längeren Frist die Nachteile einer Differenzierung zwischen unterschiedlichen Arten von Franchiseverträgen überwiegen, erscheint zweifelhaft. Teilweise wird über die gesetzlichen Regelungen hinaus ein Investitionsschutz des Franchisenehmers gefordert, indem entweder eine Kündigung erst nach Amortisation der Investitionen des Franchisenehmers zugelassen oder ein anteiliger Ausgleich der Investitionskosten durch den Franchisegeber im Falle der Kündigung postuliert wird (Ebenroth, Absatzmittlungsverträge 172 ff; Foth BB 1987, 1270, 1271 ff – zu Vertragshändlerverträgen; Liesegang BB 1991, 2381, 2384; Martinek, Franchising 334 ff; ders, Moderne Vertragstypen Bd II 133 ff; Giesler/Nauschütt/Höpfner, Franchiserecht 850 ff [Kapitel 12 Rn 139 ff]; differenzierend Joerges AG 1991, 325, 340 ff; Behr, Der Franchisevertrag 151 f; aA zB Ekkenga, Inhaltskontrolle 169 ff). Die Berechnung der Amortisation dürfte allerdings mit erheblichen Schwierigkeiten verbunden sein, da sowohl Verhaltensweisen des Franchisenehmers als auch solche des Franchisegebers Einfluss auf die Einkünfte des Franchisenehmers haben können.

Bei der **außerordentlichen Kündigung** von **Franchiseverträgen** wird das Erfordernis **463** einer vorherigen Abmahnung des anderen Teils betont (s zB BGH NJW 1985, 1894, 1895; OLG Hamm NJW-RR 1994, 243, 244; KG ZMR 1998, 276, 278; Esser, Franchising 206). Dies wird überwiegend mit § 89a HGB begründet (KG ZMR 1998, 276, 278; Martinek, Franchising 327 ff; ders, Moderne Vertragstypen Bd II 124 ff; K Schmidt, Handelsrecht § 28 III 1 Rn 42 ff; Hj Weber JA 1983, 347, 353), teilweise auch mit § 314 BGB (BGH WRP 2004, 1378, 1385; Giesler/Nauschütt/Höpfner, Franchiserecht 814 [Kapitel 12 Rn 56]; Dombrowski 83 ff; Flohr BB 2006, 389, 397). Denkbar – und wegen des starken pachtrechtlichen

Einschlags des Franchisevertrags näher liegend – erscheint aber eine Anwendung des § 581 Abs 2 BGB iVm § 543 Abs 3 BGB (so auch C Möller AcP 203 [2003] 319, 341 ff), die auch gegenüber einer Heranziehung der allgemeinen Regelung des § 314 BGB (dafür OLG München 14. 10. 2014 – 7 U 2604/13, BB 2015, 527, 527 f) vorrangig sein sollte.

gg) Milchquotenpacht

464 Bei der **flächenungebundenen Milchquotenpacht**, die grundsätzlich den Regeln über die Rechtspacht unterlag (Rn 60), kam im Fall einer Berufsunfähigkeit des Pächters eine entsprechende Anwendung des § 594c BGB in Betracht, sofern der Verpächter einer Unterverpachtung widersprach oder eine flächenungebundene Weiterverpachtung unzulässig war (BGH NJW-RR 2010, 198 Rn 15 ff).

4. Beendigung aufgrund sonstiger Umstände

a) Allgemeines

465 Ein Pachtvertrag kann nicht nur durch Zeitablauf oder wirksame Kündigung, sondern auch aufgrund sonstiger Umstände beendet werden. Diese können vielfältiger Art sein und sowohl auf einem Verhalten der Vertragspartner als auch auf dem Eintritt bestimmter Umstände von außen her oder auf Seiten eines Vertragspartners beruhen.

b) Beendigung durch einen oder beide Vertragspartner

466 Ein Pachtverhältnis kann durch **Abschluss eines Aufhebungsvertrags** (§ 311 Abs 1 BGB) durch die Vertragspartner vorzeitig beendet werden. Möglicherweise kann eine unwirksame Kündigungserklärung in ein Angebot zum Abschluss eines Aufhebungsvertrags umgedeutet werden (zur Miete Staudinger/Rolfs [2018] § 542 Rn 122; aA BGH WM 1984, 171, 172; einschränkend BGH NJW 1981, 43, 44). Die Formbedürftigkeit eines solchen Vertrags ist grundsätzlich unabhängig von der Formbedürftigkeit des Pachtvertrags unter Berücksichtigung der jeweils in Frage stehenden Formzwecke zu ermitteln (dazu allgemein Staudinger/Feldmann/Löwisch [2012] § 311 Rn 82 ff iVm Rn 65 ff). So dürfte etwa der Schutzzweck des § 581 Abs 2 BGB iVm § 550 BGB durch die formlose Aufhebung eines für längere Zeit als ein Jahr geschlossenen Pachtvertrags nicht betroffen sein (s auch Staudinger/Rolfs [2018] § 542 Rn 185 – zur Miete; Mertens JZ 2004, 431, 434). Auch bei einer Vereinbarung von Formerfordernissen in Allgemeinen Geschäftsbedingungen ist stets genau zu prüfen, ob diese auch für die Vertragsaufhebung gelten (s etwa OLG Düsseldorf NJW-RR 1991, 374, 374 f). Der Abschluss eines Aufhebungsvertrags kann mit der Vereinbarung eines Abfindungsanspruchs verbunden werden. Ein Abfindungsanspruch des Verpächters erlischt jedoch wegen Unmöglichkeit, wenn der Pachtgegenstand vor dem vorgesehenen Räumungstermin abbrennt (LG Frankfurt aM NJW 1976, 572, 573 m krit Anm Dopjans NJW 1976, 898). Eine Formularklausel, in der sich der Verpächter für den Fall, dass das Pachtverhältnis auf Wunsch des Pächters vorzeitig einvernehmlich beendet wird, eine Vertragsstrafe versprechen lässt, ist nach § 309 Nr 6 BGB oder nach § 307 BGB unwirksam (BGH NJW 1985, 57, 57 f – zu § 11 Nr 6 bzw § 9 AGBG aF).

467 Das Pachtverhältnis kann auch durch **Rücktritt** beendet werden, wenn ein Rücktrittsrecht aufgrund vertraglicher Vereinbarung oder kraft Gesetzes besteht. Ein Rücktrittsrecht kann vertraglich für die Zeit vor, aber – weil § 572 BGB nur für

die Wohnraummiete und nicht für die Pacht gilt – auch nach Überlassung des Pachtgegenstands vereinbart werden. Ein gesetzliches Rücktrittsrecht kann sich vor allem aus § 323 BGB oder § 324 BGB ergeben. Wegen der speziellen mietvertraglichen Kündigungsregeln, die auch auf den Pachtvertrag anwendbar sind, kommt eine Anwendung der §§ 323, 324 BGB jedoch nur bis zur Überlassung des Pachtgegenstands in Betracht (s BGHZ 50, 312, 315 – zur früheren Rechtslage; zur Miete auch STAUDINGER/ROLFS [2018] § 542 Rn 198 ff mwNw; aA die frühere Rspr: RGZ 105, 167, 169; 149, 88, 92; RG BayZ 1925, 341, 342). Ein Rücktritt des Pächters vom Pachtvertrag wegen vom Verpächter nicht zu vertretender Unmöglichkeit der Gewährung des vertragsgemäßen Gebrauchs nach § 326 Abs 5 BGB iVm § 323 BGB kommt allenfalls dann in Betracht, wenn nicht nur vorübergehende, sondern dauerhafte Unmöglichkeit vorliegt (so zB BGH GuT 2004, 54 – iE offen gelassen; für die Fälle einer Zerstörung des Unternehmens oder eines Wegfalls der Unternehmenskonzession bei der Unternehmenspacht auch KLEIN-BLENKERS 302 f). Sofern ein Rücktritt aufgrund eines vertraglichen Rücktrittsrechts nach Überlassung des Pachtgegenstands erfolgt, muss bei einer Anwendung der §§ 346 ff BGB der Charakter des Pachtvertrags als Dauerschuldverhältnis berücksichtigt werden, was insbesondere hinsichtlich der Herausgabe der Früchte und der Rückzahlung des Pachtzinses zu Modifikationen bei der Rückabwicklung führen kann. Auch dies spricht für eine zurückhaltende Anwendung der Rücktrittsregeln nach Überlassung des Pachtgegenstands.

Auch mit Blick auf eine mögliche **Anfechtung** des Pachtvertrags ist zwischen den Zeiträumen vor und nach Überlassung des Pachtgegenstands zu differenzieren. Eine Anfechtungsmöglichkeit nach allgemeinen Regeln (§§ 119 ff, 123 f BGB) vor Überlassung des Pachtgegenstands wird zu Recht überwiegend bejaht (zB RGZ 102, 225, 226; 157, 173, 174; RG JW 1912, 25; KG MDR 1967, 404 mwNw), denn hier können weder Kollisionen mit speziellen pacht- bzw mietrechtlichen Regelungen noch Rückabwicklungsprobleme entstehen. Nach Überlassung des Pachtgegenstands könnte hingegen von einem Vorrang der pachtvertraglichen Kündigungsregeln ausgegangen werden, weil bei Vorliegen eines Anfechtungsgrundes idR auch die Voraussetzungen einer außerordentlichen Kündigung erfüllt sein dürften und sich bei Anwendung der Kündigungsregeln möglicherweise weniger Rückabwicklungsschwierigkeiten ergeben als bei der grundsätzlich ex tunc wirkenden Anfechtung (§ 142 Abs 1 BGB). Diese Argumente dürften für die Irrtumsanfechtung weiterhin Bedeutung behalten, weil sonst die Kündigungsregeln des Pachtrechts, insbesondere die spezifischen Voraussetzungen des § 543 BGB, möglicherweise umgangen werden könnten (zweifelnd allerdings – zur Miete – FISCHER WuM 2006, 3, 6) und das Verpächterpfandrecht entfallen könnte (auch dazu FISCHER WuM 2006, 3, 6). Für die Anfechtung wegen arglistiger Täuschung hat der BGH – zum Mietrecht – entschieden, dass wegen der unterschiedlichen Schutzrichtungen der Anfechtungs- und Kündigungsregeln eine solche Anfechtung – einschließlich der Wirkung ex tunc – auch nach Übergabe der Mietsache in Betracht kommt (BGHZ 178, 16 Rn 33 ff; s auch BROX/ELSING JuS 1976, 1, 5; für weitgehende Anfechtungsmöglichkeiten N FISCHER WuM 2006, 3, 6 ff; offen gelassen: OLG Düsseldorf ZMR 1988, 462). Die Argumente des BGH überzeugen und sollten auch für das Pachtrecht übernommen werden mit der Folge, dass eine Anfechtung des Pachtvertrags wegen arglistiger Täuschung (und wohl ebenso wegen widerrechtlicher Drohung) auch nach Überlassung des Pachtgegenstands in Betracht kommt (s dazu etwa OLG München 13. 12. 2002 – 21 U 1938/92, juris, insoweit in OLGR 2003, 118 nicht abgedruckt – im konkreten Fall Anfechtung abgelehnt; OLG Koblenz 15. 3. 2004 – 12 U 242/03, juris; 23. 3. 2004 – 12 W 164/04, juris – im konkreten Fall Anfechtung abgelehnt; LG Neuruppin GuT 2008, 327, 328 f) und dann eine Rückabwicklung nach Bereicherungsrecht erfolgt. Anlass dafür, diese Argumente auf die Irrtumsanfechtung zu übertragen, besteht allerdings nicht, denn diese war nicht Gegenstand der Entscheidung des BGH und der Schutzzweck der Anfechtungsregeln der §§ 119 f BGB ist insgesamt schwächer ausgeprägt als derjenige des § 123 BGB, sodass die oben angeführte Argumentation für einen Vorrang der Kündigungsregeln in Bezug auf die Irrtumsanfechtung Bedeutung behält.

c) Beendigung durch Eintritt weiterer Umstände

469 War der Pachtvertrag unter einer **auflösenden Bedingung** geschlossen, endet das Pachtverhältnis nach § 158 Abs 2 BGB mit Eintritt dieser Bedingung.

470 **Erwirbt der Pächter Eigentum am Pachtgegenstand** (zB infolge der Ausübung eines Ankaufsrechts), wird die Überlassung als Hauptleistungspflicht des Verpächters unmöglich. Allerdings erlischt der Vertrag in einem solchen Fall nicht kraft Gesetzes; es ist vielmehr noch eine Beendigungshandlung durch die Vertragspartner (zB eine einvernehmliche Vertragsaufhebung, Rn 466) erforderlich.

471 Beim **Erlöschen eines Dauerwohn- oder Dauernutzungsrechts des Verpächters** erlischt auch das Pachtverhältnis kraft Gesetzes, § 37 Abs 1 iVm § 31 Abs 3 WEG. Bei Veräußerung oder Heimfall eines solchen Rechts gelten nach §§ 37 Abs 2, Abs 3 S 1, 31 Abs 3 WEG die Vorschriften der §§ 566 bis 566e BGB entsprechend. Dagegen kommt bei **Beendigung eines Nießbrauchs** des Verpächters eines Grundstücks nach § 1056 Abs 2 BGB nur eine ordentliche Kündigung des Pachtvertrags durch den Grundstückseigentümer in Betracht; dabei ist bei einem Verzicht auf den Nießbrauch die Einschränkung in § 1056 Abs 2 S 2 BGB zu beachten (BGH MDR 2010, 260).

472 Weiterhin endet das ursprüngliche Pachtverhältnis im Falle einer **Veräußerung des verpachteten Grundstücks bzw der verpachteten Räume durch den Verpächter**, weil der Erwerber nach § 581 Abs 2 BGB iVm §§ 578 Abs 1, Abs 2 S 1, 566 BGB nicht als Rechtsnachfolger, sondern aufgrund eines selbständigen Rechts in das Pachtverhältnis eintritt (BGH NJW 1962, 1388, 1390). Entsprechendes gilt für die **Jagdpacht** nach § 14 Abs 1 BJagdG, allerdings hat die Veräußerung eines zu einem gemeinschaftlichen Jagdbezirk gehörenden Grundstücks nach § 14 Abs 2 BJagdG keinen Einfluss auf den Pachtvertrag. Für die **Fischereipacht** existieren teilweise entsprechende landesrechtliche Regelungen, welche eine Anwendung der §§ 566 ff BGB anordnen (zB § 11 Abs 4 BerlLFischG – noch mit Verweisung auf §§ 571 ff aF, § 18 Abs 4 FischG Ba-Wü, § 12 Nds FischG, § 14 Abs 3 LFischG NRW; s auch Rn 350).

473 Bei bestimmten Pachtgegenständen kann im Einzelfall auch der **Tod des Pächters** zur Beendigung des Pachtvertrags führen, etwa kraft Gesetzes nach § 12 Abs 1 BKleingG bei der Kleingartenpacht (Rn 143) oder – im übertragenen Sinne – beim Untergang einer juristischen Person, wenn nicht im Wege der Umwandlung oder Verschmelzung eine Gesamtrechtsnachfolge stattfindet (RG HRR 1942 Nr 257). Dagegen führt bei der Jagdpacht der Tod des Pächters regelmäßig nicht zur Beendigung des Pachtverhältnisses (Rn 142); hier dürfte § 581 Abs 2 BGB iVm § 580 BGB eingreifen (vgl auch BGH NJW-RR 1987, 839 – zu § 569 Abs 1 BGB aF; MITZSCHKE/SCHÄFER § 11

BJagdG Rn 134 ff; weiterhin auch FRANK ZEV 2005, 475, 476 mit Vorschlägen zur Vertragsgestaltung und zu den Konsequenzen bei Beteiligung mehrerer Mitpächter).

Ein **Jagdpachtvertrag** endet jedoch kraft Gesetzes, wenn dem Pächter der Jagdschein **474** unanfechtbar entzogen wird, oder nach Ablauf der Gültigkeitsdauer des Jagdscheins, wenn entweder die zuständige Behörde die Erteilung eines neuen Jagdscheins unanfechtbar abgelehnt hat oder der Pächter die Voraussetzungen für die Erteilung eines neuen Jagdscheins nicht fristgemäß erfüllt, **§ 13 BJagdG** (s auch LG Bonn Jagdrechtliche Entscheidungen III Nr 199). Hier trifft den Pächter bei Verschulden eine Schadensersatzpflicht gemäß § 13 S 3 BJagdG. Keine Erlöschensgründe sind hingegen der Wegfall der Voraussetzungen des § 7 BJagdG (s Rn 121; OLG Düsseldorf ZMR 2001, 24) oder der Tod des Pächters (Rn 142, 473).

Ein **urheberrechtlicher Lizenzvertrag** kann auch durch Rückruf des zugrunde liegen- **475** den Nutzungsrechts, wegen Nichtausübung nach § 41 UrhG oder wegen gewandelter Überzeugung nach § 42 UrhG erlöschen (s auch Rn 460). Das gilt allerdings nicht für vom ursprünglichen ausschließlichen Nutzungsrecht abgespaltene Tochterrechte (BGHZ 180, 344 Rn 8 ff, insb 17 ff mwNw).

In Betracht kommt schließlich bei der Grundstückspacht auch eine **Vertragsbeendi- 476 gung aufgrund enteignungsrechtlicher Vorschriften des Baurechts**. Nach § 61 BauGB kann ein Pachtverhältnis im Umlegungsverfahren durch den Umlegungsplan als Verwaltungsakt aufgehoben werden. Weitere Möglichkeiten der Aufhebung ergeben sich nach § 182 BauGB im Sanierungsverfahren in einem förmlich festgelegten Sanierungsgebiet und aus § 183 BauGB bei Festsetzung der anderweitigen Nutzung eines unbebauten Grundstücks durch den Bebauungsplan. Auch im Enteignungsverfahren können nach § 86 Abs 1 Nr 3 BauGB oder anderen enteignungsrechtlichen Vorschriften (BGH WuM 1993, 114, 114 ff) die Rechte aus einem Pachtverhältnis entzogen werden.

5. Rechtsfolgen der Beendigung

a) Allgemeines

Die Rechtsfolgen der Beendigung des Pachtverhältnisses ergeben sich vor allem aus **477** § 581 Abs 2 BGB iVm §§ 546 ff BGB. Da es sich um eine Rückabwicklung mit Wirkung ex nunc handelt, steht im Mittelpunkt die Rückgabe des Pachtgegenstands durch den Pächter. Hinzu treten können im Einzelfall bestimmte Pflichten, die sich anlässlich der Vertragsbeendigung realisieren, aber nicht zwingend mit ihr verknüpft sind, wie etwa die Ausübung des Wegnahmerechts durch den Pächter (Rn 392 f). Im Folgenden werden lediglich die spezifischen Rechtsfolgen der Vertragsbeendigung dargestellt.

b) Rückgabe des Pachtgegenstands

Die Pflicht des Pächters zur Rückgabe des Pachtgegenstands ergibt sich aus § 581 **478** Abs 2 BGB iVm § 546 BGB (zu Einzelheiten Rn 328 ff). Ohne diese Spezialregelung müsste die Rückabwicklung ausschließlich nach Bereicherungsrecht erfolgen, was vor allem bei der Beendigung eines Unternehmenspachtvertrags erhebliche Probleme aufwerfen könnte (s etwa SCHWINTOWSKI JZ 1987, 588 ff). Ergänzend sind § 582a Abs 3 BGB für die Rückgabe von Inventar bei einer Inventarübernahme zum

Schätzwert sowie § 584b BGB für die Folgen einer verspäteten Rückgabe zu beachten.

c) Rückerstattung vorausbezahlter Pacht

479 Die Pflicht des Verpächters zur Rückerstattung vorausbezahlter Pacht ergibt sich aus § 581 Abs 2 BGB iVm § 547 Abs 1 BGB. Sie gilt für **alle Arten der Vertragsbeendigung**, zB auch durch Aufhebungsvertrag (BGH NJW 2000, 2987; OLG Celle MDR 1978, 492, 493 – beide zu § 557a aF). Weiterhin setzt die Regelung voraus, dass die **Pacht für die Zeit nach Beendigung des Pachtverhältnisses im Voraus entrichtet** worden ist. Das ist zB auch der Fall, wenn der Veräußerer eines Grundstücks, der dieses zugleich zur Fortführung seines Betriebs vom Erwerber pachtet, einen Nachlass auf den ursprünglichen Kaufpreis mit der Maßgabe gewährt, dass sich zum Ausgleich hierfür der Pachtzins für einen bestimmten Zeitraum ermäßigt (Pachtvorauszahlung iSd § 547 BGB in Höhe der Kaufpreisdifferenz, BGH NJW 2000, 2987, 2987 f – zu § 557a aF). Die **Erstattungspflicht** wird durch die allgemeinen Regeln des Rücktrittsrechts (§§ 346 ff BGB) konkretisiert, auch wenn § 547 Abs 1 S 1 BGB darauf nicht (mehr) verweist (zur Miete STAUDINGER/ROLFS [2018] § 547 Rn 2, 26 ff mwNw). Das ergibt sich auch im Umkehrschluss aus der Verweisung auf Bereicherungsrecht in § 547 Abs 1 S 2 BGB. Die Regelungen des § 547 Abs 1 BGB sind im Pachtrecht abdingbar, weil § 547 Abs 2 BGB nur für die Wohnraummiete gilt. Bei Abweichungen vom gesetzlichen Grundmodell in Allgemeinen Geschäftsbedingungen sind allerdings §§ 305 ff BGB zu beachten. So ist jedenfalls eine vorformulierte Klausel nach § 307 BGB unwirksam, nach der sich die Rückzahlungspflicht des Verpächters nach dem jeweils angefangenen Pachtjahr richtet, sodass eine anteilige Rückzahlung nicht in Betracht kommt (OLG München NJW-RR 1993, 655, 656).

d) Im Einzelfall: Bereicherungsausgleich

479a Sofern der Pächter den Pachtgegenstand mit Einrichtungen versehen hat, für die kein Wegnahmerecht besteht (zur Dispositivität Rn 393), kann im Einzelfall ein Bereicherungsausgleich zugunsten des Pächters in Betracht kommen, wenn der Pächter die Einrichtungen in der begründeten Erwartung angebracht hat, daran künftig Eigentum zu erwerben (BGH 19. 7. 2013 – V ZR 93/12 Rn 6 ff, NJW 2013, 3364: Erwartung des Erwerbs eines Erbbaurechts an dem verpachteten Grundstück). Gegenstand des Bereicherungsanspruchs, der sich nach dem BGH aus § 812 Abs 1 S 2 BGB (wohl Var 2) ergeben soll (krit insoweit mit beachtlichen Argumenten KRÜGER ZfIR 2013, 859, 860; OMLOR LMK 2013, 352013), ist die Abschöpfung des Wertzuwachses des Pachtgegenstands, nicht der Wert der Einrichtungen selbst (BGH 19. 7. 2013 – V ZR 93/12 Rn 13, NJW 2013, 3364; auch insoweit kritisch mit Blick auf den Interessenausgleich insgesamt KRÜGER ZfIR 2013, 859, 860 f).

XI. Zusammenfassender Überblick zur entsprechenden Anwendung mietvertragsrechtlicher Vorschriften nach § 581 Abs 2

1. Allgemeines

480 Die Verweisung in § 581 Abs 2 BGB auf die mietvertragsrechtlichen Vorschriften gilt nur, soweit sich nicht aus den §§ 582 bis 584b BGB etwas anderes ergibt, was insbesondere in Bezug auf mitverpachtetes Inventar (§§ 582, 582a, 583a BGB), das Pächterpfandrecht am Inventar (§ 583 BGB), bestimmte Aspekte der Kündigung

(§§ 584, 584a BGB) und die Rechtsfolgen einer verspäteten Rückgabe des Pachtgegenstands (§ 584b BGB) der Fall ist. Die mietrechtlichen Regelungen sind nach § 581 Abs 2 BGB *entsprechend* anwendbar (s dazu auch Mot II 422 f), dh etwaige Besonderheiten der Pacht sind zu berücksichtigen. Die Sondervorschriften über den Bestandsschutz von Mietverhältnissen über Wohnraum scheiden demgemäß für die Pacht idR von vornherein aus. Ein einheitlicher Pachtvertrag, der Wohnraum für den Pächter umfasst, kann insoweit nicht aufgeteilt werden (s Rn 430). Soweit Vorschriften über die Wohnraummiete hingegen im Rahmen von Regelungen über andere Mietgegenstände für anwendbar erklärt werden, kommt auch eine entsprechende Anwendung bei Pachtverträgen über § 581 Abs 2 BGB in Betracht.

2. Anwendbare Vorschriften des Mietrechts

Bei **allen Pachtgegenständen** kommt über § 581 Abs 2 BGB insbesondere eine entsprechende Anwendung folgender Vorschriften in Betracht (erwähnt werden nur die in der vorangegangenen Kommentierung näher erläuterten Regelungen): § 535 Abs 1 S 2 BGB zur Gebrauchserhaltungspflicht des Verpächters (Rn 216), § 535 Abs 1 S 3 BGB zur Tragung der Lasten des Pachtgegenstands (Rn 238), die Mängelgewährleistungsregeln in §§ 536 bis 536d BGB (Rn 357 ff), § 537 Abs 1 BGB zur Entrichtung der Pacht bei persönlicher Verhinderung (Rn 247), hingegen § 537 Abs 2 BGB nur mit Einschränkungen (Rn 247), § 538 BGB zu Verschlechterungen der Pachtsache durch vertragsgemäßen Gebrauch (Rn 328), § 539 BGB zu Aufwendungsersatzanspruch und Wegnahmerecht des Pächters (Rn 390 ff), § 540 BGB zur Gebrauchsüberlassung an Dritte durch den Pächter (Rn 315, 340 ff, 349 ff), § 541 BGB zum Unterlassungsanspruch des Verpächters bei vertragswidrigem Gebrauch (Rn 394 f), § 542 BGB zur Vertragsdauer (Rn 149, 426 ff, 429, 437), die Regelung über die außerordentliche fristlose Kündigung aus wichtigem Grund in § 543 BGB (Rn 375, 444 ff), § 544 BGB zum Kündigungsrecht bei Verträgen mit einer Vertragsdauer von über 30 Jahren (Rn 432, 442), § 545 BGB zur stillschweigenden Verlängerung des Pachtverhältnisses (Rn 428), § 546 BGB zur Rückgewährpflicht des Pächters (Rn 328 ff, 478), § 547 Abs 1 BGB zur Erstattung im Voraus entrichteter Pacht (Rn 479), § 548 BGB zur Verjährung der Ersatzansprüche und des Wegnahmerechts (Rn 405, 407 f, 410), § 579 BGB zur Fälligkeit der Pachtzahlung (Rn 250) sowie § 580a Abs 3 BGB zur Kündigungsfrist bei einem Pachtvertrag über bewegliche Sachen (Rn 429, 439 f). **481**

Nur bei der Grundstücks- und Raumpacht kommen über § 578 Abs 1, Abs 2 S 1 BGB insbesondere das Schriftformerfordernis des § 550 S 1 BGB (Rn 158 ff, 432), §§ 562 bis 562d BGB zum Verpächterpfandrecht (Rn 306, 413 ff), §§ 566 ff BGB zur Veräußerung des Pachtgegenstands (Rn 115 ff, 472) sowie § 570 BGB zum Ausschluss des Zurückbehaltungsrechts des Pächters (Rn 337; nicht aber in Bezug auf den Ausgleichsanspruch des Pächters gemäß § 582a Abs 3 S 3 BGB, § 582a Rn 52) zur Anwendung, weiterhin – ggf über § 578 Abs 2 S 2 BGB – § 556c BGB (Rn 226). **Ausschließlich bei der Raumpacht** sind gemäß § 578 Abs 2 S 1 BGB insbesondere § 552 BGB zur Abwendung des Wegnahmerechts des Pächters (Rn 392 f) und §§ 555a ff BGB zur Duldungspflicht des Pächters (Rn 305) anwendbar. **482**

Nicht anwendbar sind insbesondere § 540 Abs 1 BGB (Rn 443), § 546a BGB (Rn 338), § 547 Abs 2 BGB (Rn 479), § 551 BGB (Rn 307), § 552 Abs 2 BGB (Rn 393), § 553 **483**

§ 581

BGB (Rn 138, 315, 346), § 558 BGB (Rn 270), § 563 BGB (Rn 141, 443), § 563a Abs 2 BGB (Rn 443), § 564 S 2 BGB (Rn 443), § 569 Abs 1 BGB (Rn 446), § 569 Abs 5 BGB (Rn 444), § 571 Abs 2 BGB (Rn 398), § 572 BGB (Rn 467), §§ 573, 573a, 573b, 573c Abs 3 BGB (§ 584 Rn 9) sowie §§ 574, 574a, 574b BGB (§ 584 Rn 9).

Titel 5 · Mietvertrag, Pachtvertrag
Untertitel 4 · Pachtvertrag

Vorbemerkungen zu §§ 582–583a

Schrifttum

BEWER, Bewertung des Inventars bei Pachtübergaben, RdL 1966, 198
BREME, Zum Pachtinventar, JW 1922, 65
BROCKMEIER, Die Haftung bei Geschäftsübernahme mit Firmenfortführung (Diss 1990)
H BRUNS, Das „pächtereigene Inventar" bei Pachtende, RdL 1969, 141
DAHMANN, Begriffe: Pacht und Pachtgutinventar, in: Handwörterbuch der Rechtswissenschaft, Bd IV (1927) 337
DRÖGE, Die Betriebsverpachtung als Instrument zur Beendigung des unternehmerischen Engagements – eine ertragsteuerlich orientierte Analyse unter besonderer Berücksichtigung des Wahlrechts zwischen Betriebsfortführung und Betriebsaufgabe (1993)
FENZL, Betriebspacht-, Betriebsüberlassungs- und Betriebsführungsverträge in der Konzernpraxis (2007)
ders, Betriebspachtvertrag und Betriebsführungsvertrag – Verträge im Grenzbereich zwischen gesellschaftsrechtlichen Organisations- und schuldrechtlichen Austauschverträgen, Der Konzern 2006, 18
Hauptverband der landwirtschaftlichen Buchstellen und Sachverständigen eV (HLBS), Schätzungsordnung für das Landwirtschaftliche Pachtwesen (1982)
Hauptverband der landwirtschaftlichen Buchstellen und Sachverständigen eV (HLBS), Schätzungsordnung für das landwirtschaftliche Pachtwesen (2011)
HERRMANN, Die Unternehmenspacht (1962)
KERN, Pachtrecht (2012)
KLEIN-BLENKERS, Das Recht der Unternehmenspacht (2008)
U KRAUSE, Zivilrechtliche Probleme der Verpachtung von Unternehmen, MittRhNotK 1990, 237
KRÜCKMANN, Zum Pachtinventar, JW 1922, 68
LARENZ, Lehrbuch des Schuldrechts, Band II: Besonderer Teil/Halbband 1 (13. Aufl 1986)
LEONHARD, Besonderes Schuldrecht des BGB, Band II (1931)
LOOS, Die Behandlung der Wertänderung von Pachtgegenständen im Betriebspachtvertrag, NJW 1963, 990
G MEYER, Technische Veralterung bei eisern übernommenem Inventar, RdL 1967, 66
MOSER, Das eiserne Inventar in der Landwirtschaft, AgrarR 1985, 40
OPPENLÄNDER, Die Unternehmenspacht. Insbesondere das Verhältnis von Pächter und Verpächter bei der Verpachtung eines Unternehmens (1974)
REICHEL, Inventarpacht mit Vorauszahlung der Schätzungssumme, AcP 122 (1934) 117
H RICHTER, Die Inventarfrage, JW 1921, 1195
SPRENGER, Der Eigentumserwerb durch Einverleibung in ein Inventar (1904)
vWENDORFF, Über den Pachtkredit nach dem Urteil des BGH vom 26. 4. 1961, RdL 1965, 221
WOLF/ECKERT/BALL, Handbuch des gewerblichen Miet-, Pacht- und Leasingrechts (10. Aufl 2009)
WOLFF/RAISER, Sachenrecht (10. Aufl 1957).

Systematische Übersicht

I. Entwicklung	1	2. Beispiele 7
II. Anwendungsbereich	2	V. Inventarkauf
III. Überblick	3	1. Vereinbarung 8
		2. Kaufrecht 11
		3. Rückkauf 13
IV. Inventar		
1. Begriff	5	

Renate Schaub

Vorbem zu §§ 582 ff

I. Entwicklung

1 Das Gesetz enthält in den §§ 582–583a BGB besondere Vorschriften für den Fall, dass ein Grundstück mit Inventar verpachtet wird. Diese Vorschriften sind durch das Gesetz zur Neuordnung des landwirtschaftlichen Pachtrechts vom 8. 11. 1985 (BGBl I 2065) in das BGB eingefügt worden (Vorbem 14 zu § 581). Inhaltlich entsprechen sie mit wenigen Ausnahmen den früheren §§ 586–590 BGB (vgl die Begr zum RegE BT-Drucks 10/509, 13 ff und den Ausschussbericht BT-Drucks 10/3830, 28 f). Zur Erläuterung der §§ 582 ff BGB kann daher auf Literatur und Rechtsprechung zu den früheren §§ 586 ff BGB zurückgegriffen werden. Durch das Gesetz zur Neugliederung, Vereinfachung und Reform des Mietrechts (Mietrechtsreformgesetz) vom 19. 6. 2001 (BGBl I 1149) hat lediglich § 582a BGB eine redaktionelle Änderung erfahren (§ 582a Rn 8). Im Übrigen wurden die Normen nicht modifiziert. Im Rahmen der Schuldrechtsmodernisierung wurden amtliche Überschriften ergänzt.

II. Anwendungsbereich

2 Die §§ 582–583a BGB gelten für die gesamte Grundstückspacht einschließlich namentlich der Landpacht (§ 585 Abs 2 BGB). Beispiele sind die Verpachtung von Fabriken, Gasthöfen oder Theatern mit ihrem Fundus (Prot II 516). Die Regelungen können außerdem entsprechend auf die Verpachtung von **Unternehmen** angewandt werden, jedenfalls wenn zu dem Unternehmen Grundstücke gehören und die Parteien vertraglich eine den §§ 582 ff BGB entsprechende Regelung getroffen haben (RG WarnR 1920, 170 Nr 141; Fenzl S 21 ff Rn 71 ff; Dröge 48 ff).

III. Überblick

3 Geregelt sind in den §§ 582–583a BGB lediglich die Fälle der einfachen Mitverpachtung des Inventars (sog schlichte Mitverpachtung, § 582 BGB) und der Übernahme des Inventars zum Schätzwert mit der Verpflichtung zur Rückgewähr zum Schätzwert bei Vertragsende (§ 582a BGB). Im Wesentlichen ungeregelt geblieben ist hingegen der häufige Fall des **Verkaufs** des Inventars durch den Verpächter an den Pächter (Rn 8 ff), weil man der Meinung war, dass ein Bedürfnis zur Regelung dieser Fälle nicht bestehe (Mot II 439). Erst 1985 wurde durch das genannte Reformgesetz (Rn 1) ein einzelner Aspekt des Fragenkreises in § 583a BGB geregelt.

4 Die praktische Bedeutung der §§ 582–583a BGB scheint gering zu sein. Offenbar werden die mit dem Inventar zusammenhängenden Fragen heute meist in einer vom Gesetz abweichenden Weise vertraglich geregelt (vgl zB Loos NJW 1963, 990; Wolf/Eckert/Ball Rn 1674; zur Unternehmenspacht insb Fenzl Der Konzern 2006, 18, 22 f; Krause MittRhNotK 1990, 237, 239).

IV. Inventar

1. Begriff

5 Mit Rücksicht auf die großen Schwierigkeiten hat der Gesetzgeber auf eine Definition des Inventarbegriffs verzichtet (Mot II 426). Der Begriff ist weiter als der des Zubehörs (§§ 97, 98 BGB) und umfasst die Gesamtheit der beweglichen Sachen, die für die Betriebsführung auf einem Grundstück bestimmt sind und in einem entsprechenden räumlichen Verhältnis zu dem Grundstück stehen. Für die genaue Abgrenzung ist in erster Linie die Verkehrsauffassung maßgebend. Auf die Eigentumsverhältnisse kommt es hingegen nicht an; namentlich spielt es keine Rolle, ob die fraglichen Sachen im Eigentum des Verpächters oder des Pächters stehen. Entsprechend § 98 Nr 2 BGB gehören auch die Erzeugnisse des Grundstücks dazu, soweit sie zur Fortführung des Betriebs bis zur nächsten Ernte erforderlich sind (RGZ 142, 201, 202; RG HRR 1931 Nr 597; BGHZ 41, 6, 7; BGH NJW 1965, 2198; RdL 1960, 213; BFHE 186, 263, 266; OLG Celle RdL 1960, 209, 211; OLG Kiel SchlHAnz 1974, 111; OLG Düsseldorf ZMR 1987, 377; LG Nürnberg/Fürth MDR 1967, 47 Nr 46; LG Konstanz NJW 1971, 515; DAHMANN, in: Handwörterbuch der Rechtswissenschaft Bd IV 344; MünchKomm/HARKE § 582 Rn 2; PALANDT/WEIDENKAFF § 582 Rn 2; LARENZ, Schuldrecht II/1 § 49 I; vWENDORFF RdL 1965, 221, 222; WOLF/ECKERT/BALL Rn 1672).

Innerhalb des Inventars unterscheidet man nach unterschiedlichen Gesichtspunkten **6** verpächtereigenes und pächtereigenes Inventar sowie lebendes und totes Inventar. Zum toten Inventar gehören neben den Geräten insbesondere die Vorräte, die landwirtschaftlichen Erzeugnisse sowie die Aussaat und der Dünger, wobei die Letzteren häufig auch als Feld- und Wieseninventar bezeichnet werden. Entsprechend der unterschiedlichen Regelung der Rechtsverhältnisse am Inventar in den §§ 582 ff BGB muss man außerdem noch zwischen dem mitverpachteten Inventar (§ 582 BGB), dem zum Schätzwert übernommenen Inventar (§ 582a BGB) und dem Kaufinventar unterscheiden (§ 583a BGB).

2. Beispiele

Nach dem Gesagten (Rn 5 f) sind zB Inventar bei einer Gaststätte außer den Vor- **7** räten die Anrichte, die Zapfanlage und die Kühlanlage (OLG Düsseldorf ZMR 1987, 377) sowie bei landwirtschaftlichen Grundstücken insbesondere das Milchvieh (OLG Kiel SchlHAnz 1974, 111), die noch nicht geernteten Früchte (OLG Celle RdL 1960, 209, 211) sowie das gesamte auf dem Grundstück zur Betriebsführung befindliche Gerät (vWENDORFF RdL 1965, 221, 222). Hingegen gehören zum Inventar nicht bloße bauliche Maßnahmen wie zB die Sanitär- und Elektroarbeiten in einer Gaststätte (OLG Düsseldorf ZMR 1987, 377) oder der Fernsprechanschluss (OLG Saarbrücken OLGZ 1971, 322, 325 f; LG Nürnberg-Fürth MDR 1967, 47; LG Konstanz NJW 1971, 515). Das Inventar eines Unternehmens bei der Unternehmenspacht deckt sich weitgehend, aber nicht vollständig mit dem Anlagevermögen (DRÖGE 51 f mwNw).

V. Inventarkauf

1. Vereinbarung

Sowohl im Falle des § 582 BGB als auch in dem des § 582a BGB bleibt der Ver- **8** pächter Eigentümer des Inventars (RGZ 152, 100, 102 f; BGH NJW 1965, 2198; RdL 1960, 213; OLG Celle RdL 1960, 209, 211; MDR 1965, 831 f; NJW-RR 2000, 873; vgl auch § 582a Abs 2 S 2 BGB). Denn nur unter dieser Voraussetzung kann das Inventar überhaupt Gegenstand des Pachtvertrags sein (s Mot II 425; Prot II 243). Kauft der Pächter hingegen das Inventar vom Verpächter, scheidet das Inventar als Gegenstand des Pachtvertrags aus (RGZ 152, 100, 103).

9 Ob ein Kauf des Inventars vorliegt, ist eine Frage der Auslegung der Parteiabreden im Einzelfall. Eine Vermutung für das Vorliegen eines Kaufvertrags über das Inventar besteht nicht, auch nicht bei Übernahme des Inventars zum Schätzpreis, sodass der Pächter, der eine derartige Abrede behauptet, dafür die Beweislast trägt. Aus der Vereinbarung einer Verzinsung der Anfangsschätzsumme allein ergibt sich gleichfalls noch nicht ohne Weiteres der Abschluss eines Kaufvertrags, da es sich hierbei auch um einen bloßen Zuschlag zur Pacht handeln kann (RG WarnR 1923/24 Nr 71).

10 Zulässig ist auch die Abrede, dass der Pächter nur einen Teil des Inventars kauft, während es hinsichtlich des Restes bei der Geltung der §§ 582a, 582b BGB bleiben soll (BGH RdL 1960, 213). Ebenso ist es allein eine Frage der Vereinbarung der Parteien, ob der Kaufpreis sofort fällig sein soll oder ob er bis zum Vertragsende gestundet wird, wobei im zweiten Fall eine Verzinsung des Kaufpreises (zusätzlich zur Pacht) üblich ist (OLG Celle RdL 1960, 209, 211).

2. Kaufrecht

11 Beim Kauf des Inventars durch den Pächter handelt es sich um einen normalen Kaufvertrag neben dem Pachtvertrag, auf den ausschließlich Kaufrecht Anwendung findet (RGZ 152, 100, 103; RG JW 1927, 1516 Nr 2, 1518; OLG Celle RdL 1960, 209, 211). Folglich richtet sich in diesem Fall zB die Verjährung des Kaufpreisanspruchs des Verpächters nicht nach § 548 BGB, sondern nach den §§ 195 ff BGB (RGZ 152, 100, 102 f).

12 Hat sich der Verpächter im Falle der Stundung des Kaufpreises das Eigentum an dem Inventar vorbehalten (§ 449 BGB), so kann er nach **§ 809 BGB** eine Besichtigung des Inventars nur verlangen, wenn er daran ein besonderes Interesse nachweist, zB infolge schlechter Wirtschaftsführung des Pächters (RG WarnR 1927, 247 Nr 142).

3. Rückkauf

13 Mit dem Kauf des Inventars seitens des Pächters wird häufig das Recht oder die Pflicht des Verpächters zum Rückkauf des Inventars bei Vertragsende verbunden. In zwei Fällen ist heute aufgrund des 1985 in das Gesetz eingefügten § 583a BGB diese Rückkaufpflicht des Verpächters sogar zwingendes Recht. Und auch in den übrigen Fällen wird man nach Treu und Glauben von einer Rückkaufpflicht des Verpächters auszugehen haben, solange die Parteien nicht ausdrücklich das Gegenteil vereinbart haben, weil der Pächter in aller Regel an einer derartigen Vereinbarung ein elementares Interesse hat (§§ 133, 157, 242 BGB; Bruns RdL 1969, 141).

14 Die Rückkaufpflicht des Verpächters bei Vertragsende geht nach **§ 581 Abs 2 BGB iVm §§ 566, 578 Abs 1 BGB** auf den Grundstückserwerber über (RG JW 1905, 487 Nr 5; BGH NJW 1965, 2198 – zu § 571 aF). Hat jedoch der Grundstückserwerber das Eigentum an dem Inventar bereits zuvor durch den Zuschlag in der Zwangsversteigerung erworben, so handelt es sich um einen Fall des § 326 Abs 1 S 1 BGB, sodass der Verpächter dem Pächter nichts mehr schuldet (RG JW 1905, 487 Nr 5 – zu § 323 aF).

Ist der Verpächter verpflichtet, das Inventar bei Vertragsende zum **Schätzpreis** zu- 15
rückzukaufen, so ist bei der Bewertung des Inventars grundsätzlich von den zum
Rückkaufzeitpunkt geltenden Werten (und nicht von den Werten bei Vertragsbeginn) auszugehen (OLG Dresden LZ 1927, 1160, 1161).

§ 582
Erhaltung des Inventars

(1) Wird ein Grundstück mit Inventar verpachtet, so obliegt dem Pächter die Erhaltung der einzelnen Inventarstücke.

(2) Der Verpächter ist verpflichtet, Inventarstücke zu ersetzen, die infolge eines vom Pächter nicht zu vertretenden Umstands in Abgang kommen. Der Pächter hat jedoch den gewöhnlichen Abgang der zum Inventar gehörenden Tiere insoweit zu ersetzen, als dies einer ordnungsmäßigen Wirtschaft entspricht.

Materialien: E I § 535; II § 526; III § 579; Mot II 425 f; Prot II 243 f; Gesetz zur Neuordnung des landwirtschaftlichen Pachtrechts vom 8. 11. 1985 (BGBl I 2065).

Systematische Übersicht

I.	Allgemeines	1	b)	Ausnahme: Erhaltungspflicht des Pächters nach § 582 Abs 1	9
II.	Entwicklung	2	c)	Ausnahme: Ergänzungspflicht des Pächters nach § 582 Abs 2 S 2	11
III.	Pflichten der Vertragsparteien		2.	Schadensersatzpflicht	15
1.	Erhaltungs- und Ergänzungspflicht	4	3.	Inventarverzeichnis	16
a)	Grundsatz: Erhaltungs- und Ergänzungspflicht des Verpächters	4			

I. Allgemeines

§ 582 BGB regelt den Fall der einfachen oder schlichten Mitverpachtung des (ver- 1
pächtereigenen) Inventars. Die Vorschrift gilt für die gesamte Grundstückspacht
(Vorbem 2 zu §§ 582–583a), also nicht nur für die landwirtschaftliche Pacht (§ 585 Abs 2
BGB), sondern zB auch für die Pacht gewerblich genutzter Grundstücke (Prot II
516) oder für die Pacht einer Kiesgrube (RG WarnR 1943 Nr 10). Die Regelung kann
außerdem je nach den Umständen des Falles entsprechend auf die Unternehmenspacht angewandt werden (RG WarnR 1920 Nr 141; Loos NJW 1963, 990 f; Palandt/Weidenkaff § 582 Rn 1), teilweise sind hier allerdings Modifikationen angebracht (s etwa Oppenländer, Die Unternehmenspacht 282 ff; Dröge 65 ff; ähnlich Klein-Blenkers 249 ff; Fenzl S 21 ff Rn 71 ff; ders Der Konzern 2006, 18, 22 f).

II. Entwicklung

2 § 582 BGB geht zurück auf das Gesetz zur Neuordnung des landwirtschaftlichen Pachtrechts vom 8. 11. 1985 (BGBl I 2065) und entspricht im Wesentlichen § 586 aF. Ein sachlicher Unterschied besteht lediglich insofern, als in Abs 2 S 2 der Vorschrift die Worte „aus den Jungen" gestrichen worden sind, um dem Pächter zu ermöglichen, Tiere auch dadurch zu ersetzen, dass er sie sich von dritter Seite beschafft (Rn 12). Eine Übergangsvorschrift für Altverträge aus der Zeit vor dem 1. 7. 1986 findet sich in Art 219 EGBGB.

3 Ursprünglich war noch die Klarstellung beabsichtigt gewesen, dass der Pächter auch zum Gebrauch und zur Nutzung des mitverpachteten Inventars berechtigt ist (Mot II 425; Prot II 243). Später wurde diese Bestimmung jedoch als selbstverständlich gestrichen. Die praktische Bedeutung der Vorschrift scheint gering zu sein (ebenso schon Prot II 243).

III. Pflichten der Vertragsparteien

1. Erhaltungs- und Ergänzungspflicht

a) Grundsatz: Erhaltungs- und Ergänzungspflicht des Verpächters

4 Wenn ein Grundstück mit Inventar verpachtet wird, folgt aus den §§ 581 Abs 2, 535 Abs 1 S 2 BGB die Verpflichtung des **Verpächters**, das mitverpachtete Inventar während der gesamten Vertragsdauer in einem zum vertragsmäßigen Gebrauch durch den Pächter geeigneten Zustand zu erhalten und deshalb notfalls auch zu ergänzen (Mot II 425 f; Prot II 243 f; Loos NJW 1963, 990 f). Das ist auch der Ausgangspunkt der Regelung in § 582 BGB, sodass grundsätzlich der Verpächter und nicht etwa der Pächter Gegenstände, die durch den vertragsmäßigen Gebrauch des Pächters verbraucht werden, ergänzen muss (s auch § 581 Abs 2 BGB iVm § 538 BGB). Die Erhaltungs- und Ergänzungspflicht des Verpächters wird in § 582 Abs 2 S 1 BGB präzisiert (Rn 6 ff) und in § 582 Abs 1 sowie Abs 2 S 2 BGB teilweise modifiziert (Rn 9 ff).

5 Wegen der grundsätzlichen Erhaltungs- und Ergänzungspflicht des Verpächters bleiben Aufwendungen des Pächters auf die einzelnen Inventarstücke solche iS des § 581 Abs 2 BGB iVm §§ 536a Abs 2 Nr 2, 539 BGB mit der Folge, dass etwaige Ersatzansprüche des Pächters nach § 581 Abs 2 BGB iVm § 548 BGB verjähren (RGZ 152, 100, 102 ff – zu § 558 aF).

6 Die Erhaltungs- und Ergänzungspflicht des Verpächters wird in **§ 582 Abs 2 S 1 BGB** durch die Bestimmung präzisiert, dass der Verpächter verpflichtet bleibt, Inventarstücke zu ergänzen, die infolge eines von dem Pächter **nicht** zu vertretenden Umstands (Rn 15) in Abgang kommen. Das bedeutet, dass der Verpächter die Gefahr des **zufälligen** Untergangs der einzelnen Inventarstücke trägt (anders nur in den Fällen des § 582a BGB, § 582a Rn 11 ff). Der Pächter ist in einem derartigen Fall nicht darauf beschränkt, die Pacht zu mindern (§§ 581 Abs 2, 536 BGB), sondern kann, insoweit in Übereinstimmung mit § 535 Abs 1 S 2 BGB, auch Erfüllung durch Neuanschaffung verlangen. Die Folge ist namentlich, dass der Verpächter die Last der **Neuinvestitionen** tragen muss, wenn das mitverpachtete Inventar durch den vertragsmäßigen Gebrauch des Pächters „in Abgang kommt", dh so aufgebraucht wird, dass eine Reparatur (die nach § 582 Abs 1 BGB dem Pächter obliegt) nicht mehr möglich oder wirtschaftlich sinnlos ist (RG WarnR 1943 Nr 10; Loos NJW 1963, 990 f). Zu beachten bleibt jedoch, dass § 582 BGB kein zwingendes Recht enthält, sodass die Parteien in jeder Hinsicht etwas anderes vereinbaren können (s insb OLG Celle MietRB 2012, 194; zustimmend FUCHSLOCHER InfoM 2012, 376).

Die Ergänzungspflicht des Verpächters ist nicht dahin zu verstehen, dass er jedes einzelne zufällig in Abgang gekommene Inventarstück während der gesamten Vertragsdauer unverzüglich ersetzen müsste. Er muss vielmehr lediglich dafür Sorge tragen, dass das Inventar **insgesamt** dauernd in einem zum vertragsmäßigen Gebrauch des Pächters geeigneten Zustand erhalten bleibt (MünchKomm/HARKE § 582 Rn 4). 7

Die Ergänzungspflicht des Verpächters entfällt daher namentlich dann, wenn das noch vorhandene Inventar bereits vollauf für die Zwecke des Pächters ausreicht. Denkbar ist das zB dann, wenn zwischenzeitlich bereits angeschaffte neue Geräte wesentlich leistungsfähiger als alte jetzt in Abgang gekommene Geräte sind, sodass sie deren Aufgaben ohne Weiteres mit übernehmen können. 8

b) Ausnahme: Erhaltungspflicht des Pächters nach § 582 Abs 1

Für den Fall der Mitverpachtung des Inventars wird die allgemeine Ergänzungspflicht des Verpächters in § 582 Abs 1 BGB durch eine Erhaltungspflicht des **Pächters** in Bezug auf die einzelnen Inventarstücke begrenzt. Nach § 581 Abs 2 BGB iVm § 538 BGB hat der Pächter an sich Veränderungen oder Verschlechterungen des mitverpachteten Inventars, die durch seinen vertragsgemäßen Gebrauch herbeigeführt werden, nicht zu vertreten. Hieran ändert auch § 582 Abs 1 BGB nichts, bestimmt aber, dass der Pächter die einzelnen Inventarstücke erhalten muss, sodass er (und nicht der Verpächter) alle erforderlichen und wirtschaftlich lohnenden Ausbesserungen vorzunehmen hat (s LARENZ, Schuldrecht II/1 § 49 I). 9

Beispiele sind die Kosten der Fütterung der Tiere (ebenso schon § 547 Abs 1 S 2 aF), die Wartungs- und Kurkosten der Tiere, die Kosten der Reparatur der mitverpachteten Gerätschaften und dergleichen mehr. Der Pächter trägt die Reparaturkosten auch dann, wenn sie durch den natürlichen Verschleiß von Maschinen bei ihrem Gebrauch notwendig werden oder wenn es sich um umfangreiche Maßnahmen handelt (RG WarnR 1943 Nr 10; ERMAN/DICKERSBACH § 582 Rn 2; PALANDT/WEIDENKAFF § 582 Rn 7; WOLF/ECKERT/BALL Rn 1675; DRÖGE 52 ff). Dasselbe gilt für die Kosten einer Generalüberholung solcher Geräte oder der Miete von Ersatzstücken während der Überholung (RG aaO; BGB-RGRK/GELHAAR § 586 Rn 1). Eine Versicherungspflicht des Pächters ergibt sich hieraus nicht; wenn nichts anderes vereinbart ist, ist die Versicherung des Inventars vielmehr Sache des Verpächters, da dieser die Gefahr des zufälligen Untergangs des Inventars trägt (§ 582 Abs 2 S 1 BGB; MünchKomm/HARKE § 582 Rn 3; SOERGEL/HEINTZMANN § 582 Rn 6; PALANDT/WEIDENKAFF § 582 Rn 6; WOLF/ECKERT/BALL Rn 1676). 10

c) Ausnahme: Ergänzungspflicht des Pächters nach § 582 Abs 2 S 2

Eine Ausnahme von der Ergänzungspflicht des Verpächters (Rn 6 ff) enthält § 582 Abs 2 S 2 BGB. Danach bleibt der Pächter verpflichtet, den gewöhnlichen Abgang 11 der zu dem Inventar gehörenden Tiere insoweit zu ersetzen, als dies einer ordnungsmäßigen Wirtschaft entspricht. Diese Ausnahmevorschrift betrifft nach den Vorstellungen der Gesetzesverfasser lediglich den Fall, dass der auf dem Grundstück vorhandene Viehbestand eine Einheit bildet; andernfalls soll der Pächter berechtigt bleiben, jedes einzelne Tierjunge zu verkaufen (Prot II 244).

12 In der ursprünglichen Fassung des § 582 Abs 2 S 2 BGB (= § 586 Abs 2 S 2 aF) war noch hinzugefügt, dass die Ergänzung der Tiere „aus den Jungen" erfolgen müsse. Dieser Zusatz ist 1985 bei der Neufassung der Vorschriften (Rn 2) gestrichen worden, um dem Pächter die Möglichkeit zu eröffnen, Tiere auch dadurch zu ersetzen, dass er sich die Tiere von Dritten auf dem Markt beschafft (Begr zum RegE BT-Drucks 10/509, 15).

13 Die Ergänzungspflicht des Pächters beschränkt sich auf die Fälle des gewöhnlichen Abgangs der zum Inventar gehörenden Tiere, dh auf solche Fälle, wie sie im Rahmen einer ordnungsmäßigen Wirtschaft regelmäßig vorkommen. Außergewöhnliche Abgänge durch besondere Unglücksfälle wie zB Tierseuchen gehören nicht hierher, sodass in solchen Fällen keine Ergänzungspflicht des Pächters anzunehmen ist.

14 Die Ergänzungspflicht des Pächters hat nur schuldrechtliche Bedeutung, sodass er an den Tierjungen zunächst nach § 956 BGB das **Eigentum** erwirbt. Es ist eine Frage des Einzelfalls, ob er das Eigentum anschließend nach § 930 BGB auf den Verpächter überträgt oder nicht, wobei dann schon in dem Pachtverhältnis die Besitzmittlung liegt. Die Beweislast für den Eigentumserwerb nach § 930 BGB trägt der Verpächter (BGH WM 1960, 1148, 1149; MünchKomm/VOELSKOW[3] § 582 Rn 4).

2. Schadensersatzpflicht

15 § 582 BGB ändert nichts an der Schadensersatzpflicht des Pächters bei einer von ihm zu **vertretenden** Verletzung seiner Obhutspflicht (§ 581 Rn 401). Folglich ist der Pächter zum Schadensersatz verpflichtet, wenn einzelne Inventarstücke infolge eines von ihm zu vertretenden Umstands verschlechtert oder zerstört werden. Gemäß § 249 BGB muss er dann grundsätzlich die beschädigten Stücke reparieren oder ersetzen (RG WarnR 1943 Nr 10).

3. Inventarverzeichnis

16 Errichten die Parteien bei Vertragsbeginn ein sog **Inventarverzeichnis**, so hat dieses grundsätzlich nur die Bedeutung einer Beweisurkunde, sodass ein Gegenbeweis möglich bleibt. Wenn nicht ausdrücklich das Gegenteil vereinbart ist, stellt das Inventarverzeichnis keinen Anerkennungsvertrag dar, der bei Unrichtigkeit nur durch Anfechtung beseitigt werden könnte (so RG WarnR 1910 Nr 147). Nur bei der Landpacht sind die Parteien seit 1986 nach § 585b BGB zur Aufstellung eines solchen Verzeichnisses gegenseitig verpflichtet.

Titel 5 · Mietvertrag, Pachtvertrag
Untertitel 4 · Pachtvertrag § 582a

§ 582a
Inventarübernahme zum Schätzwert

(1) Übernimmt der Pächter eines Grundstücks das Inventar zum Schätzwert mit der Verpflichtung, es bei Beendigung des Pachtverhältnisses zum Schätzwert zurückzugewähren, so trägt er die Gefahr des zufälligen Untergangs und der zufälligen Verschlechterung des Inventars. Innerhalb der Grenzen einer ordnungsmäßigen Wirtschaft kann er über die einzelnen Inventarstücke verfügen.

(2) Der Pächter hat das Inventar in dem Zustand zu erhalten und in dem Umfang laufend zu ersetzen, der den Regeln einer ordnungsmäßigen Wirtschaft entspricht. Die von ihm angeschafften Stücke werden mit der Einverleibung in das Inventar Eigentum des Verpächters.

(3) Bei Beendigung des Pachtverhältnisses hat der Pächter das vorhandene Inventar dem Verpächter zurückzugewähren. Der Verpächter kann die Übernahme derjenigen von dem Pächter angeschafften Inventarstücke ablehnen, welche nach den Regeln einer ordnungsmäßigen Wirtschaft für das Grundstück überflüssig oder zu wertvoll sind; mit der Ablehnung geht das Eigentum an den abgelehnten Stücken auf den Pächter über. Besteht zwischen dem Gesamtschätzwert des übernommenen und dem des zurückzugewährenden Inventars ein Unterschied, so ist dieser in Geld auszugleichen. Den Schätzwerten sind die Preise im Zeitpunkt der Beendigung des Pachtverhältnisses zugrunde zu legen.

Materialien: E I § 544; II §§ 527 bis 529; III §§ 580 bis 582; Mot II 433 ff; Prot II 259, 516; Gesetz zur Neuordnung des landwirtschaftlichen Pachtrechts vom 8. 11. 1985 (BGBl I 2065); Gesetz zur Neugliederung, Vereinfachung und Reform des Mietrechts (Mietrechtsreformgesetz) vom 19. 6. 2001 (BGBl I 1149); Begr zum RegE BT-Drucks 14/4553, 34 ff, 75; Ausschussbericht BT-Drucks 14/5663, 33 f.

Systematische Übersicht

I.	**Allgemeines**		3.	Verfügungsbefugnis des Pächters		17
1.	Einführung	1	a)	Zweck		17
2.	Zweck	2	b)	Umfang		19
3.	Anwendungsbereich	4	4.	Eigentumserwerb durch den Verpächter (dingliche Surrogation)		21
a)	Unternehmenspacht	4				
b)	Viehverstellung	5	a)	Überblick		21
			b)	Voraussetzungen		23
II.	**Entwicklung**	6	aa)	Anschaffung		24
			bb)	Einverleibung		25
III.	**Voraussetzungen**	9	cc)	Eigentumserwerb durch den Pächter		27
			c)	Wirkungen		29
IV.	**Rechtsfolgen**		d)	Abweichende Vereinbarungen		30
1.	Gefahrtragung	11	5.	Eintritt eines neuen Pächters		31
a)	Bedeutung	11	6.	Abwicklung bei Vertragsende		32
b)	Dauer	13	a)	Rückgewährpflicht des Pächters		33
2.	Erhaltungspflicht des Pächters	14	aa)	Umfang		33

bb) Rückgewähr	35	bb) Anwendungsbereich	42
b) Ablehnungsrecht des Verpächters	36	cc) Wertermittlung	43
aa) Zweck	36	dd) Währungsrisiko	48
bb) Voraussetzungen	37	ee) Risiko der technischen Entwicklung	49
cc) Wirkungen	39	ff) Ausgleichsanspruch	51
c) Wertausgleich	41	gg) Abweichende Vereinbarungen	53
aa) Allgemeines	41		

I. Allgemeines

1. Einführung

1 § 582a BGB enthält Sondervorschriften für den Fall der Übernahme des Inventars durch den Pächter zum Schätzwert mit der Verpflichtung zur Rückgabe bei Vertragsende ebenfalls zum Schätzwert.

2. Zweck

2 Die Gesetzesverfasser gingen davon aus, dass die Parteien mit der Abrede der Übernahme und Rückgabe des Inventars zum Schätzwert im Wesentlichen dieselben Zwecke wie mit einem Kauf und Rückkauf des Inventars verfolgten. Mit dieser Begründung wurde vor allem die Gefahrtragungsregelung des § 582a Abs 1 S 1 BGB gerechtfertigt (Mot II 437; zust RG Gruchot 62, 108, 109). Tatsächlich sind die beiden Fälle indessen kaum vergleichbar, da der Verpächter bei der Übernahme des Inventars zum Schätzwert anders als im Falle des Inventarkaufs Eigentümer des Inventars bleibt (Vorbem 8 zu §§ 582–583a), sodass das Inventar hier (neben dem Grundstück) Gegenstand des Pachtvertrags ist (Mot II 435; BGH NJW 1965, 2198; vgl auch RGZ 104, 394, 398; OLG Kiel SchlHAnz 1954, 116, 117).

3 Daraus folgt, dass der Zweck des § 582a BGB in erster Linie darin besteht, das Inventar, das zum Grundstück gehört und für dessen Wirtschaftlichkeit ausschlaggebend ist, während der ganzen Vertragsdauer in einem für die Betriebsführung geeigneten Zustand zu erhalten. Damit soll erreicht werden, dass der Verpächter bei Rückgabe des Grundstücks den Betrieb sogleich fortführen kann (Mot II 435; RGZ 104, 394, 396; OLG Celle MDR 1965, 831, 832; Krückmann JW 1922, 68 f; Rn 14). Für den Pächter bedeutet die Übernahme des Inventars zum Schätzwert deshalb eine erhebliche Belastung, sodass solche Abreden heute offenbar nur noch selten vorkommen (Moser AgrarR 1985, 40; MünchKomm/Voelskow[3] § 582a Rn 2).

3. Anwendungsbereich

a) Unternehmenspacht

4 § 582a BGB gilt für die gesamte Grundstückspacht einschließlich der Landpacht (§ 585 Abs 2 BGB; Vorbem 2 zu §§ 582–583a). Die Vorschrift ist außerdem entsprechend auf die Unternehmenspacht anwendbar, wenn bei ihr eine Übernahme des Inventars zum Schätzwert mit der Verpflichtung zur Rückgewähr zum Schätzwert vereinbart ist (RG WarnR 1920 Nr 141). Insbesondere mit Blick auf § 582a Abs 3 S 2 BGB ist bei der Unternehmenspacht allerdings die Vereinbarung eines Zustimmungsvorbehalts bei Ergänzungsinvestitionen sinnvoll, um eine spätere Ablehnung durch den Verpächter auszuschließen (s insb FENZL S 22 Rn 73; ders Der Konzern 2006, 18, 23). Auch im Übrigen erfolgen hier vielfach Modifikationen (dazu insb FENZL S 22 ff Rn 74 ff).

b) Viehverstellung

§ 582a BGB gilt weiter entsprechend für die so genannte Viehverstellung. Man versteht darunter die Verpachtung einer Viehherde zum Schätzwert mit der Verpflichtung zur Rückgabe der Herde bei Vertragsende ebenfalls zum Schätzwert (Mot II 439; MünchKomm/VOELSKOW³ § 582a Rn 3). 5

II. Entwicklung

Vorbild des § 582a BGB ist der Eisernvieh- oder **Eiserninventarvertrag** des früheren Rechts (vgl insb ALR I 21 §§ 474 ff; Art 1821 ff Code Civil; Mot II 433; BREME JW 1922, 65 f; KRÜCKMANN JW 1922, 68 f; aA H RICHTER JW 1921, 1195 f). Dementsprechend war ursprünglich auch beabsichtigt gewesen, den Anwendungsbereich der Vorschrift auf landwirtschaftliche Pachtverhältnisse zu beschränken (Mot II 438 f). Erst in den Beratungen der Zweiten Kommission wurde der Anwendungsbereich auf die gesamte Grundstückspacht erweitert, weil auch bei der Verpachtung von Theatern oder Gasthöfen entsprechende Abreden vorkämen (Prot II 516). 6

Die geltende Fassung des § 582a BGB beruht auf dem Gesetz zur Neuordnung des landwirtschaftlichen Pachtrechts vom 8. 11. 1985 (BGBl I 2065). Durch dieses Gesetz sind §§ 587–589 aF in einer Vorschrift zusammengefasst worden. Ursprünglich hatte dabei die Absicht bestanden, abweichend von der bisherigen Rechtslage dem Pächter das Eigentum an dem so genannten **Überinventar** zuzuweisen, um ihm die Modernisierung und Verbesserung des Inventars zu erleichtern und seine Kreditbasis zu verbreitern (s die Begr zum RegE BT-Drucks 12/509, 15). Dieser Plan stieß jedoch auf Kritik (zB MOSER AgrarR 1985, 40, 42) und wurde wieder aufgegeben, nicht zuletzt deshalb, weil man befürchtete, die geplante Regelung werde zu Unklarheiten bei der Eigentumslage am Inventar führen (Ausschussbericht BT-Drucks 10/3830, 28; zustimmend LARENZ, Schuldrecht II/1 § 49 I). Weitere Änderungen betrafen den der Ermittlung des Schätzwertes zugrunde zu legenden Zeitpunkt (s § 582a Abs 3 S 4 BGB und dazu die Begr aaO 15 sowie Ausschussbericht aaO 28). 7

Durch das Mietrechtsreformgesetz vom 19. 6. 2001 (BGBl I 1149) wurden lediglich redaktionelle Anpassungen an die Regeln des Mietrechts vorgenommen; in Abs 1 S 1 sowie in Abs 3 S 1 und S 4 wurden jeweils die Wörter „der Pacht" durch „des Pachtverhältnisses" ersetzt. 8

III. Voraussetzungen

§ 582a ist nur anwendbar, wenn zu der Übernahme des Inventars zum Schätzwert die Verpflichtung des Pächters hinzutritt, das Inventar bei Vertragsende zum Schätzwert zurückzugewähren. Fehlt diese **Rückgewährpflicht** zum Schätzwert, so ist je nach den Abreden der Parteien nur § 582 BGB anzuwenden oder ein Kauf des Inventars zum Schätzwert anzunehmen (PALANDT/WEIDENKAFF § 582a Rn 3). 9

10 Für die Anwendung des § 582a BGB ist insbesondere kein Raum, wenn der Pächter das Inventar **gekauft** hat. Dies gilt selbst dann, wenn der Kaufpreis bis zum Vertragsende gestundet wird oder wenn der Verpächter zum Rückkauf verpflichtet ist. Was im Einzelfall vorliegt, ist eine Auslegungsfrage; eine Vermutung in der einen oder anderen Richtung besteht nicht (s Vorbem 9 zu §§ 582–583a).

IV. Rechtsfolgen

1. Gefahrtragung

a) Bedeutung

11 Nach § 582a Abs 1 S 1 BGB trägt der Pächter bei Übernahme des Inventars zum Schätzwert – anders als im Falle des § 582 BGB – die Gefahr des zufälligen Untergangs und der zufälligen Verschlechterung des Inventars. Das bedeutet vor allem, dass der Pächter bei einer von ihm nicht zu vertretenden Verschlechterung oder Zerstörung einzelner Inventarstücke die Pacht entgegen § 536 BGB nicht mindern kann. Eine Konsequenz dieser Gefahrtragungsregel ist außerdem die Erhaltungspflicht des Pächters (Rn 14 ff).

12 Die Gefahr der zufälligen Verschlechterung des Inventars umfasst auch die Gefahr einer **technischen Veraltung** der einzelnen Inventarstücke (Bewer RdL 1966, 198, 200; **aA** G Meyer RdL 1967, 66 f). Auch die Regelung des § 582a Abs 3 S 3 BGB deutet darauf hin, dass der Pächter dieses Risiko tragen muss.

b) Dauer

13 Die Gefahrtragungsregel des § 582a Abs 1 S 1 BGB gilt nur **während** der Pachtzeit, dh nur bis zum Vertragsende (Mot II 439; Soergel/Heintzmann § 582a Rn 4; Hk-BGB/Scheuch/Ebert § 582a Rn 5; **aA** die wohl überwiegende Meinung, zB BGB-RGRK/Gelhaar § 588 Rn 1; MünchKomm/Harke § 582a Rn 4; Palandt/Weidenkaff § 582a Rn 5; Leonhard Bd II 178). In der Zeit nach Vertragsende bis zur Rückgabe der Pachtsache hat es bei der Anwendung der allgemeinen Vorschriften und namentlich der Verzugsregeln sein Bewenden (s §§ 287 S 2, 300 Abs 1 BGB; Mot II 439). Durch diese Vorschriften wird der Verpächter in jeder Hinsicht ausreichend geschützt.

2. Erhaltungspflicht des Pächters

14 Nach § 582a Abs 2 S 1 BGB hat der Pächter das Inventar in dem Zustand zu erhalten und in dem Zustand laufend zu ersetzen, der den Regeln einer ordnungsmäßigen Wirtschaft entspricht. Vor allem in dieser Bestimmung kommt der Zweck der ganzen Regelung zum Ausdruck: Das Inventar soll sich jederzeit in einem Zustand befinden, der dem Verpächter bei Rückgabe des Pachtgrundstücks ohne Weiteres die Fortführung des Betriebs ermöglicht (s Mot II 435; Rn 3).

15 **Maßstab** der Erhaltungs- und Ersetzungspflicht des Pächters sind seit der Fassung des § 582a Abs 2 S 1 BGB durch das Reformgesetz von 1985 nur noch die Regeln einer ordnungsmäßigen Wirtschaft, während es auf den Zustand und den Umfang des Inventars bei der Übergabe zum Schätzwert nicht mehr ankommt (MünchKomm/Voelskow[3] § 582a Rn 6). Der Pächter muss deshalb durch Gebrauch oder Zufall schadhaft oder minderwertig gewordene Inventarstücke reparieren, untergegangene Inventarstücke ersetzen und das Inventar insgesamt, soweit dies den Regeln einer ordnungsmäßigen Wirtschaft entspricht, modernisieren, wozu auch die Neuanschaffung bisher nicht vorhandener Inventarstücke gehören kann (Rn 12). Maßstab ist entsprechend dem Zweck der Regelung (Rn 2 f, 14) durchweg allein, ob dem Verpächter bei objektiver Betrachtungsweise aufgrund des Zustands des Inventars eine ordentliche Fortführung des Betriebs möglich ist. Eine **Nutzungsänderung** kommt bei der Landpacht nur im Rahmen des § 590 Abs 2 und Abs 3 BGB in Betracht (s dazu MünchKomm/HARKE § 582a Rn 3).

Die Erhaltungspflicht des Pächters bezieht sich nur auf das Inventar in seiner **Gesamtheit**. Deshalb ist der Pächter nicht notwendig zum Ersatz jedes einzelnen Stückes verpflichtet, wenn die übrigen Stücke für die Betriebsführung vollauf ausreichen (s BGB-RGRK/GELHAAR § 588 Rn 3; G MEYER RdL 1967, 66 f; DRÖGE 57 f). Das kann vor allem bei der Unternehmenspacht von Bedeutung sein (DRÖGE 58). **16**

3. Verfügungsbefugnis des Pächters

a) Zweck

Nach § 582a Abs 1 S 2 BGB kann der Pächter über die einzelnen Inventarstücke, obwohl sie im Eigentum des Verpächters stehen (s § 582a Abs 2 S 2 BGB; Rn 22 ff), innerhalb der Grenzen einer ordnungsmäßigen Wirtschaft verfügen (ebenso für den Nießbrauch § 1048 Abs 1 S 1). Diese Verfügungsbefugnis des Pächters war einer der wichtigsten Gründe für die frühere Verbreitung der Übernahme des Inventars zum Schätzwert, weil ohne sie eine wirtschaftliche Nutzung des Inventars häufig kaum möglich ist (Mot II 435). Jedoch begrenzt der Zweck des § 582a BGB, das Inventar des Verpächters in dem zur Bewirtschaftung des Grundstücks geeigneten Zustand zu erhalten (Rn 2 f, 14), die Verfügungsbefugnis des Pächters in wichtigen Beziehungen. **17**

Die rechtliche Konstruktion der Verfügungsbefugnis des Pächters ist umstritten. Es kommt sowohl eine konkludente Einwilligung des Verpächters (§§ 183, 185 BGB) als auch die Annahme eines gesetzlichen Gestaltungsrechts des Pächters in Betracht (SOERGEL/HEINTZMANN § 582a Rn 4; s auch PALANDT/WEIDENKAFF § 582a Rn 6 „gesetzlich fingierte Einwilligung"). Die Frage hat indessen keine praktische Bedeutung, sodass sie offen bleiben kann. **18**

b) Umfang

§ 582a Abs 1 S 2 BGB setzt der Verfügungsbefugnis des Pächters in zweierlei Hinsicht Grenzen: Sie besteht zum einen nur in den Grenzen einer ordnungsmäßigen Wirtschaft und bezieht sich zum anderen lediglich auf einzelne Inventarstücke, also nicht auf das Inventar in seiner Gesamtheit. Dies bedeutet, dass der Pächter allein über einzelne Inventarstücke im Rahmen des Üblichen und Angemessenen verfügen darf, in keinen Fall jedoch über das gesamte Inventar (OLG Celle MDR 1965, 831, 832). Auch eine Verfügung nach Ende der Vertragslaufzeit dürfte sich nicht mehr in den Grenzen einer ordnungsmäßigen Wirtschaft bewegen (**aA** MünchKomm/HARKE § 582a Rn 4). Dagegen gelten die Grenzen der Verfügungsbefugnis des Pächters heute (anders als unter § 588 Abs 2 S 1 aF, dazu STAUDINGER/EMMERICH[12] §§ 587, 588 Rn 19) auch für das von ihm zusätzlich angeschaffte Mehr- oder **Überinventar**, weil nicht **19** mehr der Zustand bei Übergabe maßgeblich ist, sondern allein das, was den Regeln einer ordnungsmäßigen Wirtschaft entspricht (§ 582a Abs 2 S 1 BGB; Rn 15 f).

20 Erlaubt ist nach dem Gesagten (Rn 19) **zB** der Verkauf solcher Stücke, die nicht mehr benötigt werden oder die für die Zwecke des Grundstücks nicht mehr brauchbar sind, etwa der Verkauf einzelner Viehstücke im Herbst, die sich nach der Lage der Wirtschaft nicht zur Überwinterung eignen. Die Übereignung einzelner Viehstücke an einen Dritten zur Sicherheit für einen Kredit kann im Einzelfall ebenfalls durch die Verfügungsbefugnis des Pächters gedeckt sein, namentlich wenn die fraglichen Tiere jederzeit unschwer aus den Jungtieren ersetzt werden können (OLG Celle MDR 1965, 831, 832). Mit der Verfügungsbefugnis muss dem Pächter zugleich auch die Prozessführungsbefugnis in Bezug auf das übernommene Inventar zustehen (s auch SOERGEL/HEINTZMANN § 582a Rn 4; PWW/RIECKE § 582a Rn 4).

4. Eigentumserwerb durch den Verpächter (dingliche Surrogation)

a) Überblick

21 Nach § 582a Abs 2 S 2 BGB werden die vom Pächter angeschafften Stücke mit ihrer Einverleibung in das Inventar Eigentum des Verpächters. Das gilt zunächst auch für das Überinventar (Rn 19 aE; s § 582a Abs 3 S 2 HS 2 BGB). Vergleichbare Regelungen finden sich für den Nießbrauch in § 1048 Abs 1 S 2 HS 2 BGB und für die Vorerbschaft in § 2111 Abs 2 BGB (s SPRENGER, Der Eigentumserwerb durch Einverleibung in ein Inventar).

22 Der Eigentumserwerb des Verpächters am Inventar wurde sowohl im Interesse des Verpächters als auch der Hypothekengläubiger vorgesehen, denen nach § 1120 BGB das Inventar haftet (Mot II 436). Die Regelung kann nach ihrem Zweck uU entsprechend auf die Verpachtung von Unternehmen angewandt werden (JAEGER JW 1919, 107; vgl auch für den Nießbrauch BGH LM Nr 12 zu § 930 BGB; DRÖGE 58 f).

b) Voraussetzungen

23 Der Eigentumserwerb des Verpächters setzt vor allem zweierlei voraus, zum einen die Anschaffung der Inventarstücke durch den Pächter und zum anderen deren Einverleibung in das Inventar. Außerdem ist noch erforderlich, dass das Eigentum an dem fraglichen Inventarstück nicht Dritten zusteht. Alle diese Voraussetzungen müssen erfüllt sein, wenn der Verpächter Eigentum erwerben soll, wobei die zeitliche Reihenfolge keine Rolle spielt.

aa) Anschaffung

24 Der Begriff der Anschaffung ist im denkbar weitesten Sinne auszulegen. Auch der Erwerb von Jungtieren nach § 956 BGB fällt darunter, sodass diese Tiere mit ihrer Einverleibung in das Inventar gleichfalls in das Eigentum des Verpächters übergehen (OLG Celle MDR 1965, 831 f; BGB-RGRK/GELHAAR § 588 Rn 4; MünchKomm/HARKE § 582a Rn 5; SOERGEL/HEINTZMANN § 582a Rn 5).

bb) Einverleibung

25 Unter der Einverleibung des vom Pächter angeschafften Inventarstücks in das Inventar versteht man die räumliche und wirtschaftliche Einfügung des Stücks in das

Inventar. Dazu ist idR die Einbringung in das Grundstück erforderlich (Mot II 436; OLG Celle MDR 1965, 831 f; WOLFF/RAISER § 76 II 2).

Die Einverleibung ist zwar keine Willenserklärung, setzt aber zumindest ein ent- 26
sprechendes Bewusstsein beim Pächter voraus (MünchKomm/HARKE § 582a Rn 5; KERN § 582a Rn 14; aA PALANDT/WEIDENKAFF § 582a Rn 9; HERRMANN, Die Unternehmenspacht 132). Vertretung ist möglich (WOLFF/RAISER § 76 II 2).

cc) Eigentumserwerb durch den Pächter
Letzte Voraussetzung des Eigentumserwerbs des Verpächters ist ein vorheriger 27
Eigentumserwerb (Durchgangserwerb) des Pächters (s auch MünchKomm/HARKE § 582a Rn 5; SOERGEL/HEINTZMANN § 582a Rn 5). Ein Erwerb des Eigentums an Sachen Dritter ist daher nur bei Gutgläubigkeit des Pächters möglich; in diesem Fall schadet selbst Bösgläubigkeit des Verpächters nicht. Umgekehrt kommt bei Bösgläubigkeit des Pächters kein gesetzlicher Eigentumserwerb des Verpächters in Betracht.

An Inventarstücken, die der Pächter lediglich unter **Eigentumsvorbehalt** erworben 28
hat, kann der Verpächter gleichfalls nur ein Anwartschaftsrecht erlangen (OLG Stuttgart Recht 1909 Nr 1860; OLG Braunschweig Recht 1910 Nr 878; OLG Dresden JW 1931, 3461; MünchKomm/HARKE § 582a Rn 5; ERMAN/DICKERSBACH § 582a Rn 5; PALANDT/WEIDENKAFF § 582a Rn 9; WOLFF/RAISER § 76 III).

c) Wirkungen
Mit der Einverleibung erwirbt der Verpächter das Eigentum an den vom Pächter 29
angeschafften Stücken **kraft Gesetzes** (offen gelassen in Mot II 436). Ein entgegenstehender Wille des Pächters vermag daher den Eigentumserwerb des Verpächters nicht zu verhindern (RGSt 7, 41, 44; OLG Dresden JW 1931, 3461 Nr 2; OLG Celle MDR 1965, 831 f; WOLFF/RAISER § 76 II 1). Dies gilt auch für das so genannte Überinventar (Rn 7, 19; Mot II 436; OLG Celle MDR 1965, 831, 831 f); der Verpächter hat jedoch insoweit ein Ablehnungsrecht (§ 582a Abs 3 S 2 HS 2 BGB).

d) Abweichende Vereinbarungen
§ 582a Abs 2 S 2 BGB ist nicht zwingend (RG Recht 1920 Nr 3093; s auch MünchKomm/ 30
HARKE § 582a Rn 9; PWW/RIECKE § 582a Rn 8; aA SOERGEL/HEINTZMANN § 582a Rn 11). Die Parteien können daher den Eigentumserwerb des Verpächters ausschließen, zB durch die Abrede, dass der Pächter mit Bezahlung des Inventars das Eigentum daran erwerben soll. Der Pächter wird dann mit der Anschaffung und Einverleibung der einzelnen Stücke in das Inventar deren Eigentümer, und zwar ohne Rücksicht auf einen entgegenstehenden Willen des Verpächters (RG WarnR 1912 Nr 214).

5. Eintritt eines neuen Pächters

Wenn anstelle des bisherigen Pächters ein neuer Pächter durch Vertrag mit diesem 31
unter Zustimmung des Verpächters in den Pachtvertrag eintritt, liegt hinsichtlich des Inventars, das nach wie vor dem Verpächter gehört, kein Kaufvertrag vor, sodass eine kaufrechtliche Sachmängelhaftung des alten Pächters ausscheidet. Die Rechtsfolgen etwaiger Mängel des Inventars können daher in einem derartigen Fall allein nach den vertraglichen Absprachen zwischen den beiden Pächtern beurteilt werden (KG JW 1931, 3460 Nr 1).

6. Abwicklung bei Vertragsende

32 § 582a Abs 3 BGB regelt im Anschluss an den früheren § 589 BGB die Abwicklung des Pachtverhältnisses bei Übernahme des Inventars zum Schätzpreis. Im Einzelnen enthält das Gesetz Bestimmungen über die Rückgewährpflicht des Pächters, das Ablehnungsrecht des Verpächters und den Wertausgleich zwischen Pächter und Verpächter.

a) Rückgewährpflicht des Pächters
aa) Umfang

33 Nach § 582a Abs 3 S 1 BGB hat der Pächter bei Beendigung des Pachtverhältnisses das vorhandene Inventar dem Verpächter zurückzugewähren. Zurückzugeben ist mithin das gesamte bei Vertragsende **vorhandene** Inventar, aber auch nur dieses.

34 Bleibt das vorhandene Inventar im Wert hinter dem Inventar zurück, das dem Pächter bei Vertragsbeginn übergeben wurde, so hat der Verpächter lediglich einen Anspruch auf Wertausgleich (§ 582a Abs 3 S 3 BGB); er kann hingegen jetzt nicht mehr die Ergänzung des Inventars verlangen (RG WarnR 1920 Nr 141). Anders verhält es sich nur, wenn der Pächter schuldhaft gegen seine Erhaltungspflicht verstoßen hat (Rn 14 ff), weil der Verpächter dann auch Schadensersatz fordern kann (§§ 582a Abs 2 S 1, 280 Abs 1 BGB). Übersteigt das vorhandene Inventar hingegen das dem Pächter übergebene Inventar, erstreckt sich die Rückgewährpflicht auch auf dieses so genannte Über- oder Mehrinventar (Rn 7). Der Verpächter hat jedoch in diesem Fall das Ablehnungsrecht des § 582a Abs 3 S 2 BGB (Rn 36 ff).

bb) Rückgewähr

35 Der Pächter muss das Inventar dem Verpächter „zurückgewähren" (§ 582a Abs 3 S 1 BGB), dh zurückgeben im Sinne des § 546 Abs 1 BGB, und zwar in dem Zustand, der dem § 582a Abs 1 und Abs 2 BGB entspricht (Rn 14 ff, 34). Erfüllungsort für die Rückgewährpflicht des Pächters ist derjenige Ort, wo sich die Inventarstücke befinden, und damit grundsätzlich das Pachtgrundstück (§ 269 Abs 1 BGB). Fällig wird die Rückgewährpflicht mit der rechtlichen Beendigung des Pachtverhältnisses (§ 271 Abs 1 BGB).

b) Ablehnungsrecht des Verpächters
aa) Zweck

36 Durch die Vereinbarung, dass der Pächter das Inventar zum Schätzwert übernimmt und zum selben Wert zurückzugewähren hat, soll sichergestellt werden, dass der Verpächter im Falle der Rückgabe des Grundstücks den bisherigen Betrieb ohne Weiteres fortführen kann (Rn 3, 14). Weitergehende Zwecke verfolgt die gesetzliche Regelung nicht, sodass der Verpächter die Übernahme derjenigen vom Pächter angeschafften Inventarstücke ablehnen kann, die nach den Regeln einer ordnungsmäßigen Wirtschaft für das Grundstück überflüssig oder zu wertvoll sind (§ 582a Abs 3 S 2 HS 1 BGB). Mit der Ablehnung geht das Eigentum an den abgelehnten Stücken, das der Verpächter zuvor nach § 582a Abs 2 S 2 BGB erworben hatte, wieder kraft Gesetzes auf den Pächter über (§ 582a Abs 3 S 2 HS 2 BGB). Diese Regelung wird bei der Unternehmenspacht häufig modifiziert, indem ein Zustimmungsvorbehalt vereinbart wird (s Rn 4).

bb) Voraussetzungen

Das Ablehnungsrecht beschränkt sich auf die Inventarstücke, die nach den Regeln 37
einer ordnungsmäßigen Wirtschaft für das Grundstück überflüssig oder zu wertvoll
sind (§ 582a Abs 3 S 2 HS 1 BGB). Ob dies der Fall ist, beurteilt sich nicht nach den
Vorstellungen des Verpächters, sondern nach einem sachlich-objektiven Maßstab,
wobei die Beweislast den Verpächter trifft (Mot II 438; MünchKomm/Voelskow³ § 582a
Rn 8; Dröge 61). Bloße Preissteigerungen beim Inventar geben dem Verpächter daher
kein Ablehnungsrecht (RGZ 104, 394, 395).

Der Verpächter hat ein Ablehnungsrecht **zB**, wenn der Pächter anstelle von Arbeits- 38
pferden wertvolle Reitpferde oder wenn er unnötig aufwendige Maschinen angeschafft hat. Sind mehrere Inventarstücke überflüssig, so hat der Verpächter die
Wahl, welches der einzelnen Inventarstücke er ablehnen will (Mot II 438).

cc) Wirkungen

Das Ablehnungsrecht ist ein **Gestaltungsrecht**, das durch einseitige empfangsbedürf- 39
tige Willenserklärung des Verpächters ausgeübt wird (s auch Soergel/Heintzmann
§ 582a Rn 8; Erman/Dickersbach § 582a Rn 7; Palandt/Weidenkaff § 582a Rn 12). Mit der
Ausübung dieses Gestaltungsrechts durch den Verpächter (§ 130 BGB) geht das
Eigentum an den abgelehnten Inventarstücken nach § 582a Abs 3 S 2 HS 2 kraft
Gesetzes wieder auf den Pächter über (Mot II 438). Ein entgegenstehender Wille
des Pächters ist unbeachtlich.

Die **Folge** des Rückfalls des Eigentums an den Pächter ist vor allem, dass die abge- 40
lehnten Stücke bei dem Wertausgleich nach § 582a Abs 3 S 3 BGB nicht zu berücksichtigen sind. Macht der Verpächter hingegen von seinem Ablehnungsrecht keinen
Gebrauch, sind auch die überflüssigen oder zu wertvollen Inventarstücke in den
Wertausgleich einzubeziehen (Mot II 438; RGZ 104, 394, 399).

c) Wertausgleich
aa) Allgemeines

Der Kern des Rechtsinstituts der Inventarübernahme zum Schätzwert ist der in 41
§ 582a Abs 3 S 3 BGB geregelte Ausgleichsanspruch. Während bei der Vorgängerregelung in § 589 Abs 3 aF zeitbedingt die Verteilung des Währungsrisikos im Mittelpunkt stand (s Staudinger/Emmerich¹² § 589 Rn 16 ff), sind seit 1985 Unterschiede im
Schätzwert, die allein eine Folge der Veränderung der Kaufkraft sind, nicht mehr zu
berücksichtigen (Begr zum RegE BT-Drucks 10/509, 15; ausführlich zur Entwicklung Staudinger/Emmerich/Schaub [2012] § 582a Rn 42 ff). Vielmehr sind nach § 582a Abs 3 S 4 BGB
den Schätzwerten die Preise im Zeitpunkt der **Beendigung** der Pacht (heute: des
Pachtverhältnisses) zugrunde zu legen. Dadurch wollte man erreichen, dass sich
Preisänderungen für das Inventar während der Pachtzeit nicht einseitig zu Lasten
der einen oder der anderen Partei auswirken (s dazu ausführlich den Ausschussbericht BT-Drucks 10/3830, 28) und knüpfte zugleich an die Schätzungsordnung für das landwirtschaftliche Pachtwesen (Rn 44 ff) an.

bb) Anwendungsbereich

Der Wertausgleich nach § 582a Abs 3 S 3 BGB kommt bei der gesamten Grund- 42
stückspacht einschließlich der Landpacht in Betracht (§ 585 Abs 2 BGB). Die Regelung ist außerdem entsprechend auf die Unternehmenspacht anwendbar, wenn die

Parteien bei dieser eine Übernahme des Inventars durch den Pächter zum Schätzwert vereinbart haben (RG WarnR 1920 Nr 141). Allerdings ist hier zu bedenken, dass nicht alle Faktoren, die den Wert eines Unternehmens ausmachen, im Rahmen einer Schätzung Berücksichtigung finden können. Bewertungsprobleme – die auch im Rahmen der Schätzungsordnung (Rn 44 ff) nicht zu lösen sind – ergeben sich hier namentlich bei Überlassung der Firma sowie im Falle der Mitverpachtung von gewerblichen Schutz- und Urheberrechten (s dazu Loos NJW 1963, 990, 993 f; Brockmeier 140 ff). Die Folge ist, dass in der Praxis für diese Fragen von § 582a Abs 3 BGB abweichende Abreden verbreitet sind (Loos aaO).

cc) Wertermittlung

43 Für die Ermittlung des Ausgleichsanspruchs sind der Gesamtwert des Inventars bei Vertragsbeginn und bei Vertragsende einander gegenüberzustellen. Dabei müssen grundsätzlich dieselben Bewertungsgrundsätze und -maßstäbe angewandt werden.

44 Die Schwierigkeiten einer derartigen Wertermittlung, vor allem bei einer langen Vertragsdauer, sind bekannt. In der Praxis werden deshalb häufig kraft vertraglicher Vereinbarung der Wertermittlung von den Landwirtschaftskammern beschlossene **Schätzungsordnungen** für das landwirtschaftliche Pachtwesen zugrunde gelegt (die Schätzungsordnung für das landwirtschaftliche Pachtwesen vom 10. 11. 1982 wurde mit Wirkung vom 21. 6. 2011 durch die Schätzungsordnung für das landwirtschaftliche Pachtwesen des Hauptverbands der landwirtschaftlichen Buchstellen und Sachverständigen eV [HLBS] iVm der Verfahrensordnung für Schiedsgutachten und Schiedsgerichte in der Landwirtschaft ersetzt). Von einer solchen Ergänzung gingen auch die Gesetzesverfasser aus (Ausschussbericht BT-Drucks 10/3830, 28; MünchKomm/Harke § 582a Rn 8; s auch Soergel/Heintzmann § 582a Rn 9; Palandt/Weidenkaff § 582a Rn 13).

45 In der aktuell geltenden Schätzungsordnung wird weiterhin zwischen mitverpachtetem (§ 582 BGB) und eisern verpachtetem (§ 582a BGB) Inventar differenziert (Art 6). Bei der Schätzung lebenden Inventars ist der Marktpreis nach wie vor Ausgangspunkt (Art 7 Abs 1); die Regeln zur Schätzung nicht marktfähiger Tiere wurden gegenüber der früheren Fassung teilweise modifiziert. Für die Schätzung des toten Inventars ist der wirtschaftliche Gebrauchswert in Anlehnung an Marktwerte (Zukaufswerte) und/oder auf der Grundlage kalkulatorischer Ersatzwerte (Neuwert minus Entwertungsabschlag bzw errechneter Ersatzwert) abzuleiten (Art 8). Für eisern verpachtetes Inventar gelten teilweise Sonderregeln (Art 13).

46 Die Schätzung der Anfangs- und Endwerte des Inventars erfolgt gewöhnlich durch landwirtschaftliche **Sachverständige** (§ 3 Abs 2 der Verfahrensordnung für Schiedsgutachten und Schiedsgerichte in der Landwirtschaft). In diesem Fall sind auf die Schätzung die §§ 317–319 BGB anwendbar (§ 5 Abs 1 der Verfahrensordnung für Schiedsgutachten und Schiedsgerichte in der Landwirtschaft), sodass die Schätzung für die Parteien (nur) unverbindlich ist, wenn sie grob unbillig ist (§ 319 Abs 1 S 1 BGB; RG WarnR 1922 Nr 37; OLG Kiel SchlHAnz 1929, 92; 1954, 116, 117).

47 Bei der Schätzung müssen beide Parteien nach Treu und Glauben **mitwirken**. Sie sind daher verpflichtet, dem Sachverständigen, der die Schätzung vornimmt, die erforderlichen Auskünfte zu erteilen und ihn auf verborgene, nur ihnen bekannte

Mängel des Inventars hinzuweisen. So darf zB der Pächter bei Vertragsende nicht verschweigen, dass große Teile der landwirtschaftlichen Vorräte verdorben sind oder dass einzelne Maschinen äußerlich nicht erkennbare, ihre Funktionsfähigkeit aber erheblich beeinträchtigende Mängel aufweisen (OLG Kiel SchlHAnz 1929, 92 ff).

dd) Währungsrisiko

Nach früherem Recht (§ 589 Abs 3 aF) musste grundsätzlich der Verpächter das Risiko von Preissteigerungen tragen (Mot II 437; Rn 42 f; STAUDINGER/EMMERICH[12] § 589 Rn 16 ff; sehr str). Hingegen bestimmt heute § 582a Abs 3 S 4 ausdrücklich, dass den Schätzwerten die Preise im Zeitpunkt der **Beendigung** des Pachtverhältnisses zugrunde zu legen sind, um zu verhindern, dass Preisänderungen einseitig zum Nachteil des Verpächters ausschlagen, sodass zur Ermittlung des Wertausgleichs die Schätzwerte zu Beginn der Pachtzeit auf die Preisverhältnisse bei Pachtende umgerechnet werden müssen (Begr zum RegE BT-Drucks 10/509, 15; Ausschussbericht BT-Drucks 10/3830, 28; LARENZ, Schuldrecht II/1 § 49 I; MünchKomm/HARKE § 582a Rn 8; PALANDT/WEIDENKAFF § 582a Rn 13). 48

ee) Risiko der technischen Entwicklung

In der Literatur war seit jeher umstritten, wer bei dem Wertausgleich das Risiko einer Wertminderung des Inventars durch die zwischenzeitliche technische Entwicklung tragen muss (s BEWER RdL 1966, 198; G MEYER RdL 1967, 66). In den Beratungen zum Gesetz zur Neuordnung des landwirtschaftlichen Pachtrechts ist die Frage ausdrücklich offen gelassen worden, da man der Meinung war, zumindest im Bereich der Landwirtschaft könne diese Frage ohne Weiteres der „seit langem bewährten Schätzungspraxis" überlassen werden, was immer das bedeuten mag (Ausschussbericht BT-Drucks 10/3830, 28; Rn 45). 49

Für den Regelfall, dh vorbehaltlich abweichender Vereinbarungen der Parteien, dürfte davon auszugehen sein, dass das Risiko der technischen Entwicklung der **Pächter** zu tragen hat. Denn mit Blick auf die Geschwindigkeit technischer Entwicklungen muss heute jedermann mit einer Entwertung des Inventars durch den Fortschritt der Technik rechnen, zumal bei langfristigen Verträgen. Aus auch praktischen Gründen dürfte sich für den Regelfall eine abweichende Entscheidung verbieten. 50

ff) Ausgleichsanspruch

Ergibt sich beim Vergleich der Anfangs- und Endwerte ein Saldo zugunsten einer Partei, so steht dieser ein Ausgleichsanspruch gegen die andere zu (§ 582a Abs 3 S 3 BGB). Der Anspruch auf den Saldo ist bei Vertragsende fällig (§ 271 BGB) und sollte – ebenso wie die Verfügungsbefugnis (s Rn 19) – nicht auf die nachvertragliche Nutzungszeit iSd § 584b BGB erstreckt werden (aA MünchKomm/HARKE § 582a Rn 8). Der Anspruch verjährt in der Frist des § 548 BGB (RGZ 95, 302, 303 f; aA KERN § 582a Rn 24; WOLF/ECKERT/BALL Rn 1686). Wird das Grundstück veräußert, so geht die Verpflichtung zum Wertausgleich nach den §§ 581 Abs 2 bzw 593b iVm § 566 BGB auf den Erwerber über (MünchKomm/VOELSKOW[3] § 582a Rn 11; wohl auch BGH NJW 1965, 2198). 51

Der Ausgleichsanspruch des Pächters ist gesichert durch ein **Pfandrecht** an den in seinen Besitz gelangten Inventarstücken des Verpächters (§ 583 BGB). Außerdem steht dem Pächter gegenüber dem Rückgewähranspruch des Verpächters (§ 582a 52

Abs 3 S 1 BGB) ein **Zurückbehaltungsrecht** zu (§ 273 BGB), weil § 570 BGB hier nicht anwendbar ist (Prot II 246; vgl auch SOERGEL/HEINTZMANN § 582a Rn 9).

gg) Abweichende Vereinbarungen

53 § 582a Abs 3 S 3 und 4 BGB ist nicht zwingend, sodass die Parteien in jeder Hinsicht etwas anderes vereinbaren können (BGB-RGRK/GELHAAR § 589 Rn 6). Verbreitet sind vor allem Abreden über die Bewertungsgrundsätze sowie über die Festlegung einheitlicher Bewertungszeitpunkte.

54 Hatten die Parteien zB vereinbart, dass die Schätzsumme bei Vertragsbeginn sofort an den Verpächter ausbezahlt wird und dass bei Vertragsende eine erneute Schätzung des Inventars zu erfolgen hat, so ist ebenso wie in den Fällen des § 582a Abs 3 BGB zu verfahren. Maßgebend für den Wertvergleich sind somit auch hier die Werte bei Vertragsende (anders früher REICHEL AcP 122 [1934] 117, 122 ff).

§ 583
Pächterpfandrecht am Inventar

(1) Dem Pächter eines Grundstücks steht für die Forderungen gegen den Verpächter, die sich auf das mitgepachtete Inventar beziehen, ein Pfandrecht an den in seinen Besitz gelangten Inventarstücken zu.

(2) Der Verpächter kann die Geltendmachung des Pfandrechts des Pächters durch Sicherheitsleistung abwenden. Er kann jedes einzelne Inventarstück dadurch von dem Pfandrecht befreien, dass er in Höhe des Wertes Sicherheit leistet.

Materialien: E I § 536; II § 530; III § 583; BGB § 590; Mot II 426; Prot II 244 ff; Gesetz zur Neuordnung des landwirtschaftlichen Pachtrechts vom 8. 11. 1985 (BGBl I 2065).

Systematische Übersicht

I. Allgemeines _____ 1	2. Gesicherte Forderungen _____ 4	
II. Entwicklung _____ 2	IV. Rechtsfolgen	
	1. Pfandrecht _____ 5	
III. Voraussetzungen	2. Zurückbehaltungsrecht _____ 7	
1. Anwendungsbereich _____ 3		

I. Allgemeines

1 § 583 Abs 1 BGB gewährt dem Pächter eines Grundstücks für seine Forderungen gegen den Verpächter hinsichtlich des mitgepachteten Inventars ein Pfandrecht an den in seinen Besitz gelangten Inventarstücken. Damit wird naturgemäß in erster Linie bezweckt, die Pächteransprüche gegen den Verpächter zu sichern. Außerdem

soll § 583 BGB den Pächter während der Dauer der Pacht vor der Gefahr schützen, durch Herausgabeansprüche Dritter oder durch Pfändung des Inventars seitens der Gläubiger des Verpächters in der Verfügung über das Pachtinventar beeinträchtigt zu werden. Dies wird dadurch erreicht, dass das Pfandrecht des Pächters kraft Gesetzes auch an den Inventarstücken Dritter entsteht (Rn 5; Prot II 247 f; Begr zum RegE BT-Drucks 10/509, 15 f; BGHZ 34, 153, 157; LARENZ, Schuldrecht II/1 § 49 I).

II. Entwicklung

§ 583 BGB entspricht dem früheren § 590 aF. Durch das Gesetz zur Neuordnung des 2
landwirtschaftlichen Pachtrechts von 1985 ist lediglich die frühere Verweisung auf
§ 562 aF (§ 590 Abs 1 S 2 aF) durch sinngemäße Übernahme des Textes des § 562 aF
in den neuen § 583 Abs 2 BGB ersetzt worden, um die Verständlichkeit des Gesetzestextes zu fördern (s den Ausschussbericht BT-Drucks 10/3830, 28). Keine Änderung
erfuhr die Norm durch das am 1. 9. 2001 in Kraft getretene Mietrechtsreformgesetz
(s Vorbem 1 zu §§ 582–583a).

III. Voraussetzungen

1. Anwendungsbereich

Der Anwendungsbereich des § 583 BGB deckt sich mit dem der §§ 582 f BGB 3
(Vorbem 2 zu §§ 582–583a). Er umfasst deshalb die gesamte Grundstückspacht einschließlich der Landpacht (§ 585 Abs 2 BGB; RG BayZ 1910, 404) und dürfte auch auf
die Unternehmenspacht jedenfalls entsprechend anwendbar sein.

2. Gesicherte Forderungen

Gesichert sind alle Forderungen des Pächters gegen den Verpächter mit Bezug auf 4
das mitgepachtete Inventar. Zu denken ist dabei in erster Linie an einen etwaigen
Ausgleichsanspruch des Pächters nach § 582a Abs 3 S 3 BGB (s § 582a Rn 41 ff), an
Verwendungsersatzansprüche des Pächters wegen der Ergänzung von Inventarstücken anstelle des hierzu verpflichteten Verpächters (§ 582 Abs 2 S 1 BGB) sowie an
Ansprüche des Pächters auf Rückgabe einer Kaution für das Inventar (Begr zum RegE
BT-Drucks 10/509, 15; BGB-RGRK/GELHAAR § 590 Rn 1; MünchKomm/HARKE § 583 Rn 1).

IV. Rechtsfolgen

1. Pfandrecht

Das Pfandrecht des Pächters erstreckt sich entsprechend seinem Zweck (s Rn 1) auf 5
alle in den Besitz des Pächters gelangten Inventarstücke ohne Rücksicht auf die
Eigentumsverhältnisse an ihnen. Namentlich werden auch Inventarstücke, die im
Eigentum Dritter stehen, von dem Pfandrecht erfasst (BGHZ 34, 153, 157; MünchKomm/
HARKE § 583 Rn 1; SOERGEL/HEINTZMANN § 583 Rn 1; ERMAN/DICKERSBACH § 583 Rn 3; PALANDT/
WEIDENKAFF § 583 Rn 2).

Nach § 583 Abs 2 BGB kann der Verpächter die Geltendmachung des Pfandrechts 6
durch Sicherheitsleistung abwenden; die Regelung entspricht § 562c BGB in umge-

kehrter Parteistellung (PALANDT/WEIDENKAFF § 583 Rn 3). Die Sicherheitsleistung kann notfalls auch durch Stellung eines Bürgen erfolgen (§ 232 Abs 2 BGB).

2. Zurückbehaltungsrecht

7 Neben dem Pfandrecht steht dem Pächter wegen der genannten Ansprüche (Rn 4) nach § 273 BGB ein Zurückbehaltungsrecht an dem Inventar zu (Prot II 246), während er kein Zurückbehaltungsrecht am Grundstück hat (§§ 581 Abs 2, 578 Abs 1, 570, § 596 Abs 2 BGB). Die Ausübung des Zurückbehaltungsrechts am Inventar kann der Gläubiger gleichfalls durch Sicherheitsleistung abwenden (§ 273 Abs 3 S 1 BGB); jedoch ist hier die Sicherheitsleistung durch Bürgen ausgeschlossen (§ 273 Abs 3 S 2 BGB), sodass insoweit das Zurückbehaltungsrecht eine weitergehende Wirkung als das Pfandrecht hat (Rn 6).

§ 583a
Verfügungsbeschränkungen bei Inventar

Vertragsbestimmungen, die den Pächter eines Betriebs verpflichten, nicht oder nicht ohne Einwilligung des Verpächters über Inventarstücke zu verfügen oder Inventar an den Verpächter zu veräußern, sind nur wirksam, wenn sich der Verpächter verpflichtet, das Inventar bei der Beendigung des Pachtverhältnisses zum Schätzwert zu erwerben.

Materialien: Gesetz zur Neuordnung des landwirtschaftlichen Pachtrechts vom 8. 11. 1985 (BGBl I 2065).

Systematische Übersicht

I.   Zweck _____ 1

II. Anwendungsbereich _____ 3

III. Rechtsfolgen _____ 5

I. Zweck

1 § 583a BGB ist 1985 durch das Gesetz zur Neuordnung des landwirtschaftlichen Pachtrechts (BGBl I 2065) in das Gesetz eingefügt worden. Dahinter stand die Erfahrung, dass in Pachtverträgen über Betriebe häufig dem Pächter weitgehende Verfügungsbeschränkungen hinsichtlich des Inventars auferlegt werden, namentlich wenn und soweit der Pächter das in dem Pachtbetrieb befindliche Inventar vom Verpächter oder von dem früheren Pächter erwirbt (s die Begr zum RegE BT-Drucks 10/509, 16).

2 Gegen Verfügungsbeschränkungen des Pächters ist nach Meinung der Gesetzesver-

fasser (Begr zum RegE BT-Drucks 10/509, 16) grundsätzlich nichts einzuwenden, solange sie durch eine Inventarabnahmeverpflichtung des Verpächters ausgeglichen werden. Häufig fehle jedoch eine derartige Abnahmeverpflichtung des Verpächters. Namentlich in den beiden im Gesetz geregelten Fällen bedeute dann die einseitige Beschränkung der Verfügungsbefugnis des Pächters eine schwere Benachteiligung, weshalb in diesen Fällen zusätzliche Bestimmungen zu seinem Schutz erforderlich seien (zust Larenz, Schuldrecht II/1 § 49 I; MünchKomm/Harke § 583a Rn 1; Soergel/Heintzmann § 583a Rn 2). Für Altverträge aus der Zeit vor dem 1. 7. 1986 enthält Art 219 EGBGB eine Übergangsregelung.

II. Anwendungsbereich

Der Anwendungsbereich des § 583a BGB ist enger als derjenige der §§ 582, 582a BGB (Vorbem 2 zu §§ 582–583a), denn die Vorschrift gilt nicht für die gesamte Grundstückspacht, sondern nur für die Pacht eines Betriebs einschließlich der Landpacht (§ 585 Abs 2 BGB). Ausgenommen ist mithin die reine Grundstückspacht. Die Anwendung der Vorschrift setzt außerdem voraus, dass das Inventar nicht dem Verpächter gehört (dann §§ 582, 582a BGB), sondern dem Pächter oder einem Dritten (Palandt/Weidenkaff § 583a Rn 1). Wichtigster Anwendungsfall der Vorschrift ist der Kauf des Inventars vom Verpächter (Vorbem 8 ff zu §§ 582–583a). 3

In den geregelten Fällen (Rn 3) wendet sich das Gesetz gegen zwei Abreden, einmal gegen die Verpflichtung des Pächters, über die Inventarstücke nicht bzw nicht ohne Einwilligung des Verpächters zu verfügen, zum anderen gegen die Verpflichtung, das Inventar an den Verpächter zu veräußern. Grundsätzlich unbedenklich ist hingegen eine Abrede, wonach der Pächter verpflichtet ist, das Inventar an einen etwaigen Nachfolger zu verkaufen (MünchKomm/Voelskow³ § 583a Rn 3; Hk-BGB/Scheuch/Ebert § 583a Rn 3; aA MünchKomm/Harke § 583a Rn 2; BeckOK/C Wagner [15. 6. 2017] § 583a Rn 6). 4

III. Rechtsfolgen

Die genannten Abreden (Rn 4) sind grundsätzlich nichtig (§ 134 BGB). Das ist zwingendes Recht (Begr zum RegE BT-Drucks 10/509, 16). Die Auswirkungen der Nichtigkeit dieser Abreden auf den gesamten Pachtvertrag beurteilen sich nach § 139 BGB, wobei Teilnichtigkeit des Vertrags jedoch die Regel sein dürfte (so auch NK-BGB/Klein-Blenkers § 583a Rn 5; Erman/Dickersbach § 583a Rn 3; Palandt/Weidenkaff § 583a Rn 4; aA MünchKomm/Harke § 583a Rn 1 [uneingeschränkte Anwendbarkeit des § 139]; Soergel/Heintzmann § 583a Rn 5; BeckOK/C Wagner [15. 6. 2017] § 583a Rn 5). 5

Die weitere Folge der Nichtigkeit der Abreden (Rn 5) ist, dass der Pächter in seiner Verfügungsbefugnis über die fraglichen Inventarstücke nicht mehr beschränkt ist. Etwas anderes gilt nur, wenn sich der Verpächter verpflichtet, das Inventar bei Vertragsende zum Schätzwert zu erwerben (§ 583a BGB); in diesem Fall sind dann auch die dem Pächter auferlegten Verfügungsbeschränkungen (Rn 4) wirksam. 6

§ 584
Kündigungsfrist

(1) Ist bei dem Pachtverhältnis über ein Grundstück oder ein Recht die Pachtzeit nicht bestimmt, so ist die Kündigung nur für den Schluss eines Pachtjahrs zulässig; sie hat spätestens am dritten Werktag des halben Jahres zu erfolgen, mit dessen Ablauf die Pacht enden soll.

(2) Dies gilt auch, wenn das Pachtverhältnis außerordentlich mit der gesetzlichen Frist gekündigt werden kann.

Materialien: E I § 537; II § 535; III § 588; Mot II 426 ff; Prot II 246 ff, 515 f; Art 1 Nr 1 G zur Neuordnung des landwirtschaftlichen Pachtrechts vom 8. 11. 1985 (BGBl I 2065); Begr zum RegE BT-Drucks 10/509, 16; Ausschussbericht BT-Drucks 10/3830, 28; Gesetz zur Neugliederung, Vereinfachung und Reform des Mietrechts (Mietrechtsreformgesetz) vom 19. 6. 2001 (BGBl I 1149); Begr zum RegE BT-Drucks 14/4553, 34 ff, 75; Ausschussbericht BT-Drucks 14/5663, 33 f.

Schrifttum

BARTENBACH, Patentlizenz- und Know-how-Vertrag (7. Aufl 2013)
BENKARD, Patentgesetz. Gebrauchsmustergesetz (11. Aufl 2015)
BLANK, Ordentliche Kündigung bei Pachtverhältnissen unter auflösender Bedingung, LMK 2009, 284072
EKEY/BENDER/FUCHS-WISSEMANN, Markenrecht, Bd 1 (3. Aufl 2014)
FRÄNKEL, Das Miet- und Pachtrecht nach dem Bürgerlichen Gesetzbuch für das Deutsche Reich (1897)
GROSS, Der Lizenzvertrag (11. Aufl 2015)
INGERL/ROHNKE, Markenrecht (3. Aufl 2010)
JAKOBS/SCHUBERT, Die Beratung des Bürgerlichen Gesetzbuchs in systematischer Zusammenstellung der unveröffentlichten Quellen, Recht der Schuldverhältnisse II (1980)
KERN, Pachtrecht (2012)
KLEIN-BLENKERS, Das Recht der Unternehmenspacht (2008)
LÜDECKE/FISCHER, Lizenzverträge (1957)
McGUIRE, Die Lizenz (2012)
OERTMANN, Bürgerliches Gesetzbuch (5. Aufl 1929)
PLANCK/KNOKE, Bürgerliches Gesetzbuch II 2. Recht der Schuldverhältnisse (Besonderer Teil) §§ 433–853 (1928)
SCHOPP, Das Zweite Wohnraumkündigungsschutzgesetz, ZMR 1975, 97
SCHUBERT, Die Vorlagen der Redaktoren für die erste Kommission zur Ausarbeitung des Entwurfs eines Bürgerlichen Gesetzbuches, Recht der Schuldverhältnisse II (1980)
SONNENSCHEIN, Inhaltskontrolle von Formularmietverträgen nach dem AGB-Gesetz, NJW 1980, 1713
STIFF, Pachtjahr, Recht 1910, 639 (1910)
TETZNER, Das materielle Patentrecht der Bundesrepublik Deutschland (1972).

Systematische Übersicht

I. **Allgemeines**
1. Überblick _____ 1
2. Zweck der Vorschrift _____ 2
3. Abweichende Vereinbarungen _____ 3

II. **Entwicklung** _____ 4

III. **Voraussetzungen**
1. Gegenstand des Pachtvertrags _____ 7

a)	Grundstück	7	IV.	**Rechtsfolgen**	
b)	Recht	10	1.	Allgemeines	21
c)	Unternehmen	14	2.	Kündigungserklärung	22
2.	Pachtvertrag auf unbestimmte Zeit	15	3.	Kündigungsfrist	23
3.	Besondere Voraussetzungen der außerordentlichen befristeten Kündigung	18			

I. Allgemeines

1. Überblick

Für die Beendigung eines Pachtverhältnisses sind aufgrund der Verweisung des § 581 Abs 2 BGB grundsätzlich die Vorschriften über die Miete entsprechend anwendbar (§ 581 Rn 423 ff). In § 584 BGB stellt das Gesetz jedoch für die Kündigung des Pachtvertrags über ein Grundstück oder ein Recht eine Sondervorschrift auf. Die ordentliche Kündigung eines auf unbestimmte Zeit eingegangenen Pachtverhältnisses ist nach Abs 1 abweichend von § 580a Abs 1 Nr 1 oder Abs 2 BGB mit halbjährlicher Kündigungsfrist nur für den Schluss eines Pachtjahres zulässig. Dabei kommt es nicht auf den Zeitraum an, nach dem die Pacht bemessen wird. Die gleiche Frist ist bei diesen Pachtgegenständen in Abs 2 für die außerordentliche befristete Kündigung vorgeschrieben. Die außerordentliche fristlose Kündigung ist in § 584 BGB nicht geregelt (BGB-RGRK/Gelhaar § 595 Rn 3; Erman/Dickersbach § 584 Rn 2; Oertmann § 595 Anm 1; Palandt/Weidenkaff § 584 Rn 3). Insoweit bleiben die mietrechtlichen Vorschriften uneingeschränkt entsprechend anwendbar (§ 581 Rn 444 ff). Das Gleiche gilt für die Beendigung durch Zeitablauf (§ 581 Rn 426 ff). Die Kündigungsfristen bei der Landpacht sind in § 594a BGB besonders geregelt.

1

2. Zweck der Vorschrift

Die von der Miete abweichende Regelung der gesetzlichen Kündigungsfrist und des Kündigungstermins bei der Pacht von Grundstücken und Rechten beruht auf einem wesentlichen Unterschied zwischen beiden Rechtsverhältnissen (Mot II 427). Das Gebrauchsrecht des Mieters und seine Möglichkeit, aus dem Gebrauch Vorteile zu ziehen, bleiben idR während der ganzen Dauer des Mietverhältnisses gleich. Hingegen ist der Pächter eines Grundstücks meist nur während einer kürzeren oder längeren Zeit des Jahres in der Lage, tatsächlich Früchte zu ziehen. Deshalb soll die Länge der Kündigungsfrist beim Pachtverhältnis beide Parteien zwingen, das erste Jahr und mangels rechtzeitiger Kündigung auch die folgenden Jahre am Pachtverhältnis festzuhalten (Mot II 427; Planck/Knoke § 595 Anm 2). Dies entspricht dem Wesen der Pacht, die häufig auf eine längere Dauer angelegt ist als die Miete (Oertmann § 595 Anm 1). Vor allem für die früher mitgeregelte Kündigung der Pacht eines landwirtschaftlichen Grundstücks spielten diese Überlegungen eine wichtige Rolle. Darüber hinaus soll die längere Kündigungsfrist der Tatsache Rechnung tragen, dass das bevorstehende Ende des Pachtverhältnisses regelmäßig beide Parteien zu zeitraubenden Maßnahmen veranlassen wird, indem der Verpächter einen neuen Pächter suchen oder sich selbst auf die Übernahme der Bewirtschaftung vorbereiten muss oder indem sich der Pächter um ein neues Pachtgrundstück be-

2

müht (Mot II 427). Das Gleiche gilt im Interesse der Einfachheit des Gesetzes für die Pacht von Rechten (Mot II 428; Jakobs/Schubert 676), auch wenn man angesichts der Vielfalt von Rechten, die heutzutage Gegenstand eines Pachtverhältnisses sein können (§ 581 Rn 29 ff), bezweifeln könnte, ob die Gründe für die längere Kündigungsfrist in allen Fallkonstellationen gleichermaßen tragen.

3. Abweichende Vereinbarungen

3 Die Regelung des § 584 BGB ist nicht zwingend (BGB-RGRK/Gelhaar § 595 Rn 1; MünchKomm/Harke § 584 Rn 4; BeckOK/C Wagner [15. 6. 2017] § 584 Rn 1; Erman/Dickersbach § 584 Rn 1; Jauernig/Teichmann § 584 Rn 1; Palandt/Weidenkaff § 584 Rn 2; Kern § 584 Rn 18). Die gesetzliche Regel sollte den besonderen Bedürfnissen des einzelnen Falls anzupassen sein (Mot II 427). Die Parteien können deshalb abweichende Vereinbarungen hinsichtlich des Kündigungstermins und der Kündigungsfrist treffen. Sie können den Kündigungstermin zB auf das Ende des Wirtschafts- oder des Kalenderjahres legen, die Kündigungsfrist verlängern oder verkürzen und dabei für die ordentliche und die außerordentliche befristete Kündigung unterschiedliche Regelungen vereinbaren. Die Beweislast für eine von der gesetzlichen Kündigungsfrist abweichende Vereinbarung obliegt der Partei, die sich darauf beruft (OLG Braunschweig SeuffA 61 Nr 242). Bei Formularpachtverträgen sind die §§ 305 ff BGB zu beachten (§ 581 Rn 448 aE).

II. Entwicklung

4 Die Vorschrift betraf in der **ursprünglichen Fassung** des BGB (als § 595 aF) alle Pachtverhältnisse über Grundstücke und Rechte in gleicher Weise, galt also auch für die Landpacht. Sie ändert nach dem Vorbild früherer Gesetze gegenüber der Miete die Kündigungsfrist und den Kündigungstermin, zu dem das Pachtverhältnis beendet werden kann (Mot II 427). Ausgangspunkt war bei den Beratungen des Gesetzentwurfs Art 588 Dresdener Entwurf, nach dem die Pachtzeit bei unbefristeter Verpachtung eines landwirtschaftlichen Grundstücks so lange dauern sollte, als zur vollständigen Ziehung einer Ernte erforderlich sei (Schubert 248). Hiervon sah die Erste Kommission zugunsten einer Kündigungsregelung ab, wie sie zuvor für das Mietrecht beschlossen worden war. Im Einzelnen wurden die unterschiedlichsten Vorschläge unterbreitet (Jakobs/Schubert 672 ff). Die nach den gesetzlichen Vorbildern bestehende Beschränkung auf landwirtschaftliche Grundstücke wurde nicht übernommen, um das Gesetz durch Festsetzung einer einheitlichen Frist zu vereinfachen (Mot II 427; Jakobs/Schubert 674 f). Ein späterer Antrag, die auf sechs Monate festgesetzte Kündigungsfrist auf ein Jahr zu verlängern, stieß auf Ablehnung (Prot II 247, 248; Jakobs/Schubert 682). Abweichend von der Regelung des ALR I, 21 § 343 und entsprechenden Gesetzgebungsanträgen wurde als Kündigungstermin nicht der Ablauf des Wirtschaftsjahres vorgesehen, sondern der Schluss eines Pachtjahres. Der Begriff des Wirtschaftsjahres, der sich vor allem wegen der unterschiedlichen klimatischen Verhältnisse kaum durch das Gesetz festlegen lasse, wurde als zu schwankend und unbestimmt angesehen. Die Zweite Kommission strich die in § 537 Abs 2 E I enthaltene Vorschrift, dass das erste Pachtjahr mit dem Anfang der Pacht beginne, weil dies selbstverständlich sei (Prot II 515 f; Jakobs/Schubert 685). Obwohl der Justizausschuss des Bundesrats die mietrechtliche Regelung des § 565 Abs 1 BGB über den Kündigungstag dahingehend änderte, dass die Kündigung nicht am ersten, sondern spätestens am dritten Werktag zu erfolgen habe, wurde davon abgesehen, die pachtrechtliche Bestimmung insoweit anzupassen, weil hierfür kein Bedürfnis bestehe (Jakobs/Schubert 548, 686). Die Vorschrift ist idF des § 535 E II, abgesehen von einer geringfügigen redaktionellen Änderung, Gesetz geworden.

Mit der **Reform** durch das Gesetz zur Neuordnung des landwirtschaftlichen Pachtrechts vom 8. 11. 1985 (BGBl I 2065) sind die Vorschriften über die nichtlandwirtschaftlichen Pachtverhältnisse und über die Landpacht getrennt worden. Der frühere § 595 regelt nunmehr als § 584 BGB die Kündigungsfristen bei der nichtlandwirtschaftlichen Pacht von Grundstücken und Rechten, während § 594a BGB eine erheblich abweichende Regelung für die Landpacht enthält. Dabei ist § 584 Abs 1 BGB gegenüber dem früheren § 595 Abs 1 BGB aus Gründen der Rechtsvereinheitlichung während des Gesetzgebungsverfahrens insoweit geändert worden, als der Kündigungstermin im Einklang mit § 594a BGB vom ersten auf den dritten Werktag der Kündigungsfrist verlegt worden ist (Ausschussbericht BT-Drucks 10/3830, 28). Im Übrigen ist die Vorschrift nur redaktionell geringfügig modifiziert worden. 5

Weitere Änderungen, allerdings nur sprachlicher Natur, hat die Regelung durch das Mietrechtsreformgesetz vom 19. 6. 2001 (BGBl I 1149) erfahren. In Abs 1 wurden die Wörter „der Pacht eines Grundstücks oder eines Rechts" durch „dem Pachtverhältnis über ein Grundstück oder ein Recht" ersetzt, Abs 2 wurde neu gefasst. Diese Änderungen beinhalten sprachliche Anpassungen, die durch die Ersetzung des Begriffs „Pachtzins" durch „Pacht" (allerdings nicht in § 584 Abs 1 letzter HS BGB, wo ebenfalls „Pachtverhältnis" gemeint ist) sowie durch die vom Mietrecht übernommene, neu eingeführte Bezeichnung der verschiedenen Kündigungsrechte bedingt sind (Begr zum RegE BT-Drucks 14/4553, 75). 6

III. Voraussetzungen

1. Gegenstand des Pachtvertrags

a) Grundstück

Die Vorschrift setzt in Var 1 einen Pachtvertrag über ein Grundstück voraus. Der **Begriff** des Grundstücks entspricht dem in § 580a Abs 1 BGB; danach ist ein Grundstück ein abgegrenzter Teil der Erdoberfläche, der im Grundbuch als Grundstück geführt wird (Staudinger/Rolfs [2018] § 580a Rn 13 mwNw). Das Gesetz unterscheidet nicht nach der jeweiligen Beschaffenheit und Art der Nutzung; der Einfachheit halber soll eine einheitliche Frist gelten. Den Parteien konnte es überlassen werden, durch eine abweichende Vereinbarung Kündigungstermin und Kündigungsfrist ihren besonderen Bedürfnissen anzupassen (Mot II 427; Jakobs/Schubert 674f). Damit werden neben forstwirtschaftlich genutzten Grundstücken auch gewerblichen, freiberuflichen oder rein privaten Zwecken dienende Pachtgrundstücke erfasst. Der Pachtvertrag kann sich auf Teile eines Grundstücks im Rechtssinne beschränken (BFHE 126, 63) oder mehrere Grundstücke umfassen (§ 581 Rn 11). Dies gilt zunächst für die reine Grundstückspacht über den Grund und Boden, auch wenn Wirtschaftsanlagen als wesentliche Bestandteile des Grundstücks oder Zubehör als bewegliche Sachen hinzukommen. 7

8 Anders als das Mietrecht unterscheidet das Pachtrecht nicht zwischen Grundstücken und Räumen (§ 581 Rn 15). Ein **Raum** ist ein allseits umschlossener Teil eines festen Gebäudes, der so groß ist, dass sich ein Mensch darin aufhalten kann (STAUDINGER/ EMMERICH [2018] § 578 Rn 5a mwNw). Zu den Gebäuden zählen alle unbeweglichen, mit dem Erdboden fest verbundenen Bauwerke, die zum Aufenthalt von Menschen bestimmt und geeignet sind (STAUDINGER/EMMERICH [2018] § 578 Rn 5a mwNw). Wegen der Verweisung des § 581 Abs 2 BGB auf § 578 Abs 2 BGB sind die Vorschriften, die für die Grundstückspacht gelten, auch auf die Pacht von Räumen anwendbar (§ 581 Rn 15). Die Kündigungsfrist des § 584 BGB gilt deshalb auch für die Raumpacht (BGH LM Nr 2 zu § 595 BGB; BGB-RGRK/GELHAAR § 595 Rn 1; MünchKomm/HARKE § 584 Rn 1; ERMAN/DICKERSBACH § 584 Rn 1; aA OLG München HRR 1939 Nr 140: § 565). Dabei macht es keinen Unterschied, ob sich der Pachtvertrag über ein Grundstück auf das gesamte darauf errichtete Gebäude erstreckt oder ob der Vertrag auf einzelne Räume eines Gebäudes beschränkt ist. Sind in den Pachtvertrag bewegliche Sachen, zB als Zubehör, einbezogen, ist die Kündigungsfrist des § 584 BGB für den ganzen Vertrag maßgebend, weil das einheitliche Rechtsverhältnis insoweit nicht aufgespalten werden kann.

9 Umfasst ein Pachtvertrag über ein Grundstück auch **Wohnraum**, wie vor allem die Pächterwohnung, gilt für den ganzen Vertrag die Kündigungsfrist des § 584 BGB (MünchKomm/HARKE § 584 Rn 1; PALANDT/WEIDENKAFF § 584 Rn 1; jurisPK-BGB/BAUERMEISTER § 584 Rn 2; KERN § 584 Rn 3). Da es sich nicht um ein Mietverhältnis über Wohnraum handelt, sind neben § 573c Abs 3 BGB auch die sonstigen besonderen Schutzvorschriften wie der Kündigungsschutz nach den §§ 573, 573a, 573b BGB und die Sozialklausel in den §§ 574, 574a, 574b BGB grundsätzlich unanwendbar (LG Mannheim WuM 1971, 154, 156; SCHOPP ZMR 1975, 97, 98 – beide zur Rechtslage vor der Mietrechtsreform). Dies gilt nach den für Mischmietverhältnisse aufgestellten Grundsätzen jedoch nur dann, wenn der zur Fruchtziehung genutzte Anteil des Grundstücks überwiegt (§ 581 Rn 430; aA SCHOPP ZMR 1975, 97, 98).

b) Recht

10 Die Vorschrift erfasst in Var 2 neben der Grundstückspacht den Pachtvertrag über ein Recht. Der **Begriff** des verpachtungsfähigen Rechts wird vom Gesetz nicht näher bestimmt. Aus dem Wesen des Pachtvertrags ergibt sich allerdings, dass es sich um ein Recht handeln muss, das eine Fruchtziehung erlaubt und dessen Ausübung einem anderen überlassen werden darf (§ 581 Rn 31). Hierzu sind in erster Linie private subjektive Rechte geeignet, wie zB Aneignungsrechte, beschränkte dingliche Rechte, Immaterialgüterrechte, Werberechte sowie sonstige Nutzungsrechte. Darüber hinaus können öffentliche Rechte verpachtet werden, soweit nicht zwingende Vorschriften des öffentlichen Rechts entgegenstehen (§ 581 Rn 52 ff).

11 Als Pacht eines Rechts iS des § 584 BGB kommen in erster Linie solche Verträge in Betracht, die sich auf dingliche Rechte an einem **Grundstück** beziehen oder bei denen die Nutzung des Rechts im Zusammenhang mit einem Grundstück steht. Ersteres gilt für die Verpachtung von beschränkten dinglichen Rechten, soweit diese ein Fruchtziehungsrecht zum Inhalt haben oder schuldrechtlich zur Fruchtziehung überlassen werden können. Als Dienstbarkeiten sind die Grunddienstbarkeit (§ 581 Rn 40), der Nießbrauch (§ 581 Rn 41) und die beschränkte persönliche Dienstbarkeit (§ 581 Rn 42) zu erwähnen. Ferner sind die Reallast (§ 581 Rn 43) und Nutzungspfandrechte (§ 581 Rn 44) zu nennen, während auf das Erbbaurecht nach § 11 Abs 1 S 1 ErbbauRG die Vorschriften über die Grundstückspacht, also § 584 Abs 1 1. Alt BGB, entsprechend anwendbar sind (§ 581 Rn 45). Darüber hinaus nimmt die Rspr eine Rechtspacht an, wenn das Recht überlassen wird, im Zusammenhang mit einem Grundstück eine in eine größere Organisation integrierte Einrichtung zu nutzen, wobei die Abhängigkeit von der Organisation, wie zB einem andersartigen Hauptbetrieb, kennzeichnend ist (§ 581 Rn 55). Dabei ist es nicht entscheidend, dass das Grundstück, Räume oder Teile derselben mit überlassen werden. Schließlich fällt die Verpachtung von Aneignungsrechten wie die Jagd- und Fischereipacht unter § 584 BGB, soweit diese Verträge über die gesetzliche Mindestdauer hinaus auf unbestimmte Zeit abgeschlossen werden.

Die Regelung des § 584 BGB ist auf die Pacht **beweglicher Sachen** (§ 581 Rn 23) **12** unanwendbar, falls diese nicht in einem einheitlichen Pachtvertrag über ein Grundstück oder über Räume mitverpachtet werden (§ 581 Rn 25). Für die Pacht beweglicher Sachen verbleibt es bei der allgemeinen Kündigungsregelung der §§ 581 Abs 2, 580a Abs 3 BGB (BGB-RGRK/GELHAAR § 595 Rn 1; MünchKomm/HARKE § 584 Rn 1; JAUERNIG/TEICHMANN § 584 Rn 1; jurisPK-BGB/BAUERMEISTER § 584 Rn 2; KERN § 584 Rn 4). Wird hingegen ein Recht an einer beweglichen Sache verpachtet, was insbesondere für einen Nießbrauch in Betracht kommt, wäre § 584 BGB seinem Wortlaut nach anwendbar. Die Anwendung wird jedoch im Wege restriktiver Auslegung zu Recht abgelehnt (BGB-RGRK/GELHAAR aaO; MünchKomm/HARKE aaO; OERTMANN § 595 Anm 2). Da bei der Verpachtung des Rechts an einer beweglichen Sache idR die Sache selbst zur Fruchtziehung überlassen wird, kann nach dem Zweck der Vorschriften (Rn 2; STAUDINGER/ROLFS [2018] § 580a Rn 3 ff) keine längere Kündigungsfrist gelten, als wenn die Sache als solche verpachtet wird (Mot II 428).

Als **sonstige Rechte**, die in den Anwendungsbereich des § 584 BGB fallen, kommen **13** vor allem Immaterialgüterrechte in Betracht (§ 581 Rn 46 ff). Werden solche Rechte entgeltlich zur Nutzung überlassen, überwiegen idR die Elemente der Rechtspacht (Vorbem 84 f zu § 581), sodass auch § 584 BGB zur Anwendung kommen kann. Wird ein Lizenzvertrag für die Dauer des Schutzrechts abgeschlossen, was sich auch im Wege der Auslegung ergeben kann, endet der Vertrag mit dem Erlöschen des Schutzrechts, sodass eine ordentliche Kündigung nach § 584 BGB ausscheidet (s zB LÜDECKE/FISCHER, Lizenzverträge 576; McGUIRE, Die Lizenz 739; GROSS, Der Lizenzvertrag Rn 477; TETZNER, Das materielle Patentrecht der Bundesrepublik Deutschland § 9 Rn 13; BENKARD/ULLMANN/DEICHFUSS § 15 PatG Rn 64; vgl RG GRUR 1937, 1003; GRUR 1940, 558). Haben die Parteien den Lizenzvertrag jedoch ausdrücklich auf unbestimmte Zeit abgeschlossen oder betrifft er kein zeitlich befristetes Schutzrecht, so richtet sich die Kündigung nach § 584 BGB (s zB BGH GRUR 2006, 56 Rn 42; INGERL/ROHNKE § 30 MarkenG Rn 83; EKEY/BENDER/FUCHS-WISSEMANN/PAHLOW § 30 MarkenG Rn 42; BARTENBACH Rn 2433; **aA** McGUIRE, Die Lizenz 741 ff).

c) Unternehmen

Auf die Unternehmenspacht ist § 584 BGB seinem Wortlaut nach nicht anwendbar, **14** sodass eigentlich die allgemeinen Regelungen zum Zuge kämen. Hier finden sich jedoch keine passenden Vorschriften, zumal § 581 Abs 2 BGB vor allem auf § 580a Abs 3 BGB verweist, der auf bewegliche Sachen zugeschnitten ist. Da Gegenstand der Unternehmenspacht typischerweise die Überlassung eines Grundstücks, häufig mit Räumlichkeiten, in Verbindung mit der Überlassung von Rechten und auch beweglichen Sachen ist und für die Mehrzahl dieser Elemente bei isolierter Überlassung § 584 BGB gelten würde, erscheint es sinnvoll, diese Regelung auch auf die Unternehmenspacht anzuwenden (so auch KLEIN-BLENKERS 313f).

2. Pachtvertrag auf unbestimmte Zeit

15 Es muss sich um einen Pachtvertrag auf **unbestimmte Zeit** handeln. Die Pachtzeit ist unbestimmt, wenn die Parteien die Dauer des Vertragsverhältnisses nicht durch Angabe eines Endtermins oder den Ablauf bestimmter Zeiteinheiten festgelegt haben und die Pachtzeit auch nicht aufgrund des Vertragsinhalts durch den Gegenstand des Vertrags oder den Eintritt eines bestimmten Ereignisses fest vereinbart ist (§ 581 Rn 427). Entscheidend ist, dass der Vertrag keine Zeitbestimmung enthält, sodass er grundsätzlich nur durch Kündigung beendet werden kann. Einer Kündigung ist es gleichzustellen, wenn der Pächter, zB bei einem Bodenabbauvertrag, nach den Vereinbarungen durch einseitige Erklärung auf die Ausübung seiner Rechte verzichten kann (BGH LM Nr 1 zu § 595 BGB). Die Pachtzeit ist ferner dann unbestimmt, wenn die Parteien zwar eine Höchstdauer und damit eine bestimmte Zeit festgelegt haben, aber unter dem Vorbehalt, sich im Wege der ordentlichen Kündigung schon früher von dem Vertrag lösen zu dürfen. Wird die nach den §§ 581 Abs 2, 550 BGB gebotene Schriftform nicht eingehalten, gilt der Vertrag als auf unbestimmte Zeit geschlossen (§ 581 Rn 160), sodass sich die Kündigung nach § 584 richtet (OLG Kiel SchlHAnz 1915, 57, 58; OLG Hamm 6.5.2011 – 30 U 15/10, juris; PALANDT/WEIDENKAFF § 584 Rn 1).

16 Ein Pachtvertrag auf **bestimmte Zeit** endet nach den §§ 581 Abs 2, 542 Abs 1 BGB durch Zeitablauf (§ 581 Rn 426). Dies gilt auch für einen Pachtvertrag mit Optionsrecht, sofern die berechtigte Partei nicht rechtzeitig von ihrem Optionsrecht Gebrauch macht (§ 581 Rn 427). Ebenso endet ein Pachtvertrag mit Verlängerungsklausel durch Zeitablauf, wenn ein Vertragsteil innerhalb einer bestimmten Frist vor Ablauf des Pachtverhältnisses die weitere Fortsetzung ablehnt (§ 581 Rn 427). In Verträgen ist insoweit manchmal von Kündigung die Rede. Dies ist jedoch eine untechnische Formulierung für eine Willenserklärung des Inhalts, eine Fortsetzung des Pachtverhältnisses werde abgelehnt (STAUDINGER/ROLFS [2018] § 542 Rn 152 mwNw). Teilweise werden in der Praxis Optionsrecht und Verlängerungsklausel in der Weise kombiniert, dass die Anfrage des einen Vertragsteils nach Fortsetzung des Vertrags von dem anderen Teil innerhalb einer bestimmten Frist abgelehnt werden muss, um den Vertrag zu beenden. Auch wenn vertraglich für die Anfrage oder die Ablehnungserklärung die Frist des § 584 BGB vereinbart wird, handelt es sich nicht um die Kündigungsfrist iS dieser Vorschrift. Haben die Parteien vereinbart, dass das Pachtverhältnis nach Ausübung des Optionsrechts oder aufgrund der Verlängerungsklausel auf unbestimmte Zeit fortgesetzt wird, kann es grundsätzlich nur noch durch Kündigung nach Maßgabe des § 584 BGB beendet werden (SOERGEL/HEINTZMANN § 584 Rn 3).

17 Umstritten war früher in der mietrechtlichen Literatur, ob ein Vertrag, der unter einer auflösenden Bedingung geschlossen wurde, ein Vertrag auf Zeit iSd §§ 584 Abs 1, 542 BGB ist (BGH NZM 2009, 433 Rn 13 mwNw). Der BGH hat mittlerweile entschieden, dass solche Pachtverträge als unbefristete Verträge grundsätzlich ordentlich kündbar seien, die Vertragspartner jedoch die Möglichkeit einer ordentlichen Kündigung ausschließen könnten (BGH NZM 2009, 433 Rn 14 m zust Anm BLANK LMK 2009, 284072). Ein solcher Ausschluss des Rechts zur ordentlichen Kündigung (der von demjenigen zu beweisen ist, der sich darauf beruft) könne dann auch in der Vereinbarung einer auflösenden Bedingung zu sehen sein, wenn die Parteien mit der auflösenden Bedingung die Beendigung des Nutzungsverhältnisses – vorbehaltlich des Eintritts außerordentlicher Kündigungsgründe – abschließend regeln und nicht nur einen Zeitpunkt festlegen wollten, zu dem das Nutzungsverhältnis in jedem Falle enden sollte (BGH aaO Rn 14 – im konkreten Fall für die auflösende Bedingung einer behördlichen Nutzungsuntersagung abgelehnt).

3. Besondere Voraussetzungen der außerordentlichen befristeten Kündigung

Nach § 584 Abs 2 BGB gilt Abs 1 auch, wenn das Pachtverhältnis außerordentlich **18** mit der gesetzlichen Frist gekündigt werden kann. Damit stellt die Bestimmung keinen eigenständigen Kündigungsgrund auf, sondern regelt nur die **gesetzliche Kündigungsfrist**, auf die in den anderweitig geregelten Fällen der außerordentlichen befristeten Kündigung verwiesen wird. In diesen Ausnahmefällen, deren besondere Voraussetzungen jeweils erfüllt sein müssen, können sich die Parteien trotz einer an sich noch länger andauernden, fest bestimmten Vertragszeit oder trotz eines vertraglichen Kündigungsausschlusses bzw einer vertraglich nur mit einer längeren als der Halbjahresfrist des § 584 Abs 1 BGB möglichen ordentlichen Kündigung vorzeitig von dem Pachtverhältnis lösen (§ 581 Rn 442 f). Für die außerordentliche befristete Kündigung kommt es also nicht darauf an, ob der Pachtvertrag auf bestimmte oder auf unbestimmte Zeit abgeschlossen ist (OLG Celle NJW-RR 1988, 80).

Die außerordentliche befristete Kündigung ist für folgende **Fälle** gesetzlich geregelt, **19** die sich zT nach § 581 Abs 2 BGB aus der entsprechenden Anwendung mietrechtlicher Vorschriften ergeben: § 555e BGB – Kündigungsrecht des Pächters bei Modernisierung der Pachträume, wobei nach § 581 Abs 2 BGB nur auf den Kündigungsgrund und nicht auf die von § 584 BGB abweichende Kündigungsfrist verwiesen wird; § 544 S 1 BGB – Kündigungsrecht beider Vertragsteile bei Pachtvertrag über mehr als dreißig Jahre; § 580 BGB – Kündigungsrecht der Erben bei Tod des Pächters; § 1056 Abs 2 BGB – Kündigungsrecht des Eigentümers bei Verpachtung durch Nießbraucher über die Dauer des Nießbrauchs hinaus; § 2135 BGB – Kündigungsrecht des Nacherben bei Verpachtung durch Vorerben über die Dauer der Vorerbschaft hinaus; § 30 Abs 2 ErbbauRG – Kündigungsrecht des Grundstückseigentümers bei Erlöschen des Erbbaurechts; § 57a ZVG – Kündigungsrecht des Erstehers in der Zwangsversteigerung; § 109 Abs 1 S 1 InsO – Kündigungsrecht des Insolvenzverwalters bei Insolvenz des Pächters; § 111 InsO – Kündigungsrecht des Erwerbers eines vom Schuldner verpachteten unbeweglichen Gegenstands oder Raumes (dazu OLG Brandenburg ZMR 2007, 778, 779). Vgl zur Landpacht §§ 594b, 594c, 594d BGB.

Damit ergeben sich gewisse **Abweichungen vom Mietrecht** (dazu STAUDINGER/ROLFS **20** [2018] § 542 Rn 110 ff). Diese beruhen nicht nur darauf, dass einzelne Fälle der außerordentlichen befristeten Kündigung speziell für Mietverhältnisse, insbesondere solche über Wohnraum, vorgesehen sind. Darüber hinaus finden sich ausdrückliche Ausnahmen in § 584a BGB. So gibt es kein Kündigungsrecht des Pächters bei Verweigerung der Erlaubnis zur Unterverpachtung entsprechend den §§ 581 Abs 2, 540 Abs 1 S 2 BGB und des Verpächters beim Tod des Pächters entsprechend § 580 BGB.

IV. Rechtsfolgen

1. Allgemeines

21 Bei der unbefristeten Pacht eines Grundstücks oder eines Rechts ist die ordentliche Kündigung (§ 581 Rn 438) nach § 584 Abs 1 BGB nur für den Schluss eines Pachtjahres zulässig. Die Kündigung hat spätestens am dritten Werktag des halben Jahres zu erfolgen, mit dessen Ablauf das Pachtverhältnis enden soll. Die gleiche Frist gilt in diesen Fällen nach Abs 2 für die außerordentliche befristete Kündigung (§ 581 Rn 442), ohne dass es darauf ankommt, ob der Pachtvertrag befristet oder unbefristet ist. Eine besondere Frist ergibt sich wegen des Vorrangs des § 584 BGB auch nicht aus § 555e BGB für die Kündigung wegen Modernisierung der Pachträume (Rn 19). Beide Arten der Kündigung stehen nach § 242 BGB unter dem Vorbehalt der unzulässigen Rechtsausübung (§ 581 Rn 431).

2. Kündigungserklärung

22 Das Kündigungsrecht ist durch einseitige, empfangsbedürftige Willenserklärung auszuüben (§ 581 Rn 433 ff). Hierfür gelten die Vorschriften des BGB über einseitige Rechtsgeschäfte. Eine besondere Form ist für die Kündigung des Pachtvertrags nicht vorgeschrieben. Eine Ausnahme gilt nach § 594f BGB für die Landpacht. Die Kündigung anderer Pachtverträge ist deshalb formfrei möglich, sofern die Parteien nicht einen vertraglichen Formzwang vereinbart haben. Hiervon wird in der Praxis durch Vereinbarung der schriftlichen Kündigung oder der Kündigung durch eingeschriebenen Brief häufig Gebrauch gemacht. Bei formularvertraglichen Vereinbarungen sind die Einschränkungen für Formanforderungen an die Kündigung nach § 309 Nr 13 BGB zu beachten. Die Kündigung durch eingeschriebenen Brief kann nur im Wege der Individualabrede nach § 305 Abs 1 S 3 BGB vereinbart werden. Die Kündigungserklärung wird wirksam, wenn sie dem anderen Vertragsteil nach §§ 130 ff BGB zugeht. Stellvertretung ist auf beiden Seiten möglich (RG SeuffA 60 Nr 34).

3. Kündigungsfrist

23 Nach § 584 Abs 1 HS 1 BGB ist die Kündigung nur für den Schluss eines Pachtjahres zulässig. Damit ist der **Kündigungstermin** bestimmt, nämlich der Tag, mit dessen Ablauf das Pachtverhältnis durch die Kündigung beendet wird. Dieser Termin muss bei der Kündigung nicht angegeben werden (BGH NJW-RR 1996, 144). Unerheblich ist, ob dieser Tag auf einen Samstag, Sonn- oder Feiertag fällt. Das Pachtverhältnis verlängert sich in diesen Fällen nicht nach § 193 BGB, der allein auf den Ablauf einer Frist nicht anwendbar ist. Diese Vorschrift ist nur für etwaige Leistungspflichten der Parteien bedeutsam, die sich aus der Beendigung des Vertrags ergeben (STAUDINGER/ROLFS [2018] §§ 573c Rn 12, 580a Rn 10). Pachtjahr ist das mit dem Abschluss des Pachtvertrags beginnende bewegliche Jahr (Mot II 427 f; Prot II 515 f; aA ERMAN/ DICKERSBACH § 584 Rn 3; KERN § 584 Rn 12; teilweise abweichend PALANDT/WEIDENKAFF § 584

Rn 2: Beginn des Pachtverhältnisses; Hk-BGB/SCHEUCH/EBERT § 584 Rn 3: Beginn des Pachtverhältnisses; MünchKomm/HARKE § 584 Rn 2: Überlassung des Pachtgegenstands), und zwar ohne Rücksicht darauf, ob es mit dem Kalenderjahr oder Wirtschaftsjahr übereinstimmt (RG Recht 1914 Nr 1558; BGB-RGRK/GELHAAR § 595 Rn 2; FRÄNKEL 92; MünchKomm/VOELSKOW[3] § 584 Rn 3; aA STIFF Recht 1910, 639). Die Parteien können das Pachtjahr vertraglich abweichend vom Vertragsbeginn festlegen, sodass es zB mit dem Wirtschaftsjahr übereinstimmt. Diese Vereinbarung ist auch für den Kündigungstermin maßgebend. Die Regelung des § 594a Abs 1 S 2 BGB, nach der im Zweifel das Kalenderjahr als Pachtjahr gilt, betrifft nur die Landpacht. Im Einzelnen ist das Pachtjahr nach den §§ 187, 188 BGB zu berechnen.

Nach § 584 Abs 1 HS 2 BGB hat die Kündigung spätestens am dritten Werktag des halben Jahres zu erfolgen, mit dessen Ablauf das Pachtverhältnis enden soll. Hierdurch wird der **Kündigungstag** bestimmt, an dem die Kündigungserklärung durch Zugang beim Empfänger spätestens wirksam werden muss. Zu den Werktagen gehört weder der Sonntag noch ein am Erklärungsort staatlich anerkannter allgemeiner Feiertag (STAUDINGER/REPGEN [2014] § 193 Rn 32 ff). Das Gleiche gilt für den Samstag (STAUDINGER/ROLFS [2018] § 573c Rn 11 mwNw). Dadurch wird allerdings nicht ausgeschlossen, dass der Kündigende seine Erklärung an einem solchen Tag abgibt. Ebensowenig ist aus § 193 BGB zu schließen, dass eine Kündigungserklärung, die dem Empfänger an einem solchen Tag tatsächlich zugeht, rechtlich noch nicht zugegangen ist. Entscheidend ist, dass der Zugang in diesen Fällen vor dem letztlich maßgebenden Werktag liegt (STAUDINGER/ROLFS [2018] §§ 573c Rn 10, 580a Rn 9). Dies ist der dritte Werktag des halben Jahres vor dem Schluss des Pachtjahres. Die Halbjahresfrist ist nach den §§ 187 bis 189 BGB zu berechnen. **24**

Die **Kündigungsfrist** ist somit nicht nach einem festen Zeitabschnitt bemessen. Sie liegt zwischen Kündigungstag und Kündigungstermin und ergibt sich nur mittelbar aus diesem zeitlichen Abstand. Sie beträgt knapp ein halbes Jahr und kann jeweils nach Lage der Sonn- oder Feiertage sowie der Samstage unterschiedlich lang sein. **25**

Die **Wirkung** der Kündigung besteht darin, das Pachtverhältnis mit Ablauf der Kündigungsfrist zu beenden (§ 581 Rn 451). Ist eine Kündigung verspätet oder ist ein unrichtiger Kündigungstermin angegeben, wirkt sie zum nächsten zulässigen Termin, sofern der Kündigende das Pachtverhältnis auf jeden Fall beenden will und dieser Wille dem anderen Vertragsteil hinreichend erkennbar ist (BGH NJW-RR 1996, 144; OLG Köln RdL 1960, 48; OLG Frankfurt NJW-RR 1990, 337; STAUDINGER/ROLFS [2018] § 542 Rn 76 – zur Miete). Der Widerruf einer Kündigung ist nach § 130 Abs 1 S 2 BGB nur möglich, wenn er vorher oder gleichzeitig mit der Kündigungserklärung zugeht. Im Übrigen können die Parteien die Rechtsfolgen einer durch Zugang wirksam gewordenen Kündigungserklärung nur noch einverständlich beseitigen. Heben die Vertragspartner die Kündigung vor Ablauf der Kündigungsfrist durch Vereinbarung auf, bleibt der bisherige Vertrag in Kraft. Daraus folgt, dass die Schriftform entsprechend den §§ 581 Abs 2, 550 BGB nicht gewahrt zu werden braucht. Ist das Pachtverhältnis durch die Kündigung bereits beendet worden, können die Parteien es durch einverständliche Aufhebung der Kündigungswirkungen nur neu begründen (§ 581 Rn 452). **26**

§ 584a
Ausschluss bestimmter mietrechtlicher Kündigungsrechte

(1) Dem Pächter steht das in § 540 Abs. 1 bestimmte Kündigungsrecht nicht zu.

(2) Der Verpächter ist nicht berechtigt, das Pachtverhältnis nach § 580 zu kündigen.

Materialien: E I §§ 533, 538; II § 536; III § 589; Mot II 423, 428 f; Prot II 233 ff, 249 ff; Art 1 Nr 1 Gesetz zur Neuordnung des landwirtschaftlichen Pachtrechts vom 8. 11. 1985 (BGBl I 2065); Begr zum RegE BT-Drucks 10/509, 16; Ausschussbericht BT-Drucks 10/3830; Gesetz zur Neugliederung, Vereinfachung und Reform des Mietrechts (Mietrechtsreformgesetz) vom 19. 6. 2001 (BGBl I 1149); Begr zum RegE BT-Drucks 14/4553, 34 ff, 75; Ausschussbericht BT-Drucks 14/5663, 33 f.

Schrifttum

ECKERT, Formularmäßiger Ausschluß des Sonderkündigungsrechts des Mieters bei Versagen der Erlaubnis zur Untervermietung, EWiR 1995, 751
FRÄNKEL, Das Miet- und Pachtrecht nach dem Bürgerlichen Gesetzbuch für das Deutsche Reich (1897)
JAKOBS/SCHUBERT, Die Beratung des Bürgerlichen Gesetzbuchs in systematischer Zusammenstellung der unveröffentlichten Quellen, Recht der Schuldverhältnisse II (1980)
KERN, Pachtrecht (2012)
OERTMANN, Bürgerliches Gesetzbuch (5. Aufl 1929)
SCHUBERT, Die Vorlagen der Redaktoren für die erste Kommission zur Ausarbeitung des Entwurfs eines Bürgerlichen Gesetzbuches, Recht der Schuldverhältnisse II (1980)
SONNENSCHEIN, Inhaltskontrolle von Formularmietverträgen nach dem AGB-Gesetz, NJW 1980, 1713.

Systematische Übersicht

I.	**Allgemeines**	
1.	Überblick	1
2.	Zweck der Vorschrift	2
3.	Abweichende Vereinbarungen	4
II.	**Entwicklung**	5
III.	**Ausschluss des Rechts zur außerordentlichen befristeten Kündigung**	
1.	Allgemeines	11
2.	Verweigerung der Erlaubnis zur Unterverpachtung	12
3.	Tod des Pächters	17

I. Allgemeines

1. Überblick

1 Die Vorschrift schränkt abweichend vom Mietrecht die Möglichkeiten für eine außerordentliche befristete Kündigung ein. Der Pächter hat nach § 584a Abs 1 BGB im Gegensatz zu § 540 Abs 1 S 2 BGB kein Recht zur außerordentlichen Kündigung, wenn der Verpächter die zur Unterverpachtung notwendige Erlaubnis verweigert. Der Verpächter kann beim Tod des Pächters nach Abs 2 nicht außerordentlich kündigen, während dieses Recht den Erben des Pächters entsprechend den §§ 581 Abs 2, 580 S 1 BGB erhalten bleibt.

2. Zweck der Vorschrift

Die regelmäßige Unzulässigkeit der **Unterverpachtung** beruht auf der Erwägung, dass die Person des Pächters für die ordnungsmäßige Behandlung des Pachtgegenstands und dessen Nutzbarkeit von entscheidender Bedeutung ist. Meistens wählt der Verpächter deshalb den Pächter mit Rücksicht auf dessen persönliche Tüchtigkeit aus. Da dies im Grunde für alle Pachtgegenstände gilt, wurden die in der Zweiten Kommission vorgeschlagenen gesetzlichen Einschränkungen der Unzulässigkeit einer Unterverpachtung abgelehnt. Vor allem bei Landgütern widerspreche die Unterverpachtung ohne Einwilligung des Verpächters idR dem Vertragswillen, dem Interesse des Verpächters und der Landeskultur, weil der Unterpächter häufig nur auf kurze Zeit pachte und deshalb kein Interesse daran habe, den Boden dauernd ertragsfähig zu erhalten (Prot II 234, 236 f). Diese Erwägungen gelten in ähnlicher Weise für andere Pachtgegenstände. Auf dieser Grundlage ist der Zweck zu erklären, der mit dem Ausschluss des Kündigungsrechts bei Verweigerung der Erlaubnis zur Unterverpachtung verfolgt wird. Der Verpächter soll auch nicht mittelbar durch eine drohende Kündigung gezwungen werden, sich mit einem Unterpächter einverstanden zu erklären, zumal der Pächter, falls er persönlich verhindert sei, sein Recht für sich durch Gehilfen oder Verwalter ausüben lassen könne (Prot II 234). 2

Der ursprünglich in § 538 E I vorgesehene generelle Ausschluss des Rechts zur außerordentlichen befristeten Kündigung beim **Tod des Pächters** beruhte auf der Erwägung, dass der Pachtgegenstand im Gegensatz vor allem zur Wohnraummiete nicht in erster Linie dazu dient, die persönlichen Bedürfnisse zu befriedigen, sondern dass meist erhebliche Vermögensinteressen auf dem Spiel stehen. Vermögensrechtliche Verträge sollten aber durch den Tod eines Vertragsteils nicht beeinträchtigt werden (Mot II 428 f). Gleichwohl setzte sich bei den weiteren Beratungen des Gesetzentwurfs die Auffassung durch, dass ein Ausschluss des Kündigungsrechts den Erben des Pächters gegenüber unbillig sei (Jakobs/Schubert 681). Wenn die Erben nicht selbst dazu befähigt seien, den Pachtgegenstand zu bewirtschaften, müssten sie mangels einer Einwilligung zur Unterverpachtung einen Verwalter bestellen. Dessen Kosten würden aber den Ertrag des Pachtgegenstands nicht selten ganz aufzehren. Dieser besonderen Interessenlage soll die Kündigungsmöglichkeit für die Erben Rechnung tragen. Der Ausschluss des Kündigungsrechts für den Verpächter dient ebenfalls dem Schutz der Erben. Es kann sein, dass die Erben mit Rücksicht auf die Verwendungen, die der Pächter in der ersten Zeit des Vertragsverhältnisses gemacht hat, ein erhebliches Vermögensinteresse an der Fortdauer des Pachtverhältnisses während der ganzen Vertragszeit haben, um diese Verwendungen wieder aus dem Pachtgegenstand herauswirtschaften zu können (Prot II 250; Jakobs/Schubert 682). 3

3. Abweichende Vereinbarungen

Die Regelung des § 584a BGB ist in vollem Umfang abdingbar (Prot II 236; BGB-RGRK/Gelhaar § 596 Rn 5; Erman/Dickersbach § 584a Rn 1; Jauernig/Teichmann § 584a Rn 1; Palandt/Weidenkaff § 584a Rn 1; Oertmann § 596 Anm 2; Kern § 584a Rn 9). So 4 können die Parteien dem Pächter ein Recht zur außerordentlichen befristeten Kündigung einräumen, falls der Verpächter die notwendige Erlaubnis zur Unterverpachtung verweigert. Sie können das Kündigungsrecht beim Tod des Pächters neben dessen Erben auch dem Verpächter zugestehen. Andererseits kann das außerordentliche Kündigungsrecht der Erben abweichend von §§ 581 Abs 2, 580 S 1 BGB ausgeschlossen werden. Wird ein solcher Kündigungsausschluss allerdings in einem Formularpachtvertrag vereinbart, ist im Zweifel eine unangemessene Benachteiligung der Erben anzunehmen, die nach § 307 Abs 2 Nr 1 BGB zur Unwirksamkeit der Klausel führt. Sie ist mit den wesentlichen Grundgedanken des § 580 BGB, der die Erben auch im Pachtrecht schützen soll (Rn 3), nicht zu vereinbaren (SONNENSCHEIN NJW 1980, 1713, 1718). Im Übrigen sind bei der Vereinbarung von Kündigungsrechten in einem Formularvertrag vor allem die Klauselverbote des § 309 Nr 12 BGB über die Änderung der Beweislast und des § 309 Nr 13 BGB über Form und Zugangserfordernisse der Kündigungserklärung bedeutsam.

II. Entwicklung

5 Die Vorschrift ist während der Beratungen des Gesetzentwurfs in der Zweiten Kommission aus mehreren selbständigen Bestimmungen zusammengewachsen (JAKOBS/SCHUBERT 672 ff, 684). Sie ist bis auf redaktionelle Änderungen idF des § 538 E II ursprünglich als § 596 BGB Gesetz geworden.

6 In § 516 E I war zunächst die Untervermietung ohne Erlaubnis des Hauptvermieters grundsätzlich für zulässig erklärt worden. Die **Unterverpachtung** wurde hingegen in § 533 E I ausnahmsweise an die Einwilligung des Verpächters gebunden, wenn der Pachtzins des Hauptpachtvertrags in einem Bruchteil der gezogenen Früchte bestehen sollte. Hierzu diente Art 582 des Dresdener Entwurfs als Vorbild (Mot II 423; SCHUBERT 246, 425), während in ALR I, 21 §§ 313, 314 die Einwilligung unabhängig von der Art der Pachtzinsbemessung vorgeschrieben war und nur bei der Zusammenfassung „mehrerer Wirtschaftsrubriken oder Vorwerke" einzelne Ausnahmen zugelassen wurden. Nachdem die Zweite Kommission beschlossen hatte, die Untervermietung ohne Erlaubnis des Vermieters in § 493 E II für unzulässig zu erklären (Prot II 178 ff), wurde die gleiche Lösung für die Unterverpachtung getroffen, wobei die dahin zielenden Anträge jedoch kein Kündigungsrecht für den Fall vorsahen, dass der Verpächter die Erlaubnis zur Unterverpachtung verweigerte (Prot II 233 ff). Weitere Anträge, dem Pächter eines Landguts oder eines gewerblichen Unternehmens die Unterverpachtung einzelner Grundstücke oder eines Nebenbetriebs ohne Erlaubnis des Hauptverpächters zu gestatten, wurden abgelehnt. Ebensowenig wurde dem Vorschlag zugestimmt, die Unzulässigkeit einer Unterverpachtung auf Landgüter und gewerbliche Unternehmen zu beschränken (Prot II 233, 236 f).

7 In § 538 E I war zunächst vorgesehen, das Recht zur außerordentlichen befristeten Kündigung im Gegensatz zur mietrechtlichen Vorschrift des § 526 E I beim **Tod des Pächters** sowohl für dessen Erben als auch für den Verpächter auszuschließen. Abweichend von dem Vorbild des ALR I, 21 §§ 368, 369, 374 sollte mit Rücksicht auf die Vermögensinteressen des sonst zu kündigenden Vertragsteils an der Regel festgehalten werden, dass der Tod einer Partei die Rechte und Pflichten aus vermögensrechtlichen Verträgen nicht beeinflusse (Mot II 428 f; JAKOBS/SCHUBERT 677 f). Die Vorkommission des RJA sah den Ausschluss des Kündigungsrechts für die

Erben des Pächters jedoch als unbillig an (JAKOBS/SCHUBERT 681). Dementsprechend wurde in der Zweiten Kommission eine Fassung der Vorschrift beschlossen, nach der beim Tod des Pächters das außerordentliche Kündigungsrecht dem Verpächter nicht zustehen sollte. Der weitergehende Antrag, den Erben des Pächters das Kündigungsrecht nur einzuräumen, wenn der Verpächter seine Einwilligung zur Unterverpachtung versage, wurde abgelehnt (Prot II 249 ff; JAKOBS/SCHUBERT 682 f).

Von Beginn der Beratungen an unumstritten war der schon in § 538 E I vorgesehene, bis 2001 bestehende (Rn 10) Ausschluss des Rechts zur außerordentlichen befristeten Kündigung durch den Pächter im Fall seiner **Versetzung als Beamter** oder in ähnlicher Stellung (Mot II 429; Prot II 250; JAKOBS/SCHUBERT 678, 681). **8**

Bei der **Reform** durch das Gesetz zur Neuordnung des landwirtschaftlichen Pachtrechts vom 8. 11. 1985 (BGBl I 2065) ist der frühere § 596 BGB unverändert als § 584a BGB übernommen worden. Die Regelung gilt nach § 585 Abs 2 BGB nicht mehr für die Landpacht. Da insoweit auch die Verweisung des § 581 Abs 2 BGB auf § 570 aF und § 549 Abs 1 S 2 aF nicht eingriff, blieb es beim Ausschluss der außerordentlichen befristeten Kündigung im Fall der Versetzung des Pächters und der Verweigerung der Erlaubnis zur Unterverpachtung. Die Unterverpachtung ist ohne ein Kündigungsrecht in § 589 BGB besonders geregelt. Abweichend von der früheren Rechtslage und dem geltenden § 584a Abs 2 BGB ist für die Landpacht in § 594d BGB beim Tod des Pächters neben den Erben auch dem Verpächter das außerordentliche Kündigungsrecht eingeräumt worden. **9**

Eine weitere Änderung hat § 584a BGB durch das Mietrechtsreformgesetz vom 19. 6. 2001 (BGBl I 1149) erfahren. Infolge der Änderungen des Mietrechts mussten die Verweisungen auf die mietrechtlichen Vorschriften der geänderten Paragraphenfolge angepasst werden (Begr zum RegE BT-Drucks 14/4553, 75). Die Verweisung in Abs 1 auf § 549 BGB wurde ersetzt durch die auf § 540 BGB; in Abs 2 wurde anstelle von § 569 BGB als Norm, auf die verwiesen wird, § 580 BGB aufgenommen; Abs 3 fiel infolge der Streichung von § 570 aF (Kündigungsrecht des Mieters wegen Versetzung) ersatzlos weg (für Altfälle vgl Art 229 § 3 Nr 1 EGBGB). Für den Landpachtvertrag hat diese Änderung keine Auswirkungen, da § 585 Abs 2 BGB nur § 581 Abs 1 BGB, nicht aber Abs 2 in Bezug nimmt. **10**

III. Ausschluss des Rechts zur außerordentlichen befristeten Kündigung

1. Allgemeines

Die Parteien können sich unter bestimmten Voraussetzungen im Wege der außerordentlichen befristeten Kündigung vorzeitig von einem Pachtvertrag lösen (§ 581 Rn 442 ff). Die Rechtsgrundlagen ergeben sich aus einer abschließend geregelten Zahl gesetzlicher Vorschriften, die zT auf der entsprechenden Anwendung mietrechtlicher Vorschriften nach § 581 Abs 2 BGB beruhen (§ 584 Rn 19). Hiervon macht § 584a BGB zwei wichtige Ausnahmen. Die Vorschrift betrifft außer der Landpacht alle anderen Arten von Pachtgegenständen (FRÄNKEL 95). **11**

2. Verweigerung der Erlaubnis zur Unterverpachtung

12 a) Nach § 584a Abs 1 BGB steht dem **Pächter** das in § 540 Abs 1 S 2 BGB bestimmte Kündigungsrecht nicht zu. Der Pächter ist ohne die Erlaubnis des Verpächters nicht berechtigt, den Gebrauch des Pachtgegenstands einem Dritten zu überlassen, insbesondere den Pachtgegenstand weiter zu vermieten oder zu verpachten (§ 581 Rn 340 ff). Während dem Mieter ein Recht zur außerordentlichen befristeten Kündigung zusteht, falls der Vermieter die Erlaubnis zur Gebrauchsüberlassung ohne wichtigen Grund in der Person des Dritten verweigert, soll der Pächter den Verpächter auch nicht mittelbar durch eine angedrohte Kündigung zwingen können, sich mit einem Unterpächter einverstanden zu erklären (Rn 2). Neben der Unterverpachtung werden auch andere Verträge zur Überlassung des Gebrauchs an Dritte erfasst, zB Miete oder Leihe (§ 581 Rn 343).

13 b) Der Ausschluss des Kündigungsrechts besagt zugleich, dass dem Pächter im Allgemeinen **kein Anspruch auf die Erlaubnis** zur Gebrauchsüberlassung an Dritte zusteht (MünchKomm/Harke § 584a Rn 1; Soergel/Heintzmann § 584a Rn 2; BeckOK/C Wagner [15. 6. 2017] § 584a Rn 3; Erman/Dickersbach § 584a Rn 2; Palandt/Weidenkaff § 584a Rn 2; OLG Düsseldorf OLGR 2009, 341, 342).

14 Dies gilt zunächst hinsichtlich eines **gesetzlichen Anspruchs.** Im Mietrecht wurde zwar früher erwogen, im Einzelfall auf der Grundlage des § 242 BGB einen dahin gehenden Anspruch des Mieters zu bejahen (BGH NJW 1995, 2034 mAnm Eckert EWiR § 549 BGB 1/95, 751; Staudinger/Emmerich [1995] § 549 Rn 47); für das Pachtrecht wird vereinzelt für eine Heranziehung des § 313 BGB plädiert (BeckOK/C Wagner [15. 6. 2017] § 584a Rn 7). Im Pachtrecht sollte jedoch von solchen Ausnahmen angesichts der Entstehungsgeschichte und des Zwecks des § 584a BGB (Rn 2 f) grundsätzlich abgesehen werden, da die Person des Pächters von entscheidender Bedeutung ist. Kann der Pächter den Pachtgegenstand nicht selbst bewirtschaften, steht es ihm frei, sein Recht für sich durch den gesetzlichen Vertreter, durch Verwalter oder Gehilfen ausüben zu lassen (Prot II 234, 238). Hiervon wich die frühere Praxis bei sogenannten Familien-Pachtübergabeverträgen vor allem zwischen Eltern und Kindern ab (OLG Breslau DJ 1937, 1087; OLG Köln RdL 1960, 48). Dies muss sich allerdings auf erbberechtigte Kinder beschränken, denen gegenüber der Verpächter die spätere Übernahme des Pachtverhältnisses durch Erbfolge ohnehin nicht verhindern kann, da sein Recht zur außerordentlichen befristeten Kündigung beim Tod des Pächters durch § 584a Abs 2 BGB ausgeschlossen wird. Ist dem Pächter im Rahmen des Pachtgegenstands auch Wohnraum überlassen, ist § 553 BGB, der dem Mieter unter bestimmten Voraussetzungen einen Anspruch auf Erteilung der Erlaubnis zur Untervermietung einräumt (Staudinger/Emmerich [2018] § 553 Rn 1 ff), nicht entsprechend anwendbar (s auch MünchKomm/Harke § 584a Rn 1; BGB-RGRK/Gelhaar § 596 Rn 1 – zu § 549 Abs 2 aF; § 581 Rn 138, 315, 346; aA Staudinger/Sonnenschein/Veit [2004] § 584a Rn 13).

15 Es ist den Parteien freigestellt, schon im Pachtvertrag einen **vertraglichen Anspruch** auf Erteilung der Erlaubnis zur Unterverpachtung oder Untervermietung zu begründen. Ein solcher Anspruch kann ausdrücklich vereinbart werden. Er kann sich auch im Wege der Auslegung aus dem gesamten Vertragsinhalt ergeben (BeckOK/C Wagner [15. 6. 2017] § 584a Rn 3). Allerdings lässt sich aus einer Erlaubnis in einem früheren Pachtvertrag nicht auf ihr Fortbestehen in einem neu gefassten Vertrag schließen, wenn die entsprechende Klausel gerade nicht übernommen wurde (OLG Düsseldorf OLGR 2009, 341, 342). Versagt der Verpächter bei Vorliegen eines vertraglichen Anspruchs ständig und planmäßig die Erlaubnis, um den Pächter zur Aufgabe des Pachtverhältnisses zu veranlassen, handelt es sich um eine zu Schadensersatz führende Pflichtverletzung nach § 280 Abs 1 BGB (s schon RGZ 138, 359, 364 f zur positiven Vertragsverletzung). Darüber hinaus kann davon ausgegangen werden, dass die Parteien mit der Vereinbarung eines vertraglichen Anspruchs auf Erteilung der Erlaubnis im Allgemeinen zumindest stillschweigend den Ausschluss des Kündigungsrechts aus § 584a Abs 1 BGB abbedingen, sofern der Verpächter die Erlaubnis grundlos verweigert.

c) Das Recht zur außerordentlichen befristeten Kündigung ist nach § 584a Abs 1 BGB nur für den Pächter, nicht für den **Mieter** ausgeschlossen. Eine Unterverpachtung ist also möglich, wenn der Hauptvertrag ein Mietvertrag ist. Dies gilt etwa, wenn der Mieter von Räumen ein Unternehmen gründet und darin betreibt, das er später mit den Räumen unterverpachten will (BGH NJW 1952, 821; KG JR 1948, 314; OLG Celle ZMR 1973, 109; LG Göttingen NdsRpfl 1948, 242), oder wenn der Garten eines gemieteten Hauses einem Dritten zur selbständigen Nutzung überlassen werden soll. Verweigert der Vermieter in derartigen Fällen die Erlaubnis zur Unterverpachtung, wird das Kündigungsrecht des Mieters aus § 540 Abs 1 S 2 BGB nicht berührt. **16**

3. Tod des Pächters

Stirbt der Mieter, so sind nach § 580 S 1 BGB sowohl der Erbe als auch der Vermieter berechtigt, das Mietverhältnis unter Einhaltung der gesetzlichen Frist für den ersten zulässigen Termin zu kündigen (FRÄNKEL 95; STAUDINGER/ROLFS [2018] § 580 Rn 4 ff). Dieses Recht zur außerordentlichen befristeten Kündigung gilt aufgrund der Verweisung in § 581 Abs 2 BGB beim Tod des Pächters für dessen Erben entsprechend. Beim Tod eines von mehreren Pächtern steht dessen Erben das Kündigungsrecht aufgrund der Einheitlichkeit des Rechtsverhältnisses aber nur zu, wenn dies vertraglich vorgesehen ist (RGZ 90, 328, 330 f; STAUDINGER/ROLFS [2018] § 564 Rn 6). Bei der Pacht eines Grundstücks oder eines Rechts richten sich Kündigungstermin und Kündigungsfrist nach § 584 BGB (dort Rn 23 ff), bei der Raumpacht nach den §§ 581 Abs 2, 573d Abs 1 BGB (STAUDINGER/ROLFS [2018] § 573d Rn 1 ff; § 580a Rn 40 ff; § 581 Rn 429). Der Verpächter ist hingegen aufgrund des § 584a Abs 2 BGB nicht berechtigt, das Pachtverhältnis nach § 580 BGB zu kündigen (RGZ 90, 328, 329, RG WarnR 1911 Nr 116). Der Ausschluss des Kündigungsrechts dient dem Schutz der Erben (Rn 3). Bei der Landpacht ist der Gesetzgeber in § 594d BGB von diesem Ziel abgewichen. Die Vorschriften der §§ 563, 563a BGB, die bei einem Mietverhältnis über Wohnraum für den Fall des Todes des Mieters eine Sonderrechtsnachfolge des Ehegatten, Lebenspartners, der Kinder, anderer Familienangehöriger oder von Personen ermöglichen, die mit dem Mieter einen auf Dauer angelegten gemeinsamen Haushalt führen, sind im Pachtrecht wegen ihres besonderen, auf die Wohnraummiete zugeschnittenen Zwecks unanwendbar. Es ist auch nicht möglich, den Pachtvertrag hinsichtlich des der Fruchtziehung dienenden Teils und der Pächterwohnung aufzuteilen und nur für die Wohnung eine Sondernachfolge zuzulassen (BGB-RGRK/GELHAAR § 596 Rn 1; SOERGEL/HEINTZMANN § 584a Rn 4; § 581 Rn 443). **17**

§ 584b
Verspätete Rückgabe

Gibt der Pächter den gepachteten Gegenstand nach der Beendigung des Pachtverhältnisses nicht zurück, so kann der Verpächter für die Dauer der Vorenthaltung als Entschädigung die vereinbarte Pacht nach dem Verhältnis verlangen, in dem die Nutzungen, die der Pächter während dieser Zeit gezogen hat oder hätte ziehen können, zu den Nutzungen des ganzen Pachtjahrs stehen. Die Geltendmachung eines weiteren Schadens ist nicht ausgeschlossen.

Materialien: E I § 542; II § 537; III § 590; Mot II 431 f; Prot II 256 ff; Art 1 Nr 1 G zur Neuordnung des landwirtschaftlichen Pachtrechts vom 8. 11. 1985 (BGBl I 2065); Begr zum RegE BT-Drucks 10/509, 16; Ausschussbericht BT-Drucks 10/3830; Gesetz zur Neugliederung, Vereinfachung und Reform des Mietrechts (Mietrechtsreformgesetz) vom 19. 6. 2001 (BGBl I 1149); Begr zum RegE BT-Drucks 14/4553, 34 ff, 75; Ausschussbericht BT-Drucks 14/5663, 33 f.

Schrifttum

CROME, Die partiarischen Rechtsgeschäfte nach römischem und heutigem Reichsrecht (1897)
ERBARTH, Das Verhältnis der §§ 741 ff BGB zu den miet- und pachtrechtlichen Vorschriften, NZM 1998, 740
FRÄNKEL, Das Miet- und Pachtrecht nach dem Bürgerlichen Gesetzbuch für das Deutsche Reich (1897)
HECKELMANN, Die Verjährung konkurrierender Ansprüche aus Mietverhältnissen – BGH NJW 1977, 1335, JuS 1977, 799
JAKOBS/SCHUBERT, Die Beratung des Bürgerlichen Gesetzbuchs in systematischer Zusammenstellung der unveröffentlichten Quellen, Recht der Schuldverhältnisse II (1980)
KERN, Pachtrecht (2012)
K MÜLLER, Das Benutzungsverhältnis zwischen Vermieter und Mieter nach der Gewährung einer Räumungsfrist gemäß § 721 ZPO, MDR 1971, 253
OERTMANN, Bürgerliches Gesetzbuch (5. Aufl 1929)
PLANCK/KNOKE, Bürgerliches Gesetzbuch II 2. Recht der Schuldverhältnisse (Besonderer Teil) §§ 433–853 (1928)
R REUTER, Zulässigkeit der reconductio tacita bei der Pacht nach BGB, DJZ 1900, 478
RÜBER, Konkurrenz von § 557 mit §§ 987 ff und 812 BGB, NJW 1968, 1611
SCHUBERT, Die Vorlagen der Redaktoren für die erste Kommission zur Ausarbeitung des Entwurfs eines Bürgerlichen Gesetzbuches, Recht der Schuldverhältnisse II (1980)
WOLF, Verjährung der Ansprüche des Vermieters bei verspäteter Rückgabe der Mietsache, LM Nr 9 zu § 567 BGB.

Systematische Übersicht

I.	**Allgemeines**	
1.	Überblick	1
2.	Zweck der Vorschrift	2
3.	Abweichende Vereinbarungen	3
II.	**Entwicklung**	4
III.	**Nutzungsentschädigung**	
1.	Voraussetzungen	7
a)	Pachtvertrag	7
b)	Beendigung der Pacht	8
c)	Vorenthaltung des Pachtgegenstands	10
aa)	Begriff	10
bb)	Vorenthaltung der tatsächlichen Gewalt	11

cc)	Möglichkeit der Rückgabe	15	c)	Fälligkeit des Anspruchs	21
dd)	Rücknahmewille des Verpächters	16	d)	Verjährung des Anspruchs	22
ee)	Dauer der Vorenthaltung	17	e)	Sonstige Rechtsfolgen	23
2.	Rechtsfolgen	18	**IV.**	**Weitergehender Schadensersatz**	
a)	Allgemeines	18	1.	Anspruchsgrundlagen	27
b)	Vereinbarte Pacht	19	2.	Umfang des Schadensersatzes	28
aa)	Grundsatz	19	**V.**	**Konkurrenzen**	29
bb)	Bemessung nach dem Verhältnis der Nutzungen	20			

I. Allgemeines

1. Überblick

Sobald das Pachtverhältnis beendet ist, hat der Pächter den Pachtgegenstand entsprechend den §§ 581 Abs 2, 546 BGB zurückzugeben (§ 581 Rn 328 ff). In § 584b BGB sind Ansprüche des Verpächters für den Fall geregelt, dass der Pächter den Pachtgegenstand nicht oder nicht rechtzeitig zurückgibt. Hierbei handelt es sich zum einen um den Anspruch auf Nutzungsentschädigung für die Dauer der Vorenthaltung aus S 1, zum anderen um die Geltendmachung eines weiteren Schadens nach S 2. Die Bestimmung entspricht im Prinzip der mietrechtlichen Regelung des § 546a BGB, weicht aber als Sondervorschrift hinsichtlich der Bemessung der Nutzungsentschädigung davon ab. Die als Entschädigung zu zahlende Miete richtet sich genau nach der Dauer der Vorenthaltung und wird in gleichbleibender Höhe nach den jeweils vereinbarten Zeitabschnitten bemessen. Der Verpächter kann hingegen die vereinbarte Pacht nur nach dem Verhältnis verlangen, in dem die Nutzungen, die der Pächter während der Dauer der Vorenthaltung gezogen hat oder hätte ziehen können, zu den Nutzungen des ganzen Pachtjahres stehen. Abweichend von § 546a Abs 1 BGB kommt es nur auf die vereinbarte, nicht auf eine ortsübliche Pacht an, selbst wenn der Pachtgegenstand Räume umfasst. Ferner gelten für den Verpächter nicht die Beschränkungen eines weitergehenden Schadensersatzanspruchs, wie sie für den Vermieter von Wohnraum in § 571 BGB enthalten sind. Hierfür kommt es nicht darauf an, ob der Pachtgegenstand auch Wohnraum umfasst.

2. Zweck der Vorschrift

Die Vorschrift des § 584b BGB bezweckt, dem Verpächter auf einfache Art und Weise eine Mindestentschädigung einzuräumen, wenn ihm der Pächter den Pachtgegenstand nach der Beendigung des Pachtverhältnisses vorenthält und die Voraussetzungen für eine stillschweigende Verlängerung entsprechend den §§ 581 Abs 2, 545 BGB nicht erfüllt sind. Eine solche Regelung wurde für praktisch zweckmäßig gehalten, um Streitigkeiten über die Höhe eines etwaigen Schadensersatz- oder Bereicherungsanspruchs in einfacher und angemessener Weise abzuschneiden (Mot II 415). So wird ein Schadensersatzprozess vereinfacht, wenn der Pächter den Pachtgegenstand bei einem Streit über die Dauer der Pachtzeit unberechtigt nicht zurückgibt und weiterhin Früchte zieht (Prot II 257). Die von § 546a BGB abweichende Bemessung der Entschädigung nach dem Verhältnis der gezogenen oder zu ziehenden Nutzungen während der Dauer der Vorenthaltung zu den Nutzungen des ganzen Pachtjahres soll dem Umstand Rechnung tragen, dass sich die Nutzungen bei der Pacht häufig ungleichmäßig auf das ganze Pachtjahr verteilen und eine Bemessung des Entschädigungsanspruchs allein nach der Dauer der Vorenthaltung zu einem unbilligen Ergebnis führen kann (Prot II 257; Jakobs/Schubert 677; BGH NZM 2000, 134, 135). Wie § 584b S 2 BGB zeigt, soll durch diese Regelung allerdings nicht ausgeschlossen werden, dass der Verpächter nach den allgemeinen Vorschriften einen weiteren Schaden geltend macht.

3. Abweichende Vereinbarungen

3 Die Vorschrift des § 584b BGB ist anders als § 546a BGB in vollem Umfang abdingbar (MünchKomm/Harke § 584b Rn 6; Soergel/Heintzmann § 584b Rn 5; BeckOK/C Wagner [15. 6. 2017] § 584b Rn 1; Erman/Dickersbach § 584b Rn 1; Jauernig/Teichmann § 584b Rn 1; Kern § 584b Rn 65). Das gilt auch, wenn Wohnräume zum Pachtgegenstand gehören. Die Parteien können die Vorenthaltung an ein Verschulden des Pächters binden, die Entschädigung unabhängig von dem Verhältnis der Nutzungen nur nach der Dauer der Vorenthaltung bemessen oder eine Mindestentschädigung ohne Rücksicht auf die tatsächliche Zeit der Vorenthaltung festsetzen. Bei Formularpachtverträgen sind die Vorschriften der §§ 305 ff BGB zu beachten. Neben der Generalklausel des § 307 BGB kommen vor allem in Betracht die Klauselverbote aus § 309 Nr 3 BGB für ein Aufrechnungsverbot, aus § 309 Nr 5 BGB über die Pauschalierung von Schadensersatzansprüchen, aus § 309 Nr 6 BGB über Vertragsstrafen und aus § 309 Nr 12 BGB über die Beweislastverteilung.

II. Entwicklung

4 Die Vorschrift ist in der **ursprünglichen Fassung** des BGB als § 597 BGB im Zusammenhang mit der Regelung des § 568 aF (jetzt § 545 BGB) entstanden, nach der das Mietverhältnis grundsätzlich als auf unbestimmte Zeit verlängert gilt, wenn der Mieter den Gebrauch der Sache nach dem Ablauf der Mietzeit fortsetzt. Neben dieser als § 524 E I entworfenen Bestimmung war in § 525 E I, dem Vorläufer des § 557 aF (jetzt § 546a BGB), vorgesehen, dass der Vermieter für die Zeit der Fortsetzung des Gebrauchs eine Entschädigung in Höhe des vertragsmäßigen Mietzinses fordern könne, wenn der Mieter den Gebrauch nach Ablauf der Mietzeit ohne Verlängerung des Mietverhältnisses fortsetze. Diese Regelung sollte abweichend von den Vorschriften des ALR I, 21 §§ 334, 335, aber übereinstimmend mit den Art 570, 578 Dresdner Entwurf auf die Pacht entsprechend anzuwenden sein (Mot II 432; Schubert 245 f, 386 ff, 423). Ein in der Ersten Kommission gestellter Antrag, die in die späteren §§ 524, 525 E I eingegangene mietrechtliche Regelung bei der Pacht landwirtschaftlich benutzter Gegenstände für unanwendbar zu erklären, stieß auf Ablehnung. In § 542 E I wurde die Nutzungsentschädigung bei der Pacht eines landwirtschaftlichen Grundstücks allerdings nur insofern zugelassen, als der Pächter während der ganzen Dauer eines oder mehrerer Pachtjahre den Fruchtgenuss behalten habe (Jakobs/Schubert 674, 676 f). Trotz der Zweifel, ob sich diese Einschränkung nicht von selbst verstehe, wurde eine ausdrückliche Regelung für ratsam gehalten, um einer nicht unwichtigen Streitfrage vorzubeugen (Mot II 432; Jakobs/Schubert 677). Auf Anregung der Vorkommission des RJA dehnte die Zweite Kommission die Regelung auf alle Pachtgegenstände aus und ließ die Entschädigung auch bei einer Fortsetzung des Fruchtgenusses für eine kürzere Zeit als ein Pachtjahr

zu. Darüber hinaus wurde bestimmt, dass die Entschädigung nicht nur nach der Dauer der Vorenthaltung, sondern auch nach den in diese Zeit fallenden Nutzungen zu bestimmen sei (Prot II 256 ff; Jakobs/Schubert 680 ff). Abgesehen von redaktionellen Verbesserungen wurde die Vorschrift idF des § 537 E II als § 597 Gesetz.

Bei der **Reform** durch das Gesetz zur Neuordnung des landwirtschaftlichen Pachtrechts vom 8. 11. 1985 (BGBl I 2065) ist der frühere § 597 BGB bis auf geringfügige redaktionelle Verbesserungen inhaltlich unverändert als § 584b BGB in den Untertitel über die nichtlandwirtschaftliche Pacht übernommen worden. Für die Landpacht ist hingegen mit der Neufassung des § 597 BGB eine dem § 557 Abs 1 S 1 HS 1 und S 2 aF (= § 546a BGB nF) entsprechende Vorschrift geschaffen worden, weil die für das Mietrecht getroffene Regelung bei den landwirtschaftlichen Verhältnissen angemessener sei als die des seinerzeit geltenden § 597 BGB (Begr zum RegE BT-Drucks 10/509, 26 f). Warum das abweichend von den bei der Entstehung des BGB maßgebenden Erwägungen (Rn 4) so sein soll, wird nicht näher begründet. 5

Das Mietrechtsreformgesetz vom 19. 6. 2001 (BGBl I 1149) hat an dieser Rechtslage nichts verändert, sondern lediglich zu einer sprachlichen Änderung geführt, die durch die Ersetzung des Begriffs „Pachtzins" durch „Pacht" bedingt war (Begr zum RegE BT-Drucks 14/4553, 75). 6

III. Nutzungsentschädigung

1. Voraussetzungen

a) Pachtvertrag
Zwischen den Parteien muss nach § 584b S 1 BGB ein Pachtverhältnis bestanden haben. Die Vorschrift gilt deshalb nicht zwischen Hauptverpächter und Unterpächter (OLG Hamburg WuM 1999, 289). Der Vertrag muss wirksam zustande gekommen sein und darf auch nicht aufgrund einer Anfechtung nach § 142 Abs 1 BGB von Anfang an nichtig sein. Auf die Rückabwicklung fehlgeschlagener Verträge ist die Vorschrift nicht anwendbar. Die Art des Pachtgegenstands ist unerheblich, für die Landpacht ist allerdings die Sonderregelung in § 597 BGB einschlägig. Im Übrigen gilt die Vorschrift in gleicher Weise für die Pacht von Grundstücken zu jedweder Nutzung, für die Pacht von Räumen, beweglichen Sachen, Unternehmen und Rechten (§ 581 Rn 11 ff; einschränkend zur Anwendbarkeit bei der Rechtspacht Staudinger/Sonnenschein/Veit [2004] § 584b Rn 6). 7

b) Beendigung der Pacht
Das Pachtverhältnis muss **beendet sein**. Wann dies der Fall ist, ergibt sich aus den §§ 584, 581 Abs 2, 542 BGB. Ein befristetes Pachtverhältnis endet mit Ablauf der vereinbarten Zeit (§ 581 Rn 426 ff). Bei einem Pachtverhältnis auf unbestimmte Zeit ist der Zeitpunkt maßgebend, zu dem der Pächter oder Verpächter ordentlich gekündigt hat (§ 581 Rn 437 ff, 451; § 584 Rn 23 ff). Das Gleiche gilt unabhängig von der vereinbarten Dauer des Pachtverhältnisses bei einer außerordentlichen befristeten oder fristlosen Kündigung (§ 581 Rn 441 ff, 451; § 584 Rn 23 ff). Wird das Pachtverhältnis einvernehmlich aufgehoben, ist der von den Parteien vereinbarte Zeitpunkt entscheidend (§ 581 Rn 466). Bei einer Beendigung aufgrund sonstiger Umstände kommt es auf den Eintritt des jeweiligen Grundes an (§ 581 Rn 469 ff). Ist das Pachtverhältnis 8

nicht beendet oder bestehen Zweifel an der Wirksamkeit einer Kündigung durch den Verpächter, so ist der Pächter mangels eines Zurückbehaltungsrechts nicht berechtigt, weitere Zahlungen zu verweigern, weil er entweder die Pacht aus dem fortbestehenden Vertrag oder die Entschädigung aus § 584b BGB schuldet (RG JW 1931, 3425 mAnm Richter; BGB-RGRK/Gelhaar § 597 Rn 1).

9 Das Pachtverhältnis muss **beendet bleiben**. Die Regelung des § 584b BGB greift deshalb nicht ein, wenn die Parteien den Vertrag unmittelbar vom Zeitpunkt der Beendigung an durch ausdrückliche oder stillschweigende Vereinbarung verlängern, wenn der Vertrag entsprechend den §§ 581 Abs 2, 545 BGB durch Fortsetzung des Gebrauchs und der Fruchtziehung als verlängert gilt (RG HRR 1932 Nr 111 u 1648; BGB-RGRK/Gelhaar § 597 Rn 1; Palandt/Weidenkaff § 584b Rn 1; Oertmann § 597 Anm 1; Planck/Knoke § 597 Anm 1; Kern § 584b Rn 6; R Reuter DJZ 1900, 478).

c) Vorenthaltung des Pachtgegenstands
aa) Begriff

10 Der Begriff der Vorenthaltung ist erst in den §§ 499, 537 E II in den Gesetzentwurf aufgenommen worden, während in § 525 E I von der Zeit der Fortsetzung des Gebrauchs die Rede war. Die Entstehungsgeschichte trägt nichts dazu bei, den Begriff der Vorenthaltung zu klären (Jakobs/Schubert 507). Darüber hinaus ist der Tatbestand des § 584b BGB ebenso wie der des § 546a BGB insofern ungenau gefasst, als zum einen vorausgesetzt wird, dass der Pächter den gepachteten Gegenstand nicht zurückgibt, und dass zum anderen von der Vorenthaltung gesprochen wird, für deren Dauer die Nutzungsentschädigung zu entrichten ist. Daraus wird geschlossen, dass die Vorenthaltung nicht einfach mit der Nichtrückgabe gleichzusetzen ist. Eine Vorenthaltung liegt nur dann vor, wenn der Pächter den Pachtgegenstand nicht zurückgibt, obwohl ihm das möglich ist, und wenn dieses Verhalten des Pächters dem Willen des Verpächters widerspricht (BGH NJW 1960, 909, 910 mwNw; NZM 2000, 134, 135; OLG Bamberg ZMR 2002, 738; Soergel/Heintzmann § 584b Rn 2, § 546a Rn 5; Staudinger/Rolfs [2018] § 546a Rn 15 ff). Auf ein Verschulden des Pächters hinsichtlich der Vorenthaltung kommt es nicht an (RG HRR 1932 Nr 111; OLG Kiel SchlHAnz 1927, 43; BGB-RGRK/Gelhaar § 597 Rn 1; Soergel/Heintzmann § 584b Rn 4 iVm § 546a Rn 19 f; Erman/Dickersbach § 584b Rn 2; Palandt/Weidenkaff § 584b Rn 3; Kern § 584b Rn 7).

bb) Vorenthaltung der tatsächlichen Gewalt

11 Der Pächter ist nach §§ 581 Abs 2, 546 BGB grundsätzlich verpflichtet, dem Verpächter den **unmittelbaren Besitz** an dem Pachtgegenstand zu verschaffen (Staudinger/Rolfs [2018] § 546 Rn 9 ff). Eine Vorenthaltung setzt deshalb voraus, dass der Pächter dem Verpächter nicht nach § 854 BGB die tatsächliche Gewalt über den Pachtgegenstand einräumt, sodass der Rückgabeanspruch nicht erfüllt wird. Das ist zunächst der Fall, wenn der Pächter den Pachtgegenstand in seinem Besitz behält. Nicht erforderlich ist, dass er weiterhin den Gebrauch ausübt und Früchte zieht (Prot II 258; RGZ 99, 230, 231 f; OLG Brandenburg 11. 8. 2010 – 3 U 150/09, juris; Palandt/Weidenkaff § 584b Rn 3). Dies ergibt sich schon aus dem Wortlaut der Vorschrift, die auf die Nutzungen abstellt, die der Pächter hätte ziehen können. Eine Vorenthaltung ist auch dann anzunehmen, wenn der Pächter weder unmittelbarer noch mittelbarer Besitzer ist, den Pachtgegenstand aber aufgrund seiner Rechtsbeziehungen zu dem besitzenden Dritten, zB nach den §§ 812 Abs 1, 823 oder 861 BGB, herausverlangen

und dann dem Verpächter zurückgeben könnte (offen gelassen von RGZ 99, 230, 232). Macht der Pächter zulässigerweise ein Zurückbehaltungsrecht geltend, weil die §§ 581 Abs 2, 570 BGB nicht eingreifen (§ 581 Rn 337), so liegt keine Vorenthaltung iS des § 584b BGB vor, soweit sich der Pächter auf die bloße Zurückbehaltung beschränkt und den Gegenstand nicht weiterhin nutzt (BGHZ 65, 56, 59 mAnm HAASE JR 1976, 22). Wenn der Pächter nach Ablauf der Pachtzeit das gepachtete Grundstück aufgrund eines Kaufvertrags behält, dessen Erfüllung der Verpächter wegen rechtlich begründeter Meinungsverschiedenheiten über die Höhe des Kaufpreises zunächst zu Recht verweigert, so liegt für die Zeit bis zur Auflassung keine Pachtverlängerung, sondern eine Vorenthaltung iS des § 584b BGB vor (OLG Kiel SchlHAnz 1927, 43).

Im Übrigen kann von einer Vorenthaltung nur so weit die Rede sein, wie der **12** **Umfang der Rückgabeverpflichtung** des Pächters reicht. Grundsätzlich braucht der Pächter nur das zurückzugeben, was er zuvor vom Verpächter oder dessen Geheißpersonen erhalten hat. Besondere Probleme warf dabei früher die Apothekenpacht auf, nachdem sich das BVerfG für die Niederlassungsfreiheit auf dem Gebiet des Apothekenrechts ausgesprochen hatte (BVerfG NJW 1958, 1035). Da es sich hinsichtlich der Überlassung der Konzession um Rechtspacht handelt, stellte sich die Frage, ob der Pächter nach der Beendigung des Pachtverhältnisses das gesamte Unternehmen einschließlich der von ihm selbst beschafften Räume, der Einrichtung und des Warenlagers an den Verpächter der Konzession herausgeben musste und deshalb bei einer Vorenthaltung nach § 597 aF eine danach bemessene Entschädigung zu zahlen hatte. Die Rspr hat ein Übernahmerecht des Verpächters mit einer entsprechenden Herausgabe- und Übertragungspflicht des Pächters nicht aus den gesetzlichen Bestimmungen der §§ 556, 597 aF abgeleitet, sondern allein aus dem Inhalt des jeweiligen Vertrags. Nur wenn der Vertrag ein Übernahmerecht zum Inhalt hatte, kamen eine Vorenthaltung und damit eine Entschädigungspflicht nach § 597 aF in Betracht (BGH LM Nr 1 zu § 597 BGB; NJW 1964, 2204; LM Nr 1b zu § 597 BGB; NJW 1968, 197). Die gleichen Probleme können sich neben der Rechtspacht auch bei der Grundstücks- oder Raumpacht stellen, wenn erst der Pächter das wirtschaftliche Unternehmen schafft, dem das Grundstück oder die Räume als Grundlage dienen. Hier richtet es sich im Einzelfall nach dem Vertragsinhalt, ob der Pächter nach der Beendigung des Pachtverhältnisses über das Grundstück oder die Räume hinaus das gesamte Unternehmen zur Verfügung stellen muss und bei einer Vorenthaltung des letzteren eine Entschädigung nach § 584b BGB schuldet.

Teilleistungen des Pächters sind nach § 266 BGB bei der Erfüllung der Rückgabe- **13** pflicht grundsätzlich unzulässig (s zur Miete STAUDINGER/ROLFS [2018] § 546 Rn 32). Gibt der Pächter nur einen Teil des einheitlichen Pachtgegenstands zurück, hat dies in der Regel zur Folge, dass der ganze Gegenstand vorenthalten wird und der Pächter nicht nur einen Teil der Entschädigung schuldet (BGB-RGRK/GELHAAR § 597 Rn 1; SOERGEL/ HEINTZMANN[12] § 584b Rn 8). Dies gilt etwa bei der Verpachtung einer Gastwirtschaft, wenn die zurückgegebenen Galsträume und die vom Pächter vorenthaltenen Wirtschafts- und Wohnräume nach ihrer Lage, Größe und Verwendbarkeit einen einheitlichen Pachtgegenstand darstellen, weil sie nur als Gesamtheit sachgemäß weiterverpachtet werden können (LG Mannheim MDR 1965, 140). Das Gleiche gilt bei teilweiser Rückgabe eines gepachteten Grundstücks, soweit der zurückgegebene Teil für den Verpächter nicht von eigenständigem Interesse ist (OLG Hamburg ZMR 1996,

259). Die mietrechtlichen Kündigungsschutzvorschriften sind auf Pachtverträge grundsätzlich nicht anwendbar und rechtfertigen deshalb wegen der Einheitlichkeit des Rechtsverhältnisses hinsichtlich eines mitverpachteten Wohnraums allenfalls im Einzelfall ein anderes Ergebnis (§ 581 Rn 430). Ist die Annahme der Teilleistung dagegen für den Verpächter zumutbar, weil er die einzelnen Teile des Pachtgegenstands in Zukunft getrennt verpachten will, so beschränkt sich die Vorenthaltung auf die nicht zurückgegebenen Teile mit der Folge, dass auch die Entschädigung nur anteilig zu entrichten ist.

14 Der Pachtgegenstand wird nicht vorenthalten, wenn der Pächter ihn zwar zurückgibt, aber seine **weiteren Pflichten** nicht erfüllt, die im Rahmen der Rückgabepflicht bestehen (STAUDINGER/ROLFS [2018] § 546a Rn 20). Das gilt zB für unterbliebene Schönheitsreparaturen, Beseitigung von Schäden und die Wegnahme von Einrichtungen, Anlagen und Gebäuden, die der Pächter in Ausübung seines Pachtrechts angebracht oder errichtet hat (RG JW 1910, 939; LG Köln MDR 1966, 239).

cc) Möglichkeit der Rückgabe

15 Der Pachtgegenstand wird dem Verpächter nur vorenthalten, wenn und solange seine Rückgabe nicht objektiv unmöglich ist. Wenn der Pachtgegenstand im Zeitpunkt der Beendigung des Vertragsverhältnisses untergegangen ist oder wenn dies später geschieht, entfällt die Vorenthaltung in dem Zeitpunkt, in dem die Rückgabe objektiv unmöglich wird (STAUDINGER/ROLFS [2018] § 546a Rn 22 mwNw). Streitig ist, ob der Pachtgegenstand auch dann vorenthalten wird, wenn die Rückgabe dem Pächter subjektiv unmöglich ist. Diese Frage stellt sich vor allem bei einer Unterverpachtung über das Ende des Hauptpachtverhältnisses hinaus (RG HRR 1932 Nr 111). Sie wird von der hM zu § 546a BGB bejaht (BGHZ 90, 145, 149f mAnm ECKERT ZIP 1984, 615; OLG Hamburg ZMR 1953, 112 – beide noch zu § 557 aF; weitere Nachw bei STAUDINGER/ROLFS [2018] § 546a Rn 25), während eine abweichende Auffassung das Unvermögen der objektiven Unmöglichkeit gleichstellt (LG Düsseldorf MDR 1954, 419; LG Köln MDR 1959, 762; LG Hamburg ZMR 1960, 44; weitere Nachw bei STAUDINGER/ROLFS [2018] § 546a Rn 24). Entscheidend ist, ob dem Pächter die Rückgabe sofort oder in einem späteren Zeitpunkt möglich ist, selbst wenn er sich den Pachtgegenstand zunächst wiederbeschaffen muss (STAUDINGER/ROLFS [2018] § 546a Rn 27). Dies ist bei der Unterverpachtung oder Untervermietung durch den Hauptpächter regelmäßig anzunehmen, sodass der Pachtgegenstand von der Beendigung des Hauptpachtverhältnisses an vorenthalten wird. Die Vorenthaltung wird nicht durch die frühere Erlaubnis des Hauptverpächters zur Überlassung des Gebrauchs an einen Dritten ausgeschlossen (SOERGEL/HEINTZMANN[12] § 584b Rn 7). Dies gilt grundsätzlich auch, wenn dem Hauptverpächter bei Erteilung der Erlaubnis erkennbar war, dass die Unterpacht möglicherweise länger als das Hauptpachtverhältnis andauern würde. Der Hauptpächter ist insoweit nicht nach § 242 BGB schutzbedürftig, weil er bei solchen zeitlichen Unterschieden davon ausgehen kann, dass der Hauptverpächter ihm nach dem Ende des Hauptpachtverhältnisses nicht ohne Weiteres die Nutzungen unentgeltlich überlassen will.

dd) Rücknahmewille des Verpächters

16 Die Vorschrift des § 584b BGB knüpft Ersatzansprüche an ein vertragswidriges Verhalten des Pächters, der seine Rückgabepflicht nicht erfüllt. Ein solches vertragswidriges Verhalten ist nur gegeben, wenn der Pachtgegenstand gegen den Willen des

Verpächters nicht zurückgegeben wird (BGH NZM 2000, 134, 135; MünchKomm/Harke § 584b Rn 2; Soergel/Heintzmann § 584b Rn 2; BeckOK/C Wagner [15. 6. 2017] § 584b Rn 6; Staudinger/Rolfs [2018] § 546a Rn 28 ff). Eine Vorenthaltung scheidet deshalb aus, wenn der Verpächter zu erkennen gibt, dass er die Rückgabe des Pachtgegenstands nicht wünscht, weil er etwa eine Kündigung des Pächters für unwirksam hält und deshalb den Vertrag zu Unrecht für fortbestehend hält (RGZ 103, 289, 290; RG JW 1937, 809 mAnm Roquette; BGH NJW 1960, 909; WM 1973, 383, 386; OLG Düsseldorf DWW 1991, 16), weil er den Pachtgegenstand trotz Beendigung des Vertrags nicht zurückfordert, um einen neuen Vertrag mit dem Pächter abzuschließen (KG NJW 1971, 432) oder weil er nicht vom Pächter verlangt, in den verpachteten Räumen verbliebene Einrichtungsgegenstände fortzuschaffen (OLG Koblenz NZM 2006, 181, 182 f). Hingegen fehlt der Rücknahmewille nicht bei Einräumung einer Räumungsfrist (BGH GuT 2007, 140, 141). Nicht erforderlich ist auch, dass der Rücknahmewille auf einem Nutzungswillen des Verpächters beruht (OLG München ZMR 1993, 466). Die Vorenthaltung kann bei fehlendem Rücknahmewillen nicht mit der Begründung bejaht werden, der Pächter sei zur Rückgabe nicht in der Lage (BGH NJW 1960, 909, 910; **aA** RG WarnR 1934 Nr 176; Soergel/Heintzmann § 584b Rn 2 iVm § 546a Rn 8). Rücknahmewille und Möglichkeit der Rückgabe sind selbständige Merkmale des Begriffs der Vorenthaltung. Ist der Tatbestand des § 584b BGB nicht erfüllt, schuldet der Pächter nur unter den Voraussetzungen der §§ 812, 818 BGB eine Nutzungsentschädigung, die idR dem objektiven Pachtwert entspricht (KG NJW 1971, 432; vgl BGH WM 1973, 383, 386).

ee) Dauer der Vorenthaltung

Die Vorenthaltung beginnt mit dem Zeitpunkt, in dem das Pachtverhältnis beendet **17** ist. Sie endet, sobald der Pächter seine Rückgabepflicht erfüllt oder wenn ihm die Erfüllung unmöglich wird (OLG Brandenburg 9. 9. 2009 – 3 U 84/05, juris; Staudinger/Rolfs [2018] § 546a Rn 32). Die Dauer der Vorenthaltung ist neben dem Verhältnis der in dieser Zeit gezogenen oder möglichen Nutzungen zu den Nutzungen des ganzen Pachtjahres ein Kriterium, nach dem die Höhe der Entschädigung bemessen wird.

2. Rechtsfolgen

a) Allgemeines

Nach der Beendigung des Pachtverhältnisses entsteht für die Dauer der Vorenthal- **18** tung zwischen den früheren Vertragsparteien ein gesetzliches Schuldverhältnis (Staudinger/Rolfs [2018] § 546a Rn 34 mwNw), aus dem sich in erster Linie der Anspruch des Verpächters auf Nutzungsentschädigung nach § 584b S 1 BGB ergibt (Rn 19 ff). Auch eine Haftung wegen Fortführung der Firma nach § 25 HGB erfasst die Nutzungsentschädigung (BGH NJW 1982, 577). Bei der Nutzungsentschädigung iSd § 584b S 1 BGB kann es sich wie im Mietrecht nach zT vertretener Ansicht um einen reinen Schadensersatzanspruch (BGH NJW 1961, 916; OLG Frankfurt DB 1987, 2195; ZMR 1987, 177; OLG Karlsruhe ZMR 1987, 261; ähnlich OLG Brandenburg 9. 9. 2009 – 3 U 84/05, juris: Mindestentschädigung) oder um einen schadensersatzähnlichen Anspruch (LG Göttingen MDR 1959, 928) handeln; andere nehmen einen vertraglichen Abwicklungsanspruch (LG Stuttgart ZMR 1987, 153; BeckOK/C Wagner [15. 6. 2017] § 584b Rn 1) oder einen vertraglichen Anspruch eigener Art an (BGHZ 68, 307, 310; 90, 145, 151; 104, 285, 290; BGH ZMR 1996, 131, 133; NZG 2003, 971; MünchKomm/Harke § 584b Rn 1; Soergel/Heintzmann § 584b Rn 2 iVm § 546a Rn 11; Erman/Lützenkirchen § 546a Rn 2). Der Anspruch ist in jedem Fall auf Entschädigung des Verpächters gerichtet (Mot II 415; RG SeuffA 69 Nr 30; KG

HRR 1932 Nr 107). Soweit der Nutzungsentschädigung kein Schadensersatzcharakter beigemessen wird, ist es folgerichtig, eine Kürzung wegen mitwirkenden Verschuldens nach § 254 BGB abzulehnen (BGHZ 90, 145, 150; 104, 285, 290; SOERGEL/HEINTZMANN § 584b Rn 11 iVm § 546a Rn 11; BeckOK/C WAGNER [15. 6. 2017] § 584b Rn 1; KERN § 584b Rn 17). Überzeugender erscheint es jedoch, den Anspruch als einen pauschalierten pachtvertraglichen Schadensersatzanspruch zu qualifizieren, auf den dann auch § 254 BGB anwendbar sein kann. Die Höhe des Anspruchs ist unabhängig davon, ob und inwieweit der Verpächter aus der Vorenthaltung des Pachtgegenstands einen Schaden erlitten hat und ob der Pächter den Pachtgegenstand noch tatsächlich genutzt hat (RG WarnR 1934 Nr 176; BGH NJW 1961, 916; NZM 2000, 134, 135; KG HRR 1934 Nr 855). Der Verpächter kann als Mindestschaden die vereinbarte Pacht verlangen. Zu berücksichtigen ist allerdings, ob der Verpächter die Nutzung der Pachtsache nachholen kann. Wird eine Kiesgrube zum Sandabbau verpachtet, dieser aber vom Pächter teilweise nicht vorgenommen, so kann der Abbau vom Verpächter oder einem neuen Pächter nachgeholt werden. In diesem Umfang erleidet der Verpächter dann keine Vermögenseinbuße in Form des Verlusts einer Nutzungsmöglichkeit (BGH NZM 2000, 134, 135). Die Geltendmachung eines weiteren Schadens ist nach § 584b S 2 BGB nicht ausgeschlossen (Rn 27 f). Das Gleiche gilt für Bereicherungsansprüche aus §§ 812 ff BGB, auch wenn sie über die vereinbarte Pacht hinausgehen (Rn 29). Im Übrigen können sich aus dem gesetzlichen Schuldverhältnis weitere Rechte und Pflichten der Parteien ergeben, die insbesondere dann bedeutsam werden, wenn der Pächter den Pachtgegenstand weiterhin nutzt (Rn 23 ff). Der Verpächter eines Grundstücks hat für seine Forderungen aus dem Pachtverhältnis, zu denen auch die Entschädigungsansprüche des § 584b BGB gehören, entsprechend den §§ 581 Abs 2, 562 BGB ein Pfandrecht an den eingebrachten Sachen des Pächters (zum Mietrecht STAUDINGER/EMMERICH [2018] § 562 Rn 8 ff, 26 f). Da der Entschädigungsanspruch nach Beendigung des Pachtverhältnisses an die Stelle des Pachtanspruchs tritt, unterliegt er wie dieser der Umsatzsteuer (BGH ZMR 1996, 131, 133; § 581 Rn 260). Gegenüber dem Ersatzanspruch kann sich der Pächter nicht darauf berufen, dass er das Pachtverhältnis selbst hätte anfechten oder wegen Vertragswidrigkeiten des Verpächters kündigen können, wenn er hiervon in Kenntnis der Anfechtungs- bzw Kündigungsgründe keinen Gebrauch gemacht hat (OLG Köln VersR 2000, 1113 f).

b) Vereinbarte Pacht
aa) Grundsatz

19 Der Verpächter kann nach § 584b S 1 BGB für die Dauer der Vorenthaltung als Entschädigung die vereinbarte Pacht nach dem Verhältnis verlangen, in dem die Nutzungen, die der Pächter während dieser Zeit gezogen hat oder hätte ziehen können, zu den Nutzungen des ganzen Pachtjahrs stehen. Vereinbarte Pacht ist der Betrag, der vertraglich zur Zeit der Beendigung des Pachtverhältnisses zu entrichten war. Dieser Betrag braucht nicht mit der bei Vertragsschluss vereinbarten Pacht übereinzustimmen, sondern kann aufgrund von Parteivereinbarungen auch nachträglich erhöht oder ermäßigt worden sein (§ 581 Rn 270 ff). Eine im Zeitpunkt des Vertragsendes geminderte Pacht bleibt für die Dauer der Vorenthaltung maßgebend, solange der Fehler des Pachtgegenstands nicht beseitigt ist (OLG Düsseldorf DWW 1991, 16). Eine Minderung ist dagegen ausgeschlossen, wenn sich der Pachtgegenstand nach Beendigung des Pachtverhältnisses erstmalig oder weiter verschlechtert (OLG Düsseldorf DWW 1991, 236; KERN § 584b Rn 31; STAUDINGER/ROLFS [2018] § 546a Rn 42). Ebenso scheidet nach Vertragsende eine Erhöhung der Nutzungsentschädigung aufgrund solcher Abreden aus, die von den Parteien in dem früheren Vertrag getroffen worden sind. Dies gilt nicht nur für Preisklauseln (BGH WM 1973, 383, 386 – zu Wertsicherungsklauseln; § 581 Rn 273 ff), sondern auch für sonstige Vereinbarungen, die dem Verpächter ein Recht auf Erhöhung der Pacht einräumen (§ 581 Rn 270 ff). Die abweichende Auffassung beruft sich zu Unrecht auf den Grundsatz, der Verpächter dürfe bei Vorenthaltung des Pachtgegenstands keinesfalls schlechter gestellt werden als während der Dauer des Vertrags (so BGB-RGRK/GELHAAR § 597 Rn 3; MünchKomm/HARKE § 584b Rn 3; vgl BGH WM 1973, 383, 386; KG HRR 1932 Nr 107). Solche Klauseln verlieren mit dem Vertragsende ihre Wirksamkeit, da sie im Gegensatz zu einem vertraglichen Minderungs- oder Aufrechnungsverbot den Inhalt der Pachtvereinbarung und damit des Vertrags ändern sollen. Der Verpächter kann insoweit allenfalls einen weitergehenden Schadensersatzanspruch iS des § 584b S 2 BGB (Rn 27 f) oder Bereicherungsansprüche aus den §§ 812 ff BGB geltend machen (Rn 29). Umfasst die vereinbarte Pacht die Umsatzsteuer, ist auch die Entschädigung entsprechend zu bemessen (BGHZ 104, 285; BGH ZMR 1996, 131, 133; OLG Düsseldorf ZMR 2003, 105, 106).

bb) Bemessung nach dem Verhältnis der Nutzungen

Die Entschädigung richtet sich in erster Linie nach der Dauer der Vorenthaltung des 20 Pachtgegenstands. Dabei ist die nach längeren Zeitabschnitten bemessene Pacht ggf tageweise umzurechnen. Die Höhe der Entschädigung ist darüber hinaus von dem Verhältnis abhängig, in dem die Nutzungen, die der Pächter während dieser Zeit gezogen hat oder hätte ziehen können, zu den Nutzungen des ganzen Pachtjahres stehen. Diese Bestimmung berücksichtigt, dass sich die Nutzungen vor allem bei Grundstücken, Saisonbetrieben und auch anderen Pachtgegenständen häufig ungleichmäßig über das Pachtjahr verteilen (Prot II 257; Rn 2; BGH NZM 2000, 134, 135; PLANCK/KNOKE § 597 Anm 2). Nutzungen sind nach § 100 die Früchte und die Gebrauchsvorteile des Pachtgegenstands. Zum einen ist auf die Nutzungen abzustellen, die der frühere Pächter während der Dauer der Vorenthaltung tatsächlich gezogen hat. Zum anderen kommt es auf die Nutzungen an, die er während dieser Zeit hätte ziehen können. Maßgebend sind die Regeln einer ordnungsmäßigen Wirtschaft (BGB-RGRK/GELHAAR § 597 Rn 2; ERMAN/DICKERSBACH § 584b Rn 3; PLANCK/KNOKE § 597 Anm 2). Entscheidend ist, welche Nutzungen nach den Regeln erzielbar gewesen wären, die nach allgemeiner Auffassung in den betroffenen Kreisen bestehen, um den Pachtgegenstand ordentlich und durchschnittlichen Anforderungen genügend zu bewirtschaften. Bleiben die Nutzungen dahinter zurück, weil der frühere Pächter den Pachtgegenstand nur noch schlecht oder gar nicht mehr bewirtschaftet, so ist der mögliche höhere Ertrag maßgebend (BGH NZM 2000, 134, 135). Liegen die tatsächlichen Nutzungen jedoch höher, weil überdurchschnittlich gut gewirtschaftet wird, ist dieser Betrag entscheidend. § 584b BGB ist auch auf die Teilpacht anwendbar, bei der sich die Pacht an sich nach den tatsächlich gezogenen Nutzungen bemisst (§ 581 Rn 255 ff). Es besteht kein Grund, im Rahmen des § 584b BGB bei der Teilpacht die erzielbaren Nutzungen außer Betracht zu lassen (aA CROME 122 f), zumal die Pflicht zur Zahlung der Pacht auch bei einem noch bestehenden Pachtverhältnis nicht ohne Weiteres deshalb entfällt, weil der Pächter den Pachtgegenstand nicht nutzt (BGH NJW 1979, 2351, 2352). Verschiedenartige Nutzungen sind mit ihrem jeweiligen objektiven Wert zusammenzurechnen. Der maßgebende Betrag ist in das Verhältnis zu den gesamten Nutzungen eines Pachtjahres zu setzen, die hätten erzielt werden können. Hieraus ergibt sich eine Verhältniszahl, nach der aus der Jahrespacht der

Teil der Pacht für die Dauer der Vorenthaltung zu berechnen ist (Fränkel 93 f). Die Entschädigung, die sich allein aus der Dauer der Vorenthaltung ergeben würde, kann sich dadurch erhöhen oder ermäßigen. Erstreckt sich die Vorenthaltung genau über ein oder mehrere Pachtjahre, wird die Jahrespacht durch die Verhältnisrechnung nicht verändert (Planck/Knoke § 597 Anm 2). Das Gleiche gilt, wenn die Nutzungen, wie etwa bei einem Lagerplatz, während des ganzen Jahres annähernd gleich bleiben (KG JW 1938, 2140; BGB-RGRK/Gelhaar § 597 Rn 2).

c) Fälligkeit des Anspruchs

21 Die Fälligkeit der Nutzungsentschädigung richtet sich grundsätzlich nach der Regelung, die der Pachtvertrag für die Fälligkeit der Pacht vorsah (Staudinger/Rolfs [2018] § 546a Rn 44). Der Pächter kann deshalb nach § 286 Abs 2 BGB auch ohne Mahnung mit der Leistung der Entschädigung in Verzug geraten (**aA** OLG Köln MDR 1966, 761). Für eine Fälligkeit nach Maßgabe der früheren Pacht sind die Ähnlichkeit beider Ansprüche und das Bestreben entscheidend, weder den Verpächter noch den Pächter zu benachteiligen, was einerseits bei Fälligkeit mit dem Ende der Vorenthaltung oder andererseits bei täglicher Fälligkeit der Fall sein würde (BGH NJW 1974, 556; BGB-RGRK/Gelhaar § 597 Rn 3; MünchKomm/Voelskow[3] § 584b Rn 1).

d) Verjährung des Anspruchs

22 Der Anspruch auf Nutzungsentschädigung verjährt im Interesse eines alsbaldigen Rechtsfriedens wie der Pachtanspruch, an dessen Stelle er tritt, grundsätzlich nach § 195 BGB in der Frist von drei Jahren (zu § 197 aF OLG Königsberg HRR 1936 Nr 869; KG NJW 1971, 432; BGB-RGRK/Gelhaar § 597 Rn 6; vgl auch BGHZ 68, 307, 310 mAnm Wolf LM Nr 9 zu § 557 BGB; OLG Düsseldorf ZMR 2003, 105, 107; Kern § 584b Rn 58; einschränkend Heckelmann JuS 1977, 799); die absolute Verjährungsfrist richtet sich nach § 199 Abs 4 BGB (MünchKomm/Harke § 584b Rn 4). Die sechsmonatige Verjährungsfrist entsprechend den §§ 581 Abs 2, 548 BGB scheidet aus, da es sich bei der Nutzungsentschädigung nicht um einen Ersatzanspruch wegen Veränderungen oder Verschlechterungen des Pachtgegenstands handelt (OLG Königsberg HRR 1936 Nr 869).

e) Sonstige Rechtsfolgen

23 Mit dem Ende des Pachtverhältnisses erlöschen grundsätzlich alle vertraglichen Rechte und Pflichten. Aufgrund der Vorenthaltung des Pachtgegenstands entsteht zwischen den Parteien ein **gesetzliches Schuldverhältnis**. Hieraus ergeben sich neben der Nutzungsentschädigung aus § 584b BGB weitere Rechte und Pflichten, die vor allem eingreifen, wenn der frühere Pächter den Pachtgegenstand weiterhin nutzt. Die inhaltliche Bestimmung dieser Rechte und Pflichten hat zu berücksichtigen, dass der Pächter den Pachtgegenstand möglicherweise nur noch vorübergehend ausschließlich im eigenen Interesse nutzt und dass der Verpächter ihm den Besitz nicht eigenmächtig entziehen oder ihn in der Ausübung des Besitzes stören darf (K Müller MDR 1971, 253).

24 Der **Verpächter** ist bei der Grundstücks- oder Raumpacht verpflichtet, dem Pächter weiterhin einen gefahrlosen Zugang zu ermöglichen und alle Gefahren zu beseitigen, die vom Besitz des Pachtgegenstands ausgehen können; insofern dürfte es sich um Ausprägungen der allgemeinen Verkehrssicherungspflichten des Verpächters handeln. Weitergehende Instandhaltungen braucht er nicht vorzunehmen. Versorgungsleistungen sind insoweit in angemessenem Umfang zur Verfügung zu stellen,

als es sich um die Pächterwohnung handelt, damit nicht ein mittelbarer Druck zur Räumung entsteht. Im Übrigen ist der Verpächter nicht verpflichtet, solche Versorgungsleistungen zu erbringen, die zur Aufrechterhaltung eines Betriebs durch den Pächter notwendig sind.

Der **Pächter** ist zur Obhut über den Pachtgegenstand verpflichtet; dies dürfte mangels Fortbestehens des Vertrags nicht aus § 241 Abs 2 BGB, aber jedenfalls aus § 242 BGB abzuleiten sein. Eine vertraglich übernommene Pflicht, Schönheits- und andere Reparaturen vorzunehmen, wirkt nicht fort. Dies gilt auch für sonstige besondere vertragliche Pflichten, die nicht typischerweise zum Mindestinhalt eines Pachtverhältnisses gehören und nach Sinn und Zweck des nunmehr bestehenden gesetzlichen Schuldverhältnisses nicht dessen Inhalt prägen. Zu beachten ist aber, dass durch die Vorenthaltung keine Rückgewährpflichten beeinträchtigt werden dürfen, weil der Rückgabeanspruch des Verpächters noch nicht erfüllt ist. So kann den früheren Pächter hinsichtlich des Inventars eine Erhaltungspflicht nach §§ 582, 582a BGB treffen. 25

Diese Rechtsfolge gilt auch bei der **Apothekenpacht** (BGH LM Nr 1 zu § 597 BGB). Daneben kommen weitergehende Bereicherungsansprüche des Verpächters in Betracht, vor allem wenn der objektive Nutzwert der Apotheke deutlich über der früher vereinbarten Pacht liegt (BGH NJW 1968, 197). 26

IV. Weitergehender Schadensersatz

1. Anspruchsgrundlagen

Nach § 584b S 2 BGB ist die Geltendmachung eines weiteren Schadens durch den Verpächter nicht ausgeschlossen. Hierbei handelt es sich nicht um eine selbständige Anspruchsgrundlage. Die Vorschrift stellt klar, dass neben der Mindestentschädigung weitere Schadensersatzansprüche aus den allgemeinen Vorschriften unberührt bleiben (s auch STAUDINGER/ROLFS [2018] § 546a Rn 57 ff). Hierzu gehören in erster Linie Ansprüche wegen Schuldnerverzugs nach §§ 286 ff BGB (KG NJW 1970, 951; OLG Brandenburg 9. 9. 2009 – 3 U 84/05, juris – iE abgelehnt). Ferner kommen Ansprüche aus Pflichtverletzung nach § 280 Abs 1 BGB (OLG Brandenburg 9. 9. 2009 – 3 U 84/05, juris) und aus unerlaubter Handlung nach §§ 823 ff BGB in Betracht. Derartige Ansprüche setzen im Gegensatz zur Nutzungsentschädigung nach § 584b S 1 BGB voraus, dass der Pächter den Pachtgegenstand schuldhaft nicht zurückgegeben hat. 27

2. Umfang des Schadensersatzes

Der Umfang des zu ersetzenden Schadens richtet sich nach den §§ 249 ff BGB. Damit wird vor allem der entgangene Gewinn iS des § 252 BGB erfasst. Dieser Gewinn kann der Höhe nach der bisherigen Pacht entsprechen, wenn nach dem gewöhnlichen Lauf der Dinge oder nach besonderen Umständen mit Wahrscheinlichkeit erwartet werden konnte, dass der Verpächter den Pachtgegenstand bei rechtzeitiger Rückgabe zu den gleichen Bedingungen erneut verpachtet hätte (KG NJW 1970, 951). Das Gleiche gilt, wenn die vorzeitige Beendigung der Pacht auf einer Vertragsverletzung des Pächters beruht und der Verpächter bei einer erneuten Verpachtung nicht die bisherige Pacht erzielen kann. Der entgangene Gewinn kann 28 auch höher sein, wenn es dem Verpächter sonst gelungen wäre, einen günstigeren Vertrag abzuschließen. Anders als die Mindestentschädigung nach § 584b S 1 BGB, die an die Dauer der Vorenthaltung gebunden ist (Rn 10 ff), kann sich der Ersatz des entgangenen Gewinns auch auf einen Zeitraum nach der verzögerten Rückgabe erstrecken, wenn es dem Verpächter deshalb nicht gelingt, den Pachtgegenstand alsbald neu zu verpachten. Ein anderer Unterschied zur Mindestentschädigung liegt darin, dass der Verpächter einen weitergehenden Schaden darlegen und im Streitfall beweisen muss. Als weiterer Schaden kommen neben dem entgangenen Gewinn andere Vermögenseinbußen sowie Veränderungen und Verschlechterungen des Pachtgegenstands in Betracht, selbst wenn sie sich im Rahmen der §§ 581 Abs 2, 538 BGB halten (STAUDINGER/ROLFS [2018] § 546a Rn 62 f). Im Unterschied zum Entschädigungsanspruch nach § 584b S 1 BGB (s Rn 19) kann der Ersatz des darüber hinausgehenden Schadens nach § 584b S 2 BGB beim Verpächter nicht als steuerpflichtiger Schadensersatz beurteilt werden (BGH NJW-RR 1996, 460; OLG Köln VersR 2000, 1113). Der Pächter kann gegenüber den sonstigen Schadensersatzansprüchen des Verpächters den Einwand mitwirkenden Verschuldens nach § 254 BGB geltend machen (STAUDINGER/ROLFS [2018] § 546a Rn 64). Die in § 571 BGB enthaltenen Einschränkungen bei der Vermietung von Wohnraum gelten nicht für die Pacht, auch soweit im Rahmen des Pachtgegenstands Wohnraum mit überlassen ist.

V.   Konkurrenzen

29 1.   Im Rahmen des § 546a BGB ist umstritten, in welchem Verhältnis die Regelung zu den **verschuldensunabhängigen Ansprüchen** aus ungerechtfertigter Bereicherung nach §§ 812 ff BGB und aus Eigentümer-Besitzer-Verhältnis (§§ 987 ff BGB) steht (STAUDINGER/ROLFS [2018] § 546a Rn 65 ff). Das gleiche Problem stellt sich für die Pacht (KERN § 584b Rn 50 ff). Auch hier ist mit der hM davon auszugehen, dass die Vorschriften über die Herausgabe einer ungerechtfertigten Bereicherung und der vom früheren Pächter als nichtberechtigtem Besitzer gezogenen Nutzungen uneingeschränkt neben § 584b BGB anwendbar bleiben, selbst wenn sie zu einem über die vereinbarte Pacht hinausgehenden Anspruch führen (BGH NJW 1968, 197; hierzu RÜBER NJW 1968, 1611; BGB-RGRK/GELHAAR § 597 Rn 5; STAUDINGER/ROLFS [2018] § 546a Rn 66 ff mwNw; s auch OLG Rostock MDR 2011, 476, 476, allerdings ohne Bezugnahme auf § 584b).

30 2.   Neben der Nutzungsentschädigung des § 584b S 1 BGB können die **weitergehenden Schadensersatzansprüche**, wie das Gesetz in S 2 ausdrücklich hervorhebt, uneingeschränkt geltend gemacht werden. Vorrangig gegenüber einem Anspruch aus § 584b BGB sind bei der entgeltlichen Überlassung eines gemeinschaftlichen Gegenstands durch einen Miteigentümer an die übrigen Teilhaber zur alleinigen Nutzung die Ausgleichsregeln der §§ 741 ff BGB (BGH NJW 1998, 372, 373 m **abl** Anm ERBARTH NZM 1998, 740).

31 3.   Die **Verjährung** der Ansprüche auf Schadensersatz und aus ungerechtfertigter Bereicherung, die mit dem Entschädigungsanspruch aus § 584b S 1 BGB konkurrieren, beträgt wie für diesen Anspruch nach § 195 BGB drei Jahre (Rn 22). Das vor Erlass des Schuldrechtsmodernisierungsgesetzes vom 26. 11. 2001 (BGBl I 3138) bestehende Konkurrenzproblem bei den Verjährungsfristen, das zugunsten einer entsprechenden Anwendung von § 197 aF auf die konkurrierenden Ansprüche auf Schadensersatz und aus ungerechtfertigter Bereicherung gelöst wurde (BGHZ 68, 307,

311 mAnm Wolf LM Nr 9 zu § 557 BGB; einschränkend Heckelmann JuS 1977, 799), ist mit der Neuregelung des Verjährungsrechts durch das Schuldrechtsmodernisierungsgesetz mit Wirkung vom 1. 1. 2002 entfallen. Werden für die Zeit nach Beendigung eines Pachtverhältnisses Ansprüche auf Nutzungsentschädigung geltend gemacht, ohne dass die Voraussetzungen des § 584b BGB erfüllt sind, unterliegen auch diese Ansprüche nach § 195 BGB der regelmäßigen Verjährung von drei Jahren (zu § 195 aF [dreißigjährige Verjährungsfrist] KG NJW 1971, 432).

Untertitel 5
Landpachtvertrag

§ 585
Begriff des Landpachtvertrags

(1) Durch den Landpachtvertrag wird ein Grundstück mit den seiner Bewirtschaftung dienenden Wohn- oder Wirtschaftsgebäuden (Betrieb) oder ein Grundstück ohne solche Gebäude überwiegend zur Landwirtschaft verpachtet. Landwirtschaft sind die Bodenbewirtschaftung und die mit der Bodennutzung verbundene Tierhaltung, um pflanzliche oder tierische Erzeugnisse zu gewinnen, sowie die gartenbauliche Erzeugung.

(2) Für Landpachtverträge gelten § 581 Abs. 1 und die §§ 582 bis 583a sowie die nachfolgenden besonderen Vorschriften.

(3) Die Vorschriften über Landpachtverträge gelten auch für Pachtverhältnisse über forstwirtschaftliche Grundstücke, wenn die Grundstücke zur Nutzung in einem überwiegend landwirtschaftlichen Betrieb verpachtet werden.

Materialien: BT-Drucks 10/508; 10/509; 10/3830; 10/3498.

Schrifttum

BAUKELMANN, Personelle Diskontinuitäten und Landpacht – Fragen zu § 589 BGB, in: FS Joachim Wenzel (2005) 287
BECKER RdL 2018, 30
BEYER, Milchquotenpächterschutz bei Betriebspacht, AgrarR 1994, 218
BITTERICH, Einschränkung der Abschlussfreiheit öffentlicher Auftraggeber nach Einleitung eines Vergabeverfahrens, NZBau 2006, 757
BOTH, Zur Auslegung des § 554 Abs 1 Nr 1 BGB bei Verzug mit einem Teil des Mietzinses, NJW 1970, 2197
ders, Agrar-Unternehmensrecht – Der landwirtschaftliche Betrieb im Spannungsfeld zwischen allgemeinem Gesellschaftsrecht und Agrarsonderrecht (Diss Potsdam 1999)
CYMUTTA, Besonderheiten der Pacht- und Landpachtverträge in der Insolvenz, ZInsO 2009, 412
DAMMHOLZ, Grenzen der Vertragsfreiheit bei Direktverkäufen der BVVG, NL-BrAR 2011, 355
DEWITT/SCHIRP, Die Rechte des Land-Pächters in der Enteignung, AgrarR 1994, 109
DIEDERICHSEN, Anmerkung zum Urteil des BGH vom 20. 5. 1964 (VIII ZR 235/63), NJW 1964, 2269
DINGERDISSEN, Der Ausgleich von Ver- und Aufwendungen sowie von Wertverbesserungen zwischen Pächter und Verpächter während des Pachtverhältnisses und bei dessen Beendigung, AgrarR 1997, 105
DOMBERT/WITT, Münchener Anwaltshandbuch Agrarrecht (2. Aufl 2016)
DÜSING, Zur Problematik des Übergangs von Referenzmengen bei Rückgewähr der Pachtsache, AgrarR 1988, 93
ERNST, Gesetz über das gerichtliche Verfahren in Landwirtschaftssachen (LwVG) (8. Aufl 2012)

FASSBENDER/HÖTZEL/LUKANOW, Landpachtrecht (3. Aufl 2005); zitiert FHL
FASSBENDER/HÖTZEL/vJEINSEN/PIKALO, Höfeordnung (3. Aufl 1994); zitiert FHvJP
FELSMANN, Einkommensbesteuerung der Land- und Forstwirte (3. Auflage)
FISCHER/WÖHRMANN, Kommentar zum Landpachtgesetz (2. Aufl 1954)
GEHSE, Die Veräußerung von landwirtschaftlichem Grundbesitz unter besonderer Berücksichtigung öffentlicher Subventionen, RNotZ 2007, 61
GLAS, Schnittmenge von Gesellschafts- und Landpachtrecht, Fortsetzung eines Landpachtverhältnisses durch Übernahme des landwirtschaftlichen Betriebes aufgrund des Ausscheidens des vorletzten Gesellschafters einer GbR, Anmerkung zum Urteil des OLG Brandenburg vom 9. 7. 2015 – 5 U (Lw) 14/15, AUR 2016, 458
GRAFMÜLLER, Freistellung von LPGen von vertraglichen Ansprüchen aus Gebäudeunterhaltung, AgrarR 1992, 226
GRAGES, Die Lieferrechte der Zuckerrübenbauer (Diss Köln 1989)
ders, Zuckermarktordnung und Rechtsbeziehungen zwischen Zuckerfabriken und Zuckerrübenanbauern, RdL 1990, 141
ders, Rechtsbeziehungen zwischen Zuckerfabriken und Zuckerrübenanbauern, RdL 1990, 227
GRÖGER, Zum Verwendungsersatz des Pächters bei Pachtende – Milchreferenzmenge, AgrarR 1991, 68
GRAF v HARDENBERG/DEHNE, Besteht nach der Reform der Zuckermarktordnung eine Pflicht des Pächters zur Rückgabe von Zuckerrübenquoten beim Pachtende nicht mehr?, RdL 2012, 169
HENSE, Pfand- und Zurückbehaltungsrechte des abziehenden Pächters, RdL 1952, 311
HOFFMANN, Stand der Rechtsprechung zum Grundstücksverkehrs-, Landpacht- und Höferecht (begleitende Arbeitsunterlagen der Deutschen Anwaltsakademie aus Anlass der jährlich stattfindenden Goslarer Agrarrechtswoche)
HURST, Die Reinigungs- und Streupflicht des Anliegers und Erdgeschoßbewohners aus rechtlicher Sicht, ZMR 1967, 67

JACOBS, Die Begrenzung des Verwendungsersatzes, AcP 167 (1967) 350
JAKOBS/SCHUBERT, Die Beratung des Bürgerlichen Gesetzbuches, systematische Zusammenstellung der unveröffentlichten Quellen, Recht der Schuldverhältnisse II §§ 433–651 (1980)
JARASS, Verfassungsrechtliche Stellung der Post- und TK-Unternehmen, MMR 2009, 223
vJEINSEN, Existenzberechtigung des § 17 Abs 2 HöfeO unter besonderer Berücksichtigung „moderner" Hofübergabeverträge, AgrarR 1983, 261
ders, Zur Änderung des Landwirtschaftsanpassungsgesetzes, AgrarR 1991, 177
ders, Überlegungen zur Landpacht, AUR 2003, 197
ders, Die Agrarreform 2003 – Konsequenzen für die Vertragsgestaltung, AUR 2003, 293
ders, Die Agrarreform 2003 – Zwischenstand, AUR 2004, 112
ders, Anmerkung zum Urteil des OLG Celle, AUR 2007, 364: AUR 2007, 366
KALTENBORN/SCHNAPP, Grundrechtsbindung nichtstaatlicher Institutionen, JuS 2000, 937
KEIDEL, Anmerkung zum Beschluss des BGH vom 29. 1. 1952 (V BLw 16/51), RdL 1952, 127
KESSELER, Die GbR und das Grundbuch, NJW 2011, 1909
KLAUSER, Aufwendungsersatz bei Neubauten und werterhöhenden Verwendungen auf fremden Grund und Boden, NJW 1965, 513
KLEINEKE, Die Teilkündigung beim Landpachtvertrag über Stückländereien sowie die Folgen eines Teilverkaufs für den Pachtvertrag, AUR 2017, 281
KÖHNE, Bewertung landwirtschaftlicher Flächen und Betriebe, in: Handbuch des Agrarrechts Band I (1982)
KRÄMER, Anmerkung zum Urteil des OLG Celle vom 8. 6. 1962 (AZ 7 U 100/61), NJW 1962, 2301
KRAEMER, Die Gesellschaft bürgerlichen Rechts als Partei gewerblicher Mietverträge, NZM 2002, 465
KROESCHELL, Das neue Landpachtrecht und die DGAR, AgrarR 1987, 304
KRÜGER/SCHMITTE, EU-Agrarreform und Pachtrecht 2005, 84

LANGE/WULFF, Kommentar zum Landpachtgesetz (2. Aufl 1955)
LANGE/WULFF/LÜDTKE-HANDJERY, Landpachtrecht (4. Aufl 1997); zitiert LWLH
LIPPMANN, Die Superinventarischen Bauten des Pächters, JW 1925, 1075
LÜDTKE-HANDJERY/vJEINSEN, Höfeordnung (11. Aufl 2015)
LUKANOW, Nutzungsänderung und Verwendungsersatzanspruch des Pächters in der Pachtrechtsnovelle, AgrarR 1984, 264
ders, Der Pächterquotenschutz bei Milchwirtschaftsbetrieben, AgrarR 1994, 115
ders, Kreispachtverträge – erste Urteile des BGH, AgrarR 1994, 358
ders, Rechtsprobleme bei Kreispachtverhältnissen, AgrarR 1995, 236
MACH, Der Eintritt des Grundstückserwerbers in bestehende Miet- und Pachtverhältnisse, RNotZ 2017, 621
MAYER, Überlegungen über die Auflösung der Rechtsverhältnisse zwischen Kreis, LPG und Eigentümer, AgrarR 1992, 188
MEIKEL, Kommentar zur Grundbuchordnung (11. Aufl 2014)
MOSER, Zum Verwendungsersatz des Pächters bei Pachtende – Milchreferenzmenge, AgrarR 1990, 161
NETZER, Systematisch-historische Darstellung der Regelungen zur Referenzmengenübertragung in den EG-Vorschriften und ihrer Umsetzung in der Milch-Garantiemengen-Verordnung, AgrarR 1988, 102
dies, Die Milchquote in der Erbfolge nach dem 1. 4. 2000 – „Vertragsbindung" statt „Flächenbindung", AgrarR 2001, 133
NIES, Zur Gestaltung des Milchmarktes seit dem 1. 4. 2000 und Aspekte des Milchreferenzhandels, AgrarR 2001, 4
OTTO, Vorschriften zum Bodenschutz und zur Bioabfallverwertung, RdL 1999, 85
PICKER, Der Anspruch auf Verwendungsersatz und das Prinzip „Kauf bricht nicht Miete", NJW 1982, 8
PIKALO, Landpachtrecht in der notariellen Praxis, DNotZ 1981, 276
ders, Das neue Landpachtrecht, NJW 1986, 1472
POHLMANN, Rechts- und Parteifähigkeit der Gesellschaft bürgerlichen Rechts, WM 2002, 1421
O RABE, Steuerrecht für Vertragsjuristen und Notare (1996)
K SCHMIDT, Die BGB-Außengesellschaft: rechts- und parteifähig, NJW 2001, 993
SCHOPP, Bedeutung und Grenzen von § 541a BGB, ZMR 1965, 193
SCHRAUFL, Schriftform bei GbR als Partei eines Langzeitmietvertrags, NZM 2005, 443
SONNENSCHEIN, Die Entwicklung des privaten Wohnraummietrechts 1984 und 1985, NJW 1986, 2731
ders, Inhaltskontrolle von Formularmietverträgen nach dem AGB-Gesetz, NJW 1980, 1719
STEFFEN, Gesetz zur Neuordnung des landwirtschaftlichen Pachtrechts (1), RdL 1986, 29
ders, Gesetz zur Neuordnung des landwirtschaftlichen Pachtrechts (2), RdL 1986, 60
STERNEL, Mietrecht (4. Aufl 2009)
TAVAKOLI/FEHRENBACHER, Die Gesellschaft bürgerlichen Rechts ist grundbuchfähig!, DB 2007, 382
THEISINGER, Äquivalenzstörung beim Pachtvertrag infolge Beitragsneuregelung zur Berufsgenossenschaft, AgrarR 1985, 8
ULMER, Die höchstrichterlich „enträtselte" Gesellschaft bürgerlichen Rechts, ZIP 2001, 585
UPMEIER ZU BELZEN, Die landwirtschaftliche Familiengesellschaft als Gesellschaft Bürgerlichen Rechts (Diss Köln 1966)
VORWERK/vSPRECKELSEN, Kommentar zum Grundstücksverkehrsgesetz (1963)
WANGARD, Nochmals: Die Aufnahme eines Dritten in die Wohnung, ZMR 1986, 73
WEIMAR, Vermieterpfandrecht und Wegnahmerecht des Mieters, ZMR 1967, 196
WENZEL, Rechtsfragen zum Grundstücksverkehrs-, Höfe- und Landpachtrecht in der Rechtsprechung des BGH, AgrarR 1995, 37
ders, Aktuelle Rechtsfragen der Umwandlung und Vermögensauseinandersetzung der LPG sowie der Ansprüche aus den Kreispachtverträgen unter Berücksichtigung der Rechtsprechung des BGH, AgrarR 1996, 37
WITT, Das Pfandrecht am Inventar des landwirtschaftlichen Betriebs (Diss Hohenheim 1974)

WÖHRMANN, Kommentar zur HöfeO (9. Aufl 2008)
WOLF/ECKERT/BALL, Handbuch des gewerblichen Miet-, Pacht- und Leasingrechts (10. Aufl 2009)
WOLTER, Einzelfragen zur Wirtschaftsfähigkeit im Sinne des § 6 Abs 7 HöfeO unter Berücksichtigung der neuen obergerichtlichen Rechtsprechung, RdL 2012, 113
vZEZSCHWITZ, Rechtsstaatliche und prozessuale Probleme des Verwaltungsprivatrechts, NJW 1983, 1873.

Systematische Übersicht

I.	**Allgemeine Kennzeichnung**	
1.	Normzweck	1
2.	Normgehalt	2
a)	Begriffsmerkmale	2
b)	„Eiserne" Verpachtung	4
II.	**Definitions- und Abgrenzungsfragen**	
1.	Zu anderen (vorhergehenden) Vereinbarungen	5
a)	Pachtvorvertrag, Vorpachtvertrag	5
b)	Vorhand, Pachtvorrang	6
c)	Pachtoption	7
2.	Art des Landpachtvertrages	8
a)	Flächen- und Betriebspacht	8
b)	Hauptpacht und Unterpacht	9
c)	Einzelpacht und Sammelpacht	11
d)	Deputat-, Dienst- und Heuerlingsverträge	12
e)	Landpacht und Kleingartenpacht	14
f)	Sonstige Vertragsformen und Abgrenzungen	15
3.	„Kreispachtverträge" in der ehemaligen DDR	16
III.	**Der Gegenstand des Landpachtvertrages**	
1.	Grundstückspacht	17
a)	Allgemeines	17
b)	Grundstück	18
2.	Betriebspacht	19
a)	Definition	19
b)	Abgrenzungsfragen	20
3.	Verpachtung überwiegend zur Landwirtschaft	24
4.	Forstflächen	28
5.	(Mitverpachtete) Gegenstände und Rechte	29
a)	Inventar	29
b)	Rechte	30
6.	Subventionen, Produktionsquoten	31
a)	Allgemeines	31
b)	GAP-Reformen, Zahlungsansprüche	32
c)	Milchquoten	33
d)	Zuckerrübenlieferrechte und -ansprüche	34
e)	Pachtrechtliche Einordnung von Lieferrechten und GAP-Prämien	35
IV.	**Die Parteien des Pachtvertrages**	
1.	Grundsätzliches	36
2.	Natürliche Personen, Gesellschaften	37
3.	Parteiwechsel	39
4.	Rechte und Pflichten der Vertragsparteien	40
V.	**Vertragsabschluss, Wirksamkeitsvoraussetzungen, Anzeigepflichten**	
1.	Abschluss	41
2.	Form	42
3.	Kartell-, und Öffentliches Recht	43
a)	Kartellrecht	43
b)	Öffentliches Recht	44
4.	Genehmigungs- und Anzeigeerfordernisse	45
VI.	**Abdingbarkeit**	47
VII.	**Steuerrechtliche Folgen**	48
VIII.	**Verfahrensrechtliches**	49

Alphabetische Übersicht

Abdingbarkeit	47
Altenteilsvertrag, Abgrenzung zur Landpacht	15
Anzeigepflicht des Landpachtvertrages	46
Arten des Landpachtvertrages, Abgrenzungen	8 ff
Betriebspacht	19 ff
– Abgrenzung zur Flächenpacht	8
Betriebsprämien	32
Deputat-Vertragsverhältnis	12
Einheit des Pachtvertrags	39
Einzelpacht, Abgrenzung zur Sammelpacht	11
„Eiserne" Verpachtung	4
Form des Landpachtvertrages	42
Forstflächen	28
Genehmigung des Landpachtvertrages	45
Grundstückspacht	8, 17 f
Heuerlingsvertrag	13
Kleingartenpacht, Abgrenzung zur Landpacht	14
Kontingente	31
Kreispachtverträge	16
Landpachtverkehrsrecht, Anzeigepflicht	46
Landwirtschaft, Verpachtung zur	24
Mehrheit von Personen als Vertragspartei	33 ff
Milchquote	33
Option	7
Pachtvorrang	6
Pachtvorvertrag	5
Parteiwechsel während der Vertragslaufzeit	39
Pflugtausch	10
Prämien	32
Produktionsbeschränkungen	31
Referenzmengen	31
Sammelpacht, Abgrenzung Einzelpacht	11
Sonderrecht, landwirtschaftliches	3, 24
Spaltungstheorie	39
Teilflächenverkauf	39
Unterpacht, Abgrenzung zur Hauptpacht	9
Verfahrensrecht	49
Vorhand	6
Vorpachtrecht	5
Vorpachtvertrag	5
Zahlungsansprüche	34, 35
Zuckerrübenlieferrechte	34
Zuckerrübenquote	34
Zuckermarktreform	34

I. Allgemeine Kennzeichnung

1. Normzweck

1 Der Regelungsgehalt dieser Bestimmung tritt an die Stelle des im Zuge der Landpachtnovelle aufgehobenen § 1 Abs 2, 3 LPachtG § 585 BGB definiert den Landpachtvertrag als eine spezielle Form des allgemeinen Pachtvertrages (§§ 581 ff BGB; s zur Abgrenzung auch STAUDINGER/SCHAUB Vorbem 53 ff zu § 581) und grenzt ihn derart ab. Aus der Definition des Landpachtvertrages als eines speziellen Pachtvertrages folgt, dass im Übrigen der Landpachtvertrag den Begriffsmerkmalen des allgemeinen Pachtvertrages iSv § 581 Abs 1 BGB entsprechen muss, siehe die Verweisung in § 585 Abs 2 BGB.

2. Normgehalt

a) Begriffsmerkmale

Die Bestimmung definiert einen Landpachtvertrag als eine Vereinbarung, die eine **eigentypische Sonderform** des allgemeinen Pachtvertrages (§ 585 Abs 1 BGB) darstellt.

2

Dies bezieht sich zunächst auf die Beschränkung des Pachtvertrag-Gegenstandes: Gegenstand eines Landpachtvertrages kann nur ein (oder mehrere) Grundstück(e) sein, wobei zwei Alternativen möglich sind: Wird das Grundstück mit den zu seiner Bewirtschaftung dienenden Wohn- oder Betriebsgebäuden verpachtet, handelt es sich um eine **Betriebspacht** (s im Einzelnen Rn 8, 19 ff), ansonsten nur um eine **Grundstückspacht** (s dazu Rn 8, 17 f), die zumeist eine Zupacht zu dem vom Pächter ohnehin bewirtschafteten landwirtschaftlichen Betrieb darstellt.

Hinsichtlich der **Zweckausrichtung** ist eigentypisches Merkmal die Verpachtung „überwiegend zur Landwirtschaft"; dies bedeutet eine Abgrenzung von Bewirtschaftungsformen mit gewerblichem Charakter (s im Einzelnen Rn 24 ff) wie auch reiner Forstwirtschaft. In untergeordnetem Umfang können Forstflächen jedoch Gegenstand eines Betriebspachtvertrages sein (s dazu Rn 28).

3

Weiter muss die Anpachtung in **Gewinnerzielungsabsicht** erfolgen. Es ist dies ein Ausfluss des Grundsatzes, dass auch die Landpacht ein **landwirtschaftliches Sonderrecht** darstellt, dessen *Existenz nur soweit und solange zu verantworten ist, als es darum geht, leistungsfähige Betriebe in bäuerlicher Hand zu erhalten* (BVerfG AgrarR 1985, 15; zu der insoweit weiteren Rechtsprechung und Literatur zum Höferecht WENZEL AgrarR 1995, 37 [39]; FHvJP, HöfeO [3. Aufl] § 4 Rn 4; zu Einzelheiten und Abgrenzung s Rn 24 ff).

b) „Eiserne" Verpachtung

§ 585 Abs 2 BGB erstreckt den Geltungsbereich des speziellen Landpachtrechts auch auf die Normen über die **Inventarverpachtung** nach den §§ 582 bis 583a BGB. Diese Bezugnahme bedeutet auch, dass nun in den Fällen der Inventaranpachtung im Zusammenhang mit einer Grundstückspacht von einem Landpachtvertrag iS der §§ 585 ff BGB die Rede sein kann. „Eiserne" Verpachtung ist die Verpachtung (zumeist) eines landwirtschaftlichen Betriebes einschließlich dessen bei Vertragsbeginn vorhandenen Inventars, das – zur Vermeidung von Ausgleichszahlungen – vom Pächter während der Vertragszeit in seiner Substanz zu erhalten und in entsprechender Art und Güte bei Vertragsende zurückzugeben ist (s ie § 596 Rn 4). Diese Vertragskonstruktion stellt besondere Anforderungen an die Übergabe und die Rückgabe des Pachtgegenstandes; zu beiden Zeitpunkten sind die Gesamtschätzwerte einander gegenüberzustellen (RABE § 5 Rn 19). Besondere Bedeutung kommt dabei – im Zusammenhang mit der Übergabe – der Beschreibung der Pachtsache nach § 585b BGB zu. Zu Bilanzierungspflichten in diesem Zusammenhang s BFH DB 1999, 2609.

4

II. Definitions- und Abgrenzungsfragen

1. Zu anderen (vorhergehenden) Vereinbarungen

a) Pachtvorvertrag, Vorpachtvertrag

5 Der Pachtvorvertrag ist noch kein Landpachtvertrag, da ihm der konkrete Bezug zur landwirtschaftlichen Nutzung fehlt. Es handelt sich vielmehr um eine verbindliche Vereinbarung der Parteien, die darauf gerichtet ist, künftig einen Landpachtvertrag abzuschließen.

Demgegenüber räumt der Vorpachtvertrag (auch Vorpachtrecht) dem Berechtigten die Möglichkeit ein, in einen vom Verpächter mit einem Dritten abgeschlossenen Pachtvertrag einzutreten (LWLH Rn 40). Auf dieses Rechtsverhältnis sind die Bestimmungen über das Vorkaufsrecht (§§ 463 ff BGB) entsprechend anzuwenden (FHL § 581 Rn 54 mwNw). Häufig wird es sich bei einer das Vorpachtrecht regelnden Vertragsklausel um eine AGB handeln. Nach der jüngst vom BGH bestätigten Rspr kann ein solches, **in AGB vereinbartes Vorpachtrecht** wegen Verstoßes gegen das Transparenzgebot nach § 307 Abs 1 S 2 BGB und des daraus abgeleiteten Bestimmtheitsgebots unwirksam sein. Dies etwa dann, wenn es sich pauschal und ohne weitere Konkretisierung hinsichtlich Inhalt und Umfang auf sämtliche Flächen des Vertrages erstreckt. Grund hierfür ist, dass der Verpächter die wirtschaftlichen Nachteile und Belastungen, die aus der Klausel folgen, etwa die Gefahr des Abschlusses mehrerer wirksamer Pachterträge hinsichtlich gleicher Flächen, nicht hinreichend erkennen kann (so BGH 24. 11. 2017 – LwZR 5/16; vgl auch OLG Brandenburg 16. 7. 2015 – 5 U [Lw] 85/14 juris Rn 12 ff; 4. 5. 2017 – 5 U [Lw] 117/15 juris Rn 25 f).

b) Vorhand, Pachtvorrang

6 Bei der sog Vorhand oder Pachtvorrang verpflichtet sich der Verpächter vertraglich – zumeist aus Anlass der Beendigung eines bereits bestehenden Pachtvertrages –, die Pachtsache zunächst einem bestimmten Interessenten anzubieten. Diese Verpflichtung beschränkt den Verpächter nur für den Fall einer von ihm angestrebten (weiteren) Verpachtung; hindert ihn aber nicht, den Gegenstand der Vereinbarung zu veräußern, in Eigenbewirtschaftung zu nehmen (FHL § 581 Rn 53) oder sonst wie zu nutzen.

c) Pachtoption

7 Bei der Pachtoption handelt es sich um einen Landpachtvertrag unter der aufschiebenden Bedingung, dass eine Vertragspartei von dem ihr eingeräumten Recht Gebrauch macht, durch einseitige Erklärung (Optionserklärung) den Vertrag zustande zu bringen oder eine auslaufende Vereinbarung zu verlängern (LWLH Rn 40).

2. Art des Landpachtvertrages

a) Flächen- und Betriebspacht

8 Die Unterscheidungsmöglichkeit zwischen Flächen- und Betriebspacht folgt bereits aus dem Gesetzestext des Abs 1. Werden gemeinsam mit dem Grundstück die zu seiner Bewirtschaftung dienenden Wohn- oder Wirtschaftsgebäude verpachtet, handelt es sich um eine Betriebspacht. Diese ist mit („eiserne" Verpachtung, s § 582 BGB) und ohne Inventar-Mitpachtung denkbar. Handelt es sich lediglich um die

Zupacht einzelner Grundstücke oder von Teilen davon zu einem vom Pächter bewirtschafteten Betrieb, ist von Grundstücks- oder Flächenpacht die Rede. Dabei macht es keinen Unterschied, ob der Pächterbetrieb in dessen Eigentum steht oder gleichfalls von anderer Seite angepachtet ist.

Diese Unterscheidung ist in folgenden Fällen von besonderer Bedeutung:

– für den Umfang der Verpächterpflichten hinsichtlich Überlassung und Erhaltung sowie der Pächterpflicht zu ordnungsgemäßer Bewirtschaftung und Ausbesserung, § 586 BGB;

– bei der Bewertung bzw Bemessung des Pachtschutzes nach § 595 BGB;

– im Zusammenhang mit der Zurücklassung vorhandener landwirtschaftlicher Erzeugnisse, § 596b BGB;

– nicht jedoch im Zusammenhang mit der Vertragsüberleitung bei auf Pächterseite erfolgendem Betriebsübergang im Wege der vorweggenommenen Erbfolge, § 593a BGB; denn der Regelungsgehalt dieser Bestimmung beschränkt sich auf die Zupacht von Grundstücken (nicht Betrieben) zu dem vom Pächter übergebenen (eigenen) Betrieb (vgl § 593a Rn 7 ff).

b) Hauptpacht und Unterpacht
Ersteres ist das Vertragsverhältnis zwischen (Haupt-)Verpächter und (Haupt-)Pächter, letzteres das Rechtsverhältnis bei Weiterverpachtung durch den (Haupt-)Pächter an einen Dritten (Unterpächter). **9**

Zu den rechtlichen Beziehungen der drei beteiligten Parteien vgl im Einzelnen § 589 Rn 28 ff, zur Zulässigkeit/Erlaubnispflicht der Unterpacht vgl § 589 Rn 25.

In Fällen des **Pflugtausches** wird die Bewirtschaftung von Grundstücken, etwa zum Zwecke der Arbeitserleichterung oder der besseren Einhaltung der Fruchtfolge, unter verschiedenen Pächtern/Eigentümern getauscht. Soweit Flächen derart von einem Pächter weggegeben werden, liegt in der Regel eine genehmigungspflichtige Gebrauchsüberlassung an Dritte iSv § 589 BGB vor (vgl § 589 Rn 4). Auf solche Vereinbarungen sind die Regeln des Landpachtrechts entsprechend anzuwenden, wenn Gegenstand der Vereinbarung für beide Seiten die Gebrauchsüberlassung von Grundstücken zur Landwirtschaft ist (BGH RdL 2007, 295; RdL 2008, 72 f). **10**

c) Einzelpacht und Sammelpacht
Die **Einzelpacht** hat die Vertragsbeziehungen zwischen zwei Vertragsparteien (die aus mehreren Personen bestehen können) über einen Pachtgegenstand (der aus mehreren Grundstücken und/oder Gebäuden bestehen kann) zum Gegenstand. Von **Sammelpacht** ist die Rede, wenn mehrere Pachtverträge in einer Urkunde zusammengefasst werden; Hauptanwendungsfall ist die Verpachtung verschiedener Pachtgegenstände durch einen Verpächter an verschiedene Pächter (LWLH Rn 34). **11**

d) Deputat-, Dienst- und Heuerlingsverträge
Deputat- und Heuerlingsverträge sind *gemischte Verträge*, deren Einordnung nach **12**

sorgfältiger Beurteilung und Gewichtung der Lebensvorgänge und wechselseitig geschuldeten Leistungen zu erfolgen hat (STAUDINGER/FELDMANN [2018] § 311 Rn 32 ff).

Ein **Deputatvertragsverhältnis** liegt vor, wenn landwirtschaftliche Flächen zur Eigenbewirtschaftung sowie Fruchtziehung als Teil der Entlohnung aus einem Dienstvertragsverhältnis zur Verfügung gestellt werden. Überwiegendes Element bei diesem „gemischten Vertrag mit aneinandergereihten Typen" (STAUDINGER/FELDMANN [2018] § 311 Rn 42 ff) ist die Erbringung von Dienstleistungen gegen Entgelt, an dessen Stelle nur zu einem untergeordneten Anteil die Zurverfügungstellung von Land tritt. Daher steht diese Überlassung mit dem Dienstvertragsverhältnis in einem derart engen Zusammenhang, dass von einem (gesonderten) Landpachtvertragsverhältnis nicht die Rede sein kann (LWLH Rn 13 mwNw). Endet das Dienstvertragsverhältnis (etwa auch, weil arbeitsrechtliche Schutzmechanismen nicht greifen), hat dies automatisch die Rückgabepflicht des Deputatlandes zur Konsequenz, ohne dass der Dienstverpflichtete weiteren Schutz (etwa nach § 595 BGB) in Anspruch nehmen kann. Gleiches gilt für sonstige Vereinbarungen, bei denen **dienstvertragliche Elemente** überwiegen (zB Pflege von Deichen oder Uferstreifen durch Schafbeweidung, s OLG Oldenburg AUR 2004, 159; s STAUDINGER/SCHAUB Vorbem 45 f zu § 581).

13 **Heuerlingsverträge** werden Vereinbarungen genannt, in denen jemand („Heuerling") landwirtschaftliche Flächen (auch einen zumeist kleinen Betrieb [„Heuerlingsstelle"]) zur eigenen Bewirtschaftung erhält. In Ergänzung seiner häufig nur geringen finanziellen Gegenleistung verpflichtet er sich, seine oder seiner Familienangehörigen Arbeitskraft und/oder die (Mit-)Benutzung von Inventargegenständen dem Vertragspartner zur Verfügung zu stellen (s STAUDINGER/SCHAUB Vorbem 63 zu § 581).

Im Unterschied zum Dienstvertrag mit Deputatlandgewährung schuldet der Heuerling also dem Vertragspartner nicht die gesamte, sondern nur einen Teil seiner Arbeitskraft (LWLH Rn 14). Als überwiegendes Element erscheint hier die Zurverfügungstellung landwirtschaftlicher Flächen (eines Betriebes), sodass das Vertragsverhältnis insgesamt als Landpachtvertrag einzuordnen ist.

e) Landpacht und Kleingartenpacht

14 Letztere ist keine Landpacht, da sie nicht zur erwerbsmäßigen (gärtnerischen) Nutzung, sondern eher als Art der Freizeitgestaltung betrieben wird (vgl dazu weiter Rn 3; zur Abgrenzung BGH RdL 2004, 233).

Das Kleingarten-Pachtrechtsverhältnis regelt sich nach den Bestimmungen der §§ 581 bis 584b BGB, ergänzt um die Sondervorschriften des Bundeskleingartengesetzes (vgl dazu weiter STAUDINGER/SCHAUB Vorbem 14 ff zu § 581 und § 581 Rn 455 f; LWLH Rn 21 ff; FHL Rn 40).

f) Sonstige Vertragsformen und Abgrenzungen

15 Wird Acker- oder (häufiger) Gartenland im Rahmen eines **Altenteilvertrages** zum Zwecke der (Mit-)Benutzung überlassen (Naturalaltenteil), handelt es sich nicht um Landpacht. Denn die Altenteilsgewährung insgesamt ist geschuldete Gegen- oder Abfindungsleistung aus Anlass des Generationswechsels hinsichtlich eines landwirtschaftlichen Betriebes (LWLH Rn 19). Im **Nießbrauchsrecht** wird zwar auf das Land-

pachtrecht verwiesen (§§ 1048 Abs 2, 1055 Abs 2 BGB); gleichwohl handelt es sich bei der Nießbrauchsgewährung landwirtschaftlicher Flächen nicht um ein Landpachtvertragsverhältnis (LWLH Rn 27; FHL Rn 59).

Die Unterscheidung nach den verwandtschaftlichen Beziehungen (**Fremdpacht, Familienpacht**) ist zB von Bedeutung für die Frage der Anzeigepflicht nach dem LPachtVG (LWLH Rn 35).

3. „Kreispachtverträge" in der ehemaligen DDR

16 Zu dieser noch historischen Besonderheit wird auf Rn 16 der Bearbeitung 2005 verwiesen.

III. Der Gegenstand des Landpachtvertrages

1. Grundstückspacht

a) Allgemeines

17 Es ist dies die **Grundform** eines jeden Landpachtverhältnisses. Das bedeutet, dass zB ein Pachtvertrag über landwirtschaftliche Grundstücke ohne Gebäude ein Landpachtvertragsverhältnis sein kann, nicht aber umgekehrt.

b) Grundstück

18 Darunter ist in erster Linie derjenige abgegrenzte Teil der Erdoberfläche zu verstehen, der in einer Flurkarte unter einer gesonderten Nummer gebucht und daher ohne Weiteres zu identifizieren ist. Ob die Fläche im Bestandsverzeichnis des Grundbuchs unter einer eigenen Nummer eingetragen ist, also ein Grundstück im Sinne des Immobiliarverkehrs (MEIKEL/BÖTTCHER, GBO [2009] § 3 Rn 7) vorliegt (so PALANDT/ELLENBERGER vor § 90 Rn 3; vor § 873 Rn 1; FHL Rn 28 mwNw), ist hingegen nicht entscheidend, weil es um die Identifizierbarkeit des Grundstücks als Pachtgegenstand geht (MünchKomm/HARKE [2016] § 581 Rn 4a; s OLG Brandenburg, 26. 9. 2001 – 3 U 88/00 in BeckRS 2001, 30208316). Das ist anhand einer Katasterkarte ebenso leicht möglich wie anhand des Grundbuchs. Denn dass auch reale Grundstücksteile Gegenstand des Landpachtvertragsverhältnisses sein können, wenn diese konkret bestimmt sind (am besten durch eine Skizze als Vertragsanlage bzw im Rahmen der Pachtgegenstands-Beschreibung nach § 585b BGB (vgl § 585b Rn 5, zu einem Fall nicht ausreichender Beschreibung der Pachtsache s OLG Naumburg 29. 1. 2009 – 2 U 108/08 [Lw] juris), ist nicht strittig.

Zur Abgrenzung bei gemischt genutzten Grundstücken s Rn 23.

2. Betriebspacht

a) Definition

19 Werden zusammen mit einem (oder mehreren) Grundstück(en) die zu dessen (deren) Bewirtschaftung dienenden Wohn- und/oder Wirtschaftsgebäude mit verpachtet, ist von Betriebspacht die Rede (FHL Rn 11).

Damit liegt die **Schwelle** für die Qualifikation einer Landpacht als Betriebspacht unterhalb der Anpachtung eines vollständigen landwirtschaftlichen Betriebes (dh des „Hofes") im herkömmlichen Sinne. Die gemeinsame Verpachtung einer bestimmten Fläche sowie der zu deren Bewirtschaftung notwendigen Gebäude als Vertragsgegenstand reicht aus (FHL Rn 14).

Die Gebäude können alternativ oder kumulativ Wohn- oder Wirtschaftszwecken dienen.

Betriebspacht liegt auch vor, wenn ein Landwirt zu bereits im Rahmen einer ausreichenden wirtschaftlichen Grundlage bewirtschafteten Flächen weitere – und diese mit Gebäuden – hinzu pachtet; wobei sich die Betriebspacht dann auf diese Zupachtung beschränkt.

Stets ist allerdings Voraussetzung der Qualifizierung eines Vertragsverhältnisses als Landpachtvertrag, dass er allein oder in Kombination mit der pächterseitigen Bewirtschaftung weiterer Flächen/Gebäude einen ausreichend großen und ertragreichen landwirtschaftlichen Betrieb ermöglicht (vgl Rn 3, 24). Diese Frage wird insbesondere Bedeutung bei der Verpachtung nur (oder im Wesentlichen) eines Wohngebäudes mit einem dazugehörigen Grundstück haben. Nur wenn dies zum Zwecke der Bewirtschaftung eines **leistungsfähigen Betriebes** geschieht, wird Landpacht- und nicht Wohnraum-Mietrecht zur Anwendung kommen.

b) Abgrenzungsfragen

20 Von einem **Mischbetrieb** ist die Rede, wenn sich der Pachtgegenstand aus einem landwirtschaftlichen und einem gewerblichen Betriebsteil zusammensetzt. Ferner müssen – unabhängig von vertraglicher Gestaltung – beide Betriebsteile so eng miteinander verflochten sein, dass ihre Trennung für einen oder beide nachteilig wäre (vgl LWLH Rn 50; FHL Rn 21 ff). Dann bleiben stets beide Betriebsteile einer einheitlichen rechtlichen Betrachtung unterworfen (FHL Rn 21 ff); auf einen solchen Pachtgegenstand findet das **Landpachtrecht** nur Anwendung, wenn der **landwirtschaftliche Betriebsteil überwiegt**.

21 Demzufolge ist auch die Verpachtung eines **Nebenbetriebes** stets Betriebspacht; von einem Nebenbetrieb spricht man, wenn der Pachtgegenstand dem (im Pächtereigentum stehenden oder von dritter Seite angepachteten) Hauptbetrieb zu dienen bestimmt ist (FHL Rn 24 ff; LWLH Rn 52).

22 Sind hingegen die beiden Betriebsteile entweder selbständig oder problemlos zu trennen, liegt kein gemischter Betrieb, sondern ein **Doppelbetrieb** vor, auf dessen (nur) landwirtschaftlichen Teil das Landpachtrecht Anwendung findet (FHL Rn 21; LWLH Rn 51).

23 Gleichermaßen gilt bei der Grundstückspacht und gemischter Nutzung Landpachtrecht nur:

– bei Untrennbarkeit, wenn die landwirtschaftliche Nutzung überwiegt sowie

– bei Trennbarkeit hinsichtlich des landwirtschaftlichen Grundstücksteils.

3. Verpachtung überwiegend zur Landwirtschaft

Zur Annahme eines Landpachtvertragsverhältnisses gehört weiter, dass Grundstück **24** bzw Betrieb überwiegend zur **landwirtschaftlichen Nutzung** verpachtet wird. *Insoweit ist das Vertragsverhältnis gegenüber beabsichtigter Nutzung zu Hobby- oder gewerblichen Zwecken (weiter) abzugrenzen.* Dabei ist nach Art und Umfang der beruflichen Tätigkeit zu fragen, nicht aber nach der Rechtsform, in der diese stattfindet. Daher ist für die Beurteilung eines Pacht- als Landpachtverhältnis unerheblich, ob der Pächter die Eintragung in das Handelsregister herbeiführt (§ 3 HGB) oder ob auf Pächterseite eine Personenhandelsgesellschaft (OHG, KG) oder eine juristische Person (AG, GmbH, Genossenschaft) beteiligt ist. Gerade letztere sind in den neuen Bundesländern häufig anzutreffen.

Unter „**Landwirtschaft**" in diesem Sinne sind Ackerbau, Wiesen- und Weidewirtschaft, der Erwerbsgarten- oder Obstbau, der Weinbau (BGH RdL 2000, 234; NJW-RR 2009, 286), die Gärtnerei, die Imkerei und die Binnenfischerei zu verstehen (LWLH Rn 59 ff; FHL Rn 33 ff; Brandenburgisches OLG 24. 3. 2011 – 5 U [Lw] 27/10 juris). Das Rechtsinstitut des Landpachtvertrages ist dabei auch für moderne, früher vielleicht untypische Bewirtschaftungsformen zu öffnen, wie etwa diejenige eines Gärtnereibetriebes, der Pflanzen „bodenunabhängig" in Gewächshäusern bzw Containern zieht (vgl AgrarR 1997, 120; diese Entscheidung ist zwar zur HöfeO ergangen, es ist jedoch kein Grund ersichtlich, die dort aufgestellten – richtigen – Grundsätze nicht auch hier anzuwenden).

Werden Grundstücke nach Übergabe zunächst bewirtschaftet, dann im Rahmen der **25** staatlichen Programme aber **stillgelegt**, entfällt dadurch ebensowenig die Verpachtung „zur Landwirtschaft" wie bei der Zupacht stillgelegter oder stillzulegender Flächen zu einem im Übrigen betriebenen landwirtschaftlichen Betrieb. Denn für diesen kann es betriebswirtschaftlich sinnvoll sein, qualitativ hochwertige Flächen zu bewirtschaften und dafür die schlechteren (zugepachteten) stillzulegen.

Die Verpachtung hat **überwiegend** zu diesen Zwecken zu geschehen. Derart hat die **26** Abgrenzung zu hobby- bzw gewerbsmäßiger Nutzung zu erfolgen (FHL Rn 38 f). In diesem Zusammenhang erlangt die bereits zitierte (Rn 3) Rechtsprechung – in erster Linie des Bundesverfassungsgerichts – **Bedeutung, nach der es zur Rechtfertigung jedes landwirtschaftlichen Sonderrechts gehört, leistungsfähige Betriebe in bäuerlicher Hand zu erhalten.** Von einem Landpachtvertragsverhältnis kann mithin (auch) nicht die Rede sein, wenn der Pachtgegenstand zwar landwirtschaftlicher Nutzung dienen soll, seine Bewirtschaftung hingegen nicht als Teil der Bewirtschaftung eines *leistungsfähigen* Betriebes angesehen werden kann. Diese Frage spielt – in erster Linie im Falle einer überhöhten Pacht – speziell bei der Betriebspacht (vgl oben Rn 19 ff) eine Rolle. In Fällen der Grundstückspacht (Zupacht) sind nicht der Pachtgegenstand und die darauf bezogenen Vertragsbedingungen isoliert zu betrachten, vielmehr ist insgesamt der Pächterbetrieb unter Einschluss der zugepachteten Fläche in Betracht zu nehmen.

Ist ein Pachtvertrag demzufolge nicht als Landpachtverhältnis einzustufen, kommen die Vorschriften der §§ 585 ff BGB nicht zur Anwendung. Dem Pächter steht also insbesondere kein Pachtschutz nach § 595 BGB zu (s § 595 Rn 3, 27, 30).

27 Inhaltlich können die Parteien die beiderseitigen Vertragsrechte und -pflichten im Rahmen des gesetzlich Zulässigen frei ergänzend regeln. Sie können dabei etwa bestimmte Bewirtschaftungsformen vereinbaren und sanktionieren, wie zB eine Pächterberechtigung oder -verpflichtung zu biologischer/ökologischer Wirtschaftsweise oder – im Gegenteil – mit dessen Verpflichtung zur Aufbringung von Klärschlamm (OLG Koblenz RdL 1999, 232). Bei den gesetzlichen Beschränkungen sind diejenigen des BBodSchG vom 17. 3. 1998 (BGBl I 502) zu beachten. Dieses sieht (§ 17) nur die ordnungsgemäß betriebene Landwirtschaft als „gute fachliche Praxis" in der Landwirtschaft an, die als solche keine verbotenen schädlichen Bodenveränderungen iSv §§ 2 Abs 3; 4 Abs 1 BBodSchG vornimmt (s dazu im Einzelnen die Kommentierung von § 586 Rn 35 f).

4. Forstflächen

28 Soweit Forstflächen Gegenstand des Vertragsverhältnisses sind, ist zu unterscheiden:

Nach Abs 3 sind auch solche Forstflächen Gegenstand eines Landpachtvertrages, die zu einem überwiegend landwirtschaftlichen Betrieb zugepachtet werden. Von dieser Ausnahme abgesehen unterliegt die Verpachtung forstwirtschaftlicher Grundstücke und/oder Betriebe nur den Regelungen der § 581 ff BGB (PALANDT/WEIDENKAFF Rn 5). Es ist dies die begrüßenswerte Klarstellung einer vor der Landpachtnovelle umstrittenen Frage (s dazu STAUDINGER/PIKALO[12] Anh 49, 65 zu § 597; FISCHER/WÖHRMANN § 1 LPachtG Rn 10).

Forstflächen müssen also – im Verhältnis zu dem landwirtschaftlichen Pachtgegenstand – **einen untergeordneten Umfang haben**. Die Abgrenzung ist so vorzunehmen wie zwischen gewerblich und landwirtschaftlich genutzten Misch- oder Doppelbetrieben (vgl oben Rn 23, 25; LWLH Rn 53).

Bei der Verpachtung **ausschließlich forstwirtschaftlich genutzter Flächen** ist weiter zu differenzieren: Ist der Pächter – gleichgültig, ob nur durch diese Anpachtung oder in Zusammenhang mit eigenen bzw von dritter Seite gepachteten Forstflächen – nur Inhaber eines forstwirtschaftlichen Betriebes, liegt keine Landpacht vor, die §§ 581 bis 584b BGB finden Anwendung.

5. (Mitverpachtete) Gegenstände und Rechte

a) Inventar

29 Werden landwirtschaftliche Flächen oder ein Betrieb zusammen mit dazugehörigem bzw zur Bewirtschaftung notwendigem Inventar verpachtet, liegt ein einheitlicher Landpachtvertrag vor. Dieser enthält zumeist eine Pächterpflicht zur Werterhaltung des mitverpachteten Inventars (sog „eiserne Verpachtung", s Rn 4). Hingegen ist die bloße entgeltliche Überlassung landwirtschaftlichen Inventars nie ein Landpachtvertrag. In Zweifelsfällen wird es – wie beim Mischbetrieb (vgl Rn 23) – darauf ankommen, ob die Verpachtung landwirtschaftlicher Grundstücke bzw eines entsprechenden Betriebes überwiegen.

b) Rechte

Zur Anpachtung spezieller, mit landwirtschaftlichen Grundstücken zusammenhän- 30
gender Rechte siehe LWLH Rn 56 ff; FHL Rn 4. Derart reine Rechtspacht ist keine
Landpacht (FHL Rn 53).

6. Subventionen, Produktionsquoten

a) Allgemeines

Der im Zuge der Ausgestaltung der Europäischen Wirtschaftsgemeinschaft (EWG) 31
in Westeuropa Mitte der 60 er Jahre des vorigen Jahrhunderts geschaffene gemeinsame Agrarmarkt war von Anfang an davon geprägt, dass durch staatliche Stützungsmaßnahmen („Intervention") den Landwirten – trotz national sowie im Vergleich zwischen den Mitgliedsländern völlig unterschiedlicher Struktur – auch ausreichende Einkommen gesichert würden. Jährlich wurden Preise für die meisten Agrarprodukte festgesetzt, die im darauffolgenden Jahr auf dem Binnenmarkt erreicht werden sollten. Fiel der „Marktpreis", hatten die staatlichen Interventionsstellen die Agrarprodukte zu den Interventionspreisen anzukaufen. Dies veranlasste die Landwirte zu einer immer intensiveren Produktion, denn mit den Interventionspreisen konnten sie rechnen, ungeachtet der „Getreideberge" und „Milchseen", die sich in Folge dessen teilweise ansammelten. Dem wurde dann wieder durch Stützungsmaßnahmen seitens der EU entgegenzuwirken versucht, und so entstand im Laufe der Zeit ein komplexes Subventionssystem, bei dem mitunter sogar gegenläufige Prämien (zB zunächst für das Abschlachten, anschließend aber wieder für das Aufstallen von Rindvieh) gewährt wurden.

Dies beendete die EU mit mehreren Reformen der Gemeinsamen Agrarpolitik (GAP-Reformen, s unter b). Ausgenommen von dieser Regelung und separat geregelt sind die Marktordnungen für Milch (s nachfolgend unter c) und Zucker (s nachfolgend unter d), die jedoch seit Abschaffung der jeweiligen Quotenregelung zuletzt deutlich umgestaltet wurden.

b) GAP-Reformen, Zahlungsansprüche

Seit dem 1. 1. 2005 gilt ein neues landwirtschaftliches Subventionsrecht, das zum 32
Beginn des Jahres 2015 weiter reformiert wurde. Aufgrund der VO (EG) 1782/2003
hat der nationale Gesetzgeber mit Gesetz vom 21. 7. 2004 (BGBl I 1763) für Deutschland zunächst ein **Kombimodell** eingeführt. Hiernach wurden die meisten zuvor gezahlten Subventionen in eine einheitliche Prämie umgewandelt, die sowohl abgekoppelt von der Produktion als auch unabhängig von der Frage der Eigentumsverhältnisse hinsichtlich der bewirtschafteten Flächen dem bewirtschaftenden Landwirt teilweise betriebs-, teilweise flächenbezogen ausgezahlt wurden (s im Einzelnen vJeinsen AUR 2003, 294 sowie 2004, 112; Krüger/Schmitte AUR 2005, 84). In Landpachtfällen erfolgt die Gewährung der den Prämien zugrunde liegenden Zahlungsansprüchen also an den Pächter als dem in dem Referenzzeitraum Wirtschaftenden.

Im Zuge der jüngsten Reformen sind auch die früheren Produktionsbeschränkungen für Zucker, Milchprodukte und Wein ausgelaufen (dazu unten Rn 33 f). Der bereits zuvor begonnene Trend hin zur Ökologisierung der landwirtschaftlichen Produktion wurde zudem weiterverfolgt. Unter dem Begriff „Cross-Compliance", mit einer Ökologisierungskomponente bei den Direktzahlungen sowie durch Umweltmaßnahmen im Rahmen der Förderung der Entwicklung des ländlichen Raums, wurden die Prämienzahlung verstärkt an ökologische Ziele geknüpft. Hierfür haben die im Jahr 2005 zugewiesenen Zahlungsansprüche nach dem 31. 12. 2014 ihre Gültigkeit verloren und landwirtschaftlichen Betriebsinhabern wurden auf Antrag zum Beginn des Jahres **2015 neue Zahlungsansprüche ausgegeben**, vgl Art 21 Abs 2 und 24 VO (EU) 1307/2013. Als Betriebsinhaber galt und gilt erneut diejenige Person, die eine bestimmte Fläche bewirtschaftet, ganz gleich ob diese Fläche zugepachtet wurde oder im Eigentum des Landwirts selbst steht. Somit bekam erneut der **Pächter** und nicht der Verpächter auf Antrag den Zahlungsanspruch zum Erhalt der Direktzahlung zugewiesen; bei landwirtschaftlichen Betriebsgemeinschaften ist regelmäßig die Gesellschaft Betriebsinhaberin und damit diejenige, die den Agrarantrag stellte (vJEINSEN AUR 2003 295 ff). Zur Ermittlung der bewirtschafteten Flächen wurde auf die Registrierungen im Integrierten Verwaltungs- und Kontrollsystem (InVeKoS-Systems) zum Stichtag 15. 5. 2015 zurückgegriffen (DOMBERT/WITT/BOOTH AgrR Teil H § 27 Rn 115).

Die in 2015 zugewiesenen Prämien sind zusammengesetzt aus bis zu vier Bestandteilen: einer Basisprämie zuzüglich weiterer Zahlungen für konkrete Umweltleistungen (sog „Greening") und potenzieller Zahlungen für kleine und mittlere Betriebe sowie für Junglandwirte. Die zugewiesenen Zahlungsansprüche müssen vom Landwirt aktiviert werden, um nicht – nach drei inaktiven Jahren – an die nationale Reserve zu fallen. Eine Rotation, welche zuvor die Aktivierung mehrerer Zahlungsansprüche auf derselben Fläche in unterschiedlichen Jahren nacheinander ermöglichte, ist seit der jüngsten Reform nicht mehr zulässig. **Zahlungsansprüche sind** jedoch weiterhin **handelbar**, sodass etwaige überschüssige Ansprüche veräußert werden können.

Die vergangenen Reformen der GAP gingen regelmäßig mit einer **Degression der Beihilfen** einher, sodass die „arbeitsunabhängigen" Einkünfte landwirtschaftlicher Betriebe gemindert wurden. Verstärkt wurde dies jüngst bei von der Flächenausstattung größeren Betrieben, da sich bei zunehmender Flächenzahl die Höhe der Direktzahlungen verringert. Konsequenz dessen können Auswirkungen auch auf landwirtschaftliche Pachtverhältnisse sein, denkbar etwa im Bereich der Anpassung nach § 593 BGB (s § 593 Rn 11). Denn wenn die Landwirte diese Verluste nicht auf andere Weise ausgleichen können, kann das Pachtniveau wieder sinken. Bisher ist dieser Trend freilich aufgrund anderer Entwicklungen weitgehend ausgeblieben, etwa aufgrund des gestiegenen Rohstoffbedarfs im Bereich der Bioenergie oder verschärften Regelungen zur zeitlichen und örtlichen Ausbringung von Gülle, die ebenfalls zu einer steigenden Nachfrage nach Flächen insbesondere in viehintensiven Regionen geführt hat. Ferner ist zu beachten, dass die Betriebsgrößen aufgrund des anhaltenden Strukturwandels jährlich weiter wachsen, was dem aufgezeigten Trend sich mindernder Direktzahlungen in Summe (nicht aber pro Fläche) ebenfalls entgegenwirkt. Unverändert ist, dass die **Direktzahlungen für Landwirte von großer Bedeutung** sind. Sie machen nach Angaben des Bundesministeriums für Ernährung und Landwirtschaft (BMEL) aus dem Jahr 2018 im Schnitt etwa 40 % der betrieblichen Einkommen aus. Damit ist die Behandlung der Zahlungsansprüche bei der Verpachtung, insbesondere deren Verbleib bei Pachtende von großer Bedeutung.

32a Die **Übertragung von Zahlungsansprüchen** ist möglich, weder das europäische noch das deutsches Recht stehen privatrechtlichen Absprachen in Landpachtverträgen grundsätzlich entgegen (vgl für EU-Recht EuGH 20. 5. 2010 – Az C-434/08; DOMBERT/WITT/BOOTH AgrR Teil H § 27 Rn 131). Während Zahlungsansprüche mit und ohne Fläche verkauft werden können, war ihre Verpachtung bis zur Ende 2013 beschlossenen Reform der GAP nur flächenakzessorisch möglich, dh unter gleichzeitiger Verpachtung einer gleichwertigen Hektarzahl beihilfefähiger Flächen (Art 46 Abs 2 S 1 und 2 der EG-Verordnung 1782/2003). In dem nun geltenden Basisprämiensystem ist eine **Nutzungsüberlassung von Zahlungsansprüchen** auch **ohne** eine entsprechende **Flächenverpachtung** zulässig. Es kann zudem vertraglich vereinbart werden, dass die Zahlungsansprüche bei Ablauf des Nutzungsverhältnisses zurückübertragen werden müssen (DOMBERT/WITT/GLAS AgrR Teil C § 7 Rn 37 wohl unter Verweis auf Art 4 Abs 1 lit n VO 1307/2013). Es liegt im besonderen Interesse des Verpächters, diese **Rückübertragung** der Zahlungsansprüche in Pachtverträgen ausdrücklich zu regeln. Hierbei sind auch die subjektiven Übertragungsvoraussetzungen zu bedenken. Für den Fall, dass ein nicht selbst wirtschaftender und damit nicht als Betriebsinhaber zu qualifizierender Verpächter den Betrieb auch nach Auslaufen des Pachtvertrages nicht wieder aufnehmen möchte, sollte der Vertrag etwa vorsehen, dass die Zahlungsansprüche auf Weisung des Verpächters auf einen vom Verpächter zu benennenden Dritten zu übertragen sind (DOMBERT/WITT/BOOTH AgrR Teil H § 27 Rn 136). Ausführlich zu Fragen der **Behandlung von Zahlungsansprüchen nach Vertragsende**, insbesondere in Abwesenheit vertraglicher Regelungen s § 596 Rn 38.

In der Praxis sind unterschiedlichste Vereinbarungen anzutreffen, wonach der Pächter die **Prämienzahlung** während der Vertragslaufzeit ganz oder teilweise **an den Verpächter weiterzuleiten** hat. Entsprechende Regelungen sind insoweit bedenklich, als der bewirtschaftende Landwirt, hier also der Pächter, die Prämien zur Einkommensstützung und als Gegenleistung für förderwürdige Leistungen erhält die vom Markt nicht oder nicht ausreichend vergütet werden. Letzteres umfasst etwa die Einhaltung von Verpflichtungen im Bereich des Umweltschutzes, der Lebensmittelsicherheit, der Tiergesundheit und des Tierschutzes sowie die Erhaltung des Betriebs in gutem landwirtschaftlichen und ökologischen Zustand. Diese Zielrichtungen der EU-Förderung wurden durch die jüngste Reform weiter untermauert, welche die GAP noch stärker als bisher auf die Entlohnung gesellschaftlicher Leistungen ausgerichtet hat. Vertragliche Regelungen, welche die Zahlungsansprüche oder Vergütung für diese Leistungen an den Verpächter weiterleiten, können daher wegen **Verstoßes gegen die Ziele der europäischen Vorgaben** unwirksam und nicht anzuwenden sein. Eine solche Unwirksamkeit ist etwa anzunehmen, wenn die Direktzahlungen nicht an den Bewirtschafter landwirtschaftlicher Flächen fließen, obwohl nur dieser den Verpflichtungen zur Erhaltung der Flächen in gutem landwirtschaftlichen und ökologischen Zustand unterworfen ist (vgl für den Fall einer unzulässigen Verpflichtung zur Auszahlung der Prämienzahlungen an den Verkäufer im Rahmen eines Kaufvertrages den Vorlagebeschluss des EuGH 20. 5. 2010 – C-434/08 und darauf basierend die Entscheidung des OLG Oldenburg 21. 10. 2010 – 1 U 109/07 juris Rn 35, beide noch zur früheren GAP [Titel II Kapitel I der EG-Verordnung 1782/2003]).

Für **zulässig** erachtet wurde seitens der Rspr jedoch eine Parteivereinbarung, wonach der Pächter lediglich einen Teil der gezahlten Betriebsprämien an den Verpächter auszukehren hat, sofern diese Zahlung als Teil der Pacht anzusehen ist (OLG Stuttgart 5. 2. 2013 – 101 U 7/12 juris Rn 20 ff; AUR 2013, 312 mit Verweis auf EuGH 20. 5. 2010 – C-434/08

Rn 48 ff). Dieses Ergebnis wurde damit begründet, dass die EU-Verordnung es den Parteien im Rahmen ihrer Privatautonomie freistellt, die Höhe der finanziellen Gegenleistung für die Übertragung der Zahlungsansprüche auszuhandeln. Das OLG Stuttgart hat auch eine unzulässige Rückübertragung im Sinne von Art 46 Abs 2 der EG-Verordnung 1782/2003 für den Fall verneint, in welchem aufgrund einer pachtvertraglichen Regelung Zahlungsansprüche zwar an den Pächter verpachtet werden, dieser sie aber nach Erhalt der Zahlungen an den Verpächter weiterzuleiten hat. So sei der Pächter in dieser Konstellation weiterhin Rechtsinhaber der Beihilfe-Forderung. Ferner setze der Landwirt die an den Verpächter ausgekehrte Zahlung auch im Sinne der Verordnung ein, wenn und soweit die Betriebsprämien als Gegenleistung für den Erhalt einer Leistung an den Betrieb, etwa von Pachtfläche, und somit zum Erhalt des Betriebs selbst eingesetzt wird. Dies gilt jedenfalls solange, wie keine Umgehung des Verordnungszwecks vorliegt. Letzteres wäre etwa dann anzunehmen, wenn die mit den Betriebsprämien erkaufte Leistung nicht existiert oder nicht werthaltig ist. Denn dann tritt der Zweck der Beihilfen, den landwirtschaftlichen Betrieb zu stützen und die Aufgabe landwirtschaftlicher Flächen zu vermeiden, gerade nicht ein (s OLG Stuttgart 5. 2. 2013 – 101 U 7/12 juris Rn 23; AUR 2013, 312 unter Verweis auf den 3. Erwägungsgrund der VO 1782/2003 und EuGH 20. 5. 2010 – C-434/08). Die Argumentation des OLG Stuttgart überzeugt, denn es kann keinen Unterschied machen, aus welchen Mitteln der Pachtzins gezahlt wird.

Zur Frage der Behandlung von Zahlungsansprüchen bei Beendigung des Pachtverhältnisses vgl unten § 596 Rn 34 ff.

c) Milchquoten

33 Die Milchproduktion in der EU hat eine wechselvolle Geschichte hinter sich, welche zunächst Richtpreis für Milch und ein Interventionspreis für die Abnahmepflicht für Milchprodukte und später eine Milchkontingentregelung vorsah, ausführlich dazu vgl die Vorauflagen. **Mittlerweile sind die Milchquoten abgeschafft** worden und zum 1. 4. 2015 ausgelaufen. Landwirte können seither unabhängig vom Besitz von Lieferrechten Milch produzieren, was zunächst zu einer Ausweitung der Produktion geführt hat. Zuvor hatten Milchlieferrechte eine erhebliche wirtschaftliche Bedeutung für die sie begünstigenden Landwirte. Denn die Milchproduktion konzentriert sich im Wesentlichen auf Standorte mit ärmerem Boden, auf denen nahezu ausschließlich Weidewirtschaft und demzufolge auch das Halten von Milchkühen möglich ist und wo alternative, lukrativere Produktionsmöglichkeiten fehlen. Dies hat sich nicht nur dich die Abschaffung der Quoten, sondern auch durch den umfangreichen Maisanbau zur Belieferung von Biogasanlagen in den letzten Jahren etwas relativiert. Auf Letzteres wird im Zusammenhang mit der Pächterpflicht zur ordnungsgemäßen Bewirtschaftung (§ 586, s § 586 Rn 33 ff) sowie zur Rückgabe in einem Zustand nach ordnungsgemäßer Bewirtschaftung (§ 596 Rn 2 ff, 34 ff) zurückzukommen sein.

d) Zuckerrübenlieferrechte und -ansprüche

34 Zeitlich etwas später als im Bereich der Milchproduktion wurde am 25. 6. 2013 auch das Ende wesentlicher, wenn auch nicht aller Elemente der EU-Zuckermarktordnung beschlossen. Wesentlich ist insbesondere, dass die **Quotenregelungen bei der Zuckerproduktion zum 30. 9. 2017 ausgelaufen** sind. Andere Instrumente der Marktordnung wurden hingegen ergänzt oder beibehalten, so sind etwa verpflichtende

Branchenvereinbarungen zwischen Anbauern und Zuckererzeugern vorgesehen, welche die Bedingungen für den Kauf von Zuckerrüben einschließlich Lieferverträgen regeln. Aufgrund der durch die Reform wesentlichen geänderten marktpolitischen Rahmenbedingungen sind erneut deutliche Auswirkungen auf die Landwirtschaft wahrscheinlich. Bereits die Zuckermarktreform aus dem Jahr 2006 hat nach Angaben aus der Branche dazu geführt, dass binnen 8 Jahren 30 % der Rübenanbauer den Anbau aufgegeben haben (Top Agrar, Zucker: Was kommt nach der Quote? https://www.topagrar.com/archiv/Zucker-Was-kommt-nach-der-Quote-1454221.html). Aufgrund eines sich intensivierenden Wettbewerbs ist eine weitere Konzentration im Zuckersektor sowie eine größere Volatilität bei Preisen und Mengen zu erwarten. Mit dem Wegfall der Quotenregelungen existiert keine rechtliche Deckelung oder Mindestmenge mehr. Der Umfang des künftigen Anbaus ist daher eine rein wirtschaftliche Entscheidung, die von Marktfaktoren wie Preise, Transportentfernungen, Werksauslastungen, Ertragssicherheit etc beeinflusst wird und von den Zuckerherstellern sowie den Zuckerrübenanbauern zu treffen ist.

Für die Anbauer im Einzugsbereich der unterschiedlichen Zuckerhersteller gelten **unterschiedliche Rahmenbedingungen** für den Rübenanbau. Teilweise werden die an Beteiligungen an den Zuckerherstellern gebundene Lieferrechte oder Lieferansprüche wieder relevant, welche zuvor aufgrund der Quotenregelung ruhten. So können etwa im Einzugsgebiet der **Südzucker AG** Betriebsinhaber trotz Wegfall der Quote nur dann Zuckerrüben anliefern, wenn sie entsprechende **Zuckerrüben-Lieferrechte** besitzen. Diese Lieferrechte sind im Falle der Südzucker AG untrennbar **mit Beteiligungswerten verbunden**, können aber – etwa anlässlich einer Flächenverpachtung – übertragen werden. Neu ist mit dem Wegfall der Quotenregelungen, dass Zuckerrübenanbauer durch flexible Ausnutzungsgrade den Anbau auch ohne zusätzliche Lieferrechte ausdehnen können (vgl etwa die Angaben der Süddeutsche Zuckerrübenverwertungs-Genossenschaft [SZVG] unter http://www.szvg.de/szvg/aktuelles/124.Zuckerrueben-Lieferrechte-bleiben-auch-wenn-die-EU-Zuckerquote-geht.html).

Im Bereich der **Nordzucker AG** leben die in der Satzung geregelten **Rübenlieferansprüche aus Aktien** wieder auf. Grundlage für den künftigen Zuckerrübenanbau können nunmehr Lieferansprüche aus eigenen oder aus übertragenen Aktien (sog Aktienleihgeschäft) sein, ferner Lieferansprüche die ohne Übertragung des Kapitalanteils der Aktie von einem Aktionär an einen Landwirt – etwa anlässlich der Verpachtung von Ackerland – abgetreten wurden, schließlich kann der Anbau auch auf „freien Mengen" ohne korrespondierenden Lieferanspruch basieren. Während die ersten drei Fälle auf gesellschaftsrechtlichen Lieferansprüchen beruhen, werden etwaige freie Mengen interessierten Rübenanbauern ohne jegliches oder ausreichendes Aktienlieferrecht angeboten. Voraussetzung für den Anbau von freien Mengen ist, dass die Zuckerfabriken über den Lieferanspruch hinausgehende Mengen benötigen und Anspruchsinhaber die benötigte Menge nicht liefern wollen oder können (vgl zum Thema Nordzucker Holding AG https://www.nordzuckerholding.de/fileadmin/user_upload/downloads/2015/Flyer_Lieferanspruch_Web.pdf).

Die Situation bei der **Pfeifer & Langen** GmbH & Co KG als dem dritten Zuckerhersteller in Deutschland ist erneut anders. Mangels auf Beteiligungen basierender Lieferrechte erfolgt der Zuckerrübenanbau auf Rübenlieferungsverträgen, die mit anbauwilligen Anbauern abgeschlossen werden.

Bestehende Lieferrechte können – wie soeben dargelegt – übertragen werden, was im Rahmen der Verpachtung **vertraglich gesondert zu regeln** ist. Zur Frage der Behandlung etwaiger Lieferrechte bei Pachtvertragsende s § 596 Rn 34 ff.

e) Pachtrechtliche Einordnung von Lieferrechten und GAP-Prämien

35 Wie in den obigen Rn 32 ff dargelegt, sind die Zahlungsansprüche als auch etwaige Lieferrechte von der Fläche entkoppelt, sodass es separater vertraglicher Regelungen zur Übertragung zwischen Verpächter und Pächter bedarf. Fragen zur Rückübertragung bei Vertragsende sind ausführlich bei § 596 Rn 34 ff kommentiert. Diese werden besonders bei Zahlungsansprüchen relevant, wenn diese – wie anlässlich der jüngsten aber auch der vorherigen GAP-Reform – während einer bestehenden Verpachtung neu an den Verpächter ausgegeben wurden.

Zur Rechtslage vor der Entkopplung der Prämien und vor Abschaffung der Quoten im Milch- und Zuckerbereich vgl die ausführlichen Ausführungen in der Vorauflage.

IV. Die Parteien des Pachtvertrages

1. Grundsätzliches

36 Vertragsparteien können sowohl auf Verpächter- wie auf Pächterseite Einzelpersonen oder Personengemeinschaften (Eigentümergemeinschaften, Pächtergemeinschaften) sein.

Der Normalfall ist die Verpachtung durch den Grundstückseigentümer; daneben kommen als Verpächter in erster Linie sonstige dinglich (Abbaurecht, Nießbrauchsrecht) oder obligatorisch (Hauptpächter im Falle der Unterpacht) Berechtigte in Betracht (vgl LWLH Rn 43 f). Zu der Stellung staatlicher Unternehmen als Verpächter vgl Rn 44.

2. Natürliche Personen, Gesellschaften

37 Gleichgültig für die Qualifizierung als Landpachtvertrag ist weiterhin, ob die Vertragsparteien natürliche Personen, Personengesellschaften oder -gemeinschaften oder juristische Personen sind. Aufgrund des zunehmenden Rentabilitätsdrucks in der Landwirtschaft hat schon vor Jahren ein Konzentrationsprozess begonnen, aufgrund dessen auf Pächterseite immer mehr Gesellschaften stehen.

Von der Möglichkeit der Bewirtschaftung landwirtschaftlicher Betriebe in Form **juristischer Personen** ist vor allem in den **Neuen Bundesländern**, in Zusammenhang mit der Umwandlung Landwirtschaftlicher Produktionsgenossenschaften, Gebrauch gemacht worden. Durch das Landwirtschafts-Anpassungsgesetz (LAnpG) vom 29. 6. 1990 idF vom 3. 7. 1991 (BGBl I 1418) war den Landwirtschaftlichen Produktionsgenossenschaften die Möglichkeit eröffnet worden, sich zur Vermeidung ihrer Liquidation in eine oder mehrere natürliche oder juristische Personen aufzuspalten bzw umzuwandeln (vgl dazu vJEINSEN, Zur Änderung des Landwirtschaftsanpassungsgesetzes, AgrarR 1991, 177). Der Tradition ihrer Organisation zu DDR-Zeiten folgend, haben sich die landwirtschaftlichen Produktionsgenossenschaften überwiegend in Form eingetragener Genossenschaften (eG) organisiert, darüber hinaus finden sich – teilweise regional sehr unterschiedlich – zumeist Aktiengesellschaften, Kommanditgesellschaften und Gesellschaften mit beschränkter Haftung.

In den alten Bundesländern hat diese Herausforderung zu einer erheblichen Konzentration mit entsprechendem Wachstum landwirtschaftlicher Betriebseinheiten geführt. Zumeist handelt es sich dabei um Zusammenschlüsse in Form von Gesellschaften bürgerlichen Rechts (GbR, §§ 705 ff), die als Außen-GbRs auftreten. Aufgrund der neueren Rechtsprechung des BGH (NJW 2002, 1197; s K Schmidt NJW 2001, 993; Pohlmann WM 2002, 1421; Ulmer ZIP 2001, 585; s jetzt zur Klärung von Zweifeln bei der Zusammensetzung BGH NJW 2011, 1958) wurde dieser Form der GbR eine zumindest beschränkte Rechtsfähigkeit zugesprochen, soweit sie als Teilnehmer im Rechtsverkehr eigene (vertragliche) Rechte und Pflichten begründet. Damit soll dem Vertragspartner die Unsicherheit der Rechtsverfolgung (unbekannte, häufig große bzw schnell wechselnde Gesellschafterzahl, Vollstreckungsprobleme) weitgehend genommen sein. Zu Einzelfragen der Parteistellung sowie zu Änderungen im Kreis der Gesellschafter während der Vertragslaufzeit s sogleich Rn 39, zu Fragen der Vertretung der GbR bei Vertragsabschluss vgl § 585a Rn 13, bei Kündigung vgl § 594a Rn 6.

Auf diese Entwicklungen hat der Gesetzgeber hinsichtlich der Landpacht nicht **38** reagiert. Daher ist das Gesetz bei einer strikt personalistischen Ausrichtung (zB in den §§ 589, 593a, 594c, 594d, 595 BGB) geblieben, die das weiterentwickelte Spektrum der pachtweisen Bewirtschaftung landwirtschaftlicher Betriebe bzw Flächen nicht mehr stets abdeckt. Die dadurch zutage tretenden Probleme sind durch eine erweiterte, an der Sache anstelle der formorientierten Auslegung der relevanten Bestimmungen zu lösen.

3. Parteiwechsel

Abgesehen von der Möglichkeit des Parteiwechsels durch dreiseitige Vereinbarun- **39** gen (Eintritt eines Dritten, LWLH Rn 47) hat der in bestimmten Fällen erfolgende **Parteiwechsel kraft Gesetzes** eine besondere Bedeutung:

Auf Verpächterseite folgt nach §§ 593b, 566 bis 567b BGB die Verpächterstellung im Regelfall der Eigentümerstellung (vgl ausf die Kommentierung zu diesen Bestimmungen). **Änderungen der Zusammensetzung einer** am Pachtvertrag beteiligten **GbR** während der Vertragslaufzeit, ohne dass diese zu einer Auflösung der GbR führen (vgl dazu sogleich), haben aufgrund der Anerkennung der Teilrechtsfähigkeit der GbR auf den Bestand des Pachtverhältnisses keinen Einfluss (vgl zum Mietvertrag OLG Düsseldorf NJW-RR 2003, 513, 514; Kraemer NZM 2002, 465, 470). Hat ein Verpächter Bedenken etwa hinsichtlich der Solvenz bei Änderungen im Gesellschafterbestand der GbR, sollte er den Vertrag mit den Gesellschaftern der GbR anstelle der GbR selbst abschließen (Kraemer NZM 2002, 465, 470, der auch auf die fünfjährigen Nachhaftung gem § 736 Abs 2 BGB, § 160 HGB im Falle des Ausscheidens von Gesellschaftern hinweist). Auch ein Fall der Nutzungsüberlassung an Dritte im Sinne des § 589 BGB liegt nicht vor (vgl § 598 Rn 10). Scheidet während der Vertragslaufzeit der vorletzte Gesellschafter aus der GbR aus, kann die GbR nach bisheriger hM und Rspr nicht fortgesetzt werden, die Rechtsnatur der GbR als Schuldverhältnis steht dem entgegen (vgl BGHZ 71, 296, 297 = NJW

1978, 1525; BGH WM 1979, 249 f; BGH NZG 2000, 474 für eine KG im Falle des Ausscheidens der Komplementärin; ausführlich dazu sowie zur im Vordringen befindlichen aA STAUDINGER/HABERMEIER [2003] Vorbem 29a zu §§ 705–740). Die Gesellschafter können für diesen Fall vereinbaren, dass der letzte Gesellschafter das Gesellschaftsvermögen als Gesamtrechtsnachfolger übernimmt. Ist dies der Fall, wird der verbleibende Gesellschafter unmittelbar Vertragspartei der bisher der GbR zugeordneten Rechtsverhältnisse (vgl hierzu OLG Brandenburg 9. 7. 2015 – 5 U [Lw] 14/15 juris Rn 19 ff unter Verweis auf BGH WM 1961, 1076; GLAS AUR 2015, 460). Zur Vertretung der GbR bei Vertragsabschluss s § 585a Rn 13, zur Kündigung s § 594a Rn 6.

Kommt es zu einem **Teilflächenverkauf** während der Verpachtung, wird also eine Teilfläche aus einem landwirtschaftlichen Grundstück, über welches ein einheitlicher Landpachtvertrag besteht, veräußert, tritt der oder treten die Erwerber der Teilfläche zusätzlich in die Verpächterstellung ein (OLG Naumburg RdL 2017, 95 juris Rn 31). Auch der die Teilfläche veräußernde, frühere Eigentümer bleibt Verpächter für den bei ihm verbleibenden Teil der verpachteten Flächen (zum Mietrecht MACH RNotZ 2017, 624 m Verw auf SCHÖN JZ 2001, 119 mwNw). Ein einheitlicher Pachtvertrag wird somit durch Teilflächenverkauf nicht aufgespalten, sondern vielmehr mit allen Eigentümern über die verpachteten Flächen fortgesetzt (**Prinzip der Einheit des Pachtvertrages**, vgl OLG Naumburg 12. 11. 2015 – 2 U 42/15 [Lw] juris Rn 31 ff, RdL 2017, 95; OLG Hamm 21. 2. 2013 – I-10 U 109/12 juris Rn 63; OLG Brandenburg 26. 1. 2012 – 5 W [Lw] 10/11 juris Rn 48; OLG Dresden 12. 12. 2002 – U XV 1763/02 juris Rn 4, AUR 2003, 376; zur vergleichbaren Situation im Mietrecht BGH NJW 2005, 3781; BGH NJW 1973, 455; OLG Brandenburg BeckRS 2011, 00404; BayObLG NJW-RR 1991, 651). Das Verhältnis der sodann entstehenden **Verpächtergemeinschaft** bestimmt sich nach den Regelungen zur Bruchteilsgemeinschaft, §§ 741 ff BGB (BGH NJW 2005, 3781; STAUDINGER/EMMERICH [2018] § 566 Rn 24). Demnach sind die Verpächter insbesondere Gesamtschuldner hinsichtlich der Verpflichtungen aus dem Pachtverhältnis und Mitgläubiger hinsichtlich der Pachtforderungen. Konsequenz dessen ist ua, dass das Pachtverhältnis grundsätzlich auch nur durch alle Erwerber bzw Verpächter gemeinschaftlich gekündigt werden kann (**„Kündigung von allen an alle"** vgl OLG Naumburg RdL 2017, 95 juris Rn 31 unter Bezugnahme zur Rspr des BGH zum Mietrecht, vgl BGHZ 26, 102 = NJW 1958, 421; BGHZ 144, 370 = NJW 2000, 3133). Ferner kann der Pächter die Pacht nur befreiend an die Gemeinschaft leisten. Vgl dazu, sowie zur abweichenden **Spaltungstheorie**, die ua vom OLG Celle vertreten wird, unten § 593b Rn 6 sowie KLEINEKE AUR 2017 283 f; zur ausnahmsweise zulässigen Teilkündigung s § 594a Rn 8.

Auf **Pächterseite** erfolgt ein gesetzlicher Wechsel des Vertragspartners nach § 593a BGB im Falle der Betriebsübergabe im Wege der vorweggenommenen Erbenfolge.

Bei **Tod einer Vertragspartei** wird das Rechtsverhältnis mit dem/den Erben fortgesetzt (ausf mit Hinweis auf die teilweise unterschiedlichen landesrechtlichen Regelungen LWLH Rn 48), der Verpächter hat ein außerordentliches Kündigungsrecht nach § 594d BGB.

4. Rechte und Pflichten der Vertragsparteien

40 Diese sind in erster Linie in § 586 BGB zusammengefasst, im Übrigen ergeben sie sich aus allgemeinen miet- und pachtrechtlichen Regelungen; auf die jeweils dortigen Ausführungen wird verwiesen.

V. Vertragsabschluss, Wirksamkeitsvoraussetzungen, Anzeigepflichten

1. Abschluss

Der Landpachtvertrag als schuldrechtlicher Vertrag kommt nach den Regeln des Allgemeinen Teils zustande, Stellvertretung ist zulässig (LWLH Rn 40 f). Auch ein Widerrufsrecht und damit der Pflicht zur Widerrufsbelehrung bei Vertragsschluss ist denkbar, etwa im Falle eines Haustürgeschäfts zwischen Verbraucher und Unternehmer (OLG Brandenburg 20. 3. 2014 – 5 U [Lw] 62/13 juris Rn 16). **41**

2. Form

Andere als kurzfristige Vertragsverhältnisse unterliegen nach § 585a BGB der Schriftform, zur weiteren Erläuterung – auch in Bezug auf Fragen zu Allgemeinen Geschäftsbedingungen – sei auf die dortigen Ausführungen verwiesen. **42**

3. Kartell- und Öffentliches Recht

a) Kartellrecht

Ähnlich wie die Zuckerfabriken als – bezogen auf den Ankauf der Rüben – marktbeherrschende Unternehmen angesehen werden (BGH RdL 1991, 103; OLG Celle RdL 1994, 167; OLGR 1995, 287; 1996, 227) gilt dies auch für den regionalen Pachtmarkt beherrschende Verpächterinstitutionen. So hat das OLG Rostock (AgrarR 2000, 379) der BVS – einer Treuhand-Nachfolgeorganisation – aufgrund ihrer faktischen Monopolstellung eine marktbeherrschende Stellung beigemessen, die jedenfalls einzelne Pachtinteressenten nicht verbotenerweise diskriminieren darf. Ähnlich wie nach der zitierten Rechtsprechung bezüglich der Zuckerfabriken wird man derart starke Verpächter zwar nicht einem Kontrahierungszwang unterwerfen müssen (so auch das OLG Rostock). Sie werden aber verpflichtet sein, hinsichtlich der zur Verfügung stehenden Flächen nach objektiven und nachvollziehbaren Kriterien einem möglichst großen Kreis von Pachtinteressenten die Chance auf einen Vertragsabschluss zu geben. Selbstverständlich darf die Auswahl unter mehreren in Betracht kommenden Pächtern dann nach individuellen (zB landwirtschaftlichen Fähigkeiten, Kapitalstärke) wie auch generellen (zB Bevorzugung von Bio-Landwirten, Schaffung von Arbeitsplätzen, auch Beeinflussung der Betriebsgrößen im Interesse der Agrarstruktur) Kriterien erfolgen, solange der angelegte Maßstab gleich bleibt. Soweit die Treuhand-Nachfolgeorganisationen als Verpächter auftreten, wird man ihre Verpachtungen als verwaltungsprivatrechtliches Handeln (MAUNZ/DÜRIG Art 3 GG Rn 476) einstufen müssen, da ihr öffentlicher Auftrag auf die Privatisierung ehemals volkseigenen Vermögens gerichtet ist, wozu auch die Verpachtung zählt. Dann haben sie gleichfalls das Willkürverbot von Art 3 GG zu beachten (OLG Brandenburg AgrarR 1999, 126). **43**

b) Öffentliches Recht

Bedient sich der Staat zur Erfüllung öffentlicher Aufgaben privatrechtlicher Handlungsformen (sog Verwaltungsprivatrecht), bleibt die Bindung der vollziehenden **44** staatlichen Gewalt an die Grundrechte, das Demokratieprinzip und das Rechtsstaatsprinzip nach Art 1 Abs 3 GG und Art 20 Abs 2 und 3 GG grundsätzlich erhalten (Kirchhof, in: Maunz/Dürig, GG [Stand: 54. ErgLief 2009] Art 83 Rn 103; vZezschwitz NJW 1983, 1873; Kaltenborn/Schnapp JuS 2000, 937). Insoweit werden privatrechtlichen Normen durch Bestimmungen des öffentlichen Rechts ergänzt, überlagert und modifiziert (BGHZ 91, 84 [96]; BGH NJW 1992, 171 [173]; Stober, in: Wolff/Bachof/Stober, Verwaltungsrecht, Bd I [12. Aufl 2007] § 23 Rn 62; Gehse RNotZ 2007, 61).

Handelt der Staat im Rahmen des Verwaltungsprivatrechts, gilt für ihn insbesondere das Gleichbehandlungsgebot des Art 3 Abs 1 GG (BVerfGE 124, 199 [218]; BGHZ 29, 76 [79 f]; 52, 325 [327 f]; BGH NJW 1992, 171 [173]; Kempen, in: Merten/Papier, Handbuch der Grundrechte, Bd II [2006] § 54 Rn 51). Insoweit besteht für ihn bei der Wahl seiner Vertragspartner und der Vertragsgestaltung keine vollumfängliche Privatautonomie (BGHZ 52, 325 [327 f]; Stober, in: Wolff/Bachof/Stober, Verwaltungsrecht, Bd I [12. Aufl 2007] § 23 Rn 62; Kempen, in: Merten/Papier, Handbuch der Grundrechte, Bd II [2006] § 54 Rn 51; Bitterich NZBau 2006, 757).

Vom Staat beherrschte juristische Personen des Privatrechts unterliegen jedenfalls dann der Grundrechtsbindung, wenn der Staat ihr Alleineigentümer ist (Jarass/Pieroth, GG [11. Aufl 2011] Art 1 Rn 39; Höfling, in: Sachs, GG [5. Aufl 2009] Art 1 Rn 104; Herdegen, in: Maunz/Dürig, GG [Stand: 44. ErgLief 2005] Art 1 Abs 3 Rn 96; iE auch BGHZ 91, 84 [98]; BVerwGE 113, 208 [211] = BVerwG NVwZ 1998, 1083 [1084]; str bei Beteiligung privater Gesellschafter, vgl etwa Jarass/Pieroth, GG, Rn 40; Dammholz NL-BzAR 2011, 355; Jarass MMR 2009, 223).

Handelt der Staat rein erwerbswirtschaftlich oder tätigt er bloß ein fiskalisches Hilfsgeschäft (etwa Materialbeschaffung), ist die Reichweite öffentlich-rechtlicher Bindungen umstritten. Nach verbreiteter Ansicht in der Lit soll die unmittelbare Grundrechtsbindung der Verwaltung nach Art 1 Abs 3 GG erhalten bleiben (Herdegen, in: Maunz/Dürig, GG [Stand: 44. ErgLief 2005] Art 1 Abs 3 Rn 94 f; Jarass/Pieroth, GG [11. Aufl 2011] Art 1 Rn 38 f; Höfling, in: Sachs, GG [5. Aufl 2009] Art 1 Rn 103 f). Der Bundesgerichtshof und ein Teil der Literatur nehmen hingegen eine nur mittelbare Grundrechtsbindung über die Generalklauseln des Zivilrechts an (vgl BGH NJW 2004, 1031: insb Willkürverbot; Dürig/Scholz, in: Maunz/Dürig [Stand: 62. ErgLief 2011] Art 3 Rn 480 ff mwNw auch zu aA; vZezschwitz NJW 1983, 1873).

4. Genehmigungs- und Anzeigeerfordernisse

45 Zivilrechtlich (zB in Bezug auf Minderjährige oder vollmachtlos Vertretene) gelten die allgemeinen Bestimmungen. Speziell **landpachtrechtliche Genehmigungen** sind für die Wirksamkeit des Vertrages **nicht notwendig**.

46 Im Regelfalle sind Landpachtverträge nach § 2 LPachtVG **anzeigepflichtig**, und zwar gleichermaßen der Neuabschluss wie anschließende Vertragsänderungen. Ausnahmen regelt § 3 LPachtVG, bei dem speziell die Anzeigebefreiung für Landpachtverträge zwischen nahen Verwandten und Ehegatten hervorzuheben ist.

Die Nichtanzeige hat jedoch **nicht die Unwirksamkeit** des Landpachtvertrages zur Folge (LWLH § 2 LPachtVG Rn 19). Die Parteien riskieren „lediglich" **Ordnungsmaß-**

nahmen nach § 10 LPachtVG. Darüber hinaus ist eine *Vertragsanpassung im Sinne von § 593* nur möglich, wenn ein anzeigepflichtiger Landpachtvertrag auch angezeigt ist (§ 9 LPachtVG).

Nach erfolgter Anzeige hat die zuständige Behörde die Möglichkeit einer **Beanstandung** des Landpachtvertrages (zusammengefasst) in Fällen einer ungesunden Bodenverteilung und eines Missverhältnisses zwischen Pacht und Ertragsmöglichkeit, § 4 LPachtVG (zum Zusammenhang zwischen siedlungsrechtlichem Vorkaufsrecht nach § 4 Abs 1 RSG und der ungesunden Verteilung der Bodennutzung nach § 4 Abs 1 Nr 1 LPachtVG vgl BGH 29. 4. 2016 – BLw 2/15 juris Rn 15 = RdL 2017, 50). Kommen die Vertragsparteien einer Beanstandung **nicht** nach, **gilt** der Landpachtvertrag nach Ablauf der gesetzten Frist **als aufgehoben**, wenn nicht vorher ein Vertragsteil einen Antrag auf gerichtliche Entscheidung gestellt hat, § 7 Abs 2 LPachtVG.

Zu den Einzelheiten der Anzeigepflicht sowie dieses Beanstandungsverfahrens sei auf die Kommentierungen zum LPachtVG verwiesen.

VI. Abdingbarkeit

Wie die Regelung in § 581 BGB (STAUDINGER/SCHAUB § 581 Rn 1, 365, 479) ist auch die des § 585 BGB **grundsätzlich abdingbar**, soweit die charakteristischen Wesensmerkmale der Landpacht erhalten bleiben. Dies bezieht sich insbesondere auf den Vertragszweck („zur Landwirtschaft") sowie das Fruchtziehungsrecht des Pächters (LWLH Rn 3). Auch könnte die (völlige) Aufhebung der Pachtzahlungspflicht die Pachteigenschaft zu Fall bringen. **47**

Nur einzelne Bestimmungen des Landpachtrechts sind nicht dispositiv, vgl dazu die jeweilige Kommentierung.

Unabhängig davon ist die rechtsgeschäftliche Gestaltungsfreiheit der Vertragsparteien nach den allgemeinen Grundsatzregelungen eingeschränkt. Dies bezieht sich in erster Linie auf die zwingenden Nichtigkeitsnormen des BGB. Darüber hinaus ist bei vorformulierten Verträgen oder solchen mit beigefügten Allgemeinen Vertragsbedingungen einer Seite eine Wirksamkeitsprüfung nach Maßgabe der §§ 305 ff BGB vorzunehmen.

VII. Steuerrechtliche Folgen

Bei Verpachtung eines zuvor selbst bewirtschafteten landwirtschaftlichen Betriebes stellt sich für den Verpächter das Problem der steuerlichen **Betriebsaufgabe**. Denn nach Pachtbeginn betreibt er reine Vermögensverwaltung, also eine Tätigkeit, die typischerweise im Privatvermögen erfolgt. Die Konsequenz wäre nicht nur ein Wechsel in der Einkunftsart (von LuF zu VuV), sondern – viel gravierender – die zwingende Überführung des (ehemaligen) Betriebs- in das Privatvermögen des Verpächters. Dieser hätte dann die stillen Reserven aufzudecken und zu versteuern. Um diesen erheblichen Nachteil zu vermeiden, billigt die Rechtsprechung dem Verpächter ein **Wahlrecht** zu. Er kann zum Zeitpunkt der Verpachtung wie auch während der gesamten Vertragslaufzeit die Betriebsaufgabe erklären und hat dann die stillen Reserven gem §§ 13, 14, 15 Abs 1 S 1 Ziff 1, 16 Abs 1 Nr 1 iVm § 34 Abs 2 EStG **48** zu versteuern. Ohne diese Erklärung bleibt der Pachtgegenstand sein Betriebsvermögen.

Dieses Wahlrecht besteht aber nur bei der Betriebspacht mit Verpachtung der wesentlichen Betriebsgrundlagen, also der typischen eisernen Verpachtung (BFH DStR 1997, 1880). Für die landwirtschaftliche Betriebspacht weicht der BFH (BStBl 1991 II 883) ausnahmsweise von diesem Prinzip ab: wird ein landwirtschaftlicher Betrieb ohne Inventar verpachtet, liegt darin noch keine Betriebsaufgabe, die einer steuerlichen Fortführung entgegenstehen würde.

Wird ein landwirtschaftlicher Betrieb erworben und im Anschluss daran verpachtet, wird er stets dem Privatvermögen zugerechnet (BFH BStBl 1989 II 863; FR 1996, 353). Der Verpächter hat also ebensowenig ein (umgekehrtes) Wahlrecht wie er Veräußerungsgewinne aus einem vorhergehenden Verkauf auf einen verpachteten Betrieb nach § 6b EStG übertragen kann.

Ist allerdings unter Würdigung der Erklärungen und des Verhaltens des Erwerbers eines landwirtschaftlichen Betriebes erkennbar eine alsbaldige Selbstbewirtschaftung beabsichtigt, sind sowohl erworbene verpachtete Einzelflächen als auch ein erworbener verpachteter land- und forstwirtschaftlicher Betrieb dem notwendigen Betriebsvermögen zuzuordnen (vgl FELSMANN Textziffer B 318 und B 321 mit dortigen weiteren Verweisen).

Die dauerhafte Verpachtung einzelner landwirtschaftlicher Flächen aus einem aktiv selbst bewirtschafteten Betrieb führt nur bei einer entsprechenden Erklärung zu einer steuerlichen Entnahme mit der Konsequenz der Versteuerung eventueller stiller Reserven.

Grundstücke, die der Verpächter eines land- und forstwirtschaftlichen Betriebes nach Erwerb in die originäre Verpachtung mit einbezieht, gehören gemäß zwangsläufig zum notwendigen Betriebsvermögen des Verpachtungsbetriebes (BFH BStBl 1999 II 55). Das „Selbstbewirtschaften" des Betriebes und damit der Gegenstand des Betriebes stellt sich in diesen Fällen in Gestalt des „Verpachtens" dar. Einzelne Flächen des verpachteten Betriebes können dann auch nicht durch Entnahmehandlung bzw -erklärung in das Privatvermögen überführt werden.

VIII. Verfahrensrechtliches

49 Das LwVG weist Streitigkeiten aus Landpachtverträgen grundsätzlich der *Freiwilligen Gerichtsbarkeit* (FamFG) zu. In erster Instanz entscheidet das Amtsgericht als Landwirtschaftsgericht, in zweiter der Landwirtschaftssenat des Oberlandesgerichts. Ausnahmsweise ist unter den besonderen Voraussetzungen der §§ 70 ff FamFG (die bisherige Bestimmung des § 24 LwVG wurde im Zuge der Neuregelung des Verfahrensrechts der freiwilligen Gerichtsbarkeit aufgehoben) die Rechtsbeschwerde zum Bundesgerichtshof eröffnet.

Nicht ganz einsichtig ist, dass nach § 1 LwVG nur Streitigkeiten aus genau genannten Bestimmungen des Landpachtrechts sowie solche aus der *„Landpacht im Übrigen"* (§ 1 Nr 1a LwVG) dieser Jurisdiktion zuordnet. Dies umso weniger, als nach der Rechtsprechung des BGH (RdL 1999, 119) sogar Regelungen der ZPO auf nichtstreitige Verfahren nach dem LwVG analog anzuwenden sind. Die Zweiteilung des Verfahrens führt in vielen Fällen zu schwierigen Abgrenzungsfragen zu denjenigen Landpachtstreitigkeiten, die zwar auch in dem vorgenannten Instanzenzug, aber nach den Vorschriften der ZPO durchzuführen sind („streitige Landpachtsachen"). Im Einzelnen sei dazu auf die Kommentierung zu den jeweiligen landpachtrechtlichen Bestimmungen (s Ernst § 1 Rn 74 ff) verwiesen.

Besonders problematisch sind die Fälle, in denen – nebeneinander – Auseinandersetzungen zwischen denselben Vertragsparteien und denselben Vertragsgegenstand betreffend vorliegen, von denen einige streitige, andere nicht streitige Landpachtsachen sind. Nach dem Urteil des OLG Oldenburg vom 5. 4. 1994 (10 U 16/93, nicht veröffentlicht) ist die prozessuale Verbindung derart unterschiedlicher Verfahren nicht zulässig.

Streitigkeiten speziell und nur aus § 585 BGB erscheinen nur in Ausnahmefällen denkbar; soweit sie vorkommen, wird in Ermangelung der Benennung des § 585 BGB in § 1 Ziff 1 LwVG nach § 48 LwVG im ZPO-Verfahren zu entscheiden sein.

§ 585a
Form des Landpachtvertrags

Wird der Landpachtvertrag für längere Zeit als zwei Jahre nicht in schriftlicher Form geschlossen, so gilt er für unbestimmte Zeit.

Materialien: BT-Drucks 10/508; 10/509; 10/3830; 10/3498 Mietrechtsreformgesetz von 2001 (BGBl I 1149).

Schrifttum

Siehe § 585 sowie Wenzel AgrarR 1995, 42.

Systematische Übersicht

I. Überblick	1	II. Umfang und Inhalt des Formerfordernisses
1. Normgehalt und Zweck	2	
a) Zeitdauer	2	1. Vertragsschluss ... 12
b) Hauptzweck des Formzwanges	3	a) Umfang ... 12
c) Landpachtnovelle – Übergangsrecht	4	b) Inhalt, Unterschrift ... 15
2. Anwendungsbereich	5	c) Allgemeine Geschäftsbedingungen ... 17
3. Verhältnis der Vorschrift	8	d) Elektronische Form ... 19
a) Zu sonstigen Vorschriften des Landpachtrechts	8	2. Vertragsänderungen und -ergänzungen ... 20
b) Zum Landpachtverkehrsgesetz	10	3. Heilung ... 21
c) Zu anderen Vorschriften	11	

III. Formmangel und Treu und Glauben	22	VI. Abdingbarkeit	25
IV. Vereinbarte Schriftform	23	VII. Beweislast	26
V. Folge fehlender Form (S 2)	24		

Alphabetische Übersicht

Abdingbarkeit	25	Pachtvorvertrag	6
Anwendungsbereich	5		
		Schriftformheilungsklauseln	21
Beweislast	26		
		Treu und Glauben, Berufen auf …	
Einheitlichkeit der Urkunde	15	bei fehlender Form	22
Fehlen der Schriftform, Konsequenzen	24	Übergangsrecht	4
		Umfang des Formzwangs	12
Gemischter Vertrag, Umfang des Formzwangs	5	– bei gemischtem Vertrag	5
Gerichtliche Entscheidung als Alternative zur Schriftform	9	Vereinbarungen zur Schriftform	23
		Vertragsänderung, Anspruch auf	8
Gesellschaft bürgerlichen Rechts als Vertragspartei	13	Vertragsänderungen, Notwendigkeit der Schriftform	20
		Vorpachtvertrag	6
Heilung des Formmangels	21		
		Zeitdauer als Voraussetzung für den Formzwang	2, 7
Mindestinhalt des Schriftformerfordernisses	12	Zweck des Formzwanges	3
Notarielle Beurkundung, Verhältnis zum Schriftformerfordernis	11		

I. Überblick

1 Die Vorschrift tritt seit der Reform des Landpachtrechts zum 1. 7. 1986 anstelle des zuvor über § 581 Abs 2 BGB geltenden § 566 S 1 und 2 HS 1 BGB aF (nunmehr § 550 BGB), übernimmt aber im Wesentlichen dessen Regelungen (STAUDINGER/ EMMERICH [2018] § 550 Rn 2). Sie wurde im Rahmen des Mietrechtsreformgesetzes 2001 nur redaktionell geändert und entspricht hinsichtlich Inhalt und Zweck § 550 BGB, auf dessen Kommentierung ergänzend verwiesen wird.

Im Gegensatz dem vor 1986 geltenden Landpachtrecht greift der Formzwang jedoch erst bei Verträgen mit mehr als zweijähriger Laufzeit ein. Das stimmt mit der Neuregelung der Kündigungsfrist in § 594a BGB überein.

1. Normgehalt und Zweck

a) Zeitdauer

Die Vorschrift unterstellt den **länger als zwei Jahre** geschlossenen Landpachtvertrag der Schriftform (§§ 126 ff BGB), wobei ein Formverstoß nicht nach § 125 S 1 BGB zur Nichtigkeit, sondern zu einem Pachtverhältnis auf unbestimmte Zeit mit der Kündigungsmöglichkeit nach § 594a Abs 1 BGB führt.

2

b) Hauptzweck des Formzwanges

Der Hauptzweck des Formzwanges, der Schutz potenzieller Erwerber des verpachteten Grundstücks, folgt aus der Entstehungsgeschichte des § 566 aF: Bei Übergang zu dem mieterschützenden Grundsatz *„Kauf bricht nicht Miete"* (§ 571 aF, § 566 nF) hielt es der Gesetzgeber zum Ausgleich für geboten, dem Grundstückserwerber zu ermöglichen, sich über den Inhalt der auf ihn übergehenden (langfristigen) Bindungen durch Vertragseinsicht zuverlässig zu unterrichten (vgl Staudinger/Emmerich [2018] § 550 Rn 3; LWLH Rn 2).

3

Die Vorschrift dient weiter der *Beweissicherung* zwischen den Beteiligten, nicht jedoch ihrem Schutz vor Eingehung langfristiger Bindung (Staudinger/Emmerich [2018] § 550 Rn 3). Wegen ihrer Schutzfunktion im Interesse des Grundstückserwerbers wurde früher ausschließlich einer strengen und nicht nachsichtigen Handhabung der Formvorschrift das Wort geredet (Staudinger/Emmerich [2018] § 566 Rn 3 und BGH LM zu § 566 Nr 6 und 7).

Den Grundstückserwerber hingegen vermag die Vorschrift nur recht *unvollkommen* zu schützen: Zum einen werden Landpachtverträge vielfach überhaupt nicht schriftlich oder nur formmangelhaft abgeschlossen oder während der Laufzeit abgeändert. Zum anderen mögen erforderliche behördliche Genehmigungen zB nach den Rechtsverordnungen aufgrund § 2 PaPkG oder die Anzeige nach § 2 LPachtVG fehlen (zu den Konsequenzen vgl § 585 Rn 45; FHL § 2 LPachtVG Rn 35 ff). Dem Vertragstext lässt sich im Übrigen oft auch nicht entnehmen, ob eine Vertragsänderung durch gerichtliche Entscheidung (nach §§ 588, 590, 591, 593 BGB oder § 595 BGB) erfolgt ist. Daher empfiehlt sich stets, in einem Grundstückskaufvertrag das Nichtvorhandensein oder den bestimmten Inhalt eines Drittnutzungsverhältnisses als Verkäufer-Garantie zu formulieren, um dem Käufer ein Höchstmaß an Ersatzansprüchen zu gewähren.

Im Hinblick auf die Regelung des § 594a BGB (Verlängerung der Kündigungsfrist für auf unbestimmte Zeit abgeschlossene Verträge auf praktisch zwei Jahre) sollten auch kurzfristige Verträge schriftlich abgeschlossen werden. Bei längerfristigen nicht formgerechten Verträgen ist zu beachten, dass eine vereinbarte Verkürzung der gesetzlichen Kündigungsfrist ebenfalls der Schriftform bedarf (§ 594a Abs 2 S 1 BGB).

c) Landpachtnovelle – Übergangsrecht

Ist vor dem 1. 7. 1986 ein Vertrag mit einer Laufzeit zwischen einem und zwei Jahren abgeschlossen worden, verbleibt es bei der alten Rechtslage und der Vertrag gilt als auf unbestimmte Zeit eingegangen (Staudinger/vJeinsen [2003] Art 219 EGBGB Rn 3). Im Interesse der Rechtssicherheit lässt Art 219 Abs 1 S 1 EGBGB die Wirkung der

4

Fristüberschreitung des § 566 Abs 1 BGB für vor dem 1. 7. 1986 ebenso unberührt wie die Kündigungsfrist des § 595a aF für vor dem Stichtag ausgesprochene Kündigungen.

2. Anwendungsbereich

5 Die Vorschrift ist nur auf **Landpachtverträge** und diesen nach § 585 Abs 3 BGB gleichgestellten Zupachtverträge über forstwirtschaftliche Grundstücke anwendbar. Sie gilt nicht bei unentgeltlicher Bewirtschaftungsüberlassung oder wenn die Bewirtschaftung im Wesentlichen unentgeltlich zu bloß vorübergehenden Zwecken überlassen wird. Hier wird häufig von der Vereinbarung einer Pacht abgesehen, damit der Eigentümer frei von pachtrechtlichen Beschränkungen über den Grundbesitz verfügen kann. Es gibt jedoch zahlreiche Grenzfälle, insbesondere im familiären Bereich, in denen eine Pacht unter üblicher Höhe vereinbart wird. Hervorzuheben ist, dass die Vereinbarung einer bloßen Gefälligkeitspacht bei Vorliegen der Voraussetzungen eines Pachtverhältnisses im Übrigen nicht zum Fortfall der Bindungen des Grundstückserwerbers führt und solche Verträge gerade im Hinblick auf die für den Erwerber nachteiligen Folgen der Schriftform unterliegen. Zu Einzelheiten der Abgrenzung von Landpacht- zu anderen Vertragsverhältnissen siehe § 585 Rn 5 ff.

Ist der Pachtvertrag Teil eines **gemischten Vertrages**, erfasst der Formzwang des § 585a BGB den **gesamten Vertrag**, kann jedoch durch eine höherrangige Formvorschrift (zB § 311b nF) verdrängt werden (s zB OLG Koblenz RdL 2002, 69; STAUDINGER/ EMMERICH [2018] § 550 Rn 5).

Dem Formzwang unterliegen auch Optionsvereinbarungen bezüglich eines Landpachtvertrages (vgl PALANDT/WEIDENKAFF § 550 Rn 3) sowie der Unterpachtvertrag einschließlich des Pflugtauschvertrages, Vertragsverlängerungen und nicht nur unwesentliche Vertragsänderungen und -ergänzungen, ferner der in Erfüllung eines Vorvertrages abgeschlossene Pachtvertrag, der Vertragsschluss in Erfüllung eines Vermächtnisses sowie der durch Ausübung des Vorpachtrechts zustande kommende Pachtvertrag (STAUDINGER/EMMERICH [2018] § 550 Rn 6). Formbedürftig ist weiter eine Vereinbarung mit Alt- und Neupächter über einen Pächterwechsel (FHL Rn 18).

6 **Der Schriftform bedürfen nicht** Vorpacht- und Pachtvorverträge, weil der Grundstückserwerber nicht an solche Vereinbarungen gebunden ist (STAUDINGER/EMMERICH [2018] § 550 Rn 6; FHL Rn 15), mit Ausnahme eines Vorpachtrechtes für den Fall der Vertragskündigung (KG OLGE 13, 379). Gleichfalls nicht formgebunden ist die Ausübung des Vorpachtrechts, ferner nicht die Aufhebung des gesamten Vertrages, die gemeinsame Aufhebung einer Kündigung bei Wiederherstellung des im Wesentlichen unverändert bleibenden Vertrages, Pächter- oder Verpächterwechsel aufgrund Gesetzes, einmalige (Abstands-)Zahlungen an den Verpächter, zB für den Vertragsabschluss oder eine Vertragsverlängerung, sofern hierin nicht die Pachtzahlung liegt (vgl STAUDINGER/EMMERICH [2018] § 550 Rn 31), ferner alle Vereinbarungen mit Dritten anlässlich Vertragsschluss oder Veräußerung, zB Vereinbarungen zwischen Verpächter und Grundstückserwerber, für eine bestimmte Zeit keine Pachterhöhung oder Kündigung vorzunehmen. Formlos möglich sind auch Sondervereinbarungen der

Vertragsparteien aus Anlass des Pachtvertragsabschlusses, die mit einem Landpachtvertrag nichts zu tun haben (FHL Rn 17).

Dem Anwendungsbereich der Vorschrift unterfallen nur Verträge **mit mehr als zweijähriger Dauer**. Die Frist berechnet sich ab dem vereinbarten Tag des Vertragsbeginns, nicht dem Datum der Unterzeichnung (vgl STAUDINGER/EMMERICH [2018] § 550 Rn 8). **7**

Für länger als zwei Jahre abgeschlossen sind nicht nur Verträge mit einer diese Frist überschreitenden, in Jahreszahlen bemessenen Pachtzeit. Betroffen sind auch alle Verträge, die – zumindest nach den Vorstellungen der Beteiligten – auf eine Dauer von mehr als zwei Jahren angelegt sein können bzw sollen. Dazu gehören etwa Verträge

– mit unbestimmter Dauer, wenn die Kündigung nicht erstmals zum Ablauf des zweiten Jahres erfolgen kann;

– die sich ohne Kündigung zum Ende der Zwei-Jahres-Frist automatisch verlängern (FHL Rn 5);

– die auf Lebenszeit einer Partei oder eines Dritten (vgl STAUDINGER/EMMERICH [2018] § 550 Rn 10) eingegangen ist;

– deren Laufzeit sonst von einem zukünftigen ungewissen Ereignis (zB auflösende Bedingung) abhängt;

– bei denen der Verpächter von Anfang an oder später auf sein Kündigungsrecht verzichtet;

– mit Verlängerungsklauseln oder Optionen, die dem Pächter die einseitige Verlängerung eines auf bestimmte Zeit abgeschlossenen Vertrages ermöglichen (vgl STAUDINGER/EMMERICH [2018] § 550 Rn 9);

– mit Bestimmungen über Pachtvorauszahlungen, die auf einen über zwei Jahre währenden Zeitraum angerechnet werden sollen.

Die die Vertragsdauer nur mittelbar über zwei Jahre hinaus verlängernden Vereinbarungen mit Dritten führen nicht zu einer Anwendung des § 585a BGB (zB Verzicht des Grundstückserwerbers gegenüber dem Veräußerer auf Pachtvertragskündigung für einen Zeitraum über zwei Jahre).

3. Verhältnis der Vorschrift

a) Zu sonstigen Vorschriften des Landpachtrechts

Das Fehlen der im § 585b BGB empfohlenen *Beschreibung* der Pachtsache berührt die Wirksamkeit eines im Übrigen formgerecht abgeschlossenen Vertrages nicht. **8**

Soweit Vorschriften des Landpachtrechts einem Vertragsteil einen **Anspruch auf Vertragsänderung** oder auf Abgabe der Willenserklärung zum entsprechenden Vertragsschluss gewähren (siehe §§ 588, 590, 591, 593, 594d, 595 BGB), ist fraglich, ob und wieweit diese Vorschriften den Formzwang des § 585a BGB verdrängen und damit entweder formlose Vertragsänderungen möglich werden oder das Pachtverhältnis in eines auf unbestimmte Zeit umgewandelt wird. Für die Formfreiheit der Vertragsänderung spricht zunächst, dass das Verlangen wie bei einer Vertragsänderung inhaltlich hinreichend bestimmt sein muss. Ferner sieht nur § 595 Abs 4 BGB für den Pachtverlängerungsantrag die Schriftform vor, woraus im Umkehrschluss Formfreiheit in den übrigen Fällen gefolgert werden könnte. *Jedoch widerspräche es der Schutzfunktion des Schriftformerfordernisses,* eine formlose Vertragsänderung nur mit der Begründung zuzulassen, dass sie auf ein gesetzlich vorgesehenes Anpassungsverlangen zurückgeht; dies insbesondere deshalb, weil dann die ersichtlich vom Gesetzgeber nicht gewollte Möglichkeit stillschweigenden Vertragsschlusses zum Tragen käme. Hinzu kommt, dass auf einseitiges Verlangen zurückgehende Vertragsänderungen häufig darüber hinausgehende Regelungen enthalten und dann die Grenzziehung zu formfrei zulässigen Vereinbarungen kaum noch möglich wäre. Zu Änderungen der Pachtsachen nach § 590 BGB s § 590 Rn 15, 37.

9 Bei streitig gebliebenem Anpassungsverlangen ist durch die **gerichtliche Entscheidung** ein entsprechender nachträglicher schriftlicher Vertragsschluss entbehrlich. Entweder kommt der Entscheidung selbst (§ 21 LwVG: Beschluss) Gestaltungskraft zu (§ 595 Abs 6 BGB [Palandt/Weidenkaff § 595 Rn 13] und § 594d Abs 2 S 4 BGB). Oder aber die Entscheidung ersetzt die Erklärung des anderen Teils (§ 588 Abs 4 S 2; 590 Abs 2 S 3; 591 Abs 2 S 3 BGB), dann gilt diese mit Rechtskraft der Entscheidung als abgegeben. Der Vertragsschluss setzt jedoch weiter voraus, dass die Erklärung des anderen Vertragsteils in der erforderlichen Form abgegeben wird und dem Gegner zugeht.

Ist der Abschluss des Pachtvertrages Teil eines gerichtlichen **Vergleichs**, wird die Schriftform durch eine entsprechende gerichtliche Protokollierung ersetzt (§§ 127a, 126 Abs 4).

§ 594b BGB geht § 585a BGB insoweit vor, als bei Verträgen mit mehr als dreißigjähriger Laufzeit danach eine Kündigung mit der Frist des § 594a BGB zulässig ist, also trotz Wahrung der Schriftform eine Umwandlung in ein Vertragsverhältnis auf unbestimmte Zeit erfolgt.

b) Zum Landpachtverkehrsgesetz

10 Die Anzeigepflicht nach § 2 LPachtVG ist von der Formgebundenheit längerfristiger Verträge unabhängig.

c) Zu anderen Vorschriften

11 Vereinbaren die Beteiligten individualvertraglich für den Vertragsabschluss Schriftform (§§ 125 S 2, 127 BGB) gilt der gesamte Vertrag bis zur schriftlichen Fixierung nach § 154 S 2 BGB (im Zweifel) als nicht geschlossen, sodass auch § 585a S 2 BGB nicht gilt (Palandt/Weidenkaff § 550 Rn 14; **aA** Staudinger/Emmerich [2018] § 550 Rn 43 ff, der entgegen § 154 S 2 mit Rücksicht auf § 550 im Zweifel Wirksamkeit annimmt).

§ 585a S 2 BGB verdrängt § 139 BGB, sodass der Formmangel die Wirksamkeit des Vertrages mit Ausnahme der Bestimmungen über dessen Dauer unberührt lässt.

§ 311b BGB erstreckt den notariellen **Beurkundungszwang** auch auf solche Landpachtverträge und sonstige pachtrechtliche Vereinbarungen (Pachtoptions- und Anpachtsrechte, Vorpachtrechte, Pachtvorverträge), die gewollter rechtlicher Bestandteil des Grundstücksveräußerungsvertrags selbst sind (zum Umfang des Beurkundungszwanges s zusammenfassend STAUDINGER/SCHUMACHER [2018] § 311b Abs 1 Rn 152 ff; MünchKomm/KANZLEITER [2016] § 311b Rn 49 ff [Umfang des Formerfordernisses]; JAUERNIG/STADLER [2015] § 311b Rn 15 ff [Umfang des Formzwangs]).

Überträgt zB der Eigentümer zwecks **vorweggenommener Erbfolge** seinen Betrieb unter Nießbrauchsvorbehalt auf den Übernehmer und verpachtet ihm diesen gleichzeitig aufgrund seines Nießbrauchs (sog Rheinische Hofübergabe, FHvJP § 17 Rn 40), ist der Pachtvertrag als gewollter Bestandteil des Übergabevertrags vom Beurkundungserfordernis mit erfasst. Jedoch wird in solchen Fällen jeder Formmangel (also auch ein mündlicher Vertragsschluss) durch § 311b Abs 1 S 2 BGB geheilt (BGH AgrarR 1978, 225; zu zusammengesetzten und gemischten Verträgen s PALANDT/HEINRICHS § 311b Rn 32 f). Entsprechendes gilt, wenn ein an den Übernehmer bereits verpachteter Betrieb „rheinisch" übertragen wird und die Vertragsparteien aufgrund des Nießbrauchsvorbehalts die Pachtbedingungen ändern (vgl PIKALO DNotZ 1981, 276).

Wird (etwa für die Dauer des Pachtvertrags) dem Pächter ein **Vor- oder Ankaufsrecht** am Pachtgrundbesitz bestellt, bedarf der Pachtvertrag in seiner Gesamtheit der Mitbeurkundung (STAUDINGER/EMMERICH [2018] § 550 Rn 5; RGZ 110, 327; 125, 261; BGH NJW 2016, 2036); dies kann auch nicht durch die bloße Bestellung eines dinglichen Vorkaufsrechts umgangen werden (zur Heilung entspr § 313 S 2 [aF] vgl BGH DNotZ 1968, 93). Die Wirkungen aus § 311b Abs 1 S 1 BGB reichen in diesem Zusammenhang weit: hat beispielsweise der Verpächter dem Pächter ein Vorkaufs- oder Ankaufsrecht für die Dauer des Pachtverhältnisses oder danach eingeräumt, bedarf etwa die Vereinbarung über die frühere Beendigung des Pachtvertrags der Form des § 311b Abs 1 nF (BGH AgrarR 1972, 324).

Bedurfte die mit dem nicht oder nicht vollständig mit beurkundeten Pachtvertrag nach dem Beteiligtenwillen eine Einheit bildende Veräußerung der Genehmigung nach dem GrdstVG, erfasst diese das verdeckte Geschäft nicht, und das Grundstücksgeschäft einschließlich Pachtvertrag kann erst mit Ablauf der Jahresfrist des § 7 Abs 3 GrdstVG wirksam werden (BGH NJW 1981, 1957).

II. Umfang und Inhalt des Formerfordernisses

1. Vertragsschluss

a) Umfang

Formbedürftig ist der gesamte Vertragsinhalt (LWLH Rn 8) einschließlich aller Vereinbarungen, die Teil des Pachtvertrages sein sollen (OLG Hamm 13. 3. 2014 – I-10 U 92/13 juris Rn 41 = AUR 2014, 224). Hierzu muss der gesamte Vertragsinhalt durch die Unterschrift der Parteien gedeckt sein (LWLH Rn 13). **12**

Sollen für den Vertrag die gesetzlichen Bestimmungen gelten, gehören zu dessen **Mindestinhalt**: die vollständige Bezeichnung der Vertragsparteien, Pachtgegenstand, Pachtzeit und der Pachtzins (BGH, 5. 11. 2004 – LwZR 2/04 juris Rn 19; BGH NJW 1975, 1653,

1654; zu nicht hinreichender Präzisierung des Pachtgegenstandes s OLG Naumburg 29. 1. 2009 – 2 U 108/08 [Lw] juris). Ein Dritter muss mit Blick auf §§ 593a, 566 BGB der bloßen Vertragsurkunde ohne Berücksichtigung von Sonderwissen entnehmen können, welche Flächen Pachtgegenstand, wer die Vertragsparteien und welche Rechte und Pflichten mit dem Vertrag verbunden sind (OLG Hamm 13. 3. 2014 – I-10 U 92/13 juris Rn 41). Hierzu kann auf Anlagen verwiesen werden, wenn diese einheitlich mit der Urkunde verbunden sind (OLG Hamm 13. 3. 2014 – I-10 U 92/13 juris Rn 51 welches eine feste Verbindung fälschlicherweise in Bezug auf die Verwendung einer Heftklammer verneint, vgl dazu BGH 7. 7. 1999 – XII ZR 15/97 juris Rn 26 = NJW 1999, 3257 ff, wonach eine Verbindung mittels Heftklammer [nicht: Büroklammer] genügt). Sowohl die fehlende Bezeichnung tatsächlich verpachteter Flurstücke, also die unvollständige Auflistung sowie die Auflistung nicht oder nicht vollständig verpachteter Flurstücke ohne einschränkenden Hinweis steht demnach der Wahrung der Schriftform entgegen (s OLG Hamm 10. 4. 2014 – I-10 U 112/13 juris Rn 18 f; AG Wernigerode 22. 4. 2014 – 10 Lw 13/13 juris Rn 27). Die Pachtzeit ist durch Beginn und Ende oder Angabe der Dauer festzulegen, Datum und Ort der Unterzeichnung sind ratsam aber entbehrlich.

Ist als Verpächter lediglich eine **Erbengemeinschaft** aufgeführt, welche mangels Rechtsfähigkeit nicht Vertragspartei sein kann, kann der Pachtvertrag mit den einzelnen Erben zustande gekommen sein (vgl BGH 11. 9. 2002 – XII ZR 187/00 juris Rn 11 ff = NJW 2002, 3389). Ausreichend ist, wenn sich aus der Vertragsurkunde für spätere Erwerber ergibt, wer Vertragspartei geworden ist. Hierfür genügt, wenn die Anschrift der Erben in der Urkunde angegeben ist und diese den Vertrag mit ihren Vor- und Zunamen unterschrieben haben (BGH 5. 11. 2004 – LwZR 2/04 juris Rn 20 = NL-BzAR 2005, 292).

13 Besondere Fragen stellen sich, wenn auf einer Seite eine **Gesellschaft bürgerlichen Rechts (GbR)** Vertragspartei ist (vgl dazu bereits oben § 585 Rn 38, insbesondere Rn 39 zu Änderungen innerhalb des Gesellschafterbestands). In der Praxis tritt die GbR in erster Linie als Pächterin auf. Dieser Rechtsform wird mittlerweile auch von der Rspr eine Teilrechtsfähigkeit zugestanden, soweit sie als Außengesellschaft durch Teilnahme am Rechtsverkehr eigene Rechte und Pflichten begründet (BGHZ 146, 341; BGH AUR 2009, 138; MünchKomm/SCHÄFER [2017] Vorb zu § 705-§ 740 Rn 9 ff; STAUDINGER/HABERMEIER [2003] Vorbem 6 zu §§ 705–740). Mangels Nachvollziehbarkeit der Gesellschafterzusammensetzung aus einem öffentlichen Register stellen sich bei der Teilnahme der rechtsfähigen (Außen-)GbR (MünchKomm/SCHÄFER [2017] Vorb zu § 705-§ 740 Rn 11) am Rechtsverkehr Fragen hinsichtlich Zusammensetzung und Vertretungsberechtigung, dazu unten Rn 15.

14 Soweit **Lieferrechte oder -Ansprüche** (etwa für Zuckerrüben oder vormals auch Milch s § 585 Rn 33 f) oder **Zahlungsansprüche** (§ 585 Rn 32) mit verpachtet werden oder mit der Pachtfläche verbunden sind, sollte dies präzise in die Regelungen zum Pachtgegenstand aufgenommen wie vereinbart werden, was damit bei Vertragsende zu geschehen hat. Dabei ist darauf zu achten, wie Änderungen in der staatlichen Förderung landwirtschaftlicher Betriebe bzw Produktion berücksichtigt werden sollen (vgl dazu § 596 Rn 35 f).

In der Niederschrift nicht enthaltene mündliche Absprachen können für die Auslegung des Vertragstextes herangezogen werden. Eine Auslegung unter Heranziehung außerhalb einer Urkunde liegender Umstände setzt allerdings voraus, dass der einschlägige rechtsgeschäftliche Wille der Beteiligten in der formgerechten Urkunde einen, wenn auch nur unvollkommenen oder andeutungsweisen Ausdruck gefunden hat (sogenannte Andeutungslehre, BGH NJW 1983, 1610, 1611 mwNw).

b) Inhalt, Unterschrift

Was Schriftform im Einzelnen bedeutet, ist in § 126 BGB geregelt. Auf die dortige Kommentierung und ergänzend auf die von STAUDINGER/EMMERICH (2018) § 550 Rn 11 ff sei daher verwiesen. **15**

Stets ist erforderlich, dass alle Vertragsparteien unterschreiben. Ist eine **Gesellschaft bürgerlichen Rechts** Vertragspartner, bedarf es der Unterschrift aller ihrer Gesellschafter, es sei denn, ein Vertretungsverhältnis kommt deutlich zum Ausdruck (BGH NJW 2003, 3053). Es empfiehlt sich, die organschaftliche Vertretungsregelung der GbR in der Urkunde, etwa im Rubrum, anzugeben. Nach § 709 Abs 1 BGB sind grundsätzlich alle Gesellschafter gemeinschaftlich geschäftsführungsbefugt, was nach der Auslegungsregel des § 714 BGB auf die Vertretungsmacht zu übertragen ist (MünchKomm/SCHÄFER § 714 Rn 18, 27). Im gesetzlichen Regelfall bedarf es zur Erfüllung des Schriftformerfordernisses daher der Unterschrift aller Gesellschafter (BGH NJW 2003, 3053). Bevollmächtigungen nach §§ 164 ff BGB sind ebenso möglich wie die Anwendbarkeit der Grundsätze der Duldungs- und Anscheinsvollmacht (MünchKomm/SCHÄFER § 714 Rn 22, 28).

Unklarheiten hinsichtlich der Vertretungsberechtigung bei der GbR können dazu führen, dass das Schriftformerfordernis nicht gewahrt ist. Dies ist etwa dann der Fall, wenn nur ein Gesellschafter unterzeichnet hat und eine Gesamtvertretungsberechtigung durch bloßen Blick auf die Vertragsurkunde nicht ausgeschlossen werden kann (BGH NJW 2003, 3053, 3054). Nach der Rspr des BGH muss aus der Urkunde erkennbar sein, dass für die GbR nicht noch weitere Mitglieder unterschreiben sollten deren Unterschriften noch fehlen, wodurch es an einem wirksamen Vertrag mangeln würde (BGH NJW 2004, 1103; NJW 2003, 3053). Denkbar ist zwar auch, dass ein unterzeichnender Vertreter weitere Organmitglieder, die selbst nicht unterzeichnet haben, vertreten wollte. Dies bedarf jedoch eines in der Urkunde befindlichen, dieses Vertretungsverhältnis kenntlich machenden Zusatzes (BGH NJW 2003, 3053). Hierfür ist es ausreichend, wenn der Unterschrift des alleinigen Vertreters ein Stempelabdruck der Gesellschaft beigefügt ist (BGH NJW 2013, 1082), in diesem Fall weist der hinzugesetzte **Firmenstempel** denjenigen, der die Unterschrift geleistet hat, als für die Gesellschaft Unterschriftsberechtigten aus (BGH NJW 2013, 1082).

Besteht an dem verpachteten Grundstück eine **Gemeinschaft nach Bruchteilen** (§§ 741 ff BGB), bedarf es zum Abschluss eines Landpachtvertrages als Maßnahme gemeinschaftlicher Verwaltung in Abwesenheit anderweitiger Regelungen der Unterschrift aller Mitglieder. Gem § 744 Abs 1 BGB erfolgt die gemeinsame Verwaltung entweder im Weg schlichten gemeinschaftlichen Handelns aller Teilhaber oder Handeln eines oder mehrerer Teilhaber aufgrund gemeinsamer Vereinbarung (einstimmiger Beschluss der im Zweifel auch Vertretungsmacht beinhaltet) (vgl ausführlich STAUDINGER/vPROFF [2015] § 744 Rn 11 ff). Im Falle gemeinschaftlichen Handelns ist eine getrennte Unterschrift auf wortgleichen Urkunden möglich, sofern die Schriftform insoweit jeweils gewahrt wird und ein einheitlicher Wille der Gemeinschaft vorliegt (OLG Brandenburg 12. 2. 2015 – 5 U [Lw] 45/14 juris Rn 35 f). Eine Angabe der vollständigen Anschrift der Vertragsparteien ist nur erforderlich, wenn ohne diese keine zureichenden Angaben zur eindeutigen Bestimmung der Vertragsparteien vorliegen, die Angabe der Anschrift kann demnach etwa zur Unterscheidung zwischen Erben und Erblasser erforderlich sein (OLG Brandenburg 12. 2. 2015 – 5 U [Lw] 45/14 juris Rn 26 f; in Abgrenzung zu BGH NJW 2002, 3389, wo es der Angabe der Anschrift zur eindeutigen Ermittlung der Vertragspartner bedurft hätte).

Sind **Ehegatten** Vertragspartner, gilt im Miet- wie auch im landwirtschaftlichen Pachtrecht nicht der Erfahrungssatz, wonach ein Ehegatte den anderen vertreten will/soll, auch die Schlüsselgewalt nach § 1357 BGB erfasst den Abschluss des Pachtvertrages grundsätzlich nicht (vgl STAUDINGER/EMMERICH [2018] Vorbem 82 zu § 535). Denkbar ist indes eine nachträgliche Genehmigung gem § 177 BGB durch entsprechendes Verhalten. Unterschreibt nur ein Ehegatte, ist der Vertrag insgesamt formunwirksam, also (auch) nicht nur mit diesem formwirksam zustande gekommen; dies gilt jedenfalls dann, wenn ersichtlich beide Ehegatten Vertragspartei werden (BGH AgrarR 1994, 275 = RdL 1994, 122).

16 Zu Fragen des Formerfordernisses bei mehrseitigen und/oder mit Anlagen versehenen Verträgen s ausführlich STAUDINGER/EMMERICH (2018) § 550 Rn 18 ff. Mittlerweile ist auch im Landpachtrecht der allgemeine Grundsatz bestätigt, dass die Einheitlichkeit und damit die Schriftform eines Dokuments bei fortlaufender Paginierung und Textgestaltung gewahrt ist (sogar wenn es um Anlagen geht, BGH NJW-RR 2004, 586) und dass sogar im Nachhinein eine Seite ausgetauscht werden kann, wenn sich die Parteien darauf geeinigt hatten (OLG Naumburg AUR 2008, 169).

c) Allgemeine Geschäftsbedingungen

17 Soweit Landpachtverträge von einer Partei als (kaum verhandelbare) Vertragsmuster vorgegeben werden, unterliegen sie der Kontrolle nach den §§ 305 ff BGB. Praktisch relevant wird dies nicht nur, wenn große Institutionen – wie etwa in den Neuen Bundesländern die Treuhand-Nachfolgegesellschaft BVVG – als Verpächter auftreten (BGH AgrarR 1998, 353; aA PEINEMANN AgrarR 1996, 47). Vielmehr ist auch dann, wenn eine Partei ein – etwa von einem Berufsverband oder einem Verlag erstelltes Vertragsformular – erwirbt, ausfüllt und der anderen als Vorschlag unterbreitet, dieser ein allgemeine Geschäftsbedingungen stellender Verwender iSv § 305 BGB, zu dessen Lasten nach § 305c Abs 2 BGB etwaige Unklarheiten gehen (STAUDINGER/SCHLOSSER [2013] § 305 Rn 26, 28 ff; § 305c Rn 108 ff).

18 Hinsichtlich der Einzelheiten sei auf Rechtsprechung und Kommentierung zu den §§ 305 ff BGB verwiesen. Als spezifisch landpachtrechtliche Probleme, die bei formularmäßigen Regelungen zur Nichtigkeit nach § 307 Abs 1 und 2 BGB führten, sind bisher hervorgetreten:

– Vereinbarung eines Vorpachtrechts ohne weitere Bestimmung seines Inhalts (BGH 24. 11. 2017 – LwZR 5/16; OLG Brandenburg 16. 7. 2015 – 5 U [Lw] 85/14 juris Rn 12 ff; 4. 5. 2017 – 5 U [Lw] 117/15 juris Rn 25 f),

– das Versagen von Pachtschutz nach § 595 BGB für den Pächter (AG Fürstenwalde AgrarR 1996, 27),

– die Vereinbarung eines Vertragsstrafversprechens für den Fall der Nichteinhaltung vom Pächter übernommener Investitionspflichten, wenn die Vertragsstrafe unangemessen ist (BGH AgrarR 1998, 353),

– die Vereinbarung des Kündigungsrechts für nur eine Partei in einem langfristigen Vertrag (OLG Rostock AgrarR 1998, 219),

– die Vereinbarung eines Sonderkündigungsrechts zugunsten des Verpächters für den Fall der (teilweisen) Veräußerung des Pachtgegenstandes (OLG Oldenburg NdsRpfl 1996, 12).

– Hingegen ist der Ausschluss eines Vertragsverlängerungsanspruchs nach § 595 BGB in Verträgen mit Treuhand-Nachfolgeinstitutionen für den Fall einer Restitution zulässig (BGH AgrarR 1999, 215). Ferner hat der BGH mittlerweile bestätigt, dass sich auch in vorformulierten Verträgen der Pächter wirksam verpflichten kann, die ihm zugeteilten Prämienansprüche nach der GAP-Reform 2003 bei Vertragsende (§ 596 BGB) dem Verpächter oder einem von diesem benannten Dritten zu übertragen (BGH RdL 2010, 213, anders zuvor OLG Schleswig OLGR 2008, 903 und OLG Celle AUR 2007, 264; s vJEINSEN AUR 2007, 366).

d) Elektronische Form

Zu Fragen an das Formerfordernis bei elektronischen bzw mit Signaturen versehenen Verträgen (§ 126a BGB) s ausführlich STAUDINGER/EMMERICH (2018) § 550 Rn 17. **19**

2. Vertragsänderungen und -ergänzungen

Der Formzwang umfasst alle Vertragsänderungen und -verlängerungen, wenn die Laufzeit unter Einbeziehung der Änderung noch mehr als zwei Jahre beträgt (vgl PALANDT/WEIDENKAFF § 550 Rn 16). Er ergreift auch die Aufhebung oder Beschränkung einzelner Rechte und Pflichten – insbesondere Pachtsenkung oder Vertragsverlängerung –, auch wenn die Aufhebung des gesamten Vertrages formfrei ist. Zu alledem und auch den Ausnahmen von diesem Grundsatz sowie zu den Anforderungen an die Schriftform in diesen Fällen vgl STAUDINGER/EMMERICH (2018) § 550 Rn 28 ff. In einer Verlängerungsvereinbarung müssen die oben (s Rn 12) aufgelisteten Angaben zur verpachteten Fläche sowie zu weiteren Bedingungen nicht wiederholt werden. Zur Wahrung der Schriftform im Falle der Verlängerung eines bestehenden Vertrages genügt es vielmehr, wenn auf den Ursprungsvertrag, der seinerseits den Formerfordernissen genügt, eindeutig Bezug genommen wird (OLG Brandenburg 12. 2. 2015 – 5 U [Lw] 45/14 juris Rn 33). **20**

3. Heilung

Eine Heilung durch Erfüllung ist (für die Vergangenheit) solange möglich, bis sich eine Partei auf den Formmangel berechtigterweise beruft. **21**

Wird die unterbliebene Niederschrift nachgeholt, wird der Vertrag ex nunc formgültig. Ein Anspruch darauf besteht aber nur, wenn die Beteiligten dies vorher verabredet haben oder wenn sie eine solche Abrede nachträglich (formlos) treffen (vgl STAUDINGER/EMMERICH [2018] § 550 Rn 39).

Für eine Heilung müssen alle Bedingungen eines formwirksamen Vertrages erfüllt werden oder es muss in hinreichend deutlicher Weise auf den vorherigen, formwirksam geschlossenen Vertrag Bezug genommen werden. Fehlte es beim ursprünglichen Vertrag etwa an einer den Bestimmbarkeitserfordernissen genügenden Flächenaufstellung (s oben Rn 12), und wird diese erstmals später im Zuge der Anmeldung des Vertrages bei der Registrierungsbehörde eingereicht, kann es hierdurch nur zur Heilung kommen, wenn dieser Nachtrag selbst alle Bedingungen für einen formwirksamen Vertrag erfüllt oder in hinreichend deutlicher Weise auf den vorherigen Vertrag Bezug genommen wird (AG Wernigerode 22. 4. 2014 – 10 Lw 13/13 juris Rn 27).

In der Praxis wurde lange Zeit versucht, die ungewollten Folgen einer die Schriftform nicht wahrenden nachträglichen Änderung oder Ergänzung des Vertrages durch raffinierte Vertragsklauseln einzufangen; verbreitet sind sog **Schriftformheilungsklauseln**. Mit diesen verpflichten sich die Vertragsparteien im Hinblick auf das ihnen bewusste Schriftformerfordernis dazu, die Heilung eines etwaigen späteren Formverstoßes herbeizuführen. Bis zur erfolgten Heilung sollen die Vertragspartner sich zudem nicht auf das Fehlen der Schriftform berufen können. Nachdem die Rspr zunächst entschieden hatte, dass eine solche Klausel einen späteren Erwerber des Grundstücks, welcher in den Vertrag von Gesetzes wegen eintritt (§ 566), grundsätzlich nicht verpflichtet, da dies **mit dem Schutz des Erwerbers durch § 550 BGB nicht vereinbar** ist (BGH NJW 2014, 1087), hat der BGH seine Rspr mittlerweile auch auf die ursprünglichen Vertragsparteien ausgedehnt (BGH NJW 2017, 3772; s dazu LINDNER-FIGURA/REUTER NJW 2018 897). Auch die die Schriftformheilungsklausel selbst vereinbarenden Parteien sind daher nicht daran gehindert, den Vertrag unter Berufung auf einen später erfolgten Schriftformmangel ordentlich zu kündigen. Die erhoffte Sicherungswirkung der Schriftformheilungsklausel wird somit nicht mehr erreicht (STAUDINGER/EMMERICH [2018] § 550 Rn 45.1 spricht vom untauglichen Versuch, die zwingende gesetzliche Regelung des § 550 zu umgehen). Ausnahmsweise verstößt eine auf einen späteren Formverstoß gründende Kündigung jedoch gegen **Treu und Glauben** und ist unwirksam. Dies etwa dann, wenn jene Vertragspartei, die die erforderliche Schriftform nicht wahrende und ihr lediglich vorteilhafte Abrede nachträglich herbeigeführt hat, und diese nun zum Anlass nimmt, sich von einem ihr inzwischen unliebsam gewordenen, langfristigen Vertrag zu lösen (BGH NJW 2017, 3772; STAUDINGER/EMMERICH [2018] § 550 Rn 45.1). Die auf Treu und Glauben gründende Ausnahme soll verhindern, dass sich eine Vertragspartei eines langfristigen Vertrages durch eine selbst herbeigeführte, formunwirksame Vertragsänderung eine vorzeitige Kündigungsmöglichkeit schafft.

III. Formmangel und Treu und Glauben

22 Die Kündigung des Pachtvertrages vor Ablauf der Laufzeit in einem den Anforderungen an die Schriftform nicht genügenden Vertrags unter Berufung auf den Formmangel ist grundsätzlich möglich und nicht als rechtsmissbräuchlich anzusehen. Dies gilt nach allgemeinen Grundsätzen auch dann, wenn die Parteien die Pflichten aus diesem formunwirksamen Vertrag über einen längeren Zeitraum hinweg erfüllt haben (AG Wernigerode 22. 4. 2014 – 10 Lw 13/13 juris Rn 31). Ganz ausnahmsweise, wenn die Unwirksamkeit der vereinbarten langfristigen Vertragsdauer zu einem schlechthin untragbaren Ergebnis führen würde, ist es einer Partei wegen Rechtsmissbräuchlichkeit nach § 242 BGB verwehrt, sich auf einen Formmangel zu berufen. Die Rechtsprechung hat dies in Fällen anerkannt, in denen ein Vertragspartner den anderen schuldhaft von der Einhaltung der Schriftform abgehalten oder sich einer vergleichbaren, besonders schwerwiegenden Treuepflichtverletzung schuldig gemacht hat (BGH NJW 2014, 1087 Rn 26; NJW 2007, 3202 Rn 23; NJW 2005, 2225, 2227; NJW 2004, 1103, 1104). Einschränkungen sind auch denkbar, wenn die sich auf den Formverstoß berufende Vertragspartei zuvor über einen längeren Zeitraum besondere Vorteile aus dem nichtigen Vertrag gezogen hat (OLG Naumburg 29. 1. 2009 – 2 U 108/08 [Lw] juris Rn 46).

Zu den Konsequenzen eines Formmangels im Hinblick auf Treu und Glauben iÜ vgl STAUDINGER/EMMERICH (2018) § 550 Rn 40 f.

IV. Vereinbarte Schriftform

Zu den Konsequenzen von Vereinbarungen über die Vertragsform s STAUDINGER/EMMERICH (2018) § 550 Rn 43 ff. **23**

V. Folge fehlender Form (S 2)

Ist die Schriftform nicht eingehalten, ist zunächst durch Auslegung zu ermitteln, ob **24** die Parteien überhaupt einen Landpachtvertrag eingehen wollten. Bejahendenfalls wird der Vertrag zu einem mit unbestimmter Dauer (S 2); diese Bestimmung ist lex specialis gegenüber § 139 BGB (FHL Rn 44). Der Vertrag kann sodann unter Wahrung der Frist in § 594a Abs 1 BGB jederzeit gekündigt werden (OLG Hamm 13. 3. 2014 – I-10 U 92/13 juris Rn 55).

Ist im Falle einer Vertragsänderung eine formunwirksame Verlängerung vorgesehen, läuft das Vertragsverhältnis jedenfalls bis zum ursprünglich formwirksam vereinbarten Ende und verlängert sich danach unbefristet (BGH AgrarR 1994, 275 = RdL 1994, 122).

VI. Abdingbarkeit

§ 585a BGB ist nach allgemeiner Meinung (LWLH Rn 3 mwNw) **zwingend**, sodass ein **25** Pachtvertrag mit einer Laufzeit von mehr als zwei Jahren nicht formlos abgeschlossen werden kann. Dies gilt wegen seiner drittschützenden Wirkung (§ 550 BGB, s Rn 3), verstärkt durch den zusätzlichen Schutzgehalt des § 595 BGB, dessen in Abs 8 festgelegte Unabdingbarkeit auch in den Bereich des § 571 BGB hineingehoben wird (PIKALO DNotZ 1981, 282).

Haben die Vertragsteile die nachträgliche schriftliche Abfassung vereinbart, kann jeder Vertragsteil Niederschrift verlangen. Das hat zur Folge, dass eine vorzeitige Kündigung gemäß § 594a BGB nicht möglich ist. Auf diese Weise lässt sich der Formzwang umgehen.

VII. Beweislast

26 Wird über ein Rechtsgeschäft eine *formrichtige Urkunde* erstellt, begründet diese die – widerlegbare – *Vermutung der Vollständigkeit und Richtigkeit* für sich. Das gilt sowohl bei durch Gesetz geforderter als auch vereinbarter Schriftform, auch wenn diese nur Beweiszwecken dient (Staudinger/Emmerich [2018] § 550 Rn 50), ferner im Anwendungsbereich der §§ 305 ff BGB. Die Vermutung geht dahin, dass eine vor Niederschrift des Rechtsgeschäftes getroffene mündliche Abrede anderen oder ergänzenden Inhalts durch die anschließende schriftliche abgeändert wurde oder weitere Vereinbarungen nicht getroffen wurden.

Wer sich bei gesetzlich nicht formgebundenem Vertrag auf die Vereinbarung der Schriftform beruft, trägt hierfür ebenso die Beweislast wie derjenige, der bei gesetzlich geltender oder unstreitig vereinbarter Schriftform behauptet, diese diene nur der Beweissicherung (MünchKomm/Einsele § 125 Rn 69 f) oder sie sei einverständlich aufgehoben.

§ 585b
Beschreibung der Pachtsache

(1) Der Verpächter und der Pächter sollen bei Beginn des Pachtverhältnisses gemeinsam eine Beschreibung der Pachtsache anfertigen, in der ihr Umfang sowie der Zustand, in dem sie sich bei der Überlassung befindet, festgestellt werden. Dies gilt für die Beendigung des Pachtverhältnisses entsprechend. Die Beschreibung soll mit der Angabe des Tages der Anfertigung versehen werden und ist von beiden Teilen zu unterschreiben.

(2) Weigert sich ein Vertragsteil, bei der Anfertigung einer Beschreibung mitzuwirken, oder ergeben sich bei der Anfertigung Meinungsverschiedenheiten tatsächlicher Art, so kann jeder Vertragsteil verlangen, dass eine Beschreibung durch einen Sachverständigen angefertigt wird, es sei denn, dass seit der Überlassung der Pachtsache mehr als neun Monate oder seit der Beendigung des Pachtverhältnisses mehr als drei Monate verstrichen sind; der Sachverständige wird auf Antrag durch das Landwirtschaftsgericht ernannt. Die insoweit entstehenden Kosten trägt jeder Vertragsteil zur Hälfte.

(3) Ist eine Beschreibung der genannten Art angefertigt, so wird im Verhältnis der Vertragsteile zueinander vermutet, dass sie richtig ist.

Materialien: BT-Drucks 10/508; 10/509; 10/3830; 10/3498.

Schrifttum

Siehe § 585.

Titel 5 · Mietvertrag, Pachtvertrag
Untertitel 5 · Landpachtvertrag

§ 585b

Systematische Übersicht

I. Allgemeine Kennzeichnung	
1. Normgehalt und Normzweck	1
2. Verhältnis zum früheren Recht	3
3. Anwendungsbereich	4
II. Inhalt und Zeitpunkt der Beschreibung	
1. Inhalt	5
2. Zeitpunkt	8
III. Form der Beschreibung	9
IV. Anfertigung der Beschreibung	
1. Durch die Vertragsteile selbst	11
2. Durch einen Sachverständigen	12
a) Sachliche Voraussetzungen	12
b) Verfahren	15
c) Kosten	18
V. Duldungs- und Auskunftspflichten	19
VI. Wirkung der Beschreibung (Abs 3)	20
VII. Abdingbarkeit	21

Alphabetische Übersicht

Abdingbarkeit der Vorschrift	21
Anfertigung durch die Vertragsparteien	11
– durch einen Sachverständigen	12 ff
Anwendungsbereich	4
Beschreibung, Duldungspflichten	19
– Form	9 f
– Inhalt und Umfang	5 ff
– Wirkung	20
Duldungspflichten bei Aufstellung der Beschreibung	19
Form der Beschreibung	9 f
Früheres Recht, Verhältnis zum	3
Inhalt der Beschreibung	5 ff
Kosten des gerichtlichen Verfahrens	18
Mitwirkung der Parteien	12 ff
Sachverständiger	12 ff
Umfang der Beschreibung bei Betriebspacht	7
– der Beschreibung bei Grundstückspacht	6
Verfahren, gerichtliches bei Sachverständigenbenennung	13 ff
Wirkung der Beschreibung	20
Zeitpunkt der Aufstellung der Beschreibung	8
Zweck der Vorschrift	2

I. Allgemeine Kennzeichnung

1. Normgehalt und Normzweck

Die durch die Landpachtnovelle neu eingefügte Dispositivnorm sieht eine gemeinsam durch Verpächter und Pächter anzufertigende Beschreibung der Pachtsache jeweils bei Beginn und Ende des Pachtverhältnisses vor. **1**

Zweck der Vorschrift ist es, Streitigkeiten zwischen den Vertragsparteien zu vermeiden, die sich aus der fehlenden Feststellung der faktischen Grundlagen für die Verteilung von Rechten und Pflichten ergeben können. Es besteht hier eine besondere Möglichkeit der Beweissicherung (FHL Rn 5), die nicht mit einem Beweisverfahren im Sinne der ZPO verwechselt oder auch nur verglichen werden darf. **2**

Der Pächter etwa hat nach § 586 Abs 1 S 2 BGB die gewöhnlichen Ausbesserungen der Pachtsache auf seine Kosten durchzuführen. Weil der Verpächter aber die Pachtsache in einem zu der vertragsmäßigen Nutzung geeigneten Zustand zu überlassen hat (§ 586 Abs 1 S 1 BGB), muss er neben den außergewöhnlichen auch die gewöhnlichen Ausbesserungen tragen (§ 586 Abs 2 mit §§ 536 Abs 3; 536a-d BGB), soweit letztere bereits bei Pachtbeginn erforderlich sind (STAUDINGER/SONNENSCHEIN[12] § 582 aF Rn 17). Eine bei Pachtbeginn gefertigte Beschreibung stellt Umfang und Zustand der Pachtsache zu diesem Zeitpunkt außer Streit und legt damit bis zum Beweis des Gegenteils (Abs 3) die Tatsachengrundlage fest, aufgrund derer über Ansprüche der Vertragsteile zu entscheiden ist.

Zur Bedeutung der Beschreibung im Zusammenhang mit Veränderungen der Pachtsache vgl § 590 Rn 4, 37.

Eine besondere Veranlassung zu detaillierter Beschreibung geben die Fälle der sog **„eisernen Verpachtung"** (STAUDINGER/SCHAUB Vorbem 6, 49 zu §§ 582 ff), in denen ein landwirtschaftlicher Betrieb mit dessen Inventar verpachtet wird und der Pächter dessen Wert als Teil des Pachtentgelts zu verzinsen sowie bei Pachtende zurückzugeben hat.

2. Verhältnis zum früheren Recht

3 Bis zum 30. 6. 1986 enthielt das Pachtrecht, auch soweit es aus dem BGB ausgegliedert war, keine entsprechende Bestimmung, wenngleich in der Praxis, insbesondere bei Betriebspachten, eine Hofbeschreibung üblich war (FHL Rn 4). Ein im Gesetzgebungsverfahren zum BGB gestellter Antrag, bei der Pacht eines Landgutes eine dem späteren § 1034 BGB entsprechende Regelung aufzunehmen, wurde abgelehnt (JAKOBS/SCHUBERT, Recht der Schuldverhältnisse II 671). Wegen ihrer Zweckmäßigkeit wurde die Beschreibung der Pachtsache weitgehend praktiziert. Daher hielt der Gesetzgeber der Landpachtnovelle es für angezeigt, die Beteiligten stets dazu anzuhalten.

3. Anwendungsbereich

4 Nach § 585 Abs 2 BGB stellt § 585b BGB eine besondere Vorschrift für **Landpachtverträge** dar, die also auf andere Arten des Pachtvertrages keine Anwendung findet. Die Interessenlage bei anderen Pachtverhältnissen ist allerdings aufgrund der Verweisung auf das Mietrecht in § 581 Abs 2 BGB im Wesentlichen die gleiche. Es hätte daher nahegelegen, die Beschreibung der Pachtsache unter den §§ 582 bis 584b BGB als allgemeine Vorschrift für alle Pachtverhältnisse aufzunehmen.

Die gesetzliche Beschränkung auf das Landpachtrecht schließt aber nicht aus, eine Beschreibung der Pachtsache auch in anderen Fällen – etwa bei der Verpachtung eines ganzen Gewerbebetriebes – ausdrücklich zu vereinbaren. Nicht zweckmäßig wäre es jedoch, nur die entsprechende Anwendung des § 585b BGB festzuschreiben. Dadurch könnte nämlich die Zuständigkeit des Landwirtschaftsgerichts zur Bestellung eines Sachverständigen für die Erstellung der Beschreibung nicht begründet werden.

II. Inhalt und Zeitpunkt der Beschreibung

1. Inhalt

Die Vorschrift bestimmt nur die Feststellung von Umfang und Zustand der Pachtsache bei ihrer Überlassung bzw bei Beendigung des Pachtverhältnisses. Auf eine weitergehende Konkretisierung der Merkmale der Pachtbeschreibung wurde wegen der Unterschiedlichkeit der Pachtverhältnisse verzichtet (FHL Rn 15; Regierungsentwurf BT-Drucks 10/509, 17). Der Umfang der Beschreibung wird von den Vertragsparteien festgelegt; er bestimmt das Ausmaß der Vermutungswirkung des Abs 3.

Bei der Pacht **einzelner Grundstücke** ist in der Regel deren Identifizierung ausreichend. Wenn sich die Pachtsache in ordnungsgemäßem Zustand befindet, genügt die allgemeine Feststellung dieser Tatsache; es empfiehlt sich allerdings, auch den Zustand zB der Boden-Aufdüngung durch die Durchführung entsprechender Proben festzuhalten. Darüber hinausgehende Angaben sind erforderlich, wenn weitere Gegenstände (wesentliche Bestandteile, Zubehör) mit verpachtet sind und/oder der Zustand dies verlangt. Detaillierte Beschreibungen empfehlen sich weiter, wenn die Flächen in einem besonderen Kulturzustand übergeben werden, den es zu erhalten gilt. Dies ist etwa dann der Fall, wenn die Flächen die besonderen Voraussetzungen erfüllen, nach denen die darauf gezogenen Früchte als aus biologischem Anbau anerkannt werden.

Soweit Lieferrechte (etwa für Zuckerrüben oder Milch s § 585 Rn 31 f) oder Prämienansprüche (§ 585 Rn 32) mit verpachtet werden oder mit der Pachtfläche verbunden sind, gehört deren Beschreibung dazu; ohne dass (etwa bei Prämienansprüchen) dadurch mehr als ein Indiz für die Behandlung derartiger Rechte bei Vertragsende (§ 596 Rn 34 f) gesetzt wird. Soll letzteres von den Parteien geregelt werden, gehört dies in den Landpachtvertrag.

Wird ein **landwirtschaftlicher Betrieb** im Ganzen verpachtet, wird der Zweck einer „Beweissicherung" umso eher erreicht, je detaillierter die Beschreibung der Pachtsache ausfällt. Hinsichtlich des Umfangs empfiehlt sich ggf die Beifügung von Inventarverzeichnissen, hinsichtlich des Zustandes die Hinzuziehung eines Sachverständigen, dessen Feststellungen ebenfalls Bestandteil der Beschreibung werden sollten. In den Fällen der *„eisernen Verpachtung"* gehört zu der Auflistung und Zustandsbeschreibung die *Bewertung* jedes einzelnen Inventargegenstandes. Nur dann liegen die Voraussetzungen für eine reibungslose Pachtrückgabe vor. Eine vollständige Zusammenstellung möglicher Punkte einer Beschreibung findet sich bei LWLH Rn 10 ff.

2. Zeitpunkt

Gesetzlich vorgesehen ist die Beschreibung per wirtschaftlichem **Vertragsbeginn** und -ende, und zwar jeweils auf den Übergabe- bzw Rückgabezeitpunkt bezogen (nicht das Datum des Vertragsschlusses).

Sie empfiehlt sich darüber hinaus auch während der Vertragszeit bei Wechsel des Vertragspartners sowie bei jeder substantiellen **Änderung** des Pachtgegenstandes hinsichtlich Art, Umfang oder Nutzung. Insbesondere bei erlaubten Nutzungsänderungen iSv § 590 Abs 1 oder 2 BGB ist sie zu Beweiszwecken unabdingbar, wenn zu Vertragsbeginn eine Beschreibung erstellt wurde. Weigert sich ein Vertragsteil, ist in Einzelfällen selbst bei nunmehr (genehmigter) nicht mehr landwirtschaftlicher Bestimmung der Pachtsache Abs 2 mit der Zuständigkeit des Landwirtschaftsgerichts anzuwenden, s dazu iE § 590 Rn 14.

III. Form der Beschreibung

9 Eine Beschreibung liegt nur vor, wenn sie in der **schriftlichen Form des § 126 BGB** erfolgt ist (aA LWLH Rn 9). Bei einem langfristigen Pachtvertrag ist dieses Erfordernis ausreichend berücksichtigt, wenn (auch) die Beschreibung unterschrieben ist und ein räumlicher Zusammenhang mit der Haupturkunde (vgl STAUDINGER/EMMERICH [2018] § 550 Rn 11 ff) besteht. Im Übrigen bestätigt die hier vertretene Auffassung Abs 1 S 3, der bei Anfertigung der Beschreibung durch die Vertragsparteien deren Unterschriften zwingend vorschreibt. Die Unterzeichnung dokumentiert die Einigung der Vertragsteile über den Inhalt der Beschreibung und rechtfertigt die in Abs 3 angeordneten Rechtsfolgen.

Die Unterzeichnung der *durch einen Sachverständigen* angefertigten Beschreibung ist in § 585b BGB nicht vorgesehen. Aus der Notwendigkeit der Schriftform für die Beschreibung ist jedoch zu folgern, dass eine von ihm gefertigte Beschreibung ebenfalls zu unterzeichnen ist.

10 Die fehlende Datumsangabe führt nicht zur Unwirksamkeit der Beschreibung. Insoweit ist Abs 1 S 3 – entgegen dem Referentenentwurf vom 29. 4. 1976 – als bloße Sollvorschrift ausgestaltet. Fehlt das Datum oder liegt es ganz erheblich außerhalb des von § 585b Abs 1 BGB vorgesehenen Zeitraumes, können sich Zweifel hinsichtlich der Einhaltung des Formerfordernisses ergeben. Jedenfalls beeinträchtigen Abweichungen vom (zu beweisenden) Datum der Übergabe den Beweiswert der Beschreibung.

IV. Anfertigung der Beschreibung

1. Durch die Vertragsteile selbst

11 Das Gesetz sieht vor, dass die Beschreibung regelmäßig durch die Vertragsparteien gemeinsam angefertigt wird. Die Mitunterzeichnung der von einem Vertragsteil gefertigten Beschreibung durch den anderen Teil reicht aus.

2. Durch einen Sachverständigen

a) Sachliche Voraussetzungen

12 **Verweigert** ein Teil seine Mitwirkung bei der Anfertigung oder können sich beide nicht auf den Inhalt einigen und/oder wird sie nicht von beiden unterschrieben, so kann jeder Teil die Anfertigung durch einen Sachverständigen verlangen. Gleiches gilt, wenn ein Vertragsteil die Erstellung der gemeinsamen Beschreibung in einer Weise verzögert, dass sie ihrem Zweck (s Rn 2) nicht mehr gerecht zu werden droht.

Einer Abmahnung oder gar Fristsetzung mit Ablehnungsandrohung bedarf es vor Einleitung des gerichtlichen Verfahrens nicht.

Das Verlangen kann auch der Vertragsteil stellen, an dessen Verhalten die gemeinsame Beschreibung gescheitert ist.

Das Verlangen ist nicht an den anderen Vertragsteil zu richten (aA PALANDT/WEIDEN- **13** KAFF Rn 9), sondern erschöpft sich in dem einseitig möglichen **Antrag an das Landwirtschaftsgericht** auf Sachverständigenernennung (MünchKomm/HARKE Rn 3 und 5). Der Gesetzgeber hat wegen der bei der Durchsetzung zu befürchtenden zeitlichen Verzögerungen bewusst auf die Begründung eines solchen Anspruchs verzichtet (RegE BT-Drucks 10/509, 18).

Das Verlangen muss innerhalb einer Frist von **neun Monaten** nach Überlassung der Pachtsache bzw drei Monaten nach Pachtende gestellt werden. Diese Regelung ist wenig glücklich; insbesondere, weil nach Bestellung des Sachverständigen die Frist bis zur tatsächlichen Erstellung der Beschreibung idR erheblich sein wird. Unter Berücksichtigung der realistischen Fristen kann sich der Zustand der Pachtsache so verändert haben, dass die Beschreibung nicht mehr die Aussagekraft hat, die ihr zukommen soll (s Rn 2).

Die Gefahr, das verfolgte Ziel zu verfehlen, besteht besonders im Falle einer nach **14** *Pachtende notwendigen Sachverständigenbeschreibung.* Der Grund liegt hier in der Verjährungsregelung des § 591b BGB. Danach beträgt die Verjährungsfrist für Ansprüche der Pachtvertragsparteien gegeneinander sechs Monate ab Beendigung des Pachtverhältnisses. Der Antrag auf Sachverständigenernennung hemmt in entsprechender Anwendung des § 204 Nr 7 BGB die Verjährungsfrist.

Soweit bei substantiellen Änderungen der Pachtsache (Rn 8) die Parteien diese nicht ohnehin beschreiben, wird jede Partei das Recht haben, eine Anpassung der Pachtsachenbeschreibung zu verlangen und ggf gerichtlich durchzusetzen. Nur so kann dem Ziel einer „Beweissicherung", zur Vorbereitung einer möglichst reibungslosen Rückgabe bei Vertragsende, entsprochen werden.

b) Verfahren
Der **Antrag** auf Sachverständigenernennung kann schriftlich oder zu Protokoll der **15** Geschäftsstelle eines jeden Amtsgerichts gestellt werden (§ 9 LwVG; § 25 FamFG). Er muss in jedem Fall innerhalb der maßgeblichen Frist beim örtlich zuständigen Amtsgericht – Landwirtschaftsgericht – eingehen. Über den Antrag entscheidet das Landwirtschaftsgericht im Verfahren der freiwilligen Gerichtsbarkeit (§§ 9 ff; 1 Nr 1 LwVG), wobei eine Zuziehung ehrenamtlicher Richter nicht erforderlich ist (§ 20 Abs 1 Nr 6a LwVG).

Ob die gesetzlichen Voraussetzungen für eine Ernennung gegeben sind, hat das Landwirtschaftsgericht von Amts wegen festzustellen (§§ 9 LwVG; 26 FamFG). Vor seiner Entscheidung hat es den Beteiligten Gelegenheit zur Stellungnahme, insbesondere zur Person des in Aussicht genommenen Sachverständigen, zu geben (§ 14 Abs 2 S 1 LwVG).

16 Den Sachverständigen **bestimmt** das Gericht nach **freiem Ermessen**. Da die gerichtliche Tätigkeit allein auf die Ernennung beschränkt ist, sind die prozessualen Vorschriften der §§ 15 FGG; 402 ff ZPO nicht über § 9 LwVG anwendbar. Trotzdem wird das Gericht bei der Auswahl des Sachverständigen eine Einigung der Vertragsteile auf eine bestimmte Person ebenso zu beachten haben wie von den Beteiligten vorgebrachte Ablehnungsgründe (vgl §§ 404 Abs 4 BGB; 406 ZPO).

Die Ernennung des Sachverständigen erfolgt durch gerichtlichen, zu begründenden **Beschluss**. Er ist als „in der Hauptsache ergangen" iSv § 38 FamFG (früher 21 Abs 2 LwVG) anzusehen, da er das gerichtliche Verfahren abschließt (MünchKomm/Harke Rn 3). Er ist daher auch nach § 41 FamFG von Amts wegen zuzustellen und kann nach §§ 58 ff FamFG mit der **sofortigen Beschwerde** angefochten werden.

17 Von der von dem Sachverständigen angefertigten Beschreibung erhält jeder Vertragsteil eine **Ausfertigung**. Bei der – gesetzlich nicht geregelten – Weigerung zur Anfertigung der Beschreibung werden die §§ 408, 409 ZPO sinngemäß anwendbar sein, ebenso § 411 Abs 1 S 2, Abs 2 ZPO über die Befugnis des Gerichts zur Fristbestimmung für die Anfertigung und zur Festsetzung von Ordnungsgeld bei Fristversäumnis (Prütting/Gehrlein/Katzenmeier § 411 Rn 12 ff).

Die *Klage des einen Vertragsteils gegen die Richtigkeit* der Feststellungen des Sachverständigen ist gegen den anderen Teil, nicht den Sachverständigen, zu erheben (Palandt/Weidenkaff § 585b Rn 11).

c) Kosten
18 Gem § 585b Abs 2 S 2 BGB hat jeder Vertragsteil die Kosten von Gericht und Sachverständigem je zur Hälfte zu tragen, gleichgültig ob er zur Mitwirkung an einer gemeinsam zu fertigenden Beschreibung bereit war oder nicht. Die Gerichtskosten bestimmen sich über § 33 LwVG nach der Kostenordnung. Für Gebühren und Auslagen des Sachverständigen gelten die Vorschriften des Justizvergütungs- und EntschädigungsG (JVEG; FHL Rn 40), denn der Sachverständige wird zwar im Interesse der Vertragsteile, nicht aber in deren Auftrag tätig. Er wird vielmehr allein durch das Gericht ernannt, das auch auf seine Tätigkeit einwirken kann.

V. Duldungs- und Auskunftspflichten

19 Weil die Beschreibung der Pachtsache deren *vorherige Besichtigung zwingend voraussetzt,* bestehen gegenseitige Duldungspflichten. Wird der Besitz nur von einem Vertragsteil ausgeübt, muss dieser dem anderen Teil und/oder dessen Bevollmächtigten und Hilfspersonen (Privatsachverständige) das Betreten und Besichtigen der Pachtsache gestatten. Gleiches gilt gegenüber einem gerichtlich ernannten Sachverständigen und dessen Hilfskräften (LWLH Rn 42).

Hat nach Beendigung eines Pachtverhältnisses bereits ein *neuer Pächter* die Pachtsache in Besitz genommen, ist dieser verpflichtet, in gleichem Umfang das Besichtigen und Betreten zu gestatten (MünchKomm/Harke Rn 3).

Jedenfalls im Zusammenhang mit der Erstellung der Pachtsachenbeschreibung haben die Parteien – in erster Linie der Verpächter – einander auch ungefragt alle

Auskünfte zu erteilen, die zur vollständigen Beschreibung und damit Grundlagen der künftigen Vertragsbeziehung notwendig sind. Dies gilt etwa für frühere Nutzungen, soweit diese Auswirkungen auf die künftige haben (so für die Nutzung für die Milcherzeugung, OLG Celle 9. 8. 1990 – 7 U [Lp] 220/89 nv), nicht ohne Weiteres zu erkennende Bewirtschaftungshindernisse (wie unter der Erdoberfläche vorhandene Fundamente), öffentlich-rechtliche Beschränkungen oä.

VI. Wirkung der Beschreibung (Abs 3)

Ist eine Beschreibung der Pachtsache durch die Vertragsteile oder einen Sachverständigen angefertigt worden, hat sie im Verhältnis der Vertragsteile – nicht auch gegenüber Dritten – die **Vermutung der Richtigkeit** für sich. Dies bezieht sich jedoch nur auf den/die beschriebenen Pachtgegenstand/-gegenstände. Hingegen ist die Richtigkeits- keine Vollständigkeitsvermutung dahin, dass sie bis zum Beweis des Gegenteils stets das gesamte Pachtobjekt erfasst (FHL Rn 43). **20**

Derjenige Vertragsteil, der die Unrichtigkeit der Beschreibung behauptet, muss diese darlegen und beweisen. Eine dementsprechende Klage geht zweckmäßigerweise auf die Feststellung des behaupteten Zustands, der dann für die Vertragsparteien in Rechtskraft erwächst. Dies gilt unabhängig davon, ob es sich um eine von den Parteien oder durch den Sachverständigen angefertigte Beschreibung handelt.

Nicht zu folgen ist einer früheren Ansicht (MünchKomm/Voelskow [1995] Rn 8), die bei einer von den Vertragspartnern gemeinsam errichteten Beschreibung den Gegenbeweis auf die Fälle beschränkt, dass ein gemeinsamer Irrtum vorgelegen hat oder der beweisbelastete Teil seine Erklärung noch wirksam anfechten kann. § 585b BGB soll die tatsächlichen Voraussetzungen der die Kosten- und Lastenverteilung zwischen Verpächter und Pächter regelnden Normen feststellen und insoweit Streitigkeiten vermeiden helfen. Dieser Zweck wird vereitelt, wenn eine erwiesenermaßen unrichtige Beschreibung zur Entscheidungsgrundlage wird, nur weil mit ihr zu weitgehende Beweisvermutungen verknüpft werden. Selbst wenn bei keinem Vertragsteil ein Irrtum vorlag, sollte die Gründung von Ansprüchen nur auf richtige Sachverhaltsfeststellungen möglich sein. Zu geringe Möglichkeiten der nachträglichen Korrektur verhindern zumindest die Bereitschaft der Pachtvertragsparteien zu einvernehmlicher Mitwirkung an einer Zustandsbeschreibung und wirken so dem mit § 585b BGB verfolgten gesetzgeberischen Ziel entgegen bzw führen zu unnötigen gerichtlichen Bestellungen von Sachverständigen.

Eine Beschreibung, die nach Form oder Inhalt nicht den Anforderungen des § 585b Abs 1 oder 2 BGB entspricht, löst die Vermutungswirkung des Abs 3 nicht aus.

VII. Abdingbarkeit

Die Abdingbarkeit des § 585b Abs 1 BGB ergibt sich bereits aus seiner Ausgestaltung als Sollvorschrift; sie ist ganz oder teilweise möglich (LWLH Rn 3 ff). **21**

§ 586
Vertragstypische Pflichten beim Landpachtvertrag

(1) Der Verpächter hat die Pachtsache dem Pächter in einem zu der vertragsmäßigen Nutzung geeigneten Zustand zu überlassen und sie während der Pachtzeit in diesem Zustand zu erhalten. Der Pächter hat jedoch die gewöhnlichen Ausbesserungen der Pachtsache, insbesondere die der Wohn- und Wirtschaftsgebäude, der Wege, Gräben, Dränungen und Einfriedigungen, auf seine Kosten durchzuführen. Er ist zur ordnungsmäßigen Bewirtschaftung der Pachtsache verpflichtet.

(2) Für die Haftung des Verpächters für Sach- und Rechtsmängel der Pachtsache sowie für die Rechte und Pflichten des Pächters wegen solcher Mängel gelten die Vorschriften des § 536 Abs. 1 bis 3 und der §§ 536a bis 536d entsprechend.

Materialien: BT-Drucks 10/508; 10/509; 10/3830; 10/3498.

Schrifttum

Siehe § 585.

Systematische Übersicht

I. Übersicht, systematische Stellung	1	
II. Die Pachtsache und ihr Zustand	7	
III. Pflichten des Verpächters		
1. Überblick	8	
2. Der geeignete Zustand	9	
3. Überlassung	12	
a) Begriff, Inhalt	12	
b) Zeitpunkt	13	
c) Folgen	14	
4. Leistungsstörungen	16	
a) Verzug des Verpächters	17	
b) Vertragsverletzung (§ 280)	18	
c) Störung der Geschäftsgrundlage (§ 313)	19	
5. Die Haftung des Verpächters	20	
a) Mängelgewährleistung	20	
b) Fehlen einer zugesicherten Eigenschaft	22	
c) Ausschluss der Gewährleistung	23	
6. Erhaltungspflicht	25	
IV. Pflichten des Pächters		
1. Überblick		32
2. Ordnungsgemäße Bewirtschaftung		33
a) Allgemeines		33
b) Sinn und Auswirkung der Vorschrift		34
c) Inhalt der Pächterpflicht		35
d) Informationspflichten des Pächters, Rechtsbehelfe des Verpächters		43
3. Gewöhnliche Ausbesserungen		44
a) Begriff		44
b) Anwendungsbereich		46
aa) Umfänglich		46
bb) Zeitlich		48
c) Vornahme auf Kosten des Pächters		51
d) Besichtigungs- und Auskunftsrecht des Verpächters		53
V. Abdingbarkeit		54
VI. Prozessuales		55

Alphabetische Übersicht

Abdingbarkeit	54
Ausbesserungen	47 f
– gewöhnliche und außergewöhnliche	3, 29
– gewöhnliche, als Pächterpflicht	44 ff
Auskunfts- und Besichtigungsrechte des Verpächters	53
Besichtigungs- und Auskunftsrechte des Verpächters	53
Besitzschutzrechte des Pächters	14
Bewirtschaftung, ordnungsgemäße, als Pächterpflicht	33 ff
– als Ausfluss landwirtschaftlichen Sonderrechts	34
Biologischer Landbau, Umstellung auf	41
Eigenschaft, zugesicherte	22
Eiserne Verpachtung, Erhaltungspflichten	30
Erhaltung des Zustands der Pachtsache als Hauptpflicht	2
Erhaltungspflicht des Verpächters	25 ff
Flächenstilllegungsprogramme, Teilnahme an	37
Fruchtziehungsrecht als Folge der Überlassung	15
Gebrauchsüberlassung als Hauptpflicht	2
Gentechnisch verändertes Saat- und Pflanzgut	41
Geschäftsgrundlage, Störung der	19
Gewährleistung, Ausschluss der Haftung	23 f
– Haftung des Verpächters	20 ff
– und Unmöglichkeit	18
Hauptpflicht des Verpächters	2
Hauptpflicht des Pächters	4
Herrichtung der Pachtsache durch Verpächter	10
Informationspflichten des Pächters	43
Kontingente, Erhaltung durch den Pächter	38 ff
Lasten der Pachtsache, Verteilung	3
Leistungsstörungen	16 ff
Mangel, Haftung des Verpächters	20
Milchquote, Erhaltung durch den Pächter	38 ff
Nutzung, vertragsgemäße, als Grundlage der Vertragspflichten	7
Pächter, Nebenpflichten, zur Information	43
– Pflicht zur Beachtung von Umweltauflagen	37
– Pflicht zur gewöhnlichen Ausbesserung	44 ff
– Pflicht zur ordnungsgemäßen Bewirtschaftung	33 ff
– Teilnahme an Flächenstilllegungsprogrammen	37
– Vertragspflichten	32 ff
Pachtsache, Herrichtung	10
– Überlassung	12 ff
– Zerstörung der	31
Produktionsquoten, Erhaltung durch den Pächter	38 ff
Sonderrecht, landwirtschaftliches, Auswirkung auf Bewirtschaftungspflicht	34
Störung der Geschäftsgrundlage	19
Überlassung, Folgen	14 f
– Zeitpunkt	13
Überlassungspflicht des Verpächters	12 ff, 27
– Inhalt	12
– Nebenpflichten	12
Umweltauflagen, Beachtung durch den Pächter	37
Verfahrensrecht	55
Verkehrssicherungspflichten des Verpächters	25
Verkehrssicherungspflichten des Pächters	45
Verpächter, Ausschluss der Gewährleistungshaftung	23 f
– Besichtigungs- und Auskunftsrechte	49
– Erhaltungspflicht	25 ff
– Gewährleistungshaftung	20 ff
– Nebenpflichten bei Überlassung	12
– Pflicht zur Herrichtung der Pachtsache	10
– Überlassungspflicht	12 ff, 27
– Verkehrssicherungspflicht	25

– Vertragspflichten	2, 8 ff	Zerstörung der Pachtsache	31
Vertragsgemäßheit der Nutzung als Vertragsgrundlage	7	Zuckerrübenlieferrechte	12
		Zugesicherte Eigenschaft	22
Vertragsverletzung	18	Zustand der Pachtsache, Erhaltung	2
Verzug, des Verpächters	17	– der Pachtsache als Basis der Vertragspflichten	7
Zeitpunkt der Überlassung der Pachtsache	13	– geeigneter, zur Gebrauchsüberlassung	9, 26

I. Übersicht, systematische Stellung

1 Die Bestimmung fasst die grundlegenden **wechselseitigen Vertragspflichten hinsichtlich Gebrauchsüberlassung, Nutzung und Erhalt** der Pachtsache zusammen.

2 Übereinstimmend mit den vorhergehenden Regelungen der §§ 581 Abs 2, 536 BGB bestimmt § 586 Abs 1 S 1 BGB die **Hauptpflicht des Verpächters** zur **Gebrauchsüberlassung**; ergänzt dahingehend, dass die Pachtsache in einem dem angestrebten Nutzungszweck entsprechenden, geeigneten **Zustand** zu überlassen und (seitens des Verpächters) zu **erhalten** ist.

3 **Abs 1 S 2** entspricht § 582 aF. Dementsprechend sind die **Lasten** zwischen den Parteien so **verteilt**, dass der **Pächter** die **gewöhnlichen Ausbesserungen** an der Pachtsache – die Aufzählung in S 2 ist nur beispielhaft und nicht abschließend – auf seine Kosten vorzunehmen hat. Dem **Verpächter** obliegen die **außergewöhnlichen Ausbesserungen**. Diese Verteilung beruht einmal auf einer im landwirtschaftlichen Bereich üblichen Verkehrssitte (so schon Mot II 429 f); zum anderen entspricht sie dem Wesen der Pacht und findet sich auch bei dem von der Interessenlage vergleichbaren Nießbrauch (§ 1041 BGB) wieder.

4 In **Abs 1 S 3** ist nunmehr die **Pächterpflicht zur ordnungsmäßigen Bewirtschaftung** ausdrücklich normiert. Diese konnte bisher nur den §§ 581 Abs 1 S 1, 591 S 1 aF entnommen werden, da die dort geregelten Rechtsfolgen eine ordnungsmäßige Bewirtschaftung voraussetzten. Es liegt im Interesse einer klaren und verständlichen Fassung des Landpachtrechts, die ordnungsmäßige Bewirtschaftung als eine **wesentliche Hauptpflicht** des Pächters herauszustellen.

5 Abs 2 regelt die Rechtsfolgen bei Sach- und Rechtsmängeln, wobei wegen der vergleichbaren Interessenlage eine weitgehende Verweisung auf die entsprechenden mietrechtlichen Vorschriften erfolgt, entsprechend der Generalverweisung früheren Rechts (in § 581 Abs 2 BGB).

6 § 536c Abs 2 BGB verweist auf das fristlose Kündigungsrecht nach § 543 Abs 3 S 1 BGB. Auf die Vorgängervorschrift des § 542 aF war in § 586 Abs 2 BGB nicht in Bezug genommen worden, sodass bis zur Mietrechtsreform das Kündigungsrecht nur aufgrund entsprechender Anwendung in Betracht kam (s STAUDINGER/PIKALO/vJEINSEN [1996] Rn 6).

II. Die Pachtsache und ihr Zustand

Dieser dem Vertragsverhältnis zugrunde gelegte und (§ 585b BGB) tunlichst genau zu fixierende **Vertragsgegenstand ist Objekt umfangreicher Verpächter-** (s Rn 8 ff) **und Pächterpflichten** (s Rn 32 ff). Durch das Abstellen auf die **vertragsmäßige** und nicht lediglich die gewöhnliche oder übliche **Nutzung** in S 1 kommt auch hier den Vereinbarungen der Parteien herausragende Bedeutung zu. Es besteht insoweit eine Vergleichbarkeit zu § 434 Abs 1 Ziff 1 BGB („die nach dem Vertrag vorausgesetzte Verwendung"). Wie im Kauf- ist auch im Pachtrecht die ausdrückliche oder stillschweigende Willenseinigung der Parteien über einen bestimmten Zweck maßgebend (STAUDINGER/EMMERICH [2018] § 535 Rn 15). Insoweit genügt es, dass die Zweckbestimmung für beide Partner Geschäftsgrundlage geworden ist (RGZ 131, 343, 352; BGH LM Nr 10 zu § 459); einseitig gebliebene Zweckvorstellungen (Motive) wirken dagegen nicht ausgestaltend.

Dem Ziel einer möglichst weitgehenden Konkretisierung sollten kaum Grenzen gesetzt werden, ggf empfiehlt sich die Festlegung bestimmter Nutzungsarten und Fruchtfolgen (LWLH Rn 10). Denn an diesen Festlegungen orientieren sich ua die Verpächter-Pflichten zur Gebrauchsüberlassung. Besondere Bedeutung kommt ihr bei „besonderen" Bewirtschaftungsformen zu, wie zB im Fall von beizubehaltendem/beabsichtigtem alternativem Landbau, etwa nach den strengen Richtlinien bestimmter Vereinigungen (zB „Bioland" http://www.bioland.de/bioland/richtlinien.html). Fehlt sie oder ist sie auch nur zweifelhaft, hat dies sowohl Auswirkungen auf Unterlassungs- bzw Erfüllungsansprüche zur ordnungsgemäßen Bewirtschaftung als auch auf die Fragen nach erforderlicher Erhaltung/Verbesserung (§ 588 BGB), Änderung der landwirtschaftlichen Bestimmung (§ 590 BGB) oder außerordentlicher Kündigung wegen Schlechtbewirtschaftung (§§ 594e, 553 BGB).

III. Pflichten des Verpächters

1. Überblick

Bereits nach dem bisher geltenden Pachtrecht hatte der Pächter durch § 536 aF einen Erfüllungsanspruch auf Herstellung eines zum vertragsmäßigen Gebrauch geeigneten Zustands bzw auf Schadensersatz wegen Nichterfüllung (Mot II 373).

Wie den Vermieter treffen den Verpächter zwei Hauptleistungspflichten, die über die geregelte Pflicht der Gebrauchsgewährung (§§ 585 Abs 2, 581 Abs 1 BGB) hinausgehen. § 586 Abs 1 S 1 BGB gibt dem Pächter demnach, unabhängig von den sonstigen Rechtsbehelfen, einen eigenständigen klagbaren Anspruch auf **Überlassung und Erhaltung** der Pachtsache in einem zur vertragsmäßigen Nutzung geeigneten Zustand.

2. Der geeignete Zustand

Gleich dem in § 536 Abs 1 BGB verwendeten Begriff der Tauglichkeit wird durch das Merkmal der Eignung hier derjenige, durch die Vertragsgemäßheit (s Rn 7) weiter konkretisierte Zustand beschrieben, der durch die Bezugnahme von § 536 Abs 1 BGB in § 586 Abs 2 BGB ua die **Grenze zur Mangelhaftigkeit** darstellt.

10 Je nach Vereinbarung ist dabei der vorhandene Zustand genügend oder hat der Verpächter Pflichten zur vorherigen **Veränderung** (zB Beseitigung übermäßiger Verunkrautung, Dränierung von Ackerflächen, Ausbesserung an Gebäuden). Denkbar ist auch, dass der Verpächter – etwa aufgrund eines Vorvertrages – in einem längeren Zeitraum vor Übergabe Bewirtschaftungsbeschränkungen oder -umstellungen einzuhalten hat, um dem Pächter eine bestimmte Wirtschaftweise zu ermöglichen/erleichtern (zB „Bioland").

Die Ermöglichung der vertragsmäßigen Nutzung kann es auch erforderlich machen, dem Pächter Rechte zur Mitbenutzung (zB von Wegen für die An- und Abfahrt) einzuräumen oder eigene Rechte abzutreten (LWLH Rn 8).

11 Gleichfalls kann zur Übergabe der Pachtsache in dem nach dieser Bestimmung verlangten Zustand das Zurverfügungstellen von Gebäuden und/oder Einrichtungen gehören, die im Vertrag nicht ausdrücklich genannt, aber zu der durch ihn zugrunde gelegten Wirtschaftweise des Pächters notwendig sind. Dazu gehören etwa die zur Viehhaltung notwendigen Zäune und Tränken, ggf auch Stallungen und Vorratseinrichtungen für Futter.

Ändert sich der Zustand der Pachtsache nach § 590 Abs 2 BGB, ist dieser neue Maßstab auch für die wechselseitigen Pflichten nach § 586 BGB (§ 590 Rn 31) ausschlaggebend.

Wegen weiterer Einzelheiten zu dem Zustand, in dem sich die Pachtsache (im Regelfall) zu befinden hat vgl LWLH Rn 11 ff und FHL Rn 12.

3. Überlassung

a) Begriff, Inhalt

12 Entsprechend der in § 581 Abs 1 S 1 BGB normierten Pflicht zur „Gewährung" hat der Verpächter durch **Übergabe** von Sachen und Einräumung von Rechten – frei von Mängeln und Rechten Dritter – alles Erforderliche zu tun, um dem Pächter die Bewirtschaftung der Pachtsache in dem vereinbarten Zustand zu ermöglichen (BGHZ 19, 85, 93 f; BGH LM Nr 31 zu 581). Dies geschieht im Regelfall durch die *Verschaffung unmittelbaren Besitzes*, in Einzelfällen kann die Einräumung lediglich mittelbaren Besitzes oder Mitbesitzes ausreichen (vgl zur Miete RGZ 108, 204 f; RG JW 1905, 46 Nr 13; STAUDINGER/EMMERICH [2018] § 535 Rn 15), ferner durch die Verschaffung der Rechtsausübungsmöglichkeit bei mit verpachteten Rechten.

Zahlungsansprüche aufgrund der Gemeinsamen Agrarpolitik (GAP) der EU werden von der Überlassungspflicht mangels anderweitiger vertraglicher Vereinbarungen nicht erfasst, da diese nunmehr von der Fläche entkoppelt sind und personenbezogen zugewiesen werden (s oben § 585 Rn 32 ff). Überdies sind sie für die landwirtschaftliche Nutzung der Fläche nicht zwingend erforderlich, wenngleich sie mit einem derzeitigen Anteil von etwa 40 % einkommenstechnisch für Landwirte von großer Bedeutung sind (so Angaben des Bundesministeriums für Ernährung und Landwirtschaft [BMEL]), sie können jedoch am Markt erworben werden (MünchKomm/HARKE [2016] § 586 Rn 2).

Stets wird vom Verpächter **aktives Tun** verlangt, Dulden reicht – wie im Mietrecht (BGHZ 19, 93) – nicht aus. Dies bedeutet zB bei der Mitverpachtung von Zuckerrübenlieferrechten, dass der Verpächter gegenüber der Zuckerfabrik die Erklärungen abzugeben hat, die zur Rechtsübertragung für die Dauer des Pachtverhältnisses auf den Pächter verlangt werden.

Nebenpflichten des Verpächters können sich in diesem Zusammenhang auch auf Auskünfte über den Zustand sowie die bisherige Nutzung der Pachtsache erstrecken (für Fragen der Milcherzeugung s OLG Celle 9. 8. 1990 – 7 U [Lp] 220/89 nv; s § 585b Rn 19).

b) Zeitpunkt

Dieser entspricht dem vereinbarten **Beginn des Pachtverhältnisses**. Ebenso wie bei 13 der Miete sind Leistung und Gegenleistung nicht Zug um Zug zu erfüllen, vielmehr trifft den Verpächter eine gesetzliche **Vorleistungspflicht** (§ 587 Abs 1 BGB). Diese gesetzliche Regelung ist jedoch dispositiv, sodass zB hinsichtlich der Pacht (früher: Pachtzins, nach der Novelle: Pacht) Vorleistung des Pächters vereinbart werden kann. Dann hat der Pächter Überlassung der Pachtsache Zug um Zug gegen Pacht-Zahlung zu verlangen (STAUDINGER/SCHAUB § 581 Rn 215; RG JW 1906, 333 Nr 8).

Bei Pflichtverletzung des Verpächters hinsichtlich der Überlassungspflicht hat der Pächter ein Zurückbehaltungsrecht hinsichtlich der Pachtzahlung; dies gilt auch, wenn dieser die Pacht vorzuleisten hat (LWLH Rn 17), darüber hinaus die Ansprüche auf Erfüllung bzw Schadensersatz wegen Nichterfüllung oder Pachtminderung.

c) Folgen

In Konsequenz dessen hat der Pächter anschließend **Besitzschutzrechte** (§§ 859 ff 14 BGB) und ist durch das Pfandrecht an dem mitverpachteten Inventar (§§ 585 Abs 2, 583 BGB) geschützt. Im Fall der Grundstücksveräußerung hat der Pächter die Schutzstellung aus § 566 BGB, der nach § 593b BGB entsprechend anwendbar ist.

An den nach der Überlassung der Pachtsache gezogenen Boden- oder Tierfrüchten 15 (§ 99 BGB) erwirbt der Pächter Eigentum mit ihrer Trennung von der Muttersache, §§ 956, 957 BGB, wobei die Besitzüberlassung den guten Glauben iSv § 957 BGB vermitteln kann. Dies gilt nach §§ 585 Abs 2; 581 Abs 1 BGB aber nur insoweit, als die Früchte nach den Regeln einer ordnungsmäßigen Wirtschaft als Ertrag anzusehen sind. Diese Einschränkung grenzt die zulässige von (die Substanz betreffender) übermäßiger **Fruchtziehung** ab. So stehen dem Pächter etwa durch Raubbau oder zur Unzeit gewonnene Früchte ebensowenig zu wie durch Windbruch gefallenes Holz.

4. Leistungsstörungen

Wie bereits im früheren Pachtrecht durch die Generalverweisung des § 581 Abs 2 aF 16 sind für das Landpachtrecht nach § 586 Abs 2 BGB die Gewährleistungsregeln des Mietrechts sowie die Haftungsregeln des Allgemeinen Schuldrechts entsprechend anwendbar. Zu Einzelheiten vgl STAUDINGER/EMMERICH (2018) Vorbem § 536 sowie die Kommentierung der §§ 536 ff.

a) Verzug des Verpächters

17 Zur Haftung für Verzug nach §§ 280 ff BGB bzw § 311a BGB vgl die Kommentierung von STAUDINGER/EMMERICH (2018) § 535 Rn 17.

b) Vertragsverletzung (§§ 280 ff)

18 Ein Schadensersatzanspruch aus § 280 Abs 1 BGB ist durch die Sondervorschriften der §§ 536 ff BGB nicht ausgeschlossen (OLG Frankfurt WuM 1984, 78; BGH NJW 2009, 142; OLG Dresden MDR 2010, 1445–1446). Er erfasst die Fälle eines Verstoßes gegen eine Nebenleistungspflicht, der nicht zur Unmöglichkeit oder zur Mangelhaftigkeit der Sache führt. Dabei darf der Begriff des Mangels iSd § 536 BGB nicht zu sehr ausgeweitet werden (OLG Frankfurt WuM 1984, 78). So kann aus der bloßen Möglichkeit einer schädlichen Einwirkung von Naturkräften auf die Pachtsache nicht ohne Weiteres der Schluss gezogen werden, diese sei mangelhaft. Dies gilt etwa in einer dem vom OLG Frankfurt entschiedenen Fall vergleichbaren Weise für die Einwirkung ungewöhnlich starker Regenfälle bei der Verpachtung landwirtschaftlicher Flächen.

c) Störung der Geschäftsgrundlage (§ 313)

19 Die Vertragsanpassung aus diesem Grunde darf nicht zu einer Änderung der gesetzlichen oder vertraglichen Risikoverteilung führen (vgl STAUDINGER/EMMERICH [2018] Vorbem 18 zu § 536). Umstände, die in den Risikobereich einer Vertragspartei fallen, geben dieser in der Regel nicht das Recht, eine Änderung der Vertragspflichten zu ihren Gunsten herbeizuführen, weil anderenfalls die in der Vertragsgestaltung liegende Risikoverteilung in einer für die Vertragspartner nicht tragbaren Weise verändert würde (BGH NJW 1981, 2405 zur Gewinnerwartung bei einem zu gewerblichen Zwecken überlassenen Grundstück; BGHZ 74, 370 zum Risiko künftiger Bebaubarkeit beim Kauf von Bauerwartungsland; BGH LM Nr 46 zu § 581 zur Rentabilität beim Kiesabbau). Es darf nicht außer Betracht bleiben, dass grundsätzlich der Pächter das sog Verwendungsrisiko trägt. Hinsichtlich der vereinbarten Pacht findet sich in § 593 BGB, hinsichtlich der Pachtdauer in § 595 BGB eine gesetzlich vorgesehene Korrekturmöglichkeit. Eine Vertragsanpassung wegen Zweckverfehlung wird daher in aller Regel nur die Ausnahme sein.

5. Die Haftung des Verpächters

a) Mängelgewährleistung

20 Zum Begriff des Mangels und seiner Abgrenzung gegenüber der Leistungsstörung im Bereich der Vertragserfüllung siehe im Einzelnen STAUDINGER/EMMERICH (2018) § 536 Rn 5 ff. Hervorzuheben ist, dass es auf das Vorhandensein eines **Mangels zur Zeit der Überlassung** ankommt. Für einen später, während der Pachtzeit entstehenden Mangel muss der Verpächter einstehen, da er nach § 586 Abs 1 BGB während der gesamten Vertragsdauer zur Erhaltung der Pachtsache in einem zur vertragsmäßigen Nutzung geeigneten Zustand verpflichtet ist. Besteht ein Mangel der Pachtsache bei Vertragsbeginn, begründet dieser ohne entsprechende Vorbehaltserklärung keine Pächterrechte auf Gewährleistung; er begründet auch keinen späteren Ersatzanspruch, wenn die Pachtsache später vom Pächter in einen ordnungsgemäßen Zustand versetzt wurde (OLG Köln 23 U 4/88 nv).

21 Beispielsfälle aus der Landwirtschaft: Ein Mangel am Grundstück ist regelmäßig bei drohender Versumpfung oder Überschwemmung (RG JW 1921, 334) oder mangelnder Vorflut (OLG Kiel SchlHAnz 1933, 122) gegeben. Ebenso kann eine fehlende Dränage die vertragsmäßige Nutzung beeinträchtigen und somit ein Mangel sein (die erstmalige Anlage von Dränagen zählt zu den Verpächterpflichten). Dagegen liegt das normale Ertragsrisiko beim Pächter. Bei den mit verpachteten Gebäuden kommen in erster Linie Baumängel in Betracht. Hinsichtlich des Inventars ist auf die normalerweise zu erwartende Funktionsfähigkeit abzustellen. Mängel können auch in öffentlich-rechtlichen Beschränkungen bestehen. Als Mangel der Pachtsache ist zB auch anerkannt, wenn in dem Grundstück die Betonplatte einer ehemaligen FLAK-Stellung liegt, die vom Pflug erfasst werden kann (OLG München RdL 90, 148 = AgrarR 91, 134). Zu weiteren Einzelheiten wird verwiesen auf die Zusammenstellung STAUDINGER/SCHAUB § 581 Rn 356 ff.

b) Fehlen einer zugesicherten Eigenschaft

Zum Begriff vgl STAUDINGER/EMMERICH (2018) § 536 Rn 63 ff sowie STAUDINGER/ **22** SCHAUB § 581 Rn 357 ff. Bei **längerfristigen Verträgen** folgt aus dem Schriftformerfordernis des § 585a BGB, dass auch die zugesicherten Eigenschaften schriftlich im Vertrag festzuschreiben sind. Nicht ausreichend ist insoweit die Beschreibung der Pachtsache gemäß § 585b BGB, da sie nur den Zustand bei Beginn des Pachtverhältnisses festhält, ohne irgendwelche Verpflichtungen des Verpächters zu beinhalten.

Nach § 537 Abs 2 S 2 aF stand bei der Verpachtung eines Grundstücks die Zusicherung einer bestimmten **Grundstücksgröße** der Zusicherung einer Eigenschaft gleich. Diese Bestimmung ist durch die Mietrechtsreform 2001 ersatzlos gestrichen worden, sodass sich die Frage, ob die Vereinbarung einer bestimmten Größe eine Eigenschaftszusicherung ist, nach den allgemeinen Regeln bestimmt (vgl dazu STAUDINGER/ EMMERICH [2018] § 536 Rn 69).

c) Ausschluss der Gewährleistung

Die Kenntnis des Mangels bei Vertragsschluss oder Annahme ohne Vorbehalt der **23** Rechte schließt Gewährleistungsansprüche nach § 356b BGB aus, vgl dazu STAUDINGER/EMMERICH (2018) § 536b Rn 1 ff.

Im Landpachtrecht können die Gewährleistungsrechte des Pächters aus § 536 Abs 1, **24** 2, 4 BGB (Minderung), § 536a BGB (Schadensersatz wegen Nichterfüllung) und § 536 Abs 3v (Minderung und Schadensersatz wegen Nichterfüllung bei einem Rechtsmangel) vertraglich ausgeschlossen werden. Bei vorformulierten Verträgen sind freilich die Grenzen von der AGB-Kontrolle zu beachten, Einschränkungen der Rechte werden regelmäßig an § 307 Abs 2 BGB scheitern.

6. Erhaltungspflicht

Als weitere **Hauptpflicht** trifft den Verpächter die Verpflichtung, die Pachtsache **25** während der Dauer des Pachtverhältnisses in einem zur vertragsmäßigen Nutzung geeigneten Zustand zu **erhalten** (vgl STAUDINGER/EMMERICH [2018] §§ 535 Rn 20 ff). Dies geht über die allgemeine Duldungspflicht hinaus, die bereits in der Verpflichtung zur Gebrauchsgewährung (§§ 585 Abs 2, 581 Abs 1 BGB) enthalten ist. **Verstößt** der Verpächter gegen diese Pflicht, regeln sich die Ansprüche des Pächters zunächst nach dem Mietrecht (§§ 536 ff BGB), insoweit wird auf die dortige Kommentierung bei STAUDINGER/EMMERICH (2018) §§ 536 ff verwiesen. Bei deren Anwendung sind jedoch die Besonderheiten des Landpachtrechts zu beachten, ferner ist die Anwendung von § 536 Abs 4 BGB gem § 586 Abs 2 BGB ausgenommen, nachteilige Abweichungen im Pachtvertrag sind daher auch bei der Mitverpachtung von Wohnraum möglich.

Verpächterpflicht in diesem Zusammenhang ist vielmehr, alle Maßnahmen in Bezug auf die Pachtsache zu ergreifen, die nicht als gewöhnliche Ausbesserung Pächterpflicht sind (LWLH Rn 22 iVm Rn 32). Wie schon nach altem Landpachtrecht, kann auch hier zur Abgrenzung der Rechte und Pflichten auf die Lastenverteilung beim Nießbrauch zurückgegriffen werden (LWLH Rn 31).

Erhaltung ist dabei alles, was zur Instandsetzung zwecks Mängelbeseitigung nötig ist, um die Sache in einem zum vertragsgemäßen Gebrauch geeigneten Zustand zu erhalten. Demgegenüber fallen in den Verantwortungsbereich des Pächters alle Maßnahmen zur Behebung von Folgen des üblichen Gebrauchs der Pachtsache, die nach dem gewöhnlichen Lauf der Dinge von Zeit zu Zeit (regelmäßig) zur Erhaltung oder Wiederherstellung der Gebrauchsfähigkeit notwendig werden (vgl Rn 43; zur Abgrenzung s BGH RdL 1993, 37).

In engem Zusammenhang mit Instandhaltungs-, Instandsetzungs- und Ausbesserungspflichten steht die Pflicht der **Verkehrssicherung**, die teilweise dem Verpächter, teilweise dem Pächter obliegt. Soweit sie durch notwendige Ausbesserungen der Pachtsache erreicht wird, liegt sie im Verantwortungsbereich des Pächters. Dagegen sind nachträgliche Maßnahmen, die aufgrund bau-, feuer- oder gewerbepolizeilicher Vorschriften notwendig werden, vom Verpächter auf seine Kosten durchzuführen, da er im Falle einer Neuverpachtung diese Maßnahmen im Rahmen der Überlassung zur vertragsmäßigen Nutzung ebenfalls hätte treffen müssen. Nichts anderes kann gelten für zwingend vorgeschriebene Maßnahmen des Umweltschutzes (STAUDINGER/SCHAUB § 581 Rn 225).

Die Erhaltungspflicht des Verpächters wirkt als Verkehrssicherungspflicht gegenüber dem Pächter und seiner Familie (LWLH Rn 21).

26 Maßstab ist der **vertragsgemäße Zustand** der Pachtsache, also derjenige, der dem Pächter die – an seiner (vertraglich zugrunde gelegten) Wirtschaftsweise orientierte – beabsichtigte ordnungsgemäße Wirtschaftsweise ermöglicht. Demzufolge besteht die Erhaltungspflicht nicht um ihrer selbst willen; sie entfällt also etwa insoweit, als bestimmte Teile des Pachtgegenstandes vom Pächters nicht genutzt werden oder dieselben Bewirtschaftungsergebnisse durch Alternativmaßnahmen mit gleicher Kostenstruktur erzielt werden können (BGH AgrarR 92, 341 = RdL 92, 38). Gleichfalls ist der Verpächter nicht verpflichtet, ein defektes Inventarstück mit hohem finanziellen Aufwand in den ursprünglichen Zustand zu versetzen, wenn dem Pächter nach einer (preiswerteren) Alternativmaßnahme die gleichen betriebswirtschaftlichen Ressourcen zur Verfügung stehen (LWLH Rn 23).

27 In diesem Zusammenhang hat der Verpächter insbesondere den **störungsfreien Gebrauch** der Pachtsache zu ermöglichen, also etwa alle nach § 906 BGB unzulässigen

Einwirkungen zu verhindern. Dabei sind Grenzen und Schranken in der Eigentumsnutzung zu beachten, die aufgrund besonderer gesetzlicher Anordnung oder gewohnheitsrechtlicher Handhabung bestehen. Beispiele dazu sind etwa die Zulässigkeit des Betretens fremder Grundstücke, auch der Wege und Wälder, zB nach § 14 BWaldG, sowie vielen Feld- und Forstordnungsgesetzen der Länder (vgl im Einzelnen STAUDINGER/ALTHAMMER [2016] § 903 Rn 13 ff mwNw; MünchKomm/BRÜCKNER [2017] § 903 Rn 18 ff mwNw).

Teil der Verpächterpflicht zur Gewährung störungsfreien Gebrauchs können auch **28** *Pflichten* sein bzw werden, *die mit der eigentlichen Substanzerhaltung unmittelbar nichts zu tun haben*. So kann es – namentlich bei der Verpachtung von Betrieben mit Direktvermarktung (zB Gärtnereien) – zu den Verpächter-Pflichten gehören, das Entstehen von Konkurrenzunternehmen zu dem verpachteten Betrieb nicht zu ermöglichen.

Eine **Ausnahme** gilt, soweit dem Pächter Beeinträchtigungen bei Vertragsabschluss bekannt gewesen und von ihm gebilligt worden sind (vgl OLG Celle OLGE 24, 358; OLG Dresden OLGE 18, 14; OLG Frankfurt WuM 1981, 63).

Aus der Pflicht des Verpächters, die Pachtsache in einem zur vertragsmäßigen Nut- **29** zung geeigneten Zustand zu überlassen und zu erhalten sowie aus der auf die gewöhnlichen Ausbesserungen beschränkten Überbürdung der Lasten auf den Pächter folgt, dass dem Verpächter alle **außergewöhnlichen Ausbesserungen** obliegen. Hierzu werden auch alle Maßnahmen gerechnet, die infolge Brand, Überschwemmung, Erdbeben oder sonstiger ungewöhnlicher Witterungseinflüsse bedingt sind. Diese hat der Verpächter auf seine Kosten vornehmen zu lassen, wobei es ihm – ebensowenig wie dem Pächter – gestattet ist, die notwendigen Materialien dem Pachtgrundstück zu entnehmen.

Völlig anders hingegen stellt sich die Situation in den Fällen der bei Betriebspacht **30** häufig praktizierten **eisernen Verpachtung** iSv § 582a BGB dar (vgl § 585 Rn 4). Dann folgt aus der den Pächter treffenden Rückgabepflicht in dem übernommenen Wertumfang und Zustand, dass ihn allein die Erhaltungspflicht der Pachtsache in dem Umfang trifft, die ansonsten dem Verpächter obliegt (vgl LWLH § 582a Rn 12 mwNw; STAUDINGER/SCHAUB § 582a Rn 14 f).

Unterschiedlich sind die Wiederherstellungspflichten der Vertragsparteien im Falle **31** der völligen oder teilweisen **Zerstörung der Pachtsache** zu beurteilen. Kein Zweifel besteht daran, dass diejenige Vertragspartei neben der Wiederherstellungs- auch eine Schadensersatzpflicht trifft, die die Zerstörung **zu vertreten** hat (BGH AgrarR 92, 341 = RdL 92, 38).

Hat keine Partei die Zerstörung zu vertreten, erlöschen die wechselseitigen Vertragspflichten zur Gebrauchsüberlassung, Pachtzahlung und damit auch Wiederherstellung. Etwas anderes wird nur gelten, wenn eine Partei (im Regelfall der Verpächter) die Pachtsache gegen Zerstörung **versichert** hat. Dann wird man es als Nebenpflicht ansehen müssen, die erhaltene Versicherungssumme zur Ersatzbeschaffung einzusetzen (vgl ausf LWLH Rn 25).

Nach Vertragsende hat der Verpächter die Pachtsache grundsätzlich nicht mehr in einem ordnungsgemäßen Zustand zu erhalten. Seine Verpflichtung aus § 586 Abs 1 S 1 BGB entfällt (BGH WM 1961, 455; Wolf/Eckert/Ball Rn 1131); soweit indessen von der Pachtsache Gefahren für den Pächter und das Inventar ausgehen, hat er diese zu beseitigen.

IV. Pflichten des Pächters

1. Überblick

32 Anders als im Miet- ist es im landwirtschaftlichen Pachtrecht seit jeher Pächterpflicht, neben der **ordnungsgemäßen Bewirtschaftung** für die gewöhnlichen **Ausbesserungen der Pachtsache** zu sorgen (Mot II 429 f). Dementsprechend wiederholt die Bestimmung die bisher in § 582 aF enthaltene Regelung in einer – nicht abschließenden – Aufzählung, ergänzt um die Ausbesserungspflicht hinsichtlich der Dränungen. Nicht erwähnt und auch nicht mit erfasst ist das **Inventar**. Nach §§ 585 Abs 2, 582 BGB (der nahezu unverändert § 586 aF entspricht) trifft insoweit auch die **Erhaltungspflicht** den Pächter, während die Ergänzungspflicht – abgesehen von der Sonderregelung für lebendes Inventar – dem Verpächter obliegt.

2. Ordnungsgemäße Bewirtschaftung

a) Allgemeines

33 *Im Rahmen des vor 1986 geltenden Pachtrechts* wurde in der Literatur zum Teil eine aus § 591 BGB abgeleitete Pflicht des Pächters zur ordnungsmäßigen Bewirtschaftung des Pachtgegenstandes angenommen (BGB-RGRK/Gelhaar § 591 Rn 1; Staudinger/Pikalo[12] Anh zu § 597). Dementsprechend wird in dem Verstoß dagegen ein vertragswidriger Gebrauch gesehen, der Ansprüche auf Unterlassung (§ 541 BGB), Schadensersatz wegen Vertragsverletzung oder das Recht des Verpächters zur fristlosen Kündigung (§ 543 Abs 2 BGB) zur Folge haben konnte. Anderer Auffassung war im Wesentlichen Sonnenschein (Staudinger/Sonnenschein[12] § 591 Rn 11) unter Berufung auf die bei den Beratungen des Gesetzentwurfs maßgeblichen Überlegungen. In § 586 Abs 1 S 3 BGB ist die **Bewirtschaftungspflicht des Pächters nunmehr ausdrücklich gesetzlich normiert** worden.

b) Sinn und Auswirkung der Vorschrift

34 Die Bewirtschaftungspflicht des Pächters bei Verpachtung landwirtschaftlich genutzter Grundstücke liegt ebenso im schutzwürdigen Interesse des Verpächters wie in dem der Allgemeinheit (Staudinger/Pikalo[12] Anh 64 zu § 597). Sie ist nicht zuletzt Konsequenz des Bestehens eines landwirtschaftlichen Sonder-Pachtrechts an sich, das – wie andere landwirtschaftsrechtliche Sonderrechte (zB HöfeO, §§ 1371 Abs 4, 2049, 2306 BGB) auch – seine **Rechtfertigung darin findet, im öffentlichen Interesse ertragsfähige landwirtschaftliche Betriebe in bäuerlicher Hand zu erhalten** (so grundlegend BVerfG AgrarR 1985, 12; BGH NJW 1989, 1222; BGH RdL 1992, 217).

c) Inhalt der Pächterpflicht

35 Die Ordnungsmäßigkeit der Bewirtschaftung bestimmt und präzisiert sich zunächst nach den getroffenen **Vereinbarungen**, darüber hinaus dem **Vertragszweck**, der im Zweifel in der substanzschonenden Erhaltung des Zustandes der Pachtsache im

Zeitpunkt der Übergabe liegt (BGH RdL 2000, 234). Es **empfiehlt sich**, nicht nur die Gesetzesformulierung in § 585 BGB („zur Landwirtschaft") im Vertrag zu wiederholen oder mit Formulierungen wie etwa „zur landwirtschaftlichen Nutzung" inhaltlich nichts andres festzulegen. Je präziser vereinbart ist, was der Pächter vertraglich darf und muss, umso konkreter ist seine Bewirtschaftungs- und damit auch seine Rückgabepflicht.

Die Pächterpflicht zur ordnungsgemäßen Bewirtschaftung orientiert sich letztlich an den Anforderungen, die an die Fähigkeiten/Tätigkeiten eines durchschnittlich sachkundigen und verantwortungsbewussten Landwirts zu stellen sind. Dies deckt sich weitgehend mit den Anforderungen, die an die Wirtschaftsfähigkeit im Sinne von § 6 Abs 4 HöfeO gestellt werden (s hierzu im Einzelnen FHvJP § 6 HöfeO Rn 40 ff; WÖHRMANN § 6 Rn 85 ff; s WOLTER RdL 2012, 113); ferner mit dem, was als „gute fachliche Praxis" iSv § 17 BBodSchG anzusehen ist. Die entsprechenden Bestimmungen sind in Zweifelsfällen zur Auslegung dessen heranzuziehen, was eine ordnungsgemäße Bewirtschaftung iSv § 586 Abs 1 S 3 BGB darstellt.

Unklare Vereinbarungen können dem Pächter unverhältnismäßige Bewirtschaftungs- und Erhaltungspflichten auferlegen (OLG Koblenz AgrarR 2000, 333; im entschiedenen Fall war ein Grundstück zur „weinbaulichen bzw ackerbaulichen Nutzung" verpachtet, was das Gericht zum Anlass nahm, dem Pächter die Unterhaltung der Fläche mit Weinstöcken aufzuerlegen und sie dementsprechend zurückzugeben, nachdem er diese nach Vertragsbeginn angepflanzt hatte). Ist eine Fläche als Ackerland verpachtet, gehört zur ordnungsmäßigen Bewirtschaftung etwa die **Verhinderung der Entstehung von Dauergrünland** durch rechtzeitigen Umbruch, dies selbst dann, wenn die Fläche bereits bei Übergabe als Grünland bewirtschaftet wurde (BGH NJW-RR 2017, 1046 = 28. 4. 2017 – LwZR 4/16 juris Rn 19). Verstößt der Pächter gegen diese Pflicht und kommt es zur Entstehung von Dauergrünland, entsteht eine Situation, in welcher öffentlich-rechtlich nicht erlaubt was zivilrechtlich im Falle der Rückgabe bei Vertragsende geboten ist (s auch § 590 Rn 18).

Ergänzend wird man zur Begriffsdefinition offizielle Leitlinien heranziehen können, **36** wie sie zB von der Agrarministerkonferenz in München am 1. 10. 2003 verabschiedet worden sind. Im Mittelpunkt solcher gesetzgeberischen Überlegungen und Maßnahmen haben in den letzten Jahren umweltpolitische Fragen gestanden. Dabei spielt der Gesichtspunkt einer gesunden Ernährung eine ebenso große Rolle wie die Erhaltung eines gesunden, chemisch unbelasteten Bodens für die kommenden Generationen. Die gute fachliche Praxis beim Düngen wird etwa in der Düngeverordnung (zuletzt in der Düngeverordnung vom 26. 5. 2017 [BGBl I S 1305]) geregelt, deren Bestimmungen auch im Rahmen der Cross-Compliance (vgl oben § 585 Rn 32 ff) zu beachten und damit für die Prämienauszahlung relevant sind.

In diesem Zusammenhang kommt einem höheren **Umweltbewusstsein** wie auch in **37** dessen Folge sog „alternativen Wirtschaftsweisen" eine **wachsende Bedeutung** zu. Sie führen zu schwierigen Beurteilungen, wenn der Landpachtvertrag überhaupt keine Konkretisierungen im Hinblick auf eine (ordnungsgemäße) Wirtschaftsweise enthält. Dass dessen ungeachtet dem Pächter nicht gestattet ist, umweltbelastende Stoffe (belasteter Klärschlamm, unerlaubte „Pflanzenschutzmittel" etc) ein- bzw aufzubringen, ist Stand der Rspr (OLG Köln AgrarR 1991, 323; vgl auch BGH NJW 2010,

2341: Entsorgung von Giftstoffen in „kostenlosem Biodünger"). Die Parteien können jedoch weitergehende Anforderungen stellen oder die Anforderungen konkretisieren, etwa die Düngung mit jeglichem Klärschlamm ausdrücklich verbieten oder zulassen; eine Missachtung der Vereinbarung stellt ein Verstoß gegen den Grundsatz ordnungsgemäßer Bewirtschaftung dar (OLG Celle AgrarR 1997, 259; OLG Koblenz AgrarR 1999, 350 in diesem Fall hatte eine Gemeinde den Pächter ausdrücklich zur Düngung mit Klärschlamm verpflichtet). Ist der Klärschlamm unbedenklich und haben die Parteien nichts vereinbart, liegt bei Verwendung kein Verstoß gegen § 586 Abs 1 S 2 BGB vor (OLG Celle AgrarR 1997, 258).

38 Soweit auf dem Pachtgegenstand Milch oder Zuckerrüben produziert werden (sollen), war dies bisher nur bei Erteilung dementsprechender Produktionsquoten möglich (§ 585 Rn 31 ff). Mittlerweile ist es zum **Ende der Quotenregelungen sowohl bei der Milch- als auch der Zuckerproduktion** gekommen. Mit der am 25. 6. 2013 beschlossenen Reform der Gemeinsamen Agrarpolitik (GAP) ist die EU-Quote für Zucker ab dem 1. 10. 2017 entfallen, wobei bei einzelnen Zuckerherstellern nun an Beteiligungen geknüpfte Lieferrechte wieder von Relevanz sind (vgl dazu oben § 585 Rn 34). Bereits zuvor ist zum 1. 4. 2015 die Garantiemengenregelung für Milch ausgelaufen. Die **nachfolgenden Ausführungen** sind daher insbesondere **für Altfälle relevant**.

39 Es entsprach der ständigen Rspr, dass der Pächter im Rahmen seiner Pflicht zur ordnungsgemäßen Bewirtschaftung grundsätzlich Milch- und/oder Rübenquoten im bestmöglichen Umfang zu erwerben, zu erhalten und auszubauen hatte, dies unabhängig von einer expliziten vertraglichen Regelung (so zuletzt noch einmal BGH AUR 2012, 95 = RdL 2012, 97, insoweit mit Verweis auf die frühere Rechtsprechung). Denn es hatte sich gezeigt, dass – speziell im Bereich der Milchviehwirtschaft – der Verkehrswert landwirtschaftlicher Flächen ohne Quote bis zur Unverkäuflichkeit sinkt bzw zum Rübenanbau geeignete Flächen jedenfalls eine höhere Pacht bzw Kaufpreis erzielten, wenn zugleich dem Pächter/Käufer Rübenlieferrechte übertragen werden konnten. Ergab sich also zB die Chance auf weitergehende Zuteilung, hat der Pächter sie wahrzunehmen und in Höhe seiner Aufwendungen einen Anspruch nach § 591 BGB (s § 591 Rn 13; BGH AgrarR 2001, 214 ff [215]; arg OLG Naumburg AgrarR 2001, 355; BGH RdL 2001 212 = AgrarR 2001, 381; aA OLG Celle OLGE 1994, 32). Konnte oder wollte er die Mittel zum Erwerb nicht aufwenden, hat er wenigstens den Verpächter zu informieren, damit dieser die Quote erwerben und ihm ggf verpachten kann. Zum Schicksal von (flächenakzessorischen) Produktionsquoten bei Vertragsende siehe § 596 Rn 34 ff.

Aus dem vorher Gesagten folgt, dass der Pächter gegen seine sich aus Abs 1 S 3 ergebende Pflicht zur ordnungsgemäßen Bewirtschaftung verstieß, wenn er von **staatlichen Angeboten oder solchen der Zuckerfabriken** Gebrauch machte und gegen eine Entschädigung freiwillig auf die Produktion von Milch oder Zuckerrüben (teilweise) verzichtete. Dies jedenfalls dann, wenn nicht sichergestellt war, dass der Pachtgegenstand bei Vertragsende mit voller Produktionsmöglichkeit wieder zurückgegeben werden konnte. Dies ist im Bereich der Milchquoten mehrfach so entschieden worden. Grundlage des Problems war Art 4 Abs 1 Ziff A der Ratsverordnung (EWG) Nr 857/84 vom 31. 3. 1984, wonach die Mitgliedsstaaten berechtigt waren, Erzeugern eine Vergütung zu gewähren, die sich zur endgültigen Aufgabe der Milcherzeugung verpflichtet hatten. In Anwendung dieser Verordnung und des nationalen Milchaufgabevergütungsgesetzes vom 17. 7. 1984 (BGBl I 972) hatten sich zahlreiche Landwirte – auch Pächter – zur **endgültigen Aufgabe der Milchproduktion** bereit erklärt und dafür Vergütungen erhalten. Dazu hat der BGH (BGHZ 118, 351) entschieden, dass eine fristlose Kündigung des Verpächters aufgrund der Inanspruchnahme einer „**Milchrente**" ohne seine vorherige Zustimmung berechtigt war. Denn § 590 BGB berechtige den Pächter nur zu einer anderen als landwirtschaftlichen Nutzung, wenn die Wirkungen dieser Änderung nicht über die Pachtzeit hinaus die Art der Nutzung des Pachtobjekts beeinflussten. Folgerichtig war auch eine Änderung der Bewirtschaftung zustimmungsbedürftig, wenn die öffentlich-rechtliche Befugnis zur abgabenfreien Milchverwertung in dem auf die Fläche entfallenden Umfang beseitigte. Dies entsprach den Grundsätzen, die das OLG Celle in seinem Urteil vom 5. 10. 1995 (AgrarR 1996, 227 f). aufgestellt hatte.

Im Bereich der Zuckerproduktion ist vor Abschaffung der Quote im Jahr 2006 eine – **40** aufgrund der Systematik (§ 585 Rn 31) andere, vom Ergebnis aber gleiche – **Kürzung von Lieferrechten** gegen Entschädigung eingeführt worden. Angesichts einer Überproduktion von Zucker hatte der Rat der Europäischen Union mit Verordnung (EG) 320/2006 (ABl EU L 58/42) eine befristete Umstrukturierungsregelung für die Zuckerindustrie beschlossen. Den Zuckerfabriken wurden die Produktionsquoten gekürzt, und die Zuckerrüben produzierenden Landwirte erhielten zum Ausgleich für ihre Verluste aufgrund folgerichtig geringerer Liefermöglichkeit für Rüben eine staatliche Umstrukturierungsbeihilfe. Diese wurde in Deutschland vom Bundesamt für Ernährung und Landwirtschaft den Zuckerrüben produzierenden Landwirten (auch Pächtern) ausgezahlt, wenn jene sich gegenüber den Zuckerfabriken verpflichteten, Einschränkungen ihrer Rübenlieferrechte hinzunehmen.

Vieles sprach dafür, die Pächter-Pflichten in diesem Zusammenhang grundsätzlich wie bei der Inanspruchnahme von Milchrenten einzuordnen. Denn der einzige Unterschied war, dass der Landwirt (zivilrechtlich) auf einen Teil seiner Rübenlieferrechte im Verhältnis zur Zuckerfabrik verzichtete oder Rahmenverträge einging, die der Zuckerfabrik ein einseitiges Leistungsbestimmungsrecht zur Kürzung gewährten; jedoch stets gegen Gewährung einer Entschädigung von hoheitlicher Hand. Die (rechtskräftige) Entscheidung des OLG Dresden vom 19. 3. 2010 (AUR 2010, 317) steht dem nur auf den ersten Blick entgegen. Das OLG Dresden verneint in diesem Urteil zwar einen Verstoß gegen die Pächterpflicht zur ordnungsgemäßen Bewirtschaftung iSv § 586 Abs 1 S 3 BGB aufgrund der Inanspruchnahme der Umstrukturierungsbeihilfen gegen Verzicht auf Rübenlieferrechte. In dem entschiedenen Fall hatte der Pächter zu seinem Betrieb jedoch nur Flächen hinzugepachtet, sodass er bei Pachtvertragsende die auf die Zupachtflächen entfallenden anteiligen Rübenlieferrechte ungekürzt seinem übrigen Bestand hätte entnehmen und dem Verpächter oder einem von diesem benannten Dritten (Käufer, Nachfolgepächter) hätte übertragen können.

Mit Urteil vom 25. 11. 2011 (AUR 2012, 95 = RdL 2012, 97; s aber GRAF V HARDENBERG/ DEHNE RdL 2012, 169) hat der BGH allerdings die Rechtsprechung zur Inanspruchnahme der Milchaufgabevergütung (BGHZ 118, 351) nicht auf die Inanspruchnahme der **Umstrukturierungsbeihilfen für die** (vertragliche) **Kürzung von Rübenlieferrechten** übertragen. Er bejahte zwar das Prinzip, dass die Erhaltung und der Ausbau betriebsbezogener Lieferrechte Bestandteil einer ordnungsgemäßen Bewirtschaftung zum Rübenanbau geeigneter landwirtschaftlicher Flächen ist. Denn der Pächter hätte die nachhaltige Ertragsfähigkeit des Pachtlandes sicherzustellen. Im entschiedenen Fall verneinte der BGH jedoch Ersatzansprüche des Verpächters wegen Inanspruchnahme der Umstrukturierungsbeihilfe. Denn der Anbau von Zuckerrüben oder der Erwerb von Lieferrechten sei nach Inkrafttreten der Reform der Zuckermarktordnung 2006 nicht (mehr?) notwendig, damit der Pächter seine bis zur Rückgabe der Pachtsache bestehende Pflicht zur fortgesetzten ordnungsgemäßen Bewirtschaftung erfülle. Die Reform der Zuckermarktordnung 2006 hätte die Rahmenbedingungen für die Zuckerproduktion verändert, und infolge dessen sei die Erzeugung von Zuckerrüben nicht mehr die im Vergleich zur Erzeugung anderer Feldfrüchte wirtschaftlich ertragreichere Produktion. Konsequenterweise sei ein Pächter auch nicht zur Herausgabe von Erlösen verpflichtet, die er durch die Veräußerung von Lieferrechten erzielt hatte.

Ob die Gründe dieser Entscheidung des Bundesgerichtshofs über den entschieden Fall hinaus verallgemeinert werden konnten, war zweifelhaft (vgl dazu noch ausführlich in der Vorauflage: STAUDINGER/VJEINSEN [2013] § 586 Rn 38 sowie § 596 Rn 37). Durch den Wegfall der Quotenregelung ist dies jedoch nur noch für Altfälle von Relevanz. Die sich dadurch gewandelten wirtschaftlichen Rahmenbedingungen für die Zuckerproduktion, insbesondere die geänderte Vorzüglichkeit der Rübenproduktion im Vergleich zu anderen Früchten wie Raps und Getreide, dürfte die Argumentation des BGH weiter gestärkt haben. Dies gilt auch für den Umstand, dass nun Zuckerrüben ohne Quote oder (gesellschaftsrechtliches) Lieferrecht oder Lieferanspruch angebaut werden können, ausführlich dazu oben § 585 Rn 34 sowie zur Behandlung bei Vertragsende § 596 Rn 35.

41 Problematisch sind gleichfalls die Fälle, in denen der Pächter bisher im konventionellen Landbau bewirtschaftete Flächen übernimmt, diese anschließend aber zum **biologischen Landbau** (ohne Verwendung anorganischen Düngers oder jedweder chemischer Pflanzenschutzmittel) nutzt. Dadurch lassen sich höhere Verunkrautungen häufig nicht vermeiden, die – wenn die Unkräuter das Aussamungsstadium erreichen – den Boden mittel- bis langfristig beeinträchtigen können. Bei einer derartigen Umstellung wird man nicht per se von einer nicht (mehr) ordnungsgemäßen Bewirtschaftung sprechen können. Vielmehr wird es – mangels spezieller Vereinbarungen, die ggf jede Umstellung der Bewirtschaftung von einer Verpächter-Zustimmung abhängig machen können – darauf ankommen, dass der Boden bei Vertragsende (§ 596 BGB) ordnungsgemäß (und sei es auch wieder im konventionellen Sinne) zurückgegeben wird. Zu Fragen des Verwendungsersatzes aufgrund der Wirtschaftsumstellung s § 591 Rn 12; zu Fragen von Ausgleichsleistungen bei Pachtende § 596 Rn 33. Es empfiehlt sich eine entsprechende Umwidmung der Pachtflächen vorab vertraglich zu regeln.

Von erheblicher Bedeutung wird künftig die Frage sein, ob die Verwendung **gentechnisch veränderten Saat- oder Pflanzguts** der Pflicht zur ordnungsgemäßen Bewirtschaftung entspricht. Obergerichtlich hat sich bisher nur damit des OLG Brandenburg (AUR 2008, 341 mAnm DÜBBERS) auseinandergesetzt und zunächst das Prinzip wiederholt, dass der Pächter bei Einzelfragen seiner Bewirtschaftung solange weitgehend freie Hand hat, wie dies nicht Auswirkungen hat, die über die Pachtdauer hinauswirken. Der Anbau gentechnisch veränderten Saatguts sei per se kein Verstoß gegen die die Pflicht zur ordnungsgemäßen Bewirtschaftung oder gar vertragswidriger Gebrauch iSv § 590a BGB, soweit die **sortenrechtlichen Zulassungen** vorliegen. Dem wird man trotz aller Diskussionen um Segen oder Gefahr der Gentechnik im Pflanzenanbau folgen müssen. Der Pächter wird darauf vertrauen können, dass er landpachtrechtlich dasjenige Saat- oder Pflanzgut verwenden darf, für das es öffentlich-rechtliche Zulassungen gibt. Wenn der Verpächter dies nicht hinnehmen will, bedarf es einer entsprechenden Definition der vertraglich erlaubten Nutzung der Pachtsache.

Der Verstoß gegen die aus § 589 BGB folgende Pflicht zur Eigenbewirtschaftung ist **42** gleichfalls ein solcher gegen die Pächterpflicht aus § 586 Abs 1 S 3 BGB. Mangels einer entgegenstehenden Vereinbarung wird man jedoch nicht soweit gehen können, den Pächter als zur persönlichen Bewirtschaftung (zur Abgrenzung s § 589 Rn 13) verpflichtet anzusehen und einen Wegzug zum Anlass einer fristlosen Kündigung zu nehmen (OLG Stuttgart RdL 1995, 153).

d) Informationspflichten des Pächters, Rechtsbehelfe des Verpächters
Wenn auch gewiss der Pächter nicht zur unaufgeforderten laufenden **Informations-** **43** **erteilung** über Zustand und Entwicklung der Pachtsache verpflichtet ist (zB zum Stand der mitverpachteten Lieferrechte), besteht eine derartige Pflicht jedoch bei signifikanten Änderungen, die Auswirkungen auf die Zeit nach Vertragsende erwarten lassen (OLG Celle AgrarR 1994, 234 = OLGE 1994, 48).

Hat der Verpächter den begründeten Verdacht, der Pächter verstoße gegen seine Vertragspflichten, hat er ein ggf auch gerichtlich durchsetzbares Besichtigungs- und **Auskunftsrecht**. Bei Verstößen des Pächters kann der Verpächter entweder auf **Unterlassung** klagen (§ 590a BGB), **Schadensersatzansprüche** geltend machen oder das Pachtverhältnis fristlos kündigen (§§ 594e BGB).

3. Gewöhnliche Ausbesserungen

a) Begriff
Auf eine nähere Definition hat der Gesetzgeber bewusst verzichtet (Mot II 430) und **44** es Lehre und Rechtsprechung überlassen, ihn auszufüllen. Dies hat zu einer weitgehend übereinstimmenden Definition geführt, sodass bei der Neuregelung des Landpachtrechts kein Bedürfnis bestand, diesen Begriff näher zu beschreiben.

Unter gewöhnlichen Ausbesserungen werden ganz allgemein alle **durch normale** **45** **Abnutzung** und Einwirkung im Laufe der Pachtzeit wirtschaftlich **notwendigen Maßnahmen** verstanden, die dazu dienen, das Pachtobjekt in seinem Wert zu erhalten (Wenzel AgrarR 1995, 42). Dabei ist unerheblich, ob es sich um eine Abnutzung der Pachtsache durch vertragsmäßige Nutzung oder um eine Verschlechterung der Pachtsache durch sonstige Umstände (zB übliche Witterungseinflüsse) handelt (MünchKomm/Harke Rn 1, 3). Auch Maßnahmen, die durch häufige und typische Betriebsrisiken bedingt sind, gehen zu Lasten des Pächters (Staudinger/Schaub § 581 Rn 297); ebenso können ihn Maßnahmen treffen, die **Verkehrssicherungscharakter** haben.

Dagegen sind **Verbesserungsmaßnahmen**, die das Pachtobjekt in einen gegenüber dem Zeitpunkt des Vertragsabschlusses höherwertigen Zustand versetzen, keine „Ausbesserungen". Sie fallen deshalb auch nicht dem Pächter zur Last, auch wenn sie die Bewirtschaftungsmöglichkeiten steigern. Gleiches gilt, wenn – etwa bei Durchrostungen – rein technisch auch durch Ausbesserungen keine Substanzerhaltung erreicht werden kann; dann können dementsprechende Maßnahmen vom Pächter auch nicht verlangt werden (OLG Oldenburg 10 WLw 4/89 nv).

Gehen die Maßnahmen des Pächters darüber hinaus, steht ihm möglicherweise neben einem Verwendungsersatz- (§ 591 BGB) ein Wegnahmeanspruch bei Pachtende (§ 591a BGB) zu.

b) Anwendungsbereich
aa) Umfänglich

46 Die Pächterpflicht betrifft den **Pachtgegenstand insgesamt** und beinhaltet etwa hinsichtlich der Nutzflächen Reparaturen an Wegen, Gräben, Brücken, Zäunen, Windschutzanlagen, Brunnen, Tränken, Wasserleitungen; hinsichtlich der Wohn- und Wirtschaftsgebäude auch die wesentlichen Bestandteile, nicht dagegen Scheinbestandteile, die in seinem Eigentum stehen, § 95 BGB (Lippmann JW 1925, 1075).

Zu den gewöhnlichen Ausbesserungen gehören etwa (zu weiteren Beispielsfällen vgl LWLH Rn 31 ff):

– Schönheitsreparaturen an Gebäuden;

– die Beseitigung von Witterungsschäden;

– die Beseitigung von Beschädigungen Dritter;

– das Ausbessern von Wegen, nicht jedoch deren erstmalige Befestigung;

– das Weißen und Desinfizieren der Ställe (BGB-RGRK/Gelhaar § 582 Rn 1), und zwar nicht nur nach einer Maul- und Klauenseuche, sondern auch vorbeugend (MünchKomm/Harke Rn 3; vgl auch Erman/Dickersbach § 582 Rn 2);

– die Unterhaltung eines Teichablaufs (BGH RdL 1993, 37);

– die Ausbesserung und ggf sukzessive Erneuerung von Weidepfählen (s OLG Celle OLGR 2003, 255).

Diese Pflichten trafen bei Kreispachtverträgen in der ehemaligen DDR (s § 585 Rn 16) grds auch die LPGen (BGH AgrarR 1996, 55).

47 Dass die Erhaltung der **Dränungen** insoweit auch zu den Pächterpflichten gehört, ist zwar seit der Landpachtnovelle nun ausdrücklich Bestandteil der gesetzlichen Regelung, war aber schon seit jeher Pächterpflicht (RG Recht 1930 Nr 1027).

bb) Zeitlich

48 Der Pächter ist nur zu den **während der Vertragszeit** erforderlich werdenden Ausbesserungen verpflichtet. Solche, die durch davor liegende Vernachlässigung – sei es

durch Ver- oder Vorpächter – notwendig werden, gehen mangels anderweitiger vertraglicher Grundlage als Bestandteil seiner Pflicht zur Gebrauchsüberlassung zulasten des Verpächters (Rn 12; vgl auch ERMAN/DICKERSBACH § 582 Rn 2). Jedoch sind *bei Vertragsschluss vorhandene Abnutzungserscheinungen,* die noch keine Ausbesserung erfordern oder die Überlassung in vertragsgemäßem Zustand nicht tangieren (zB bei Übergabe einer gebrauchten Maschine), im Rahmen der späteren Instandsetzung voll vom Pächter zu tragen, denn das Gesetz sieht eine weitergehende Differenzierung nicht vor.

Nicht erfasst von der Pächterpflicht ist die **nach Vertragsende** anfallende Ausbesserung, da § 586 BGB einen bestehenden Pachtvertrag voraussetzt. Dies gilt grundsätzlich auch, wenn der Pächter dem Verpächter das Pachtobjekt vorenthält und die Rechtsfolgen des § 597 BGB eingreifen. Im Gegensatz zu der früheren Regelung, die von einer Vertragsverlängerung durch die Gebrauchsfortsetzung ausging (§§ 581 Abs 2, 545 BGB), kommt dies nach der Neuregelung nur noch unter den Voraussetzungen des § 594 in Betracht, während § 545 aF keine entsprechende Anwendung mehr findet (hinsichtlich § 568 aF s BT-Drucks 10/509 zu § 594). *In der Zeit des Pächter-Besitzes nach Vertragsablauf* besteht zwischen den Parteien ein Abwicklungsschuldverhältnis, innerhalb dessen (entsprechend der nach § 546a BGB für Mietverhältnisse geltenden und in § 597 BGB übernommenen Regelung) der Pächter zur Erhaltung der Pachtsache und des übernommenen Inventars und damit zur Durchführung gewöhnlicher Ausbesserungen verpflichtet bleibt (MünchKomm/HARKE § 546a Rn 27). Zu den Rückgabepflichten des Pächters vgl § 596 BGB. 49

Die Pächterpflicht zur Vornahme gewöhnlicher Ausbesserungen ist im Zusammenhang mit der grundsätzlichen Erhaltungspflicht des Verpächters während der Pachtzeit zu sehen. Daraus folgt, dass der Pächter sich **nicht** darauf beschränken kann, **am Ende der Pachtzeit (einmalig)** diese Maßnahmen zu treffen. Der Schutz des vom Verpächter zur Verfügung gestellten Eigentums gebietet es, auch für die ordnungsgemäße Rückgabe im Falle einer vorzeitigen Vertragsbeendigung Sorge zu tragen. Daher erfordern die Pflichten zur ordnungsmäßigen Bewirtschaftung sowie zur Rückgabe der Pachtsache in einem der ordnungsmäßigen Bewirtschaftung entsprechenden Zustand (§ 596 Abs 1 BGB) eine Ausbesserung, *sobald der Schaden die Erreichung des Vertragszwecks beeinträchtigt.* Insbesondere sind Schäden, die die Verkehrssicherheit gefährden, unverzüglich zu beseitigen. 50

c) Vornahme auf Kosten des Pächters

Die ausdrückliche Hervorhebung, dass die Ausbesserung auf Kosten des Pächters zu erfolgen hat, soll deutlich machen, dass **Ersatzansprüche des Pächters**, sei es aus Auftragsrecht, sei es aus ungerechtfertigter Bereicherung, in diesen Fällen **ausgeschlossen** sind. 51

Bei den Beratungen zu § 582 aF war ein Antrag abgelehnt worden, Pächter und Verpächter – diesem für die ihm obliegenden außergewöhnlichen Ausbesserungen – die *Entnahme des notwendigen Materials* (entsprechend der beim Nießbrauch geltenden Regelung [§§ 1043, 1044 BGB]) aus dem Grundstück selbst zu gestatten. Die zur Ausbesserung benötigten Materialien darf der Pächter also nur dem Pachtgrundstück entnehmen, wenn sie Teil des ihm gebührenden Pachtertrages sind. Alle

Abweichungen müssen einer Regelung durch die Vertragsparteien vorbehalten bleiben.

52 Eine Vorschrift, dass der **Verpächter** bei Verzug des Pächters die Ausbesserung **selbst vornehmen** dürfe und den Ersatz der aufgewandten Kosten vom Pächter verlangen könne, ist trotz entsprechender Überlegungen seinerzeit nicht in das BGB aufgenommen worden und hat auch in die Neuregelung des Landpachtrechts keinen Eingang gefunden. Es gelten insoweit die allgemeinen Vorschriften. Danach kann der Verpächter insbesondere neben einer Leistungsklage auf Vornahme der Handlung von seinem Recht auf außerordentliche Kündigung (§ 594e BGB) Gebrauch machen.

d) Besichtigungs- und Auskunftsrecht des Verpächters

53 Wie das Mietrecht sah und sieht auch das (Land-)Pachtrecht kein ausdrückliches Besichtigungsrecht des Verpächters zur Überprüfung der Einhaltung der hier beschriebenen Pächterpflichten vor. Entsprechende Überlegungen bei den Beratungen des BGB fanden keine Mehrheit. Grund hierfür war letztlich die Erwägung, dass im Einzelfall häufigere als einmalige Besichtigungen erforderlich sein könnten, denen der Pächter dann unter Hinweis auf die im laufenden Jahr bereits erfolgte Besichtigung widersprechen könnte.

Ob dem Verpächter die Besichtigung zu gestatten sei, soll nach der Literatur nach den tatsächlichen Gegebenheiten des Einzelfalles sowie Treu und Glauben entschieden werden. Während zum Teil dem Verpächter ein dem Vermieter entsprechendes Besichtigungsrecht eingeräumt wird (LWLH Rn 29 unter Hinweis auf §§ 586 Abs 2 iVm 545 aF; MünchKomm/Häublein [2016] § 535 Rn 134 ff), beschränkt sich dieses nach anderer Auffassung auf ein Besichtigungsrecht in größeren Abständen (BGH VersR 1965, 413) und lediglich in besonderen Ausnahmefällen (Staudinger/Schaub § 581 Rn 303 ff).

Letzterer Auffassung ist zu folgen. Eine Gleichstellung mit den Rechten des Vermieters lässt außer Betracht, dass diesen, im Gegensatz zum Verpächter, auch die normale Instandhaltungspflicht trifft. Das macht es notwendig, dass der Vermieter sich vom Zustand der Mietsache überzeugen muss, und zwar aufgrund eigener Inaugenscheinnahme. Die Besichtigung durch den Verpächter beeinträchtigt regelmäßig das Gebrauchsrecht des Pächters und ist daher auf Ausnahmefälle zu beschränken. Zum Teil ergeben sich solche aus dem Gesetz, etwa aus § 809 BGB oder §§ 586 Abs 2, 536c BGB, wenn Reparaturen durch den Verpächter notwendig werden. Auch zur Abwendung eines drohenden Schadens kann eine Besichtigung zulässig sein (LG Bremen BlGBW 1964, 159). Anlässlich der Beendigung des Pachtverhältnisses (gleich aus welchem Grunde) ist dem Verpächter ein – auch häufigeres – Besichtigungsrecht zuzugestehen, um sich angemessen um eine Nachpachtung kümmern zu können.

Allenfalls bei **begründeter Annahme**, der Pächter komme seinen Pflichten nicht nach, und dadurch sei eine substantielle Verschlechterung der Pachtsache zu befürchten, ist dem Verpächter ein Besichtigungsrecht zuzugestehen. Dieses ist allerdings schonend und ohne übermäßige Belästigung des Pächters auszuüben. Eine gewaltsame Durchsetzung ist ausgeschlossen; vielmehr ist im Weigerungsfall auf Duldung bzw Auskunft zu klagen.

Titel 5 · Mietvertrag, Pachtvertrag
Untertitel 5 · Landpachtvertrag § 586a

V. Abdingbarkeit

Die gesamte Regelung des § 586 BGB ist dispositiv (LWLH Rn 3 mwNw). Jedwede **54** modifizierenden Regelungen sind jedoch unter dem Gesichtspunkt des § 307 BGB kritisch zu würdigen, insbesondere bei einer zu weitgehenden, zulasten des Pächters gehenden Verlagerung der Pflichten betreffend (zusammengefasst) die Erhaltungsaufwendungen für die Pachtsache (FHL Rn 9; SONNENSCHEIN NJW 1980, 1719).

VI. Prozessuales

Streitigkeiten aus dieser Norm entscheidet das Landwirtschaftsgericht im streitigen **55** Verfahren (§§ 1 Nr 1a iVm 48 LwVG; LWLH Rn 42). Zum Indizienbeweis für eine Verletzung der Pächterpflichten bei dessen tatsächlicher Nutzung vgl BGH AgrarR 1996, 55.

§ 586a
Lasten der Pachtsache

Der Verpächter hat die auf der Pachtsache ruhenden Lasten zu tragen.

Materialien: BT-Drucks 10/508; 10/509; 10/3830; 10/3498.

Schrifttum

Siehe § 585.

Systematische Übersicht

I.	Bedeutung der Vorschrift	1	3. Veränderungen während der Vertragsdauer	8
II.	Verhältnis zum früheren Recht	3	IV. Die Wirkung abweichender Vereinbarungen	9
III.	Die grundsätzliche Lastentragungspflicht des Verpächters			
1.	Begriffsdefinition	4	V. Verfahrensrechtliches	12
2.	Abgrenzung zu persönlichen Lasten	7		

Alphabetische Übersicht

Abdingbarkeit	1, 9	Erbfolge, vorweggenommene	11
Beiträge zu Bodenverbänden etc	6	Landwirtschaftskammerbeiträge	6
Berufsgenossenschaftsbeiträge	7	Lasten, Auslegung und Abgrenzung	4 ff, 11
		– Begriff	4
Dauer der Lastenverteilung	8	– öffentliche	6
		– persönliche	7

– private ... 5	Verfahrensrecht ... 12
Vereinbarungen, Auswirkungen im Innenverhältnis ... 11	Wirkung von Vereinbarungen ... 11

I. Bedeutung der Vorschrift

1 Im Einklang mit der überkommenen gesetzlichen Regelung will das Gesetz durch diese **Dispositivregelung** (BT-Drucks 10/509, 17) klarstellen, wer die zahlreichen verschiedenen, auf dem Pachtobjekt ruhenden Lasten tragen muss. Während der Nießbraucher dem Eigentümer gegenüber verpflichtet ist, die meisten der auf der Sache ruhenden öffentlichen und privaten Lasten zu tragen (§ 1047 BGB), ist die gesetzliche Regelung bei Miete (§ 535 Abs 1 S 3 BGB) und Landpacht (im alten Recht nach §§ 581 Abs 2 iVm 546 BGB; jetzt nach § 586a BGB) entgegengesetzt orientiert. Dabei bringt es die Eigenart des Landpachtverhältnisses mit sich, dass hier häufig von der gesetzlichen Regelung abweichende Vereinbarungen erfolgen (vgl ERMAN/DICKERSBACH § 586a Rn 1).

2 Die vertragliche Vereinbarung bedarf aber grundsätzlich der **Anzeige nach § 2 Abs 1 S 2 LPachtVG**. Wird während der Vertragslaufzeit die (gesetzliche oder vereinbarte) Regelung über die Lastentragungspflicht durch Nachtragsvereinbarungen nur zu Lasten des Verpächters abgeändert, ist jedoch versäumt worden, dies der Behörde anzuzeigen, so sollte dies nach dem höheren Sinngehalt des § 9 LPachtVG jedenfalls dann einer Entscheidung zugunsten des Verpächters auf dessen Antrag nach § 593 BGB nicht entgegenstehen, wenn die – meist entschuldbare – Versäumung der Anzeige noch vor der Entscheidung nachgeholt wird.

II. Verhältnis zum früheren Recht

3 Die Vorschrift **entspricht** inhaltlich der Regelung in § 546 aF (jetzt 535 Abs 1 S 3 nF), die vor der Landpachtnovelle über § 581 Abs 2 BGB auch für die Pacht Geltung hatte.

III. Die grundsätzliche Lastentragungspflicht des Verpächters

1. Begriffsdefinition

4 Unter „Lasten" im Sinne dieser Vorschrift fallen alle Verbindlichkeiten, **die auf der Sache selbst ruhen** oder den Eigentümer, Besitzer oder Rechtsinhaber als solchen treffen; seien sie privat- oder öffentlich-rechtlicher Natur (BGH NJW 1980, 2465; BGB-RGRK/GELHAAR § 546 aF Rn 1). Ergänzend sei auf die Kommentierungen zu § 535 BGB verwiesen (STAUDINGER/EMMERICH [2018] § 535 Rn 63 ff).

5 Die Umlage zu den **Landwirtschaftskammern** ist – soweit es diese Institutionen gibt – in einzelnen Bundesländern unterschiedlich geregelt. Beitragspflichtig ist zumeist der Schuldner der Grundsteuer, wobei einzelne Landesgesetze ausdrücklich die Abwälzung der Beiträge auf den Pächter (mangels abweichender Vereinbarung) regeln. Eine umfassende Zusammenstellung aller landesgesetzlichen Regeln und Besonderheiten findet sich bei FHL Rn 14 bis 17.

Beiträge zu Wasser-, Boden- und anderen „Unterhaltungsverbänden" sowie Teilnehmergemeinschaften zur Flurbereinigung haben eher einen öffentlich- denn privatrechtlichen Bezug. Bei Vereinbarungen in diesem Bereich ist besonders auf die Verteilung bzw Anrechnung oder Erstattung der teils erheblichen Zuschüsse zu achten. **6**

2. Abgrenzung zu persönlichen Lasten

Nicht zu den von dieser Vorschrift erfassten Lasten gehörten dagegen die rein persönlichen einer Vertragspartei, wie die Vermögensabgabe nach dem Lastenausgleichsgesetz sowie die Soforthilfeabgabe (BGH LM Nr 11 zu § 535 BGB), die Vermögensteuer (RGZ 122, 335; RG JW 1927, 1753 Nr 2), jetzt noch die Prämien für die Feuerversicherung (OLG Marienwerder JZ 1919, 821 Nr 2; STAUDINGER/EMMERICH [2018] § 535 Rn 65; LWLH Rn 6), aber auch Nebenkosten wie Heiz-, Energie- und Wasserkosten. **7**

Ebenfalls von § 586a BGB nicht erfasst und vom Pächter zu tragen sind die Beiträge zur **landwirtschaftlichen Berufsgenossenschaft**. Der frühere § 815 RVO, der die Möglichkeit vorsah, die Beiträge zur Berufsgenossenschaft auch vom Grundstückseigentümer, also dem Verpächter zu erheben, ist mit Wirkung vom 1. 1. 1984 durch Art II § 4 Nr 1 und § 40 Abs 4 SGB X vom 18. 8. 1980 aufgehoben worden. Nach der Neuregelung ist an die Stelle der Eigentümer-Veranlagung die des Unternehmers getreten.

Die Lastentragungspflicht des Verpächters grenzt sich insoweit entscheidend durch Beantwortung der Frage ein, ob es sich um Leistungen handelt, die „aus der Pachtsache zu entrichten sind", ob also ein innerer Zusammenhang zwischen der Belastung und der Pachtsache einerseits oder der Person einer Vertragspartei andererseits besteht (BGB-RGRK/GELHAAR § 546 aF Rn 1).

3. Veränderungen während der Vertragsdauer

Diese Verteilung gilt grundsätzlich **für die gesamte Dauer des Pachtverhältnisses**. **8**

Ist der Pächter zur Übernahme aller öffentlichen Lasten verpflichtet und kommen neue (zB Steuern) hinzu, so hat er diese zu tragen (BGH LM 11 zu § 535).

Während der Vertragsdauer auftretende **gravierende Äquivalenzstörungen** (angesichts des zumeist engen Zusammenhangs zwischen Pacht und Lasten) zwingen im Rahmen des Interessenausgleichs zu einer Angleichung der Lastentragungsvereinbarung an die veränderten Umstände (§ 593 BGB). Dem tragen die heute üblichen Normalpachtverträge schon weitgehend Rechnung, wenn sie vorsehen, dass bei einer Erhöhung der öffentlichen Abgaben und Lasten um einen bestimmten Prozentsatz entweder über die Verteilung der Lasten neu verhandelt werden soll oder dass der Mehrbetrag von beiden Parteien je zur Hälfte getragen werden soll (zur Äquivalenzstörung des Pachtvertrages infolge der Beitragsneuregelung zur Berufsgenossenschaft siehe THEISINGER AgrarR 1985, 8).

IV. Die Wirkung abweichender Vereinbarungen

9 Die Bestimmung ist ihrem Grundsatz nach **dispositiv**.

10 Die häufig in Formularpachtverträgen enthaltenen Klauseln über die weitgehende Abwälzung der Lastentragung auf den Pächter verstoßen nicht gegen § 138 BGB oder die **Bestimmungen der §§ 305 ff BGB** und die ihnen zukommende Schutzfunktion. Trotz § 307 BGB ist sie – möglicherweise anders als es nach § 535 Abs 1 S 3 BGB auf den Mieter zulässig wäre (vgl STAUDINGER/EMMERICH [2018] § 535 Rn 67 f) – wirksam; denn es ist nicht zu übersehen, dass der Landpächter ganz anders als ein Mieter das Verhältnis von Aufwand zu Ertrag einer Anpachtung betriebswirtschaftlich kalkuliert und einschätzen kann, was er übernimmt. Derart entspricht die weitgehende Übernahme der Lasten durch den Pächter der bereits in der Vergangenheit im Bereich der Landwirtschaft weitgehend geübten Handhabung.

Da nach der Gesetzesformulierung der Verpächter allein verpflichtet ist, gehen Unklarheiten im Zusammenhang mit einer anderen Verteilung im Zweifel zu seinen Lasten (LWLH Rn 2; FHL Rn 19).

11 Klauseln, die den Pächter zur Übernahme der (oder aller) öffentlichen Lasten verpflichten, sind dahin **auszulegen**, dass damit diejenigen gemeint sind, die nach den Regeln einer ordnungsmäßigen Bewirtschaftung aus dem Ertrag der Pachtsache und nicht aus der Vermögenssubstanz bestritten werden können (LWLH Rn 2 mwNw; BGB-RGRK/GELHAAR § 546 aF Rn 2 mit Hinweis auf RG 115, 209 – Rentenbankzinsen – und RG JW 1929, 1396 – Industriebelastung).

Anderes wird dann zu gelten haben, wenn die (Betriebs-)Verpachtung ersichtlich zum Zwecke der **Vorbereitung der Erbfolge** geschieht, also die Pachtbemessung in erster Linie Versorgungscharakter hat und sie dem Pächter sogar bestimmte Schutzmechanismen gegen eine Vertragsbeendigung gewährt (vgl für den Geltungsbereich der Nordwestdeutschen HöfeO FHvJP § 6 Rn 18). In diesen Fällen erscheint es vertretbar zu sein, dem Pächter auch die persönlichen Lasten (s Rn 7) aufzuerlegen.

Sind vom Pächter die **Lasten** eines Gebäudes übernommen worden, so sind die Straßenreinigungskosten davon ausgenommen, weil diese unabhängig davon, ob das Grundstück bebaut ist oder nicht, zu entrichten sind (KG JW 1931, 3467). Ebenso fallen unter eine derart **pauschal formulierte Regelung** nicht Anlieger- und Erschließungsbeiträge (OLG Celle MDR 1983, 402) oder die persönlichen Steuern des Verpächters (LG Mannheim WuM 1976, 125).

Vereinbaren die Parteien entgegen der gesetzlichen Regelung eine Abwälzung der öffentlichen Lasten auf den Pächter, so entfaltet dies nur Rechtswirkungen in diesem **Innenverhältnis**. Im Außenverhältnis gegenüber dem öffentlichen Leistungsberechtigten bleibt der Verpächter verpflichtet. Soweit der Pächter derart Verpächter-Pflichten „übernimmt", besteht im Zweifel nur eine Erstattungs- nicht aber eine Freistellungspflicht.

V. Verfahrensrechtliches

Gerichtliche Auseinandersetzungen im Hinblick auf diese Bestimmung sind streitige Landpachtsachen im Sinne von § 1 Nr 1a LwVG. **12**

§ 587
Fälligkeit der Pacht; Entrichtung der Pacht bei persönlicher Verhinderung des Pächters

(1) Die Pacht ist am Ende der Pachtzeit zu entrichten. Ist die Pacht nach Zeitabschnitten bemessen, so ist sie am ersten Werktag nach dem Ablauf der einzelnen Zeitabschnitte zu entrichten.

(2) Der Pächter wird von der Entrichtung der Pacht nicht dadurch befreit, dass er durch einen in seiner Person liegenden Grund an der Ausübung des ihm zustehenden Nutzungsrechts verhindert ist. § 537 Abs. 1 Satz 2 und Abs. 2 gilt entsprechend.

Materialien: BT-Drucks 10/508; 10/509; 10/3830; 10/3498.

Schrifttum

Siehe § 585.

Systematische Übersicht

I.	**Überblick**			b)	Ausnahmen ... 21
1.	Normgehalt und -zweck ...	1	2.		Anrechnungspflicht des Verpächters (Abs 2 S 2; § 537 Abs 1 S 2 und Abs 2) ... 22
2.	Entstehungsgeschichte, Verhältnis zum bisherigen Recht, Mietrechtsnovelle 2001 ...	3	a)		Kein Pflichtenzuwachs zulasten des Verpächters ... 22
II.	**Inhalt der Norm**		b)		Ersparte Aufwendungen und sonstige Vorteile ... 23
1.	Allgemeine Grundlagen ...	4	3.		Befreiung des Pächters von der Verpflichtung zur Entrichtung der Pacht (Abs 2 S 2; § 537 Abs 2) ... 24
a)	Begriffsdefinition ...	4			
b)	Die Höhe der Pacht ...	5			
c)	Anpassungs- und Abänderungsmöglichkeiten ...	8			
2.	Fälligkeit ...	11	**IV.**	**Verjährung und Verwirkung** ... 27
3.	Rechtzeitige Entrichtung ...	16	**V.**	**Abdingbarkeit** ... 29
a)	Allgemeine Grundsätze ...	16			
b)	Aufrechnung, Zurückbehaltung ...	17	**VI.**	**Verfahrens- und Beweislastfragen**	
4.	Verzug ...	18	1.		Verfahren ... 31
III.	**Nutzungsverhinderung (Abs 2)**		2.		Beweislast ... 32
1.	Grundsatzregelung (S 1) ...	20			
a)	Problemstellung ...	20			

Alphabetische Übersicht

Pacht, Fehlen einer Vereinbarung	7	Verfahrensfragen	31
– Fixierung	5	Verjährung und Verwirkung	27 f
– Fortzahlungspflicht bei Nutzungsverhinderung	20 ff	Verpächter, Gebrauchsgewährung als Gegenleistung	2
– Höhe	5	Vorfälligkeitsklausel	30
– Schickschuld	16		
– Verjährung und Verwirkung	27 f	Wertsicherungsklauseln	9
– Verzug	18		
		Zurückbehaltungsrecht	17
Übliche Pacht bei Fehlen einer Vereinbarung	7		

I. Überblick

1. Normgehalt und -zweck

1 Abs 1 bestimmt die Fälligkeit der pächterseits nach den §§ 585 Abs 1 S 1; 581 Abs 1 S 2 BGB zu erbringenden Gegenleistung (früher: Pachtzins, nach der Novelle: Pacht), indem er die mietrechtlichen Normen der §§ 556b, 579 BGB übernimmt.

2 Abs 2 regelt entsprechend § 537 BGB, dass in der persönlichen Sphäre des Pächters – seinem Risikobereich – liegende Verhinderungen zur Ausübung seiner Gebrauchsbefugnis keinen Einfluss auf den Fortbestand seiner Zahlungsverpflichtung haben, wie es im Übrigen auch hinsichtlich seiner Bewirtschaftungspflicht nach § 586 BGB (siehe § 586 Rn 33 ff) gilt. **Der Pächter schuldet die Pacht allein für die Gebrauchsgewährung**, also ohne Rücksicht darauf, ob er den Gebrauch ausübt oder ausüben kann bzw will. Das bedeutet, dass er als Sachleistungsgläubiger grundsätzlich das Verwendungsrisiko zu tragen hat (Staudinger/Emmerich [2018] § 537 Rn 7 f). Dieser Grundsatz wird für die Fälle anderweitiger Verwertung (§ 537 Abs 1 S 2 BGB) und vereinbarter Gebrauchsüberlassung an Dritte (§ 537 Abs 2 BGB) zugunsten des Pächters eingeschränkt.

Härten werden im Rahmen des § 594c BGB bzw des § 594d BGB ausgeschaltet (BT-Drucks 8/141, S 16); vgl im Übrigen auch die Sonderregelungen in §§ 588 Abs 3 S 1; 593 BGB.

2. Entstehungsgeschichte, Verhältnis zum bisherigen Recht, Mietrechtsnovelle 2001

3 Die Bestimmung ist mit Art 1 Nr 1 des LPachtNeuOG neu gefasst worden. Sie ersetzt in Abs 1 den bisher über § 581 Abs 2 aF geltenden § 551 Abs 1 BGB und den § 584 aF Abs 2 tritt an die Stelle des früher über § 581 Abs 1 aF anzuwendenden § 552 BGB.

Die Regelung bringt keine bedeutsamen Änderungen im Verhältnis zu der bis 1985 geltenden Rechtslage. Jedenfalls ist die Vorleistungspflicht des Verpächters gesetzliches Leitbild geblieben. Der noch in § 584 aF erwähnte Begriff des Pachtjahres, der sich lediglich als (entbehrliche) Spezialnorm zur allgemeinen Grundsatzregelung des § 587 Abs 1 BGB darstellte, geht in der jetzigen Fassung „Pachtzeit" bzw „Zeitabschnitt" auf. Im Übrigen findet sich der Pachtjahres-Begriff außer in § 584 BGB auch in § 594a BGB (vgl FHL § 594a Rn 13).

Die Änderungen des § 587 BGB durch das MietrechtsreformG 2001 (BGBl I 1142) sind redaktionell, sowohl in dieser („Pacht" anstelle von „Pachtzins") wie in den Verweisungsvorschriften der §§ 556b, 579 Abs 1 S 1 und 2, 537 BGB („Miete" anstelle von „Mietzins"): diese entsprechen im Übrigen inhaltlich den §§ 551, 552 aF, auf die entsprechenden Kommentierungen wird ergänzend verwiesen.

II. Inhalt der Norm

1. Allgemeine Grundlagen

a) Begriffsdefinition

Die Pacht ist das vereinbarte Entgelt des Pächters für die ihm vom Verpächter zu **4** gewährende Nutzungs- und Gebrauchsbefugnis am Pachtgegenstand in dem vereinbarten Umfang. Sie besteht regelmäßig in einer wiederkehrenden, auch oft währungsgesicherten, **Geldzahlung**, ist aber auch in (wiederkehrenden oder einmaligen) **geldwerten Leistungen** jeder Art möglich. Beispiele hierfür sind: Die Lieferung von Sachen, Naturalien, die Übernahme von Dienst-, Altenteils- bzw Werkleistungen (bauliche Maßnahmen, Renovierungen, vgl auch § 585 Rn 13 f), Übernahme von Lasten und Schulden, Abschreibungen von Feldeinrichtungen, oder auch die Gebrauchsüberlassung von Sachen und Rechtsstellungen des Pächters zugunsten des Verpächters (vgl zu weiteren denkbaren Möglichkeiten FHL Rn 6; LWLH Rn 4 bis 6).

Gleichermaßen sind Teil der vom Pächter geschuldeten Gegenleistung die kraft gesetzlicher Bestimmungen als Vertragsinhalt angeordneten oder ausdrücklich vereinbarten weiteren Pächterpflichten, wie zB die Pflicht zur Erhaltung der Pachtsache (§ 586 Abs 1 S 1 u 2 BGB) oder die gerichtlichen Anordnungen im Rahmen der §§ 595 Abs 6; 595a BGB.

b) Die Höhe der Pacht

Die Höhe der Pacht ist – unbeschadet § 4 Abs 1 Nr 3 LPachtVG – grundsätzlich **frei** **5** **vereinbar**. Sie kann **fest fixiert**, aber auch an den Versorgungsbedarf (auf Verpächterseite, etwa bei Pachtverträgen zur Vorbereitung der Erbfolge), an der Umsatz- oder Ertragslage (auf Pächterseite) oder an den Entwicklungen der Erzeugerpreise bzw Lebenshaltungskosten **variabel** orientiert werden. Möglich ist gleichfalls eine Verbindung von festen und variablen Anteilen (vgl dazu ausführlich STAUDINGER/EMMERICH [2018] § 535 Rn 84 ff).

Wird die Leistung des Landübernehmers in einer solch **minimalen Art und Höhe** **6** bestimmt, dass sie nicht im Entferntesten mit einem üblichen Pachtpreis vergleichbar ist (zB bei Freistellung von der Bewirtschaftungspflicht und etwa lediglich der Pflicht, Verunkrautung oder Müllablagerung zu verhindern), liegt kein Pacht- sondern ein **Leihvertrag** vor.

7 **Unterbleibt** eine **Vereinbarung** über die Höhe der Pacht, gilt die Verpflichtung zur Zahlung der **üblichen** Pacht, wobei mangels anderweitiger Anhaltspunkte der Verpächter die Höhe nach billigem Ermessen festsetzen darf.

c) **Anpassungs- und Abänderungsmöglichkeiten**

8 Anpassungs- und Abänderungsmöglichkeiten sind gerade für die gerechte Funktion der Landpacht als Dauerschuldverhältnis unentbehrlich. Hierbei kommt der vertraglichen Initiative und Gestaltung die primäre Bedeutung zu. Vielfach sind die Anpassungsgrundsätze schon in der Vertragsurkunde vereinbart und bedürfen lediglich der entsprechenden Konkretisierung. Hierbei kann die Anpassung auch einem Sachverständigen – unbeschadet der gerichtlichen Nachprüfbarkeit auf Unrichtigkeit oder offenbare Unbilligkeit – übertragen werden (LWLH Rn 7; WÖHRMANN/ HERMINGHAUSEN § 2 Rn 9 u 10; PRITSCH § 2 Rn FV S 119; über die Grenzen der Zulässigkeit ERNST, LwVG § 2 Rn 15).

9 **Wertsicherungsklauseln** sind bei langfristigen Pachtverträgen häufig und werden regelmäßig nach § 3 Abs 3 Nr 1 PrKG in Verträgen für die Dauer von mindestens 10 Jahren (vom 7. 9. 2007 BGBl I 2248) zulässig sein, wenn sie hinreichend bestimmt sind und keine Vertragspartei unangemessen benachteiligen.

10 **Jede Änderungsvereinbarung** ist nach § 2 LPachtVG der Landwirtschaftsbehörde **anzuzeigen**, soweit nicht die Befreiungserfordernisse der §§ 3, 4 LPachtVG gegeben sind.

2. **Fälligkeit**

11 Wegen der grundsätzlichen Vorleistungspflicht des Verpächters gebührt ihm die Pacht nach den Regeln des Abs 1 **nachträglich**.

Findet der Pachtvertrag bzw der Zeitabschnitt, nach dem die Pacht bemessen wird, ein **vorzeitiges Ende** (§§ 594c, 543 Abs 2 543 Abs 1, 569 Abs 2, 4 BGB), wird der der vorzeitigen Beendigung entsprechende Teilbetrag sofort fällig (LWLH Rn 8 mit Hinweis auf BGB-RGRK/GELHAAR § 551 Rn 1).

12 **Abweichungen** von der gesetzlichen Vorleistungspflicht des Verpächters können sich abgesehen von Vereinbarungen insbesondere aus der Natur der Sache ergeben. Hat es der Pächter etwa übernommen, als Entgelt auch Zins- und/oder Tilgungsraten einer Darlehensschuld des Verpächters zu zahlen, richtet sich die Zahlungspflicht nach der Fälligkeit der übernommenen Verbindlichkeiten; derartige Fälle sind insbesondere bei einer Verpachtung im Zuge der vorweggenommenen Erbfolge häufig.

13 Bei der **partiarischen Pacht** hängt die Ermittlung der Pachthöhe von vorhergehenden Feststellungen, insbesondere vom Umfang der Fruchtziehung bzw des Umsatzes ab. Daher kann zur Fälligkeit die entsprechende Klarstellung bzw eine Mitteilung seitens des Verpächters gehören (LWLH Rn 4).

14 Ein **Heuerlingsvertrag** kann eine täglich fällige Pachtzahlung bewirken (LWLH Rn 10). Zu gebräuchlichen Pachtjahr-Vereinbarungen zB bei der Stücklandpacht, der Ver-

pachtung von Ackerland in der rheinischen Bucht, bei Weidewirtschaft oder beim Weinbau sei verwiesen auf FHL Rn 12.

Evtl vereinbarte Übernahmen von Lasten durch den Pächter (vgl dazu § 586a Rn 9 ff) **15** sind im Zweifel zu denjenigen Terminen fällig, zu denen sie der Verpächter dem jeweiligen Gläubiger schuldet. Handelt es sich um Verbrauchskosten, zu deren Festsetzung eine Abrechnung erforderlich ist, ist der Pächteranteil nach Zugang der Abrechnung mit entsprechender Zahlungsaufforderung fällig. Zu vorherigen Abschlagszahlungen ist der Pächter nur bei entsprechender Vereinbarung verpflichtet.

3. Rechtzeitige Entrichtung

a) Allgemeine Grundsätze

Ist die Pacht in Geld geschuldet, handelt es sich regelmäßig um eine Schickschuld **16** (§ 270 BGB), weshalb der Betrag grundsätzlich vom Pächter auf dessen Kosten und Gefahr an den Verpachter zu dessen Wohnsitz zu übermitteln ist (§§ 270 Abs 1, 269 Abs 1 BGB). Bei **bargeldloser Zahlung** muss der Überweisungsauftrag vor Fristablauf beim Geldinstitut eingegangen sein und die Deckung auf dem Konto ausreichen (OLG Celle MDR 1969, 1007). Maßgebend ist, dass der Pächter das zur Übermittlung Erforderliche getan hat (BGH NJW 1964, 499), sodass außergewöhnliche Verzögerungen im Überweisungsverfahren keinen Verzug begründen.

Besteht die Pacht nicht aus einer festen Leistung, wie etwa bei Berechnung nach dem Ertrag, erweitert sich die Pächterpflicht, so zB auf zusätzliche Erstellung eines Verzeichnisses (§ 260 BGB) und/oder Rechnungslegung (FHL § 587 Rn 18).

b) Aufrechnung, Zurückbehaltung

Die Ausübung eines Aufrechnungs- oder Zurückbehaltungsrechts hindert den Ein- **17** tritt der Verzugsfolgen; zur Zulässigkeit eines Ausschlusses in Formularverträgen vgl § 309 Abs 1 Nr 3 BGB.

Ist ein Aufrechnungsverbot vereinbart, ist dem Pächter die Ausübung eines Zurückbehaltungsrechts nicht verwehrt (BGH NJW 1974, 367, 368).

4. Verzug

Erbringt der Pächter die Leistung trotz Fälligkeit der Pacht nicht rechtzeitig, so **18** kommt er in Verzug; bei kalendermäßig bestimmter Leistungszeit bedarf es hierzu keiner vorherigen Mahnung (§ 286 Abs 2 Nr 1 BGB). Die vom Pächter zu vertretenden Umstände ergeben sich aus den §§ 276 bis 278 BGB. Der Pächter ist also nach dem erweiterten § 276 BGB auch für mangelnde finanzielle Leistungsfähigkeit oder Fehler bei der geschäftlichen Disposition verantwortlich (BGHZ 36, 315 zu § 279 aF).

Die Rechte des Verpächters im Verzugsfalle richten sich zunächst auf den **Verzugs-** **19** **schaden** auf Grundlage der §§ 280 Abs 1 und 2, 286 BGB. Daneben gibt § 594e BGB dem Verpächter ein außerordentliches **Kündigungsrecht**. Ein gesetzliches **Rücktrittsrecht** nach § 323 BGB ist nur vor der Überlassung des Pachtobjekts möglich. Während der Zeit der Überlassung wird das Rücktrittsrecht generell durch das Recht zur außerordentlichen fristlosen Kündigung oder auf Schadensersatz nach § 536a BGB verdrängt.

III. Nutzungsverhinderung (Abs 2)

1. Grundsatzregelung (S 1)

a) Problemstellung

20 Der Fortbestand der Pachtzahlungspflicht im Fall eines im Risikobereich des Pächters liegenden Unvermögens zur Pachtnutzung (§ 587 Abs 1 S 1 BGB) stellt sich als abdingbare (vgl Rn 30) Ausnahmeregelung zu § 326 BGB dar, dies unabhängig davon, ob der Verhinderungsfall schon vor der Überlassung oder erst nachträglich eingetreten ist. Auf ein **Verschulden** des Pächters an der Nutzungsverhinderung kommt es **nicht** an.

Beispielsweise fallen in den **Risikobereich des Pächters**:

– witterungsbedingte Nutzungsbeeinträchtigungen, unbeschadet einer Pacht-Anpassungsmöglichkeit bei verwüstenden Naturereignissen gemäß § 593 Abs 2 S 2 BGB;

– verschlechterte Ertragslagen durch Fehlbewirtschaftung (§ 593 Abs 1 S 2 BGB);

– Ertrags- bzw Gewinneinbußen infolge verschlechterter (wirtschaftlicher) Rahmenbedingungen, insbesondere infolge von Produktionsbeschränkungen, unbeschadet etwaiger Anpassungsmöglichkeiten aus § 593 BGB oder aus § 313 BGB, letztere aber ausnahmsweise allenfalls, um den Pächter vor Eintritt einer untragbaren Härte – Existenzvernichtung – zu bewahren (vgl BGH NJW 1982, 2405). Nur insoweit bedeutet dies eine Auflockerung des in § 537 BGB (§ 587 Abs 2 S 1 BGB) verankerten Grundsatzes, dass der Mieter (Pächter) das Verwendungsrisiko zu tragen hat (FHL Rn 24);

– persönliche Hinderungsgründe wie Abwesenheit, familiäre Betreuungspflichten, Krankheit oä;

– die Regelungen des BBodSchG wie auch die Auswirkungen (weiterer) die Nutzung einschränkender Umweltschutz-Bestimmungen, also zB auch die Einbeziehung der Pachtflächen in Wasser-, Natur- oder Landschaftsschutzgebiete;

– grundsätzlich auch staatlich verfügte Bewirtschaftungsverbote und -gebote, die im Rahmen der Sozialbindung des Eigentums nach Art 14 Abs 1 S 2 GG entschädigungslos hinzunehmen sind (vgl BVerfGE 52, 1, 27 ff; 58, 300, 318 ff, 330 ff), soweit die dadurch eintretenden Nutzungsbeschränkungen den Risikobereich des Pächters treffen.

Für die besonders gravierenden Konsequenzen von **Tod oder Berufsunfähigkeit** des Pächters enthalten die §§ 594c, d BGB Sonderkündigungsrechte.

b) Ausnahmen

Demgegenüber wird der **Pächter** von seiner Verpflichtung zur Pachtzahlung **befreit**, solange der Verpächter (gleichviel ob verschuldet oder nicht) ihm den vertragsgemäßen Gebrauch und die vertragsgemäße Nutzung des Pachtobjekts (§§ 581 Abs 1 S 1; 586 Abs 1 S 1 BGB, s § 586 Rn 8 ff) nicht gewährt.

21

Der Pächter ist auch dann von der Leistungspflicht frei, wenn er (objektiv) in der Nutzung gehindert ist, etwa aufgrund von Naturereignissen oder entschädigungslosen gesetzlichen Nutzungsverboten. Dies gilt überhaupt in allen Fällen, in denen er ein Recht zur Vertragskündigung aus wichtigem Grund (§ 594e BGB) hat.

2. Anrechnungspflicht des Verpächters (Abs 2 S 2; § 537 Abs 1 S 2 und Abs 2)

a) Kein Pflichtenzuwachs zulasten des Verpächters

Art und Umfang der Rechte und Pflichten des Verpächters werden durch die im persönlichen Bereich des Pächters liegenden Gründe an seiner Bewirtschaftungsverhinderung (Rn 20) grundsätzlich nicht berührt.

22

Für den Verpächter besteht mangels anderweitiger Vereinbarung grundsätzlich keine Verpflichtung, einen vom Pächter vorgeschlagenen **Ersatzpächter** zu akzeptieren (BGH NJW 1947, 842), auch nicht, um einen Schaden des Pächters zu mindern. § 254 BGB wird grundsätzlich nicht für anwendbar gehalten; die Weigerung wird grundsätzlich nicht als arglistig anzusehen sein (vgl BGH NJW 1981, 43).

b) Ersparte Aufwendungen und sonstige Vorteile

Gemäß dem in § 587 Abs 2 S 2 BGB bezogenen § 537 Abs 1 S 2 BGB muss sich der Verpächter den Wert ersparter Aufwendungen und solcher Vorteile anrechnen lassen, die er aus einer anderen Gebrauchsverwertung erlangt. Er ist allerdings nicht zu derart anderer Nutzung verpflichtet (vgl Staudinger/Emmerich [2018] § 537 Rn 12). Mit dieser Regelung soll vermieden werden, dass der Verpächter aus der persönlichen Verhinderung des Pächters einen Vorteil erzielt, wenn er selbst keinen Nachteil erfährt.

23

Überlässt der Verpächter während einer Nutzungsstilllegung das Pachtobjekt vorübergehend einem Dritten, ist das Entgelt hierfür anrechnungspflichtig (MünchKomm/Bieber § 537 Rn 7 ff; LWLH Rn 14 ff).

3. Befreiung des Pächters von der Verpflichtung zur Entrichtung der Pacht (Abs 2 S 2; § 537 Abs 2)

Über § 537 Abs 2 BGB ist der Pächter von der Verpflichtung zur Pachtzahlung solange entbunden, wie der **Verpächter** infolge der Überlassung des Pachtobjekts an einen Dritten **außerstande** ist, ihm **Gebrauch und Nutzung zu gewähren** (vgl dazu ausf Staudinger/Emmerich [2018] § 537 Rn 33 ff).

24

Unerheblich ist, ob die Überlassung **entgeltlich** ist oder nicht (OLG Hamm BB 1966, 1046; LWLH Rn 18). Grund für die Gewährung kann etwa die bereits erfolgte Überlassung der Bewirtschaftung auf Dauer an ein Kind im Rahmen vorweggenommener Erbfolge sein. Im Geltungsbereich der Höfeordnung gehört dazu nicht einmal eine ausdrückliche Vereinbarung des Eigentümers mit dem Miterben, § 6 Abs 1 HöfeO (FHvJP § 6 Rn 10); diesem steht allein aufgrund der (geschützten) Wirtschaftsüberlassung ein eigenes Besitzrecht zu (BGH AgrarR 1991, 194).

Auch bei nur **vorübergehender** anderweitiger Vergabe (Verpachtung oder unentgeltlicher Nutzungsüberlassung) ist der Pächter für diese Zeit von der Zahlungspflicht befreit.

Nutzt der Verpächter das Pachtobjekt während der Verhinderung des Pächters selbst oder überlässt er die Nutzung einem Dritten, ohne die Interessensphäre des Pächters wesentlich zu beeinträchtigen, besteht dessen Zahlungspflicht grundsätzlich fort, dies indes unter Anrechnung der Vorteile des Verpächters aus der Eigen- oder Fremdnutzung (LWLH Rn 18 mwNw).

25 Im Übrigen ist der **Pächter** bei eigener Leistungsbereitschaft grundsätzlich berechtigt, das Pachtverhältnis nach §§ 594e Abs 1 BGB fristlos zu **kündigen**.

26 Findet der Verpächter für den das Pachtobjekt noch während der Pachtzeit endgültig aufgebenden Pächter einen **Ersatzpächter**, der nur eine geringere Pacht zahlt, kann der Verpächter den Erstpächter auf Zahlung des Unterschiedsbetrags in Anspruch nehmen (OLG Hamm NJW-RR 1986, 507; BGB-RGRK/Gelhaar § 552 Rn 10; vgl Staudinger/Emmerich [2018] § 537 Rn 36 f).

IV. Verjährung und Verwirkung

27 Die **Pachtforderung** des Verpächters jedweder Art einschließlich der Nebenkosten **verjährt** nach drei Jahren, § 195 BGB (vgl Staudinger/Schaub § 581 Rn 285; LWLH Rn 20), beginnend mit dem Schluss des Jahres des Fälligkeitseintritts, § 199 Abs 1 Nr 1 BGB.

28 Die **Verwirkung** setzt neben dem Zeitmoment (Verstreichen eines längeren Zeitraums seit der Möglichkeit der Geltendmachung) auch noch ein Umstandsmoment (besondere, sich aus der Gesamtheit des Sachverhalts ergebende Umstände, aus denen der Pächter entnehmen darf, dass der Verpächter von einer Inanspruchnahme absieht) voraus (BGH NJW 1984, 1684 mwNw). Daher sollte das Vorliegen einer Verwirkung mit einer gewissen **Zurückhaltung** beurteilt werden. Dies wird auch und gerade in den Fällen einer Betriebsverpachtung zwecks vorweggenommener Erbfolge gelten; dann dürfte die Entscheidung letztlich davon abhängen, inwieweit die Pacht Versorgungscharakter hat. Die **Verwirkung** ist von Amts wegen (Sternel III Rn 156 ff) zu berücksichtigen.

V. Abdingbarkeit

29 Die gesetzliche Sonderregelung zur Leistungsbestimmung **ist dispositiv**. Dies wird insbesondere hinsichtlich der Vorleistungspflicht des Verpächters relevant, gilt aber auch für alle anderen Komponenten der Pachthöhe und Zahlungsmodalitäten (LWLH Rn 2).

Abweichungen von der Gesetzeslage werden auch häufig hinsichtlich der sog „Nebenkosten" (zB Kammer- und Versicherungsbeiträge) vereinbart; ferner finden sie sich häufig in Fällen der Betriebspacht, in denen der Pächter in mehrmals jährlich fälligen Raten vorleistet.

Stets sind Abweichungen an den Maßstäben zwingenden Rechts (zB §§ 134, 138 BGB) sowie in vorformulierten Verträgen an denen der §§ 305 ff BGB zu messen. **Vorformulierte Vorfälligkeitsklauseln**, nach denen bei Zahlungsrückstand mit nur einer Rate sämtliche bis Ende der Vertragszeit geschuldeten Beträge fällig werden sollen, sind im Landpachtvertragsrecht im Gegensatz zur gewerblichen Miete und Pacht nach § 309 Nr 6 BGB unwirksam. **30**

VI. Verfahrens- und Beweislastfragen

1. Verfahren

Über Streitigkeiten aus der Norm wird im **streitigen Verfahren** nach § 48 LwVG vom Landwirtschaftsgericht (§ 1 Nr 1a LwVG) entschieden. **31**

Anders ist es, wenn für die zu regelnde Pachtangelegenheit die landwirtschaftsgerichtliche Zuständigkeit im FGG-Verfahren (nach § 1 Nr 1 LwVG) gegeben ist,

– weil die Pacht Gegenstand von Abwicklungsanordnungen im Sinne des § 595 BGB ist, über die auf Antrag das Landwirtschaftsgericht im FGG-Verfahren zu entscheiden hat (§ 595a Abs 3 S 2 BGB)

– oder weil im ZPO-Pachtstreit (§§ 1 Nr 1a, 2 Abs 1; 48 LwVG) ein Antrag auf Pachtanpassung nach § 593 BGB gestellt ist; dann wäre das ZPO-Verfahren solange auszusetzen, bis im FGG-Verfahren über den Antrag entschieden ist (FHL Rn 78 zu Art 3 LPachtNeuOG).

2. Beweislast

Im Bereich des Abs 1 obliegt dem Verpächter die Beweislast für abweichende Fälligkeitsvoraussetzungen der Pacht, während der Pächter für die Erfüllung bzw für das Vorliegen eines von der Erfüllung befreienden Sachverhalts beweispflichtig ist (LWLH Rn 21 mwNw). **32**

Im Bereich des Abs 2 ist der Pächter beweispflichtig

– für die in seiner Sphäre liegende Verhinderung an der Nutzungsausübung;

– für Aufwendungsersparnisse des Verpächters bzw eine anderweitige Nutzung;

– für das Fehlen der Erfüllungsbereitschaft des Verpächters (im Einzelnen umstritten, vgl LWLH Rn 21);

– dafür, dass die Voraussetzungen für die Annahme eines geeigneten Ersatzpächters gegeben waren (LWLH Rn 21; FHL Rn 38; für die Miete MünchKomm/BIEBER § 538 Rn 18).

§ 588
Maßnahmen zur Erhaltung oder Verbesserung

(1) Der Pächter hat Einwirkungen auf die Pachtsache zu dulden, die zu ihrer Erhaltung erforderlich sind.

(2) Maßnahmen zur Verbesserung der Pachtsache hat der Pächter zu dulden, es sei denn, dass die Maßnahme für ihn eine Härte bedeuten würde, die auch unter Würdigung der berechtigten Interessen des Verpächters nicht zu rechtfertigen ist. Der Verpächter hat die dem Pächter durch die Maßnahme entstandenen Aufwendungen und entgangenen Erträge in einem den Umständen nach angemessenen Umfang zu ersetzen. Auf Verlangen hat der Verpächter Vorschuss zu leisten.

(3) Soweit der Pächter infolge von Maßnahmen nach Absatz 2 Satz 1 höhere Erträge erzielt oder bei ordnungsmäßiger Bewirtschaftung erzielen könnte, kann der Verpächter verlangen, dass der Pächter in eine angemessene Erhöhung der Pacht einwilligt, es sei denn, dass dem Pächter eine Erhöhung der Pacht nach den Verhältnissen des Betriebs nicht zugemutet werden kann.

(4) Über Streitigkeiten nach den Absätzen 1 und 2 entscheidet auf Antrag das Landwirtschaftsgericht. Verweigert der Pächter in den Fällen des Absatzes 3 seine Einwilligung, so kann sie das Landwirtschaftsgericht auf Antrag des Verpächters ersetzen.

Materialien: BT-Drucks 10/508; 10/509; 10/3830; 10/3498.

Schrifttum

Siehe § 585 sowie
DINGERDISSEN, Der Ausgleich von Ver- und Aufwendungen sowie von Wertverbesserungen zwischen Pächter und Verpächter während des Pachtverhältnisses und bei dessen Beendigung, AgrarR 1997, 105.

Systematische Übersicht

I.	**Überblick**		**II.**	**Die Duldungspflichten des Pächters nach Abs 1**	
1.	Normgehalt und Zweck	1			
2.	Verhältnis zum früheren Recht	2	1.	Erhaltung der Pachtsache	8
3.	Geltungsbereich der Vorschrift	3	2.	Die Duldungspflicht	10
4.	Verhältnis der Vorschrift	4	3.	Ansprüche des Pächters	12
a)	Zum Mietrecht	4			
b)	Zu den anderen Vorschriften des Landpachtrechts	6	**III.**	**Die Duldungspflicht des Pächters nach Abs 2**	
c)	Sonstiges	7	1.	Verbesserungsmaßnahmen	13
			2.	Die Duldungspflicht des Pächters und ihre Grenzen	14
			3.	Ersatzansprüche des Pächters	17

4.	Die Vorschussleistung	19	V.	Schadensersatzansprüche der Vertragsparteien 24
IV.	Der Anspruch auf Pachterhöhung		VI.	Zur Abdingbarkeit 26
1.	Die Voraussetzungen	20	VII.	Die Zuständigkeit des Landwirtschaftsgerichts (Abs 4)
2.	Das Erhöhungsverlangen	21		
3.	Die Angemessenheit der Erhöhung	22	1.	Verfahren 27
4.	Die Unzumutbarkeit nach den Verhältnissen des Betriebes	23	2.	Antrag 28
			3.	Sonstiges 29

Alphabetische Übersicht

Abdingbarkeit	26	– Zumutbarkeit für Pächter	23
Angemessenheit der Pachterhöhung	22	Pachtsache, Erhaltungsmaßnahmen	8
Duldungspflichten des Pächters bei Erhaltung	8 ff	Schadensersatzansprüche der Vertragsparteien	24 f
– des Pächters bei Verbesserung	14 ff	Streitigkeiten, Entscheidung durch das Landwirtschaftsgericht	27 ff
Erhaltungsmaßnahmen der Pachtsache	8		
– Erforderlichkeit	9	Überblick	1
Gerichtsverfahren mangels Einigung	27 ff	Verbesserungsmaßnahmen des Verpächters	13 ff
Pächter, Anspruch auf Vorschubleistung	19	Verfahren vor dem Landwirtschaftsgericht	27 ff
– Duldungspflichten bei Erhaltung	8 ff		
– Duldungspflichten bei Verbesserung	14 ff	Verhältnis zum früheren Recht	2
– Ersatzansprüche bei Duldung	12	– zum Mietrecht	4
– Ersatzansprüche bei Verbesserung	17 f	Verpächter, Anspruch auf Pachterhöhung bei Verbesserung	20 ff
– Schadensersatzansprüche	25	– Pflicht zur Vorschubleistung	19
– Unzumutbarkeit der Pachterhöhung bei Verbesserung	23	– Schadensersatzansprüche	24
Pachterhöhung, Angemessenheit	22	Vorschussleistungspflicht des Verpächters	19
– Anspruch des Verpächters bei Verbesserung	20 ff		

I. Überblick

1. Normgehalt und Zweck

Die Vorschrift **ermöglicht dem Verpächter** in Anlehnung an die mietrechtlichen **1** Vorschriften der §§ 555a Abs 1, 555d Abs 1 und 2 (vor dem Mietrechtsänderungsgesetz von 2013 [BGBl 2013 I 434] im Wesentlichen § 554 Abs 1, § 554 Abs 2 S 1 und 2 aF) die Durchführung von Maßnahmen zur **Erhaltung und Verbesserung** der Pachtsache. Hierbei korrespondiert die in Abs 1 normierte Duldungspflicht des Pächters mit dessen Anspruch auf Erhaltung der Pachtsache gemäß § 586 Abs 1 S 1 BGB. Die Vorschrift besitzt insoweit nur Klarstellungsfunktion (BT-Drucks 10/509, 19).

Die Absätze 2 und 3 gestatten dem Verpächter ausnahmsweise solche Einwirkungen auf die Pachtsache, die Verbesserungen sind, und zwar unabhängig vom Einverständnis des Pächters. Durch die Möglichkeit, ertragssteigernde Maßnahmen durch Pachterhöhung in den Grenzen der Zumutbarkeit für den Pächter umzulegen, soll dem Verpächter eine rechtzeitige Modernisierung etwa in den Fällen ermöglicht werden, in denen einerseits der Pächter daran wegen nur noch kurzer Vertragslaufzeit nicht mehr interessiert ist, die andererseits aber dem Verpächter eine bessere Ausgangslage für eine Weiterverpachtung oder künftige Eigenbewirtschaftung schafft (BT-Drucks 10/509, 19).

2. Verhältnis zum früheren Recht

2 Die Vorschrift tritt an die Stelle der für die Landpacht bisher über die Verweisung in § 581 Abs 2 aF geltenden mietrechtlichen Vorschriften der §§ 541a und b aF und passt die Rechtslage den besonderen landpachtrechtlichen Bedürfnissen an.

3. Geltungsbereich der Vorschrift

3 Sie erfasst sowohl die Betriebs- wie die Stücklandpacht und ist Rechtsgrundlage für alle Verpächter-Maßnahmen zur Erhaltung und Verbesserung der Pachtsache insgesamt (Gebäude und Grundstücke).

4. Verhältnis der Vorschrift

a) Zum Mietrecht

4 Aufgrund der jetzt im Landpachtrecht enthaltenen **Sonderregelung** ist ein Rückgriff auf die §§ 555a, 555d (§ 554 aF) BGB auch insoweit ausgeschlossen, als dessen nicht in § 588 BGB übernommener Inhalt auch nicht entsprechend anzuwenden ist. Angesichts der weitgehenden Ähnlichkeit beider Vorschriften kann jedoch ergänzend auf die dortige Kommentierung verwiesen werden.

5 Darüber hinaus soll diese Sonderregelung im Landpachtrecht zu einer **Verdrängung** etwaiger Ansprüche aus § 536 BGB auf **Pacht-Minderung** wegen Gebrauchs-Beeinträchtigung im Zusammenhang mit der Durchführung der Erhaltungsmaßnahme bzw auf Ersatz der dadurch verursachten Nachteile des Pächters führen (FHL Rn 8). Indes hat der Gesetzgeber zwar die generelle Verweisung auf die mietrechtlichen Vorschriften beseitigt, jedoch die §§ 536 Abs 1 bis 3, 536a bis 536d BGB in die Verweisung des § 586 Abs 2 BGB einbezogen, sodass dem zur Duldung der Verpächter-Maßnahmen verpflichteten Pächter Minderungs-Ansprüche zustehen können (vgl STAUDINGER/EMMERICH [2018] § 555a Rn 14a sowie § 555d Rn 22).

b) Zu den anderen Vorschriften des Landpachtrechts

6 § 591 BGB regelt Rechtslage und -folgen bei werterhöhenden Verbesserungsmaßnahmen seitens des Pächters an der Pachtsache.

c) Sonstiges

7 Die Gesetzesbegründung (BT-Drucks 10/509, 19) stellt klar, dass § 588 Abs 3 BGB unberührt von den Vorschriften der § 70 Abs 1 iVm § 58 Abs 1 S 2 und § 71 des Flurbereinigungsgesetzes bleibt, nach denen die Flurbereinigungsbehörde bei Ver-

besserungen der Pachtsache durch Maßnahmen der Flurbereinigung auf Antrag des Verpächters im Flurbereinigungsplan eine Erhöhung der Pacht festzusetzen hat.

II. Die Duldungspflichten des Pächters nach Abs 1

1. Erhaltung der Pachtsache

Nach der gesetzlichen Regelung des § 586 Abs 1 BGB trifft den **Verpächter die** **8** **Pflicht zur Erhaltung** der Pachtsache in einem zur vertragsmäßigen Nutzung geeigneten Zustand (S 1); hingegen hat der **Pächter die gewöhnlichen Ausbesserungen** auf seine Kosten vorzunehmen (S 2; zur Abgrenzung im Einzelnen vgl § 586 Rn 25 ff, 42 ff). Dementsprechend ist auch im Normalfall die Grenze bei der Beurteilung der Duldungspflichten zu ziehen. Dies gilt nur dann nicht, wenn der Verpächter zur Gefahrabwendung Ausbesserungen durchführt; dann kann ihm der Pächter wohl kaum den Zutritt verweigern (so LWLH Rn 13 f).

Die Frage nach der **Erforderlichkeit** der Erhaltungsmaßnahme ist **nach objektiven** **9** **Kriterien**, unter Zugrundelegung der in § 586 BGB festgelegten Verpächter-Pflichten zu beurteilen (für das Mietrecht vgl STAUDINGER/EMMERICH [2018] § 555a Rn 4).

Dient eine Verpächter-Maßnahme zugleich der Erhaltung und der Verbesserung der Pachtsache und lassen sich beide Maßnahmen nicht ohne zumutbaren Aufwand trennen, soll für eine Einordnung unter dem Kostengesichtspunkt das wirtschaftliche Schwergewicht der Maßnahmen ausschlaggebend sein (für das Mietrecht vgl STAUDINGER/EMMERICH [2018] § 555a Rn 6).

2. Die Duldungspflicht

Der **Verpächter** hat als **Nebenpflicht** dem Pächter bevorstehende Maßnahmen so **10** rechtzeitig wie möglich mitzuteilen, dass dieser entsprechend disponieren kann (§ 555a Abs 2 BGB); unterbleibt dieses, ist die Duldungspflicht des Pächters nicht fällig (vgl STAUDINGER/EMMERICH [2018] § 555a Rn 12).

Weiter hat er bei Durchführung der Maßnahmen die geringstmögliche Beeinträchtigung des Pächterbetriebes zu wählen (FHL Rn 7).

Die Pächterpflicht zur Duldung von Erhaltungsmaßnahmen (Abs 1) umfasst alle mit **11** deren Durchführung **notwendigerweise einhergehenden Einwirkungen** auf die Pachtsache, die den Pachtgebrauch in irgendeiner Weise beschränken, insbesondere durch Besichtigung, vorübergehende Räumung, Immissionen, Entziehung von Licht und Luft oder die Beanspruchung landwirtschaftlicher Nutzfläche. Die Duldungspflicht des Pächters ist grundsätzlich **nicht eingeschränkt**, da der Verpächter zur Erhaltung uneingeschränkt verpflichtet. Sie ist auch nicht auf Passivität beschränkt, vielmehr können den Pächter Mitwirkungspflichten treffen (LWLH Rn 19). Diese können auch vertraglich begründet sein, etwa durch die Verpflichtung des Pächters zur Leistung von Hand- und Spanndiensten.

3. Ansprüche des Pächters

12 Im Gegensatz zu § 588 Abs 2 S 2 BGB (Verbesserungsmaßnahmen) stehen dem Pächter **Ansprüche** auf Ersatz eigener Aufwendungen (zB für vorübergehende Anmietung einer Ersatzwohnung oder auf Ertragsausfall) **nicht zu**. Nach Abschluss der Erhaltungsarbeiten kann er aber Wiederherstellung des vertragsgemäßen Zustandes des Pachtgegenstandes verlangen, wozu auch Reinigungsarbeiten gehören (vgl Staudinger/Emmerich [2018] § 555a Rn 20a; BeckOK BGB/Wagner § 588 Rn 2). Unberührt bleiben etwaige Minderungs-Rechte des Pächters (s Rn 5).

III. Die Duldungspflicht des Pächters nach Abs 2

1. Verbesserungsmaßnahmen

13 Der Begriff der „Maßnahme" ist **nicht auf „Verwendung" beschränkt** (BT-Drucks 10/509, 19). *Er umfasst alles, was zu einer objektiven Erhöhung des Gebrauchs- oder Substanzwertes der Pachtsache führt, ohne nur Erhaltungsmaßnahmen zu sein.* Die Gesetzesbegründung (BT-Drucks 10/509, 19) nennt als Beispiele Dränung, die Anlage von Wirtschaftswegen und die Modernisierung von Ställen. Verbesserungsmaßnahme kann auch der Einbau einer Photovoltaik- oder Heizanlage, die Befestigung von Hofraum und -zufahrt, Dränungen oder die Anlage von Wirtschaftswegen sein (vgl zur Abgrenzung mit Beispielen LWLH Rn 22 ff; FHL Rn 9). Wie § 588 Abs 3 BGB zeigt, muss eine Verbesserungsmaßnahme nicht zu einer Steigerung der Ertragsfähigkeit der Pachtsache führen. Denkbar sind insoweit sogar Maßnahmen, welche die **Umweltverträglichkeit** des Betriebes zwar verbessern, seine Produktivität jedoch vermindern können.

2. Die Duldungspflicht des Pächters und ihre Grenzen

14 Im Gegensatz zu den Erhaltungs- soll der Pächter **nur** solche **Verbesserungsmaßnahmen** dulden müssen, die ihm **zugemutet** werden können. Die Duldungspflicht entfällt daher, wenn die vorgesehenen Verbesserungsmaßnahmen für den Pächter eine Härte bedeuten würden, die auch unter Würdigung der berechtigten Verpächter-Interessen nicht zu rechtfertigen ist (arg § 558 Abs 2 BGB). Das erfordert bei Vorliegen einer Härte auf der Pächterseite eine umfassende Interessenabwägung der Belange beider Seiten, in die mit Rücksicht auf § 586 Abs 1 Satz 2 BGB auch eine etwaige Erhöhung der Unterhaltskosten einzubeziehen ist (vgl FHL Rn 10; Staudinger/Emmerich [2018] § 555d Rn 5 ff).

Ob die Maßnahme für den Pächter zu einem Härtefall wird, hängt in aller Regel auch davon ab, inwieweit er sich **rechtzeitig** darauf einstellen kann. Daher wird für die Frage der Zumutbarkeit viel davon abhängen, wie rechtzeitig die Ankündigung von Verpächterseite erfolgt (FHL Rn 7).

15 Die Härteklausel führt *keine Beispiele* für im Pächterinteresse zu berücksichtigende Umstände auf. Hieraus kann aber nicht gefolgert werden, dass die in § 554 Abs 2 BGB aF genannten, im neuen § 555d zur sprachlichen Straffung gestrichenen, gleichwohl aber fortgeltenden **Härtefälle** im Landpachtrecht keine Berücksichtigung finden können (zur Fortgeltung der 2013 gestrichenen Aufzählung der noch in § 554 aF genannten

Abwägungsgründe s STAUDINGER/EMMERICH [2018] § 555d Rn 3). Art und Umfang der vorzunehmenden Arbeiten, deren bauliche Folgen (§ 586 Abs 1 S 2 BGB) oder vorhergegangene Pächter-Verwendungen können durchaus im Einzelfall eine auch durch berechtigte Verpächter-Interessen nicht zu rechtfertigende Härte begründen (FHL Rn 10). Mit Rücksicht auf die Regelung des § 588 Abs 3 BGB bleibt indes eine Pachterhöhung bei der Interessenabwägung außer Betracht. Fehlt der vorgesehenen Verbesserungsmaßnahme eine ertragssteigernde Wirkung, wie dies beispielsweise bei Maßnahmen zu einer besseren Umweltverträglichkeit des Betriebes der Fall sein kann, ist diese nicht ohne Weiteres für den Pächter unzumutbar. Maßnahmen, die zu einer **Produktivitätsverminderung** des Betriebes führen, braucht der Pächter jedoch in aller Regel – auch wenn es sich um „Umweltmaßnahmen" handelt – nicht hinzunehmen.

Liegt für den Pächter ein Härtefall vor, kann nur in Ausnahmefällen dem Verpächterinteresse an der Verbesserung Vorrang zukommen. Dies etwa dann, wenn die Notwendigkeit von Verbesserungsmaßnahmen wegen einer unvorhergesehen Entwicklung bei Abschluss des Pachtvertrages nicht berücksichtigt werden konnte und dem Verpächter ohne Durchführung der Maßnahme nach Vertragsbeendigung erheblich größere Nachteile entstünden als dem Pächter. **16**

Zwischen dem Interesse des von einer Härte getroffenen Pächters am Unterbleiben der Maßnahme und dem Interesse des Verpächters an deren Durchführung wird **in jedem Einzelfall abzuwägen** sein, wobei gerade bei nur noch kurzer Vertragslaufzeit dem Verpächterinteresse an der künftigen Verwertung der Pachtsache besonderes Gewicht zukommen dürfte. Ein Verpächter-Vorrang bei Vorhandensein eines Härtefalls für den Pächter kann bei einer Restlaufzeit des Pachtvertrages von bis zu 3 Jahren – entsprechend der gesetzlichen Wertung in § 591 Abs 2 S 2 BGB – gegeben sein. Aus den Gesetzesmaterialien ergibt sich, dass der Gesetzgeber dem Verpächter insbesondere in Fällen einer nur noch kurzen Vertragslaufzeit die Durchführung von Verbesserungsmaßnahmen ermöglichen wollte, weil von einer rechtzeitigen Modernisierung für den Verpächter abhängen kann, ob die Pachtsache nach Ablauf der Pachtzeit noch rentabel weiter verpachtet oder genutzt werden kann.

3. Ersatzansprüche des Pächters

§ 588 Abs 2 S 2 BGB gibt dem zur Duldung verpflichteten Pächter **Anspruch auf Ersatz von Aufwendungen und entgangener Erträge** in einem dem Umfang nach angemessenen Verhältnis. Aufwendungen können ihm etwa wegen anderweitiger Unterbringung von Familie bzw Inventar während der Modernisierungsmaßnahme oder bei der Beseitigung von durch die Verpächtermaßnahme verursachten Schäden entstehen (LWLH Rn 31; FHL Rn 13 mit weiteren Beispielen). Nicht zu ersetzen ist dagegen der abstrakte Gebrauchsvorteil (BT-Drucks 10/509, 19). Dadurch wird jedoch die Möglichkeit einer abstrakten Berechnung des entgangenen Gewinns gemäß § 252 S 2 BGB nicht ausgeschlossen. **17**

Aufwendungsersatz und entgangenen Gewinn kann der Pächter nur in einem den Umständen nach **angemessenen Umfang** verlangen. Das bedeutet, dass nicht generell alle Aufwendungen zu ersetzen sind, sondern auf den Einzelfall abzustellen ist. Die Hinnahme geringfügiger Belastungen wird dem Pächter zuzumuten sein. **18**

4. Die Vorschussleistung

19 Auf Verlangen des Pächters hat der **Verpächter** Vorschuss zu leisten (§ 588 Abs 3 S 3 BGB). Hierbei müssen Art und Umfang der voraussichtlichen Aufwendungen dargelegt und der Höhe nach aufgeschlüsselt werden. Entsprechendes gilt für ein Vorschussverlangen bezüglich entgangener Erträge. Anders als § 555a Abs 3 S 2 und 3 beschränkt § 588 Abs 2 BGB den Pächteranspruch nicht auf Aufwendungsersatz und Vorschusszahlung.

Wird Vorschusszahlung **verweigert**, braucht der Pächter die Verpächter-Maßnahme **nicht zu dulden** (§ 273 Abs 1 BGB; vgl STAUDINGER/EMMERICH [2018] § 555a Rn 9; FHL Rn 13).

IV. Der Anspruch auf Pachterhöhung

1. Die Voraussetzungen

20 Pachterhöhungen aufgrund Verbesserungsmaßnahmen gemäß Abs 2 S 1 schienen dem Gesetzgeber (BT-Drucks 10/509, 19) nur gerechtfertigt, *wenn sich die Verbesserungen der Pachtsache auch auf die Produktivität des Betriebes positiv auswirken können*. Abs 3 gewährt dem Verpächter daher nur dann einen Anspruch auf Einwilligung in eine Pachterhöhung, wenn der Pächter **infolge der Verbesserungsmaßnahme tatsächlich höhere Erträge** erzielt oder bei ordnungsgemäßer Bewirtschaftung (hierzu oben § 586 Rn 33 ff) erzielen könnte (Kausalität, vgl LWLH Rn 51). Das erfordert einen Vergleich der tatsächlichen bzw der bei ordnungsgemäßer Bewirtschaftung möglichen Ertragslage vor und nach Durchführung der Verbesserungsmaßnahme, wobei die Ertragslage beeinflussende andere Faktoren (zB Witterungsverhältnisse) unberücksichtigt bleiben.

Ertragssteigernde Verbesserungsmaßnahmen werden vor allem im Bereich der **Betriebspacht** vorkommen (zB Modernisierung von Stallgebäuden), sind aber auch bei der Stücklandpacht denkbar (zB Anlegung von Dränungen, wenn die Pacht aufgrund fehlender Dränung niedriger bemessen war [FHL Rn 17]).

2. Das Erhöhungsverlangen

21 Sind die Voraussetzungen für eine Pachterhöhung erfüllt, liegt in dem Erhöhungsverlangen die Geltendmachung des Anspruchs auf Vertragsänderung, dh auf Abgabe der Willenserklärung zum entsprechenden Vertragsschluss. Einer besonderen **Form** bedarf das Verlangen selbst **nicht**. Für die Änderungsvereinbarung ist jedoch § 585a BGB (Schriftformerfordernis) zu beachten (vgl auch STAUDINGER/EMMERICH [2018] § 550 Rn 18 ff).

3. Die Angemessenheit der Erhöhung

22 Der Verpächter kann nur eine angemessene Erhöhung verlangen. Dies wird sich nach dem Umfang einer (möglichen) **Ertragssteigerung** beurteilen, die auf die Verbesserungsmaßnahme zurückzuführen ist. Dabei ist jedoch gleichfalls die durch die

andere (möglicherweise intensivere) Wirtschaftsweise notwendige Kostenbelastung mit zu berücksichtigen.

Angemessenheit der Erhöhung bedeutet nicht, dass diese eine gute Verzinsung des Investitionskapitals des Verpächters erreicht (FHL Rn 19). Dessen Höhe steht nicht zwingend in wirtschaftlich vernünftigem Verhältnis zu einer (möglichen) Produktivitäts-Steigerung.

4. Die Unzumutbarkeit nach den Verhältnissen des Betriebes

Ausgeschlossen ist eine an sich angemessene Pachterhöhung, wenn diese dem Pächter nach den konkreten Verhältnissen des Betriebes nicht zugemutet werden kann. Die Gesetzesmaterialien (BT-Drucks 10/509, 19) nennen als Beispiele für eine Unbilligkeit der Pachterhöhung, dass die Pachtzeit sich dem Ende nähert oder wenn der Pächter sich wegen einer ungünstigen Betriebsstruktur oder ungünstiger Marktbedingung in einer wirtschaftlich angespannten Situation befindet. Als nur noch kurze Pachtzeit wird entsprechend der gesetzlichen Wertung in §§ 590 Abs 2 S 2; 591 Abs 2 S 2 BGB ein Zeitraum von bis zu 3 Jahren anzusehen sein (s Rn 16). Ist dem Pächter eine Erhöhung in geringerer Höhe als dem an sich angemessenen Umfang zumutbar, entfällt der Anspruch nicht – wie es der Gesetzeswortlaut zunächst nahelegt – gänzlich, sondern nur, soweit die Pachterhöhung für den Pächter unzumutbar ist. 23

V. Schadensersatzansprüche der Vertragsparteien

Verstößt der Pächter gegen seine Duldungspflichten nach Abs 1 oder 2, ist er dem Verpächter schadensersatzpflichtig (LWLH Rn 30). 24

Umgekehrt ist der Pächter unter dem Gesichtspunkt der positiven Vertragsverletzung schadensersatzberechtigt, wenn der Verpächter im Zusammenhang mit der Durchführung von (berechtigten) Maßnahmen Pflichtverletzungen begeht (LWLH Rn 32). 25

VI. Zur Abdingbarkeit

Die Vorschrift ist dispositives Recht und in den Grenzen der §§ 305 ff BGB und des § 242 BGB abdingbar – und zwar auch zuungunsten des Pächters und soweit dessen Wohnraum betroffen ist (LWLH Rn 2; FHL Rn 3). § 554 Abs 5 BGB greift nicht ein. 26

VII. Die Zuständigkeit des Landwirtschaftsgerichts (Abs 4)

1. Verfahren

Der Gesetzgeber (BT-Drucks 10/509, 19) ist davon ausgegangen, dass bei fehlender Einigung der Beteiligten über die Duldungspflicht von Erhaltungs- (§ 588 Abs 1 BGB) bzw Verbesserungsmaßnahmen und Pächteransprüchen auf Ersatz- und Vorschussleistungen (§ 588 Abs 2 BGB) oder über eine Pachterhöhung (§ 588 Abs 3 BGB) durch rechtzeitiges Einschalten berufsständischer Pachtschlichtungsstellen ein angemessener Interessenausgleich gefunden werden kann. Für den Streitfall hat er mit Rücksicht auf „den rechtsgestaltenden Einschlag" (vgl BT-Drucks 10/509, 27

19) die zu treffenden Entscheidungen in § 588 Abs 4 BGB dem Landwirtschaftsgericht zugeordnet, das nach § 9 iVm § 1 Nr 1 LwVG im Verfahren der **freiwilligen Gerichtsbarkeit** entscheidet (LWLH Rn 5).

2. Antrag

28 Antragsberechtigt ist der jeweils die Leistung/Zustimmung Beanspruchende. Eine **Frist** besteht nicht.

Antragsinhalt ist in den Fällen der begehrten Duldung von Verpächter-Maßnahmen gemäß § 588 Abs 1 und Abs 2 S 1 BGB, zu entscheiden, dass der Pächter die vorgesehene Maßnahme zu dulden habe, im Falle der Geltendmachung der Pachterhöhung gemäß § 588 Abs 3 BGB die erforderliche Einwilligung des Pächters zu ersetzen und in den Fällen der Forderung von Ersatz- und Vorschussleistung gemäß § 588 Abs 2 S 2 und 3 BGB zu entscheiden, dass der Verpächter zur Zahlung der verlangten Beträge verpflichtet ist sowie festzustellen, dass er vorher mit den Maßnahmen nicht beginnen darf.

3. Sonstiges

29 Wird die Einwilligung des Pächters zur Pachterhöhung durch die Entscheidung ersetzt, führt dies nur zu einer Vertragsänderung. Die Festsetzung einer erhöhten Pacht mangels Einwilligung iSv Abs 2 ist keine streitige Pachtsache (es gilt das FamFG-Verfahren), wogegen die Durchsetzung des Zahlungsanspruches im ZPO-Verfahren nach § 45 LwVG (ERNST, LwVG § 1 Rn 42 f) erfolgt. Ein evtl einheitliches Verfahren aufgrund verbundener Anträge ist zu trennen (OLG Stuttgart RdL 1991, 54).

§ 589
Nutzungsüberlassung an Dritte

(1) Der Pächter ist ohne Erlaubnis des Verpächters nicht berechtigt,

1. **die Nutzung der Pachtsache einem Dritten zu überlassen, insbesondere die Sache weiter zu verpachten,**

2. **die Pachtsache ganz oder teilweise einem landwirtschaftlichen Zusammenschluss zum Zwecke der gemeinsamen Nutzung zu überlassen.**

(2) Überlässt der Pächter die Nutzung der Pachtsache einem Dritten, so hat er ein Verschulden, das dem Dritten bei der Nutzung zur Last fällt, zu vertreten, auch wenn der Verpächter die Erlaubnis zur Überlassung erteilt hat.

Materialien: BT-Drucks 10/508; 10/509; 10/3830; 10/3498.

Titel 5 · Mietvertrag, Pachtvertrag
Untertitel 5 · Landpachtvertrag

§ 589

Schrifttum

Siehe § 585 sowie
Baukelmann, Personelle Diskontinuitäten und Landpacht – Fragen zu § 589 BGB, in: FS Joachim Wenzel (2005) 287.

Systematische Übersicht

I.	Entstehungsgeschichte	1
II.	Normzweck	2
III.	**Erlaubnispflichtige Fremdnutzung (Abs 1)**	
1.	Die Nutzungsüberlassung (Abs 1 Nr 1)	3
2.	Gesellschaftsrechtliche Einbringung (Abs 1 Nr 2)	6
3.	Änderung der Pächter-Rechtsform	8
4.	Gesellschaftsinterne Vorgänge	9
5.	Insolvenz auf Pächterseite	12
6.	Abgeleitete Nutzziehung	13
7.	Auskunftsanspruch	14
IV.	**Die Erlaubnis**	
1.	Rechtsnatur	15
2.	Erteilung	16
3.	Kein Anspruch auf Erlaubniserteilung	18
4.	Wirkung der Erlaubnis	19
5.	Konsequenzen fehlender Erlaubnis	20
6.	Widerruf der Erlaubnis	21
V.	**Sonderfälle**	
1.	Berufsunfähigkeit des Pächters	22
2.	Familien-Pachtübergabeverträge	23
3.	Wohnraum	24
4.	Tod des Pächters	25
5.	Zupachtflächen	26
VI.	**Annex: Unterpacht**	
1.	Begriff	27
2.	Abgrenzungen	28
3.	Rechtsbeziehungen zwischen Verpächter und Pächter	30
a)	Erlaubte Unterpacht	30
b)	Unerlaubte Unterpacht	32
4.	Verhältnis zwischen (Haupt-)Verpächter und Unterpächter	35
5.	Verhältnis zwischen Haupt-Pächter und Unterpächter	36
VII.	**Haftung des Pächters bei Nutzungsüberlassung an Dritte (Abs 2)**	37
VIII.	Abdingbarkeit	38
IX.	Verfahrensfragen	39

Alphabetische Übersicht

Abdingbarkeit	38
Abtretung der Pächterrechte	13, 29, 31
Auskunftsrecht des Verpächters	14
Berufsunfähigkeit des Pächters	22
Dauer als Merkmal der Nutzungsüberlassung	3
Definition der Nutzungsüberlassung	3 ff
Einbringung des Pachtrechts in Gesellschaft	6 f
Einzelfall, Erstreckung der Erlaubnis auf	17
Entgeltlichkeit der Nutzungsüberlassung	5
Erbfolge, vorweggenommene, auf Pächterseite	22
Erlaubnis des Verpächters	15 ff
– Erstreckung nur auf den Einzelfall	17
– Form der	16 f
– kein Anspruch auf	18
– Widerruf	21
– Wirkung	19
Familien-Pachtübergabeverträge	23

Gesellschaft, Einbringung des Pachtrechts in _____ 6 f	Pflugtausch als Fall der Nutzungsüberlassung 4
Kündigungsrecht des Verpächters bei unerlaubter Unterpacht _____ 33	Rechtsbeziehungen bei Unterpacht _____ 30 ff
	Tod des Pächters _____ 25
Normzweck _____ 2	Umwandlung _____ 8
Nutzungsüberlassung bei Abtretung der Pächterrechte _____ 8	Unterpacht _____ 27 ff
– bei Änderung der Pächter-Rechtsform _____ 8 ff	– als Fall der Nutzungsüberlassung _____ 4
– Dauer _____ 3	– erlaubte _____ 30 f
– Definition _____ 3	– Rechtsbeziehungen _____ 30 ff
– Einbringung des Pachtrechts in Gesellschaft _____ 6 f	– unerlaubte _____ 32 ff
– Entgeltlichkeit _____ 5	Verfahrensfragen _____ 39
– keine bei abgeleiteter Nutzziehung _____ 13	Verpächter, Auskunftsrecht _____ 14
Nutzziehung, abgeleitete _____ 13	– Erlaubnis _____ 15 ff
	– Kündigungsrecht bei unerlaubter Unterpacht _____ 33
Pächter, Berufsunfähigkeit _____ 22	
– Betriebsübertragung im Wege vorweggenommener Erbfolge _____ 23	Widerruf der Erlaubnis _____ 21
– Haftung bei Nutzungsüberlassung _____ 37	Wirkung, der Erlaubnis _____ 19
– Tod des Pächters _____ 25	Wohnraum, mitverpachteter, keine anderweitige Behandlung _____ 24
Pächter-Rechtsform, Änderung der _____ 8	
Pächterrechte, Abtretung der _____ 13, 29	Zupachtflächen, Besonderheit _____ 26

I. Entstehungsgeschichte

1 Die Vorschrift geht auf das LPachtNeuOG zurück. Es entspricht Abs 1 Nr 1 dem § 549 Abs 1 S 1 iVm § 581 Abs 2 aF und § 596 Abs 1 aF, der Abs 2 dem § 539 Abs 3 iVm § 581 Abs 2 aF. Neu ist Abs 1 Nr 2 als Klarstellung zu Abs 1 Nr 1.

II. Normzweck

2 Die Vorschrift geht in Übereinstimmung mit § 540 BGB von dem **Grundsatz** aus, dass der Pächter ohne Erlaubnis des Verpächters **nicht zur Nutzungsüberlassung an Dritte** – insbesondere zur Unterverpachtung – berechtigt ist. *Das Gesetz schützt das (Vertrauens-)Interesse des Verpächters, dass die Pachtsache nur von demjenigen genutzt wird, dem er sie übergeben hat.* Denn die Pacht ist – mehr noch als die Miete – ein persönliches, von gegenseitigem Vertrauen getragenes Rechtsverhältnis. Daher soll sich der Verpächter – wie auch bereits der Vermieter – nicht gegen seinen Willen einen anderen Vertragspartner aufdrängen lassen müssen (vgl STAUDINGER/EMMERICH [2018] § 540 Rn 1; BAUKELMANN 293). Mehr noch als bei dem Vermieter muss es der Entscheidung des Verpächters vorbehalten bleiben, welche Risiken er hinsichtlich Fähigkeiten zur Erhaltung der künftigen Nutzungsmöglichkeit (zur Bedeutung s § 586 Rn 35 ff) und der Solvenz seines Vertragspartners einzugehen bereit ist (OLG Rostock 2. 3. 2004 – 12 U 6/02 juris Rn 46). Diese Besonderheit des Pachtrechts wird nicht mehr wie bisher in § 596 Abs 1 aF ausdrücklich erwähnt, sondern als selbstverständliche Folge des Abs 1 Nr 1 angesehen.

Bei den Beratungen zur Landpachtnovelle ist lange überlegt worden, ob in Fällen der Unterpacht oder (wenigstens) der Einbringung in eine Gesellschaft die durch den Verpächter verweigerte Zustimmung durch eine solche des Landwirtschaftsgerichts ersetzbar werden sollte; derartige Überlegungen sind aber auf Anraten der DGAR nicht weiterverfolgt worden (Kroeschell AgrarR 1987, 304); zu Veränderungen innerhalb einer Pächter-Gesellschaft vgl Rn 8 ff.

III. Erlaubnispflichtige Fremdnutzung (Abs 1)

1. Die Nutzungsüberlassung (Abs 1 Nr 1)

Eine erlaubnispflichtige Nutzungsüberlassung der Pachtsache an einen Dritten liegt vor, wenn der Pächter entgegen seiner aus § 586 Abs 1 S 3 BGB folgenden Pflicht die **eigenverantwortliche Bewirtschaftung** und/oder Nutzziehung ganz oder teilweise **aufgibt** und diese stattdessen einem Dritten gestattet. Dabei ist nach neuerer Auffassung in Rechtsprechung und Literatur gleichgültig, ob der Dritte selbstständig oder unselbstständig sowie ganz oder partiell nutzt (vgl OLG Hamm NJW 1982, 2876; Wangard ZMR 1986, 73; Staudinger/Emmerich [2018] § 540 Rn 2 ff, 7; OLG Stuttgart RdL 1995, 153, 155 mwNw; OLG Naumburg AgrarR 2001, 353). 3

Von der Nutzungsüberlassung abzugrenzen ist die Pächter-Bewirtschaftung unter Verwendung von Erfüllungsgehilfen oder durch Zusammenarbeit mit einem anderen Landwirt (OLG Naumburg AgrarR 2001, 353); letztere sind selbstverständlich zulässig. Die Grenze ist dort überschritten, wo der Dritte die Bewirtschaftung auf eigene Rechnung oder Verantwortung durchführt.

Hauptanwendungsfall der selbständigen Nutzungsüberlassung ist die **Unterpacht**, daneben kommen **Miete oder Leihe** in Betracht. Dazu gehört auch der **Pflugtausch** als wechselseitige Einräumung selbständiger Nutzung an Einzelgrundstücken zum Zwecke der Arrondierung (BGH AgrarR 1999, 212; OLG Naumburg AgrarR 2001, 331). Auch Unterpacht zum Zwecke der Nachholung einer unterbliebenen Übergabe im Rahmen der vorweggenommenen Erbfolge des Pächterbetriebes (§ 593a Rn 4) ist genehmigungspflichtig, auch wenn die Übergabe nach § 593a BGB ohne Verpächter-Genehmigung möglich ist (§ 593a Rn 1). 4

Gleichgültig ist im Übrigen, ob die Überlassung **entgeltlich** oder **unentgeltlich** erfolgt. Ist dem Pächter **Tierhaltung** gestattet, bezieht sich dies im Zweifel nur auf pächtereigene, nicht auch fremde Tiere; hält der Pächter letztere oder duldet er dies, kann ihm nach Abmahnung fristlos gekündigt werden (OLG Nürnberg AgrarR 1991, 106). 5

2. Gesellschaftsrechtliche Einbringung (Abs 1 Nr 2)

Auch für die Sonderfälle der Einbringung der Pachtsache in eine **landwirtschaftliche Kooperation** (zumeist in Form einer Gesellschaft bürgerlichen Rechts) macht das Gesetz, im Unterschied zum Regierungsentwurf, **keine Ausnahme** (FHL Rn 12 ff). Die 6 ursprünglich geplante Kooperationsklausel des § 589 Abs 2 BGB Regierungsentwurf (BT-Drucks 10/509, 19) ist zum Schluss der Beratungen gestrichen worden, da nachteilige Auswirkungen auf die Verpachtungsbereitschaft landwirtschaftlicher Grundeigentümer befürchtet wurden (BT-Drucks 10/3830, 29).

Durchgehender Leitgedanke des Gesetzes ist, dass die Herrschaft und Obhut über die Pachtsache bei der/den Person/en zu verbleiben hat, der/denen der Verpächter sie vertragsgemäß anvertraut hat. In Abweichung vom Reformvorhaben enthält Abs 1 Nr 2 also keinen über Nr 1 hinausgehenden Regelungsinhalt, vielmehr lediglich die Klarstellung, dass der Pächter weiter nicht berechtigt ist, die Pachtsache ganz oder teilweise ohne Erlaubnis des Verpächters einem landwirtschaftlichen Zusammenschluss zum Zwecke der gemeinsamen Nutzung zu überlassen.

Mithin ist **jede Form** der gemeinschafts- oder gesellschaftsrechtlichen Einräumung von Mit-Nutzungsrechten Dritter an der Pachtsache der unberechtigten Gebrauchsüberlassung gleichzustellen, da durch sie in die vom Verpächter gewollte eigenständige Bewirtschaftung der Pachtsache durch seine/n Pächter eingegriffen wird (OLG Naumburg AgrarR 2001, 253).

7 Unter Beachtung dieser Grundsätze bleiben demgemäß **erlaubnisfrei** alle Maßnahmen des Pächters, die nicht zu einer gemeinsamen Nutzung der Pachtsache nach erfolgter dementsprechender gesellschaftsrechtlicher Einbringung führen. Unter diesen Voraussetzungen kann der Pächter sich etwa ohne Erlaubnis des Verpächters an **Maschinen- und Betriebsgemeinschaften** beteiligen, solange er nicht verpächtereigenes Inventar einbringt (FHL Rn 13 ff).

3. Änderung der Pächter-Rechtsform

8 Eine Nutzungsüberlassung liegt nicht vor, wenn der Pächter selbst die Bewirtschaftung als Kaufmann (§ 3 Abs 2 HGB) fortsetzt, da dann die Herrschaft und Obhut über die Pachtsache bei den Personen verbleibt, denen der Verpächter sie einräumen wollte. Etwas anderes muss gelten, sobald der Pachtbetrieb vom Kaufmann in eine Gesellschaft überführt wird, etwa durch Ausgliederung nach §§ 152 ff UmwG in eine Personen- oder Kapitalgesellschaft. In diesem Fall handelt es sich bei dem ursprünglich vom Verpächter gewählten Vertragspartner um eine natürliche Person und nicht um eine Gesellschaft, wobei letztere fortan einen Wechsel im Bestand der Gesellschafter ohne Einverständnis des Verpächters ermöglicht (dazu sogleich Rn 9). Steht auf Pächterseite indes bereits eine Gesellschaft, ist eine **Umwandlung**, etwa ein Formwechsel oder eine Verschmelzung, ohne Zustimmung des Verpächters möglich, dies selbst im Falle der Umwandlung einer Personengesellschaft mit persönlich unbeschränkt haftenden Gesellschaftern in eine GmbH (so BGH RdL 2010, 120; Brandenburgisches OLG AUR 2003 28; vom bloßen Wechsel des Rechtskleids sprechend SCHMIDT JuS 2010, 447; zum Fall der Umwandlung einer LPG in eine GmbH; OLG Brandenburg 26. 5. 2011 – 5 U [Lw] 10/08 juris; zur Verschmelzung zweier GmbH BGH NJW 2002, 2168 ff; zum Kontinuitätsinteresse der Pächters BAUKELMANN 299). Die Zulässigkeit einer Umwandlung kann vertraglich ausgeschlossen werden (BGH NJW 2002, 2169).

Dem Verpächter kann im Falle der Umwandlung **ausnahmsweise** ein **Recht zur fristlosen Kündigung** nach §§ 594e Abs 1, 543 zustehen, wenn die Umwandlung zu einer konkreten Gefährdung der Ansprüche des Verpächters geführt hat. Die Darlegungs- und Beweislast hierfür obliegt jedoch dem Verpächter (BGH NJW 2002 2168, 2170).

Besonderheiten gelten für die Änderung der Rechtsform im Wege der **Erbfolge**. Übernimmt eine Erbengemeinschaft nach dem Tod des Pächters die Bewirtschaftung, gilt § 594d BGB.

4. Gesellschaftsinterne Vorgänge

Diese (wie etwa der Wechsel von Gesellschaftern) sind mietrechtlich ohne Einfluss auf das Vertragsverhältnis (vgl STAUDINGER/EMMERICH [2018] § 540 Rn 51). Ob dieser Grundsatz auf das Landpachtrecht übertragen werden kann, ist angesichts des Regelungsgehalts von § 589 Abs 1 Nr 2 BGB zweifelhaft: Wenn nach dem spezifischen Gesetzeswortlaut bereits die Einbringung des Landpacht-Vertragsgegenstandes in einen Zusammenschluss ohne Verpächter-Zustimmung nicht gestattet ist, ist denkbar auch jeder Wechsel in der Zusammensetzung des Zusammenschlusses als die Identität des Vertragspartners genauso tangierend (vJEINSEN AUR 2003, 198; vJEINSEN AUR 2003, 272).

Sinn und Zweck der Norm ist indes der Schutz des Verpächters. Dieser soll mit Blick auf die ordnungsgemäße Bewirtschaftung und den Erhalt der Pachtsache über die Person, welcher die Sache anvertraut ist, entscheiden können (s oben Rn 2). Maßgeblich ist somit die Frage, ob die Pachtsache beim fraglichen Gesellschafterwechsel „in der Hand des vom Verpächter ausgesuchten Pächters" verbleibt (OLG Rostock 2. 3. 2004 – 12 U 6/02 juris Rn 47). Pächter in diesem Sinne sind aber nicht die Gesellschafter, sondern die Gesellschaft als solche, sofern diese Rechtsfähigkeit besitzt. Letzteres ist nunmehr auch für die Außen-GbR seit Anerkennung der Teilrechtsfähigkeit (insoweit) gegeben. Somit ist ein nach Verpachtung erfolgender Wechsel der GbR-Gesellschafter – gleich ob diese Einfluss auf die Bewirtschaftung haben oder nicht – kein Fall des § 589 Abs 1 Nr 2 BGB (**aA** noch in der Vorbearbeitung STAUDINGER/VJEINSEN [2013]). Für Verträge, die vor der Anerkennung der Teilrechtsfähigkeit der GbR geschlossen wurden, mag der Wille der Vertragsparteien abweichend gewesen sein, was durch Auslegung zu ermitteln ist (OLG Rostock 2. 3. 2004 – 12 U 6/02 juris Rn 48; MünchKomm/HARKE § 589 Rn 1). Im Übrigen obliegt es jedoch dem Verpächter, sich den richtigen Vertragspartner zum Zeitpunkt der Verpachtung auszusuchen (BeckOGK/WIESE [1. 5. 2017] § 589 Rn 7), an diesem muss er sich sodann festhalten lassen. Verpachtet er an eine Gesellschaft, hat er mit einem Wechsel der Gesellschafter zu rechnen. Ist dem Verpächter an der Bewirtschaftung durch eine bestimmte Person gelegen, muss er somit an diese verpachten. Er kann zudem die in der Praxis zunehmend häufiger anzutreffende Frage der Gestattung der Bewirtschaftung durch eine Gesellschaft beschränken, etwa für den Fall, dass der Pächter an dieser im gewünschten Umfang beteiligt ist.

Umgekehrt bedarf demnach die Einbringung der Pachtfläche in eine Gesellschaft stets der Zustimmung gem § 589 Abs 1 Nr 2 BGB, dies auch dann, wenn der vormalige Pächter der einzige Gesellschafter ist (OLG Braunschweig RdL 2010, 101). Die Gesellschafterverhältnisse können sich nämlich ändern, was dann – wie zuvor dargelegt – keiner Zustimmung mehr bedarf (**aA** noch in der Vorbearbeitung 2013, in welcher der Schwerpunkt auf die Personenidentität des auf Pächterseite Handelnden gelegt wurde; demnach bestünde das Zustimmungserfordernis gem § 589 Abs 1 Nr 2 erst im zweiten Schritt, also dann, wenn es zu einem Gesellschafter- bzw Geschäftsführerwechsel in der Gesellschaft kommt).

11 Zur Zulässigkeit der Umwandlung nach UmwG vgl oben Rn 8.

5. Insolvenz auf Pächterseite

12 Angesichts des in § 105 InsO statuierten Wahlrechts des Insolvenzverwalters wird man nicht von vornherein die Fortführung des Pächterbetriebes – und damit auch des Landpachtverhältnisses durch ihn – als Verstoß gegen die Pflicht zur Selbstbewirtschaftung ansehen können. Sonst könnte der Verpächter kündigen, weil § 112 InsO den Verstoß gegen diese Pflicht nicht als einen Fall aufführt, in dem die Kündigungssperre dieser Vorschrift anzuwenden ist. Eine strikte Anwendung des § 589 BGB auf den Insolvenzfall wäre jedoch eine Behinderung des insolvenzrechtlichen Prinzips, der Rettung des Betriebs des Insolvenzschuldners den Vorzug vor der Liquidation zu geben (MünchKommInsO/GANTER Rn 85; PAULUS DStR 2002, 1865). Daher wird man den Verpächterinteressen hinreichend Rechnung tragen, wenn man ihm in entsprechender Anwendung des § 593a S 3 BGB ein außerordentliches Kündigungsrecht einräumt, sofern eine ordnungsgemäße Bewirtschaftung nicht gewährleistet ist.

Gleiches wird für die Betriebsveräußerung durch den Insolvenzverwalter unter Übertragung der Rechte und Pflichten aus dem Landpachtvertrag (§ 111 InsO) gelten, da nur so der gesetzlichen Präferenz der Betriebsfortführung Rechnung getragen werden kann.

6. Abgeleitete Nutzziehung

13 Das Nutzungsrecht des Pächters umfasst allerdings die **Befugnis**, ohne Verpächter-Erlaubnis **abgeleiteten Allein- oder Mitgebrauch** einzuräumen. Dazu zählen zB die Fallgestaltungen, in denen der Pächter persönlich gehindert ist, die Pachtsache selbst zu nutzen und sich entschließt, sein Recht durch Gehilfen oder/und Verwalter ausüben zu lassen (OLG Koblenz AgrarR 1985, 261); ferner – soweit Wohnraum mit verpachtet ist – die Aufnahme Dritter, wenn diese keinen selbständigen Haushalt begründen (wegen der Einzelheiten vgl STAUDINGER/EMMERICH [2018] § 540 Rn 2 ff); auch die unselbständige Überlassung eines Teils des Betriebsgebäudes zB zur Lagerung ist zulässig, solange allein der Pächter die Herrschaft über die Pachträume behält (OLG Hamm WM 1973, 525). Diese Gestattung ist **nur in den Grenzen ordnungsgemäßer Bewirtschaftung erlaubnisfrei** (§ 586 Abs 1 S 3 BGB).

Die **Abtretung** von Pächterrechten (zur Abgrenzung von der Unterpacht s Rn 28) hingegen ist wiederum als originäre Nutzung des Pachtgegenstandes durch den Dritten **erlaubnispflichtig**.

7. Auskunftsanspruch

14 Um beurteilen zu können, ob eine übermäßige Einräumung unselbständiger Nutzungsrechte vorliegt, hat der Pächter dem Verpächter auf Verlangen Auskunft über die Ausgestaltung der Rechtsposition des/der das Pachtobjekt (mit-)nutzenden Dritten zu geben.

IV. Die Erlaubnis

1. Rechtsnatur

Die Erlaubnis ist keine Zustimmung iSd §§ 182 ff BGB, sondern eine **einseitig emp-** 15 **fangsbedürftige Willenserklärung** iSd § 130 BGB (LWLH Rn 16; FHL Rn 21; BGB-RGRK/ GELHAAR § 549 aF Rn 6). Sie ist daher keine Wirksamkeitsvoraussetzung für die Vereinbarung des Pächters mit dem Dritten über die Einräumung der (Mit-)Nutzungsüberlassung (siehe etwa für die Unterverpachtung BGH NJW 1972, 1267). Sie muss entweder gegenüber dem anwesenden Pächter abgegeben werden oder diesem zugehen (§ 130 Abs 1 BGB).

2. Erteilung

Da § 585a BGB die Schriftform für Landpachtverträge nicht zwingend vorschreibt, 16 erscheint es richtig, auch für die Erlaubnis eine bestimmte Form nicht vorzusehen. Die Erlaubnis kann – wie im Mietrecht – **formlos**, auch durch konkludentes Verhalten, erteilt werden, im Regelfall aber nicht durch bloße Duldung (vgl STAUDINGER/ EMMERICH [2018] § 540 Rn 12; BGH WM 1987, 431). Stillschweigen wird in den seltensten Fällen – und nur bei Vorhandensein eines außergewöhnlichen Vertrauenstatbestandes – genügen. Für eine Gestattung der Nutzungsüberlassung spricht indessen eine längere, widerspruchslose Duldung (LWLH Rn 18; MünchKomm/BIEBER § 540 Rn 15), die Kenntnis des Verpächters von diesem Zustand voraussetzt. Diese wird zB dann anzunehmen sein, wenn derjenige, dem der Pächter die Nutzung überlassen hat, die Pacht an den Verpächter überweist und dieser das über längere Zeit widerspruchslos hinnimmt.

Formularverträge sehen durchgehend vor, dass der Pächter nur mit schriftlicher 17 Erlaubnis des Verpächters die Nutzung des Hofes oder Teile hiervon einem anderen überlassen, insbesondere unterverpachten darf. Die vertraglich vereinbarte Form hat nur deklaratorische Bedeutung; die Erlaubnis kann gleichwohl formlos erklärt werden; darlegungs- und beweispflichtig für die erteilte Genehmigung ist im Streitfall der Pächter.

Die Erlaubnis ist **im Zweifel** nur für den bestimmten **Einzelfall** erteilt, da die Person des Dritten für die Willensbildung des Verpächters von maßgeblicher Bedeutung ist (vgl STAUDINGER/EMMERICH [2018] § 540 Rn 11).

Sinnvoll ist es, bereits bei Abschluss des Pachtvertrages klarzustellen, dass die Erlaubnis des Verpächters nicht erforderlich ist, wenn der Pächter geringfügige Flächen aus besonderem Anlass, etwa eines Arbeitsverhältnisses überlässt.

3. Kein Anspruch auf Erlaubniserteilung

Der Pächter hat grundsätzlich keinen Anspruch auf Erlaubniserteilung; dem freien 18

Ermessen des Verpächters unterliegt es, ob er die Erlaubnis erteilen will (FHL Rn 23; vgl auch STAUDINGER/EMMERICH [2018] § 540 Rn 8, 11, 18).

Ebenso wie der gewerbliche Mieter kann der Landpächter sich nicht auf die jetzt für das Wohnraummietrecht abgekoppelte Vorschrift des § 553 BGB berufen. So ist der Verpächter selbst dann nicht verpflichtet, einer Unterverpachtung zuzustimmen, wenn sich nach Abschluss des Pachtvertrages herausgestellt hat, dass dem Pächter ohne die Unterverpachtung die volle Ausnutzung der Vorteile des langjährigen günstigen Pachtverhältnisses nicht möglich ist (BGH WM 1968, 650 f).

Darüber hinaus ist dem Landpächter aber im Unterschied zum gewerblichen Mieter grundsätzlich auch die Möglichkeit genommen, auf die Verweigerung der Erlaubnis zur selbständigen Nutzungsüberlassung mit der außerordentlichen Kündigung zu reagieren, § 540 Abs 1 S 2 BGB gilt im Landpachtrecht nicht.

Die Konsequenzen einer Erlaubnis-Verweigerung sind anders als im Mietrecht geregelt. Das Recht des Mieters zur **außerordentlichen Kündigung** (§ 540 Abs 1 S 2 BGB) steht dem Pächter **nicht** zu; dieser soll den Verpächter auch nicht mittelbar durch eine angedrohte Kündigung zwingen können, mit einem Unterpächter einverstanden zu sein (STAUDINGER/SONNENSCHEIN[12] § 596 Rn 7, 11).

4. Wirkung der Erlaubnis

19 Stets gestattet sie nur solche Nutzungen durch den Dritten, die auch dem Pächter selbst gestattet wären (BGH WM 1984, 1031).

Zur Unterpacht vgl oben Rn 4 und unten Rn 31 ff. Überlässt der Pächter mit Erlaubnis des Verpächters die Pachtsache einem landwirtschaftlichen Zusammenschluss, so bleibt der Pächter als alleiniger Vertragspartner des Verpächters zur ordnungsgemäßen Rückgabe der Pachtsache verpflichtet.

5. Konsequenzen fehlender Erlaubnis

20 Schließt der Pächter die Vereinbarung der (Mit-)Nutzungsüberlassung **mit dem Dritten** nicht unter dem Vorbehalt (= der Bedingung) der Verpächter-Zustimmung, besteht insoweit ein **wirksamer Vertrag**, der vom Pächter nicht erfüllt werden kann. Nur theoretisch kommt dann in erster Linie § 326 BGB zur Anwendung. Denn ist der Vertrag schon in Vollzug gesetzt, tritt an die Stelle des Rücktritts- das Kündigungsrecht. Der Verpächter ist also im Regelfall gem § 594e BGB iVm § 543 BGB zur außerordentlichen Kündigung berechtigt (FHL Rn 25).

6. Widerruf der Erlaubnis

21 Die erteilte Erlaubnis kann der Verpächter generell nur bei entsprechendem **Vorbehalt** anlässlich der Erteilung widerrufen (vgl STAUDINGER/EMMERICH [2018] § 540 Rn 13). Er hat dieses Recht darüber hinaus, wenn trotz Abmahnung die Pachtsache derart vertragswidrig genutzt wird, dass er bei entsprechendem Verhalten seines originären Vertragspartners diesem gegenüber zur Kündigung aus wichtigem Grund berechtigt wäre (Wolf/Eckert/Ball Rn 1285). Widerrufsrechte **aus wichtigem Grund** bleiben daneben unberührt (vgl Staudinger/Emmerich [2018] § 540 Rn 14).

V. Sonderfälle

1. Berufsunfähigkeit des Pächters

Aus Gründen der sozialen Gerechtigkeit hat das Gesetz für den Fall der Berufsunfähigkeit des Pächters den Ausschluss des Kündigungsrechtes mit der Regelung des § 594c BGB **durchbrochen** (BT-Drucks 10/509, 24). Der im Sinne der Vorschriften der gesetzlichen Rentenversicherung berufsunfähig gewordene Pächter kann hiernach das Pachtverhältnis fristgemäß kündigen, wenn der Verpächter der selbständigen Überlassung der Pachtsache (in der Regel Unterverpachtung) an einen Dritten, der eine ordnungsgemäße Bewirtschaftung verspricht, widerspricht.

22

2. Familien-Pachtübergabeverträge

Der Fall der Übergabe des gepachteten Betriebes als Ganzen im Wege der vorweggenommenen Erbfolge an einen Dritten (zumeist seinem künftigen Hofnachfolger) ist **im Gesetz nicht als Ausnahme geregelt**. Im Gegenteil legt § 593a BGB nahe, dass die Übergabe des Betriebes als Ganzes nur mit Zustimmung des Verpächters wirksam ist. Dies entspricht der allgemeinen Regelung in § 415 BGB. Eine grundsätzlich zustimmungsfreie Übergabe des „Pachthofes" an den „Hofprätendenten" dürfte daher abzulehnen sein. Treu und Glauben werden nur gleichsam im Vorfeld des § 594c Abs 2 BGB in Ausnahmefällen eine andere Entscheidung rechtfertigen können, da die gesetzliche Neuregelung eine unzumutbare Belastung des Pächters weitgehend durch die §§ 594c, 594d Abs 2 BGB, aber auch durch § 593a BGB vermeidet (weitergehend zu § 596 aF Staudinger/Sonnenschein[12] Rn 12; OLG Köln RdL 1960, 48).

23

Zur Behandlung von Zupachtflächen zu einem zu übergebenden Betrieb vgl unten Rn 26.

3. Wohnraum

Ist dem Betriebspächter gleichzeitig Wohnraum überlassen worden, so hat er grundsätzlich auch unter den Voraussetzungen des § 553 BGB **keinen Anspruch auf Erteilung der Erlaubnis zur Untervermietung** (BGB-RGRK/Gelhaar § 596 Rn 1). § 589 BGB sieht die wohnraummietrechtliche Sonderregelung des § 553 BGB nicht vor.

24

Für die rechtliche Beurteilung des mitverpachteten Wohnraums ist daher ausschließlich Landpachtrecht maßgebend; anderenfalls bestünde die **Gefahr**, dass bei Beendigung des Hauptpachtverhältnisses eine **Spaltung** zwischen dem landwirtschaftlichen Teil und dem Wohnteil eintritt und der Dritte sich auf mietrechtliche Kündigungsschutzbestimmungen berufen könnte.

4. Tod des Pächters

Bei Tod des Pächters hat der **Verpächter** gem § 594d Abs 2 BGB eine **Einschränkung**

25

seines freien Ermessens bei der Auswahl des Nachfolgepächters dann hinzunehmen, wenn die ordnungsgemäße Bewirtschaftung durch die Erben oder einen von ihnen beauftragten Miterben oder Dritten gewährleistet erscheint. Im Streitfall entscheidet das Landwirtschaftsgericht. Unabhängig vom Willen des Verpächters kann kraft Gesetzes aber nur der Wechsel auf die Rechtsnachfolger des Pächters und die Beauftragung eines sachkundigen Miterben oder Dritten durch diese erfolgen; erlaubnispflichtig bleibt weiterhin eine von den Erben angestrebte Unterverpachtung.

5. Zupachtflächen

26 Einen weiteren Sonderfall des Pächterwechsels enthält § 593a BGB. Bei Übergabe eines Betriebes mit land- und forstwirtschaftlichen Pachtflächen im Wege vorweggenommener Erbfolge muss der Verpächter den ordnungsgemäß wirtschaftenden Betriebsnachfolger (Übernehmer) als Pächter akzeptieren, ohne dass es seiner Zustimmung oder des Abschlusses eines neuen Pachtvertrages bedarf.

VI. Annex: Unterpacht

1. Begriff

27 Der Unterpachtvertrag (Regelfall der Überlassung an Dritte) ist ein **echter Landpachtvertrag** mit allen Rechten und Pflichten. Als eigenständiger schuldrechtlicher Vertrag ist er sowohl von der Erteilung der Erlaubnis als auch vom Bestand des Hauptpachtvertrags unabhängig (STAUDINGER/SCHAUB § 581 Rn 345, 351; vgl auch für das Mietrecht STAUDINGER/EMMERICH [2018] § 540 Rn 25; vgl MünchKomm/BIEBER § 540 Rn 22 ff); nur der Hauptpächter bleibt aus dem Hauptpachtvertrag berechtigt und verpflichtet.

Ist der Unterpachtvertrag für länger als 2 Jahre geschlossen, bedarf er gem § 585a BGB ebenfalls der **Schriftform**.

2. Abgrenzungen

28 Von der Unterpacht zu unterscheiden ist der Pächterwechsel. Dieser kann durch Vereinbarung gem §§ 415, 305 BGB zwischen ausscheidendem und eintretendem Pächter gegenüber dem Verpächter nur mit Zustimmung des Verpächters wirksam werden (BGH WM 1967, 746; vgl STAUDINGER/EMMERICH [2018] § 540 Rn 52 ff; WOLF/ECKERT/BALL Rn 1276 ff, 1339 ff). Ohne Zustimmung des Verpächters vollzieht sich der Pächterwechsel lediglich ausnahmsweise in den Fällen der §§ 593a, 594d Abs 2 BGB.

Zur Vermeidung späterer Streitigkeiten ist stets darauf zu achten, dass die **Haftung** zwischen Alt- und Neupächter für die bereits bestehenden und die künftigen Schulden eindeutig **geregelt** ist.

29 Die **Abtretung von Pächterrechten** ist in entsprechender Anwendung der Bestimmung ebenfalls nur mit Erlaubnis des Verpächters möglich, weil das Recht des Pächters auf Nutzziehung nicht selbstständig abtretbar ist (im Ergebnis wie im Mietrecht, s STAUDINGER/EMMERICH [2018] § 540 Rn 40 f). Stimmt der Verpächter nicht

zu, liegt regelmäßig eine unerlaubte Unterpacht iSd § 589 Abs 1 S 1 BGB vor (Wolf/Eckert/Ball Rn 1291 ff).

3. Rechtsbeziehungen zwischen Verpächter und Pächter

a) Erlaubte Unterpacht

Nach erlaubter Überlassung der Pachtsache an den Unterpächter beurteilen sich die Rechtsbeziehungen zwischen Verpächter und Hauptpächter weiterhin allein nach dem von ihnen abgeschlossenen Pachtvertrag. Einen Unterpachtzuschlag kann der Verpächter nur bei entsprechender Vereinbarung verlangen; diese kann auch vorformuliert getroffen werden (Wolf/Eckert/Ball Rn 1287). 30

Der Hauptpächter hat gegenüber dem Verpächter jede schuldhafte vertragswidrige Nutzung des **Unterpächters**, der als sein **Erfüllungsgehilfe** betrachtet wird (vgl Staudinger/Emmerich [2018] § 540 Rn 1), zu vertreten (§§ 589 Abs 2, 278 BGB). Der Verpächter kann den Hauptpächter daher selbst bei vertragswidriger Nutzung des Unterpächters auf Unterlassung in Anspruch nehmen (§§ 590a, 589 Abs 2 BGB) oder ihm nach erfolgloser Abmahnung gem §§ 594e Abs 1, 543, 589 Abs 2 BGB fristlos kündigen (Brandenburgisches OLG 8. 7. 2010 – 5 U [Lw] 118/09 juris).

Von dem Unterpächter ausgehende Störungen kann der Verpächter auch selbst nach Maßgabe der §§ 823, 1004 BGB abwenden.

Nach **Beendigung des Hauptpachtverhältnisses** kann der Verpächter die **Herausgabe** des Pachtobjektes von dem Hauptpächter auch dann verlangen, wenn dieser nur noch mittelbaren Besitz hat. Der Hauptpächter kann dabei seine Rückgabepflicht nicht durch Abtretung seines Anspruchs auf Rückgabe gegenüber dem Unterpächter erfüllen (BGH NJW 1971, 2065). Für die weitere Nutzung des Pachtobjektes schuldet der Hauptpächter bis zur Herausgabe Nutzungsentschädigung gem § 597 BGB, zu weiteren Einzelheiten siehe die dortige Kommentierung. 31

b) Unerlaubte Unterpacht

Auf die vom Unterpächter geschuldete, möglicherweise höhere Pacht kann der Verpächter aus keinem Rechtsgrund zugreifen (BGH NJW 1964, 1853; **aA** [Anspruch aus § 816] Diederichsen NJW 1964, 2296; BGH NJW 1996, 838; Wolf/Eckert/Ball Rn 1295; MünchKomm/Bieber § 540 Rn 21). 32

Hält der Hauptpächter trotz Abmahnung des Verpächters an der Unterpacht fest, so ist der Verpächter zur **fristlosen Kündigung** des Pachtverhältnisses gem §§ 594e Abs 1, 553 BGB berechtigt, da hierin regelmäßig ein erheblicher Vertragsverstoß liegt (vgl OLG Hamburg NJW 1982, 1157; BGH NJW 1985, 2527; vgl Staudinger/Emmerich [2018] § 540 Rn 31). 33

Der Kündigung wird grundsätzlich der **Einwand des Rechtsmissbrauchs** nicht entgegengehalten werden können, da von § 242 BGB angesichts der gesetzlichen Neuregelung nur mit **größter Zurückhaltung** Gebrauch gemacht werden sollte. Andernfalls würde die vom Gesetzgeber gewollte erlaubnisgebundene Unterverpachtung ausgehöhlt; dem Pächter unzumutbare Situationen dürften grundsätzlich durch die gesetzlichen Ausnahmeregelungen hinreichend berücksichtigt sein.

Bis zur Erteilung der Erlaubnis ist die Unterverpachtung unberechtigt, selbst wenn der Hauptpächter einen Anspruch auf Erlaubniserteilung haben sollte.

34 Bei unerlaubter Verpachtung muss der Pächter zusätzlich jeden von dem Dritten verursachten Schaden an der Pachtsache unabhängig vom Verschulden übernehmen (**Zufallshaftung**), es sei denn, er kann nachweisen, dass der Schaden auch ohne die (Unter-)Verpachtung eingetreten wäre (vgl STAUDINGER/EMMERICH [2018] § 540 Rn 38; BGB-RGRK/GELHAAR § 549 aF Rn 16). Grundlage ist die Analogie zu § 287 S 2 BGB. Da der Pächter wegen der unerlaubten Verpachtung schon nach den allgemeinen Grundsätzen für adäquate Folgen haftet, bedeutet Zufallshaftung, dass ausnahmsweise nicht nur für adäquate, sondern für alle Folgen der unerlaubten Verpachtung gehaftet wird (ausnahmsweise Geltung der Äquivalenztheorie im Zivilrecht).

4. Verhältnis zwischen (Haupt-)Verpächter und Unterpächter

35 Der Verpächter hat gegenüber dem Unterpächter **keine vertraglichen Ansprüche** (vgl ausf STAUDINGER/EMMERICH [2018] § 540 Rn 28 ff). Lediglich bei Beendigung des Hauptpachtverhältnisses kann er aus quasi-vertraglichem Recht den Unterpächter aus § 596 Abs 3 BGB unmittelbar auf Rückgabe in Anspruch nehmen. Gegenüber dem Unterpächter steht ihm weder ein Pachtanspruch noch ein gesetzliches Pfandrecht an den eingebrachten Sachen des Unterpächters zu. Anstelle vertraglicher Schadenersatzansprüche bestehen allenfalls solche aus unerlaubter Handlung (vgl STAUDINGER/EMMERICH [2018] § 540 Rn 30). Denkbar sind indessen Ansprüche des Unterpächters gegenüber dem (Haupt-)Verpächter auf Verwendungsersatz aus GoA und ungerechtfertigter Bereicherung (WOLF/ECKERT/BALL Rn 1324).

5. Verhältnis zwischen Haupt-Pächter und Unterpächter

36 Siehe zunächst Rn 26. Der Unterpachtvertrag ist als **normaler Pachtvertrag** unabhängig von der Erlaubnis des Verpächters gültig (BGH NJW 1986, 308). Hat der Pächter ausnahmsweise den Unterpachtvertrag ausdrücklich oder stillschweigend von der Erlaubnis des Verpächters abhängig gemacht, liegt hierin eine Bedingung iSd § 158 BGB.

Ein wirksamer Unterpachtvertrag verpflichtet den Hauptpächter, für die versprochene Nutzungsüberlassung einzustehen. Kann er dieser Pflicht wegen **verweigerter Erlaubnis** seines Verpächters nicht nachkommen, **haftet** er dem Unterpächter vor Übergabe aus §§ 275, 283, 284, 311a Abs 2 BGB danach gem §§ 586 Abs 2, 541 BGB bei Rückforderung wegen eines Rechtsmangels (WOLF/ECKERT/BALL Rn 1298, 1306 ff). Diese Haftung greift auch dann ein, wenn der Hauptpächter durch die Beendigung des Hauptpachtverhältnisses nicht mehr in der Lage ist, dem Unterpächter den Gebrauch der Mietsache zu gewähren.

Nimmt der Verpächter den Unterpächter als Dritten auf Herausgabe der Pachtsache in Anspruch, kann der Hauptpächter seiner Verpflichtung zur Nutzungsgewährung nicht mehr nachkommen, sodass ihm auch keine Ansprüche auf die Unterpacht mehr zustehen; ferner ist der Unterpächter nach §§ 594e Abs 1, 543 BGB zur fristlosen Kündigung des Unterpachtvertrages berechtigt. Hat der Hauptpächter die Beendigung des Hauptpachtverhältnisses zu vertreten, haftet er dem Unterpächter gem §§ 586 Abs 2, 538 BGB zudem auf Schadenersatz (Wolf/Eckert/Ball Rn 1306 mwNw).

Im Übrigen wird der Unterpachtvertrag entsprechend den Regeln für den Hauptpachtvertrag beendet und rückabgewickelt.

VII. Haftung des Pächters bei Nutzungsüberlassung an Dritte (Abs 2)

Bei erlaubter Nutzungsüberlassung haftet der Pächter für durch den Dritten verursachte Schäden an der Pachtsache nur insoweit, als der Dritte schuldhaft gehandelt hat. 37

In den Fällen der unerlaubten Nutzungsüberlassung an den Dritten muss der Pächter zusätzlich auch für Schäden einstehen, die der Dritte unverschuldet mit verursacht hat (Zufallshaftung, s Rn 34).

VIII. Abdingbarkeit

Die Vorschrift ist weiterhin **dispositiv**; bei der Verwendung vorformulierter Verträge sind die Bestimmungen der §§ 305 ff BGB zu beachten. Die Vereinbarung einer besonderen Kündigungsmöglichkeit bei Insolvenz des Pächters stellt einen Verstoß gegen § 112 InsO dar und ist daher unwirksam (OLG Schleswig 17. 11. 2009 – 3 U 89/08, zitiert nach BeckRS 2010, 30682). 38

IX. Verfahrensfragen

Über die Rechtsstreitigkeiten aus erlaubter und unerlaubter Nutzungsüberlassung an Dritte hat das Landwirtschaftsgericht im Wege des streitigen Verfahrens (ZPO-Verfahren) gem §§ 1 Nr 1a, 2 Abs 1, 48 LwVG zu entscheiden (LWLH Rn 26). 39

Das Fortsetzungsverlangen der Erben nach dem Tod des Pächters gem § 549d Abs 2 BGB betrifft indessen eine Landpachtsache der freiwilligen Gerichtsbarkeit (FGG-Verfahren).

§ 590
Änderung der landwirtschaftlichen Bestimmung oder der bisherigen Nutzung

(1) Der Pächter darf die landwirtschaftliche Bestimmung der Pachtsache nur mit vorheriger Erlaubnis des Verpächters ändern.

(2) Zur Änderung der bisherigen Nutzung der Pachtsache ist die vorherige Erlaubnis des Verpächters nur dann erforderlich, wenn durch die Änderung die Art der Nutzung über die Pachtzeit hinaus beeinflusst wird. Der Pächter darf Gebäude nur mit vorheriger Erlaubnis des Verpächters errichten. Verweigert der Verpächter die Erlaubnis, so kann sie auf Antrag des Pächters durch das Landwirtschaftsgericht ersetzt werden, soweit die Änderung zur Erhaltung oder nachhaltigen Verbesserung der Rentabilität des Betriebs geeignet erscheint und dem Verpächter bei Berücksichtigung seiner berechtigten Interessen zugemutet werden kann. Dies gilt nicht,

wenn der Pachtvertrag gekündigt ist oder das Pachtverhältnis in weniger als drei Jahren endet. Das Landwirtschaftsgericht kann die Erlaubnis unter Bedingungen und Auflagen ersetzen, insbesondere eine Sicherheitsleistung anordnen sowie Art und Umfang der Sicherheit bestimmen. Ist die Veranlassung für die Sicherheitsleistung weggefallen, so entscheidet auf Antrag das Landwirtschaftsgericht über die Rückgabe der Sicherheit; § 109 der Zivilprozessordnung gilt entsprechend.

(3) Hat der Pächter das nach § 582a zum Schätzwert übernommene Inventar im Zusammenhang mit einer Änderung der Nutzung der Pachtsache wesentlich vermindert, so kann der Verpächter schon während der Pachtzeit einen Geldausgleich in entsprechender Anwendung des § 582a Abs. 3 verlangen, es sei denn, dass der Erlös der veräußerten Inventarstücke zu einer zur Höhe des Erlöses in angemessenem Verhältnis stehenden Verbesserung der Pachtsache nach § 591 verwendet worden ist.

Materialien: BT-Drucks 10/508; 10/509; 10/3830; 10/3498.

Schrifttum

Siehe § 585.

Systematische Übersicht

I.	**Normzweck und Entstehungsgeschichte**	1	b) Wirkung	26
			c) Bedingungen/Auflagen des Landwirtschaftsgerichts	27
II.	**Veränderung der landwirtschaftlichen Bestimmung der Pachtsache**	3	5. Auswirkung auf die Rückgabepflicht, Wiederherstellung	31
1.	Landwirtschaftliche Bestimmung der Pachtsache	4	**IV. Ausgleichsanspruch des Verpächters (Abs 3)**	
2.	Änderung	5	1. Grundsatz	32
3.	Erlaubnis des Verpächters	7	2. Ausnahme: angemessene Reinvestition	34
4.	Wirkung der (fehlenden) Erlaubnis	11		
III.	**Nutzungsänderungen bei (beibehaltener) landwirtschaftlicher Bestimmung (Abs 2)**	14	**V. Abdingbarkeit, vertragliche Konkretisierung**	36
1.	Änderung	15	**VI. Verfahren, Beweislast**	
2.	Änderungswirkung innerhalb der Pachtzeit	16	1. Verfahren	40
3.	Änderungswirkung über die Pachtzeit hinaus; Errichtung von Gebäuden	18	241 Beweis- bzw Darlegungslast	
4.	Die Ersetzung der Zustimmung	21		
a)	Voraussetzungen	22		

Titel 5 · Mietvertrag, Pachtvertrag
Untertitel 5 · Landpachtvertrag

§ 590

Alphabetische Übersicht

Abdingbarkeit	36 ff
Änderung der landwirtschaftlichen Bestimmung der Pachtsache	3 ff
– der Nutzung, bei Beibehaltung der landwirtschaftlichen Bestimmung	14 ff
Auflagen des Landwirtschaftsgerichts	27 ff
Ausgleichsanspruch des Verpächters	32 f
– keiner des Verpächters bei Reinvestition	34 f
Bedingungen des Landwirtschaftsgerichts	27 ff
Bestimmung, landwirtschaftliche, der Pachtsache	3 ff
Beweislast	41 f
Biologische Bewirtschaftung, Nutzungsänderung	14 ff
Erlaubnis bei Errichtung von Gebäuden	19 f
– des Verpächters	7 ff
– Ersetzung durch Landwirtschaftsgericht	21 ff
– fehlende, Konsequenzen	11 ff
– kein Rechtsanspruch auf	10
– keine bei Nutzungsänderung innerhalb der Pachtzeit	16
– notwendig bei Nutzungsänderung über die Pachtzeit hinaus	18 ff
Ersetzung der Erlaubnis, Bedingungen, Auflagen	27 ff
– durch Landwirtschaftsgericht	21 ff
– Sicherheitsleistung	30
– Wirkung	26
Interessen, gegenläufige, hinsichtlich des Zustandes der Pachtsache	1
Landwirtschaftsgericht, Ersetzung der Erlaubnis	21 ff
Nutzungsänderung bei Beibehaltung der landwirtschaftlichen Bestimmung	15 ff
– biologische Wirtschaftsführung	15
– Flächenstilllegung	15
– innerhalb der Pachtzeit, keine Erlaubnis	16
– über die Pachtzeit hinaus	18 ff
– Zulässigkeit innerhalb der Pachtzeit	16
Pachtende, Rückgabepflicht des Pächters	31
Pächter, Rückgabepflicht bei Pachtende	31
Rückgabe des Pächters bei Pachtende	31
Sicherheitsleistung, Anordnung des Landwirtschaftsgerichts	30
Verfahrensfragen	40
Verpächter, Ausgleichsanspruch	32 f
– Erlaubnis bei Änderung der landwirtschaftlichen Bestimmung	3, 7 ff
– kein Ausgleichsanspruch bei Reinvestition	34 f
Zustand der Pachtsache, gegenläufige Interessen der Parteien	1
Zweck der Bestimmung	1

I. Normzweck und Entstehungsgeschichte

Bei der Bewirtschaftung der Pachtsache haben die Parteien des Landpachtvertrages – **1** besonders in Fällen der Betriebspacht – zumeist **gegenläufige Interessen**. Der Verpächter möchte in erster Linie den Wert der Pachtsache erhalten sehen und sieht dies zumeist durch eine möglichst die Verhältnisse bei Pachtbeginn „konservierenden" Wirtschaftsweise gewährleistet. Der Vorrang dieses Interesses wird auf den ersten Blick durch die Vorschriften der §§ 585b BGB (Pachtsachenbeschreibung) und § 596 BGB (Rückgabe) gedeckt. Hingegen werden im Pächterinteresse flexible Nutzungsänderungen – etwa zum Zwecke einer Ertragssteigerung durch Anpassung der Wirtschaftsweise an sich ändernde Verhältnisse – liegen.

Auf der anderen Seite sollte jeder Verpächter an der dynamischen Weiterentwicklung seines Eigentums interessiert sein, die er bei Eigenbewirtschaftung im Zweifel selbst vornehmen würde. Er ist jedoch vor risikoreichen oder solchen Pächterinvestitionen zu schützen, die er nach Vertragsende übernehmen muss, die für ihn aber – etwa mangels eigener Spezialisierung – unbrauchbar oder gar schädlich sind.

Letztlich ist zu berücksichtigen, dass der Verpächter nicht unkontrollierten Ersatzansprüchen bei Rückgabe aufgrund hoher Pächterinvestitionen ausgesetzt sein soll; der Grundsatz ist vielmehr, dass sich Pächter-Investitionen während der Pachtzeit amortisieren sollen (FHL Rn 68).

2 Diesem Spannungsverhältnis soll die grundsätzliche Novellierung der Rechtslage zu dieser Problematik besser als die vorhergehende Regelung Rechnung tragen (BT-Drucks 10/509, 20).

Nach dem alten § 583 BGB war die Änderung der wirtschaftlichen Bestimmung eines landwirtschaftlichen Grundstücks grundsätzlich nur mit Erlaubnis des Verpächters zulässig, wenn ihre Wirkungen über das Ende der Pachtzeit hinausgingen. Diese Regelung wurde allgemein als zu wenig sachgerecht angesehen (BT-Drucks 10/509, 20). Die Neuregelung soll durch eine weitergehende Differenzierung einen besseren Ausgleich und damit bessere Nutzungsmöglichkeiten der Pachtsache schaffen.

Die Vorschrift gilt für alle unter § 585 BGB fallenden Pachtverhältnisse, also sowohl für Betriebs- als auch für Stücklandpacht.

II. Veränderung der landwirtschaftlichen Bestimmung der Pachtsache

3 Beabsichtigt der Pächter insoweit eine Veränderung, bedarf er nach Abs 1 stets der **(vorherigen) Zustimmung** des Verpächters. Dies gilt unabhängig davon, ob die landwirtschaftliche Bestimmung vorübergehend oder auf Dauer bzw für die Pachtzeit oder darüber hinaus geändert werden soll.

1. Landwirtschaftliche Bestimmung der Pachtsache

4 Es ist dies die bei Vertragsbeginn existierende **Widmung** der Pachtsache zu Zwecken der landwirtschaftlichen Nutzung, also der Erzeugung pflanzlicher oder tierischer Produkte aufgrund von Bodenbewirtschaftung oder mit Bodennutzung verbundener Tierhaltung bzw der Gartenbau (zu Einzelheiten s § 585 Rn 3). Hier zeigt sich die Bedeutung einer Beschreibung der Pachtsache iSv § 585b BGB.

2. Änderung

5 Diese Bestimmung wird geändert, wenn die Pachtsache anders als in diesem Sinne genutzt wird.

Dies ist bereits bei einer Zuführung zu **gewerblicher Nutzung** (OLG Karlsruhe AgrarR 1988, 23) der Fall, etwa wenn landwirtschaftliche Nutzflächen als Campingplatz oder Gebäude als gewerbliche Lagerhalle oder Ferienwohnung zweckentfremdet genutzt werden. Erst recht liegt eine genehmigungspflichtige Nutzungsänderung vor, wenn dadurch in landwirtschaftsfremder Weise die Substanz der Pachtsache berührt wird, wie bei der **Ausbeute** von Sand, Kies, Ton oä. Auch eine die landwirtschaftliche Bestimmung übersteigende Intensivierung ist Veränderung im Sinne dieser Vorschrift; wie dies beispielsweise der Fall ist, wenn die Verbindung zwischen Tierhaltung und Bodenbewirtschaftung nicht mehr besteht und daher die Grenze zur Gewerblichkeit (s § 51 BewG) überschritten wird.

Genehmigungspflichtige Veränderung in diesem Sinne ist auch jede Veränderung, die zu einer wesentlichen wertverändernden Beeinträchtigung führt, die aus ihrer Natur heraus nicht oder zumindest nicht in der (verbleibenden) Pachtzeit rückgängig gemacht werden kann (OLG Celle OLGR 1998, 198 für die Inanspruchnahme der Milchaufgabevergütung mit der Konsequenz einer nicht mehr bei Vertragsende auf den Verpächter zurückgehenden Milchquote [Rechtslage bis 2000]; s BGH AgrarR 1997, 214; AG Erkelenz AUR 2007, 132). Dies gilt beispielsweise auch dann, wenn bei Umwandlung von Acker- in Dauerbrache zwar eine Wiederherstellung zum Vertragsende möglich ist (s Rn 16), jedoch durch Wegfall von Fördermitteln oder Bewuchs mit Bäumen und daraufhin „drohender" Stellung unter Naturschutz dauerhafte Wertbeeinträchtigungen zu befürchten sind (OLG Rostock AgrarR 1998, 219).

Obwohl das Gesetz nur von „Pachtsache" spricht, ist bei der Beurteilung nicht danach zu fragen, ob der gesamte Gegenstand des Pachtvertrages durch die Maßnahme seine landwirtschaftliche Bestimmung verliert, also bei der Betriebspacht die gesamte Besitzung ihre landwirtschaftliche Widmung. Eine solche Auslegung würde dem Schutzzweck der Norm nicht gerecht. Die Verpächterinteressen sind schon dann in eine die Genehmigung voraussetzenden Weise berührt, wenn ein **abgrenzbarer Teil der Pachtsache**, also etwa ein Grundstück oder Gebäude, so verändert werden soll, dass die Widmung zu Zwecken landwirtschaftlicher Nutzung entfällt.

Aktives Tun des Pächters ist dazu nicht unbedingt Voraussetzung. Die Veränderung kann auch Folge von **Unterlassen** sein, dies etwa dann, wenn Flächen durch Nichtbewirtschaftung veröden oder erodieren. Flächenstilllegungen, erst recht im Zusammenhang mit entsprechenden Programmen oder Auflagen, fallen allerdings nur unter Abs 1, wenn sie zu dauerhaften Substanzschäden führen, die sich durch geeignete Pflegemaßnahmen hätten vermeiden lassen. 6

3. Erlaubnis des Verpächters

Diese muss nach dem ausdrücklichen Gesetzeswortlaut **vor der beabsichtigten Nutzungsänderung** erteilt sein. Zu Einzelheiten vgl § 589 Rn 15 ff. Sie formlos zu erteilen, ist unter Beweis-Gesichtspunkten sehr risikoreich, sodass sich eine individualvertragliche Anpassung anbietet. 7

Die Erlaubnis kann für einen konkreten Fall erklärt werden; sie kann auch für eine Reihe von Vorhaben und auch bereits im Pachtvertrag erklärt werden. Sie verpflichtet den Pächter aber nicht zur Durchführung der Maßnahme. 8

Eine Erlaubnis unter **Widerrufsvorbehalt** ist nicht ausreichend, kann aber einen 9

Vertrauenstatbestand schaffen, der einen späteren Widerruf unzulässig erscheinen lässt.

10 Angesichts der Bedeutung der (beabsichtigten) Veränderung besteht **kein Rechtsanspruch** des Pächters auf Erteilung der Erlaubnis. Diese kann daher konsequenterweise nicht durch eine Entscheidung des Landwirtschaftsgerichts ersetzt werden (so ausdrücklich der Regierungsentwurf BT-Drucks 10/509, 21). Die Verweigerung begründet keine Ansprüche auf Schadensersatz, Pachtminderung oder -anpassung (§ 593 BGB) oder ein Recht des Pächters zu fristloser Kündigung.

4. Wirkung der (fehlenden) Erlaubnis

11 Nimmt der Pächter eine die landwirtschaftliche Bestimmung der Pachtsache verändernde Maßnahme **ohne (vorherige) Genehmigung** vor, hat der Verpächter einen Anspruch auf Unterlassung bzw Beseitigung sowie ggf auf Schadensersatz; so etwa bei Aufgabe der Milchproduktion und Erhalt einer Rente nach der bis 2000 geltenden Milchquotenregelung (s § 585 Rn 31; vgl OLG Oldenburg AgrarR 1996, 342; OLG Celle AgrarR 1996, 227; zu Auskunftspflichten OLG Hamm AgrarR 1997, 20). Diese können aber erst bei Pachtende geltend gemacht werden (OLG Oldenburg AgrarR 1997, 20), wobei auf die kurze Verjährung nach § 591b BGB zu achten ist.

Darüber hinaus wird er den Vertrauensbruch zum Anlass einer fristlosen Kündigung nehmen können. Zu den Konsequenzen bei durch die Pächtermaßnahme vermindertem „eisern" mitverpachteten Inventar vgl unten Rn 32 f.

12 Erteilt der Verpächter die Erlaubnis, wird die modifizierte Nutzung vertragsgemäß. Und zwar mit allen sich daraus ergebenden Konsequenzen, auch bei späterer (nochmaliger) Änderung. Die sich daraus ergebende Gebrauchsbestimmung ist die Basis für die Rückgabepflicht des Pächters bei Vertragsende.

Erlaubte Nutzungsänderungen im Sinne dieser Bestimmung unterliegen **nicht der Anzeigepflicht** nach § 2 Abs 1 LPachtVG (s auch FHL Rn 88).

13 Ist die Pachtsache mit Verpächter-Erlaubnis berechtigterweise geändert, ist die ggf zu Vertragsbeginn erstellte Pachtsachenbeschreibung (§ 585b BGB) unrichtig, und jede Partei kann eine ergänzende verlangen. Auch wenn nunmehr die landwirtschaftliche Bestimmung der Pachtsache fehlt, bleibt dieser Anspruch – mit der Möglichkeit der Anrufung des Landwirtschaftgerichts – als Ausfluss der ursprünglich existierenden Bestimmung ebenso bestehen wie bei einer evtl späteren nochmaligen Änderung.

III. Nutzungsänderungen bei (beibehaltener) landwirtschaftlicher Bestimmung (Abs 2)

14 Berührt die vom Pächter beabsichtigte Änderung die landwirtschaftliche Bestimmung der Pachtsache nicht, ist zu differenzieren.

1. Änderung

Stets muss eine Änderung im Verhältnis zur (bisherigen bzw vereinbarten) land- 15
wirtschaftlichen Nutzung beabsichtigt sein. Dies ist solange nicht der Fall, wie sich der Pächter im durch § 586 BGB gesteckten Rahmen der ordnungsgemäßen Bewirtschaftung bewegt (FHL Rn 22), dem wiederum die getroffenen Vereinbarungen zugrunde liegen (s § 586 Rn 35). Zu beurteilen ist dabei, ob die landwirtschaftliche Nutzung des individuell betroffenen Grundstücks oder Gebäudes, also nicht der „Pachtsache" insgesamt, geändert werden soll (arg Rn 5 aE).

Ob eine Maßnahme eine Änderung darstellt, ist nach dem **Zeitpunkt ihrer** (beabsichtigten) **Vornahme** zu beurteilen und nicht rückwirkend zum Zeitpunkt der Rückgabe der Pachtsache.

Soweit den Landwirten zur Reduktion von Überproduktionen **staatliche Leistungen für die Aufgabe bestimmter Produktionszweige** angeboten werden (zB Milchaufgabevergütung), entspricht deren Annahme nur dann einer unveränderten Wirtschaftsweise, wenn sichergestellt ist, dass diese nur während der Pachtzeit wirken und der Pachtgegenstand bei Vertragsende mit voller Produktionsmöglichkeit wieder zurückgegeben werden kann. Dies wird sich nach den geltenden Regeln kaum realisieren lassen, weshalb beispielsweise die Inanspruchnahme von Milchaufgabevergütung öffentlich-rechtlich ohnehin nur mit Verpächter-Zustimmung möglich ist (BVerwG AgrarR 1994, 404; RdL 1995, 160). Derart ist der Verpächter als zur fristlosen Kündigung berechtigt bereits dann angesehen worden, wenn der Pächter – ohne die vorherige Zustimmung des Verpächters einzuholen – Weideland umwidmete, um Milchrente zu erlangen (BGH LwZR 11/91 nv).

Die **Umstellung der Bewirtschaftung** (einzelner Flächen) von intensiv auf extensiv (oder umgekehrt) ist zweifelsohne eine Änderung der bisherigen Nutzung. Ob sie bei Zustimmungsverweigerung des Verpächters gerichtlich erzwungen werden kann, wird im Rahmen der durchzuführenden Interessenabwägung von den anschließenden Nutzungsmöglichkeiten durch den Verpächter abhängen (s Rn 23).

Häufig wird eine Nutzungsänderung nach Abs 2 mit **Investitionen** des Pächters einhergehen, für deren (ggf) Ausgleich mangels anderweitiger Vereinbarungen der Regelungsmechanismus des **§ 591 BGB** gilt.

2. Änderungswirkung innerhalb der Pachtzeit

Sind die Wirkungen der Änderung auf die Pachtzeit beschränkt, bedarf diese **keiner** 16
Erlaubnis des Verpächters.

Die Wiederherstellung des ursprünglichen Zustandes am Ende der Pachtzeit muss allerdings in einem Umfang gewährleistet sein, in dem die **Anschluss-Bewirtschaftung** im Sinne der (durch die getroffenen Vereinbarungen durchgeführten) Widmung der Pachtsache vor der Änderung ohne zeitliche Verzögerung oder wirtschaftliche Beeinträchtigung **möglich** ist. Bricht der Pächter zB Dauerweiden zu Ackerland um, reicht nicht aus, dass die Flächen bei Pachtzeitende noch nicht wieder als Dauerweiden mit entsprechender Ertragskraft zu benutzen sind. Bei Umstellung von intensiver auf extensive Bewirtschaftung (ggf noch nach den Vorschriften eines ökologischen Produktionsverbandes) erfolgt häufig ein Verzicht auf Düngung und Pflanzenschutz. Dementsprechend sehen die Flächen dann aus bzw sind in ihrer Ertragskraft gemindert.

In derartigen Fällen darf die andere (als bei Vertragsbeginn vereinbarte) Nutzung nur solange andauern, bis aufgrund der Überführung in die ursprüngliche Wirtschaftsweise bei Pachtvertragsende die ursprüngliche Situation wiederhergestellt ist (s § 596 Rn 14).

17 Das Ende der Pachtzeit bestimmt sich nach den vertraglichen Vereinbarungen. Sind feste Laufzeit oder (längere) Kündigungsfristen nicht vereinbart, muss der ursprüngliche Zustand innerhalb der nach § 594a BGB laufenden Kündigungsfrist wiederherstellbar sein, damit die Änderung genehmigungsfrei ist. Dabei wird der Pächter nicht eine von ihm evtl bereits beabsichtigte Verlängerung des Vertragsverhältnisses nach § 595 BGB mit einkalkulieren oder gar ein Verlängerungsverlangen mit noch nicht wiederhergestelltem Zustand begründen können. Denn sonst könnte derart der Schutzzweck der Norm unterlaufen, also die Ausnahme zur Regel werden.

Zwar braucht der Pächter keine Belastung bei Vertragsende aufgrund eigener fristloser Kündigung wegen schwerwiegenden Verpächter-Fehlverhaltens einzukalkulieren. Andersherum bringt dem Pächter die Herbeiführung des Vertragsendes aufgrund fristloser Kündigung des Verpächters keine Entlastung hinsichtlich des noch nicht wiederhergestellten Zustandes. Denn erweist sich die fristlose Kündigung (wegen schwerwiegenden Fehlverhaltens der anderen Vertragsseite) als berechtigt, ist der Kündigende in erste Linie schutzwürdig.

3. Änderungswirkung über die Pachtzeit hinaus; Errichtung von Gebäuden

18 Wirkt die Änderung über die Pachtzeit hinaus, bedarf die Maßnahme der vorherigen Zustimmung des Verpächters. Zu Einzelheiten und Konsequenzen vgl oben Rn 7 bis 13. Ein Beispiel ist die Nutzung von als Ackerland verpachteter Flächen als Grünland. Diese Nutzung stellt – soweit nicht anders vertraglich geregelt – allenfalls dann eine ordnungsgemäße Bewirtschaftung der Flächen dar, sofern die Ackerlandeigenschaft erhalten bleibt. Dies verlangt insbesondere, dass die **Entstehung von Dauergrünland** iSd Grünlandverordnung durch rechtzeitigen Umbruch vermieden wird. Verstößt der Pächter dieser ihm obliegenden Verpflichtung, ist er dem Verpächter zum Ausgleich des hierdurch entstehenden Schadens verpflichtet, da öffentlich-rechtlich nicht erlaubt ist, was zivilrechtlich im Falle der Rückgabe bei Vertragsende geboten wäre (BGH NJW-RR 2017, 1046 = 28. 4. 2017 – LwZR 4/16 juris Rn 19, im konkreten Fall wurde die Fläche zwar als Ackerland verpachtet, bei Übergabe jedoch bereits als Grünland bewirtschaftet, sodass mangels Änderung kein Verstoß gegen § 590 Abs 2 S 1, sondern ein solcher gegen die Pflicht zur ordnungsmäßigen Bewirtschaftung der Pachtsache nach § 586 Abs 1 S 3 vorlag; anders AG Schwerin 11. 12. 2014 – 19 XV 4/14 juris Rn 12, dass die bei Vertragsschluss vorherrschende Nutzung als Grünland trotz Beschreibung als „überwiegen Ackerland" – auch mit Blick auf die erst nach Vertragsschluss in Kraft getretene Grünlandverordnung – als vertragsgemäß und weder nach § 590 Abs 2 zustimmungsbedürftig, noch als Verstoß gegen die Verpflichtung zur ordnungsgemäßen Bewirtschaftung ansah; das OLG Rostock [14 U 2/15] hat die Berufung durch Beschluss zurückgewiesen).

Ebenfalls stets zustimmungspflichtig ist nach S 2 die Errichtung von Gebäuden. **19**
Darunter sind alle Arten von Baulichkeiten zu verstehen, sofern sie mit dem Grund
und Boden fest verbunden werden und damit wesentliche Bestandteile des Grundstücks werden, § 94 BGB (**aA** FHL Rn 41, 43, die ein allseits umschlossenes Bauwerk fordern
und eine feste Verbindung mit dem Grund und Boden für unwichtig halten). Gebäude in diesem
Sinne sind auch Befestigungsanlagen, Mauern, Bodenplatten oä. Bei der Errichtung
von **Windkraftanlagen** (und den Zweifeln bei deren Bestandteils-Eigenschaft) wird
dieser Streit nicht praktisch, weil der Betreiber stets die Einwilligung des Eigentümers in Form einer Dienstbarkeit verlangt, um überhaupt die Baugenehmigung zu
erhalten.

Entsprechend dem Sinngehalt der Vorschrift fallen darunter auch Umbaumaßnahmen an Gebäuden größeren Stils (LWLH Rn 20); gleichfalls Anbauten, zu denen auch
die Errichtung von Photovoltaikanlagen auf den Dächern gehören.

Die Erlaubnis muss auch hier **vor der Durchführung** der beabsichtigten Maßnahme
vorliegen und kann nicht im Nachhinein verlangt oder durch gerichtliche Entscheidung ersetzt werden.

Nimmt der Pächter derartige Maßnahmen ohne vorherige Verpächter-Erlaubnis vor, **20**
hat dieser die gleichen Rechte wie im Falle des Verstoßes gegen Abs 1 (siehe Rn 11).
Zu Einzelheiten der Erlaubnis s Rn 7 ff.

4. Die Ersetzung der Zustimmung

Die verweigerte Zustimmung des Verpächters kann der Pächter durch die Entschei- **21**
dung des **Landwirtschaftsgerichts** ersetzen lassen.

a) Voraussetzungen
Der Verpächter muss die **Zustimmung** (ausdrücklich oder konkludent) **verweigern**. **22**
Davon kann ausgegangen werden, wenn der Verpächter auf eine entsprechende
Pächter-Anfrage innerhalb angemessener Frist überhaupt nicht antwortet oder seine
Zustimmung von unzumutbaren Bedingungen (auch Gegenleistungen) abhängig
macht.

Weitere Voraussetzung ist, dass die beabsichtigte Änderung zur **Erhaltung oder** **23**
nachhaltigen Verbesserung der Rentabilität des Pächter-Betriebes **geeignet** erscheint.
Der insoweit anzustellenden Untersuchung ist stets die vom Pächter aktuell und
insgesamt bewirtschaftete Betriebseinheit zugrunde zu legen. Dies ist im Falle der
Betriebspacht der Pachtgegenstand, ansonsten der Pächter-Betrieb, zu dem die
Stückländereien bzw der Pachtbetrieb hinzugepachtet ist. Die beabsichtigte Rentabilitätsverbesserung muss – nach betriebswirtschaftlichen Grundsätzen kalkuliert –
realistisch erscheinen; ihr Erfolg muss also nicht als sicher vorhergesagt werden
müssen.

Da das Gesetz von einer Erhaltung oder Verbesserung der **Rentabilität** spricht, ist
eine **bereits vorhandene** des Pächter-Betriebes vorauszusetzen. Es erscheint nicht
sachgerecht, dem Verpächter die Zustimmung zu Maßnahmen zuzumuten, durch die

der verlustreich wirtschaftende Pächterbetrieb erst wieder in die Gewinnzone kommen will.

24 Letztlich muss die Änderung dem Verpächter **zumutbar** sein. Dazu sind die Interessen der Vertragsparteien – das des Pächters an einem möglichst rentablen Betrieb, das des Verpächters an Erhalt und Rückgabefähigkeit des Pachtgegenstandes im vereinbarten (also idR einmal übergebenen) Zustand – gegeneinander abzuwägen. Auf Verpächterseite wird insoweit in erster Linie zu beantworten sein, ob es ihm zumutbar ist, dem Pächter bei Vertragsende den Mehrwert der Verbesserung zu ersetzen (§ 591 Abs 1 BGB). Denn häufig wird der Verpächter mit guten Gründen der Veränderung widersprechen, etwa aus betriebswirtschaftlichen Gründen – zB wenn er selbst – aufgrund anderer oder nicht so weitgehender Qualifikation/Spezialisierung – anschließend mit der Investition nichts anfangen kann.

Da der Pächter den Pachtgegenstand grundsätzlich wie übernommen bzw wie vereinbart zurückgeben muss, sind derartige individuelle Umstände in der Person des **Verpächters** bei der Interessenabwägung im Zweifel gegenüber den Pächterinteressen **vorrangig**. Denn die Ausnahmeregelung des § 590b Abs 2 S 3 BGB kann den Grundsatz nicht außer Kraft setzen, dass sich Pächter-Investitionen während der Pachtzeit amortisieren sollten (FHL Rn 68).

Zur Interessenabwägung bei der Bewirtschaftungsumstellung von intensiv auf extensiv (bzw umgekehrt) s Rn 16; zu evtl Ausgleichspflichten im Rahmen von § 591 BGB siehe § 591 Rn 13.

25 Nach dem ausdrücklichen Gesetzeswortlaut kann die Verpächter-Zustimmung **nicht ersetzt** werden, wenn – gleich aus welchem Grunde – das Vertragsverhältnis gekündigt ist oder in weniger als drei Jahren – gerechnet ab (rechtskräftiger) gerichtlicher Entscheidung – endet. Gleichfalls ist eine gerichtliche Ersetzung nicht möglich, wenn der Pächter entgegen dem Gesetzeswortlaut erst die Maßnahme durchführt, dann keine Genehmigung erhält und anschließend das Landwirtschaftsgericht anruft.

b) Wirkung
26 Die (**rechtsgestaltende**) **gerichtliche Entscheidung** fixiert – wie in § 595 Abs 3 BGB – den Vertragsinhalt. Sie verpflichtet den Pächter aber nicht zur Durchführung der Maßnahme. Fehlt die Ersetzung, ist die Nutzungsänderung gesetzeswidrig und berechtigt den Verpächter zu denselben Reaktionen wie im Falle der erlaubnislosen Änderung der landwirtschaftlichen Bestimmung (s Rn 11).

c) Bedingungen/Auflagen des Landwirtschaftsgerichts
27 Mit diesem Instrumentarium wird das Landwirtschaftsgericht in die Lage versetzt, in Fällen zu helfen, in denen es eigentlich die Ersetzung versagen müsste (vgl insbesondere oben Rn 25), dies aber doch als **unbillige Härte gegenüber dem Pächter** ansieht. Aus der Systematik der Bestimmung folgt, dass meist der die Genehmigungs-Ersetzung begehrende Pächter dadurch belastet wird. Jedoch ist – zumindest theoretisch – auch eine Belastung des Verpächters denkbar.

28 Dabei ist im Falle einer **Bedingung** die (auch rechtskräftige) Ersetzung solange nicht wirksam, wie die Bedingung nicht erfüllt ist. Sie empfiehlt sich hinsichtlich essentieller Begleit- bzw Kompensationsmaßnahmen, die sinnvollerweise vor bzw während der Investitionsphase erfüllt werden können. Eine besonders wichtige Bedingung kann sein, dass die Parteien sich vorher über die Modalitäten der Rückgabe, auch der Leistung von Verwendungsersatz (§ 591 BGB), zu einigen haben.

Auflagen hingegen berühren die Wirksamkeit der gerichtlichen Ersetzung nicht und bieten sich für solche Maßnahmen an, die bis zum Pachtende durchzuhalten bzw bei Pachtende durchzuführen sind, wozu auch die Wiederherstellung des ursprünglichen Zustandes gehören kann. Werden sie nicht erfüllt, kann die begünstigte Partei auf Leistung klagen. **29**

Das Instrument der **Sicherheitsleistung** wird das Landwirtschaftsgericht einsetzen, wenn es mit finanziellen Schäden des (zumeist) Verpächters rechnet, gleichzeitig aber ein Bedürfnis des Pächters anerkennt, die Maßnahme auszuführen. Die Sicherheitsleistung kann als Bedingung oder Auflage ausgestaltet werden, wegen der Bedeutung wird vornehmlich die erste Alternative in Betracht kommen; jedenfalls ist eine klare Formulierung vonnöten. **30**

Da das Gericht auch hinsichtlich der Art der Sicherheitsleistung freien Gestaltungsspielraum hat, ist es nicht auf die in § 232 BGB genannten Sicherungsmittel beschränkt. Besondere Bedeutung wird daher angesichts ihrer Praktikabilität der Stellung eines Bürgen zukommen.

Entfällt der (gerichtlich zu bestimmende) Anlass zur Sicherheitsleistung, kann nach Abs 2 S 6 deren **Rückgabe** verlangt und dies notfalls auch gerichtlich durchgesetzt werden. Zur weiteren Ausgestaltung des Verfahrens bei Rückgabe verweist das Gesetz auf § 109 ZPO.

5. Auswirkung auf die Rückgabepflicht, Wiederherstellung

Hat der Verpächter der Veränderung zugestimmt oder ist diese durch landwirtschaftsgerichtliche Entscheidung ersetzt worden, **entspricht der veränderte Zustand dem vertragsgemäßen**, der mithin Maßstab für die Verpflichtungen der Vertragsparteien zur Gebrauchsüberlassung, Erhaltung und Bewirtschaftung (§ 586 BGB) ist. Auch bestimmt sich danach – vorausgesetzt, es liegen keine Mängel vor – der Gegenstand bei Pachtende. Daneben besteht grundsätzlich die Berechtigung des Pächters, nach § 591 BGB bei Pachtende Verwendungsersatz zu verlangen. **31**

IV. Ausgleichsanspruch des Verpächters (Abs 3)

1. Grundsatz

Ist das Inventar in das Vertragsverhältnis mit einbezogen (§ 582a BGB) liegt also ein Fall der „eisernen Verpachtung" vor, kann die veränderte Wirtschaftsweise Auswirkung auf den Inventarbestand haben. Beispiele sind etwa das Unterlassen der Ersatzanschaffung einer übernommenen Maschine, die durch Veränderung überflüssig wurde oder die Umstellung von Viehhaltung auf viehlose Wirtschaftsweise. **32**

In diesen Fällen wird die **Ausgleichspflicht** hinsichtlich des Minderwertes (§ 582a Abs 3 BGB) vom Ende der Pachtzeit auf den Zeitpunkt der Abschaffung des Inventars **vorverlagert**. Dies ist jedoch nur dann der Fall, wenn die Inventarminderung im Zusammenhang mit der Nutzungsänderung steht. Zur Berechnung gilt § 582a Abs 3 Satz 4 BGB entsprechend (LWLH Rn 41).

33 Da der gesetzestreue Pächter nicht schlechter gestellt sein sollte als der gesetzeswidrig handelnde, wird dem Verpächter der vorgezogene **Ersatzanspruch auch** zuzusprechen sein, wenn die Inventarverminderung im Zusammenhang mit einer **nicht erlaubten Änderung** der landwirtschaftlichen Bestimmung (Abs 1) oder erlaubnispflichtigen Nutzungsänderung (Abs 2) ohne Erlaubnis/Ersetzung erfolgt. Wählt der Verpächter diese Alternative, entfällt sein Recht aus § 582a Abs 2 BGB; beide sind nebeneinander nicht denkbar (LWLH Rn 40).

Eine analoge Anwendung dieser Bestimmung auf alle (übrigen) Fälle von Verminderungen des „eisern" mitgepachteten Inventars ist angesichts des Ausnahmecharakters der Bestimmung abzulehnen.

2. Ausnahme: angemessene Reinvestition

34 Der Ausgleichsanspruch des Verpächters entfällt, wenn der Pächter den **Erlös einer Inventarveräußerung** in angemessenem Umfang wieder in die Pachtsache **investiert** und dadurch die Voraussetzungen schafft, bei Pachtende nach § 591 BGB Verwendungsersatz zu erhalten.

Als Veräußerung kommt dabei jedes Rechtsgeschäft in Betracht, solange als Gegenleistung Geldzahlungen erfolgen. Denkbar ist zB auch das Einbringen des Inventargegenstandes in eine Gesellschaft (LWLH Rn 42); der Normalfall ist allerdings der Verkauf.

35 Dieser Erlös muss in einer Weise reinvestiert werden, die zu einer **dauerhaften Wertverbesserung** der Pachtsache und damit zu einem Anspruch des Pächters auf Verwendungsersatz wegen Werterhöhung bei Pachtende führt. Eine dem Erlös identische Werterhöhung der Pachtsache ist nicht notwendig; das Wertverhältnis zwischen Erlös und Verbesserung muss angemessen sein. Dabei wird die nach § 591 BGB vorzunehmende Bewertung – auch unter dem Gesichtspunkt der Brauchbarkeit der Reinvestition für den Verpächter – an dieser Stelle vorwegzunehmen sein.

Ob der Pächter derart reinvestiert anstatt den Betrag sogleich auszuzahlen ist ebenso in seine **freie Entscheidung** gestellt wie die Art der Reinvestition. Erfolgt die Reinvestition nur mit einem Teil des Erlöses, ist der überschießende Betrag auszuzahlen. Anders als zB in § 13 Abs 2 HöfeO muss der Pächter die Reinvestition nicht innerhalb eines bestimmten Zeitraums vornehmen, um in den Genuss dieser Vorschrift zu kommen (**aA** FHL Rn 84, die unverzügliche Reinvestition fordern).

V. Abdingbarkeit, vertragliche Konkretisierung

36 Wie bereits die vorhergehende Bestimmung des § 583 aF (vgl dazu STAUDINGER/EMME-

RICH[12] § 583 Rn 21) ist § 590 BGB **kein zwingendes Recht**. Die Regelungen aller drei Absätze können ausgeschlossen oder modifiziert werden.

Häufig empfehlen sich an der jeweiligen vertraglichen Situation orientierte Änderungen, Ergänzungen oder Klarstellungen. Bereits der Beschreibung der Pachtsache (§ 585b BGB) kommt in diesem Zusammenhang eine besondere Bedeutung zu. Durch sie kann die landwirtschaftliche Bestimmung iSv Abs 1 konkretisiert und die Art der landwirtschaftlichen Nutzung iSv Abs 2 Satz 1 in einer Weise festgeschrieben werden, die einen Streit zu der Frage minimiert, was eine Änderung ist. Ein in den Vertrag aufgenommener Katalog bereits genehmigter Änderungen und deren Kompensierung und/oder Einfluss auf Pacht oder Pachtlaufzeit können für beide Parteien sehr früh wertvolle Klarheit schaffen. Häufig führen an den Verpächter herangetragene Bitten um Genehmigung zu Anpassungen des Vertragsinhalts (Schriftform notwendig, vgl § 585a BGB). 37

Stets erscheint die Vereinbarung der Schriftform für Anfrage und Erlaubnis sinnvoll. 38

Soweit modifizierende Regelungen in vorformulierten Vertragsmustern enthalten sind, ist unter dem Gesichtspunkt des der §§ 307 ff BGB Vorsicht geboten, denn die Norm hat verpächter- und pächterschützende Komponenten. 39

VI. Verfahren, Beweislast

1. Verfahren

Streitigkeiten nach Abs 1 und 3 sind nach § 1 Nr 1a LwVG im ZPO-Verfahren, solche nach Abs 2 nach §§ 1 Nr 1; 9 LwVG im FamFG-Verfahren zu entscheiden (so auch LWLH Rn 50; während FHL [Rn 85] den Streit um den Ausgleichsanspruch nach Abs 3 dem FGG-Verfahren zuordnen). Zuständig ist stets, auch für Unterlassungs- und Schadensersatzansprüche, das Landwirtschaftsgericht. 40

2. Beweis- bzw Darlegungslast

Sie trifft den Verpächter für 41

– ein gekündigtes Pachtverhältnis oder dessen Ende innerhalb von 3 Jahren;

– eine Inventarminderung zur Durchsetzung einer vorzeitigen Ausgleichsforderung nach Abs 3;

– eine Änderung der landwirtschaftlichen Bestimmung/Nutzung, wenn der Pächter dies bestreitet.

Der Pächter hingegen ist darlegungs- bzw beweispflichtig für 42

– eine Wiederherstellung der Änderung in der Pachtzeit;

– die Verweigerung des Verpächters, ihm die Erlaubnis zu erteilen in den Fällen einer gerichtlichen Ersetzungsmöglichkeit;

– die Notwendigkeit einer Veränderungsmaßnahme für die Rentabilität seines Betriebes;

– ein angemessenes Verhältnis von Erlös zu Reinvestition iSv Abs 3.

§ 590a
Vertragswidriger Gebrauch

Macht der Pächter von der Pachtsache einen vertragswidrigen Gebrauch und setzt er den Gebrauch ungeachtet einer Abmahnung des Verpächters fort, so kann der Verpächter auf Unterlassung klagen.

Materialien: BT-Drucks 10/508; 10/509; 10/3830; 10/3498.

Schrifttum

Siehe § 585.

1. Entstehungsgeschichte, Regelungsgehalt, Anspruchskonkurrenzen

1 Die Bestimmung gibt dem Verpächter einen **gesonderten Unterlassungsanspruch** bei vertragswidrigem Gebrauch der Pachtsache durch den Pächter. Sie ist eine eigenständige landpachtrechtliche Regelung, die den Verweis auf die vom Wortlaut her identische Bestimmung des § 541 nF (§ 550 aF über § 581 Abs 2 aF) entbehrlich macht.

2 Dieser Anspruch steht **neben** denjenigen des Verpächters auf außerordentliche Kündigung (§§ 594e Abs 1, 543 BGB) und Schadensersatz wegen Pflichtverletzung (früher positive Vertragsverletzung) gem § 280 BGB oder (bei Beschädigungen) unerlaubter Handlung. Wegen der vorgeschriebenen vorherigen Abmahnung und der darin enthaltenen Warnfunktion scheidet die Anwendung von § 1004 BGB aus (LWLH Rn 1; aA STAUDINGER/EMMERICH [2018] § 541 Rn 1). Da es sich bei dem Anspruch aus § 590a BGB um einen vertraglichen Erfüllungsanspruch handelt (LWLH Rn 5), besteht der Anspruch aus § 1004 BGB aber gegenüber einem Dritten.

2. Anspruchsinhalt und Durchsetzung

3 Maßstab des vertragsgemäßen Gebrauchs ist zunächst der Landpachtvertrag in seiner konkreten Ausgestaltung. Der Gegenstand des Pachtvertragsverhältnisses regelt sich nach den getroffenen Vereinbarungen (§ 585 BGB), die ordnungsgemäße Bewirtschaftungspflicht als vertragsgemäßer Gebrauch nach § 586 Abs 1 S 3 BGB.

Auch hier zeigt sich, wie hilfreich die Existenz einer Beschreibung der Pachtsache (§ 585b BGB) ist.

Jeder Verstoß des Pächters gegen vertragliche oder gesetzliche (§§ 586 Abs 1 Satz 3, 586a, 588, 589, 590, 593a Satz 3, 906 BGB) Gebrauchs- bzw Nutzungspflichten und -beschränkungen stellt einen vertragswidrigen Gebrauch dar und gibt dem Verpächter (auch) den Anspruch auf Unterlassung. Zu Beispielsfällen sei auf die Gründe für eine fristlose Kündigung in § 594e BGB verwiesen. **4**

Dabei kann der Verstoß des Pächters sowohl in einem **Tun wie in einem Unterlassen** **5** bestehen (LWLH Rn 7; vgl STAUDINGER/EMMERICH [2018] § 541 Rn 4). So erfüllt auch das Brachliegenlassen von Ackerland den Tatbestand dieser Bestimmung, wenn dadurch Schäden am Boden oder Bewirtschaftungserschwernisse zu erwarten sind (OLG Rostock AgrarR 1998, 219), Verstöße von **Erfüllungsgehilfen** hat er sich über § 278 BGB zurechnen zu lassen, ebenso die Verhaltensweisen sonstiger Dritter, die er – aus welchem Grunde auch immer – an dem Gebrauch der Pachtsache beteiligt (vgl STAUDINGER/EMMERICH [2018] § 541 Rn 2; LWLH Rn 7; zu Beispielen siehe FHL Rn 5).

Für den Unterlassungsanspruch reicht die objektive Pflichtwidrigkeit des Pächterverhaltens, **schuldhaftes Handeln ist nicht notwendig** (vgl STAUDINGER/EMMERICH [2018] § 541 Rn 2, 9, 11 [str]). Gleichfalls bedarf es weder einer besonderen Gefährdung der Pachtsache noch des Rückgabeanspruchs des Verpächters (LWLH Rn 8).

Die eindeutige Ankündigung vertragswidrigen Gebrauchs reicht zur Geltendmachung des Unterlassungsanspruchs aus (OLG Koblenz AgrarR 2000, 333).

Ein im Prinzip vertragswidriger Gebrauch kann sich bei längerem Dulden in vertragsgemäßen verwandeln, den der Verpächter dann weiter hinzunehmen hat (OLG Karlsruhe RdL 1987, 208 = AgrarR 1988, 23).

Ist eine Personenmehrheit Pächter und geschieht der vertragswidrige Gebrauch nur durch einen von ihnen, ist dieser Anspruchsgegner, § 425 BGB.

3. Abmahnung

Anspruchsvoraussetzung ist stets eine **vorherige** Abmahnung, die jedenfalls wohl **6** empfangsbedürftig ist (zur rechtlichen Einordnung siehe STAUDINGER/EMMERICH [2018] § 541 Rn 5 mwNw; LWLH Rn 9 Brandenburgisches OLG 8. 7. 2010 – 5 U [Lw] 118/09 juris).

Sie muss stets dem Pächter **zugehen**, nicht dem vertragswidrig handelnden Dritten. Sind mehrere Pächter vorhanden, muss die Abmahnung – auch bei vertragswidrigem Handeln von nur einem – allen zugehen. Denn es geht auch um die Rechtsstellung aller, und sie müssen zumindest die Möglichkeit des Einwirkens auf den vertragswidrig Handelnden haben. Ist eine Gesellschaft bürgerlichen Rechts Pächterin, ist sie nach überwiegender Meinung in der Literatur und neuester Rechtsprechung (s § 585 Rn 37; zusammenfassend PALANDT/SPRAU § 705 Rn 24 f mwNw) rechtsfähig. Jedenfalls seither reicht Zugang nach den Grundsätzen des § 130 BGB aus (vgl STAUDINGER/EMMERICH [2018] § 541 Rn 6).

In ihr ist das vorwerfbare Verhalten (nicht zuletzt aus Beweiszwecken) präzise zu beschreiben und zu dessen Unterlassung aufzufordern, weshalb sich **trotz Formfreiheit** auch die **Schriftform empfiehlt**. Einer Fristsetzung zur Abänderung bedarf es ebensowenig wie der Androhung gerichtlicher Schritte.

Die Abmahnung ist ausnahmsweise **entbehrlich**, wenn der Pächter zu erkennen gibt, dass er ihrer ungeachtet sein Verhalten fortsetzen wird (vgl STAUDINGER/EMMERICH [2018] § 541 Rn 8); beweispflichtig dafür ist der Verpächter.

4. Unterlassungsanspruch

7 Stellt der Pächter ungeachtet der Abmahnung sein beanstandetes Verhalten nicht unverzüglich ein, entsteht der – notfalls gerichtlich durchzusetzende – Unterlassungsanspruch des Verpächters (vgl STAUDINGER/EMMERICH [2018] § 541 Rn 9 ff).

Unterbricht der Pächter das beanstandete Verhalten und nimmt es später in gleicher Weise wieder auf, ist eine erneute Abmahnung entbehrlich.

Stellt hingegen der Pächter die abgemahnte Verhaltensweise ein, entfällt der Unterlassungsanspruch ungeachtet eines daneben auch ohne Abmahnung entstandenen Verpächteranspruchs auf Schadensersatz.

5. Abdingbarkeit

8 Die Vorschrift ist **dispositiv**. Abändernde Regelungen bieten sich vor allem an, wenn die (Mit-)Bewirtschaftung durch Dritte, zB im Rahmen einer Bewirtschaftungsgemeinschaft (§§ 705 ff BGB) zu erwarten ist. Stets ist auf die Einhaltung der Schriftform (§ 585a BGB) zu achten. In den Fällen der Verwendung formularmäßiger Vertragsmuster sind die Vorschriften der §§ 305 ff BGB zu beachten.

6. Verfahrensfragen

9 Entsprechend den Möglichkeiten in § 541 BGB (STAUDINGER/EMMERICH [2018] § 541 Rn 14) kann der Verpächter sowohl durch Klage als auch durch einstweilige Verfügung vorgehen.

Das Verfahren ist ein „übriges" Landpachtverfahren im Sinne von § 1 Nr 1a LwVG, sodass die Vorschriften der ZPO zur Anwendung kommen (LWLH Rn 12).

§ 590b
Notwendige Verwendungen

Der Verpächter ist verpflichtet, dem Pächter die notwendigen Verwendungen auf die Pachtsache zu ersetzen.

Materialien: BT-Drucks 10/508; 10/509; 10/3830; 10/3498

Titel 5 · Mietvertrag, Pachtvertrag
Untertitel 5 · Landpachtvertrag

§ 590b

Schrifttum

Siehe § 585.

Systematische Übersicht

I.	**Überblick**	
1.	Normgehalt und Zweck	1
2.	Verhältnis zum bisherigen Recht	2
3.	Verhältnis der Vorschrift	3
a)	zum BGB-Landpachtrecht	3
b)	zu sonstigen BGB-Normen	5
4.	Anwendungsbereich	6
II.	**Ersatzansprüche des Pächters**	
1.	Notwendige Verwendungen	7
a)	Verwendungsbegriff	7
b)	Notwendige Verwendungen	8
c)	Verhältnis zu nützlichen Verwendungen	10
d)	Keine Verwendungen	11
2.	Verwendungen auf die Pachtsache	13
a)	Allgemeines	13
b)	Rechte als Teil des Pfandobjekts	14
3.	Der Anspruch	15
a)	Entstehung	15
b)	Art und Umfang	17
c)	Verpächterpfandrecht	18
d)	Verjährung	19
4.	Zum Unterpachtverhältnis	20
III.	**Zur Abdingbarkeit**	21
IV.	**Verfahren und Beweislast**	22

Alphabetische Übersicht

Abdingbarkeit	21
Anwendungsbereich der Vorschrift	6
Beweislast	22
Luxusaufwendungen, keine notwendigen Verwendungen	9
Normgehalt der Vorschrift	1
Pachtsache als Objekt der Verwendungen	13
Unterpacht, Auswirkung auf Verwendungsersatzanspruch	20
Verfahrensfragen	22
Verhältnis zu anderen Vorschriften	3 ff
Verwendungen, Begriff	7
Verwendungen, notwendige	7 ff
– auf die Pachtsache	13 f
– Beispiele	9
– keine bei Luxusaufwendungen	9
– Negativabgrenzung	11
– Vorsorgemaßnahmen	8
Verwendungsersatzanspruch	15 ff
– Art und Umfang	17
– Entstehung	15
– Gläubiger	16
– Sicherung	18
– Verjährung	19
Vorsorgemaßnahmen als notwendige Verwendungen	8
Zweck der Vorschrift	1

I. Überblick

1. Normgehalt und Zweck

Die Bestimmung regelt die Ersatzpflicht des Verpächters für notwendige Verwen- **1** dungen des Pächters auf die Pachtsache. Er ist **inhaltsgleich** mit der entsprechenden Mietnorm des **§ 536a Abs 2 Nr 2 BGB** (§ 547 Abs 1 S 1 aF).

2. Verhältnis zum bisherigen Recht

2 Aus vorgenannten Gründen ist gemäß der BT-Drucks 10/3830, 29 nunmehr die ehemalig einheitliche Regelung (§ 547 BGB) für notwendige und nützliche Verwendungen für das Landpachtrecht **in zwei Normen getrennt geregelt**, unter Voranstellung des § 590b BGB für die notwendigen Verwendungen.

Im Übrigen bleiben die umfassenden kritischen Hinweise von STAUDINGER/EMMERICH (1995) § 547 Rn 3, insbes über die bisherige „unglückliche Verweisungstechnik der BGB-Verfasser" und die Regelung der Materie gleich in drei Normen, nämlich § 538 Abs 2 BGB (jetzt bezogen durch § 586 BGB), § 547 BGB (jetzt § 590b und 591 BGB) und § 547a BGB (jetzt § 591a BGB) gesetzlich wohl nicht mehr ganz unberücksichtigt. Denn die weite Zweckausrichtung, die das LPachtNeuOG in § 591 Abs 2 BGB auch iVm mit § 590 Abs 2 BGB für die Funktion des Verwendungsbegriffs gesetzt hat, sollten für die weitere Auslegung – wenn nicht gar Prägung – des Verwendungsbegriffs den vorgezeichneten landwirtschaftlichen Rahmen geben.

Bezüglich des Übergangsrechts gilt Art 219 EGBGB.

3. Verhältnis der Vorschrift

a) zum BGB-Landpachtrecht

3 Die Verwendungsmaßnahmen aus § 590 Abs 2 BGB können sich unbeschadet einer weitgehenden Übereinstimmung des Wortlauts des § 590 Abs 2 S 3 BGB mit § 591 Abs 2 BGB je nach Sachlage auch als notwendige Verwendungen iSv § 590b BGB darstellen, während anderseits nicht jede in Übereinstimmung mit § 590 Abs 2 BGB vorgenommene Maßnahme (Investitions- oder Nutzungsänderung) eine Ersatzpflicht aus § 591 Abs 1 BGB auslöst (vgl LWLH § 591 Rn 5).

4 Im Übrigen sei bei Errichtung eines Gebäudes auf dem Pachtgrundbesitz durch den Pächter verwiesen:

– auf die grundsätzlich vorrangige Anwendung des § 590 Abs 2 BGB bei Änderung der landwirtschaftlichen Nutzung;

– bezüglich des Ersatzanspruchs des Pächters wegen Unanwendbarkeit der §§ 994 ff BGB auf §§ 536a Abs 2 und 539 Abs 1 BGB.

b) zu sonstigen BGB-Normen

5 Zu § 812 BGB: Hat der Pächter auf seine Kosten erhebliche Verwendungsmaßnahmen im Hinblick auf seinen langfristigen Pachtvertrag ausgeführt, der nun vorzeitig endet, können hieraus dem Verpächter Bereicherungsansprüche (§§ 812 ff BGB) erwachsen; zur Verjährungsfrage s Rn 19.

4. Anwendungsbereich

Die Norm ist nur auf Landpachtverhältnisse (§ 585 ff BGB) anwendbar und nur, **6** soweit der Verpächter mit der Vornahme einer ihm obliegenden Verwendungsmaßnahme in Verzug ist, es sich um notwendige Verwendungen (in Abgrenzung zu denen aus § 591 BGB) handelt, und (in Abgrenzung zu § 994 BGB) der Pächter vertraglich besitzberechtigt ist.

II. Ersatzansprüche des Pächters

1. Notwendige Verwendungen

a) Verwendungsbegriff

Verwendungen sind „Aufwendungen für die Sache", die nach dem Pächterwillen **7** darauf abzielen, den Bestand der Pachtsache zu erhalten, wiederherzustellen oder ihren Zustand zu verbessern (s im Einzelnen STAUDINGER/EMMERICH [2018] § 536a Rn 35 ff; LWLH § 591 Rn 4; FHL § 590b Rn 4 und § 591 Rn 7 f; alle mwNw). Verwendungsmaßnahmen können übrigens nicht ohne zerstörende Einwirkungen auf das Objekt wieder rückgängig gemacht werden.

Als Verwendungen kommen **geldwerte Leistungen aller Art** in Betracht, insbesondere Kapital, Geld- und Sachwerte sowie Arbeitsleistungen. Es handelt sich hierbei um willentliche Leistungen für das Pachtobjekt zu dessen Erhaltung, Wiederherstellung, Verbesserung oder Veränderung. Im Zuge der Rechtsentwicklung hat sich gegenüber einem engeren Verwendungsbegriff entsprechend den Erfordernissen der wirtschaftlichen Entwicklung ein weiter gefasster herausgebildet.

Die **weitere Begriffsdefinition** entspricht der des Mietrechts: Verwendungen sind solche Maßnahmen, die zur Erhaltung der Pachtsache erforderlich sind, jedoch nicht solche, die ihren erstmaligen vertragsgemäßen Zustand herstellen sollen. Aufwendungen des Pächters zu letzterem können nur als Ersatzanspruch nach §§ 586 Abs 2, 538 Abs 2 BGB ausgeglichen werden (BGH AgrarR 1991, 245 = RdL 1991, 10).

b) Notwendige Verwendungen

Dies sind solche, die zur Erhaltung des Pachtobjekts im vertragsgemäßen Zustand **8** oder zu seiner ordnungsgemäßen Bewirtschaftung entsprechend dem vorausgesetzten Nutzungszweck (FHL § 590b Rn 5) oder zur ordnungsgemäßen Bewirtschaftung notwendig sind und die bei Nichtvornahme dem Eigentümer zur Last gefallen wären. Hierzu gehören **insbesondere Aufwendungen** (vgl STERNEL VIII Rn 326 f; STAUDINGER/EMMERICH [2018] § 539 Rn 3 ff), die das Pachtobjekt „vor einer unmittelbar bevorstehenden Gefahr der Verschlechterung" bewahren sollen (LWLH § 590b Rn 5).

Jedenfalls richtet sich die Frage, ob sich Verwendungen aufgrund einer Änderung der bisherigen landwirtschaftlichen Nutzungsart als notwendige (§ 590b BGB) oder nützliche (§ 591 BGB) darstellen, nach dem **Verwendungszweck** aufgrund der erstrebten geänderten Nutzung, zu der der Verpächter seine vorherige Erlaubnis erteilt oder das Landwirtschaftsgericht diese ersetzt hat (§ 590 Abs 2 BGB; LWLH Rn 6 f).

9 Als **Beispiele** notwendiger Verwendungen seien angeführt (zu weiteren LWLH Rn 4; FHL Rn 5): der Bau einer Stützmauer, Errichtung von Wirtschaftsgebäuden, Wiederaufbau durch Feuer beschädigter gepachteter Gebäude (zu weiteren Beispielen s STAUDINGER/EMMERICH [2018] § 536a Rn 35 ff).

Stets geht es nur um den angemessenen Umfang; notwendige Verwendungen **in Luxusausführung** ohne Verpächterzustimmung geben hinsichtlich der durch die Luxusanfertigung erhöhten Kosten keinen Ersatzanspruch; dies auch nicht im Anwendungsbereich des § 591 BGB, soweit der Kostenaufwand bei Pachtende keinen wirtschaftlichen Mehrwert begründet (LWLH § 591 Rn 4).

c) Verhältnis zu nützlichen Verwendungen

10 Sachlich einheitliche Verwendungen können sich zugleich rechtlich teils als „notwendige", teils als „nützliche" (§ 591 BGB) darstellen mit den jeweils unterschiedlichen Rechtsfolgen bezüglich der Verpächter-Ersatzpflicht.

d) Keine Verwendungen

11 Die landwirtschaftliche Zweckausrichtung wirkt sich insbesondere dahin aus, dass Verwendungen zu **nichtlandwirtschaftlichen, insbesondere gewerblichen, Zwecken** (Umwandlung in Campingplätze) Verwendungsersatzansprüche der §§ 590b, 591 BGB grundsätzlich nicht auslösen.

Keine ersatzpflichtigen „Verwendungen" sind weiter:

– gewöhnliche Ausbesserungen des Pachtobjekts, da diese der Pächter auf seine Kosten bewirken muss (§ 586 Abs 1 S 2 BGB, s STAUDINGER/EMMERICH [2018] § 536a Rn 37 mwNw);

– Verwendungen, die der Pächter in Erfüllung seiner ihm obliegenden Bewirtschaftungspflicht (§ 586 Abs 1 S 3 BGB, LWLH Rn 5) oder Inventarerhaltungspflicht nach § 582 BGB vornimmt;

– Aufwendungen, zu deren Erbringung sich der Pächter verpflichtet hat (LWLH Rn 5);

– Aufwendungen, durch die der Pächter erst das Pachtobjekt in vertragsgemäßen Zustand setzt (LWLH Rn 1; BGH NJW 1984, 1552);

– die Behebung eines vom Pächter schuldhaft verursachten Schadens;

– die Stilllegung landwirtschaftlicher Nutzflächen (LWLH Rn 9);

– grundsätzlich staatliche Subventionen (im Einzelnen LWLH Rn 1).

12 Die Erlangung von **Produktionskontingenten und Referenzmengen** für die bewirtschafteten Pachtflächen ist nach übereinstimmender Auffassung der Rechtsprechung gleichfalls keine notwendige oder nützliche Verwendung, die dem Pächter einen Ersatzanspruch für Wertschöpfungen des Pachtgegenstandes zu geben vermögen. Es handelt sich dabei nur um eine Produktionsbeschränkung, die bei Pachtende entschädigungslos auf den Verpächter übergeht (s § 591 Rn 13 mwNw).

2. Verwendungen auf die Pachtsache

a) Allgemeines

Objekt der landpachtrechtlichen Verwendungen ist der Gegenstand des Landpacht- 13
vertrages. Bezüglich der verwendungsrechtlichen Besonderheiten im Inventarbereich sei verwiesen auf § 590 Abs 3 BGB sowie auf die nach § 582 BGB mögliche Pächterpflicht zur Inventarerhaltung bei Mitverpachtung.

b) Rechte als Teil des Pfandobjekts

Es kann für den Pächter zweckmäßig sein, zur Erhaltung oder Verbesserung mit- 14
gepachteter Rechte bzw Rechtsstellungen (LWLH § 585 Rn 56) Maßnahmen zu treffen, die über den Rahmen seiner Bewirtschaftungspflicht (§ 586 Abs 1 S 3 BGB) hinausgehen. Die Aufwendungen hierfür rechtfertigen nach dem Sinn- und Zweckgehalt der §§ 590b und 591 BGB ihre Anwendung **auch** unter dem Aspekt der Verwendungsersatzansprüche für den Pächter.

3. Der Anspruch

a) Entstehung

Mangels abweichender Vereinbarung entsteht der Ersatzanspruch des Pächters 15
grundsätzlich mit der **Vornahme der Verwendung** (FHL Rn 9; BGHZ 5, 197, 199), im Falle des § 536a Abs 2 Nr 1 BGB indes nur bei Verzug des Verpächters mit der Mängelbeseitigung, was auch für die zulässige Anwendung des § 536a Abs 2 Nr 2 BGB anstelle der Nr 1 zu beachten ist (im Einzelnen umstritten, STAUDINGER/EMMERICH [2018] § 536a Rn 1, 26 ff; vgl auch FHL § 547 Rn 7).

Der Pächter kann vor Ausführung der Verwendungen vom Verpächter **Vorschuss** verlangen (BGHZ 47, 272; 56, 141). Auch kann sich bei **Gefahr im Verzug** eine Pflicht des Pächters zur Vornahme notwendiger Verwendungen auch ohne Inverzugsetzung des Verpächters ergeben (BGH NJW 1963, 1823; FHL § 590b Rn 7).

Anspruchsgläubiger ist der verwendende Pächter, im Fall des § 593a BGB regelmä- 16
ßig der Betriebsnachfolger. Schuldner ist der Verpächter, der diese Position zur Zeit der Vornahme der Verwendung innehatte.

b) Art und Umfang

Der – abtretbare – Aufwendungsersatzanspruch des Pächters ist grundsätzlich ein 17
Geldanspruch in Höhe des Werts der Pächteraufwendungen im notwendigen Umfang.

Der Ersatzanspruch schließt etwaige Schadensersatz- bzw Minderungsansprüche (§§ 586, 536a BGB) nicht aus (vgl STAUDINGER/EMMERICH [2018] § 536a Rn 24). Im Übrigen ergibt sich der Inhalt des Anspruchs aus den vertraglichen Vereinbarungen und den §§ 256, 257 BGB.

c) Verpächterpfandrecht

18 Zur **Sicherung** der Pächterersatzansprüche sei verwiesen auf das Pächterpfandrecht, § 583 BGB.

d) Verjährung

19 Der Lauf der **sechsmonatigen** Verjährungsfrist für die Verwendungsersatzansprüche des Pächters beginnt mit der **Beendigung des Pachtverhältnisses**. Bei vorzeitiger Aufgabe des Nutzungsrechts beträgt die Verjährungsfrist bei einem etwaigen Bereicherungsanspruch des Verpächters gegen den Pächter an sich dreißig Jahre, was den vorherigen Eintritt einer Verwirkung nicht ausschließt.

4. Zum Unterpachtverhältnis

20 Aus der Struktur des Unterpachtverhältnisses (vgl § 589 Rn 27 ff) folgt, dass die beiden Verwendungsabwicklungs-Verhältnisse (Hauptverpächter/Pächter und Pächter/Unterpächter) jeweils **getrennt** zu beurteilen und zu behandeln sind und der Unterpächter gegen den Hauptverpächter jedenfalls keine unmittelbaren Ersatzansprüche herleiten kann.

Allerdings kann der Pächter seinerseits seine Ansprüche stellen und diese an den Unterpächter abtreten.

III. Zur Abdingbarkeit

21 Die Norm ist im Rahmen der Grundsätze der Vertragsfreiheit grundsätzlich ganz oder teilweise abdingbar und kann durch andere Regelungen ersetzt werden (Staudinger/Emmerich [2018] § 536a Rn 44; FHL Rn 1; LWLH Rn 2). Bei Verwendung vorformulierter Vertragsmuster sind die Bestimmungen des § 307 BGB zu beachten (zu dem Fall einer zu einseitigen Lastenverteilung siehe BGH NJW 1967, 1224).

Zur Schriftform von – auch späteren – Vertragsänderungen vgl § 585a BGB und die dortige Kommentierung.

IV. Verfahren und Beweislast

22 Der Verwendungsanspruch des Pächters ist im **streitigen Verfahren** vor dem Landwirtschaftsgericht nach § 1 Nr 1a iVm § 48 LwVG einzuklagen. Die Beweislast für die anspruchsbegründenden Tatsachen obliegt dem Pächter. Von der gesetzlichen Regelung abweichende Vereinbarungen sind vom Verpächter zu beweisen.

§ 591
Wertverbessernde Verwendungen

(1) Andere als notwendige Verwendungen, denen der Verpächter zugestimmt hat, hat er dem Pächter bei Beendigung des Pachtverhältnisses zu ersetzen, soweit die Verwendungen den Wert der Pachtsache über die Pachtzeit hinaus erhöhen (Mehrwert).

(2) Weigert sich der Verpächter, den Verwendungen zuzustimmen, so kann die Zustimmung auf Antrag des Pächters durch das Landwirtschaftsgericht ersetzt werden, soweit die Verwendungen zur Erhaltung oder nachhaltigen Verbesserung der Rentabilität des Betriebs geeignet sind und dem Verpächter bei Berücksichtigung seiner berechtigten Interessen zugemutet werden können. Dies gilt nicht, wenn der Pachtvertrag gekündigt ist oder das Pachtverhältnis in weniger als drei Jahren endet. Das Landwirtschaftsgericht kann die Zustimmung unter Bedingungen und Auflagen ersetzen.

(3) Das Landwirtschaftsgericht kann auf Antrag auch über den Mehrwert Bestimmungen treffen und ihn festsetzen. Es kann bestimmen, dass der Verpächter den Mehrwert nur in Teilbeträgen zu ersetzen hat, und kann Bedingungen für die Bewilligung solcher Teilzahlungen festsetzen. Ist dem Verpächter ein Ersatz des Mehrwerts bei Beendigung des Pachtverhältnisses auch in Teilbeträgen nicht zuzumuten, so kann der Pächter nur verlangen, dass das Pachtverhältnis zu den bisherigen Bedingungen so lange fortgesetzt wird, bis der Mehrwert der Pachtsache abgegolten ist. Kommt keine Einigung zustande, so entscheidet auf Antrag das Landwirtschaftsgericht über eine Fortsetzung des Pachtverhältnisses.

Materialien: BT-Drucks 10/508; 10/509; 10/3830; 10/3498.

Schrifttum

Siehe § 585 sowie
DINGERDISSEN, Der Ausgleich von Ver- und Aufwendungen sowie von Wertverbesserungen zwischen Pächter und Verpächter während des Pachtverhältnisses und bei dessen Beendigung, AgrarR 1997, 105.

Systematische Übersicht

I.	**Allgemeine Kennzeichnung**	
1.	Normgehalt und Normzweck	1
a)	Normgehalt	1
b)	Normzweck	2
2.	Verhältnis zu früherem Recht	3
3.	Anwendungsbereich	5
4.	Verhältnis der Vorschrift zum LPachtVG	8
II.	**Die Ersatzpflicht des Verpächters**	
1.	Andere als notwendige Verwendungen	9
a)	Verwendungen	9
b)	Andere als notwendige Verwendungen	10
c)	Verwendungen für die „Pachtsache"	15
2.	Zeitpunkt	16
3.	Zustimmung des Verpächters	17
4.	Zur Fristbeschränkung nach Abs 2 S 2	25
5.	Zum Mehrwert-Ersatzanspruch	26
a)	Grundsätzliches	26
b)	Entstehung	27
c)	Fälligkeit	28
d)	Höhe	31
e)	Gläubiger und Schuldner des Anspruchs	32
f)	Anspruchskonkurrenz	34
g)	Sicherung des Anspruchs	35
III.	**Ersetzung der Verpächter-Zustimmung (Abs 2)**	
1.	Bedeutung	36

2.	Verfahrensrechtliche Voraussetzungen	37	5. Beschränktes Antragsrecht des Verpächters	49
a)	Antrag	37		
b)	Eine gewisse Vertragsdauer	38	**IV. Gerichtliche Mehrwertbestimmung (Abs 3)**	
c)	Verweigerte Verpächter-Zustimmung	39	1. Überblick und Regelung nach S 1 und 2	50
3.	Materiellrechtliche Voraussetzungen	40	2. Mehrwertberechnung	51
a)	Eignung zur Betriebserhaltung oder nachhaltigen Rentabilitätsverbesserung	40	3. Pachtfortsetzung zwecks Mehrwertabgeltung (Abs 3 S 3 und 4)	57
b)	Zumutbarkeit	43		
4.	Zustimmungsersetzung unter Bedingungen bzw Auflagen (S 3)	44	**V. Verjährung**	58
a)	Überblick	44	**VI. Abdingbarkeit**	59
b)	Bedingungen	47		
c)	Auflagen	48	**VII. Verfahren**	60

Alphabetische Übersicht

Abdingbarkeit	59	– Entstehung	27	
Anwendungsbereich der Bestimmung	5 ff	– Fälligkeit	28, 30	
Anzeigepflicht nach dem LPachtVG	8	– Gläubiger und Schuldner	32 f	
Auflagen	48	– Höhe	31	
		– Verjährung	30	
Bedingungen	47	Mehrwertabgeltung durch Pachtfortsetzung	57	
Bedingungen, Auflagen, des Gerichts	44 ff	Mehrwertbestimmung gerichtliche	50 ff	
– des Verpächters	19	– und gerichtliche Ersetzung	52	
Betriebsverbesserung als Merkmal nützlicher Verwendungen	11	– Vollstreckbarkeit	53	
Biologische Wirtschaftsweise	12	Milchquote	13	
		Mindest-Vertragsdauer als Anspruchsvoraussetzung	38	
Ersetzung, gerichtliche				
– Anspruch nur bei Mindestvertragsdauer	38	Pächter, Mehrheit	23	
– Antrag	37	Pachtfortsetzung zur Mehrwertabgeltung	57	
– Antragsrecht	49	Pachtsache als Objekt der Verwendung	15	
– Bedingungen, Auflagen	44 ff	Produktionsquoten	13	
– der Zustimmung	25, 36 ff			
– und Mehrwertbestimmung	52	Schadensersatzpflicht, keine, des Verpächters bei Verweigerung	22	
– Voraussetzungen	40 ff	Sicherung des Anspruchs auf Mehrwertersatz	35	
– Zumutbarkeitsprüfung	43	Sonderrecht, landwirtschaftliches	42	
Fortsetzung des Vertragsverhältnisses zur Mehrwertabgeltung	57	Unterpacht	24	
Mehrheit von Verpächtern oder Pächtern	23			
Mehrwert-Ersatzanspruch	26 ff	Verfahrensfragen	60	
– Absicherung	35	Verhältnis der Bestimmung zum früheren Recht	3 f	
– Anspruchskonkurrenz	34			
– bei Betriebsveräußerung	29			

Verjährung des Mehrwert-Ersatzanspruches	30, 58	Voraussetzungen der gerichtlichen Ersetzung	40 ff
Verpächter, beschränktes Antragsrecht	49	Zeitpunkt der nützlichen Verwendung	16
– Mehrheit	23	Zuckerrübenlieferrechte	13
– Zustimmung	17 ff	Zustimmung des Verpächters	17 ff
Verwendungen, Begriff	9	– Bedingungen, Auflagen	19
Verwendungen, nützliche		– bei Unterpacht	24
– Abgrenzung zu notwendigen	10 ff	– Form	20
– bei biologischer Wirtschaftsweise	12	– gerichtliche Ersetzung	25, 36 ff
– bei Produktionsquoten	13	– keine Schadensersatzpflicht bei Verweigerung	22
– Beispiele	12 ff	– Zeitpunkt	18
– Erfordernis der Betriebsverbesserung	11 f	Zweck der Bestimmung	2
– für die Pachtsache	15		
– Verpächter-Zustimmung	17 ff		
– Zeitpunkt	16		
Vollstreckbarkeit der gerichtlichen Mehrwertbestimmung	53		

I. Allgemeine Kennzeichnung

1. Normgehalt und Normzweck

a) Normgehalt

Die Bestimmung regelt als **besonders eigenständige Neuschöpfung** der Landpacht- **1** novelle die Ersatzpflicht des Verpächters für **nützliche Verwendungen** des Pächters in Bezug auf die Pachtsache. *Sie ist die Ergänzung zu § 590b BGB*, der die Ersatzpflicht für notwendige Pächterverwendungen anordnet. Die Ersatzpflicht besteht nur dann, wenn der Verpächter den Verwendungen des Pächters **zugestimmt** hat. Sie besteht nur in Höhe des Wertes, den die Pachtsache aufgrund der Verwendungen über die Pachtzeit hinaus erlangt (Mehrwert).

Eine **verweigerte Zustimmung** kann nach Abs 2 durch die **gerichtliche ersetzt** werden. Dies jedoch nur insoweit, als die Verwendungen zur Erhaltung oder nachhaltigen Verbesserung der Rentabilität des Betriebs geeignet sind; dies steht im Einklang mit dem seit einiger Zeit neu herausgebildeten Grundsatz der Förderungswürdigkeit leistungsfähiger Betriebe (BVerfG AgrarR 1995, 15; 3 ausf § 585 Rn 19). Das gerichtliche Verfahren nach den Abs 2 und 3 ist auf **angemessenen Interessenausgleich** ausgerichtet.

Die in Abs 3 S 3 und 4 vorgesehene Möglichkeit einer **Fortsetzung des Pachtverhältnisses** auf Pächterinitiative zur Mehrwertabgeltung erscheint verwandt mit dem Regelungsbereich des § 595 BGB (Pachtverlängerung), mit dem Unterschied, dass § 595 BGB nach seinem Abs 8 grundsätzlich unabdingbar ist.

b) Normzweck

Die Neuregelung verbessert die Stellung des Pächters zum Zwecke einer dynamischen **2** Betriebsbewirtschaftung. Sie soll ein geeignetes Mittel zur nachhaltigen Verbesserung der Betriebsrentabilität darstellen und sein Investitionsinteresse animieren.

Der Aufbau des § 591 BGB ist wegweisend für die sukzessive individualgerechte Bewältigung des Mehrwertproblems. Hier ist wie in den anderen Normen gerichtlicher Vertragsgestaltung (§§ 590, 593, 595 BGB) das Erfordernis **eines vorangegangenen Versuchs zur gütlichen Einigung** vorgeschaltet. *Der fehlgeschlagene Einigungsversuch ist Voraussetzung für eine Sachentscheidung gem Abs 2 und 3.*

2. Verhältnis zu früherem Recht

3 Nach dem *früheren Recht* konnte der Pächter Aufwendungsersatz nur nach den Vorschriften der §§ 812 ff BGB oder über § 539 Abs 1 BGB der auftraglosen Geschäftsführung (§§ 677 ff BGB) verlangen. Diese Regelungen wurden als nicht mehr ausreichend angesehen, um den Bedürfnissen des landwirtschaftlichen Strukturwandels Rechnung zu tragen. Speziell das Erfordernis, sowohl im Interesse als auch nach dem wirklichen oder mutmaßlichen Willen des Verpächters zu handeln, erschwerte beachtlich die Begründung eines Ersatzanspruchs des Pächters und beeinträchtigte damit dessen Investitionsbereitschaft. Damit bestand die Gefahr, dass der Pächter für seine Aufwendungen ersatzlos blieb; so insbesondere, wenn trotz der objektiven Wertsteigerung der Verpächter aus subjektiven Gründen am Mehrwert nicht interessiert war (dazu JAKOBS AcP 167, 350; LAUSNER NJW 1965, 513; zur subjektiven Bewertung BGHZ 10, 171, 180; 23, 61).

4 **Neu eingeführt** sind der **(objektive) Mehrwertbegriff** des § 591 Abs 1 BGB als Grundlage des Verwendungsersatzanspruchs, ferner das **Zustimmungserfordernis** des Verpächters nach Abs 2 sowie die **Entscheidungsmöglichkeit des Landwirtschaftsgerichts** nach Abs 2 S 3 bzw Abs 3.

3. Anwendungsbereich

5 Die Norm bezieht sich auf **alle Landpachtverhältnisse**, sowohl auf die Betriebspacht wie die Stücklandpacht (BT-Drucks 10/509, 21). Wertersatzansprüche entstehen nur insoweit, als die **Verwendungen während der Pachtzeit** erfolgt sind und die Pachtsache im Verwendungszeitpunkt die landwirtschaftliche Qualifikation nicht verloren hat.

6 *Die Norm bezieht sich auch auf Einrichtungen* (§ 591a BGB), mit denen der Pächter das Pachtobjekt versehen hat (BT-Drucks 10/509, 22; vgl STAUDINGER/EMMERICH [2018] § 539 Rn 27), soweit diese wegen ihres betriebswirtschaftlichen Wertes Verwendungen sind.

7 Die Norm bezieht sich **nicht** auf

– Maßnahmen zur Mängelbeseitigung des Pächters, soweit er sich bei Vertragsbeginn keine dementsprechenden Rechte vorbehalten hat (OLG Köln 23 U 4/88 [nv]);

– Ausbesserungsmaßnahmen iSv § 586 Abs 1 S 2 BGB;

– Erhaltungsmaßnahmen nach §§ 582 Abs 2, 582a BGB bei Inventarpacht sowie auch nicht auf bloß notwendige Verwendungen;

- Verwendungen auf die Pachtsache, die vor Abschluss bzw nach Beendigung des Landpachtverhältnisses oder nach Verlust der landwirtschaftlichen Zwecksetzung erfolgt sind (vgl LWLH Rn 3);

- Ansprüche aus Verträgen, die vor dem 1. 7. 1986 geschlossen sind, es sei denn, dass ein Vertragsteil nach Art 219 Abs 1 EGBGB erklärt hat, dass das alte Recht Anwendung finden soll;

- die Abbedingung der Bestimmung bzw bei Verwendungen, die sich als Teil der geschuldeten Pacht darstellen (BGH LM § 662 Nr 28) oder bei denen kostenlose Vornahme vereinbart war.

4. Verhältnis der Vorschrift zum LPachtVG

Der Ausschluss oder die Abänderung der gesetzlichen Mehrwertausgleichsregelung als Teil eines nach § 2 LPachtVG anzeigebedürftigen Landpachtvertrags ist grundsätzlich in beanstandungsfähiger Hinsicht irrelevant. Deshalb **entfällt** auch ein **Anzeigebedürfnis** für entsprechende pachtvertragliche Abänderungsvereinbarungen (§ 590 Rn 12). Wird hingegen zB der Pächter zur Leistung nützlicher Verwendungen verpflichtet, die über den Rahmen der gesetzlichen Leistungspflicht hinausgehen (etwa anlässlich der Vereinbarung des Ausschlusses der Verwendungsersatzregelung aus § 591 BGB), besteht eine Anzeigepflicht nach § 4 Abs 1 Nr 3 LPachtVG. 8

Der Gehalt landwirtschaftsgerichtlicher Entscheidungen unterliegt weder im Rahmen des Zustimmungsverfahrens (§ 591 Abs 1 und 2 BGB) noch des Mehrwertverfahrens (Abs 3) der Anzeigepflicht nach § 2 LPachtVG.

II. Die Ersatzpflicht des Verpächters

1. Andere als notwendige Verwendungen

a) Verwendungen
Zum Begriff vgl die Erläuterungen zu § 590b BGB (Rn 7 ff). 9

b) Andere als notwendige Verwendungen
Es ist dies einerseits die **Abgrenzung** zu den notwendigen Verwendungen, deren Ersatzmöglichkeit bzw -pflicht sich nach § 590b BGB richtet. Andererseits bedeutet die in letztgenannter Norm enthaltene Beschränkung auf „notwendige" im Verpächterinteresse eine Abgrenzung zu nützlichen oder nur vom Pächter für sinnvoll gehaltenen, hinsichtlich derer die Ersatzpflicht danach nicht besteht. Es erfolgt hier also auch eine Abgrenzung auch gegenüber Luxusaufwendungen, denen Verpächter zustimmen kann, aber nicht muss (vgl STAUDINGER/EMMERICH [2018] § 539 Rn 4 ff; LWLH Rn 4). 10

Wesentliches Erfordernis für den Mehrwertersatzanspruch des Pächters ist, dass die Verwendung – und zwar nach objektiver Betrachtungsweise – **zur Erhaltung oder nachhaltigen Verbesserung des Betriebs geeignet** ist. 11

Dies rechtfertigt eine entsprechend weite Gesetzesauslegung, nach der zB nicht nur

Maßnahmen der Erhaltung oder Verbesserung von Betriebs- und Wohngebäuden, sondern auch deren Errichtung durch den Gesetzeszweck gedeckt wird, gleichviel ob es sich dabei um eine Ersatzmaßnahme oder die Neuerrichtung im Rahmen einer ordnungsgemäßen landwirtschaftlichen Nutzung handelt (s OLG Stuttgart RdL 1995, 63 im Falle der Errichtung eines zweiten Wohnhauses bei beengten Verhältnissen).

In diesem Sinne hat sich im Laufe der Rechtsentwicklung herausgebildet, dass grundlegende Veränderungen der Pachtsache als Verwendungen angesehen werden können (BGHZ 41, 160; nunmehr zweifelnd BGH NJW 1974, 743). Bleibt indes der landwirtschaftliche Betriebscharakter auch nach einer Bestimmungs- oder Nutzungsänderung (§ 590 Abs 2 BGB) gewahrt und erweisen sich nun grundlegende Veränderungen baulicher Art als sachgerecht und rentabilitätsverbessernd, erlangen damit auch solche den Charakter von vom Normzweck getragenen nützlichen Verwendungen.

12 **Typisch nützliche Verwendungen** im Sinne der Norm sind die zur Erhaltung und/oder Wiederherstellung bzw Verbesserung des Pachtobjekts vom Pächter erbrachten Aufwendungen, die nicht

– nach § 586 Abs 1 S 2 BGB oder vereinbarungsgemäß ausgleichsfrei zu erbringen sind,

– notwendige Verwendungen im Sinne von § 590b BGB sind oder

– dem objektiven Maßstab der nachhaltigen Betriebsverbesserung nicht gerecht werden, wie etwa „Luxusverwendungen".

Dazu gehören zB die erlaubte (§ 590 BGB) Umwandlung von Weide- in Ackerland oder umgekehrt Anpflanzungen, die Anlage von Wegen, Dränagen oder Teichen, Verbesserung, Ausbau oder Umbau an Wirtschafts- und Wohngebäuden, Anlage von Leitungen, Silos oder Trocknungsanlagen (vgl zu weiteren Beispielsfällen STAUDINGER/EMMERICH [2018] § 539 Rn 4; FHL Rn 9; LWLH Rn 5).

Ein zunehmend wichtiger Faktor wird insoweit die zunächst aufwendige, mittelfristig häufig sehr erfolgversprechende Umstellung der Produktion auf **biologische Wirtschaftsweise** (vgl dazu § 596 Rn 14).

Stellt der Pächter die **Bewirtschaftungsform** (einzelner Flächen) auf eine **biologische** um, hat dies in der Umstellungsphase häufig erhebliche Aufwendungen zur Folge, bis die Flächen als biologisch bewirtschaftete (zB „Bioland") anerkannt werden und in zweiter Konsequenz ausreichende Erträge bringen. Es ist andererseits nicht zu verkennen, dass in Zeiten gesunkener Marktfruchtpreise derart umgestellte Flächen einen eigenen **Wert** repräsentieren können.

13 Verwendungen müssen sich nicht notwendig in der Anschaffung und/oder Verbesserung vorhandener Sachen konkretisieren: In einer Zeit, in der die Inhaberschaft von **Produktionsquoten (ehemals für Zucker und Milch)** bedeutsam ist, ist es sachgerecht, auch solche Pächteraufwendungen zu unterstützen, die sich insoweit auf Erwerb oder Ausbau richten. Der Erwerb der Produktionsquote als solcher ist ebensowenig als Verwendung anzusehen wie die Quote selbst eine Verwendung ist, sie ist eine Produktionsbeschränkung, die nach Vertragsende (entschädigungslos) auf den Verpächter übergeht (vgl § 596 Rn 35). Nimmt der Pächter allerdings die Chance auf weitergehende Quotenzuteilung wahr (Bewirtschaftungspflicht, s § 586 Rn 38), hat er in Höhe der ihm dadurch entstehenden Kosten einen Verwendungsersatzanspruch (vgl etwa BGH NJW 2001, 2537 zur Ausgleichspflicht bei Zuteilung von betriebsbezogenen Rübenlieferrechten, die an den Erwerb vinkulierter Namensaktien des Unternehmens der Zuckerindustrie gebunden sind: Erstattung der Aufwendungen nebst Zinsen, nicht des auch eines etwaigen Aktienmehrwertes).

Auch öffentlich-rechtlich bestehen keine Bedenken gegen Zuordnung der Milchquote an den Verpächter bei Pachtende (BVerwG RdL 1991, 101).

Die Anwendung der Bestimmung kommt auch zum Zuge, wenn sich bei einer vom Pächter vorzunehmenden, ihm obliegenden notwendigen Verwendung zeigt, dass aus betriebswirtschaftlich sinnvollen Gründen zweckmäßigerweise **anstelle der notwendigen Verwendung eine umfassendere (andere) nützliche** vorgenommen wird. Denn findet sich der Pächter im eigenen Interesse zwecks Verbesserung der Betriebsrentabilität bereit, die umfassendere, werterhöhende Verwendung vorzunehmen, sollte ihm die Befugnis zustehen, im Weigerungsfalle des Verpächters die Entscheidung des Landwirtschaftsgerichts auf Zustimmungsersetzung herbeizuführen. **14**

c) **Verwendungen für die „Pachtsache"**

„Pachtsache" ist der *Gegenstand des Landpachtvertrages* einschließlich der damit verbundenen Einrichtungen sowie das mitgepachtete Inventar (§ 582 BGB). Es macht keinen Unterschied, ob die Einrichtungen mit verpachtet oder vom Pächter angeschafft sind, soweit sie (vertraglich) am Ende der Pachtzeit an den Verpächter zurückzugeben sind. **15**

Bei gemischten Betrieben besteht der Mehrwertersatzanspruch nur insoweit, als die Verwendungen den landwirtschaftlichen Betrieb(-steil) betreffen.

2. **Zeitpunkt**

Die Verwendung muss **während der Pachtzeit** und während der Dauer der landwirtschaftlichen Zweckerfüllung erfolgt sein. Ansonsten bestehen allenfalls Ansprüche aus (auftragloser) Geschäftsführung (§§ 670, 683 BGB) oder ungerechtfertigter Bereicherung. **16**

3. **Zustimmung des Verpächters**

Die „Zustimmung" des Verpächters zur nützlichen Verwendung ist rechtliche **Voraussetzung für** die Begründung seiner **Mehrwertersatzpflicht**. Es handelt sich um eine einseitige, empfangsbedürftige Willenserklärung nach § 182 BGB, die inhaltlich das Einverständnis mit der vom Pächter vorgenommenen Maßnahme zum Gegenstand haben muss (OLG Schleswig 5. 6. 2015 – 2 L U 13/14 juris Rn 39). **17**

Sie kann vor der Maßnahme oder danach erfolgen, wie aus den Gesetzesmaterialien **18**

(BT-Drucks 10/509 zu § 591 Abs 1 S 2) hervorgeht. Werden dem Pächter im Vertrag verschiedene Nutzungen der Pachtsache gestattet, liegt darin bereits die verpächterseits notwendige Zustimmung zur Durchführung von Maßnahmen, die die andere Nutzungsart ermöglichen (BGH RdL 2000, 234 zu den Konsequenzen einer Umwandlung von Ackerland- in Weinbauflächen).

19 Der Verpächter kann die Zustimmung von **Bedingungen oder Auflagen** abhängig machen, die er für sachgerecht hält und die das Landwirtschaftsgericht nach Abs 2 S 3 anordnen kann. Die Zustimmung kann widerruflich oder unwiderruflich erteilt werden.

20 Eine bestimmte **Form** ist für den Pächter-Antrag (anders als in § 595 Abs 4 BGB) oder die Zustimmung **nicht** notwendig. Beides kann auch konkludent erfolgen (s etwa zur Verpächter-Zustimmung durch Mitwirkung im Baugenehmigungsverfahren OLG Stuttgart RdL 1995, 63). Mit Blick auf die an die Zustimmung gekoppelte Ersatzpflicht sind an eine konkludente Zustimmung und den hierfür erforderlichen Rechtsfolgenwillen jedoch strenge Anforderungen zu stellen. Eine langfristige, anstandslose Duldung einer nützlichen Verwendung kann erst als Zustimmung seitens des Verpächters gewertet werden, wenn weitere Umstände hinzutreten, aus welchen der Pächter die Zustimmung ableiten kann (OLG Schleswig 5. 6. 2015 – 2 L U 13/14 juris Rn 39). Eine widerspruchslose Rücknahme der Pachtsache nach Auslaufen des Pachtvertrages ist daher nicht als Zustimmung anzusehen, zumal hierdurch die strikten Schutzregelungen zugunsten des Verpächters unterlaufen würden (OLG Schleswig 5. 6. 2015 – 2 L U 13/14 juris Rn 42). Aus Gründen der Rechtssicherheit empfiehlt sich stets eine schriftliche Zustimmung (ähnlich wie bei der Zustimmung nach § 590 BGB, s § 590 Rn 7). Zu diesem Zweck sollte auch der Pächter den Verpächter im Zustimmungsersuchen über die zu dessen Entscheidungsfindung notwendigen Einzelheiten schriftlich informieren.

Sind zur Durchführung der Pächter-Maßnahme seitens des Verpächters Dritten gegenüber Erklärungen abzugeben, ist der Verpächter nach erteilter oder ersetzter Zustimmung auch dazu verpflichtet (s OLG Stuttgart RdL 1995, 63 im Zusammenhang mit dem Antrag auf Baugenehmigung für eine Gebäudeerrichtung).

21 **Verweigert** der Verpächter nachhaltig jede Stellungnahme dazu und kann auf seine Zustimmung auch nicht ausnahmsweise aus anderen Umständen geschlossen werden, so gilt sie ebenso als nicht erteilt wie bei einer definitiven Absage. Stillschweigen des Verpächters hindert den Pächter nicht, die Vornahme des Verwendungsaufwands gleichwohl zu riskieren – zumindest in den Erlaubnisgrenzen des § 590 BGB; er kann es aber auch bei deren Überschreitung darauf ankommen lassen, dass der Verpächter nachträglich noch zustimmt. Weigert sich der Verpächter, die **Zustimmung im gewünschten Umfang** zu erteilen, kann diese Zustimmung im Rahmen des Abs 2 der Norm auf Antrag des Pächters durch das Landwirtschaftsgericht ersetzt werden.

22 Da ein Pächteranspruch auf Zustimmungserteilung trotz der Ersetzungsbefugnis des Abs 2 nicht besteht (LWLH Rn 7), führt die Verweigerung seitens des Verpächters auch bei späterer **Ersetzung nicht zu Schadensersatzpflichten**.

Bei einer **Mehrheit von Pächtern** haben grundsätzlich alle das Verlangen zu stellen; 23
es sei denn, die Vertragsparteien benennen (evtl schon im Pacht- oder Gesellschaftsvertrag) einen als insoweit vertretungsberechtigt. Bei **mehreren Verpächtern** ist die Zustimmung von allen zu erteilen bzw bedarf es zur Wirksamkeit des Mehrwertersatzanspruchs der Ersetzung der Zustimmung aller durch das Landwirtschaftsgericht; ein Fall der „Notgeschäftsführung" (s etwa § 744 Abs 2 BGB) wird schon begrifflich bei den hier interessierenden nützlichen Verwendungen in den seltensten Fällen vorliegen.

Im Falle der **Unterpacht** bestehen keine direkten Vertragsbeziehungen zwischen 24
Verpächter und Unterpächter (vgl ausf § 589 Rn 27 ff). Derart sind für den Unterpächter sowohl die Zustimmung des Hauptpächters wie (durch diesen veranlasst) die des Verpächters erforderlich.

4. Zur Fristbeschränkung nach Abs 2 S 2

Die in Abs 2 S 2 aufgeführten Fälle der nur noch kurzfristigen Vertragslaufzeit 25
schließen die Zulässigkeit eines Pächterantrags auf gerichtliche Ersetzung der verweigerten Zustimmung aus. Auch kurzfristige Überschreitungen dieser gesetzlichen Fristen sind bei der seitens des Gerichts vorzunehmenden Interessenabwägung zu berücksichtigen (vgl Rn 43).

5. Zum Mehrwert-Ersatzanspruch

a) Grundsätzliches
Der „Mehrwert" (Abs 1, Abs 2 S 1) ist der Wert, um den die vom Pächter mit 26
Verpächter-Zustimmung getätigten **nützlichen Verwendungen** an der Pachtsache deren Wert bei Beendigung des Pachtverhältnisses über die Pachtzeit hinaus erhöht.

b) Entstehung
Die Ausgleichsleistung entsteht dem Grunde und der Höhe nach bereits **mit der** 27
Ausführung der Verwendung (LWLH Rn 18). Bis zur Fälligkeit bei Pachtende verändert sich jedoch die Höhe, *ausgleichspflichtig ist der dann noch vorhandene Mehrwert*. Für die Notwendigkeit dieser Differenzierung spricht, dass gemäß der Begründung des Regierungsentwurfes (BT-Drucks 10/509, 122) die Bestimmung des Anspruchs nach Lage der Umstände schon vor Pachtende notwendig sein kann, so zB schon im Verfahren über die Ersetzung der Verpächter-Zustimmung nach Abs 2; es muss aber schon dann eine sachgerechte Mehrwertbestimmung möglich sein, eine Möglichkeit, die in Abs 3 auf Antrag einer Partei vorgesehen ist.

Derart entsteht dem Grunde nach ein **(zunächst aufschiebend bedingter)** Pächteranspruch auf den (etwaigen) Mehrwertausgleich bei Vorliegen der folgenden **Voraussetzungen**: erstens die Erteilung der Verpächter-Zustimmung (oder deren Ersetzung), zweitens die Vornahme der Pächterverwendung und drittens die Festsetzung des Mehrwerts.

c) Fälligkeit
Der für die Berechnung und Entrichtung der Ersatzpflicht maßgebliche Zeitpunkt 28
ist nach Abs 1 der Norm die **rechtliche Beendigung des Pachtverhältnisses**. Der

Beendigungsbegriff entspricht dem auch sonst im Landpachtrecht üblichen, vgl §§ 584b, 596 BGB mit den jeweiligen Erläuterungen. Auf den Beendigungsgrund kommt es grundsätzlich nicht an.

29 Wie sich der Fall der **Betriebsveräußerung** auswirkt ist **zweifelhaft**. Gewiss wird wohl überwiegend vertreten, dass die Veräußerung des Pachtobjektes eine rechtliche „Beendigung" des Pachtverhältnisses darstellt, unbeschadet der Eintrittswirkungen des Erwerbers in das Pachtverhältnis nach §§ 593b, 566 nF (571 aF) Abs 1 (BGH NJW 1965, 1225). Andere differenzieren weitergehender bezüglich der Auswirkungen im Verwendungsbereich (Picker NJW 1982, 8 ff und schon frühzeitig Fischer/Wöhrmann LPachtG § 8 Rn 5; Lange/Wulff LPachtG § 3 Rn 39). **Diesseits** wird im Widerspruch zu der Auffassung von FHL insbesondere im Bereich des neuen § 591 BGB vertreten:

– Bei der Leistung der nutzbringenden Verwendungen handelt es sich um einen gerade im Landpachtbereich geforderten vertragstypischen Vorgang, sodass der Grundstückserwerber in das unter anderem durch die Zustimmung des Verpächters inhaltlich bestimmte Pachtverhältnis ebenso eintritt wie in dessen Mehrwert-Ersatzverpflichtung.

– Handelt es sich um eine vom Pächter schon in die Wege geleitete sachgerechte Verwendung, die etwa schon teilweise ausgeführt ist, erscheint es nicht sachgerecht, den einheitlichen Verwendungsvorgang in zwei Teile zu zerlegen, in den bereits fertiggestellten Verwendungsteil und in den noch nicht erledigten; der Pächter kann auch hier einen Mehrwertersatz erst nach Beendigung des Pachtverhältnisses vom Erwerber verlangen.

– Hat der Pächter bereits ein Verwendungsobjekt mit Zustimmung des Verpächters fertiggestellt, so mindern sich die Bedenken, ihm schon einen Mehrwertersatzanspruch zum Zeitpunkt des Wirksamwerdens der Veräußerung des Pachtobjekts zuzusprechen. Indes wird für richtig gehalten, den Vorgang der Veräußerung nicht als Beendigung des Pachtverhältnisses im Sinne des § 591 Abs 2 BGB zu würdigen, trotz des etwa möglichen Arguments, dass Verwendungen möglichst bald abgegolten werden sollen.

– Wegen der Zweifel erscheint es sachgerecht, dass sämtliche Beteiligte (veräußernder Verpächter, Erwerber und Pächter) sich über die etwaigen Zweifelsfragen anlässlich der Veräußerung abstimmen und einigen; nicht zuletzt, um den Pächter nicht der Gefahr der kurzfristigen Verjährung seiner Verwendungsansprüche (§ 591b BGB) auszusetzen.

30 Wird – etwa aufgrund einer Änderungsvereinbarung – das Pachtobjekt, an dem die Verwendungen vorgenommen wurden, **vor Ende des Vertragsverhältnisses zurückgegeben**, ist der darauf entfallende Mehrwert-Ersatzanspruch fällig. Denn insoweit liegt in der Rückgabe eine (teilweise) Vertragsbeendigung.

Gibt der Pächter nach Ablauf der Pachtzeit das Pachtobjekt dem Verpächter **nicht zurück** (indem er es etwa eigenmächtig weiter nutzt, ohne dass dies als Verlängerung der Pachtzeit anzusehen ist), hindert dies nicht, den Mehrwertersatzanspruch des Pächters als entstanden anzusehen, der zB durch Gegenansprüche des Verpächters wegen der unterlassenen Rückgabe und der daraus resultierenden Schadensersatzansprüche aufgerechnet werden kann.

Die **Verjährung** richtet sich nach 591b (OLG Stuttgart RdL 1995, 63; LWLH Rn 20).

d) Höhe

Die Mehrwertbestimmung erfolgt durch die Gegenüberstellung der Werte des 31
Pachtobjekts mit und ohne die Verwendungen (LWLH Rn 13 f). Eine Beschränkung auf die (noch nicht abgeschriebenen) Verwendungskosten des Pächters findet dabei ebensowenig statt (LWLH Rn 17), wie der Pächter einen weitergehenden Ersatzanspruch nicht hat, wenn die Aufwendungen höher waren als es die Wertsteigerung ist. Vielmehr werden die **Verkehrs-**, bei ganzen Anlagen oder Betriebszweigen die **Ertragswerte** miteinander verglichen. Dies ist von dem Senat für Baulandsachen des Bundesgerichtshofs (NJW 2006, 1729) in Zweifel gezogen worden. Dieser meint unter Bezugnahme auf § 996 BGB, WENZEL AgrarR 1995, 43 und die Entscheidung des Landwirtschaftssenats RdL 2000, 234, dass der Ersatzanspruch nicht über die tatsächlichen Aufwendungen des Pächters zuzüglich einer marktüblichen Verzinsung hinausgehen dürften (zu § 996 vgl STAUDINGER/GURSKY [2013] § 996 Rn 12). Ob dieser Auffassung des Senats für Baulandsachen gefolgt werden kann und sie in der Entscheidung des Landwirtschaftssenats (der zur Höhe ausdrücklich nicht entschieden hat) ihre Stütze findet, ist zweifelhaft. Denn der Unterschied zu § 996 BGB besteht darin, dass der Verpächter der nützlichen Verwendung zuzustimmen hat, wenn der Pächter einen Ersatzanspruch haben soll. Die Bewirtschaftung eines landwirtschaftlichen Betriebes hat eine dynamische Komponente (§ 591a Rn 1), die über die Vertragslaufzeit hinausgeht. Der Verpächter trifft willentlich eine Mit-Entscheidung an der Nutzungsänderung der Pachtsache, die über das Vertragsende hinausgeht und daher natürlich die eigene Anschlussnutzung oder die Pacht bei einer Weiterverpachtung beeinflusst. Das ist der Grund für seine Ersatzpflicht. Wie bei jeder anderen unternehmerischen Entscheidung liegen Chancen und Risiken bei dem, der sie trifft. Trifft der Verpächter sie mit, hat er zu entschädigen, was die Investition ihm auf Dauer wert sein muss, dies nicht korrigiert durch dasjenige, was dafür bezahlt wurde.

e) Gläubiger und Schuldner des Anspruchs

Gläubiger ist der **Pächter**, der die Verwendungen getätigt hat bzw sind seine Erben. 32
Tritt bei der **vorweggenommenen Erbfolge** in einen Hof bzw Landgut der Übernehmer in bestehende Zupachtverhältnisse ein (§ 581a BGB), so wird nach Lage der Sache meist auch der Verwendungsanspruch als an ihn abgetreten gelten (vgl LWLH Rn 19). Bei einer **Mehrheit** von Pächtern steht diesen der Anspruch als Gesamtberechtigte zu.

Im Falle der **Unterpacht** besteht der Anspruch des die Verwendung tätigenden Unterpächters gegen den Hauptpächter, der wiederum gegenüber dem Verpächter berechtigt ist.

Die Abtretung des Anspruchs ist zulässig, sofern (§ 399 BGB) dadurch keine Inhaltsveränderung eintritt.

Schuldner der Mehrwertersatzverpflichtung ist grundsätzlich der **Verpächter**, der 33 dies zur Zeit der Beendigung des Pachtverhältnisses ist, mag es sich hierbei um den Verpächter zur Zeit des Vertragsabschlusses handeln oder um dessen Erben oder bei einem Wechsel des Verpächters dessen Nachfolger zum Ende der Pachtzeit.

f) Anspruchskonkurrenz

34 Trotz gewisser Wechselbeziehungen des Ordnungsbereichs der nützlichen Verwendungen (§ 591 BGB) mit dem der Bestimmungs- und Nutzungsänderung (§ 590 BGB) bestehen **grundsätzlich keine Anspruchskonkurrenzen**, weil keine Regelung die andere verdrängt. Fehlt die Verpächter-Erlaubnis nach § 590 Abs 2 BGB zur Nutzungsänderung, so kann diese nicht nach § 591 Abs 2 BGB ersetzt werden. Dagegen ist eine Verbindung der Anträge nach §§ 591 Abs 2 und 590 Abs 2 BGB möglich und empfehlenswert.

Was das **Verhältnis** der verwandten Regelungsbereiche der **nützlichen (§ 591 BGB) zu den notwendigen (§ 591b BGB) Verwendungen** angeht, so können sich Überschneidungen dann ergeben, wenn nicht eindeutig ist, ob die Verwendung eine notwendige oder nützliche ist. Dann empfiehlt sich die Klarstellung im Verfahren nach § 591 BGB. Erscheint die konkrete, vom Pächter beabsichtigte Verwendung gleichzeitig zum Teil als notwendig und zum Teil als darüber hinausgehend, sollte die Klarstellung durch das landwirtschaftsgerichtliche Verfahren nach Abs 2 und Abs 3 S 1 (Feststellung eines Mehrwerts) erfolgen.

Eine Konkurrenz mit **anderen gesetzlichen Ansprüchen** wird im Regelfall nicht praktisch relevant. Bei Nichtigkeit des Pachtverhältnisses sind nur die §§ 994 ff BGB anwendbar, eine Konkurrenz zu den §§ 590, 591 BGB scheidet dann aus. Die §§ 994 ff BGB sind weiter im Verhältnis zu den §§ 667 ff und 812 ff BGB leges speciales.

Mangels Anspruchsgrundlage in § 591 BGB wird bei fehlender Verpächter-Zustimmung ggf eine Anwendung der Grundsätze der Geschäftsführung ohne Auftrag mit denen des Bereicherungsrechts zwecks Wertausgleich für zulässig gehalten (vgl LWLH Rn 21). Dies erscheint bedenklich, da auch in vergleichbaren Fällen ein entsprechender Rückgriff verneint wird (zu § 633 Abs 3 vgl BGHZ 92, 123). § 591 BGB schließt daher als gesetzliche Spezialregelung bereicherungsrechtliche Ansprüche aus §§ 812 ff, 818 BGB aus (OLG Schleswig 5. 6. 2015 – 2 L U 13/14 juris Rn 51).

g) Sicherung des Anspruchs

35 Neben dem gesetzlichen **Pfandrecht** des Pächters aus § 583 BGB gewährt § 591 Abs 3 S 3, 4 BGB dem Pächter eine **Vertragsfortsetzung** bis zur Abgeltung des Mehrwert-Anspruchs. Vertragliche Sicherheitsleistungen können sich in den Möglichkeiten des § 223 BGB sowie in der Vereinbarung einer Kaution oder dinglicher Sicherung konkretisieren.

III. Ersetzung der Verpächter-Zustimmung (Abs 2)

1. Bedeutung

36 Angesichts der Bedeutung innovativer betrieblicher Entwicklung einerseits und der Konsequenzen fehlender Zustimmung für den Ersatzanspruch des Pächters anderer-

seits hat der Gesetzgeber eine **Korrekturmöglichkeit** dafür geschaffen, dass der Verpächter den beabsichtigten Pächter-Maßnahmen – aus welchen Gründen auch immer – nicht zustimmt.

2. Verfahrensrechtliche Voraussetzungen

a) Antrag

Antragsberechtigt ist der bzw sind (bei Personengemeinschaft s Rn 23) alle Pächter. Der **Sachantrag** hat zum Gegenstand, die Verpächter-Zustimmung zu den konkret aufgeführten Verwendungsmaßnahmen zu ersetzen. Über die Anordnung von **Bedingungen und Auflagen** (Abs 2 S 3) entscheidet das Gericht von Amts wegen, ohne dass es hierzu eines besonderen Antrags bedarf (vgl Ernst, LwVG § 14 Rn 76). 37

Der das Verfahren einleitende Antrag ist an **keine Frist** gebunden; es gelten desungeachtet die allgemeinen Vorschriften über die Verwirkung. Dem Antrag ist eine sachliche **Begründung** beizufügen, aus der sich das Vorliegen der gesetzlichen Voraussetzungen nach Abs 2 S 1 für die Ersetzung der verweigerten Verpächter-Zustimmung ergibt. Zur Möglichkeit eines Verpächter-Antrags vgl Rn 49.

b) Eine gewisse Vertragsdauer

Nach Abs 2 S 2 darf der Pachtvertrag **nicht wirksam gekündigt** sein; dabei ist der Grund für die Kündigung ebenso gleichgültig wie die Frage, ob sie ordentlich oder außerordentlich erfolgte. 38

Der Vertrag darf auch **nicht in weniger als drei Jahren enden** (LWLH § 590 Rn 29; Ernst, LwVG § 14 Rn 74). Die Regelung entspricht wörtlich der in § 590 Abs 2 S 4 BGB. Ihr Sinn besteht darin, dass in derartigen Fällen die Zustimmungsersetzung dem Pächter wegen des relativ kurzen Zeitraums kaum mehr zu berücksichtigende Vorteile gegenüber der Interessenlage des Verpächters bringt (RegE BT-Drucks 10/509 Abs 2 S 21 und zu § 589 Abs 2 S 19). Auch kurzfristige Überschreitungen dieser gesetzlichen Fristen sind bei der seitens des Gerichts vorzunehmenden Interessenabwägung zu berücksichtigen (vgl Rn 43).

Für die Berechnung kommt es auf das vertraglich vereinbarte oder gerichtlich festgesetzte (§ 595 Abs 6 BGB) Vertragsende an; eine nach § 595 BGB begehrte Zusatzpachtzeit ist unberücksichtigt zu lassen (FHL Rn 33).

c) Verweigerte Verpächter-Zustimmung

Ihr Nachweis ist eine weitere Anspruchsvoraussetzung (Ernst LwVG § 14 Rn 72). 39

Erteilt der Verpächter erst im gerichtlichen Verfahren seine Zustimmung, können ihm die hierdurch entstandenen **Verfahrenskosten** jedenfalls dann auferlegt werden, wenn der Pächter sein Fortsetzungsbegehren sachgerecht begründet hat.

3. Materiellrechtliche Voraussetzungen

a) Eignung zur Betriebserhaltung oder nachhaltigen Rentabilitätsverbesserung

Es sind dies nahezu die gleichen Erfordernisse wie in § 590 Abs 2 S 2 BGB (s § 590 Rn 22 ff), jedoch mit dem sachgerechten Unterschied, dass nach § 591 BGB der 40

Betrieb zur Erhaltung der nachhaltigen Rentabilitätsverbesserung geeignet sein muss (Gesetzeswortlaut: *„geeignet ist"*), während nach dem Gesetzeswortlaut des § 590 BGB genügt, dass der Betrieb zur Verbesserung der Rentabilität *„geeignet erscheint"*. Zum Verständnis des unterschiedlichen Gesetzeswortlauts ist zu bemerken, dass die konkreten Verbesserungsmaßnahmen in § 591 BGB besser deren betriebswirtschaftliche Überprüfung ermöglichen als die Rentabilitätsprognose einer Nutzungsänderung (§ 590 BGB).

Was den Aspekt der Rentabilität „des Betriebs" angeht, handelt es sich anerkanntermaßen (FHL Rn 28 und LWLH § 590 Rn 24) **um den vom Pächter geführten Betrieb**, gleichviel, ob es sich hierbei um einen Eigentumsbetrieb des Pächters mit Zupachtland oder einen Pachtbetrieb des Pächters handelt.

41 Die Erfassung der nachhaltigen **Rentabilitätsverbesserung** des Betriebs verlangt eine **„Schätzung für die Zukunft"** (LWLH § 590 Rn 25) auf betriebswirtschaftlicher Grundlage. Zur begrifflichen und betriebswirtschaftlichen Erfassung des Rentabilitätsbegriffs im Einzelnen sei auf FHL (§ 590 Rn 27) verwiesen. Hiernach stellt sich die Betriebsrentabilität als der Betriebsgewinn in Prozentsätzen des im Betrieb eingesetzten Kapitals dar. Dabei sind die Belastungen durch Fremdkapital mit zu berücksichtigen, sodass die Zinsen für das Fremdkapital als Aufwand zu behandeln sind. Bei alledem wird entscheidend der zu erwartende (positive) Einfluss der Verbesserungsmaßnahmen auf die betriebliche Rentabilität zu beurteilen sein.

Zumeist wird im Verfahren *die Stellungnahme eines Sachverständigen* nicht zu umgehen sein; vor allem wenn es gilt, den „nachhaltigen" Verbesserungseffekt unter Mitberücksichtigung der zu veranschlagenden Marktentwicklungsfaktoren zu beurteilen.

42 Wenn auch der Gesetzeswortlaut die Erhaltung und die nachhaltige Rentabilitätsverbesserung scheinbar gleichrangig nebeneinanderstellt, so darf nicht außer Acht gelassen werden, dass es auch hier um die **Erhaltung leistungsfähiger Betriebe in bäuerlicher Hand** gehen muss (s Rn 1 mwNw). Von vornherein ausscheiden werden daher Betriebe, bei denen vorhergesagt werden kann, dass sie auch nicht durch die beabsichtigte Maßnahme eine hinreichende Kapitalverzinsung ermöglichenden werden. In solchen Fällen ist – namentlich bei beabsichtigten Maßnahmen auf Zupachtflächen – dem Verpächter umso weniger zumutbar, durch gerichtliche Entscheidung zu Ersatzleistungen gezwungen zu werden.

b) Zumutbarkeit

43 Die zu prüfende Zumutbarkeit der vom Pächter beabsichtigten betrieblichen Maßnahmen mit ihren Folgewirkungen für den Verpächter erfordert eine **beiderseitige Interessenabwägung**.

Dabei liegen die **Pächter-Interessen** bereits aufgrund seiner Bitte um Zustimmung bzw späterer Begründung seines Antrages relativ klar auf der Hand. Sie orientieren sich an seinen betriebswirtschaftlichen Vorstellungen und Möglichkeiten, die – insbesondere dann, wenn es um Maßnahmen auf Zupacht-Flächen geht – nicht immer und ausschließlich etwas mit dem Pachtverhältnis und Pachtgegenstand zu tun haben.

In der **Vorstellungswelt des Verpächters** geht es um oftmals nicht kongruente Fragen: etwa, ob und in welcher Weise er den Pachtgegenstand anschließend in Eigenbewirtschaftung nehmen oder weiterverpachten möchte, ob er dessen Veräußerung anstrebt oder ihn im Wege vorweggenommener Erbfolge abgeben möchte. Bei allen diesen und evtl anderen Absichten kann die Pächter-Maßnahme stören; sei es durch nicht vorhandene oder eingeschränkte Brauchbarkeit wegen (anderweitiger oder nicht vorhandener) Spezialisierung, sei es schlicht durch die Belastung mit der Pflicht zur Zahlung des Ersatzanspruches.

Es mag als agrarpolitisch gewollte „*Wohltat des Gesetzgebers*" akzeptiert werden, dem Pächter die Möglichkeit zu geben, den Verpächter zur Duldung einer individuell gewollten Investition mit nachfolgender Entschädigungspflicht zu zwingen. Mit den **Eigentumsrechten** des Verpächters ist dies aber nur soweit und solange vereinbar, wie die Gerichte ernsthaft die individuellen Interessen des Verpächters hinsichtlich Nutzungsmöglichkeit und Abfindungspflicht berücksichtigen und das Überwiegen der Pächter-Interessen an strengen, aber nicht überstrengen Maßstäben messen. Daher hat zB das OLG Oldenburg (22. 4. 1993 – 10 W 25/92 [nv]) zu Recht darauf hingewiesen, dass an die Zustimmungsersetzung umso höhere Maßstäbe anzulegen seien, je kürzer die Restlaufzeit des Vertrages ist; und zwar auch über die in Abs 2 genannte Frist hinaus.

4. Zustimmungsersetzung unter Bedingungen bzw Auflagen (S 3)

a) Überblick

Es sind dies die dem Landwirtschaftsgericht zur Verfügung gestellten Möglichkeiten, **44** bei der im vorstehenden Sinne vorzunehmenden Interessenabwägung **Korrekturen** der widerstreitenden Anträge vorzunehmen, um so zu einem sachgerechten Ergebnis zu gelangen. Die bedingt erteilte Zustimmungsersetzung *schiebt* die Wirksamkeit der *Zustimmung* bis zum Eintritt der Bedingung hinaus. Demgegenüber zwingt die Auflage den Pächter zu dem vom Gericht festgelegten Handeln. Im Übrigen kann auch die bedingte Zustimmungsersetzung mit Auflagen verbunden werden. Die Bedingung suspendiert, zwingt aber nicht, die Auflage zwingt, aber suspendiert nicht.

Wird die Zustimmung des Verpächters zu einer Verwendung unter einer **Bedingung** **45** ersetzt, die nicht erfüllt wird, so entfällt ein Wertersatzanspruch des Pächters auf der Grundlage des § 591 BGB; dies schließt im Übrigen Ersatzansprüche aus anderen Anspruchsgrundlagen nicht aus.

Die nicht erfüllte **Auflage** lässt den Wertersatzanspruch des Pächters grundsätzlich **46** unberührt. Erfüllt der Pächter die Auflage nicht (vollständig), ist die Zustimmung gleichwohl mit allen Konsequenzen durch die gerichtliche Entscheidung ersetzt. Der Verpächter hat die Möglichkeit, den Pächter durch gerichtliche Entscheidung zur Durchsetzung zu zwingen. Endet das Pachtverhältnis vorher, stehen ihm Aufrechnungs- bzw Zurückbehaltungsrechte zu.

Da die Auflagen stets (auch) zulasten des Pächters gehen, sollten sie nicht ohne vorherige Ankündigung angeordnet werden. Dann hat der Pächter die Möglichkeit, seinen Antrag auf Genehmigungsersetzung zurückzuziehen, falls ihm die Auflagen zu drückend erscheinen.

Zur Anordnung von Bedingungen und Auflagen bedarf es keines besonderen Sachantrags.

b) Bedingungen

47 Bedingungen werden in erster Linie die Absicherung der Durchführung der Pächter-Maßnahme betreffen. In Betracht kommt insbesondere der Nachweis, dass die **Finanzierung** der vorgesehenen Verwendung **sichergestellt** ist und dem Verpächter vor Beginn nachgewiesen wird. Andere bzw weitere Bedingungen können die Versicherung für aus der Verwendung drohende Risiken betreffen oder eine den Verpächter schützende Sicherheitsleistung zum Gegenstand haben.

Denkbar sind weiter Bedingungen, die die vorherige (rechtskräftige) Einholung der zur Errichtung notwendigen Genehmigungen betreffen.

Auch sind Bedingungen denkbar, die eine Verbindung mit dem den Verpächter bei Pachtende treffenden Ausgleichsleistungen herstellen; etwa der Art, dass der Pächter auf einen Mehrwertausgleich ganz oder teilweise verzichtet, sodass der Verpächter höchstens einen für tragbar gehaltenen Höchstbetrag auszugleichen haben wird. Von Bedeutung kann gleichfalls die Bedingung sein, dass der Pächter sich dann mit einer Vertragsverlängerung (Abs 3 S 4) zu für beide Seiten auskömmlichen Konditionen einverstanden erklärt (zum Weigerungsfall des Pächters vgl unten Rn 57).

Trotz der Regelung des § 593 BGB und des Abs 3 S 3 erscheint es zulässig, die Ersetzung der Zustimmung von dem Einverständnis des Pächters in eine **erhöhte Pacht** abhängig zu machen. Damit wäre dem Verpächter das Risiko genommen, seinerseits später den Nachweis einer Veränderung der maßgebenden Verhältnisse führen zu müssen. Dies insbesondere, damit ihm der Pächter bei einer Auseinandersetzung nach § 593 BGB nicht entgegenhalten kann, dass wertverbessernde Verwendungen schon deshalb nicht zu veränderten Verhältnissen geführt haben, weil im Verfahren nach § 591 Abs 2 S 1 BGB das Landwirtschaftsgericht von der Festsetzung entsprechender Bedingungen abgesehen hat.

c) Auflagen

48 Als solche kommen etwa folgende Verpflichtungen des Pächters in Betracht:

– bestimmte Anordnungen bei Durchführung der Maßnahme einzuhalten, auch unter Aufsicht eines vom Gericht bestellten Fachmannes;

– Unterhaltungs- und Erhaltungs-, ggf auch Inspektionsmaßnahmen;

– das Pachtobjekt bei Pachtbeendigung wieder so herzustellen, wie es sich ohne die Verwendung darstellen würde.

Denkbar ist auch, dass das Landwirtschaftsgericht die vorstehend als Beispiele für Bedingungen genannten Möglichkeiten (nur) als Auflagen ausgestaltet.

Soweit der Finanzierungs-Gläubiger die **grundbuchliche Absicherung** eines Finanzierungsdarlehens verlangt, wird vom Verpächter das Zurverfügungstellen seines Grundeigentums **nur in Ausnahmefällen** verlangt werden können. Zwingend dabei ist dann, dass die Löschung bzw Pfandfreigabe zum Ende der Pachtzeit durch den Pächter (zB durch Bankbürgschaft) sichergestellt ist.

5. Beschränktes Antragsrecht des Verpächters

Obgleich dem Verpächter im Bereich des Abs 2 im Gegensatz zum Pächter ausdrücklich keine besondere Antragsbefugnis eingeräumt wurde, ist doch entsprechend anerkannter Handhabung im Anwendungsbereich des § 595 BGB (Rn 5, 67) die Befugnis zuzuerkennen, ein negatives Feststellungsverfahren zu beantragen, zB dahingehend, dass es sich nicht um nützliche, zur Erhaltung oder Steigerung der Rentabilität handelnde Verwendungen handelt, sondern etwa um notwendige (§ 590b BGB) oder um Luxusverwendungen (oben Rn 10, 12) oder auch um solche, die nur teilweise im Rahmen dieser Norm liegen. Ebenfalls denkbar ist ein Antrag des Inhalts, dass es sich bei nützlichen Verwendungen um für den Verpächter unzumutbare oder um eine nicht erlaubte oder erlaubnispflichtige Nutzungsänderung (§ 590 BGB) handelt. 49

IV. Gerichtliche Mehrwertbestimmung (Abs 3)

1. Überblick und Regelung nach S 1 und 2

Abs 3 regelt **zwei Antragsbereiche**: Zum einen die **Mehrwertbestimmung** und Festsetzung (S 1) mit der konkretisierenden Bestimmung in S 2 über die Wertersetzung in Teilbeträgen bzw die Festsetzung von Bedingungen für die Bewilligung der Teilzahlungen. Zum anderen in S 3 und 4 den **Mehrwertersatz** durch Fortsetzung des Pachtverhältnisses mit Antragsbefugnis an das Landwirtschaftsgericht bei fehlgeschlagener Vorverhandlung. 50

2. Mehrwertberechnung

Die Mehrwertberechnung nach S 1 erfolgt ebenso wie die nach S 3 auf **Antrag des Pächters**, mag auch dieser eigens als Antragsberechtigter erwähnt sein (Ernst LwVG § 14 Rn 79). Es ist allgemein anerkannt, dem Verpächter eine Antragsbefugnis auf negative Feststellung zuzuerkennen, dass ein Mehrwert aus der beabsichtigten oder durchgeführten Verwendung des Pächters bei Pachtende nicht besteht (vgl FHL Rn 39). 51

Das Verfahren nach Abs 3 setzt **nicht** voraus, dass **zuvor ein Verfahren nach Abs 2** stattgefunden haben muss, zumal Streitigkeiten über den Mehrwertersatz auch bei Verwendungen möglich sind, zu denen der Verpächter schon nach Abs 1 zugestimmt hat (Ernst LwVG § 14 Rn 80). Im Übrigen kann der Antrag nach Abs 3 schon im Verfahren nach Abs 2 oder auch später als gesonderter Antrag gestellt werden. 52

Der Sachantrag nach S 1 hat zum Ausdruck zu bringen, dass dem Verpächter die Zahlung des Mehrwerts aufgegeben wird (Ernst § 14 Rn 81; FHL Rn 18).

53 Der nicht eindeutige Ausdruck „festsetzen" in S 1 ist im Einklang mit der Begründung im Regierungsentwurf (BT-Drucks 10/509, 22) dahin zu verstehen, dass das Landwirtschaftsgericht einen **vollstreckungsgeeigneten Titel** erlassen kann: Hiernach soll die Differenzierung dem Gericht vor allem ermöglichen, schon bei einem Antrag auf Mehrwertbestimmung noch vor erfolgter Pächter-Investition den auf das Pachtende zu ermittelnden Mehrwert zu bestimmen, mag auch die Wertfestsetzung durch einen vollstreckbaren Zahlungstitel erst nach Beendigung des Pachtverhältnisses erfolgen können, dies unbeschadet einer Einigung der Vertragsparteien auf frühere Festsetzung der Fälligkeit.

Der nicht zeitgebundene Antrag auf Mehrwertbestimmung kann ebenso wie der Antrag auf Zustimmungsersetzung noch vor Ausführung der Verwendungen gestellt werden, muss aber spätestens mit dem Antrag auf Zustimmungsersetzung gestellt und kann auch mit diesem kumuliert werden.

Bei dem Mehrwert handelt es sich nach dem Wortlaut des Abs 1 um den Wert, um den die Pächterverwendungen den **„Wert der Pachtsache über die Pachtzeit hinaus erhöhen"**. Wegen der Verflochtenheit dieser Bestimmung in Abs 1 mit ihren tragenden, in Abs 2 S 1 aufgezeigten Faktoren der Erhaltung oder nachhaltigen Verbesserung der Rentabilität des Betriebs beanspruchen diese Aspekte grundsätzlich auch einen beachtlichen Einfluss auf die Auslegung des Begriffs „Wert der Pachtsache". Denn die betriebliche Rentabilität spielt de facto eine beachtliche Rolle; nicht nur für die Höhe des Mehrwerts, sondern auch für dessen Aufbringung, sowohl unter den Aspekten des Abs 2 S 3 und des Abs 3 S 2 bezüglich der Teilleistungen, ersatzweise der Fortsetzung des Pachtverhältnisses (Abs 3 S 3 und 4), als auch hinsichtlich der in Abs 2 S 1 und Abs 3 S 3 konkretisierten materiellrechtlichen Faktoren bezüglich der Zumutbarkeit für den Verpächter (LWLH Rn 52).

54 Auch eine teilweise Vorverlegung des Zeitpunkts der Zahlungspflicht vor den gesetzlichen Zeitpunkt der Beendigung des Pachtverhältnisses ist nicht zulässig; dies wohl auch dann nicht, wenn die Nutzungsmöglichkeit vorzeitig auf den Verpächter übergeleitet wird.

Zum Erlass der Sachentscheidung ist Voraussetzung, dass sich im Zeitpunkt der Entscheidung kalkulieren lässt, ob ein Mehrwert eingetreten ist oder nicht. Dementsprechend ist das Gericht ggf berechtigt, eine Sachentscheidung abzulehnen und den Antrag als zur Zeit unbegründet zurückzuweisen; zumindest solange der Vertrag noch nicht abgelaufen ist.

55 Im Übrigen wird (LWLH Rn 30 f) es als zweifelhaft angesehen, ob Abs 3 S 2 nur ein gesetzlich genanntes Beispiel für eine landwirtschaftsgerichtliche Entscheidung darstellt bzw ob auch andere ähnliche Bestimmungen zugelassen sind, zB Stundung der ganzen Abfindungsforderung oder Teilleistung. Aus den Landpachtnormen lassen sich keine grundsätzlichen Stundungsregelungen für den Mehrwertausgleich entnehmen, anders bei angeordneter Teilzahlung. Grundsätzlich wird erwartet, dass der Pächter zur Begleichung seiner Forderung die Fortsetzung des Pachtverhältnisses verlangt. Hiernach soll der Pächter bei Pachtende zumindest Ratenzahlungen auf seine Ausgleichsforderung oder die Nutzungsmöglichkeit des wertverbesserten

Pachtobjekts erhalten (im Einzelnen hierzu LWLH Rn 30). Dies spricht gegen die Annahme der generellen Zulässigkeit von Stundungsanordnungen.

Des Weiteren ist die praktisch bedeutsame Frage ebenfalls nicht abschließend geklärt, ob schon vor Beendigung des Pachtverhältnisses vom Verpächter zu erbringende **Teilleistungen** angeordnet werden können. Auch wenn LWLH (Rn 33) die Höhe von Teilleistungen an der des Nutzungswertes orientiert, bestehen grundsätzlich aus Gründen des Verpächterschutzes Bedenken. Denn dieser erhält den „Gegenwert" erst bei Pachtende und trägt bei vorverlagerter Teilzahlung insoweit das wirtschaftliche Risiko des Vorhandenseins des „Gegenwertes" bei Pachtende. 56

Für die Bewilligung von Teilzahlungen bzw bei Festsetzung von Bedingungen (in S 2) bedarf es keines besonderen Antrags. Das Gericht entscheidet hierüber von Amts wegen (ERNST LwVG § 14 Rn 82). Zu den Entscheidungskriterien für die Bestimmung von Teilleistungen, Bedingungen und Auflagen sei insbesondere verwiesen auf LWLH Rn 30 f und FHL Rn 35 ff.

Sowohl der Anspruch des Pächters auf den Mehrwert als auch sein entsprechendes Anwartschaftsrecht sind **abtretbar**.

Im Zusammenhang mit der Festsetzung des Mehrwerts kann das Landwirtschaftsgericht auf Antrag Teilbeträge zur Abzahlung des Mehrwerts festsetzen, insbesondere anordnen, dass ein gestellter Antrag auf Teilzahlung abgelehnt wird. Wird vom Gericht eine Abgeltung des Mehrwerts nur in Teilbeträgen für den Pächter für erbringbar und zumutbar gehalten, so kann es die Details näher festlegen. Hierbei können auch Bestimmungen über die Verzinsung der fälligen Mehrwert-Restforderung getroffen werden (zu allem LWLH Rn 31 ff).

Die Mehrwertregelung erfordert eine Interessenabwägung entsprechend den bereits in Abs 1 S 1 zugrundegelegten, in Abs 2 S 1 näher präzisierten und in Abs 3 S 3 noch fallgerecht angepassten Leitaspekten. Hierbei kommt neben den objektiven Kriterien der Eignung der Verwendungen zur Erhaltung oder nachhaltigen Verbesserung der Rentabilität des Betriebs dem Begriff der Zumutbarkeit eine besondere Bedeutung auch bei der Festlegung von Teilleistungen und deren Höhe zu (vgl LWLH Rn 32 f). Ein kritisches Augenmerk ist insbesondere auf die Problematik der etwaigen Verlängerung des Pachtverhältnisses bei Unzumutbarkeit der Mehrwertersatzleistungen durch den Verpächter zu richten.

3. Pachtfortsetzung zwecks Mehrwertabgeltung (Abs 3 S 3 und 4)

Ist dem Verpächter nach seiner sozialen und wirtschaftlichen Situation **nicht zuzumuten, den Mehrwertersatz in Geld zu leisten**, so kann der Pächter nur verlangen, dass das Pachtverhältnis zu den bisherigen Bedingungen solange fortgesetzt wird, bis die Mehrwertschuld des Verpächters abgegolten ist (S 3). 57

Ob die Voraussetzungen hierfür vorliegen, kann schon im Verfahren nach Abs 3 S 2 festgestellt werden.

Beruft sich der **Verpächter** auf **Unzumutbarkeit** im Sinne von Abs 3 S 3 und zeigt sich der Pächter nicht an einer Fortsetzung interessiert, ist damit im Zweifel dessen Begehren auf Zustimmungsersetzung (Abs 2 S 1) abzulehnen. Zu einer Entscheidung durch das Landwirtschaftsgericht nach S 3 kann es dann nicht mehr kommen. Eine Ausnahme kann nur dann gelten, wenn der Interessenwiderstreit ausnahmsweise auf andere Weise gelöst werden kann.

V. Verjährung

58 Auszugehen ist von der gesetzlichen Grundsatzregelung des § 591b BGB, nach der die Ersatzansprüche des Pächters aus Verwendungsersatz binnen **sechs Monaten** verjähren, beginnend mit dem Zeitpunkt der **Beendigung des Pachtverhältnisses**. Indes gilt die längere Verjährungsfrist nach § 218 BGB, falls die Mehrwertbestimmung vor Pachtende bzw Beginn der Verwendungsmaßnahme erfolgt ist (FHL Rn 57).

Im Falle der Grundstücksveräußerung (§ 566 BGB) soll der Lauf der sechsmonatigen Verjährungsfrist für den Mehrwertsanspruch nach hA bereits mit der rechtswirksamen Veräußerung (BGH NJW 1965, 1225) und der Kenntnis des Pächters hiervon (LWLH § 591b Rn 18 mwNw) beginnen. Diese Auffassung ist abzulehnen: Wenn dem Pächter der Ersatzanspruch weder gegenüber dem veräußernden Verpächter noch gegenüber dem Erwerber aus Anlass der Veräußerung zustehen soll (vgl oben Rn 29), kann die Verjährungsfrist erst mit Ende der Pachtdauer gegenüber dem Erwerber zu laufen beginnen.

VI. Abdingbarkeit

59 Die völlige oder teilweise Abbedingung der Norm ist nach einhelliger Auffassung **zulässig** (LWLH Rn 2; FHL Rn 11).

Wird der Mehrwert-Ersatzanspruch für gewisse Fälle (etwa bei vorzeitigem Vertragsende) ausgeschlossen und/oder der Ausschluss als Versprechen einer Vertragsstrafe (§ 339 BGB) auszulegen sein (vgl BGH LM § 339 Nr 13 Rn 3 zu § 590b), so kann sich – namentlich in Muster-Pachtverträgen aus §§ 307, 309 Nr 6 BGB – daraus die Unwirksamkeit ergeben (vgl auch STAUDINGER/EMMERICH [2018] § 539 Rn 19).

VII. Verfahren

60 Die landwirtschaftsgerichtlichen Entscheidungen im Rahmen des Abs 2 und Abs 3 der Norm ergehen nach § 1 Nr 1 LwVG im Verfahren nach § 9 LwVG, also den Grundsätzen der freiwilligen Gerichtsbarkeit (BGH RdL 1991, 195; OLG Stuttgart RdL 1995, 63; OLG Köln 28. 11. 2013 – I-23 U 5/13 Rn 26). Dies gilt auch in Fällen der Verbindung mit anderen Ansprüchen (etwa §§ 596b, § 588 Abs 2 S 2, § 590 Abs 5 BGB, der auch einen Verrechnungszusammenhang mit den Pächteransprüchen aus § 591 BGB beinhaltet). Mangels funktioneller Zuständigkeit können entsprechende Anträge nicht in einem ZPO-Streitverfahren verhandelt werden (OLG Köln 28. 11. 2013 – I-23 U 5/13 Rn 26).

Ebenfalls unterliegen Verfahren aufgrund von Feststellungsanträgen der Vertragsparteien (vgl hinsichtlich des Verpächters Rn 49) über das Bestehen oder Nichtbestehen einer

Pächterverwendung oder eines Mehrwertersatzanspruchs des Pächters der landwirtschaftsgerichtlichen Zuständigkeit nach den §§ 1 Nr 1 und 9 LwVG (s zur Zulässigkeit derartiger Feststellungsanträge auch im FGG-Verfahren OLG Stuttgart RdL 1995, 63).

(Getrennte) Verfahren nach § 590 Abs 3 BGB und § 597b BGB unterstehen dem landwirtschaftsgerichtlichen Verfahren nach §§ 1 Nr 1a iVm § 48 LwVG.

Auch hier gilt das Prinzip der Meistbegünstigung, wenn die dementsprechend vom Gericht belehrte Partei das falsche Rechtsmittel einlegt (BGH AgrarR 1991, 195).

In dringenden Fällen besteht die Möglichkeit zum Erlass einer vorläufigen Anordnung nach § 18 LwVG (vgl PIKALO NJW 1986, 1474 und LWLH Rn 26).

§ 591a
Wegnahme von Einrichtungen

Der Pächter ist berechtigt, eine Einrichtung, mit der er die Sache versehen hat, wegzunehmen. Der Verpächter kann die Ausübung des Wegnahmerechts durch Zahlung einer angemessenen Entschädigung abwenden, es sei denn, dass der Pächter ein berechtigtes Interesse an der Wegnahme hat. Eine Vereinbarung, durch die das Wegnahmerecht des Pächters ausgeschlossen wird, ist nur wirksam, wenn ein angemessener Ausgleich vorgesehen ist.

Materialien: BT-Drucks 10/508; 10/509; 10/3830; 10/3498.

Schrifttum

Siehe § 585.

Systematische Übersicht

I.	**Normzweck und Überblick**	1
II.	**Einrichtungen**	3
III.	**Wegnahmerechte des Pächters**	
1.	Anwendungsbereich	4
2.	Einbringung durch den Pächter	5
3.	Wegnahmerecht des Pächters	6
a)	Inhalt	6
b)	Zeitpunkt	7
c)	Anzeigepflicht des Pächters	8
d)	Ausschluss des Wegnahmerechts	9
4.	Wegnahmepflicht des Pächters	10
IV.	**Abwendungsrecht des Verpächters**	11
1.	Übernahmerecht und dessen Ausübung	12
a)	Erklärung	12
b)	Zeitpunkt	13
2.	Entgegenstehendes Pächterinteresse	14
3.	Entschädigung	15
4.	Übernahmepflicht des Verpächters	16
V.	**Abdingbarkeit**	17
VI.	**Verjährung**	18
VII.	**Verfahrensrecht**	19

Alphabetische Übersicht

Abdingbarkeit ... 17	Übernahmepflicht des Verpächters ... 16
Abwendungsrecht des Verpächters ... 11 ff	
– Entschädigung ... 15	Verfahrensfragen ... 19
– Erklärung ... 12	Verjährung von Ansprüchen ... 18
– und Pächterinteresse ... 14	Verpächter, Abwendungsrecht ... 11 ff
– Zeitpunkt ... 13	– Übernahmepflicht ... 16
Eigentum, Auswirkungen auf Wegnahmerecht ... 6	Wegnahmerecht, Anzeigepflicht ... 8
	– Ausschluss ... 9
Einrichtungen, Definition ... 3	– Eigentumsfragen ... 6
	– Inhalt ... 6
Pächter, Wegnahmepflicht ... 10	– Konsequenzen für Rückgabe ... 6
– Wegnahmerecht ... 4 ff	– Zeitpunkt ... 7
Spannungsverhältnis zwischen den Vertragsparteien ... 2	

I. Normzweck und Überblick

1 Diese durch das **LPachtNeuOG neu eingeführte Bestimmung** ist das landpachtrechtliche **Gegenstück zu** der mietrechtlichen Bestimmung des **§ 539 Abs 2 BGB**, auf dessen Kommentierung in Zweifelsfällen verwiesen werden kann.

Mehr noch als im Mietbestand im Landpachtrecht ein Regelungsbedürfnis. Die Unterhaltungspflicht des Pächters nach § 586 Abs 1 S 2 BGB hat eine statische Komponente und erfasst den Pachtgegenstand so, wie er übergeben und zu unterhalten ist. Demgegenüber hat der auf dem Pachtgegenstand praktizierte landwirtschaftliche Betrieb des Pächters eine vorrangig **dynamische Komponente**, in dem er die Wirtschaftsweise an sich verändernde Verhältnisse anpasst. Es wird daher der Normalfall (jedenfalls bei der Betriebspacht) sein, dass der Pächter den Pachtgegenstand im Laufe der Zeit mit Einrichtungen ausstattet. Dies ist auch ohne erlaubnisfähige Änderung der bisherigen Nutzung (§ 590 Abs 2 BGB) denkbar und kann sich als nicht ausgleichspflichtige nützliche Verwendung iSv § 591 Abs 1 BGB darstellen.

2 Die Norm löst über alle Ausgleichspflichten hinaus das **Spannungsverhältnis** zwischen dem Pächterinteresse auf Investitionen während der Pachtzeit und Kompensation bei deren Ende auf der einen Seite sowie dem Verpächterinteresse an der Erhaltung des derart weiter entwickelten Betriebes auf der anderen.

II. Einrichtungen

3 „Einrichtung" im Sinne der Norm ist nicht zu verwechseln mit Bestandteilen oder Zubehör (§§ 93 ff BGB), obwohl Überschneidungen möglich sind.

Mit „Einrichtung" im Sinne der Bestimmung werden **alle beweglichen Gegenstände** bezeichnet, mit denen der Pächter die Pachtsache während der Pachtzeit versehen hat und die dazu bestimmt sind, deren Zweck zu dienen (BGHZ 101, 37). Eine Einrichtung kann durch die Verbindung mit der Pachtsache zu deren wesentlichem Bestandteil (§§ 93, 94, 946, 947 BGB) werden. Ansonsten ist sie im Regelfall Pächtereigentum (vgl STAUDINGER/EMMERICH [2018] § 539 Rn 28); so insbesondere dann, wenn nicht durch feste Verbindung mit dem Grundstück Verpächtereigentum geschaffen wird (zB OLG Celle OLGR 2005, 112 zu einer Maschinenhalle auf Punktfundamenten als Scheinbestandteil eines Grundstücks).

Einrichtungen können nützliche Verwendungen im Sinne von § 591 BGB sein (FHL Rn 6). Beispiele für Einrichtungen sind Maschinen, Fütterungsanlagen, eine Werkstatt, Anlagen zur Reinigung, Trocknung und Lagerung von Getreide, Beregnungsanlagen und dergleichen (zu weiteren Beispielen STAUDINGER/EMMERICH [2018] § 539 Rn 29; LWLH Rn 6f; FHL Rn 4ff).

III. Wegnahmerechte des Pächters

1. Anwendungsbereich

Voraussetzung ist stets das Vorhandensein eines wirksamen Landpachtvertrages; dazu sowie zu Abgrenzungsfragen vgl die Kommentierung zu § 585 BGB.

4

2. Einbringung durch den Pächter

Der Pächter muss die Pachtsache mit der Einrichtung versehen haben. Das bedeutet, er muss die Investition selbst oder durch Dritte, jedenfalls aber **auf eigene Kosten** veranlasst haben.

5

3. Wegnahmerecht des Pächters

a) Inhalt

Der Pächter ist zur Wegnahme derartiger Einrichtungen befugt, **gleichgültig**, ob sie (sein) gesondertes **Eigentum** geblieben oder durch Verbindung mit der Pachtsache Eigentum des Verpächters geworden sind. Derart beinhaltet das Wegnahmerecht des Pächters eine Duldungspflicht des Verpächters mit dinglichem Charakter (FHL Rn 8 mwNw).

6

Als selbständiges Recht ist das Wegnahmerecht **abtretbar, es unterliegt der kurzen Verjährung** des § 591b BGB (FHL Rn 21). Das Recht besteht gegenüber dem Verpächter wie auch dessen Rechtsnachfolger, auch bei Veräußerung und Anwendbarkeit von § 566 BGB (LWLH Rn 11).

Nach der Wegnahme ist die Pachtsache auf Pächterkosten in den **vorherigen Zustand** (§ 258 BGB) bzw den vertraglich hinsichtlich der Rückgabe vereinbarten zu versetzen (LWLH Rn 10).

b) Zeitpunkt

Der Pächter kann sein Wegnahmerecht **jederzeit** ausüben, also ebenso während der Dauer des Vertragsverhältnisses wie aus Anlass von dessen Beendigung. Auch noch

7

nach Rückgabe besteht dieser Anspruch, der dann auf Duldung der Trennung und Herausgabe gerichtet ist (LWLH Rn 9). Unter dem Gesichtspunkt des „dolo agit, qui petit, quod statim redditurus est" (STAUDINGER/LOOSCHELDERS [2015] § 242 Rn 279 ff mwNw) wird dem Pächter die Wegnahme jedoch solange verwehrt sein, wie er für die zugrundeliegende Investition Verwendungsersatz beansprucht.

c) Anzeigepflicht des Pächters

8 Eine generelle Anzeigepflicht im Hinblick auf die beabsichtigte Wegnahme einer Einrichtung wird abgelehnt und nur ausnahmsweise angenommen (str, vgl LWLH Rn 18; STAUDINGER/EMMERICH [2018] § 552 Rn 5 mwNw). Dies erscheint in Ansehung der Abwendungsrechte des Verpächters unrichtig zu sein. Denn ist die Wegnahme erst einmal durchgeführt, kann sie vom Verpächter praktisch nicht mehr abgewendet werden. Es liegt daher nahe, hier denselben Rechtsgedanken anzuwenden, der § 593a S 2 BGB zugrunde liegt. Daher wird man den Pächter **stets vor Wegnahme als zur Anzeige verpflichtet** ansehen müssen mit der Konsequenz einer Schadensersatzpflicht aus positiver Vertragsverletzung im Falle der Nichtbeachtung.

d) Ausschluss des Wegnahmerechts

9 Der Pächter ist nicht zur Wegnahme befugt, wenn:

– er die Pachtsache mit der Einrichtung in Erfüllung seiner Unterhaltungspflicht aus § 586 Abs 1 S 2 BGB versehen hat;

– es sich um eine notwendige Verwendung handelt, für die dem Pächter ein Ausgleichsanspruch nach § 590b BGB zusteht (LWLH Rn 8);

– sein Recht abbedungen wurde (vgl Rn 17) oder die Vertragsparteien (nachträglich) etwas anderes vereinbart haben;

– der Verpächter insoweit sein Verpächterpfandrecht (§ 592 BGB) geltend macht (LWLH Rn 13);

– er durch die Geltendmachung von Mehrwert-Ansprüchen nach § 591 Abs 2 BGB konkludent auf den Wegnahmeanspruch verzichtet hat (LWLH Rn 13);

– die Wegnahme ausnahmsweise als unzulässig erscheint, etwa weil dadurch die Einrichtung zerstört oder unbrauchbar würde oder die Pachtsache selbst in nicht wiederherzustellender Weise beeinträchtigt würde.

4. Wegnahmepflicht des Pächters

10 Eine Wegnahmepflicht des Pächters besteht im Regelfall nicht, sie kann sich vielmehr nur ausnahmsweise aus den vertraglichen Vereinbarungen und/oder den allgemeinen Pflichten des Pächters zur Rückgabe des Pachtobjektes (§ 596 BGB) ergeben (vgl STAUDINGER/EMMERICH [2018] § 539 Rn 25; FHL Rn 10; LWLH Rn 17).

IV. Abwendungsrecht des Verpächters

Der Verpächter kann nach S 2 im Regelfall die Wegnahme dadurch abwenden, dass **11** er die Einrichtung gegen Zahlung einer Entschädigung übernimmt.

1. Übernahmerecht und dessen Ausübung

a) Erklärung

Dazu muss der Verpächter dem Pächter eindeutig seine Übernahme- und Zahlungs- **12** bereitschaft erklären sowie ggf seine Fähigkeit hierzu nachweisen.

b) Zeitpunkt

Die Erklärung kann nicht mehr zur Übernahme führen, wenn der Pächter die **13** Einrichtung bereits weggenommen hat (vgl Staudinger/Emmerich [2018] § 552 Rn 3; FHL Rn 17; LWLH Rn 14). Hier zeigt sich die Notwendigkeit, eine Nebenpflicht des Pächters zur Information vor der Wegnahme zu begründen (s Rn 8), damit das Abwendungsrecht des Verpächters nicht zur Farce wird und er zumindest Schadensersatzansprüche behält.

Aber auch sonst begegnet die Durchführung des Abwendungsrechts teilweise *praktischen Schwierigkeiten:* Macht der Pächter von seinem Wegnahmerecht während der Pachtzeit Gebrauch, wird der Verpächter (insbesondere bei größeren Einrichtungsgegenständen) zumeist überhaupt nicht die Möglichkeit haben, den Einrichtungsgegenstand zu übernehmen und zu lagern.

2. Entgegenstehendes Pächterinteresse

Der Pächter kann Übernahme und Entschädigung seitens des Verpächters aus- **14** nahmsweise abwenden, wenn er ein **berechtigtes Interesse** an der Wegnahme hat. Dies wird im Zweifelsfall, jedenfalls bei Vorliegen „**vernünftiger Gründe**" (vgl Staudinger/Emmerich [2018] § 552 Rn 9), zu bejahen sein. Ein berechtigtes Interesse besteht insbesondere dann, wenn der Pächter auf die Weiternutzung der Einrichtung – etwa angesichts ihrer Individualität oder eines groben Missverhältnisses zwischen Nutz- und Entschädigungswert – betriebswirtschaftlich dringend angewiesen ist (vgl dazu weiter LWLH Rn 15).

3. Entschädigung

Die Angemessenheit der seitens des Verpächters zu leistenden Entschädigung wird **15** sich in erster Linie am **Verkehrswert** der Einrichtung zum Zeitpunkt der beabsichtigten Wegnahme orientieren (vgl § 591 Rn 31; so auch Staudinger/Emmerich [2018] § 552 Rn 6; LWLH Rn 13; **aA** FHL Rn 16). Stets sind davon jedoch die aus Anlass der Investition vom Verpächter ersparten Aufwendungen abzuziehen.

Die Art der Entschädigung unterliegt der Parteivereinbarung, sie muss dem Pächter nicht in Geld zufließen (LWLH Rn 2).

4. Übernahmepflicht des Verpächters

16 Eine solche kann ausnahmsweise bei entsprechender vertraglicher Vereinbarung oder dann bestehen, wenn im Rahmen eines Ersetzungsverfahrens nach § 591 Abs 2, 3 das Landwirtschaftsgericht dementsprechende Auflagen gemacht hat.

V. Abdingbarkeit

17 Nach S 3 kann das Wegnahmerecht des Pächters ausgeschlossen werden; eine derartige Vereinbarung ist jedoch nur bei gleichzeitiger Regelung eines angemessenen Ausgleichs wirksam (LWLH Rn 2). Dies ist auch bei vertraglich vereinbarten Einschränkungen des Pächterrechts zu berücksichtigen. Auch dieser angemessene Ausgleich muss nicht in einer Geldentschädigung zum Zeitpunkt der Belassung (spätestens Rückgabe) bestehen, kann sich vielmehr auch in anderen Vorteilen (zB Pachthöhe) konkretisieren.

Bei formularmäßiger Regelung sind die Vorschriften über die Geltung Allgemeiner Geschäftsbedingungen (insbesondere §§ 307, 309 Nr 6 nF) zu beachten.

VI. Verjährung

18 Ansprüche der Vertragsparteien aus dieser Bestimmung verjähren nach § 591b Abs 1 in sechs Monaten (FHL Rn 21; LWLH Rn 20; vgl STAUDINGER/EMMERICH [2018] § 539 Rn 34).

VII. Verfahrensrecht

19 Streitigkeiten aus dieser Bestimmung sind solche der „Landpacht im Übrigen" im Sinne von § 1 Nr 1a LwVG, sodass sich das streitige Gerichtsverfahren nach den Regeln der ZPO richtet.

§ 591b
Verjährung von Ersatzansprüchen

(1) Die Ersatzansprüche des Verpächters wegen Veränderung oder Verschlechterung der verpachteten Sache sowie die Ansprüche des Pächters auf Ersatz von Verwendungen oder auf Gestattung der Wegnahme einer Einrichtung verjähren in sechs Monaten.

(2) Die Verjährung der Ersatzansprüche des Verpächters beginnt mit dem Zeitpunkt, in welchem er die Sache zurückerhält. Die Verjährung der Ansprüche des Pächters beginnt mit der Beendigung des Pachtverhältnisses.

(3) Mit der Verjährung des Anspruchs des Verpächters auf Rückgabe der Sache verjähren auch die Ersatzansprüche des Verpächters.

Titel 5 · Mietvertrag, Pachtvertrag
Untertitel 5 · Landpachtvertrag
§ 591b

Materialien: BT-Drucks 10/508; 10/509; 10/3830; 10/3498.

Schrifttum

Siehe § 585.

I. Allgemeines

1. Entstehungsgeschichte und Zweck der Vorschrift

Diese Verjährungsregelung für die Landpacht ist durch das LpachtNeuoG eingefügt **1** worden. Hierbei wurde die für die **Pacht** im Allgemeinen und für die **Miete** nach §§ 548, 581 Abs 2 BGB geltende kurze Verjährung **inhaltsgleich** übernommen. Dies deshalb, weil bei allen drei Rechtsformen bei Beendigung des Vertragsverhältnisses bzw bei Rückgabe der Miet- bzw Pachtsache *möglichst rasch eine abschließende Klärung der gegenseitigen Ansprüche der Vertragsteile* herbeigeführt werden soll (STAUDINGER/EMMERICH [2018] § 548 Rn 1). Diese abschließende Klärung könnte durch eine längere Verjährungsfrist infolge der dann möglichen faktischen Veränderung der Miet- oder Pachtsache nur erschwert werden.

2. Verhältnis zu den Vorschriften des Mietrechts

Die im Rahmen der **Mietrechtsreform** 2001 vorgenommenen inhaltlichen Änderung **2** (die Einführung der Verjährungsunterbrechung durch selbstständiges Beweisverfahren gem § 548 Abs 3 idF der Mietrechtsreform 2001) hatte erstaunlicherweise zu keinen Anpassungen der landpachtrechtlichen Verjährungsvorschrift geführt, wohingegen sie über § 581 Abs 2 im Allgemeinen Pachtrecht galt. Praktische Auswirkungen hat dies allenfalls für die Zeit zwischen dem Inkrafttreten der Mietrechtsreform 2001 (= 1. 9. 2001) und derjenigen der **Schuldrechtsmodernisierung** 2002 (= 1. 1. 2002). Denn der zwischenzeitlich neue § 548 Abs 3 ist wegen der Einführung des § 204 Abs 1 Ziff 7 nF nach vier Monaten wieder aufgehoben worden (STAUDINGER/EMMERICH [2018] § 548 Rn 42). Diesen handwerklichen Fehler des Gesetzgebers wird man für die relevante Zeit durch eine entsprechende Anwendung des § 548 Abs 3 idF der Mietrechtsreform 2001 zu lösen haben.

Abgesehen von Singular/Plural-Formulierungen im Zusammenhang mit den Begrif- **3** fen Veränderung oder Verschlechterung und der Aufnahme des Begriffes Aufwendungen anstelle von Verwendungen sind die Regelungen der §§ 548 nF, 591b wort- und inhaltsgleich. Daher kann zu den Einzelheiten der Kommentierung auf diejenige von STAUDINGER/EMMERICH zu § 548 verwiesen werden.

3. Landpachtrechtliche Besonderheiten

Landpachtrechtliche Besonderheiten sind kaum vorhanden. Allenfalls kann darauf **4** verwiesen werden, dass nach dieser Vorschrift verjähren

– grds auch Ansprüche der Geschädigten, sog Kreispachtverträge (s § 585 Rn 18), auch wenn diese Frist wegen bestehender Rechtsunsicherheit bis zum 31. 1. 1995 gehemmt war (BGH AgrarR 1996, 55);

– Ansprüche des Verpächters auf Auskehr der Milchaufgabevergütung nach der bis 2000 geltenden Milchquoten-Regelung (s dazu § 585 Rn 33; BGH AgrarR 1997, 214; 2001, 19; OLG Frankfurt a in 20. 1. 2005 – 20 U 1/04 nv), jedoch nicht Bereicherungsansprüche des Verpächters wegen Belieferung der auf ihn übergegangenen Milchquote durch den Pächter (OLG Celle AUR 2005, 233).

– nicht jedoch die Rückgabeansprüche nach § 596 als solche (vgl dazu unten § 596 Rn 1 ff).

Ebensowenig haben verwaltungsrechtliche, die Ansprüche einer Partei beeinflussende Verfahren (zB über Milchlieferrechte) Auswirkungen auf den Beginn und/oder Lauf der Verjährungsfrist (OLG Celle OLGR 2003, 336).

II. Verfahrensrechtliches

5 Je nach Art des geltend gemachten Anspruchs kann die Verjährungsfrage im streitigen oder dem Verfahren der freiwilligen Gerichtsbarkeit ausgetragen werden (vgl LWLH Rn 22).

Wird zur Hemmung der Verjährung Klage erhoben, ist das Klagebegehren – unterhalb der Stufe der Substantiierung – hinreichend zu individualisieren, sodass der Streitgegenstand bestimmt ist. Nicht ausreichend ist es daher, wenn bei der Rückgabe einer aus mehreren Gebäudekomplexen bestehenden Pachtsache ein Kostenaufwand für behauptete Schäden summarisch genannt und dabei ein nicht näher aufgeschlüsselter Abzugsbetrag unter Berücksichtigung eines Abzuges „neu für alt" lediglich pauschal berücksichtigt wird (OLG Hamm 10. 12. 2013 – I-10 U 122/11 juris Rn 76).

§ 592
Verpächterpfandrecht

Der Verpächter hat für seine Forderungen aus dem Pachtverhältnis ein Pfandrecht an den eingebrachten Sachen des Pächters sowie an den Früchten der Pachtsache. Für künftige Entschädigungsforderungen kann das Pfandrecht nicht geltend gemacht werden. Mit Ausnahme der in § 811 Abs. 1 Nr. 4 der Zivilprozessordnung genannten Sachen erstreckt sich das Pfandrecht nicht auf Sachen, die der Pfändung nicht unterworfen sind. Die Vorschriften der §§ 562a bis 562c gelten entsprechend.

Materialien: BT-Drucks 10/508; 10/509; 10/3830; 10/3498.

Schrifttum

Siehe § 585.

Titel 5 · Mietvertrag, Pachtvertrag
Untertitel 5 · Landpachtvertrag

§ 592

Systematische Übersicht

I. **Allgemeine Kennzeichnung**
1. Überblick — 1
2. Verhältnis zu anderen Vorschriften — 2

II. **Wesen und Wirkungen des Verpächterpfandrechts** — 3

III. **Begründung und Inhalt des Verpächterpfandrechts**
1. Landpachtvertrag — 5
2. Verpächterforderungen — 6
   a) Gesicherte Forderungen — 6
   b) Nicht gesicherte Forderungen — 7
3. Pfandgegenstand — 8
   a) Eingebrachte Sachen des Pächters — 8
   b) Früchte der Pfandsache — 12

IV. **Pfandrechtskonkurrenzen**
1. Zu den Pfändungspfandrechten — 13
2. Zum Früchtepfandrecht — 14
3. Zum Inventarpfandrecht nach dem Pachtkreditgesetz — 15
4. Die Rechtslage bei Unterverpachtung und bei landwirtschaftlicher Kooperation — 16
   a) Unterverpachtung — 16
   b) Kooperationen — 17

V. **Erlöschen des Verpächterpfandrechts**
1. Die allgemeinen Erlöschensgründe — 18
2. Das Erlöschen nach den §§ 592 S 4, 562a — 19
   a) Entfernung der Sachen — 20
   b) Ausnahmesachverhalte — 21
   c) Ausschluss des Widerspruchsrechts — 24
3. Beweislast — 25

VI. **Das Selbsthilferecht des Verpächters (§§ 592 S 4, 561)**
1. Allgemeine Grundsätze — 26
2. Das Selbsthilferecht vor Entfernung der Sachen (§ 561 Abs 1) — 27
   a) Voraussetzungen — 27
   b) Verhinderung der Entfernung — 28
   c) Inbesitznahme — 29
3. Die Rechtslage nach Entfernung der Sachen (§ 561 Abs 2) — 30
   a) Herausgabeanspruch — 30
   b) Erlöschen des Anspruchs — 31
4. Beweislast — 32

VII. **Sicherheitsleistung des Pächters (§§ 592 S 4, 562)**
1. Allgemeines — 33
2. Die Abwendung des Pfandrechts — 34
3. Die Sicherheitsleistung — 35

VIII. **Die Vollziehung des Verpächterpfandrechts** — 36

IX. **Grundsätzlich nachgiebiges Recht** — 37

X. **Verfahren** — 38

Alphabetische Übersicht

Abdingbarkeit — 37	Inventarpfandrecht — 15
Beweislast — 25, 32	Konkurrenzen des Verpächterpfandrechts — 13 ff
Eigentum des Pächters — 11	Kooperation unter Pächtern — 17
Einbringung des Pfandgegenstandes — 10	
Entfernen des Pfandgegenstandes, Rechtslage danach — 30 f	Pächter, Eigentum — 11
	– Sicherheitsleistung — 33 ff
	Pachtforderungen — 6
Forderungen, (un)gesicherte — 6 f	Pfandgegenstand — 8 ff
Früchte als Pfandgegenstand — 12	– Einbringung — 10
Früchtepfandrecht — 14	– Entfernen — 20 ff

– Früchte	12	– Widerspruch gegen Entfernen	23 f
– Pächter-Eigentum	11	Verpächterpfandrecht, Begründung	5 ff
– Rechtslage nach Entfernen	30 f	– Erlöschen	18 ff
		– gesicherte Forderungen	6 f
Rechte des Verpächters	4	– Konkurrenzen	13 ff
		– Pfandgegenstand	8 ff
Schadensersatzansprüche	6	– Selbsthilferecht	26 ff
Selbsthilferecht des Verpächters	24, 26 ff	– Vollziehung	36
Sicherheitsleistung des Pächters	33 ff	– Vorrang bei Früchten	12
		– Wesen	3
Unterverpachtung	16	– Wirkung	4
Verfahrensfragen	38	Widerspruch des Verpächters gegen Entfernen	23 f
Verhältnis der Vorschrift zu anderen	2		
Verpächter, Ausschluss des Widerspruchsrechts	24	Widerspruchsrecht, Ausschluss	24
Verpächter, Selbsthilferecht	24, 26 ff		

I. Allgemeine Kennzeichnung

1. Überblick

1 Die Bestimmung gibt die vor der Landpachtnovelle über § 581 Abs 2 BGB, geltende Regelung wieder. Sie ist im Zuge der Mietrechtsnovelle 2001 redaktionell hinsichtlich der miet- und zivilprozessualen Verweisungen, geändert worden.

2. Verhältnis zu anderen Vorschriften

2 Entsprechend der jetzigen mietrechtlichen Regelung (s zu den sich zuvor aus § 559 S 2 aF ergebenden Einschränkungen STAUDINGER/EMMERICH [1995] § 559 aF Rn 56 ff) kann dieses Verpächterpfandrecht für die **gesamte Pacht** geltend gemacht werden. Es besteht ferner gegenüber einem Pfändungspfandgläubiger und bezüglich der gesamten rückständigen Pacht. Es erstreckt sich auch auf die Früchte der Pfandsache und auf die nach § 811 Abs 1 Nr 4 ZPO der Pfändung nicht unterworfenen Sachen. Soweit vorhanden erfasst es auch Rechtsfrüchte.

Das Korrelat zum Verpächterpfandrecht ist das Pächterpfandrecht (§§ 585 Abs 2, 583 BGB).

Zu der Funktion des § 1257 BGB vgl STAUDINGER/EMMERICH (2018) § 562 Rn 3. Im Übrigen kann neben dem gesetzlichen für den Verpächter auch ein rechtsgeschäftliches Pfandrecht bestellt werden; dies dürfte aber im Gegensatz etwa zur Sicherungsübereignung kaum von praktischer Bedeutung sein. Auch kann der Verpächter eingebrachte Sachen nach § 808 ZPO pfänden.

Zu den Pfandrechtskonkurrenzen vgl Rn 3.

Das Verpächterpfandrecht geht dem Wegnahmerecht des Pächters aus § 591a BGB vor (entsprechend dem Vorrang zu §§ 539 Abs 2, 552, 578 Abs 2 BGB; vgl STAUDINGER/EMMERICH [2018] § 562 Rn 5).

Das Verpächterpfandrecht wird über § 823 Abs 1 (BGH WPM 1965, 704) sowie §§ 823 Abs 2 BGB, 289 StGB geschützt.

II. Wesen und Wirkungen des Verpächterpfandrechts

Auf das gesetzliche besitzlose Verpächterpfandrecht finden über § 1257 BGB die allgemeinen Vorschriften über das rechtsgeschäftliche Pfandrecht entsprechende Anwendung, naturgemäß mit Ausnahme der Bestimmungen, die den Besitz am Pfandobjekt voraussetzen. Daher ist ein gesetzlicher Pfandrechtserwerb kraft guten Glaubens ausgeschlossen. 3

Zum Pfandrechtsschutz siehe §§ 1257, 1227 BGB, zum Umfang der Pfandrechtsverhaftung §§ 1257, 1222 BGB.

Das Pfandrecht gibt dem **Verpächter** insbesondere die **folgenden Rechte**: 4

- zur Zurückbehaltung der eingebrachten Pächtersachen (§ 562b Abs 1 BGB) einschließlich des daraus resultierenden Selbsthilferechts;

- auf Verfolgung fortgeschaffter Sachen des Pächters (§ 562b Abs 2 BGB);

- zur Befriedigung aus den vorgenannten Sachen, soweit dies zur Befriedigung der pfandgeschützten Forderungen des Verpächters erforderlich ist (§§ 1257, 1228, 1233, 1241 BGB). Nach Eintritt der Voraussetzungen für die Befriedigung aus dem Pfand steht dem Verpächter gegen den Besitzer das Klagerecht auf Pfandherausgabe zum Zwecke des Verkaufs zu (vgl STAUDINGER/EMMERICH [2018] § 562 Rn 7).

Der Pächter hat dem Verpächter, zumindest auf dessen Befragen, zur Vermeidung einer Schadensersatzpflicht, die Pfändung eingebrachter Sachen durch Drittgläubiger zu offenbaren. Bei unerlaubter Wegschaffung und Veräußerung der eingebrachten Pächter-Sachen geht das Verpächterpfandrecht auf den Erlös über (RGZ 119, 265). Dagegen besteht – anders als bei der Hypothek (§ 1127 BGB) – kein Ersatzpfandrecht an der Versicherungsforderung wegen Zerstörung der Sache (RG IIRR 34, 1677); ebensowenig gibt es ein Pfandrecht am Ersatzanspruch des Eigentümers gegen den Zerstörer der Pfandsache. Auch besteht kein dem § 281 BGB entsprechender Anspruch auf Einräumung eines Pfandrechts am Ersatzanspruch (RGZ 94, 22; 105, 87).

III. Begründung und Inhalt des Verpächterpfandrechts

1. Landpachtvertrag

Voraussetzung ist zunächst das Bestehen eines **Landpachtverhältnisses**. 5

2. Verpächterforderungen

a) Gesicherte Forderungen

6 Das Pfandrecht sichert alle Forderungen, die **aus dem Pachtverhältnis selbst** heraus entstanden sind, gleichgültig, ob sie aus Haupt- oder Nebenleistungspflichten oder aus dem Gesetz folgen. Nicht gesichert sind also Forderungen, die dem Verpächter aus einem anderen Rechtsverhältnis heraus gegen den Pächter zustehen.

Dazu gehört in erster Linie die **Pachtforderung**, ferner auch sog Nebenkosten, die der Pächter entweder kraft Gesetzes (§ 586a BGB) oder aufgrund vertraglicher Vereinbarung zu tragen hat (zB Kosten für die Beheizung der Wirtschaftsgebäude oder der Pächterwohnung, Beiträge zu Verbänden etc). Das Verpächterpfandrecht erstreckt sich auch auf den Zahlungsanspruch des Verpächters aufgrund der Inventar-Übernahme durch den Pächter (RGZ 38, 66, 69 f).

Zu den gesicherten Forderungen gehören darüber hinaus alle im Zusammenhang mit der Pachtsache entstandenen **Schadensersatzansprüche**, etwa wegen Verschlechterung oder Beschädigung aufgrund vertragswidrigen Gebrauchs, aus Verletzung der Anzeigepflicht (§ 536c BGB) oder der Rückgabepflicht (BGHZ 60, 22). Gesichert sind außerdem eventuelle Ausgleichsansprüche nach §§ 582a Abs 3 und 590 Abs 3 BGB, Ansprüche auf Zinsen und Vertragsstrafen (§ 1210 BGB), Verpächter-Forderungen gegenüber dem Vorpächter, wenn der Pächter dessen Verbindlichkeiten übernommen hat (BGH WPM 1965, 703) sowie die Kosten der Rechtsverfolgung einschließlich der Kündigung und der Pfandverwertung, allerdings nicht die infolge der Rechtsverfolgung gegen einen Bürgen entstandenen Kosten.

Ob das Pfandrecht sich auch auf den Verpächter-Anspruch auf Leistung der Kaution erstreckt, ist umstritten (verneinend insoweit RGZ 37, 88, 92; s STAUDINGER/EMMERICH [2018] § 562 Rn 27). Bei einem dem Pächter vom Verpächter als Betriebskapital gewährten Darlehen hat das Reichsgericht (RGZ 37, 88, 91 f) diesen inneren Zusammenhang verneint. Der an dieser Entscheidung geübten Kritik von VOELSKOW (MünchKomm/VOELSKOW [1995] Rn 4) ist beizupflichten. Die Abgrenzung hat im Hinblick auf die Zweckbestimmung des Darlehens zu erfolgen; soll es der Pachtsache zugutekommen, ist der innere Zusammenhang zu bejahen. Anders ist es demnach nur, wenn das Darlehen zu Privatzwecken des Pächters gegeben wird.

b) Nicht gesicherte Forderungen

7 Entsprechend der mietrechtlichen Regelung des § 652 Abs 2 BGB kann der Verpächter nach S 2 das Pfandrecht nicht für künftige Entschädigungsforderungen geltend machen. Dies sind alle Ersatzansprüche, die noch nicht mit Erfolg eingeklagt werden können, deren Entstehung noch ungewiss ist, weil sie von zukünftigen Ereignissen abhängig sind (BGH LM Nr 51 zu § 535 BGB), die mit anderen Worten „noch nicht liquide" sind (so STAUDINGER/EMMERICH [2018] § 562 Rn 30 ff). Dies ist nicht identisch mit der Fälligkeit, da Schadensersatzansprüche im Zeitpunkt ihrer Entstehung fällig werden. Für die Beurteilung, ob es sich um eine gegenwärtige oder zukünftige Entschädigungsforderung handelt, ist abzustellen auf den Zeitpunkt der (auch vorgerichtlichen) Geltendmachung des Pfandrechts. Beispiele für zukünftige Entschädigungsforderungen sind (zitiert nach STAUDINGER/EMMERICH [2018] § 562 Rn 32):

- Forderungen für Schäden, die sich erst nach Beendigung des Pachtverhältnisses ergeben, so wenn jetzt noch nicht feststeht, ob und zu welchen Bedingungen die Sache anderweitig verpachtet werden kann (RGZ 142, 201);

- Forderungen wegen einer mangelhaften Instandhaltung der Pachtsache, die erst geltend gemacht werden können, wenn feststeht, dass der Pächter seine Instandhaltungspflicht nicht erfüllt hat;

- Forderungen wegen einer Kündigung durch den Konkursverwalter (RG JW 1909, 424);

- Ansprüche des Verpächters wegen einer Vorenthaltung der Pachtsache;

- alle betagten und befristeten Ersatzansprüche.

3. Pfandgegenstand

a) Eingebrachte Sachen des Pächters

Das Pfandrecht des Landverpächters besteht – **erweitert** gegenüber denjenigen des Vermieters und sonstigen Verpächters – an den eingebrachten und pfändbaren Pächter-Sachen auch insoweit, als das zum Wirtschaftsbetrieb erforderliche Gerät und Vieh nebst dem nötigen Dünger betroffen ist; desgleichen landwirtschaftliche Erzeugnisse, soweit sie zur Unterhaltssicherung des Pächters, seiner Familie und seiner Arbeitnehmer oder zur Fortführung der Wirtschaft bis zur nächsten Ernte gleicher oder ähnlicher Erzeugnisse erforderlich sind. **8**

Für den **Begriff der Sache** – generell definiert in § 90 BGB – spielt es keine Rolle, ob der Gegenstand vorübergehend mit dem Grundstück verbunden ist wie beispielsweise bei einem Gewächshaus des Pächters, das gleichwohl dem Verpächterpfandrecht unterliegt (RGZ 132, 120). **9**

Nicht eindeutig ist die Rechtslage bei Wertpapieren und ähnlichen Urkunden. Nach EMMERICH (STAUDINGER/EMMERICH [2018] § 562 Rn 8f) ist darauf abzustellen, ob die jeweilige Urkunde einen eigenen Vermögenswert besitzt. Danach unterliegen dem Verpächterpfandrecht: Inhaberpapiere, Schecks, Wechsel, Banknoten jeder Währung. Nicht erfasst sind dagegen sämtliche auf den Namen lautende Schuldurkunden, insbesondere die sogenannten Legitimationspapiere, wie beispielsweise Sparbücher, auf den Namen lautende Hypothekenbriefe und Lebensversicherungspolicen (§ 952 BGB). Gleiches gilt für Ansprüche und Forderungen des Pächters, es sei denn, es handelt sich um sog Rechtsfrüchte der Pachtsache (s Rn 12 aE).

Dem Verpächterpfandrecht unterliegen ebenfalls **nicht** Versicherungsansprüche, die an die Stelle vernichteter eingebrachter Sachen getreten sind (RG GE 1934, 730). Gleiches gilt bezüglich des Erlöses für solche dem Pfandrecht unterliegenden Sachen, die der Pächter eigenmächtig entfernt und veräußert hat. Insoweit verbleiben dem Verpächter nur Ansprüche nach § 816 Abs 1 S 1 BGB bzw § 823 Abs 1 BGB.

Die ebenfalls zur Pfandrechts-Entstehung notwendige **Einbringung der Sachen** im rechtlichen Sinne bedeutet, dass der Pächter sie in den durch das Pachtverhältnis **10** vermittelten Machtbereich des Verpächters verbracht hat. Dabei muss die Einbringung auf eine gewisse Dauer angelegt sein und nicht nur zu einem vorübergehenden Zweck erfolgen (RGZ 132, 116). Abzugrenzen ist in diesem Zusammenhang zwischen der Einbringung und der bloßen Einstellung (s hierzu Staudinger/Emmerich [2018] § 562 Rn 11 ff).

Die Einbringung muss **während der Vertragsdauer** erfolgen, eine davor oder danach erfolgte begründet kein Pfandrecht (LWLH Rn 8). Zur Einbringung ist nicht erforderlich, dass die eingebrachten Sachen in der Folgezeit auch ständig in diesem Bereich verbleiben; weiter ist nicht erforderlich, dass dabei dem Pächter die Entstehung des (gesetzlichen) Pfandrechts bewusst ist/wird.

Voraussetzung einer pfandrechtsrelevanten Einbringung ist ferner, dass sie **willentlich** geschieht. Dazu gehört auch die Geschäftsfähigkeit des Pächters (zum Meinungsstand zur Frage der vollen Geschäftsfähigkeit s Staudinger/Emmerich [2018] § 562 Rn 10).

11 Das Pfandrecht des Verpächters entsteht grundsätzlich nur an eingebrachten Sachen im **Pächter-Eigentum**. Besteht dieses auflösend-bedingt, entsteht das Pfandrecht mit der Einbringung, bei Bedingungseintritt geht es unter (vgl Staudinger/Emmerich [2018] § 562 Rn 15). Hat der Pächter aufschiebend-bedingtes Eigentum (etwa bei Eigentumsvorbehalt des Verkäufers), entsteht mit der Einbringung noch kein Verpächterpfandrecht. In diesem Fall hat der Verpächter aber ein Pfandrecht am Anwartschaftsrecht des Pächters mit der Folge, dass der Verpächter durch Zahlung den Bedingungseintritt herbeiführen kann und er ein Pfandrecht an der Sache selbst erwirbt, das vorrangig ist gegenüber etwaigen in der Zwischenzeit begründeten Pfändungspfandrechten Dritter (BGH LM Nr 3 zu § 559 aF).

Ist der Pächter nur **Miteigentümer**, gilt § 1258 BGB entsprechend (vgl Staudinger/Emmerich [2018] § 562 Rn 18). Bei einer BGB-Außengesellschaft wie auch bei OHG oder KG haften nur die von der Gesellschaft eingebrachten Sachen, nicht aber die Sachen der (persönlich haftenden) Gesellschafter (vgl Staudinger/Emmerich [2018] § 562 Rn 18).

Ist der Pächter Vorerbe, so unterliegen alle von ihm eingebrachten Nachlassgegenstände dem Verpächterpfandrecht, da er auch als Vorerbe voller Eigentümer ist (RGZ 80, 30).

b) Früchte der Pfandsache

12 Nach § 592 S 1 erfasst das Verpächterpfandrecht **auch die Früchte** der Pachtsache. Zugrunde zu legen ist die Begriffsbestimmung des § 99 BGB. Nach hM entsteht das Pfandrecht an Früchten schon **vor ihrer Trennung**, und zwar in dem Augenblick, „in dem im natürliche Sinne erstmals von Früchten die Rede sein kann, obwohl vor Trennung der Früchte diese an sich noch im Eigentum des Verpächters stehen". Macht der Verpächter von seinem Pfandrecht Gebrauch, erwirbt der Pächter mit der Trennung der Früchte zwar nach § 956 BGB das Eigentum, jedoch belastet mit dem Pfandrecht des Verpächters (RGZ 132, 116). Das bedeutet aber andererseits, dass bei einer Kündigung des Pachtvertrages vor der Ernte der Früchte das Pfandrecht an ihnen nicht mehr voll wirksam werden kann (RG HRR 1931 Nr 597).

Durch die Möglichkeit, das Pfandrecht auch schon an nicht getrennten Früchten geltend machen zu können, erlangt der Verpächter den **Vorrang vor jedem anderen Pfändungsgläubiger**, der die Früchte nach § 810 ZPO pfändet. Er kann gemäß § 805 ZPO auf vorzugsweise Befriedigung klagen.

Nach § 99 Abs 3 BGB zählen zu den Früchten auch die sog Rechtsfrüchte, also Ansprüche, die dem Pächter aus der Pachtsache erwachsen, wie etwa der Anspruch auf die Unterpacht (BGB-RGRK/Gelhaar § 585 Rn 4).

IV. Pfandrechtskonkurrenzen

1. Zu den Pfändungspfandrechten

Nach §§ 1257, 1209 BGB richtet sich der Rang des Verpächterpfandrechts nach dem Zeitpunkt seiner Bestellung. Es geht daher allen nachträglich begründeten Pfandrechten vor (§ 563 BGB, allerdings für die Landpacht ohne die darin enthaltene Beschränkung auf die Pacht des letzten Jahres). Im Übrigen gilt das Prioritätsprinzip, dh dass ein bei Einbringung der Sache bereits bestehendes Pfändungspfandrecht dem Verpächterpfandrecht vorgeht. **13**

Vorrangig ist dagegen das Verpächterpfandrecht einem nach § 810 ZPO bestellten Pfändungspfandrecht an den Früchten (s Rn 14).

Denkbar ist auch das Zusammentreffen des Verpächterpfandrechts mit einem Pfändungspfandrecht des Verpächters. Beide stehen dann selbständig nebeneinander, wobei der Pächter dem Pfändungspfandrecht gegenüber alle Einwendungen, die einem Schuldner gegen die Zwangsvollstreckung zustehen, geltend machen kann (OLG Frankfurt MDR 1975, 228).

2. Zum Früchtepfandrecht

Lieferanten von Düngemitteln und Saatgut steht nach dem Gesetz zur Sicherung der Düngemittel- und Saatgutversorgung vom 19. 1. 1949 (BGBl III 403-11 idF des Gesetzes vom 30. 7. 1951, BGBl I 476; vgl dazu LG Braunschweig RdL 1991, 127) für ihre Ansprüche aus der Lieferung solcher Produkte ein gesetzliches Pfandrecht an der Pfändung unterliegenden Grundstücksfrüchten zu. Dieses Pfandrecht geht allen anderen dinglichen Rechten, so auch dem Verpächterpfandrecht, vor. **14**

Durch dieses sog Früchtepfandrecht nicht erfasst werden die nach § 811 Abs 1 Nr 4 ZPO unpfändbaren sog Wirtschaftsfrüchte iSd § 98 Abs 2 BGB (MünchKomm/Harke Rn 4), die ihrerseits aber dem Verpächterpfandrecht unterliegen.

Steht der Pächter mit dem Lieferanten in einem Kontokorrentverhältnis, so erlischt das Pfandrecht des Lieferanten nicht dadurch, dass in das Kontokorrent auch dessen Forderungen aus anderen Lieferungen eingestellt werden. Es erlischt auch nicht dadurch, dass der Pächter dem Lieferanten Erzeugnisse der laufenden Ernte liefert und der Erlös im Kontokorrent gutgeschrieben wird.

3. Zum Inventarpfandrecht nach dem Pachtkreditgesetz

15 Um dem Pächter landwirtschaftlicher Flächen und Betriebe eine Möglichkeit der Kreditbeschaffung einzuräumen, wurde das Inventarpfandrechtsgesetz vom 9. 7. 1926 (RGBl I 399, 412) geschaffen, das am 5. 8. 1951 als Pachtkreditgesetz (BGBl I 494) neu gefasst wurde. Ausgehend davon, dass das Pächter-Inventar regelmäßig sein einziges und wichtigstes Kapital ist, auf dessen Besitz er angewiesen ist, wurde zugunsten bestimmter Kreditinstitute ein besitzloses Pfandrecht geschaffen, dessen Gegenstand das dem Pächter gehörende Inventar ist. Dieses entspricht begrifflich weitgehend dem Zubehör im Sinne der §§ 97 und 98 Abs 2 BGB. Im Gegensatz zum Früchtepfandrecht des Dünger- und Saatgutlieferanten erfasst das Inventarpfandrecht auch die sog Wirtschaftsfrüchte, nicht aber die Verkaufsfrüchte, die ihrerseits dem Früchtepfandrecht unterliegen (MünchKomm/HARKE Rn 4). Damit ist eine Konkurrenz der Pfandrechte nach dem Gesetz zur Sicherung der Düngemittel- und Saatgutversorgung und dem Pachtkreditgesetz ausgeschlossen.

Das Verpächterpfandrecht und das Inventarpfandrecht des PKrG besitzen denselben Rang. Dementsprechend ist in § 11 PKrG geregelt, dass der Verpächter zur Befriedigung oder Sicherstellung seiner durch das Verpächterpfandrecht gesicherten Ansprüche die Hälfte des Erlöses erhält.

4. Die Rechtslage bei Unterverpachtung und bei landwirtschaftlicher Kooperation

a) Unterverpachtung

16 Zu den Rechtsverhältnissen des Verpächters zu Haupt- und Unterpächter sowie dem zwischen Haupt- und Unterpächter vgl § 589 Rn 33, 34. Ebensowenig wie einen Pachtanspruch hat der Verpächter ein Pfandrecht an den vom Unterpächter eingebrachten Sachen (vgl STAUDINGER/EMMERICH [2018] § 562 Rn 19). Aus den normalen pachtvertraglichen Beziehungen zwischen Haupt- und Unterpächter folgt ein Pfandrecht an den vom Unterpächter eingebrachten Sachen. Nach §§ 592 S 1, 99 Abs 3 BGB steht dem Verpächter gegen den Pächter ein Pfandrecht an dessen Pachtzinsanspruch wie auch allen seinen anderen gesetzlich pfändbaren Forderungen gegen den Unterpächter zu. Das Verhältnis der beiden konkurrierenden Pfandrechte des Pächters und des Verpächters an dieser Forderung wird durch § 1209 BGB geregelt: Es gilt das Prioritätsprinzip – das ältere Recht geht dem jüngeren vor –, beide Pfandrechte sind bei gleichzeitiger Entstehung gleichrangig.

b) Kooperationen

17 Bringen Eigentümer ihr Land in einen landwirtschaftlichen Zusammenschluss zur Nutzung – insbesondere in eine BGB-Gesellschaft als Pächter – ein, so weist WITT (Das Pfandrecht am Inventar des landwirtschaftlichen Betriebs [Diss Hohenheim 1974] 143 ff, 150) die Anwendbarkeit des PKrG auf die Verpfändung des Betriebsinventars der Kooperation mit eingehender Begründung nach und stellt unter Hinweis auf § 11 PKrG das Konkurrenzverhältnis zwischen Inventar- und Verpächterpfandrecht heraus (WITT 155, 156): Die beiden Pfandrechte erstrecken sich auf das gesamte Inventar untereinander zu gleichem Rang, unabhängig vom Zeitpunkt der Bestellung (BGH NJW 1970, 2212), sodass im Falle der Pfandverwertung eine Erlösteilung gemäß § 11 PKrG stattzufinden hat und beim Ausfall des einen der Erlösanteil dem anderen zuwächst, ohne starr auf die Hälfte beschränkt zu sein (§ 11 Abs 1 S 4 PKrG). WITT sieht keine Bedenken, den Anwendungsbereich des PKrG auch auf die sog landwirtschaftlichen Familiengesellschaften beispielsweise zwischen Vater und Sohn (vgl UPMEIER ZU BELZEN S 35 ff) zu erstrecken, jedenfalls dann, wenn ausschließlich das Betriebsinventar in das Gesellschaftsvermögen überführt wird, also der Gesellschaft kein Grundbesitz gehört, der als Hypothekenhaftung zur Verfügung gestellt werden könnte (UPMEIER ZU BELZEN 157).

Akzeptiert man den Standpunkt Witts über die Anwendbarkeit des PKrG bei Kooperationen, in denen der Eigentümer Land zur Nutzung einbringt, auf das der Kooperation gehörende Betriebsinventar an, so muss entsprechendes auch für den Zusammenschluss gelten, der sich auf das von den Pächtern zur Nutzung eingebrachte Pachtland stützt.

Soweit der Pächter durch die Einbringung der Pachtländereien (und ggf angepachteten Inventars) in den landwirtschaftlichen Zusammenschluss Rechte erlangt, steht dem Verpächter an diesen Rechten gemäß den §§ 592 S 1, 99 Abs 3 BGB das Verpächterpfandrecht zu; soweit es sich hierbei um gesamthänderisch gebundene Gemeinschaftsrechte handelt, gilt dies beschränkt nach § 717 BGB, dh an den in Satz 2 dieser Vorschrift genannten Ansprüchen.

Bringt der Pächter eigenes eingebrachtes Inventar in den Zusammenschluss zur bloßen Nutzung ein, wobei das Inventar auf dem Pachtbesitz verbleibt, so behält der Verpächter sein Pfandrecht an diesem Inventar. Bringt der Pächter sein auf dem Pachtgrundbesitz verbleibendes Inventar in den Zusammenschluss zu gesellschaftsrechtlichem Eigentum ein, so erwerben die in Gesamthandsgemeinschaft verbundenen Gesellschafter dieses Eigentum nur belastet mit dem Verpächterpfandrecht.

V. Erlöschen des Verpächterpfandrechts

1. Die allgemeinen Erlöschensgründe

Da über § 1257 BGB für das (gesetzliche) Verpächterpfandrecht die Vorschriften **18** über das rechtsgeschäftlich bestellte entsprechende Anwendung finden, gelten entsprechend auch die allgemeinen Erlöschensgründe.

Als solche kommen in Betracht:

– rechtmäßige Veräußerung des Pfandes (§ 1242 Abs 2 S 1 BGB);

– Forderungsabtretung mit Ausschluss des Pfandrechtsübergangs (§ 1250 Abs 2 BGB);

– Erlöschen der Forderung (§ 1252 BGB);

– Aufhebung des Pfandrechts (§ 1255 BGB);

– Vereinigung von Pfandrecht und Eigentum (§ 1256 BGB).

Das Pfandrecht erlischt des Weiteren durch Untergang oder dauernde Wertlosigkeit der Pfandsache (RGZ 96, 185).

Da es sich beim Verpächterpfandrecht um ein besitzloses gesetzliches Pfandrecht handelt, kommt der Erlöschensgrund des § 1253 BGB – Erlöschen durch Pfandrückgabe – nicht in Betracht. Die Rückgabe eines vom Verpächter in Besitz genommenen Pfandes kann aber die Aufhebung des Pfandrechts nach § 1255 BGB bedeuten.

2. Das Erlöschen nach den §§ 592 S 4, 562a

19 Das Verpächterpfandrecht ist ein besitzloses Pfandrecht, das dem Pächter als Eigentümer weiterhin den Besitz an der dem Pfandrecht unterliegenden Sache belässt. Erforderlich für das Bestehen des Pfandrechts ist aber, dass die Pfandsache sich auf dem Pachtgegenstand befindet. Nach der gem S 4 entsprechend anwendbaren Vorschrift des § 562a BGB erlischt das Verpächterpfandrecht mit der Entfernung der Sache von dem Grundstück, es sei denn, dass die Entfernung ohne Wissen oder unter Widerspruch des Verpächters erfolgt.

a) Entfernung der Sachen

20 Entfernung ist diesbezüglich jedes **willentliche Wegschaffen** der Sache durch den Pächter oder einen Dritten (RGZ 71, 418). Erforderlich ist demnach das gleiche bewusste Handeln wie bei der Einbringung der Sache (§ 562 BGB). Der Streit, ob bei einer nur vorübergehenden Entfernung der Sache (etwa eines Kraftfahrzeugs) das Verpächterpfandrecht erlischt, ist aber mehr theoretischer Natur, da auch die Verfechter dieser Auffassung die Neubegründung annehmen, wenn die Sache auf das Verpächtergrundstück zurückgebracht wird (s hierzu OLG Karlsruhe NJW 1971, 624; OLG Hamm MDR 1981, 407).

Das Verpächterpfandrecht erlischt auch, wenn der **Gerichtsvollzieher** die Sachen des Pächters entfernt. Der Verpächter ist dann durch § 805 ZPO hinreichend geschützt (vgl Staudinger/Emmerich [2018] § 562a Rn 6). Der Pfändungsgläubiger seinerseits kann aber auf die Rechte des Pächters aus § 562a S 2 BGB verweisen (RGZ 71, 418). Dem Einwand, dass die zurückgebliebenen Sachen zu seiner Sicherheit ausreichen, kann der Verpächter dadurch begegnen, dass er auf sein Pfandrecht an den zurückgebliebenen Sachen verzichtet (BGHZ 27, 227).

b) Ausnahmesachverhalte

21 Trotz der Entfernung der Pfandsache vom Pachtgrundstück bleibt das Verpächterpfandrecht bestehen, wenn die Entfernung entweder ohne Wissen des Verpächters oder gegen seinen Widerspruch geschieht.

22 **Ohne Wissen des Verpächters** ist nicht gleichbedeutend mit heimlicher Fortschaffung der Sachen (Prot II 207 F); abzustellen ist allein auf die **positive Kenntnis** des Verpächters oder seines Vertreters; grob fahrlässige Unkenntnis reicht zum Erlöschen des Verpächterpfandrechts nicht aus. Beobachtet dagegen der Verpächter die Entfernung der Sachen, ohne darauf zu reagieren, so ist davon auszugehen, dass er auf das Pfandrecht verzichtet (vgl Staudinger/Emmerich [2018] § 562a Rn 11). Nach hM erlischt das Pfandrecht des Verpächters auch, wenn die Entfernung zwar ohne sein

Wissen erfolgt, er ihr aber auch bei Kenntnis wegen Vorliegens der Voraussetzungen von § 560 S 2 BGB nicht hätte widersprechen können, er diese vielmehr hätte dulden müssen (vgl STAUDINGER/EMMERICH [2018] § 562a Rn 12).

Das Verpächterpfandrecht erlischt nicht bei sofortigem **Widerspruch** nach Kenntniserlangung. Zur Durchsetzung seines berechtigten Widerspruchs steht dem Verpächter das **Selbsthilferecht** des § 562b BGB zu (s Rn 26). Der Widerspruch muss entweder vor oder während der Entfernung der Pfandsache erklärt werden, ein erst danach erklärter ist wirkungslos. Unterbleibt ein Widerspruch seitens des Verpächters, so erlischt mit der Entfernung der Sache sein Pfandrecht. Gleiches gilt, wenn dem Verpächter kein Widerspruchsrecht zusteht, er vielmehr zur Duldung verpflichtet ist. 23

c) Ausschluss des Widerspruchsrechts
Nach der nicht abdingbaren Vorschrift des § 562a S 2 BGB hat der Verpächter die Entfernung der dem Verpächterpfandrecht unterliegenden Sachen zu dulden, wenn: 24

– die Entfernung im regelmäßigen Betriebe des Geschäfts des Pächters erfolgt;

– sie den gewöhnlichen Lebensverhältnissen des Pächters entspricht;

– die zurückbleibenden Sachen zur Sicherung des Verpächters offenbar ausreichen.

Ob die Voraussetzungen der Duldungspflicht vorliegen, bestimmt sich nach dem Zeitpunkt der Entfernung.

Die Entfernung von Sachen durch den Insolvenzverwalter ist kein Fall der §§ 560, 561 BGB, mit der Konsequenz, dass dem Verpächter kein Widerspruchsrecht zusteht. Er kann sich vielmehr auf die Rechte aus §§ 49 ff InsO – abgesonderte Befriedigung – berufen (vgl STAUDINGER/EMMERICH [2018] § 562a Rn 9; CYMUTTA ZInsO 2009, 415).

Unter die erste Alternative fallen alle Vorgänge, die normalerweise zum Geschäftsbetrieb des Pächters gehören, also beispielsweise die Veräußerung von Waren, die Ablieferung auf dem Grundstück hergestellter Waren, die Entfernung der Tageskasse (OLG Braunschweig MDR 1980, 403). In diesen Fällen steht zu erwarten, dass die entfernten Sachen alsbald wieder ersetzt werden (BGH LM Nr 2 zu § 560).

Entfernung entsprechend den gewöhnlichen Lebensverhältnissen des Pächters bedeutet zB die Mitnahme von Sachen auf Reisen, die Weggabe zum Zwecke der Reparatur oder die Gefälligkeitsleihe.

Das Widerspruchsrecht des Verpächters entfällt ferner, wenn er durch die zurückbleibenden Sachen offenbar ausreichend gesichert ist. Dies ist an dem voraussichtlichen Verwertungserlös zu messen. Offenbar bedeutet, dass dies ohne nähere Untersuchung für den Verpächter erkennbar ist; also bleiben zB alle Sachen mit zweifelhafter Eigentumslage außer Betracht. Neben dem Pächter selbst können sich auch dessen Gläubiger und Dritte auf die verbleibende ausreichende Sicherung berufen (BGHZ 27, 227; vgl STAUDINGER/EMMERICH [2018] § 562a Rn 21).

3. Beweislast

25 Den Pächter trifft die Beweislast für die Entfernung der Sachen, den Verpächter für das Vorliegen eines der Ausnahmetatbestände, dass die Entfernung ohne sein Wissen oder gegen seinen Widerspruch erfolgt ist. Gelingt dem Verpächter dieser Beweis, so hat der Pächter die Voraussetzungen der Duldungspflicht des Verpächters (S 2) zu beweisen. Beruft sich ein Dritter auf fehlendes Eigentum des Pächters an einer Sache, so hat er und nicht der Verpächter dies zu beweisen (vgl STAUDINGER/ EMMERICH [2018] § 562a Rn 23).

VI. Das Selbsthilferecht des Verpächters (§§ 592 S 4, 561)

1. Allgemeine Grundsätze

26 Über die jedem Pfandgläubiger zustehenden Rechte aus den §§ 816, 823 BGB sowie § 1227 BGB iVm den §§ 985 und 1004 BGB hinaus räumt § 592 S 4 BGB iVm § 562b BGB dem Verpächter ein *weitgehendes* Selbsthilferecht ein. Dieses Recht besteht hinsichtlich aller dem Pfandrecht unterliegenden Sachen, deren Entfernung er widersprechen kann, also nicht hinsichtlich solcher Sachen, deren Entfernung er nach § 562a S 2 BGB dulden muss.

Die Ausübung des Selbsthilferechts hat **schonend** zu erfolgen; also derart, dass der Verpächter nicht auf mehr Sachen zugreifen darf als zu seiner Sicherung erforderlich sind. Abzugrenzen ist danach, was für ihn insoweit **offenbar erkennbar** ist.

§ 562b BGB ist nicht abdingbar, jedenfalls insofern, als das Selbsthilferecht des Verpächters nicht erweitert werden kann (vgl STAUDINGER/EMMERICH [2018] § 562b Rn 1).

2. Das Selbsthilferecht vor Entfernung der Sachen (§ 561 Abs 1)

a) Voraussetzungen

27 Das Selbsthilferecht hat zur **Voraussetzung** die Pächter-Absicht, die der Pfändung unterliegenden Sachen vom Pachtgrundstück zu entfernen. Es ist zeitlich derart begrenzt, dass es vor dem Beginn der Entfernung noch nicht (OLG Düsseldorf ZMR 1983, 376) und nach der Entfernung, also nach Überschreiten der Grundstücksgrenzen, nicht mehr ausgeübt werden kann. Es beschränkt sich damit praktisch auf den Zeitpunkt der versuchten Entfernung. Der Verpächter hat somit abgesehen von dem Sonderfall des § 229 BGB kein Recht zur sog Nacheile (vgl STAUDINGER/EMMERICH [2018] § 562b Rn 8).

b) Verhinderung der Entfernung

28 Der Verpächter hat sich zunächst darauf zu beschränken, der Entfernung zu widersprechen. Bleibt der Pächter bei seinem Entschluss, die Sachen zu entfernen, so ist im Rahmen der Verhältnismäßigkeit eine dahingehende **Gewaltanwendung** zulässig, dass der Verpächter beispielsweise durch das Verschließen von Türen oder ähnliche

Maßnahmen die Entfernung zu verhindern sucht, oder, wenn dieses nicht zum Erfolg führt, er diesen Personen die Sachen abnehmen darf (vgl STAUDINGER/EMMERICH [2018] § 562b Rn 9). Dabei darf der Verpächter keine Gewalt gegen Personen anwenden.

c) Inbesitznahme

Zieht der Pächter vom Pachtgrundstück ab, dh gibt er den Besitz daran endgültig auf, so reicht zur Sicherung des Verpächters die bloße Verhinderung der Entfernung der dem Pfandrecht unterliegenden Sachen nicht aus. In diesem Fall darf der Verpächter die Sachen selbst in Besitz nehmen. Voraussetzung des Rechts zur Inbesitznahme ist, dass der Pächter mit dem Auszug tatsächlich begonnen hat. Macht er seinen Entschluss wegen der Ausübung des Selbsthilferechts durch den Verpächter wieder rückgängig, so erlischt dieses. 29

Mit der Inbesitznahme treffen den Verpächter alle Rechte und Pflichten eines jeden Pfandgläubigers. Er ist zur Verwahrung verpflichtet und hat die Sachen nach seiner Befriedigung zurückzugeben. Nach den Vorschriften über die Geschäftsführung ohne Auftrag kann er Verwendungsersatz verlangen (§ 1216 BGB). Lagert der Verpächter die Sachen in den vom Pächter gepachteten Räumen, kann er weder Lagergeld fordern noch mit der Begründung, der Pächter enthalte ihm die Räume vor, Schadensersatz nach § 597 BGB fordern (vgl STAUDINGER/EMMERICH [2018] § 562b Rn 11).

3. Die Rechtslage nach Entfernung der Sachen (§ 561 Abs 2)

a) Herausgabeanspruch

Das **Selbsthilferecht des Verpächters endet**, sobald die Sachen vom Pachtgrundstück entfernt worden sind. Nach diesem Zeitpunkt tritt an seine Stelle ein **Herausgabeanspruch**. Er entspricht der zum Schutz des rechtsgeschäftlich bestellten Pfandrechts getroffenen Regelung des § 1227 BGB. Voraussetzung des Anspruchs ist, dass die Sachen entweder ohne Wissen des Verpächters oder gegen seinen Willen entfernt worden sind. Da es sich um einen dinglichen Herausgabeanspruch handelt, kann er gegen jeden unmittelbaren oder mittelbaren Besitzer der Sache, also nicht bloß den Pächter, gerichtet werden (vgl STAUDINGER/EMMERICH [2018] § 562b Rn 12). Der Anspruchsgegner muss nicht identisch sein mit der Person, die die Sache vom Pachtgrundstück entfernt hat. Zur Vorbereitung des Herausgabeanspruchs hat der Verpächter einen Auskunftsanspruch (LG Mannheim WuM 1978, 92). 30

Der Anspruch ist auf **Zurückschaffung** der Sache auf das Pachtgrundstück gerichtet sowie im Falle der Räumung der Pachtsache durch den Pächter auf Herausgabe an den Verpächter. Gibt der Pächter die Sache heraus, obliegt dem Verpächter deren Zurückschaffung. Kann der Verpächter wegen des Auszugs des Pächters Herausgabe an sich selbst verlangen, so erhält er die Rechtsstellung eines Faustpfandrechtsgläubigers.

Gegenüber dem Herausgabeanspruch kann sich der Besitzer auf gutgläubig lastenfreien Eigentums-, vorrangigen Nießbrauchs- oder Faustpfandrechtserwerb berufen (vgl STAUDINGER/EMMERICH [2018] § 562b Rn 12). Das gesetzliche Pfandrecht eines neuen Verpächters hat dagegen entsprechend § 1209 BGB keinen Vorrang.

b) Erlöschen des Anspruchs

31 Nach § 562b Abs 2 S 2 BGB erlischt das Pfandrecht mit dem Ablauf eines Monats, nachdem der Verpächter von der Entfernung der Sachen Kenntnis erlangt hat. Er hat bis dahin diesen Anspruch gerichtlich geltend zu machen. Die Frist ist eine **Ausschlussfrist**, deren Berechnung sich nach den §§ 187 Abs 1, 188 Abs 2 BGB richtet und die vertraglich nicht verlängert werden kann (vgl STAUDINGER/EMMERICH [2018] § 562b Rn 17).

Die Frist beginnt mit der **Kenntnis** des Verpächters zu laufen, nicht mit dem Zeitpunkt der tatsächlichen Entfernung der Sachen. Die Frist läuft auch unabhängig davon, ob der Verpächter weiß, wo und in wessen Besitz die Sachen sich befinden. Unter gerichtlicher Geltendmachung ist jede erkennbare Rechtsverfolgungsmaßnahme zu verstehen, also neben der Klageerhebung beispielsweise auch der Antrag auf Erlass einer einstweiligen Verfügung auf Zurückschaffung der Sachen (KG OLGE 20, 189; 27, 156) oder der Antrag auf Hinterlegung des Erlöses beim Vollstreckungsgericht, § 805 Abs 4 ZPO (KG JW 1933, 921).

Da § 562b Abs 2 S 2 BGB nicht für die Pfändung und Verwertung der Pächtersachen durch andere Gläubiger gilt, ist die Klage des Verpächters auf vorzugsweise Befriedigung aus § 805 ZPO nicht an die Monatsfrist gebunden.

Die Versäumung der Monatsfrist hat das Erlöschen des Pfandrechts zur Folge. Unberührt davon bleiben die Ansprüche des Verpächters aus Vertrag und unerlaubter Handlung wegen schuldhafter, rechtswidriger Verletzung des Pfandrechts (aA STAUDINGER/EMMERICH [2018] § 562b Rn 21). Allerdings ist § 254 BGB wegen schuldhafter Fristversäumung zu berücksichtigen (RGZ 119, 265).

4. Beweislast

32 Der Verpächter ist für den Bestand des Pfandrechts sowie für Bestand und Umfang des Selbsthilferechts beweispflichtig. Ebenso hat er die rechtzeitige gerichtliche Geltendmachung zu beweisen. Behauptet der Besitzer der Sache ein vorrangiges Recht, so ist er insoweit beweispflichtig. Eine etwaige Bösgläubigkeit bei Erwerb des Rechts hat hingegen wieder der Verpächter zu beweisen.

VII. Sicherheitsleistung des Pächters (§§ 592 S 4, 562)

1. Allgemeines

33 Nach § 592 S 4 BGB iVm § 562c BGB kann der Pächter die dem Verpächterpfandrecht unterliegenden Sachen frei bekommen, wenn er Sicherheit leistet.

Dies kann einmal dadurch geschehen, dass er die Geltendmachung des Pfandrechts insgesamt durch Sicherheitsleistung abwendet. Er kann aber auch jede einzelne Sache dadurch vom Pfandrecht befreien, dass er in der Höhe ihres Wertes Sicherheit leistet (§ 562c HS 2 BGB). Der Pächter hat das Recht, von seinem Abwendungsrecht jederzeit während des laufenden Pachtverhältnisses Gebrauch zu machen.

2. Die Abwendung des Pfandrechts

Der Pächter kann die Geltendmachung des Verpächterpfandrechts dadurch abwenden, dass er in Höhe der Verpächterforderung Sicherheitsleistung anbietet. Nimmt der Verpächter das Angebot nicht an, so *verliert* er sein Widerspruchs- (§ 562b Abs 1 BGB) und das Selbsthilferecht (Abs 2). **34**

Das Abwendungsrecht steht neben dem Pächter auch dem Dritten, der Eigentümer der eingebrachten Sache ist, zu (BGH WM 1971, 1086), ferner einem nachrangigen Pfändungsgläubiger (KG GE 1928, 986; vgl STAUDINGER/EMMERICH [2018] § 562c Rn 3). Der Verpächter ist verpflichtet, dritten Eigentümern und Pfändungsgläubigern seine Forderung nach Art und Höhe mitzuteilen (BGH WM 1971, 1086).

Die Sicherheitsleistung bewirkt, dass der Verpächter sein Pfandrecht nicht mehr geltend machen kann. Übt er gleichwohl das Selbsthilferecht noch aus, macht er sich ersatzpflichtig (BGB-RGRK/GELHAAR § 562 Rn 1).

Der Pächter kann die Geltendmachung des Verpächterpfandrechts auch an einzelnen Sachen durch Sicherheitsleistung in Höhe deren Wertes abwenden. Die Sicherheit bewirkt, dass das Pfandrecht an diesem einzelnen Gegenstand erlischt. Danach neu eingebrachte Gegenstände unterliegen wieder unbeschränkt dem Verpächterpfandrecht.

3. Die Sicherheitsleistung

Die Sicherheitsleistung selbst richtet sich nach den §§ 232–240 BGB, auf die wegen der Einzelheiten verwiesen wird. Die Sicherheit kann auch von einem Dritten (KG GE 1928, 986) oder durch die Stellung eines Bürgen (§§ 232 Abs 2, 239 BGB) geleistet werden. Bei Sicherheitsleistung durch Wertpapiere kann der Verpächter deren Hinterlegung verlangen (OLG Dresden OLGE 36, 61). **35**

VIII. Die Vollziehung des Verpächterpfandrechts

Die Vollziehung des Pfandrechts richtet sich nach den §§ 1257, 1228 BGB. Danach hat der Verpächter zum Zwecke der Verwertung der Sache ein Recht auf deren Herausgabe. Die Verwertung selbst erfolgt durch Pfandverkauf nach den §§ 1233 ff BGB, insbesondere im Wege der Versteigerung nach § 1235 BGB. **36**

IX. Grundsätzlich nachgiebiges Recht

Die Regelung ist dispositiv (RGZ 141, 102). Auch sind Beschränkungen möglich, etwa auf eingebrachte Sachen oder Früchte. **37**

Ob eine – stillschweigende – Abbedingung angenommen werden kann, wenn der Pächter eine vereinbarte Kaution stellt (vgl §§ 592 S 4, 562 BGB), ist Auslegungssache. Ein Pfandrechtszugriff wird aber insoweit gegen Treu und Glauben verstoßen, als sich der Verpächter aus der Kaution befriedigen kann.

Nicht abdingbar ist die im öffentlichen Interesse zugunsten des Pächters liegende

Schutzvorschrift des § 562a S 2 BGB; ebensowenig ist eine vertragliche Erweiterung des Selbsthilferechts des Verpächters aus § 562b BGB zugelassen (zB bezüglich unpfändbarer Sachen) oder Verlängerung der Ausschlussfrist des § 562b Abs 2 S 2 BGB. Auch § 562c BGB kann nicht zum Nachteil des Pächters abbedungen werden (STAUDINGER/EMMERICH [2018] § 562c Rn 2).

X. Verfahren

38 Bei Streitigkeiten über das Verpächterpfandrecht nach § 592 BGB entscheidet das Landwirtschaftsgericht im streitigen Verfahren, § 48 iVm § 1 Nr 1a LwVG.

§ 593
Änderung von Landpachtverträgen

(1) Haben sich nach Abschluss des Pachtvertrags die Verhältnisse, die für die Festsetzung der Vertragsleistungen maßgebend waren, nachhaltig so geändert, dass die gegenseitigen Verpflichtungen in ein grobes Missverhältnis zueinander geraten sind, so kann jeder Vertragsteil eine Änderung des Vertrags mit Ausnahme der Pachtdauer verlangen. Verbessert oder verschlechtert sich infolge der Bewirtschaftung der Pachtsache durch den Pächter deren Ertrag, so kann, soweit nichts anderes vereinbart ist, eine Änderung der Pacht nicht verlangt werden.

(2) Eine Änderung kann frühestens zwei Jahre nach Beginn des Pachtverhältnisses oder nach dem Wirksamwerden der letzten Änderung der Vertragsleistungen verlangt werden. Dies gilt nicht, wenn verwüstende Naturereignisse, gegen die ein Versicherungsschutz nicht üblich ist, das Verhältnis der Vertragsleistungen grundlegend und nachhaltig verändert haben.

(3) Die Änderung kann nicht für eine frühere Zeit als für das Pachtjahr verlangt werden, in dem das Änderungsverlangen erklärt wird.

(4) Weigert sich ein Vertragsteil, in eine Änderung des Vertrags einzuwilligen, so kann der andere Teil die Entscheidung des Landwirtschaftsgerichts beantragen.

(5) Auf das Recht, eine Änderung des Vertrags nach den Absätzen 1 bis 4 zu verlangen, kann nicht verzichtet werden. Eine Vereinbarung, dass einem Vertragsteil besondere Nachteile oder Vorteile erwachsen sollen, wenn er die Rechte nach den Absätzen 1 bis 4 ausübt oder nicht ausübt, ist unwirksam.

Materialien: BT-Drucks 10/508; 10/509; 10/3830; 10/3498.

Schrifttum

Siehe § 585.

Titel 5 · Mietvertrag, Pachtvertrag
Untertitel 5 · Landpachtvertrag

§ 593

Systematische Übersicht

I. Überblick
1. Normgehalt und Zweck _____ 1
2. Früheres Recht und Textgeschichte _____ 2
   a) Vergleich zum früheren Recht _____ 2
   b) Textgeschichte _____ 3
3. Verhältnis der Vorschrift _____ 4
   a) Zum Verfassungsrecht _____ 4
   b) Zu sonstigen Vorschriften des BGB-Landpachtrechts _____ 5
   c) Zum LPachtVG (speziell § 8 Abs 1 S 2) _____ 6
   d) Verhältnis zu sonstigen Vorschriften _____ 7
   aa) Zu § 313 BGB _____ 7
   bb) Abänderungsmöglichkeiten nach § 323 ZPO _____ 8

II. Vorgerichtliches Änderungsbegehren
1. Anwendungsbereich _____ 9
2. Materielle Voraussetzungen für eine Vertragsanpassung _____ 10
   a) Änderung der Verhältnisse _____ 11
   b) Grobes Missverhältnis _____ 15
   c) Umfang und Grenzen der Anpassung _____ 16
3. Formelle Voraussetzungen bzw Hinderungsgründe _____ 17
   a) Zwei-Jahres-Frist nach Vertragsbeginn bzw -änderung _____ 17
   b) Wirkung nur ab dem laufenden Pachtjahr (Abs 3) _____ 18
4. Das Abänderungsbegehren und seine Ablehnung _____ 19

III. Gerichtliches Verfahren zur Änderung _____ 20
1. Die Einleitung des landwirtschaftsgerichtlichen Verfahrens durch Antragstellung (Abs 4) _____ 21
   a) Antragsberechtigung _____ 22
   b) Form und Frist _____ 24
   c) Inhalt des Antrags _____ 25
2. Verfahrensgrundsätze _____ 26

IV. Unabdingbarkeit, unzulässige Vereinbarungen
1. Grundsatz _____ 27
2. Beispiele _____ 28
3. Zulässige Vereinbarungen und ihre Grenzen _____ 29

Alphabetische Übersicht

Abdingbarkeit _____ 27 ff
Änderungsbegehren _____ 19
Anwendungsbereich der Vorschrift _____ 9

Beweislast _____ 25

Früheres Recht, Vergleich _____ 2 f

Gerichtsverfahren, Antrag _____ 21 ff
– Darlegungsfragen _____ 25
– Entscheidungsgrundsätze _____ 26
– Verfahrensgrundsätze _____ 26
– zur Vertragsanpassung _____ 20 ff

Missverhältnis, grobes _____ 15

Vereinbarungen anstelle der gesetzlichen Bestimmung _____ 29
Verhältnis der Vorschrift zu anderen _____ 4 ff
Verhältnisse, Änderung _____ 11 ff
Vertragsanpassung, Änderung der Verhältnisse _____ 11 ff
– Änderungsbegehren _____ 19
– formelle Voraussetzungen _____ 17 f
– gerichtliches Verfahren _____ 20 ff
– grobes Missverhältnis _____ 15
– Hinderungsgründe _____ 17 f
– Voraussetzungen _____ 10 ff

Zweck der Vorschrift _____ 1

I. Überblick

1. Normgehalt und Zweck

1 Die Bestimmung sichert die sach- und funktionsgerechte **Kontinuität** des Landpachtvertrags, indem sie zur **Anpassung** von Vertragsbedingungen, die im Laufe der Pachtzeit grob ungleichgewichtig geworden sind, das rechtliche Instrumentarium (Anspruch auf Vereinbarung, ersatzweise landwirtschaftsgerichtliche Entscheidung) anbietet (mit Ausnahme der Vertragsdauer).

Sie hilft mithin in den Fällen, in denen nach Vertragsschluss infolge nachhaltiger Veränderung der zugrunde gelegten bzw maßgebenden Verhältnisse die beiderseitigen Vertragsleistungen in ein **grobes Missverhältnis** zueinander geraten sind. Hierbei bietet die Vorschrift eine für die Landpacht als Dauerschuldverhältnis unentbehrliche Grundlage zur erforderlichen Konkretisierung des nach Treu und Glauben wegen veränderter Geschäftsgrundlage zu ermittelnden und festzulegenden Gleichgewichts der beiderseitigen Vertragsleistungen an. § 593 BGB stellt damit eine spezielle Ausprägung des in § 313 BGB gesetzlich verankerten Grundsatzes zur Vertragsanpassung bei Störung der Geschäftsgrundlage dar (BGH NJW 1997, 1067), dessen Anwendung und die des verwandten § 595 BGB fördert die vom Gesetzgeber erwünschte Neigung der Verpächter zur Verpachtung.

Der in den §§ 593 u 595 BGB als grundsätzlich unabdingbar geschützte Regelungsgehalt ist seit der Herausbildung des Landpachtrechts in der RPachtO als **zwingendes Recht** verankert, um dem (ehedem oft) wirtschaftlich schwächeren Pächter im *öffentlichen Interesse* vor den ihm drohenden typischen Beeinträchtigungen seiner Existenzgrundlage abzuschirmen. Deshalb werden einerseits **Verstöße** – insbesondere **Umgehungen** – des Schutzwerts mit der Sanktion der **Unwirksamkeit** dieser Maßnahmen geahndet (§ 593 Abs 5 BGB).

2. Früheres Recht und Textgeschichte

a) Vergleich zum früheren Recht

2 Die Bestimmung tritt an die Stelle von **§ 7 LPachtG**. Grundsätze der bisherigen Rechtsprechung hierzu können – soweit sich nicht aus der teilweise geänderten Gesetzesfassung etwas anderes ergibt – auch für die Auslegung der jetzigen Norm herangezogen werden.

Soweit die Neuregelung an den bisherigen § 7 LPachtG anknüpft, geschieht dies unter Korrektur gewisser Einzelheiten, die sich als nicht praktikabel erwiesen haben: Ob ein grobes Missverhältnis im Sinne der Vorschrift vorliegt, ist demnach (so die amtliche Begründung) nicht mehr „unter Berücksichtigung der ganzen Vertragsdauer" zu beurteilen, sondern unter dem neu eingeführten Gesichtspunkt der **nachhaltigen Änderung der maßgebenden Verhältnisse**. Auch hat man davon Abstand genommen, anstelle des Worts „Verhältnisse" den Begriff „Voraussetzungen" in die Neuregelung aufzunehmen, um den Kreis der für die Berücksichtigung maßgeblichen Faktoren nicht uferlos zu erweitern. Im Rahmen der Streitlösung betont die Vorschrift den Vorrang des privaten Einigungsversuchs, sodass bei vorprozessual misslingender Einigung grundsätzlich das Gericht versuchen sollte, die Parteien zunächst zu einer gütlichen Verständigung zu bewegen.

Die in Abs 5 im Interesse der Funktionssicherheit der Vorschrift angeordnete **Unabdingbarkeit** entspricht grundsätzlich dem Regelungsgehalt des bisherigen § 10 LPachtG.

Schon vor dem LPachtG hatte § 5 RPachtO eine weitergehende und einschneidendere Regelung des Inhalts von Landpachtverträgen auf Antrag vorgesehen, der auch von Dritten gestellt werden konnte; hiernach war eine Änderung nur aus öffentlichem Interesse (volkswirtschaftlich nicht gerechtfertigt) möglich, sodass die über Gebühr zurückgedrängten privatwirtschaftlichen Interessen der Vertragsparteien allenfalls nur mittelbar eine Rolle spielten (vgl FISCHER/WÖHRMANN, LPachtG § 7 Rn 1).

b) Textgeschichte

Die Norm hat entsprechend ihrer Bedeutung ihren Niederschlag in allen Vorentwürfen gefunden. Wenn sie es anstelle der Fassung des Entwurfs vom 1. 2. 1972: „Haben sich nach Abschluss des Vertrags die Voraussetzungen nachhaltig geändert, ... bei dem Wortlaut des § 7 LPachtG ‚Verhältnisse' belassen hat, bedeutet dies eine Zurückhaltung gegenüber der mit dem Wort ‚Voraussetzungen' erstrebten Absicht, dass alle nur denkbaren, auch persönlichen Umstände berücksichtigt werden sollen."   3

Die Begründung vom Juni 1973 zum damaligen Referentenentwurf führt im Einzelnen aus, weshalb die frühere Fassung der Berücksichtigung der „ganzen Vertragsdauer" als mit zu berücksichtigender Maßstab für die Entscheidung als nicht praktikabel abzulehnen war.

3. Verhältnis der Vorschrift

a) Zum Verfassungsrecht

Die Norm (iVm § 9 LPachtVG) hat die ehedem möglichen Bedenken wegen Verstoßes gegen den Gleichheitsgrundsatz (Art 3 GG), die noch § 7 Abs 2 S 2 LPachtG nahegelegt hatte, beseitigt, da die nunmehrige Regelung keine einseitige Sanktion nur gegen den Verpächter bei unterlassener Vertragsanzeige (§ 2 LPachtVG) verhängt.   4

b) Zu sonstigen Vorschriften des BGB-Landpachtrechts

Die Rechtsgrundsätze des § 593 BGB sind von Bedeutung im Zusammenhang mit § 588 Abs 3 BGB (bei Maßnahmen zur Verbesserung der Pachtsache).   5

Nach **§ 595 Abs 2 S 2 BGB** kann der Pächter die Fortsetzung des Pachtverhältnisses zu den bisherigen Vertragsbedingungen nur verlangen, wenn dies für den Verpächter zumutbar ist; ansonsten muss er mit einer angemessenen Änderung der Vertragsbedingungen einverstanden sein.

Dagegen dürfte **§ 590 Abs 2 S 5 BGB** dem Gericht nicht die Befugnis geben, von sich aus als Bedingung die Anpassung der Vertragsleistungen im Übrigen iS des § 593 anzuordnen; es bleibt den Beteiligten die Möglichkeit offen, eine solche Änderung mit der Begründung nach § 593 BGB zu beantragen.

Unberührt von der Änderungsmöglichkeit aus § 593 BGB bleiben im Übrigen die Vorschriften der **§§ 586, 536 BGB**, die eine Minderung der Pächterleistungen regeln. Hier ist zu unterscheiden: Die Minderung bleibt zulässig, wenn das Pachtobjekt bereits *zum Zeitpunkt seiner Überlassung* an den Pächter mit Fehlern behaftet war, die ihre Tauglichkeit zum vertragsgemäßen Gebrauch aufheben oder mindern oder wenn eine zugesicherte Eigenschaft fehlt bzw später wegfällt. In Fällen dieser Art hat das Landwirtschaftsgericht im Rahmen des neu eingeführten § 48 LwVG über das Minderungsbegehren zu entscheiden. Ist der Minderungsanspruch erst während des Laufs des Pachtvertrags entstanden und liegt im Ganzen eine nachhaltige Veränderung der Verhältnisse iS des § 593 BGB vor, können sich der auch in diesem Fall bestehende Minderungsanspruch aus den §§ 586, 536 BGB mit dem Antrage auf Änderung der Pacht nach § 593 BGB überschneiden und der Pächter hat dann die Wahl, welchen Weg er beschreiten will (LANGE/WULFF, LPachtG § 7 Rn 69d).

c) Zum LPachtVG (speziell § 8 Abs 1 S 2)

6 Zu dem verfassungsrechtlich höchst bedenklichen Spannungsverhältnis dieser Norm, die über § 593 BGB hinaus eine gerichtliche Abänderungsmöglichkeit des Vertragsinhalts von Amts wegen auch bei fristgerecht angezeigten Verträgen anordnet, zu den verfassungsrechtlichen Grundsätzen des Art 14 GG, der Vertragsfreiheit und der Verhältnismäßigkeit sei verwiesen auf PIKALO NJW 1986, 200. Des Weiteren ist auf die Wechselbeziehung von § 9 LPachtVG zu § 593 Abs 4 BGB zu verweisen.

Vertragsänderungen, die auf einem nach dieser Vorschrift begehrten Änderungsverlangen beruhen, sind nach § 2 LPachtVG anzeigepflichtig.

d) Verhältnis zu sonstigen Vorschriften
aa) Zu § 313 BGB

7 *§ 593 BGB* ist als besondere Ausgestaltung der Lehre über die Folgen des Wegfalls der Geschäftsgrundlage (BGH AgrarR 1997, 122 = RdL 97, 119) *Spezialregelung gegenüber § 313 BGB*. Letztgenannte Norm ist jedoch ggf ergänzend heranzuziehen (weitergehend hingegen LANGE/WULFF, LPachtG § 7 Rn 69b), vielmehr wird eher FISCHER/WÖHRMANN (LPachtG § 7 Rn 42) zu folgen sein, der einen Ausschluss des § 242 aF „nur in der Regel" für gegeben hält. Da die jetzige Fassung der Norm bewusst in Abs 1 S 1 die Formulierung „Verhältnisse" anstelle derjenigen mancher Vorentwürfe, in denen der Ausdruck „Voraussetzungen" vorgesehen war, verwendet und da in § 313 BGB von „Umständen" die Rede ist, sind durchaus Fälle denkbar, in denen als Geschäftsgrundlage zugrunde gelegte rechtserhebliche Voraussetzungen wegfallen, die außerhalb des Rahmens des § 593 BGB liegen (zB bestimmte persönliche Verhältnisse oder Verhaltensweisen eines Beteiligten, namentlich im Bereich von Familienpachtverträgen und dgl mehr). Für solche Fälle müsste die weitergehende Anpassungsmöglichkeit des § 313 nF ebenso erhalten bleiben wie Rechtsprechung und Literatur zu dieser Bestimmung ergänzend zur Auslegung von § 593 BGB insoweit heranzuziehen sind, wie die Regelungsgehalte deckungsgleich sind.

bb) Abänderungsmöglichkeiten nach § 323 ZPO

Haben Eltern ihren Besitz im Wege „vorweggenommener Erbfolge" an den designierten Erben verpachtet (vgl dazu vJEINSEN AgrarR 1983, 261), gehört zur üblichen vertraglichen Gestaltung die Anpassung der Barleistungen (hier: Pacht) an die allgemeine Wertentwicklung. Bis 2008 eröffnete sich hier eine steuerlich interessante Gestaltungsmöglichkeit: Versorgungsleistungen konnten als Leibrente oder dauernde Last vereinbart werden, was eine Frage der Formulierung sowie des Hinweises auf § **323 ZPO** (mit seinen Risiken!) war. Als **Leibrente** waren die Zahlungen beim Leistenden nur mit dem Ertragsanteil als Sonderausgaben abziehbar und dementsprechend beim Leistungsempfänger zu versteuern; im Falle einer **dauernden Last** bestand volle Abzugsfähigkeit und Versteuerungspflicht (s BFH BStBl 1992, II 78, 499; 1993, 1540). Seit 2008 scheidet ein aus steuerlichen Gründen derart gestalteter Weg der Generationennachfolge aus, da § 10 Abs 1 Nr 1a EStG den Übergang der Betriebssubstanz verlangt, um eine Abzugsmöglichkeit der Zahlungen des Übernehmers als Sonderausgaben (dann aber unter auch noch weiteren Voraussetzungen) zu erreichen (s dazu auch BMF Schreiben vom 11. 3. 2012 BStBl I 227 ff). Dies ist bei Pachtverträgen nicht der Fall. Jedoch mag bei Altverträgen die Anwendung der Bestimmung des § 323 ZPO noch vereinbart sein.

In derartigen Fällen fragt sich, ob für die Anpassung das Landwirtschaftsgericht nach § 593 BGB oder das Prozessgericht nach § 323 IV ZPO zuständig ist. Dabei kommt es entscheidend darauf an, ob und inwieweit die Gegenleistung des Pächters anstelle eines auch unter Dritten üblichen Entgelts eher Renten- bzw Versorgungscharakter hat; dann wäre das Prozessgericht zuständig. Dabei wird schon der Vereinbarung der Anwendbarkeit von § 323 ZPO (die häufig aus Gründen der vollen steuerlichen Abzugsfähigkeit der Leistungen beim Zahlenden zur Anwendung kommt) entscheidende Indizwirkung zukommen.

II. Vorgerichtliches Änderungsbegehren

1. Anwendungsbereich

Die Norm findet grundsätzlich auf alle **Landpachtverträge** (§ 585 BGB) Anwendung, und zwar auch auf diejenigen, die nach § 2 LPachtVG von der Anzeigepflicht ausgenommen sind, also auch auf die Pachtverträge unter nahen Angehörigen (§ 3 Abs 1 Nr 2 LPachtVG).

Ist ein nach § 2 LPachtVG anzeigebedürftiger Pachtvertrag **nicht angezeigt** worden, ist die die Vertragsänderung begehrende Vertragspartei nach § 9 LPachtVG von der Befugnis **ausgeschlossen**, beim Landwirtschaftsgericht die Vertragsänderung zu beantragen (OLG Brandenburg AUR 2017, 393 = RdL 2017 324). Dabei lösen auch Änderungen eines bestehenden Vertrages eine Anzeigepflicht nach dem LPachtVG aus.

Eine unterbliebene Anzeige ist der **Heilung** zugänglich: Wenn die Anzeige (auch verspätet – etwa kurz vor Stellung des Antrags nach § 593 Abs 4 BGB) erfolgt, hat das Gericht in der Sache zu entscheiden. Nur wird in diesem Fall das Gericht vorher den Abschluss des Anzeigeverfahrens abzuwarten haben. Ein Rückgriff auf § 313 BGB ist hingegen ausgeschlossen (OLG Brandenburg AUR 2017, 393 = RdL 2017 324).

Auch auf das **Unterpachtverhältnis** ist die Norm anwendbar. Dabei wird bei der sachlichen Entscheidung oft mit zu berücksichtigen sein, ob der unterverpachtende Pächter seinerseits gegen den Hauptverpächter ein Änderungsbegehren nach § 593 BGB mit Erfolg durchsetzen kann.

Der Vorschrift unterliegen auch die zur Zeit des Inkrafttretens der Landpachtnovelle (1. 7. 1986) laufenden Pachtverträge. War ein solcher Vertrag bereits durch Gerichtsbeschluss oder Vereinbarung geändert, ist § 593 Abs 2 BGB zu beachten; im Übrigen muss die in § 593 Abs 1 S 1 BGB verlangte nachhaltige Änderung der Verhältnisse nach dem Beschluss oder der Vereinbarung eingetreten sein (so auch die frühere Regelung, LANGE/WULFF, LPachtG zu § 7 Rn 63c).

2. Materielle Voraussetzungen für eine Vertragsanpassung

10 Nach Abs 1 müssen sich nach Vertragsabschluss die für die Festsetzung der Vertragsleistungen maßgebenden **Verhältnisse nachhaltig so verändert** haben, dass einer Partei ein Festhalten daran **unzumutbar** erscheint. Änderungen eines bestehenden Pachtvertrages sind ebenfalls als „Abschluss des Pachtvertrages" iSd Abs 1 anzusehen und ändern somit den maßgeblichen Bezugspunkt für die Untersuchung (OLG Brandenburg AUR 2017, 393).

a) Änderung der Verhältnisse
11 Zu dem aus § 7 LPachtG übernommenen Begriff der „Verhältnisse" und seine Abgrenzung gegenüber „Voraussetzungen" vgl oben Rn 2.

„Verhältnisse" sind die **wirtschaftlichen Rahmenbedingungen**, unter denen das Vertragsverhältnis begonnen wurde, und zwar in

– **allgemein wirtschaftlicher Hinsicht**: Dies ist der **Regelfall**, der für Vertragsänderungen infrage kommt. Darunter fallen die allgemeine wirtschaftliche Entwicklung in der Landwirtschaft (BGH AgrarR 1997, 122 = RdL 1997, 119), Geldentwertungen, Steuererhöhungen, wirtschaftspolitische Lenkungsmaßnahmen (wie Abbau von Subventionen, Einführung einer Kontingentierung, **aA** OLG Oldenburg AgrarR 1994, 373), Naturkatastrophen. Auch eine evtl kommende Degression der Prämienansprüche aufgrund der **EU-Agrarreformen** (s dazu § 585 Rn 33) wird dazu gehören. Oder in

– **betriebsbezogener/persönlicher Hinsicht**: Berücksichtigt werden sollen **(ausnahmsweise)** auch die auf den Betrieb des Pächters bezogenen Verhältnisse, so etwa Beeinträchtigungen des individuellen Betriebes durch Witterungsverhältnisse, Tierseuchen, Bewirtschaftungserschwernisse aufgrund Krankheit, Unfall oä.

Die Entwicklung der Pachtpreise unter Berücksichtigung vergleichbarer Objekte und regionaler Besonderheiten ist als nachhaltige Veränderung der Verhältnisse im Sinne dieser Vorschrift anzuerkennen (so die mittlerweile hM, s BGH AgrarR 1997, 122 = RdL 1997, 119 mwNw; OLG Oldenburg AUR 2011, 127; FHL Rn 26). Pachtpreissteigerungen können jedoch nicht zusammen mit gestiegenen Kaufpreisen für Ackerland berücksichtigt werden, da dies eine doppelte Berücksichtigung desselben Umstandes wäre (OLG Hamm 5. 1. 2016 – I-10 W 46/15 juris Rn 58). Ferner kann die Entwicklung der

Pachtpreise nicht allein anhand der bei Neuverpachtung erzielbaren Pachtpreise ermittelt werden, da sich bei Neuabschluss von Pachtverträgen regelmäßig die erwartete weitere (steigende) Entwicklung sowie uU kurzfristige spekulative Erwägungen niederschlagen (OLG Oldenburg AUR 2011, 127; OLG Hamm 5. 1. 2016 – I-10 W 46/15 juris Rn 52). Insoweit sollte aus agrarstrukturellen Gründen eine gewisse Kontinuität beibehalten werden und zu zurückhaltender Anwendung führen, der bei längerfristigen Verträgen durch die ursprüngliche Vereinbarung Rechnung getragen werden soll; dies insbesondere, weil der Grundsatz „pacta sunt servanda" im Verhältnis zu einem wirtschaftenden Landwirt kaum unter Verbraucher- oder Mieterschutzgesichtspunkten eingeschränkt werden müsste.

Die Prämienansprüche (Zahlungsansprüche) die dem Pächter aufgrund der jüngsten Reformen der Gemeinsamen Agrarpolitik als Bewirtschafter im Zeitpunkt der Austeilung zugewiesen wurden, gehören bei Pachtvertragsende mangels anderweitiger Vereinbarung dem Pächter (s ausführlich dazu sowie zur Auslegung alter Verträge § 596 Rn 34 f). Konsequenterweise hat der BGH dem Begehren eine Absage erteilt, über die Vorschrift des § 593 BGB dies gegen den Willen des Pächters zu ändern (RdL 2007, 213; s aber BGH 28. 11. 2008 – BLw 20/08 juris; OLG Hamm 11. 3. 2008 – 10 U 114/07 juris; OLG München 30. 6. 2006 – 1 Lw U 5104/05 juris). Nach dem richtigen Beschluss des OLG Dresden vom 29. 9. 2005 (U XV 0963/05 juris) hat der Verpächter keinen Grund zur Kündigung aus wichtigem Grund deshalb, weil der Pächter eine Vertragsänderung mit dem Ziel einer Übertragungspflicht dieser Ansprüche bei Vertragsende verweigert.

Zu den Schwierigkeiten, die Veränderung der Verhältnisse (später) auf die Durchführung wertverbessernder Verwendungen zu stützen, sei auf die Ausführungen zu § 591 BGB (Rn 47) verwiesen.

Zu weiteren **Beispielen** für die Vertragsanpassung aufgrund veränderter Verhältnisse sei auf die ausführliche Kommentierung bei LUKANOW (FHL Rn 24 ff) verwiesen.

Im Übrigen kann auf die Kommentierung zu § 7 LPachtVG zurückgegriffen werden (vgl Rn 1).

Hingegen wird man die Einflussmöglichkeit der **persönlichen Rahmenbedingungen** **12** (praktisch werden nur die des Pächters und seiner Familie) **nicht** als Änderungsgrund ansehen können; hier schafft § 594c BGB für den Fall der Berufsunfähigkeit ebenso eine ausreichende Korrekturmöglichkeit (s Rn 3) wie § 594d BGB für den Fall der Rechtsnachfolge von Todes wegen.

Des Weiteren kann man das Gefüge von Leistung und Gegenleistung nicht an den **betriebswirtschaftlichen Fähigkeiten** des Pächters zur ertragskräftigen Bewirtschaftung der Pachtsache messen (Abs 1 S 2, vgl FHL Rn 32 f).

Von Gesetzes wegen (Abs 1 S 1) kann die vereinbarte **Pachtdauer** über § 593 BGB nicht geändert werden, hier kommt die Spezialregelung des § 595 BGB zum Zuge (OLG Stuttgart RdL 1989, 10).

Weiter werden nur **nachhaltige** Änderungen berücksichtigt, sodass einmalig wirken- **13** de Beeinträchtigungen (zB Hagelschlag) keine, auch nicht nur das entsprechende Wirtschaftsjahr betreffende, Korrekturen rechtfertigen (LWLH Rn 10; FHL Rn 34).

14 Letztlich müssen die Änderungen **nach Vertragsschluss** eingetreten sein, sodass eine etwa fehlende Übereinstimmung des wechselseitigen Leistungsgefüges mit den Verhältnissen zur Zeit des Vertragsabschlusses über diese Norm nicht nachträglich korrigiert werden kann (vgl dazu Rn 3; OLG Oldenburg AgrarR 1990, 141; vgl weiter ausführlich FHL Rn 36 ff; **aA** OLG Köln RdL 1994 106 = AgrarR 1994, 134, wonach eine ursprünglich unter dem ortsüblichen liegende Pacht dem Pächter nicht notwendigerweise als Vorteil durch quotalen Abschlag erhalten bleiben muss).

b) Grobes Missverhältnis

15 Leichte oder mittelschwere Beeinträchtigungen des Gleichgewichts von Leistung und Gegenleistung reichen zur Begründung eines Anpassungsverlangens nicht; vielmehr muss für die fordernde Vertragsseite die **Grenze des noch Zumutbaren** überschritten worden sein; und zwar durchaus in einer an den Maßstäben des **Wegfalls der Geschäftsgrundlage** orientierten Betrachtungsweise. Geht es um eine **Pachtanpassung**, ist durchaus ein Bezug zu den für vergleichbare Flächen aktuell gezahlten Beträgen herzustellen (LWLH Rn 12).

c) Umfang und Grenzen der Anpassung

16 Dabei ist grundsätzlich Zurückhaltung geboten. Denn die Bestimmung ist die Ausnahme zu dem auch bei langfristigen Verträgen geltenden Prinzip „pacta sunt servanda" (in diese Richtung OLG Hamm 5. 1. 2016 – I-10 W 46/15 juris Rn 64 bei bewusst langer Vertragslaufzeit zu günstigem Pachtpreis). Die Pachtzinsanpassung nach dieser Bestimmung ist die Ausnahme der für das Vertragsrecht grundlegenden rechtlichen Bindung der Vertragsparteien an das Vereinbarte. Sie soll lediglich dazu dienen, ein aufgetretenes, von den Parteien bei Vertragsschluss nicht berücksichtigtes und nicht hinnehmbares dauerhaftes Ungleichgewicht von Leistung und Gegenleistung zu beseitigen. Ihre Funktion kann nicht darin bestehen, einen durch eine dynamische Entwicklung von Neuverpachtungspreisen in Gang gekommenen Pachtpreisanstieg noch weiter zu beschleunigen (OLG Oldenburg AUR 2011, 127 juris Rn 29). Dies bedeutet sowohl umfänglich wie zeitlich nur die Korrektur des groben Missverhältnisses unter Berücksichtigung der individuellen Umstände, jedoch nicht eine automatische Anpassung an das „marktübliche", und dies schon gar nicht unter Berücksichtigung evtl künftiger Entwicklungen. Maßgeblich ist mithin nicht, was bei Neuverträgen an Preisen erzielt wird, sondern vielmehr was beim Bestand laufender Verpachtungen üblich ist, denn Neuverpachtungen berücksichtigen häufig die Inflation und weitere preissteigernden Faktoren während der weiteren Vertragslaufzeit (OLG Hamm 5. 1. 2016 – I-10 W 46/15 juris Rn 52; OLG Oldenburg AUR 2011, 127 juris Rn 26 ff; AG Nordenham 7. 4. 2014 – 2 Lw 10/13 juris Rn 7). Daher wird diesseits der Auffassung des OLG Köln (RdL 1994, 106) widersprochen, wonach ein (etwa familienbedingter) bei Vertragsbeginn vereinbarter Pächtervorteil diesem im Rahmen einer Anpassung nach § 593 BGB nicht unbedingt erhalten bleiben muss. Vielmehr ist umgekehrt ein unterdurchschnittlicher Pachtpreis auch im Rahmen der Anpassung zu berücksichtigen (AG Nordenham 7. 4. 2014 – 2 Lw 10/13 juris Rn 7).

Soweit eine Pachtzinsanpassung unter Hinweis auf ein verändertes Pachtzinsniveau begehrt wird, ist zu differenzieren: nur nachhaltige Veränderungen des regionalen

Durchschnittspachtzinses für vergleichbare Pachtobjekte können zu einer Anpassung führen, nicht aber zB besonders hohe oder niedrige Pachtzinsen oder solche, die für besondere, mit der zu beurteilenden Verpachtung nicht vergleichbare Nutzungsarten (OLG Oldenburg AUR 2011, 127 juris Rn 29).

Obergrenze des Zulässigen ist jedenfalls dasjenige, was bei einer Inhaltskontrolle nach § 4 Abs 1 Nr 3 LPachtVG „gerade noch" akzeptabel ist.

Ob bei der Bestimmung der Anpassung aus Pächtersicht dessen betriebswirtschaftliche Deckungsbeitragsrechnung so absolut abzulehnen ist wie der BGH dies meint (AgrarR 1997, 122 = RdL 1997, 119; RdL 1999, 119), erscheint zweifelhaft. Einerseits ist richtig, dass der Umfang des Beitrags der Pachtflächen zu der (aktuellen) betrieblichen Ertragssituation ebensowenig Auslöser einer Pachtanpassung sein kann wie die (veränderte) Ertragssituation selbst. Die Deckungsbeitragsrechnung ist jedoch eine objektive Rechengröße, die angibt, wie sich der betriebliche Gesamtgewinn verändert, wenn das Produktionsverfahren um eine Einheit ausgedehnt oder reduziert wird. Sie kann mithin insbesondere bei der Beurteilung einer angemessenen Stücklandpacht wertvolle Hilfe leisten (vgl auch OLG Oldenburg AUR 2011, 127 juris Rn 26). Wenn also die „regional übliche Vergleichspacht" mit den in Rn 11 skizzierten Einschränkungen Auslöser einer Pachtanpassung nach § 593 BGB sein kann, ist die Frage nach deren Einfluss auf **zumindest** die (verobjektivierte) Ertragslage des Betriebs ein entscheidender Parameter.

Eine entsprechende Orientierung ausschließlich an **Indizes bleibt problematisch**. So hat etwa das OLG Oldenburg (RdL 1989, 254 = AgrarR 1990, 141) entschieden, dass eine automatische Anpassung der Pacht an die Entwicklung der Schweinepreise nur zulässig ist, wenn mit den Erzeugnissen von den Pachtflächen auch Schweinemast betrieben wird.

3. Formelle Voraussetzungen bzw Hinderungsgründe

a) Zwei-Jahres-Frist nach Vertragsbeginn bzw -änderung

Weil evtl bei Vertragsabschluss getroffene Fehlüberlegungen einer Vertragsseite über diese Bestimmung nicht korrigiert werden sollen (vgl oben Rn 14), soll die Anpassung frühestens zwei Jahre nach Pachtbeginn erstmals verlangt werden können (Abs 2 S 1; vgl FHL Rn 55). 17

Nach einer durchgeführten Anpassung soll dieselbe Frist vor einem neuen Verlangen verstreichen; dies nicht zuletzt deshalb, damit nicht durchlaufende und zu kurzfristige Änderungsverlangen jede kontinuierliche betriebswirtschaftliche Planung unmöglich wird (LWLH Rn 24). Bezugspunkt ist jeweils die vorhergegangene Einigung oder rechtskräftige landwirtschaftsgerichtliche Entscheidung.

Die Gesetzesformulierung („zwei Jahre nach ... verlangt werden") ist keine zusätzliche formelle Voraussetzung derart, dass erst nach zwei Jahren das Verlangen zugehen darf, um wirksam zu sein. Vielmehr geht es darum, dass erst **ab dem dritten Pachtjahr** nach Vertragsbeginn (LWLH Rn 24) die erste Änderung begehrt werden kann. Dies deckt sich mit der Regelung in Abs 3.

Vor Ablauf der Zwei-Jahres-Frist kann das Änderungsverlangen nur unter den Ausnahme-Bedingungen des Abs 2 S 2 in formell berechtigter Weise gestellt werden.

b) Wirkung nur ab dem laufenden Pachtjahr (Abs 3)

18 Anders als beispielsweise im Mietrecht (§§ 558, 558b BGB) kann die Vertragsänderung nicht nur für die Zukunft begehrt werden; es wirkt vielmehr für das Pachtjahr, in dem das (berechtigte) Änderungsverlangen zugeht (LWLH Rn 26; FHL Rn 56). Die Anpassung wirkt rückwirkend ab Beginn des Pachtjahres, in dem eine Partei die Änderung verlangt und den Umfang der begehrten Änderung zumindest substantiiert dargelegt hat (OLG Koblenz RdL 1990, 93 = AgrarR 1991, 52).

4. Das Abänderungsbegehren und seine Ablehnung

19 Zu Rechtsnatur und Wirkung des Änderungsverlangens vgl die Kommentierung zu § 595 BGB (Rn 51).

Das Anpassungsbegehren kann **formlos** gestellt werden; es ist an keine **Frist** gebunden, jedoch ist die Rückwirkungsklausel des Abs 3 zu beachten.

In dem Anpassungsverlangen ist konkret die – durch die Änderung der Verhältnisse begründete – Vertragsanpassung zu fordern. Zur „Substantiierung" vgl Rn 18, 25 f.

III. Gerichtliches Verfahren zur Änderung

20 Kommt es aufgrund des Änderungsverlangens nicht zu einer Vereinbarung unter den Vertragsparteien, kann die die Änderung fordernde ein auf gerichtliche Regelung gerichtetes Verfahren in Gang setzen.

1. Die Einleitung des landwirtschaftsgerichtlichen Verfahrens durch Antragstellung (Abs 4)

21 Das Verfahren wird durch Antrag eines Vertragsteils eingeleitet. Dabei handelt es sich wie bei dem Antrag nach § 595 Abs 6 BGB nicht um einen Verfahrens-, sondern um einen **Sachantrag**, der das Gericht bei seiner Entscheidung bindet (Ernst, LwVG § 14 Rn 19, 88; Lange/Wulff, LPachtG § 7 Rn 68; Wöhrmann/Herminghausen § 14 Rn 3; Pritsch § 14 LX β VI c, 190).

a) Antragsberechtigung

22 Antragsberechtigt ist **jede Vertragspartei**. Besteht eine Partei aus mehreren Personen, können diese nur gemeinschaftlich handeln (§§ 709, 712, 745, 2038 Abs 1 BGB), denn ihre Stellung richtet sich grundsätzlich nach dem jeweiligen materiellen Gemeinschaftsrecht (eheliches Güterrecht, Gesellschaftsrecht, BGB-Miteigentumsrecht bzw Erbengemeinschaftsrecht, s BGH RdL 2002, 73).

Der **Erwerber** des verpachteten Grundstücks tritt nach den §§ 593b, 566 BGB vom Zeitpunkt ab Eigentumsübergang in den Pachtvertrag ein. Von diesem Zeitpunkt an muss sich auch ein Antrag des Pächters nach den §§ 7, 8 LPachtVG gegen ihn richten. Mit Zustimmung des Pächters kann der Verpächter in das anhängige Pachtschutzverfahren aus § 593 BGB eintreten (ebenso OLG Freiburg RdL 1950, 168; WÖHRMANN/HERMINGHAUSEN § 9 Rn 40).

Zur Berechtigung des **Gegners** eines Anpassungsverlangens, seinerseits einen negativen Feststellungsantrag zu stellen, vgl § 595 Rn 67.

b) Form und Frist
Der Antrag kann schriftlich, aber auch zu Protokoll der Geschäftsstelle des zuständigen Gerichts gestellt werden (§ 11 FGG).

c) Inhalt des Antrags
Als Sachantrag sind die gewünschten Änderungen der Vertragsleistungen präzise zu bezeichnen (vgl ERNST, LwVG § 14 Rn 17). „Schlüssigkeitsvoraussetzung" ist ein fehlgeschlagenes vorgerichtliches Anpassungsbegehren.

Der die Anpassung Verlangende muss die wesentliche dauernde Veränderung der wirtschaftlichen Verhältnisse **darlegen**, insbesondere auch unter Berücksichtigung dessen, was die Parteien bei Vertragsbeginn wollten. Der Darlegungspflicht im Hinblick auf die Veränderungen kann auch durch Verweis auf Vergleichspachten genügt werden (OLG Koblenz RdL 1990, 93 = AgrarR 1991 52).

2. Verfahrensgrundsätze

Das Landwirtschaftsgericht entscheidet über die Festsetzung im nichtstreitigen Verfahren der freiwilligen Gerichtsbarkeit (OLG Brandenburg 26. 1. 2012 – 5 W [Lw] 10/11 juris Rn 27; FHL Rn 59; LWLH Rn 27), die Einforderung danach noch nachzuzahlender Beträge aber im streitigen (BGH RdL 1999, 119). Derart kann auch nicht das Anpassungsverfahren (inzident) durch einen „verfrühten" Zahlungsantrag ersetzt werden (OLG Oldenburg 6. 5. 1993 – 10 U 18/92 nv).

Verbundene Anträge sind daher zu trennen, getrennte Verfahren sind notwendig, können aber verbunden werden (OLG Stuttgart RdL 1991, 54).

Nach der Aufhebung des § 13 LwVG iVm der Einfügung des § 47 LwVG ist das im Rahmen des § 593 BGB – und auch des § 595 BGB – angegangene Landwirtschaftsgericht ausschließlich und unabdingbar (anstelle des Prozessgerichts oder eines etwa vereinbarten Schiedsgerichts) zuständig (OLG Karlsruhe AgrarR 1998, 285). Dies gilt nur nicht, wenn Vorfragen zur Zeit der Antragstellung bereits Gegenstand eines schon anhängigen Rechtsstreits sind (vgl ÄndG Art 5).

Wird mit dem Verfahren aus § 593 BGB ein streitiges Verfahren (etwa wegen Minderung der Pacht) verbunden, ermöglicht der neu eingeführte § 48 Abs 1 LwVG mittels seiner Verweisung auf § 10 LwVG die Zuständigkeit desselben Landwirtschaftsgerichts.

IV. Unabdingbarkeit, unzulässige Vereinbarungen

1. Grundsatz

27 Nach Abs 5 ist die Vorschrift **zwingendes Recht**. Ihren Regelungsmechanismus störenden Vereinbarungen sind daher im Zweifel unwirksam (OLG Hamm 5. 1. 2016 – I-10 W 46/15 juris Rn 46; OLG Oldenburg AUR 2011, 127).

Die **Folgen** einer unwirksamen Vereinbarung als Bestandteil eines Pachtvertrags richten sich nach dem Sinngehalt des Abs 5 S 2, der insoweit als Spezialvorschrift zu § 139 BGB dessen Unwirksamkeitsvermutung für den ganzen Vertrag in das Gegenteil verkehrt. Unwirksam bleibt somit grundsätzlich nur die in Abs 5 S 2 gekennzeichnete Vereinbarung (so auch Lange/Wulff, LPachtG § 10 Rn 91 unter Bezug auf RG Gruchot 68, 518 für das Mietrecht und so auch für die RPachtO BGH RdL 1952, 243).

2. Beispiele

28 Unwirksam ist etwa ein (rechtsgeschäftlicher) Verzicht auf das Recht, eine Änderung des Vertrags nach den Abs 1 bis 4 zu verlangen. Gleichgültig ist, ob dies für die ganze Pachtsache bzw Vertragslaufzeit oder jeweils Teile davon, durch eine oder beide Vertragsparteien, untereinander oder in Bezug auf Dritte (etwa iSv § 328 BGB) geschieht. Gleichermaßen sind Vereinbarungen unwirksam, die die Rechtsstellung eines Beteiligten aus § 593 Abs 1 bis 4 BGB mittelbar beeinträchtigen. Darunter fallen etwa Vertragsstrafen, Rücktritts- oder außerordentliche Kündigungsrechte oder sonstige Nachteile, die für den Fall der Ausübung der Rechte nach den Abs 1 bis 4 zugunsten der anderen Seite gelten sollen.

3. Zulässige Vereinbarungen und ihre Grenzen

29 Kein Verstoß gegen Abs 5 sind Vereinbarungen, nach denen Pachtänderungen an andere, weniger strenge Voraussetzungen als § 593 BGB angeordnet, geknüpft werden (OLG Hamm RdL 1954, 49; OLG Oldenburg RdL 1989, 254 = AgrarR 1990, 141; Lange/Wulff, LPachtG zu § 7 Rn 63e; Wöhrmann RdL 1952, 251; OLG Hamm 5. 1. 2016 – I-10 W 46/15 juris Rn 48; OLG Oldenburg AUR 2011, 127). Die Vertragsteile werden sich in Fällen dieser Art jedoch auf § 593 BGB berufen können, wenn die Anwendung der vertraglichen Vereinbarung so wenig eine Anpassung an geänderte Verhältnisse ermöglicht, dass praktisch schon von einem Ausschluss von § 593 BGB die Rede ist. Dabei ist der Umfang der zum Zeitpunkt des Anpassungsverlangens eingetretenen Änderungen ein wichtiges Indiz. Klauseln, die die Anpassung an den Preisindex koppeln und zur zusätzlichen Kontrolle periodische Überprüfung durch Sachverständige anordnen, sind zulässig (OLG Stuttgart RdL 1991, 205).

Vereinbarungen, nach denen ein **Schiedsgutachter(-kollegium)** bei veränderten Verhältnissen auf Antrag einer Vertragspartei die angemessene Vertragsanpassung, insbesondere der Pachthöhe, vorschlagen soll, sind wirksam, soweit das Schiedsgutachten für die Beteiligten als Grundlage für ihren anschließenden gütlichen Einigungsversuch gedacht ist. Kommt es dazu nicht, entscheidet das Landwirtschaftsgericht auf der Basis der vorstehend skizzierten Parameter (OLG Karlsruhe AgrarR 1998, 283). Haben aber die Parteien zulässigerweise die Bedingungen für eine Vertragsanpassung konkret vereinbart, kommt dem Schiedsgutachten in einem Verfahren nach Abs 4 zumindest indizielle Wirkung zu.

Haben die Vertragschließenden eine Anpassungsregelung iS des § 323 ZPO getroffen, ist durch Auslegung zu ermitteln, ob die Beteiligten damit die Berechtigung zur Anpassung auch für solche Fälle haben vereinbaren wollen, in denen (noch) von einem groben Missverhältnisses iSv § 593 BGB die Rede ist.

§ 593a
Betriebsübergabe

Wird bei der Übergabe eines Betriebs im Wege der vorweggenommenen Erbfolge ein zugepachtetes Grundstück, das der Landwirtschaft dient, mit übergeben, so tritt der Übernehmer anstelle des Pächters in den Pachtvertrag ein. Der Verpächter ist von der Betriebsübergabe jedoch unverzüglich zu benachrichtigen. Ist die ordnungsmäßige Bewirtschaftung der Pachtsache durch den Übernehmer nicht gewährleistet, so ist der Verpächter berechtigt, das Pachtverhältnis außerordentlich mit der gesetzlichen Frist zu kündigen.

Materialien: BT-Drucks 10/508; 10/509; 10/3830; 10/3498.

Schrifttum

Siehe § 585.

Systematische Übersicht

I.	**Überblick**	
1.	Normgehalt und Zweck	1
2.	Früheres Recht, Textgeschichte	3
3.	Anwendungsbereich der Vorschrift	4
4.	Verhältnis der Vorschrift	5
a)	Zum Verfassungsrecht	5
b)	Zu sonstigen Vorschriften	6
II.	**Inhalt und Wirkungen**	
1.	Voraussetzungen	7
a)	Betriebsübergabe	7
b)	Übergabe eines Zupachtgrundstücks	8
aa)	Zupachtgrundstück	8
bb)	Teilweise Übergabe	9
c)	Zeitpunkt	10
d)	Benachrichtigung	11
e)	Andere Formen der Übergabe	12
2.	Rechtsfolgen	14
a)	Eintritt des Übernehmers als Pächter in den Zupachtvertrag	14
b)	Zustimmung des Verpächters	17
III.	**Benachrichtigung des Verpächters (S 2)**	
1.	Bedeutung	18
2.	Verpflichtung zur unverzüglichen Benachrichtigung	19
3.	Verstoß gegen das Benachrichtigungserfordernis	20
IV.	**Kündigungsrecht des Verpächters (S 3)**	
1.	Voraussetzung	21
2.	Kündigung	23
3.	Beweislast	25

V.	Abdingbarkeit	26	1.	Betriebsübergang im Zuweisungsverfahren (§§ 13 ff GrdstVG) ... 29
VI.	Verfahrensrecht	27	2.	Hoferbfolge in Anerbengut ... 30
VII.	Zur entsprechenden Anwendung der Vorschrift	28	3.	Betriebsübergang bei Erbauseinandersetzung eines Landguts nach BGB ... 31

Alphabetische Übersicht

Abdingbarkeit	26	Landgut, entsprechende Anwendung bei Erbauseinandersetzung	31
Anerbengut	30		
Anwendung, entsprechende der Vorschrift	28 ff		
Anwendungsbereich der Vorschrift	4	Mehrere landwirtschaftliche Betriebe auf Pächterseite	5
Benachrichtigung des Verpächters	11, 18 ff	Pachtbetrieb, entsprechende Anwendung	
Betriebsübergabe, Begriff	7	– Inanspruchnahme von Pachtschutz	24
– Formen	7, 12 f	– mehrerer landwirtschaftlicher Betriebe	5
– Rechtsfolgen	14 ff	– Übergang rückständiger Pflichten	15
– rückständige Pächterpflichten	15	Pachtschutz, Inanspruchnahme durch den Pächter	24
– Umfang	9		
– Vertragsidentität	14		
– Zeitpunkt	10	Unverzüglichkeit der Benachrichtigung	11, 19
Beweislast	25		
		Verfahrensfragen	27
Erbfolge, vorweggenommene	7	Verhältnis der Vorschrift zu anderen	5 f
		Verpächter, Benachrichtigung	11, 18 ff
Form der Verpächter-Kündigung	23	– keine Zustimmung notwendig	17
		– Kündigungsrecht	21 ff
Grundstücksverkehrsrecht	29	Vorweggenommene Erbfolge	7
Kündigung des Verpächters, Form	23	Zupachtgrundstück	8
Kündigungsrecht des Verpächters	21 ff	Zweck der Vorschrift	1
– Pachtschutz	24		
– Voraussetzungen	21 f		

I. Überblick

1. Normgehalt und Zweck

1 Die Vorschrift regelt die pachtrechtlichen Konsequenzen für ein vom Pächter bewirtschaftetes **Zupachtgrundstück** bei Übergabe seines landwirtschaftlichen Betriebs zwecks **vorweggenommener Erbfolge**. Sie bezweckt, die **Bewirtschaftungseinheit** eines landwirtschaftlichen Eigentumsbetriebes mit seinen Zupachtländereien über den Betriebsübergang im Zuge einer vorweggenommenen Erbfolge hinaus in der Hand des Übernehmers auch rechtlich zu ermöglichen.

Dies geschieht durch den in der Vorschrift angeordneten **gesetzlichen Eintritt** des

Januar 2018

Übernehmers als Pächter in das laufende Pachtverhältnis anstelle des Übergebers (des bisherigen Pächters). Damit wird den Beteiligten erspart, dies anlässlich der Betriebsübergabe dreiseitig besonders zu vereinbaren; ferner sind dadurch der Pächter und sein Nachfolger vom Einverständnis des Verpächters unabhängig. Voraussetzung hierfür ist nur, dass die Zupachtländereien im Zuge der Betriebsübergabe dem Nachfolger mit übergeben werden.

Der Übergeber scheidet damit als bisheriger Pächter aus dem laufenden Pachtverhältnis aus, ohne dass es hierzu einer Zustimmung des Verpächters bedarf. Der Verpächter ist von der Betriebsübergabe „unverzüglich" (§ 593a S 2 BGB) zu benachrichtigen. Der Übergang des Zupachtverhältnisses auf den Pächter wird (mangels abweichender Vereinbarung) grundsätzlich **auch gegen den Willen des Verpächters** ermöglicht. Diesem ist lediglich das Recht der *vorzeitigen Kündigung* (§ 593a BGB) unter Einhaltung der gesetzlichen Kündigungsfrist (§ 594a BGB) für den Fall eingeräumt, dass die *ordnungsgemäße Bewirtschaftung der Zupachtländereien durch den Übernehmer nicht gewährleistet* ist.

Ebenso wie der Pächter bei der teilweisen Veräußerung der verpachteten Grundstücke eine **Aufsplitterung** seines Pachtverhältnisses hinnehmen muss, dürfte grundsätzlich das gleiche für den Verpächter gelten, wenn sein Pächter nur einen Teil des Pachtgrundbesitzes dem Pächter bei der Betriebsübergabe übergibt.

Wird das Zupachtgrundstück im Zuge der Betriebsübergabe nicht mit übergeben, 2 verbleibt es bei dem Pachtverhältnis mit dem bisherigen Pächter; eine Befugnis zur Unterverpachtung an den Betriebsnachfolger ohne Erlaubnis des Verpächters ist nicht zulässig. Der Pächter kann aber seine Rechtsstellung per letztwilliger Verfügung auf den Betriebsnachfolger – mit den Folgen aus § 594d BGB – übertragen.

2. Früheres Recht, Textgeschichte

Die Norm ist durch die Landpachtnovelle 1986 neu eingeführt worden. Wenn der 3 Pächterwechsel kraft gesetzlicher Anordnung das „persönliche Band" der Vertragsparteien zueinander im Interesse der Erhaltung der Betriebseinheit und Kontinuität lockert, stellt sich dies seither mehr als ein rechtliches, als ein faktisches Novum dar. Denn dergestalt wurden bereits bislang regelmäßig die Zupachtverhältnisse bei Betriebsübergaben als sachgerecht im Zuge stillschweigender oder ausdrücklicher Parteivereinbarung gehandhabt. Soweit dies ausnahmsweise nicht geschah, hat bereits die Rechtsprechung diesen Weg – zumindest im Ergebnis – vorgezeichnet.

3. Anwendungsbereich der Vorschrift

Die Vorschrift ist wegen ihrer Stellung im Landpachtbereich (§§ 585 ff BGB) nur 4 anwendbar, soweit es sich um zugepachtete Grundstücke im Rahmen eines **Landpachtvertrags** handelt; mithin wohl nicht, wenn ein Forstbetrieb übergeben wird, zu dem landwirtschaftliche Grundstücke zugepachtet sind. Indes kann die entsprechende Anwendbarkeit der Vorschrift im Rahmen des Zupachtverhältnisses vereinbart werden. Die Zupachtung forstwirtschaftlicher Grundstücke zu einem landwirtschaftlichen Betrieb, der übergeben wird (§ 585 Abs 3 BGB), steht der Anwendbarkeit der

Vorschrift nicht entgegen, sofern nur, was im Zweifel anzunehmen ist, die zugepachtete Forstwirtschaftsfläche dem landwirtschaftlichen Betrieb dienlich ist.

Übergibt der Inhaber **mehrerer landwirtschaftlicher Betriebe** einen davon zwecks vorweggenommener Erbfolge einem Abkömmling, ist auf eindeutige Zugehörigkeit der Zupachtflächen, die mit übergehen sollen zu achten.

4. Verhältnis der Vorschrift

a) Zum Verfassungsrecht

5 Die dem Pächter eingeräumte Gestaltungsbefugnis, im Rahmen der Vorschrift an seine Stelle einen anderen Pächter auch gegen den Willen des Verpächters zu setzen, bedeutet immerhin einen Eingriff in die Dispositionsfreiheit des Verpächters und gerät damit in ein Spannungsverhältnis zu Art 14 GG, das gewiss weitgehend durch die dem Verpächter in S 2 der Vorschrift eingeräumte Kündigungsbefugnis abgemildert wird. Indes sind namentlich bei verschuldeten Betrieben Fallgestaltungen denkbar, in denen dem Verpächter der bisherige Pächter kreditwürdiger (finanziell vertrauenswürdiger) erscheint als der Übernehmer, ohne dass dies schon nachweislich zu einer Kündigungsbefugnis ausreicht. Hinzu kommt, dass die Regelung des § 593a dem Altpächter dem Verpächter gegenüber keine Bürgenhaftung für die ordnungsgemäße Vertragserfüllung seitens des Neupächters auferlegt, wie solches in der Grundsatzregelung des § 566 Abs 2 BGB verankert ist. Gleichwohl dürften diese Aspekte nicht ausreichen, grundlegende Bedenken gegen die Verfassungskonformität der jetzigen Regelung durchgreifen zu lassen. Immerhin besteht die Möglichkeit, bei Abschluss von Pachtverträgen die Anwendung der Dispositiv-Vorschrift des § 593a BGB auszuschließen.

b) Zu sonstigen Vorschriften

6 Der Schutzzweck des § 585b BGB ist darauf gerichtet, durch die Beschreibung der Pachtsache die Gefahr von Streitigkeiten hierüber zwischen den Pachtvertragsparteien zu mildern. Daher ist eine neue Beschreibung anlässlich der Übergabe nicht notwendig.

Da die Norm einen gesetzlichen Übergang der Pächterstellung anordnet, dürfte der Eintritt in den Pachtvertrag von der Anzeigepflicht nach dem LPachtVG befreit sein.

Kommt die Vorschrift nicht zur Anwendung und behält der Übergebende die Zupachtflächen, kann sich dies bei der Genehmigungsfähigkeit des Hofübergabevertrages (§ 17 HöfeO) auswirken, wenn die Herausnahme der Zupachtländereien aus der Bewirtschaftungseinheit des Hofs dessen Ertragskraft zu sehr schwächen würde.

II. Inhalt und Wirkungen

1. Voraussetzungen

a) Betriebsübergabe
Es muss sich zunächst um die Übergabe eines bewirtschafteten landwirtschaftlichen 7
Betriebs zur landwirtschaftlichen Nutzung handeln.

„**Betrieb**" ist die organisatorische Zusammenfassung der zur landwirtschaftlichen Bewirtschaftung erforderlichen Grundlagen (Ländereien, regelmäßig mit einer zugehörigen Wirtschaftsstelle als Betriebsmittelpunkt und normalerweise Inventar) zu einer funktionsgerechten landwirtschaftlichen Wirtschaftseinheit. Da der Begriff derselbe ist wie in § 585 Abs 1 S 1 BGB, sei auf die dortigen Erläuterungen verwiesen, obwohl es bei § 593a BGB nicht um die Übergabe von Verpächter auf Pächter geht. Der Betrieb muss im **Eigentum** des übergebenden Pächters stehen.

Die **Übergabe** ist im Gesetz als eine solche der „**vorweggenommenen Erbfolge**" charakterisiert. Dieses Rechtsinstitut gibt es im *BGB* nicht; unter diesem Begriff wurde von Rechtsprechung und Literatur die besondere Schenkung unter Auflagen weiterentwickelt, bei der ein (landwirtschaftlicher) Betrieb schon zu Lebzeiten des Eigentümers in die nächste Generation übertragen wird, gegen die Gewährung von Leistungen finanzieller oder natureller Art, die in erster Linie Versorgungscharakter haben. Eine gesetzliche Regelung befindet sich etwa in § 17 der *HöfeO* für die Nordwestdeutschen Bundesländer. Der Begriff der vorweggenommenen Erbfolge soll nach der Rspr des OLG Celle (AgrarR 1991, 350) weit zu fassen sein. Darunter sollen nicht nur Pacht- und Wirtschaftsüberlassungsverträge fallen, sondern generell alles, was mit gleitender Hofübergabe zu tun hat. Aus den in Rn 15 genannten Gründen wird diese Auffassung nicht geteilt.

Dem Begriff des Übergabevertrages widerspricht nicht, wenn Grundstücke vom Übergeber zurückbehalten oder zur Abfindung weichender Erben verwandt werden; also solange nicht, wie nicht die Übergabe der „Wirtschaftseinheit Hof" in Zweifel steht, um dessen Zupachtgrundstück es geht. Desgleichen ist für die Anwendung dieser Vorschrift nicht hinderlich, wenn der Übergebende seinen (großen) Hof im Zuge der Übergabe in zwei Betriebe zerlegt und getrennt an mehrere überträgt. Der Verpächter hat dann die Aufteilung der Zupachtländereien unter den Nachfolgepächtern hinzunehmen.

b) Übergabe eines Zupachtgrundstücks
aa) Zupachtgrundstück
Bei dem zugepachteten Grundstück kann es sich um **ein einzelnes oder** um eine 8
Mehrheit von Flächen handeln, gleichviel, ob sie von einem oder verschiedenen Verpächtern angepachtet sind. Dem gleich stehen abtretbare Rechte, die zur landwirtschaftlichen Grundstücksnutzung berechtigen wie etwa bei Verwaltungsvereinbarung über die Grundstücksnutzung in einer Erbengemeinschaft oder ein schuldrechtliches Wegerecht (OLG Celle 20. 8. 2014 – 7 U 2/14 [L] juris Rn 47).

Übergebender Eigentümer und Pächter des Zupachtgrundstücks sind regelmäßig identisch, indes sind Ausnahmen denkbar. Übergibt zB die Ehefrau als Betriebseigentümerin unter Mitwirkung ihres Ehemanns ein von diesem zu ihrem Betrieb zugepachtetes Grundstück, dürfte dies der Anwendung der Vorschrift nicht entgegenstehen.

bb) Teilweise Übergabe

9 Die Parteien des Übergabevertrags können mangels anderweitiger Vereinbarung mit dem Verpächter bestimmen, dass einzelne Zupachtverhältnisse von dem Übergang der Pächterstellung auf den Übernehmer ausgeschlossen sein sollen. Dies gilt sowohl, wenn es sich um verschiedene Verpächter handelt, als auch bei Anpachtung mehrerer Grundstücke von dem gleichen Verpächter.

c) Zeitpunkt

10 Die Fixierung des für den Eintritt des Übernehmenden in das Pachtverhältnis maßgeblichen Zeitpunkts ist von Bedeutung für die allseitige Abgrenzung der Rechte und Pflichten.

Zweckmäßigerweise ist dabei mangels anderweitiger Vereinbarung auf das Datum der **Besitzübergabe** des im Wege vorweggenommener Erbfolge übertragenen Betriebes abzustellen.

d) Benachrichtigung

11 Ebenfalls auf diesen Zeitpunkt ist bei Beurteilung der **Unverzüglichkeit** der Benachrichtigung des Verpächters abzustellen. Jedoch ist die rechtzeitige Anzeige nicht Voraussetzung für einen wirksamen Eintritt des Übernehmers (OLG Hamm AgrarR 1998, 440); sie wird ggf Auslöser von Schadensersatzansprüchen sein. Wird die Anzeige unterlassen, liegt weder ohne Weiteres eine unerlaubte Unterpacht (§ 589 Abs 1 Nr 1 BGB) vor, noch stellt dies per se ein zur fristlose Kündigung rechtfertigenden Vertragsverstoß nach §§ 594e, 543 BGB dar. Vielmehr ist darauf abzustellen, in welchem Umfang Verpächterinteressen im Einzelfall berührt wurden (OLG Celle NdsRpfl 2004, 73, 5. 11. 2001 – 7 U 144/00 [L] juris Rn 4 ff; OLG Celle AgrarR 1991, 350), es gilt insoweit der allgemeine Maßstab für fristlose Kündigungen (s § 594e Rn 27).

e) Andere Formen der Übergabe

12 Häufig geschieht die Vorbereitung der Erbfolge in landwirtschaftlichen Betrieben nicht durch Übereignung unter Lebenden. Vielmehr behält sich der Betriebsinhaber das Eigentum und damit auch eine „letzte Kontrolle" vor und lässt den als Erben Ausersehenen den Betrieb bereits eigenverantwortlich bewirtschaften (pachten). Dies ist ein weit verbreiteter, speziell bei langfristig angelegten und über eine imaginäre Ruhestandsgrenze hinausgehenden Verträgen steuer- und altersgeldrechtlich anerkannter Vorgang (vgl v Jeinsen AgrarR 1983, 261). Eine andere Variante ist die Gründung einer Gesellschaft bürgerlichen Rechts mit dem künftigen Erben und ggf weiteren Familienangehörigen.

Die Bestimmung ist aber nicht auf derartige, auch auf Dauer angelegte Fallgestaltungen **entsprechend** anzuwenden (vgl auch OLG Koblenz AUR 2004, 337). Denn die Genehmigungserfordernisse des Hofübergabevertrages durch das Landwirtschaftsgericht (§ 18 Abs 3 HöfeO) wie auch die Genehmigung nach dem GrstVG haben in diesem Zusammenhang auch eine Schutzwirkung für den Verpächter, die von wirtschaftlich entscheidender Bedeutung sein kann (Rn 15, 23).

Hat sich der Übergebende bei der sogenannten „Rheinischen Hofübergabe" den   13
lebenslangen Nießbrauch an der übergebenen Besitzung vorbehalten und sie gleichzeitig dem Übernehmer verpachtet, ist im Zweifel nicht anzunehmen, dass er sich die weitere Nutzung der Zupachtländereien vorbehalten wollte. Demgemäß bleibt es auch in diesen Fällen grundsätzlich bei dem Eintritt des Übernehmers in das Zupachtverhältnis.

2. Rechtsfolgen

a) Eintritt des Übernehmers als Pächter in den Zupachtvertrag

Es handelt sich um einen **Übergang der Pächterstellung kraft** Gesetzes zum Zeit-   14
punkt der grundbuchlichen Umschreibung des Pächterbetriebes auf den Übernehmer (LWLH Rn 12). Der Übernehmer erhält – weitergehender als es der Rechtsstellung des Erwerbers als Nachfolger in die Vermieterrechte und -verpflichtungen nach § 566 Abs 1 BGB entspricht – die volle Rechtsstellung eines Nachfolgepächters. Auch trifft den Verpächter **keine Bürgenhaftung** für die Erfüllung der künftigen Verpflichtungen des Nachfolgepächters wie dies § 566 Abs 2 BGB für den Veräußerer anordnet.

Die **Vertragsidentität** bleibt über den Pächterwechsel hinaus erhalten, wenn nicht einzelne Zupachtflächen von der Übergabe ausgenommen werden. Dies gilt auch für den Fall, dass im Zuge dessen die Vertragsbedingungen geändert werden (Anzeigepflicht nach § 2 LPachtVG).

Dem Nachfolgepächter wachsen das Pächterpfandrecht am Inventar nach den §§ 585 Abs 2, 583 BGB, sowie ferner die Rechte zu, die sich aus Maßnahmen des bisherigen Pächters zur Verbesserung der Pachtsache (§ 588 Abs 2 BGB) ergeben. Ihn trifft dann auch die Verpflichtung zur Leistung eines Geldausgleichs nach § 590 Abs 3 BGB.

Dem Nachfolgepächter steht der Anspruch auf Verwendungsersatz aus § 590b BGB zu. Der Altpächter kann sich diesen Ersatzanspruch im Übergabevertrag vorbehalten. Entsprechendes gilt für die Ansprüche aus § 591 BGB (Verwendungsersatz bei Mehrwert) und für das Wegnahmerecht aus § 591a BGB.

Das vor Übergabe entstandene Verpächterpfandrecht nach § 592 BGB bleibt bestehen und erweitert sich um die eingebrachten Sachen des Nachfolgepächters.

Da der Nachfolgepächter in vollem Umfang in die Rechtsstellung des Altpächters   15
eintritt, treffen ihn nicht nur seine Verpflichtungen ab Eintritt, sondern er ist auch anstelle des Altpächters für dessen **rückständige Verpflichtungen** dem Verpächter gegenüber verantwortlich. Dieser Zustand bleibt bestehen, auch wenn der Verpächter nach § 593a S 3 BGB das Pachtverhältnis kündigt. Denn der Nachfolgepächter bleibt Pächter bis zum Zeitpunkt des Wirksamwerdens dieser Verfügung.

Eine andere Auslegung gibt die Gesetzesformulierung nicht her. Dies kann zu unbilligen Ergebnissen führen, etwa dann, wenn sich der Neupächter in schlechteren wirtschaftlichen Verhältnissen befindet, dem Verpächter entsprechender Pächterwechsel nicht unverzüglich angezeigt wird und dadurch erhebliche, nicht zu realisierende Pachtrückstände entstehen. Daher sind wohl auch, allerdings ohne weitergehende Begründung, FHL (Rn 30; zweifelnd LWLH Rn 11) der unberechtigten Auffassung, der Altpächter hafte für seine, vor der Übergabe entstandenen, Verbindlichkeiten weiter. Indes dürfte das Risiko eher theoretisch sein, angesichts des in HöfeO und GrstVG (Rn 21) enthaltenen Kontrollmechanismus. Zur Möglichkeit einer außerordentlichen Kündigung s Rn 22.

16 Der Eintritt des Nachfolgepächters kann ausnahmsweise zur Folge haben, dass der Verpächter ein bereits entstandenes, aber bislang nicht ausgeübtes Kündigungsrecht aus wichtigem Grund, zB wegen schlechter Wirtschaftsweise oder gar Wirtschaftsunfähigkeit des Altpächters verliert. Dies gilt jedoch nicht (§ 242 BGB), wenn die Betriebsübergabe nur erfolgt ist, um sich den Folgen einer bevorstehenden Kündigung des Verpächters zu entziehen.

b) Zustimmung des Verpächters

17 Die in den Vorentwürfen vorgesehene Bestimmung, dass sich die Pächternachfolge kraft Gesetzes **ohne Zustimmung** des Verpächters vollzieht, ist als entbehrlich angesehen und in die Norm nicht mehr aufgenommen worden. Gleichwohl kann eine Zustimmung zweckmäßig sein, etwa um dadurch frühzeitig Gewissheit zu erlangen, dass der Verpächter kein Kündigungsrecht aus S 3 geltend machen wird.

III. Benachrichtigung des Verpächters (S 2)

1. Bedeutung

18 Gesetzlich ist die als Vertragspflicht angeordnete Verpflichtung zur Benachrichtigung des Verpächters über den Betriebsübergang **keine Wirksamkeitsvoraussetzung** für den Eintritt des Übernehmers als Pächter (OLG Koblenz RdL 2002, 121). Dies ist wohl deshalb so geregelt, damit nicht an dieser Formalität der fast stets als agrarwirtschaftlich sachgerecht anzusehende Eintritt des Betriebsnachfolgers als Folgepächter scheitert.

Die Benachrichtigungspflicht dient in erster Linie der **Rechtssicherheit und -klarheit**. Sie liegt vorab im Verpächter-Interesse, zur Klärung der Vertragspartnerschaft sowie der sich aus dem Wechsel ergebenden Rechte (S 3).

Die Benachrichtigung braucht – anders die Regelung in § 594 S 4 BGB – keinen Hinweis auf eine etwaige Kündigungsbefugnis zu enthalten.

2. Verpflichtung zur unverzüglichen Benachrichtigung

19 Aus Gründen der Rechtssicherheit wäre ideal, wenn beide Partner des Übergabevertrages den Verpächter benachrichtigen (weitergehend STEFFEN RdL 1986, 29). Es reicht aber, wenn **Alt- oder Neupächter** (auch namens des anderen) die Benachrichtigung vornimmt, soweit dadurch dem Verpächter die notwendige Klarheit verschafft wird. Im Zweifel ist der Übergeber im Rahmen seiner nachwirkenden Nebenpflicht verpflichtet (LWLH Rn 13) und derart auch vertraglich bei verspäteter Benachrichtigung zum Schadensersatz. Insoweit verbleibende Zweifel oder gar unterlassene Informationen können die Benachrichtigung als unzureichend erscheinen lassen.

Die Benachrichtigung hat die Betriebsübergabe zum Gegenstand, zweckmäßigerweise unter Hinweis auf ihren Zeitpunkt. Sie hat unverzüglich, also ohne schuldhaftes Zögern (§ 121 Abs 1 S 1 BGB) zu geschehen.

Eine besondere **Form** für die Benachrichtigung ist gesetzlich **nicht vorgeschrieben**, im Gegensatz zu den sonst relativ zahlreichen Schriftformerfordernissen bei landpachtrechtlich bedeutsamen Erklärungen (§§ 594 S 3, 594a Abs 1 S 3, § 594d Abs 2 S 3, § 594f, § 595 Abs 4 BGB). Deshalb genügt grundsätzlich die mündliche Benachrichtigung.

3. Verstoß gegen das Benachrichtigungserfordernis

Ein solcher (verspätete oder gar unterlassene Benachrichtigung) hindert zwar weder 20 den Eintritt der Rechtswirkungen aus S 1 (OLG Hamm AgrarR 1998, 440) noch dürfte sich daraus ohne Weiteres ein Grund zur außerordentlichen Kündigung ergeben (OLG Celle AgrarR 1991, 350; so auch OLG Hamm 10 U 97/89 nv). Denn angesichts des gesetzlichen Parteiwechsels liegt keine unerlaubte Nutzungsüberlassung iSv § 589 BGB vor. Anders wird zu beurteilen sein, wenn nach erfolgter Betriebsübergabe der Übernehmer *zusätzlich* mit der nächsten Pachtrate in Rückstand gerät; dann wird eine außerordentliche Kündigung aus wichtigem Grund zulässig sein, unabhängig den in § 594e Abs 2 BGB genannten Fristen. Denn dem Verpächter ist nicht zuzumuten, ein Risiko hinsichtlich seiner Pachtansprüche allein deshalb in Kauf zu nehmen, weil die andere Vertragsseite ihre Pflichten zur Information nicht erfüllt. Ferner wird die nicht rechtzeitige Anzeige ggf Auslöser von Schadensersatzansprüchen gegen den Übergeber als den im Zweifel Anzeigepflichtigen (Rn 19) sein; etwa dann, wenn der Verpächter das Kündigungsrecht nach S 3 zwar erfolgreich aber mangels rechtzeitiger Anzeige verspätet ausübt und ihm dadurch ein Schaden entsteht

Falls der Verpächter auf Befragen nachhaltig darüber im Unklaren gelassen wird, ob (und ggf hinsichtlich welcher Flächen) der Übernehmer Nachfolgepächter sein soll oder gar Übergeber und Übernehmer über die Nachfolge und/oder deren Zeitpunkt streiten, kann dies einen wichtigen Grund zur Kündigung rechtfertigen. Die Kündigung wäre vorsorglich dem Altpächter und dem Übernehmer gegenüber auszusprechen.

IV. Kündigungsrecht des Verpächters (S 3)

1. Voraussetzung

Voraussetzung des Kündigungsrechts ist, dass die **ordnungsgemäße Bewirtschaftung** 21 des Pachtobjekts durch den Übernehmer **nicht gewährleistet** ist. Dies dürfte angesichts der genehmigungsrechtlichen Kontrolle (§ 2 GrdstVG, § 17 HöfeO), der der Übergabevertrag unterliegt, nur ausnahmsweise der Fall sein.

Bezüglich des Begriffs der ordnungsgemäßen Bewirtschaftung sei auf § 586 BGB

(Rn 33 ff) verwiesen. Dies ist nach einem strengen, aber nicht überstrengen Maßstab zu beurteilen. Die ordnungsgemäße Bewirtschaftung erscheint mithin als nicht gewährleistet, wenn der Übernehmer kraft seiner Ausbildung und bisherigen Tätigkeit nicht die Annahme rechtfertigt, dass er die Pachtländereien ordnungsgemäß zu bewirtschaften vermag.

22 **Darüber hinaus** steht dem Verpächter gerade im Zusammenhang mit dem Übergang der Pächterstellung gemäß § 593a BGB ein **Kündigungsrecht aus wichtigem Grund** zu (§ 594a BGB, bezogen auf § 594e BGB). Ein solcher läge beispielsweise vor, wenn die Beziehung zu dem Übernehmer in persönlicher oder sonstiger Weise so schwerwiegend belastet ist, dass die erforderlichen Voraussetzungen für die geordnete Funktion eines Dauerschuldverhältnisses nicht zu erwarten sind. Weiterer Grund dürfte die begründete Gefahr sein, dass der Verpächter von dem Übernehmer die Erfüllung der Vertragspflichten nicht mit der gleichen Sicherheit erwarten kann wie dies beim Übergeber der Fall war.

2. Kündigung

23 Die Frist zum Ausspruch der Kündigung gegenüber dem Übernehmer als neuem Vertragspartner kraft Gesetzes beginnt, wenn der Verpächter zuverlässig den Wechsel in der Pächterstellung erfährt. Unter diesem Aspekt kommt der in S 2 statuierten Benachrichtigungspflicht eine besondere Bedeutung zu.

Hat der Verpächter die ihm gesetzte **Frist verpasst**, verbleibt ihm die Möglichkeit der außerordentlichen Kündigung im Rahmen des § 594e BGB und der daselbst bezogenen Vorschriften, falls nachträglich durch den Nachfolge-Pächter ein dementsprechender Grund geschaffen wird.

Der Lauf der Kündigungsfrist (§ 594a S 2 BGB) **endet vorzeitig**, wenn sich der Verpächter nach erlangter Kenntnis endgültig damit **einverstanden** erklärt, was auch durch konkludentes Handeln erfolgen kann. Dann vermag der Verpächter nicht mehr auf ihm bis dahin bekannte Gründe zurückzugreifen, die die mangelnde Bewirtschaftungseignung des Übernehmers dokumentieren könnten.

Für die Form der Kündigung schreibt § 584f BGB zwingend die **Schriftform** vor. Dabei muss der Kündigungswille unmissverständlich zum Ausdruck gebracht werden. Ein Kündigungsgrund muss nicht angegeben werden. Die Kündigung wird mit Zugang (§§ 130, 132 BGB) an den Pächter wirksam.

24 Die Kündigung löst das Pachtverhältnis nicht mit rückwirkender Kraft (rückbezogen auf den Zeitpunkt des Eintritts des Nachfolgers in das Pachtverhältnis) auf, sie beendet die Pacht erst gemäß § 594a BGB (s Rn 15).

Der Rechtsnachfolger kann sich gegen die Kündigung **nicht** mit einem **Pachtschutzverfahren** nach § 595 BGB wehren (siehe § 595 Abs 3 Nr 2 BGB).

Eine unberechtigte Kündigung kann in besonders gelagerten Fällen das Vertrauensverhältnis zwischen den Vertragsparteien derart stören, dass sie dem Pächter einen hinreichend wichtigen Grund zur Kündigung des Pachtverhältnisses zu geben vermag.

3. Beweislast

Die Beweislast für das Vorhandensein von Kündigungsgründen obliegt zwar dem Verpächter; indes treffen den Alt- und den Neupächter aufgrund der pachtvertraglichen Beziehungen umfassende Auskunfts- und Darlegungspflichten. **25**

V. Abdingbarkeit

Die Vorschrift ist **dispositiv**. Belässt man es bei der Grundsatzregelung des § 593a S 1 BGB, so ist die Geltung von S 2 nicht abdingbar (FHL Rn 41; **aA** LWLH Rn 2). **26**

VI. Verfahrensrecht

Über Streitigkeiten aus dieser Bestimmung entscheidet das Landwirtschaftsgericht im streitigen Verfahren nach §§ 1 Nr 1a; 48 LwVG (LWLH Rn 23). **27**

VII. Zur entsprechenden Anwendung der Vorschrift

In einer Reihe anderer Fälle stellt sich die Frage, ob aus sachlich gerechtfertigten Gründen (Ausfüllung einer Regelungslücke bzw erhöhter Sachgerechtigkeit) vertreten werden kann, der entsprechenden Anwendung des § 593a BGB Vorrang vor der sonst gewiesenen Anwendung des § 594d BGB einzuräumen, obwohl gegen die analoge Anwendbarkeit des § 593a BGB dessen Ausnahmecharakter sprechen könnte. **28**

1. Betriebsübergang im Zuweisungsverfahren (§§ 13 ff GrdstVG)

Für die entsprechende Anwendung der Vorschrift in den landwirtschaftsgerichtlichen Verfahren über die Zuweisung eines im erbengemeinschaftlichen Eigentum kraft gesetzlicher Erbfolge stehenden landwirtschaftlichen Betriebes an einen Miterben auf dessen Antrag nach § 13 ff GrdstVG sprechen gute Gründe: Die Zuweisung wird als „nachgeholte Betriebsübergabe" nach dem mutmaßlichen oder präsumtiven Willen des Erblassers (§ 15 Abs 1 S 1 und 2 GrdstVG) charakterisiert. Gerade der Zupacht hat der Gesetzgeber für die Zuweisung besondere Bedeutung beigemessen (§ 14 Abs 1 S 2 GrdstVG), dieser wird nur bei Realisierung der Erstreckung der Zuweisungsmöglichkeit auf das Zupachtland Rechnung getragen. **29**

Wenn die Zuweisung auch der Zupachtländereien auf Antrag des Zuweisungsempfängers mit Zustimmung schon des Verpächters (§§ 398, 581 Abs 2, 549 BGB) – nicht auch der weichenden Erben – bislang für zulässig erachtet wurde (Vorwerk/vSpreckelsen, GrdstVG §§ 13–15 Rn 54), so ist mittlerweile durch § 593a BGB verfestigt, dass die fehlende Verpächter-Zustimmung (wegen der Sozialbindung) kein Hindernis für die Zuordnung des Pachtlandes an den Betriebsnachfolger zu sein braucht.

Mit dieser Lösung wird die zusätzliche Verfahrenskomplikation aus § 594d BGB vermieden, die zu Lasten der weichenden Miterben noch mit dem Nachteil ihres Verbleibens in der Mithaftung für die Pächterverpflichtung verbunden wäre.

2. Hoferbfolge in Anerbengut

30 Gehört zum Nachlass des Erblassers ein Anerbengut, zB ein Hof im Sinne der HöfeO mit Zupachtländereien, das nur einem Erben, dem Hoferben, zufällt, folgt die Pächterstellung gleichfalls dem Eigentümerwechsel. Dies ergibt sich bereits aus der Formulierung von § 593a BGB, die von „vorweggenommener Erbfolge" spricht, so wie sie in § 17 HöfeO kodifiziert ist. Darüber hinaus entspricht diese Regelung dem Sinngehalt landwirtschaftlichen Sonderrechts, leistungsfähige Betriebe in bäuerlicher Hand zu erhalten (BVerfG AgrarR 1985, 12). Letztlich dürfte hier – angesichts der anerbenrechtlich geringen Abfindung der weichenden Erben – umso weniger Rechtfertigung dafür zu finden sein, die weichenden Erben für Verpflichtungen aus einem Pachtvertrag mithaften zu lassen, von dessen Beerbung und damit auch Bewirtschaftung sie gerade ausgeschlossen wurden.

3. Betriebsübergang bei Erbauseinandersetzung eines Landguts nach BGB

31 Die dementsprechende Teilungsanordnung nach den §§ 2049, 2312 BGB hat gleichfalls in erster Linie abfindungsbeschränkende Konsequenzen. Daher sollte hier – mit denselben Argumenten wie in Anerbengut-Fällen – dasselbe gelten. Einziger Unterschied ist der Zeitpunkt: während etwa bei Geltung der HöfeO (§ 4) die landwirtschaftliche Besitzung nicht Bestandteil des Gesamt-Nachlasses wird und derart nicht (zunächst) der Verfügungsbefugnis der Erbengemeinschaft unterliegt (FvJHP § 4 Rn 5), gilt in Landgut-Fällen der Pachtvertrags-Übergang erst ab Durchführung der Erbauseinandersetzung.

§ 593b
Veräußerung oder Belastung des verpachteten Grundstücks

Wird das verpachtete Grundstück veräußert oder mit dem Recht eines Dritten belastet, so gelten die §§ 566 bis 567b entsprechend.

Materialien: BT-Drucks 10/508; 10/509; 10/3830; 10/3498.

Schrifttum

Siehe § 585.
BECKER RdL 2018, 30.

1. Normzweck unter besonderer Berücksichtigung des § 566

1 Die im § 593b BGB statuierte entsprechende Anwendung der §§ 566 bis 567b nF (§§ 571 bis 579 aF) auf Grundstücksveräußerungen im Landpachtbereich (anstelle der früheren Verweisungen in § 581 Abs 2 BGB) ist nur wegen des neu eingeführten Untertitels „Landpacht" erforderlich geworden und bringt **keine sachlichen Änderungen**.

Die Bestimmungen sollen dem insbesondere im Landpachtbereich bedeutsamen Fortbestand des Pachtverhältnisses vor seiner sonst durch den Eigentumswechsel drohenden Gefährdung, besonders im Interesse des Pächters, schützen. Der im Gesetz (§ 566 Abs 1 BGB) verankerte Grundsatz „Kauf bricht nicht Miete/Pacht" verleiht dem Pachtverhältnis einen Bestandsschutz von nahezu dinglicher Art (PIKALO DNotZ 1981, 281). Bei rechtsgeschäftlicher Veräußerung des verpachteten Grundbesitzes nach dessen Überlassung an den Pächter tritt der Erwerber in alle sich aus dem Pachtverhältnis ergebenden Rechte und Pflichten für die Dauer seines Eigentums ein. Dass diese Schutzwirkung für die Pacht und Überlassung des Pachtobjektes an den Pächter abhängig gemacht wird, zeigt, welche enorme Bedeutung diesem Faktum – dem Gebrauchs- und Nutzungsbesitz – vom Gesetz beigemessen wird. Zur Rechtsfolge bei Veräußerung verpachteter Grundstücke an verschiedene Personen s Rn 6 unten.

Der Veräußerung gleichgestellt werden durch §§ 567, 567a nF Fälle von Belastungen des Pachtgrundstücks mit Rechten, die dem **Pächter** den vertragsgemäßen Gebrauch entziehen; hierzu gehören insbesondere Nießbrauch oder Erbbaurecht.

In allen Fällen gilt der Pächter-Schutz allerdings nur insoweit, als der **Pachtvertrag** auch **wirksam** ist oder rückwirkend wirksam wird. Insoweit dient die dem § 566 BGB korrespondierende Formvorschrift des § 585a nicht nur dem Interesse des Erwerbers, sich einwandfrei über Art und Umfang der auf ihn zukommenden Bindungen zu informieren, sondern vor allem auch dem Pächterinteresse an der Bindung des Erwerbers an einen länger laufenden Pachtvertrag. 2

2. Anwendungsbereich

Kraft ausdrücklicher gesetzlicher Anordnung gilt die Vorschrift entsprechend bei der Jagdpacht (§ 14 BJagdG), Vorerben (§ 2135 BGB), Erbbauberechtigten (§ 30 ErbbauRVO) sowie die Veräußerung durch den Insolvenzverwalter (§§ 159, 165 InsO), im Rahmen der Zwangsversteigerung (§§ 57 ff ZVG) und bei Veräußerung und Heimfall des Dauerwohnrechts (§ 37 Abs 2 und 3 WEG). Hinsichtlich der Besonderheiten in der Anwendung ist auf diese Vorschriften im Einzelnen zu verweisen. In den Fällen der Verpachtung durch den Nießbraucher (§ 1056 BGB) gilt die Vorschrift gleichermaßen; sie führt aber nicht zu einem Verpächterwechsel, wenn der Verpächter den Pachtgegenstand unter dem Vorbehalt seines Nießbrauchs überträgt (OLG Braunschweig NdsRpfl 2008, 72 = OLG Report Celle 2008, 527). 3

Es wird vertreten, die §§ 593b, 566 BGB auch auf den Eigentumserwerb im öffentlich-rechtlichen Flurbereinigungsverfahren anzuwenden (SCHUHMACHER, jurisPR-AgrarR 2/2015 Anm 2, welcher die im Ergebnis ähnlich, in der Begründung jedoch abweichende Entscheidung des BGH bespricht [28. 11. 2014 – LwZR 6/13]). Rechtfertigen lässt sich dies damit, dass der Erwerb von Flächen anlässlich eines Flurbereinigungsverfahrens auf der Verzichtserklärung eines Teilnehmers auf der einen sowie auf der Annahme samt Zahlung einer Geldabfindung auf der anderen Seite beruht, was diesen Vorgang trotz des öffentlich-rechtlichen Verfahrenshintergrunds (die Eigentumszuweisung beruht auf § 44 FlurbG [BFH RdL 2008 16]) in die Nähe einer rechtsgeschäftlichen Veräußerung bringt (SCHUHMACHER, jurisPR-AgrarR 2/2015 Anm 2). Der BGH leitet die Fortsetzung des Pachtverhältnisses mit dem neuen Eigentümer hingegen aus den Vorschriften des FlurbG her, was zum gleichen Ergebnis führt. Für die Lösung des BGH spricht indes, dass diese sich besser in die weiteren Regelungen des FlurbG einfügt, etwa eine Beendigung des Pachtverhältnisses nach § 49 Abs 1 S 1 FlurbG ermöglicht, wenn dieses den Zwecken der Flurbereinigung entgegensteht (vgl insgesamt BGH 28.11.2014 – LwZR 6/13 juris Rn 6 ff; abweichend noch die Vorinstanz OLG Brandenburg 30.5.2013 – 5 U [Lw] 72/12).

Nicht entsprechend anwendbar ist § 566 BGB auf Pachtvor- oder Unterpachtverträge (STAUDINGER/EMMERICH [2018] § 566 Rn 10). Keine Anwendung findet § 566 BGB auch auf dingliche Rechte, sodass ein Erwerber nicht danach (nach dem Kauf) in obligatorische Abreden zwischen Veräußerer (Grundstückseigentümer) und Erbbauberechtigten oder den Inhaber eines Wohnungsrechts (§ 1093 BGB) eintritt.

3. Veräußerung des Eigentümers, der nicht zugleich Verpächter ist

3a In der Praxis kommt es zu Fällen, in welchen der Verpächter nicht mit dem Eigentümer identisch ist. Denkbar ist dies etwa nach einem Erbfall, wenn ein bloßer Miterbe im eigenen Namen eine Fläche der Erbengemeinschaft verpachtet, oder wenn ein Ehegatte ein im Eigentum des Ehepartners stehendes Grundstück verpachtet (BECKER RdL 2018, 30). Sofern in diesen Fällen der wahre Eigentümer das Grundstück später veräußert, trat der Erwerber nach bisheriger Rspr des BGH nicht in den Pachtvertrag ein. Begründen ließ sich diese Rspr mit dem klaren Wortlaut des § 566, auf welchen § 593b BGB verweist. Eine analoge Anwendung des § 566 BGB wurde bisher selbst in dem Falle abgelehnt, in welchem der Eigentümer der Alleingesellschafter einer die Verpachtung vornehmenden Gesellschaft war (BGH NJW-RR 2004, 657). Diese Rspr hat der BGH mittlerweile für den Fall fehlender Identität zwischen Verpächter und Veräußerer eingeschränkt. Voraussetzung für eine analoge Anwendung des § 566 BGB ist, dass die Verpachtung des veräußerten Grundstücks **mit Zustimmung und im alleinigen wirtschaftlichen Interesse des Eigentümers** erfolgte und der Verpächter kein eigenes Interesse am Fortbestand des Pachtverhältnisses hat (so entschieden für das Mietrecht, auf Landpachtverträge jedoch wegen § 593b übertragbar: BGH 12.7.2017 – XII ZR 26/16 juris Rn 26; STAUDINGER/EMMERICH [2018] § 566 Rn 21b.1; BECKER RdL 2018, 30).

4. Verhältnis zu sonstigen Vorschriften des Landpachtrechts

4 Unter dem Aspekt des § 593 BGB gibt der Eintritt des Erwerbers als solcher grundsätzlich keinen gerechtfertigten Grund, eine Vertragsänderung zu beantragen (§ 593 BGB); der Erwerber tritt in ein laufendes Änderungsverfahren ein.

Im Bereich des § 595 verliert der laufende Pachtvertrag nicht den Charakter des bisherigen iSd § 595 Abs 6 S 2 BGB. Der Veräußerer tritt in ein laufendes Pachtschutzverfahren ein.

Der Eintritt des Erwerbers in das Vertragsverhältnis ist kein nach § 2 LPachtG anzeigebedürftiger Vorgang (FHL § 2 Rn 17; STAUDINGER/PIKALO[12] Anh 117 zu § 597; LANGE/ WULFF, LPachtG § 3 Rn 39; FISCHER/WÖHRMANN, LPachtG § 3 Rn 6). Denn dabei handelt es sich nicht um den Neuabschluss eines Pachtvertrags, sondern den unmittelbaren Eintritt des Erwerbers kraft Gesetzes in das bestehende Pachtverhältnis infolge des Eigentumserwerbs, worauf ausdrücklich die Prot II 139 hinweisen (vgl STAUDINGER/ EMMERICH [2018] § 566 Rn 2).

5. Abdingbarkeit

§ 566 BGB ist in Individualvereinbarungen **grundsätzlich abdingbar**, in AGB wird eine solche Regelung jedoch wegen Verstoßes gegen das gesetzliche Leitbild regelmäßig an § 307 Abs 2 Nr 1 BGB scheitern (LWLH Rn 3; STAUDINGER/EMMERICH [2018] § 566 Rn 57). Eine entsprechende Vereinbarung muss zudem dreiseitig sein, was ein weiterer Grund gegen eine Regelung in AGB ist. Die Regelung kann also zwischen Verpächter (Veräußerer) und Erwerber nur mit Zustimmung des Pächters wirksam getroffen werden. Diese bedarf weder der Form des § 585a BGB noch der Anzeige nach § 2 LPachtVG.

Sie verstößt auch nicht gegen die zwingende Verbotsnorm des § 595 Abs 8 BGB (Unzulässigkeit des Verzichts auf Pachtschutz), weil es sich bei der Abbedingung der Rechtsfolgen aus § 566 BGB anlässlich der Veräußerung unter Mitwirkung des Pächters im Verhältnis zwischen Pächter und Verpächter um eine Art „Ablaufvereinbarung" handelt. Angesichts des Schutzzweckes von § 595 Abs 8 BGB ist allerdings problematisch, bereits bei Abschluss des Pachtvertrages den Ausschluss der Rechtsfolgen aus § 566 BGB wirksam zu vereinbaren. Jedoch können die Pachtvertragsparteien wirksam ein Kündigungsrecht des Verpächters für den Fall vereinbaren, dass eine verpachtete Teilfläche, etwa als Bauland, veräußert werden soll. Hierdurch wird die Pachtschutzmöglichkeit (§ 595 BGB) nicht ausgeschlossen; immerhin vermindert eine solche Vereinbarung die Wahrscheinlichkeit, dass gegebenenfalls dem Pächter ein nennenswerter Pachtschutz gewährt wird (PIKALO DNotZ 1981, 282).

6. Einzelheiten, Teilflächenverkauf

Kommt es durch Veräußerung zu einer Änderung der dinglichen Rechtslage hinsichtlich einzelner, in einem Vertrag gemeinsam mit anderen verpachteten Flächen, stellt sich die Frage, welche Konsequenzen dies für den Pachtvertrag hat. § 566 BGB iVm § 539b BGB besagen hierzu nur, dass der Erwerber in die Rechtsstellung des Verpächters eintritt. Offen bleibt, auf welche Weise dies im Falle der **Veräußerung eines Teiles der verpachteten Flächen** erfolgt (BGH 24. 1. 1973 – VIII ZR 163/71 juris Rn 26; KLEINEKE AUR 2017 283). Im Mietrecht wird insbesondere aus Gründen des Mieterschutzes mittlerweile die **Einheitstheorie** vertreten (BGH NJW 2005, 781; festhaltend BGH 26. 4. 2012 – V ZR 276/11; STAUDINGER/EMMERICH [2018] § 566 Rn 25). Die Mehrzahl der Oberlandesgerichte folgt dieser Rechtsprechung auch für das Landpachtrecht (OLG Naumburg 12. 11. 2015 – 2 U 42/15 [Lw] juris Rn 31, RdL 2017, 95; OLG Hamm 21. 2. 2013 – I-10 U 109/12 juris Rn 63; OLG Brandenburg 26. 1. 2012 – 5 W [Lw] 10/11 juris Rn 48). Veräußerer und Erwerber bilden demnach nach der Veräußerung eine Pächtergemeinschaft, für welche die Regelungen der Bruchteilsgemeinschaft in §§ 741 ff BGB anzuwenden sind. Dies hat zur Folge, dass die Pacht unter den Mitgläubigern nach § 432 BGB nur gemeinschaftlich eingefordert werden kann (OLG Brandenburg 26. 1. 2012 – 5 W [Lw] 10/11 juris Rn 48 f). Im Falle der Kündigung bedarf es zudem nach § 747 S 2 BGB einer gemeinsamen Handlung aller Verpächter, sog Kündigung „von allen an alle" (OLG Naumburg 12. 11. 2015 – 2 U 42/15 [Lw] juris Rn 32), wobei analog § 185 Abs 1 BGB ein allein Nichtberechtigter von den übrigen Verpächtern – auch konkludent – ermächtigt werden und somit mit deren Zustimmung allein handeln kann (OLG Hamm 21. 2. 2013 – I-10 U 109/12 juris Rn 78 f). Das OLG Celle differenziert hingegen, und wendet in Übereinstimmung mit der eigenen Rechtsprechung zur Teilkündigung (s dazu § 594a Rn 8) die **Spaltungstheorie** in jenen Fällen an, in denen die veräußerte Fläche selbstständig zu bewirtschaften ist und bereits zuvor ein eigenständiges Flurstück mit eigener Nummer im Bestandsverzeichnis war (vgl ausführlich KLEINEKE AUR 2017, 283 f).

Im Übrigen wird wegen der Einzelheiten zu Voraussetzungen und Wirkungen sei auf die Kommentierung zu den §§ 566 bis 567b BGB verwiesen. Die Anwendbarkeit der Bestimmung setzt ein Veräußerungsgeschäft, insbesondere Auflassung und Eintragung im Grundbuch, voraus (OLG Hamm 21. 2. 2013 – I-10 U 109/12 juris Rn 65), eine bloße Grundbuchberichtigung erfüllt diese Voraussetzung nicht (OLG Naumburg OLGR 2005, 657). Ergänzend sei auf die richtige Auffassung des Brandenburgischen OLG (26. 4. 2007 – 5 U [Lw] 157/06 juris) verwiesen, wonach der Pächter berechtigt ist, den Eigentümerwechsel nachgewiesen zu erhalten.

7. Verfahrensrecht

7 Bei Streitigkeiten zwischen den Vertragsparteien kann das Landwirtschaftsgericht angerufen werden, das im streitigen Verfahren entscheidet (§ 48 iVm § 1 Nr 1a LwVG).

§ 594
Ende und Verlängerung des Pachtverhältnisses

Das Pachtverhältnis endet mit dem Ablauf der Zeit, für die es eingegangen ist. Es verlängert sich bei Pachtverträgen, die auf mindestens drei Jahre geschlossen worden sind, auf unbestimmte Zeit, wenn auf die Anfrage eines Vertragsteils, ob der andere Teil zur Fortsetzung des Pachtverhältnisses bereit ist, dieser nicht binnen einer Frist von drei Monaten die Fortsetzung ablehnt. Die Anfrage und die Ablehnung bedürfen der schriftlichen Form. Die Anfrage ist ohne Wirkung, wenn in ihr nicht auf die Folge der Nichtbeachtung ausdrücklich hingewiesen wird und wenn sie nicht innerhalb des drittletzten Pachtjahrs gestellt wird.

Materialien: BT-Drucks 10/508; 10/509; 10/3830; 10/3498.

Schrifttum

Siehe § 585.

Titel 5 · Mietvertrag, Pachtvertrag
Untertitel 5 · Landpachtvertrag

§ 594

Systematische Übersicht

I.	**Allgemeine Kennzeichnung**	
1.	Überblick	1
2.	Entstehung und Zweck der Vorschrift	2
II.	**Beendigung eines auf bestimmte Zeit abgeschlossenen Pachtverhältnisses**	
1.	Beendigung durch Zeitablauf	4
a)	Pachtverhältnis auf bestimmte Zeit	4
b)	Sonderfälle der Pachtverhältnisse auf bestimmte Zeit	5
2.	Vorzeitige Beendigung von Pachtverträgen mit bestimmter Laufzeit	7
III.	**Verlängerung des Pachtverhältnisses**	
1.	Möglichkeiten einer ausdrücklichen Verlängerung	8
a)	Parteivereinbarung	8
b)	Gerichtliche Entscheidung	9
2.	Die Verlängerungsfiktion der Sätze 2 bis 4	10
a)	Pachtverhältnis auf bestimmte Zeit	11
b)	Die Anfrage und deren Inhalt	12
c)	Schriftliche Anfrage (S 3)	13
d)	Weitere Wirksamkeitsvoraussetzungen der Anfrage (S 4)	14
e)	Ablehnung der Anfrage (S 2)	15
f)	Mehrere Personen als Vertragsparteien	16
3.	Eintritt und Rechtsfolgen der Verlängerung	17
4.	Beseitigung der Rechtsfolge der Verlängerung	18
IV.	**Abdingbarkeit**	19
V.	**Verfahren**	20

Alphabetische Übersicht

Abdingbarkeit	19
Ablehnung der Anfrage	15
Anfrage zur Vertragsverlängerung	12
Beendigung durch Zeitablauf	4 ff
Befristete Pachtverträge, Beendigung	4 ff
Form einer Verlängerungsvereinbarung	8
Mehrere Personen als Vertragspartei	16
Option	5
Pachtverträge, befristete	4 ff
Verfahrensfragen	20
Verlängerung	8 ff
– durch Vereinbarung	8
– gerichtliche Entscheidung	9
Verlängerungsfiktion	10 ff
– Ablehnung	15
– Anfrage	12 f
– befristete Pachtverträge	11
– Beseitigung	18
– Wirkung	17
Verlängerungsklausel	6
Verlängerungsvereinbarung, Form	8
Zweck der Vorschrift	2

I. Allgemeine Kennzeichnung

1. Überblick

Von den beiden häufigsten Beendigungsarten eines Pachtverhältnisses – Zeitablauf **1** oder Kündigung (§§ 594a bis 594e, 586 Abs 2 iVm 536c nF [545 aF], 593a BGB) – regelt § 594 BGB die Pachtbeendigung durch Ablauf der vereinbarten Pachtzeit. S 1 entspricht inhaltlich der mietrechtlichen Regelung des § 542 Abs 2 BGB. Neu eingeführt im Zuge der Landpachtnovelle ist die Verlängerungsmöglichkeit gemäß den S 2 bis 4.

2. Entstehung und Zweck der Vorschrift

2 Mit der in S 1 der Vorschrift übernommenen mietrechtlichen Grundsatzregelung wird vorsorglich klargestellt, dass es zur Beendigung eines auf bestimmte Zeit eingegangenen Pachtverhältnisses keiner Kündigung bedarf.

Die in den Sätzen 2 bis 4 neu geschaffene Verlängerungsregelung tritt an die Stelle des zuvor geltenden § 568 aF (OLG Köln AgrarR 1990, 263), dessen Regelung für Landpachtverhältnisse als unzulänglich erachtet wurde. Sie soll beide Vertragsteile davor schützen, dass derjenige, dem an der Fortsetzung des laufenden Pachtvertrages liegt, von dem anderen oft bis zum letzten Augenblick im Unklaren gelassen wird, ob er mit einer Verlängerung des Vertrages rechnen kann. Dadurch wird es dem Betroffenen außerordentlich erschwert, notwendige Entscheidungen zeitgerecht zu treffen, was besonders für den Pächter existenzgefährdend werden kann. Um diesem Missstand abzuhelfen, ist vorgesehen, dass jeder Vertragsteil durch Anfrage bei dem anderen klären kann, ob dieser zur Fortsetzung der Pacht bereit ist (BT-Drucks 10/509, 24).

Trotz dieser praktischen Verbesserung kann sich das Fehlen einer § 545 nF entsprechenden Regelung – neben der nunmehrigen der Sätze 2 bis 4 – als durch entsprechende Anwendung auszufüllende Lücke erweisen, wenn sich herausstellen sollte, dass die Verpächter aus Bindungsscheue die Pächteranfrage nach S 2 vorsorglich abschlägig bescheiden, aber gleichwohl das Pachtverhältnis nach Ablauf der Pachtzeit stillschweigend weiterlaufen lassen.

3 Problematisch ist, ob sich die stillschweigende Fortsetzung des Pachtverhältnisses als Neuabschluss eines (anzeigepflichtigen) Pachtvertrages (vgl § 585 Rn 45) darstellt. Dies dürfte jedenfalls dann zu verneinen sein, wenn die Verlängerungsvereinbarung noch vor Vertragsablauf getroffen wird. Allerdings bleibt eine Vertragsverlängerung unter abgeänderten Bedingungen anzeigepflichtig. Zum anderen wird sich der Pächter künftig deutlicher als zuvor vergewissern müssen, dass der Verpächter trotz seiner Ablehnung mit der Fortsetzung des Pachtverhältnisses einverstanden ist, um sich nicht den Nachteilen aus § 597 BGB auszusetzen.

II. Beendigung eines auf bestimmte Zeit abgeschlossenen Pachtverhältnisses

1. Beendigung durch Zeitablauf

a) Pachtverhältnis auf bestimmte Zeit

4 Die Grundsatzregelung über die Beendigung eines Pachtverhältnisses durch Zeitablauf bezieht sich nur auf Pachtverhältnisse, die **auf bestimmte Zeit eingegangen** sind. Dabei ist gleichgültig, ob die Zeitbestimmung nach Daten oder Zeitabschnitten getroffen worden ist.

Auch die Bestimmung eines Ereignisses, dessen Eintritt gewiss ist, dessen Zeitpunkt aber noch nicht feststeht, ist als Vereinbarung auf bestimmte Zeit anzusehen, zB Pachtvertrag auf Lebenszeit. Ein unter einer auflösenden Bedingung (Eintritt eines ungewissen Ereignisses, § 158 Abs 2 BGB) abgeschlossener Pachtvertrag wird regelmäßig mit einer bestimmten oder unbestimmten Zeitdauer gekoppelt sein. Dann endet das Pachtverhältnis durch Zeitablauf, falls dies nicht vorher durch Eintritt der auflösenden Bedingung geschieht.

b) Sonderfälle der Pachtverhältnisse auf bestimmte Zeit

Der mit einem **Optionsrecht** gekoppelte Pachtvertrag kann auf bestimmte oder unbestimmte Zeit abgeschlossen sein. Im erstgenannten Fall endet der Vertrag nach § 594 S 1 BGB durch Zeitablauf, wenn der Optionsberechtigte nicht rechtzeitig – jedenfalls vor Beendigung der Pachtzeit (vgl Staudinger/Rolfs [2018] § 542 Rn 137 ff; BGH WM 1967, 935) – durch ausdrückliche Erklärung sein Optionsrecht ausübt. Im letztgenannten Fall erlischt das Optionsrecht mit Ablauf der regulären Vertragszeit, wenn es bis dahin nicht ausgeübt wurde. Setzt der Pächter die Bewirtschaftung nach Ablauf fort, ist darin keine konkludente Ausübung seines Optionsrechts zu sehen. Das Optionsrecht erlischt vielmehr mit Ablauf der regulären Vertragslaufzeit, es lebt auch im Falle einer (grundsätzlich denkbaren) konkludenten Verlängerung nicht wieder auf (OLG Celle 12. 3. 2014 – 7 U 164/13 [L] juris Rn 20 und 23, unter Verweis auf die Rspr des BGH zum Mietrecht, BGH 6. 12. 2000 – XII ZR 167/98 juris Rn 3). 5

Pachtverträge mit **Verlängerungsklausel**, die auf bestimmte Zeit abgeschlossen sind, verlängern sich auf bestimmte oder unbestimmte Zeit, wenn nicht ein Vertragspartner vor Ablauf des Pachtverhältnisses dessen Fortsetzung ablehnt. Die Ablehnungserklärung hat in der vereinbarten Form und Frist zu erfolgen, wobei es sachgerecht ist, einen möglichst frühzeitigen Erklärungszeitpunkt zu vereinbaren, um dem Erklärungsempfänger die rechtzeitige Einstellung auf das Pachtende zu ermöglichen, entsprechend dem Grundgedanken des § 594 S 2 bis 4 BGB. Lehnt keine der Vertragsparteien die Fortsetzung ab, so verlängert sich das alte Pachtverhältnis stillschweigend; es entsteht kein neues Pachtverhältnis (BGH NJW 1974, 1081). 6

2. Vorzeitige Beendigung von Pachtverträgen mit bestimmter Laufzeit

Insoweit ist zunächst auf die Anlässe der Anfechtung (s hierzu Staudinger/Rolfs [2018] § 542 Rn 201 ff), Unmöglichkeit der Gewährung des vertragsmäßigen Gebrauchs (vgl Staudinger/Rolfs [2018] § 542 Rn 210 f) oder der Störung der Geschäftsgrundlage (vgl Staudinger/Rolfs [2018] § 542 Rn 212 ff) zu verweisen. Hinzu kommen der Abschluss eines Aufhebungsvertrages (s hierzu Staudinger/Rolfs [2018] § 542 Rn 174 ff), der Eintritt einer auflösenden Bedingung (vgl Staudinger/Rolfs [2018] § 542 Rn 195), die vorzeitige Beendigung durch eine außerordentliche Kündigung oder diejenige durch einen vorbehaltenen Rücktritt (vgl Staudinger/Rolfs [2018] § 542 Rn 146 bzw 196 ff). 7

III. Verlängerung des Pachtverhältnisses

1. Möglichkeiten einer ausdrücklichen Verlängerung

a) Parteivereinbarung

Denkbar ist zunächst die Verlängerung des Pachtverhältnisses durch Parteivereinbarung. Sie bedarf für einen Zeitraum von mehr als zwei Jahren der Schriftform 8

(§ 585a BGB, s Rn 13), sofern nicht ausnahmsweise eine strengere Form vorgeschrieben bzw vereinbart ist.

Als Verlängerungsvereinbarung ist auch die vom Verpächter stillschweigend hingenommene Fortsetzung des Pachtverhältnisses durch den Pächter zu werten. Dann gilt das Pachtverhältnis auf unbestimmte Zeit fort. Es fehlt zwar an einer dem § 545 BGB entsprechenden Vorschrift für Landpachtverträge, sodass die Fiktionswirkung der Zwei-Wochen-Frist dieser Bestimmung eigentlich (s Rn 2) nicht angewandt werden kann. Die Annahme der stillschweigenden Vertragsfortsetzung rechtfertigt sich jedoch aus dem Bedürfnis der Praxis im Einklang mit agrarpolitischen, wirtschaftlichen und sozialen Gründen, und zwar sowohl bei Unterbleiben einer Anfrage gemäß S 2 bis 4 als auch unter Umständen nach Ablehnung einer erfolgten Anfrage.

b) Gerichtliche Entscheidung

9 Die andere Alternative der Vertragsverlängerung ist die durch landwirtschaftsgerichtliche Entscheidung nach § 595 BGB. Die gerichtliche Verlängerung gibt dem Vertrag eine weitere bestimmte Laufzeit (s Rn 17).

2. Die Verlängerungsfiktion der Sätze 2 bis 4

10 Abgesehen von den Fällen einer **konkludenten Vertragsverlängerung** (durch Weiterbewirtschaftung, trotz Nichtanwendbarkeit von § 545 BGB, vgl OLG Köln AgrarR 1990, 263) gilt das Pachtverhältnis nach den Sätzen 2 bis 4 unter den folgenden Umständen als auf unbestimmte Zeit verlängert.

a) Pachtverhältnis auf bestimmte Zeit

11 Es muss sich um ein auf bestimmte Zeit laufendes Pachtverhältnis handeln, dessen Laufzeit auf mindestens 3 Jahre vereinbart wurde. Die Vereinbarung eines früheren möglichen Auflösungsgrundes (zB auflösende Bedingung) ist unschädlich, solange dieser nicht eingetreten ist.

Bei einem auf mehr als 30 Jahre abgeschlossenen Pachtvertrag macht die Regelung des § 594b BGB eine Anfrage nach § 594 S 2 BGB in der dort bestimmten Frist entbehrlich.

Da die gemäß § 594 BGB eintretende Verlängerung auf unbestimmte Zeit erfolgt, ist eine zwei- oder mehrmalige Verlängerung nach § 594 BGB nicht möglich. Im Hinblick auf § 594a BGB beinhaltet die Regelung des § 594 BGB praktisch eine einmalige Verlängerungsmöglichkeit um 2 Jahre.

b) Die Anfrage und deren Inhalt

12 Pächter oder Verpächter müssen an den jeweils anderen Vertragsteil die in S 2 bis 4 gekennzeichnete schriftliche Anfrage richten, sofern es ihnen nicht nur um eine alsbaldige Klärung über das weitere Schicksal des Pachtvertrages, sondern auch zusätzlich um eine Verlängerung des Vertrages geht.

Angesichts der Fiktionswirkung der Anfrage ist notwendig, dass sie der geschäftsfähigen Vertragspartei oder deren gesetzlichen Vertreter oder Bevollmächtigten zugeht. Sie ist ein Vertragsantrag im Sinne von § 145 BGB, der nach § 594 S 2 BGB innerhalb einer Frist von drei Monaten ab Zugang angenommen werden kann. Der Anfragende ist für die Dauer der gesetzlichen Annahmefrist an den Antrag gebunden (MünchKomm/HARKE § 594 Rn 2).

Der Pächter, der nicht um Pachtverlängerung nachfragt, kann dennoch eine Fortsetzung des Pachtverhältnisses nach § 595 BGB beantragen. Jedoch kann der Verpächter im Verfahren nach § 595 BGB eine Ablehnung der Fortsetzung des Pachtverhältnisses erfolgreich bewirken, wenn der *Pächter* zuvor auf die Anfrage des Verpächters nach § 594 BGB die Fortsetzung abgelehnt hat.

Enthält die Anfrage das Angebot zur Fortsetzung des Pachtverhältnisses zu geänderten Bedingungen und lässt sich der Adressat darauf nicht ein, gilt das Vertragsverhältnis zu den alten Konditionen fort.

c) Schriftliche Anfrage (S 3)

Das Schriftlichkeitserfordernis der Anfrage dient der Rechtsklarheit und -sicherheit. Die Schriftlichkeit ist erforderlich, um den Befragten mittels des Hinweises des S 4 vor einem Rechtsverlust wegen etwa nicht hinreichender Kenntnis der Folgen des Schweigens zu bewahren. Fehlt es an der korrekten Form, hat dies die Nichtigkeit der Erklärung gem § 125 BGB zur Folge (LWLH Rn 11). **13**

d) Weitere Wirksamkeitsvoraussetzungen der Anfrage (S 4)

Die Anfrage muss, um ihre Fiktionswirkungen entfalten zu können, auf die Folge der Nichtbeantwortung (Fortsetzung des Pachtverhältnisses auf unbestimmte Zeit) ausdrücklich hinweisen. Ist dies in der Anfrage nicht geschehen, reicht es nicht aus, den Hinweis des S 4 (ohne Wiederholung der Anfrage) nachzureichen. Die Anfrage ist vielmehr mit dem Hinweis zu wiederholen. **14**

Das Gesetz verleiht der Anfrage die ihr eigenen Fiktionswirkungen (Fortsetzungsfiktion) nur dann, wenn die Anfrage innerhalb des drittletzten Pachtjahres gestellt wird; eine vorherige oder spätere Stellung der Anfrage reicht nicht aus.

e) Ablehnung der Anfrage (S 2)

Die Vertragsverlängerung tritt nur ein, falls die befragte Vertragspartei die Anfrage nicht fristgerecht ablehnt. Die Ablehnung bedarf zu ihrer Wirksamkeit gleichfalls der Schriftform (LWLII Rn 15). **15**

Adressat des Ablehnungsbescheids ist die anfragende Partei. Hat ein rechtsgeschäftlich Bevollmächtigter die Anfrage gestellt, ist die Ablehnung ihm wie dem Vollmachtgeber gegenüber wirksam, wenn sich aus dem dem Ablehnenden bekannten Inhalt der Vollmacht die Berechtigung zur Inempfangnahme ergibt.

Als Ablehnung ist jede Äußerung anzusehen, aus der hervorgeht, dass die befragte Partei nicht uneingeschränkt und vorbehaltlos mit der Fortsetzung des Pachtverhältnisses (zu den bisherigen Bedingungen) bereit ist. Macht die befragte Partei die Vertragsfortsetzung von einer Änderung der Vertragsbedingungen abhängig, so finden hierauf die Vorschriften der §§ 145 ff BGB Anwendung, ohne dass die Verlängerungsfiktion aus § 594 BGB eingreifen kann.

f) Mehrere Personen als Vertragsparteien

16 Besteht eine Vertragspartei aus mehreren Personen, so ist die Anfrage von allen zu stellen bzw an alle zu richten, damit sie die Fiktionswirkungen auslösen kann (OLG Braunschweig OLGR 1994, 189). Fehlt es hieran, ist eine (stillschweigende) Bevollmächtigung denkbar, denn analog § 185 Abs 1 BGB kann ein allein Nichtberechtigter von den übrigen Verpächtern – auch konkludent – ermächtigt werden und somit mit deren Zustimmung allein handeln (OLG Hamm 21. 2. 2013 – I-10 U 109/12 juris Rn 78 f).

3. Eintritt und Rechtsfolgen der Verlängerung

17 Bei ordnungsgemäßer, fristgerechter, schriftlicher Anfrage (S 2) tritt mit Verstreichen der dreimonatigen Antwortfrist die Rechtsfolge ein, dass das Pachtverhältnis vom vereinbarten Zeitpunkt seines Ablaufs auf unbestimmte Zeit verlängert wird, und zwar mit den Rechtsfolgen aus § 594a BGB.

4. Beseitigung der Rechtsfolge der Verlängerung

18 Die Rechtsfolge der Verlängerungsfiktion des Pachtverhältnisses auf unbestimmte Zeit kann stets durch formlose Vereinbarung der Vertragsparteien beseitigt werden; sei es durch Aufhebungsvertrag oder Abänderungsvertrag, der indes im Fall des § 585a BGB der Schriftform bedarf.

Denkbar ist weiter die Anfechtung. Da dem **Schweigen** auf die Anfrage nach der gesetzlichen Konstruktion die Bedeutung einer fiktiven Willenserklärung beigelegt wird (STAUDINGER/SINGER[12] Vorbem 60 ff zu §§ 116 ff), erscheint es gerechtfertigt, dem Verpächter dann auch eine Anfechtungsmöglichkeit zu eröffnen; diese ergibt sich aus der entsprechenden Anwendung des § 123 BGB, falls mit der Anfrage eine rechtserhebliche Täuschung oder Drohung einherging oder entsprechend § 119 BGB, wenn sich der Angefragte über die Auslegung der Belehrungsklausel des S 4 vor allem bei missverständlicher Fassung geirrt hat.

Das Kündigungsrecht aus § 594a Abs 1 S 1 BGB steht den Vertragsparteien erst nach Ablauf der ursprünglich vereinbarten Vertragszeit zu.

IV. Abdingbarkeit

19 Die Bestimmung ist abdingbar, das Vertragsverhältnis kann einvernehmlich – auch konkludent durch Weiterbewirtschaftung – fortgesetzt werden (OLG Köln AgrarR 1990, 263).

V. Verfahren

20 Bei Streitigkeiten zwischen den Vertragsparteien kann das Landwirtschaftsgericht angerufen werden, das im streitigen Verfahren entscheidet (§ 48 iVm § 1 Nr 1a LwVG).

Titel 5 · Mietvertrag, Pachtvertrag
Untertitel 5 · Landpachtvertrag

§ 594a

§ 594a
Kündigungsfristen

(1) Ist die Pachtzeit nicht bestimmt, so kann jeder Vertragsteil das Pachtverhältnis spätestens am dritten Werktag eines Pachtjahrs für den Schluss des nächsten Pachtjahrs kündigen. Im Zweifel gilt das Kalenderjahr als Pachtjahr. Die Vereinbarung einer kürzeren Frist bedarf der Schriftform.

(2) Für die Fälle, in denen das Pachtverhältnis außerordentlich mit der gesetzlichen Frist vorzeitig gekündigt werden kann, ist die Kündigung nur für den Schluss eines Pachtjahrs zulässig; sie hat spätestens am dritten Werktag des halben Jahres zu erfolgen, mit dessen Ablauf die Pacht enden soll.

Materialien: BT-Drucks 10/508; 10/509; 10/3830; 10/3498.

Schrifttum

Siehe § 585.

Systematische Übersicht

I.	**Allgemeine Kennzeichnung**		ff)	Verwirkung	8a
1.	Entstehung der Vorschrift	1	c)	Kündigungsfrist	9
2.	Zweck der Vorschrift	2	aa)	Begriff des Pachtjahres	10
			bb)	Fristberechnung	11
II.	**Inhalt der Vorschrift**		d)	Formerfordernis	12
1.	Beendigung des Pachtverhältnisses durch ordentliche Kündigung	3	2.	Beendigung des Pachtverhältnisses durch vorzeitige Kündigung	13
a)	Pachtvertrag ohne bestimmte Laufzeit	3	a)	Allgemeines	13
b)	Kündigung	4	b)	Fälle einer vorzeitigen Kündigung	14
aa)	Allgemeine Grundsätze	4	c)	Fristberechnung	16
bb)	Inhalt der Kündigung	5	d)	Formerfordernis	17
cc)	Mehrheit von Beteiligten	6	**III.**	**Grundsätzlich nachgiebiges Recht**	18
dd)	Parteiwechsel während der Pachtzeit; Teilflächenverkauf	7	**IV.**	**Verfahren, Beweislast**	19
ee)	Teilkündigung	8			

Alphabetische Übersicht

Abdingbarkeit	18	Kündigung		4 ff
		– Angabe von Gründen		5
Berechnung der Kündigungsfrist	11	– Form		12, 16
Beweislast	19	– Frist		9 ff
		– Grundsätze		4
Frist der Kündigung	9 ff, 14	– Inhalt		5
		– Parteiwechsel		7

– teilweise	8	Verfahrensfragen	18
– vorzeitige	13 ff	Verwirkung	8a
Kündigungsgrund, Angabe	5	Vorzeitige Kündigung	13 ff
		– Fälle der	14
Mehrheit von Beteiligten	6	– Form	17
		– Fristberechnung	16
Parteiwechsel während der Vertragszeit	7		
		Zweck der Vorschrift	2
Sonderkündigungsrecht	15		
Unbefristete Pachtverträge, Beendigung durch Kündigung	3 ff		

I. Allgemeine Kennzeichnung

1. Entstehung der Vorschrift

1 Die in § 595 Abs 1 aF normierte halbjährliche Kündigungsfrist sollte nach dem Willen des Gesetzgebers im Hinblick auf die Besonderheiten der Landpacht, insbesondere der dort notwendigen langfristigen Planung und Disposition, deutlich verlängert werden. Uneinigkeit bestand lediglich darüber, ob die für angemessen erachtete zweijährige Kündigungsfrist sowohl für die ordentliche wie die außerordentliche Kündigung gelten sollte (s insoweit die Entwürfe vom Juni 1972 und vom 29. 4. 1976). Letztendlich hat sich in den Fällen der vorzeitigen Kündigung die Meinung durchgesetzt, die in Anlehnung an die Regelung des § 584 Abs 1 BGB eine halbjährliche Kündigungsfrist für ausreichend ansah. In Anlehnung an die mietrechtliche Kündigungsfrist des § 573c Abs 1 S 1 BGB ist als Kündigungstag, an dem die Kündigungserklärung dem Empfänger zugegangen sein muss, der dritte Werktag statt des nach § 595 aF geltenden ersten Werktages bestimmt worden.

2. Zweck der Vorschrift

2 Durch die Vervierfachung der bisher geltenden halbjährlichen Kündigungsfrist auf 2 Jahre sollte die Rechtsstellung des Pächters gestärkt werden. Dem liegt die Auffassung des Gesetzgebers zugrunde, dass es unter den heutigen betriebs- und marktwirtschaftlichen Bedingungen in der Regel nicht möglich ist, einen Pachtvertrag in einem kürzeren Zeitraum ordnungsgemäß und ohne vermeidbare Verluste abzuwickeln (BT-Drucks 10/509, 14 Ziff 6). Dem insbesondere bei der Stücklandpacht denkbaren Interesse an einer kürzeren Kündigungsfrist, wenn ein landwirtschaftliches Grundstück nur noch für eine kürzere Zeit als zwei Jahre zur landwirtschaftlichen Nutzung zur Verfügung steht, soll Satz 3 Rechnung tragen, der die Möglichkeit eröffnet, eine kürzere Kündigungsfrist zu vereinbaren. Zur Vermeidung späterer Streitigkeiten ist hier Schriftform vorgeschrieben (BT-Drucks 10/509, 24 zu § 594a).

II. Inhalt der Vorschrift

1. Beendigung des Pachtverhältnisses durch ordentliche Kündigung

a) Pachtvertrag ohne bestimmte Laufzeit

§ 594a BGB gilt nur für auf unbestimmte Zeit geschlossene Landpachtverträge. Er **3** dürfte daher bei schriftlichen Landpachtverträgen nur selten zum Tragen kommen, da neben der Beschreibung des Pachtobjekts und der Höhe der Pacht die Pachtdauer regelmäßig zu den wesentlichen Regelungstatbeständen eines Pachtvertrages gehören dürfte. Seine Bedeutung dürfte sich daher im Wesentlichen auf die Fälle beschränken, in denen die Schriftform nicht gewahrt worden ist (§ 585a BGB) bzw in denen die Verlängerungsfiktion wirksam wird (§ 594 S 2 BGB).

b) Kündigung
aa) Allgemeine Grundsätze

Die Kündigung ist eine **einseitige empfangsbedürftige Willenserklärung**, zu der jede **4** Vertragspartei berechtigt ist. Neben dem Zugangserfordernis (§§ 130 ff BGB) hängt ihre Wirksamkeit von der Beachtung der im Zuge der Neuordnung eingeführten Schriftform ab (§ 594 f BGB). Sind die Personen des Kündigungsempfängers (zB ein Erbe einer Vertragspartei) oder sein dessen Aufenthalt unbekannt, eröffnet sich der Weg der Ersatzzustellung oder der öffentlichen Zustellung nach § 132 BGB. Im Übrigen kann insbesondere die Vereitelung der Zustellung durch den Kündigungsempfänger zur Folge haben, dass sich dieser nicht auf den verspäteten Zugang der Kündigung berufen kann (BGHZ 67, 271).

Für einen nicht voll Geschäftsfähigen muss grundsätzlich sein gesetzlicher Vertreter die Kündigung erklären. Gleiches gilt, wenn der Kündigungsempfänger nicht voll geschäftsfähig ist; in diesem Fall muss die Kündigungserklärung an den gesetzlichen Vertreter gerichtet werden (LG Berlin ZMR 1982, 238).

Die Kündigung durch einen Nichtberechtigten kann nicht entsprechend § 185 Abs 2 BGB durch spätere Genehmigung des Berechtigten mit rückwirkender Kraft wirksam werden.

Als einseitige Willenserklärung bedarf die Kündigung zu ihrer Wirksamkeit nicht der Annahme durch den Kündigungsempfänger.

Nach Zugang der Kündigung ist ihr Widerruf oder ihre einseitige Rücknahme nicht mehr möglich, § 130 Abs 1 S 2 BGB (vgl Herold BlGBW 72, 126; Staudinger/Rolfs [2018] § 542 Rn 124).

bb) Inhalt der Kündigung

Die Kündigungserklärung muss den Kündigungswillen **eindeutig und unbedingt** zum **5** Ausdruck bringen. Die Angabe eines bestimmten **Kündigungsgrundes** ist weder bei der ordentlichen noch bei der außerordentlichen Kündigung erforderlich, wird aber namentlich bei letzterer zweckmäßig sein (vgl Staudinger/Rolfs [2018] § 542 Rn 73 ff mwNw). Ebensowenig ist die Wirksamkeit der Kündigungserklärung von dem Anlass des Kündigenden zur Abgabe der Erklärung (zB Bemühen um günstigere Vertragskonditionen für die Zukunft) berührt.

Die Angabe eines Kündigungstermins ist nicht vorgeschrieben. Das Pachtverhältnis endet mangels einer Angabe im Kündigungsschreiben zum gesetzlich nächstzulässigen Zeitpunkt. Wird die Kündigung bei unbestimmter Pachtzeit zu einem erklärten Termin verspätet ausgesprochen, so tritt die Wirkung zum nächstzulässigen Termin allerdings nur dann ein, wenn dies dem Willen des Kündigenden entspricht und dieser Wille auch dem anderen Vertragsteil genügend klar erkennbar wird (vgl STAUDINGER/ROLFS [2018] § 542 Rn 76).

cc) Mehrheit von Beteiligten

6 Bei einer Mehrheit von Beteiligten auf der einen oder anderen Vertragsseite muss grundsätzlich wegen der **Einheitlichkeit** des Pachtvertrages die Kündigungserklärung von allen Kündigenden gegenüber allen Vertragspartnern erklärt werden (Mot II 413; STAUDINGER/ROLFS [2018] § 542 Rn 9, 12 und 38 mwNw; BGH DB 2002, 89 für die Gesellschaft bürgerlichen Rechts, vgl dazu auch § 585 Rn 37 und § 585a Rn 13; OLG Naumburg RdL 2017, 95 zur Zulässigkeit der Kündigung durch nur einen Erwerber nach Teilung des Pachtgrundstücks und Veräußerung an verschiedene Personen, kirt dazu KLEINEKE AUR 2017, 281).

Eine Vereinfachung lässt sich insoweit nur durch **Bevollmächtigung** je einer Person auf jeder Vertragsseite erreichen, die Kündigung auszusprechen (STAUDINGER/ROLFS [2018] § 542 Rn 23) oder zu empfangen. Diese Vollmacht ist formlos wirksam (§ 167 Abs 2 BGB), jedoch sollte sie zweckmäßigerweise im Hinblick auf § 174 BGB schriftlich erteilt werden. Sie kann auch im Pachtvertrag enthalten sein, wobei die Vollmacht sich ausdrücklich auf die Kündigung erstrecken muss (STAUDINGER/ROLFS [2018] § 542 Rn 23 f). Bei Formularverträgen sind die §§ 307 Abs 1 und 308 Nr 6 BGB zu beachten. Im Übrigen sind die gesetzlichen Möglichkeiten der Mehrheitsbeschlussfassung der Gemeinschafter nach den §§ 2038, 745 BGB zu beachten (BGH RdL 1951, 87).

Hingegen muss die Kündigung gegenüber einer Außen-GbR nicht allen Gesellschaftern zugehen; jedenfalls, wenn aus der Erklärung klar hervorgeht, dass die Kündigung gegenüber der GbR ausgesprochen werden soll, ist der Zugang an einen vertretungsberechtigten Gesellschafter (§ 585a Rn 13) ausreichend (MünchKomm/SCHÄFER [2017] § 714 Rn 27; BGH DB 2012, 109).

Soweit es um die Kündigung eines Pachtvertrages über ein landwirtschaftliches Grundstück seitens einer Erbengemeinschaft als Verpächterin geht, hat sich der Bundesgerichtshof der herrschenden Meinung in Literatur und Rspr (STAUDINGER/ LÖHNIG [2016] § 2040 Rn 5) angeschlossen und bestätigt, dass es sich dabei um eine Verfügung über einen Nachlassgegenstand handelt und nicht lediglich um eine Verwaltungshandlung im Sinne des § 2038 BGB (BGH NJW 2007, 150 = AUR 2007, 51 f; **aA** noch BGH RdL 1951, 87). Die Kündigung erfordert daher in der Regel die Mitwirkung aller Miterben, in Ausnahmefällen der Aufrechterhaltung einer ordnungsgemäßen Nachlassverwaltung kann nach § 2038 Abs 2 BGB iVm § 745 BGB die Kündigung von der Mehrheit der Miterben beschlossen und umgesetzt werden.

dd) Parteiwechsel während der Pachtzeit; Teilflächenverkauf

7 Bei einem Parteiwechsel während des Laufes des Pachtvertrages geht das Kündigungsrecht auf den **Nachfolger** über. Dies allerdings nicht in dem Sonderfall einer

Kündigung nach § 1056 Abs 2 BGB; das dort normierte Kündigungsrecht geht nicht kraft Gesetzes auf den rechtsgeschäftlichen Erwerber über (BGH NZM 2010, 474).

Wird eine Teilfläche eines landwirtschaftlichen Grundstücks, über welches ein einheitlicher Landpachtvertrag besteht, veräußert, treten die Erwerber der Teilfläche zusätzlich in die Vermieterstellung ein (OLG Naumburg RdL 2017, 95 juris Rn 31). Ein einheitlicher Pachtvertrag wird somit nicht aufgespalten, sondern vielmehr dem **Prinzip der Einheit des Pachtvertrages** folgend mit allen Eigentümern fortgesetzt (OLG Naumburg RdL 2017, 95 juris Rn 35; OLG Dresden 12. 12. 2002 – U XV 1763/02 juris Rn 4 = AUR 2003, 376; zur vergleichbaren Situation im Mietrecht BGH NJW 2005, 3781; BGH NJW 1973, 455; OLG Brandenburg BeckRS 2011, 00404; BayObLG NJW-RR 1991, 651). Das Verhältnis der „Verpächtergemeinschaft" bestimmt sich sodann nach den Regelungen zur Bruchteilsgemeinschaft, §§ 741 ff BGB (BGH NJW 2005, 3781; STAUDINGER/EMMERICH [2018] § 566 Rn 24). Demnach sind die Verpächter insbesondere Gesamtschuldner hinsichtlich der Verpflichtungen aus dem Pachtverhältnis und Mitgläubiger hinsichtlich der Pachtforderungen. Konsequenz dessen ist, dass das Pachtverhältnis grundsätzlich auch nur durch alle Erwerber bzw Verpächter gemeinschaftlich gekündigt werden (**„Kündigung von allen an alle"** vgl OLG Naumburg RdL 2017, 95 juris Rn 31 unter Bezugnahme zur Rspr des BGH zum Mietrecht, vgl BGHZ 26, 102 = NJW 1958, 421; BGHZ 144, 370 = NJW 2000, 3133) und der Pächter die Pacht nur befreiend an die Gemeinschaft leisten kann. Zur ausnahmsweise zulässigen Teilkündigung vgl sogleich Rn 8.

ee) Teilkündigung

Eine Teilkündigung ist – falls nicht vertraglich vereinbart – angesichts der grundsätzlichen Einheitlichkeit des Pachtverhältnisses unzulässig (STAUDINGER/SCHAUB § 581 Rn 346; OLG Naumburg 12. 11. 2015 – 2 U 42/15 [Lw] juris Rn 35; OLG Dresden 12. 12. 2002 – U XV 1763/02 juris Rn 4, AUR 2003, 376). Da Pachtverhältnisse häufig mehrere Flurstücke betreffen, fehlt es in der Praxis mitunter an einer solchen Einheit des Pachtobjekts. Liegt etwa eine Verpachtung von Stückländereien vor, kann eine Teilkündigung im Landpachtrecht daher als Minus gegenüber der umfassenden Kündigung zulässig sein (KLEINEKE AUR 2017 281 ff; **aA** OLG Naumburg 12. 11. 2015 – 2 U 42/15 [Lw] juris Rn 35). Voraussetzung ist, dass die betroffene Fläche ohne wesentliche Nachteile für den jeweiligen Vertragspartner aus dem Pachtverhältnis herausgelöst werden kann (OLG Celle 9. 3. 2005 – 7 U 198/04 [L] juris Rn 7, RdL 2009 292; OLG Dresden 12. 12. 2002 – U XV 1763/02 juris Rn 4; KLEINEKE AUR 2017 281; FHL § 594 f Rn 3). Zu verneinen ist dies regelmäßig im Falle der Pachtung eines Gesamtbetriebes, der Teilkündigungen von Bereichen eines zusammenhängenden Schlages, aber auch im Falle sog „Rosinenpickens", wenn also der Pächter ungünstig geschnittene Flurstücke, verkehrstechnisch schlecht gelegene Flurstücke oder solche mit niedrigen Bodenpunkten kündigt und die attraktiven Parzellen behält (KLEINEKE AUR 2017 283). Zum umgekehrten Fall des auf einen Teil des Pachtgegenstandes bezogenen Schutzantrages vgl § 595 Rn 35.

8

ff) Verwirkung

Die Möglichkeit zur ordentlichen Kündigung eines Landpachtvertrages kann ausnahmsweise verwirkt sein. Dies kommt insbesondere im Falle der Verpachtung eines gesamten Hofes in Betracht, wenn nach Ablauf der ursprünglichen Vertragslaufzeit von der Möglichkeit zur ordentlichen Kündigung über Jahre hinweg abgesehen wurde (**Zeitmoment**) und beim Pächter die berechtigte Erwartung entstanden ist, dass er den Hof langfristig übernehmen würde, sei es durch lebzeitige Übertragung

8a

oder im Erbgang (**Umstandsmoment**). Verwirkung wurde etwa angenommen bei einem mehr als 23 Jahre verpachteten Hof, welcher die Lebensgrundlage des Pächters bildete. Bei dem im Geltungsbereich der HöfeO spielenden Fall konnte auch die formlose Hoferbenbestimmung (§§ 6 Abs 1 S 1 Nr 1, 7 Abs 2 HöfeO) nicht mehr grundlos widerrufen werden (OLG Celle 29. 1. 2014 – 7 U 158/13 juris Rn 43). Eine Kündigung kam daher nur bei Verfehlungen des Pächters in Betracht, wobei triftige Gründe zu fordern sind (OLG Celle 29. 1. 2014 – 7 U 158/13 juris Rn 43).

Die Verwirkung ist im Prozess von Amts wegen zu berücksichtigen (BGHZ 54, 222; 3, 94, 103 f; BGH NJW 2011, 3149; STAUDINGER/OLZEN/LOOSCHELDERS [2015] § 242 BGB Rn 320).

c) Kündigungsfrist

9 Nach Abs 1 kann jeder Vertragsteil das Pachtverhältnis spätestens am dritten Werktag eines Pachtjahres für den Schluss des nächsten Pachtjahres kündigen.

aa) Begriff des Pachtjahres

10 Die für den Fall der fehlenden vertraglichen Fixierung vom Gesetzgeber vorgesehene Lösung, dass im Zweifel das Kalenderjahr als Pachtjahr gelte (Abs 1 S 2), dürfte an den Bedürfnissen und Gegebenheiten der Praxis vorbeigehen. Diese orientiert sich vielmehr regelmäßig an der Ernte im Herbst, da anschließend – also noch vor Ende des Kalenderjahres – schon erhebliche Vorarbeiten im Hinblick auf die Bestellung für die nächste Wachstumsperiode notwendig werden. Diese Arbeiten hat der Pächter als Konsequenz aus der ihm obliegenden Pflicht zur ordnungsgemäßen Bewirtschaftung zu erbringen, ohne dafür nach § 596a BGB Ersatz verlangen zu können (s § 596a Rn 2). Landesüblich beginnt das Pachtjahr ohne ausdrückliche Vereinbarung häufig am 1. Oktober oder am 11. November (Martini).

bb) Fristberechnung

11 Nach § 186 BGB gelten auch für die Fristberechnung bei der Kündigung von Landpachtverträgen die Auslegungsvorschriften der §§ 187 ff BGB. Der Fristbeginn bestimmt sich nach § 187 Abs 2 BGB, das Fristende demgemäß nach § 188 Abs 2 BGB. Ist das Pachtjahr gleich dem Kalenderjahr, so beginnt es am 1. 1. und endet am 31. 12.

§ 594a BGB bestimmt als Kündigungstag den dritten Werktag eines Pachtjahres. Zu diesem Zeitpunkt muss die Kündigungserklärung dem Empfänger wirksam zugegangen sein. Dadurch, dass ausdrücklich auf den dritten Werktag abgestellt wird, ist eine Regelung getroffen worden, die jeden Streit über die Anwendbarkeit des § 193 BGB ausschließt.

Das Pachtverhältnis endet bei einer wirksamen Kündigung am Ende des nächsten Pachtjahres, wobei unerheblich ist, ob dieser Tag auf einen Sonnabend, Sonntag oder Feiertag fällt. § 193 BGB ist in diesem Fall eines bloßen Fristablaufs nicht anwendbar (STAUDINGER/ROLFS [2018] § 580a Rn 9 f).

Eine verspätete Kündigung kann uU in eine Kündigung zum nächstmöglichen Zeitpunkt (SOERGEL/HEINZMANN [2007] § 594a Rn 3) oder einen Antrag auf Vertragsaufhebung umgedeutet werden.

d) Formerfordernis

Die Kündigung bedarf der Schriftform. Insoweit wird auf die Kommentierung zu §594f BGB verwiesen. **12**

2. Beendigung des Pachtverhältnisses durch vorzeitige Kündigung

a) Allgemeines

Unter bestimmten Voraussetzungen ist es den Parteien gestattet, sich vorzeitig vom Pachtvertrag zu lösen. Dabei unterscheidet der Gesetzgeber zwischen den Fällen einer fristgebundenen und einer fristlosen vorzeitigen Kündigung. **13**

§ 594a Abs 2 BGB erfasst die Fälle, in denen eine vorzeitige Kündigung unter Einhaltung der gesetzlichen Frist zulässig ist. Die Dauer der gesetzlichen Frist ergibt sich aus Abs 2.

Nicht erfasst sind daher die Fälle einer vorzeitigen Kündigung, in denen das Gesetz nicht auf die gesetzliche Frist verweist, sondern eine eigene Frist bestimmt. Der Gesetzgeber räumt nämlich in Fällen, in denen sich die tatsächlichen Verhältnisse während der Pachtzeit so wesentlich verändern, dass eine Bindung an den Pachtvertrag nicht mehr zumutbar erscheint, den Parteien das Recht ein, das Pachtverhältnis vorzeitig unter Einhaltung einer bestimmten Frist zu kündigen.

Die Voraussetzungen einer außerordentlichen fristlosen Kündigung regelt § 594e BGB; insoweit wird auf die dortige Kommentierung verwiesen.

b) Fälle einer vorzeitigen Kündigung

Möglichkeiten der vorzeitigen fristgerechten Kündigung mit eigenen Fristen bestehen zunächst nach § 594b BGB bei Verträgen mit einer Laufzeit über 30 Jahren und nach § 594d BGB beim Tod des Pächters. **14**

Weiter können unter Einhaltung der sich nach § 594a Abs 2 BGB bestimmenden Frist Landpachtverträge in folgenden Fällen gekündigt werden:

- § 593a BGB; Kündigungsrecht des Verpächters, wenn bei der Übergabe eines Betriebs im Wege der vorweggenommenen Erbfolge die ordnungsmäßige Bewirtschaftung der Pachtsache durch den Übernehmer nicht gewährleistet ist;

- §§ 593b, 566 Abs 2 S 2 BGB; Kündigungsrecht des Pächters im Falle der Grundstücksveräußerung;

- § 594c BGB; Kündigungsrecht des Pächters im Falle seiner Berufsunfähigkeit;

- § 1056 BGB; Kündigungsrecht beider Parteien bei Verpachtung durch den Nießbraucher, wenn der Nießbrauch während laufender Pachtzeit endet;

- §§ 2135, 1056 BGB; Kündigungsrecht des Nacherben bei Verpachtung durch den Vorerben über die Dauer der Vorerbschaft hinaus;

- § 30 Abs 2 ErbbauRVO; Kündigungsrecht des Grundstückseigentümers bei Erlöschen des Erbbaurechts;

- § 109 InsO; Kündigungsrecht des Insolvenzverwalters bei Insolvenz des Pächters;

- § 57a ZVG; Kündigungsrecht des Erstehers in der Zwangsversteigerung.

15 Zu Sonderkündigungsrechten aufgrund Allgemeiner Vertragsbedingungen s § 585a Rn 17 f.

c) Fristberechnung
16 Es gelten auch hier die Vorschriften der §§ 187 ff BGB, vgl oben Rn 11.

d) Formerfordernis
17 Auch die vorzeitige Kündigung bedarf der Schriftform iSd § 594f BGB.

III. Grundsätzlich nachgiebiges Recht

18 Abweichende Vereinbarungen der Parteien über die Länge der Kündigungsfrist sind grundsätzlich zulässig. Allerdings bedarf die Vereinbarung einer kürzeren Kündigungsfrist der Schriftform, Abs 1 S 3. Aus der Beschränkung des Schriftformerfordernisses auf diese Änderung folgt, dass die Verlängerung der Kündigungsfristen formlos möglich ist. Ist die Kündigungsfrist Teil einer im Übrigen unauflösbar widersprüchlichen Regelung zur Vertragslaufzeit, ist diese nicht wirksam vereinbart (OLG Stuttgart 5. 2. 2013 – 101 U 7/12 juris Rn 41; AUR 2013, 314 f).

IV. Verfahren, Beweislast

19 Bei Streitigkeiten entscheidet das Landwirtschaftsgericht im streitigen Verfahren. Dies gilt insbesondere hinsichtlich der Auswirkung eines vorzeitig beendeten Landpachtvertrages (§ 595a Abs 2 und 3 BGB).

Derjenige, der sich auf eine vom Kalenderjahr abweichende Vereinbarung der Bestimmung des Pachtjahres beruft, hat diese zu beweisen.

§ 594b
Vertrag über mehr als 30 Jahre

Wird ein Pachtvertrag für eine längere Zeit als 30 Jahre geschlossen, so kann nach 30 Jahren jeder Vertragsteil das Pachtverhältnis spätestens am dritten Werktag eines Pachtjahrs für den Schluss des nächsten Pachtjahrs kündigen. Die Kündigung ist nicht zulässig, wenn der Vertrag für die Lebenszeit des Verpächters oder des Pächters geschlossen ist.

Materialien: BT-Drucks 10/508; 10/509; 10/3830; 10/3498.

§ 594b

Schrifttum

Siehe § 585.

Systematische Übersicht

I.	Allgemeine Kennzeichnung		2.	Rechtsfolge	6
1.	Entstehung der Vorschrift	1	3.	Kündigungsfrist	7
2.	Zweck der Vorschrift	2	4.	Ausschluss des Kündigungsrechts (S 2)	9
3.	Zwingendes Recht	3			
II.	Inhalt der Vorschrift		III.	Verfahrensrecht	10
1.	Anwendungsbereich	4			

I. Allgemeine Kennzeichnung

1. Entstehung der Vorschrift

§ 594b BGB ist mit der Landpachtnovelle an die Stelle der früheren Regelung der §§ 581 Abs 2, 567 BGB getreten; dies mit dem Unterschied, dass nicht die gesetzliche Kündigungsfrist des § 594a Abs 2, sondern die längere zweijährige Kündigungsfrist des § 594a Abs 1 BGB gilt.   **1**

2. Zweck der Vorschrift

Der Grund für die – modifizierte – Beibehaltung der mietrechtlichen Regelung des § 544 BGB ist, dass das gesetzgeberische Motiv des **Ausschlusses einer Art „Erbmiete bzw -pacht"** auch heute noch von Bedeutung sein soll (BT-Drucks 10/509, 24 zu § 594b). Die Parteien sollen, wenn sie eine längere als 30-jährige Besitzüberlassung wünschen, eine entsprechende dingliche Veränderung herbeiführen. Es ist für die Beteiligten außerdem nicht annähernd möglich, die Entwicklung über einen Zeitraum von mehr als 30 Jahren vorherzusehen und in ihrer Vertragsgestaltung zu berücksichtigen (BT-Drucks 10/509, 24).   **2**

3. Zwingendes Recht

Wie § 544 BGB ist auch § 594b BGB grundsätzlich zwingend (PIKALO NJW 1986, 1472 ff; so auch LWLH Rn 2). Ein vertraglicher Ausschluss des Kündigungsrechts nach Ablauf von 30 Jahren wäre unwirksam, zu den Rechtsfolgen s Rn 6.   **3**

Aus dem Zweck der Vorschrift der Verhinderung „erbpachtähnlicher" Landpachtverträge folgt, dass eine kürzere Kündigungsfrist wirksam vereinbart werden kann (MünchKomm/HARKE [2016] Rn 1).

II. Inhalt der Vorschrift

1. Anwendungsbereich

4 Abgesehen von Landpachtverträgen, die ausdrücklich eine längere als 30-jährige Laufzeit beinhalten, gelten als Verträge im Sinne dieser Vorschrift auch:

– Pachtverhältnisse, die für 30 Jahre oder eine kürzere Zeit abgeschlossen worden sind, aber aufgrund einer Option auf einen über 30 Jahre hinausgehenden Zeitraum ausgedehnt werden können;

– Pachtverhältnisse, die auf unbestimmte Zeit abgeschlossen sind und bei denen die Kündigung mindestens für einen Vertragspartner für längere Zeit als 30 Jahre ausgeschlossen ist;

– Pachtverhältnisse, bei denen ein rechtlicher oder wirtschaftlicher Zwang zur Vertragsverlängerung oder zum Abschluss entsprechender Verträge besteht; Voraussetzung ist, dass die Gesamtdauer der Verträge 30 Jahre überschreitet (im Einzelnen MünchKomm/Bieber [2016] § 544 Rn 5);

– Pachtverhältnisse, die mit dem Eintritt eines künftigen, ungewissen Ereignisses enden, sofern nur die Möglichkeit besteht, dass das Ereignis bis zum Ablauf von 30 Jahren nicht eintritt (s auch Staudinger/Emmerich [2018] § 544 Rn 5);

– Pachtvorverträge; insoweit ist § 594b BGB entsprechend anwendbar.

Eine Verpachtung auf Lebenszeit oder bis zum Eintritt des Rentenalters ist nicht schon per se als eine mehr als dreißigjährige zu qualifizieren (LWLH Rn 9).

Streitig ist, ob das Kündigungsrecht des § 594b BGB auch eingreift, wenn bei einem auf unbestimmte Zeit geschlossenen Pachtvertrag die Kündigung in der Weise erschwert ist, dass sie eine Entschädigungspflicht des Kündigenden auslöst (so MünchKomm/Bieber [2016] § 544 Rn 5 mit Fußnote 9; aA Staudinger/Emmerich [2018] § 544 Rn 6, der in der Vereinbarung einer Entschädigungspflicht des Kündigenden nur dann eine Umgehung des § 594b sieht, wenn die Kündigung vertraglich von Bedingungen oder Verpflichtungen abhängig gemacht ist, deren Erfüllung unmöglich ist oder eine übermäßige wirtschaftliche Erschwerung der Kündigung darstellt; so auch LWLH Rn 4).

5 Keine Anwendung findet § 594b BGB bei Kausalgeschäften, die der Bestellung einer Grunddienstbarkeit zugrunde liegen (vgl Staudinger/Emmerich [2018] § 544 Rn 3) und bei Vorpachtrechten, weil durch deren Ausübung jeweils ein neuer Vertrag zustande kommt.

2. Rechtsfolge

6 Ein Verstoß gegen § 594b BGB führt **nicht zur Nichtigkeit** des Vertrages, eine entgegenstehende Vereinbarung hat nicht die Nichtigkeit des gesamten Pachtvertrages zur Folge, insbesondere auch nicht hinsichtlich der vereinbarten Vertragsdauer. Für die Anwendung von § 139 BGB ist demzufolge kein Raum. Anstelle der unwirk-

samen Bestimmung tritt vielmehr die Kündigungsfrist des § 594b BGB (BGH LM Nr 2 und 31 zu § 581).

Denkbar ist allerdings, dass ein Vertrag wegen der übermäßigen Bindung einer oder beider Parteien gegen § 138 BGB verstößt und deshalb nichtig ist (vgl Staudinger/ Emmerich [2018] § 544 Rn 9).

Die Kündigung nach § 594b BGB kann im Ausnahmefall eine unzulässige Rechtsausübung darstellen (Palandt/Weidenkaff § 544 Rn 6 iVm § 242 Rn 78).

3. Kündigungsfrist

Bei der Berechnung der Vertragslaufzeit ist nicht auf den Zeitpunkt des Vertragsabschlusses, sondern auf den der Überlassung der Pachtsache an den Pächter abzustellen (vgl Staudinger/Emmerich [2018] § 544 Rn 8). Die Festlegung auf 30 Jahre bedeutet aber keine Fristsetzung zur Ausübung des Kündigungsrechts etwa mit der Folge, dass dieses verwirkt sei, wenn es nicht innerhalb eines angemessenen Zeitraums nach Ablauf der 30 Jahre ausgeübt werde. Die Kündigung kann vielmehr nach 30-jähriger Vertragslaufzeit zu jedem beliebigen Zeitpunkt erklärt werden. Die Kündigungserklärung setzt die Kündigungsfrist in Gang, die sich abweichend von § 544 BGB hier nicht nach § 594a Abs 2 BGB – gesetzliche Kündigungsfrist – bestimmt, sondern wie in § 594a Abs 1 BGB fast zwei Jahre beträgt: am dritten Werktag eines Pachtjahres für den Schluss des nächsten Pachtjahres. 7

Zur Fristberechnung siehe § 594a Rn 9 ff. 8

4. Ausschluss des Kündigungsrechts (S 2)

Das Kündigungsrecht des § 594b Abs 1 BGB ist ausgeschlossen, wenn der Pachtvertrag für die Lebensdauer des Pächters oder des Verpächters oder beider Vertragsparteien geschlossen worden ist. Sind auf einer Seite mehrere Personen beteiligt, so ist das Kündigungsrecht bis zum Tode des Letztversterbenden ausgeschlossen. Ein auf Lebenszeit geschlossener Vertrag bedarf nach § 585a BGB immer der Schriftform. 9

Als Ausnahme zum Regelfall des § 594b S 1 BGB ist S 2 eng auszulegen (OLG München HRR 1942 Nr 852).

Er ist auf juristische Personen nicht, auch nicht entsprechend, anwendbar (vgl Staudinger/Emmerich [2018] § 544 Rn 11).

Ebensowenig ist S 2 auf erbrechtliche Verhältnisse anwendbar (vgl Staudinger/Emmerich [2018] § 544 Rn 11 unter Hinweis auf LG Mannheim DWW 1968, 258).

III. Verfahrensrecht

Streitigkeiten aus dieser Bestimmung heraus sind nach §§ 1 Nr 1a, 48 LwVG im (streitigen) ZPO-Verfahren zu entscheiden. 10

§ 594c
Kündigung bei Berufsunfähigkeit des Pächters

Ist der Pächter berufsunfähig im Sinne der Vorschriften der gesetzlichen Rentenversicherung geworden, so kann er das Pachtverhältnis außerordentlich mit der gesetzlichen Frist kündigen, wenn der Verpächter der Überlassung der Pachtsache zur Nutzung an einen Dritten, der eine ordnungsmäßige Bewirtschaftung gewährleistet, widerspricht. Eine abweichende Vereinbarung ist unwirksam.

Materialien: BT-Drucks 10/508; 10/509; 10/3830; 10/3498.

Schrifttum

Siehe § 585.

Systematische Übersicht

I. Allgemeines _____ 1	2. Kündigungsfrist _____ 5
	3. Formerfordernis _____ 6
II. Inhalt der Vorschrift	4. Abdingbarkeit _____ 7
1. Voraussetzungen des Kündigungsrechts des Pächters _____ 2	III. Verfahren _____ 8
a) Begriff der Berufsunfähigkeit _____ 2	
b) Widerspruch des Verpächters _____ 3	

I. Allgemeines

1 Von Beginn der Überlegungen zur Neuordnung des Landpachtrechts an bestand Einigkeit darüber, dass aus Gründen der sozialen Gerechtigkeit ein Sonderkündigungsrecht bei Berufsunfähigkeit eingeräumt werden sollte (BT-Drucks 10/509, 14). Die im Vorentwurf des Bundesjustizministeriums vom Juni 1972 gefundene Regelung hat in der Folgezeit keine Veränderungen mehr erfahren.

Hierzu heißt es in der amtlichen Begründung (BT-Drucks 10/509, 24): „Die vorgesehene Regelung schränkt aus Gründen der sozialen Gerechtigkeit den bisher in § 596 Abs 1 BGB enthaltenen Kündigungsausschluss ein. Es wäre unbillig, einen Pächter an seinen vertraglichen Verpflichtungen auch dann festzuhalten, wenn er wegen Berufsunfähigkeit die Pachtsache nicht mehr selber bewirtschaften kann, vom Verpächter aber daran gehindert wird, die Bewirtschaftung einem Dritten zu überlassen, der eine ordnungsmäßige Bewirtschaftung und damit die Erfüllung der Pächterpflichten gewährleistet."

Die Regelung ist sinnvoll, wenn sich auch die Frage aufdrängt, ob für sie ein praktisches Bedürfnis bestand oder besteht. Ein Verpächter, der auf der Weiterbewirtschaftung durch einen berufsunfähigen Landwirt besteht, dürfte gegen seine eigenen Interessen handeln, da mit der zu erwartenden nicht mehr ordnungsmäßigen

Bewirtschaftung auch eine Gefährdung der Pachtzahlung und eine Verschlechterung der Pachtsache zu befürchten sind. Sie ist direkt auf alle Fälle der Landpacht, entsprechend auch auf den Fall der isolierten Verpachtung einer Milchquote anzuwenden (BGH RdL 2010, 41).

II. Inhalt der Vorschrift

1. Voraussetzungen des Kündigungsrechts des Pächters

a) Begriff der Berufsunfähigkeit

Nach S 1 definiert sich der Begriff der Berufsunfähigkeit nach den Vorschriften der gesetzlichen Rentenversicherung, dh nach § 240 Abs 2 SGB VI. Danach gilt: Berufsunfähig ist ein Versicherter, dessen Erwerbsfähigkeit wegen Krankheit oder Behinderung im Vergleich zur Erwerbsfähigkeit von körperlich, geistig und seelisch gesunden Versicherten mit ähnlicher Ausbildung und gleichwertigen Kenntnissen und Fähigkeiten auf weniger als 6 Stunden gesunken ist. Eine eigenständige Definition der Berufsunfähigkeit im landwirtschaftlichen Sozialrecht gibt es nicht. **2**

Daher ist trotz des sozialversicherungsrechtlichen Zusammenhangs zwischen Berufs- und Erwerbsunfähigkeit im Rahmen des § 594c BGB zwischen den beiden Begriffen zu unterscheiden. Das Kündigungsrecht des § 594c BGB beschränkt sich aus dem Sinn der Vorschrift auf den Fall der **Berufsunfähigkeit als Landwirt**, gleichgültig, ob der Pächter durch Umschulung oder andere Maßnahmen einer anderen Tätigkeit nachgehen kann und somit als erwerbsfähig anzusehen ist.

Unerheblich ist, auf welchen Ursachen die Berufsunfähigkeit beruht. Entscheidend ist allein eine seelisch oder körperlich bedingte Einschränkung der Leistungsfähigkeit, die den Grad der Berufsunfähigkeit erreicht und die in absehbarer Zeit nicht zu beheben ist. Die Angabe von Gründen in der Kündigungserklärung ist nicht notwendig, sie müssen jedoch zum Zeitpunkt der Kündigung gegeben sein (OLG Frankfurt AgrarR 1991, 107).

Haben die Parteien **keine höchstpersönliche Bewirtschaftung** der Pachtsache durch den Pächter vereinbart (dies müsste vor dem Hintergrund des § 589 BGB ausdrücklich geschehen), ist dessen Berufsunfähigkeit soweit und solange unbeachtlich, als die ordnungsgemäße Bewirtschaftung durch Erfüllungsgehilfen der Bewirtschaftung (s § 589 Rn 3) gewährleistet ist. Eine ordnungsgemäße Bewirtschaftung kann im Einzelfall etwa auch durch den Einsatz von Dritten sichergestellt werden (OLG Celle 29. 1. 2014 – 7 U 158/13 juris Rn 47).

b) Widerspruch des Verpächters

Neben der Berufsunfähigkeit ist **weitere Voraussetzung** des Kündigungsrechts des Pächters, dass der Verpächter der Überlassung der Pachtsache zur Nutzung an einen Dritten widerspricht, obwohl dieser eine ordnungsmäßige Bewirtschaftung gewährleistet. Das Kündigungsrecht ist ausgeschlossen, wenn der Widerspruch des Verpächters gegen die beabsichtigte Nutzungsüberlassung begründet ist. **3**

Der Widerspruch des Verpächters setzt voraus, dass er zuvor über die Berufsunfähigkeit und die Person des zur Übernahme vorgesehenen Nachfolgers **unterrichtet** worden ist. Angesichts der an verschiedenen Stellen des Landpachtrechts vorgeschriebenen Schriftform (siehe nur §§ 594 S 4, 594a Abs 1 S 3, 594d Abs 2 S 3, 594 f BGB) ist hier davon auszugehen, dass sowohl die Mitteilung an den Verpächter als auch dessen Widerspruch **nicht formgebunden** sind.

Zum Begriff der Nutzungsüberlassung siehe § 589 Rn 3 ff. Regelmäßiger Fall ist der der Unterverpachtung; denkbar ist daneben die Leihe, etwa wenn die Pachtsache einem Dritten, zB dem Ehegatten oder einem nahen Angehörigen unentgeltlich überlassen wird (MünchKomm/Harke Rn 1).

4 Der Widerspruch des Verpächters löst nur dann das Kündigungsrecht des Pächters aus, wenn der zur Nutzungsüberlassung vorgesehene **Dritte** die Gewähr einer **ordnungsmäßigen Bewirtschaftung** bietet. Dies ist dann der Fall, wenn der Dritte über die dazu notwendige(n) Ausbildung, Kenntnisse und/oder Erfahrungen verfügt und derart zur ordnungsgemäßen Bewirtschaftung iS von § 586 Abs 1 BGB in der Lage ist (vgl § 586 Rn 33 ff).

Diese Voraussetzungen hat der Pächter als derjenige, der hieraus Rechte herleiten will, zu **beweisen**.

2. Kündigungsfrist

5 Hat der Pächter nach dieser Vorschrift ein Kündigungsrecht, gilt die Kündigungsfrist nach § 594a Abs 2 BGB, dh die Kündigung hat spätestens am dritten Werktag des halben Jahres zu erfolgen, mit dessen Ablauf das Pachtverhältnis enden soll. Die Kündigung kann aber erst erfolgen, nachdem der Verpächter der Nutzungsüberlassung widersprochen hat.

Nach der amtlichen Begründung (BT-Drucks 10/509, 24) soll der Pächter nur in dem Pachtjahr zur Kündigung berechtigt sein, in dem er dem Verpächter vergeblich einen geeigneten Übernehmer angeboten hat („er muss kündigen"). Diese Auffassung wird vom Gesetzeswortlaut nicht gedeckt, da er die beispielsweise in der nachfolgenden Vorschrift des § 594d Abs 1 S 2 BGB enthaltene Bestimmung, dass die Kündigung nur für den ersten Termin erfolgen kann, für den sie zulässig ist, gerade nicht enthält. Das Kündigungsrecht des Pächters unterliegt daher nur den allgemein gültigen zeitlichen Begrenzungen, etwa in der Weise, dass nach Ablauf einer angemessenen Überlegungsfrist Verwirkung eintreten kann (so auch MünchKomm/Harke [2016] Rn 2).

3. Formerfordernis

6 Die Kündigung hat nach § 594f BGB schriftlich zu erfolgen. Wegen der Einzelheiten wird auf die dortige Kommentierung verwiesen.

4. Abdingbarkeit

7 Nach S 2 ist eine abweichende Vereinbarung unwirksam. Sie würde den Schutzzweck der Vorschrift unterlaufen.

III. Verfahren

Über Streitigkeiten entscheidet das Landwirtschaftsgericht im streitigen Verfahren (§ 48 iVm § 1 Nr 1a LwVG). **8**

§ 594d
Tod des Pächters

(1) Stirbt der Pächter, so sind sowohl seine Erben als auch der Verpächter innerhalb eines Monats, nachdem sie vom Tod des Pächters Kenntnis erlangt haben, berechtigt, das Pachtverhältnis mit einer Frist von sechs Monaten zum Ende eines Kalendervierteljahrs zu kündigen.

(2) Die Erben können der Kündigung des Verpächters widersprechen und die Fortsetzung des Pachtverhältnisses verlangen, wenn die ordnungsmäßige Bewirtschaftung der Pachtsache durch sie oder durch einen von ihnen beauftragten Miterben oder Dritten gewährleistet erscheint. Der Verpächter kann die Fortsetzung des Pachtverhältnisses ablehnen, wenn die Erben den Widerspruch nicht spätestens drei Monate vor Ablauf des Pachtverhältnisses erklärt und die Umstände mitgeteilt haben, nach denen die weitere ordnungsmäßige Bewirtschaftung der Pachtsache gewährleistet erscheint. Die Widerspruchserklärung und die Mitteilung bedürfen der schriftlichen Form. Kommt keine Einigung zustande, so entscheidet auf Antrag das Landwirtschaftsgericht.

(3) Gegenüber einer Kündigung des Verpächters nach Absatz 1 ist ein Fortsetzungsverlangen des Erben nach § 595 ausgeschlossen.

Materialien: BT-Drucks 10/508; 10/509; 10/3830; 10/3498.

Schrifttum

Siehe § 585.

Systematische Übersicht

I.	**Allgemeine Kennzeichnung**		c)	Juristische Person 8
1.	Überblick 1		2.	Kündigungsberechtigung 9
2.	Entstehung und Zweck der Vorschrift, Mietrechtsreform 2001 2		a)	der Pächtererben 9
			b)	des Verpächters 10
3.	Verhältnis zu anderen Vorschriften 4		c)	Mehrheit von Pächtern und Verpächtern 11
II.	**Kündigungsbefugnis der Pächtererben und des Verpächters (Abs 1)**		3.	Kündigungsfristen und -termine 13
1.	Tod des Pächters 5		a)	Kündigungsfrist 13
a)	Natürliche Person 6		b)	Kündigungstermin 14
b)	Personengesellschaft 7		c)	Folgen der Fristversäumung 15

§ 594d

Buch 2
Abschnitt 8 · Einzelne Schuldverhältnisse

III. Widerspruchsrecht der Erben nach Abs 2	
1. Ordnungsmäßige Bewirtschaftung der Pachtsache durch die Pächtererben	16
2. Übertragung der Bewirtschaftungsführung auf einen Erben oder Dritten	19
3. Fristgerechte Benachrichtigung des Verpächters	20
4. Formgerechte Benachrichtigung des Verpächters	21
IV. Ablehnungsrecht des Verpächters (Abs 2 S 2)	22
V. Anrufung des Landwirtschaftsgerichts (Abs 2 S 4)	24
VI. Ausschluss des Fortsetzungsanspruchs aus § 595 (Abs 3)	28
VII. Ersatzansprüche der Pächtererben bei Kündigung während des laufenden Pachtjahres	29
VIII. Grundsätzlich nachgiebiges Recht	30

Alphabetische Übersicht

Abdingbarkeit	30
Ablehnungsrecht des Verpächters	22
Ausschluss des Fortsetzungsanspruchs	28
Benachrichtigung des Verpächters	20 f
Berechtigung zur Kündigung	5 ff
Dritter, Übertragung der Bewirtschaftung	19
Ersatzanspruch der Pächtererben	29
Fortsetzungsanspruch, Ausschluss	28
Frist, Versäumung	15
Gerichtliche Entscheidung	24 ff
Interessenlage der Vertragsparteien	2
Kündigungsbefugnis der Pächtererben, Voraussetzungen	6 ff
Kündigungsfrist	13
Kündigungstermin	14
Mehrheit bei einer Vertragspartei	11
Ordnungsgemäße Bewirtschaftung als Widerspruchsgrund	16 ff
Pächtererben, Ersatzanspruch	29
– Kündigungsberechtigung	9
– Widerspruchsrecht	16 ff
Testamentsvollstrecker	12
Tod des Pächters	5
Übertragung der Bewirtschaftung auf Dritten	19
Verhältnis zu anderen Vorschriften	4
– Ablehnungsrecht	22
– Benachrichtigung	20 f
– Kündigungsberechtigung	9
Widerspruchsrecht der Erben	16 ff
Zweck der Vorschrift	2

I. Allgemeine Kennzeichnung

1. Überblick

1 Die Vorschrift regelt die Konsequenzen des **Todes des Pächters** für den Landpachtvertrag, indem sie grundsätzlich **jeder Vertragspartei das Kündigungsrecht** nach Abs 1 zuerkennt. Hierbei ist das Kündigungsrecht des Verpächters neu eingeführt. Abs 2 räumt aus gewissen sachlich gerechtfertigten Gründen den Erben des Pächters ein Widerspruchsrecht ein.

Wie bisher trifft das Gesetz für den **Tod des Verpächters keine besondere Regelung**. Deshalb wird nach allgemeinen Erbrechtsgrundsätzen das Pachtverhältnis mit den Erben des Verpächters fortgesetzt, ohne dass deshalb einer Partei das Kündigungsrecht zusteht; alle Mitglieder der Erbengemeinschaft haben die vertraglichen Rechte und Pflichten des Verpächters grundsätzlich gemeinsam wahrzunehmen (§ 2041 Abs 1: OLG Celle OLGR 1994, 189). Etwaige Probleme, die sich aus veränderten Umständen ergeben (zB die dem Verpächter gewährte Kaution erscheint in den Händen nicht vertrauenswürdiger Erben gefährdet), lassen sich nach allgemeinen Grundsätzen, insbesondere durch eine Vertragsanpassung bei veränderter Geschäftsgrundlage (§ 313 BGB) lösen.

2. Entstehung und Zweck der Vorschrift, Mietrechtsreform 2001

Abs 1 beinhaltet eine ausgewogene Angleichung der Rechtsstellung beider Vertragsteile hinsichtlich ihrer Kündigungsberechtigung. Damit wird einmal dem berechtigten **Individualinteresse des Verpächters** Rechnung getragen und außerdem die Gefahr einer Misswirtschaft durch ungeeignete Erben gebannt. In der amtlichen Begründung heißt es hierzu (BT-Drucks 10/509, 24 zu § 594d): „Der Grund für diese Besserstellung des Verpächters gegenüber der geltenden Rechtslage liegt darin, dass oftmals keiner der Erben willens oder in der Lage ist, den landwirtschaftlichen Betrieb fortzuführen und deshalb auch der Verpächter die Möglichkeit haben muss, in einem solchen Fall das Pachtverhältnis aufzulösen." 2

Den berechtigten **Interessen des Pächters** an einer Fortsetzung des Pachtverhältnisses trägt Abs 2 Rechnung, der in ausdrücklicher Anlehnung an §§ 574 ff BGB dem Pächter ein Widerspruchsrecht einräumt, während noch in früheren Entwürfen der Konstruktion eines Ausschlusses des Kündigungsrechts des Verpächters der Vorzug gegeben worden war. Die amtliche Begründung für die nun Gesetz gewordene Regelung des Abs 2 lautet (BT-Drucks 10/509, 24): „Erscheint die ordnungsgemäße Bewirtschaftung durch die Erben oder durch einen von diesen beauftragten Miterben oder Dritten gewährleistet, kann der Kündigung widersprochen und Fortsetzung des Pachtverhältnisses verlangt werden. […] Die Vorschrift lehnt sich an den in der Ausgangslage vergleichbaren § 556a aF an. In beiden Fällen steht dem Verpächter oder Vermieter ein Kündigungsrecht zu, das aber nicht durchgreifen soll, wenn – was der Kündigende nicht im Voraus zu wissen braucht – die Erben des Pächters oder der Mieter der Kündigung widersprechen und die Voraussetzungen für den Widerspruch im Streitfall beweisen können".

Abs 3 stellt – so die amtliche Begründung – klar, dass die Erben nicht zusätzlich auf die Härteklausel des § 595 BGB zurückgreifen dürfen, da sie durch die Möglichkeit des Vorgehens nach § 594d Abs 2 BGB ausreichend geschützt sind.

Die Abs 1 entsprechende Vorschrift des § 569 aF ist im Zuge der Mietrechtsreform 2001 unter dem § 580 BGB neu gefasst worden. In diesem Zusammenhang ist Abs 1 S 2 aF entfallen. Entsprechend der mietrechtlichen (1 Monat) ist nun also auch die 3 landpachtrechtliche Beschränkung auf einen „ersten zulässigen Termin" entfallen, weil sie – je nach dem Zeitpunkt des Todes des Mieters/Pächters im Einzelfall – zu einer Kündigungspflicht innerhalb weniger Tage führen könnte (s Begründung zu § 564 [S 61 der BT-Drucks 14/4553], auf die die Begründung zu § 580 letztlich verweist).

3. Verhältnis zu anderen Vorschriften

4 Wie § 593a BGB für die vorweggenommene Erbfolge, so sichert § 594d BGB für die eigentliche Erbfolge in vertretbarer Weise die Aufrechterhaltung des Pachtverhältnisses und die Integrität der Betriebskontinuität.

Die Grundsätze der erbrechtlichen Gesamtrechtsnachfolge werden für die Pächtererben durch Abs 2 grundsätzlich nicht durchbrochen. Die Übertragung der Betriebsführung ändert nichts am weiteren Fortbestand der Miterben-Pächterstellung aller Pächtererben. Weigert sich ein Miterbe, seine Zustimmung zu der Übertragung zu geben, so kann er zur Vermeidung der Verpächterkündigung von der Mehrheit der Miterben entsprechend den §§ 2038 Abs 2, 745 BGB überstimmt werden. Notfalls kann eine Klage bzw ein Antrag auf Erlass einer einstweiligen Verfügung des übernahmefähigen und -willigen Miterben gegen die widerstrebenden und ungeeigneten Miterben in Betracht kommen, um das Pachtverhältnis vor der Kündigung durch den Verpächter zu schützen.

II. Kündigungsbefugnis der Pächtererben und des Verpächters (Abs 1)

5 Die Kündigung setzt voraus:

1. Tod des Pächters

Zunächst ist Voraussetzung für dieses Kündigungsrecht der Tod des Pächters. Unterschiede bei der Definition des Todes können sich deshalb ergeben, weil auf Pächterseite entweder eine natürliche Person oder aber eine Personenmehrheit stehen kann.

a) Natürliche Person

6 Das Landpachtrecht ist seit jeher – und auch in der Novelle 1986 – personalistisch geprägt: jedenfalls auf Pächterseite war zur Zeit der Novellierung fast ausschließlich eine natürliche Person, der Inhaber eines bäuerlichen Familienbetriebes, Vertragspartei. Auch § 594d BGB geht daher von dem Normalfall aus, dass der Pächter eine natürliche Person ist und knüpft an dessen Tod die Kündigungsbefugnis seiner Erben. Der Tod des Pächters bestimmt sich parallel zu § 1922 BGB (vgl STAUDINGER/KUNZ [2017] § 1922 Rn 1 ff). Die Todeserklärung steht dem Tod des Pächters gleich; bloße Verschollenheit genügt dagegen nicht. Steht auf der Pächterseite eine Personenmehrheit, hat – entgegen der Vorbearbeitung – eine weitergehende Differenzierung zu erfolgen:

b) Personengesellschaft

7 Konsequenzen aus der personalistischen Ausrichtung des Landpachtrechts ergeben sich bereits hier (s auch § 589 Rn 6 ff). Stirbt ein Gesellschafter, der lediglich als Kapitalgeber fungieren, also bei Pachtvertragsbeginn in der Geschäftsführung nicht

aktiv mitarbeiten sollte, gibt es keine Berechtigung zu einer Kündigung nach Abs 1. Erst recht kommt kein Kündigungsrecht der Gesellschaft gegenüber dem Verpächterin Betracht. Anders ist es nur bei Tod eines bei Vertragsbeginn (vereinbarungsgemäß) aktiven Gesellschafters. Allein für diesen Fall greift die Norm nach ihrem Sinngehalt.

Vereinbaren die Gesellschafter im Gesellschaftsvertrag, dass bei Tod eines Gesellschafters die Gesellschaft von den anderen fortgesetzt wird, ohne dass die Erben des Verstorbenen in dessen Gesellschafterposition nachrücken (Fortsetzungsklausel), so steht das Widerspruchsrecht des Abs 2 dem/den verbleibenden Gesellschafter(n) zu. Sollte der Verstorbene außerhalb des Kreises der Gesellschafter beerbt werden, können die verbleibenden dieselbe Konsequenz unter dem Gesichtspunkt der actio pro socio (STAUDINGER/HABERMEIER [2003] § 705 Rn 46 ff) für sich erreichen.

Wird die Gesellschaft aufgelöst, gilt folglich Abs 1 entsprechend. Ob dies auch für Abs 2 gilt, wird vom Einzelfall abhängen. Vereinbaren die Gesellschafter zB die Fortsetzung des Landpachtvertrages insgesamt durch einen oder mehrere von ihnen, besteht eine Berechtigung für das Recht zum Widerspruch; bei vereinbarter Aufteilung der Flächen unter ihnen kann nicht mehr von demselben Pachtverhältnis die Rede sein, um dessen Fortsetzung es gehen soll.

c) Juristische Person
Ist der Pächter eine **juristische Person**, so gelten die zur Personengesellschaft vorgenommenen Differenzierungen sinngemäß. Der Tod eines lediglich kapitalgebenden Gesellschafters ist auf das Landpachtverhältnis ohne Einfluss; anders ist es stets bei Tod der Person, die bei Vertragsabschluss Geschäftsführer war und demzufolge die Person, in der sich die ua aus § 589 BGB folgende Pflicht zur persönlichen Bewirtschaftung konkretisierte. 8

2. Kündigungsberechtigung

a) Der Pächtererben
Das Kündigungsrecht steht den Erben des Pächters zu, wobei sich die Erbenstellung nach den §§ 1922 ff BGB bestimmt. Der Verpächter kann die Wirksamkeit der Kündigung nicht von einem Nachweis der Erbeneigenschaft abhängig machen (KG JW 1918, 517). Dieser Risikoaufbürdung zu Lasten des Verpächters muss aber eine Schadensersatzpflicht des nicht hinreichend zur Kündigung berechtigten Pächtererben aus dem Gesichtspunkt der positiven Vertragsverletzung (§ 280 Abs 1 BGB) entsprechen. 9

b) Des Verpächters
Der Verpächter ist naturgemäß zur Kündigung erst nach Kenntnis vom Tode des Pächters in der Lage. Die gesetzliche Regelung schreibt – vom Sonderfall des Abs 2 S 2 abgesehen – den Pächtererben **keine besondere Benachrichtigungspflicht** vor. 10

c) Mehrheit von Pächtern und Verpächtern
Es ist von dem herrschend anerkannten Grundsatz auszugehen, dass ein einheitliches Pachtverhältnis bei mehreren Pächtern oder Verpächtern nur von allen oder gegen alle anderen Beteiligten gekündigt werden kann (BGH RdL 2002, 73; vgl Münch- 11

Komm/BIEBER [2016] § 542 Rn 18; BGB-RGRK/GELHAAR Rn 4; STAUDINGER/ROLFS [2018] § 542 Rn 8 ff unter Hinweis auf Mot II 413). Ebenso gilt, dass beim Tode eines von mehreren Pächtern wegen der grundsätzlichen Unteilbarkeit des Pachtverhältnisses lediglich den Erben dieses Pächters das Kündigungsrecht nicht gewährt werden kann. Haben indes die Parteien eine entsprechende Vereinbarung getroffen, so kann die Vorschrift auch beim Tode eines von mehreren Mitpächtern anwendbar sein.

Haben Verpächter oder Pächter mehrere Erben hinterlassen, kann die Kündigung wegen § 2040 BGB nur von allen Miterben gemeinsam erklärt werden (vgl BGH AUR 2007, 51; § 594a Rn 6; STAUDINGER/ROLFS [2018] § 546 Rn 12). Ist der Verpächter selbst Miterbe, so bedarf es seiner Mitwirkung bei der Kündigung durch die Erbengemeinschaft nicht. Die nach § 2040 BGB notwendige gemeinschaftliche Verfügung erfordert keine Gleichartigkeit und Gleichzeitigkeit der Erklärung. Erforderlich ist nur, dass sich die – wegen des Formerfordernisses schriftlichen – Erklärungen zu einer einheitlichen Verfügung ergänzen (KGJ 53, 133).

Die Kündigung kann nach allgemeinen Rechtsgrundsätzen auch seitens bzw gegenüber einem Bevollmächtigten erfolgen. So wird beim Vorhandensein mehrerer Erben häufig einer als faktisch für die Erbengemeinschaft Handelnder hervortreten, für den der Rechtsschein der Vollmacht sprechen kann. Im Übrigen richten sich die Folgen eines vollmachtlosen Handelns eines Miterben nach § 180 BGB. Haben die Erben eine Auseinandersetzung vorgenommen und ist dabei einem Miterben das Pachtobjekt zugeteilt worden, so wird dieser im Zweifel als Bevollmächtigter zur Abgabe und Entgegennahme von Kündigungen betreffend des Pachtobjekts angesehen werden können.

Der Kündigungsempfänger kann eine Kündigung nach § 174 BGB zurückweisen, wenn der Bevollmächtigte ihm keine Vollmachtsurkunde vorlegt. Insoweit sind aber die Grundsätze von Treu und Glauben zu beachten. Liegt keine vorherige Zustimmung der Miterben zu der lediglich von einem von ihnen erklärten Kündigung vor, so wird diese nur dann wirksam, wenn die übrigen Miterben sie nachträglich genehmigen (BGHZ 19, 138).

12 Der **Testamentsvollstrecker** ist nach Annahme seines Amts (§ 2202 Abs 1 BGB) zum Ausspruch und zur Entgegennahme von Kündigungen als legitimiert anzusehen. Eine vor Annahme des Amts durch den Erben selbst ausgesprochene Kündigung ist unwirksam, da seine Verfügungsbefugnis bereits vom Erbfall an beschränkt ist (BGHZ 25, 275).

Bezüglich der Beteiligung Minderjähriger wird auf die §§ 111 S 1 und 131 BGB verwiesen.

3. Kündigungsfristen und -termine

a) Kündigungsfrist

13 Was die sechsmonatige Kündigungsfrist des Abs 1 anbetrifft, so richten sich Lauf und Berechnung nach den Vorschriften der §§ 186 ff BGB, insbesondere §§ 187, 188, 190 BGB. Hingegen gilt § 193 BGB im Sinne der Rechtssicherheit für den Kündigungsempfänger nicht für den Lauf von Kündigungsfristen, sodass diese nicht ver-

längert werden, auch wenn das Fristende auf einen Sonn- oder Feiertag fällt (so an die im Arbeits- und Handelsvertreterrecht entwickelte Rechtsprechung anknüpfend BGH NJW 2005, 1354 mAnm Schott, jurisPR-BGHZivilR 15/2005 Anm 3; vgl krit dazu Staudinger/Repgen [2014] § 193 Rn 15 ua mit Blick auf den Schutz der Sonntagsruhe).

b) Kündigungstermin
Nach Wegfall des Abs 1 S 2 aF ist die Kündigung innerhalb eines Monats nach Kenntniserlangung seitens des Verpächters vom Tod des Pächters möglich. **14**

c) Folgen der Fristversäumung
Eine absichtlich oder auch infolge unverschuldeter Rechtsunkenntnis verspätete Kündigung ist unwirksam. Dies schließt nicht aus, dass die Parteien die Auflösung des Pachtverhältnisses einverständlich vereinbaren können. Der Kündigungsempfänger könnte sich indes von der Vereinbarung lösen, wenn er dabei von der irrigen Meinung ausgegangen ist, dass es ich um eine wirksame Kündigung gehandelt habe (§ 242 BGB, evtl § 119 BGB). **15**

III. Widerspruchsrecht der Erben nach Abs 2

1. Ordnungsmäßige Bewirtschaftung der Pachtsache durch die Pächtererben

Der Widerspruch setzt voraus, dass die ordnungsmäßige Bewirtschaftung des Pachtobjekts durch die Pächtererben (bzw die gesellschaftsrechtlichen Nachfolger, s Rn 7 f) gewährleistet erscheint. Zum Begriff der **ordnungsmäßigen Bewirtschaftung** der Pachtsache wird zunächst auf § 586 BGB und die dortige Kommentierung (Rn 33 ff) verwiesen. **16**

Die Bewirtschaftung „durch die Erben" des Pächters setzt nach Sinn und Zweck der Vorschrift lediglich voraus, dass mit dem notwendigen Maß an Sicherheit erwartet werden kann, dass das Pachtobjekt – mag es sich hierbei um einen Betrieb oder bloß um Stückländereien handeln – **ordnungsgemäß in Erbenhand weiter bewirtschaftet** wird. Dabei ist nicht darauf abzustellen, dass die Erben sämtlich zur Bewirtschaftung geeignet sein müssen, ebensowenig, dass sie sämtlich die Bewirtschaftung führen; es muss **genügen**, wenn auch nur **einer** oder einige von ihnen faktisch in der Lage sind, das Pachtobjekt zu bewirtschaften und dies auch demgemäß tun. Dabei dürfen sie sich auch geeigneter Hilfskräfte bedienen. **17**

Die ordnungsmäßige Bewirtschaftung „**erscheint gewährleistet**", wenn rechtlich anerkannte Merkmale (zB Wirtschaftsfähigkeit) der Erben oder Merkmale der praktischen Erfahrung erwarten lassen, dass sich die Bewirtschaftung durch die Erben ordnungsgemäß und reibungslos vollziehen wird. Letzteres kann beispielsweise angenommen werden, wenn ein bereits älterer Pächter im Wesentlichen seine Familienangehörigen (= Erben) zur Zufriedenheit ordnungsgemäß hat wirtschaften lassen bzw wenn das vorhandene und weiter beschäftigte Personal verlässlich ist und damit die Gewähr einer ordnungsmäßigen Bewirtschaftung bietet. **18**

2. Übertragung der Bewirtschaftungsführung auf einen Erben oder Dritten

Ein Widerspruchsrecht der Pächtererben kann auch damit begründet werden, dass **19** die Wirtschaftsführung nach dem Pächtertod einem der Erben oder einem von der Erbengemeinschaft beauftragten Dritten übertragen worden ist bzw werden wird. Voraussetzung ist auch hier, dass hierdurch die ordnungsgemäße Bewirtschaftung der Pachtsache gewährleistet ist. Im Einzelnen:

Hinsichtlich der **Übertragung der Bewirtschaftungsführung** entspricht die Regelung derjenigen in § 6 Abs 1 Nr 1 HöfeO. Daher ist nur diese faktische Maßnahme erforderlich, mag sie auch häufig in Form eines Vertragsverhältnisses erfolgen (FHvJP § 6 Rn 14).

Was die **Qualifikation** des Übernehmers angeht, so muss dieser „zur ordnungsmäßigen Bewirtschaftung der Pachtsache" (s Rn 18) geeignet erscheinen, was regelmäßig mit den zur Wirtschaftsfähigkeit iSd § 6 Abs 7 HöfeO herausgebildeten Grundsätzen konform gehen dürfte (s dazu LWLH § 6 Rn 61 ff). Wem immer die Bewirtschaftungsführung übertragen worden ist, er muss zum ordnungsmäßigen Umgang mit allen Pachtgegenständen in der Lage sein, dass ihre Gesamtheit die Pachtsache bildet, deren ordnungsmäßige Bewirtschaftung in § 594d Abs 2 S 1 BGB gefordert wird.

Während die Entscheidung über die Kündigung oder den Widerspruch eine Verfügung über einen Nachlassgegenstand iSd § 2040 darstellt, ist die Übertragung der Bewirtschaftung auf einen Miterben oder einen Dritten eine Verwaltungsmaßnahme iSd § 2038 BGB, an der der einzelne Miterbe mitzuwirken hat. Im Weigerungsfalle kann seine Mitwirkung im Klagewege erzwungen werden (BGHZ 6, 76).

Zu dem Fall der Fortsetzung einer Pächter-Gesellschaft s Rn 7 f.

3. Fristgerechte Benachrichtigung des Verpächters

20 Nach Abs 2 S 2 müssen die Pächtererben den Widerspruch spätestens **3 Monate vor Ablauf des Pachtverhältnisses** erklären. Der Zeitpunkt des Pachtendes wird durch den Zeitpunkt der Kündigung bestimmt.

Bei einer **Erbengemeinschaft** gelten für die Erklärung des Widerspruchs die gleichen Anforderungen wie bei einer Kündigung, dh also, dass gemäß § 2040 BGB ein gemeinschaftlicher Widerspruch aller Miterben erforderlich ist (s § 594a Rn 6). Dies gilt in gleicher Weise auch für den Verzicht auf das Widerspruchsrecht, da dieser die Beendigung des Pachtverhältnisses zur Folge hat.

4. Formgerechte Benachrichtigung des Verpächters

21 Nach Abs 2 S 3 hat die Widerspruchserklärung **in schriftlicher Form** zu erfolgen. Dies entspricht dem in § 594f BGB geregelten Formerfordernis. Wegen weiterer Einzelheiten wird daher auf die Kommentierung zu § 594f BGB verwiesen.

Neben dem Widerspruch haben die Pächtererben dem Verpächter die **Umstände mitzuteilen**, nach denen die weitere ordnungsmäßige Bewirtschaftung der Pachtsache gewährleistet erscheint. Diese Mitteilung kann gesondert von der Widerspruchserklärung erfolgen. Sie ist aber gleichermaßen frist- und formgebunden wie diese. Die Mitteilung erfordert eine kurze Darlegung der Merkmale, die die Bewirtschaftungsfähigkeit des Übernehmers begründen; hierzu dürften auch Angaben über seine wirtschaftliche Solidität gehören. Wird die Mitteilung dieser Umstände unterlassen, so ist der Widerspruch unwirksam.

Zur Wirksamkeit des Widerspruchs ist es nicht erforderlich, dass der Mitteilung der Pächtererben Unterlagen beigefügt werden, aus denen sich die Wirtschaftsfähigkeit und Bonität des Übernehmers ergeben. Die – fristgebundene – Mitteilung soll den Verpächter nur in die Lage versetzen, sich ein Urteil bilden zu können. Verlangt er allerdings den Nachweis der behaupteten Fähigkeit, so haben die Pächtererben dem zu entsprechen. Dies unterliegt aber nicht der Fristgebundenheit, vielmehr gelten hier die allgemeinen Grundsätze, dass nämlich im Interesse des Verpächters an einer möglichst schnellen Entscheidung über die Person des künftigen Pächters die Vorlage alsbald erfolgen soll. Bei Differenzen darüber, ob die Nachweise ausreichen, den Widerspruch zu begründen, entscheidet auf Antrag das Landwirtschaftsgericht (Abs 2 S 4).

IV. Ablehnungsrecht des Verpächters (Abs 2 S 2)

Nach Abs 2 S 2 und 3 kann der Verpächter **in drei Fällen** die Fortsetzung des Pachtverhältnisses trotz des Widerspruchs der Pächtererben ablehnen: 22

– bei verspätetem Widerspruch;

– bei unterlassener oder verspätet erfolgter Mitteilung der Umstände, nach denen die weitere ordnungsmäßige Bewirtschaftung der Pachtsache gewährleistet erscheint;

– bei Nichteinhaltung der vorgeschriebenen Schriftform (S 3).

Zu diesen rein formellen Ablehnungsgründen tritt das Ablehnungsrecht des Verpächters **hinzu**, wenn ihm aufgrund der ihm mitgeteilten Umstände die ordnungsmäßige **Bewirtschaftung** der Pachtsache durch den Pächtererben oder den von diesem beauftragten Dritten **nicht gewährleistet** erscheint. Insbesondere in dieser Frage kann es zu den Meinungsverschiedenheiten kommen, für deren Klärung in S 4 die Anrufung des Landwirtschaftsgerichts vorgesehen ist. Das schließt nicht aus, dass die Entscheidung des Landwirtschaftsgerichts auch bei Differenzen in der Frage der Fristwahrung beantragt werden kann.

Im Gegensatz zum Widerspruch ist die Ablehnung weder form- noch fristgebunden. 23 Dies folgt daraus, dass der Gesetzgeber im Kündigungsrecht Form- und Fristerfordernisse jeweils ausdrücklich normiert hat (§§ 594, 594a, 594d Abs 1, Abs 2 S 2, 3, 594f BGB), bezüglich der Ablehnung jedoch nichts bestimmt ist.

Hinsichtlich der **Frist**, innerhalb der die Ablehnung zu erfolgen hat, gelten daher – wie schon im Zusammenhang mit der Beibringung der Nachweise über die Geeignetheit des Übernehmers ausgeführt (Rn 18) – die allgemeinen Grundsätze. Dabei ist auszugehen vom Interesse beider Parteien an einer möglichst schnellen Klarheit über die Fortgeltung des Pachtverhältnisses. Das bedeutet, dass die Erklärung zwar nicht unverzüglich, jedoch **alsbald**, dh unter Berücksichtigung einer angemessenen Überlegungsfrist des Verpächters zu erfolgen hat, wobei die Angemessenheit jeweils nach den Umständen des Einzelfalles letztlich nach Treu und Glauben zu beurteilen ist. Solche zu berücksichtigenden Umstände können zB Krankheit oder Ortsabwesenheit des Verpächters sein. Abzulehnen ist eine Einschränkung der angemessenen Entscheidungsfrist des Verpächters durch eine Fristsetzung des Pächters. Damit würde der Wille des Gesetzgebers, der den Verpächter aus gutem Grund vor einer überstürzten Entscheidung durch eine abstrakte Fristsetzung schützen will, unterlaufen.

Die Ablehnungserklärung ist auch an kein Formerfordernis gebunden. Sie kann ebenso mündlich wie schriftlich erfolgen. Zu empfehlen ist jedoch eine schriftliche Erklärung, und zwar nicht nur aus Gründen der besseren Beweisbarkeit, sondern auch zur genauen Fixierung des Ablehnungsgrundes. Ebenso wie der Pächter gezwungen ist, die Umstände mitzuteilen, auf die er seinen Widerspruch stützt, ist vom Verpächter eine Angabe des Ablehnungsgrundes zu fordern. Erst die Kenntnis des Ablehnungsgrundes und die Prüfung seiner Stichhaltigkeit durch den Pächter versetzt diesen in die Lage zu entscheiden, ob er eine Entscheidung des Landwirtschaftsgerichts beantragen will oder nicht.

V.   Anrufung des Landwirtschaftsgerichts (Abs 2 S 4)

24 Kommt eine Einigung zwischen den Erben des Pächters und dem Verpächter nicht zustande, so kann nach Abs 2 S 4 **jede Partei** das Landwirtschaftsgericht anrufen und dessen Entscheidung beantragen.

25 Der Antrag kann schriftlich gestellt oder zu Protokoll der Geschäftsstelle des Landwirtschaftsgerichts erklärt werden. Anwaltszwang besteht nicht. Daraus folgt, dass zu große Anforderungen an die Darlegungspflicht des Antragstellers nicht zu stellen sind. Es reicht aus, dass deutlich wird, um was für ein Verfahren es sich handeln soll und welches Ziel angestrebt wird.

26 **Der Antrag ist nicht fristgebunden.** Jedoch gelten auch hier die allgemeinen Erwägungen, nach denen im Interesse einer baldmöglichen Klärung über die Fortgeltung des Pachtverhältnisses und der zu treffenden Dispositionen die alsbaldige Anrufung des Landwirtschaftsgerichts zu fordern ist.

Die **Beweis- bzw Darlegungslast** liegt bei den Pächtererben, die die Umstände, nach denen die ordnungsmäßige Bewirtschaftung der Pachtsache durch sie oder einen Dritten gewährleistet ist, zu beweisen haben.

27 Hinsichtlich der **Verfahrensart** ist zu unterscheiden, ob das Landwirtschaftsgericht wegen Streitigkeiten nach Abs 1 oder Abs 2 angerufen wird. Bei solchen nach Abs 1, wie etwa der Wirksamkeit der Kündigung, entscheidet das Landwirtschaftsgericht im streitigen Verfahren (§ 48 iVm § 1 Nr 1a LwVG). Dagegen hat es bei Streitigkeiten nach Abs 2 – Widerspruchsrecht der Pächtererben und Ablehnungsrecht des Verpächters – im Verfahren der freiwilligen Gerichtsbarkeit zu entscheiden (§ 9 iVm § 1 Nr 1 LwVG). Zu den praktischen Schwierigkeiten dieser Regelung siehe MünchKomm/HARKE (2016) Rn 3.

VI. Ausschluss des Fortsetzungsanspruchs aus § 595 (Abs 3)

Nach Abs 3 ist der Fortsetzungsanspruch des § 595 BGB ausdrücklich ausgeschlossen. Der Grund liegt darin, dass durch das den Pächtererben in Abs 2 eingeräumte Widerspruchsrecht deren Interesse an einer Fortführung des Pachtverhältnisses ausreichend geschützt wird (BT-Drucks 10/509, 25). Liegen die Voraussetzungen einer ordnungsmäßigen Bewirtschaftung für die Zukunft nicht vor, was ggf durch das Landwirtschaftsgericht geprüft und festgestellt werden kann, so sind die Bedingungen, unter denen nach § 595 BGB ein Fortsetzungsanspruch der Pächtererben begründet sein kann, ebenfalls nicht gegeben. Insoweit bedeutet der Ausschluss im Ergebnis keine Verkürzung der Rechte der Pächtererben. **28**

VII. Ersatzansprüche der Pächtererben bei Kündigung während des laufenden Pachtjahres

Endet aufgrund einer Kündigung nach § 594d BGB das Pachtverhältnis im Laufe des Pachtjahres, so folgen die Ersatzansprüche der Pächtererben aus § 596a BGB. **29**

VIII. Grundsätzlich nachgiebiges Recht

Die Vorschrift enthält grundsätzlich nachgiebiges Recht. Daran ändert auch die ordnungspolitische Zielrichtung der Vorschrift nichts; die Unabdingbarkeit des Abs 2 folgt auch nicht aus dem Rechtsgedanken des § 574 Abs 4 BGB, da die Sozialklausel des § 574 BGB speziell auf das Mietverhältnis zugeschnitten ist und von der Interessenlage nicht ohne Weiteres auf das Landpachtrecht zu übertragen ist. **30**

Denkbar – und durchaus zweckmäßig – kann es sein, im Pachtvertrag die Zustimmung des Verpächters im Voraus dazu zu erteilen, dass bei einer Betriebsübertragung an einen geeigneten Pächtererben, der das Pachtverhältnis allein fortsetzen soll, die übrigen Pächtererben aus dem Pachtverhältnis entlassen werden. Dies erleichtert insbesondere im Anerbenrecht den Übergang von Zupachtverhältnissen auf den Hoferben.

§ 594e
Außerordentliche fristlose Kündigung aus wichtigem Grund

(1) Die außerordentliche fristlose Kündigung des Pachtverhältnisses ist in entsprechender Anwendung der §§ 543, 569 Abs. 1 und 2 zulässig.

(2) Abweichend von § 543 Abs. 2 Nr. 3 Buchstaben a und b liegt ein wichtiger Grund insbesondere vor, wenn der Pächter mit der Entrichtung der Pacht oder eines nicht unerheblichen Teils der Pacht länger als drei Monate in Verzug ist. Ist die Pacht nach Zeitabschnitten von weniger als einem Jahr bemessen, so ist die Kündigung erst zulässig, wenn der Pächter für zwei aufeinander folgende Termine mit der Entrichtung der Pacht oder eines nicht unerheblichen Teils der Pacht in Verzug ist.

Materialien: BT-Drucks 10/508; 10/509; 10/3830; 10/3498.

Schrifttum

Siehe § 585.

Systematische Übersicht

I.	Allgemeine Kennzeichnung	1
II.	**Kündigungsrecht des Pächters**	
1.	Vorenthaltung des Gebrauchs (§§ 594e Abs 1, 543 Abs 2 Nr 1)	3
a)	Vertragsmäßiger Gebrauch	4
b)	Nichtgewähren des Gebrauchs	5
c)	Wiederentziehen des Gebrauchs	8
d)	Erheblichkeit	9
e)	Abmahnung, Fristsetzung	10
f)	Ausschluss des Kündigungsrechts	11
g)	Teilkündigung	12
h)	Beweislast	13
2.	Gesundheitsgefährdung (§§ 594e Abs 1, 569 Abs 1)	14
III.	**Kündigungsrecht des Verpächters**	
1.	Vertragswidriger Gebrauch (§§ 594e Abs 1, 543)	15
a)	Begriff des vertragswidrigen Gebrauchs	15
b)	Gefährdung der Verpächterinteressen	16
c)	Beweislast	17
2.	Zahlungsverzug des Pächters (§ 594e Abs 2)	18
a)	Jährliche Pachtfälligkeit	19
aa)	Pacht	20
bb)	Nicht unerheblicher Teil	21
cc)	Verzug, kein Abnahmeerfordernis	22
dd)	3-Monatsfrist	23
b)	Kürzere Pachtfälligkeit	24
c)	Kündigungsausschluss (Befriedigung, Aufrechnung)	25
d)	Beweislast	26
IV.	**Kündigungsrecht beider Parteien**	
1.	Schuldhafte Vertragsverletzung (§§ 594e Abs 1, 543 Abs 1)	27
2.	Störung des Hausfriedens (§ 569 Abs 2)	28
V.	**Kündigung**	
1.	Form	29
2.	Frist	30
3.	Inhalt	31
4.	Wirkung	32
VI.	Schadensersatzansprüche	34
VII.	Abdingbarkeit der Vorschrift	35
VIII.	Verfahren	37

Alphabetische Übersicht

Abdingbarkeit	35 f
Abmahnung	10
Aufrechnung des Pächters	25
Behördliches Verbot als Fall der Gebrauchsvorenthaltung	7
Beweislast	13, 17, 26
Erheblichkeit der Störung	9
Fristsetzung bei Pächterkündigung	10
Gebrauchsvorenthaltung, Kündigungsrecht des Pächters	3 ff
Gesundheitsgefährdung bei Pächterkündigung	14
Insolvenz	21
Kündigung, Form	29

Januar 2018

Titel 5 · Mietvertrag, Pachtvertrag
Untertitel 5 · Landpachtvertrag

§ 594e

– Frist	30	Verpächter, Kündigungsrecht	15 ff
– Wirkung	32 f	– bei Zahlungsverzug	18 ff
Kündigungsrecht beider Parteien	27 f	– vertragswidriger Gebrauch	15 ff
		Verpächter, Schadensersatzansprüche	34
Mietrecht, Verweisung	1	Vertragsfortsetzung, Unzumutbarkeit	2
		Vertragsverletzung als Kündigungsgrund	27
Pächter, Kündigungsrecht, Ausschluss	11	Vertragswidriger Gebrauch	15 ff
– behördliches Verbot	7	– Abmahnung	15
– bei Gebrauchsvorenthaltung	3 ff	– Begriff	15
– bei Gesundheitsgefährdung	14	– Beweislast	17
– Beweislast	13	– Erheblichkeit	16
– Erheblichkeit der Störung	9	Verzug des Pächters mit Pachtzahlung	18 ff
– Fristsetzung	10		
– Teilkündigung	12	Wichtiger Grund als Kündigungsgrund	2
– Wiederentzug des Gebrauchs	8	Wirkung der Kündigung	32 f
Pächter, Schadensersatzansprüche	34		
		Zahlungsverzug des Pächters	18 ff
Schadensersatzansprüche	34	– Beweislast	26
		– Erheblichkeit	21
Teilkündigung	12	– Kündigungsausschluss	25
		– Verzug	22
Verfahrensfragen	37		

I. Allgemeine Kennzeichnung

Wegen der einem Mietverhältnis weitgehend vergleichbaren Situation, insbesondere **1** auch des Interessenausgleichs zwischen den Vertragsparteien, **verweist § 594e BGB** im Wesentlichen auf die entsprechenden **Vorschriften des Mietrechts**. Generell zur Entwicklung der Vorschrift im Rahmen der Miet- und Schuldrechtsreform 2001 und 2002 vgl die Ausführungen in der Bearbeitung 2005.

Durch die inhaltliche Erweiterung des Mietrechts in § 543 Abs 1 S 2 BGB im Zuge **2** der Mietrechtsreform 2001 ist jetzt auch gesetzlich und entsprechend der bisherigen herrschenden Literaturmeinung (STAUDINGER/SCHAUB § 581 Rn 449) ein Recht zur fristlosen Kündigung aus wichtigem Grund **auch bei fehlendem Verschulden** geregelt, wenn in der Person eines Vertragsteils Umstände eingetreten sind, die es unter Abwägung der beiderseitigen Interessen und nach strenger Prüfung für den anderen Vertragsteil unzumutbar erscheinen lassen, das Pachtverhältnis fortzusetzen.

II. Kündigungsrecht des Pächters

1. Vorenthaltung des Gebrauchs (§§ 594e Abs 1, 543 Abs 2 Nr 1)

Nach den §§ 594e Abs 1, 543 Abs 2 Nr 1 BGB kann der Pächter den Pachtvertrag **3** ohne Einhaltung einer Frist kündigen, wenn ihm der vertragsmäßige Gebrauch entweder nicht rechtzeitig gewährt oder aber wieder entzogen wird.

Dieses Kündigungsrecht stellt eine wesentliche **Verstärkung der Pächterrechte** gegenüber den allgemeinen Rechtsbehelfen bei Leistungsstörungen dar (Mot II 419). Es gilt bereits in der Zeit zwischen Vertragsabschluss und Überlassung der Pachtsache (vgl STAUDINGER/EMMERICH [2018] § 543 Rn 16). Steht in diesem Zeitraum bereits fest, dass bei Beginn des Pachtverhältnisses die Voraussetzungen des § 543 Abs 2 Nr 1 BGB gegeben sein werden, so hat der Pächter ebenfalls das Recht zur fristlosen Kündigung; das gilt allerdings dann nicht, wenn lediglich Zweifel an der Leistungsfähigkeit des Verpächters bestehen (BGH LM Nr 1 zu § 542 BGB). Die Kündigung nach §§ 594e, 542 BGB schließt die Geltendmachung der Rechte aus § 586 Abs 2 BGB iV mit den dort in Bezug genommenen mietrechtlichen Vorschriften nicht aus (vgl STAUDINGER/EMMERICH [2018] § 543 Rn 15).

a) Vertragsmäßiger Gebrauch

4 Der Begriff des vertragsmäßigen Gebrauchs ist identisch mit dem Begriff der **vertragsmäßigen Nutzung des § 586 BGB**. Es kann daher zunächst auf die Kommentierung zu § 586 Rn 7 mwNw verwiesen werden. Abzustellen ist regelmäßig auf den Wortlaut des Vertrages, die Beschreibung nach § 585b BGB und den darin zum Ausdruck gekommenen Parteiwillen. Bei Zweifeln ist dieser Wille durch Auslegung nach §§ 133, 157 BGB zu ermitteln. Ausgehend von dem, was die Vertragsparteien vereinbart haben, hat jedes Zurückbleiben der Verpächterleistung hinter diesem Maßstab das Kündigungsrecht des Pächters zur Folge.

Ergänzend verwiesen sei auf STAUDINGER/EMMERICH (2018) § 543 Rn 18 ff.

b) Nichtgewähren des Gebrauchs

5 Wird dem Pächter der vertragsmäßige Gebrauch der Pachtsache nicht rechtzeitig gewährt, kann er das Pachtverhältnis fristlos kündigen. Dabei ist, um das Kündigungsrecht ausüben zu können, der **Grund für die Nichterfüllung ebensowenig von Bedeutung** wie die Frage, ob der Verpächter die Nichterfüllung zu vertreten hat (BGH LM Nr 6 zu § 542 BGB). Nicht erforderlich ist, dass die Pachtsache insgesamt nicht zur Verfügung gestellt wird. Es genügt auch eine teilweise Nichtgewährung, wobei allerdings der zurückgehaltene Teil nicht bloß unerheblich sein darf, sondern sein Fehlen die Nutzung der Pachtsache insgesamt beeinträchtigen muss.

6 Ist der **Pächter** selbst aus von ihm **zu vertretenden Gründen** am Gebrauch der Pachtsache gehindert, ist ihm die Kündigungsmöglichkeit **versagt**. Dies gilt ebenso dann, wenn der Pächter die Pachtsache vertragswidrig gebrauchen will (vgl STAUDINGER/EMMERICH [2018] § 543 Rn 19). Das Kündigungsrecht lebt aber wieder auf, wenn der Pächter die Pachtsache (vertragsgemäß) gebrauchen will und kann, der Verpächter aber zur Erfüllung nicht gewillt oder in der Lage ist (BGH LM Nr 3 zu § 542 BGB).

7 Beruht die Nichtgewährung auf einem **behördlichen Verbot**, so kann der Pächter fristlos kündigen, wenn sich das Verbot nicht gegen seine Person, sondern die Pachtsache richtet (vgl STAUDINGER/EMMERICH [2018] § 543 Rn 22). Gleiches gilt, wenn der Verpächter sich weigert, behördlichen Umbauanordnungen nachzukommen, von denen die weitere Genehmigung des Betriebes abhängig gemacht wird (KG HRR 1937, Nr 502).

c) Wiederentziehen des Gebrauchs

8 Wird dem Pächter der Gebrauch der zunächst überlassenen Pachtsache nachträglich

d) Erheblichkeit

Die fristlose Kündigung wegen Nichtgewährung oder späterer Entziehung des Gebrauchs setzt voraus, dass die Störung erheblich ist. Dies gilt trotz Wegfalls des § 542 Abs 2 aF, weil sonst dem Pächter die Vertragsfortsetzung zumutbar ist (vgl STAUDINGER/EMMERICH [2018] § 543 Rn 25). Liegt ein Mangel vor, ist wegen des Anspruchs des Pächters auf den vertragsmäßigen Gebrauch zunächst einmal davon auszugehen, dass er auch erheblich ist. Eine Bewertung als unerheblich ist nur gerechtfertigt, wenn es sich allenfalls um einen marginalen Mangel handelt (vgl STAUDINGER/EMMERICH [2018] § 543 Rn 26). 9

e) Abmahnung, Fristsetzung

Der Pächter kann das Pachtverhältnis im Regelfall erst fristlos kündigen, wenn er den Verpächter zuvor abgemahnt und diesem binnen einer Frist Gelegenheit gegeben hat, Abhilfe zu schaffen (§ 543 Abs 3 BGB; STAUDINGER/EMMERICH [2018] § 543 Rn 80; RGZ 94, 29; BGH NJW-RR 2000, 717; vgl auch OLG Dresden 2. 7. 2009 – U XV 43/09); dies gilt nicht im Falle des Zahlungsverzuges (s unten Rn 18 ff). Rügt der Verpächter etwa eine unerlaubte Unterverpachtung und eine nicht ordnungsgemäße Bewirtschaftung, hat er diese Pflichtverletzung dem Pächter gegenüber substantiiert anzuzeigen und ihm die Gelegenheit zu geben, das pflichtwidrige Verhalten einzustellen, mithin dem Unterpächter zu kündigen und eine ordnungsgemäße Bewirtschaftung herzustellen (OLG Brandenburg 21. 3. 2013 – 5 U [Lw] 28/11 juris Rn 22). 10

Die Abmahnung kann ausnahmsweise entbehrlich sein, wenn der Pächter zur Herstellung eines vertragsgemäßen Zustands weder willens noch in der Lage ist (OLG Brandenburg 21. 3. 2013 – 5 U [Lw] 28/11 juris Rn 22); die Abmahnung zu fordern führte in diesem (seltenen) Fall zu einer unnötigen Verzögerung. Nimmt der Verpächter hingegen einen vertragswidrigen Zustand über einen längeren Zeitraum hin, kann dies sein Recht zur außerordentlichen Kündigung gefährden (s Rn 30).

Zu den Einzelheiten vgl STAUDINGER/EMMERICH (2018) § 543 Rn 71 ff. Eine verfrühte Kündigung kann ihrerseits in eine Abmahnung (OLG Naumburg 19. 12. 2013 – 2 U 34/13 [Lw] juris Rn 38; vgl auch STAUDINGER/EMMERICH [2018] § 543 Rn 12 ff; 94 h) oder in eine ordentliche Kündigung umgedeutet werden (BGH NJW 1981, 976; OLG Brandenburg 22. 9. 2016 – 5 U [Lw] 19/16 juris Rn 29; OLG Brandenburg 21. 3. 2013 – 5 U [Lw] 28/11 juris Rn 26).

f) Ausschluss des Kündigungsrechts

Nach den §§ 594e Abs 1, 543 Abs 4 BGB finden auf das Kündigungsrecht des Pächters die Vorschriften der §§ 536b, d BGB entsprechende Anwendung. Das bedeutet, dass unter den dort genannten Voraussetzungen – Kenntnis des Mangels bei Vertragsabschluss oder grob fahrlässige Unkenntnis (§ 536b BGB) bzw vertragliche Abrede (§ 536d BGB) – das Kündigungsrecht ausgeschlossen ist. Darüber hinaus ist es ausgeschlossen, wenn der Pächter die Störung zu vertreten hat. Zu den Einzelheiten s STAUDINGER/EMMERICH (2018) § 543 Rn 83 f sowie dessen Kommentierung zu §§ 536b, d. 11

g) Teilkündigung

12 Für den Fall der Gebrauchsvorenthaltung eines Teils der Pachtsache kam entsprechend den §§ 469 aF und 471 aF, auf die § 543 aF ausdrücklich verwies, eine Teilkündigung in Betracht. Diese ist im Zuge der Mietrechtsreform gestrichen, was dem Charakter der grundsätzlichen Unteilbarkeit des Vertragsverhältnisses entspricht (vgl STAUDINGER/EMMERICH [2018] § 543 Rn 85). Denkbar ist eine Teilkündigung im Falle einer fehlenden Einheitlichkeit des Pachtvertrages (str, vgl § 594a Rn 8). Voraussetzung ist, dass die betroffene Fläche ohne wesentliche Nachteile für den Pächter aus dem Pachtverhältnis herausgelöst werden kann (OLG Celle 9. 3. 2005 – 7 U 198/04 [L] juris Rn 7, RdL 2009 292; OLG Dresden 12. 12. 2002 – U XV 1763/02 juris Rn 4; KLEINEKE AUR 2017 281; FHL § 594 f Rn 3).

h) Beweislast

13 Die Voraussetzungen des Kündigungsrechts aus den §§ 594e Abs 1, 543 BGB hat der Pächter darzulegen und zu beweisen (vgl STAUDINGER/EMMERICH [2018] § 543 Rn 110). Dies schließt die Fristsetzung oder die Umstände, nach denen eine solche entbehrlich ist, ein. Dagegen hat der Verpächter zu beweisen, dass er den vertragsmäßigen Gebrauch der Sache rechtzeitig gewährt oder bei Störungen vor Fristablauf Abhilfe geschaffen hat. Bei Streitigkeiten über die Erheblichkeit der Störung hat der Verpächter die Unerheblichkeit zu beweisen, da grundsätzlich von der Erheblichkeit ausgegangen wird (BGH LM Nr 22 zu § 537).

2. Gesundheitsgefährdung (§§ 594e Abs 1, 569 Abs 1)

14 Nach den §§ 594e Abs 1, 569 Abs 1 BGB kann der Pächter das Pachtverhältnis fristlos kündigen, wenn eine Wohnung oder ein anderer zum Aufenthalt von Menschen bestimmter Raum so beschaffen ist, dass die Benutzung mit einer erheblichen Gefährdung der Gesundheit verbunden ist. Dies gilt selbst dann, wenn der Pächter von der Gefahr Kenntnis oder auf dieses Recht verzichtet hatte. Hinsichtlich der Einzelheiten sowie der Veränderungen aufgrund der Mietrechtsreform 2001 sei auf die Kommentierung von STAUDINGER/EMMERICH (2018) § 569 Abs 1 verwiesen.

Diese Möglichkeit kommt in der Landpacht nur in Betracht, wenn landwirtschaftliche Flächen und zum Aufenthalt von Menschen bestimmte Räumlichkeiten (vgl STAUDINGER/EMMERICH [2018] § 569 Rn 5) Gegenstand eines Landpachtvertrages sind; in erster Linie also bei einer Betriebspacht. Angesichts der grundsätzlichen Unzulässigkeit einer Teilkündigung in diesen Fällen (vgl § 594a Rn 8) wird der gesundheitsgefährdende Zustand einzelner Räumlichkeiten grundsätzlich nur zum Anlass einer gesamten Vertragskündigung genommen werden können, mögen auch mitverpachtete Flächen, andere Gebäude und ggf Inventar einwandfrei sein. Entschließt sich der Pächter zu diesem Schritt anstatt Beseitigung (s § 586 Rn 25 ff) zu verlangen, kommt ein Ausgleich nur über die Schadensersatzpflicht des Vermieters in Betracht (vgl STAUDINGER/EMMERICH [2018] § 543 Rn 104; s Rn 34).

III. Kündigungsrecht des Verpächters

1. Vertragswidriger Gebrauch (§§ 594e Abs 1, 543)

a) Begriff des vertragswidrigen Gebrauchs

Nach den §§ 594e Abs 1, 553 aF konnte der Verpächter das Pachtverhältnis fristlos **15** kündigen, wenn der Pächter ungeachtet einer Abmahnung durch vertragswidrigen Gebrauch der Pachtsache die Rechte des Verpächters in erheblichem Maße verletzte oder die Pachtsache erheblich gefährdete. § 553 aF ist in § 543 Abs 2 Nr 2 BGB aufgegangen, der jedoch – im Gegensatz zu den Motivangaben des Gesetzgebers – erheblich enger formuliert ist und nur noch die beiden Fälle vertragswidrigen Gebrauchs (Sorgfaltsvernachlässigung, unbefugte Gebrauchsüberlassung) aufführt, die in § 553 aF exemplarisch genannt waren (s STAUDINGER/EMMERICH [2018] § 543 Rn 27). Es gibt keine Anhaltspunkte dafür, dass dies mehr als ein Formulierungsfehler ist, der Gesetzgeber also die Kündigungsrechte des Verpächters eines Landpachtvertrages – mit den schon vom Vertragsgegenstand sehr viel weitergehenden Möglichkeiten eines vertragswidrigen Gebrauchs – derart einschränken wollte. Daher wird man hinsichtlich aller nicht unter § 543 Abs 2 Nr 2 BGB zu subsumierenden Fälle des vertragswidrigen Gebrauchs über die Generalklausel des § 543 Abs 1 BGB zur Berechtigung zu einer fristlosen Kündigung kommen müssen. Wichtig ist insoweit, dass ein Verschulden zur Anwendung von § 543 Abs 1 BGB nicht stets vorliegen muss, vielmehr nur ein (Regel-)Fall für das Recht des Vertragspartners auf fristlose Kündigung ist.

Dabei ist im Landpachtrecht in besonderem Maße auf die ordnungsmäßige Bewirtschaftung der Pachtsache abzustellen, zu der der Pächter verpflichtet ist (§ 586 Abs 1 S 3 BGB; siehe § 586 Rn 33 ff).

Was vertragswidriges Pächterverhalten ist, bestimmt sich im Wesentlichen anhand von § 586 Abs 1 S 2 und 3 BGB: jeder Verstoß gegen die Pflicht zur Ausbesserung und insbesondere zur ordnungsgemäßen Bewirtschaftung kann dem Verpächter einen Grund zur fristlosen Kündigung geben.

Im Übrigen sei auf die Kommentierung von STAUDINGER/EMMERICH (2018) zu § 543 verwiesen. Dies gilt insbesondere auch für die weiteren Kündigungsvoraussetzungen nach dieser Vorschrift (Fristsetzung, Abmahnung, § 543 Abs 3 BGB).

b) Gefährdung der Verpächterinteressen

§ 553 aF, auf den § 594e BGB Bezug nahm, verlangte als Voraussetzung des Kündigungsrechts, dass durch den vertragswidrigen Gebrauch entweder die Rechte des **16** Verpächters erheblich verletzt wurden, wobei die unbefugte Gebrauchsüberlassung der Pachtsache an einen Dritten als ein solcher Fall ausdrücklich herausgestellt wurde, oder die Pachtsache erheblich gefährdet wurde. Durch die Fassung von § 543 Abs 2 Nr 3 BGB infolge der Mietrechtsreform 2001 sind auch diese Parameter in Richtung einer Gefährdung der Pachtsache verändert worden (vgl STAUDINGER/EMMERICH [2018] § 543 Rn 32). Diese Beschränkung wird den Bedürfnissen der Parteien eines Landpachtvertrages nicht gerecht: die gefährdeten Verpächterinteressen können anderer Natur sein als beim Mietvertrag und müssen auch Rechtspositionen umfassen. Es bietet sich daher an, die bisher zu §§ 594e, 553 aF entwickelten Überlegungen hinsichtlich der Landpachtvertragsparteien über § 543 Abs 1 BGB in die Interessenabwägung einzubeziehen.

So kann bereits die drohende **Entstehung von Dauergrünland** den Verpächter zur außerordentlichen Kündigung berechtigen, (in Anlehnung an die Entscheidung BGH NJW-RR 2017, 1046 = 28. 4. 2017 – LwZR 4/16; vgl auch § 590 Rn 18). Wird dies vom Verpächter zuvor bemerkt, wird jedoch eine vorherige Aufforderung zum Umbruch mit Fristsetzung häufig zumutbar und erforderlich sein, sofern die Zeit dies erlaubt, vgl §§ 594e, 543 Abs 3 BGB. Andernfalls muss der Verpächter die Möglichkeit zur sofortigen Kündigung und zum Umbruch haben. Nur so kann er die Entstehung einer Situation abwenden, in welcher öffentlich-rechtlich Verboten ist was zivilrechtlich bei Rückgabe der Pachtsache und zu deren Erhaltung im ursprünglichen Zustand erforderlich wäre (s auch § 586 Rn 35). Die sonst drohende, irreversible Entstehung von Dauergrünland auf vormaligem Ackerland kann nämlich eine erhebliche Entwertung des Grundstücks zur Folge haben.

Wie bereits dargelegt (s § 585 Rn 32 ff), kam unter der früheren EU-Agrarpolitik der Gewährung und Aufrechterhaltung von **Produktionsquoten** besondere Bedeutung zu. Ohne diese – zumeist an die Fläche gebundenen Quoten – verlor Ackerland häufig erheblich an Wert. Wurden solche Produktionsquoten durch den Pächter gefährdet, bedeutet dies zugleich eine **Gefährdung der Pachtsache**. Dies galt auch dann, wenn in der Person eines Grundeigentümers die Maßnahme beanstandungsfrei wäre: Soweit den Landwirten zur Reduktion von Überproduktionen **staatliche Leistungen für die Aufgabe bestimmter Produktionszweige** angeboten wurden (zB Milchaufgabevergütung), entsprach deren Annahme nur dann einer ordnungsgemäßen Wirtschaftsweise, wenn sichergestellt war, dass diese nur während der Pachtzeit wirken und der Pachtgegenstand bei Vertragsende mit voller Produktionsmöglichkeit wieder zurückgegeben werden konnte. Denn es ist Sache des Verpächters (Eigentümers, vgl § 903), zu entscheiden, wie er die Fläche bzw den Betrieb weiter nutzen (lassen) will. Dies ließ sich nach den damaligen Regeln kaum realisieren, weshalb beispielsweise die Inanspruchnahme von Milchaufgabevergütungen öffentlich-rechtlich ohnehin nur mit Verpächterzustimmung möglich war (BVerwG AgrarR 1994, 404).

Eine fristlose Kündigung ist umso mehr berechtigt, je weiter der Pächter mit betrieblichen Umgestaltungen die Wiederaufnahme der Herstellung kontingentierter Produkte erschwert. So hat der BGH die fristlose Kündigung eines Verpächters dann akzeptiert, wenn der Pächter – ohne die vorherige Zustimmung des Verpächters einzuholen – Weideland umwidmet, um Milchrente zu erhalten (BGH LwZR 11/91 nv).

Eine **unverschuldete Unfähigkeit zur Eigenbewirtschaftung** ist indes **nicht geeignet**, einen wichtigen Grund für eine fristlose Kündigung zu liefern, sofern die ordnungsgemäße Bewirtschaftung durch den Einsatz Dritter weiter gesichert ist (OLG Celle 29. 1. 2014 – 7 U 158/13 juris Rn 29). Dies lässt sich insbesondere mit der weit verbreiteten, mitunter ökonomisch sinnvollen Beauftragung von Lohnunternehmern begründen, welche eine ordnungsgemäße Bewirtschaftung durch die Inanspruchnahme Dritter ermöglicht.

c) Beweislast

Der Verpächter hat die Voraussetzungen des Kündigungsrechts, dh den vertrags- 17
widrigen Gebrauch, die Abmahnung, die Fortsetzung des vertragswidrigen Gebrauchs sowie die Verletzung seiner Rechte bzw die Gefährdung der Pachtsache, zu beweisen.

2. Zahlungsverzug des Pächters (§ 594e Abs 2)

Ebenso wie für das Mietrecht in § 543 Abs 2 Nr 3 BGB sieht auch das Landpacht- 18
recht ein fristloses Kündigungsrecht des Verpächters bei Zahlungsverzug des Pächters vor. Die Regelung des § 594e Abs 2 BGB beinhaltet keine materiellrechtlichen Abweichungen, sie trägt lediglich den abweichenden Fälligkeitsterminen in der Landpacht Rechnung. Zahlt der Pächter regelmäßig unpünktlich, ohne aber die Fristen § 594e Abs 2 BGB zu überschreiten, so kann darin ein Kündigungsgrund nach § 543 Abs 1 BGB wegen vertragswidrigen Verhaltens liegen (OLG Naumburg 25. 8. 2005 – 2 U 32/05 juris).

a) Jährliche Pachtfälligkeit

Ist der Pächter bei jährlicher Pachtzahlung mit der Entrichtung des ganzen oder 19
eines nicht unerheblichen Teils der Pacht länger als drei Monate in Verzug, so ist der Verpächter zur fristlosen Kündigung berechtigt.

aa) Pacht

Zur Pacht können auch Nebenkosten und Umlagen gehören, soweit sie als Entgelt 20
für die Gebrauchsüberlassung entrichtet werden (BGH WM 1975, 897); ausgenommen sind nicht periodische Zahlungspflichten des Pächters wie Baukostenzuschüsse, Mietvorauszahlungen, Kautionen, Schadensersatzleistungen oder Kostenerstattungen (vgl STAUDINGER/EMMERICH [2018] § 543 Rn 50 f).

bb) Nicht unerheblicher Teil

Bleibt der Pächter lediglich mit einem Teil der Pacht rückständig, so darf dieser **nicht** 21
nur geringfügig sein (RGZ 86, 334). Ob es sich um einen nicht unerheblichen Teil der Pacht handelt, bestimmt sich nach den **gesamten Umständen des Einzelfalles** und danach, ob der rückständig gebliebene Rest im Verhältnis zur gesamten Pachtrate geringfügig ist (vgl STAUDINGER/EMMERICH [2018] § 543 Rn 52). Da § 594e BGB dem Verpächter bei unter einem Jahr liegenden Pachtfälligkeiten das Kündigungsrecht erst bei einem Verzug für zwei aufeinanderfolgende Termine einräumt, was in der Praxis einen erheblichen Pachtrückstand bedeuten kann, dürfte als ein nicht unerheblicher Teil bei jährlicher Pachtzahlung jedenfalls die halbe Pacht inklusive Nebenkosten anzusehen sein (OLG Brandenburg 9. 7. 2015 – 5 U [Lw] 14/15 juris Rn 29).

Etwas Anderes kann im Falle der **Insolvenz** gelten. Eine Unzumutbarkeit der Fortsetzung des Pachtverhältnisses hat das OLG Naumburg nach einer Gesamtabwägung der Umstände etwa angenommen, wenn die Pacht viermal mit einer ein- bis eineinhalbmonatigen Verzögerung und von einem Dritten nach § 267 Abs 1 BGB gezahlt wurde, der Pächter zudem selbst insolvent war und sich die Kommunikation zwischen den Vertragsparteien aufgrund von in der Sphäre des Pächters liegenden Gründen als schwierig erwies (OLG Naumburg 19. 12. 2013 – 2 U 34/13 [Lw] juris Rn 32; dazu auch STIBBE, jurisPR-AgrarR 3/2014 Anm 2). Diese Entscheidung ist mit Blick auf die § 112

InsO, mit welchem sich das Gericht nicht auseinandergesetzt hat, bedenklich. § 112 InsO schließt ein Kündigungsrecht des Verpächters ab Anhängigkeit des Insolvenzantrages aus, soweit dieses auf ein vor dem Eröffnungsantrag eingetretenen Zahlungsverzug (§ 112 Nr 1 InsO) oder eine Vermögensverschlechterung nach Antragstellung (§ 112 Nr 2 InsO) gestützt wird. Ziel der Norm ist es, die Gläubigergesamtheit vor den nachteiligen Auswirkungen einer solchen Kündigung zu schützen. Die notwendigen Betriebsmittel, die für eine ordnungsgemäße Abwicklung des Insolvenzverfahrens entscheidend sein können, sollen hierdurch im Verfügungsbereich des Insolvenzverwalters bleiben (Uhlenbruck/Wegener [2015] InsO § 112 Rn 1). Die Kündigung kann in diesem Fall daher richtigerweise nur auf weitere Umstände gestützt werden.

cc) Verzug, kein Abmahnerfordernis

22 Zum Verzug im Einzelnen Staudinger/Emmerich (2018) § 543 Rn 53 ff.

Einer Abmahnung bedarf es im Falle des Zahlungsverzuges vor der Kündigung grundsätzlich nicht. § 594e Abs 1 BGB und insbesondere Abs 2 S 1 nehmen Bezug auf § 543 Abs 2 Nr 3 a und b BGB, mithin auf jene Kündigungstatbestände, welche keine Abmahnung verlangen. Dies steht auch im Einklang mit der Gesetzesbegründung (ausführlich dazu OLG Stuttgart 17. 2. 2014 – 101 U 6/13 juris Rn 12 ff; vgl auch OLG Brandenburg 9. 7. 2015 – 5 U [Lw] 14/15 juris Rn 35; OLG Brandenburg 15. 3. 2007 – 5 U [Lw] 117/06 juris Rn 22).

dd) 3-Monatsfrist

23 Der Verpächter ist erst zur fristlosen Kündigung berechtigt, wenn der Pächter mit einem zumindest nicht unerheblichen Teil der Pacht länger als drei Monate im Verzug ist. Diese 3-Monatsfrist berechnet sich ab der Fälligkeit, die entweder vertraglich oder gesetzlich (§ 587 BGB) bestimmt ist.

b) Kürzere Pachtfälligkeit

24 Ist die Pacht nach Zeitabschnitten von weniger als einem Jahr bemessen, so ist die Kündigung erst zulässig, wenn der Pächter **für zwei aufeinanderfolgende Termine** mit der Entrichtung der Pacht oder eines **nicht unerheblichen Teils** desselben in Verzug ist.

Die Fälligkeit bestimmt sich hier nach § 587 BGB, wobei es sich um Wochen-, Monats- oder Quartalstermine handeln kann.

Die Grenze zur Erheblichkeit des Rückstandes dürfte auch hier bei **der Hälfte** des jeweils geschuldeten Betrages liegen, sodass eine fristlose Kündigung dann gerechtfertigt sein kann, wenn der Pächter von zwei aufeinanderfolgenden Pachtraten jeweils nur die Hälfte gezahlt hat, er sich also zahlenmäßig mit einer Rate im Rückstand befindet.

c) Kündigungsausschluss (Befriedigung, Aufrechnung)

25 Das Kündigungsrecht des Verpächters ist ausgeschlossen, wenn der Pächter vor der Kündigung den Verpächter befriedigt. Die Kündigung ist unwirksam, wenn der Pächter ein Recht zur Aufrechnung hat und dieses ausübt. Im Zuge der Mietrechtsreform 2001 ist § 594e Abs 2 S 4 BGB ersatzlos entfallen, weil in § 543 Abs 2 S 2 und

3 BGB eine wortgleiche Regelung aufgenommen wurde. Mangels landpachtrechtlicher Besonderheiten sei daher zur weiteren Erläuterung auf STAUDINGER/EMMERICH (2018) § 543 BGB verwiesen.

Ausnahmsweise kann eine Kündigung gegen § 242 BGB verstoßen, wenn etwa der Pächter nicht aufgrund Zahlungsunfähigkeit oder Zahlungsunwilligkeit, sondern bloß versehentlich, aufgrund vom Pächter nicht zu vertretenden Umständen nicht gezahlt hat und dies sich dem Verpächter aufdrängen musste (OLG Stuttgart 17.2. 2014 – 101 U 6/13 juris Rn 20 f unter Verweis auf OLG Düsseldorf NZM 2004, 786 juris Rn 18).

d) Beweislast

Die Voraussetzungen des Kündigungsrechts, also den Zahlungsverzug, hat der Verpächter zu beweisen. Demgegenüber liegt die Beweislast für das Vorliegen eines Kündigungsausschlusses, zB wegen der Befriedigung des Verpächters oder einer unverzüglich erklärten Aufrechnung, beim Pächter. **26**

IV. Kündigungsrecht beider Parteien

1. Schuldhafte Vertragsverletzung (§§ 594e Abs 1, 543 Abs 1)

Nach § 543 Abs 1 BGB können beide Parteien das Vertragsverhältnis fristlos kündigen, wenn dem Kündigenden unter Berücksichtigung aller Umstände und bei Abwägung der beiderseitigen Interessen die **Fortsetzung** des Vertragsverhältnisses **nicht zugemutet werden kann**. Verschulden des jeweils anderen ist dafür bereits nach dem Gesetzeswortlaut nicht notwendig; jedoch mag schuldhaftes Handeln ein Indiz für die Berechtigung zur fristlosen Kündigung sein. Dies unterscheidet die jetzige Rechtslage von der früher entsprechenden Anwendung des § 554a aF (s STAUDINGER/ PIKALO/vJEINSEN [1995] § 594e Rn 43). **27**

Im Übrigen sei wegen der nunmehrigen Wortgleichheit auf die Kommentierung zu § 543 (STAUDINGER/EMMERICH [2018] § 543 Rn 4 ff) verwiesen.

2. Störung des Hausfriedens (§ 569 Abs 2)

Durch den ausdrücklichen Verweis auf § 569 Abs 2 BGB in § 594e Abs 1 BGB hat der Gesetzgeber einen weiteren Beispielsfall für das Recht zu einer fristlosen Kündigung vorgegeben. Er dürfte im Landpachtrecht von sehr untergeordneter Bedeutung sein, da im Falle der Betriebspacht zumeist das ganze Wohnhaus Vertragsgegenstand ist. Für die Fälle, in denen die Bestimmung relevant werden kann, sei auf STAUDINGER/EMMERICH (2018) § 569 Rn 20 ff verwiesen. **28**

V. Kündigung

1. Form

Die Kündigung bedarf zu ihrer Wirksamkeit der Schriftform. Dies folgt zwingend aus § 594 f BGB. **29**

2. Frist

30 Das Recht zur fristlosen Kündigung bedeutet nicht, dass diese auch unmittelbar nach Kenntnis vom Kündigungsgrund erklärt werden muss. Allerdings hat der Kündigungsberechtigte sein Kündigungsrecht innerhalb einer angemessenen Zeit auszuüben, § 314 Abs 3 BGB (s weiter STAUDINGER/EMMERICH [2018] § 543 Rn 12 ff, 87 ff). Entscheidend ist, dass die Kündigung **binnen angemessener Frist** nach dem Eintritt des Kündigungsgrundes und der Kenntnis des Kündigungsberechtigten dem anderen Teil **zugeht** (BGH NJW-RR 2010, 1500 juris Rn 14). Sonst läuft der zur Kündigung Berechtigte Gefahr, das Recht mit der Begründung zu verlieren, er hätte den Vertragsverstoß zu lange hingenommen ohne zu reagieren (STAUDINGER/EMMERICH [2018] § 543 Rn 12; BGH NJW-RR 2010, 1500; OLG Hamm 1. 2. 2005 – 10 U 119/04; OLG Celle 3. 8. 2005 – 7 U 74/05; beide nv). Hintergrund dieses Erfordernisses ist, dass bei der Bewirtschaftung landwirtschaftlicher Grundstücke sowohl Jahreszeiten als auch Witterungsbedingungen das Zeitfenster für die Bearbeitung und Bestellung je nach angebauter Frucht stark einengen. Die Parteien müssen daher so früh wie möglich wissen, ob der zur Kündigung Berechtigte von seinem Recht Gebrauch macht. Beide Parteien wissen zudem, dass der Vertragspartner – sei es der die Fläche bewirtschaftende Verpächter, oder der diese nach der Kündigung übernehmende oder neu verpachtende Verpächter – auf eine zeitnahe Kenntnis angewiesen ist (BGH NJW-RR 2010, 1500 juris Rn 14). Erlangt etwa der Verpächter im Winter von einem außerordentlichen Kündigungsgrund Kenntnis und kündigt dessen ungeachtet auch während der Frühjahrbestellung nicht, darf der Pächter im Einzelfall darauf vertrauen, dass er die Flächen weiterbewirtschaften durfte. Die Länge der Frist ist dabei unter Berücksichtigung dieses Zwecks, der Bedeutung des Kündigungsgrundes, der Auswirkungen für die Beteiligten und des Umfangs der erforderlichen Ermittlungen im Einzelfall zu ermitteln (BGH NJW-RR 2010, 1500 juris Rn 15).

3. Inhalt

31 Ein bestimmter besonderer Inhalt ist nicht vorgeschrieben (vgl STAUDINGER/EMMERICH [2018] § 543 Rn 96), jedoch empfiehlt sich zu Beweiszwecken die Angabe des Kündigungsgrundes und in den entsprechenden Fällen auch die Bezugnahme auf die vorhergehende Abmahnung.

Zum Zeitpunkt der Kündigung müssen die Gründe jedoch gegeben sein (OLG Frankfurt AgrarR 1991, 107).

4. Wirkung

32 Durch die fristlose Kündigung wird das Landpachtverhältnis mit deren Zugang beendet (vgl STAUDINGER/EMMERICH [2018] § 543 Rn 95). Erforderlich ist, dass der geltend gemachte Kündigungsgrund im Zeitpunkt, in dem die Kündigungserklärung wirksam wird, dh dem Kündigungsgegner zugeht, tatsächlich vorliegt.

33 Die **Umdeutung einer unwirksamen fristlosen Kündigung in eine ordentliche** Kündigung ist auf der Grundlage des § 140 BGB möglich. Zur Wahrung der Sicherheit des Rechtsverkehrs ist hierzu erforderlich, dass sich aus den Umständen für den Erklärungsempfänger zweifelsfrei ergibt, dass der Vertrag nach dem Willen des Erklä-

renden in jedem Fall beendet werden soll (BGH NJW 1981, 976; OLG Brandenburg 22. 9. 2016 – 5 U [Lw] 19/16 juris Rn 29; OLG Brandenburg 22. 9. 2016 – 5 U [Lw] 19/16 juris Rn 41; OLG Brandenburg 21. 3. 2013 – 5 U [Lw] 28/11 juris Rn 26).

Neben dem Recht auf Kündigung können den Parteien Schadensersatzansprüche zustehen (Rn 34); statt des Kündigungsrechts kann auch ein Unterlassungsanspruch geltend gemacht werden.

VI. Schadensersatzansprüche

Neben dem Recht, das Pachtverhältnis fristlos zu kündigen, bestehen Schadensersatzansprüche der kündigenden Partei wegen der schuldhaften Vertragsverletzung des Vertragsgegners uneingeschränkt fort. S dazu im Einzelnen STAUDINGER/EMMERICH (2018) § 543 Rn 104 ff. **34**

VII. Abdingbarkeit der Vorschrift

Diese Vorschrift ist grundsätzlich abdingbar; etwas anderes gilt nach § 569 Abs 5 BGB lediglich für die reine Wohnraumüberlassung. **35**

Erfolgen die Änderungen in Formular- oder vorformulierten Verträgen, sind die Vorschriften der §§ 307 ff BGB zu beachten (s aber STAUDINGER/EMMERICH [2018] § 543 Rn 103). Dabei ist unter dem Gesichtspunkt von § 307 eine gewisse Zurückhaltung der Rechtsprechung zur Kreierung weiterer (Kündigungs-)Gründe zu beobachten (OLG Oldenburg Nds Rpfl 1996, 12 für ein außerordentliches Kündigungsrecht im Falle der Veräußerung einer Pachtfläche; OLG Celle OLGR 1995, 65; OLG Schleswig OLGR 1996, 51). **36**

Soweit in den Neuen Bundesländern Flächen verpachtet sind, die nach dem **Vermögensgesetz** ihren früheren Eigentümern zurückgegeben werden müssen, unterliegen sie insoweit auch einer öffentlichen Aufgabe im Sinne von § 595 Abs 3 Nr 4 BGB; ein Vertragsverlängerungsanspruch des Pächters besteht dann nicht (s § 595 Rn 49). Es erscheint daher sachgerecht, dem Verpächter bei latent vorhandenen Rückgabeansprüchen das Recht zu geben, ohne Verstoß gegen § 307 BGB für diese Fälle ein Sonderkündigungsrecht auch in vorformulierte Verträge aufzunehmen. In Weiterentwicklung dieses Gedankens sind die Privatisierungsaufträge der **BVVG** sowie der BVS als öffentliche Aufgaben anzusehen. Dies hätte zur Konsequenz, dass eine vertraglich vereinbarte Kündigung bei beabsichtigtem Privatisierungsverkauf mit § 307 BGB vereinbar ist. Gleiches muss gelten, wenn die BVVG/BVS als Privatbetriebe der öffentlichen Verwaltung ihnen gehörende Flächen zu anderen öffentlichen Aufgaben iwS (zB Entwicklung von Infrastrukturmaßnahmen, Ausgleichsflächen) zur Verfügung stellen sollen.

VIII. Verfahren

Bei Streitigkeiten entscheidet das Landwirtschaftsgericht im streitigen Verfahren (§ 48 iVm § 1 Nr 1a LwVG). **37**

§ 594f
Schriftform der Kündigung

Die Kündigung bedarf der schriftlichen Form.

Materialien: BT-Drucks 10/508; 10/509; 10/3830; 10/3498.

Schrifttum

Siehe § 585.

Systematische Übersicht

I. Überblick	2. Der Inhalt des Kündigungs-
1. Verhältnis zum bisherigen Recht und	schreibens 7
Entstehungsgeschichte 1	3. Folgen des Formverstoßes 10
2. Normzweck 2	
3. Anwendungsbereich 3	**III. Vereinbarungen über die Vorschrift** 11
4. Verhältnis der Vorschrift zum Miet-	
recht (§ 564a) 4	**IV. Verfahrensfragen** 12
II. Die Schriftform der Kündigung	
1. Die Voraussetzungen des Schrift-	
erfordernisses 5	

I. Überblick

1. Verhältnis zum bisherigen Recht und Entstehungsgeschichte

1 Die Vorschrift ist für das Landpachtrecht **neu**. Sie hat ein gewisses Vorbild in der mietrechtlichen Vorschrift des § 568 Abs 1 BGB, die aufgrund des Art 1 Nr 5 des 1. MietRÄndG angefügt und durch Art 1 Nr 6 des 3. MietRÄndG neu gefasst wurde.

Sie erscheint in den Entwürfen seit dem 6. 11. 1976 (BT-Drucks 677/76) aus systematischen Gründen anstelle der ursprünglich (BT-Drucks 8/141) noch als § 594e Abs 3 BGB vorgesehenen Regelung.

2. Normzweck

2 Die Vorschrift ist die praktische Konsequenz der Vielzahl von Schriftformregelungen des landwirtschaftlichen Pachtrechts (§§ 585a, 585b, 594, 594d Abs 2, 595 Abs 2 BGB). Sie dient der **Rechtssicherheit**, aus ähnlichen Gründen wie § 568 Abs 1 BGB sowie ua der Erleichterung der Fristberechnung bei § 595 Abs 7 BGB.

3. Anwendungsbereich

Die Vorschrift schützt Landpachtverträge im Sinne des § 585 BGB aller Art vor ihrer Vernichtung durch Kündigungen aller Art, die von einem Kündigungsberechtigten in nicht schriftlicher Form ausgesprochen werden. **3**

Sie gilt daher zB auch für Unterpachtverträge, ferner für Pachtverträge mit Verlängerungsklausel, bei denen die Verlängerung durch eine binnen einer bestimmten Frist vor Vertragsablauf abzugebende Erklärung abgelehnt werden muss.

Sie gilt für **alle Arten von Kündigungen**, also gleichgültig, ob es sich um eine ordentliche, um eine außerordentliche befristete, eine außerordentliche fristlose Kündigung aus wichtigem Grund, einer nach § 242 BGB, oder um eine vertraglich zulässige teilweise Kündigung (bezüglich nur eines Teils des Pachtobjektes) handelt.

Gleichgültig ist ferner, ob der Verpächter oder der Pächter kündigt oder ob es sich um die Kündigung einer sonstigen hierzu berechtigten Person (Insolvenzverwalter) handelt.

Bei Mischbetrieben (s § 585 Rn 20) – jedenfalls bei gemischten Betrieben und landwirtschaftlichen Nebenbetrieben – gelten die gleichen Grundsätze wie bei der Vertragskontrolle nach dem LPachtVG. Daher bedarf bei einem gemischten Betrieb, dessen landwirtschaftlicher Betriebsteil überwiegt und bei einem landwirtschaftlichen Betrieb mit gewerblichem Nebenbetrieb die Pachtvertragskündigung der Schriftform. Im umgekehrten Fall ist die mündlich ausgesprochene Kündigung des Pachtverhältnisses über den Gesamtbetrieb auch bezüglich des landwirtschaftlichen Betriebsteils wirksam.

Sind durch einheitlichen Vertrag ein landwirtschaftlicher und ein gewerblicher Betrieb angepachtet (Doppelbetrieb) ist die Frage, ob die bloß mündlich ausgesprochene Kündigung des Gesamtvertrages ausreicht, unter Zugrundelegung von § 139 BGB zu beantworten.

4. Verhältnis der Vorschrift zum Mietrecht (§ 564a)

Auch hinsichtlich des mitverpachteten Wohnraums gilt § 594f BGB, sodass es im Kündigungsschreiben zB nicht der Mitteilung der Kündigungsgründe (s etwa §§ 573 Abs 3, 569 Abs 4 BGB) bedarf. **4**

Gleichfalls braucht der Verpächter den Pächter nicht auf die Möglichkeit des Pachtschutzes nach § 595 BGB entsprechend dem § 568 Abs 2 BGB hinzuweisen. Schließlich gilt § 594f BGB auch für die Kündigung nur vorübergehend verpachteter Ländereien (vgl § 595 Abs 3 Nr 4 BGB).

II. Die Schriftform der Kündigung

1. Die Voraussetzungen des Schrifterfordernisses

Die Schriftform verlangt nach § 126 Abs 1 BGB, dass die Kündigung in einem **5**

Schriftstück erklärt und von dem Kündigenden eigenhändig durch Namensunterschrift oder notariell beglaubigtes Handzeichen unterzeichnet ist. Gemäß § 126 Abs 3 BGB genügt die in notarieller Urkunde ausgesprochene Kündigung dem Schrifterfordernis. Die Kündigung kann auch im Prozessverfahren mittels Einreichung eines Schriftsatzes oder durch Einlegung eines Rechtsmittels gegen ein klagabweisendes Urteil erfolgen.

Zu Fragen der Kündigungserklärung bei Personenmehrheit auf Verpächter- oder Pächterseite s § 594a Rn 6.

Die wechselseitige **Bevollmächtigungsklausel** mehrerer Personen zur Abgabe bzw Entgegennahme von Willenserklärungen gibt nach hM zum Mietrecht nicht die Befugnis zum Ausspruch der Kündigung (Soergel/Heintzmann § 535 Rn 21; MünchKomm/Bieber § 542 Rn 18; Schmidt-Futterer/Blank [2017] § 542 Rn 58f) und soll bei formularmäßig verwendeten Klauseln zur entsprechenden Bindung der Mieterseite nach § 307 BGB unwirksam sein. Ob diese Grundsätze auf das landwirtschaftliche Pachtrecht übertragen werden können, erscheint zweifelhaft. Denn hier bedarf es des Schutzes einer (sozial) latent stets unterlegenen Partei nicht.

Eine unwiderrufliche Vollmacht unterliegt dem Formzwang des § 594f BGB.

Für einen nicht voll **Geschäftsfähigen** muss grundsätzlich sein gesetzlicher Vertreter die Kündigung erklären.

6 Formfrei sind hingegen:

– der Pachtaufhebungsvertrag;

– die vertragsgemäße Aufhebung der Kündigung vor Beendigung des Pachtvertrages;

– die Rücktrittserklärung, mag der Rücktritt vertraglich vorbehalten oder kraft Gesetzes zulässig sein; indes ist ein Rücktritt anstelle der Kündigung nur zulässig, falls das Pachtobjekt noch nicht überlassen ist;

– die Anfechtungserklärung wegen Irrtums (§ 119 BGB) bzw arglistiger Täuschung (§ 123 BGB), die nach hM grundsätzlich nur bis zur Überlassung des Pachtobjekts zulässig ist, während danach nur das Recht zur außerordentlichen fristlosen Kündigung besteht; lediglich eine Mindermeinung gibt dem Getäuschten das Anfechtungsrecht aus § 123 BGB auch nach Überlassung des Pachtobjekts.

Ist in den vorgenannten Fällen die Rücktritts- bzw Anfechtungserklärung nach Überlassung des Pachtobjekts in eine außerordentliche fristlose Kündigungserklärung **umzudeuten**, so gilt grundsätzlich das Erfordernis der Schriftform nach § 594f BGB, soweit nicht im Einzelfall Treu und Glauben zugunsten des Getäuschten eine Ausnahme zulassen.

2. Der Inhalt des Kündigungsschreibens

Die Kündigungserklärung muss den Kündigungswillen **eindeutig und unbedingt** zum Ausdruck bringen. Ein bestimmter Kündigungsgrund braucht weder bei der ordentlichen noch bei der außerordentlichen Kündigung angegeben zu werden, wird aber namentlich bei letzterer zweckmäßig sein. **7**

Nach Zugang der Kündigung ist ihr **Widerruf** oder ihre **Rücknahme nicht mehr möglich** (§ 130 Abs 1 S 2 BGB).

Will der Kündigende mittels der Kündigung eine Änderung der Vertragsbedingungen erreichen, so ist grundsätzlich deswegen die Kündigung nicht (etwa nach § 138 BGB) nichtig.

Die Angabe eines **Kündigungstermins** ist nicht vorgeschrieben. Das Pachtverhältnis endet mangels einer Angabe im Kündigungsschreiben zum gesetzlich nächst zulässigen Zeitpunkt. Wird die Kündigung zu einem erklärten Termin verspätet ausgesprochen, etwa im Bereich des § 594a BGB bei unbestimmter Pachtzeit, so tritt die Wirkung zum nächst zulässigen Termin nur dann ein, wenn dies dem Willen des Kündigenden entspricht und dieser Wille auch dem anderen Vertragsteil genügend klar erkennbar wird. **8**

Eine **Teilkündigung** (beispielsweise für nur einzelne Parzellen) ist, falls nicht vertraglich vereinbart, wegen der Einheitlichkeit des Pachtverhältnisses grundsätzlich unzulässig, kann im Falle einer fehlenden Einheitlichkeit aber möglich sein (str, s § 594a Rn 8). Dies schließt für den umgekehrten Fall der Pachtverlängerung im Verfahren nach § 595 BGB nicht aus, dass im Einverständnis mit dem Verpächter die Pachtfortsetzung auch nur auf einen Teil der Pachtsache beschränkt werden kann. **9**

3. Folgen des Formverstoßes

Die Nichteinhaltung der gesetzlich vorgeschriebenen Schriftform bewirkt nach § 125 S 1 BGB die **Nichtigkeit** der ausgesprochenen Kündigung. **10**

Der Berufung auf die Nichtigkeit können ausnahmsweise **Treu und Glauben** (§ 242 BGB) entgegenstehen. Dies gilt etwa (vgl auch STAUDINGER/EMMERICH [2018] § 550 Rn 40):

– bei arglistigem Verhalten, wenn ein Vertragsteil in Kenntnis der Rechtslage den anderen davon abgehalten hat, die schriftliche Form zu wahren (LWLH Rn 8 mwNw);

– wenn anderenfalls das Ergebnis nicht nur hart, sondern schlechthin unerträglich wäre (BGH NJW 1996, 1960; 1996, 2503, 2504);

– bei vereinbarter strengerer Form (zB Einschreiben/Rückschein) soll die Kündigung wirksam sein, wenn sie unstreitig rechtzeitig zugegangen ist (OLG Stuttgart RdL 1995, 153); dies erscheint angesichts der klaren, zuvor zitierten BGH-Rechtsprechung zweifelhaft, weil das OLG Stuttgart nicht auf eine Abwägung der Konsequenzen des Berufens auf die Formvorschrift abstellt;

– ferner bei gesundheitsschädlichem Zustand des Pachtobjekts (vgl SOERGEL/HEINTZMANN § 569 Rn 3).

Haben beide Parteien in (zunächst) Unkenntnis der Unwirksamkeit der formnichtigen Kündigung das Pachtverhältnis als erloschen betrachtet, so kann vor Abzug des Pächters zumindest der Kündigungsadressat die Fortsetzung des Pachtverhältnisses verlangen, solange nicht Treu und Glauben, zB bei zwischenzeitlich anderweitiger vertraglicher Bindung, entgegenstehen.

Lässt sich der Kündigungsadressat auf die formnichtige Kündigung ein, so darf daraus nur dann auf den Abschluss eines Pachtaufhebungsvertrages geschlossen werden, wenn sich beide Parteien der Formnichtigkeit bewusst waren. Ist der Pächter in Unkenntnis der vom Verpächter ausgesprochenen formnichtigen Kündigung abgezogen, so wird er grundsätzlich daraus keine Rechte, auch nicht auf Schadensersatz, herleiten können. Denn er hätte zumindest Pachtschutzantrag (§ 595 BGB) stellen können.

III. Vereinbarungen über die Vorschrift

11 Wie zB auch bei § 568 f BGB kann auch das Schriftformerfordernis aus § 594f BGB **nicht wirksam abbedungen werden**. Dies wird durch den Sinn und Zweck der Formvorschriften der §§ 126, 125 BGB gehindert; danach wäre eine bloß mündlich ausgesprochene Kündigung selbst dann nichtig, wenn ihre Zulässigkeit pachtvertraglich vereinbart worden wäre. Die Kündigung müsste grundsätzlich unter Wahrung der Schriftform wiederholt werden, soweit nicht ausnahmsweise Treu und Glauben die Wirksamkeit rechtfertigen. Die derart nichtige Vereinbarung der Zulässigkeit einer mündlichen Kündigung wird über § 139 BGB nicht zur Gesamtnichtigkeit des Landpachtvertrages führen. In vorformulierten Verträgen ergibt sich dies bereits aus § 306 BGB.

Der an sich nach § 126 Abs 3 BGB zulässigen Vereinbarung einer strengeren Form, zB der notariellen Beglaubigung oder Beurkundung, können Bedenken aus § 309 Nr 13 BGB entgegenstehen. Die Vereinbarung der Kündigungsübermittlung durch eingeschriebenen Brief ist hingegen zulässig, da sie dem erhöhten Bedürfnis der Sicherheit des Rechtsverkehrs dient und deshalb häufig in Miet- und Pachtverträgen vereinbart wird (OLG Stuttgart RdL 1995, 153; **aA** MünchKomm/HÄUBLEIN § 568 Rn 11). Im Übrigen ist nach der Rechtsprechung die Vereinbarung einer bestimmten Übersendungsform im Zweifel nicht eine besondere Wirksamkeitsvoraussetzung, sondern nur eine Beweiserleichterung. Daher ist die Kündigung nicht unwirksam, wenn sie nur als einfacher Brief zugeht.

Nach § 140 BGB kann die mündliche Kündigung wirksam in ein Angebot zum Abschluss eines Pachtaufhebungsvertrages, der formlos wirksam ist (BGH NJW 1981, 43, 976) umgedeutet werden. Davon ist aber noch nicht auszugehen, wenn der Empfänger der unwirksamen Kündigung diese in Unkenntnis der Formnichtigkeit „annimmt"; denn dies würde den Schutzzweck der Vorschrift vereiteln.

IV. Verfahrensfragen

Streitigkeiten über die Formwirksamkeit der Kündigungen gehören zu den streitigen Landpachtsachen, die nach §§ 1 Nr 1a, 48 LwVG im ZPO-Verfahren von den Landwirtschaftsgerichten zu entscheiden sind (LWLH Rn 9). 12

§ 595
Fortsetzung des Pachtverhältnisses

(1) Der Pächter kann vom Verpächter die Fortsetzung des Pachtverhältnisses verlangen, wenn

1. bei einem Betriebspachtverhältnis der Betrieb seine wirtschaftliche Lebensgrundlage bildet,

2. bei dem Pachtverhältnis über ein Grundstück der Pächter auf dieses Grundstück zur Aufrechterhaltung seines Betriebs, der seine wirtschaftliche Lebensgrundlage bildet, angewiesen ist und die vertragsmäßige Beendigung des Pachtverhältnisses für den Pächter oder seine Familie eine Härte bedeuten würde, die auch unter Würdigung der berechtigten Interessen des Verpächters nicht zu rechtfertigen ist. Die Fortsetzung kann unter diesen Voraussetzungen wiederholt verlangt werden.

(2) Im Falle des Absatzes 1 kann der Pächter verlangen, dass das Pachtverhältnis so lange fortgesetzt wird, wie dies unter Berücksichtigung aller Umstände angemessen ist. Ist dem Verpächter nicht zuzumuten, das Pachtverhältnis nach den bisher geltenden Vertragsbedingungen fortzusetzen, so kann der Pächter nur verlangen, dass es unter einer angemessenen Änderung der Bedingungen fortgesetzt wird.

(3) Der Pächter kann die Fortsetzung des Pachtverhältnisses nicht verlangen, wenn

1. er das Pachtverhältnis gekündigt hat,

2. der Verpächter zur außerordentlichen fristlosen Kündigung oder im Falle des § 593a zur außerordentlichen Kündigung mit der gesetzlichen Frist berechtigt ist,

3. die Laufzeit des Vertrags bei einem Pachtverhältnis über einen Betrieb, der Zupachtung von Grundstücken, durch die ein Betrieb entsteht, oder bei einem Pachtverhältnis über Moor- und Ödland, das vom Pächter kultiviert worden ist, auf mindestens 18 Jahre, bei der Pacht anderer Grundstücke auf mindestens zwölf Jahre vereinbart ist,

4. der Verpächter die nur vorübergehend verpachtete Sache in eigene Nutzung nehmen oder zur Erfüllung gesetzlicher oder sonstiger öffentlicher Aufgaben verwenden will.

(4) Die Erklärung des Pächters, mit der er die Fortsetzung des Pachtverhältnisses ver-

langt, bedarf der schriftlichen Form. Auf Verlangen des Verpächters soll der Pächter über die Gründe des Fortsetzungsverlangens unverzüglich Auskunft erteilen.

(5) Der Verpächter kann die Fortsetzung des Pachtverhältnisses ablehnen, wenn der Pächter die Fortsetzung nicht mindestens ein Jahr vor Beendigung des Pachtverhältnisses vom Verpächter verlangt oder auf eine Anfrage des Verpächters nach § 594 die Fortsetzung abgelehnt hat. Ist eine zwölfmonatige oder kürzere Kündigungsfrist vereinbart, so genügt es, wenn das Verlangen innerhalb eines Monats nach Zugang der Kündigung erklärt wird.

(6) Kommt keine Einigung zustande, so entscheidet auf Antrag das Landwirtschaftsgericht über eine Fortsetzung und über die Dauer des Pachtverhältnisses sowie über die Bedingungen, zu denen es fortgesetzt wird. Das Gericht kann die Fortsetzung des Pachtverhältnisses jedoch nur bis zu einem Zeitpunkt anordnen, der die in Absatz 3 Nr. 3 genannten Fristen, ausgehend vom Beginn des laufenden Pachtverhältnisses, nicht übersteigt. Die Fortsetzung kann auch auf einen Teil der Pachtsache beschränkt werden.

(7) Der Pächter hat den Antrag auf gerichtliche Entscheidung spätestens neun Monate vor Beendigung des Pachtverhältnisses und im Falle einer zwölfmonatigen oder kürzeren Kündigungsfrist zwei Monate nach Zugang der Kündigung bei dem Landwirtschaftsgericht zu stellen. Das Gericht kann den Antrag nachträglich zulassen, wenn es zur Vermeidung einer unbilligen Härte geboten erscheint und der Pachtvertrag noch nicht abgelaufen ist.

(8) Auf das Recht, die Verlängerung eines Pachtverhältnisses nach den Absätzen 1 bis 7 zu verlangen, kann nur verzichtet werden, wenn der Verzicht zur Beilegung eines Pachtstreits vor Gericht oder vor einer berufsständischen Pachtschlichtungsstelle erklärt wird. Eine Vereinbarung, dass einem Vertragsteil besondere Nachteile oder besondere Vorteile erwachsen sollen, wenn er die Rechte nach den Absätzen 1 bis 7 ausübt oder nicht ausübt, ist unwirksam.

Materialien: BT-Drucks 10/508; 10/509; 10/3830; 10/3498.

Schrifttum

Siehe § 585.

Systematische Übersicht

I.	**Überblick**		b)	Persönlich	7
1.	Normgehalt und Zweck	1	c)	Laufende Pachtverträge	8
a)	Normgehalt	1	d)	Keine Anwendbarkeit	9
b)	Zweck	3	e)	Übergangsrecht	10
2.	Verhältnis zum früheren Recht	4	4.	Verhältnis der Vorschrift	11
3.	Anwendungsbereich	6	a)	Zu Bestimmungen des Miet- bzw	
a)	Sachlich	6		Pachtrechts	11

Januar 2018

b)	Zu sonstigen Vorschriften des BGB	12	VI.	**Die Pächtererklärungen (Fortsetzungsverlangen) im Vorverfahren (Abs 4)**	
c)	Zum LPachtVG	13			
5.	Unabdingbarkeit	14			
			1.	Bedeutung und Rechtsnatur	50
II.	**Pachtvertragliche Voraussetzungen für den Pachtschutz (Abs 1 S 1)**	15	2.	Mehrere Beteiligte auf einer Vertragsseite	52
1.	Landpachtvertrag	16	3.	Schriftform (Abs 4 S 1)	53
2.	Vertragswirksamkeit	17	4.	Frist	54
3.	Laufender Pachtvertrag	18	5.	Erklärungsinhalt	55
4.	Schutz vor vertragsmäßiger Beendigung	19	6.	Auskunftspflichten und -rechte	56
			a)	Auskunftspflichten des Pächters	56
5.	Fortsetzungsverlangen	21	b)	Auskunftsrechte des Pächters	57
III.	**Die beiderseitige Interessenabwägung**		VII.	**Das Verpächter-Verhalten im Vorverfahren, insbesondere die Ablehnung des Pachtschutzverlangens**	
1.	Überblick	22			
2.	Die Abwägungsfaktoren	23	1.	Überblick	58
a)	Auf Pächterseite	23	2.	Ablehnung des Fortsetzungsverlangens (Abs 5)	60
aa)	Grundzüge, „Person" des Pächters	23	a)	Rechtsnatur	60
bb)	Betriebspacht	25	b)	Form und Fristen	61
cc)	Grundstückspacht	28	c)	Wirkung	62
b)	Auf Verpächterseite	29	3.	Modifikation der Ablehnung	63
3.	Die Abwägung der beiderseitigen Interessenlagen	30	VIII.	**Landwirtschaftsgerichtliches Verfahren (Abs 6 und 7)**	
4.	Wiederholte Fortsetzung (Abs 1 S 2)	32	1.	Grundsatzregelung	64
IV.	**Fortsetzungsdauer und (sonstige) Vertragsänderungen (Abs 2)**		2.	Entscheidungsantrag	65
			a)	Antragsbefugnis	65
1.	Überblick	33	aa)	Des Pächters	65
2.	Dauer	34	bb)	Des Verpächters	66
3.	Teilweise Fortsetzung (Abs 6 S 3)	35	cc)	Mehrheit von Beteiligten auf einer Vertragsseite	67
4.	Fortsetzung bei (sonstiger) Vertragsänderung (Abs 2 S 2)	36	b)	Antragsform	68
			c)	Antragsinhalt	69
V.	**Ausschluss des Fortsetzungsanspruchs (Abs 3)**		aa)	Auf Pächterseite	69
			bb)	Auf Verpächterseite	70
1.	Vorbemerkung	38	3.	Antragsfristen (Abs 7)	71
2.	Vorherige Pachter-Kündigung	39	a)	Grundzüge (Abs 7 S 1)	71
3.	Fristlose und vorzeitige Kündigungsbefugnis des Verpächters	40	b)	Nachträgliche Zulassung des Pachtschutz-Antrages bei Fristversäumung (S 2)	73
4.	Erreichte Maximalfrist (Abs 3 Nr 3)	42			
5.	Fortsetzungsausschluss bei beabsichtigter Eigennutzung (Abs 3 Nr 4)		4.	Die gerichtliche Entscheidung im Fortsetzungsverfahren (Abs 6)	74
			a)	Verfahrensrecht, Entscheidungskompetenz	74
a)	Vorübergehende Verpachtung	45			
b)	Eigene bzw anderweitige Nutzung	46	b)	Sachliche Entscheidung	75
aa)	Eigennutzung des Verpächters	47	aa)	Vertragsfortsetzung	76
bb)	Erfüllung gesetzlicher oder sonstiger öffentlicher Aufgaben	49	α)	Dauer und Höchstdauer	76

β)	Fortsetzungsbedingungen	77	b)	Wirkungen eines verbotenen Verzichts		84
bb)	Abweisung	78	c)	Zur Unwirksamkeit von Umgehungsvereinbarungen		85
5.	Rechtsnatur und Wirkungen der gerichtlichen Fortsetzungsentscheidung	79	2.	Zulässiger Verzicht vor kompetenter Stelle		87
			a)	Zur Beilegung eines Pachtstreits		88
IX.	Zwingender Rechtsgehalt und seine Grenzen (Abs 8)		b)	Kompetente Stelle		90
1.	Rechtliche Sicherung des Funktionszwecks der Norm	81	aa)	Gerichte		90
			bb)	Pachtschlichtungsstellen		91
a)	Grundzüge	81	c)	Formerfordernis		92

Alphabetische Übersicht

Abdingbarkeit	2, 14, 45, 81 ff	Form des Fortsetzungsverlangens	53
Ablehnung des Fortsetzungsverlangens durch den Verpächter	60 ff	Fortsetzung, Dauer	34 ff
– Form	61	– Grundsätzliches	33 ff
– Fristen	61	– teilweise	35
– teilweise	63	– und Vertragsänderung	36 f
– Wirkung	62	– und Vertragsanpassung	37
Antrag im gerichtlichen Verfahren	68 ff	Fortsetzungsanspruch, Ausschluss	38 ff
Antragsbefugnis in gerichtlichem Verfahrens	65 ff	Fortsetzungsverlangen, Ablehnung durch den Verpächter	60 ff
Anwendung, keine der Vorschrift	9	– Bedeutung	50
– Landpachtvertrag als Voraussetzung	16 ff	– des Pächters	50 ff
– nur bei vertragsgemäßer Beendigung	19 f	– Erklärungsinhalt	55
– und außerordentliche Kündigung	19	– Form	53
– Voraussetzungen	15 ff	– Frist	54
Anwendungsbereich bei Mischbetrieben	6	– Rechtsnatur	51
– der Vorschrift	6 ff	– wiederholtes	32
– laufende Pachtverträge	8	Frist des Fortsetzungsverlangens	54
– persönlich	7	Fristlose Kündigung, kein Anspruch auf Vertragsfortsetzung	40 f
– sachlich	6	Fristversäumung bei gerichtlichem Pachtschutzantrag	73
Anzeige des Fortsetzungsbeschlusses	80	Früheres Recht	4 f
Auskunft, Pflichten des Pächters	56		
– Rechte des Pächters	57	Gerichtliches Verfahren	64 ff
Ausschluss des Fortsetzungsanspruchs	38 ff	– Antragsbefugnis	65 ff
		– Antragsform	68
Beiderseitige Interessenlagen, Abwägung	30 f	– Antragsfristen	71 ff
Betriebspacht, Interessenabwägung	25 ff	– Antragsinhalt	69 f
		– Entscheidung	74 f
Dauer der Fortsetzung	34	– Entscheidungsbefugnis	76 ff
		– Fortsetzung unter Inhaltsänderung	77
Eigennutzung, kein Anspruch auf Vertragsfortsetzung	45 ff	– Sachentscheidung	75
Erklärungspflicht, vorgerichtliche des Verpächters	58 f	– Wirkung, der Entscheidung	79 f
		Gesetzliche oder öffentliche Aufgaben, kein Anspruch auf Vertragsfortsetzung	49

Grenzen des gerichtlichen Pachtschutzes	76	Sozialschutz des Pächters	3
Grundstückspacht, Interessenabwägung	28	Teilweise Ablehnung des Fortsetzungsverlangens	63
Interessenabwägung	22 ff	Teilweise Fortsetzung	35
– bei Betriebspacht	25 ff		
– bei Grundstückspacht	28	Übergangsrecht	10
– der beiderseitigen Interessenlagen	30 f	Umgehung der Vorschrift	85 f
– Faktoren auf Pächterseite	23 ff		
– Faktoren auf Verpächterseite	29	Verfahrensfragen	74
		Verhältnis, der Vorschrift zu anderen	4, 11 ff
Kündigung, außerordentliche	19	Verpächter, Ablehnung des Fortsetzungsverlangens	60 ff
Landpachtvertrag als Anwendungsvoraussetzung	16 ff	– Interessenabwägung	29
		– vorgerichtliche Verhaltenspflichten	58 f
Maximalfrist, kein Anspruch auf Vertragsfortsetzung	42 ff	Vertragsänderung	36 f
		Vertragsanpassung bei Fortsetzung	37
Mehrere Beteiligte	52	Vertragsbedingungen, Anpassung bei gerichtlicher Entscheidung	77
– im gerichtlichen Verfahren	67		
Mischbetriebe	6	Verzicht auf Pachtschutz	87 ff
		Vorübergehende Verpachtung, kein Anspruch auf Vertragsfortsetzung	45
Normgehalt	1		
Öffentliche oder gesetzliche Aufgaben, kein Anspruch auf Vertragsfortsetzung	49	Wirkung der gerichtlichen Entscheidung	59 f
		Zweck der Vorschrift	3
Pächter, Auskunftsrechte und -pflichten	56 f		
– Interessenabwägung	23 ff		
Pächterkündigung, kein Anspruch auf Vertragsfortsetzung	39		

I. Überblick

1. Normgehalt und Zweck

a) Normgehalt

Die Bestimmung ist eine der zentralen der Landpachtnovelle von 1986. Die Möglichkeit des Pächters, die Fortsetzung eines sonst zu Ende gehenden Pachtverhältnisses zu erwirken, ist im **Verhältnis zur Vorgängervorschrift** (§ 8 LPachtG) **entscheidend erweitert** worden. Anstelle einer ausnahmsweise zum Zuge kommenden „richterlichen Vertragshilfe" hat der Pächter nunmehr, ähnlich dem Kündigungsschutz des Wohnraummieters (§ 573 BGB), einen Fortsetzungsanspruch (LWLH Rn 17; FHL Rn 1; kritisch dazu KROESCHELL, Stellungnahme 1977 zum Referentenentwurf BT-Drucks 841). **1**

Die nunmehrige Gesetzesfassung spricht von der „**Fortsetzung des Pachtverhältnisses**"; im Gegensatz zu der „Verlängerung" des § 8 LPachtG. Damit soll klargestellt werden, dass bei Vertragsfortsetzung über eine Verlängerung hinaus auch die **Änderung sonstiger vertraglicher Bestimmungen** möglich ist.

Der praktische Anwendungsbereich der Norm scheint gering zu sein; so ist zu erklären, dass es seit der Vorauflage kaum Rechtsprechung und Literatur zu Fragen des Pachtschutzes gibt und erst recht nicht neue Tendenzen bei der Auslegung der Norm zu erkennen sind. Das mag daran liegen, dass in neuer Zeit Flächenpachtverträge mit vereinbarten bzw erreichten Pachtzeiten von 12 Jahren überwiegen, sodass Pachtschutz nach Abs 3 Nr 3 2. Alternative ohnehin nicht begehrt werden kann.

2 Der Anspruch des Pächters **setzt voraus**:

(1) einen wirksamen, insbesondere nicht abgelaufenen Landpachtvertrag (Rn 16, 17),
(2) das Vorliegen besonderer gesetzlicher Voraussetzungen (Abs 1, s Rn 22 ff),
(3) das Fehlen der Ausschlussgründe (Abs 3, s Rn 38 ff),
(4) für die gerichtliche Durchsetzung: den vorhergehenden, erfolglos gebliebenen Einigungsversuch in einer Art „privaten Vorverfahrens" (s Rn 50 ff).

Abs 8 statuiert die grundsätzliche **Unabdingbarkeit** der Vorschrift (s Rn 82 ff).

b) Zweck

3 Ziel der Bestimmung ist die Erhaltung des Pachtverhältnisses im Interesse eines **Sozialschutzes des Pächters** (OLG Koblenz MDR 2014, 1384). Dieser Schutz bezieht sich auf den landwirtschaftlichen Betrieb als wirtschaftliche sowie die mit gepachteten Wohngebäude als persönliche Existenzgrundlage des Pächters und seiner Familie, sodass eine gewisse **Verwandtschaft zu § 573 BGB** besteht. Derart kann in Zweifelsfällen auf die Auslegung dieser Bestimmung verwiesen werden.

Die *Sicherung der Volksernährung* – noch ein tragender Gesichtspunkt im Zusammenhang mit § 8 LPachtG (LWLH, Landpachtrecht [2. Aufl] § 8 Rn 70) – *ist demgegenüber zurückgetreten* (LWLH Rn 1). Desungeachtet wird auch diese Norm – namentlich bei Beurteilung des Pächterschutzes – nach den Grundsätzen auszulegen sein, die das Bundesverfassungsgericht (AgrarR 1995, 12) im Zusammenhang mit der **Privilegierung jeglichen landwirtschaftlichen Sonderrechts** (s § 585 Rn 3; § 586 Rn 34) aufgestellt hat: Soweit und solange es *das gesetzgeberische Ziel* ist, *landwirtschaftliches Sonderrecht* – hier also eine die Vertragsfreiheit tangierende Verlängerung von Pachtverhältnissen – zu schaffen bzw erhalten, ist dies nur soweit und solange anzuwenden, als der gesetzgeberische Wille erreicht wird, leistungsfähige Betriebe in bäuerlicher Hand zu erhalten.

2. Verhältnis zum früheren Recht

4 Die vorhergehende Vorschrift (§ 8 LPachtG) geht in ihren Grundlagen auf die RPachtO vom 30. 7. 1940 (RGBl S 1065) zurück. Deren strenge Handhabung war durch die Verordnung vom 11. 10. 1944 (RGBl S 245) noch perfektioniert worden. Diese enthielt die Bestimmung einer gesetzlichen Verlängerung von Pachtverträgen; von diesem Geist war die weitere Entwicklung des Pachtschutzes nach 1945 weit-

gehend getragen. *Derart wurden Pachtverlängerungen zum Regelfall.* Dies führte zu einer *wirtschaftsschädlichen Erstarrung* des Pachtmarktes, die erst durch die Regelung von § 8 LPachtG wieder aufgelockert wurde. Im Rahmen der Landpachtnovelle ist die Sozialklausel des § 8 LPachtG in Aufbau und Formulierung der Sozialklausel des Wohnraummietrechts (§ 574 BGB) angepasst und inhaltlich modifiziert worden.

Insgesamt ist der Pachtschutz nach der Neuregelung konkreter und einengender geregelt als bisher: Die Haupt-Charakteristika der Lebensgrundlage des angepachteten Betriebes bzw der Notwendigkeit der Zupachtfläche zur Aufrechterhaltung des Pächter-Betriebes waren nach früherem Recht nur unter anderem zu berücksichtigende Aspekte. Während bisher schlechthin ein bloßes Überwiegen der Pächterinteressen ausreichte, besteht nach der Neuregelung Anspruch auf Pachtschutz nur (noch), wenn dessen Versagung für den Pächter bzw seine Familie eine unträgbare Härte darstellte. Überdies kann im Gegensatz zu § 8 Abs 1 c LPachtG ein abgelaufener Vertrag nicht mehr unter Festsetzung einer weiteren Laufzeit wieder in Kraft gesetzt werden (§ 595 Abs 7 S 2 BGB).

Während die gerichtliche Pachtschutz-Gewährung nach § 8 LPachtG die Bestimmung einer weiteren Pachtdauer und damit eines neuen Vertrages war (BGH RdL 1954, 11), folgt aus der in § 595 BGB enthaltenen Formulierung „Fortsetzung", dass der **bisherige Vertrag bis zu seinem neuen Ende weiterläuft**, mit den bisher geltenden und eventuell veränderten Bedingungen. 5

Neu ist weiter, dass – abweichend von der bisherigen Regelung – **Pachtschutz nur noch vom Pächter verlangt** werden kann. Indes dürften **Ausnahmefälle** denkbar sein, in denen der **Verpächter** – dann über § 242 BGB – eine Vertragsverlängerung durchsetzen kann; so beispielsweise dann, wenn ein Pachtvertragsverhältnis als Vorstufe zur Hofübergabe eingegangen wurde sowie der alternde Betriebseigentümer aus der Pachtung sein „Altenteil" bezieht und auf die Fortsetzung des Vertragsverhältnisses angewiesen ist.

Anders als in § 8 LPachtG **differenziert** die Neuregelung in ihren Regelungsaspekten **zwischen Betriebs- und reiner Grundstückspacht** (§ 585 Abs 1 BGB, vgl § 585 Rn 8).

Neu ist auch das dem gerichtlichen Pachtschutzverfahren notwendigerweise vorhergehende (und fehlgeschlagene) Vorverfahren auf einvernehmliche Regelung (Abs 4 und 6) mit der Beachtung der dafür statuierten Fristen (Abs 5).

3. Anwendungsbereich

a) Sachlich
Die Vorschrift gilt für alle **Landpachtverträge im Sinne von § 585 BGB** (OLG Koblenz MDR 2014, 1384, keine Anwendung auf einen Grundstückspachtvertrag zum Betrieb eines Campingplatzes; vgl auch LG Göttingen 18. 2. 2015 – 3 O 77/14 juris Rn 18); gleichviel, ob sie nach dem LPachtVG anzeigebedürftig sind oder nicht sowie, ob sie angezeigt wurden oder nicht. Sie gilt ebenso für die landwirtschaftliche Betriebspacht wie für die Pacht von Einzelgrundstücken. 6

Bei **Mischbetrieben** muss der landwirtschaftliche Charakter überwiegen, um das Landpachtrecht und damit auch das Pachtschutzrecht anzunehmen.

Unerheblich ist, ob der Pächter (aktuell) die Flächen bewirtschaftet oder (zB im Rahmen der Rotationsbrache) ungenutzt lässt (s § 586 Rn 35).

b) Persönlich

7 Pachtschutz gilt auch, soweit eine **Anzeigepflicht** nach § 3 LPachtVG nicht besteht sowie für mündlich abgeschlossene Verträge (OLG Köln RdL 1982, 51).

Pachtschutz können Pächter als **natürliche** und – unter besonderen Umständen – auch **juristische Personen bzw Personengesellschaften** (s dazu Rn 24) in Anspruch nehmen.

Auch der **Unterpächter** ist pachtschutzberechtigt, jedoch nur gegenüber dem Haupt-Pächter (s zum Verhältnis zueinander § 589 Rn 30 ff).

Grundsätzlich ist unerheblich, ob der Pächter ein Vollerwerbs- oder **Nebenerwerbslandwirt** ist. Er muss jedoch stets erwerbswirtschaftlich tätig sein (Abgrenzung zum „Hobbybetrieb", vgl § 585 Rn 19).

c) Laufende Pachtverträge

8 Pachtschutz besteht nur bei solchen Pachtverträgen, die noch nicht abgelaufen sind (Abs 7 S 2).

Dies führt bei auflösend bedingten Pachtverträgen regelmäßig zur Versagung von Pachtschutz, weil die auflösende Bedingung regelmäßig so unvorhergesehen eintritt, dass eine vorherige Antragstellung nicht erfolgen kann (Pikalo NJW 1986, 1473; ausführlich LWLH Rn 21 mwNw, auch zu der nach früherem Recht bereits kontrovers diskutierten Frage, inwieweit dem Pächter in derartigen Fällen mit einer entsprechenden Anwendung der Pachtschutzregelungen geholfen werden kann).

d) Keine Anwendbarkeit

9 Keine Anwendbarkeit dieser Norm besteht für

– Pachtschutz-Anträge des Verpächters;

– abgelaufene oder nichtige Pachtverträge;

– die in Abs 3 der Norm von der Anwendung ausgeschlossenen Verträge/Fälle;

– für Pachtschutz des Unter-Pächters gegenüber dem Haupt-Verpächter.

e) Übergangsrecht

10 Insoweit sei auf Art 219 EGBGB verwiesen. Die Vorschrift gilt auch für Pachtverträge, die zum Zeitpunkt des Inkrafttretens der Landpachtnovelle (1. 6. 1986) bereits liefen.

4. Verhältnis der Vorschrift

a) Zu Bestimmungen des Miet- bzw Pachtrechts

Bei **Veräußerung** des Pachtobjektes gilt § 566 BGB. Geschieht diese während eines **11** laufenden Pachtschutz-Verfahrens, hat die Veräußerung (§ 265 ZPO) auf das Verfahren keinen Einfluss; der bisherige Verpächter kann das Pachtschutzverfahren also fortsetzen. Bei Zustimmung des Pächters kann der Erwerber in das Verfahren eintreten.

Hinsichtlich der bei Betriebspacht mitverpachteten Pächter-Wohnung besteht neben dem Fortsetzungsverlangen nach § 595 BGB **keine Berechtigung des Pächters, nach § 574 ff BGB vorzugehen**.

Das vorzeitige **Kündigungsrecht** des Verpächters im Fall des § 593a BGB bleibt unberührt und versagt dem (nachfolgenden) Pächter Pachtschutz nach § 595 BGB (Abs 3 Nr 2). Lehnt der Verpächter die Pächteranfragen nach § 594 S 2 BGB auf Fortsetzung form- und fristgerecht ab, kann er in gleicher Weise dem Fortsetzungsverlangen im Pachtschutzverfahren widersprechen (§ 595 Abs 5 S 1 BGB; LWLH § 594 Rn 17).

Nach § 594d Abs 3 BGB ist im Falle des **Todes des Pächters** ein Pacht-Fortsetzungsverlangen dessen Erben gegenüber der Kündigung des Verpächters ausgeschlossen, und zwar unbeschadet des Widerspruchsrechts des Pächtererben im Rahmen und in den Grenzen des § 594d Abs 2 BGB.

b) Zu sonstigen Vorschriften des BGB

In besonders gelagerten Fällen kann auch für den Pächter **über § 242 BGB ein wei- 12 tergehender Schutz** vor Vertragsbeendigung erfolgen, als dieser nach § 595 BGB möglich ist (so dem Grunde nach auch OLG Frankfurt RdL 2003, 182; OLG Köln 28. 11. 2013 – I-23 U 5/13 Rn 24). Dies ist insbesondere in den Fällen denkbar, in denen die Betriebspacht die Vorstufe der (vorweggenommenen) Erbfolge in den landwirtschaftlichen Betrieb darstellt. Wie im Bereich der Höfeordnung für die Nordwestdeutschen Bundesländer in § 6 Abs 1 der im Vertrauen auf eine spätere Erbenstellung Tätige bzw Ausgebildete (weitgehend) vor später willkürlicher entgegenstehender Handlungsweise des Eigentümers geschützt ist, ist ein vergleichbarer Schutz erst recht dem in vorweggenommener Erbfolge tätigen Betriebspächter zu gewähren, weil dieser durch vertragliche Bindung und erbrachte Gegenleistung um so schützenswerter erscheint (vgl dazu im Einzelnen FHvJP § 6 Rn 7 ff).

c) Zum LPachtVG

Der Pächter-Anspruch auf Vertragsfortsetzung wird durch eine unter Verstoß gegen **13** § 2 LPachtVG unterbliebene Anzeige nicht berührt (s zum Verhältnis der Landpacht- zu den Landpachtverkehrsvorschriften § 585 Rn 46). Gleichermaßen ist (anders als im Rahmen der Vertragsänderung nach § 593 BGB, vgl § 9 LPachtVG) die unterlassene Anzeige kein Hinderungsgrund für den Pächter, gerichtliche Hilfe nach § 595 Abs 6 BGB in Anspruch zu nehmen.

Haben sich die Beteiligten nach § 595 BGB über eine Vertrags-Fortsetzung geeinigt, ist diese nach § 2 LPachtVG **anzeigebedürftig** (LWLH, LPachtVG § 2 Rn 15).

Unbeschadet der Vorzugsstellung langfristiger Pachtverträge nach § 595 Abs 3 Nr 3 BGB im Pachtschutzverfahren ist die Vertragsdauer in § 4 LPachtVG als solche nicht als ein besonderer Beanstandungsgrund aufgeführt. Sie ist desungeachtet im Vertrags-Prüfungsverfahren zu berücksichtigen, wie die Erwähnung in § 2 Abs 1 LPachtVG zeigt. Man wird jedoch nicht so weit gehen können, dem Landwirtschaftsgericht nach § 8 LPachtVG die Befugnis einer Änderung der Vertragsdauer einzuräumen. Dies folgt aus dem Wortlaut von § 8 Abs 1 S 2 LPachtVG, der dem Gericht nur die Befugnis gibt, den Vertrag „insoweit" zu ändern, als es sich um eine auf § 4 Abs 1 Nr 3 LPachtVG gestützte Beanstandung (Pachthöhe) handelt.

5. Unabdingbarkeit

14 Der soziale Schutzzweck der Norm (vgl BT-Drucks 10/509 zu § 595 Abs 8 S 26) rechtfertigt ihre grundsätzliche Unabdingbarkeit, wie dies schon nach § 10 Abs 2 bis 4 LPachtG der Fall war. Im Einzelnen s Rn 82 ff.

II. Pachtvertragliche Voraussetzungen für den Pachtschutz (Abs 1 S 1)

15 Die Anwendbarkeit der Norm steht unter folgenden Grundsatz-Voraussetzungen:

1. Landpachtvertrag

16 Dessen begriffliche Merkmale ergeben sich aus § 585 BGB, auf die dortigen Erläuterungen wird verwiesen, insbesondere auch im Hinblick auf die Abgrenzung eines Landpacht- zu einem sonstigen Pachtverhältnis sowie den Stellenwert der Unterpacht.

2. Vertragswirksamkeit

17 Dieser Vertrag muss wirksam sein. Ein nichtiger oder anfechtbarer Vertrag kann nicht Grundlage eines Fortsetzungsbegehrens sein.

3. Laufender Pachtvertrag

18 Nach § 595 Abs 7 S 2 BGB darf der Landpachtvertrag noch nicht abgelaufen sein, wenn er dem Pächter einen Fortsetzungsanspruch geben soll; dies unterscheidet die Anwendbarkeit der Bestimmung von ihrer Vorgängerin (§ 8 Abs 1 c LPachtG).

4. Schutz vor vertragsmäßiger Beendigung

19 Schließlich gilt der Pachtschutz-Anspruch nur zur Verhinderung der vertragsmäßigen Beendigung des Pachtverhältnisses. Die Rechte des Verpächters bei Vorhandensein von Gründen zur **außerordentlichen Kündigung** (beispielsweise nach §§ 593a bis 594e BGB) bleiben davon **unberührt**.

20 Eine vertragsmäßige Pachtbeendigung liegt vor

– bei einer auf bestimmte Zeit abgeschlossenen, durch Zeitablauf endenden Vereinbarung (§ 594 Abs 1 S 1 BGB);

Titel 5 · Mietvertrag, Pachtvertrag
Untertitel 5 · Landpachtvertrag § 595

- bei Pachtverhältnissen, bei denen das Vertragsende – abweichend von der ursprünglichen Vereinbarung – nachträglich zu einem bestimmten Zeitpunkt vertraglich festgelegt wurde (zB § 594 BGB);

- bei Bestimmung des Pachtendes durch Pachtfortsetzungsbeschluss des Landwirtschaftsgerichts nach Abs 6 S 1;

- bei Pachtverträgen mit Verlängerungsklausel: Zeitablauf nach der die Beendigung auslösenden Handlung (Widerspruch, Kündigung);

- bei auf unbestimmte Zeit eingegangenen Pachtverhältnissen: durch Kündigung (§ 594a BGB) und Ablauf der Kündigungsfrist;

- in Fällen der Vereinbarung des Pachtendes bei Eintritt eines künftigen (ungewissen) Ereignisses, wenn dieses eingetreten ist (vgl LWLH Rn 23).

5. Fortsetzungsverlangen

Der Pächter muss seinen Anspruch zunächst gegenüber dem Verpächter (Abs 4, 5) 21
und im Verweigerungsfalle durch Antrag beim Landwirtschaftsgericht (Abs 6) geltend machen.

III. Die beiderseitige Interessenabwägung

1. Überblick

Die „angemessene" (= ausgewogene) Abwägung der Interessenlagen beider Ver- 22
tragsteile ist nach wie vor funktionsnotwendiges Element für die Pachtfortsetzung,
dies indes im Verhältnis zum früheren Recht mit einer bemerkenswert anderen
Akzentuierung: Abgesehen davon, dass der **Verpächter** aus der Pachtschutz-Bestimmung heraus **nicht mehr antragsberechtigt** ist (vgl zu Ausnahmen oben Rn 5), spielt bei
der Interessenabwägung auch **keine Rolle** mehr, ob eine Pachtverlängerung **die
bessere Bewirtschaftung** des Pachtobjektes erwarten lässt. Ferner kommt es **nicht
mehr** darauf an, ob die Verlängerung wegen eines Überwiegens der Pächterinteressen **dringend geboten** erscheint; **ausreichend ist** vielmehr die Feststellung, dass – in
Abwägung mit der normgerechten Interessenlage des Verpächters – die Nichtfortsetzung der Pacht für den Pächter und seine Familie eine **unzumutbare Härte** bedeuten würde.

2. Die Abwägungsfaktoren

a) Auf Pächterseite
aa) Grundzüge, „Person" des Pächters

Das Gesetz definiert den für die Beurteilung bedeutsamen Begriff der „Härte" nicht 23
näher. Daher ist insoweit auf die **Sozialklausel im Wohnraummietrecht** (§ 574 BGB)
zurückzugreifen (Regierungsentwurf BT-Drucks 10/509 zu § 595 Abs 1 S 25). Daraus folgt,
dass eine Härte nur **„eine Beeinträchtigung sein kann, die diejenigen Nachteile übersteigt, die mit der Aufgabe des Pachtobjektes üblicherweise verbunden sind"** (LWLH

Rn 29; allgemein zum Begriff der untragbaren Härte OLG Köln AgrarR 1991, 322; s zu einem Einzelfall OLG Naumburg 27. 7. 2005 – 2 Ww 6/05 juris).

Zur Rechtsstellung des Pächters im Falle der **Enteignung** verpachteten Landes vgl DEWITT/SCHIRP AgrarR 1994, 108.

Diese weitergehenden Nachteile könnten **persönlicher** (zB Alter, Gesundheit) und/ oder **wirtschaftlicher Natur** sein. Der Beurteilung des Pachtgegenstandes als (wesentlicher Bestandteil der aktuellen) Existenzgrundlage des Pächters und seiner Familie kommt dabei eine herausragende Bedeutung zu. Diese wird noch verstärkt, wenn der Pächter nachweisen kann, sich vergeblich um eine anderweitige, zumutbare Existenzgrundlage bemüht zu haben (FHL Rn 28 mwNw).

Bei der Bewertung des **Einflusses eines Pacht-Endes auf die Lebensgrundlage des Pächters und seiner Familie** sind die gesamten Einkunfts- und Vermögensverhältnisse der Pächter-Familie (also auch die außerlandwirtschaftlichen) zu berücksichtigen. Dabei wird es lediglich auf die Situation des Pächters und allenfalls seines Ehegatten, nicht hingegen sonstiger (unterhaltspflichtiger) Verwandter ankommen.

24 Problematisch ist, inwieweit die Pächter-Schutzbestimmung des § 595 BGB auf diejenigen Fälle ausgeweitet werden kann, in denen nicht eine natürliche Person, sondern eine **Personengesellschaft** oder eine juristische Person Pächter ist. Die Abgrenzung ist entsprechend der Kommentierung zu § 589 BGB (Rn 8 ff) und § 594d BGB (Rn 6 f) vorzunehmen: Auf die Verhältnisse eines Personengesellschafters, der lediglich als Kapitalgeber fungiert, kann es nicht ankommen. Anders verhält es sich hinsichtlich eines bei Vertragsbeginn (vereinbarungsgemäß) aktiven Gesellschafters; allein für diesen Fall greift die Norm nach ihrem Sinngehalt.

Handelt es sich bei dem Pächter um eine **juristische Person**, so gelten die zur Personengesellschaft vorgenommenen Differenzierungen sinngemäß. Die Verhältnisse eines lediglich kapitalgebenden Gesellschafters sind hinsichtlich der Berechtigung zum Pachtschutz ohne Belang; anders dagegen bezüglich einer Person und ihrer Familie, die bei Vertragsabschluss Geschäftsführer war.

bb) Betriebspacht

25 In diesen Fällen (vgl zur näheren Definition § 585 Rn 8; zur Abgrenzung auch OLG Celle AgrarR 1988, 169) muss der landwirtschaftliche Betrieb die **wirtschaftliche Lebensgrundlage des Pächters und seiner Familie** darstellen. Dieses Erfordernis reicht als solches zur Bejahung eines Pachtschutz-Antrages allerdings noch nicht aus; es bildet die **Grundlage** der (darüber hinaus) anzustellenden **Interessenabwägung** (FHL Rn 19). Findet der Pächter seine ausreichende Lebensgrundlage kontinuierlich und unabhängig vom Pachtbetrieb, ist grundsätzlich – ohne weitere Interessenabwägung – sein Fortsetzungsanspruch unbegründet.

26 Zur Bestimmung dessen, was als „**wirtschaftliche Lebensgrundlage**" anzusehen ist, mag auf die Vorgänger-Vorschrift des § 8 Abs 1 LPachtG und ihre Interpretation zurückgegriffen werden (LWLH Rn 24). Danach muss der Pachtbetrieb nicht die alleinige wirtschaftliche Lebensgrundlage des Pächters sein; es genügt, dass der Betrieb **im wesentlichen Umfang** die wirtschaftliche Lebensgrundlage des Pächters darstellt. Daher wird darauf abzustellen sein, ob die Pächter-Familie ihren Lebensunterhalt aus Besitz, Gebrauch und Nutzung des Pachtbetriebes gewinnen kann und gewinnt.

Unter Hinweis auf § 14 GrdstVG wird auch bei der Betriebspacht zu berücksichtigen sein, inwieweit (von dritter Seite) zugepachtete Ländereien zum Betriebsergebnis beitragen.

Stets geht es um den landwirtschaftlichen Betrieb des Pächters; bei (überwiegend) **gewerblicher Nutzung** des Pachtgegenstandes besteht kein Pachtschutz (OLG Karlsruhe AgrarR 1990, 50).

Ein wichtiger Fall der Anwendung ist gegeben, wenn der Prätendent eines **formlos bindenden Hofübergabevertrages** (FHvJP § 6 Rn 18; § 17 Rn 163 ff) in Form eines Pachtvertrages Pachtschutz bis zum Tode des Übergebers begehrt (OLG Hamm AgrarR 1991, 322).

Besondere **Investitionen** des Pächters und seiner Familie in das Pachtobjekt als solches sind kein gesondertes Argument für einen Pachtschutz über § 595 BGB (zu den Möglichkeiten einer Pachtverlängerung nach § 591 Abs 3 S 3 siehe § 591 Rn 57). Zur Behandlung der Milchquote im Falle des Vertragsendes siehe § 596 Rn 34. Hat der Pächter nach § 590 BGB genehmigungsfreie **Veränderungen** an der Pachtsache vorgenommen, die er bis zum Pachtende noch nicht wieder in ihren ursprünglichen Zustand zurückversetzen konnte (vgl § 590 Rn 16), so ist dies allein noch kein Argument für eine Pachtvertragsverlängerung. Der **Verlust oder der Erwerb/Erhalt einer Produktionsquote** (zB Milchquote) begründet gleichfalls für sich allein keinen Pachtverlängerungsanspruch des Pächters (OLG Köln AgrarR 1994, 135; zu den gemeinschaftsrechtlichen Aspekten des Pächterschutzes im Bereich der Milchquoten siehe LUKANOW AgrarR 1994, 59).

Insbesondere bei (insgesamt) **nebenerwerblich** tätigen Landwirten ist die Frage eines **27** Beitrags der Erträgnisse aus dem zugepachteten Betrieb zur wirtschaftlichen Lebensgrundlage kritisch und **zurückhaltend** zu beurteilen.

Im Zuge landwirtschaftlicher Konzentrationen gewinnt zunehmend die Frage an Bedeutung, wie auf Pächterseite die Bewirtschaftung **mehrerer** (ehemals selbständig geführter) **landwirtschaftlicher Betriebe** zu bewerten ist. Bei der vorzunehmenden Abwägung wird es darauf ankommen, welchen Anteil die Erträgnisse aus dem Zupacht-Betrieb, um den es im Pachtschutzverfahren konkret geht, an den Erträgnissen der gesamten vom Pächter betriebenen Landwirtschaft haben und ob eine Herausnahme dieser Einkunftsquelle die wirtschaftliche Lebensgrundlage des Pächters in einer Pachtschutz rechtfertigenden Weise beeinträchtigt. Diese Frage wird auch unter Berücksichtigung der Struktur sowie Dauerhaftigkeit des/der übrigen Pächterbetriebe(s) zu beantworten sein; insoweit kommt es auch auf die Dauer der übrigen Pachtverhältnisse bzw den Eigentumsanteil des Pächters an seinem Gesamtbetrieb an.

Angesichts der in die Gesamt-Abwägung einzubeziehenden Pächter-Familie ist es gleichgültig, ob der zupachtende Betrieb dem Pächter selbst oder dem Ehegatten gehört bzw von diesem angepachtet ist.

cc) Grundstückspacht

28 Es ist dies die Zupacht zu einem bereits bestehenden Pächterbetrieb. Pachtschutz ist insoweit an drei Voraussetzungen geknüpft:

– Der Pächterbetrieb muss zu seiner Aufrechterhaltung auf die Zupacht angewiesen sein.

– Der Pächterbetrieb muss die wirtschaftliche Lebensgrundlage des Pächters und/oder seiner Familie bilden.

– Auch die übrigen allgemeinen Voraussetzungen, insbesondere die gebotene Interessenabwägung, müssen gegeben sein bzw erfolgen.

Gleichgültig ist auch hier, ob der zupachtende Pächterbetrieb in dessen Eigentum steht oder seinerseits auch angepachtet ist; letzterenfalls wird die **Dauer dieses Vertragsverhältnisses** sowie bei der Dauer der zuzugestehenden Vertragsverlängerung bei der Interessenabwägung zu berücksichtigen sein (s Rn 34).

Angesichts der in die Gesamt-Abwägung einzubeziehenden Pächter-Familie ist es gleichgültig, ob der zupachtende Betrieb dem **Pächter selbst oder dem Ehegatten** gehört bzw von diesem angepachtet ist.

Grundsätzlich soll der zupachtrechtliche Fortsetzungsanspruch **denselben Voraussetzungen** unterliegen, **wie** dies **bei der Betriebspacht** der Fall ist (Protokoll des Bundestags-Ernährungsausschusses Nr 44 vom 10. 12. 1984 Anlage 2). Speziell ist bei der Abwägung zu berücksichtigen, welchen Einfluss die Herausnahme der Pachtfläche auf Organisations- und Ertragsstruktur des Pächter-Betriebes hat. Dabei werden auch Kosten/Nachteile zu berücksichtigen sein, die dem Pächter durch eine schädliche oder gar untragbare Umstrukturierung seines restlichen Betriebes entstehen, auch unter Berücksichtigung des Verlustes staatlicher Förderungsmaßnahmen oder den Überbestand von Inventar in Bezug auf den Verlust ausreichender landwirtschaftlicher Produktionsfläche (LWLH Rn 26 ff; FHL Rn 35 ff).

Zur Frage, bei welchen Größen- und damit Ertragsverhältnissen ernsthafterweise von einer Lebensgrundlage des Gesamtbetriebes (Eigenland und Zupachtflächen) des Pächters gesprochen werden kann, ist auf den individuellen Betrieb in seinem makroökonomischen Umfeld abzustellen: In Zeiten steigender Kosten und sinkender Erträge – gar noch bei Wegfall staatlich garantierter Interventionspreise – werden kleine Einheiten den Schutz des § 595 BGB nicht für sich reklamieren können (vgl Rn 3, 30). In diesem Sinne kann der apodiktischen Auffassung des OLG Stuttgart (RdL 1996, 230) nicht gefolgt werden, ein kleinerer Eigenbetrieb von (im entschiedenen Fall) 50 ha reiche stets als Lebensgrundlage aus, weshalb der Wegfall einer Zupacht (hier 22 ha) keine unzumutbare Härte sein könne.

Ist der zupachtende Betrieb des Pächters ein **Nebenerwerbsbetrieb**, der erst durch die Zupacht-Flächen zum Vollerwerbsbetrieb wird, werden die Pächterinteressen in aller Regel überwiegen. Bildet der Pächterbetrieb hingegen trotz der Zupacht für den Pächter und seine Familie keine ausreichende Lebensgrundlage, besteht auch unter dem Gesichtspunkt der Erhaltung leistungsfähiger Betriebe in bäuerlicher Hand vom gedanklichen Ansatz her kaum ein Grund zur Gewährung von Pächterschutz.

b) Auf Verpächterseite

Im Gegensatz zu den Pächterinteressen (wirtschaftliche Lebensgrundlage, Härte für die Pächter-Familie) sind diejenigen des Verpächters im Gesetz **nicht näher definiert**. Es ist nur von „berechtigten" Interessen die Rede. 29

Ansatzpunkt für die Ausgestaltung ist das (in der Regel) **Eigentum** des Verpächters mit allen sich daraus ergebenden schutzwürdigen Gesichtspunkten (Art 14 GG) sowie Rechten (**§§ 903 ff BGB**). Abgesehen von Bedenken auf Verpächterseite hinsichtlich **ordnungsgemäßer Bewirtschaftung** und Instandhaltung der Pachtsache sind auch die Interessen des Verpächters vorrangig zu berücksichtigen, den Pachtgegenstand künftig **anders als durch Verpachtung zu nutzen**. Dies kann durch Eigenbewirtschaftung des Verpächters oder eines Familienangehörigen geschehen oder auch in Form einer „Umwidmung" der landwirtschaftlichen Flächen, zB für Bauland. Auch ein pachtfreier Verkauf (§ 566 BGB) ist ein entscheidender, auf Verpächterseite zu berücksichtigender Gesichtspunkt, da im Rahmen vorformulierter Verträge der anstehende Betriebs- oder Flächenverkauf kein Grund für eine außerordentliche Kündigung ist (vgl § 594e Rn 36).

3. Die Abwägung der beiderseitigen Interessenlagen

Die Abwägung der gewiss häufig auf beiden Seiten vorhandenen, mit gleicher Berechtigung vorgebrachten Interessen verlangt (letztlich) die Prüfung, ob die Pachtbeendigung für den Pächter – unter Berücksichtigung der berechtigten Verpächter-Interessen – eine **„nicht zu rechtfertigende Härte"** wäre. Nur wenn dies zu bejahen ist, ist dem Fortsetzungsanspruch stattzugeben. Dabei ist die Gesamt-Situation des Pächters – auch im Hinblick auf übrige Einkunfts- und Vermögensquellen – heranzuziehen. Des Weiteren ist zu beurteilen, welche zumindest mittelfristige Perspektive der übrige landwirtschaftliche Pächterbetrieb hat: Besteht dieser – gleichgültig ob Betriebs- oder Zupacht – aus nur geringen, minderwertigen und/oder ihrerseits nur (noch) kurzfristig angepachteten Flächen, wird man insgesamt nicht mehr davon sprechen können, dass auf der Pächterseite ein schutzwürdiger landwirtschaftlicher Betrieb vorhanden ist, der ihm und seiner Familie eine ausreichende Lebensgrundlage gewährleistet. Dann ist es auch nicht gerechtfertigt, die Pächterinteressen insoweit als überwiegend anzusehen, als die im Pachtschutzverfahren zu beurteilende Betriebs- oder Zupacht eine Art „letzten Strohhalm" für seine wirtschaftliche Existenz und die seiner Familie darstellt. 30

Denn auch im Rahmen der Interessenabwägung ist der Grundsatz zu berücksichtigen, dass jegliches landwirtschaftliches Sonderrecht (und dazu gehört auch der Pachtschutz) nur soweit und solange zu verantworten ist, als es darum geht, **leistungsfähige Betriebe in bäuerlicher Hand zu erhalten** (s Rn 3 mwNw). 31

Unterpacht als bloße Vermögensverwaltung auf Pächterseite wird regelmäßig der Anerkennung eines Pachtschutzes entgegenstehen.

Die nach Abs 1 S 2 mögliche wiederholte Fortsetzung des Pachtvertrags-Verhältnisses (s Rn 32) kann bei der Abwägung zu Lasten des Pächters erschwerend berücksichtigt werden; dies insbesondere dann, wenn sich der Pächter auf die Unzumutbarkeit einer „nunmehr" drohenden Umstrukturierung oder auch die Beeinträchtigung des Familieneinkommens beruft, er aber schon längst hätte Vorsorge treffen können.

4. Wiederholte Fortsetzung (Abs 1 S 2)

32 Ausdrücklich ist dem Pächter aufgrund der Landpachtnovelle die Möglichkeit gegeben, den Fortsetzungsanspruch wiederholt geltend zu machen. Dem setzen allerdings die zeitlichen Höchstgrenzen des Abs 3 Nr 3 einen festen Rahmen.

Wiederholte Fortsetzung kann sowohl bei der Betriebs- wie der Grundstückspacht begehrt werden (BT-Drucks 10/509 zu § 595 Abs 1 S 25).

IV. Fortsetzungsdauer und (sonstige) Vertragsänderungen (Abs 2)

1. Überblick

33 Zusätzlich zu der bereits in Abs 1 S 2 herausgestellten wiederholten Fortsetzungsmöglichkeit regelt Abs 2 weitere Grundsätze über die zeitliche Dauer der Pacht-Verlängerungsmöglichkeit. Diese erfolgt auf Verlangen des Pächters, soweit „dies unter Berücksichtigung aller Umstände angemessen ist" (Abs 2 S 1).

S 2 engt für gewisse Fallgestaltungen **den Gehalt des Fortsetzungsanspruchs dahin ein**, dass die Fortsetzung nur bei **angemessener Änderung der Vertragsbedingungen** zugestanden werden kann. Insoweit entspricht Abs 2 dem Wortlaut und Gehalt von § 574a Abs 1 BGB. Dies macht die Handhabung der nunmehrigen Pachtfortsetzungs-Norm flexibler als es im Bereich des § 8 LPachtG der Fall war; dieser Vorschrift war eine derartige Koppelung von Pachtfortsetzungs- und sonstigem Vertragsänderungsrecht (§ 7 LPachtG) fremd.

Im Rahmen des der gerichtlichen Auseinandersetzung vorgeschalteten Vorverfahrens ist auch eine **gütliche Einigung über die Fortsetzungsdauer** notwendig. Indes verlangt die Schriftform des Fortsetzungsverlangens (Abs 4) nicht auch die Angabe einer konkreten Verlängerungsfrist; vielmehr reicht es aus, dass das Verlangen sinngemäß eine angemessene Verlängerung begehrt (LWLH Rn 39; einschränkend FHL Rn 82). Unter dem Gesichtspunkt seiner Prozesschancen ist dem Pächter allerdings dringend anzuraten, seinen Fortsetzungsanspruch so konkret wie möglich zu umreißen (s Rn 56).

2. Dauer

34 Die angemessene Dauer der Fortsetzung findet vorab ihre zeitliche Grenze in den Fristen des Abs 3 Nr 3 iVm Abs 6 S 2. Handelt es sich um die Grundstückspacht zu

einem vom Pächter (von dritter Seite) angepachteten Betrieb, wird dessen Vertragsdauer die äußerste Grenze der zuzugestehenden Grundstückspacht-Vertragsverlängerung darstellen.

Im Übrigen wird der Pächter im Rahmen seines Verlängerungsbegehrens Vorgaben zu machen und darzulegen haben, warum gerade diese Frist von ihm als angemessen angesehen wird. Je weniger schlüssig oder beweisbar die (insoweit) Pächter-Argumentation für die Zukunft anzusehen ist, um so weniger lang wird der Zeitraum der angemessenen Fortsetzung seitens des Gerichts zu fixieren sein.

Statistische Erhebungen über gerichtlich erlaubte Anpassungsfristen sind nicht bekannt. Lediglich bei der Stückland-Pacht ist von einem Verlängerungsanspruch von einem bis zu drei Jahren als üblich auszugehen (FHL Rn 45).

3. Teilweise Fortsetzung (Abs 6 S 3)

Die Fortsetzung eines von mehreren Pachtverträgen unter denselben Parteien regelt sich jeweils isoliert nach § 595 BGB. Besonderer Regelungsbedarf besteht jedoch, wenn der Pächter ein und dasselbe Vertragsverhältnis lediglich teilweise fortsetzen möchte. 35

Gesetzlicher Vorläufer von Abs 6 S 3 ist der frühere § 8 Abs 1 S 2 LPachtG. Der Unterschied in der Formulierung („Pachtgegenstand, Pachtsache") bedeutet keinen sachlichen Unterschied.

Die einheitliche Fortsetzung des Vertragsverhältnisses ist die Grundlage, die teilweise nach dieser Bestimmung die **Ausnahme**. Derart ist auch im Zweifel ein Fortsetzungsverlangen des Pächters zu interpretieren. Demzufolge ist bei der vorzunehmenden Interessenabwägung die Berechtigung einer teilweisen Fortsetzung gesondert und kritisch zu überprüfen. Es wird vor allem mit dem regelmäßigen Verpächter-Interesse zu vergleichen sein, eine Zersplitterung des Pachtgegenstandes zu vermeiden. Indes kann auch der Verpächter – zB bei Verkauf einzelner Parzellen als Bauland – an einer nur teilweisen Fortsetzung des Pachtvertrags-Verhältnisses interessiert sein (LWLH Rn 37).

4. Fortsetzung bei (sonstiger) Vertragsänderung (Abs 2 S 2)

Grundsätzlich ist Gegenstand des Fortsetzungsverlangens der existierende Pachtvertrag mit seinem gesamten Leistungsgefüge. 36

Diese neue in das Pachtfortsetzungsrecht eingeführte Bestimmung trägt einem **praktischen Bedürfnis** Rechnung. Dem Pächter soll auch dann ein Fortsetzungsanspruch ermöglicht werden, wenn die Voraussetzungen des Abs 1 nur bei entsprechender Anpassung der sonstigen Vertragsbedingungen zwecks Herstellung eines wechselseitig gerechten Leistungsgefüges angenommen werden können.

Schon nach der Gesetzesformulierung geht es um einen (weiteren) **Verpächter-Anspruch auf Vertragsanpassung**, der neben demjenigen des § 593 BGB steht und die- 37 sem in Fällen eines Pächter-Fortsetzungsverlangens vorgeht. Erfahrungsgemäß kommen folgende Regelungsaspekte in Betracht:

– die Erhöhung der Pacht;

– die Übernahme von Kosten und Lasten zur Erhaltung und Nutzung des Pachtobjektes, die nach der gesetzlichen Regelung den Verpächter treffen;

– insbesondere hinsichtlich Erhaltungsmaßnahmen an Pachtgebäuden;

– Herausnahme von Teilflächen aus der Pacht, damit dem Verpächter eine anderweitige Verwendungsmöglichkeit ermöglicht wird.

Ob und inwieweit diesen Verpächter-Ansprüchen zu folgen ist, ist im Rahmen der Interessenabwägung nach Abs 1 zu berücksichtigen. Denn der Pächter wird regelmäßig überhaupt nicht vorhersehen (und sein Verlangen dementsprechend beschränken) können, in welcher Hinsicht und welchem Umfang dem Verpächter Vertragsänderungen vorschweben (LWLH Rn 34).

V. Ausschluss des Fortsetzungsanspruchs (Abs 3)

1. Vorbemerkung

38 Die Regelung über einzelne Fälle des Ausschlusses eines Fortsetzungsanspruchs findet ihren Ursprung in § 8 Abs 2 LPachtG und hinsichtlich der Wohnraummiete in § 556a Abs 4 aF (jetzt § 574 BGB). Im Gegensatz zu § 8 Abs 2 LPachtG ist jedoch der Ausschluss eines Fortsetzungsanspruchs nicht (mehr) an die landpachtverkehrsrechtliche Anzeige geknüpft (vgl dazu grds Rn 13).

Abgesehen von den übrigen Fällen (zB wirksamer außerordentlicher Verpächter-Kündigung, LWLH Rn 47; s Rn 19 f) normiert Abs 2 vier Fallgestaltungen des Fortsetzungsausschlusses.

2. Vorherige Pächter-Kündigung

39 Der Pachtfortsetzungsanspruch ist bei jeglicher (wirksamen) Pächter-Kündigung **ausgeschlossen**, sei sie ordentlich oder außerordentlich, fristlos oder fristgerecht.

Kündigen beide Vertragsparteien, hängt die Anwendbarkeit dieser Regelung davon ab, welche Kündigung vorher wirkt; ist dies die Pächter-Kündigung, bleibt es zunächst bei einem Ausschluss des Fortsetzungsanspruchs (LWLH Rn 46; BeckOGK/Wiese [1. 5. 2017] § 595 Rn 16; **aA** BeckOK/Wagner Rn 15). Da die Norm eine Ausgestaltung des venire contra factum proprium darstellt, wird diese Konsequenz auch vorliegen, wenn „zufällig" die Kündigungen beider Vertragsteile auf denselben Zeitpunkt fallen oder die Pächter- eine Folge der Verpächterkündigung ist. Denkbar ist dann allenfalls, dass der Pächter Fortsetzung bis zum Wirksamwerden seiner Kündigungserklärung verlangen kann, sofern diese zeitlich nach der Kündigung des Verpächters eintreten würde (BeckOGK/Wiese [1. 5. 2017] § 595 Rn 16).

3. Fristlose und vorzeitige Kündigungsbefugnis des Verpächters

Ist der Verpächter aus besonderem Grund zur fristlosen Kündigung des Vertrags- **40** verhältnisses (§ 594e BGB) berechtigt, **entfällt der Fortsetzungsanspruch**. Diese auch in § 574 Abs 1 S 2 BGB enthaltene Regelung trägt dem Umstand Rechnung, dass der Pächter durch seinen Fortsetzungsanspruch nicht dasjenige ungeschehen machen kann, was den Verpächter zur fristlosen Kündigung berechtigt.

Daneben gibt der Sonderfall der Verpächter-Kündigung wegen **Betriebsübergabe** (§ 593a S 3 BGB) dem Pächter keinen Fortsetzungsanspruch.

Der Pachtschutz entfällt bei Vorhandensein einer entsprechenden **Befugnis auf Ver-** **41** **pächter-Seite zu außerordentlicher Kündigung**; nicht notwendig ist, dass der Verpächter diese Kündigung auch erklärt (hat). Abzugrenzen sind hingegen die Fälle einer Verwirkung des Kündigungsrechts (LWLH Rn 48). Demgegenüber wird das Fortsetzungsverlangen des Pächters nach § 594d Abs 3 BGB nicht schon durch die bloße Kündigungsbefugnis des Verpächters, sondern erst durch die Ausübung des Kündigungsrechts gegenüber den Pächtererben ausgeschlossen.

4. Erreichte Maximalfrist (Abs 3 Nr 3)

Entsprechend der vorhergehenden Regelung (§§ 8 Abs 2a, 2 LPachtG) hat auch die **42** nunmehrige Regelung die **langfristigen Pachtverträge** mit gesetzlicher Mindestdauer für **nicht fortsetzungsfähig** erklärt. Hierbei hat die neue Regelung die Mindestdauer für Betriebs- und diesen gleichgestellten Pachten (§ 2 Abs 1a-c LPachtG) von 18 Jahren beibehalten, indes die Mindestdauer bei der Parzellenpacht von 9 Jahren auf 12 Jahre erhöht. Weitergehender Pachtschutz ist allenfalls über § 242 BGB denkbar (vgl oben Rn 12).

Demzufolge unterliegen der 18-jährigen Mindestdauer als Voraussetzung für die **43** Pachtschutz-Versagung:

– die Betriebspacht (vgl § 585 Rn 8);

– die Zupacht von Einzelgrundstücken, aus denen ein landwirtschaftlicher Betrieb besteht; sowie

– die Pacht von vom Pächter kultivierten Moor- oder Ödland.

Dabei ist dem Erfordernis der Entstehung eines landwirtschaftlichen Betriebes durch Zupacht auch dann genügt, wenn der Pächter eine fehlende Hofstelle oder sonst für die Bewirtschaftung unentbehrliche Gebäude hinzu pachtet oder mietet (LWLH Rn 53), gleichgültig, von wem dies erfolgt.

Zweifelhaft ist, ob die **Langfristigkeit** des Vertragsverhältnisses von vornherein ver- **44** einbart sein muss (so LWLH Rn 50) oder dieser Zustand auch **als Konsequenz mehrfacher Vertragsverlängerung** erreicht sein kann. Letzterer Auffassung ist der Vorzug zu geben (s OLG Karlsruhe RdL 1998, 65 = AgrarR 1998, 281). Gesetzgeberisches Ziel ist es, die zu langfristige Bindung der Vertragsteile aneinander zu vermeiden, um so auch einer Erstarrung des Pachtmarktes (s Rn 4) entgegenzuwirken. Dazu ist es gleichgültig, ob der Zustand des Erreichens der Maximalfrist durch ursprünglich einmalige oder nacheinander mehrmalige Vereinbarung erreicht wurde (vgl zu den Fundstellen Rn 77). Mithin kommt es für das Bestehen eines Fortsetzungsanspruchs allein darauf an, ob zum Zeitpunkt des Wirksamwerdens der ihm vorhergehenden Kündigung die Höchstgrenzen erreicht sind oder nicht (OLG Köln 28. 11. 2013 – I-23 U 5/13 Rn 22).

5. Fortsetzungsausschluss bei beabsichtigter Eigennutzung (Abs 3 Nr 4)

a) Vorübergehende Verpachtung

45 Hat der Verpächter bei Vertragsabschluss die Absicht gehabt, dem Pächter das Pachtobjekt nur für eine Übergangszeit zu überlassen, in der Annahme, die Eigennutzung (danach) wieder aufnehmen (lassen) zu wollen, liegt keine „Dauerverpachtung" vor und besteht somit **kein Fortsetzungsanspruch**.

Der dementsprechende Verpächter-Wille muss bei Vertragsabschluss **erkennbar zum Ausdruck gekommen** sein; und zwar ausdrücklich oder nach Lage der Umstände (OLG Hamm RdL 1953, 133; OLG Celle RdL 1954, 125; OLG Köln AgrarR 1989, 51; FHL Rn 69; LWLH Rn 58). *Das Absehen von einem Schriftform-Erfordernis ist nur auf den ersten Blick ein Widerspruch gegenüber § 585a BGB.* Denn die vorübergehende Nutzung als Ausschluss des Fortsetzungsanspruchs ist kein vertraglicher Regelungsbestandteil. Dies wäre eine Umgehung der Unabdingbarkeit der Pachtschutz-Vorschrift (Abs 8). Vielmehr ist die nur vorübergehende Nutzung ein einseitiger Verpächter-Vorbehalt, der (nur) dem Pächter gegenüber in hinreichender Deutlichkeit zum Ausdruck kommen muss.

Ein Pachtschutz-Anspruch des Pächters besteht in derartigen Fällen um so weniger, je länger der Pächter die durch den Verpächter beabsichtigte Bewirtschaftungsübernahme kennt und er sich derart darauf einstellen konnte (OLG Köln AgrarR 1989, 50).

Einer **befristeten Betriebsverpachtung** kommt **nicht** ohne Weiteres der Charakter einer vorübergehenden im Sinne dieser Bestimmung zu; indes kann bei mehrjähriger Pächter-Kenntnis von der Verpächter-Absicht auf Eigenbewirtschaftung dessen berechtigtes Interesse an der Versagung an Pachtschutz überwiegen (OLG Köln AgrarR 1989, 50 f).

Gleichgültig ist, ob der Verpächter die anschließende Eigennutzung selbst betreiben oder durch seinen Vorbehalt **Familienangehörige** – etwa im Sinne einer vorweggenommenen Erbfolge – begünstigen will (arg § 573 Abs 2 Nr 2 BGB). Umgekehrt wird man auch auf Pächterseite auf die Familie abstellen müssen. Von vorübergehender Nutzung iSv Abs 3 Satz 4 kann etwa dann nicht die Rede sein, wenn der Betrieb seit Jahrzehnten an die Pächter-Familie verpachtet war (OLG Köln AgrarR 1989, 50).

Die Beweislast für eine bloße vorübergehende Verpachtung mit anschließender Absicht auf (anderweitige) Eigennutzung obliegt dem Verpächter (FHL Rn 70).

b) Eigene bzw anderweitige Nutzung

Im Übrigen ist der Ausschluss der Pachtfortsetzung nur bei Vorliegen einer der beiden nachgenannten Fallgestaltungen zugelassen: **46**

aa) Eigennutzung des Verpächters

Anders als in § 8 Abs 2 b LPachtG ist nun nicht mehr notwendig, dass der Verpächter das Pachtobjekt vor der Verpachtung persönlich bewirtschaftet hat. Auch der Rechtsnachfolger (durch Erbfolge oder Kauf) bleibt zur späteren Übernahme der Eigenbewirtschaftung berechtigt. **47**

Mangels gesetzlicher Präzisierung braucht die Eigennutzung **nicht** (mehr) eine **landwirtschaftliche** zu sein, gewerbliche oder bauliche (Wohnungsbau) Nutzung ist ebenfalls möglich.

Nutzung bedeutet im Regelfall **unmittelbare Nutzung** durch Eigenbewirtschaftung; im Gegensatz zur Nutzziehung, etwa bei anderweitiger Verpachtung. Zulässig ist auch eine Nutzung mit Hilfe Dritter, so bei der Beschäftigung von Hilfskräften und/oder Beitritt zu einer Bewirtschaftungsgemeinschaft. Letzteres wird jedenfalls dann gelten, wenn der Verpächter darin aktiv mitarbeitet (LWLH Rn 61).

Bei anschließender nur **teilweiser Eigennutzung** auf Verpächterseite ist auch nur insoweit der Pachtschutz ausgeschlossen. **48**

Gibt der Verpächter im Laufe der Pachtzeit seine **Absicht zur Eigennutzung auf**, wird er nur in Ausnahmefällen verpflichtet sein, dies dem Pächter gegenüber zu erklären. Seine darauf gegründete Einrede gegen einen Fortsetzungsanspruch fällt allerdings weg.

In entsprechender Anwendung der zu §§ 573 ff BGB ergangenen Rechtsprechung ist der Verpächter allerdings schadensersatzpflichtig, wenn er die anschließende Eigennutzung nur vortäuscht, aber nicht praktiziert bzw praktizieren lässt (FHL Rn 74).

bb) Erfüllung gesetzlicher oder sonstiger öffentlicher Aufgaben

Unter der Voraussetzung bloß vorübergehender Verpachtung (s Rn 45) besteht des Weiteren kein Pachtschutz, wenn das Pachtobjekt zur Erfüllung gesetzlicher oder sonstiger öffentlicher Aufgaben verwendet werden soll. Diese Regelung ist in die Pachtschutznovelle auf Anregung der Siedlungs- und Gemeinnützigen Wohnungsunternehmen hin erfolgt (Protokoll des Bundestags-Ernährungsausschusses Nr 34/II Anlagen 25, 27). **49**

Aus der Gesetzesformulierung („will") folgt, dass der hiernach begünstigte Verpächterkreis zunächst nur die Träger gesetzlicher oder öffentlicher Aufgaben umfassen soll, so zB Landgesellschaften, Gemeinden, Siedlungsunternehmen usw (FHL Rn 75). Weiter besteht – in entsprechender Anwendung der Norm – auch dann kein Fortsetzungsanspruch, wenn der Verpächter anschließend die Fläche öffentlichen Aufgaben zugänglich machen soll (so zB zur Entwicklung von Bau- oder Gewerbegebieten oder bei Beanspruchung als öffentliche Wegefläche durch den Träger der Straßenbaulast). Die lediglich mittelbare Nutzung – so zB als Ausgleichsflächen für

Verkäufer von öffentlichen Belangen zugeführten Flächen – wird hingegen nicht genügen.

Soweit in den Neuen Bundesländern Flächen verpachtet sind, die nach dem **Vermögensgesetz** ihren früheren Eigentümern zurückzugeben sind, unterliegen sie insoweit auch einer öffentlichen Aufgabe im Sinne dieser Bestimmung; ein Vertragsverlängerungsanspruch des Pächters besteht dann nicht (s BGH AgrarR 1999 215 = RdL 1999, 120). In Weiterentwicklung dieses Gedankens erscheint es vertretbar, auch den Strukturierungs- und **Privatisierungsauftrag der Treuhandanstalt, der BVVG sowie der BVS** als öffentliche Aufgaben anzusehen (s dazu BGH VIZ 2004, 316 = ZOV 2004, 134). Dies hat zur Konsequenz, dass bei beabsichtigtem Privatisierungsverkauf § 595 Abs 3 Ziff 4 BGB einem Pachtverlängerungsbegehren entgegenstehen dürfte. Hingegen wird man nicht so weit gehen können, dem Erwerber bei anschließend auslaufendem Pachtverhältnis dieselbe Rechtsposition einzuräumen, da dann eine Verwendung zur Erfüllung öffentlicher Aufgaben bereits geschehen ist.

VI. Die Pächtererklärungen (Fortsetzungsverlangen) im Vorverfahren (Abs 4)

1. Bedeutung und Rechtsnatur

50 Der Gesetzgeber hat das Verfahren ausdrücklich „zweistufig" angelegt. **Erster Schritt** ist das vom Pächter vorprozessual zu stellende Fortsetzungsverlangen. Nur falls daraufhin keine Verständigung erfolgt, ist die Voraussetzung für die sachliche Entscheidungskompetenz des Landwirtschaftsgerichts gegeben (LWLH Rn 74).

Damit ist das vom Pächter zu stellende Fortsetzungsverlangen für seine verfahrensrechtliche Position von Bedeutung; der **Nachweis des ergebnislosen Vorverfahrens** ist materielle Anspruchs- bzw „*Schlüssigkeitsvoraussetzung*" für das anschließende gerichtliche Verfahren (FHL Rn 89; OLG Naumburg 27. 7. 2005 – 2 Ww 6/05 juris).

Das Pächter-Verlangen ist nur **entbehrlich**, wenn es zur bloßen **Förmelei** würde; speziell also dann, wenn der Verpächter bereits erklärt hat, er werde – unter keinen Umständen – einem Fortsetzungsverlangen zustimmen.

51 Seiner **Rechtsnatur** nach ist das Fortsetzungsverlangen insoweit eine geschäftsähnliche Handlung, als es – für sich genommen – zwar noch keine Vertragsfortsetzung bewirkt, wohl aber die Vorstufe dazu insoweit schafft, als nur dadurch der Anspruch auf gerichtliche Pachtfortsetzung begründet wird.

2. Mehrere Beteiligte auf einer Vertragsseite

52 In jedem Fall ist dann das Fortsetzungsverlangen gegenüber der Vertragspartei von und gegenüber dem- bzw denjenigen anzugeben, die gesellschaftsrechtlich zur Vertretung bei der Abgabe und Entgegennahme von Willenserklärungen bevollmächtigt sind.

3. Schriftform (Abs 4 S 1)

53 Angesichts der gesetzlich eindeutigen Regelung führt die **Nichtbeachtung** der Form

grundsätzlich zur **Nichtigkeit** der Erklärung nach § 125 S 1 BGB; dies selbst bei verspätet nachgeholtem schriftlichen Verlangen (OLG Stuttgart AgrarR 1999, 351). Welche Voraussetzungen für die Einhaltung der Schriftform anzulegen sind, beurteilt sich über §§ 594 f, 585b BGB nach den §§ 126, 127 BGB.

4. Frist

Die Frist vor Pachtvertrags-Ende, innerhalb derer das Fortsetzungsverlangen zugehen muss, ist von der Dauer des Vertragsverhältnisses abhängig; bei Nichtbeachtung hat der Verpächter ein (besonderes) Ablehnungsrecht nach Abs 5 (s Rn 61). **54**

5. Erklärungsinhalt

Das Fortsetzungsverlangen sollte allein schon deshalb hinsichtlich Dauer und Bedingungen **hinreichend präzisiert** werden, damit es bei Einverständnis des Verpächters „automatisch" zu einer Fortsetzungsvereinbarung kommen kann. Notwendig ist nur der – allerdings eindeutig erklärte – Pächter-Wille zur Fortsetzung des Vertragsverhältnisses. **55**

Ist das Fortsetzungsverlangen hinsichtlich seiner Ausgestaltung so präzise gefasst, dass der Verpächter schriftlich zustimmen kann und zustimmt, liegt darin die der Form des § 585a BGB ohne Weiteres genügende Fortsetzungsvereinbarung. Auch zur Eingrenzung prozessualer – auch unter Kostengesichtspunkten – Risiken ist es ratsam, das Fortsetzungsverlangen zu begründen und mit einer gewünschten Zeitdauer zu versehen (LWLH Rn 39; FHL Rn 82; je mwNw). Je genauer umrissen die Fortsetzungs-Vorstellungen des Pächters sind und mitgeteilt werden, desto intensiver muss sich damit der Verpächter vorprozessual auseinandersetzen, kann also etwa in einem anschließenden Verfahren nicht (teilweise) anerkennen oder für erledigt erklären.

6. Auskunftspflichten und -rechte

a) Auskunftspflichten des Pächters
Da der Verpächter für seine Entscheidung regelmäßig auf hinreichende sachliche Information angewiesen sein wird, gibt Abs 4 S 2 ihm einen entsprechenden Auskunftsanspruch zu den Gründen des Fortsetzungsverlangens. **56**

b) Auskunftsrechte des Pächters
Das Gesetz erlegt dem Verpächter nicht in gleicher Weise Auskunftspflichten auf; diese können aber sinnvoll sein, zB im Hinblick auf seine Vorstellungen zu Modalitäten einer Vertragsanpassung (Abs 2 S 2). Daher wird der Verpächter unter dem Gesichtspunkt des § 242 BGB allgemein insoweit als auskunftspflichtig angesehen (LWLH Rn 44; vgl BGB-RGRK/Alff § 242 Rn 44; BGHZ 87, 371). **57**

VII. Das Verpächter-Verhalten im Vorverfahren, insbesondere die Ablehnung des Pachtschutzverlangens

1. Überblick

58 Die gesetzliche Regelung fordert **keine ausdrückliche Erklärung des Verpächters**; dies ist gewiss wenig verständlich im Hinblick auf die andersartige Regelung des § 594 BGB und die des Abs 6 S 1, wonach der gerichtliche Antrag auf Pachtschutz das Scheitern des Vorverfahrens voraussetzt.

Erklärt sich der Verpächter nicht, kann der Pächter mithin im Rahmen des Pachtschutzantrages in **Darlegungsnot** kommen. Erklärt sich der Verpächter nicht definitiv und/oder treten die Verhandlungen auf der Stelle, kann der Pächter deshalb in entsprechender Anwendung von § 326 BGB dem Verpächter eine Frist zur endgültigen Erklärung setzen und nach deren Ablauf gerichtlichen Pachtschutzantrag stellen.

59 Erklärt sich der Verpächter, sind verschiedene **Varianten** denkbar:

(1) Ist er mit dem (hinreichend spezifizierten) Fortsetzungsverlangen einschränkungslos einverstanden, kann die Erklärung als „Annahme" ausgelegt werden, mit der Konsequenz des Zustandekommens einer Fortsetzungs-Vereinbarung; diese bedarf dann allerdings zum Erreichen der zumeist gewünschten Längerfristigkeit der Form des § 585a BGB.

(2) Erklärt sich der Verpächter mit dem Fortsetzungsverlangen nicht einverstanden, ist dem Pächter die Möglichkeit zur Inanspruchnahme gerichtlichen Pachtschutzes gegeben.

(3) In der Praxis wird das Fortsetzungsverlangen häufig Veranlassung für Neuverhandlungen unter den Vertragsparteien sein, die in einem – dann wiederum formbedürftigen (§ 585a BGB) – neuen Vertrag enden.

2. Ablehnung des Fortsetzungsverlangens (Abs 5)

a) Rechtsnatur

60 Dem in Abs 5 dem Verpächter zuerkannten Recht auf Ablehnung kommt die rechtliche Qualifikation einer **Einrede** zu, da der Fortsetzungs-Verweigerungsgrund nicht von Amts wegen zu beachten ist (LWLH Rn 67).

Macht demzufolge der Verpächter seine Einwilligung „**von Bedingungen abhängig**", wird das Vertragsverhältnis nicht ohne Weiteres zu diesen fortgesetzt; es bedarf vielmehr einer Fortsetzungsvereinbarung bzw der Pächter kann gerichtlichen Pachtschutz in Anspruch nehmen.

Der Verpächter kann seine Ablehnung der Pachtfortsetzung – gleichgültig ob im gerichtlichen Verfahren oder davor erklärt – jederzeit zurücknehmen.

Gründe zur Ablehnung des Fortsetzungsverlangens sind in Abs 5 nicht aufgeführt:

Titel 5 · Mietvertrag, Pachtvertrag
Untertitel 5 · Landpachtvertrag   § 595

Der Verpächter vermag wegen Verfristung (Versäumung der gesetzlichen Frist zur Erklärung des Fortsetzungsverlangens) abzulehnen; zum anderen auch dann, wenn der Pächter früher die Fortsetzung des Vertragsverhältnisses nach § 594 BGB abgelehnt hat. Ergänzend kann sich der Verpächter auf alle Gründe berufen, auch und besonders auf die aus Abs 3.

b)   Form und Fristen
Die Verpächter-Verweigerung ist eine **empfangsbedürftige Willenserklärung**, die   61
formlos abgegeben werden kann (LWLH Rn 40).

Eine Frist zu ihrer Abgabe ist nicht vorgeschrieben; allein rechtfertigt dies, nach Ablauf einer Überlegungsfrist seitens des Pächters eine Nachfrist zu setzen (vgl Rn 59).

c)   Wirkung
Die Ablehnung des Fortsetzungsanspruchs durch den Verpächter – wie im Übrigen   62
auch sein Schweigen – bedeutet die vorgerichtliche **Abweisung des Pachtschutz-Antrages** und eröffnet dem Pächter die Möglichkeit zur Inanspruchnahme gerichtlicher Hilfe.

Dabei beschränkt sich die Ablehnung auf die Vereitelung des Fortsetzungsanspruchs, berührt demgegenüber nicht den (laufenden) Pachtvertrag.

3.   Modifikation der Ablehnung

Beschränkt der Verpächter seine Ablehnung auf nur einen Teil des Pachtobjekts,   63
kommt insoweit noch kein fortgesetzter Pachtvertrag zustande (arg § 150 Abs 2 BGB). Es ist dann Sache des Pächters, sich damit zufriedenzugeben oder insgesamt einen Antrag auf gerichtliche Entscheidung zu stellen.

VIII. Landwirtschaftsgerichtliches Verfahren (Abs 6 und 7)

1.   Grundsatzregelung

Das gerichtliche Pachtschutzverfahren setzt die Ablehnung des vorprozessualen   64
Pachtschutz-Antrags des Pächters voraus; diesen Sachverhalt hat der Pächter zur Schlüssigkeit seines Antrags vorzutragen und bei Bestreiten zu beweisen (so Rn 50).

2.   Entscheidungsantrag

a)   Antragsbefugnis
aa) Des Pächters
Antragsbefugt ist in dem Verfahren grundsätzlich lediglich der Pächter.   65

bb) Des Verpächters
Dem Verpächter steht (s Rn 5) nur in **Ausnahmefällen** ein eigenes, auf Fortsetzung   66
gerichtetes Antragsrecht zu.

Soweit der Pächter vor dem Landwirtschaftsgericht noch keinen Pachtfortsetzungs-

Antrag gestellt hat, ist der Verpächter berechtigt, seinerseits **Feststellung** zu beantragen, dass dem Pächter kein Anspruch zusteht (LWLH Rn 85; FHL Rn 90). § 595 BGB begründet insoweit kein Antragsmonopol des Pächters (OLG Köln AgrarR 1989, 50). Stellt der Pächter danach gerichtlichen Pachtschutz-Antrag, erledigt sich der Verpächter-Antrag; ist der auf Zurückweisung gerichtete Verpächter-Antrag eine zulässige Antragsänderung entsprechend § 263 ZPO (Ernst, LwVG § 9 Rn 108).

Ein Rechtsschutzbedürfnis des Verpächters ist gegeben, wenn der Pächter ihm gegenüber erklärt hat, Pachtschutz in Anspruch nehmen zu wollen (OLG Köln AgrarR 1989, 50) oder wenn der Verpächter die Klarstellung möchte, dass dem Pächter aus einem der in Abs 3 aufgeführten Ausschlussgründe kein Pachtschutz zusteht.

Seine Auffassung, dass der Pachtvertrag nur unter modifizierten Bedingungen (Abs 2 S 2) fortgesetzt wird, muss der Verpächter nicht mit einem dementsprechenden Antrag unterlegen; denn wenn er dazu Gründe vorträgt, sind diese vom Gericht auch ohne Antrag zu berücksichtigen.

cc) Mehrheit von Beteiligten auf einer Vertragsseite

67 Zur Wahrung der **Einheitlichkeit des Pachtverhältnisses** sind grundsätzlich auf Pächter- wie Verpächterseite alle Vertragsbeteiligten an dem Gerichtsverfahren zu beteiligen. Sämtliche Pächter haben mithin – evtl in getrennten Schriftsätzen – Pachtschutz geltend zu machen und den Antrag gegen alle Verpächter zu stellen.

Davon zu unterscheiden sind **Sammelpachtverträge**, bei denen in einer Urkunde eine Anzahl selbständiger Verträge zusammengefasst werden; dies ist etwa der Fall, wenn ein Verpächter seinen Grundbesitz aufgeteilt an verschiedene Pächter verpachtet. Hier sind die einzelnen Pachtverhältnisse grundsätzlich unabhängig voneinander pachtschutzfähig.

Umgekehrt müssen bei einem Verpächter-Feststellungsantrag (s Rn 67) sämtliche Verpächter den Antrag einheitlich stellen.

b) Antragsform

68 Anträge können sowohl schriftlich als auch nach §§ 9 LwVG, 25 FamFG zu Protokoll der Geschäftsstelle gestellt werden.

c) Antragsinhalt
aa) Auf Pächterseite

69 Mindestvoraussetzung ist zunächst die schlüssige Behauptung, dass **vorprozessualer Pachtschutzantrag** gestellt wurde und eine Einigung nicht erzielt werden konnte; zweckmäßigerweise sollte dabei das schriftliche Fortsetzungsverlangen (Abs 4 S 1) einschließlich einer etwa erteilten Pächterauskunft nach Abs 4 S 2 überreicht werden.

Weiter notwendig ist der **Antrag auf Pachtfortsetzung**. Soweit der Pächter die Fortsetzung **zu geänderten Bedingungen** oder nur bezüglich eines Teils der Pachtsache beantragt, hat er dies in der Antragsschrift auszuführen.

Jedenfalls ist – allein zur Vermeidung von Prozessrisiken – eine möglichst konkrete

Antragsfassung zu befürworten (zur Formulierung des vorgerichtlichen Pachtschutz-Antrags s Rn 50, 56).

Über den gestellten Antrag hinaus darf die Pachtfortsetzung nicht ausgesprochen werden.

bb) Auf Verpächterseite
Er muss (s Rn 67) den Feststellungsantrag enthalten, dass das konkret zu umschreibende Pachtvertragsverhältnis nicht fortgesetzt werden kann. 70

3. Antragsfristen (Abs 7)

a) Grundzüge (Abs 7 S 1)
Die Frist für den Pachtschutzantrag ist abhängig von der Vertragszeit; sie muss bei Gericht eingegangen sein: 71

– bei Verträgen mit einer 12 monatigen oder kürzeren Kündigungsfrist: spätestens zwei Monate nach Zugang der Kündigung;
– in allen anderen Fällen: spätestens neun Monate vor Beendigung des Pachtverhältnisses; dies ist bei zeitlich befristeten Pachtverträgen, solche mit gesetzlicher Kündigungsfrist (§ 584 BGB) sowie Verträgen mit vertraglich vereinbarter Kündigungsfrist der Fall.

Bei **Stücklandpacht mit unbestimmter Zeitdauer** ist die gesetzliche Regelung **wenig praktikabel**. Denn der Pächter müsste bereits nach einem Pachtjahr vom Verpächter schriftlich Pachtfortsetzung verlangen und den Fortsetzungsantrag bei unterbliebener Reaktion drei Monate später bei Gericht einreichen (FHL Rn 92). 72

b) Nachträgliche Zulassung des Pachtschutz-Antrages bei Fristversäumung (S 2)
Wie bei § 8 Abs 1 S 3 LPachtG ist die nachträgliche Antragstellung zur **Vermeidung unbilliger Härten** zulässig. Dagegen ist sie nunmehr nicht zulässig, wenn der Vertrag bereits abgelaufen ist. 73

Ein Fall unbilliger Härte ist etwa gegeben, wenn den Pächter kein Verschulden an der Fristversäumung trifft (OLG Celle RdL 1957, 80). Insbesondere bei irriger Annahme über das weitere Schweben von Einigungsverhandlungen oder Irrtum des Pächters über die Unwirksamkeit einer ausgesprochenen Kündigung kann ein Fall unbilliger Härte gegeben sein (LWLH Rn 89).

Ob der Pachtschutzantrag Erfolg haben wird, ist in diesem Zusammenhang keine Frage (LWLH Rn 89).

4. Die gerichtliche Entscheidung im Fortsetzungsverfahren (Abs 6)

a) Verfahrensrecht, Entscheidungskompetenz
Streitigkeiten aus § 595 BGB sind (§§ 1 Nr 1; 9 LwVG) **Landwirtschaftssachen der freiwilligen Gerichtsbarkeit**. Hiernach gelten die Grundsätze der Amtsermittlung 74

(§§ 9 LwVG, § 26 FamFG), die mit der sofortigen Beschwerde (§ 58 Abs 1 FamFG) anfechtbare Entscheidung ergeht in Beschlussform.

Ähnlich der **Beweislast** im Zivilprozess ist auch im Verfahren der freiwilligen Gerichtsbarkeit grundsätzlich derjenige darlegungspflichtig, der eine für sich rechtlich vorteilhafte Position behauptet. Derart geht die Nichterweislichkeit zu seinen Lasten.

Zur **Schlüssigkeit** des Pächter-Antrages (s Rn 50) gehört mithin die Behauptung eines gescheiterten Vorverfahrens. Diese Darlegung – unter Vermeidung der Kostenrisiken – kann schwierig sein, da für die ablehnende Verpächter-Erklärung keine Schriftform notwendig ist (vgl Rn 50).

Auch im Übrigen ist der Pächter für das Vorliegen der Pachtschutzvoraussetzungen darlegungspflichtig. Er sollte – und hier rechtfertigt sich ein möglichst präziser vorgerichtlicher Pachtschutzantrag (s Rn 56) – von Anfang an seine genauen Vorstellungen über die Modalitäten der Vertragsfortsetzung (Dauer, evtl Abänderung nach Abs 2 S 2) sogleich mit beantragen und begründen.

Hält sich das Landwirtschaftsgericht in Ermangelung eines Landpacht-Vertrages (zur Abgrenzung vgl § 585 Rn 19) für **unzuständig**, hat es den Rechtsstreit nach Anhörung der Parteien von Amts wegen gemäß § 12 Abs 1 LwVG an das zuständige Prozessgericht abzugeben (**aA** STEFFEN RdL 1987, 85, der eine Verweisung nach § 281 ZPO für notwendig hält).

b) Sachliche Entscheidung

75 Das Landwirtschaftsgericht hat nach Abs 6 S 1 über die Fortsetzung des Landpachtverhältnisses sowie deren Modalitäten (Dauer, Bedingungen) zu entscheiden. Gründe, die bereits in **vorhergehenden, rechtskräftig abgeschlossenen Pachtschutzverfahren** geltend gemacht wurden, können in erneutem Verfahren nicht wieder zur Entscheidungsgrundlage werden. Denn die Begründung/Ablehnung des Pachtverlängerungs-Anspruchs ist in materielle Rechtskraft erwachsen (OLG Oldenburg 10 WLw 16/89 nv).

aa) Vertragsfortsetzung
α) Dauer und Höchstdauer

76 Das Landwirtschaftsgericht ist in der Bestimmung der weiteren Vertragsdauer frei. Es kann also eine feste Verlängerungszeit, einen bestimmten Endtermin oder eine Pachtverlängerung auf unbestimmte Zeit (LWLH Rn 75) bestimmen.

Der zeitlichen Höchstdauer sind indes unter doppeltem Aspekt **Grenzen gesetzt**: Weder darf das Landwirtschaftsgericht über den Pächter-Antrag hinausgehen noch die in Abs 3 Nr 3 bestimmten Höchstlaufzeiten überschreiten.

In Bezug auf diese Höchstlaufzeiten hat das Landwirtschaftsgericht (Abs 6 S 2) **vom Beginn des laufenden Pachtverhältnisses** aus zu rechnen. Die Auslegung dieser Eingrenzung (Abs 6 S 2: „Pachtverhältnis"; Abs 3 Nr 3: „Pachtvertrag") ist umstritten. Pachtschutz ist nach diesseitiger Auffassung zu versagen, wenn das Pachtverhältnis als Überlassungsform bereits über die in Abs 3 Nr 3 genannten Zeiträume angedauert hat (OLG Celle AgrarR 1988, 169; OLG Celle AgrarR 1990, 22 unter Bezugnahme auf PIKALO

NJW 1986, 1465; Beschluss vom 20. 6. 1994 – 7 W 24/94 nv; OLG Schleswig AgrarR 1988, 167; OLG Oldenburg 10 W 69/91 und 2/92 nv; kritisch LWLH Rn 76; zum Übergangsrecht bei langfristigen Vertragsverhältnissen vgl OLG Schleswig AgrarR 1988, 283).

β) **Fortsetzungsbedingungen**
Grundsätzlich erfolgt die Pachtfortsetzung zu den bisherigen Vertragsbedingungen. **77** Ausnahmsweise gilt dies nicht **bei Unzumutbarkeit** für den Verpächter. Dann hat das Gericht die Pachtfortsetzung auch unter angemessener **inhaltlicher Änderung** der bisherigen Vertragsbedingungen zu beschließen (Abs 6 S 1 iVm Abs 2 S 2, der auch die Grenzen der Änderungsbefugnis umreißt, s Rn 36).

Zugelassen ist auch die Beschränkung der Pachtfortsetzung auf einen Teil der Pachtsache, entsprechend dem bisherigen Recht (§ 8 Abs 1 S 3 LPachtG; s Rn 35). Zur Entscheidungskompetenz des Landwirtschaftsgerichts in diesen Fällen s § 595a Rn 8.

Die Anordnung der wiederholten Pachtfortsetzung ist zulässig, allerdings nur im Rahmen der Höchstdauer von Abs 6 S 2 iVm Abs 3 Nr 3.

bb) Abweisung
Der nicht für begründet befundene Fortsetzungsantrag führt zu dessen Abweisung. **78** Wird der Fortsetzungsanspruch nur **bezüglich eines Teils** des Pachtobjekts für begründet gehalten, so kann auf Antrag des Pächters diesem Teil unter entsprechender Veränderung der Vertragsbedingungen (Pacht-Festsetzung) stattgegeben werden.

5. Rechtsnatur und Wirkungen der gerichtlichen Fortsetzungsentscheidung

Der die Pachtfortsetzung rechtsgestaltend anordnende **Gerichtsbeschluss bewirkt 79** eine dem Beschlussinhalt entsprechende **Änderung des Vertragsinhalts**. Derart war bereits in § 11 Abs 2 LPachtG eine mit Wirkung für die Vertragsteile anordnende Fiktion statuiert, während das jetzige Recht eine entsprechende ausdrückliche Regelung für entbehrlich hält. Bei dieser Änderung des Vertragsinhalts handelt es sich nicht um eine vertragliche, sondern um eine gerichtliche Änderung.

Aus dem nunmehrigen Begriff der „Fortsetzung" anstelle der früheren Formulierung „Verlängerung" folgt, dass die bislang vereinbarte vertragsmäßige Beendigung gegenstandslos geworden und das bisherige Pachtverhältnis mit den nunmehr geänderten Bedingungen bis zum neu festgesetzten Endzeitpunkt weiterläuft. Damit ist die frühere Auffassung des BGH (RdL 1954, 11) als überholt anzusehen (vgl hierzu auch kritisch LWLH Rn 77).

Der **Fortsetzungsbeschluss** ist **nicht** nach § 2 LPachtVG **anzeigebedürftig** (LWLH **80** Rn 96). Wird **jedoch** das landwirtschaftsgerichtliche Verfahren durch einen **Vergleich** beendet, ist dieser eine vertragliche Einigung mit der Konsequenz ihrer Anzeigepflicht.

IX. Zwingender Rechtsgehalt und seine Grenzen (Abs 8)

1. Rechtliche Sicherung des Funktionszwecks der Norm

a) Grundzüge

81 Die zwingende Vorschrift des Abs 8 sichert den rechtlichen Funktionszweck von § 595 BGB, in dem sie das in den Abs 1–7 statuierte **Recht des Pächters auf Vertragsfortsetzung für unverzichtbar** (S 1) und die in S 2 aufgeführten **Umgehungsgeschäfte für unwirksam** erklärt.

Unzulässig ist zunächst die **Aufgabe des materiellrechtlichen Fortsetzungsanspruchs** nach Abs 1 der Norm, gleichgültig, ob im Pachtvertrag oder einer späteren (Pachtverlängerungs-)Vereinbarung enthalten. Dem **gleichgestellt** sind Rechtsgestaltungen, die der Wirkung eines **Verzichts** gleichkommen, etwa Rücktrittsrechte mit rückwirkender Auflösungskraft (LWLH Rn 6).

82 Unzulässig sind weiter **Teilverzichte**, gleichgültig, ob sie den materiellen Fortsetzungsanspruch zum Gegenstand haben oder dessen Durchsetzung erschweren; dazu gehören etwa Vereinbarungen,

– welche die Rechtsstellung des Pächters bezüglich des Fortsetzungsantrags aus Abs 4 erschweren, insbesondere sein Antragsrecht abbedingen;

– die die Frage der unbilligen Härte in einer für den Pächter negativen Weise festschreiben;

– die bereits die Bedingungen einer Pachtfortsetzung (Abs 2 S 2) festschreiben;

– die für den Pächter ungünstigeren Antragsfristen als in Abs 7 vorgesehen statuieren.

Unzulässig ist weiter die Vereinbarung eines **Schiedsgerichts**, das den Fortsetzungsanspruch hinsichtlich seines Durchsetzungs-Mechanismus' außer Kraft setzt (BGH RdL 1952, 206; Fischer/Wöhrmann, LPachtG § 10 Rn 6; Lange/Wulff, LPachtG § 10 Rn 91h; LWLH Rn 7).

Kein Verzicht (und damit wirksam) ist die einvernehmliche Vertragsaufhebung der Pachtvertrags-Parteien zu einem bestimmten Zeitpunkt.

83 Verboten ist nur ein **Verzicht des Pächters** auf seine Rechte; diejenigen des Verpächters sind nicht in vergleichbarer Weise beschränkt (LWLH Rn 15).

b) Wirkungen eines verbotenen Verzichts

84 Ein vereinbarter Verzicht – gleich welchen Umfangs – ist **nichtig**, § 134 BGB. § 139 BGB kommt allerdings nicht zur Anwendung, da dies den Sinn der Norm in ihr Gegenteil verkehren würde (LWLH Rn 8).

c) Zur Unwirksamkeit von Umgehungsvereinbarungen

85 Nach S 2 sind auch solche Vereinbarungen unwirksam, nach denen einem Vertrags-

teil besondere Vor- oder Nachteile erwachsen sollen, wenn er die Rechte nach den Abs 1 bis 7 ausübt bzw nicht ausübt.

Warum derartige Vereinbarungen „unwirksam" sind, der Verzicht in Abs 1 demgegenüber „nichtig", erscheint nicht ganz klar. Beide Ausdrücke werden nicht immer konsequent in demselben Sinne verwandt, und ein unwirksames Geschäft hat im Gegensatz zu einem nichtigen immer noch die Chance, ein wirksames zu werden.

Unwirksam im Sinne von S 2 sind beispielsweise **86**

– Zahlungsversprechen oder die Vereinbarung sonstiger Zuwendungen an den Pächter für den Fall fristgerechten/vereinbarten Abzugs;

– Pachtermäßigung bei Nicht-Geltendmachung von Pachtschutz (LWLH Rn 14);

– Vertragsstrafe-Vereinbarungen, Pachterhöhungs- oder sonstige zusätzliche Verpflichtungen des Pächters für den Fall seines nicht fristgerechten Abzugs, insbesondere Auflösung des Pachtvertrages mit Geltendmachung von Pachtschutz;

– ein Rücktrittsrecht des Verpächters bei Fortsetzungsanspruch des Pächters.

2. Zulässiger Verzicht vor kompetenter Stelle

Die Wirksamkeit des Pachtschutzverzichts ist an zwei Voraussetzungen geknüpft: **87**

a) Zur Beilegung eines Pachtstreits

Dieser muss **nicht** notwendigerweise bereits **vor Gericht** anhängig sein; es reicht, dass **88** der Pächter ein Pacht-Fortsetzungsverlangen bestellt und sich der Verpächter damit nicht einverstanden erklärt hat (FHL Rn 106).

Bei dem Pachtstreit muss es sich nicht um einen nach § 595 BGB handeln; eine zulässige Verzichts-Vereinbarung ist vielmehr **auch aus Anlass anderer Streitigkeiten** zwischen den Vertragsparteien möglich (FHL Rn 106).

Stets aber muss ein wirksamer Vertrag vorliegen und in Lauf gesetzt worden sein; es **89** erscheint **unzulässig**, den Begriff des „Pachtstreits" auf die **Verhandlungen zum Vertragsabschluss** auszudehnen, sodass auf diesem „Umweg" doch wiederum von vorn herein ein Verzicht des Pächters auf Pachtfortsetzungsanspruch vereinbart werden kann. Derart ist diese Ausnahme-Vorschrift restriktiv auszulegen und nur auf diejenigen Fälle anzuwenden, in denen im Rahmen eines laufenden Vertragsverhältnisses der Pächter als Beitrag zu einem beiderseitigen Nachgeben auf Pachtschutz-Rechte verzichtet.

Wenngleich sich die Bestimmung des Abs 8 S 1 nur auf die Verzichtserklärung bezieht, wird man unter dem Gesichtspunkt der Einheitlichkeit der Erklärung (arg § 313 BGB) verlangen müssen, dass **die insgesamt zur Beilegung des Pachtstreits getroffene Vereinbarung** – einschließlich des Verzichts – **schriftlich vor der zuständigen Stelle abgegeben** wird. Dafür spricht im Übrigen auch das Schriftformerfordernis des § 585a BGB, zum Erreichen einer längerfristigen Vereinbarung.

b) Kompetente Stelle
aa) Gerichte

90 Da Schiedsgerichte im Zusammenhang mit Pachtschutz-Verfahren regelmäßig keine Rolle spielen (s Rn 83), beschränkt sich die Zuständigkeit auf die ordentlichen Gerichte.

Regelmäßig ist damit das Landwirtschaftsgericht im Zusammenhang mit einem gerichtlich anhängigen Pachtstreit-Verfahren gemeint; mangels dementsprechender Eingrenzung ist theoretisch für die Verzichtserklärung **jedes deutsche Gericht – gleich welcher Instanz – zur Entgegennahme befugt** (LWLH Rn 9). Dabei ist es dem jeweiligen Gericht überlassen, den Verzicht vor dem Kollegialorgan oder einem einzelnen Richter entgegenzunehmen. Da jedoch stets der Zusammenhang mit einem Pachtstreit bestehen muss, ist die Verzichts-Abgabe vor einem anderen als dem Landwirtschaftsgericht ein meist nur theoretischer Fall.

bb) Pachtschlichtungsstellen

91 Damit gemeint sind die von Berufsverbänden und/oder Landwirtschaftskammern gebildeten Schlichtungsstellen (LWLH Rn 10; FHL Rn 106). Zur Entwicklung der Pachtschlichtungsstelle im Bereich der Landwirtschaftskammer Westfalen-Lippe vgl AgrarR 1987, 74.

Ihre Zuständigkeit zur Inempfangnahme einer Verzichtserklärung wird regelmäßig bei vorgerichtlichen Pachtstreitigkeiten gegeben sein.

c) Formerfordernis

92 Das für Landpacht-Vereinbarungen zu beachtende grundsätzliche Schriftform-Erfordernis (§ 585a BGB) erstreckt sich auch auf den vergleichsweisen Verzicht auf Pachtfortsetzung. Diesem Erfordernis wird durch Wahrung der dem Gericht obliegenden Protokollierungsform nach §§ 15 Abs 5 LwVG, 160 Abs 3 Nr 1 ZPO, 16 S 3 LwVG, genügt.

Im Übrigen ist der Vorgang gemäß § 2 Abs 1 LPachtVG vom Anzeigeerfordernis freigestellt.

§ 595a
Vorzeitige Kündigung von Landpachtverträgen

(1) Soweit die Vertragsteile zur außerordentlichen Kündigung eines Landpachtverhältnisses mit der gesetzlichen Frist berechtigt sind, steht ihnen dieses Recht auch nach Verlängerung des Landpachtverhältnisses oder Änderung des Landpachtvertrags zu.

(2) Auf Antrag eines Vertragsteils kann das Landwirtschaftsgericht Anordnungen über die Abwicklung eines vorzeitig beendeten oder eines teilweise beendeten Landpachtvertrags treffen. Wird die Verlängerung eines Landpachtvertrags auf einen Teil der Pachtsache beschränkt, kann das Landwirtschaftsgericht die Pacht für diesen Teil festsetzen.

(3) Der Inhalt von Anordnungen des Landwirtschaftsgerichts gilt unter den Vertragsteilen als Vertragsinhalt. Über Streitigkeiten, die diesen Vertragsinhalt betreffen, entscheidet auf Antrag das Landwirtschaftsgericht.

Materialien: BT-Drucks 10/508; 10/509; 10/3830; 10/3498.

Schrifttum

Siehe § 585.

Systematische Übersicht

I.	Allgemeine Kennzeichnung		III. Richterliche Vertragshilfe (Abs 2)	8
1.	Normgehalt	1		
2.	Verhältnis zum früheren Recht	5	IV. Wirkungen (Abs 3)	9
3.	Anwendungsbereich	6	V. Abdingbarkeit	10
II.	Die vorzeitige Kündigung (Abs 1)	7	VI. Verfahrensfragen	11

I. Allgemeine Kennzeichnung

1. Normgehalt

§ 595a BGB regelt **verschiedene Sachverhalte**, die nur einen losen Zusammenhang 1
zueinander aufweisen. Der Systematik des Gesetzes und dem Verständnis der Bestimmungen wäre die Trennung der einzelnen Absätze dieser Vorschrift zu jeweils eigenen Paragraphen dienlich gewesen.

§ 595a Abs 1 BGB stellt klar, dass das Recht zur vorzeitigen Kündigung eines 2
Landpachtvertrages nicht durch eine gerichtliche Änderung (§ 593 Abs 4 BGB) oder Verlängerung (§ 595 Abs 6 BGB) dieses Vertrages ausgeschlossen wird. Abs 2 S 1 begründet die Befugnis des Landwirtschaftsgerichts, Anordnungen über die Abwicklung eines vorzeitig oder teilweise beendeten Landpachtvertrages zu treffen.

Abs 2 S 2 verdeutlicht im Wesentlichen nur die sich aus § 595 Abs 6 S 3 BGB in 3
Verbindung mit S 1 ergebene Ermächtigung des Landwirtschaftsgerichts, bei einer gerichtlich angeordneten teilweisen Vertragsverlängerung der Pacht festzusetzen. Eigenständige Bedeutung kommt der Bestimmung bei einverständlicher teilweiser Vertragsverlängerung ohne Pachtfestsetzung zu.

Abs 3 schließlich stellt klar, dass Anordnungen des Landwirtschaftsgerichts wie 4
vertragliche Vereinbarungen der Beteiligten zu behandeln sind. Wie diese Vereinbarungen unterliegen auch getroffene Anordnungen der jederzeitigen Überprüfung des Landwirtschaftsgerichts.

2. Verhältnis zum früheren Recht

5 Nach der amtlichen Begründung soll § 595a Abs 1 BGB die Regelung des früheren § 9 LPachtG unverändert übernehmen, wonach die Verlängerung oder Änderung eines Landpachtvertrages das Recht der Vertragsteile unberührt ließ, das Pachtverhältnis „aus besonderem vertraglichen, aus gesetzlichem oder aus wichtigem Grunde" vorzeitig zu kündigen. § 595a Abs 2 BGB entspricht weitgehend der Regelung des § 11 Abs 1 LPachtG, dessen S 2 in § 595a Abs 2 S 2 BGB wörtlich übernommen ist. Dort fehlt gegenüber § 11 Abs 1 S 1 LPachtG lediglich die Regelung über die Abwicklung eines aufgrund behördlicher Beanstandung aufgehobenen Landpachtvertrages; diese ist jetzt in § 8 Abs 2 LPachtVG enthalten. § 595a Abs 3 S 1 BGB entspricht § 11 Abs 2 LPachtG, der allerdings noch klarstellte, dass seine Rechtsfolge nicht nur Abwicklungsanordnungen, sondern unter anderem auch Anordnungen über die Änderung und Verlängerung eines Landpachtvertrages betraf. § 595a Abs 3 S 2 BGB wurde neu in das Gesetz eingeführt.

3. Anwendungsbereich

6 Die Bestimmung ist nach ihrem Abs 2 ausschließlich auf Landpachtverträge iSv § 585 Abs 1 und 3 BGB anwendbar. Dies folgt hinsichtlich der Absätze 2 und 3 bereits daraus, dass sie Sonderfälle der gerichtlichen Vertragshilfe regeln, die keine Basis für eine Analogie bilden können. In § 595a Abs 1 BGB hingegen ist ein Rechtsgedanke positiviert, der auch ohne ausdrückliche Vorschrift Geltung beanspruchen kann (Soergel/Heintzmann Rn 1; MünchKomm/Harke [2016] Rn 1). Für eine Analogie besteht kein Bedarf. Ebenso darf die Vorschrift nicht zu dem unzutreffenden Umkehrschluss verleiten, der in ihr enthaltene Rechtsgedanke gelte in anderen Fällen, insbesondere bei Vertragsverlängerungen und -anpassungen nach den § 556a bis c BGB nicht (MünchKomm/Harke [2016] Rn 1).

II. Die vorzeitige Kündigung (Abs 1)

7 Die aus § 9 LPachtG übernommene, unnötige Regelung war ursprünglich eine Reaktion auf die Bestimmungen des § 4 RPachtO gewesen, wonach der Verpächter der Zustimmung des Pachtamtes bedurfte, wenn er einen vom Pachtamt verlängerten Vertrag vorzeitig kündigen wollte. Bereits im Rahmen des LPachtG war die Klarstellung im Hinblick auf § 11 Abs 2 (jetzt § 595a Abs 3 S 1 BGB) überflüssig (vgl Fischer/Wöhrmann § 9 LPachtG Rn 1). Bei der Reform des Landpachtrechts bestand umso weniger Anlass, die Regelung durch ihre Übernahme ins BGB fortzuführen.

Die Fälle einer vorzeitigen Kündigung werden in § 595a BGB nicht geregelt, sondern vorausgesetzt. Auch aus § 594a Abs 2 BGB kann nicht gefolgert werden, dass nur in den dort behandelten Fällen der Kündigung unter Einhaltung der gesetzlichen Frist eine vorzeitige Kündigung vorliegt (aA MünchKomm/Harke [2016] Rn 1). § 594a Abs 2 BGB hat allein den Zweck, die regelmäßige Kündigungsfrist nach § 594 Abs 1 BGB zu verkürzen, wenn ein Recht zur vorzeitigen Kündigung besteht. Entsprechend der Formulierung in dem früheren § 9 LPachtG ist daher unter Abs 1 jedes sich aus vertraglichem, gesetzlichem oder wichtigem Grunde ergebende Recht zur vorzeitigen Kündigung zu fassen (Soergel/Heintzmann Rn 1).

Bei Vorliegen der entsprechenden Voraussetzungen kann der Kündigungsberechtigte ohne Rücksicht auf eine etwaige Verlängerung des Landpachtverhältnisses oder Änderung des Landpachtvertrages kündigen. Dabei weist die Unterscheidung zwischen dem Landpachtverhältnis bei Verlängerung und dem Landpachtvertrag bei Änderung nicht auf einen sachlichen Unterschied hin, sondern beruht lediglich auf der insoweit unterschiedlichen Terminologie in den §§ 593, 595 BGB.

III. Richterliche Vertragshilfe (Abs 2)

Abs 2 räumt dem Landwirtschaftsgericht in S 1 die Befugnis ein, auf Antrag Anordnungen über die Abwicklung eines vorzeitig oder teilweise beendeten Landpachtvertrages zu treffen. **8**

Eine **vorzeitige** Beendigung liegt vor, wenn ein Vertragsteil – aus welchem Grunde auch immer – gekündigt hat. Vom Wortlaut umfasst wird auch die **einvernehmliche Aufhebung** des Pachtvertrages. Da die den Wortsinn einschränkende Verweisung auf vorzeitige Kündigungsfälle, die in § 11 Abs 1 LPachtG enthalten war, nicht übernommen wurde und ein vergleichbares Bedürfnis nach richterlicher Gestaltung der Vertragsabwicklung besteht, ist die Bestimmung auch bei einverständlicher Vertragsaufhebung anwendbar (FHL Rn 3). Gleiches gilt für die Beendigung des Vertragsverhältnisses aufgrund Eintritts einer auflösenden Bedingung.

Eine **teilweise Beendigung** erfolgt, wenn das Landwirtschaftsgericht im Pachtschutzverfahren die Fortsetzung des Vertrages gemäß § 595 Abs 6 S 3 BGB auf einen Teil der Pachtsache beschränkt hat.

Einen Sonderfall bildet die einverständliche teilweise Vertragsaufhebung, ohne dass sich die Beteiligten über die neue Pacht für die restliche Pachtsache einigen. In Abweichung von den allgemeinen Grundsätzen führt die fehlende Einigung hier nicht zur Unwirksamkeit der Vereinbarung, weil nach Abs 2 S 2 das Landwirtschaftsgericht die Pacht festsetzen kann (MünchKomm/Harke [2016] Rn 1).

IV. Wirkungen (Abs 3)

Alle Entscheidungen des Landwirtschaftsgerichts nach Abs 2 werden Vertragsinhalt des Landpachtvertrages. Wie in den Fällen der gerichtlich festgesetzten Vertragsverlängerung (§ 595 Rn 13, 77 ff) bedarf nicht die Entscheidung, wohl aber der zur Verfahrensbeendigung geschlossene Vergleich der Anzeige nach § 2 LPachtG. **9**

V. Abdingbarkeit

Die Abdingbarkeit des § 595a Abs 1 BGB richtet sich nach der jeweiligen, das Recht zur vorzeitigen Kündigung regelnden Norm. Lässt diese eine Abbedingung zu, kann das betreffende Kündigungsrecht auch für die Zeit nach einer Vertragsverlängerung oder Anpassung ausgeschlossen werden. **10**

Die Absätze 2 und 3 ergänzen die Befugnisse und das Verfahren des Landwirtschaftsgerichts bei Verlängerung und Anpassung von Landpachtverträgen gemäß

§§ 593, 595 BGB. Ebenso wie bei diesen Vorschriften ist von der Unabdingbarkeit der gesetzlichen Regelung auszugehen.

VI. Verfahrensfragen

11 In den Fällen des Abs 2 und 3 entscheidet das Landwirtschaftsgericht im FGG-Verfahren gem §§ 1 Nr 1, 9 LwVG (LWLH Rn 21).

§ 596
Rückgabe der Pachtsache

(1) Der Pächter ist verpflichtet, die Pachtsache nach Beendigung des Pachtverhältnisses in dem Zustand zurückzugeben, der einer bis zur Rückgabe fortgesetzten ordnungsmäßigen Bewirtschaftung entspricht.

(2) Dem Pächter steht wegen seiner Ansprüche gegen den Verpächter ein Zurückbehaltungsrecht am Grundstück nicht zu.

(3) Hat der Pächter die Nutzung der Pachtsache einem Dritten überlassen, so kann der Verpächter die Sache nach Beendigung des Pachtverhältnisses auch von dem Dritten zurückfordern.

Materialien: BT-Drucks 10/508; 10/509; 10/3830; 10/3498.

Schrifttum

Siehe § 585.
CYMUTTA, Besonderheiten der Pacht- und Landpachtverträge in der Insolvenz, ZinsO 2009, 412
JANSEN/HANNUSCH, EU-Zahlungsansprüche und die Rückübertragungspflicht nach dem nationalen Pachtrecht, AUR 2005, 245
GRAF V HARDENBERG/DEHNE, „Besteht nach der Reform der Zuckermarktordnung eine Pflicht des Pächters zur Rückgabe von Zuckerrübenquoten beim Pachtende nicht mehr?", RdL 2012, 169
ZSCHAU, Herausgabe von Pachtland durch Mitteilung über Besitzaufgabe, BzAR 2013, 230.

Systematische Übersicht

I. Entstehungsgeschichte	1
II. Überblick	2
III. Voraussetzungen des Anspruchs auf Rückgabe	5
IV. Rückabwicklung des Pachtverhältnisses	
1. Rückgabe	6
a) Rückgabehandlung	7
b) Zustand der Pachtsache	9
c) Nicht vertragsgemäßer Zustand	12
d) Weitere Einzelheiten	13
2. Fälligkeit	17
3. Leistungsort	21

Titel 5 · Mietvertrag, Pachtvertrag
Untertitel 5 · Landpachtvertrag § 596

4.	Zurückbehaltungsrecht (Abs 2)	22	2.	Notwendige Verwendungen	32
5.	Verjährung	23	3.	Nützliche Verwendungen	33
6.	Protokoll über die Rückgabe	24	4.	Lieferrechte und -beschränkungen, Subventionen	34

V. Ersatzansprüche des Verpächters bei nicht vertragsgemäßer Rückgabe

1. Bloße Nichterfüllung — 25
2. Leistungsstörungen — 26
3. Verspätete Rückgabe — 27
4. Rückgabe in nicht ordnungsgemäßem Zustand — 28
   a) Allgemeines — 28
   b) Rücknahmeverweigerung des Verpächters — 29
5. Teilweise Räumung — 30

a) Allgemeines — 34
b) Lieferrechte und -beschränkungen — 35
c) Zahlungsansprüche nach der EU-Agrarpolitik — 38

VII. Rückgabeanspruch gegenüber Dritten (Abs 3)
1. Zweck der Vorschrift — 39
2. Voraussetzungen — 40

VIII. Abdingbarkeit — 42

VI. Ersatzansprüche des Pächters für Verbesserungen der Pachtsache

1. Ersatzlos geschuldete Verbesserungen — 31

IX. ZPO-Verfahren, Beweislast — 43

Alphabetische Übersicht

Abdingbarkeit	42	Ordnungsgemäße Bewirtschaftung	2 f
Allgemeines	34	Ordnungsgemäßer Zustand bei Rückgabe nicht vorhanden	28 ff
Ausbesserungspflichten	10		
Auskunftsansprüche anlässlich der Rückgabe	16	Pächter, Ersatzansprüche	31 ff
		– Ersatzansprüche bei Produktionsquoten	37
Beweislast	44	Pachtsache, Zustand bei Rückgabe	9 ff
Biologische Wirtschaftsweise	14		
		Räumung, teilweise	30
DDR, Kreispachtverträge	15	Räumungsschutz bei Wohnraum	20
Dritter als Schuldner des Rückgabeanspruchs	39 f	Rückgabe	6 ff
		– Auskunftsansprüche	16
Ersatzansprüche des Pächters	31 ff	– Fälligkeit des Anspruchs	17 ff
– des Verpächters	25 ff	– in nicht ordnungsgemäßem Zustand	28 ff
		– Leistungsort	21
		– Leistungsstörungen	26
Fälligkeit des Rückgabeanspruchs	17 ff	– Protokoll	24
Forstwirtschaftliche Nutzung	14	– Umfang	8
		– verspätete	27
Kreispachtverträge	15	– von Drittem	39 f
		– Voraussetzungen	5
Leistungsort der Rückgabe	21	– vorzeitige	18
Leistungsstörungen bei Rückgabe	26	– Zustand	2, 9 ff
Lieferrechte	35 ff	Rückgabehandlung	7
		Rücknahme, Verweigerung durch den Verpächter	29
Milchquote	35		

601 Eike Bleckwenn/Ulrich von Jeinsen

Subventionen	38	Wirtschaftsweise, biologische	14
		Wohnraum, Räumungsschutz	20
Teilweise Räumung	30		
		Zahlungsansprüche	38
Verfahrensfragen	43	Zuckerrübenlieferrechte	35
Verjährung	23	Zurückbehaltungsrecht	22
Verpächter, Ersatzansprüche	25 ff	Zustand der Pachtsache bei Rückgabe	9 ff
– Rücknahmeverweigerung	29	– nicht vertragsgemäßer	12 ff
Verwendungen, Ersatzansprüche des Pächters	32 f	– Veränderungen	11

I. Entstehungsgeschichte

1 Die Vorschrift geht auf das LPachtNeuOG vom 8. 11. 1985 zurück und entspricht in Abs 1 dem § 591 S 1 aF S 2 aF wurde in die Neuregelung nicht aufgenommen, da die Bestellung idS nur einen Unterfall der ordnungsgemäßen Bewirtschaftung iSd § 596 BGB nF darstellt (BT-Drucks 10/509, 26). Die Absätze 2 und 3 entsprechen den geltenden §§ 570, 578 Abs 1, 546 Abs 2 BGB iVm § 581 Abs 2 BGB.

II. Überblick

2 Im Unterschied zum Miet- oder sonstigen Pachtrecht beinhaltet § 596 Abs 1 BGB für das Landpachtrecht eine dispositive **Sonderregelung**: Der Landwirtschaftspächter muss danach den Pachtgegenstand in dem Zustand zurückgewähren der **ordnungsgemäßer Bewirtschaftung** entspricht. Das muss nicht der Zustand sein, in dem er sich bei Vertragsbeginn befunden hat.

3 § 596 Abs 1 BGB geht weiter als die mietrechtliche Rückgabepflicht des Mietgegenstandes im Zustand nach vertragsgemäßem Gebrauch (zur Rechtslage im MietR STAUDINGER/ROLFS [2018] § 546 Rn 20 ff; MünchKomm/BIEBER [2016] § 546 Rn 10 ff). Denn die Bestimmung knüpft ausdrücklich an die in § 586 Abs 1 S 3 BGB statuierte Pächterpflicht zur ordnungsgemäßen Bewirtschaftung an und setzt konsequenterweise voraus, dass der Zustand der Pachtsache bei Rückgabe das Ergebnis dementsprechenden Verhaltens widerspiegeln muss. Diese Ausweitung der Pächterpflicht hat ihren Grund in der Tatsache, dass die Landpacht dem Pächter eine sehr viel weitergehende Nutzungsmöglichkeit des Vertragsgegenstandes bietet als dies bei der Pacht – etwa eines Gewerbegrundstücks – sonst der Fall ist. Das Recht zur Fruchtziehung gibt dem Landpächter das Recht zum Eingriff in die Substanz des Grund und Bodens. Damit unterliegt der Vertragsgegenstand eines Landpachtvertrages einer steten Veränderung, die bei Miete oder anderer Pacht kaum denkbar ist: er ist zB Klimaveränderungen unterworfen, je nach Jahreszeit ist der physische Zustand anders als bei Übergabe, der Pächter kann mit anderen Früchten oder Wirtschaftsweisen wirtschaften als sein Vorgänger oder der zuvor selbst bewirtschaftende Eigentümer (mit unmittelbaren Auswirkungen auf den Grund und Boden), staatliche Fördermaßnahmen können entstanden, weggefallen oder umgestaltet worden sein usw. Da ohne die Erlaubnis derartiger Veränderungen des Vertragsgegenstandes Landpacht einerseits nicht denkbar ist, der Verpächter dem Pächter andererseits mit dem Grund und Boden das Wertvollste (fast „treuhänderisch") zur Nutzung übergibt, was Gegenstand eines Landpachtvertrages sein kann, normiert das Landpachtrecht zunächst eine Pflicht zur ordnungsgemäßen Bewirtschaftung (§ 586 Abs 1 S 3 BGB). Im Lichte dieser Grundkonstellation sind auch weitere Besonderheiten des Landpachtrechts zu sehen, etwa §§ 588–590, 590b und 591 BGB.

Als Gegenstück zu Überlassung und Bewirtschaftungsrecht normiert § 596 konsequenterweise, dass die Rückgabe an den Verpächter in einem Zustand nach ordnungsgemäßer Bewirtschaftung zu erfolgen hat: wenn nämlich der Vertragsgegenstand während der -laufzeit derart weitgehenden Veränderungen unterliegen kann bzw muss, bildet die Pflicht zur ordnungsgemäßen Bewirtschaftung den Maßstab für die Zulässigkeit dieser Veränderungen. Damit wird ein Mindestmaß von Kontinuität gewährleistet, das dem Verpächter selbst oder einem Nachfolgepächter ermöglicht, ihrerseits ordnungsgemäß weiter zu wirtschaften.

In diesem Lichte ist § 596 BGB zu sehen: Um einen den Umständen entsprechend ordnungsgemäßen Zustand der Pachtsache bis zum Ende des Pachtverhältnisses sicherzustellen, hat der Gesetzgeber die **Bewirtschaftungspflicht des Pächters in § 586 Abs 1 S 3 BGB als fortgesetzt geschuldete Tätigkeit** normiert. § 596 Abs 1 BGB verstärkt dies mit dem Merkmal „fortgesetzt". Daraus folgt zugleich, dass die ordnungsgemäße Bewirtschaftung **bis zur endgültigen Abwicklung** des Pachtverhältnisses geschuldet ist, und zwar in der Weise, dass auch nach Ende der Pacht dauerhafte Erträge aus dem Pachtobjekt erzielt werden können. Abgesichert wird dies zusätzlich dadurch, dass der Pächter bestimmte landwirtschaftliche Erzeugnisse entspr § 596b BGB zurücklassen muss.

Die **weiteren Regelungen** zur Rückabwicklung des Landpachtvertrages finden sich in **4** § 596a BGB (Halmtaxe), § 596b BGB (Zurücklassung von Erzeugnissen), § 597 BGB (Ersatzansprüche des Verpächters für die Vorenthaltung der Pachtsache) sowie in den §§ 582a bis 583a BGB (eiserne Verpachtung).

III. Voraussetzungen des Anspruchs auf Rückgabe

Die Rückgabepflicht setzt die Beendigung eines wirksamen Landpachtvertrages **5** voraus. Aus welchen Gründen das Pachtverhältnis beendet worden ist, ob zB durch Zeitablauf, Kündigung oder einverständliche Absprache, ist ohne Bedeutung (LWLH Rn 9). Liegt kein wirksamer Pachtvertrag vor, verbleibt es bei den Ansprüchen aus §§ 812 ff, 985 BGB.

IV. Rückabwicklung des Pachtverhältnisses

1. Rückgabe

Mit der Beendigung des Pachtverhältnisses ist der Pächter verpflichtet, das Pacht- **6** objekt in dem Zustand zurückzugeben, der einer bis zur Rückgabe fortgesetzten ordnungsgemäßen Bewirtschaftung entspricht.

a) Rückgabehandlung
Die Rückgabe selbst vollzieht sich in der Weise, dass der Pächter dem **Verpächter 7 den unmittelbaren Besitz** an der Pachtsache **einräumt**. Dies gilt auch dann, wenn

nicht er, sondern ein Dritter unmittelbaren Besitz an der Pachtsache hat (BGHZ 56, 308). Die bloße Aufgabe der Bewirtschaftung ohne Möglichkeit der Kenntnisnahme genügt hingegen nicht (OLG Thüringen 17. 10. 2012 – LwU 475/12 juris Rn 5; OLG Thüringen 28. 3. 2013 – LwU 475/12).

Eine konkrete Übergabehandlung ist insbesondere dann nicht erforderlich, wenn etwa Pachtflächen für jedermann frei zugänglich sind. Dann erfüllt der Pächter seine Pflicht nach Abs 1 dadurch, dass er sich mit dem Verpächter über die Veränderung der Besitzlage einigt (§ 854 Abs 2 BGB, vgl OLG Hamm NJW-RR 2013, 209, 210; OLG Jena AUR 2013, 421). Es genügt etwa, wenn dem Verpächter schriftlich mitgeteilt wird, dass die Kündigung zum Ende des Pachtvertrages anerkannt und die Flächen unbewirtschaftet an den Verpächter herausgegeben wird (OLG Thüringen 17. 10. 2012 – LwU 475/12 juris Rn 5; OLG Thüringen 28. 3. 2013 – LwU 475/12; dazu auch Zschau BzAR 2013, 230 ff). Solange es an dieser Einigung fehlt, stellt eine Inbesitznahme durch den Verpächter verbotene Eigenmacht iSv § 858 BGB dar (OLG Hamm NJW-RR 2013, 209 f = 23. 8. 2012 – I-10 U 68/12 juris Rn 39 f). Der Verpächter ist daher gehalten, den Herausgabeanspruch mit gerichtlicher Hilfe durchzusetzen.

Zur Erfüllung des Rückgabeanspruchs genügt nicht die Abtretung des Herausgabeanspruchs gegenüber dem Dritten; ihn kann der Verpächter aus eigenem Recht gem § 596 Abs 3 BGB zusätzlich in Anspruch nehmen (vgl § 589 Rn 33). Gleichfalls erfüllt eine Einstellung der Bewirtschaftung durch den Pächter nicht das Erfordernis der (aktiven) Besitzeinräumung (OLG Naumburg OLGR 2009, 99). Im Falle der Pächterinsolvenz berechtigt der Herausgabe- zum Aussonderungsanspruch (Cymutta ZInsO 2009, 414).

8 Mit dem unmittelbaren Besitz muss der Verpächter die gesamte Pachtsache **mit allen Einrichtungen und Anlagen** zu seiner uneingeschränkten Disposition erlangen; hierzu gehören ua

– die Räumung der Betriebsstelle von Pächterinventar,

– die Übergabe der Schlüssel (BGH NJW 1983, 1049; Wolf/Eckert/Ball Rn 214),

– und der ungetrennten Früchte.

Zur Frage der Übertragungspflicht von etwaigen Beihilfeansprüchen, Quoten und sonstigen (Liefer-)Rechten und Ansprüchen nach Beendigung des Pachtverhältnisses vgl ausführlich unten Rn 34 ff.

b) Zustand der Pachtsache
9 Mit der schlichten Rückgabe der Pachtsache erfüllt der Pächter seine Rückgabepflicht nicht. Er hat darüber hinaus die Pachtsache in **vertragsgemäßem Zustand** zu übergeben, dh nach dem ausdrücklichen Wortlaut des § 596 Abs 1 BGB in dem Zustand, der einer bis zur Rückgabe fortgesetzten ordnungsgemäßen Bewirtschaftung entspricht (BGH NJW 2010, 2341, 2342 Rn 18).

Ob das Pachtobjekt sich in einem derartigen Zustand befindet, beurteilt sich zunächst nach den zum **Vertragsinhalt** erhobenen Vorstellungen der Parteien, wie er sich aus dem Landpachtvertrag sowie einer nach § 585b BGB erstellten **Beschreibung** der Pachtsache darstellt. Diese Angaben sind die **Basis**, die häufig (zB zur Bestellung, Bodenbearbeitung und Düngung) detaillierte Regelungen hinsichtlich des zurückzugebenden Zustands enthält. Aus diesem Grunde **empfiehlt es sich**, nicht nur die Gesetzesformulierung in § 585 BGB („zur Landwirtschaft") im Vertrag zu wiederholen oder mit Formulierungen wie etwa „zur landwirtschaftlichen Nutzung" inhaltlich nichts anderes festzulegen. Je präziser vereinbart ist, was der Pächter vertraglich darf und muss, umso konkreter ist seine Bewirtschaftungs- und damit auch seine Rückgabepflicht (s § 586 Rn 35 ff).

Darauf aufbauend ist ggf weiter zu fragen, ob aus der Sicht eines verständigen Landwirtes die Bewirtschaftung des Pachtobjekts bei der Rückgabe den Anforderungen entspricht, die die Parteien bei Vertragsschluss zugrunde gelegt haben; unerhebliche Abweichungen müssen außer Betracht bleiben. Wurde etwa eine als **Ackerland verpachtete** Flächen als Grünland genutzt, entspricht es vorbehaltlich besonderer vertraglicher Vereinbarungen einer ordnungsmäßigen Bewirtschaftung, die Ackerlandeigenschaft zu erhalten und durch einen rechtzeitigen Umbruch die **Entstehung von Dauergrünland abzuwenden**, dies selbst dann, wenn die Fläche bereits zur Zeit der Verpachtung als Grünland genutzt wurde (BGH NJW-RR 2017, 1046 = 28. 4. 2017 – LwZR 4/16 juris Rn 19; s auch § 586 Rn 35 und § 590 Rn 18; zur Möglichkeit einer außerordentlichen Kündigung bei drohender Entstehung von Dauergrünland § 594e Rn 16).

Können **keine besonderen Vereinbarungen** der Parteien festgestellt werden, verbleibt **10** es bei der Beurteilung des Bewirtschaftungszustandes nach **objektiven Kriterien**. Es ist mithin danach zu fragen, ob der Pächter seinen **Bewirtschaftungs- und Ausbesserungspflichten** nachgekommen ist (s § 586 Rn 47, 48), dh nach den Regeln gewirtschaftet hat, die nach allgemeiner Auffassung in landwirtschaftlichen Kreisen einzuhalten sind, um einen ordentlichen, durchschnittlichen Anforderungen genügenden Bewirtschaftungsstand der konkreten Pachtsache zu erreichen (BGB-RGRK/Gelhaar § 591 Rn 1; vgl dazu ausführlich § 586 Rn 32 ff). Sich bei Vertragsende nicht mehr auswirkende und daher auch ohne Verpächter-Zustimmung zulässige Änderungen der Bewirtschaftungsform (§ 590 Rn 16 f) bleiben unberücksichtigt.

Sind nach den Grundsätzen ordnungsgemäßer Bewirtschaftung vor Rückgabe noch Arbeiten durchzuführen, deren Früchte der Pächter nicht mehr ernten wird, so ist er gleichwohl zur Durchführung der Arbeiten verpflichtet, um eine ordnungsgemäße **Anschlussbewirtschaftung** zu gewährleisten; ein Ausgleich findet über § 590b BGB statt, bei vorzeitiger Rückgabe über § 596a BGB.

Ist während der Vertragszeit der Zustand der Pachtsache einvernehmlich geändert **11** worden (§ 590 Rn 31), ist dieser der Maßstab auch für die Rückgabe. Hat zB der Verpächter zu einer Verwendung iSv § 591 BGB die Zustimmung erteilt, ist der Pächter zur Rückgabe in dem durch die Verwendung beeinflussten Zustand verpflichtet; er hat Ersatzansprüche, darf die Pachtsache aber nicht zur Erreichung des vor der Verwendung bestehenden Zustands verändern (BGH AgrarR 2001, 144).

Besondere Schwierigkeiten bereiten in diesem Zusammenhang hingegen **während der Vertragslaufzeit eingetretene Änderungen** in den Vorstellungen einer Vertragspartei oder der Allgemeinheit über den Inhalt ordnungsgemäßer Bewirtschaftung hat; also zu dem, was ordentlich, durchschnittlich sowie wirtschaftlich zumutbar ist, was demzufolge bis zum Vertragsende zu geschehen hat und derart zurückzugeben ist. Auch insoweit gilt, dass sich die Rückgabepflicht prinzipiell an der Ordnungsgemäßheit der Bewirtschaftung während der Vertragslaufzeit orientiert. Das bedeutet zB, dass der **Verpächter** ebenso den Zustand der Pachtsache nach vereinbarter biologischer Wirtschaftsweise (§ 590 Rn 16 f) und/oder als Konsequenz ordnungsgemäßer Einbeziehung in Flächenstilllegungsprogramme hinnehmen muss wie der **Pächter** zu Allgemeingut gewordene Erkenntnisse hinsichtlich der Bodenbelastung mit Schadstoffen (zB aufgrund übermäßiger Düngung, Einsatz von unzulässig gewordenen Pflanzenschutzmitteln, Klärschlamm oder Gülleaufbringung, vgl etwa BGH NJW 2010, 2341: pflichtwidrige Aufbringung entsorgungsbedürftigen Abfalls als „Biodünger") der Bewirtschaftungs- und damit der Rückgabepflicht zugrunde zu legen hat. In Zweifelsfällen wird ein Vertragsverstoß des Pächters während der Bewirtschaftung mit entsprechenden Pflichten anlässlich der Rückgabe nicht anzunehmen sein, wenn der Verpächter während der Vertragslaufzeit trotz Kenntnis nicht gemahnt bzw auf eine Klärung hingewirkt hat (BGH 28. 4. 2017 – LwZR 4/16 juris Rn 25).

c) Nicht vertragsgemäßer Zustand

12 Nicht vertragsgemäß ist folglich der Bewirtschaftungszustand, der einer fortgesetzten ordnungsgemäßen Bewirtschaftung nicht entspricht. Die bloße Erhaltung des bei Übergabe vorgefundenen Zustands der Pachtsache reicht nicht stets aus; ein bei Antritt der Pacht schlechter Zustand der Pachtsache ist nur dann vom Verpächter am Pachtende hinzunehmen, wenn der Pächter trotz ordnungsgemäßer Bewirtschaftung keine Abhilfe schaffen konnte.

d) Weitere Einzelheiten

13 Sind während der Pachtzeit Grenzsteine abhandengekommen, müssen diese vom Pächter ersetzt werden (OLG Koblenz AgrarR 1994, 101).

14 Zu Fragen der Nutzungsänderungen vgl § 590 Abs 2 BGB und die dortige Kommentierung. Speziell die land- und forstwirtschaftlichen Nutzflächen sind in einem ordnungsgemäß und bestimmungsgemäß gepflegten, gedüngten und – je nach Übergabezeitpunkt – bestellten Zustand zurückzugeben. Hat zB der Pächter außerhalb einer Vereinbarung mit dem Verpächter (s § 586 Rn 35) die Bewirtschaftung der Flächen auf **biologische Wirtschaftsweise** umgestellt und sind daher – unter dem Gesichtspunkt konventioneller Wirtschaftsweise – die Flächen zu stark verunkrautet, ist dies kein ordnungsgemäßer Rückgabezustand. Die Umwandlung von Acker- in Weideland soll bei einem Milchviehbetrieb wegen des Erhalts der Referenzmenge unschädlich sein, da auch Ackerland eine zur Milcherzeugung dienende Fläche ist (OLG Hamm AgrarR 1991, 133). Dies erscheint auch akzeptabel, wenn zum Zeitpunkt der Rückgabe eine ordnungsgemäße Bewirtschaftung des Milchviehbetriebes (mit Weidehaltung, wenn dazugehörig) gewährleistet ist.

15 Wenn Flächen zur **forstwirtschaftlichen** Nutzung verpachtet wurden, besteht keine Pflicht zur Rodung von Stubben (OLG Hamm AgrarR 1990, 201).

16 **Auskunftsansprüche** des Verpächters zur Vorbereitung der Rückgabe bestehen allenfalls unmittelbar vorher (OLG Celle AgrarR 1994, 234; **aA** OLG Oldenburg AgrarR 1994, 268).

2. Fälligkeit

Der Rückgabeanspruch des Verpächters ist **unmittelbar mit Beendigung des Landpachtverhältnisses** fällig, nach hM dem Wortlaut der Norm folgend somit am Tag nach Pachtende (LWLH Rn 11; MünchKomm/BIEBER § 546 Rn 15 mwNw; aA WOLF/ECKERT/BALL Rn 1060; STAUDINGER/ROLFS [2018] § 546 Rn 35: letzter Tag der Pachtzeit). 17

Eine **vorzeitige Rückgabe** nach Maßgabe des § 271 Abs 2 BGB ist dem Pächter nur mit **Verpächterzustimmung** möglich. Dieser verzichtet mit der Rücknahme des Pachtobjektes bis zum Vertragsende auf die vom Pächter geschuldete ordnungsgemäße Bewirtschaftung. Ohne Zustimmung des Verpächters fallen mithin Fälligkeit und Erfüllbarkeit zusammen. 18

Die Fälligkeit **entfällt**, wenn der Pächter nach Maßgabe des § 595 BGB eine **Fortsetzung** des Pachtverhältnisses erwirken kann. Die Entscheidung des Landwirtschaftsgerichtes setzt im Wege des gestaltenden Beschlusses eine neue Frist für die Beendigung des Vertrages fest. Überschneiden sich Räumungsklage nach § 596 BGB als streitiges Verfahren gem § 1 Nr 1a LwVG und das Verfahren auf Vertragsfortsetzung als FGG-Verfahren, so ist das **Räumungsverfahren** gem §§ 48 Abs 1 LwVG, 148 ZPO **auszusetzen**, da das FGG-Verfahren nach § 595 BGB vorrangig ist. 19

Soweit **Wohnraum** mit verpachtet ist, kann der **Räumungsschutz** nach § 721 ZPO iVm § 48 Abs 1 LwVG bedeutsam werden. Die Gewährung einer derartigen Räumungsfrist beseitigt Fälligkeit und Verzug nicht. Ansprüche auf Ersatz des Weiteren Schadens sind indessen in analoger Anwendung des § 571 Abs 2 BGB ausgeschlossen. 20

3. Leistungsort

Die Rückgabe der Pachtsache hat an dem Ort zu erfolgen, an dem sich die Grundstücke befinden. Hiernach beurteilt sich auch der Gerichtsstand (§ 29 ZPO iVm § 48 Abs 1 LwVG). 21

4. Zurückbehaltungsrecht (Abs 2)

Gegenüber dem Rückgabeanspruch des Verpächters steht dem Pächter wegen aller Gegenansprüche, die sich auf den Grundbesitz beziehen, insbesondere wegen solcher auf Ersatz von Verwendungen, **kein Zurückbehaltungsrecht** zu. Die gesetzliche Regelung beruht auf der Überlegung, dass die Gegenansprüche des Pächters regelmäßig außer Verhältnis zum Wert des Pachtgegenstandes stehen. Sie ist inhaltsgleich mit §§ 570, 578 Abs 1 BGB (vgl STAUDINGER/ROLFS [2018] § 570 Rn 1 ff). Etwas anderes gilt nur wegen der Forderungen des Pächters, die sich auf das mitgepachtete Inventar beziehen, was aus §§ 585 Abs 2, 583 Abs 1 BGB folgt. 22

Kann der Verpächter sein Herausgabeverlangen mangels wirksamen Pachtvertrages nicht auf § 596 BGB, sondern nur auf §§ 985, 812 ff BGB stützen, ist § 273 BGB gleichfalls nicht ausgeschlossen (STAUDINGER/ROLFS [2018] § 570 Rn 6). Für die gerichtliche Durchsetzung des Herausgabeanspruchs ist in jedem Fall die Zuständigkeit des

Landwirtschaftsgerichts gegeben, gleichgültig, ob dieser auf § 596 BGB oder auf § 985 BGB gestützt wird (OLG Köln AgrarR 1990, 263).

5. Verjährung

23 Der **Rückgabeanspruch** des Verpächters hinsichtlich aller Gegenstände der Verpachtung (BGH NJW 1985, 2103) unterliegt nicht der regelmäßigen Verjährungsfrist von 30 Jahren (§ 197 Abs 1 Nr 1 BGB, weil er kein Rückgabeanspruch aus dinglichem Rechts ist (PALANDT/ELLENBERGER § 197 Rn 2). Vielmehr unterliegt der Anspruch gem § 195 BGB einer Verjährungsfrist von **3 Jahren**; ohne Rücksicht auf die Kenntnis verjährt der Herausgabeanspruch gem § 199 Abs 4 BGB spätestens in **10 Jahren** von seiner Entstehung an (STAUDINGER/ROLFS [2018] § 546 Rn 90). Dies bezieht sich auch auf den Anspruch auf (Rück-)Übertragung von Rechten, wie zB Milchquoten (OLG Celle OLGR 1994, 256; 4. 11. 1999 – 7 U 220/98 nv).

Die beiderseitigen **Ersatzansprüche** verjähren in **6 Monaten** nach näherer Maßgabe des § 591b BGB. Verhandeln die Parteien während der Verjährungsfrist und darüber hinaus über eine einvernehmliche Regelung, ist die Verjährungseinrede innerhalb einer nach Abbruch der Verhandlungen laufenden Überlegungsfrist **unzulässige Rechtsausübung** (§ 203 BGB). Dies soll nach einer Entscheidung des OLG Köln (AgrarR 1993, 150) jedoch nicht gelten, wenn die Parteien (nur) gemeinsam einen Gutachter mit der Mangelfeststellung beauftragen.

6. Protokoll über die Rückgabe

24 Angesichts der außerordentlichen wirtschaftlichen Tragweite empfiehlt sich für die Vertragsparteien eine protokollierte Übergabeverhandlung. Der etwaige vertragswidrige oder überobligationsmäßige Zustand des Pachtobjekts ist im Übergabeprotokoll festzuhalten. Die Übergabeverhandlung hat Vergleichscharakter, sodass grundsätzlich nur die aufgenommenen Mängel oder Verbesserungen in einem späteren Rechtsstreit Berücksichtigung finden können (BGH NJW 1983, 446, 448).

Soweit keine Übergabeverhandlung stattfindet, der Verpächter die Pachtsache aber vorbehaltlos zurücknimmt, gibt er zu erkennen, dass er die Rückgabe als vertragsgerecht angesehen hat. Gem § 363 BGB trifft ihn daher die Beweislast, wenn er sich später darauf berufen will, der Pächter habe seine Rückgabepflicht nicht erfüllt (vgl WOLF/ECKERT/BALL Rn 1070).

V. Ersatzansprüche des Verpächters bei nicht vertragsgemäßer Rückgabe

1. Bloße Nichterfüllung

25 Gibt der Pächter die Pachtsache bei Pachtende nicht zurück – etwa, weil er die Kündigung des Verpächters nicht für wirksam hält –, liegt kein Fall einer Leistungsstörung vor. **Bei** bloßer **Nichtleistung** des Pächters muss der Verpächter seinen **Erfüllungsanspruch** – hier seinen Rückgabeanspruch – durchsetzen. Für die Dauer der Vorenthaltung gewährt § 597 BGB dem Verpächter jedoch einen Anspruch auf Nutzungsentschädigung in Höhe der vereinbarten Pacht.

Im Übrigen sei auf die Kommentierung zu § 546 BGB verwiesen, die auch im Landpachtrecht ergänzend heranzuziehen ist.

2. Leistungsstörungen

Bezüglich der Leistungsstörungen, die bei der Rückgabe der Pachtsache auftreten können, sei auf die nachfolgenden Rn 28 ff sowie auf die Kommentierung zu §§ 280 ff BGB verwiesen. **26**

3. Verspätete Rückgabe

Erfolgt die Rückgabe gegen den Willen des Verpächters verspätet, so kann dieser **Nutzungsentschädigung nach § 597 BGB** beanspruchen. Ist der Pächter für die Verzögerung verantwortlich, kann der Verpächter unter den (weiteren) Voraussetzungen des **Verzuges** gem §§ 280 Abs 1 und 2, 286 Abs 1 BGB einen **darüber hinausgehenden Verzögerungsschaden** ersetzt verlangen. **27**

4. Rückgabe in nicht ordnungsgemäßem Zustand

a) Allgemeines

Nimmt der Verpächter die Pachtsache in nicht ordnungsgemäßem Bewirtschaftungszustand zurück, hat er zunächst **mangels einer Vorenthaltung keinen Ersatzanspruch aus § 597 BGB** (vgl BGH WM 1974, 260; WOLF/ECKERT/BALL Rn 1064). **28**

Hat er wegen des vertragswidrigen Zustands der Pachtsache Pachtausfallschäden, stehen ihm **Schadensersatzansprüche aus § 280, 286 BGB** zu, wenn der Pächter die Schlechterfüllung zu vertreten hat und Verzug nach § 286 BGB gegeben ist (hierzu auch § 597 Rn 12). Diese Anspruchsgrundlage gilt auch für die übrigen Schäden des Verpächters, wie zB Kosten zur Wiederherstellung eines ordnungsgemäßen Zustandes der Pachtsache.

Nimmt der Verpächter den Pächter auf **Schadensersatz wegen nicht durchgeführter, laufender Unterhaltungs- und Bewirtschaftungsmaßnahmen** in Anspruch, muss er grundsätzlich seinem Pächter nach § **281 Abs 1 BGB** zusätzlich eine angemessene **Nachfrist** zu deren Vornahme setzen, §§ 280 Abs 1 und 3, 281 BGB. Die Pflichtverletzung des Pächters betrifft, wie § 586 Abs 1 S 1 BGB klarstellt, eine **Hauptleistungspflicht** (§ 586 Rn 33 ff), zusätzliche Verzugsschäden können nach §§ 280, 286 BGB ersatzfähig sein. Ebenso wie im Mietrecht bei unterlassenen Schönheitsreparaturen, die der Mieter vertraglich übernommen hat, erhält der Pächter damit Gelegenheit, die durch die ordnungswidrige Unterhaltung und Bewirtschaftung verursachten Mängel innerhalb der gesetzten Nachfrist kostengünstig selbst zu beseitigen. Diese Vorgehensweise ist in den Fällen des § 281 Abs 2 BGB entbehrlich, wobei stets die Umstände des Einzelfalls entscheidend sind. Hat der Verpächter das Pachtverhältnis vorzeitig wegen vertragswidriger Bewirtschaftung beenden können, wird es regelmäßig angesichts der Unfähigkeit und Unzuverlässigkeit des Pächters keiner Mahnung mehr bedürfen.

b) Rücknahmeverweigerung des Verpächters

Verweigert der Verpächter die Rücknahme der Pachtsache in dem angebotenen **29** ordnungswidrigen Zustand, gerät er wegen der Sonderregelung des § 596 BGB grundsätzlich nicht in Annahmeverzug, denn es fehlt an einem ordnungsgemäßen Angebot iSv § 294 BGB (so zutreffend BeckOGK/Wiese [1. 5. 2017] § 596 BGB Rn 5).

Hierdurch unterscheidet sich die Rechtsstellung des Verpächters von der des Vermieters, der nach BGH NJW 1983, 1049 die Mietsache uneingeschränkt auch dann zurücknehmen muss, wenn sie sich in einem vertragswidrigen Zustand befindet (vgl zum Mietrecht Staudinger/Rolfs [2018] § 546 Rn 20 mwNw; Wolf/Eckert/Ball Rn 1064). Die durch die berechtigte Rücknahmeverweigerung entstehenden **Pachtausfallschäden** kann der Verpächter nicht über § 597 ersetzt verlangen, da ihm der Pächter – bei gebotener gegenständlicher Betrachtungsweise – die Pachtsache nicht vorenthält (hM zu §§ 546a, 571; vgl MünchKomm/Häublein [2016] § 571 Rn 4 mwNw). In Betracht kommen insoweit nur Schadensersatzansprüche aus §§ 280 Abs 2, 286 BGB wegen Verzugs sowie wegen unerlaubter Handlung.

5. Teilweise Räumung

30 Lässt der Pächter nur einzelne Sachen zurück, stellt sich ebenso wie im Mietrecht die Frage, ob eine **unzulässige Teilleistung** iSd § 266 BGB vorliegt, die Rückgabe mithin insgesamt als vertragswidrig anzusehen ist. Ist dies zu bejahen, kann der Verpächter die Rücknahme der Pachtsache verweigern, ohne in Annahmeverzug zu geraten; gleichzeitig ist er bei unzulässiger Teilleistung berechtigt, seinen Vorenthaltungsschaden aus § 597 BGB geltend zu machen.

Grundsätzlich ist der Pächter nicht zu Teilleistungen berechtigt; im Einzelfall können indessen Treu und Glauben ein abweichendes Ergebnis rechtfertigen; dem Verpächter bleiben dann lediglich Ersatzansprüche nach den allgemeinen Regeln. Dies gilt auch für seine Kosten aus Aufbewahrung der Pächtersachen.

VI. Ersatzansprüche des Pächters für Verbesserungen der Pachtsache

1. Ersatzlos geschuldete Verbesserungen

31 Aus der Bewirtschaftungspflicht des Pächters folgt eine Einschränkung seiner Ansprüche auf Aufwendungsersatz. Regelmäßig wird die ordnungsgemäße Bewirtschaftung zu einer Verbesserung der Pachtsache führen. **Ersatzlos** bleiben alle Verbesserungsmaßnahmen, soweit sie **innerhalb ordnungsgemäßer Bewirtschaftung** geschuldet sind; es sind dies vor allem die gewöhnlichen Ausbesserungen iSd § 586 Abs 1 S 2 BGB, wozu ua laufende Ausbesserungen der Wohn- und Wirtschaftsgebäude, der Wege, Gräben, Dränungen und Einfriedungen gehören (s OLG Celle OLGR 2003, 255).

Überschreiten die Aufwendungen diesen Rahmen, ist – soweit die Parteien keine abweichende Regelung getroffen haben – nach dem Gesetz zwischen notwendigen, nützlichen und sonstigen Verwendungen zu unterscheiden.

2. Notwendige Verwendungen

32 Notwendige Verwendungen **hat der Verpächter** gem § 590b BGB im Hinblick auf seine aus § 586 Abs 1 S 1 BGB folgende Überlassungs- und Erhaltungspflicht **zu erstatten**. Zu beachten ist dabei jedoch der doppelt eingeschränkte Verwendungsbegriff des Bundesgerichtshofs (vgl BGHZ 41, 157). Die Verwendungen dürfen die Sache zum einen nicht grundlegend verändern; zum anderen sind die Verwendungen nur dann notwendig, wenn sie zur Abwendung einer der Pachtsache drohenden Gefahr oder zu ihrer Erhaltung erforderlich sind (BGH WM 1983, 766). Aufwendungen, die dazu dienen, die Sache in einen vertragsgemäßen Zustand zu versetzen oder einen Sachmangel zu beheben, sind regelmäßig nicht unbedingt notwendig; insoweit ist der Pächter nur berechtigt, nach §§ 586 Abs 2, 536a BGB vorzugehen, dh er kann Ersatz seiner Aufwendungen zur Mängelbeseitigung nur dann beanspruchen, wenn er den Verpächter in Verzug gesetzt hat (vgl Wolf/Eckert/Ball Rn 1251, vgl auch OLG Köln 23 U 4/88 nv) oder die umgehende Beseitigung des Mangels zur Erhaltung des Bestands der Pachtsache notwendig war.

Besteht bei Vertragsbeginn ein Mangel, hinsichtlich dessen der Pächter keinen Vorbehalt erklärt und den er beseitigt hat, steht ihm bei Vertragsende diesbezüglich kein Ersatzanspruch zu.

3. Nützliche Verwendungen

Ersatz seiner Übrigen, nicht notwendigen, Verwendungen kann der Pächter nur 33 verlangen, soweit es sich nicht um Maßnahmen der Ausbesserungs- und/oder Bewirtschaftungspflicht handelt und sie dem Verpächter nützlich sind. Die Voraussetzungen folgen aus § 591 BGB. Danach schuldet der Verpächter nur **Ersatz des Mehrwertes**.

Dazu können auch Aufwendungen gehören, die der Pächter zur vereinbarten Umstellung (von Teilflächen) auf biologische Wirtschaftsweise getätigt hat (s § 586 Rn 39; § 591 Rn 12).

4. Lieferrechte und -beschränkungen, Subventionen

a) **Allgemeines**

Nach einer Phase der landwirtschaftlichen Überproduktion aufgrund garantierter 34 Mindestpreise (s § 585 Rn 31) musste eine Reaktion der EU auf die kaum noch mögliche Finanzierung des EU-Agrarhaushalts erfolgen. Dies geschah 1968 bzw 1984 durch die Einführung von Marktordnungen für Zucker und Milch. Das in diesem Zusammenhang gefundene System von Lieferbeschränkungen (s ausf dazu Vorbearbeitung Staudinger/vJeinsen [2013] § 585 Rn 35) führte zu erheblichen Differenzen zwischen Verpächtern und Pächtern bei Vertragsende zu der Frage, wem diese Lieferrechte (**„Kontingente"**) – also die beschränkten aber garantierten Liefermöglichkeiten von Milch bzw Zucker als relativ vorzüglichen Produkten – zustünden. Diese Frage hatte eine große Bedeutung, weil die Lieferrechte für beide Parteien nach Pachtvertragsende von erheblichem Wert waren (tatsächlich brach zB der Landpachtmarkt für Grünland ohne Milchquote in den 70er Jahren des vorigen Jahrhunderts praktisch zusammen und waren Landpachtpreise für Flächen „mit Rübenquote" nach wie vor wesentlich höher als ohne).

Eine vergleichbare aber weniger heftige Diskussion schloss sich an, als durch die

Maßnahmen der Reform der Gemeinsamen Agrarpolitik (**GAP-Reform**) (s § 585 Rn 32 ff) den wirtschaftenden Betrieben (also den Pächtern und nicht den verpachtenden Eigentümern) Zahlungsansprüche zugewiesen wurden.

b) Lieferrechte und -beschränkungen

35 Zivilrechtlich wurde heftig diskutiert und ist Gegenstand zahlreicher Entscheidungen gewesen, wie Lieferrechte für Milch und Zuckerrüben bei Ende eines Landpachtvertrages zu behandeln waren (zur unübersichtlichen Rechtslage s FHL Rn 23; DÜSING AgrarR 1988, 93 ff). Grundsätzlich galt, dass der Pächter Rechte, die sich aus der bisherigen Bewirtschaftung der Pachtsache ergaben und hierfür auch weiterhin erforderlich waren, bei Beendigung der Verpachtung wieder an den Verpächter herauszugeben hatte (MünchKomm/HARKE [2016] § 596 Rn 3). Mittlerweile ist es zum **Ende der Quotenregelungen sowohl bei der Milch- als auch der Zuckerproduktion** gekommen (s § 585 Rn 31 ff). Mit der am 25. 6. 2013 beschlossenen Reform der GAP ist die EU-Quote für Zucker ab dem 1. 10. 2017 entfallen. Bereits zuvor ist zum 1. 4. 2015 die Garantiemengenregelung für Milch ausgelaufen. Landwirte können seither unabhängig vom Besitz einer Quote Milch und Zuckerrüben produzieren, was in beiden Bereichen zunächst zu einer Ausweitung der Produktion und zur Intensivierung des Wettbewerbs geführt hat.

Bei der **Zuckerproduktion** werden nun teilweise Lieferrechte aus Beteiligungen (Südzucker AG) oder Lieferansprüche aus den Satzungen der Zuckerhersteller mit an Aktien gekoppelte Abnahmeverpflichtungen (Nordzucker AG) relevant, welche zuvor aufgrund der Quotenregelung ruhten. Teilweise basiert der Rübenanbau auch auf rein vertraglicher Grundlage (Pfeifer & Langen GmbH & Co. KG sowie ggf hinsichtlich sog „freier Mengen" bei der Nordzucker AG) (zu den Grundlagen für den Zuckerrübenanbau ausführlich oben § 585 Rn 34). Sofern Grundlage für den künftigen Zuckerrübenanbau entsprechende Lieferansprüche oder Lieferrechte aus eigenen oder fremden Beteiligungen an den Zuckerherstellern sind, kommt es hinsichtlich der Behandlung dieser bei Eingehung und Beendigung der Verpachtung auf die **vertraglichen Vereinbarungen** zwischen Verpächter und Pächter an. In Pachtverträgen über Ackerland wird häufig auch die Abtretung beim Verpächter vorhandener Lieferansprüche vereinbart. Der Vorteil einer bloßen Abtretung ist, dass hierfür keine Übertragung etwaiger Beteiligungen, etwa von (vinkulierten Namens-)Aktien, und damit keine Zustimmung der (Zucker-)Gesellschaft erforderlich ist. Es bedarf vielmehr regelmäßig nur einer Anzeige der Abtretung als Voraussetzung dafür, dass der Pächter den Lieferanspruch für eine verpachtete Fläche nutzen kann. Werden bei der Verpachtung von Ackerland entsprechend Lieferansprüche oder Lieferrechte abgetreten, sind diese bei Vertragsende zurück zu gewähren, was idealerweise ebenfalls im Pachtvertrag ausdrücklich geregelt ist.

36 Entsprechendes gilt regelmäßig für Altfälle die noch **vor dem Wegfall der Quotenregelungen** für Milch und Zucker spielen, sowie für etwaige anderweitige Lieferrechte. Stets sind die Fälle unproblematisch, in denen präzise vertragliche Regelungen zur Hin- und Rückübertragung getroffen wurden. Das ist zB dann der Fall, wenn Gegenstand der Landpacht auch Lieferrechte sind und geregelt wird, dass diese bei Vertragsende zurück zu übertragen sind. Mitunter sind derartige Vereinbarungen jedoch nicht vollständig bzw bei Pachtvertragsende aktuell, weil während der (zumeist langen) Vertragslaufzeit ordnungspolitische Regelungen auf Bundes- oder

EU-Ebene im Hinblick auf den Agrarmarkt erfolgen, an die die Vertragsparteien bei -abschluss nicht denken konnten (ausführlich zur Rechtslage vor Wegfall der Quoten vgl die Vorbearbeitung STAUDINGER/VJEINSEN [2013] § 586 Rn 35 ff). Es empfiehlt sich vor dem Hintergrund des steten Wandels daher allgemein gehaltene, **für künftige Entwicklungen offene Regelungen** zu verwenden; insbesondere mit Blick auf die bis heute Relevanten EU-Zahlungsansprüche ist dies weiterhin wichtig (dazu unten Rn 38).

Haben die Parteien den **Begriff der landwirtschaftlichen Nutzung** (§ 585 Rn 24) dadurch 37 präzisiert, dass der Pächter zu einer bestimmten Bewirtschaftungsart verpflichtet wurde (zB Zuckerrüben in größtmöglichen Umfang anzubauen), ist Pächterpflicht diese Bewirtschaftungsart bis zur Rückgabe. Alle damit im Zusammenhang (ent-)stehenden **Lieferrechte** konnten auf Basis der noch zur Zeit der Quoten ergangenen Rspr als **Reflex der Bewirtschaftungspflicht** angesehen werden und gebührten dann dem Verpächter. Dies wurde von der Rspr etwa in einem Fall angenommen, in dem ein Pächter während der Pachtzeit vinkulierte Namensaktien eines Zuckerherstellers erworben hatte, an welche betriebsbezogene Rübenlieferrechte geknüpft waren. Diese Aktienlieferrechte wurden im genannten Fall zum Erhalt der vertraglich vereinbarten Zuckerrübenproduktion erworben, denn der Pachtvertrag sah die künftige Zuteilung von Zuckerrübenkontingenten in unbekannter Höhe wie auch die Übertragung an den Verpächter bei Pachtende ausdrücklich vor („MZBAG"-Rechtsprechung BGH NJW 2001, 2537, vgl zuvor AG Magdeburg AgrarR 2000, 370; OLG Naumburg AgrarR 2001, 355; BGH RdL 2001, 212 = AgrarR 2001, 381). Der Verpächter hatte daher zwar Anspruch auf Ausgleich etwaiger Aufwendungen für den Erwerb der Aktien nebst Zinsen (s § 591 Rn 13), nicht jedoch auf den darüber hinausgehenden Mehrwert. Denn dieser Mehrwert war Bestandteil der dem Kläger nach Ende der Pachtzeit allein zustehenden Vorteile aus der Pachtsache selbst. Dies ungeachtet der Tatsache, dass auch der Mehrwert eine Folge der Bewirtschaftung durch den Pächter darstellte, denn diese wiederum wurde dem Pächter durch die Verpachtung erst ermöglicht (BGH NJW 2001, 2537 unter Verweis auf BGH NJW 1991, 3279; BGH 29. 11. 1996 – LwZR 10/95). Es handelte es sich in der genannten Konstellation (Erwerb der Aktien zum Erhalt der Rübenproduktion) somit nicht um eine von den Pachtflächen losgelöste Kapitalbildung seitens des Pächters, sondern um die Sicherstellung der betriebsbezogenen Rübenlieferrechte und damit um eine den vertraglichen Verpflichtungen folgende, ordnungsgemäße Bewirtschaftung der Pachtflächen durch den Pächter (s dazu § 586 Rn 32 ff, insbes Rn 38). Deren Ziel es ist, dem Verpächter die Weiterbewirtschaftung durch ihn oder einen Dritten nach Beendigung der Pacht zu ermöglichen, wozu vorliegend auch die vertraglich vereinbarte Zuckerrübenproduktion gehörte (BGH NJW 2001, 2537).

Auch im Lichte der Entscheidungen des Bundesgerichtshofs zu Vereinbarungen über den Verbleib von Flächenprämien (BGH NJW-RR 2009, 1714; RdL 2010, 213 s dazu Rn 38) spricht nichts gegen Vereinbarungen, wonach Lieferrechte bei Pachtvertragsende einer Vertragspartei (ggf gegen eine Ausgleichszahlung) zustehen sollen (zur öffentlich-rechtlichen Zulässigkeit der Übertragung nach früherem Recht BGH MDR 2005, 382; AUR 2004, 61). Wenn angesichts späterer ordnungspolitischer Regelungen der EU die Formulierung nicht präzise den bei Pachtvertragsende zu entscheidenden Fall abdeckt, wird man, ggf unter Zuhilfenahme allgemeiner Formulierungen und salvatorischer Klauseln, mit Auslegungstechniken weiterkommen (exemplarisch OLG Naumburg 17. 4. 2014 – 2 U 87/13 [Lw] juris Rn 77). Erneut empfehlen sich für die Praxis allgemein gehaltene Regelungen mit einer Offenheit für die sich stets fortentwickelnde EU-Agrarpolitik.

Weitere Ausführungen zur Rechtslage vor Abschaffung der Quoten in der Milch- und Zuckerproduktion siehe ausführlich die Vorbearbeitung (STAUDINGER/vJEINSEN [2013] § 586 Rn 35 ff).

c) **Zahlungsansprüche nach der EU-Agrarpolitik**

38 Die aufgrund der **EU-Agrarreform 2003** eingeführten (s § 585 Rn 32; vJEINSEN AUR 2003, 204; AUR 2004, 112) und jetzt in der Verordnung (EG) 1307/2013 geregelten (betriebs- und flächenbezogenen) Prämien sind keine „subventionsähnlichen abgabenrechtlichen Bevorzugungen" im Sinne der früheren Rechtsprechung zur Milchquote (BGHZ 114, 277 [281]); denn sie sind rechtssystematisch keine Abgaben für überproduzierte landwirtschaftliche Produkte (Milch) oder an die Produktion gekoppelte Kontingente (Zucker). Aufgrund der durch die Agrarreform vorgenommenen **Entkopplung der Prämienzahlungen von der landwirtschaftlichen Produktion und Fläche** kann eher von einem „produktionsunabhängigen Wirtschaftlichkeitsbeitrag", mithin einer Beihilfe zur Verbesserung der Einkommensverhältnisse des Betriebsinhabers gesprochen werden (OLG Hamm 18. 6. 2013 – I-10 U 6/13 juris Rn 38).

Gesetzlich nicht geregelt ist, ob diese Zahlungsansprüche bei **Vertragsende** mit den Flächen zurückgegeben werden müssen. Mit der mittlerweile einhelligen ober- und höchstrichterlichen Rechtsprechung ist davon auszugehen, dass dies zumindest dann nicht der Fall ist, wenn die Ansprüche erstmals an den Pächter ausgegeben und nicht vom Verpächter an diesen übertragen wurden (zur möglichen Übertragung der Zahlungsansprüche s § 585 Rn 32). Grund dessen ist, dass derartige Zahlungsansprüche nicht Reflex einer ordnungsgemäßen Bewirtschaftung der Pachtsache sind. Ohne anderweitige vertragliche Regelung verbleiben daher dem Pächter im Hinblick auf die Bewirtschaftung der Flächen zugeteilte Zahlungsansprüche auch nach Auslaufen des Pachtvertrages beim Pächter (BGH AUR 2007, 49 = RdL 2007, 94; BGH AUR 2010, 181; OLG Hamm 18. 6. 2013 – I-10 U 6/13 juris Rn 38 ff; OLG Rostock RdL 2006, 153; AUR 2006, 173; 153; OLG München 30. 6. 2006 – 1 Lw U 5104/05 juris; OLG Naumburg RdL 2006, 220; OLG Celle RdL 2006, 221; OLG Rostock AUR 2006, 252; OLG Oldenburg OLGR 2006, 877; vgl auch die Stellungnahme des Bundeslandwirtschaftsministeriums AUR 2006 89; vgl zunächst anders JANSEN/ HANNUSCH AUR 2005, 245; AG Magdeburg AUR 2005, 402).

Allerdings spricht nichts dagegen, dass die Parteien von § 596 BGB **abweichende vertragliche Vereinbarungen**, auch in AGB, treffen (BGH RdL 2010, 213; OLG Naumburg 17. 4. 2014 – 2 U 87/13 [Lw] juris Rn 55 ff; OLG Naumburg AUR 2012, 38; anders noch OLG Schleswig AUR 2009, 267; zur ergänzenden Vertragsauslegung allgemeiner Rückgabeklauseln OLG Celle RdL 2007, 212; OLG Naumburg 31. 8. 2006 – 2 U 63/06). Vor dem Hintergrund des steten Wandels der Agrarpolitik empfehlen sich dabei **allgemein gehaltene, für künftige Entwicklungen offene Vertragsregelungen**, etwa mit einer ausdrücklich offenen Aufzählung von Beispielfällen. Solche Regelungen bringen die notwendige **Flexibilität** für eine sich stets fortentwickelnde Agrarpolitik mit. Um auch Fälle abzudecken, in denen eine Übertragung rechtlich nicht (mehr) möglich ist, bietet sich zudem die zusätzliche Aufnahme einer **Wertausgleichsklausel** an (vgl SCHUHMACHER jurisPR-AgrarR 9/2014 Anm 1).

Auch **Altverträge** die vor Änderung der GAP geschlossen wurden und daher keine **38a**
passende Regelung für die neu und gänzlich umgestaltete Förderungspolitik enthalten, können daher unter Umständen so ausgelegt werden, dass neu geschaffene und dem Pächter zugeteilte Zahlungsansprüche bei Pachtende an den Verpächter übertragen werden müssen. Voraussetzung ist zunächst, dass Klauseln zur Übertragung von Lieferrechten und Prämien grundsätzlich enthalten sind, diese ausreichend offen für eine entsprechende Auslegung sind und dies dem Willen der Vertragsparteien entsprach. Dies kommt insbesondere bei Verträgen in Betracht, die die **Verpachtung eines gesamten Hofes**, insbesondere eine „eiserne Verpachtung" (s dazu oben § 585 Rn 4) zum Gegenstand haben. In solchen Fällen beruhen die zugewiesenen Zahlungsansprüche sowohl in ihrem flächenbezogenen als auch in ihrem betriebsindividuellen Anteil auf der Nutzung des verpachteten Hofes. Zudem dürfte es in diesen Fällen regelmäßig dem Willen der Parteien entsprochen haben, mit der Klausel zu Prämien- und/oder Quotenübertragungen zu erreichen, dass der Hof nach Auslaufen der Verpachtung vom Verpächter oder einem Dritten reibungslos weiterbewirtschaftet werden kann; besonders naheliegend ist dies bei der „eisernen Verpachtung". Für eine solche Weiterbewirtschaftung des Hofes sind die – nach Angaben des BMEL durchschnittlich in 2017 etwa 40 % der landwirtschaftlichen Einkommen ausmachenden – Zahlungsansprüche essentiell. Dieses Ziel, so es bei Vertragsschluss bestand, was im Einzelfall durch Auslegung zu ermitteln ist, wäre gefährdet, wenn aufgrund der Veränderung des Beihilfenrechts während der Pachtzeit dem Pächter Zahlungsansprüche zugewiesen und dieser jene bei Pachtende „mitnehmen" könnte (vgl BGH NJW-RR 2009, 1714 juris Rn 25; s auch OLG Naumburg 17. 4. 2014 – 2 U 87/13 [Lw] juris Rn 77 ff). Etwas Anderes kann sich indes bei der Auslegung eines Vertrags ergeben, der nur die **Verpachtung einzelner Flächen** zum Gegenstand hat (vgl OLG Hamm 18. 6. 2013 – I-10 U 6/13 juris Rn 43 ff, wo die Auslegung einer Klausel im Altvertrag aus dem Jahre 1993 ergab, dass eine Übertragung der dem Pächter im Zuge der GAP-Reform zugewiesenen Zahlungsansprüche auf den Verpächter bei Pachtende nicht vereinbart war).

VII. Rückgabeanspruch gegenüber Dritten (Abs 3)

1. Zweck der Vorschrift

Durch sie wird sichergestellt, dass der Verpächter den Dritten auch dann auf Herausgabe der Pachtsache in Anspruch nehmen kann, wenn er nicht Vertragspartner oder wenigstens Eigentümer ist. Für diese Fallgestaltungen könnte die Abtretung der Herausgabeansprüche des Hauptpächters dann nicht weiterhelfen, wenn dieser sich dem Unterpächter gegenüber längerfristig gebunden hätte. Ein derartiges Ergebnis würde der Natur der Unterpacht widersprechen, die in Entstehung und Fortbestand vom Hauptpachtverhältnis abhängt (vgl MünchKomm/BIEBER § 546 Rn 22). **39**

2. Voraussetzungen

Daher gewährt Abs 3 dem Verpächter gegenüber dem Dritten einen **besonderen 40 vertraglichen Anspruch, obwohl er mit diesem keinen Vertrag geschlossen hat**. Der Anspruch setzt lediglich voraus, dass das wirksame Hauptpachtverhältnis rechtlich beendet ist, die Pachtsache befugt oder unbefugt gem § 589 dem Dritten zur eigenverantwortlichen Nutzung überlassen worden ist, der Dritte die Pachtsache noch in

Besitz hat und ergebnislos vorab zur Herausgabe des Pachtobjektes aufgefordert worden ist (MünchKomm/Bieber § 546 Rn 22).

41 Die Rückgabe wird von **Hauptpächter und Drittem als Gesamtschuldner** geschuldet (§ 431 BGB; OLG Celle NJW 1953, 1475), wobei der Dritten auch durch die Herausgabe der Pachtsache an den Hauptpächter gem § 428 befreit wird (Palandt/Weidenkaff § 546 Rn 21). Wegen der Ansprüche gegen den Hauptpächter für den Fall der Unterpacht s § 589 Rn 30 ff.

Da der Titel gegen den Hauptpächter nicht gegenüber dem Dritten wirkt, empfiehlt es sich, Pächter wie Dritten **gemeinsam zu verklagen**; entbehrlich ist dies lediglich unter den Voraussetzungen des § 325 ZPO und des § 886 ZPO. In dem Verfahren kann der Dritte dem Verpächter gegenüber alle Einwendungen erheben, die der Hauptpächter gegenüber dem Verpächter hat (LWLH Rn 26).

VIII. Abdingbarkeit

42 Die Vorschrift ist in allen Teilen **dispositiv**; speziell der Ausschluss des Zurückbehaltungsrechts (Rn 22) kann abbedungen werden (Staudinger/Rolfs [2018] § 570 Rn 8).

IX. ZPO-Verfahren, Beweislast

43 Die gerichtliche Verfolgung der Rückgabeansprüche hat vor dem Landwirtschaftsgericht im Wege des **streitigen Verfahrens** (ZPO-Verfahren) gem §§ 1 Nr 1a, 2 Abs 1, 48 LwVG zu erfolgen. Für den Fall, dass Räumungsklage und ein Verfahren auf Vertragsfortsetzung zusammentreffen, sind beide Verfahren getrennt zu führen und ist das Räumungsverfahren ggf auszusetzen (§ 148 ZPO).

Vorgreiflich hat das Landwirtschaftsgericht ferner dann gem § 1 Nr 1 LwVG im Rahmen des FGG-Verfahrens zu entscheiden, wenn eine Partei gem §§ 595a Abs 2 S 1, 8 Abs 2 S 3 LPachtVG beantragt, Anordnungen über die Abwicklung eines vorzeitig beendeten oder teilweise beendeten Landpachtvertrages zu treffen. Der Inhalt der getroffenen Anordnungen gilt unter den Parteien nach § 595a Abs 3 S 1 BGB als Vertragsinhalt. Das Landwirtschaftsgericht stellt damit verbindlich fest, ob und unter welchen Voraussetzungen die Rückgabe als ordnungsgemäß angesehen werden kann. Die Klage auf Erfüllung der Anordnungen hat wiederum im ZPO-Verfahren zu erfolgen (Ernst § 1 LwVG Rn 53; FHL § 595a Rn 10).

Für die gerichtliche Durchsetzung des Herausgabeanspruchs ist in jedem Fall die Zuständigkeit des Landwirtschaftsgerichts gegeben; gleichgültig, ob dieser auf § 596 BGB oder auf § 985 BGB gestützt wird (OLG Köln AgrarR 1990, 263).

44 Darlegungs- bzw beweispflichtig ist üblicherweise derjenige, der ein Recht durchsetzen will. Hat aber der Pächter den Vertragsgegenstand genutzt, ohne die im Sinne einer ordnungsgemäßen Bewirtschaftung notwendigen Erhaltungsmaßnahmen durchzuführen, spricht die Vermutung dafür, dass der Pachtgegenstand ihm in ordnungsgemäßem Zustand übergeben wurde und er seine Vertragspflichten verletzt hat (BGH AgrarR 1996, 55).

§ 596a
Ersatzpflicht bei vorzeitigem Pachtende

(1) Endet das Pachtverhältnis im Laufe eines Pachtjahrs, so hat der Verpächter dem Pächter den Wert der noch nicht getrennten, jedoch nach den Regeln einer ordnungsmäßigen Bewirtschaftung vor dem Ende des Pachtjahrs zu trennenden Früchte zu ersetzen. Dabei ist das Ernterisiko angemessen zu berücksichtigen.

(2) Lässt sich der in Absatz 1 bezeichnete Wert aus jahreszeitlich bedingten Gründen nicht feststellen, so hat der Verpächter dem Pächter die Aufwendungen auf diese Früchte insoweit zu ersetzen, als sie einer ordnungsmäßigen Bewirtschaftung entsprechen.

(3) Absatz 1 gilt auch für das zum Einschlag vorgesehene, aber noch nicht eingeschlagene Holz. Hat der Pächter mehr Holz eingeschlagen, als bei ordnungsmäßiger Nutzung zulässig war, so hat er dem Verpächter den Wert der die normale Nutzung übersteigenden Holzmenge zu ersetzen. Die Geltendmachung eines weiteren Schadens ist nicht ausgeschlossen.

Materialien: BT-Drucks 10/508; 10/509; 10/3830; 10/3498.

Schrifttum

Siehe § 585.

Systematische Übersicht

I. Entstehungsgeschichte	1	a) Keine zuverlässige Wertermittlung der ungetrennten Früchte ... 19
II. Überblick	2	b) Umfang des Anspruchs ... 20
III. Wertersatz nach Abs 1		c) Fälligkeit ... 22
1. Landpachtvertrag	6	V. Regelungen für forstwirtschaftlich genutzte Grundstücke
2. Beendigung des Pachtverhältnisses	7	
3. Vorzeitige Beendigung im Laufe des Pachtjahres	8	1. Wertersatzanspruch des Pächters nach Abs 3 S 1 ... 23
4. Wertersatz im Einzelnen	10	2. Besondere Ersatzansprüche des Verpächters ... 24
a) Allgemeine Kennzeichnung	10	
b) Zwischen Pachtende und Rückgabe getrennte Früchte	11	a) Ersatz für nicht ordnungsgemäßen Einschlag (Abs 3 S 2) ... 24
c) Umfang des Wertersatzanspruchs	13	b) Weitere Schadensersatzansprüche (Abs 3 S 3) ... 25
d) Fälligkeit	17	c) Verpächterpfandrecht ... 26
IV. Aufwendungsersatz nach Abs 2		
1. Allgemeine Kennzeichnung	18	
2. Aufwendungsersatz im Einzelnen	19	

VI. Sicherungsrechte des Pächters: Pächterpfandrecht und Zurückbehaltungsrecht ... 27	VIII. Dispositive Regelung ... 29
VII. Entsprechende Anwendung ... 28	IX. ZPO-Verfahren ... 30

Alphabetische Übersicht

Abdingbarkeit	29	Kleingartenpacht, entsprechende Anwendung	28
Aufwendungen, Arten	20		
Aufwendungsersatz, Abs 2	18 ff	Nießbrauch, entsprechende Anwendung	28
– Berechnung	20		
– Bewertungszeitpunkt	21	Pächter, Anspruch auf Wertersatz	10
– Fälligkeit	22	– Aufwendungsersatz	18
– Wertermittlung, keine zuverlässige	19	– Fruchtziehungsrecht	2
		– Pfandrecht	27
Beendigung im Laufe des Pachtjahres	8	Verfahrensfragen	30
– des Landpachtvertrages	6	Verpächter, Pfandrecht	26
– Fallbeispiele	9		
– Gründe sind nicht entscheidend	7	Wertersatz, Abs 1	6 ff
		– Berechnung	13
Ende von Pacht- und Fruchtziehungsrecht	2	– Fälligkeit	17
Fälligkeit	17, 22	– Umfang	13 ff
Forstwirtschaftlicher Betrieb	23 ff		
Früchte, getrennte	11		
Halmtaxe	3		

I. Entstehungsgeschichte

1 Die dispositive Vorschrift ist durch Art 1 Nr 1 des LPachtNeuOG vom 8. 11. 1985 eingefügt worden; sie löst den vorherigen § 592 BGB ab und erweitert die Rechte des Pächters bei vorzeitigem Pachtende.

II. Überblick

2 § 596a BGB gewährt dem Pächter einen Ersatzanspruch bei vorzeitigem Pachtende. Hintergrund dieser Regelung ist, dass mit dem **Ende des Pachtverhältnisses das Fruchtziehungsrecht** des Pächters **erlischt**; ihm gebühren nur die Früchte, die er während der Dauer seiner Berechtigung getrennt hat (§ 101 Nr 1 BGB); nur an diesen kann er kraft wirksamer Aneignungsgestattung gem § 956 BGB Eigentum erwerben. *Die noch nicht getrennten Früchte sind dem Verpächter zurückzulassen.* Zu den zwischen Pachtende und Rückgabe getrennten Früchten siehe Rn 11. Diese Rechtslage kann der Pächter **nicht** durch **vermehrte Fruchtziehung** kompensieren, da er die Pachtsache in dem Zustand zurückgeben muss, der einer bis zur Rückgabe ordnungsgemäßen Bewirtschaftung entspricht (§ 596 Abs 1 BGB, s § 596 Rn 9). Alle Früchte, die nach diesen Maßstäben nicht geerntet werden dürfen, sind demgemäß schuldrechtlich und dinglich dem Verpächter zuzuordnen. Aus Billigkeitsgründen mildert § 596a BGB die sich hieraus ergebenden wirtschaftlichen Nachteile des Pächters dahin, dass ihm **Ersatzansprüche** in abgestufter Form zugestanden werden.

Mit Abs 1 S 1 wird dem Pächter zunächst über § 592 aF hinaus für den Fall **vorzeitiger Beendigung** der Pacht ein Ersatzanspruch nach der sog **Halmtaxe** zugebilligt, dh nach dem Wert der noch nicht getrennten Früchte. *Mit dieser Änderung soll dem Umstand Rechnung getragen werden, dass sich der Produktionsaufwand des Pächters nicht in den Bestellungskosten erschöpft.* Bei der Feststellung des Wertes der noch nicht getrennten Früchte sind sowohl die ersparten Ernteaufwendungen als auch nach S 2 das Ernterisiko des Pächters zu berücksichtigen (BT-Drucks 10/509, 26). 3

Endet die Pacht zu einer Zeit, in der der Wert der Früchte aus jahreszeitlichen Gründen nicht festgestellt werden kann, eine „**Halmtaxe**" also **nicht möglich** ist, hat der Pächter gem Abs 2 nur einen Anspruch auf Ersatz seiner **Aufwendungen** für die Bestellung (BT-Drucks 10/509, 26). Zu beachten ist, dass die Neuregelung einen Aufwendungsersatz und nicht nur einen Ersatz der Bestellungskosten vorsieht. 4

Mit Abs 3 S 1 wird für den **forstwirtschaftlichen Bereich** eine dem Abs 1 entsprechende Regelung getroffen. S 2 verpflichtet den Pächter zum Wertersatz, wenn er mehr Holz geschlagen hat, als bei ordnungsgemäßer Nutzung zulässig war. Da der vorzeitige Einschlag überdies eine bedeutsame Minderung späterer Erträge verursachen kann, stellt S 3 klar, dass der Verpächter nicht gehindert ist, auch diesen weiteren Schaden geltend zu machen (BT-Drucks 10/509, 26). 5

III. Wertersatz nach Abs 1

1. Landpachtvertrag

§ 596a BGB ist eine Sondervorschrift für die Abwicklung von Landpachtverträgen bei vorzeitiger Beendigung. Voraussetzung für den Wertersatzanspruch nach Abs 1 ist demgemäß, dass ein wirksamer Landpachtvertrag iSd § 585 BGB bestanden haben muss. War der Landpachtvertrag von Anfang an unwirksam, kommen lediglich die allgemeinen Vorschriften in Betracht (§§ 812 ff, 987, 998 BGB). 6

2. Beendigung des Pachtverhältnisses

Der Wertersatzanspruch setzt weiter voraus, dass das Pachtverhältnis beendet ist. 7

Die **Gründe**, aus denen die landpachtrechtliche Sonderverbindung beendet wurde (Zeitablauf oder Kündigung), sind ohne Bedeutung. Insbesondere ist **nicht entscheidend**, ob der Pächter die Beendigung **zu vertreten** hat, da der Ersatzanspruch nicht an ein vertragsgerechtes Verhalten des Pächters gebunden ist (§ 592 Rn 7; § 597 Rn 4). Daher besteht der Wertersatzanspruch auch, wenn ein Insolvenzverwalter von seinem Sonderkündigungsrecht nach § 109 InsO Gebrauch macht (Cymutta ZInsO 2009, 413).

3. Vorzeitige Beendigung im Laufe des Pachtjahres

8 Weitere Voraussetzung ist die vorzeitige Beendigung des Pachtverhältnisses **im Laufe des Pachtjahres**. Dies bedeutet, dass der Pächter dann keinen Wertersatzanspruch nach § 596a BGB hat, wenn der Pachtvertrag – wie regelmäßig – mit dem Schluss des Pachtjahres endet.

Was unter Pachtjahr zu verstehen ist, beantwortet sich vorrangig aus dem Pachtvertrag; dabei muss der Vertragsbeginn nicht identisch sein mit dem Anfang des Pachtjahres. Haben die Parteien das Pachtjahr nicht bestimmt, greift § 594a Abs 1 S 2 BGB ein, wonach im Zweifel das Kalenderjahr als Pachtjahr gilt.

9 Fallgestaltungen vorzeitiger Beendigung des Pachtverhältnisses im Laufe des Pachtjahres sind demgemäß lediglich:

- außerordentliche Kündigung wegen des Todes des Pächters gem § 594d BGB;

- fristlose Kündigung nach

    - § 594e BGB aus wichtigem Grund,

    - § 543 Abs 2 Nr 1 BGB bei Nichtgewährung des Gebrauchs der Pachtsache,

    - § 569 Abs 1 S 1 BGB bei Gesundheitsgefährdung des Pächters,

    - § 543 Abs 2 Nr 2 BGB bei vertragswidrigem Gebrauch,

    - § 594e Abs 2 BGB bei Nichtzahlung der Pacht;

- Vertragsaufhebung, wobei in besonderen Fällen der Wille der Vertragsparteien dahingehen kann, dass Ersatzansprüche des Pächters aus § 596a BGB ausgeschlossen sein sollen; darlegungs- und beweispflichtig hierfür ist der Verpächter.

Im Übrigen kann das Vertragsverhältnis nur zum Schluss des Pachtjahres gekündigt werden, sodass die besonderen Ersatzansprüche aus § 596a BGB nicht in Betracht kommen.

4. Wertersatz im Einzelnen

a) Allgemeine Kennzeichnung

10 Während § 592 aF dem Pächter nur einen Anspruch auf Ersatz der Bestellungskosten gewährte, spricht § 596a Abs 1 BGB dem Pächter einen **weitergehenden Anspruch auf Wertersatz**, dh Geldersatz für die Früchte zu, die nach den Regeln ordnungsgemäßer Bewirtschaftung erst nach Pachtende, aber noch innerhalb des (nach den ursprünglichen Vereinbarungen) laufenden Pachtjahres geerntet werden können.

Gegenstand von Ersatzansprüchen sind nur die aufgrund des Pachtrechts zu gewinnenden **unmittelbaren Sachfrüchte** gem §§ 101 Nr 1, 99 Abs 1 BGB, wobei § 101 Nr 1

BGB die unmittelbaren Rechtsfrüchte den unmittelbaren Sachfrüchten gleichstellt (MünchKomm/STRESEMANN [2015] § 101 Rn 6; STAUDINGER/STIEPER [2017] § 101 Rn 4). Mittelbare Sach- und Rechtsfrüchte (zB Pachtzinsen aus Unterpacht über ein Wohnhaus oder eine Gaststätte) werden von § 596a BGB nicht erfasst.

Der auf Billigkeitserwägungen beruhende § 596a BGB wird weiter dadurch **begrenzt**, dass der Pächter Ersatz nur für die Früchte beanspruchen kann, die bei ordnungsgemäßer Bewirtschaftung noch **während des laufenden Pachtjahres** zu trennen (ernten) gewesen wären. Demgemäß müssen die Früchte aus der Herbstbestellung dann außer Ansatz bleiben, wenn die Fruchtreife erst nach Ablauf des Pachtjahres eintritt (§ 592 Rn 19).

Was „den Regeln einer ordnungsgemäßen Bewirtschaftung" entspricht, beurteilt sich unter besonderer Beachtung des Vertragsinhalts nach dem objektiven Urteil eines verständigen Landwirtes. Es ist zu fragen, ob aus dieser Sicht die Fruchtreife noch im laufenden Pachtjahr zu erwarten ist (vgl zum Schlüsselbegriff der ordnungsgemäßen Bewirtschaftung § 586 Rn 33 ff; § 596 Rn 9).

b) Zwischen Pachtende und Rückgabe getrennte Früchte

Die vom Pächter – entsprechend seiner aus § 596 BGB folgenden Pflicht zur ordnungsgemäßen Bewirtschaftung – zwischen Pachtende und Rückgabe getrennten Früchte **gebühren** nicht dem Verpächter, sondern weiterhin **dem Pächter**. **11**

Außerhalb des Landpachtrechts muss zwar davon ausgegangen werden, dass das Pachtende einen Wechsel im Fruchtziehungsrecht nach sich zieht. § 101 Nr 1 BGB bestimmt aber, dass die unmittelbaren Sach- und Rechtsfrüchte demjenigen gebühren, der bei Anfallen der Früchte der Berechtigte ist (MünchKomm/STRESEMANN [2015] § 101 Rn 2 ff).

Mit dem **Erlöschen des Pachtverhältnisses** ist nur noch der **Verpächter Berechtigter**, **12** sodass ihm nicht nur die ungetrennten, sondern auch die erst nach Pachtende, aber noch vor Rückgabe getrennten Früchte zugeordnet werden müssen. Zum Ausgleich bestimmt § 102 BGB, dass der Verpächter dem Pächter die Gewinnungskosten für die getrennten Früchte zu erstatten hat. Dieser schuldrechtlichen Rechtslage entspricht die dingliche, da die herrschende Meinung in Anknüpfung an RGZ 78, 36 auf dem Standpunkt steht, dass der Pächter nur an den während der Dauer seiner Berechtigung getrennten Früchten gem § 956 BGB Eigentum erwerben kann (PALANDT/BASSENGE § 956 Rn 2).

Für das **Landpachtrecht** sind diese Grundsätze jedoch bei sachgerechter Auslegung der §§ 596, 596a BGB dahin **abzuwandeln**, dass dem Pächter als Ausgleich für seine bis zur Rückgabe geschuldete ordnungsgemäße Bewirtschaftung auch die Früchte seiner Arbeit gebühren müssen. Die „Dauer seiner Berechtigung" iSd § 101 Nr 1 BGB erstreckt sich folglich bis zur tatsächlichen Abwicklung des Pachtverhältnisses, bis zur Rückgabe. Dieses Auslegungsergebnis liegt den §§ 596, 596a BGB offenkundig zugrunde. Dies folgt auch daraus, dass andernfalls die Anpassung des § 102 BGB, der nur eine Erstattung der Gewinnungskosten vorsieht, an die Neuregelung des § 596a Abs 1 BGB geboten gewesen wäre, da sachliche Gründe für eine Schlechterstellung des Pächters hinsichtlich der von ihm im Rahmen ordnungsgemäßer

Bewirtschaftung zwischen Pachtende und Rückgabe getrennten Früchten nicht bestehen.

c) Umfang des Wertersatzanspruchs

13 Der Wertersatz wird in Geld geschuldet. Zu ersetzen ist der **gemeine Wert** der ungetrennten Früchte, dh ihr nach objektiven Kriterien zu ermittelnder Verkehrswert. Dieser Bewertungsvorgang wird mit dem Begriff „Halmtaxe" umschrieben. Dabei ist das besondere Interesse des Pächters an den Früchten ebenso unbeachtlich wie der spätere tatsächliche Gewinn (PALANDT/SPRAU § 818 Rn 19).

Der Wert der ungetrennten Früchte wird nach dem **Ertragswert** ermittelt, dh der Differenz aus den für den Stichtag zu erwartenden Einnahmen und Ausgaben (vgl KÖHNE 176, 178), wobei die einzelnen Rechengrößen zu schätzen sind, sodass im Rechtsstreit Raum für § 287 Abs 2 ZPO sein wird. **Bewertungsstichtag** sollte mit Rücksicht darauf, dass der Umfang der zurückzulassenden Früchte erst bei Rückgabe feststeht, nicht das Pachtende, sondern der **Zeitpunkt der Rückgabe** bzw der Rückgabeverhandlung sein.

14 Zu den „**Einnahmen**" gehören:

– die voraussichtlichen Erlöse aus Verkäufen von Feldfrüchten aller Art und tierischen Produkten (Wolle, Milch, Jungvieh etc).

15 Zu den „**Ausgaben**" gehören:

– die voraussichtlichen Ernteaufwendungen (die für die Einbringung der Ernte erforderlichen Betriebskosten);

– das erkennbare Ernterisiko (Ertragseinbußen der Ernte, soweit sie objektiv nach den jeweiligen Gegebenheiten zu erwarten sind; vollkommen unvorhersehbare Ereignisse, ex post bekannt gewordene Katastrophen, müssen demgemäß außer Betracht bleiben);

– die nach § 596b BGB zum Verbrauch bestimmten Erzeugnisse (zB Futtererzeugung für die eigene Masttierhaltung).

16 Das konkrete **Marktrisiko** kann wegen der Natur des Wertersatzanspruchs nicht gesondert als Passivposten Berücksichtigung finden. *Zu erstatten ist nur der gemeine Wert, nicht der tatsächliche Gewinn der Früchte.* Das allgemeine Marktrisiko ist allerdings bei den „Aktiva" als Komponente für die Berechnung der „voraussichtlichen Erlöse" maßgeblich; in diesem Rahmen sind künftige Marktentwicklungen, soweit sie verlässlich vorhersehbar sind, mindernd oder erhöhend zu beachten.

d) Fälligkeit

17 Der Wertersatzanspruch ist mit dem **tatsächlichen Ende des Pachtverhältnisses** (Rückgabe) fällig. Ist der Wertersatz Gegenstand einer zwischen Pachtende und Rückgabe angesetzten Rückgabeverhandlung, dürfte hierdurch der Fälligkeitszeitpunkt abweichend bestimmt sein.

IV. Aufwendungsersatz nach Abs 2

1. Allgemeine Kennzeichnung

Lassen sich im Rahmen des Abs 1 aus jahreszeitlich bedingten Gründen die Werte **18** der noch nicht getrennten Früchte nicht feststellen, so gibt Abs 2 dem Pächter lediglich in Anlehnung an § 592 aF einen Anspruch auf Aufwendungsersatz (**Aufwendungstaxe** – vgl KÖHNE 176, 178). Zu erstatten ist der Gesamtbetrag der Aufwendungen für die ungetrennten Früchte, soweit sie im Rahmen einer ordnungsgemäßen Bewirtschaftung liegen. Damit entscheidet die Neuregelung die zu § 592 aF erörterte Streitfrage, ob der Begriff „Kosten" iS von „reinen Sachauslagen" oder „Gesamtaufwand einschließlich des Unternehmerlohns" zu verstehen ist (STAUDINGER/SONNENSCHEIN[12] § 592 Rn 12 mwNw). Nunmehr sind die gesamten **Produktionskosten** einschließlich der eigenen **Arbeitsleistung** erstattungsfähig. Der Höhe nach gibt es dabei im Unterschied zu § 592 aF keine Begrenzung mehr durch den Wert der Früchte.

2. Aufwendungsersatz im Einzelnen

a) Keine zuverlässige Wertermittlung der ungetrennten Früchte

Dem Aufwendungsersatz nach Abs 2 kommt gegenüber dem Wertersatz nach Abs 1 **19** eine **Auffangfunktion** zu. Nur wenn eine verlässliche Schätzung des Ernteerfolgs nicht möglich ist, muss der Pächter sich mit dem regelmäßig geringeren Aufwendungsersatz zufriedengeben. Im Vordergrund stehen dabei die Fälle, in denen die Feldfrüchte noch so wenig entwickelt sind, dass eine zutreffende Halmtaxe nicht möglich ist.

b) Umfang des Anspruchs

Der Umfang des Aufwendungsersatzanspruchs umfasst den gesamten „Aufwand", **20** den der Pächter bis zur Rückgabe der Pachtsache (s Rn 12) im Rahmen ordnungsgemäßer Bewirtschaftung für die noch im Laufe des Pachtjahres zu erntenden Früchte erbracht hat.

Zum Aufwand des Pächters gehören **Sachaufwendungen** (ua für Saatgut, Düngemittel, Treibstoffe, Versicherungen und Reparaturen, ferner die Abschreibung pächtereigenen Inventars), **Lohnaufwendungen** (Vergütungen für Leistungen Dritter ebenso wie für die eigene Arbeitsleistung, dh Unternehmerlohn), **Kosten, Steuern und Lasten** (Ausgaben für Steuern und Abgaben, soweit sie den Betrieb belasten) und der **sonstige Aufwand** (Ausgaben für Zinsen, Pachten und Mieten); vgl hierzu FHL Rn 25 f. Die **Pachtzinsen** sind keine Aufwendungen im Sinne dieser Bestimmung (OLG Oldenburg RdL 1993, 65).

Seinen betrieblichen Aufwand kann der Pächter aber nur insoweit erstattet verlangen, als er einer **ordnungsgemäßen Bewirtschaftung** entspricht und sich auf die noch im laufenden Pachtjahr zu trennenden Früchte bezieht. Die tatsächlichen Kosten werden mithin begrenzt durch diejenigen, die aus der Sicht eines verständigen Landwirts erforderlich waren.

Für die Bewertung der einzelnen Aufwandspositionen ist auf den **Zeitpunkt ihrer** **21** **Entstehung** abzustellen. Ergibt die nach objektiven Kriterien durchzuführende Vergleichsregelung, dass der tatsächliche (der vom Pächter berechnete) Aufwand niedriger ist, hat der Verpächter nur die tatsächlich aufgewandten Kosten zu ersetzen, da er nur Aufwendungs- und nicht Schadensersatz schuldet (vgl zu § 818 BGH NJW 1964, 1365).

Eine **weitergehende Begrenzung** der Ersatzansprüche durch den „Wert der Früchte" kennt die Neuregelung **nicht** mehr. Dies beinhaltet, dass die **Gefahr des Untergangs oder der Verschlechterung** der Früchte durch einfachen Zufall oder höhere Gewalt nicht mehr den Pächter trifft (dies war aber nach der früheren Rechtslage der Fall, vgl FHL § 596a Rn 28). Der **Verpächter** muss sich an der eventuell ausgezahlten Versicherungssumme schadlos halten.

c) Fälligkeit

22 Der Aufwendungsersatzanspruch des Pächters kann nicht bereits mit dem Ende des Pachtverhältnisses fällig sein (so STAUDINGER/SONNENSCHEIN[12] § 592 Rn 22 f), sondern erst mit der **Rückgabe des Pachtobjekts**. Der Pächter ist bis zu diesem Zeitpunkt zur ordnungsgemäßen Bewirtschaftung verpflichtet.

V. Regelungen für forstwirtschaftlich genutzte Grundstücke

1. Wertersatzanspruch des Pächters nach Abs 3 S 1

23 Für die Pacht forstwirtschaftlicher Grundstücke beinhaltet Abs 3 S 1 **keine besondere Regelung**; es wird lediglich klargestellt, dass auch dieser Pächter Wertersatz für das zum Einschlag vorgesehene, aber noch nicht eingeschlagene Holz beanspruchen kann. Wie aus § 585 Abs 3 BGB folgt, muss es sich aber um solche forstwirtschaftlich genutzten Grundstücke handeln, die zusammen mit überwiegend landwirtschaftlich genutzten Grundstücken überlassen wurden. Die „überwiegend" betriebene Forstwirtschaft unterliegt nicht dem Landpachtrecht (§ 585 Rn 28).

Das „zum Einschlag vorgesehene Holz" ergibt sich aus dem Betriebsplan (Forstbetriebswerk), der den allgemein anerkannten Regeln der Forstwirtschaft entsprechen muss. Dieser Plan bestimmt aufgrund langjähriger Beobachtungen den jährlichen Einschlag. Berechnungseinheit ist der Erntefestmeter (vgl MÜLLER § 523 ff, 526, 531). Die zu erstattenden Festmeter sind nach objektiven Kriterien zu ermitteln. Einen maßgeblichen Anhalt geben die in den letzten Jahren bei Holzverkäufen erzielten Durchschnittspreise. Die ersparten Aufwendungen und das Ernterisiko sind auch hier zu berücksichtigen (FHL Rn 30). Der Anspruch ist ebenfalls erst bei tatsächlicher Beendigung fällig.

2. Besondere Ersatzansprüche des Verpächters

a) Ersatz für nicht ordnungsgemäßen Einschlag (Abs 3 S 2)

24 Für den Fall der vorzeitigen Vertragsbeendigung erleichtert § 596 Abs 3 S 2 BGB die Rechtsverfolgung des Verpächters durch verschuldensunabhängige Ersatzansprüche gegen den Pächter. Hat dieser **mehr Holz eingeschlagen**, als bei ordnungsgemäßer Nutzung zulässig war, muss er dem Verpächter den Wert der die normale Nutzung übersteigenden Holzmenge ersetzen; ob und inwieweit ihn an der Übernutzung ein **Verschulden** trifft, ist **unerheblich**.

Der Umfang der übermäßigen Nutzung ist anhand des Betriebsplans festzustellen, und zwar durch den Vergleich von Soll- und Isteinschlag (FHL Rn 31).

b) Weitere Schadensersatzansprüche (Abs 3 S 3)
Abs 3 S 3 hat ebenfalls lediglich klarstellende Bedeutung: weitergehende Schadensersatzansprüche sind nicht ausgeschlossen. Hierbei ist an Schadensersatzansprüche wegen Nicht- bzw Schlechterfüllung zu denken, ausgelöst dadurch, dass der Pächter seiner Pflicht zur ordnungsgemäßen Rückgabe der Pachtsache aus § 596 BGB nicht genügt hat. 25

Das vertragswidrige Verhalten des Pächters kann zu einem solchen Schaden des Verpächters führen, dass die durch die Übernutzung eingetretenen Vermögenseinbußen nicht durch den bloßen Ersatz des „Mehreinschlags" auszugleichen sind (Kosten für Aufforstung, Nutzungsausfälle in der Zukunft usw).

c) Verpächterpfandrecht
Wegen seiner Ansprüche aus S 2 u 3 steht dem Verpächter gem § 592 S 1 BGB ein Verpächterpfandrecht zu. Dies gilt nicht für „künftige" Entschädigungsforderungen des Verpächters. 26

VI. Sicherungsrechte des Pächters: Pächterpfandrecht und Zurückbehaltungsrecht

Wegen seiner denkbaren Ersatzansprüche aus § 596a Abs 1, Abs 2, Abs 3 S 1 BGB steht dem Pächter **kein Pfand- oder Zurückbehaltungsrecht** zu. Die ungetrennten Früchte sind wesentlicher Bestandteil des Grundstücks; ein Pfandrecht an diesen Früchten würde daher dem Verbot des § 596 Abs 2 BGB widersprechen. Das Pächterpfandrecht muss daher auf die Forderungen des Pächters aus §§ 582 Abs 2 S 1, 582a Abs 3 S 3, 585 Abs 2 BGB beschränkt bleiben. Im Übrigen ist der Pächter darauf angewiesen, seine Ersatzansprüche einzuklagen oder aber gem §§ 595a Abs 2 S 1, 8 Abs 2 S 3 LPachtVG beim Landwirtschaftsgericht Abwicklungsanordnungen zu beantragen (vgl zu § 592 HENSE RdL 1952, 311 f). 27

VII. Entsprechende Anwendung

Kraft ausdrücklicher gesetzlicher Regelung ist § 596a BGB auf die Rückgabepflicht des **Nießbrauchers** (§ 1055 Abs 2 BGB) und die Herausgabepflicht des **Vorerben** im Nacherbfall (§ 2130 Abs 1 S 2 BGB) entsprechend anzuwenden. 28

Darüber hinaus erscheint die analoge Anwendung des § 596a BGB bei der **Kleingartenpacht** sachgerecht. Für das Eigentümer-Besitzer-Verhältnis ist indessen allein § 998 BGB maßgebend; hiernach hat der Besitzer lediglich für die vor Ende des Wirtschaftsjahres zu trennenden Früchte einen Anspruch auf Ersatz seiner Bestellungskosten.

VIII. Dispositive Regelung

Den Parteien bleibt es unbenommen, abweichende Regelungen über die beiderseitigen Ersatzansprüche nach Pachtende herbeizuführen; zulässig ist auch der völlige 29

Ausschluss der Rechte aus § 596a BGB. Bei Formularpachtverträgen sind die §§ 307–309 BGB zu beachten.

IX. ZPO-Verfahren

30 Die gerichtliche Verfolgung der Rückgabeansprüche hat vor dem Landwirtschaftsgericht im Wege des streitigen Verfahrens (ZPO-Verfahren) zu erfolgen (§§ 1 Nr 1a, 2 Abs 1, 48 LwVG). Soweit eine Partei indessen gem § 595a Abs 2 S 1 BGB den Antrag stellt, Anordnungen über die Abwicklung des vorzeitig beendeten Landpachtvertrages zu treffen, ist hierüber vorgreiflich durch das Landwirtschaftsgericht im FGG-Verfahren gem § 1 Nr 1 LwVG zu entscheiden.

§ 596b
Rücklassungspflicht

(1) Der Pächter eines Betriebs hat von den bei Beendigung des Pachtverhältnisses vorhandenen landwirtschaftlichen Erzeugnissen so viel zurückzulassen, wie zur Fortführung der Wirtschaft bis zur nächsten Ernte nötig ist, auch wenn er bei Beginn des Pachtverhältnisses solche Erzeugnisse nicht übernommen hat.

(2) Soweit der Pächter nach Absatz 1 Erzeugnisse in größerer Menge oder besserer Beschaffenheit zurückzulassen verpflichtet ist, als er bei Beginn des Pachtverhältnisses übernommen hat, kann er vom Verpächter Ersatz des Wertes verlangen.

Materialien: BT-Drucks 10/508; 10/509; 10/3830; 10/3498.

Schrifttum

Siehe § 585.

1. Entstehungsgeschichte und Zweck der Vorschrift

1 Die Vorschrift entspricht in ihrem wesentlichen Regelungsgehalt dem alten § 593 Abs 1 und 2 BGB. Dagegen ist die Regelung des § 593 Abs 3 aF, wonach der Pächter auch den in dem Betrieb gewonnenen Dünger zurücklassen musste, als nicht mehr zeitgemäß (Regierungsbegründung BT-Drucks 10/509 zu § 556b S 26) ersatzlos gestrichen worden.

Aufrechterhalten wurde der Sinn der Bestimmung: im Interesse einer uneingeschränkten Fortführung des landwirtschaftlichen Betriebes soll der Pächter **so viel an Erzeugnissen zurücklassen, wie bis zum „Ernteanschluss" zur Fortführung der Wirtschaft nötig ist.** Damit gewährleistet die Regelung eine Fortsetzung der ordnungsgemäßen Bewirtschaftung (§ 586 Abs 1 S 3 BGB) über das Pachtende hinaus.

Die Bestimmung ermöglicht insoweit keinen (automatischen) Eigentumsübergang auf den Verpächter, beinhaltet vielmehr nur die **schuldrechtliche Pflicht zur Eigentumsverschaffung** (FHL Rn 7).

Daneben gilt die Bestimmung über § 1055 Abs 2 BGB hinsichtlich des Nießbrauchs und über § 2130 Abs 1 S 2 BGB der Herausgabe eines zur Vorerbschaft gehörenden Landgutes.

2. Voraussetzungen

a) Allgemeines

Zunächst muss ein Landpachtvertrag im Sinne von § 585 BGB vorhanden sein. Dieser muss eine **Betriebspacht** zum Gegenstand haben (zur Abgrenzung gegenüber der Stücklandpacht vgl § 585 Rn 8). 2

Dieser Vertrag muss beendet sein oder werden, erst in diesem Zeitpunkt entsteht der Anspruch des Verpächters (LWLH Rn 10).

b) Erzeugnisse

Der Begriff der landwirtschaftlichen Erzeugnisse ist **weit auszulegen**, und seine Interpretation ist an der Gewährleistung einer geordneten Wirtschaftsfortführung zu orientieren. Er umfasst alles, was infolge der Bewirtschaftung von Grund und Boden und/oder Viehbestand vorhanden ist; dabei ist gleichgültig, ob die Produkte zum Verkauf (zB als Brotgetreide) oder zur weiteren Veredelung (zB Futter) gedacht oder geeignet sind. 3

Ob die Produktion durch den Pächter oder einen Dritten (zB infolge Zukaufs) erfolgt ist, interessiert ebensowenig wie die Frage, ob die Produkte von dem Pachtgegenstand stammen oder etwa von Eigentumsflächen des Pächters.

Nicht dazu gehören angesichts der (insoweit einschränkenden) Gesetzesformulierung die Betriebsmittel (zB Treibstoffe, Werkzeuge, Ersatzteile, Pflanzenschutzmittel), mögen sie für die weitere Bewirtschaftung auch in vergleichbarer Weise notwendig sein (LWLH Rn 8 mwNw, auch schon zum alten Recht). Weiter gehört nach der Streichung des alten § 593 Abs 3 BGB der landwirtschaftlich produzierte Dünger (zB Gülle, Mist, Kompost) nicht zu den Erzeugnissen iSd § 596b BGB. 4

Noch nicht geerntete Früchte unterliegen dieser Bestimmung nicht, da mit dem Ende der Pachtzeit auch das Fruchtziehungsrecht des Pächters entfällt.

Produktionsquoten (zB für Zucker und Milch) sind weder Erzeugnisse noch deren Bestandteile, vielmehr Produktionsbeschränkungen. Ihr Übergang regelt sich also nicht nach dieser Bestimmung (FHL Rn 9; vgl dazu im Einzelnen § 596 Rn 34 ff).

c) Umfang der Zurücklassungspflicht

Der Umfang der Zurücklassungspflicht orientiert sich gleichfalls an dem Ziel der Vorschrift, eine **geordnete „Ernteanschlussbewirtschaftung"** zu gewährleisten. Dementsprechend ist auch nach den verschiedenen Produkten zu unterscheiden: das für die Viehhaltung notwendige Stroh und Futter muss in einem Umfang zurückbleiben, der eine Versorgung bis zur nächsten (Getreide-)Ernte gewährleistet. Auf dem 5

Betrieb gewonnenes Jungvieh muss nur insoweit zurückgelassen werden, wie der Viehbestand insgesamt, in einer den Grundsätzen ordnungsgemäßer Wirtschaftsführung entsprechenden Altersklassen-Struktur, zurückzugeben ist. Hingegen ist im Normalfall kein Grund ersichtlich, die ausschließlich zum Verkauf bestimmten Produkte (zB Brotgetreide, Eier) überhaupt zurückzulassen.

Die Zurückbelassungspflicht beschränkt sich auf **vorhandene Erzeugnisse**. Daher hat der Pächter – auch in Fällen vorzeitigen Verkaufs – keine Zukaufs-, wohl aber möglicherweise Schadensersatzpflichten (s Rn 6).

Hinsichtlich Art und Umfang der Betriebsfortführung hat sich die Pflicht des Pächters in objektiver Betrachtungsweise an derjenigen Betriebsstruktur zu orientieren, die er zurückzugeben hat, auch in Konsequenz der ihn treffenden Pflicht zur ordnungsgemäßen Bewirtschaftung (FHL Rn 11).

Daher sind zB keine Erzeugnisse für Produktionszweige zurückzulassen, die der Verpächter oder Nachfolgepächter anschließend aufzunehmen beabsichtigt und die nicht Gegenstand der Pacht(rückgabeverpflichtung) sind. Abweichende Pflichten bedürfen entsprechender vertraglicher Regelung.

Ob und in welchem Umfang der Pächter bei Vertragsbeginn derartige landwirtschaftliche Erzeugnisse übernommen hat, ist für die Rückgabepflicht ohne Belang, hat vielmehr nur Auswirkungen auf die Werterstattungsansprüche (Abs 2, s Rn 7).

Geht der Umfang der bei Pachtende auf dem Betrieb vorhandenen landwirtschaftlichen Erzeugnisse über das nach Abs 1 erforderliche Maß hinaus, bestehen weder Überlassungspflichten noch -rechte. Der Pächter kann insoweit die Erzeugnisse nicht zurücklassen und sich etwa darauf verlassen, nach Abs 2 entschädigt zu werden.

Der Pächter erfüllt seine Pflicht nach dieser Bestimmung nur, wenn er die zurückzubelassenden Gegenstände dem Verpächter **frei von Rechten Dritter** übereignet.

d) Rechtsfolge bei Verstößen

6 Sind in dem derart notwendigen Umfang landwirtschaftliche Erzeugnisse nicht vorhanden, hat der Verpächter anstelle des Erfüllungs- einen **Schadensersatzanspruch**. Angesichts des an die Rückbelassungspflicht anzulegenden objektiven Maßstabs ist gleichgültig, worauf das Unvermögen des Pächters (zB schlechte Ernte, vorzeitiger Verkauf) beruht. *Der Pächter hat sich rechtzeitig auf den Zeitpunkt der Rückgabe einzustellen und ggf die benötigten Erzeugnisse zuzukaufen.* Es wird ihm aber unbenommen sein, sich zur Abwendung der Schadensersatzpflicht die zu übergebenden Erzeugnisse von dritter Seite zu beschaffen.

Eine **Ausnahme** gilt nur, wenn der Pächter den Betrieb aufgrund seinerseits aus wichtigem Grund erklärter, fristloser Kündigung zurückgibt.

3. Wertersatzanspruch des Pächters (Abs 2)

7 Hat der Pächter nach Maßgabe von Abs 1 einen größeren oder wertvolleren Bestand an landwirtschaftlichen Erzeugnissen (zu) überlassen, als er bei Pachtantritt übernommen hat, hat er insoweit einen Anspruch auf Wertersatz. Dieser Anspruch ist die natürliche Konsequenz seiner aus Abs 1 folgenden Verpflichtung, die sich am objektiv Notwendigen orientiert.

Gegenüberzustellen sind dabei zunächst die Zeitpunkte der Übernahme („Antritt der Pacht") und der Rückgabe des Pachtbetriebs in Konsequenz der aus § 596 folgenden Pächterpflicht (LWLH Rn 13 mwNw).

Im Hinblick auf die Bewertung des Markt-, also Verkehrswertes, der Erzeugnisse sind gleichfalls die Verhältnisse beider Zeitpunkte einander gegenüberzustellen (objektive Verkehrswertdifferenz, vgl LWLH Rn 14). Dabei eintretende Wertveränderungen sind – auch zulasten des Pächters – zu berücksichtigen. Bei der Rückgabe eines „eisern" verpachteten Betriebes hat der Verpächter auch nur einen Anspruch auf Übergabe von Inventar in der bei Pachtantritt übergebenen Menge und Qualität, ohne Rücksicht auf zwischenzeitliche Preisänderungen. Dann ist kein Grund ersichtlich, die Ansprüche des Pächters anders zu beurteilen (aA wohl LWLH Rn 15 und FHL Rn 20).

Sind die bei Pachtende nach Abs 1 zurückzulassenden Erzeugnisse **anderer Art** als die bei Pachtantritt übernommenen (zB infolge einer Umstellung in der Viehfütterung), sind die objektiven Verkehrswerte dieser unterschiedlichen Erzeugnisse einander gegenüberzustellen. Eine evtl vorhandene Differenz ist auszugleichen.

Der Anspruch ist **zum Zeitpunkt der Rückgabepflicht fällig**. Er kann Gegenstand von 8 Aufrechnung oder Zurückbehaltungsrecht sein, wobei dieses sich auf die Erzeugnisse beschränkt und nicht auch an dem Pachtbetrieb wegen seines Anspruchs auf Wertersatz nach Abs 2 besteht (LWLH Rn 17).

Der Anspruch **verjährt** nach § 591b BGB. 9

4. Abdingbarkeit

Die Vorschrift ist dispositiv. Abändernde Regelungen bieten sich vor allem an, wenn 10 der Pächter eine spezielle Wirtschaftsweise beabsichtigt, die von seinem Nachfolger nicht fortgesetzt werden soll. Dann wird das Interesse des Verpächters an einer geräumten Übergabe des Betriebes überwiegen, auf die sich dann der Pächter durch rechtzeitige Verwertung seiner Erzeugnisse einstellen kann. Überdies kann es sinnvoll sein, die Frage der Ausgleichsleistungen individuell zu regeln.

Stets ist auf die Einhaltung der **Schriftform** (§ 585a BGB) zu achten. In den Fällen der Verwendung formularmäßiger Vertragsmuster sind die Vorschriften der §§ 307–309 BGB zu beachten.

5. Verfahrensfragen

Streitigkeiten aus Rechten und Pflichten dieser Vorschrift sind nach § 1 Nr 1a LwVG 11 als streitige Landpachtsachen im ZPO-Verfahren zu entscheiden.

Die Beweislast hat derjenige, der aus der Vorschrift Rechte herleitet, also üblicherweise der Verpächter bei Ansprüchen aus Abs 1 und der Pächter bei solchen aus Abs 2.

§ 597
Verspätete Rückgabe

Gibt der Pächter die Pachtsache nach Beendigung des Pachtverhältnisses nicht zurück, so kann der Verpächter für die Dauer der Vorenthaltung als Entschädigung die vereinbarte Pacht verlangen. Die Geltendmachung eines weiteren Schadens ist nicht ausgeschlossen.

Materialien: BT-Drucks 10/508; 10/509; 10/3830; 10/3498.

Schrifttum

Siehe § 585.

Systematische Übersicht

I.	Entstehungsgeschichte	1
II.	Überblick	2
III.	**Vertraglicher Anspruch auf Ersatz des Vorenthaltungsschadens**	
1.	Beendeter Landpachtvertrag	3
2.	Vorenthaltung der Pachtsache	5
a)	Nichterfüllung des Rückgabeanspruchs	6
b)	Unterlassen der Rückgabe gegen den Willen des Verpächters	7
3.	Rechtsfolge des Entschädigungsanspruchs	9
4.	Erlöschen des Anspruchs auf Nutzungsentschädigung	10
5.	Sonstige Rechtsbeziehungen der Parteien für die Dauer der Vorenthaltung	11
IV.	**Weitergehender Schadensersatz**	
1.	Vertragliche Ansprüche wegen Verzugs oder Schlechterfüllung der Rückgabepflicht	12
2.	Ansprüche aus ungerechtfertigter Bereicherung	13
3.	Ansprüche aus Eigentümer-Besitzer-Verhältnis	14
4.	Verjährung	15
V.	**Dispositive Regelung**	16
VI.	**Verfahrensfragen**	17

Alphabetische Übersicht

Abdingbarkeit	16
Bereicherungsansprüche	13
Fälligkeit des Entschädigungsanspruchs	9
Landpachtvertrag, Beendigung	3
Mindestentschädigung, Pacht	2
Nutzungsentschädigung, Erlöschen	10

Pächter, Nichterfüllung der Rückgabepflicht	6	Sonstige Rechte und Pflichten während der Vorenthaltung	11
– Vorenthaltung der Pachtsache	5		
Pachtsache, Vorenthaltung	5	Verfahrensfragen	17
Pacht, als Mindestentschädigung	2	Verjährung	15
Pauschalierte Nutzungsentschädigung	2, 9	Verpächter, Bereicherungsansprüche	13
Rückgabepflicht, Nichterfüllung	5	– Schadensersatzansprüche	12
		Vorenthaltung der Pachtsache	5
Schadensersatzansprüche, weitere	12		

I. Entstehungsgeschichte

Die jetzige Fassung der Vorschrift geht auf das LPachtNeuOG vom 8. 11. 1985 zurück. Sie entspricht in Abkehr von § 597 aF dem für die Miete geltenden § 546a BGB. Der Gesetzgeber ist davon ausgegangen, dass die mietrechtliche Regelung den landwirtschaftlichen Verhältnissen besser Rechnung trägt als § 597 aF, der allerdings in § 584b für andere Pachtverträge weiter gilt (BT-Drucks 10/509, 26 f). **1**

II. Überblick

Gibt der Pächter die Pachtsache nach Beendigung des Pachtverhältnisses gegen den Willen des Verpächters nicht oder nur verspätet zurück, hat der Verpächter gegen den Pächter aus § 597 BGB einen vertraglichen Anspruch auf Zahlung einer **pauschalierten Nutzungsentschädigung** für die Dauer der Vorenthaltung. Dies gilt auch dann, wenn der Pächter die verspätete Rückgabe nicht zu vertreten hat. Seinen Vorenthaltungsschaden muss der Verpächter nicht konkret darlegen und beweisen. Als **Mindestbetrag** kann er die Zahlung der vereinbarten **Pacht** verlangen. In Abweichung von § 546a Abs 1 S 1 HS 2 BGB steht ihm stattdessen nicht die „übliche" Pacht zu. **2**

Die Geltendmachung weiterer Ansprüche bzw Schäden nach den allgemeinen Regeln (etwa wegen Verzugs, gem § 280 Abs 1 BGB [früher pVV], §§ 812 ff BGB oder §§ 987 ff BGB) ist nicht ausgeschlossen. Unerheblich ist, ob Wohnraum mit verpachtet ist, da § 597 BGB die Beschränkungen aus § 571 BGB nicht übernommen hat.

III. Vertraglicher Anspruch auf Ersatz des Vorenthaltungsschadens

1. Beendeter Landpachtvertrag

Der besondere vertragliche Entschädigungsanspruch aus § 597 BGB steht dem Verpächter nur bei der Abwicklung eines ursprünglich wirksamen Landpachtvertrages iSd § 585 BGB zu (vgl zum Mietrecht STAUDINGER/ROLFS [2018] § 546a Rn 10). War der Vertrag von Anfang an unwirksam, verbleibt es bei den allgemeinen Regeln (§§ 812 ff, 987 ff BGB). **3**

Der Anspruch aus § 597 BGB setzt die Beendigung des Pachtverhältnisses voraus. Aus welchen Gründen dies geschehen ist, ist ohne Bedeutung. Auch ist nicht ent- **4** scheidend, ob der Pächter die Beendigung zu vertreten hat, da der Ersatzanspruch nicht an ein vertragsgerechtes Verhalten des Pächters gebunden ist. Die Rechtslage entspricht insoweit der zu §§ 596a u 596b BGB (vgl § 596a Rn 7).

Das Pachtverhältnis erlischt nicht, wenn die Parteien seine Verlängerung vereinbaren oder im Rahmen des § 595 BGB fortsetzen; gleichgültig, ob durch Verpächterzustimmung zum Fortsetzungsanspruch oder durch Verlängerung durch das Landwirtschaftsgericht.

Verweigert der Pächter die Rückgabe der Pachtsache mit sachlichen Gründen (etwa, weil er die Kündigung des Verpächters für unwirksam hält oder die Fortsetzung des Vertrages gem § 595 BGB beansprucht), entsteht bis zur endgültigen Klärung der Rechtslage ein *Schwebezustand*, der den Pächter nicht berechtigt, seine „Pachtzahlungen" einzustellen.

2. Vorenthaltung der Pachtsache

5 Vorenthaltung ist nicht gleichbedeutend mit „Nichtrückgabe". Nach BGH NJW 1983, 112 setzt Vorenthalten voraus, dass der Pächter den Rückgabeanspruch des Verpächters aus § 596 Abs 1 BGB nicht oder nur verspätet erfüllt und das Unterlassen der Rückgabe dem Willen des Verpächters widerspricht.

a) Nichterfüllung des Rückgabeanspruchs

6 Den Rückgabeanspruch des Verpächters erfüllt der Pächter nur dann, wenn er ihm **uneingeschränkt den unmittelbaren Besitz an der ordnungsgemäß bewirtschafteten Pachtsache** verschafft (vgl STAUDINGER/ROLFS [2018] § 546a Rn 16). Wegen des Umfangs der Rückgabepflicht im Einzelnen siehe die Kommentierung zu § 596.

Ist dem Pächter die Erfüllung des Rückgabeanspruchs unmöglich geworden, wird er von dieser Verpflichtung frei. Hat er aber die Unmöglichkeit zu vertreten, stehen dem Verpächter aus §§ 280, 283 BGB Schadensersatzansprüche zu.

Bei unzulässigen Teilleistungen liegt regelmäßig ein Vorenthalten der gesamten Pachtsache vor (vgl § 596 Rn 30).

Beruft der Pächter sich zu Recht auf sein Zurückbehaltungsrecht, ohne dabei die Pachtsache weiter zu nutzen, fehlt es an einem Vorenthalten (BGH NJW 1975, 1773); im Hinblick auf § 596 Abs 2 BGB kommt ein derartiges Leistungsverweigerungsrecht dann in Betracht, wenn Inventar mit verpachtet ist (vgl § 596 Rn 22).

b) Unterlassen der Rückgabe gegen den Willen des Verpächters

7 Die unterlassene Rückgabe muss dem Willen des Verpächters widersprechen (vgl STAUDINGER/ROLFS [2018] § 546a Rn 28 f). Hieran fehlt es, wenn der Pächter die Pachtsache deshalb nicht zurückgibt, weil der Verpächter der Ansicht ist, das Rechtsverhältnis bestehe noch fort (BGH NJW 1960, 909).

8 Dem Verpächter wird die Pachtsache weiter auch dann nicht vorenthalten, wenn er

– die Rücknahme der Pachtsache wegen ihres vertragswidrigen Zustandes ablehnt (MünchKomm/Bieber [2016] § 546a Rn 6);

– sein gesetzliches Pfandrecht am Pächterinventar geltend macht und der Pächter deshalb das Inventar zurücklassen muss;

– ferner dann nicht, wenn der Pächter sein Besitzrecht aus einem neuen Unterpachtvertrag mit dem Nachfolgepächter ableiten kann (BGH NJW 1983, 446).

3. Rechtsfolge des Entschädigungsanspruchs

Der Pächter schuldet für die Dauer der Vorenthaltung nur **die vereinbarte Pacht**; im Unterschied zum Mietrecht ist der Verpächter nicht berechtigt, stattdessen die „übliche Pacht" zu verlangen. 9

Gilt für die Zeit der Vorenthaltung aufgrund einer Anpassungsklausel eine erhöhte Pacht, so hat der Pächter diesen (zzgl evtl vereinbarter Nebenkosten, vgl Staudinger/Rolfs [2018] § 546a Rn 35) zu zahlen. Umgekehrt kann der Pächter sich auf § 536 BGB iVm § 586 Abs 2 BGB berufen, wenn dessen Voraussetzungen bei Vertragsende vorlagen. Bei der vereinbarten Pacht hat es indessen zu bleiben, wenn die Pachtsache erst nach Pachtende mangelhaft wird. Nach Vertragsende hat der Verpächter die Pachtsache grundsätzlich nicht mehr in einem ordnungsgemäßen Zustand zu erhalten. Seine Verpflichtung aus § 586 Abs 1 S 1 BGB entfällt (BGH WM 1961, 455; Wolf/Eckert/Ball Rn 1131); soweit indessen von der Pachtsache Gefahren für den Pächter und das Inventar ausgehen, hat er diese zu beseitigen.

Die **Fälligkeit** des Entschädigungsanspruchs richtet sich nach den getroffenen Vereinbarungen für die Pacht. Der Anspruch auf Nutzungsentschädigung verjährt wie der Pachtanspruch in drei Jahren gem §§ 195, 199 BGB.

4. Erlöschen des Anspruchs auf Nutzungsentschädigung

Mit der tatsächlichen Rückgabe erlischt der (weitere) Entschädigungsanspruch. Für die Zeit danach schuldet der Pächter nur nach den allgemeinen Vorschriften Schadensersatz, zB wenn der Verpächter die Pachtsache infolge des Pächterverzuges erst zu einem späteren Zeitpunkt weiter verpachten kann (vgl Wolf/Eckert/Ball Rn 1139). 10

Im Übrigen erlischt der Anspruch durch Unmöglichkeit der Rückgabe (vgl Rn 6). Das für die Pacht vereinbarte zulässige Aufrechnungsverbot gilt auch für den Entschädigungsanspruch (OLG Stuttgart NJW 1956, 914).

5. Sonstige Rechtsbeziehungen der Parteien für die Dauer der Vorenthaltung

Während der Dauer der Vorenthaltung treffen den Pächter neben seiner Entschädigungs- auch nachvertragliche **Obhutspflichten**, die durch § 596 BGB ihre besondere Ausgestaltung erfahren haben. Danach ist der Pächter verpflichtet, die Pachtsache bis zur tatsächlichen Rückgabe ordnungsgemäß zu bewirtschaften. 11

Befindet der Pächter sich mit der Rückgabe der Pachtsache in **Verzug**, haftet er für Verschlechterung und Untergang der Pachtsache gem § 287 S 2 BGB.

Eine Haftungserleichterung kommt dem Pächter nur bei Annahmeverzug des Verpächters gem § 300 Abs 1 zugute.

Der Verpächter ist seinerseits nicht nur gehalten, jede eigenmächtige Störung des Pächter-Besitzes zu unterlassen, sondern auch die von der Pachtsache für den Pächter und sein Inventar ausgehenden Gefahren zu beseitigen, um die Aufrechterhaltung der ordnungsgemäßen Bewirtschaftung bis zur Rückgabe zu ermöglichen. Im Ergebnis treffen den Verpächter damit Verkehrssicherungspflichten, deren Verletzung gem § 823 Abs 1 BGB zum Schadensersatz verpflichtet. Eine weitergehende Pflicht zur Erhaltung der Pachtsache hat der Verpächter damit aber nicht (vgl STAUDINGER/ROLFS [2018] § 546a Rn 7; WOLF/ECKERT/BALL Rn 1146 f).

IV. Weitergehender Schadensersatz

1. Vertragliche Ansprüche wegen Verzugs oder Schlechterfüllung der Rückgabepflicht

12 § 597 S 2 BGB stellt ausdrücklich klar, dass der Verpächter den ihm weiter entstandenen Schaden nach Maßgabe der dafür relevanten Anspruchsgrundlagen geltend machen kann. Die Bestimmung eröffnet keine selbständige Anspruchsgrundlage (vgl STAUDINGER/ROLFS [2018] § 546a Rn 57).

Gibt der Pächter bei Pachtende die Pachtsache nicht fristgerecht zurück, gerät er regelmäßig **ohne weitere Abmahnung in Verzug** (§ 286 Abs 2 Nr 2 BGB). Der Verpächter kann seinen Verzögerungsschaden aus §§ 280 Abs 1 und 2, 286 BGB herleiten. Gewährt der Verpächter seinem Pächter eine Rückgabefrist, beinhaltet dies regelmäßig keine Stundung der Rückgabe bis zum Fristablauf; der Pächter bleibt weiterhin in Verzug (vgl WOLF/ECKERT/BALL Rn 1140 f). Dies gilt auch dann, wenn das Gericht in Ausnahmefällen hinsichtlich des mitverpachteten Wohnraums eine Räumungsfrist aus § 721 ZPO bewilligen sollte (vgl STAUDINGER/ROLFS [2018] § 546a Rn 28); weitere Einzelheiten § 596 Rn 20.

Hat der Pächter die Pachtsache schuldhaft in einem derart vertragswidrigen Zustand zurückgegeben, dass dem Verpächter Pachtausfallschäden entstehen, haftet er für diese Schäden wegen Schlechterfüllung seiner Rückgabepflicht aus § 280 Abs 1 und 2, 281 BGB (ehemals positive Vertragsverletzung, vgl dazu WOLF/ECKERT/BALL Rn 1191).

2. Ansprüche aus ungerechtfertigter Bereicherung

13 Nutzt der Pächter die Pachtsache ohne Rechtsgrund, kann die Anwendung des § 597 BGB daran scheitern, dass eine Vorenthaltung der Pachtsache nicht vorliegt. Dies ist zB dann der Fall, wenn der Verpächter die Rücknahme ablehnt, weil er vom Fortbestand des Pachtverhältnisses ausgeht. Dann schuldet der Pächter eine Nutzungsentschädigung aus ungerechtfertigter Bereicherung. Der Nutzungswert ist objektiv zu beurteilen (WOLF/ECKERT/BALL Rn 1146 mwNw).

3. Ansprüche aus Eigentümer-Besitzer-Verhältnis

Nach überwiegender Ansicht werden die sachenrechtlichen Ansprüche auf Nut- **14** zungsherausgabe nicht durch § 597 S 2 BGB ausgeschlossen; es besteht Anspruchskonkurrenz (vgl Wolf/Eckert/Ball Rn 1150). Der unverklagte, entgeltliche, gutgläubige, unrechtmäßige Besitzer ist aber grundsätzlich gem § 993 Abs 1 BGB weder zur Herausgabe der Nutzungen noch zum Schadensersatz verpflichtet (vgl Palandt/Bassenge § 993 Rn 1, 2, 4).

4. Verjährung

Die konkurrierenden Ansprüche verjähren wie der Anspruch auf Nutzungsentschä- **15** digung nach §§ 195, 199 BGB in drei Jahren.

V. Dispositive Regelung

Den Parteien bleibt es unbenommen § 597 BGB abzubedingen. Bei Formularpacht- **16** verträgen sind neben § 307 BGB insbesondere die Klauselverbote nach § 309 Nr 3 BGB (Aufrechnungsverbot), § 309 Nr 5 BGB (Pauschalierung von Schadensersatzansprüchen), § 309 Nr 6 BGB (Vertragsstrafe) und § 309 Nr 12 BGB (Beweisvereitelung) zu beachten.

VI. Verfahrensfragen

Die gerichtliche Verfolgung der Ersatz- und Schadensersatzansprüche hat vor dem **17** Landwirtschaftsgericht im Wege des **streitigen Verfahrens** (ZPO-Verfahren) zu erfolgen (§§ 1 Nr 1a, 2 Abs 1, 48 LwVG). Soweit indessen eine Partei für den Fall vorzeitiger Beendigung des Pachtvertrages beim Landwirtschaftsgericht gem § 595a Abs 2 S 1 BGB den Antrag stellt, Anordnungen über die Abwicklung des Vertrages zu treffen, hat das Gericht hierüber vorgreiflich im FFG-Verfahren gem § 1 Nr 1 LwVG zu entscheiden (vgl auch § 596 Rn 43).

Titel 6
Leihe

Vorbemerkungen zu §§ 598 ff

Schrifttum

BALLERSTEDT, Zur Haftung für culpa in contrahendo bei Geschäftsabschluss durch Stellvertreter, AcP 151 (1950/1951) 501
vBLUME, Das Reichsgericht und die Gefälligkeitsverträge, Recht 1908, 650
BOEHMER, Kann bei Gefälligkeitsfahrten § 708 angewendet werden?, JR 1959, 217
ders, Zum Ausmaß der Kraftfahrzeughalterhaftung bei Gefälligkeitsfahrten, MDR 1962, 174
ders, Realverträge im heutigen Recht, ArchBürgR 38, 314
CANARIS, Ansprüche wegen „positiver Vertragsverletzung" und „Schutzwirkung für Dritte" bei nichtigen Verträgen, JZ 65, 475
ders, Das Verlöbnis als „gesetzliches" Rechtsverhältnis – Ein Beitrag zur Lehre von der Vertrauenshaftung, AcP 165 (1965) 1
DÖLLE, Außervertragliche Schutzpflichten, ZStW 103 (1943) 67
EINSELE, Der vorzeitige unentgeltliche Einzug des Mieters in die Wohnung, WuM 1997, 533
ESSER/SCHMIDT, AT § 8 IV aE, § 35 I 2.2.1
ESSER/WEYERS, BT § 25 III aE
FISCHER, Die Unentgeltlichkeit im Zivilrecht (2002)
FRANCKE, Der Leihbetrieb der öffentlichen Bibliotheken und das geltende Recht (1905)
GESELL, Wertpapierleihe und Repurchase Agreement im deutschen Recht (Diss Köln 1995)
GITTER, Gebrauchsüberlassungsverträge (1988)
HAUPT, Über faktische Vertragsverhältnisse (1943)
GRUNDMANN, Zur Dogmatik der unentgeltlichen Rechtsgeschäfte, AcP 198 (1998) 457
HOFFMANN, Der Einfluß des Gefälligkeitsmoments auf das Haftungsmaß, AcP 167 (1967) 394

HORST, Unentgeltliche Nutzung fremder Grundstücke, DWW 1997, 103
KALLMEYER, Die Gefälligkeitsverhältnisse (Diss Göttingen 1968)
KLEIN, Die Rechtsformen der Gebrauchsleihe (1902)
KOLLHOSSER/BORK, Rechtsfragen bei der Verwendung von Mehrwegverpackungen, BB 1987, 909
KORT, Das rechtliche und wirtschaftliche Aktieneigentum beim Wertpapierdarlehen, WM 2006, 2149
KRÜCKMANN, Der Umfang der Gefährdungsaufrechnung, JherJb 1954, 107
ders, Gefälligkeitsverhältnisse, SeuffBl 74, 113, 153
KÜMPEL, Die Grundstruktur der Wertpapierleihe und ihre rechtlichen Aspekte, WM 1990, 909
KUHLENBECK, Der Leihvertrag, das Prekarium, JW 1904, 226
LANGEN, Das (Wohnungs-)Leihversprechen von Todes wegen, ZMR 1986, 150
LARENZ, Schuldrecht (1987) AT § 9 I
LOSCHELDER, Die Dauerleihgabe, NJW 2010, 705
MARTINEK, Das Flaschenpfand als Rechtsproblem, JuS 1987, 514
ders, Leergut im Zwischenhandel – OLG Köln NJW-RR, 1988, 373 und OLG Karlsruhe NJW-RR 1988, 370, in: JuS 1989, 268
MEDICUS, Schuldrecht II § 92
ders, Zur Reichweite gesetzlicher Haftungsmilderungen, in: FS Odersky (1996) 589
MERSSON, Zur Haftung bei Gefälligkeitsfahrten, DAR 1993, 87
MÜLLER-GRAFF, Die Geschäftsverbindung als Schutzpflichtverhältnis, JZ 1976, 153

NEHLSEN/vSTRYK, Unentgeltliches schuldrechtliches Wohnrecht, AcP 187 (1987) 552
PALLMANN, Rechtsfolgen aus Gefälligkeitsverhältnissen (Diss Regensburg 1971)
ROTHER, Haftungsbeschränkung im Schadensrecht (1965) 163
SCHACK, Der Sammler und sein Recht, Non Profit Law Yearbook 2006, 7
SCHLECHTRIEM, Vertragsordnung und außervertragliche Haftung (1972)
SCHLEEH, Vorvertragliches Fehlverhalten und der Schutz Dritter (Diss Tübingen 1965)
SCHWERDTNER, Der Ersatz des Verlusts des Schadensfreiheitsrabattes in der Haftpflichtversicherung – Ein Beitrag zur Abgrenzung Gefälligkeitshandlungen und Rechtsgeschäft, NJW 1971, 1673
SEETZEN, Zur Entwicklung des internationalen Deliktsrechts, VersR 1970, 1
SLAPNICAR, Gratis habitare (1981)
ders, Unentgeltliches Wohnen nach geltendem Recht ist Leihe, nicht Schenkung – Dogmengeschichtliches zu BGHZ 82, 354 ff, JZ 1983, 325
SPALLINO, Haftungsmaßstab bei Gefälligkeit (2016)

STOLL, Das Handeln auf eigene Gefahr (1961)
STIEPER, Die Haftung für Nicht- und Schlechterfüllung der Rückgabepflicht (§§ 546, 604 BGB) infolge vertragswidrigen Gebrauchs der Miet- oder Leihsache, ZGS 2011, 557
THIELE, Leistungsstörung und Schutzpflichtverhältnis, JZ 1967, 649
WEFING, Zwischen Markt und Museum – einige Anmerkungen zu Reizen und Risiken der Dauerleihgabe, Non Profit Law Yearbook 2006, 1
WILLOWEIT, Abgrenzung und rechtliche Relevanz rechtsgeschäftlicher Vereinbarungen (1969)
ders, Die Rechtsprechung zum Gefälligkeitshandeln, JuS 1986, 96
ders, Schuldverhältnis und Gefälligkeit, JuS 1984, 909
ZABEL, Der Leihvertrag nach deutschem bürgerlichen Recht (1901).

Vgl auch die beim Darlehen (STAUDINGER/FREITAG [2015] § 607) angegebenen Schriften.

Systematische Übersicht

I. Begriff und Rechtsnatur der Leihe
1. Begriff und Abgrenzung zu verwandten Vertragstypen _____ 1
2. Unentgeltliche Gebrauchsüberlassung im Zusammenhang mit der Erfüllung von entgeltlichen Verträgen und im Rahmen von Verhandlungen über entgeltliche Verträge _____ 4
3. Rechtsnatur des Leihvertrags _____ 5

II. Gefälligkeitsverhältnisse
1. Abgrenzung Rechtsgeschäft – soziale Verständigung _____ 8
2. Schutzpflichten im Gefälligkeitsverhältnis? _____ 11
3. Haftungsmilderung im Gefälligkeitsverhältnis _____ 13

III. Freigabe von Plätzen etc zur öffentlichen Benutzung _____ 18

IV. Leihvertrag als Instrument von Verwaltungshandeln _____ 21

V. Besitzverhältnisse _____ 22

VI. Übersicht _____ 23

Titel 6
Leihe

Vorbem zu §§ 598 ff

I. Begriff und Rechtsnatur der Leihe

1. Begriff und Abgrenzung zu verwandten Vertragstypen

Die **Begriffselemente der Leihe** sind aus § 598 BGB zu entnehmen (vgl die Erl hierzu). **1** Danach ist die Leihe als unentgeltliche Überlassung einer Sache zum Gebrauch definiert. Die **Unentgeltlichkeit** unterscheidet die Leihe von der ebenfalls zu den Gebrauchsüberlassungsverträgen zählenden Miete; daraus erwächst eine gewisse Diskrepanz zwischen der Terminologie des Gesetzes und dem Sprachgebrauch des täglichen Lebens, der vielfach auch die entgeltliche Gebrauchsüberlassung beweglicher Sachen (Leihbibliothek, Leihwagen, Kostümverleih) als Leihe bezeichnet. Von der (unentgeltlichen) Verwahrung unterscheidet sich die Leihe dadurch, dass die (regelmäßige) Überlassung des Besitzes im Interesse des Besitznehmers erfolgt. Im Gegensatz zum Verwahrer ist der Entleiher zum Gebrauch des überlassenen Gegenstandes berechtigt. Außerdem kann er das Leihverhältnis grundsätzlich jederzeit durch Rückgabe beenden. Ist das Rückgaberecht (vorbehaltlich des unabdingbaren außerordentlichen Kündigungsrechts) ausgeschlossen, weil die Besitzüberlassung auch im (Verwahrer- oder Geschäftsherren-)Interesse des Überlassenden liegt, ist der Vertrag ein Vertrag mit anderstypischer Gegenleistung (Gebrauchsrecht = Gegenleistung für die Aufbewahrung bzw Geschäftsführung, vgl § 598 Rn 5 f).

Der **vorübergehende** Charakter der Gebrauchsüberlassung kennzeichnet die Leihe **2** im Verhältnis zur gleichfalls unentgeltlichen Schenkung. Das Nutzungsrecht des Entleihers ist zeitlich begrenzt; ihn trifft im Gegensatz zum Beschenkten eine vertragliche Rückgabepflicht. Solange und soweit die Einräumung der Nutzungsmöglichkeit nicht der wirtschaftlichen Weggabe der Sache gleichzusetzen ist, kommt eine Schenkung daher nicht in Betracht (BGH NJW 1985, 1553; NJW-RR 2007, 1530; NJW 2016, 2652). Die weitergehende Ansicht, aus der Leihe werde erst Schenkung, wenn das Eigentum an der überlassenen Sache auf den Erwerber übergehe (so MünchKomm/HAASE[1] § 598 Rn 19), ist ebenso praktisch aufgegeben wie die engere Auffassung, trotz nur vorübergehender Gebrauchsüberlassung liege Schenkung vor, wenn sie eine üblicherweise geldwerte Nutzungsmöglichkeit wie zB eine Wohnung zum Gegenstand habe (so noch BGH NJW 1970, 941; ausdrücklich aufgegeben in BGH NJW 1982, 820; bestätigt in NJW 2016, 2652; vgl im Einzelnen § 598 Rn 7 ff). Ebenfalls geklärt ist, dass die Leihe in der Konkurrenz mit der Schenkung sämtliche, dh kurz- und langfristige Gebrauchsüberlassungen umfasst (BGH NJW 1982, 820, 821). Vertreten wird lediglich noch die Möglichkeit einer vorsichtigen analogen Anwendung von Schenkungsrecht auf langfristige Gebrauchsüberlassungen, insbesondere die Wohnungsüberlassung (MünchKomm/HÄUBLEIN[7] § 598 Rn 9, 14; näher § 598 Rn 7 ff). Für eine der wichtigsten Vorschriften, nämlich § 518 BGB, hat der BGH die Übertragbarkeit auf langfristige Gebrauchsüberlassungsverträge bereits ausdrücklich abgelehnt (BGH NJW 1982, 820, 821; NJW 2016, 2652, 2654). Das OLG Hamm (NJW-RR 1996, 717) hat es auch abgelehnt, nach der Verarmung des Verleihers analog § 528 BGB einen nachträglichen Anspruch auf ein Nutzungsentgelt für die unentgeltlich überlassene Wohnung anzuerkennen. Tatsächlich bringt die Gebrauchsüberlassung (statt der auflösend bedingten Übereignung oder der Übereignung mit Rücktrittsvorbehalt) zum Ausdruck, dass der Empfänger im Hinblick auf die überlassene Sache Fremdbesitzer werden und als solcher zur Erhaltung, mindestens zur pfleglichen Behandlung verpflichtet sein soll. Diese Intention lässt sich nur mit der Annahme einer Leihe statt einer Schenkung vereinbaren (vgl näher § 598 Rn 8). In Grenzfällen, namentlich im Falle von Gebrauchsüberlassungen bis zum Eintritt ungewisser Ereignisse, kann die exakte Unterscheidung von Leihe und Schenkung trotz des inzwischen theoretisch klaren Meinungsstandes Schwierigkeiten bereiten. Nach der Rspr liegt Leihe und nicht Schenkung vor, wenn der Eigentümer seine Sache einem anderen zum Gebrauch überlässt, bis er eine lohnende Verwertungsgelegenheit findet (vgl RG SächsArch 10, 244).

3 Vom verwandten Darlehen hebt sich die Leihe dadurch ab, dass dem Entleiher kein **Ver**brauchsrecht, sondern nur ein **Ge**brauchsrecht zusteht, und er demzufolge die entliehene Sache und nicht nur eine Sache gleicher Art und Güte zurückgeben muss (§ 604 Abs 1 BGB; vgl § 604 Rn 1; ferner § 598 Rn 3). Zur Leihe als „anderstypischer Nebenleistung" (Verpackungsmaterial) vgl § 598 Rn 14.

2. Unentgeltliche Gebrauchsüberlassung im Zusammenhang mit der Erfüllung von entgeltlichen Verträgen und im Rahmen von Verhandlungen über entgeltliche Verträge

4 Die Gebrauchsüberlassung von Sachen bei *Vertragsverhandlungen* kann nach hM leiheähnliche Bindungen erzeugen. BGH NJW-RR 2002, 282 nimmt sogar einen echten Leihvertrag für den Fall an, dass eine Bildagentur einer Werbeagentur Bilder zur Auswahl für eine entgeltliche urheberrechtliche Nutzung überlässt. Erst ein überwiegendes Eigeninteresse des Verleihers soll, wenn nicht den leihvertraglichen Charakter der Gebrauchsüberlassung, so doch die Privilegierung des Verleihers ausschließen. Ebenso ist nach BGH MDR 2011, 1031 ein Leihvertrag (zwischen Verwalter und Wohnungseigentümer!) anzunehmen, wenn der Verwalter über seine Pflicht zur Einsichtsgewährung hinaus einem Wohnungseigentümer Verwaltungsunterlagen zur Prüfung außerhalb seiner Geschäftsräume überlässt. Nach OLG Oldenburg VersR 2007, 1002 liegt ein Leihvertrag vor, wenn eine Reparaturwerkstätte dem Kunden für die Dauer der Reparatur seines Fahrzeugs ein Ersatzfahrzeug zur Verfügung stellt. Die hM ist zweifelhaft, weil das Eigeninteresse des Überlassenden am Zustandekommen des Vertrags und damit an der Förderung der Vertragsbereitschaft des anderen Teils durch die Gebrauchsüberlassung ein Wesenselement der Leihe, nämlich ihre Unentgeltlichkeit in Frage stellt (näher § 598 Rn 5). Insbesondere bei einer *Probe*fahrt dürfte wegen des Eigeninteresses des Händlers kein leiheähnlicher Vertrag, geschweige denn ein echter Leihvertrag zustandekommen (BGH MDR 1963, 408 = NJW 1964, 1225; **aA** AG Halle NJW-RR 2004, 602 für den Fall einer Probefahrt mit dem – als solcher von vornherein nicht als Kaufobjekt in Frage kommenden – Vorführwagen). Wegen des inneren Zusammenhanges mit dem (potenziellen) Vertragsschluss liegt es nahe, hier überhaupt nicht an einen selbständigen Vertrag zu denken (so aber BGH MDR 1963, 408), sondern im Falle von Schäden die Grundsätze über das Verschulden bei Vertragsschluss (§ 311 Abs 2 BGB) anzuwenden (für Haftung des Kauflustigen nach den Grundsätzen der Leihe aber RG HRR 1933 Nr 724; wohl auch BGH MDR 1969, 408; wie hier dagegen BGH NJW 1968, 1472, 1473; OLG Köln NJW-RR 1996, 1288; MünchKomm/HÄUBLEIN[7] § 598 Rn 11). Ohnehin geht es der hM vor allem um die kurze Verjährung nach § 606 BGB, die sich jedoch entsprechend bei allen Gebrauchsüberlassungen (Miete, Nießbrauch) findet. Sie stellt mithin einen allgemeinen Rechtsgedanken dar, der an die vorübergehende Gebrauchsüberlassung, gleichgültig, aus welchem Rechtsgrund anknüpft, eine Leiheähnlichkeit also gar nicht voraussetzt. Zur Einschränkung der Haftung des Kauflustigen auf Vorsatz und grobe Fahrlässigkeit bei der Probefahrt

aufgrund (angeblichen) konkludenten Haftungsausschlusses vgl BGH NJW 1972, 1363 (abweichend für den Fall eines Kaufs von privat an privat OLG Köln NJW 1996, 1288); OLG Düsseldorf DAR 1967, 323; BGH NJW 1980, 1681. OLG Oldenburg VersR 2007, 1002 stellt für den Fall der Gestellung eines Ersatzfahrzeugs während der Reparatur auf die Schutzwürdigkeit des Vertrauens des (angeblichen) Entleihers auf das Bestehen einer Vollkaskoversicherung ab. Daran soll es fehlen, wenn das Ersatzfahrzeug älter und das in der Reparatur befindliche Fahrzeug ebenfalls nicht vollkaskoversichert ist.

3. Rechtsnatur des Leihvertrags

Zum Charakter der Leihe als unvollkommen zweiseitigem Vertrag vgl § 598 Rn 7. **5**

Im Gemeinen Recht hat man das sog commodatum und entsprechend nach dem **6** Inkrafttreten des BGB die Leihe überwiegend zu den Realverträgen gerechnet (vgl ENNECCERUS/LEHMANN, Lehrbuch des Bürgerlichen Rechts, Band II, Recht der Schuldverhältnisse [15. Aufl 1958] § 140, 1 mwNw; BOEHMER ArchBürgR 38, 314 ff; KUHLENBECK 226; ZABEL 3 ff sowie frühere Auflagen dieses Kommentars). Diese Lehre sah in der Einigung über die unentgeltliche Gebrauchsüberlassung lediglich einen Vorvertrag; erst durch die Hingabe des Leihgegenstandes sollte das voll bindende Vertragsverhältnis entstehen. Diese Ansicht, die an die römisch-rechtliche Unterscheidung von Real- und Konsensualverträgen anknüpft, ist mit der Anerkennung der schuldrechtlichen Vertragsfreiheit (§§ 311 Abs 1, 241 Abs 1 BGB) überholt; wo das Recht die Verbindlichkeit jeder mit Rechtsbindungswillen getroffenen Abrede anerkennt, bedarf es keines zusätzlichen „realen" Momentes, um eben diese Verbindlichkeit zu begründen (LARENZ II/1 § 50 S 294). Der *Vertragsschluss* vollzieht sich vielmehr schon durch die Abrede der Parteien über die unentgeltliche Gebrauchsgestattung. Lediglich der Inhalt der Überlassungspflicht ist analog dem Schenkungsrecht (§§ 516, 518 BGB) verschieden je nachdem, ob der Vertrag mit der Hingabe des Leihgegenstandes verbunden ist oder erst das Hingabeversprechen enthält: Im ersten Fall hat der Verleiher den Gebrauch entsprechend dem Wortlaut des § 598 BGB „zu gestatten" („Handleihe"), im zweiten ihn darüber hinaus zu verschaffen („Leihversprechen"; LARENZ II/1 § 50 S 294; ERMAN/vWESTPHALEN15 Vorbem vor § 598 Rn 1; SOERGEL/HEINTZMANN13 § 598 Rn 1; BGB-RGRK/GELHAAR Vorbem 15 zu § 598). Der Vertragsabschluss erfolgt gemäß §§ 145 ff BGB. Eine *Form* ist gesetzlich nicht vorgeschrieben, auch nicht bei Grundstücksleihe (vgl § 311b BGB), kann jedoch vereinbart werden, § 126 BGB.

Die Entscheidung gegen die Lehre vom Realvertrag und für diejenige vom **Kon- 7 sensualvertrag** bedingt, dass auch im Leihvertragsrecht der Verpflichtungsvertrag (das „Leihversprechen") Hauptvertrag und nicht bloß Vorvertrag ist. Der Abschluss eines Leihvorvertrages bleibt nach allgemeinen Grundsätzen möglich, dh er ist dann anzunehmen, wenn sich der „Verleiher" nicht schon unmittelbar zur Überlassung des Gebrauchs der Sache, sondern erst zum zukünftigen Abschluss eines Leihvertrages verpflichtet. Das kann sinnvoll sein, falls die Beteiligten die genauen Details des Leihverhältnisses noch nicht festlegen können oder möchten. Allerdings ist zu beachten, dass die Wirksamkeit des Vorvertrages zumindest die *Bestimmbarkeit* des Inhalts des zukünftigen Leihvertrages voraussetzt. Andernfalls kann das Gericht im Streitfall nicht zum Abschluss des Leihvertrages verurteilen (FIKENTSCHER/HEINEMANN,

Schuldrecht[10] Rn 132). Zum im BGB nicht besonders geregelten (vgl aber auch § 604 Abs 3 BGB) sog precarium vgl STAUDINGER/RIEDEL[10/11] Vorbem 3 zu §§ 598 ff.

II. Gefälligkeitsverhältnisse

1. Abgrenzung Rechtsgeschäft – soziale Verständigung

8 Infolge seiner Unentgeltlichkeit zählt der Leihvertrag zu den **Gefälligkeitsverträgen**. Als solcher ist er von *Gefälligkeitsverhältnissen* auf der Grundlage sozialer Verständigung (GERNHUBER, Das Schuldverhältnis [1989] 123) abzugrenzen. Insbesondere die Gefälligkeiten des täglichen Lebens gelten nach hM (BGHZ 21, 102, 107; 56, 204, 210; OLG Zweibrücken NJW 1971, 2077, 2078 = VersR 1971, 724, 725 f; LG Mannheim MDR 1965, 131; BGH NJW 1968, 1874; GITTER, Gebrauchsüberlassungsverträge [1988] 153; BGB-RGRK/GELHAAR Vorbem zu § 598; krit SCHWERDTNER NJW 1971, 1673, 1674) als Vorgänge, die mit rechtsgeschäftlichen Kategorien sachgerecht nicht zu erfassen sind. Als klassische Beispiele der außerrechtsgeschäftlichen (vorübergehenden) Gebrauchsüberlassung gelten die zeitweilige Überlassung des Opernglases an den Sitznachbarn in der Oper, die Duldung kurzfristigen Parkens auf einem Privatgrundstück, das „Ausleihen" des Fahrplanes in der Eisenbahn uäm. Die Begründung der hM bezieht sich im Wesentlichen auf die Willensrichtung der Beteiligten: Der Wille soll nicht auf Rechtserfolge, sondern auf gesellschaftliche Kommunikation gerichtet sein. Wann der Bindungswille vorliegt und wann er fehlt, soll sich im Zweifel nach der „Art der Gefälligkeit, ihrem Grund und Zweck, ihrer wirtschaftlichen und rechtlichen Bedeutung, insbesondere für den Empfänger, den Umständen, unter denen sie erwiesen wird, und der dabei bestehenden Interessenlage der Parteien" beurteilen (so BGHZ 21, 102, 107; 56, 204, 210; NJW 2015, 2880; NJW-RR 2017, 1479, 1480; vgl auch OLG Karlsruhe NJW 1961, 1866, 1867; OLG Celle NJW 1965, 2348, 2349; OLG München NJW-RR 1993, 215). So hat die Rechtsprechung eine bloße Gefälligkeit angenommen in dem Fall der kurzfristigen Überlassung eines Reitpferdes im sportkameradschaftlichen Verkehr (BGH NJW 1974, 234, 235; OLG Zweibrücken NJW 1971, 2077, 2078; **aA** KNÜTEL NJW 1972, 163), bei kurzfristiger Überlassung eines Kfz (Zeitwert 8400 €) an einen Freund (OLG Frankfurt VersR 2006, 918), bei Mitnahme im Auto (RGZ 65, 17, 18) und im Falle der Überlassung einer Gebirgsferienhütte an den Sohn und seine Verlobte (OLG München NJW-RR 1993, 215). Den Gegenpol zur hM bildet vor allem FLUME, der sich gegen die Relevanz des rechtsgeschäftlichen Bindungswillens wendet. Bei den üblichen Gefälligkeiten des täglichen Lebens steht die Rechtsordnung – so FLUME – für rechtsgeschäftliche Bindungen „nicht zur Verfügung". Erst wenn es sich um Angelegenheiten von einigem Gewicht handelt, insbesondere bei Geschäften, die üblicherweise gegen Entgelt übernommen werden, soll das Versprechen einer Gefälligkeit durch den erklärten Willen zur unentgeltlichen Übernahme rechtsgeschäftlichen Charakter erhalten können (FLUME AT II § 7, 5; im Ergebnis ähnlich WILLOWEIT 44 ff).

9 Die hM stößt insofern auf Bedenken, als sie den Eindruck erweckt, es stehe im Belieben der Beteiligten, ob sie ihre Beziehungen mit rechtsgeschäftlichen Mitteln regeln oder ob sie sich mit einer sozialen Verständigung begnügen. Demgegenüber hat das neuere Schrifttum zu Recht herausgearbeitet, dass Erwerbsgründe stets nur mit rechtsgeschäftlichen Mitteln geschaffen werden können (GERNHUBER, Das Schuldverhältnis [1989] 123 f). Eine unentgeltliche Gebrauchsüberlassung von objektivem Vermögenswert kann daher niemals im Wege bloßer sozialer Verständigung, sondern

muss per Vertrag (Handleihe) erfolgen, weil sonst – entgegen dem Willen der Beteiligten – eine ungerechtfertigte Bereicherung entsteht. Der Wille, der Empfänger solle den empfangenen Vermögensvorteil behalten dürfen, ist notwendig ein Rechtsfolgewille, mögen die Betroffenen das juristisch korrekt nachvollziehen oder nicht (ausführlich WILLOWEIT JuS 1984, 909, 913 ff). Dementsprechend begründet die unentgeltliche Gebrauchsüberlassung grundsätzlich ein (Hand-)Leihverhältnis, nicht ein bloßes Gefälligkeitsverhältnis. Lediglich wo ihr nach der Verkehrsauffassung kein Vermögenswert zukommt, der die Frage nach der Erwerbs-causa aufwerfen könnte, bleibt Raum für eine „Leihe" auf der Grundlage sozialer Verständigung (WILLOWEIT JuS 1984, 909, 913; in der Sache auch schon SCHWERDTNER NJW 1971, 1673, 1675). Die Gegenkritik von Vertretern der hM operiert mit nicht tragfähigen Argumenten. Die Vorstellung, das Gefälligkeitshandeln könne, obwohl bewusstes Handeln im außerrechtlichen gesellschaftlichen Raum, einen Rechtsgrund im Sinne des § 812 Abs 1 BGB schaffen (PALANDT/GRÜNEBERG[77] Einl vor § 241 Rn 8), ist ein Widerspruch in sich. Die Berufung auf § 814 BGB (STAUDINGER/OLZEN [2015] § 241 Rn 73 aE) scheitert daran, dass eine Leistung gemäß dieser Vorschrift eine rechtsgeschäftliche oder doch zumindest geschäftsähnliche Zweckbestimmung verlangt, an der es bei bloßem Gefälligkeitshandeln fehlt. Auf die Bereicherung in sonstiger Weise ist § 814 BGB nicht anwendbar (BGH NJW 1994, 2357, 2358; 2005, 3213; STAUDINGER/LORENZ [2007] § 814 Rn 3). Es ist also zwar entgegen FLUME nicht davon auszugehen, dass für die rechtsgeschäftliche Regelung von Gefälligkeiten des täglichen Lebens ohne objektiven (Markt-)Wert die Rechtsordnung „nicht zur Verfügung steht". Im Rahmen des geltenden Rechts gestattet es die Privatautonomie (§§ 311 Abs 1, 241 Abs 1 BGB), grundsätzlich alles zum Gegenstand vertraglicher Vereinbarung zu machen. Wohl aber setzt umgekehrt die bloße soziale Verständigung anstelle der rechtsgeschäftlichen Regelung voraus, dass der von den Beteiligten angestrebte Erfolg ohne die Inanspruchnahme rechtlicher Mittel zu erreichen ist. Und das trifft nur für die Gefälligkeiten des täglichen Lebens ohne Vermögenswert zu (unzutreffend daher OLG München NJW-RR 1993, 215: unentgeltliche Überlassung einer Gebirgsferienhütte nicht Leihe, sondern bloße Gefälligkeit; OLG Frankfurt VersR 2006, 918: unentgeltliche kurzfristige Überlassung eines Kfz mit einem Zeitwert von 8400 € nicht Leihe, sondern Gefälligkeit; dabei entscheidet die Rechtsprechung häufig pragmatisch insbesondere anhand von zwei Kriterien – erstens, ob der „Entleiher" über ausreichenden Versicherungsschutz verfügt und es sachgerecht ist, diesen in Anspruch zu nehmen (insbesondere wenn der „Verleiher" ebenfalls gegen den Schaden versichert ist, und zweitens, ob es nach den Gesamtumständen, insbesondere der Interessenlage und Schutzbedürftigkeit der Beteiligten sachgerecht erscheint, die Haftungserleichterung des § 599 BGB anzuwenden; zu letzterem Aspekt näher unten Rn 13). Sobald der aus „Gefälligkeit" gewährte Vorteil einen Vermögenswert hat, bedarf es zumindest einer Vereinbarung des Rechtsgrundes, der ein Vertrag (und nicht mehr bloße soziale Verständigung) ist. Dass der „Gefällige" sich im Hinblick auf die Überlassung der Sache und ihrer Dauer nicht rechtlich binden will, schließt – wie § 604 Abs 3 BGB bestätigt – nur die Annahme von Leistungspflichten und die vorübergehende Ablehnung von Rückforderungsansprüchen („Versprechensleihe"), nicht auch die Handleihe aus (zumindest missverständlich SOERGEL/HEINTZMANN[13] Vorbem vor § 598 Rn 10).

Praktisch folgt daraus, dass der Kreis der Gebrauchsüberlassungen auf außerrechtlicher, sozialer Grundlage wohl noch enger zu ziehen ist, als die hM annimmt. Selbst von den oben Rn 8 angeführten klassischen Beispielsfällen sind jedenfalls die zeitweilige Überlassung des Opernglases an den Sitznachbarn in der Oper und die

10

Duldung kurzfristigen Parkens auf einem Privatgrundstück mit Fragezeichen zu versehen. Denn sowohl die Benutzung des Opernglases als auch die kurzfristige Parkerlaubnis sind Vorteile, die typischerweise gegen Entgelt zu haben sind und deshalb einen Vermögenswert aufweisen. Allein das Ausleihen des Fahrplans im Zug gehört einigermaßen eindeutig in die Kategorie (möglicher) Gefälligkeitsverhältnisse auf außerrechtsgeschäftlicher Grundlage. Kein brauchbares Kriterium liefert entgegen der 12. Aufl § 598 Rn 10 die Frage, ob die Gebrauchsüberlassung mit dem (vorübergehenden) Übergang des Besitzes auf den Gebrauchsempfänger verbunden ist oder nicht. Zwar knüpfen die §§ 598 ff BGB an die (unentgeltliche) Gebrauchsüberlassung mit Besitzwechsel an. Doch ändert der ausnahmsweise Ausfall des Besitzwechsels nichts an der rechtsgeschäftlichen Grundlage, sondern führt nur dazu, dass einzelne Vorschriften der §§ 598–605 BGB nicht oder doch nicht direkt anwendbar sind (BGH NJW-RR 2004, 1566; MünchKomm/Häublein[7] § 598 Rn 6).

2. Schutzpflichten im Gefälligkeitsverhältnis?

11 Die weitgehende Unentrinnbarkeit der (Hand-)Leihe auf rechtsgeschäftlicher Grundlage führt dazu, dass der literarische Streit über Art und Ausmaß spezieller Schutzpflichten im Gefälligkeitsverhältnis (Gernhuber, Das Schuldverhältnis [1989] 127; Willoweit JuS 1984, 909, 911) eine geringere praktische Bedeutung hat, als vielfach angenommen wird. Denn die Annahme von (Hand-)Leihe auf rechtsgeschäftlicher Grundlage eröffnet automatisch den Zugang zu den Schutzpflichten im Sinne des § 241 Abs 2 BGB (vgl Gernhuber, Das Schuldverhältnis [1989] 21 ff). Im (schmalen) Restbereich hängt die Anerkennung von Schutzpflichten von den Anforderungen an ihre Entstehung ab. Wer dafür ausreichen lässt, dass ein besonderer sozialer Kontakt stattfindet (Dölle ZStW 103 [1943] 67 ff), gelangt einigermaßen zwangsläufig aus Anlass jeden Gefälligkeitsverhältnisses zu umfassenden wechselseitigen Schutzpflichten der Beteiligten. Denn das Gefälligkeitsverhältnis zieht einen Rechtsgüterkontakt nach sich, der sich von demjenigen im Zusammenhang mit der Durchführung von Schuldverhältnissen nicht unterscheidet (Thiele JZ 1967, 649, 651; Gerhardt JZ 1970, 538; K Schmidt JuS 1977, 722, 723 f; **aA** freilich der Begründer der Lehre, Dölle ZStW 103 [1943] 67, 74 ff; vgl dazu Willoweit JuS 1984, 909, 911). Die Lehre von der Begründung von Schutzpflichtverhältnissen durch besonderen sozialen Kontakt hat sich indessen nicht durchgesetzt. Vor allem hat die Rechtsprechung sie nicht übernommen (für das Gefälligkeitsverhältnis BGH NJW-RR 1992, 2474, 2475; NJW 2010, 3087). In der Sache spricht gegen sie, dass der besondere soziale Kontakt **als Tatsache** lediglich eine rechtliche Problematik indiziert. Zur Entwicklung der Rechtsfolgen braucht man Ansatzpunkte im geltenden Recht, die sich zu einem Wertungs- und/oder Wirkungssystem „hochrechnen" lassen, für das sich die Schutzpflichtenbegründung durch sozialen Kontakt als folgerichtige Ergänzung anerkannten Rechts darstellt. An solchen Anhaltspunkten fehlt es. Im Gegenteil: Die neue gesetzliche Regelung der Begründung von Schutzpflichten als Grundlage der Haftung aus culpa in contrahendo in § 311 Abs 2 BGB begnügt sich gerade nicht mit einem sozialen Kontakt, sondern verlangt ausdrücklich einen geschäftlichen Kontakt (Heinrichs, in: FS Canaris I 420, 439 f).

12 In der 12. Aufl Vorbem 9 zu §§ 598 ff ist die Ansicht vertreten worden, das Gefälligkeitsverhältnis sei kraft Werbung um und Inanspruchnahme von Vertrauen mit Schutzpflichten im Sinne von Pflichten zur Rücksichtnahme auf die Rechtsgüter des

Partners verbunden. Eine solche Vertrauenshaftung ist zwar im Gegensatz zur Haftung aus besonderem sozialem Kontakt trotz andauernder Kritik für die culpa in contrahendo in Rechtsprechung und Schrifttum etabliert (GERNHUBER, Das Schuldverhältnis [1989] 177 mit Nachweisen). Der Gesetzgeber erkennt sie, **auf geschäftliche Kontakte bezogen**, seit 2002 ausdrücklich an (§ 311 Abs 2 Nr 3 BGB). Doch ist die Vertrauenswerbung dessen, der eine Gefälligkeit erweist, schwerlich mit derjenigen zu vergleichen, die der Partner geschäftlicher Kontakte entfaltet (zu großzügig MünchKomm/KRAMER[6] Einl vor § 241 Rn 38 f, zutreffend enger MünchKomm/BACHMANN[7] § 241 Rn 106; MünchKomm/HÄUBLEIN[7] § 598 Rn 7). Im Regelfall wird dem Empfänger der Gefälligkeit die damit verbundene Intensivierung des Rechtsgüterkontakts nach Treu und Glauben mit Rücksicht auf die Verkehrssitte (analog § 157 BGB) eher auf eigene Gefahr als mit einer „Sicherheitsgarantie" angedient werden, sodass die Vertrauenshaftung des Gefälligen jedenfalls spezielle Umstände voraussetzt (CANARIS JZ 2001, 499, 520: „Gefälligkeitsverhältnisse mit rechtsgeschäftsähnlichem Charakter" als Fälle des § 311 Abs 2 Nr 3; ähnlich STAUDINGER/OLZEN [2015] § 241 Rn 406; MünchKomm/EMMERICH[7] § 311 Rn 48; vgl schon BGHZ 21, 102, 107; offen BGH NJW 2010, 3087). Auf der Seite des Empfängers mag es anders aussehen. Immerhin genügt für eine Vertrauenswerbung durch ihn nicht, dass er sich die Gefälligkeit gefallen lässt. Vielmehr muss die Gefälligkeit, die den Gefälligen mit seinen Rechtsgütern Gefahren aus der Sphäre des Empfängers der Gefälligkeit aussetzt, von letzterem **erbeten** sein. Selbstverständlich ist, dass Schutzpflichten im Gefälligkeitsverhältnis aufgrund der Privatautonomie der Beteiligten auch speziell vereinbart werden können. Aber diese Vereinbarung ist entgegen FIKENTSCHER/HEINEMANN (Schuldrecht[10] Rn 39) noch weniger als die Vertrauenswerbung zu vermuten, sondern muss als seltene Ausnahme nachgewiesen werden (OLG Hamm NJW-RR 1987, 1109).

3. Haftungsmilderung im Gefälligkeitsverhältnis

Unabhängig von der Anerkennung des Gefälligkeitsverhältnisses als eines Schutzpflichtverhältnisses stellt sich die Frage nach dem Haftungsmaßstab im Falle von Schäden, die der Gefällige dem Empfänger im Zusammenhang mit der Gefälligkeit (durch unerlaubte Handlung, ausnahmsweise auch Schutzpflichtverletzung, vgl Rn 12) zufügt. Die Antwort ist kontrovers. **13**

Die im Schrifttum in der Vergangenheit vereinzelt vertretene Ansicht einer generellen Haftungsmilderung (THIELE JZ 1967, 649, 654; HOFFMANN AcP 167, 394, 395 f, 401 ff) findet mit Rücksicht auf die differenzierenden Haftungsmaßstäbe in den Regelungen für Gefälligkeitsverträge, die von der Haftung für jede Fahrlässigkeit (Auftrag) über die Haftung für eigenübliche Sorgfalt (Verwahrung) bis zur Haftung bloß für Vorsatz und grobe Fahrlässigkeit (Leihe) reichen, nur noch wenig Resonanz (GERNHUBER, Das Schuldverhältnis [1989] 129; anders LANGE/SCHIEMANN, Schadensersatz [3. Aufl 2003] 659). **14**

Die Rechtsprechung lehnt eine generelle Milderung der Haftung des Gefälligen ab (BGHZ 21, 102, 110; BGH NJW 1992, 2474, NJW 2009, 1482, 1483; NJW-RR 2017, 272, 273; OLG Stuttgart NJW-RR 1999, 384; OLG München DAR 1998, 17, 18; OLG Karlsruhe VersR 2014, 1015, 1016). Eine solche komme allenfalls ausnahmsweise im Wege ergänzender Vertragsauslegung auf der Grundlage des § 242 BGB – regelmäßig in Gestalt einer Beschränkung der Haftung auf Vorsatz und grobe Fahrlässigkeit – in Betracht. Die **15** ausnahmsweise Annahme einer Haftungsbeschränkung setze jedoch voraus, dass der gefällige Schädiger erstens nicht über einen Haftpflichtversicherungsschutz verfüge, zweitens für ihn ein nicht hinzunehmendes Haftungsrisiko bestehe und drittens besondere Umstände vorlägen, die im Einzelfall einen Haftungsverzicht als besonders naheliegend erscheinen ließen (BGH NJW 2009, 1482, 1483; NJW-RR 2017, 272, 273). Derart besondere Umstände hat die Rechtsprechung etwa angenommen, wenn der Geschädigte ein besonderes Interesse an der Übernahme der Gefälligkeit durch den Schädiger hatte, das Haftungsrisiko des Schädigers durch besondere Umstände deutlich erhöht war, der Geschädigte zumutbarer als der Schädiger für die Abdeckung bzw Versicherung seines Risikos sorgen konnte oder der Geschädigte den Schutz der gesetzlichen Unfall- oder Krankenversicherung genoss (siehe etwa BGH VersR 1978, 625; NJW 1979, 414; NJW 1980, 1681; VersR 1980, 384). Nur wenn alle drei Voraussetzungen vorlägen, sei nach dem allein maßgeblichen (mutmaßlichen) Willen der Parteien davon auszugehen, dass der Gefällige vor Erbringung der Gefälligkeit eine Haftungsmilderung gefordert und der Geschädigte sich der Gewährung einer solchen billigerweise nicht hätte verschließen dürfen, sodass Raum für eine Haftungsmilderung im Wege ergänzender Vertragsauslegung ist. Zentral unter den drei Kriterien sei der Haftpflichtversicherungsschutz des gefälligen Schädigers, denn eine Haftungsbeschränkung, die im Ergebnis allein den Haftpflichtversicherer entlaste, entspreche regelmäßig nicht dem Willen der Beteiligten (BGH NJW 1993, 3067, 3068; 2009, 1482, 1483; präzisierend ARMBRÜSTER NJW 2009, 187: „Ein Haftungsausschluss entfällt nur in dem Umfang, in dem bei vertragsgemäßem Verhalten des Versicherungsnehmers in concreto Versicherungsschutz besteht." Ausschlüsse oder Reduzierungen sind etwa wegen eines Selbstbehalts oder wegen erschöpfter Deckungsgrenzen denkbar.) Der Versicherungsschutz fungiert somit als Eingangskriterium für eine Haftungsmilderung, die sodann von einer umfassenden Wertung im Einzelfall abhängt. An den von der Rechtsprechung aufgestellten Kriterien zeigt sich recht deutlich, dass in Wahrheit keine ergänzende Vertragsauslegung vorgenommen wird, die im Übrigen auch deswegen nicht möglich ist, weil es an einem zu ergänzenden Vertrag fehlt (MünchKomm/WAGNER[7] Vor § 823 Rn 89). Vielmehr geht es darum, die deliktische Haftung unter Abwägung der Interessenlage richterrechtlich einzuschränken, um auf diese Weise Anreize für außerrechtliche Gefälligkeiten im sozialen Zusammenleben zu schaffen. Wer anderen uneigennützig einen Gefallen tut, soll sich nicht allzu scharfen haftungsrechtlichen Sanktionen ausgesetzt sehen, wenn er nicht über eine Versicherung verfügt, die den eingetretenen Schaden abdeckt.

16 Anders als die Rechtsprechung verankert der heute überwiegende Teile des Schrifttums Haftungsbeschränkungen im Rahmen von Gefälligkeitsverhältnissen in einer analogen Anwendung der Haftungsprivilegierungen des entsprechenden Gefälligkeitsvertrags, bei einer „Leihe" ohne Rechtsbindungswillen also des § 599 BGB (etwa BeckOGK/LOHSSE [2017] § 598 BGB Rn 24 und 27; MünchKomm/HÄUBLEIN[7] § 599 Rn 6). Einigkeit scheint darüber zu herrschen, dass der auf der Grundlage sozialer Verständigung Gefällige zumindest im Ergebnis nicht weitergehend haften darf als der auf vertraglicher Grundlage Gefällige (GERNHUBER, Das Schuldverhältnis [1989] 128; LANGE/SCHIEMANN, Schadensersatz [3. Aufl 2003] S 659), sodass es anders als nach der Rechtsprechung regelmäßig zu einer analogen Anwendung der entsprechenden Haftungsprivilegierungen kommt. Berücksichtigt man, dass die Haftung im Gefälligkeitsverhältnis regelmäßig (siehe oben Rn 12) nur eine deliktische ist, stellt sich für das Schrifttum die Folgefrage, ob die analog anzuwendenden gesetzlichen Haftungsmilderungen überhaupt deliktische Ansprüche erfassen oder nicht im Gegenteil auf vertragliche Ansprüche beschränkt sind (vgl § 599 Rn 2, § 600 Rn 2 f). Während das überwiegende Schrifttum und auch die Rechtsprechung (im Rahmen der Gefälligkeitsverträge!) davon ausgehen, dass die Haftungsprivilegierungen nicht nur die vertraglichen Schadensersatzverpflichtungen betreffen, sondern auch auf die idealiter konkurrierenden Schadensersatzverpflichtungen wegen unerlaubter Handlungen und aus Gefährdungshaftung durchschlagen (BGHZ 46, 140, 145; BGH NJW 1985, 794, 796; NJW 1992, 2474, 2475; OLG Köln NJW-RR 1988, 157; OLG Celle VersR 1995, 547, 548; OLG Düsseldorf MDR 1998, 409; BeckOK/C Wagner [2017] § 599 Rn 3; jurisPK-BGB/Colling [2017] § 599 Rn 15; Palandt/Sprau[77] Einf v § 823 Rn 10; Soergel/Heintzmann[13] § 599 Rn 9), sehen dies einige Stimmen im Schrifttum kritisch (etwa Jauernig/Mansel[16] § 599 Rn 2; MünchKomm/Häublein[7] § 599 Rn 4; MünchKomm/Wagner[7] Vor § 823 Rn 84 f). Für letztere stellt sich die Frage der Haftungsprivilegierung daher praktisch kaum, da das Erfüllungsinteresse beim Gefälligkeitsverhältnis mangels einer Pflicht zur Erfüllung nicht betroffen ist. Auf der Grundlage der vorherrschenden Auffassung in Schrifttum und Rechtsprechung kommt es hingegen entscheidend darauf an, ob die Verletzungen des Integritätsinteresses des Geschädigten im Zusammenhang mit der erhaltenen Sache stehen oder aber davon losgelöste Integritätsinteressen betreffen. In letzterem Fall stellt sich die Frage einer Erstreckung der Haftungsprivilegierung auf das Gefälligkeitsverhältnis nämlich überhaupt nicht, da sich die Haftungsprivilegierung in jedem Fall nur auf den ersteren Fall, also die Verletzung von Integritätsinteressen bezieht, die im Zusammenhang mit der gefälligkeitshalber zum Gebrauch überlassenen Sache stehen (BGH NJW 1985, 794, 795 f; OLG Stuttgart VersR 1993, 192, 193; OLGR Bamberg 1999, 202, 203; ebenso MünchKomm/Häublein[7] § 599 Rn 3; Soergel/Heintzmann[13] § 599 Rn 3; BeckOGK/Lohsse [2017] § 599 BGB Rn 6; jurisPK-BGB/Colling [2017] § 599 Rn 8; Looschelders, SchuldR BT[12] Rn 528; wenig überzeugend für eine Erstreckung auf sämtliche Integritätsinteressen nur Canaris JZ 1965, 475, 481; Gitter, Gebrauchsüberlassungsverträge S 155; ausführlicher § 599 Rn 2; § 600 Rn 2 f). Besteht ein derart enger Zusammenhang, erscheint es sachgerecht, die Haftungsprivilegierung der Leihe auf Gefälligkeitsverhältnisse mit Leihecharakter in analoger Anwendung zu erstrecken. Das Argument der Rechtsprechung gegen eine analoge Anwendung des § 599 BGB, die Haftungsprivilegierung sei bei der Leihe das Korrelat zur Verpflichtung, den Gebrauch einer Sache ohne Gegenleistung zu gewähren, die beim Gefälligkeitsvertrag nicht bestehe (BGH NJW 1992, 2474, 2475), überzeugt insofern nicht, als § 604 Abs 3 BGB belegt, dass eine solche Pflicht vorbehaltlich abweichender Vereinbarungen auch im Fall des vertraglichen Leihverhältnisses nicht existiert. Aus einer anderen Perspektive erscheint die analoge Anwendung des § 599 BGB jedenfalls dann gerechtfertigt, wenn die als Gefälligkeit gewährte Gebrauchsüberlassung Vermögenswert hat (darauf stellt insbesondere BeckOGK/Lohsse [2017] § 598 BGB Rn 26 ab). Unabhängig davon, ob das Gefälligkeitsverhältnis einen Rechtsgrund für das Behalten der Vermögensvorteile darstellt, erscheint es ungeachtet damit korrespondierender Rückforderungsmöglichkeiten geboten, die Haftungsprivilegierung der Leihe als Korrelat der Weggabe der mit dem Gebrauch der Sache verbundenen Vermögensvorteile auf das Gefälligkeitsverhältnis zu erstrecken. Von vornherein überzeugender ist es freilich, im Falle von Gefälligkeitsverhältnissen, die eine vermögenswerte Gebrauchsüberlassung zum Gegenstand und damit auch regelmäßig rechtsgeschäftlichen Charakter haben, von einer Leihe und nicht von einem bloßen Gefälligkeitsverhältnis auszugehen (siehe oben Rn 9 f). Im Rahmen einer solchen lässt sich dann auch dogmatisch überzeugender im Rahmen einer (echten) ergänzenden Vertragsauslegung die Haftungsprivilegierung des § 599 BGB entweder für bestimmte Fälle ausdehnen oder einschränken. Man erspart sich die von der Rechtsprechung bisweilen etwas gekünstelt wirkende Annahme eines Gefälligkeitsverhältnisses, nur um der Anwendung des § 599 BGB zu entgehen.

17 Die Beschränkung der Haftungsprivilegierung auf die Verletzung von Integritätsinteressen, die im Zusammenhang mit der gefälligkeitshalber zum Gebrauch überlassenen Sache stehen überzeugt in der Sache. Die Lehre von der uneingeschränkten Anwendbarkeit der Haftungsmilderungen privilegiert den Schenker, Verwahrer, Verleiher in Situationen, in denen er gar nicht in seiner privilegierungswürdigen Rolle agiert. Es macht wenig Sinn, die Haftung eines Wohnungsinhabers wegen einer Körperverletzung von Besuchern im Gefolge einer auf dem Boden liegenden Bananenschale unterschiedlich zu gestalten, je nachdem, ob der Besucher die Wohnung als Käufer oder als Entleiher betreten hat. Umgekehrt ist die Lehre von der uneingeschränkten Unanwendbarkeit der Haftungsmilderungen auf jegliche Verletzungen des Integritätsinteresses und damit der gesamten deliktischen Haftung auch im Gefälligkeitsverhältnis zu streng. Denn sie führt dazu, dass den (auf der Grundlage vertraglicher Vereinbarungen oder sozialer Verständigung) Gefälligen die normale Haftung für den ordnungsgemäßen Zustand der „verliehenen" Sache trifft, die die Haftungsmilderung ihm ersparen soll. Wer eine Sache unentgeltlich aus Gefälligkeit erhält, hat zu Recht eine weitergehende Obliegenheit zur Selbstprüfung auf Unbrauchbarkeit und/oder Gefährlichkeit als derjenige, der bezahlt (vgl auch GRUNDMANN AcP 198 [1998] 457, 470 f, der dem Gedanken allerdings nicht über die Haftungsmilderung, sondern dadurch Rechnung tragen will, dass er zugunsten des Gefälligen § 254 anwendet). Wer auf der Grundlage einer sozialen Verständigung eine Sache zum Gebrauch überlässt, haftet also ebenso wie der Verleiher für die Verletzung von Rechtsgütern des Empfängers infolge des nicht ordnungsgemäßen Zustandes der Sache (vorbehaltlich besonderer Vertrauenswahrung, vgl Rn 12) nur nach Delikt, aber gleichwohl analog § 599 BGB gemildert. Soweit die Verletzung sich unabhängig vom Zustand der Sache im Rahmen des sozialen Kontakts anlässlich der Gefälligkeit ereignet, bleibt es bei der deliktischen Normalhaftung für Vorsatz und Fahrlässigkeit nach § 276 BGB.

III. Freigabe von Plätzen etc zur öffentlichen Benutzung

18 Die Gestattung zum unentgeltlichen Gebrauch einer Sache im Sinne einer **Offerte an jedermann**, insbesondere die *Freigabe von Anlagen, Plätzen oder sonstigen Sachen zur öffentlichen Benutzung* kann Angebote zum Abschluss von Leihverträgen enthalten. In der Benutzung wäre alsdann nach § 151 S 1 BGB die Annahme zu sehen. Normalerweise wird man die Freigabe durch Anschlag oder sonstige öffentliche Bekanntgabe ihrem Erklärungswert nach jedoch nur als eine die Widerrechtlichkeit der Benutzung beseitigende Einwilligung in die Beeinträchtigung des Eigentums durch die Benutzer einzustufen haben (so auch ERMAN/vWESTPHALEN[15] Vorbem vor § 598 Rn 4; MünchKomm/HÄUBLEIN[7] § 598 Rn 12), vorausgesetzt, dass es sich nicht sogar um eine Nutzung öffentlicher Sachen im Rahmen des öffentlichen Rechts (Gemeingebrauch, Sondernutzung) handelt wofür nicht die Vorschriften des BGB zur Anwendung kommen, sondern das öffentliche Recht maßgebend ist (zB Benutzungsordnungen für öffentliche Einrichtungen; Haftung der öffentlichen Hand aufgrund sog öffentlich-rechtlicher Sonderverbindung oder Art 34 GG, § 839 usw; insbes zur

Frage des öffentlich-rechtlichen oder zivilrechtlichen Charakters der Verkehrssicherungspflicht an öffentlichen Straßen vgl BGH NJW 1973, 460 ff).

Nach welchen zivilrechtlichen Grundsätzen sich die Haftung für Verletzungen des **19** Eigentums durch die Benutzer oder umgekehrt die Haftung des Eigentümers für Schäden der Benutzer in den sonstigen Fällen richtet, ist zweifelhaft. Die hM verneint eine schuldrechtliche Sonderrechtsbeziehung und greift daher auf die allgemeinen Grundsätze der außervertraglichen Haftung zurück (ERMAN/vWESTPHALEN[15] Vorbem vor § 598 Rn 4; FLUME AT § 7, 4, 86). Wer als Benutzer die Sache beschädigt, haftet also nach § 823 Abs 1 und 2 BGB. Kommt ein Benutzer zu Schaden, trifft den Eigentümer die Verantwortlichkeit nach den Regeln über die Verletzung von Verkehrssicherungspflichten. Lediglich über den in der letzten Variante maßgeblichen Verschuldensmaßstab herrscht auch innerhalb der hM Streit. Während die Literatur zT die Haftung auf grobe Fahrlässigkeit begrenzen will (so in der Tendenz FLUME AT § 7, 6; BEITZKE MDR 1958, 678 für Beschränkung auf diligentia quam in suis bei der Gefälligkeitsfahrt), wendet die Rspr uneingeschränkt § 276 BGB an (vgl die Nachw bei LARENZ I § 31 III, 555). Mit der hM konkurriert die Ansicht, die bereits den „sozialen Kontakt" als Grundlage für eine Sonderrechtsbeziehung ausreichen lässt, ist danach doch der Anknüpfungspunkt der Verkehrssicherungspflicht – die Verantwortlichkeit für Gefahrenquellen, die aus der eigenen Sphäre für Dritte entstehen – immer zugleich auch ein hinreichender Anlass für die Annahme einer Sonderrechtsbeziehung (DÖLLE ZStW 103 [1943] 67 ff, 72 ff, 84; HAUPT 9 ff, insbes 11 ff; SOERGEL/TEICHMANN[12] § 242 Rn 30 ff, 178 ff; aA insbes LARENZ MDR 1954, 515 ff, 517; ders, Schuldrecht AT § 9 I, 109 Fn 11; STAUDINGER/LÖWISCH [2009] § 311 Rn 102, die alle einen geschäftlichen Kontakt fordern und einen lediglich sozialen Kontakt nicht genügen lassen. IE ebenso BGH NJW 1962, 31, 32; CANARIS JZ 1965, 475, 478).

Zu folgen ist der hM, und zwar in der von der Literatur vertretenen Variante. Die **20** Lehre von der Sonderrechtsbeziehungen begründenden Wirkung sozialen Kontakts ist mit dem seit dem 1. 1. 2002 geltenden § 311 Abs 2 BGB, der in Nr 3 ausdrücklich einen geschäftlichen Kontakt verlangt, nicht in Einklang zu bringen. In der Sache spricht gegen sie, dass sie die gesetzlich vorgegebenen Grenzen zwischen den Rechtsgüterkontakten im Allgemeinen Rechtsverkehr und denjenigen im Rahmen speziell übernommener Garantenstellungen verwischt (vgl auch Rn 9). Gewiss stimmt die Vorstellung des historischen Gesetzgebers von der Intensität der generellen sozialen Beziehungen nicht mehr. Das moderne Zusammenleben erzwingt in vielfältiger Hinsicht Rechtsgüterkontakte, die nach den Maßstäben des Jahres 1900 als rechtswidrige Störungen der jeweils anderen Rechtssphäre einzustufen wären. Auch sind die Übergänge zwischen Privat- und Sozialsphäre fließend geworden. Wer einen privaten Park für die Öffentlichkeit freigibt, erfüllt damit vielfach nach heutiger Anschauung eine moralische Pflicht gegenüber seiner Umwelt. Aber das ändert nichts daran, dass es sich um Kontakte im Rahmen des allgemeinen Rechtsverkehrs handelt. Soweit das dafür geschaffene Recht, nämlich das Deliktsrecht, in seiner überkommenen Gestalt nicht befriedigt, ist es nicht zugunsten von Anleihen aus dem Recht der vertraglichen und vertragsähnlichen Beziehungen zu verabschieden, sondern sachgerecht weiterzuentwickeln. Dem entsprechen die Verkehrssicherungspflichten. Soweit jemand die eigene Sphäre unentgeltlich und freiwillig für andere öffnet, erscheint allerdings eine Milderung der Haftung in Analogie zu den §§ 521, 599 BGB gerechtfertigt. Denn anderenfalls droht ein Wertungswiderspruch: Wer die

Inanspruchnahme der eigenen Rechtsgütersphäre durch andere duldet, kann nicht ungünstiger gestellt sein als derjenige, der sich weitergehend zu einer solchen Duldung vertraglich verpflichtet (aA wohl LARENZ I § 31 III, 556; SCHWERDTNER NJW 1971, 1673, 1676; SOERGEL/HEINTZMANN[13] Vorbem vor § 598 Rn 13).

IV. Leihvertrag als Instrument von Verwaltungshandeln

21 Der Leihvertrag kann nach hM Rechtsform von Verwaltungshandeln sein (vgl OVG Lüneburg NJW 1996, 2947: Unentgeltliche Überlassung von Schulbüchern an Schüler nach dem nds Gesetz über Lernmittelfreiheit). Das entspricht der Freiheit der öffentlichen Hand, sich zur Erfüllung ihrer Aufgaben auch privatrechtlicher Formen zu bedienen, kollidiert aber mit dem Erfordernis der Unentgeltlichkeit (vgl § 598 Rn 5). Insbesondere ist zweifelhaft, ob die Privilegierung des Verleihers nach § 599 BGB passt. Dagegen spricht, dass Verwaltungshandeln nie ein Akt der Freigebigkeit, sondern stets die Erfüllung einer Aufgabe ist, mag sie gebührenpflichtig sein oder nicht. Es fehlt deshalb das Element, das das Haftungsprivileg rechtfertigt.

V. Besitzverhältnisse

22 Sachenrechtliche Wirkungen legt das BGB der Leihe nicht bei. Durch die Gebrauchsüberlassung wird der Verleiher idR mittelbarer, der Entleiher unmittelbarer Besitzer, vgl § 868 BGB. Begriffsnotwendig ist diese Änderung der Besitzverhältnisse aber nicht (BGH NJW-RR 2004, 1566; 2012, 1007). Vielmehr hängt es vom Einzelfall ab, ob die ordnungsgemäße Gestattung des Gebrauchs den Erwerb des unmittelbaren Besitzes durch den Entleiher erfordert oder nicht. Insbesondere in den nach der hier vertretenen Ansicht als Leihverhältnisse einzuordnenden Fällen der kurzfristigen Überlassung des Opernglases und der Duldung kurzfristigen Parkens auf einem Privatgrundstück (vgl Rn 8) bleibt der Verleiher unmittelbarer Besitzer. Dabei übt er diesen unmittelbaren Besitz nicht durch den Entleiher als seinen Besitzdiener, sondern selbst aus (aA BGB-RGRK/GELHAAR Rn 7). Denn ein soziales Abhängigkeitsverhältnis oder gar eine Funktion des Entleihers in einer vom Verleiher beherrschten Organisation, an die der Gesetzgeber in § 855 BGB anknüpft, lässt sich in den benannten Beispielen selbst bei großzügigstem Verständnis nicht entdecken. Umgekehrt ist der Besitz kein physisch-realer, sondern ein sozialer Begriff. Die Verkehrsauffassung erkennt aber die Sachherrschaft in den angesprochenen Fällen wohl eher dem Verleiher als dem Entleiher zu (vgl auch MünchKomm/HÄUBLEIN[7] § 598 Rn 23). Die besitzrechtlichen Folgen stehen dem nicht entgegen: Der Verleiher kann insoweit selbst Besitzwehr üben, auf die Repräsentation durch den Entleiher gemäß § 860 BGB ist er nicht angewiesen.

VI. Übersicht

23 Den Begriff der Leihe und die Hauptverpflichtungen bestimmt § 598 BGB. Die Haftung des Verleihers behandeln §§ 599, 600 BGB. Von der Erhaltung der Sache und dem Ersatz der Verwendungen handelt § 601 BGB. § 602 BGB bezieht sich auf die Veränderungen und Verschlechterungen der Sache, die durch den vertragsmäßigen Gebrauch herbeigeführt werden, § 603 BGB auf vertragswidrigen Gebrauch der Sache. § 604 BGB betrifft die Verpflichtung zur Rückgabe, § 605 BGB die Kündigung des Leihvertrages, § 606 BGB die Verjährung von Nebenansprüchen.

§ 598
Vertragstypische Pflichten bei der Leihe

Durch den Leihvertrag wird der Verleiher einer Sache verpflichtet, dem Entleiher den Gebrauch der Sache unentgeltlich zu gestatten.

Materialien: E I § 549; II § 538; III § 591; Mot II 443 ff; Prot II 2221 ff.

Systematische Übersicht

I.	Die Tatbestandsmerkmale der Leihe	1
1.	Unentgeltlichkeit	2
a)	Einigung über die Unentgeltlichkeit	2
b)	Gemischte Leihe?	3
c)	Abgrenzung Entgeltlichkeit – Unentgeltlichkeit	4
2.	Gegenstand der Gebrauchsüberlassung	7
a)	Sachen	7
b)	Besonderheit der Wohnungsüberlassung?	8
c)	Rechte	10
3.	Gebrauch	11
4.	Gestattung	14
II.	Erscheinungsformen der Leihe	
1.	Der normtypische Fall	15
2.	Die Leihe als anderstypische Nebenleistung	16

I. Die Tatbestandsmerkmale der Leihe

§ 598 benennt die Begriffsmerkmale der Leihe, und zwar in einer Formulierung, die **1** den Willen des historischen Gesetzgebers zur Offenheit im gemeinrechtlichen Streit um die Qualifikation der Leihe als Real- oder Konsensualvertrag zum Ausdruck bringt (vgl Vorbem 2 zu §§ 598 ff; Mot II 443 ff).

1. Unentgeltlichkeit

a) Einigung über die Unentgeltlichkeit

Die Unentgeltlichkeit ist nicht objektiv, sondern nach dem Willen der Vertragspar- **2** teien zu bestimmen; es kommt auf die *Einigung über die Unentgeltlichkeit* an. Deshalb macht ein verhältnismäßig geringes Nutzungsentgelt einen Gebrauchsüberlassungsvertrag noch nicht zur Leihe; vielmehr liegt Miete vor (RG Recht 1929, Nr 321; BGH MDR 1970, 1004). Ebensowenig verwandelt sich ein Mietverhältnis schon dadurch in ein Leihverhältnis, dass der Vermieter auf den Mietzins verzichtet (LG Würzburg JW 1929, 3266). Das gilt jedenfalls dann, wenn der Vermieter den Verzicht nicht endgültig (dann wohl konkludente vertragliche Umwandlung), sondern lediglich vorübergehend – zB mit Rücksicht auf eine vorübergehende Notlage des Mieters – erklärt. Auf der anderen Seite wird die Unentgeltlichkeit nicht in Frage gestellt, wenn dem Entleiher eine „Anerkennungsgebühr" abverlangt wird, dh wenn die Vertragspartner sich einig sind, dass die Leistung des Entleihers nicht eine echte Gegenleistung für die Überlassung der Leihsache, sondern mehr eine symbolische Dankbarkeitsbezeugung darstellt (OLG Hamburg NJW 1949, 547 mit krit Anm Lewald; vgl auch BGH NJW 1977, 2159). Erst recht wird (arg e § 601 Abs 1 BGB) aus der Leihe nicht schon dadurch Miete, dass der Entleiher die Betriebskosten der Leihsache übernimmt (OLG Stuttgart NZM 2008, 838).

b) Gemischte Leihe?

3 Im Schrifttum wird darüber hinaus angenommen, es gelte im Übrigen eine Art Schwerpunkttheorie: Das Gebrauchsüberlassungsverhältnis sei auch bei teilweiser Entgeltlichkeit und teilweiser Unentgeltlichkeit je nach dem Überwiegen des einen oder anderen Teils entweder Miete oder Leihe; eine gemischte Leihe analog der gemischten Schenkung gebe es nicht (MünchKomm/KOLLHOSSER[4] § 598 Rn 13; keine Stellungnahme mehr bei MünchKomm/HÄUBLEIN[7] § 598 Fn 86). Dieser Ansicht ist nicht zu folgen. Einmal geht sie dogmatisch nicht auf, weil sie den sonst unangefochtenen Ausgangspunkt verlässt, dass die Einigung der Parteien über die Entgeltlichkeit oder Unentgeltlichkeit über die Qualifikation als Miet- oder Leihverhältnis entscheidet. Soweit die Einigung auf teilweise Entgeltlichkeit und teilweise Unentgeltlichkeit gerichtet ist, führt von einem solchen Ausgangspunkt aus kein Weg am gemischten Leihverhältnis vorbei. Außerdem zieht die kritisierte Ansicht befremdliche Ergebnisse nach sich, wie namentlich der Fall der Wohnungsüberlassung zeigt. Insoweit läuft sie nämlich darauf hinaus, dass die Geltung des Mieterschutzes unterschiedlich zu beurteilen ist, je nach dem, ob die Parteien (nach ihrer Vorstellung) mehr oder weniger als 50% des an sich gerechtfertigten Mietzinses vereinbart haben. Demgegenüber fordert die Unabdingbarkeit des Mieterschutzes seine grundsätzliche Anwendung in allen Fällen, in denen die Wohnung teilweise entgeltlich überlassen wird. Wer anders entscheidet, lässt in der Sache contra legem den entgeltlichen Verzicht auf Mieterschutz zu: Der Vermieter kauft quasi dem Mieter den Mieterschutz ab. Allerdings dürfte es nicht gerechtfertigt sein, dem Wohnungsnehmer über die Anwendung der §§ 558 ff BGB auch das Recht zur (teilweisen) unentgeltlichen Nutzung der Wohnung zu erhalten. Der unentgeltliche Vertragsteil muss daher nach § 604 BGB frei widerrufen werden können mit der Folge, dass für die weitere entgeltliche Nutzung das Entgelt im Wege der ergänzenden Auslegung (§ 157 BGB) anzupassen ist. Das mag den Wohnungsnehmer im Einzelfall dazu zwingen, die Wohnung nolens volens aufzugeben. Aber das entspricht den Grenzen des Mieterschutzes, der dem Wohnungsgeber auch sonst nicht ansinnt, wegen fehlender wirtschaftlicher Leistungsfähigkeit des Wohnungsnehmers auf die Gegenleistung (teilweise) zu verzichten. Wenigstens insoweit ist die sozialstaatliche Verantwortung nach wie vor eine staatliche, nicht eine private Verantwortung.

c) Abgrenzung Entgeltlichkeit – Unentgeltlichkeit

4 Das Entgelt braucht nicht in Geldleistungen zu bestehen. Auch wenn sich der „Entleiher" im Vertrag zu Dienstleistungen und/oder Verbesserungsarbeiten an der überlassenen Sache verpflichtet, kann dies einen Leihvertrag ausschließen, vorausgesetzt, die Vertragsparteien sehen darin den hinreichenden Gegenwert für die Gebrauchsüberlassung (vgl ERMAN/vWESTPHALEN[15] Rn 5). Im Zweifel ist insgesamt ein Mietverhältnis anzunehmen, wenn eine Sache nach einer unentgeltlichen Probezeit gemietet wird (OLG Hamburg OLGE 20, 210). Das Gleiche gilt, wenn der Vertrag von vornherein eine unentgeltliche Anlaufzeit vorsieht (BGH MDR 1970, 1004). Dagegen liegt ein unentgeltliches, „rein vorvertragliches" Rechtsverhältnis vor, das weder Leih- noch Mietverhältnis ist, wenn der Mieter vor Beginn der vereinbarten Mietzeit einzieht. Dieses Rechtsverhältnis ist analog den Mietvorschriften zu behandeln mit

Ausnahme der Haftung des (zukünftigen) Vermieters, die sich während der unentgeltlichen Überlassung nach der Haftung des Verleihers (§ 599 BGB) richtet (EINSELE WuM 1997, 533, 534 f mit Nachweisen).

Umstritten ist, ob Unentgeltlichkeit angenommen werden kann, wenn die Gebrauchsüberlassung im Verständnis der Parteien nicht nur dem „Entleiher", sondern auch dem „Verleiher" einen (gleichwertigen) Vorteil verschafft (Beispiel: Ein noch unbekannter Maler überlässt seine Bilder ohne Gegenleistung dem Veranstalter einer Ausstellung, um sich dadurch dem kunstinteressierten Publikum bekanntzumachen). Von praktischer Bedeutung sind vor allem die sog Dauerleihgaben der Sammler von Kunstwerken an Museen, durch die sich die Sammler nicht nur von den laufenden Kosten für Unterbringung, Pflege und Versicherung entlasten, sondern die Kunstwerke auch mit der Folge zT beträchtlicher Wertsteigerungen „nobilitieren" (WEFING Non Profit Law Yearbook 2006, S 1, 4). Es gibt mehrere Fälle, in denen die Sammler sie nach Ablauf der „Dauerleihe" mit erheblichem Gewinn weiterveräußern konnten (WEFING S 1, 3 f). Die wohl hL bejaht die Unentgeltlichkeit (LOSCHELDER NJW 2010, 705, 706; MünchKomm/HÄUBLEIN[7] § 598 Rn 22; SOERGEL/HEINTZMANN[13] Vorbem vor § 598 Rn 2). Der BGH hat in einem vergleichbaren Fall (kostenlose Überlassung der städtischen Theaterbühne an eine Theatergruppe mit der Maßgabe, die Theateraufführungen in das kulturelle Angebot der Stadt einzubringen) einen Vertrag sui generis mit Sympathie für die zumindest teilweise Anwendung des Rechts der Leihe angenommen (NJW 1992, 496, 497). Demgegenüber will FISCHER in seiner 2002 erschienenen Habilitationsschrift die Unentgeltlichkeit auf Zuwendungen beschränken, die von einem übereinstimmenden Willen der Beteiligten zur Bereicherung des Empfängers getragen sind. Daran soll es fehlen, wenn der Zuwendende zur Zuwendung durch wirtschaftliche Eigeninteressen veranlasst worden ist, die zumindest Geschäftsgrundlage sind (FISCHER 55 ff, 62 ff). Wenn man die Privilegierung des unentgeltlichen Leistenden (gemilderte Haftung, leichtere Lösungsmöglichkeit) darauf zurückführt, dass die Leistung einseitig dem Vorteil des Empfängers dient, dann ist das in der Tat ein folgerichtiger Ansatz. Wenn der Vertrag damit steht und fällt, ob infolge der Zuwendung ein erwarteter wirtschaftlicher Vorteil auch für den Zuwendenden eintritt oder nicht eintritt, entfällt der Grund für seine Privilegierung. Erst recht gilt das, wenn – wie im Fall BGH NJW 1992, 496 – der Zuwendungsempfänger zum zweckgerechten Gebrauch der überlassenen Sache nicht nur berechtigt, sondern mit dem Ziel einer Bereicherung des Kulturangebots der zuwendenden Stadt verpflichtet ist (vgl auch OLG Düsseldorf NJW 1990, 2000: bei normaler Leihe eines Kunstwerks keine Pflicht des Entleihers zur Ausstellung). Denn dann besorgt der Zuwendungsempfänger mit einem eigenen zugleich ein Geschäft der Stadt. Der Gebrauch ist das Entgelt für die Gebrauchsüberlassung.

Im Fall der sog Dauerleihgabe der Sammler von Kunstwerken an Museen ist jedenfalls dann sogar die Annahme einer Innengesellschaft zu erwägen, wenn die Besitzüberlassung zu Ausstellungszwecken nach dem Inhalt des Vertrags auch dem Interesse des Sammlers an einer adäquaten Aufbewahrung und Einführung in den Kunstmarkt dient. Denn dann ist die Weckung des Interesses des kunstinteressierten Publikums für Sammler und Museum der gemeinsame Zweck der Ausstellung, mögen die Endzwecke auch unterschiedlich sein. Aber auch wenn sich das Interesse des Sammlers auf die Entlastung von den Aufwendungen für eine adäquate Aufbewahrung beschränkt, wird die der Leihe entsprechende Vorstellung einer einseitigen Begünstigung des Museums der Interessenlage nicht gerecht. § 601 Abs 1 BGB besagt nicht, dass die Belastung des Entleihers mit den Erhaltungskosten an der Unentgeltlichkeit der Besitzüberlassung nichts ändert, sondern dass die Erhaltungskosten trotz Unentgeltlichkeit der Besitzüberlassung im Zweifel vom Entleiher zu tragen sind (aA LOSCHELDER NJW 2010, 705, 706). Wenn die Besitzüberlassung und die Pflege (auch) im Interesse des Sammlers liegen und deshalb das Recht des Museums zur jederzeitigen Rückgabe ausgeschlossen ist, mutieren Aufbewahrung und Pflege zum Entgelt für das Recht des Museums, die überlassenen Kunstwerke auszustellen. Sowohl im Fall der Innengesellschaft als auch im Fall des gegenseitigen Vertrags mit anderstypischer Gegenleistung ist das Recht des Sammlers zur ordentlichen Kündigung für die Mindestdauer, die notwendig ist, damit die durch die „Dauerleihgabe" bedingten Investitionen des Museums vertretbar bleiben, ausgeschlossen. Kündigt das Museum aus einem wichtigen Grund, den der Sammler zu vertreten hat, hat dieser analog § 628 Abs 2 BGB iVm § 284 BGB diese infolge der Verkürzung der Vertragsdauer nutzlos gewordenen Aufwendungen zu ersetzen. Umgekehrt kann der Sammler (vorbehaltlich des § 605 Nr 2 BGB, der auch nach allgemeinen Grundsätzen zur außerordentlichen Kündigung berechtigt) nicht aus den Gründen des § 605 BGB kündigen, es sei denn, er hätte derartige Kündigungsrechte besonders vereinbart (aA SCHACK Non Profit Law Yearbook 2006, S 7, 23 f).

2. Gegenstand der Gebrauchsüberlassung

a) Sachen

7 Gegenstand der unentgeltlichen Gebrauchsüberlassung sind Sachen (und Tiere, vgl § 90a BGB). Es gilt § 90 BGB. Keine Rolle spielt, ob es sich um bewegliche oder unbewegliche Sachen handelt. Der Vertrag über das unentgeltliche Unterstellen von Möbeln auf dem Dachboden ist also Leihe (RG DJZ 1924, 905). Grundstücksleihe soll nach der unterinstanzlichen Rechtsprechung auch dann vorliegen, wenn der Eigentümer die unentgeltliche Inanspruchnahme eines Grundstücksstreifens als Geh- und Fahrweg durch den Nachbarn stillschweigend duldet (BGH NJW 1994, 3156, 3157; OLG Hamm NJW-RR 1987, 137, 18; OLG Köln NJW-RR 1992, 1497; OLG Frankfurt NZM 2009, 519; LG Kassel NJW 1969, 1174; VGH Mannheim 10. 11. 2011 – 5 S 2436/10; dagegen HODES NJW 1969, 1174; BGB-RGRK/GELHAAR Vorbem 6 zu § 598: außerrechtsgeschäftliches Gefälligkeitsverhältnis; vgl dazu Vorbem 3 zu §§ 598 ff). Gleiches gilt für die unentgeltliche Unterhaltung eines Gleisanschlusses auf einem fremden Grundstück (OLG München WM 1984, 1397, 1399). Die Benutzung von Grundstücken für Versorgungsleitungen kann auf einem Leihvertrag beruhen (RG WarnR 1934 Nr 152; HRR 1933, 1000; MEISNER/STERN/HODES, Nachbarrecht 766), was allerdings nur insoweit anzunehmen ist, als der Eigentümer nicht nach Nachbarrecht (§ 917 BGB, zur Abgrenzung OLG Koblenz NZM 2007, 342) oder nach öffentlichem Recht zur Duldung verpflichtet ist (vgl FISCHERHOF, Rechtsfragen der Energiewirtschaft [1956] 125; in anderem Zusammenhang – Betreten des Bremer Rathauses – auch OVG Bremen NJW 1990, 931). Der BGH geht offenbar davon aus, dass die vom Eigentümer geduldete unentgeltliche Inanspruchnahme von Grundstücken für Versorgungsleitungen im Zweifel nicht auf einem Leihvertrag, sondern lediglich auf einer die Rechtswidrigkeit ausschließenden Einwilligung beruht (BGH NJW 1976, 416; dagegen für Leihvertrag SCHAPP NJW 1976, 1092 in einer Besprechung des Urteils). OLG Frankfurt (NZM 2009, 519) nimmt den stillschweigenden Abschluss eines Leihvertrags an, wenn eine Wohnungseigentümergemeinschaft einer anderen unentgeltlich erlaubt, die

Einfahrt ihrer Tiefgarage zur Ein- und Ausfahrt in die eigene Tiefgarage zu benutzen.

b) Besonderheit der Wohnungsüberlassung?

Eine Ausnahme von der Qualifikation als Grundstücksleihe wird für die unentgeltliche Wohnungsüberlassung befürwortet. Zwar ist die im Schrifttum lange dominierende (vgl dazu SLAPNICAR 16 ff; NEHLSEN/vSTRYK AcP 187, 552, 553 f mit Fn 3) und zeitweilig auch vom BGH vertretene (BGH NJW 1970, 941; aA BGH NJW 1982, 820; NJW 2016, 2652) Ansicht, die mit der Gestattung der üblichen Nutzung verbundene unentgeltliche Überlassung einer Sache sei nicht Leihe, sondern Schenkung, überwunden (Vorbem 2 zu §§ 598 ff). Auch die differenzierende Meinung M REINICKES (JA 1982, 328 f), der wenigstens Schenkungsvorschriften analog anwenden will, wenn das Rückforderungsrecht des Verleihers nach § 604 BGB abbedungen ist, hat sich nicht durchgesetzt. Genauso vereinzelt geblieben ist die neuerdings von HÄUBLEIN (Münch-Komm[7] § 598 Rn 9) vertretene noch weitergehende Auffassung, schon der Ausschluss der Kündigung wegen Eigenbedarfs des Verleihers nach § 605 Nr 1 BGB führe generell zur analogen Anwendbarkeit von Schenkungsrecht, und dies sogar unabhängig von der vereinbarten Leihdauer (dagegen ausdrücklich BGH NJW 2016, 2652, 2654). Das schuldrechtliche Gebrauchsrecht lässt sich nicht als quasi dingliches Gebrauchsrecht einordnen, dessen causa eine Schenkung ist. Insbesondere kann es auf diese Weise nicht dem Geltungsanspruch des zwingenden Rechts der Dauerschuldverhältnisse, namentlich der Kündbarkeit aus wichtigem Grund nach § 314 BGB entzogen werden. Wohl halten sich nach wie vor Auffassungen, die speziell die unentgeltliche Wohnungsüberlassung dem Recht der Leihe mehr oder weniger entziehen und sie stattdessen dem Mietrecht zuweisen oder gar wie ein schenkweise eingeräumtes dingliches Wohnrecht behandeln. So will SLAPNICAR im Anschluss an das römische Recht die unentgeltliche Wohnungsüberlassung im Wege der Fiktion (!) als mit schenkungsweisem Erlass der Mietzinsforderung gekoppelte Vermietung einordnen (Gratis habitare 172 ff und JZ 1983, 327 ff). Nach NEHLSEN/vSTRYK soll zwar – enger – nicht jede langfristige unentgeltliche Wohnungsüberlassung der Analogie zum Schenkungsrecht unterliegen. Denn in der Regel behält sich ihrer Ansicht nach der Verleiher zumindest das Rückforderungsrecht gemäß § 605 Nr 1 BGB vor. Doch soll eine Ausnahme für die unentgeltliche Wohnungsüberlassung auf Lebenszeit gelten, wenn und soweit – wie das gerade in diesem Fall vielfach geschieht – das Rückforderungsrecht wegen Eigenbedarfs abbedungen wird. Alsdann soll nicht nur die Formvorschrift des § 518 Abs 1 BGB analog eingreifen, sondern auch die Möglichkeit einer analogen Anwendung sonstiger ihrem Wortlaut nach auf Schenkungen beschränkter Vorschriften wie der §§ 1641, 1804 BGB, des § 2287 BGB und des § 2301 BGB (vgl dazu auch LANGEN ZMR 1986, 150 ff) ins Blickfeld rücken (AcP 187, 552, 578 ff). Erwägenswert wäre in diesen Fällen auch eine Anwendung etwa der §§ 528, 2325 BGB, des § 4 AnfG und des § 134 InsO.

Der BGH hat sich gegen die analoge Anwendung des § 518 Abs 1 BGB auf die unentgeltliche Wohnungsüberlassung auf Lebenszeit ausgesprochen, aber offen gelassen, wie zu entscheiden ist, wenn sie wirtschaftlich auf eine Weggabe der Wohnung hinausläuft (BGH NJW 1982, 820; 1985, 1553; NJW 2016, 2652 – der BGH hat einen solchen Fall bis heute in keiner Konstellation bejaht oder Beispiele dafür angeführt; für Leihe bei unentgeltlicher Wahrungsüberlassung OLG Koblenz DWW 2011, 214; OLG Saarbrücken MDR 2006, 868; vgl auch OLG Hamm NJW-RR 1996, 717, 718: analoge Anwendung des § 528 Abs 1

„fernliegend"; LG Lübeck 8. 10. 2013 – 6 O 20/13 überträgt diese Rechtsprechung auf die Überlassung eines Pferdes auf unbestimmte Zeit und erwägt eine analoge Anwendung des § 518 Abs 1 BGB für den Fall, in dem das Recht zur Rückgabe nach § 604 BGB und die Kündigungsrechte nach § 605 BGB vertraglich ausgeschlossen sind; zustimmend insofern MünchKomm/HÄUBLEIN[7] § 598 Rn 14; ausdrücklich ablehnend jedoch BGH NJW 2016, 2652). Auf die (im Gegensatz zur Ansicht von NEHLSEN/VSTRYK) jedenfalls im Zeitpunkt der zweiten Entscheidung bereits bekannte Auffassung SLAPNICARS ist er nicht eingegangen. Tatsächlich ist diese Ansicht nicht haltbar. Das gilt einmal für die Methode, sich mit Hilfe einer Fiktion über den Willen der Parteien hinwegzusetzen (kritisch auch NEHLSEN/VSTRYK AcP 187, 552, 571). Es gilt zum anderen aber auch für das Ergebnis, das auf die Ausdehnung des (sozialen) Wohnungsmietrechts auf unentgeltliche Wohnungsüberlassungen hinausläuft, obwohl der Gesetzgeber den unentgeltlichen Wohnungsgeber mit den einschlägigen Vorschriften eindeutig nicht hat belasten wollen. Der Vorschlag von NEHLSEN/VSTRYK berücksichtigt zu wenig, dass die Abbedingung der Eigenbedarfskündigung nichts an der Pflicht des Wohnungsnehmers ändert, die Wohnung als Fremdbesitzer zu nutzen, dh nicht zu beschädigen und letztlich zurückzugeben, mag die Rückgabepflicht bei normalem Verlauf (vorbehaltlich der jedenfalls unabdingbaren außerordentlichen Kündigung) auch erst von den Erben zu erfüllen sein. Es kann also gar nicht die Interessenlage entstehen, die das Schenkungsrecht im engeren Sinne, insbesondere das Formerfordernis nach § 518 BGB voraussetzt (vgl auch OLG Koblenz NJW-RR 1996, 843, 844). Hat jemand ein unentgeltliches lebenslanges Wohnungsrecht im Wege eines Vermächtnisses erworben, so bedeutet das, dass der Erbe mit ihm einen Leihvertrag auf Lebenszeit abschließen muss. Das so entstandene lebenslange Wohnungsrecht erlischt daher nach § 275 BGB, wenn der Berechtigte aus Gesundheitsgründen endgültig in ein Heim wechselt. Es wird nicht zu einem Recht, die Wohnung zu vermieten (OLG Celle NJW-RR 2004, 1595). Da es unübertragbar ist, scheidet in der (Privat-)Insolvenz des Berechtigten die Zugehörigkeit zur Insolvenzmasse aus. Der Berechtigte behält das (schuldrechtliche) Wohnrecht trotz seiner Insolvenz (AG Hamburg ZinsO 2008, 1150). Umgekehrt ist der Berechtigte im Fall der Zwangsversteigerung oder sonstigen Veräußerung des Wohngrundstücks nicht gegen den Herausgabeanspruch des Erwerbers geschützt (BGH NJW-RR 2017, 1479, 1480 – Herausgabeanspruch eines Zwangsverwalters); die §§ 57 ZVG, 566 BGB sind nicht anwendbar (OLG Schleswig 3. 6. 2004 – 16 U 39/04). Was die §§ 1641, 1804, 2227 und 2301 BGB betrifft, so mögen gute rechtspolitische Gründe dafür bestehen, die unentgeltliche Wohnungsüberlassung auf Lebenszeit wie eine Schenkung zu behandeln. Aber es führt kein Weg daran vorbei, dass die unentgeltliche Wohnungsüberlassung auf Lebenszeit auch im Lichte dieser Vorschriften im Verhältnis zur Schenkung ein Minus darstellt, dessen Gleichstellung mit Hilfe bloßer analoger Normanwendung nicht lege artis zu schaffen ist. Fazit: Die unentgeltliche Wohnungsüberlassung ist Leihe; Schenkungsrecht ist weder analog noch direkt anwendbar.

c) Rechte

10 Die unentgeltliche Gebrauchsüberlassung von Rechten ist selten, kommt aber namentlich in Gestalt der Gebrauchsüberlassung von gewerblichen Schutzrechten vor. Ihre rechtliche Beurteilung ist umstritten. Da das Pachtrecht die Gebrauchsüberlassung von Rechten („Pachtgegenstände") im Gegensatz zum Recht der Miete und der Leihe ausdrücklich umfasst, will eine Minderansicht – ergänzt um Vorschriften des Leihrechts, die an die Unentgeltlichkeit anknüpfen (§§ 599, 600 BGB) – Pacht-

recht anwenden (FIKENTSCHER/HEINEMANN, Schuldrecht¹⁰ Rn 1080). Demgegenüber greift die hM (RG JW 1904, 228; MünchKomm/HÄUBLEIN⁷ Rn 4; BGB-RGRK/GELHAAR Rn 1) auf die Analogie zu den §§ 598 ff BGB zurück; Lücken werden im Wege der ergänzenden Vertragsauslegung ausgefüllt. Für die hM spricht, dass die Entgeltlichkeit oder Unentgeltlichkeit ein den Typus des Vertragsverhältnisses prägendes Merkmal ist, das nicht nur die Haftungsmaßstäbe, sondern auch die wechselseitigen Vertragserwartungen der Beteiligten insgesamt (einschließlich zB der Verantwortlichkeit für die Erhaltung der Funktionstauglichkeit des Rechts) bestimmt. Auch der historische Gesetzgeber hat nicht anders gedacht. Die Ausdehnung der §§ 598 ff BGB auf die Rechtsleihe ist nur deshalb unterblieben, weil man angesichts des seltenen Vorkommens der Rechtsleihe dafür kein Bedürfnis empfand (Mot II 444).

3. Gebrauch

Der Verleiher hat dem Entleiher den Gebrauch zu gestatten. Was Gebrauch in diesem Sinne bedeutet, zeigt insbesondere die Rückgabepflicht nach § 604 BGB: Die überlassene Sache muss der Substanz nach unverändert bleiben; der Entleiher darf lediglich die mit dem Besitz verbundenen Vorteile nutzen. Gleichwohl können auch verbrauchbare Sachen (§ 92 BGB) Gegenstand der Leihe sein, nämlich dann, wenn sie entgegen dem (normalen) „bestimmungsgemäßen Gebrauch" nicht zum Verbrauch oder zur Veräußerung, sondern zB zu Ausstellungszwecken überlassen worden sind (RG HRR 32, Nr 1551). Keine der Annahme von Leihe entgegenstehende Substanzänderung liegt vor, wenn der Eigentümer einem anderen den Besitz an einem Grundstück unentgeltlich zum Zweck der Bebauung überlässt (OLG Naumburg OLGR 2007, 729; OLG Frankfurt FamRZ 2007, 641; zu den Verwendungsersatzansprüchen des Entleihers bei vorzeitiger Beendigung des Leihverhältnisses vgl § 601 Rn 4). Zum „Gebrauch" überlassen sind auch Wertpapiere, die dem Entleiher die Stellung einer Kaution (RG WarnR 1936, Nr 190) oder die Sicherung einer Schuld (RGZ 91, 155, 158 – betr Hypothekenbrief) ermöglichen. Von dieser Gestaltung zu unterscheiden ist die sog Wertpapierleihe nach dem Wertpapier-Leihsystem der Deutschen Kassenverein AG, die namentlich der Minderung des Risikos von Börsentermingeschäften dient. Da der „Entleiher" die Wertpapiere benötigt, um sie bei fallenden Kursen schon vor der Fälligkeit seines Terminkaufs über gleiche Wertpapiere verkaufen zu können, stellt diese Wertpapierleihe rechtlich ein – überdies entgeltliches – Wertpapierdarlehen dar: Der „Entleiher" muss nicht dieselben, sondern Wertpapiere gleicher Art zurückgeben. Der „Verleiher" hat nur insofern die Rechtsposition eines Verleihers im Sinne des § 598 BGB, als er wie dieser die Früchte (Dividenden, Zinsen) beanspruchen kann (vgl zum Ganzen KÜMPEL WM 1990, 909 ff, GESELL 20 ff). Eben deshalb soll der „Entleiher" nach zT vertretener Ansicht auch im Außenverhältnis nicht wirtschaftlich als Darlehensnehmer anzusehen sein. So nimmt LG Landshut (NZG 2006, 400) Nichtigkeit (§ 243 Nr 3 AktG) des sog Squeeze-out-Beschlusses nach § 327a AktG an, wenn der das Squeeze out betreibende Aktionär die erforderliche Mehrheit von 95% nur mit Hilfe einer Wertpapierleihe erreicht hat (kritisch dazu KORT WM 2006, 2149).

Ganz allgemein kann Leihe vorliegen, wenn der Eigentümer einer Sache diese einem anderen zum Zweck der Verpfändung zur Verfügung stellt (RGZ 36, 161). Dass der Pfandgläubiger durch die Verpfändung ein Verwertungsrecht erwirbt, steht dem jedenfalls nicht entgegen, wenn Verleiher und Entleiher von der rechtzeitigen

Ablösung des Pfandrechts ausgehen. Die Rückgabepflicht bleibt unter diesen Umständen trotz des Einverständnisses des Eigentümers mit der Verpfändung unangetastet. Kommt es trotzdem zur Verwertung, schuldet der Entleiher wegen Unmöglichkeit der (Besitz-)Rückgabe nach §§ 280 Abs 1, 3, 283 BGB Schadensersatz statt der Leistung. Problematisch ist die Annahme eines Leihvertrages, soweit die Parteien ernsthaft mit der Möglichkeit der Verwertung des Pfandrechts rechnen. Eine solche Fallgestaltung lässt zumindest für eine unbedingte Rückgabepflicht keinen Raum. Entsprechend besteht der Leihvertrag unter der auflösenden Bedingung der Verwertung der Leihsache; je nachdem, ob der „Entleiher" zum Wertersatz verpflichtet sein soll oder nicht, ist mit dem auflösend bedingten Leihvertrag ein aufschiebend bedingter Kauf- oder Schenkungsvertrag kombiniert (vgl KUHLENBECK JW 1904, 229 ff mit Nachw). Überlässt jemand einem anderen „leihweise" Fremdwährungsbestände, so ist damit rechtlich ein gem § 244 Abs 1 BGB in der fremden Währung rückzahlbares Darlehen gemeint (RGZ 153, 384).

13 Der Gebrauch ist von der Fruchtziehung (§§ 99, 100 BGB) zu unterscheiden. Der Leihvertrag berechtigt also vorbehaltlich abweichender Vereinbarung nicht dazu, zB das geliehene Gartengrundstück abzuernten oder das „geliehene" Patent zu verwerten (vgl KÜMPEL WM 1990, 909, 910). Im Einzelfall kann sich allerdings aus den §§ 157, 242 BGB nicht nur ein Fruchtziehungsrecht, sondern sogar eine Fruchtziehungspflicht ergeben, nämlich dann, wenn die Fruchtziehung zur Erhaltung der Sache erforderlich ist.

4. Gestattung

14 Der Verleiher hat dem Entleiher den Gebrauch zu **gestatten**. Die Gestattung des Gebrauchs ist abzugrenzen gegenüber der Gebrauchs**gewährung**, zu der der Vermieter nach § 535 BGB verpflichtet ist. Anders als den Vermieter während der Mietzeit trifft den Verleiher während der Leihzeit nicht die Pflicht, den vertragsgemäßen Gebrauch durch positive Förderungsmaßnahmen (Instandhaltung der Sache, Abwehr von Drittstörungen) sicherzustellen. Die Verpflichtung des Verleihers beschränkt sich vielmehr darauf, bei Beginn der Leihe den Besitz zu überlassen und den Entleiher bis zur Beendigung nicht im Besitz zu stören (BGH NJW-RR 2012, 1007; ERMAN/vWESTPHALEN[15] Rn 3; PALANDT/WEIDENKAFF[77] Rn 6; MünchKomm/HÄUBLEIN[7] Rn 20). Die Verpflichtung des Verleihers ist daher, soweit nichts anderes vereinbart wird (§ 269 BGB), Holschuld. Selbstverständlich ist, dass die Gestattungspflicht nicht vom Eigentum des Verleihers abhängt. Doch greifen die Regeln der §§ 275 ff BGB ein, falls das fehlende Eigentum die Gestattung verhindert (PALANDT/WEIDENKAFF[77] Rn 1; vgl auch BGH NJW 1974, 1086 mit missverständlicher Formulierung). Überträgt der Verleiher während der Leihzeit das Eigentum an einer beweglichen Sache nach §§ 929, 931 BGB, so kann der Entleiher dem neuen Eigentümer nach § 986 Abs 2 BGB sein Recht zum Besitz aus dem Leihvertrag entgegensetzen. Kein Recht zum Besitz steht dagegen dem Entleiher eines Grundstücks gegenüber einem neuen Eigentümer zu; § 566 BGB ist auf die Leihe nicht entsprechend anwendbar (BGH NJW 1994, 3156, 3158; OLG Köln NJW-RR 2000, 152, 153). Dem Anspruch des Entleihers auf Gestattung des Gebrauchs entspricht grundsätzlich keine Gebrauchspflicht. Abweichende Vereinbarungen sind denkbar. Sie können sich auch aus den Umständen ergeben (zB bei Leihsachen, die ohne Gebrauch ihre Gebrauchsfähigkeit einbüßen – Reitpferd oä); allerdings stellt sich dann stets die Frage, ob die Gebrauchsüber-

lassung nicht im Interesse des Verleihers geschieht und deshalb als Auftrag oder Verwahrung, uU auch als gemischttypischer Vertrag, in dem das Gebrauchsrecht Gegenleistung für die Aufbewahrung und Pflege (Vertrag mit anderstypischer Gegenleistung) zu qualifizieren ist (RG HRR 32, Nr 1551; vgl auch Rn 5 f).

II. Erscheinungsformen der Leihe

1. Der normtypische Fall

Der Leihvertrag ist ein **unvollkommen zweiseitiger Vertrag**, dh er begründet zwar 15 Pflichten sowohl für den Verleiher als auch für den Entleiher, doch stehen diese Pflichten nicht in einem Austauschverhältnis. Die Vorschriften über gegenseitige Verträge (§§ 320 ff BGB) sind deshalb nicht anwendbar (ESSER/WEYERS § 25 II, 210; LARENZ II/1 § 50, 293). Hat der Entleiher Gegenansprüche gegen den Verleiher erworben, so kommt gegenüber dem Rückgabeanspruch des Verleihers aus § 604 BGB ein Zurückbehaltungsrecht aus § 273 BGB in Betracht (RGZ 65, 270, 277 – Verwendungen auf ein entliehenes Grundstück). Soweit der Leihvertrag den Gebrauch der Leihsache durch Hilfspersonen des Entleihers gestattet, können diese sich nach den Grundsätzen über den Vertrag mit Schutzwirkung zugunsten Dritter gegenüber einer Inanspruchnahme durch den Verleiher auf günstige Bestimmungen des Leihvertragsrechts berufen (BGHZ 49, 278 – kurze Verjährung des § 606 auch zugunsten der Hilfsperson des Entleihers, den der Verleiher nach § 823 Abs 1 wegen Eigentumsverletzung in Anspruch nimmt – vgl dazu § 599 Rn 3; § 606 Rn 10).

2. Die Leihe als anderstypische Nebenleistung

Eine gewisse Rolle spielt die Leihe als anderstypische Nebenleistung bei Austausch- 16 verträgen. Insbesondere nimmt die hM einen Leihvertrag im Hinblick auf Verpackungsmaterial an, zB beim Flaschenbierhandel, wenn die Leerflaschen zurückzugeben sind (RGZ 159, 65; BGH LM Nr 2 zu § 989), oder beim Verkauf von Mehl in Säcken (OLG Stuttgart NJW 1949, 68). Allerdings soll – so heißt es – jeweils genau zu prüfen sein, ob wirklich das konkret benutzte und nicht etwa nur Verpackungsmaterial gleicher Menge, Art und Güte zurückzugeben ist (BGH NJW 1956, 298; OLG Düsseldorf BB 1948, 524). Denkbar soll auch sein, dass zwar primär die konkret benutzten Flaschen, Säcke etc zurückgegeben werden müssen, dem Abnehmer jedoch eine *Ersetzungsbefugnis* in Form der Leistung von Verpackungsmaterial gleicher Menge, Art und Güte eingeräumt ist (vgl DÜRKES BB 1948, 68, 197; WIRTZ BB 1948, 196). Neuerdings wird zwischen mehreren Varianten der Mehrwegverpackung differenziert. Im Fall des Direktvertriebs Hersteller/Endverbraucher (Beispiel: Industriegase) soll hinsichtlich des Behälters ein modifizierter Leihvertrag (keine Haftungsmilderung; Verfall des „Pfandgeldes" auch bei unverschuldeter Unmöglichkeit der Rückgabe) vorliegen. Im Fall des mehrstufigen Vertriebs wird weiter unterschieden, je nachdem, ob die Behälter durch den einzelnen Hersteller, durch eine geschlossene Herstellergruppe oder als sog Einheitsbehälter einer Branche („Eurobierflaschen") gar nicht individualisiert sind. In den ersten beiden Alternativen sollen über die Behälter leihähnliche Gebrauchsüberlassungsverträge zustande kommen, die sich vom normalen Leihvertrag dadurch abheben, dass trotz des fortbestehenden Eigentums des Herstellers nicht die empfangenen, sondern Behälter gleicher Art und Güte zurückzugeben sind (OLG Karlsruhe NJW-RR 1988, 370, 371). In der dritten Alternative soll dagegen das Eigentum an den Behältern auf die Empfänger übergehen, sodass die Pflicht zur Rückgabe von Behältern gleicher Art und Güte darlehensähnliche Züge annimmt. Der Unterschied zum echten Darlehen soll darin bestehen, dass den Rückgabeschuldner keine Beschaffungspflicht trifft. Er schuldet also nicht die Rückgabe der empfangenen Menge, sondern wird – gegen Verfall des Pfandgeldes – frei, wenn er aus welchen Gründen auch immer nicht zurückgeben kann (KOLLHOSSER/ BORK BB 1987, 909 ff; vgl auch MARTINEK JuS 1987, 514 ff; ders JuS 1989, 268 ff).

17 Richtiger Ansicht nach ist jedenfalls in den typischen Fällen, in denen es dem Erwerber freigestellt ist, ob er die Verpackung gegen Rückzahlung des „Pfandgeldes" zurückgibt oder nicht, weder (modifizierte) Leihe noch (modifiziertes) Darlehen, sondern Kauf der Verpackung anzunehmen. Die Möglichkeit der Rückgabe stellt sich für den Käufer als Angebot der zur Vertriebsorganisation der Hersteller oder Herstellergruppe gehörenden Händler dar, die Verpackung zu dem als „Pfandgeld" ausgewiesenen Betrag zurückzuerwerben. Nur diese Konstruktion wird den normalen Gegebenheiten gerecht, die weder eine Pflicht des Erwerbers zur Rückgabe an den seinerzeitigen Vertragspartner noch eine Schadensersatzpflicht im Fall der Zerstörung oder Beschädigung der Behälter kennen (vgl MARTINEK JuS 1987, 514, 520 f). Nur wenn es eine Rückgabeverpflichtung gegenüber dem seinerzeitigen Vertragspartner gibt, kommt ernsthaft Leihe in Betracht. Dabei spricht freilich die Interessenlage dafür, den Charakter des Leihverhältnisses als Annex des Kaufvertrages zum Anlass für einen bloß eingeschränkten Rückgriff auf die §§ 598 ff BGB zu nehmen. Namentlich die Privilegien des Verleihers nach den §§ 599, 600 BGB sind im Zusammenhang mit einem Umsatzgeschäft fehl am Platze. Unter dem Titel „Die Pfandgeldzurechnung im Mehrweg- und Einwegsystem der Getränkeindustrie" erörtert KÖHLER (StBp 2010, 161 ff) Buchungs- und Bilanzierungsfragen.

18 Bereits von der hM abgelehnt wird der Leihvertrag, soweit im Rahmen von Vertragsverhandlungen „leihweise" Warenmuster oder Probestücke überlassen werden (BGH NJW 1964, 1225). Richtiger Ansicht nach handelt es sich insoweit um einen Teil des Rechtsverhältnisses, das durch die Aufnahme von Vertragsverhandlungen per Werbung um und Inanspruchnahme von Vertrauen zwischen den potenziellen Vertragspartnern (§ 311 Abs 2 BGB) entsteht. Die Konsequenzen decken sich mit denen im Falle der Leihe als untergeordneter Nebenleistung im Rahmen von Austauschverträgen. Schlechthin unanwendbar sind die §§ 599, 600 BGB; dagegen gelten die §§ 601–606 BGB nach hM wegen der Ähnlichkeit der Interessenlage analog, und zwar gleichgültig, ob der Kauf des Probestücks oder einer anderen Sache aus derselben Gattung beabsichtigt ist (BGH MDR 1968, 748). Der BGH hat das für die kurze Verjährung analog § 606 BGB ausdrücklich bestätigt (vgl aber auch Vorbem 2 zu §§ 598 ff). Auch die analoge Anwendung der §§ 601–606 BGB ist allerdings nach BAG NJW 1985, 759 abzulehnen für das Rechtsverhältnis zwischen Arbeitgeber und Arbeitnehmer hinsichtlich eines Firmenwagens, der als Nebenleistung im Rahmen des Arbeitsverhältnisses überlassen wird. Insbesondere soll der Rückgriff auf § 606 BGB für die Verjährung von Schadensersatzansprüchen wegen Beschädigung des Wagens ausscheiden (vgl dazu auch § 606 Rn 7). Das Gleiche hat folgerichtig für die „Leihe" von Büchern aus der Werksbibliothek zu gelten. Obwohl der Werksbücherverleih somit im weiteren Sinne entgeltlich erfolgt, fällt er nach der Rspr nicht unter die tantiemenpflichtige Nutzung nach § 27 Abs 2 UrhG (BGH NJW 1972, 1271; aA REICHEL BB 1966, 1427 mit Nachw).

Wird ein Fahrzeug unentgeltlich nebst Bedienungspersonal zur Verfügung gestellt, so liegt im Zweifel kein unentgeltlicher Fracht- oder Beförderungsvertrag (§§ 662 ff BGB), sondern ein (kombinierter) Leih- und Dienstverschaffungsvertrag vor mit der Folge, dass das Bedienungspersonal nicht Erfüllungsgehilfe (§ 278 BGB) des Verleihers ist (BGH VersR 1970, 935). 19

§ 599
Haftung des Verleihers

Der Verleiher hat nur Vorsatz und grobe Fahrlässigkeit zu vertreten.

Materialien: E I § 550; II § 539; III § 592; Mot II 446; Prot II 2226.

1. Allgemeines

Die Haftung des Verleihers ist gegenüber der Grundregelung des § 276 BGB durch die §§ 599, 600 BGB gemildert. Sie reiht sich damit in die Gruppe unter den Fällen gesetzlicher Haftungsprivilegierung ein, die an die Uneigennützigkeit des Verhaltens anknüpft (§§ 521, 680, 968 BGB, vgl dazu DEUTSCH NJW 1966, 705; RÖHL JZ 1974, 523). Zur Abgrenzung von § 599 BGB zu § 600 BGB vgl § 600 Rn 1. 1

2. Der maßgebliche Pflichtenbereich

Fraglich und umstritten ist, welchen Pflichtenbereich das Haftungsprivileg erfasst. Während die traditionelle Ansicht es auf sämtliche (Haupt- und Neben-)Pflichten des Verleihers bezieht, beschränkt eine neuerdings im Vordringen befindliche Ansicht es auf die Verletzung des Interesses des Entleihers an der Leistung. Soweit die (Neben-)Pflichten des Verleihers das Interesse des Entleihers an der Erhaltung seiner sonstigen Rechtsgüter betreffen, soll es bei der normalen Haftung nach § 276 BGB bewenden (so LARENZ II/1 § 50, 294; PALANDT/WEIDENKAFF[77] Rn 2; grundlegend SCHLECHTRIEM 346 ff). Der neueren Ansicht ist sicherlich insoweit zuzustimmen, als sie sich gegen die Anwendung der §§ 599, 600 BGB auf Situationen wendet, in denen sich die spezifische Rolle als Verleiher überhaupt nicht auswirkt. Wenn der Entleiher zwecks Rückgabe der Leihsache zum Verleiher geht und vor dessen Haustür auf einer Bananenschale ausrutscht, haftet der Verleiher zwar wegen leihvertraglicher Verletzung der Pflichten. Doch tritt der Schaden weniger *im Zusammenhang mit der* als vielmehr *bei Gelegenheit der* unentgeltlichen Gebrauchsüberlassung ein. Die Unentgeltlichkeit mag eine gewisse Nachlässigkeit im Hinblick auf die *Leistung* entschuldigen; der begleitende Rechtsgüterkontakt unterscheidet sich nicht von demjenigen im Zusammenhang mit entgeltlichen Geschäften. Zu weit geht die neuere Ansicht jedoch, soweit sie auch die Verletzung der Leistungstreuepflicht (Schlechtleistung, mangelnde Aufklärung über Gefahren des Gebrauchs uä) aus dem Geltungsbereich des Haftungsprivilegs ausklammert. Die geminderte Verantwortlichkeit des Verleihers für die Ordnungsgemäßheit der Leistung muss sich auch auf die mit schlechter Leistung verbundenen weiteren Konsequenzen erstrecken 2

(BGH NJW 1985, 794, 795 f; MünchKomm/Häublein[7] Rn 3; Soergel/Heintzmann[13] Rn 3; Thiele JZ 1967, 654; Gerhardt JuS 1970, 600; Schwerdtner NJW 1971, 1675; vgl auch Vorbem 12 zu §§ 598 ff. Zur Frage, ob § 599 oder § 600 anzuwenden ist, vgl § 600 Rn 3). Entsprechend ist die Frage zu beurteilen, ob das Haftungsprivileg für Verpflichtungen des Verleihers aus culpa in contrahendo (§ 311 Abs 2 BGB) eingreift. Sie ist zu bejahen, soweit die Pflichtverletzung die Leistung betrifft (zB vorherige Bedienungsanleitung durch den Verleiher), zu verneinen, soweit sie in den Sektor der begleitenden Verhaltenspflichten fällt (vgl auch Gerhardt JuS 1970, 597 ff).

3. Haftungsprivileg und Deliktshaftung

3 Der Haftungsmaßstab des § 599 BGB gilt auch, soweit der Verleiher wegen eines Verhaltens, das vertragsrechtlich von der Privilegierung erfasst wird, aus Delikt (oder Gefährdungshaftung) in Anspruch genommen werden soll (RGZ 88, 318; BGHZ 24, 195; 46, 313; 55, 392; BGH NJW 1974, 235; 1985, 794, 796; 1992, 2474, 2475; OLG Düsseldorf MDR 1998, 409; LG Braunschweig MDR 1997, 942, 943; in BGH NJW 1977, 2158 unter unrichtiger Berufung auf BGH NJW 1974, 235 offen gelassen; BeckOK/C Wagner [2017] Rn 3; jurisPK-BGB/ Colling [2017] Rn 15; Palandt/Sprau[77] Einf v § 823 Rn 10; Soergel/Heintzmann[13] Rn 9; aA MünchKomm/Häublein[7] Rn 4; Jauernig/Mansel[16] § 599 Rn 2; MünchKomm/Wagner[7] Vor § 823 Rn 84 f). Wer anders entscheidet, macht die unter Rn 2 befürwortete Privilegierung des Verleihers bei der Haftung für die Verletzung von Leistungstreuepflichten gegenstandslos, führen die Verletzungen der Leistungstreue (Schlechtleistung, keine Warnung vor Gefahren des Gebrauchs) doch regelmäßig zugleich zu Rechtsgüterverletzungen iSd § 823 Abs 1 BGB. Der Hinweis auf die schwächere Gehilfenhaftung aus Delikt und die für den Geschädigten ungünstigere Beweislast lässt das Argument jedenfalls in den Fällen unberührt, in denen der Verleiher selbst handelt und der schädigende Vorgang unstreitig ist. Auch dafür ist die Privilegierung des Verleihers gedacht (gegen MünchKomm/Häublein[7] Rn 4). Im gleichen Umfang wie der Verleiher selbst ist der aus Delikt belangte Erfüllungsgehilfe des Verleihers privilegiert (vgl auch BGHZ 49, 350; 61, 227; BGH NJW 1978, 1426).

4. Haftung des Entleihers

4 Der Entleiher haftet nach §§ 276, 278 BGB, dh für Vorsatz und (jede) Fahrlässigkeit. Eine Ausnahme – Haftung nur für Vorsatz und grobe Fahrlässigkeit – greift nach BGH NJW 1979, 759 (ebenso OLG Hamm NJW-RR 2000, 1047; OLG Karlsruhe DAR 2000, 307; abweichend AG Duisburg ZfSch 1998, 464, 466: Haftung für leichte Fahrlässigkeit, aber nur in Höhe der im Fall des Bestehens der Vollkaskoversicherung zu erwartenden Selbstbeteiligung; AG Münsingen VersR 1999, 320: normalerweise kein Haftungsausschluss bei Verschweigen der Selbstbeteiligung bei Unfall des vollkaskoversicherten Ersatzfahrzeugs) dann ein, wenn ein Kfz-Verkäufer dem Käufer eines vollkaskoversicherten Kfz während einer Garantiereparatur einen nicht vollkaskoversicherten Ersatzwagen stellt, ohne auf das Fehlen der für den Käufer – wie er weiß – wichtigen Versicherung hinzuweisen (ergänzende Vertragsauslegung; anders OLG Oldenburg (VersR 2007, 1002) in dem Fall, dass das reparaturbedürftige Fahrzeug nicht vollkaskoversichert und das nicht vollkaskoversicherte Ersatzfahrzeug älter ist). Das Gleiche gilt nach der Rechtsprechung des BGH (NJW 1972, 1363; 1986, 1099), wenn der Kfz-Verkäufer dem Kaufinteressenten ein nicht vollkaskoversichertes Fahrzeug zur Probefahrt überlässt. OLG Hamm (NZV 1990, 350) dehnt dies auf den Fall aus, dass ein Kfz-Händler (Verleiher) das zu Lea-

singzwecken bestellte Fahrzeug dem Leasingnehmer (Entleiher) vorzeitig mit rotem Kennzeichen überlässt. Wie andere Schuldner auch hat der Entleiher für Zufall (zur genauen dogmatischen Qualifikation vgl § 602 Rn 3) grundsätzlich nur einzustehen, wenn er entweder mit der Rückgabe der Leihsache in Verzug ist (§ 287 S 2 BGB) oder vertragswidrig einen Dauerzustand des Unrechts herbeigeführt hat, der den Eintritt der Unmöglichkeit begünstigt hat (analog § 287 S 2 BGB; vgl § 602 Rn 2 aE). Die Auslegung des Leihvertrages kann darüber hinaus eine vereinbarte Zufallshaftung des Entleihers ergeben (LG Aachen NJW 1952, 426; vgl auch AG Herford BB 1974, 1350 für den Fall, dass sich ein Arbeitgeber von einem seiner Arbeitnehmer dessen Kfz ausleiht, um es als Betriebsmittel einzusetzen).

Zur Anwendbarkeit des § 599 BGB auf Gefälligkeitsverhältnisse vgl Vorbem 13 ff zu §§ 598 ff. **5**

§ 600
Mängelhaftung

Verschweigt der Verleiher arglistig einen Mangel im Recht oder einen Fehler der verliehenen Sache, so ist er verpflichtet, dem Entleiher den daraus entstehenden Schaden zu ersetzen.

Materialien: E I § 551; II § 540; III § 599; Mot II 446 f; Prot II 2226 f.

1. Anwendungsbereich

Die Regelung schränkt – ebenso wie das Schenkungsrecht (§§ 523, 524 BGB) – die **1** Haftung für Rechts- und Sachmängel noch stärker ein, als § 599 BGB dies für die leihvertragliche Haftung generell tut. Anders als das Schenkungsrecht differenziert sie allerdings nicht zwischen Handleihe und Leihversprechen. Das entspricht der generellen Vernachlässigung des Leihversprechens in den §§ 598 ff BGB (Vorbem 5 zu §§ 598 ff). Die Lücke ist durch die analoge Anwendung der §§ 523 Abs 2, 524 Abs 2 BGB auf die Rechts- und Sachmängelhaftung des Verleihers wegen Nicht- bzw Schlechterfüllung des Leihversprechens zu schließen (MünchKomm/HÄUBLEIN[7] Rn 1). Zu den Einzelheiten vgl die Kommentierung der §§ 523 Abs 2, 524 Abs 2 BGB.

Wie der Anwendungsbereich des § 600 BGB exakt gegenüber demjenigen von **2** §§ 280 Abs 1, 311 Abs 2 BGB iVm § 599 BGB abzugrenzen ist, ist bislang nicht geklärt. ZT wird angenommen, § 600 BGB regele die Haftung für sämtliche Schäden aus Rechts- und Sachmängeln (SOERGEL/KUMMER[12] Rn 1). ZT wird die Ansicht vertreten, § 600 BGB erfasse nur den Mangelschaden, während der Mangelfolgeschaden die Domäne der §§ 280 Abs 1, 311 Abs 2 BGB iVm § 599 BGB sei (MünchKomm/HÄUBLEIN[7] Rn 3). Schließlich gibt es noch die Auffassung, § 600 BGB betreffe auch die Mangelfolgeschäden, lasse daneben aber auch den Rückgriff auf §§ 280 Abs 1, 311 Abs 2 BGB iVm § 599 BGB zu (STOLL JZ 1985, 386).

3 Zu folgen ist der Meinung, die § 600 BGB auf den Ersatz des Mangelschadens bezieht und begrenzt. Die Erstreckung der Vorschrift auf den Ersatz von Mangelfolgeschäden widerspricht ihrem Sinn, der vorbehaltlich arglistigen Verhaltens die Haftung des Verleihers für Bestand und Qualität des überlassenen Gebrauchswerts, nicht seine Verantwortlichkeit für von der Leihsache ausgehende Gefahren für andere Rechtsgüter des Entleihers verhindern will. Das allgemeine Privileg des unentgeltlichen Gebers enthält § 599 BGB, nicht § 600 BGB. Diesem Gedanken trägt zwar im Ergebnis auch die Ansicht Rechnung, die für den Ersatz von Mangelfolgeschäden § 600 BGB und §§ 280 Abs 1, 311 Abs 2 BGB iVm § 599 BGB nebeneinander anwenden will. Anders als das frühere Nebeneinander von § 463 aF und culpa in contrahendo im Kaufrecht, das die Mangelfolgeschäden unter verschiedenen rechtlichen Gesichtspunkten – Erfüllungsinteresse einerseits, Schutzinteresse andererseits – erfasste, macht ein Nebeneinander von § 600 BGB und §§ 280 Abs 1, 311 Abs 2 BGB iVm § 599 BGB jedoch schon rein gedanklich keinen Sinn (aA STOLL JZ 1985, 386). Denn § 600 führt unstreitig nicht zum Ersatz des Erfüllungsinteresses (PALANDT/WEIDENKAFF[77] § 600 Rn 3), sodass die Mangelfolgeschäden nicht schon als adäquate Folge der mangelnden Brauchbarkeit der Leihsache, sondern erst als Folge des von dem Verleiher pflichtwidrig nicht verhinderten Vertrauens in die Brauchbarkeit der Leihsache ersatzfähig werden können. Eben letzteres ist der Anknüpfungspunkt für die Haftung aus § 280 Abs 1 BGB (§ 311 Abs 2 BGB) iVm § 599 BGB.

2. Voraussetzungen

4 Die Tatbestandsmerkmale des § 600 BGB – Mangel im Recht, Fehler der Sache – decken sich mit den übereinstimmenden Begriffen des Kauf-, Miet- und Werkvertragsrechts. Gleiches gilt für das arglistige Verschweigen (§§ 444, 536d BGB). Der maßgebliche Zeitpunkt für das arglistige Verschweigen ist der Vertragsschluss, der (Handleihe; vgl Rn 1) mit der Übergabe der Leihsache zusammenfällt. Soweit der Verleiher erst danach Kenntnis von dem Rechts- und/oder Sachmangel erhält, kommt wegen des Verschweigens nur eine Haftung aus § 280 Abs 1 BGB iVm § 599 BGB in Betracht (MünchKomm/HÄUBLEIN[7] Rn 2).

3. Rechtsfolge

5 Anders als früher die §§ 463, 635 aF verpflichtet § 600 BGB nicht zum Ersatz des positiven, sondern nur des negativen Interesses (statt aller PALANDT/WEIDENKAFF[77] Rn 3). Da (vgl Rn 2 aE) die Mangelfolgeschäden – die Folgen für andere Rechtsgüter des Entleihers – nicht unter § 600 BGB fallen, bezieht sich die Vorschrift mithin auf das Vertrauensinteresse im engeren Sinne: Es wird nach § 600 BGB der Schaden ersetzt, den der Entleiher dadurch erleidet, dass er im vom Verleiher arglistig zugelassenen Vertrauen auf die Brauchbarkeit der Leihsache nunmehr als nutzlos erwiesene Dispositionen getroffen oder tatsächlich notwendige Dispositionen unterlassen hat (SOERGEL/HEINTZMANN[13] Rn 4).

§ 601
Verwendungsersatz

(1) Der Entleiher hat die gewöhnlichen Kosten der Erhaltung der geliehenen Sache, bei der Leihe eines Tieres insbesondere die Fütterungskosten, zu tragen.

(2) Die Verpflichtung des Verleihers zum Ersatz anderer Verwendungen bestimmt sich nach den Vorschriften über die Geschäftsführung ohne Auftrag. Der Entleiher ist berechtigt, eine Einrichtung, mit der er die Sache versehen hat, wegzunehmen.

Materialien: E I § 553; II § 541; III § 594; Mot II 447 f; Prot II 2227 ff.

1. Umfang und Grenzen der Erhaltungspflicht

Da der Verleiher im Gegensatz zum Vermieter den Gebrauch der Leihsache nur **gestatten**, nicht auch *gewähren* muss, braucht er nicht für einen gebrauchsfähigen Zustand zu sorgen. Entsprechend handelt der Entleiher, soweit er seinerseits die Sache während der Entleihzeit gebrauchsfähig erhält, ausschließlich im eigenen Interesse; die Kosten dafür sind demgemäß vom Entleiher zu tragen. Eine **Erhaltungspflicht** trifft den Entleiher zwar entgegen der hM (MünchKomm/Häublein[7] Rn 1; Soergel/Heintzmann[13] Rn 1) nicht schon aufgrund der Kostentragungsregel des § 601 BGB, wohl aber aufgrund der vorbehaltlich des § 602 BGB bestehenden Pflicht zur Rückgabe im gebrauchsfähigen Zustand nach § 604 BGB, die nach § 242 BGB die Nebenpflicht zum ordnungsgemäßen Umgang mit der Sache während der Leihzeit einschließt. Der Verstoß gegen diese Nebenpflicht kann vom Verleiher analog § 541 BGB mit einer Klage auf Unterlassung (= Erfüllung der Erhaltungspflicht) bekämpft werden. Alternativ kann er auch nach § 605 Nr 2 BGB außerordentlich kündigen. Soweit der Entleiher infolge der Pflichtverletzung die Leihsache nicht mehr ordnungsgemäß zurückgeben kann, schuldet er nach den §§ 604, 280 Abs 1, 3, 283 BGB wegen (teilweiser) Unmöglichkeit Schadensersatz statt der Leistung. 1

2. Gewöhnliche Erhaltungsmaßnahmen

Die Kostentragungspflicht des Entleihers nach Abs 1 beschränkt sich auf die gewöhnlichen Erhaltungsmaßnahmen. Wo die Grenze zwischen gewöhnlichen Erhaltungskosten und „anderen Verwendungen" im Sinne des Abs 2 verläuft, beurteilt sich nach der Verkehrsanschauung. Gewöhnliche Erhaltungskosten sind danach die regelmäßig wiederkehrenden laufenden Ausgaben wie die von § 601 BGB selbst beispielhaft erwähnten Fütterungskosten eines entliehenen Tieres oder die Inspektionskosten eines entliehenen Kraftfahrzeugs, nicht dagegen der Einbau eines Austauschmotors. Der Ableitung der Erhaltungspflicht aus der Pflicht zur ordnungsgemäßen Rückgabe der Leihsache entspricht es anzunehmen, dass arg e § 602 BGB das Risiko des normalen Verschleißes den Verleiher trifft. Demgemäß kann der normale Verschleiß keine gewöhnlichen Erhaltungskosten iSd Abs 1 verursachen (MünchKomm/Häublein[7] Rn 3; OLG Hamm NJOZ 2014, 1327, 1330; **aA** OLG Schleswig SchlHAnz 1951, 32). Das gilt auch dann, wenn der Ersatz des normalen Verschleißes 2 notwendig ist, damit der Entleiher den Gebrauch der Sache fortsetzen kann (aA SOERGEL/HEINTZMANN[13] Rn 1). Nach § 601 Abs 2 BGB richtet sich, ob der Verleiher zum Ersatz entsprechender Aufwendungen des Entleihers verpflichtet ist.

3 Zum Verwendungsbegriff überhaupt gehört, dass es sich um freiwillige Vermögensaufwendungen handelt, die zumindest auch der Sache zugute kommen sollen (BGH NJW 1955, 340), indem sie sie wiederherstellen, erhalten oder verbessern (BGHZ 10, 177). Steuern und Versicherungen für ein entliehenes Kraftfahrzeug hat der Entleiher im Zweifel nicht zu tragen. Sonstige Aufwendungen, die den Gebrauch der Leihsache ermöglichen (Benzin, Strom etc), gehen zwar zu Lasten des Entleihers. Doch steht es diesem im Zweifel frei, ob er sie tätigt. Da sie für die Erhaltung der Sache ohne Bedeutung sind, trifft den Entleiher insoweit weder eine unselbständige noch eine selbständige Nebenpflicht (MünchKomm/HÄUBLEIN[7] Rn 5).

3. Außergewöhnliche Erhaltungsmaßnahmen und sonstige Verwendungen

4 Die Verweisung des Abs 2 auf die Geschäftsführung ohne Auftrag bildet eine Rechtsgrundverweisung, dh der Ersatzanspruch gegen den Verleiher richtet sich nicht nur nach den Folgen, sondern auch nach den Voraussetzungen der §§ 677 ff BGB. Insbesondere setzt er voraus, dass der Entleiher zumindest **auch** für den Verleiher hat handeln wollen. Die Verweisung hat mithin nur eine klarstellende Funktion (vgl zum übereinstimmenden § 539 Abs 1 BT-Drucks 14/4553, 42; aA STAUDINGER/ WITTMANN [1995] Vorbem 61 zu §§ 677 ff). Wer als Entleiher nicht wenigstens auch im Interesse des Verleihers (wofür wegen der Rechtszuständigkeit des Verleihers für die außergewöhnlichen Erhaltungsmaßnahmen eine Vermutung spricht), sondern ausschließlich im eigenen Interesse handelt, hat weder einen Anspruch aus den §§ 683, 670 BGB noch aus den §§ 684, 818 BGB (OLG Naumburg OLGR 2007, 729). Allerdings hindert das Erfordernis des Fremdgeschäftsführungswillens zumindest nach der Rechtsprechung (BGHZ 37, 258; 118, 142, 150) nicht daran, Geschäftsführung ohne Auftrag anzunehmen, wenn der Entleiher sich irrtümlich zur Vornahme von außergewöhnlichen Erhaltungsmaßnahmen für verpflichtet gehalten hat (aA für die Miete STAUDINGER/EMMERICH [2018] § 539 Rn 6). Eine *Pflicht* zu außergewöhnlichen Erhaltungsmaßnahmen trifft den Entleiher selbst dann nicht, wenn diese zur Erhaltung der Sache notwendig sind. Doch hat er in einem solchen Falle den Verleiher nach § 242 BGB (leihvertragliche Nebenpflicht) zu benachrichtigen, um ihm selbst die Erhaltungsmaßnahmen zu ermöglichen (ERMAN/vWESTPHALEN[15] Rn 5; BGB-RGRK/GELHAAR Rn 2). Die Verletzung dieser Pflicht verpflichtet den Entleiher zum Schadensersatz (SOERGEL/HEINTZMANN[13] Rn 1, der die Benachrichtigungspflicht statt auf § 242 BGB auf die analoge Anwendung des § 536c BGB stützt). Nach § 601 Abs 2 BGB richtet sich auch, ob der Verleiher zum Ersatz bloß nützlicher Verwendungen des Entleihers verpflichtet ist. Das OLG Brandenburg (5. 8. 2009 – 3 U 110/08) nimmt ein Leihverhältnis an, wenn Schwiegereltern dem Schwiegersohn den Dachraum ihres Hauses zur Schaffung einer Wohnung für seine Familie überlassen. Der dadurch entstandene Vermögenszuwachs soll seinen Rechtsgrund in der Leihe finden, die auch nach dem Auszug des Schwiegersohns fortbesteht, wenn die Ehefrau/Tochter und das gemeinsame Kind die Wohnung weiterbenutzen (ebenso schon BGHZ 111, 125). Im Ergebnis heißt das, dass die Verwendungen nicht im Sinne des § 601 Abs 2 BGB in Geschäftsführung **ohne**, sondern **mit** Auftrag gemacht worden sind. Dann erscheint es aber folgerichtig, statt eines Leihvertrags einen gegenseitigen Vertrag anzunehmen, nach

dem das lebenslange Wohnrecht für die Familie die Gegenleistung für den Ausbau des Dachraums zu einer Wohnung und damit den Vermögenszuwachs der Schwiegereltern ist (vgl § 598 Rn 4 ff). Insbesondere dürfte die Anwendung des Wohnungsmietrechts insoweit angemessen sein. Hat der Entleiher nach § 601 Abs 2 BGB einen Ersatzanspruch gegen den Verleiher erworben, so kann er diesen nach § 273 Abs 2 BGB auch per Einrede gegenüber dem Rückgabeanspruch nach § 604 BGB geltend machen. Das gilt unabhängig davon, ob Leihgegenstand eine bewegliche oder eine unbewegliche Sache ist. Die §§ 570, 578 BGB (= § 556 Abs 2 aF) sind auf die Leihe nicht anwendbar (RGZ 65, 270, 277).

4. Wegnahmerecht des Entleihers

Das Recht des Entleihers zur Wegnahme von Einrichtungen, mit denen er die **5** Leihsache versehen hat, deckt sich mit dem entsprechenden Recht des Mieters nach § 539 Abs 2 BGB (dazu ausführlich STAUDINGER/EMMERICH [2018] § 539 Rn 23 ff). Einrichtung ist eine Sache, die mit der Leihsache körperlich verbunden und dazu bestimmt ist, dem wirtschaftlichen Zweck der Leihsache zu dienen, und zwar gleichgültig, ob sie zum wesentlichen Bestandteil geworden ist oder nicht (BGH WM 1969, 1114; ausführlich STAUDINGER/EMMERICH [2018] § 539 Rn 26 ff). Das Recht zur Wegnahme bedeutet nicht ein Recht auf Herausgabe: Nicht der Verleiher, sondern der Entleiher selbst hat die Einrichtung von der Leihsache abzulösen und Besitz an ihr zu begründen (RGZ 105, 129); insoweit anfallende Kosten hat der Entleiher zu tragen (ERMAN/vWESTPHALEN[15] Rn 6). Ist der Verleiher wieder im Besitz der Sache, so gewährt das Wegnahmerecht zugleich einen Anspruch auf Duldung der Wegnahme (§ 258 S 2 BGB). Wird die Leihsache durch die Wegnahme beschädigt, so ist der Entleiher zur Instandsetzung verpflichtet (§ 258 S 1 BGB). Das Wegnahmerecht ist abdingbar (BGH NJW 1958, 2109) und abtretbar (BGH NJW 1969, 40).

5. Verjährung

Die Verjährung der Ansprüche auf Verwendungsersatz oder auf Gestattung der **6** Wegnahme einer Einrichtung richtet sich nach § 606 BGB.

§ 602
Abnutzung der Sache

Veränderungen oder Verschlechterungen der geliehenen Sache, die durch den vertragsmäßigen Gebrauch herbeigeführt werden, hat der Entleiher nicht zu vertreten.

Materialien: E I § 554; II § 542; III § 596; Mot II 448 ff; Prot II 2229 f.

1. Haftung und Rückgabepflicht

Wie der Mieter (§ 538 BGB) haftet der Entleiher nicht für Veränderungen und **1**

Verschlechterungen der Leihsache im Gefolge des vertragsgemäßen Gebrauchs. Der Vertrag modifiziert damit die Rückgabepflicht nach § 604 BGB, indem er sie unter den Vorbehalt vertragsgemäßer Veränderungen oder Verschlechterungen stellt. Wird die Sache trotz vertragsgemäßen Gebrauches zerstört oder geht sie unauffindbar verloren, so entfällt die Rückgabepflicht nach § 275 Abs 1 BGB schlechthin (RGZ 159, 65, 67; LG Dessau 3. 2. 2006 – 1 S 253/05).

2. Der vertragsgemäße Gebrauch

2 Der Inhalt des „vertragsmäßigen Gebrauchs" ist durch die ausdrücklichen Vereinbarungen der Parteien und die aus § 242 BGB resultierenden leihvertraglichen Nebenpflichten bestimmt. Der Entleiher ist danach insbesondere verpflichtet, die Leihsache zu verwahren, sie ordnungsgemäß zu behandeln und im Rahmen des Zumutbaren auch sonst vor Schaden und Verlust zu bewahren. Keine Pflicht besteht, einen durch ordnungsgemäße Instandhaltung nicht vermeidbaren Abnutzungsschaden zu beseitigen (RGZ 159, 65, 66; SOERGEL/HEINTZMANN[13] Rn 1; ERMAN/ vWESTPHALEN[15] Rn 1). Die Fortsetzung des Gebrauchs nach Ablauf der Leihzeit ist niemals vertragsgemäß; das Gleiche gilt für die Überlassung an Dritte, es sei denn, der Verleiher habe sie erlaubt (§ 603 S 2 BGB).

3. Haftung bei vertragswidrigem Gebrauch

3 Umstritten ist der Umfang der Haftung für den Fall, dass der Entleiher von der Leihsache einen vertrags**widrigen** Gebrauch macht. ZT will man den Entleiher in dieser Situation nur für Verschulden (LARENZ II/1 § 50, 295; BGB-RGRK/GELHAAR Rn 1; OLG Augsburg OLGE 39, 149), zT auch für Zufall haften lassen (SOERGEL/HEINTZMANN[13] Rn 1; ERMAN/vWESTPHALEN[15] § 603 Rn 1). Dieser Meinungsstand leidet schon darunter, dass die Fragestellung dogmatisch nicht korrekt ist. Nach § 280 Abs 1 BGB muss sich das Verschulden nicht auf die Unmöglichkeit der Rückgabe der Sache im vertragsgemäßen Zustand, sondern auf das vertragswidrige Handeln („Pflichtverletzung") beziehen, dessen adäquate Folge die Unmöglichkeit ist (BGH NJW 2010, 3087; MünchKomm/ERNST[7] § 287 Rn 3; aA STIEPER ZGS 2011, 557, 558). Die Unmöglichkeit selbst braucht also nicht verschuldet zu sein. Umgekehrt ist das Verschulden hinsichtlich des vertragswidrigen Handelns stets unerlässlich; eine Verschuldenshaftung, die im Gegensatz zu einer Zufallshaftung stehen könnte, gibt es nicht. Im Licht der heutigen Dogmatik heißt Zufallshaftung, dass das vertragswidrige Handeln die Unmöglichkeit nicht adäquat verursacht zu haben braucht, sondern dass es genügt, wenn das vertragswidrige Handeln condicio sine qua non für den Eintritt der Unmöglichkeit ist (Äquivalenz- statt Adäquanztheorie). Eine solche Zufallshaftung ordnet § 287 S 2 BGB an, sodass es von der Analogiefähigkeit des § 287 S 2 BGB abhängt, ob der Entleiher bei vertragswidrigem Gebrauch der Leihsache nicht nur für mit Rücksicht darauf absehbare, sondern auch für aus der Sicht des objektiven Beobachters überraschende (= generell unwahrscheinliche) Zerstörungs- bzw Verschlechterungsursachen einzustehen hat (ebenso, wenn auch missverständlich GITTER 167: „Haftung analog § 287 S 2, wenn der Zufall adäquat kausal ohne den vertragswidrigen Gebrauch nicht eingetreten wäre"). § 287 S 2 BGB regelt unmittelbar den Fall, dass die Leistung in der Sphäre des Schuldners unmöglich wird, obwohl sie bereits hätte erbracht werden müssen. Maßgeblich ist der „Dauerzustand des Unrechts, der den Eintritt der Unmöglichkeit begünstigt" (FIKENTSCHER, Schuldrecht[9] Rn 404). Deshalb wird man zwar

nicht jeden Fall des vertragswidrigen Gebrauchs, wohl aber denjenigen mit der Zufallshaftung analog § 287 S 2 BGB verknüpfen müssen, der einen solchen „Dauerzustand des Unrechts" bewirkt (ebenso STIEPER ZGS 2011, 557, 564; gegen jede analoge Anwendung des § 287 S 2 BGB auf „andere Nutzungsexzesse" MünchKomm/HÄUBLEIN[7] Rn 4). Überlässt der Entleiher zB entgegen § 603 S 2 BGB die Leihsache einem Dritten und wird sie bei diesem zufällig zerstört, so erscheint das Risiko des Entleihers allein sachgerecht (im Ergebnis ebenso PALANDT/WEIDENKAFF[77] § 603 Rn 2; FIKENTSCHER, Schuldrecht[9] Rn 404; GITTER S 167).

4. Personenverschiedenheit zwischen Verleiher und Eigentümer

Ist der Verleiher nicht der Eigentümer der Leihsache, so hängt die Verpflichtung des Entleihers zum Schadensersatz wegen vertragswidrigen Gebrauchs grundsätzlich von der Beschaffenheit der Rechtsbeziehung zwischen Verleiher und Eigentümer ab. Soweit der Verleiher seinerseits gegenüber dem Eigentümer Entleiher, Mieter oä ist, schuldet er regelmäßig selbst Schadensersatz, weil sein Entleiher im Verhältnis zum Eigentümer sein Erfüllungsgehilfe (§ 278 BGB) ist. Entsprechend kann er einen eigenen Schaden geltend machen. Ist der Verleiher aufgrund der Besonderheit seiner Rechtsbeziehung zum Eigentümer ausnahmsweise nicht selbst schadensersatzpflichtig, so soll nach SOERGEL/KUMMER[12] Rn 2 der Eigentümer den Ersatzanspruch haben. Soweit damit der leihvertragliche Ersatzanspruch gemeint ist, lässt sich diese Auffassung allein über die Annahme eines Vertrags mit Schutzwirkung zugunsten des Eigentümers begründen. Ein solcher Anspruch scheitert aber daran, dass die Voraussetzungen für die Annahme von Drittschutz – die folge- und sinngerechte Erstreckung auf die von der Vertragsleistung wie der eigentliche Partner betroffene dritte Personen (MEDICUS/PETERSEN, Bürgerliches Recht[26] § 33 Rn 841) – nicht erfüllt sind (vgl allerdings auch BGHZ 49, 350, 354 f). Einschlägig sind jedoch die Grundsätze über die Schadensliquidation im Drittinteresse. Es handelt sich um einen typischen Fall der zufälligen Schadens*verlagerung*: Der Entleiher darf nicht davon profitieren, dass der Eigentümer den *Verleiher* von der Haftung freigestellt hat (ebenso SOERGEL/HEINTZMANN[13] Rn 3; vgl auch BERG JuS 1977, 364 mit Nachw in Fn 21). **4**

5. Beweislast

Die Beweislast für die Beschädigung der Leihsache obliegt dem Verleiher; der Entleiher hat zu beweisen, dass der Schaden beim vertragsgemäßen Gebrauch entstanden ist (MünchKomm/HÄUBLEIN[7] §§ 602, 603 Rn 4 aE). **5**

§ 603
Vertragsmäßiger Gebrauch

Der Entleiher darf von der geliehenen Sache keinen anderen als den vertragsmäßigen Gebrauch machen. Er ist ohne die Erlaubnis des Verleihers nicht berechtigt, den Gebrauch der Sache einem Dritten zu überlassen.

Materialien: E I § 549; II § 543; III § 596; Mot II 444 f; Prot II 2230.

1. Rechte des Verleihers bei vertragswidrigem Gebrauch

1 Zum Inhalt des „vertragsmäßigen Gebrauchs" vgl § 602 Rn 2. Überschreitet der Entleiher die Grenzen des vertragsmäßigen Gebrauchs, so kann der Verleiher das Leihverhältnis auf bestimmte Zeit kündigen (§ 605 Nr 2 BGB) und anschließend nach § 604 Abs 1, 2 BGB die Leihsache zurückfordern. Stattdessen kann er aber auch analog § 541 BGB verfahren, wobei streitig ist, ob die Analogie nur die Möglichkeit der Unterlassungsklage oder auch das Erfordernis der vorherigen Abmahnung umfasst (BeckOGK/Lohsse [2017] § 603 Rn 3; MünchKomm/Kollhosser⁴ §§ 602, 603, Rn 2 mit Fn 2). Vorzugswürdig ist die zweite Alternative. Das Erfordernis der vorherigen Abmahnung hat nichts mit der Entgeltlichkeit oder Unentgeltlichkeit der Gebrauchsüberlassung zu tun (so aber BeckOGK/Lohsse [2017] Rn 3, der den Mieter gegenüber dem Entleiher für schutzwürdiger hält, wobei bereits nicht recht klar wird, wie und warum sich eine erhöhte Schutzwürdigkeit im Abnahmeerfordernis niederschlagen soll, wenn unstreitig in beiden Vertragstypen ein Unterlassungsanspruch besteht), sondern knüpft an das grundsätzliche Bedürfnis an, die unnötige Inanspruchnahme der Gerichte zu vermeiden; dagegen lässt sich insbesondere nicht die Kostenregelung des § 93 ZPO anführen. Das Bedürfnis stellt sich im Falle der Leihe genauso wie im Falle der Miete (ebenso Soergel/Heintzmann¹³ Rn 1; MünchKomm/Häublein⁷ §§ 602, 803 Rn 4 mit Fn 4; jurisPK-BGB/Colling [2017] Rn 10). Die Abmahnung muss das beanstandete Verhalten genau bezeichnen; die Äußerung allgemeiner Unzufriedenheit reicht nicht aus (RGZ 77, 117). Die Möglichkeit der Unterlassungsklage hat neben § 1004 BGB insbesondere dann Bedeutung, wenn der Verleiher nicht Eigentümer der Sache ist. Wegen der Kündigungsmöglichkeit nach § 605 Nr 2 BGB (und der voraussetzungslosen Befugnis zur Rückforderung bei der Leihe auf unbestimmte Zeit nach § 604 Abs 1 S 3 BGB) wird der Rückgriff auf die Analogie zu § 541 BGB zwar praktisch selten in Betracht kommen (BGB-RGRK/Gelhaar Rn 2). Entgegen Stürner (JZ 1976, 386 f) besteht jedoch zwischen Unterlassungsanspruch und Kündigungsrecht keine Gesetzeskonkurrenz zugunsten des Kündigungsrechts. Das Kündigungsrecht ist nicht notwendig das mildere und deshalb nach § 242 BGB vorrangige Mittel. Zur Haftung des Entleihers wegen vertragswidrigen Gebrauchs vgl § 602 Rn 3.

2. Überlassung der Sache an einen Dritten

2 Vertragswidriger Gebrauch liegt vorbehaltlich der besonderen Erlaubnis des Verleihers vor, wenn der Entleiher die Leihsache einem Dritten überlässt. § 603 S 2 BGB trägt der treuhänderischen Position Rechnung, die der Entleiher im Hinblick auf das Interesse des Verleihers an einer ordnungsgemäßen Rückgabe innehat. Eine analoge Anwendung auf die Besitzüberlassung im Rahmen eines Gefälligkeitsverhältnisses (Vorbem 8 ff zu §§ 598 ff) kommt nach BGH NJW 2010, 3087 mangels Vorliegens einer Gesetzeslücke nicht in Betracht, sodass die unten Rn 5 befürwortete Zufallshaftung bei weiterer Besitzüberlassung an einen Dritten ohne Gestattung des Gefälligen ausscheidet. Das Ergebnis befriedigt nur dann, wenn man mit der oben Vorbem 9 f zu §§ 598 ff vertretenen Auffassung für die vermögenswerte Besitzüberlassung ohnehin stets eine Rechtsgrundabrede (Handleihe) annimmt, weil sie sonst rechtsgrundlos und damit nach § 812 Abs 1 S 1, 1. Alt eine ungerechtfertigte Bereicherung ist. Im konkreten Fall (Überlassung eines Motorrollers für eine Probefahrt) war danach entgegen der Sichtweise des BGH nicht von einem Gefälligkeitsverhältnis, sondern von einer Handleihe auszugehen.

Die Bedeutung der Erlaubnis beschränkt sich auf das Innenverhältnis von Entleiher **3**
und Verleiher; sie ist keine Wirksamkeitsvoraussetzung des etwaigen Überlassungsvertrages zwischen Entleiher und Drittem. Nach Ansicht des BGH (BGHZ 59, 3, 7; BGH NJW 1991, 1750, 1751) ist die Erlaubnis eine einseitige empfangsbedürftige Willenserklärung, die die leihvertraglichen Befugnisse des Entleihers erweitert. Dogmatisch ist die Ansicht schwer einzuordnen. Denn einseitige Erklärungen können den Vertragsinhalt im Allgemeinen nur ändern, wenn im Vertrag entsprechende Ermächtigungen erhalten sind. In STAUDINGER/REUTER[12] § 603 Rn 2 ist deshalb die Annahme eines Änderungsvertrags befürwortet worden (kritisch dazu MünchKomm/KOLLHOSSER[4] §§ 602, 603 Rn 6). Dabei ist jedoch unzureichend berücksichtigt worden, dass die dogmatische Qualifikation der Erlaubnis nicht nur § 603 S 2 BGB, sondern auch dem gleichlautenden § 540 Abs 1 S 1 BGB gerecht werden muss. Für § 540 Abs 1 S 1 BGB kollidiert die Änderungsvertragskonstruktion aber mit der unstreitigen Ansicht, dass die Erlaubnis nicht der Form der §§ 550 S 1, 578 Abs 1 BGB bedarf (vgl STAUDINGER/EMMERICH [2018] § 540 Rn 12). So bleibt nur die Deutung der Erlaubnis als gesetzliches Tatbestandsmerkmal des dispositiven Rechts von Entleiher bzw Mieter zur Unterleihe bzw Untervermietung. Wenn die Erweiterung der leihvertraglichen Befugnisse des Entleihers – wie es dieser Deutung entspricht – aufgrund der Erlaubnis kraft Gesetzes eintritt, so bietet sich freilich statt der Qualifikation der Erlaubnis als Willenserklärung diejenige als geschäftsähnliche Handlung an. Denn die Rechtsfolge der Erlaubnis tritt dann nicht ein, weil sie vom Verleiher gewollt ist, sondern weil sie von Gesetzes wegen an die Äußerung des Einverständnisses des Verleihers geknüpft wird (**aA** MünchKomm/HÄUBLEIN[7] §§ 602, 603 Rn 7 mit Fn 16; SOERGEL/HEINTZMANN[13] § 540 Rn 9).

Da der Entleiher im Hinblick auf die Gestaltung seines Rechtsverhältnisses zum **4**
Dritten Rechtssicherheit braucht, ist die Erlaubnis grundsätzlich unwiderruflich (= nur aus wichtigem Grund widerruflich). Es gilt insoweit das Gleiche wie im Mietrecht, für das dieser Grundsatz anerkannt ist (BGH NJW 1987, 1692, 1693). Denn der Unterschied – die Unentgeltlichkeit der Besitzüberlassung im Fall der Leihe – ändert nichts an der Interessenlage, insbesondere daran, dass die Erlaubnis dem Berechtigten auch die Eingehung von Bindungen gegenüber dem Dritten ermöglichen soll. Dabei entspricht es der Qualifikation der Erlaubnis als einer geschäftsähnlichen Handlung, deren Rechtsfolge kraft Gesetzes eintritt (Rn 3), anzunehmen, dass die irrtümliche Vorstellung, die Erlaubnis sei frei widerruflich, den Verleiher nicht zur Anfechtung wegen Irrtums nach § 119 Abs 1, 1. Alt berechtigt. Wohl kann der Verleiher sich den freien Widerruf vorbehalten, und zwar – anders als im Mietrecht (BGH NJW 1987, 1692, 1693, 1995, 2034, 2035) – auch im Formularvertrag. Die Schutzwürdigkeit des Entleihers beschränkt sich auf den Schutz vor unliebsamen Überraschungen. Wenn er weiß, dass die Erlaubnis frei widerrufen werden kann, kann und muss er sich dem durch Vereinbarung seiner Rechte und Pflichten gegenüber dem Dritten anpassen. Der im Mietrecht wichtige Gesichtspunkt, dass die Erlaubnis zu der entgeltpflichtigen Leistung des Vermieters gehört, ist im Recht der Leihe gegenstandslos.

3. Haftungsverhältnisse bei Überlassung an einen Dritten

Bei befugter Gebrauchsüberlassung an einen Dritten haftet der Entleiher einmal für **5**
eigenes Verschulden bei der Auswahl des Dritten (RGZ 159, 121, 128). Zum anderen

hat der Entleiher für Verschulden des Dritten nach § 278 BGB einzustehen. Das Fehlen einer dem § 540 Abs 2 BGB entsprechenden Vorschrift im Recht der Leihe hindert den Rückgriff auf § 278 BGB nicht, weil § 540 Abs 2 BGB nur deklaratorische Bedeutung zukommt (OLG Stuttgart NJW 1953, 1512; aA Prölss, in: FS Canaris 1037, 1072 ff). Bei unbefugter Gebrauchsüberlassung an einen Dritten trifft den Entleiher analog §§ 287 S 2, 848 BGB eine Zufallshaftung (vgl § 602 Rn 3; ebenso BeckOK/C Wagner [2017] Rn 2; jurisPK-BGB/Colling [2017] § 602 Rn 6; dazu auch K Schmidt JuS 1977, 722, 723; aA MünchKomm/Häublein[7] §§ 602, 603 Rn 4; BeckOGK/Lohsse [2017] § 603 Rn 3). Die Rechtsprechung hat sich bisher nicht eindeutig positioniert, scheint aber ebenfalls zu einer verschuldensunabhängigen Haftung zu tendieren. Der BGH (BGHZ 37, 306, 309 f; bestätigt in NJW 2010, 3087) hat eine Haftung aus positiver Vertragsverletzung (bzw heute § 280 Abs 1 BGB) bejaht, die Frage des Verschuldens dabei jedoch nicht explizit angesprochen, wobei zu berücksichtigen ist, dass im Rahmen des Anspruchs aus positiver Vertragsverletzung bereits die heute in § 280 Abs 1 S 2 BGB enthaltene Verschuldensvermutung anerkannt war, sodass es gegebenenfalls allein deswegen nicht nötig war, die Verschuldensfrage zu thematisieren. Im Ergebnis dürften die Unterschiede zwischen einer verschuldensabhängigen und einer Zufallshaftung geringer sein, als es auf den ersten Blick erscheinen mag. Die Verjährung etwaiger Schadensersatzansprüche richtet sich nach § 606 BGB.

6 Im Falle eines Gefälligkeitsverhältnisses scheidet eine analoge Anwendung des § 603 S 2 BGB iVm § 280 BGB und ggf § 287 S 2 BGB nach Ansicht der Rechtsprechung aus, da es insoweit an einer planwidrigen Regelungslücke fehlt (BGH NJW 2010, 3087). Ebenso wie hinsichtlich der Haftungsprivilegierung des § 599 BGB (Vorbem 13 ff zu §§ 598 ff) wird darauf verwiesen, einzelne vertragliche Bestimmungen der Leihe könnten mangels Rechtsbindungswillens nicht auf ein allein dem Deliktsrecht unterfallendes Gefälligkeitsverhältnis übertragen werden. Zu bedenken ist allerdings, dass – selbst wenn man die Regelung in § 603 BGB als deliktsrechtsferner als jene in § 599 BGB ansieht (vgl dazu Vorbem 13 ff zu §§ 598 ff) – neben dem Rechtsgedanken des § 287 S 2 BGB auch jener des § 848 BGB eingreift. Dadurch wird deutlich, dass es sich bei der verschuldensunabhängigen Zufallshaftung im Falle einer Rückgabeverpflichtung (die sich nach Kündigung aus §§ 604, 605 BGB ergibt) nicht um einen originär vertragsrechtlichen Regelungsaspekt handelt, sondern diese vielmehr auch dem Deliktsrecht bekannt ist. Eine analoge Anwendung des § 603 S 2 BGB, gegebenenfalls in Verbindung mit den Rechtsgedanken der §§ 287 S 2, 848 BGB, erscheint daher zumindest erwägenswert, auch wenn man das Abstandsgebot zwischen der vertraglichen und der deliktischen Haftung berücksichtigt. In der Praxis dürfte die Haftungsfrage bei einer Weitergabe an Dritte im Zusammenspiel mit weiteren Faktoren, insofern vom Ergebnis her gedacht, regelmäßig ein gewichtiges Argument für oder gegen die Leihe in Abgrenzung zu einer bloßen Gefälligkeit darstellen.

§ 604
Rückgabepflicht

(1) Der Entleiher ist verpflichtet, die geliehene Sache nach dem Ablauf der für die Leihe bestimmten Zeit zurückzugeben.

(2) Ist eine Zeit nicht bestimmt, so ist die Sache zurückzugeben, nachdem der

Entleiher den sich aus dem Zweck der Leihe ergebenden Gebrauch gemacht hat. Der Verleiher kann die Sache schon vorher zurückfordern, wenn so viel Zeit verstrichen ist, dass der Entleiher den Gebrauch hätte machen können.

(3) Ist die Dauer der Leihe weder bestimmt noch aus dem Zweck zu entnehmen, so kann der Verleiher die Sache jederzeit zurückfordern.

(4) Überlässt der Entleiher den Gebrauch der Sache einem Dritten, so kann der Verleiher sie nach der Beendigung der Leihe auch von dem Dritten zurückfordern.

(5) Die Verjährung des Anspruchs auf Rückgabe der Sache beginnt mit der Beendigung der Leihe.

Materialien: E I § 555; II § 544; III § 597; Mot II 451 f; Prot II 2230 f.

Systematische Übersicht

I.	**Rückgabepflicht des Entleihers**		**II.**	**Beendigung des Leihverhältnisses**
1.	Umfang der Rückgabepflicht	1	1.	Beendigungsgründe _____ 7
2.	Rückgabepflicht als Bringschuld	2	2.	Rückgabeanspruch des Verleihers
3.	Entstehung der Rückgabepflicht	3		gegen Dritte _____ 10
4.	Zurückbehaltungsrecht des Entleihers	4	3.	Verjährung _____ 13
5.	Personenverschiedenheit zwischen Verleiher und Eigentümer	5		

I. Rückgabepflicht des Entleihers

Die Rückgabepflicht nach § 604 Abs 1 BGB entspricht dem Wesen der Leihe („vorübergehende Gebrauchsüberlassung"). Rückgabe bedeutet im Zweifel Verschaffung des unmittelbaren Besitzes (BGHZ 56, 308; ebenso OLG Hamburg VersR 1984, 48 für die Rückgabe der Leihsache durch den Dritten iSd § 604 Abs 4). **1**

1. Umfang der Rückgabepflicht

Zurückzugeben ist in erster Linie die überlassene Sache selbst in vertragsgemäßem Zustand (OGHBrZ NJW 1949, 623), darüber hinaus Zubehör und Zuwachs (BGB-RGRK/GELHAAR Rn 1; ERMAN/vWESTPHALEN[15] Rn 1). Während der Leihzeit gezogene Früchte sind herauszugeben, sofern nichts anderes – konkludent – vereinbart ist (Mot II 448 f; **aA** – Anwendung des § 101 – MünchKomm/KOLLHOSSER[4] Rn 5). Wenn der Entleiher die Früchte unerlaubt, zB durch eine unbefugte mietweise Überlassung der Leihsache an einen Dritten, gezogen hat, ist § 604 BGB nicht anwendbar, weil die Rückgabepflicht nur das vertraglich (der Substanz und der darin verkörperten Nutzungsmöglichkeit nach) „Überlassene" erfasst. Die Rspr (BGH NJW 1964, 1853; 1996, 838) lehnt darüber hinaus auch Ansprüche aus § 687 Abs 2 BGB; § 812 Abs 1 S 1, 2. Alt und § 816 Abs 1 S 1 BGB analog ab. Dem ist zuzustimmen: Der Eigentümer, der seine Sache verliehen hat, verfügt während der Leihzeit nicht über die Möglichkeit der Vermietung; entsprechend kann die Vermietung durch den Entleiher im Vertrag nicht iSd § 687 Abs 2 BGB ein Geschäft des Eigentümers sein. Im Ergebnis aus dem gleichen Grund entfällt die Möglichkeit des Rückgriffs auf § 812 Abs 1 S 1, 2. Alt und der analogen Anwendung des § 816 Abs 1 S 1 BGB. Als Spezialfall der Eingriffskondiktion setzt § 816 Abs 1 S 1 BGB ebenso wie die allgemeine Eingriffskondiktion nach § 812 Abs 1 S 1, 2. Alt den Eingriff in den Zuweisungsgehalt eines Rechtes des Anspruchsstellers voraus. Daran fehlt es im Fall der Untervermietung einer Sache, deren Eigentümer sich bereits durch die Leihe an den Untervermieter der Befugnis zur eigenen Vermietung begeben hat (vgl REUTER/MARTINEK, Ungerechtfertigte Bereicherung [1983] S 309 ff; MünchKomm/HÄUBLEIN[7] Rn 5; aA LARENZ/CANARIS II/2, S 173; DIEDERICHSEN NJW 1964, 2296).

2. Rückgabepflicht als Bringschuld

2 Die Rückgabe ist Bringschuld (BGH NJW-RR 2002, 1027, 1029). Das ergibt sich „aus den Umständen" (§ 269 Abs 1 BGB), ist doch im Zweifel nicht anzunehmen, dass der Verleiher für seine Gefälligkeit noch die Mühen, Gefahren und Kosten der Rückschaffung der Sache übernommen hat (OLG Köln Betrieb 1972, 2392; BGB-RGRK/GELHAAR Rn 2). Etwas anderes kann sich kraft Vereinbarung oder Natur der Sache ergeben (zB Rückgabe eines Grundstücks). Mehrere Entleiher sind Gesamtschuldner (§ 431 BGB).

3. Entstehung der Rückgabepflicht

3 Die Rückgabepflicht entsteht mit der Beendigung des Leihvertrages durch Ablauf der – sei es unmittelbar durch Zeitangabe (Abs 1), sei es mittelbar durch Angabe des Zwecks (Abs 2) – vereinbarten Leihzeit, durch Rückforderung des Verleihers im Falle der Leihe auf unbestimmte Zeit (Abs 3; zur besonderen Problematik bei Dauerleihgaben an Museen LOSCHELDER NJW 2010, 705, 707, wonach eine Kündigung nach Abs 3 nicht möglich ist, da aus dem Zweck der „Dauerleihgabe" folgt, dass dieses verliehen ist, solange eine öffentliche Ausstellung möglich ist) oder durch vorzeitige Kündigung (§ 605 BGB). Da der Leihvertrag im Interesse des Entleihers besteht, ist dieser in der Regel befugt, das Leihverhältnis vor Ablauf der vereinbarten Zeit zu kündigen. Diese Kündigung ist mit sofortiger Wirkung und durch Rückgabe der Leihsache möglich, aber auch entgegen zT vertretener Ansicht (PALANDT/WEIDENKAFF[77] Rn 6; BGB-RGRK/GELHAAR § 605 Rn 1) erforderlich: Die Rückgabe der Leihsache allein kann den Leihvertrag mit dem Recht des Entleihers auf Gebrauchsüberlassung bis zum vereinbarten Zeitpunkt nicht ändern (Mot II 402). Das vorzeitige Kündigungsrecht des Entleihers muss allerdings so ausgeübt werden, dass es dem Interesse des Verleihers nicht zuwiderläuft (keine Kündigung zur Unzeit). Andernfalls ist die Kündigung unwirksam, der Verleiher gerät durch die Nichtannahme nicht in Gläubigerverzug (BGB-RGRK/GELHAAR Rn 2; ERMAN/vWESTPHALEN[15] Rn 3).

4. Zurückbehaltungsrecht des Entleihers

4 Die Rückgabepflicht macht den Leihvertrag nicht zu einem gegenseitigen Vertrag im Sinne der §§ 320 ff BGB. Die Rückgabepflicht ist eine nicht im Austauschverhältnis stehende, einseitige Pflicht. Wegen etwaiger Gegenansprüche kann der Ent-

leiher daher nicht ein Zurückbehaltungsrecht nach § 320 BGB, wohl aber ein Zurückbehaltungsrecht nach § 273 BGB geltend machen. Die §§ 570, 578 Abs 1 BGB sind auf die Leihe nicht entsprechend anzuwenden. Vgl auch § 601 Rn 3.

5. Personenverschiedenheit zwischen Verleiher und Eigentümer

Umstritten ist die Rechtslage im Hinblick auf die Rückgabepflicht, wenn der Verleiher nicht Eigentümer der Leihsache und auch nicht dem Eigentümer gegenüber (aus absolutem oder relativem Recht) zum Besitz berechtigt ist. ZT wird angenommen, die Rückgabepflicht bleibe unberührt (hM BGHZ 73, 317, 322; RG JW 1925, 472; BGB-RGRK/GELHAAR Rn 1; MünchKomm/HÄUBLEIN[7] Rn 8). ZT macht man die Rückgabepflicht davon abhängig, ob der Entleiher dadurch der Gefahr von Regressforderungen des Eigentümers ausgesetzt wird oder nicht (RAAPE JW 1925, 472; STAUDINGER/RIEDEL[10/11] Rn 6; MünchKomm/KOLLHOSSER[4] Rn 8). In der ersten Alternative soll der Verleiher nach § 242 BGB nur Rückgabe an den Eigentümer verlangen können. Zwar wird man der hM darin beipflichten müssen, dass der Rückgabeanspruch des Verleihers und der Herausgabeanspruch des Eigentümers grundsätzlich nebeneinander bestehen. Der Entleiher kann deshalb nicht etwa die Rückgabe unter Hinweis auf das Eigentum eines Dritten verweigern, ohne die Sache wenigstens an den Dritten herauszugeben. Für die Beschränkung des Verleiheranspruchs nach § 242 BGB besteht kein Bedürfnis, weil der Entleiher der Gefahr des Eigentümerregresses durch freiwillige Herausgabe an den Eigentümer entgehen kann. Das gilt auch und gerade dann, wenn der Verleiher unberechtigt in den Besitz der Sache gelangt ist und der Entleiher das weiß (aA SOERGEL/HEINTZMANN[13] Rn 6). Wohl aber ist anzunehmen, dass der Entleiher gegenüber dem Verleiher nach § 275 Abs 1 BGB frei wird, wenn er die Sache an den Eigentümer herausgibt. Der Anspruch des Eigentümers auf Herausgabe fällt – anders als in den Normalfällen der Doppelverpflichtung – nicht in den Risikobereich des Schuldners (Entleihers), sondern in den des Gläubigers (Verleihers). Deshalb kann der Verleiher von dem Entleiher nicht verlangen, dass dieser sich auf eine Auseinandersetzung mit dem Eigentümer einlässt, zumal der Verleiher kein schutzwürdiges Interesse daran hat, dass die Sache, die er ggf gleich an den Eigentümer weiterreichen müsste, erst noch an ihn übergeben wird. Die Belastung des Entleihers stünde ggf zum Leistungsinteresse des Verleihers in einem groben Missverhältnis. Anders ist nur zu entscheiden, wenn der Verleiher gegenüber dem Herausgabeanspruch des Eigentümers ein Zurückbehaltungsrecht (zB wegen Verwendungen, § 1000 BGB) geltend machen könnte und der Entleiher das positiv weiß. Dann ist ein Leistungsinteresse des Gläubigers (Verleihers) anzuerkennen, das das Ansinnen an den Entleiher, sich im Interesse des Verleihers auf die Auseinandersetzung mit dem Eigentümer einzulassen, rechtfertigt. Zwar beschränkt sich der Herausgabeanspruch des Eigentümers nicht – wie KOLLHOSSER (MünchKomm[4] Rn 8) meint – gem § 986 Abs 1 S 2 BGB auf die Herausgabe an den Verleiher. § 986 Abs 1 S 2 BGB passt nicht, wenn der Besitzer (Verleiher) gegenüber dem Eigentümer nur ein Zurückbehaltungsrecht nach § 1000 BGB hat. Aber der Eigentümer muss nach § 242 BGB hinnehmen, dass der Entleiher die nicht von ihm zu verantwortende Pflichtenkollision zulasten des weniger schutzwürdigen Gläubigers löst, und das ist in diesem Fall der Eigentümer. Auch seine Schadensersatzpflicht gem §§ 990, 989 BGB scheidet schon dem Grunde nach aus, weil der Entleiher berechtigt ist, durch Rückgabe an den Verleiher seine Unfähigkeit zur Herausgabe herbeizuführen. Verschulden setzt rechtswidriges Handeln voraus.

6 Ist der Entleiher selbst der (zum unmittelbaren Besitz berechtigte) Eigentümer, so ändert das zwar ebensowenig etwas an der Wirksamkeit des Leihvertrages wie das Eigentum eines Dritten: Die Fähigkeit des Verleihers, sich zur Überlassung des Gebrauchs einer Sache an den Entleiher zu verpflichten, wird nicht dadurch begrenzt, dass der Entleiher diese Überlassung bereits aus einem anderen Rechtsgrund, nämlich aufgrund seines Eigentums, verlangen kann; die Fähigkeit des Entleihers, sich zur Erhaltung, Verwahrung und späteren Rückgabe der Leihsache zu verpflichten, wird nicht dadurch berührt, dass er kraft Eigentums solche Verpflichtungen nicht einzugehen braucht, sondern mit der Sache „nach Belieben verfahren kann" (§ 903 BGB). Doch scheitert die Berufung des Verleihers auf die leihvertraglichen Ansprüche daran, dass der Entleiher das Leihverhältnis kündigen und sich alsdann auf sein Eigentum berufen kann. Insbesondere der Rückgabeanspruch begegnet mit Rücksicht auf den unmittelbar danach entstehenden Gegenanspruch aus § 985 BGB nach § 242 BGB dem Einwand des „dolo facit, qui petit quod statim redditurus est" (vgl ausführlich OERTMANN [5. Aufl 1929] Vorbem I 1 b zu § 535; abw RGZ 49, 286).

II. Beendigung des Leihverhältnisses

1. Beendigungsgründe

7 Unter den Beendigungsgründen unterscheidet das Gesetz zwischen automatischer Beendigung und Beendigung durch Kündigung („Rückforderung", vgl dazu Rn 3).

8 Das Leihverhältnis endet **ohne Kündigung** mit Ablauf der vereinbarten Zeitdauer oder Erfüllung des Leihzwecks (§ 604 Abs 1, Abs 2 S 1 BGB). Stellt ein Vater seiner Tochter und ihrem Ehemann unentgeltlich Wohnraum zur Verfügung, so hat deshalb der Ehemann während der Dauer des Scheidungsprozesses keinen Anspruch darauf, die Wohngelegenheit weiter zu behalten (OLG München Recht 1931 Nr 7; ähnlich RGZ 65, 270, 276; idR wird der Wohnraum freilich nur dem eigenen Kind unentgeltlich überlassen, so dass der Leihvertrag bereits nur mit diesem zustande kommt). Das Recht zur unentgeltlichen Benutzung einer Straße für eine elektrische Hochspannungsleitung endet mit dem Auslaufen des Stromlieferungsvertrages zwischen Verleiher und Entleiher (RG WarnR, 1934 Nr 152). Wer jemandem einen Hypothekenbrief überlassen hat, damit dieser seinem Gläubiger eine Sicherheit leisten kann, kann Rückgabe erst nach Wegfall des Sicherungszwecks verlangen (RGZ 91, 155). Die Insolvenz des Verkäufers eines Grundstücks beendet die Leihe, wenn ihm der Käufer und neue Eigentümer erlaubt hatte, so lange wohnen zu bleiben, bis er seine wirtschaftlichen Schwierigkeiten überwunden habe (OLG Hamburg OLGE 22, 291). Der Verleiher kann das Leihverhältnis in den Fällen des Abs 1 und Abs 2 S 1 analog § 544 BGB nach 30 Jahren außerordentlich kündigen, wenn die vereinbarte Zeit bis dahin noch nicht abgelaufen bzw der Leihzweck bis dahin noch nicht erreicht worden ist (RG LZ 1917, 801; BGH NJW 1994, 3156, 3158).

9 Das Leihverhältnis endet durch **Kündigung** („Rückforderung"), falls die vom Leihzweck geforderte Leihdauer verstrichen (Abs 2 S 2) oder die Leihdauer weder zeit- noch zweckgebunden ist (Abs 3). Das Recht zur „Rückforderung" ist kein Recht zur Wegnahme. Der Verleiher begeht daher verbotene Eigenmacht (§ 858 BGB), wenn er die im Besitz des Entleihers befindliche Sache unter Berufung auf sein Rückforderungsrecht gegen den Willen des Entleihers an sich nimmt. Doch kann der Verleiher im Fall der Besitzschutzklage aus § 861 BGB Widerklage aus § 604 Abs 2 S 2 bzw Abs 3

BGB erheben. Sind beide Klagen entscheidungsreif, so ist analog § 864 Abs 2 BGB die Besitzschutzklage abzuweisen und der Widerklage stattzugeben (OLG Schleswig 22. 5. 2012 – 3 U 69/11). Das Kündigungsrecht des Verleihers nach Abs 2 S 2 setzt nicht voraus, dass der Entleiher den Leihzweck **schuldhaft** trotz Ablaufs eines dafür objektiv ausreichenden Zeitraums noch nicht verwirklicht hat. Anknüpfungspunkt der gesetzlichen Regelung ist vielmehr, dass die Parteien des Leihvertrages mit der Zweckvereinbarung zugleich ungefähre Vorstellungen über die Leihdauer verbinden. Das Kündigungsrecht ist also gleichsam konkludent abgesprochener Vertragsinhalt (vgl ESSER/WEYERS II 1 § 25 IV; BGB-RGRK/GELHAAR Rn 4). Das Recht der „jederzeitigen Rückforderung" nach Abs 3 bedeutet nicht, dass der Verleiher hinsichtlich des Zeitpunktes der Kündigung keinerlei Schranken unterliegt. Richtiger Ansicht nach bezeichnet der Ausdruck „jederzeit" nicht mehr als den Gegensatz zum gebundenen Kündigungsrecht nach Abs 2 S 2. Er ändert nichts an der Pflicht zur gegenseitigen Rücksichtnahme (§ 242 BGB), die fordert, dass „der Verleiher die Sache nicht ohne beachtliches eigenes Interesse zur Unzeit unter Verletzung der Belange des Entleihers zurückverlangt" (BGB-RGRK/GELHAAR Rn 5; ebenso ERMAN/vWESTPHALEN[15] Rn 3). Da der Entleiher sich bei einer Leihe auf unbestimmte Zeit auf die Pflicht zur jederzeitigen Rückgabe einstellen muss, wird diese Einschränkung freilich selten praktisch werden (vgl auch PALANDT/WEIDENKAFF Rn 6: nicht ausreichend, dass die Rückgabe dem Entleiher ungelegen kommt). Auf keinen Fall kann das Kündigungsrecht des Verleihers nach § 604 Abs 3 BGB durch § 242 BGB überhaupt ausgeschlossen werden (OLGR Hamburg 2000, 231, 232 betr die schuldrechtliche Einräumung eines Wegebenutzungsrechts zugunsten der Bewohner eines Hintergrundstücks). Ein Entleiherschutz analog dem Mieterschutz des Wohnraummieters kann über § 242 BGB nicht begründet werden (**aA** SOERGEL/HEINTZMANN[13] Rn 3 unter Berufung auf eine „grundrechtlich geschützte" Position des Wohnenden, die sich indessen aus der ohnehin anfechtbaren Annahme eines solchen Schutzes für den Wohnungs**mieter** – BVerfG NJW 1993, 2035; dazu RÜTHERS NJW 1993, 2587 ff; SENDLER NJW 1994, 709 – nicht in einer die Wohnungsleihe einbeziehenden Weise ableiten lässt).

2. Rückgabeanspruch des Verleihers gegen Dritte

Entsprechend § 546 Abs 2 BGB dehnt § 604 Abs 4 BGB den leihvertraglichen Rückgabeanspruch auf den Dritten aus, dem der Entleiher den Gebrauch der Leihsache überlassen hat (gesetzlicher Schuldbeitritt; vgl RGZ 136, 33). Allerdings setzt dieser Anspruch die „Beendigung der Leihe", dh entweder den Ablauf der vereinbarten Leihzeit bzw die Erledigung des Leihwecks (Abs 1, Abs 2 S 1) oder die vorherige wirksame „Kündigung" gegenüber dem Entleiher (Abs 2, S 2, Abs 3) voraus. Das bestätigt die These (Rn 3), dass auch die Rückforderung gegenüber dem Entleiher nur deshalb zur Begründung des Rückgabeanspruchs gegen diesen ausreicht, weil darin konkludent die Kündigung des Leihverhältnisses steckt. Der Rückgabeanspruch gegen den Dritten besteht *neben* dem Rückgabeanspruch gegen den Entleiher („auch von dem Dritten"). Nach der hM (RGZ 156, 150; PALANDT/WEIDENKAFF[77] § 546 Rn 20) entsteht der Rückgabeanspruch gegen den Dritten aber erst, wenn zur Beendigung des Leihverhältnisses noch die Rückforderung gegenüber dem Dritten hinzutritt. Dem ist grundsätzlich beizupflichten, da der am Leihverhältnis unbeteiligte Dritte den Hinweis auf seine Pflicht braucht, bevor man ihm die Folgen der Nichtleistung billigerweise anlasten kann (wichtig vor allem im Hinblick auf die Fälle des § 286 Abs 2 BGB; vgl dazu kritisch STAUDINGER/ROLFS [2018] § 546 Rn 95 f). Allerdings erscheint es vorzugswürdig, die Rückforderung nicht als Entstehungs-, sondern als Fälligkeitsvoraussetzung einzustufen (so SOERGEL/HEINTZMANN[13] Rn 5).

10

Denn der Dritte muss auch schon vor der Rückforderung zurückgeben können, ohne dass dadurch ein Bereicherungsanspruch entsteht (§ 813 Abs 2 BGB). Die Rückforderung ist in diesem Verständnis geschäftsähnliche Handlung. Sie muss grundsätzlich gegenüber dem Dritten erfolgen, doch genügt es nach Ansicht des RG, wenn dem Dritten ein Rückforderungsbegehren gegenüber dem Entleiher bekannt ist und dadurch hinreichend deutlich wird, dass damit auch eine Rückforderung gegenüber ihm selbst beabsichtigt ist (RGZ 156, 150, 155; zust BGB-RGRK/Gelhaar § 556 Rn 17). Auch dem ist zuzustimmen. Denn unter diesen Umständen ist die Berufung des Dritten auf das Fehlen einer Rückforderung gegenüber ihm selbst rechtsmissbräuchlich (§ 242 BGB).

11 Der Rückgabeanspruch gegen den Dritten aus § 604 Abs 4 BGB besteht einerseits *neben* dem Rückgabeanspruch gegen den Entleiher aus § 604 Abs 1 BGB („auch von dem Dritten") und setzt ihn andererseits voraus: Wird das Leihverhältnis anders als durch Zeitablauf oder Kündigung beendet (zB durch Anfechtung), so entfällt mit dem Anspruch gegen den Entleiher aus § 604 Abs 1 BGB zugleich derjenige gegen den Dritten aus § 604 Abs 4 BGB (RGZ 85, 133; 136, 33; krit dazu BGB-RGRK/Gelhaar § 556 Rn 17). Keine Rolle spielt, ob der Entleiher die Leihsache befugt oder unbefugt an den Dritten überlassen hat (Erman/vWestphalen[15] Rn 4; Palandt/Weidenkaff[77] Rn 8). Ist der Verleiher Eigentümer, so kann er außer aus § 604 Abs 4 BGB aus § 985 BGB vorgehen (hM; **aA** L Raiser JZ 1961, 529).

12 Der Dritte kann dem Rückgabeanspruch des Verleihers zumindest (regelmäßig wird das beendende Rechtsgeschäft schon nach § 138 Abs 1 BGB nichtig sein) den Einwand der unzulässigen Rechtsausübung entgegensetzen, wenn Entleiher und Verleiher das Leihverhältnis in der Absicht, den Dritten zu schädigen, vorzeitig beendet haben. Das Gleiche gilt, wenn der Entleiher das Leihverhältnis in der dem Verleiher bekannten Schädigungsabsicht (zB durch Kündigung; vgl Rn 3) einseitig vorzeitig beendet hat (vgl BGH 18. 1. 1965 – VIII ZR 297/62 – zitiert nach BGB-RGRK/Gelhaar § 556 Rn 19; ferner LG Köln MDR 1954, 420; LG Kassel MDR 1954, 484).

3. Verjährung

13 Der Anspruch auf Rückgabe verjährt nach Abs 5 von der Beendigung des Leihverhältnisses an. Das gilt trotz der erst später mit der Rückforderung begründeten Fälligkeit (Rn 10) auch für den Rückgabeanspruch gegen den Dritten nach Abs 4 (Soergel/Heintzmann[13] Rn 8). Die Verjährungsfrist beträgt nach § 195 BGB 3 Jahre. Doch kann der Verleiher den regelmäßig neben § 604 BGB bestehenden Herausgabeanspruch aus dinglichem Recht gem § 197 Abs 1 Nr 1 BGB 30 Jahre lang geltend machen.

§ 605
Kündigungsrecht

Der Verleiher kann die Leihe kündigen:

1. wenn er infolge eines nicht vorhergesehenen Umstandes der verliehenen Sache bedarf,

2. wenn der Entleiher einen vertragswidrigen Gebrauch von der Sache macht, insbesondere unbefugt den Gebrauch einem Dritten überlässt, oder die Sache durch Vernachlässigung der ihm obliegenden Sorgfalt erheblich gefährdet,

3. wenn der Entleiher stirbt.

Materialien: E I § 557; II § 545; III § 598; Mot II 452 f; Prot II 2231 f.

1. Allgemeines

§ 605 BGB setzt voraus, dass die Dauer der Leihe zeit- oder zweckbefristet ist; **1** andernfalls hat der Verleiher schon das jederzeitige Rückforderungs- (= Kündigungs-)recht nach § 604 Abs 3 BGB. In diesem Sinne zweckbefristet ist auch die Leihe auf Lebenszeit. Anders als zB die Gesellschaft auf Lebenszeit (§ 724 BGB) steht die Leihe auf Lebenszeit der Leihe auf unbestimmte Zeit kündigungsrechtlich nicht gleich (OLG Koblenz NJW-RR 1996, 843, 844). § 605 BGB konkretisiert für das Leihverhältnis von zeit- oder zweckbestimmter Dauer das Recht des Verleihers zur Kündigung aus wichtigem Grund in drei Fallgruppen, und zwar insofern bindend, als der **Rechtsanwender** den wichtigen Grund nicht im Widerspruch zu § 605 BGB konkretisieren kann, indem er zB dem Eigenbedarf nach Nr 1 die Bedeutung eines wichtigen Kündigungsgrunds abspricht oder im Rahmen der Nr 2 eine unerhebliche Gefährdung der Sache ausreichen lässt (SOERGEL/HEINTZMANN[13] Rn 1). Da die außerordentliche Kündbarkeit von Dauerschuldverhältnissen nach heute ganz hM (BGHZ 9, 157, 161 ff; 41, 104, 108; 50, 312, 314 f; LARENZ I § 2 VI, 30) einen allgemeingültigen zwingenden Rechtsgrundsatz darstellt, ist die Aufzählung in § 605 BGB aber grundsätzlich nicht als abschließend anzusehen (BGHZ 82, 354, 359; BGH WM 1984, 1613). Umgekehrt können die Kündigungsrechte aus § 605 BGB von den Parteien des Leihvertrags bis zur Grenze der Unzumutbarkeit der Fortsetzung des Leihverhältnisses für den Verleiher beschränkt werden. Die Kündigung wirkt sofort mit der Kündigungserklärung, doch kann der Verleiher, falls der Entleiher mit dem bestimmungsgemäßen Gebrauch der Leihsache begonnen hat, nach § 242 BGB verpflichtet sein, eine Frist zur Abwicklung des Leihverhältnisses einzuräumen. Ersatzansprüche des Entleihers wegen einer Kündigung nach § 605 BGB kommen nicht in Betracht, da ein solcher Entzug zu den immanenten Risiken einer leihweise erlangten Gebrauchsmöglichkeit gehört. Der Verleiher hat im Prozess zu behaupten und notfalls zu beweisen, dass die Voraussetzungen des Kündigungsrechts vorliegen.

2. Die Kündigung wegen Eigenbedarfs

Die Kündigung wegen Eigenbedarfs (Nr 1) entspricht dem Charakter der Leihe als **2** eines Gefälligkeitsverhältnisses (RG WarnR 1920, Nr 40; HRR 1933, Nr 1000). In ihrer Eigenschaft als Konkretisierung des wichtigen Kündigungsgrundes bezeichnet sie *für den typischen Fall* das, was nach Ansicht des Gesetzgebers von Treu und Glauben gefordert wird. Entsprechend scheidet eine zusätzliche Begrenzung des Kündigungsrechts durch § 242 BGB normalerweise aus (RG HRR 1933, Nr 1000). Immerhin kann in atypischen Fällen eine Beschränkung mit Rücksicht auf überwiegende Gegeninteressen des Entleihers gerechtfertigt sein (vgl BayObLGZ 32, 466). Die Abwägung des Bedarfs des Verleihers gegen das Interesse des Entleihers kann insbesondere dann zugunsten des Entleihers ausgehen, wenn dieser im Vertrauen auf den Fortbestand der Leihe im vereinbarten Umfang Dispositionen getroffen hat, aufgrund deren die Kündigung ihm unverhältnismäßige Nachteile bringt (OLG Düsseldorf NZM 2001, 74).

3 Der Eigenbedarf muss objektiv vorhanden, braucht aber im Regelfall nicht dringend zu sein (RG WarnR 1920, Nr 40; BGH NJW 1994, 3156, 3158; BGB-RGRK/GELHAAR Rn 1; ERMAN/vWESTPHALEN[15] Rn 2). Er kann auch darin bestehen, dass der Verleiher auf die Verwertung der Leihsache aus wirtschaftlichen Gründen angewiesen ist. Deshalb kann der Verleiher ein schuldrechtliches unentgeltliches Wohnrecht auf Lebenszeit kündigen, wenn er die Wohnung aus Kostengründen nicht halten kann oder wenn er den Erlös aus dem Verkauf der Wohnung braucht, um seinen eigenen Verpflichtungen nachkommen zu können (OLG Koblenz NJW-RR 1996, 843, 844; OLG Köln NJW-RR 2000, 152, 153). Soweit eine Erbengemeinschaft kraft Erbfolge in die Verleiherposition eingerückt ist, genügt es für den Eigenbedarf in diesem Sinne, dass Nachlassschulden ohne die Verwertung nicht aus dem Nachlass beglichen werden können (aA OLG Köln NJW-RR 2000, 152, 153, wonach es darauf ankommen soll, dass alle Mitglieder der Erbengemeinschaft persönlich die Nachlassschulden nicht bezahlen können?!). Kein Hindernis für die Rechtfertigung der Kündigung durch Eigenbedarf ist auch, dass das schuldrechtliche unentgeltliche Wohnrecht mangels Anwendbarkeit des § 566 BGB an sich kein Verwertungshindernis ist. Der Verleiher braucht das Kündigungsrecht trotzdem, wird er doch bei Fortbestand des Leihverhältnisses dem Entleiher gegenüber mindestens schadensersatzpflichtig, wenn dieser infolge eines Räumungsverlangens des Wohnungserwerbers räumen muss (aA anscheinend OLG Köln NJW-RR 2000, 152, 153).

4 § 605 Nr 1 BGB greift auch ein, falls der Eigenbedarf nach Abschluss des Leihvertrages, aber vor der Überlassung der Leihsache eingetreten ist. Da die Leihe (Vorbem 4 zu §§ 598 ff) Konsensualvertrag ist, bedarf es insoweit keiner Analogie (aA ERMAN/vWESTPHALEN[15] Rn 2). Der Eigenbedarf muss im Zeitpunkt der Kündigung vorliegen. Sein Wegfall im Zeitraum zwischen Kündigungserklärung und Rückgabe ist rechtlich bedeutungslos, würde doch sonst der Entleiher, der die Sache pflichtwidrig nicht sofort zurückgibt, uU für seine Pflichtverletzung belohnt.

5 § 605 Nr 1 BGB ist entsprechend anwendbar auf unentgeltliche Freundschaftsdarlehen (OLG Stuttgart NJW 1987, 782; OLG Koblenz KTS 2000, 637; GILLES/BAUMGART JuS 1975, 107).

3. Die Kündigung wegen vertragswidrigen Gebrauchs

6 § 605 Nr 2 BGB gibt das außerordentliche Kündigungsrecht im Falle von Verstößen gegen § 603 BGB. Einer vorangehenden Abmahnung, wie sie in § 543 Abs 3 S 1 BGB bei der Miete vorgesehen ist, bedarf es bei der Leihe nicht (Mot II 452), ist doch das Erfordernis der Abmahnung bei § 543 Abs 3 S 1 BGB – anders als bei § 541 BGB (vgl dazu § 603 Rn 1) – Reaktion auf die besondere Schutzbedürftigkeit des Mieters, die für den Entleiher als unentgeltlichen Nutzer nicht zutrifft. Der 2002 neu eingeführte § 314 Abs 2 S 1 BGB kann auf die Leihe nicht angewendet werden, weil die Kündigung der Leihe sonst wertungswidersprüchlich schwerer möglich wäre

als die Kündigung eines Mietverhältnisses. Darin liegt ein besonderer Umstand, der im Sinne der §§ 314 Abs 2 S 2, 323 Abs 2 Nr 3 BGB den Verzicht auf die Abmahnung rechtfertigt (MünchKomm/Häublein[7] Rn 7; Soergel/Heintzmann[13] Rn 5).

4. Die Kündigung wegen Todes des Entleihers

§ 605 Nr 3 BGB berücksichtigt die treuhänderische Position des Entleihers im Hinblick auf die Leihsache, die bewirkt, dass die Person des Entleihers für den Leihvertrag typischerweise wesentlich ist. Die lange Dauer des Leihverhältnisses ist deshalb kein Grund, das Kündigungsrecht teleologisch einzuschränken (OLG Koblenz MDR 2007, 456). Die Vorschrift gilt unabhängig davon, ob die Übergabe der Leihsache bereits erfolgt ist oder nicht (vgl Rn 4). Der Tod des Verleihers lässt den Leihvertrag grundsätzlich unberührt. Die Erben können sich aber uU auf § 605 Nr 1 BGB berufen, falls der Gebrauch der Sache für sie (oder einzelne von ihnen) von Nutzen ist (Palandt/Weidenkaff[77] Rn 5; BGB-RGRK/Gelhaar Rn 4). 7

§ 606
Kurze Verjährung

Die Ersatzansprüche des Verleihers wegen Veränderungen oder Verschlechterungen der verliehenen Sache sowie die Ansprüche des Entleihers auf Ersatz von Verwendungen oder auf Gestattung der Wegnahme einer Einrichtung verjähren in sechs Monaten. Die Vorschriften des § 548 Abs. 1 Satz 2 und 3, Abs. 2 finden entsprechende Anwendung.

Materialien: E II § 546; III § 592; Prot II 2232 f.

Systematische Übersicht

I.	Allgemeines		3.	Anwendbarkeit in Fällen der Anspruchskonkurrenz	8
1.	Bedeutung der Regelung	1			
2.	Verjährungsbeginn für den Verleiher	2	4.	Anwendbarkeit zugunsten Dritter	10
3.	Verjährungsbeginn für den Entleiher	3	5.	Personenverschiedenheit zwischen Verleiher und Eigentümer	11
II.	Anwendungsbereich	4	6.	Vernichtung der Leihsache	12
1.	Umfang der erfassten Ansprüche	5			
2.	Analoge Anwendbarkeit	7			

I. Allgemeines

1. Bedeutung der Regelung

Die Verjährung der Ersatzansprüche desjenigen, der einem anderen eine Sache zum Gebrauch überlassen hat, ist für alle einschlägigen Rechtsverhältnisse (Miete, Leihe, Nießbrauch) gleich geregelt (§§ 548, 606, 1057 BGB). § 606 BGB lässt sich damit als Ausdruck eines allgemeinen Rechtsgedankens qualifizieren (BGH NJW 1964, 1225; 1

NJW 1968, 1472; OLG Celle NJW 1962, 2302; GEORGIADES, Anspruchskonkurrenz im Zivilrecht und Zivilprozessrecht [1967] 168 f). Dieser Rechtsgedanke besagt, dass mit Rücksicht auf die sonst drohende Beweisnot des Mieters, Entleihers, Nießbrauchers oä, die sich grundsätzlich durch den Nachweis des Eintritts der Veränderungen und Verschlechterungen infolge **vertragsgemäßen** Gebrauchs entlasten können (vgl § 602 Rn 5), für eine schnelle Auseinandersetzung über den Ausgleich gesorgt sein muss. Die Ansprüche des Entleihers auf Ersatz von Verwendungen oder auf Gestattung der Wegnahme einer Einrichtung werden den Ersatzansprüchen des Verleihers deshalb gleichgestellt, weil sie zu den Ersatzansprüchen des Verleihers usw in einem Verhältnis der rechtlichen Konnexität stehen (HERMINGHAUSEN DB 1970, 1725).

2. Verjährungsbeginn für den Verleiher

2 Der Beginn der Verjährung setzt für die Ersatzansprüche des Verleihers mit der Rückgewähr der Leihsache ein (§§ 606 S 2, 548 Abs 1 S 2 BGB). Der Verleiher hat die Leihsache zurückerhalten, wenn er sie tatsächlich und dadurch die Möglichkeit erworben hat, Mängel festzustellen (RGZ 128, 191, 194; RGZ 142, 258, 262; BGH NJW 1994, 1860, 1861). Deshalb beginnt die Verjährung nicht, wenn der Verleiher zwar den Besitz erhält, jedoch gleichwohl aus nicht in seiner Person liegenden Gründen gehindert ist, die Sache auf Veränderungen oder Verschlechterungen zu untersuchen (RG HRR 1928, Nr 1586). Andererseits setzt die Verjährung ein, ohne dass der Verleiher den unmittelbaren Besitz erhält, falls die Sache auf Wunsch des Verleihers unmittelbar einem Dritten überlassen wird (BGH MDR 1969, 43) oder wenn er freiwillig auf die Übernahme der unmittelbaren Sachherrschaft verzichtet (OLG Hamm NJW-RR 1996, 176, 177). Spätestens mit dem Rückgabeanspruch sind auch die Ersatzansprüche des Verleihers verjährt (§§ 606 S 2, 548 Abs 1 S 3 BGB). Der Anwendbarkeit des § 606 BGB steht es nicht entgegen, dass die Ersatzansprüche des *Ver*leihers erst nach Ende des Leihverhältnisses (aber vor der Rückgabe) entstanden sind (BGH NJW 1970, 1182; NJW 1974, 743; **aA** RGZ 142, 258, 262; RG JW 1936, 2305). Bei der Leihe von Sachgesamtheiten beginnt die Verjährung mit der Rückgewähr der letzten Sache (OLG Düsseldorf MDR 1972, 694).

3. Verjährungsbeginn für den Entleiher

3 Der Beginn der Verjährung der Ansprüche des *Ent*leihers auf Verwendungsersatz und Gestattung der Wegnahme einer Einrichtung richtet sich nach der Beendigung des Leihverhältnisses (§§ 606 S 2, 548 Abs 2 BGB). *Insoweit* – aber auch nur insoweit, vgl Rn 2 – beschränkt sich die Anwendbarkeit des § 606 BGB auf die während der Dauer des Leihverhältnisses entstandenen Ansprüche, wäre es doch widersinnig, die Verjährung von Ansprüchen zu einem Zeitpunkt beginnen zu lassen, in dem sie noch nicht einmal entstanden sind (BGH NJW 1968, 888).

II. Anwendungsbereich

4 Der Bezug des § 606 BGB auf einen allgemeinen Rechtsgedanken bedingt einen weiten Anwendungsbereich der Vorschrift, der die Grenzen des Wortlauts zT sehr deutlich überschreitet.

1. Umfang der erfassten Ansprüche

Zunächst ist die Formulierung „Ersatzansprüche ... wegen Veränderungen oder 5
Verschlechterungen der verliehenen Sache" weit auszulegen. Darunter fallen nicht
nur die Ansprüche wegen Verstoßes gegen die gesetzlichen Entleiherpflichten nach
§ 603 BGB, sondern auch solche wegen Verletzung zusätzlich vereinbarter Pflichten
mit dem Ziel der Verhinderung von Schäden des Verleihers (BGH NJW 1965, 151). So
soll nach Ansicht des BGH in der Frist von 6 Monaten sogar der Anspruch des
Vermieters (und entsprechend des Verleihers) auf Ersatz von Brandschäden verjähren, der damit begründet wird, dass der Mieter (bzw Entleiher) abredewidrig
keine Feuerversicherung für die Miet-(Leih-)sache abgeschlossen hat (BGH NJW
1964, 545). Ob der Rechtsgedanke der §§ 606, 548, 1057 BGB dies abdeckt, ist zweifelhaft. Denn insoweit ist nicht über die Ursachen der Verschlechterung bzw Veränderung der Sache und die dementsprechende Zuordnung zur Verantwortungssphäre des einen oder anderen Vertragsteils zu entscheiden, sondern über die
Nichterfüllung einer Pflicht, die mit der Behandlung der Sache nichts zu tun hat.
Richtigerweise wird man daher nur Ansprüche wegen Verstoßes gegen solche vertraglichen Pflichten der Verjährung nach § 606 BGB unterwerfen dürfen, die die
Verantwortungssphäre unmittelbar für Veränderungen bzw Verschlechterungen der
Sache verschieben (zB Pflicht des Entleihers zum Ausgleich der negativen Folgen
auch des vertragsgemäßen Gebrauchs; vgl OLGR Koblenz 1999, 498, 499).

Zu den „Ersatzansprüchen ... wegen Veränderungen oder Verschlechterungen der 6
verliehenen Sache" gehören nach der Rspr auch die Ansprüche wegen der Beschädigung von Gegenständen, die vom Entleiher (Mieter) nur mitbenutzt werden (RGZ
75, 116), und sogar an solchen, die zusammen mit der Leihsache (Mietsache) durch
ein einheitliches Schadensereignis betroffen werden und im Verhältnis zur Leihsache (Mietsache) den größeren Schaden ausmachen (BGH NJW 1973, 2059: vom Mieter
verursachte Gasexplosion beschädigt nicht nur die vermieteten Räume, sondern das ganze Haus des
Vermieters).

2. Analoge Anwendbarkeit

Die Regelung der §§ 606, 548, 1057 BGB ist *analog* auf Gebrauchsüberlassungen 7
anderer Art anzuwenden, unabhängig davon, ob sie im Rahmen eines vertraglichen
oder eines gesetzlichen Rechtsverhältnisses stattfinden (BGH NJW 1964, 1225; NJW
1968, 1472; OLG Celle NJW 1962, 2302; AG Halle NJW RR 2004, 602 für Probefahrt im Rahmen
von Pkw Kaufverhandlungen; nicht allerdings nach BAG NJW 1985, 759 für einen Arbeitnehmer zur
Erleichterung des Dienstes überlassenen Pkw; anders LAG Mannheim NJW 1978, 1400; LAG
Stuttgart DB 1978; 703; LAG Rheinland-Pfalz VersR 1982, 1087; kritisch auch SOERGEL/HEINTZMANN[13] Rn 6). Keine Rolle spielt auch, ob die Gebrauchsüberlassung Hauptgegenstand des Vertragsverhältnisses ist oder nur im Rahmen der Erfüllung einer Obliegenheit stattfindet (BGH NJW 2002, 1336, 1337). Nach Ansicht des BGH (NJW 1967, 980)
gilt dies auch, soweit die beabsichtigte vertragliche Gebrauchsüberlassung an der
Minderjährigkeit des „Entleihers" („Mieters") scheitert. Der BGH begründet das
Ergebnis damit, dass **alle** Gebrauchsüberlassungen dem Rechtsgedanken der §§ 606,
548, 1057 BGB zu unterwerfen seien. Diese Auffassung geht zu weit, da sie, konsequent zu Ende gedacht, selbst den arglistigen Entleiher oder Mieter, der die Leih-
bzw Mietsache nach erfolgreicher Anfechtung durch den Verleiher bzw Vermieter

beschädigt zurückgibt, durch die kurze Verjährung privilegiert. Gleichwohl hat der BGH in casu richtig entschieden. Denn die Werbung und Inanspruchnahme wechselseitigen Vertrauens ereignet sich bei der Erfüllung unwirksamer Verträge genauso wie bei Vertragsverhandlungen, sodass in gleichem Maße wie bei den Vertragsverhandlungen wechselseitige (bei Beteiligung Minderjähriger: einseitige) Schutzpflichten entstehen (zutreffend HOFFMANN DB 1969, 337; vgl seit 1. 1. 2002 § 311 Abs 2 Nr 3 BGB). Nach unterinstanzlicher Rechtsprechung (OLG Karlsruhe OLGR 2003, 270; OLG Frankfurt VersR 2006, 918) sind die §§ 606, 548, 1057 BGB nicht anzuwenden, wenn die Gebrauchsüberlassung lediglich auf der Grundlage sozialer Verständigung (Vorbem 8 ff zu §§ 598 ff) erfolgt ist (kritisch MünchKomm/HÄUBLEIN[7] Rn 5). Dafür spricht, dass die Beweisnot des Entleihers, Mieters und Nießbrauchers im Fall der Verschlechterung infolge vertragsgemäßen Gebrauchs, der die kurze Verjährung Rechnung tragen soll, im reinen Gefälligkeitsverhältnis gegenstandslos ist. Da ein Recht zum Gebrauch nicht besteht, kann es auch keine Rechtfertigung für Veränderungen oder Verschlechterungen sein.

3. Anwendbarkeit in Fällen der Anspruchskonkurrenz

8 Der Geltungsanspruch der §§ 606, 548, 1057 BGB erstreckt sich auf die mit den leihvertraglichen Anspruchsgrundlagen konkurrierenden gesetzlichen Anspruchsgrundlagen. Das ist im Wesentlichen unstreitig für die mit den leihvertraglichen konkurrierenden *deliktischen* Ansprüche des Verleihers etc wegen Veränderung oder Verschlechterung der Sache (BGH NJW 1967, 980; 1968, 694; 1992, 2413, 2415; OLG Schleswig NJW 1974, 1712; OLGR Koblenz 1999, 498, 499; vgl EMMERICH JuS 1967, 345, 347 mwNw). Darüber hinaus hat der BGH zwar festgestellt, die kurze Verjährung gelte „sowohl für vertragliche Ansprüche als auch für Ansprüche aus dem Eigentum, aus unerlaubter Handlung und aus jedem sonstigen Rechtsgrund" (NJW 1964, 545; ebenso BGH NJW 1965, 151; NJW-RR 2004, 1566; KG LM Nr 5 zu § 558). Doch hat er dies in der Sache nicht stets durchgehalten (vgl BERG NJW 1967, 1320).

9 Wer dazu Stellung nimmt, wird einmal zwischen den Ansprüchen des Verleihers (wegen Veränderungen und Verschlechterungen) und denen des Entleihers (auf Ersatz von Verwendungen und auf Gestattung der Wegnahme einer Einrichtung) zu unterscheiden haben. Nur in der ersten Alternative kommt nämlich eine Anspruchskonkurrenz überhaupt in Betracht. Die Vornahme von Verwendungen oder die Verbindung einer Einrichtung mit der Leihsache kann allein entweder vertragliche *oder* (wenn es vertraglich nicht vorgesehen ist) gesetzliche Ansprüche aus Geschäftsführung ohne Auftrag und Bereicherung auslösen (ebenso MünchKomm/HÄUBLEIN[7] Rn 4). Die Ansprüche des Verleihers wegen Veränderungen und Verschlechterungen der Leihsache hingegen können sich auf Vertrag, Delikt und Gefährdungshaftung (BGH NJW 1973, 2059) stützen, nicht dagegen auf die §§ 990, 989 BGB, setzen diese doch das Fehlen eines (vertraglich vermittelten) Rechts zum Besitz voraus (MEDICUS JuS 1974, 223). Die Formulierung des BGH („aus jedem sonstigen Rechtsgrund") erweist sich damit als sehr viel weniger weittragend, als man auf den ersten Blick vermuten mag. Es geht darum, ob man die Verjährung nach §§ 606, 548, 1057 BGB über die Ansprüche wegen Veränderung bzw Verschlechterungen der Sache nach § 280 Abs 1 BGB hinaus auf die damit in Anspruchskonkurrenz stehenden Ansprüche aus Delikt und Gefährdungshaftung (namentlich StVG) ausdehnen kann und muss. Diese Frage ist zu bejahen, weil man andernfalls den Zweck der kurzen Verjährung – Zwang zur schnellen Auseinandersetzung im Interesse sachgerechter Entscheidbarkeit einschlägiger Rechtsstreitigkeiten – verfehlt (FREUND/BARTHELMESS NJW 1975, 281, 288; ARENS AcP 170, 392, 399; **aA** DIETZ, Anspruchskonkurrenz bei Vertragsverletzungen und Delikt [1939] 15).

4. Anwendbarkeit zugunsten Dritter

Beschädigt ein Dritter die Leihsache, so ist die Verjährungsvorschrift des § 606 BGB **10** einmal dann anzuwenden, wenn der Dritte in den Schutzbereich des Leihvertrages mit einbezogen ist, dh dann, wenn der Entleiher befugt ist, den Gebrauch der Leihsache durch den Dritten ausüben zu lassen (BGH NJW 1968, 694). Dritter in diesem Sinne kann jedermann sein, sofern er nur nach dem Sinn des Gebrauchsüberlassungsvertrages mit der Sache in Berührung kommt. Nicht nur Familienangehörige und Arbeitnehmer, sondern auch Selbständige, sogar Unter-Entleiher (Untermieter) können vom Schutzbereich des Vertrages erfasst sein (BGHZ 61, 227; BGH NJW 1976, 1843; krit dazu BOECK NJW 1969, 1469).

5. Personenverschiedenheit zwischen Verleiher und Eigentümer

Ist der Eigentümer nicht gleichzeitig der Verleiher, so ist für die Anwendbarkeit des **11** § 606 BGB auf seinen (gesetzlichen) Anspruch gegen den Entleiher wegen der Veränderung oder Verschlechterung der Leihsache zu unterscheiden: Soweit er dem Verleiher die Überlassung der Sache an andere Personen im Rahmen eines Vertragsverhältnisses gestattet hat, ist § 991 Abs 2 BGB entsprechend anzuwenden: Der Entleiher kann im Falle des kraft Gestattung der Gebrauchsüberlassung durch den Eigentümer diesem gegenüber berechtigten Besitzes nicht schlechter stehen, als wenn er mangels Gestattung des Eigentümers gutgläubiger unrechtmäßiger Besitzer gewesen wäre. BGH NJW 1970, 1736, 1737 entscheidet zwar im Ergebnis ebenso, jedoch mit einer schwerlich haltbaren Begründung: Es soll zumindest ausgeschlossen sein, dass der Verleiher sich nach Ablauf der Verjährung seines leihvertraglichen Anspruchs den Deliktsanspruch des Eigentümers abtreten lässt und gegenüber dem Entleiher geltend macht. Aber wenn der Eigentümer selbst den Deliktsanspruch geltend machen kann, ohne daran durch Verjährung gehindert zu sein, gibt es für die Verhinderung der Inanspruchnahme durch den Verleiher nach Abtretung kein schutzwürdiges Interesse des Entleihers. Man muss also schon den Deliktsanspruch des Eigentümers selbst der kurzen Verjährung unterwerfen (kritisch auch MünchKomm/KOLLHOSSER[4] Rn 5). Soweit die Überlassung ohne Wissen und/oder Wollen des Eigentümers erfolgt ist, kommt es auf die Gut- oder Bösgläubigkeit des Entleihers an: Der gutgläubige Entleiher haftet dem Eigentümer gem § 991 Abs 2 BGB lediglich nach Leihvertragsrecht einschließlich der kurzen Verjährung nach § 606 BGB, der bösgläubige Entleiher dagegen nach §§ 990, 989 BGB mit normaler Verjährung (OLG Schleswig NJW 1974, 1712; HAGEN, Die Drittschadensliquidation im Wandel der Rechtsdogmatik [1971] 217 f).

6. Vernichtung der Leihsache

Von der Veränderung oder Verschlechterung der Leihsache ist ihre Vernichtung zu **12** unterscheiden. Insoweit ist § 606 BGB schon deshalb unanwendbar, weil die §§ 606 S 2, 548 Abs 2 BGB nicht passen (RGZ 96, 300). Keine Vernichtung stellt nach Ansicht des BGH der „Totalschaden" eines Kfz dar, da der Begriff nicht mehr besagt, als dass die Kosten der Reparatur höher sind als der Zeitwert des Kfz vor dem Unfall (NJW 1968, 694). Der Gedankengang des BGH legt darüber hinaus die Vermutung nahe, dass er § 606 BGB selbst bei faktischer Irreparabilität anwenden will, sofern der Entleiher auch nur die Substanz (Schrott) zurückerhält. Entscheidend ist, dass der Verleiher die Leihsache zurückbekommt. Denn schon dann besteht die Gefahr schwer aufklärbarer Streitigkeiten über ihren Zustand bei Rückgabe, denen die kurze Verjährung vorbeugen will (OLG Köln NJW 1997, 1157: irreparabel beschädigte Skulptur). Entsprechend wird man § 606 BGB auch auf den vom BGH (NJW 2006, 2399) offen gelassenen Fall anzuwenden haben, dass der Verleiher (Vermieter, Nießbraucher) das ursprünglich bebaute Grundstück nach vollständiger Zerstörung des Gebäudes zurückerhält.

Sachregister

Die fetten Zahlen beziehen sich auf die Paragraphen, die mageren Zahlen auf die Randnummern.

Abbaugerechtigkeit
 Obhutspflicht **581** 297
 Verpachtung **581** 13
Abbauvertrag
 Bodenbestandteile, anorganische **Vorbem 581** 58
 Kaufvertrag **Vorbem 581** 41
 Pachtvertrag **Vorbem 581** 41, 58
Abdingbarkeit
 Pachtrecht **581** 1
Aberntungsvertrag
 Bodenbestandteile, organische **Vorbem 581** 58
 Kaufvertrag **Vorbem 581** 42
 Pachtvertrag **Vorbem 581** 42, 58
Abgaben
 Lastentragung **581** 243
Abhängigkeit, persönliche
 Dienstvertrag **Vorbem 581** 45
 Pacht **Vorbem 581** 6, 18
Abmahnung
 Empfangsbedürftigkeit **590a** 6
 Entbehrlichkeit **581** 447; **590a** 6; **594e** 10, 22
 Franchisevertrag **581** 463
 Gebrauch, vertragswidriger **581** 394; **590a** 2, 6; **594e** 10; **603** 1; **605** 6
 Zahlungsverzug des Pächters **594e** 22, 31
 Zugang **590a** 6
Abnahmepflicht
 Hauptpflicht **581** 241
 Pächter **581** 295
Abrechnungserteilung
 Hauptpflicht **581** 293
Abrechnungsverweigerung
 Kündigung, außerordentliche fristlose **581** 449
Abtretung von Pächterrechten
 Erlaubnis des Verpächters **589** 29
 Nutzungsüberlassung an Dritte **589** 13
Abwendungsrecht
 Entschädigung **591a** 15
 Sicherheitsleistung **592** 33 f
 Verfahren **591a** 19
 Verjährung **591a** 18
 Verpächterpfandrecht **581** 421; **592** 33 ff
 Wegnahme von Einrichtungen des Pächters **591a** 8, 11 ff
 Übernahmerecht **591a** 12
Abwicklungsanordnungen
 Ersatzansprüche **596a** 27
 Freiwillige Gerichtsbarkeit **587** 31

Abwicklungsanordnungen (Forts)
 freiwillige Gerichtsbarkeit **596** 43; **596a** 29; **597** 17
Access-Provider-Vertrag
 Überlassungsverträge **Vorbem 581** 91
Ackerbau
 Bewirtschaftungspflicht **586** 35
 Landwirtschaft **585** 24
Ackerland
 Bewirtschaftung, ordnungsgemäße **590** 18; **596** 9
 Kündigungsrecht des Verpächters **594e** 16
 Pachtjahr Vereinbarung **587** 14
Adressdatenüberlassung
 Rechtsnatur **581** 58
Änderungsvereinbarung
 Anzeigepflicht **587** 10
 Formmangel **581** 160
 Schriftform **588** 21
 Vertragsverlängerung **594** 18
Änderungsverlangen
 s Vertragsanpassung
Änderungsvertrag
 s Änderungsvereinbarung
Äquivalenzverhältnis
 Pachtbemessung **581** 280 ff
AGB-Kontrolle
 Preisklauseln **581** 279
Agrarreform
 Prämienansprüche **593** 11
 Subventionen **585** 31
Alleinbezugsverpflichtung
 s Bezugsbindung
Allgemeine Geschäftsbedingungen
 Betriebspflicht **581** 287
 Gebrauchspflicht **581** 287
 Sachmängelgewährleistung **581** 367
Altenheim
 Pachtvertrag **Vorbem 581** 36
 Mangel **581** 360
Altenteilsleistungen
 Pacht **587** 4
Altenteilvertrag
 Naturalaltenteil **585** 15
Amortisation
 Pächter-Investitionen **590** 1
Anbauten
 Zustimmung des Verpächters **590** 19
Andeutungslehre
 Landpachtvertrag **585a** 14
Aneignungsgestattung
 Fruchterwerb **581** 233

Aneignungsgestattung (Forts)
  Verfügungsgeschäft **Vorbem 581** 56
Aneignungsrechte
  Abgrenzung Pachtvertrag **Vorbem 581** 56
  Bergwerkspacht **Vorbem 581** 66
  Fischereipacht **Vorbem 581** 71
  Früchte **Vorbem 581** 56
  Jagdpacht **Vorbem 581** 56, 69
  Rechtspacht **581** 31 ff; **584** 10
  Regalien
    s dort
  Verpachtung **Vorbem 581** 56
Anerbengut
  Hoferbfolge **593a** 30
Anfechtung
  Formfreiheit **594f** 6
  Pachtvertrag **581** 468
    Beendigung **594** 7
  Umdeutung **594f** 6
  Vertragsverlängerung **594** 18
Anfrage
  Ablehnung **594** 15
  Antwortfrist **594** 17
  Bevollmächtigung, stillschweigende **594** 16
  Fiktionswirkung **594** 12, 14
    Beseitigung **594** 18
  Hinweis auf Folge der Nichtbeantwortung **594** 14
  Personenmehrheit **594** 16
  Schriftlichkeit **594** 13
  Schweigen auf die Anfrage **594** 18
  Vertragsverlängerung **594** 12 ff, 17
Ankaufsrecht
  Eigentumserwerb des Pächters **581** 470
  Pachtvertrag, Formerfordernis **581** 162
Anlagen
  Schriftformerfordernis **581** 158 f
  Verbindung, körperliche **581** 159
Annahmeverzug
  Kündigung, außerordentliche fristlose **581** 448
Anpachtrecht
  Vorvertrag **581** 202
Anpassung des Landpachtvertrages
  s Vertragsanpassung
Anschlagsäule
  Rechtspacht **581** 50
Anschlagswesen
  Pachtvertrag **581** 66
Anschlussbewirtschaftung
  Nutzungsänderung **590** 16
  Rückgabepflicht **596** 10
Anzeigeerfordernis
  Pachtvertrag **581** 156
Anzeigenteil
  Pachtvertrag **581** 66
Anzeigepflicht
  Mängel **581** 296

Apothekenpacht
  Bedeutung, wirtschaftliche **Vorbem 581** 19
  Betriebspflicht **581** 290
  Entscheidungsfreiheit des Apothekers **581** 264
  Fremdbesitzverbot **581** 103
  Kündigung, außerordentliche fristlose **581** 445
  Niederlassungsfreiheit **584b** 12
  Pachtbemessung **581** 255
  Pachtrecht **Vorbem 581** 14, 23, 72
  partiarische Pacht **581** 104, 255
  Privatautonomie, Einschränkungen **581** 103
  Rechtspacht **584b** 12
  Rückgabepflicht **581** 331
  Sittenwidrigkeit **581** 264
  Statthaltervertrag **581** 104
  stille Gesellschaft **581** 104
  Übernahmerecht **584b** 12
  Umgehungsgeschäfte **581** 104
  Unternehmenspacht **581** 66, 103
  Verantwortlichkeit, berufliche **581** 264
  Verbot **Vorbem 581** 34; **581** 103 f
    gesetzliches Verbot **581** 173
  Vertragsgegenstand **Vorbem 581** 72
  Vorenthaltung der Pachtsache **584b** 12, 26
Application Service Providing-Vertrag
  Pachtrecht **Vorbem 581** 94
Arbeitsleistung
  Pachtende, vorzeitiges **596a** 18
Arbeitssicherheit
  Instandsetzungspflicht **581** 226
Arglistige Täuschung
  Pachtvertrag **581** 468
  Unterpachtvertrag **581** 352
Arrondierung
  Pflugtausch **589** 4
ASP-Vertrag
  Pachtrecht **Vorbem 581** 94
Aufhebungsvertrag
  Abfindungsanspruch **581** 466
  Formbedürftigkeit **581** 466
  Formfreiheit **594f** 6
  Pachtverhältnis **581** 466
    Beendigung **584b** 8; **594** 7
  Vertragsverlängerung **594** 18
Aufklärungspflichten
  Pflichtverletzung **581** 400
  Verpächter **581** 237
  vorvertragliche Pflichten **581** 240
Aufrechnung
  Ausschluss **581** 252
  Insolvenz des Verpächters **581** 252
  Kündigung, außerordentliche fristlose **581** 448
  Pachtforderung **581** 252; **587** 17
  Verpächterwechsel **581** 129

Aufrechnungsverbot
  Pacht **587** 17
Aufwendungsersatz
  Abdingbarkeit **581** 393
  Anspruchsumfang **596a** 20
  Betriebspflicht **581** 391
  Bewertung **596a** 21
  Bewirtschaftung, ordnungsgemäße **596a** 20
  Fälligkeit **596a** 22
  Früchte, ungetrennte **596a** 18 ff
  Gebrauchspflicht **581** 391
  Geschäftsführung ohne Auftrag
    581 391, 410
  Kosten **596a** 20
  Lasten **596a** 20
  Lohnaufwendungen **596a** 20
  Mängelbeseitigung **596** 32
  Mieten **596a** 20
  Pachten **596a** 20
  Pachtzinsen **596a** 20
  Pächter **581** 390
  Rechtsmängelgewährleistung **581** 380
  Saatgut **596a** 20
  Sachaufwendungen **596a** 20
  Sachmängelgewährleistung **581** 369, 373 f
  Steuern **596a** 20
  Veränderung des Pachtgegenstands
    581 391
  Verbesserung des Pachtgegenstands
    581 391
  Verjährung **581** 405, 409 ff
  Zinsen **596a** 20
Aufwendungstaxe
  Früchte, ungetrennte **596a** 18
Ausbesserungen der Pachtsache
  Abdingbarkeit **586** 54
  außergewöhnliche Ausbesserungen **585b** 2;
    586 3, 29
  Gefahrabwendung **588** 8
  gewöhnliche Ausbesserungen **586** 3, 44 ff;
    588 8; **596** 31
    Abnutzung **586** 45
    Begriff **586** 44
    Beschädigungen Dritter **586** 46
    Erhaltungspflicht **586** 50
    Ersatzansprüche des Pächters,
      Ausschluss **586** 51
    Kostentragung **586** 51
    Materialentnahme aus dem Grund-
      stück **586** 51
    notwendige Maßnahmen **586** 45
    Pachtzeit **586** 48 f
    Schönheitsreparaturen **586** 46
    Selbstvornahme bei Auszug **586** 52
    Ställe **586** 46
    Wege **586** 46
  Kostentragung **585b** 2; **590b** 11
  Pächterpflicht **586** 32
  Rechtswegzuständigkeit **586** 55

Ausbesserungen der Pachtsache (Forts)
  Reparaturen **586** 46
  Verwendungsersatz **586** 45
  Vorenthaltung der Pachtsache **586** 49
  Wegnahmeanspruch **586** 45
Ausbeute, sonstige
  Fruchtgenuss **581** 228
Ausgliederung
  Landpacht **589** 8
Auskunftspflicht
  Dienstvertrag **Vorbem 581** 45
Auskunftsrecht
  Nutzungsüberlassung an Dritte **589** 14
  Verpächter **586** 43, 53
Auslauffrist
  Kündigung, außerordentliche fristlose
    581 451
Auslegung
  Pachtvertrag **581** 147
Ausschankrecht
  Pachtvertrag **581** 20, 55
Ausscheidungsrecht
  Pfandrecht, gesetzliches **Vorbem 581** 108
Ausschließlichkeitsbindung
  Pachtvertrag **581** 182, 185
Ausschlussfrist
  Gewährleistungsrechte **581** 368
Ausübungsermächtigung
  Fruchterwerb **581** 233
  Rechtspacht **581** 211
Ausübungsüberlassung
  Fischereirecht **581** 36
  Nießbrauch **581** 41
  Rechtspacht **581** 31, 36
Autobus
  s Omnibus

Badeanstalt
  Unternehmenspacht **581** 66
Bäckerei
  Unternehmenspacht **581** 22
Bahnhofsbuchhandlung
  Pachtvertrag **581** 20, 55
Bandenwerbung
  Rechtspacht **581** 50
Banknoten
  Verpächterpfandrecht **592** 9
Bauland
  Grundstückspacht **581** 12
Bauliche Maßnahmen
  Pacht **587** 4
Baumangel
  Beschaffenheit des Pachtgegenstands
    581 358
Bauverbot
  Mangel **581** 360
Bebauungsplan
  Festsetzung anderweitiger Nutzung
    581 476

Bedienungspersonal
Leih- und Dienstverschaffungsvertrag, kombinierter **598** 19
Bedingung, auflösende
Jagdpacht **581** 121
Pachtvertrag **581** 427
Kündigung **584** 17
Unterpachtvertrag **581** 350
Vertragsbeendigung **581** 469; **594** 7
Beförderungsrechte
Pachtgegenstand **581** 53
Pächter **581** 136
Befristung
Pachtverhältnis **584b** 8
Beitrittsgebiet
Nutzungsverhältnisse im Beitrittsgebiet s dort
Beregnungsanlage
Einrichtungen des Pächters **591a** 3
Bereicherungsausgleich
Pachtgegenstand, Wertzuwachs **581** 479a
Bergregalien
Pachtvertrag **581** 38
Bergwerkspacht
Aneignungsrecht **Vorbem 581** 66; **581** 32 f
Verfügung über das Aneignungsrecht - **Vorbem 581** 67
Begriff **Vorbem 581** 66
Rechtspacht **Vorbem 581** 66; **581** 32 f
Unternehmenspacht **Vorbem 581** 66; **581** 33, 66
Berufsgenossenschaft, landwirtschaftliche
Beiträge, Lastentragung **586a** 7
Berufsordnung
Verbot, gesetzliches **581** 173
Berufsunfähigkeit
Sonderkündigungsrecht **593** 12; **594a** 14; **594c** 1 ff
Form **594c** 6
Kündigungsfrist **594c** 5
Unabdingbarkeit **594c** 7
Widerspruch des Verpächters **594c** 3 f
Unterrichtung **594c** 3
Verfahren, streitiges **594c** 8
Berufsunfähigkeit des Pächters
Begriff **594c** 2
Milchquotenpacht **581** 464
Nutzungsüberlassung an Dritte **589** 22
Sonderkündigungsrecht **587** 20; **589** 22
Ursachen **594c** 2
Beschränkte dingliche Rechte
Rechtsmängelgewährleistung **581** 378
Rechtspacht **581** 31, 39; **584** 10 f
Beschränkte persönliche Dienstbarkeit
Abgrenzung Pacht **Vorbem 581** 54a
Ausübungsüberlassung **581** 42
Rechtspacht **581** 42; **584** 11
Beschreibung der Pachtsache
Abdingbarkeit **585b** 21

Beschreibung der Pachtsache (Forts)
Änderung des Pachtgegenstandes **585b** 8
Anfertigung **585b** 11
durch Sachverständigen gefertigte Beschreibung **585b** 9, 12
Weigerung zur Anfertigung **585b** 17
Ausfertigung **585b** 17
Auskunftspflicht **585b** 19
Besichtigung **585b** 19
Bestandteile, wesentliche **585b** 6
Betretungsrecht **585b** 19
Betriebsübergabe **593a** 6
Beweislast **585b** 20
Beweissicherung **585b** 2, 7, 14
Boden-Aufdüngung **585b** 6
Duldungspflichten **585b** 19
eiserne Verpachtung **585b** 2, 7
Fehlen **585a** 8
Gebrauch, vertragsgemäßer **590a** 3
Inventarverzeichnis **585b** 7
Kosten **585b** 18
Kulturzustand **585b** 6
Landpacht **585b** 4
Landpachtvertrag **585** 18
landwirtschaftliche Bestimmung der Pachtsache **590** 4, 13, 37
Lieferrechte **585b** 6
Mitwirkungsverweigerung **585b** 8
Nutzungsänderung **585b** 8
Pachtbeginn **585b** 2, 8
Pachtende **585b** 2, 8
Parteivereinbarung **585b** 4
Parteiwechsel **585b** 8
Prämienansprüche **585b** 6
Richtigkeitsvermutung **585b** 20
Rückgabe der Pachtsache **596** 9
Sachverständigengutachten **585b** 7
Schriftform **585b** 9
Datumsangabe **585b** 10
Unterzeichnung der Parteien **585b** 9
Skizze **585** 18
Umfang der Pachtsache **585b** 2, 5, 7
Unrichtigkeit **585b** 20
Vermutungswirkung **585b** 5, 20
Wirtschaftsweise **590** 1
Zubehör **585b** 6
Zustand der Pachtsache **585b** 2, 5 f, 7
ordnungsmäßiger Zustand **585b** 6
Besichtigungsrecht
Interessenabwägung **581** 304
Nachfolgepächter **581** 304
Pachtgegenstand **581** 219, 302 ff
Reparaturen **581** 304
Verpächter **586** 43, 53
Besitzschutz
Landpacht **586** 14
Leihe **604** 9
Widerklage des Verleihers **604** 9

Sachregister

Besitzverschaffung
  Landpacht **586** 12
  Mitbesitz **581** 210; **586** 12
  mittelbarer Besitz **581** 210; **586** 12
  Pachtvertrag **581** 210
  unmittelbarer Besitz **584b** 10; **586** 12
Bestandsschutz
  Eigentumswechsel **593b** 1
  Nutzungsverhältnisse **Vorbem 581** 28 ff
Bestandteile, wesentliche
  Beschreibung der Pachtsache **585b** 6
  Grundstückspacht **584** 7
Betretungsrecht
  Grundstück **581** 218
Betriebsaufspaltung
  Beendigung **581** 85
  Begriff **581** 94
  Besitzunternehmen **581** 94
  Betätigungswille, einheitlicher **581** 100
  Betriebsunternehmen **581** 94
  Bilanzierung, korrespondierende **581** 99
  echte Betriebsaufspaltung **581** 94
  Einnahmen aus Gewerbebetrieb **581** 97
  Gewerbesteuer **581** 97 f
  Haftung **581** 93
  Körperschaftsteuer **581** 98
  Mitunternehmerschaft **581** 96
  Produktionsgesellschaft **581** 94
  Steuerrecht **581** 93, 97 ff
  stille Reserven **581** 97
  unechte Betriebsaufspaltung **581** 94
  Unternehmenspacht **581** 93
  Verflechtung, personelle **581** 95
  Verflechtung, sachliche **581** 95
  Vertriebsgesellschaft **581** 94
  Wachstumsbeschleunigungsgesetz **581** 93
  Wegfall der Voraussetzungen **581** 100
Betriebsführungsvertrag
  Abgrenzung **Vorbem 581** 46 f
  Begriff **Vorbem 581** 47
  echter Betriebsführungsvertrag **Vorbem 581** 46
  Geschäftsbesorgungsvertrag mit dienstvertraglichem Charakter **Vorbem 581** 46; **581** 74
  Konzernrecht **581** 74
  unechter Betriebsführungsvertrag **Vorbem 581** 46
  Weisungsrecht der Eigentümergesellschaft **Vorbem 581** 46
Betriebsgemeinschaften
  Beteiligung des Pächters **589** 7
Betriebskosten
  Lastentragung **581** 238
  Leihe **598** 2
  Pacht **581** 261
Betriebskostenvorauszahlung
  Verwirkung **581** 285

Betriebspflicht

Betriebsmittel
  Begriff **596b** 4
Betriebspacht
  Abhängigkeitsverhältnis **581** 77 f
  Aufhebung **581** 454
    Schriftform **581** 454
  Beendigung **581** 454
    Anmeldung zur Eintragung ins Handelsregister **581** 454
  Befristung **595** 45
  Begriff **Vorbem 581** 47, 65; **581** 64, 72
  Beherrschungsvertrag **581** 78
  Eintragungserfordernis **581** 75
  Erhaltungsmaßnahmen **588** 3
  Form **581** 168 f
  Gewinnausschüttung, verdeckte **581** 169, 267
  Inventar, Verfügungsbeschränkungen **583a** 3
  Konzerneingliederung **581** 71
  Konzernrecht **581** 71 f, 75 ff
    konzernexterner Betriebspachtvertrag **581** 71
    konzerninterner Betriebspachtvertrag **581** 71
  Kostentragung **587** 29
  Kündigung, ordentliche **581** 454
    Schriftform **581** 454
  Landpacht **585** 2, 8, 19 ff; **588** 3
  landwirtschaftliche Bestimmung der Pachtsache, Änderung **590** 2
  Mindestdauer **595** 42 f
  Obhutspflicht **581** 297
  Pacht **581** 76
  Pachtbemessung **581** 263, 267
  Pachtrecht **Vorbem 581** 14; **581** 64
  Rentnergesellschaft **581** 71, 101, 170
  Schriftform **581** 75
  Teilbetrieb **581** 80
  Umgehungsgeschäfte **581** 78, 80
  Unternehmensvertrag **581** 81
  Verbesserungsmaßnahmen **588** 3
  Vertrag, atypischer **581** 79, 81
  Vertragsfortsetzung **595** 5
  Verwendungsersatz **591** 5
  Vorleistung **587** 29
  Weisungsrecht des Pächters **581** 78, 81
  Zustimmungserfordernis **581** 75, 168
Betriebspachtvertrag
  Abgrenzung **Vorbem 581** 46 f
Betriebspflicht
  Abnahmepflicht **581** 295
  Allgemeine Geschäftsbedingungen **581** 287
  Aufwendungsersatz **581** 391
  Dienstvertrag **Vorbem 581** 45
  Natur des Pachtgegenstands **581** 288
  Pachtrecht **Vorbem 581** 35; **581** 286
  Parteiautonomie **581** 287

Betriebspflicht (Forts)
  Schadensersatz **581** 396
  Treu und Glauben **581** 291
  Verhalten, vertragswidriges **581** 449
  Vertragsauslegung, ergänzende
    581 287, 291
Betriebsübergabe
  Abdingbarkeit **593a** 26
  Anzeigebefreiung **593a** 6
  Begriff **593a** 7
  Benachrichtigungspflicht **593a** 18 ff
    Unverzüglichkeit **593a** 11, 19
  Beschreibung der Pachtsache **593a** 6
  Beweislast **593a** 25
  Bewirtschaftung, ordnungsgemäße **593a** 21
  Bürgenhaftung **593a** 5, 14
  Eigentumsgrundrecht **593a** 5
  Eintritt des Übernehmers **593a** 14 ff
  Erbauseinandersetzung **593a** 31
  Erbfolge, vorweggenommene **585** 39;
    593a 1, 7
  Grundstücksverkehrsgenehmigung
    593a 21 ff
  Kündigung aus wichtigem Grund **593a** 22
  Kündigung, vorzeitige **593a** 1
  Kündigungsfrist **593a** 1, 23
  Kündigungsrecht des Verpächters
    593a 21 ff
    Schriftform **593a** 23
  Landpacht **593a** 4
  Pächterpfandrecht **593a** 14
  Pächterwechsel **593a** 3, 5
  Teil des Grundbesitzes **593a** 1
  Verfahren, streitiges **593a** 27
  Verpächterpfandrecht **593a** 14
  Vertragsidentität **593a** 14
  Verwendungsersatz **593a** 14
  Wegnahmerecht **593a** 14
  Zupachtgrundstück **593a** 1, 4, 8
  Zustimmung des Verpächters **593a** 17
  Zuweisungsverfahren **593a** 29
Betriebsübergang
  Unternehmenspacht **581** 70
Betriebsüberlassungsvertrag
  Abgrenzung **Vorbem 581** 39, 46 f
  atypischer Betriebsüberlassungsvertrag
    581 82
  Begriff **Vorbem 581** 47
  Konzernrecht **581** 71, 73
Betriebsumstellung
  Fruchtziehungsrisiko **581** 234
Betriebsveräußerung
  Insolvenz des Pächters **589** 12
Beurkundung, notarielle
  Kündigung **594f** 11
  Pachtvertrag **581** 162
Bevollmächtigungsklausel
  Kündigung **594f** 5

Bewirtschaftung, ordnungsgemäße
  Abwicklung des Pachtverhältnisses **596** 3
  Änderungen während Vertragslaufzeit
    596 11
  Aufwendungsersatz **596a** 20
  Betriebsübergabe **593a** 21
  Beweislast **596** 44
  Bewirtschaftungspflicht **586** 35 f
  biologischer Landbau **586** 41
  durch Dritte **594c** 2; **594e** 16
  Eigenbewirtschaftung **586** 42
  Hilfskräfte **594d** 18
  Insolvenz des Pächters **589** 12
  Landpacht **586** 4, 7, 32 ff; **590** 1; **596** 2 f;
    594e 15
  Rückgabepflicht **596** 2 f, 10
  Rücklassungspflicht **596b** 1
  Saatgut/Pflanzgut, gentechnisch verändertes **586** 41
  Unterverpachtung **594e** 10
Bewirtschaftungsführung
  Übertragung nach Pächtertod **594d** 19
Bewirtschaftungsgebot
  Nutzungsverhinderung **587** 20
Bewirtschaftungsgemeinschaft
  Gebrauch, vertragswidriger **590a** 8
Bewirtschaftungsmaßnahmen
  Schadensersatz **596** 28
Bewirtschaftungspflicht
  alternative Wirtschaftsweise **586** 37
  Beschreibung der Pachtsache **596** 9
  Dauer **596** 3
  fortgesetzte Pflicht **596** 3
  Freistellung **587** 6
  gute fachliche Praxis **586** 35 f
  höchstpersönliche Bewirtschaftung **594c** 2
  Kostentragung **590b** 11
  Landpacht **586** 4, 7; **590a** 3
  Nutzungsverhinderung **587** 2
  Ordnungsmäßigkeit **586** 35 f
  Pächterpflicht **586** 32 ff
  persönliche Bewirtschaftung **586** 42
  Produktionsquoten **591** 13
  Umweltbewusstsein **586** 37
  Unverhältnismäßigkeit **586** 35
  Vereinbarungen **586** 35
  Vertragszweck **586** 35
  Verwendungsersatz **590b** 14
Bewirtschaftungsüberlassung
  Unentgeltlichkeit **585a** 5
Bewirtschaftungsverbot
  Nutzungsverhinderung **587** 20
Bewirtschaftungsverhinderung
  s Nutzungsverhinderung
Bezeichnung, geschäftliche
  Nutzungsrecht **581** 339
Bezugnahme
  Vertragsverlängerung **585a** 20

Bezugsbindung
  Sittenwidrigkeit **581** 175
  Wettbewerbsbeschränkungen **581** 182
BGB-Gesellschaft
  s Gesellschaft bürgerlichen Rechts
Bildagentur
  Leihvertrag **Vorbem 598 ff** 4
Bimsabbau
  Grundstückspacht **Vorbem 581** 41
Binnenfischerei
  Landwirtschaft **585** 24
Bioenergie
  Landpachtverhältnisse **585** 32
Biogas
  Landwirtschaft **585** 33
Biologischer Landbau
  Bewirtschaftung, ordnungsgemäße **586** 41
  Landpacht **585** 27
  Rückgabepflicht **596** 11, 14
  Umstellung auf biologische Wirtschaftsweise, Verwendungsersatz **591** 12; **596** 33
Blankettunterschrift
  Pachtvertragsänderung **581** 159
Blockheizkraftwerk
  Pachtvertrag **581** 57
Boden, unbelasteter
  Bewirtschaftung, ordnungsgemäße **586** 36
Bodenabbauvertrag
  Abgrenzung Rechtspacht **581** 13
  Grundstückspacht **581** 11, 117
  Kauf bricht nicht Pacht **581** 117
Bodenbestandteile, bergfreie
  Aneignungsrecht **Vorbem 581** 56
Bodenbewirtschaftung
  Landpachtrecht **581** 11
Bodenflächen
  Nutzungsverhältnisse, Bestandsschutz **Vorbem 581** 28
Bodenschätze
  Pachtbemessung **581** 255
Bodenveränderungen
  Landpacht **585** 27
Bodenverbandsbeitrag
  Lastentragung **586a** 6
Bordell
  Pachtvertrag, Sittenwidrigkeit **581** 178
Brachliegenlassen
  Gebrauch, vertragswidriger **590a** 5
Brauerei
  Unternehmenspacht **581** 66
Breitbandkabelanlage
  Pachtvertrag **581** 55
Bruchteilsgemeinschaft
  Landpachtvertrag **585a** 15
  Mitverpächter **581** 113
Brücke
  Ausbesserungen, gewöhnliche **586** 46
Brüssel Ia-VO
  Pachtvertrag **Vorbem 581** 130 f

Brunnen
  Ausbesserungen, gewöhnliche **586** 46
Buchhandlung
  Pachtvertrag **581** 55
Bürgschaft
  Kaution **581** 309
BVS
  Privatisierungsauftrag **594e** 36; **595** 49
BVVG
  Privatisierungsauftrag **594e** 36; **595** 49
  Verpächter **585a** 17

Campingplatz
  Grundstückspacht **581** 12
  landwirtschaftliche Bestimmung der Pachtsache, Änderung **590** 5; **590b** 11
Cloud
  Überlassungsverträge **Vorbem 581** 90, 93
commodatum
  Realvertrag **Vorbem 598 ff** 6
Computerprogramme
  Kündigung, außerordentliche fristlose **581** 445
Cross-Compliance
  Bewirtschaftung, ordnungsgemäße **586** 36
  Prämienzahlungen **585** 32; **586** 36
culpa in contrahendo
  Vertrauenshaftung **Vorbem 598 ff** 12

Dach und Fach-Reparaturklausel
  Verantwortungsbereich **581** 224
Dachnutzungsrechte
  Rechtspacht **581** 57
Darlehen
  Abgrenzung **Vorbem 598 ff** 3
  Freundschaftsdarlehen **605** 5
  Verpächterpfandrecht **592** 6
Datahousing
  Pachtrecht **Vorbem 581** 90
Daten
  Speicherplatz **Vorbem 581** 90
Datenüberlassung
  Rechtsnatur **581** 58
Datenwolke
  s Cloud
Datschengrundstücke
  Nutzungsverhältnisse, Bestandsschutz **Vorbem 581** 28, 30, 32
Dauergrünland
  Verhinderung der Entstehung von Dauergrünland **586** 35; **590** 18; **596** 9
  Kündigungsrecht des Verpächters **594e** 16
Dauerleihgabe
  Innengesellschaft **598** 6
  Kündigung **598** 6
  Leihe **598** 5 f
Dauernutzungsrecht
  Erlöschen **581** 471

Dauerwohnrecht
Erlöschen **581** 471
Heimfall **593b** 3
Veräußerung **593b** 3
DDR
Kreispachtvertrag **585** 16; **586** 46
Verjährung **591b** 4
Landwirtschaftliche Produktionsgenossenschaften **585** 37
Pachtvertrag **Vorbem 581** 26
Bestandsschutz **Vorbem 581** 27 f
Übergangsrecht **Vorbem 581** 25 ff
Deckungsbeitragsrechnung
Pachtanpassung **593** 16
Deputatvertrag
Begriff **585** 12
Vertrag, gemischter **585** 12
Deutsches Recht
Miete **Vorbem 581** 9
Pacht **Vorbem 581** 9 f
Teilpacht **Vorbem 581** 9
Dienstbarkeit
Nebenpflicht **581** 237
Rechtspacht **584** 11
Dienstbarkeiten
Abgrenzung Pacht **Vorbem 581** 54a
Bodenausbeutung **581** 13
Dienstleistung
Pacht **581** 242 f; **587** 4
Dienstvertrag
Abgrenzung Pachtvertrag **Vorbem 581** 45
Auskunftspflichten **Vorbem 581** 45
Betriebspflicht **Vorbem 581** 45
Geschäftsbesorgungscharakter **Vorbem 581** 45
Herausgabepflichten **Vorbem 581** 45
Mängelgewährleistung **Vorbem 581** 45
Pachtvertrag **581** 337
Rechenschaftspflichten **Vorbem 581** 45
Vertragsbeendigung **Vorbem 581** 45
Direktvermarktung
Verpächterpflichten **586** 28
Direktzahlungen
Landpachtverhältnisse **585** 32
s a Subventionen
dolo agit, qui petit quod statim redditurus est
Leihe, Rückgabepflicht **604** 6
Wegnahmerecht **591a** 7
Domainpacht
Haftung **581** 61
Haftung gegenüber Dritten **581** 320
Haftungsfreistellung **581** 320
Pachtgegenstand **Vorbem 581** 89; **581** 5, 61, 63
Rechtspacht **581** 61, 108
Doppelbetrieb
Landpacht **585** 22
Kündigung **594f** 3

Doppelverpachtung
Rechtsmängelgewährleistung **581** 378
Dränungen
Ausbesserungen, gewöhnliche **596** 31
Ausbesserungspflicht **586** 32
Erhaltungspflicht **586** 47
Verbesserungsmaßnahmen **588** 13, 20
Draft Common Frame of Reference
Franchising **Vorbem 581** 17
Fruchtziehungsrecht **Vorbem 581** 17
Know-how-Vertrag **Vorbem 581** 17
Lizenzvertrag **Vorbem 581** 17
Pachtrecht **Vorbem 581** 17
Sponsoringvertrag **Vorbem 581** 17
Dresdner Entwurf
Pachtvertrag **Vorbem 581** 12; **581** 3
Teilpacht **Vorbem 581** 12
Drittschadensliquidation
Leihe **602** 4
Drittwiderspruchsklage
Pachtgegenstand **Vorbem 581** 114, 118
Rechtspacht **Vorbem 581** 118
Druckerei
Unternehmenspacht **581** 66
Düngemittel
Aufwendungsersatz **596a** 20
Düngemittelsicherungsgesetz
Pfandrecht, gesetzliches **Vorbem 581** 106
Befriedigung **Vorbem 581** 108
Düngemittelverordnung
gute fachliche Praxis **586** 36
Dünger
Rücklassungspflicht **596b** 1, 4
Verpächterpfandrecht **592** 8
Düngung
Bewirtschaftung, ordnungsgemäße **586** 36 f
Rückgabe der Pachtsache **596** 11, 14
Duldungspflicht
Aufwendungsersatz **588** 12, 17 f
Entfernung der Sache vom Grundstück **592** 24
Erhaltungsmaßnahmen **581** 302, 305; **588** 1, 8, 11
Ersatzansprüche **588** 17
Erträge, entgangene **588** 17
Gebrauchsvorteil, abstrakter **588** 17
Gewinn, entgangener **588** 18
Vorschussleistung **588** 19
Landpachtvertrag **588** 1
Minderungs-Ansprüche **588** 5, 12
Mitwirkungspflichten **588** 11
Pächter **581** 302
Pflichtverletzung **581** 401
Schadensersatz **588** 24 f
Verpächterpfandrecht **581** 306
Wegnahmerecht des Pächters **591a** 6
Zuständigkeit des Landwirtschaftgerichts **588** 27

Ehegatten
　Landpachtvertrag **585a** 15
Eigenbedarfskündigung
　Leihe **605** 2 ff
　Wohnungsüberlassung **598** 8 f
Eigenbewirtschaftung
　Bewirtschaftungspflicht **586** 42
　Kündigungsrecht des Verpächters **594e** 16
　Unfähigkeit, unverschuldete **594e** 16
Eigenschaftszusicherung
　Landpacht **586** 22
　Sachmängelgewährleistung **581** 361
　Schriftform **581** 158
Eigentümer-Besitzer-Verhältnis
　Bestellungskosten **596a** 28
Eigentümergemeinschaft
　Landpacht **585** 36
Eigentum
　Rechtsmängelgewährleistung **581** 378
Eigentumserwerb des Pächters
　Ankaufsrecht **581** 470
　Grundstückspacht **581** 329
Einbringung in Gesellschaft
　Inventarveräußerung **590** 34
　Pachtfläche **589** 10
　Pachtsache **589** 6
Einbringung von Sachen
　Einrichtungen des Pächters **591a** 4
　Geschäftsfähigkeit **592** 10
　Landpachtrecht **589** 9
　Pfändung **592** 2
　Verpächterpfandrecht **592** 8
　Zurückbehaltungsrecht **592** 4
Einfriedungen
　Ausbesserungen, gewöhnliche **596** 31
Einheitsbehälter
　Gebrauchsüberlassungsvertrag **598** 16
　Vertrieb, mehrstufiger **598** 16
Einkommensteuer
　Kauf **Vorbem 581** 40
　Leistungspflicht **581** 243
　Pachtrecht **Vorbem 581** 40
　Unternehmenspacht **581** 86
Einnahme-Überschuss-Rechnung
　Pachtbemessung **581** 258
Einnahmen
　Pachtbemessung **581** 255
Einrichtung, in größere Organisation integrierte
　Raumpacht **581** 20
　Rechtspacht **581** 20, 55, 65, 119; **584** 11
Einrichtungen des Pächters
　Begriff **591a** 3
　Beregnungsanlagen **591a** 3
　Bestandteil der Pachtsache, wesentlicher **591a** 3
　Eigentum **591a** 3, 6
　Einbringung durch Pächter **591a** 4
　Fütterungsanlagen **591a** 3
　Maschinen **591a** 3

Einrichtungen des Pächters (Forts)
　Sachen, bewegliche **591a** 3
　Übernahmerecht **581** 393
　Verwendungen, nützliche **591** 6; **591a** 3
　Wegnahmerecht **581** 392; **591a** 1 ff, 6
　Werkstatt **591a** 3
Einrichtungsgegenstände
　Rückgabepflicht **581** 329
Einschreiben
　Kündigungserklärung **584** 22; **594f** 11
Eintritt in das Pachtverhältnis
　Grundstücksveräußerung **593b** 1 ff
Einzelhandel
　Unternehmenspacht **581** 66
Einzelpacht
　Begriff **585** 11
Eisenbahn
　Unternehmenspacht **581** 66
Eiserne Verpachtung
　Beschreibung der Pachtsache **585b** 2
　Bewertung der Pachtsache **585b** 7
　Erhaltungspflicht **586** 30
　Inventarübernahme zum Schätzwert **582a** 6, 45
　Landpacht **585** 4, 8, 29; **586** 30
　Landpachtvertrag, Rückabwicklung **596** 4
　Nutzungsänderung **590** 32
　Pachtende, Zahlungsansprüche bei **596** 38a
　Schätzung **582a** 45
　Werterhaltungspflicht **585** 29
Eiserninventarvertrag
　s Eiserne Verpachtung
Elektromagnetisches Spektrum
　Spektrumspacht **Vorbem 581** 75
Emphyteuse
　Erbpacht **Vorbem 581** 5
Endrenovierungsklauseln
　Pachtvertrag **581** 328
Energiekosten
　Lastentragung **586a** 7
Energienetz
　s Netzpacht
Energietechnische Umrüstung
　Instandsetzungspflicht **581** 226
Energieversorgung
　Pachtobjekt **581** 275
England
　bailment **Vorbem 581** 17
　contract for the hire of goods **Vorbem 581** 17
　Lease of Goods **Vorbem 581** 17
　Pachtrecht **Vorbem 581** 17
Enteignung
　Grundstückspacht **581** 476
　Pachtschutz **595** 22 f
Entleiher
　Erhaltungspflicht **601** 1 ff
　Haftung **599** 4; **602** 1

Entleiher (Forts)
Tod des Entleihers **605** 7
Wegnahmerecht **601** 5 f
Erbauseinandersetzung
Betriebsübergabe **593a** 31
Erbbaurecht
Abgrenzung Pachtvertrag **Vorbem 581** 55
Erlöschen **594a** 14
Grundstücksbelastung **593b** 1, 3
Grundstückspacht **581** 45; **584** 11
Grundstücksveräußerung **593b** 3
Kündigung des Pachtvertrags, außerordentliche befristete **584** 19; **594a** 14
Pachtgegenstand **581** 45
Pachtvertrag, Formerfordernis **581** 162
Raumpacht **581** 45
Rechtspacht **581** 45
Teilpacht **581** 45
Erbbauzins
Ressortprinzip **581** 45
Erben
Tod des Pächters
s dort
Erbengemeinschaft
Landpachtvertrag **585a** 12
Landpachtvertrag, Kündigung **594a** 6
Pachtvertragspartei **581** 109
Erbfolge
Rechtsformänderung **589** 8
Erbfolge, vorweggenommene
Abzugsmöglichkeit, steuerliche **593** 8
Anerbengut **593a** 30
Barleistungen, Anpassung **593** 8
Begriff **593a** 7
Betriebspacht **595** 12
Betriebsübergabe **585** 39; **593a** 1, 7
Familien-Pachtübergabevertrag **589** 23
Kündigung, vorzeitige **594a** 14
Landpacht **585** 8, 39
  Abänderung, gerichtliche **593** 8
Last, dauernde **593** 8
Leibrente **593** 8
Pachtschutz **595** 12
Verwendungen, nützliche **591** 32
Zupachtflächen **589** 26; **593a** 1
Erbpacht
römisches Recht **Vorbem 581** 4 ff
Verdinglichung **Vorbem 581** 10
Verhinderung erbpachtähnlicher Landpachtverträge **594b** 2 f
Erdölbohrung
Grundstückspacht **Vorbem 581** 41
Erfindungsüberlassung
Pachtvertrag **Vorbem 581** 51
Erfüllungsbereitschaft
Beweislast **587** 32
Erfüllungsgehilfen
Landpachtverhältnisse **589** 3; **594c** 2

Erfüllungsort
Pachtzahlung **581** 251
Ergänzungspflicht
Inventar **582** 4 ff
Erhaltungsmaßnahmen
Abdingbarkeit **588** 26
Beeinträchtigung, geringstmögliche **588** 10
Beweislast **596** 44
Duldungspflicht **581** 302, 305; **588** 1, 8, 11
Erforderlichkeit **588** 9
Landpachtvertrag **588** 1 ff
Leihe **601** 2, 4
Mitteilungspflicht **588** 10
Mitwirkungspflichten **588** 11
Schadensersatz **588** 25
Wiederherstellungspflicht **588** 12
Zuständigkeit des Landwirtschaftgerichts **588** 27
Erhaltungspflicht
allgemeine Erhaltungspflicht **581** 216
Ausbesserungen, gewöhnliche **586** 46
Hauptpflicht **581** 241, 292
Inventar **582** 1 ff, 4 ff
Inventarübernahme zum Schätzwert **582a** 11, 14 ff
Landpacht **586** 1 f, 7 f, 25 ff, 32; **588** 8
Leihe **601** 1 ff
mietvertragsrechtliche Vorschriften, Verweisung auf **581** 481
Nebenpflicht **581** 292
Pachtvertrag **Vorbem 581** 35; **581** 207, 216, 292
Schutzpflichten **581** 237
Störungsabwehr **581** 217 ff; **586** 27 f
Übertragung auf Pächter **581** 292
  AGB-Kontrolle **581** 292
Unverhältnismäßigkeit **586** 35
Zwangsvollstreckung **Vorbem 581** 111
Erholungsheim
Pachtvertrag **581** 22
Ermächtigung
Mitverpächter **581** 113
Ermäßigungsklauseln
Pachtvertrag **581** 275
Ernährung
Bewirtschaftung, ordnungsgemäße **586** 36
Pachtschutz **595** 3
Erneuerbare-Energien-Gesetz
Nutzungsrechte **581** 57
Ernte
Remissionsrecht **Vorbem 581** 7
Ernteanschluss
Rücklassungspflicht **596b** 1, 5
Ernterisiko
Wertersatzanspruch **596a** 15
Ernteüberschuss
Verkaufsfrüchte **Vorbem 581** 100
Ersatzansprüche
Dispositivität **596a** 28

Ersatzansprüche (Forts)
  Verjährung **585b** 14; **591b** 1 ff; **596** 23; **606** 1 f, 4 ff
  ZPO-Verfahren **597** 17
Ersatzfahrzeug
  Haftung **599** 4
  Leihvertrag **Vorbem 598 ff** 4
  Vollkaskoversicherung **599** 4
Ersatzpächter
  Beweislast **587** 32
  Nutzungsverhinderung des Pächters **587** 22
Ersatzteile
  Betriebsmittel **596b** 4
Ersetzungsbefugnis
  Pachtleistungen **581** 244
Ertrag
  Pachtbemessung **581** 255
Ertragslage
  Pachthöhe **587** 5, 16
Erwerbsgartenbau
  Landwirtschaft **585** 24
Erzeugerpreise
  Pachthöhe **587** 5
Erzeugnisse
  Begriff **596b** 3 f
  Eigentumserwerb **581** 233
  Fruchtgenuss **581** 228 f.
  Rücklassungspflicht **596** 4; **596b** 1
  Trennung vom Pachtgegenstand **581** 233
  zum Verbrauch bestimmte Erzeugnisse **596a** 15
essentialia negotii
  Pacht **581** 259
  Vertragsverlängerung **581** 159
EU-Agrarreform
  s GAP-Reformen
EuGVVO
  s Europäisches Zivilprozessrecht
Eurobierflaschen
  Gebrauchsüberlassungsvertrag **598** 16
  Vertrieb, mehrstufiger **598** 16
Europäisches Zivilprozessrecht
  Pachtvertrag **Vorbem 581** 130
    Ansprüche, vertragliche **Vorbem 581** 130
    Auslegung, autonome **Vorbem 581** 130
Eviktionshaftung
  Rechtsmängelgewährleistung **581** 377 f
Fabrikpacht
  Abgrenzung **Vorbem 581** 35; **581** 21
  Inventar, Mitverpachtung **Vorbem 582 ff** 2
  Raumpacht **581** 22
Fälligkeit
  Aufwendungsersatz **596a** 22
  Beweislast **587** 32
  Kaution **581** 309
  Nutzungsentschädigung **584b** 21; **597** 9
  Pachtforderung **581** 249 f; **587** 1, 11

Fälligkeit (Forts)
  jährliche Pachtfälligkeit **594e** 19 ff
  mietvertragsrechtliche Vorschriften, Verweisung auf **581** 481
  Rückgabeanspruch **596** 17 ff
Färberei
  Unternehmenspacht **581** 66
Familien-Pachtübergabevertrag
  Erbfolge, vorweggenommene **589** 23
  Nutzungsüberlassung an Dritte **589** 23
Familiengesellschaften, landwirtschaftliche
  Verpächterpfandrecht **592** 17
Familienpacht
  Landpacht **585** 15
Fehlbewirtschaftung
  Nutzungsverhinderung **587** 20
Feldfrüchte
  Pachtbemessung **581** 255
Feldinventar
  Inventarbegriff **Vorbem 582 ff** 6
Ferienwohnung
  Zuständigkeit, internationale **Vorbem 581** 130
Feuerversicherungsprämien
  Lastentragung **586a** 7
Filmverwertungsvertrag
  Pachtrecht **Vorbem 581** 85
Filmvorführungsvertrag
  Pachtrecht **Vorbem 581** 85
Finanzierungsleasing
  Abgrenzung Pachtvertrag **Vorbem 581** 38
  Erlaubnispflicht **581** 57
Firma
  Unternehmenspacht **581** 21
Firmenwagen
  Beschädigung **598** 18
  Nebenleistung zum Arbeitsverhältnis **598** 18
Fischerei
  Binnenfischerei **585** 24
  Grundstückspacht **581** 12, 36, 117
Fischereierlaubnis
  Beschränkung **581** 36
  Fischarten **581** 36
  Fischfang **581** 36
  Gefälligkeitsverhältnis **581** 36
  Gewässerstrecke **581** 36
  Rechtspacht **581** 36
  Schenkung **581** 36
  Vertrag, gemischter **581** 36
Fischereipacht
  Abwehransprüche **Vorbem 581** 71
  Aneignungsrecht **Vorbem 581** 71
  Anschluss des Gewässers an gemeinschaftlichen Fischereibezirk **581** 153
  Anzeigeerfordernis **581** 156, 165
  Bedeutung, wirtschaftliche **Vorbem 581** 19
  Besitzschutz **Vorbem 581** 71
  Eintritt des Erwerbers **581** 115

Fischereipacht (Forts)
  Fischereischein **581** 135
    Entziehung **581** 153
  Fischgenossenschaft, Einbeziehung in **581** 153
  Form **581** 157
  Genehmigung, behördliche **581** 154, 165
  Grundstückseigentümerwechsel **581** 123
  Grundstücksveräußerung **581** 472
  Höchstdauer **581** 153
  Landesrecht **Vorbem 581** 23, 71; **581** 37
  Mindestdauer **581** 153
  Pächter **581** 132 f, 135
  Rechtspacht **Vorbem 581** 71; **581** 32, 36
  Rückgabepflicht **581** 330
  Schriftform **581** 165
  Teilpacht **581** 36
  auf unbestimmte Zeit eingegangener Pachtvertrag **581** 153
  Unterverpachtung **581** 140
    Verbot **581** 350
    Vereinbarung im Hauptvertrag **581** 350
  Verhalten, vertragswidriges **581** 449
  Verpächter **581** 112
  Vertragsdauer **581** 37
  Vertragsinhalt **581** 37
  Vertragsschluss **581** 37
  Vorvertrag **581** 198
  Weiterverpachtung **581** 140
  Zugangsgewährung **581** 211
Fischereirecht
  Aneignungsrecht **Vorbem 581** 56
  Ausübungsüberlassung **581** 36
Flächennutzungsvertrag
  Rechtsnatur **581** 57
Flächenprämien
  Pachtende **596** 37
  Rechtsnatur **596** 38
Flächenstilllegung
  Anrechnungspflicht **587** 23
  Landpacht **585** 24
  Nutzungsänderung **590** 6
  Rückgabepflicht **596** 11
Fleischerei
  Raumpacht **581** 22
  Unternehmenspacht **581** 66
Flugzeug
  Sachpacht **581** 28
Flurbereinigung
  Eigentumserwerb **593b** 3
  Pachtfortsetzung **593b** 3
  Pachtverhältnis, Beendigung **593b** 3
  Teilnehmergemeinschaften, Beiträge zu **586a** 6
  Verbesserungen der Pachtsache **588** 7
Form
  Landpacht
    s dort
  Pachtvertrag **581** 157 ff

Formvorschriften
  Pachtrecht **Vorbem 581** 22
Formwechsel
  Landpacht **589** 8
Forstbetriebswerk
  Holzeinschlag **596a** 23 f
Forstwirtschaftliche Grundstücke
  Betriebspacht **585** 3
  Grundstückspacht **581** 11 f
  Landpacht **585** 28
  Pachtende, vorzeitiges **596a** 5, 24
  Rückgabe der Pachtsache **596** 15
  Unternehmenspacht **581** 12
  Wertersatzanspruch **596a** 23
Fortsetzung des Gebrauchs
  s Gebrauchsfortsetzung
Fortsetzungsanspruch
  s Vertragsfortsetzung
Fortsetzungsbeschluss
  s Vertragsfortsetzung
Fortsetzungsvereinbarung
  s Vertragsfortsetzung
Fortsetzungsverlangen
  s Vertragsfortsetzung
Fotostudio
  Unternehmenspacht **581** 66
Franchisevertrag
  Abgrenzung Pachtvertrag **Vorbem 581** 45
  Abmahnung **581** 463
  Amortisation **581** 462
  Anlaufphase **581** 462
  Arbeitnehmerschutz **581** 195
  Arbeitsrecht **Vorbem 581** 95
  Bezugspflichten **581** 172, 194
  Existenzgründung **581** 194
  Fruchtziehungsrisiko **581** 235
  Handelsvertreterrecht **Vorbem 581** 95; **581** 195
  Immaterialgüterrechte **581** 46
  Kartellrecht **Vorbem 581** 95; **581** 186
  Kündigung **Vorbem 581** 95
    außerordentliche Kündigung **581** 463
    ordentliche Kündigung **581** 462
  Massengeschäft, anonymes **581** 195
  Pachtrecht **Vorbem 581** 19, 95; **581** 106
  Privatautonomie, Einschränkungen **Vorbem 581** 95; **581** 186, 194 f
  Rechtsnatur **Vorbem 581** 95
  Rückabwicklung **Vorbem 581** 95
  Rückgabepflicht **581** 335
  Schriftform **581** 172, 194
  Sittenwidrigkeit **581** 180
  Verbraucherschutz **Vorbem 581** 95
  Vertrag, gemischter **Vorbem 581** 95
  Widerrufsrecht **581** 194
Frankreich
  Pachtrecht **Vorbem 581** 17
Freie Berufe
  Unternehmenspacht **581** 64

Freie Berufe (Forts)
  Vertragseinordnung **Vorbem 581** 35
Freigabe zur öffentlichen Benutzung
  Haftung **Vorbem 598 ff** 19
  Kontakt, sozialer **Vorbem 598 ff** 19 f
  Leihvertrag **Vorbem 598 ff** 18
  Verkehrssicherungspflichten **Vorbem 598 ff** 19 f
Freistellung
  s Kartellrecht
Freiwillige Gerichtsbarkeit
  Landpacht **585** 49; **587** 31
Fremdpacht
  Landpacht **585** 15
Fremdwährungsbestände
  Darlehen **598** 12
Freundschaftsdarlehen
  Kündigungsrecht **605** 5
Fruchterwerb
  Aneignungsgestattung **581** 233
  Ausübungsermächtigung **581** 233
  Erfüllungsgeschäft **581** 233
  Pachtvertrag **581** 228, 233
Fruchtfolge
  Landpacht **586** 7
Fruchtgenuss
  Entziehung **581** 445
  Fortsetzung des Gebrauchs **584b** 4
  Hauptleistungspflicht **581** 206, 228
  Konkurrenzschutz **581** 220
  nicht rechtzeitige Gebrauchsgewährung **581** 445
  Pachtvertrag **Vorbem 581** 1, 33
    Hauptpflichten **581** 2
  Parteiautonomie **581** 231
  Sachenrecht **Vorbem 581** 2
  Störungsabwehr **581** 232
  Verjährung **581** 236
  Verpächterpflicht **581** 229 f
Fruchtziehung
  Ausschluss **Vorbem 581** 16
  Pachtvertrag **581** 7 f
  Rechtspacht **584** 10
  Vereinbarung, vertragliche **Vorbem 581** 34
  Wirtschaft, ordnungsgemäße **581** 394
Fruchtziehungspflicht
  Leihe **598** 12
Fruchtziehungsrecht
  Ausschluss **581** 231
  Ausübungshindernis **581** 245 ff
  Leihe **598** 12
  Pachtende **596a** 2; **596b** 4
  Pächter **581** 229
  Zwangsvollstreckung **Vorbem 581** 117, 119
Fruchtziehungsrisiko
  Parteivereinbarung **581** 235
  Risikotragung **581** 234, 247, 282
Früchte
  Ausbeute, sonstige **581** 228

Früchte (Forts)
  Begriff **581** 228
  Bodenfrüchte **586** 15
  Eigentumserwerb **Vorbem 581** 2, 54, 56; **581** 233
  Entfernung der Früchte **581** 417
  Entfernung, unberechtigte **Vorbem 581** 109
  Ersatzanspruch **596a** 10
  Ertragswert **596a** 13
  Erzeugnisse **581** 228 f.
  Gegenstände, sonstige **581** 7
  Herbstbestellung **596a** 10
  Inventar **Vorbem 582 ff** 7
  Leihe, Rückgabepflicht **604** 1
  Lieferpflicht **581** 243
  mittelbare Früchte **Vorbem 581** 34 f; **581** 228
  noch nicht geerntete Früchte **Vorbem 582 ff** 7; **596b** 4
  Nutzungsentschädigung **584b** 20
  Pachtbemessung **581** 255 f
  Pfändung **Vorbem 581** 40
  Rechtsfrüchte **581** 228; **592** 9, 12
    mittelbare Rechtsfrüchte **596a** 10
    unmittelbare Rechtsfrüchte **596a** 10
  Rückgabepflicht **596** 8
  Sachfrüchte **581** 228
    mittelbare Sachfrüchte **596a** 10
    unmittelbare Sachfrüchte **596a** 10
  Tierfrüchte **586** 15
  Trennung **Vorbem 581** 2, 110
  Trennung vom Pachtgegenstand **581** 233
  Trennung zwischen Pachtende und Rückgabe **596a** 11 f
  Übereignung **Vorbem 581** 40
  Übermaßfrüchte **581** 229
  ungetrennte Früchte **596a** 13, 18, 27
  unmittelbare Früchte **Vorbem 581** 34 f
  Untergang, zufälliger **581** 3
  Verkaufsfrüchte **Vorbem 581** 100, 106
  Verpächterpfandrecht **592** 2, 12
  Wirtschaftsfrüchte **Vorbem 581** 100, 106; **592** 14
  Zuständigkeit, internationale **Vorbem 581** 133
  Zwangsvollstreckung **Vorbem 581** 110, 117, 120
Früchtepfandrecht
  Kontokorrentverhältnis **592** 14
  Verkaufsfrüchte **592** 15
  Vorrang **592** 14
Fürsorgepflicht
  Pächter **581** 300
  Pflichtverletzung **581** 401
  Schutzpflicht **581** 300
Fütterungsanlage
  Einrichtungen des Pächters **591a** 3
Fusionskontrolle
  Bedeutung, gemeinschaftsweite **581** 189

Fusionskontrolle (Forts)
Kontrollerwerb **581** 190, 192
faktische Kontrolle **581** 190, 192
Veränderung der Kontrolle, dauerhafte **581** 191, 193
Unternehmenspacht **581** 187 ff
Unternehmensteile **581** 190

Gärtnerei
Landwirtschaft **585** 24
Pflanzenzucht, bodenunabhängige **585** 24
Verpächterpflichten **586** 28

GAP-Reformen
Agrarreform **585** 31 f; **586** 38; **596** 35
s a Subventionen
Prämienansprüche **596** 34, 38
Degression **593** 11

Garagen
Nutzungsverhältnisse, Bestandsschutz **Vorbem 581** 28, 32

Garderobenpacht
Pachtvertrag **581** 55
Sachmangel **581** 359
Unternehmenspacht **581** 22

Gartenbauliche Erzeugnisse
Landpachtrecht **581** 11

Gaststättenerlaubnissteuer
Lastentragung **581** 238

Gaststättenpacht
Abgrenzung **Vorbem 581** 35 f
Bedeutung, wirtschaftliche **Vorbem 581** 19
Gesundheitsgefährdung **581** 446
Inventar **Vorbem 582 ff** 2, 7
Mangel **581** 360, 367
Pacht, Sittenwidrigkeit **581** 176
Pachtvertrag **Vorbem 581** 36; **581** 21
Raumpacht **581** 22
Spielhallenbetrieb **Vorbem 581** 36
Strohmanngeschäft **581** 145
Unternehmenspacht **Vorbem 581** 36
Verbot, gesetzliches **581** 173
Vorenthaltung der Pachtsache **584b** 13
Wettbewerbsbeschränkungen **581** 182

Gastwirtschaft
Unternehmenspacht **581** 66

Gebäude
Begriff **581** 17
Lasten **586a** 11
Raumpacht
s dort

Gebäudeerrichtung
Ersatzanspruch des Pächters **590b** 4
Nutzungsänderung **590b** 4
Zustimmung des Verpächters **590** 18

Gebäudehaftung
Pächter **581** 318

Gebäudepacht
Mangel **581** 358

Gebäudeüberlassung
Pachtvertrag **Vorbem 581** 51

Gebrauch, vertragsgemäßer
Beschreibung der Pachtsache **590a** 3
Landpacht **594e** 4
Leihe **Vorbem 598 ff** 23; **602** 1 f
Verschlechterung der Pachtsache **581** 481

Gebrauch, vertragswidriger
Abdingbarkeit **590a** 7
Abmahnung **581** 394; **590a** 2, 6; **594e** 10
Ankündigung **590a** 5
Begriff **594e** 15
Beweislast **594e** 17
Brachliegenlassen **590a** 5
Dulden **590a** 5
Gebrauchsüberlassung, unbefugte **594e** 15 f
Kündigung, außerordentliche **590a** 2
außerordentliche fristlose Kündigung **581** 394
Kündigungsrecht des Verpächters **594e** 15
Verpächterinteressen, Gefährdung **594e** 16
Landpacht **590a** 3; **594e** 15
Leihe **602** 3
Pachtgegenstand **581** 394 ff
Pachtverhältnis, vorzeitige Beendigung **596a** 9
Schadensersatz **590a** 2, 7
Sorgfaltsvernachlässigung **594e** 15
Tun **590a** 5
Unterlassen **590a** 5
Unterlassungsanspruch **581** 481; **590a** 1 f, 4, 7
Anspruchsgegner **590a** 5
Pflichtwidrigkeit, objektive **590a** 5
Verfahren **590a** 8
Verschulden **581** 394

Gebrauchserhaltung
s Erhaltungspflicht

Gebrauchsfortsetzung
Fruchtgenuss **584b** 4
Leihe **602** 2
Miete **584b** 4
Unterverpachtung **581** 428
Vertragsverlängerung **581** 428, 452

Gebrauchsgestattung
Leihe **Vorbem 581** 39; **Vorbem 598 ff** 18; **598** 14; **601** 1
Mietvertrag **Vorbem 581** 34
Pachtvertrag **Vorbem 581** 1, 34

Gebrauchsgewährung
Bedingungen **581** 215
Besitzverschaffung **581** 210
Entziehung des vertragsgemäßen Gebrauchs **581** 445
Erhaltungspflicht **581** 207, 216
Hauptleistungspflicht **581** 3, 206 ff
Konkurrenzschutz **581** 220

Gebrauchsgewährung (Forts)
   Mietvertrag **598** 14
   nicht rechtzeitige Gebrauchsgewährung **581** 445
   Pachtforderung **587** 2
   Pachtgegenstand **581** 206 ff
   Rechtspacht **581** 211
   Umfang **581** 208
   Unmöglichkeit **594** 7
   Verjährung **581** 236
   Vertragslaufzeit **581** 207
   vertragsmäßiger Gebrauch **581** 209
   Vertragszweck **581** 209
   Vorleistungspflicht **581** 215; **586** 13; **587** 3
   Zeitpunkt **581** 215
   Zubehör **581** 210
   Zwangsvollstreckung **Vorbem 581** 111
Gebrauchspflicht
   Abnahmepflicht **581** 295
   Allgemeine Geschäftsbedingungen **581** 287
   Aufwendungsersatz **581** 391
   Hauptpflicht **581** 241
   Natur des Pachtgegenstands **581** 288
   Pachtrecht **Vorbem 581** 35; **581** 286
   Parteiautonomie **581** 287
   Schadensersatz **581** 396
   Treu und Glauben **581** 291
   Verhalten, vertragswidriges **581** 449
   Vertragsauslegung, ergänzende **581** 287, 291
Gebrauchsrecht
   Ausübungshindernis **581** 245 ff
Gebrauchsrisiko
   Risikotragung **581** 247
Gebrauchsüberlassung
   Ersatzansprüche, Verjährung **606** 7
   Pacht **581** 242
   unbefugte Gebrauchsüberlassung **594e** 15 f
   Verständigung, soziale **606** 7
Gebrauchsüberlassung an Dritte
   s a Unterverpachtung
   Abgrenzung **581** 316, 344
   Anspruch des Pächters **584a** 13 ff
   Begriff **581** 343
   Erlaubnis des Verpächters **581** 315, 340 f, 345 ff
   Grundstückspacht **581** 315
   Haftung **581** 341
   Leihe **581** 316, 343
   Miete **581** 343
   mietvertragsrechtliche Vorschriften, Verweisung auf **581** 481
   Pachtvertrag **581** 343
   Pächterwechsel **581** 344
   Parteivereinbarung **581** 340
   Pflugtausch **585** 10
   Raumpacht **581** 315
   Rechtspacht **581** 315, 342

Gebrauchsüberlassung an Dritte (Forts)
   Unzulässigkeit **581** 315 f, 395
   Weitervermietung **581** 316
   Weiterverpachtung **581** 316
Gebrauchsüberlassungsvertrag
   Pachtvertrag **Vorbem 581** 1
Gebrauchsvorenthaltung
   s Vorenthaltung des Gebrauchs
Gebrauchsvorteile
   Mietvertrag **581** 228
   Nutzungsentschädigung **584b** 20
Gefährdung der Pachtsache
   Kündigungsrecht des Verpächters **594e** 16
Gefälligkeiten des täglichen Lebens
   Verständigung, soziale **Vorbem 598 ff** 8 ff
Gefälligkeitspacht
   Landpacht **585a** 5
Gefälligkeitsverhältnis
   Gebrauchsüberlassung an Dritte **603** 2
   Gebrauchsüberlassung, vorübergehende **Vorbem 598 ff** 8
   Haftpflichtversicherung **Vorbem 598 ff** 15
   Haftungsmilderung **Vorbem 598 ff** 13 ff
   Rechtsgüterkontakt **Vorbem 598 ff** 11
   Schutzpflichten **Vorbem 598 ff** 11 f
     Kontakt, sozialer **Vorbem 598 ff** 11, 17
   Verständigung, soziale **Vorbem 598 ff** 8 ff
   Vertrauenshaftung **Vorbem 598 ff** 12
   Zufallshaftung **603** 2, 6
Gefahrabwendung
   Ausbesserungen der Pachtsache **588** 8
Gefahrenabwehr
   Instandhaltungspflicht **581** 225
Gefahrtragung
   Kauf **Vorbem 581** 40
   Pacht **Vorbem 581** 40
Gegenleistung
   atypische Gegenleistung **Vorbem 581** 39
Gegenstände, sonstige
   Gebrauchsgewährung **581** 214
   Pachtvertrag **581** 5 ff, 63 ff, 106 ff
Geldleistung
   Pacht **581** 256
Gemeines Recht
   commodatum **Vorbem 598 ff** 6
   Leihe **Vorbem 598 ff** 6; **598** 1
   locatio conductio operae **Vorbem 581** 7
   locatio conductio rei **Vorbem 581** 7
   Pacht **Vorbem 581** 7 f
Gemeingebrauch
   Nutzung öffentlicher Sachen **Vorbem 598 ff** 18
Gemeinschaft
   Abgrenzung Pacht/Miete **Vorbem 581** 52
Genehmigung, gewerbliche
   Mangel **581** 360
Generalüberholung
   Inventarerhaltung **582** 10

Gentechnik
Bewirtschaftung, ordnungsgemäße **586** 41
Gerichtsferien
Mietsachen **Vorbem 581** 34
Gerichtsstand
Pachtvertrag **Vorbem 581** 132
Geschäftsfähigkeit, beschränkte
Pachtvertrag **581** 155
Geschäftsräume
Kauf bricht nicht Pacht **581** 118
Mobiliar **581** 210
Pacht/Miete, Abgrenzung **Vorbem 581** 35
Pachtverhältnis, Kündigung **581** 438
Gesellschaft
Abgrenzung Pachtvertrag **Vorbem 581** 50 f
Einwirkungsrechte **Vorbem 581** 50
Kontrollrechte **Vorbem 581** 50
Zweckerreichung **Vorbem 581** 50
Gesellschaft bürgerlichen Rechts
Einbringung der Pachtsache **589** 6, 9 f
Landpachtvertrag **585** 37, 39
  Schriftform **585a** 13, 15
  Vertretungsberechtigung **585a** 15
Mitverpächter **581** 113
Pachtvertrag, Schriftform **581** 158
Pachtvertragspartei **581** 109
Pächter-GbR **585a** 13
Teilrechtsfähigkeit **585a** 13; **589a** 10
Vertretungsberechtigung **585a** 13
Zusammensetzung **585a** 13
Gesellschafterausscheiden
Landpacht **585** 39
Gesellschafterwechsel
Landpachtrecht **589** 9 f
Gesellschaftsanteile
Pachtvertrag **Vorbem 581** 77; **581** 62
Gestattungsvertrag
Pachtvertrag **Vorbem 581** 1
Gesundheitsgefährdung
Kündigung, außerordentliche fristlose **581** 446, 449
Kündigungsrecht des Pächters **594e** 14
Pachtverhältnis, vorzeitige Beendigung **596a** 9
Getränkebezugspflicht
Kündigung, außerordentliche fristlose **581** 449
Getränkesteuer
Lastentragung **581** 238
Gewerbebetrieb
Beschreibung der Pachtsache, vereinbarte **585b** 4
Konkurrenzschutz **581** 221
Pacht, wirtschaftliche Bedeutung **Vorbem 581** 19
Gewerberaum
Gebrauch, vertragsmäßiger **581** 209
Gewerbesteuer
Unternehmenspacht **581** 86, 90

Gewere
Forderungsrechte, Verdinglichung **Vorbem 581** 9
Pacht **Vorbem 581** 9
Gewinn
Pachtbemessung **581** 258
Pachtvertrag **Vorbem 581** 45
Gewinnausschüttung, verdeckte
Verbot **581** 169, 267
Gläubigerverzug
Nichtannahme **581** 295
Gleichheitsgrundsatz
Landpacht **593** 4
Gleisanschluss
Leihe **598** 7
GmbH
Betriebspacht **581** 83, 170
Betriebsüberlassungsvertrag **581** 170
Pachtvertrag, Handelsregistereintragung **581** 170
Rentnergesellschaft **581** 170
Golfanlage
Pachtvertrag **Vorbem 581** 37
Sittenwidrigkeit **581** 175
Goodwill
Rückgabepflicht **581** 331
Unternehmenspacht **581** 5, 21, 27
Graben
Ausbesserungen, gewöhnliche **586** 46; **596** 31
Greening
Subventionen **585** 32
Grenzstein
Rückgabe der Pachtsache **596** 13
Grünflächenpflege
Pacht **581** 243
Grünland
Dauergrünland, Verhinderung **586** 35; **590** 18; **594e** 16; **596** 9
Grünlandverordnung
Dauergrünland
s dort
Grunddienstbarkeit
Grundstückspacht **581** 40
Rechtspacht **581** 40; **584** 11
Grundsteuer
Lastentragung **581** 238
Grundstück
Begriff **584** 7; **585** 18
Betretungsrecht **581** 218
Grundstücksausbeutungsvertrag
s Abbauvertrag
Grundstücksbelastung
Erbbaurecht **593b** 3
Jagdpacht **593b** 3
Landpacht **593b** 1 f
Vorerbschaft **593b** 3
Zwangsversteigerung **593b** 3

Grundstücksgeschäft
Pachtvertrag, Formerfordernis **581** 162
Grundstücksgleiche Rechte
Umsatzsteuerbefreiung **581** 260
Grundstücksinventar
Eigentumserwerb **Vorbem 581** 2
Schätzwert **Vorbem 581** 2
Grundstücksleihe
Form **Vorbem 598 ff** 6
Gebrauchsüberlassung, unentgeltliche **598** 7
Grundstücksmiete
Abgrenzung **Vorbem 581** 35
Grundstückspacht
Abgrenzung **Vorbem 581** 35 f, 53; **581** 25
Raumpacht **581** 18
Bestandteile, wesentliche **584** 7
Eigentumserwerb des Pächters **581** 329
einfache Grundstückpacht **Vorbem 581** 21; **581** 12
Einrichtungen, Beseitigung **581** 329
Enteignung **581** 476
Erbbaurecht **581** 45; **584** 11
Erholungszwecke **Vorbem 581** 36
Form **581** 157 f
forstwirtschaftliche Betriebe **581** 11 f
Fruchtfähigkeit **581** 288
Grundstücksbegriff **584** 7
Grundstücksteile **581** 11; **584** 7
Insolvenz des Verpächters **Vorbem 581** 123
Inventar, Mitverpachtung **Vorbem 582 ff** 2
Inventarerhaltung **581** 224; **582** 1 ff
Inventarübernahme zum Schätzwert, Pächterpfandrecht **583** 3
Inventarübernahme zum Schätzwert, Wertausgleich **582a** 42
Kauf bricht nicht Pacht **581** 10
Kündigung **581** 438
  außerordentliche befristete Kündigung **581** 429
  ordentliche Kündigung **581** 429; **584** 21
Kündigungserklärung **584** 22
Kündigungsfrist **581** 10, 437; **584** 1 ff, 21
Kündigungstag **584** 24
Kündigungstermin **584a** 17
Landpacht **585** 2, 8, 17 f
landwirtschaftliche Grundstücke **581** 11
Mangel **581** 358
mehrere Grundstücke **581** 11; **584** 7
Pachtentrichtung **581** 250
Pachtjahr **584** 23
Pachtvertrag **581** 9 f
Pächterpfandrecht **581** 422
Rückgabe, verspätete **581** 10
Rückgabepflicht **581** 329
Schriftform **581** 10, 150, 482
Störung der Geschäftsgrundlage **581** 450
Umlegungsgebiet **581** 154
Umsatzsteuerbefreiung **581** 260

Grundstückspacht (Forts)
Veränderungen, bauliche **581** 329
Veräußerung des Pachtgegenstands **581** 411, 482
Verhalten, vertragswidriges **581** 449
Verpächterpfandrecht **581** 413 ff, 482
Vertrag über mehr als ein Jahr **581** 10, 158
Vertragsfortsetzung **595** 5
Vorenthaltung der Pachtsache **584b** 12 f, 24
Wirtschaftsanlagen **584** 7
Wohnraum **584** 9
Zeitablauf **584** 1
Zubehör **584** 7
Zurückbehaltungsrecht **581** 337
Zuständigkeit, internationale **Vorbem 581** 130
Zuständigkeit, örtliche **Vorbem 581** 132
Grundstücksrechte
Rechtspacht **581** 39 f
Grundstücksteile
Umsatzsteuerbefreiung **581** 260
Grundstücksüberlassung
Pachtvertrag **Vorbem 581** 51
Grundstücksveräußerung
Beurkundung, notarielle **585a** 11
Erbbaurecht **593b** 3
Grundbucheintragung **593b** 6
Jagdpacht **593b** 3
Kündigungsrecht des Pächters **594a** 14
Landpacht **593b** 1 f
  Eintritt des Erwerbers **593b** 3 ff
Pachtverhältnis, Beendigung **581** 472
Teilflächenverkauf **585** 39; **593b** 6
Veräußerungsgeschäft **593b** 6
Verfahren **593b** 7
Verpachtung durch Nichteigentümer **593b** 3a
  Interesse des Eigentümers, alleiniges wirtschaftliches **593b** 3a
  Zustimmung des Eigentümers **593b** 3a
Vorerbschaft **593b** 3
Zwangsversteigerung **593b** 3
Gülleausbringung
Landpachtverhältnisse **585** 32
Rückgabe der Pachtsache **596** 11
Güterkraftverkehr, grenzüberschreitender
Gemeinschaftslizenz **581** 53

Härteklausel
Interessenabwägung **588** 15
Landpachtrecht **588** 15
Pächterinteresse **588** 15
Verbesserungsmaßnahmen **588** 14 f
Verpächterinteresse **588** 15 f
Haftpflichtversicherung
Gefälligkeitsverhältnis **Vorbem 598 ff** 15
Haftungsüberwälzung **581** 317

Haftungsübernahme gegenüber Dritten
Pachtgegenstand, Eigentum **581** 317
Vereinbarung, vertragliche **581** 317
Hallenüberlassung
Pachtvertrag **Vorbem 581** 36
Halmtaxe
Ersatzanspruch **596a** 3
Landpachtvertrag, Rückabwicklung **596** 4
Wertfeststellung **596a** 3, 13 ff, 19
Hand- und Spanndienste
Mitwirkungspflichten **588** 11
Handelsbilanz
Pachtbemessung **581** 258
Handelsgeschäft
Raumpacht **581** 22
Unternehmenspacht **581** 66, 69
Handelsvertreterrecht
Franchisevertrag **581** 195
Lizenzvertrag **581** 196
Pachtvertrag **581** 196
Handleihe
Rechtsgrundabrede **Vorbem 598 ff** 9, 11; **603** 2
Schutzpflichten **Vorbem 598 ff** 11
Überlassungspflicht **Vorbem 598 ff** 6
Hauptleistungspflicht
Austauschverhältnis **581** 241
Gebrauchsgewährung **581** 3
Pachtvertrag **581** 1 f, 206
Pächter **581** 241 ff
Verpächter **581** 206 ff
Hauptpacht
Landpacht **585** 9
Hauptpachtvertrag
s Unterverpachtung
Hausfrieden
Störung des Hausfriedens **594e** 28
Heilung
Landpachtvertrag, formunwirksamer **585a** 21
Heizanlage
Verbesserungsmaßnahme **588** 13
Heizkosten
Lastentragung **586a** 7
Herausgabeanspruch
Zwangsvollstreckung **Vorbem 581** 110, 112, 115
Herausgabepflicht
Dienstvertrag **Vorbem 581** 45
Heuerlingsvertrag
Begriff **Vorbem 581** 63; **585** 12 f
Betrieb, landwirtschaftlicher **585** 13
Fälligkeit **587** 14
Landpachtvertrag **585** 13
Pachtentrichtung **581** 243
Höhere Gewalt
Pachtherabsetzung **581** 282
Hofbeschreibung
Betriebspacht **585b** 3

Hoferbenbestimmung
Widerruf **594a** 8a
Hoferbfolge
Anerbengut **593a** 30
Hofübergabevertrag
Genehmigungserfordernis **593a** 12
Pachtschutz **595** 26
Hofverpachtung
Pachtende, Zahlungsansprüche bei **596** 38a
Hoheitsrechte, staatliche
Umsatzsteuerbefreiung **581** 260
Holzeinschlag
Betriebsplan **596a** 23 f
Mehreinschlag **596a** 25
Schadensersatz **596a** 25
Verpächterpfandrecht **596a** 26
Wertersatz **596a** 5, 23 f
Hotelpacht
Pachtvertrag **Vorbem 581** 36; **581** 21 f
Raumpacht **581** 22
Unternehmenspacht **581** 22, 66
Imkerei
Landwirtschaft **585** 24
Immaterialgüterrechte
Franchisevertrag **581** 46
Pacht **Vorbem 581** 24, 83
Rechtspacht **581** 31, 46 f; **584** 10, 13
Sponsoringvertrag **581** 46
Immissionen
Störungsabwehr **581** 218
Inbesitznahme
Eigenmacht, verbotene **596** 7
Selbsthilferecht **592** 29
Informationspflicht
Pachtgegenstand **581** 301
Pächterpflicht **586** 43
Unternehmenspacht **581** 301
Zwangsvollstreckung **581** 300
Inhaberpapiere
Verpächterpfandrecht **592** 9
Insolvenz
Pächter **Vorbem 581** 126 ff
Aussonderungsrecht des Verpächters **Vorbem 581** 128; **596** 7
Freigabeerklärung **Vorbem 581** 126
Früchte **Vorbem 581** 128
Inventar **Vorbem 581** 128
Kündigungsrecht des Insolvenzverwalters **584** 19
Kündigungsrecht des Verpächters **Vorbem 581** 126; **594e** 21
Pachtforderungen **Vorbem 581** 127
Wahlrecht des Insolvenzverwalters **Vorbem 581** 126
Wegnahmerecht **Vorbem 581** 128
Verpächter **Vorbem 581** 122 ff
Erfüllungsablehnung **Vorbem 581** 122

Insolvenz (Forts)
  Erfüllungswahl **Vorbem 581** 122, 125
  Grundstückspacht **Vorbem 581** 123
  Kündigungsrecht des Pächters **Vorbem 581** 122
  Pachtgegenstand **Vorbem 581** 125
  – Veräußerung **Vorbem 581** 123
  Wahlrecht des Insolvenzverwalters **Vorbem 581** 122
Insolvenzverwalter
  Entfernung von Sachen **592** 24
  Grundstücksveräußerung **593b** 3
  Kündigungsrecht **594a** 14
Instandhaltungspflicht
  AGB-Kontrolle **581** 224
  allgemeine Instandhaltungspflicht **581** 224
  Gefahrenabwehr **581** 225
  Pachtgegenstand **581** 224
  Prüfungspflicht **581** 225
  Zerstörung des Pachtgegenstands **581** 227
Instandsetzungspflicht
  Mängelbeseitigung **581** 224, 226
  Verbesserungen des Pachtgegenstands **581** 226
  Zerstörung des Pachtgegenstands **581** 227
  Zumutbarkeit der Reparatur **581** 227
Internationale Zuständigkeit
  Annexzuständigkeit **Vorbem 581** 130
  Früchte **Vorbem 581** 133
  Inventar **Vorbem 581** 133
  Pachtvertrag **Vorbem 581** 129 f, 132
    Begriff **Vorbem 581** 130
    Rechtspacht **Vorbem 581** 131
    Sachen, bewegliche **Vorbem 581** 131
    Sachen, unbewegliche **Vorbem 581** 130
Internationales Privatrecht
  Pachtvertrag **Vorbem 581** 129, 134
  Rechtswahl **Vorbem 581** 134
Internetdomain
  s a Domainpacht
  Pachtvertrag **581** 5, 61, 63
  Überlassungsvertrag **Vorbem 581** 89
Inventar
  Anwartschaftsrecht **Vorbem 581** 101
  Aufwendungsersatz **581** 410; **582** 5
  Ausbesserungen **582** 9
  Aussaat **Vorbem 582 ff** 6
  Begriff **Vorbem 582 ff** 5
  Beschaffung, Beitrag des Überlassenden **Vorbem 581** 35
  Besichtigung **Vorbem 582 ff** 12
  Betriebsaufgabe **Vorbem 581** 104
  Betriebsführung auf einem Grundstück **Vorbem 582 ff** 5, 7
  Dünger **Vorbem 582 ff** 6
  Eigentum des Pächters **Vorbem 581** 101
    Beweislast **Vorbem 581** 103
  Eigentumsverhältnisse **Vorbem 582 ff** 5
  eiserne Verpachtung **582a** 6, 45

Inventar (Forts)
  Enthaftung **Vorbem 581** 104
  Ergänzungspflicht **582** 4 ff
  Erhaltungspflicht **Vorbem 581** 35; **581** 292; **582** 1 ff, 4 ff, 9 f; **590b** 11
  Ersatzansprüche, Verjährung **582** 5
  Erzeugnisse des Grundstücks **Vorbem 582 ff** 5
  Erzeugnisse, landwirtschaftliche **Vorbem 582 ff** 6
  Feldinventar **Vorbem 582 ff** 6
  Fortschaffung **Vorbem 581** 104
  Früchte, noch nicht geerntete **Vorbem 582 ff** 7
  Gebrauch, vertragsgemäßer **582** 6
  Geräte **Vorbem 582 ff** 6 f
  Grundstücke, landwirtschaftliche **Vorbem 581** 99
  Kaufinventar **Vorbem 582 ff** 6
  Kaution **583** 4
  Landpacht **585** 4
  Landpachtrecht **581** 24
  lebendes Inventar **Vorbem 582 ff** 6; **582a** 45; **586** 32
  mietvertragsrechtliche Vorschriften, Verweisung auf **581** 480
  Milchvieh **Vorbem 582 ff** 7
  Mitverpachtung **581** 210; **Vorbem 582 ff** 1, 6; **582a** 45
    einfache Mitverpachtung **Vorbem 582 ff** 3; **582** 1
    schlichte Mitverpachtung **Vorbem 582 ff** 3; **582** 1
  Neuanschaffung **Vorbem 581** 2
  Neuinvestitionen **582** 6
  Obhutspflicht **582** 15
  Pachtkreditrecht **Vorbem 581** 99 ff
  pächtereigenes Inventar **Vorbem 582 ff** 6
  Pächterpfandrecht **581** 337, 422; **583** 1 ff
    Ausgleichsanspruch **583** 4
    Eigentum Dritter **583** 5
    Kaution **583** 4
    Sicherheitsleistung **583** 6
    Verwendungsersatz **583** 4
  Pfandrecht, besitzloses **Vorbem 581** 99 ff
    Ende **Vorbem 581** 104
    Entstehung **Vorbem 581** 102
    Erwerb, gutgläubiger **Vorbem 581** 103 f
  Raumpacht **581** 21
  Rückgabe **581** 478
  Rückgabepflicht **581** 329
    Zurückbehaltungsrecht **581** 337
  Schadensersatz **582** 15
  Schätzwert **582a** 41
  Tiere **582** 11 ff
  totes Inventar **Vorbem 582 ff** 6; **582a** 45
  Überinventar **582a** 7, 19, 21
  Übernahme zum Schätzwert
    s Inventarübernahme zum Schätzwert

Inventar

Inventar (Forts)
Untergang, zufälliger **582** 6
Veränderung **582** 9
Vereinbarungen, vertragliche **Vorbem 582 ff** 4
Verfügungsbeschränkungen **583a** 1 ff
Verkauf an den Pächter
  s Inventarkauf
Verkehrsauffassung **Vorbem 582 ff** 5
verpächtereigenes Inventar **Vorbem 582 ff** 6; **582** 1
Verschlechterung **582** 9
Verwertung **Vorbem 581** 105
Vorräte **Vorbem 582 ff** 6
Wieseninventar **Vorbem 582 ff** 6
Zubehörbegriff **Vorbem 581** 100
Zurückbehaltungsrecht **583** 7
Zuständigkeit, internationale **Vorbem 581** 133
Inventarerhaltung
Grundstückspacht **582** 1 ff
Inventargegenstand
s Inventar
Inventarkauf
s a Inventarveräußerung
Auslegung **Vorbem 582 ff** 9
Besichtigung des Inventars **Vorbem 582 ff** 12
Beweislast **Vorbem 582 ff** 9
Kaufpreis, Fälligkeit **Vorbem 582 ff** 10
Kaufpreis, Verzinsung **Vorbem 582 ff** 10
Kaufvertrag **Vorbem 582 ff** 11
Rückgabepflicht **582a** 10
Rückkaufpflicht **Vorbem 582 ff** 13 ff
Schätzwert **582a** 9
Stundung **Vorbem 582 ff** 10, 12; **582a** 10
Teil des Inventars **Vorbem 582 ff** 10
Verjährung **Vorbem 582 ff** 11
Verkauf an den Pächter **Vorbem 582 ff** 3, 8
Inventarpfandrecht
besitzloses Pfandrecht **592** 15
Rang **592** 15
Wirtschaftsfrüchte **592** 15
Inventarpfandrechtsgesetz
Pachtrecht **Vorbem 581** 14; **592** 15
Inventarübernahme zum Schätzwert
Ablehnungsrecht **582a** 32, 34, 36 ff
Gestaltungsrecht **582a** 39
Abwicklung **582a** 32 ff
Aufwendungsersatz, Verjährung **581** 410
Ausgleichsanspruch
  s Wertausgleich
Betriebsführung **582a** 3
Eigentum **582a** 2
Eigentumserwerb des Verpächters **582a** 21 ff
  Abdingbarkeit **582a** 30
  Anschaffung durch den Pächter **582a** 23 f

Sachregister

Inventarübernahme zum Schätzwert (Forts)
  Durchgangserwerb **582a** 27 f
  Eigentumserwerb kraft Gesetzes **582a** 29
  Eigentumsvorbehalt **582a** 28
  Einverleibung in das Inventar **582a** 21, 23, 25 f
Eintritt eines neuen Pächters **582a** 31
Erhaltungspflicht **582a** 11, 14 ff
Ersetzungspflicht des Pächters **582a** 14 ff
Gefahrtragung **582a** 2, 11 ff
  Pachtzeit **582a** 13
  Veraltung, technische **582a** 12
Inventarbegriff **Vorbem 582 ff** 6
Kaufvertrag **Vorbem 582 ff** 9
Pachtende **581** 127
Pachtgegenstand **582a** 2
Pächterpfandrecht **582a** 52; **583** 4
Prozessführungsbefugnis **582a** 20
Rückgabe von Inventar **581** 478
Rückgabepflicht zum Schätzwert **Vorbem 582 ff** 3; **582a** 1, 9, 32 ff
  Erfüllungsort **582a** 35
  Fälligkeit **582a** 35
  vorhandenes Inventar **582a** 33 f
Surrogation, dingliche **582a** 21 ff
Überinventar **582a** 7, 21, 29, 34
Unternehmenspacht **582a** 4, 36
Verfügungsbefugnis des Pächters **582a** 17 ff
Verzinsung der Anfangsschätzsumme **Vorbem 582 ff** 9
Wertausgleich **582a** 32, 34, 41 ff
  Ausgleichsanspruch **582a** 41 ff, 51 f
  – Fälligkeit **582a** 51
  – Pfandrecht **582a** 52
  – Verjährung **582a** 51
  – Zurückbehaltungsrecht **582a** 52
  Saldo **582a** 51
  Schätzwert **582a** 41
  technische Entwicklungen **582a** 49 f
  Vereinbarungen, abweichende **582a** 53 f
  Währungsrisiko **582a** 48
Wertermittlung **582a** 43 ff
  Bewertungsgrundsätze **582a** 53
  Bewertungszeitpunkte **582a** 53
  Sachverständige **582a** 46
  Schätzung **582a** 44 ff
  – erneute Schätzung bei Vertragsende **582a** 54
  Schätzungsordnung **582a** 44 f
Inventarveräußerung
s a Inventarkauf
Ausgleichsanspruch **590** 32 ff
Einbringen des Inventars in eine Gesellschaft **590** 34
Geldleistung als Gegenleistung **590** 34
Reinvestition des Erlöses **590** 34 f, 42
Wertverbesserung **590** 35

Inventarveräußerung (Forts)
  Verkauf 590 34
Inventarverzeichnis
  Anerkennungsvertrag 582 16
  Beschreibung der Pachtsache 585b 7
  Beweisurkunde 582 16
  Landpacht 582 16
  Schriftformerfordernis 581 158 f
Irrtumsanfechtung
  Pachtvertrag 581 468
IT-Bereich
  Überlassungsverträge Vorbem 581 88 ff
Italien
  Pachtrecht Vorbem 581 17

Jagdausübungsrecht
  s Jagdpacht
Jagderlaubnis
  Abgrenzung 581 139
  Erteilung durch Jagdausübungsberechtigten 581 35
Jagdgast
  Jagderlaubnis 581 35
Jagdgenossenschaft
  Verpächter 581 111
Jagdpacht
  Aneignungsrecht Vorbem 581 56, 69
  Anzeigepflicht Vorbem 581 70; 581 34, 139, 156
  Ausführungsgesetze der Länder Vorbem 581 23, 70; 581 34
  Ausschreibungsverfahren 581 163
  Beanstandungsbefugnis der zuständigen Behörde 581 156
  Bedeutung, wirtschaftliche Vorbem 581 19
  Bedingung, auflösende 581 121
  Beendigung 581 423
  Befriedung 581 358
  Befristung 581 457
  Bundesjagdgesetz Vorbem 581 23, 34, 70
  Eigenjagdbezirk, Erlöschen 581 121
  Eigenjagdbezirk, Veräußerung 581 121
  Eintritt des Erwerbers 581 115, 121
  Erlöschen 581 458a
  Form 581 157
  Gebrauchsgewährung 581 212
  gemeinschaftlicher Jagdbezirk, Grundstücksveräußerung 581 122
  Grundeigentümerwechsel Vorbem 581 70; 581 34
  Grundstücksbelastung 593b 3
  Grundstücksveräußerung 581 472; 593b 3
  Hegemaßnahmen 581 212
  Hochwildrevier 581 362
  Jagdausübung, unwaidmännische 581 449
  Jagdausübungsrecht Vorbem 581 68 f; 581 32, 34 f
    unbefugte Überlassung 581 447, 458

Jagdpacht (Forts)
  Jagdpachtfähigkeit Vorbem 581 70; 581 34, 134
  Jagdschein 581 134
  Jahreszeiten 581 35
  Kündigung 581 433
  Kündigung, außerordentliche 581 458
    wichtiger Grund 581 458
  Kündigung, außerordentliche fristlose 581 447 f
  Kündigung, ordentliche 581 457
  Mängelgewährleistung 581 362
    Handlungen Dritter 581 362
  Manöver 581 370
  Minderung 581 212, 370
  Mindestdauer 581 152
  Mitpächter 581 132, 134
    Ausscheiden eines Mitpächters 581 132
    Gesellschaftsvertrag 581 163
    Kündigung des Jagdpachtvertrages 581 458
  Pachtbemessung 581 262
  Pachtdauer 581 34, 152, 156
  Pachtgegenstand 581 34 f
    Spezifizierung 581 163
  Pachtrecht Vorbem 581 14, 23, 68
  Pachtvertrag, unbefristeter 581 457
  Pächter 581 133 f
  Personengesellschaft 581 134
  Rechtspacht 581 32
  Rückgabepflicht 581 330
  Schriftform 581 163 f
    Nichtbeachtung 581 164
  Sicherungsrechte 581 163
  Strohmanngeschäft 581 145, 164
  Teilpacht 581 35
    Mindestgröße 581 212
  Tod des Pächters 581 142, 473 f
  Umgehungsvereinbarung 581 164
  Unterpacht 581 163
  Unterverpachtung 581 139
  Verhalten, vertragswidriges 581 449
  Verpächter 581 111
  Vertragsbeendigung Vorbem 581 70; 581 34
  Vertragsform 581 34
  Vertragsinhalt 581 34
  Vorvertrag 581 163, 198
  Weiterverpachtung 581 139
  Wildarten 581 35
  Wildschäden 581 319
    Verhütung 581 262
  Windkraftanlage 581 362
  Zahlungsverzug 581 448
  Zugangsgewährung 581 211
Jagdschein
  Entziehung 581 458a, 474
  Gültigkeitsdauer, Ablauf 581 458a
Juristische Personen
  Pachtschutz 595 7, 24

Juristische Personen (Forts)
  Pachtvertragspartei **581** 109
  Tod eines Gesellschafters **594d** 8
  Untergang der juristischen Person **581** 473

Kalenderjahr
  Pachtjahr **594a** 10; **596a** 8
Kaliabbau
  Störung der Geschäftsgrundlage **581** 281
Kaligewinnung
  Kündigung, außerordentliche befristete **581** 442
  Kündigung, außerordentliche fristlose **581** 445
Kammerbeiträge
  Kostentragung **587** 29
Kantinenpacht
  Begriff **Vorbem 581** 73
  Pacht/Miete, Abgrenzung **Vorbem 581** 35
  Pachtbemessung **581** 269
  Pachtvertrag **581** 21 f
  Unternehmenspacht **581** 21, 66
Kapitalgesellschaftsanteile
  Pachtvertrag **Vorbem 581** 77
Kartellrecht
  Freistellung **581** 182 ff
    Gruppenfreistellungsverordnung für Technologietransfer-Vereinbarungen **581** 183 ff, 327
    Vertikal-Freistellungsverordnung **581** 182, 185, 314
  Landpacht **585** 43
  Pachtvertrag **Vorbem 581** 24
  Form **581** 157
  Privatautonomie **581** 181 ff
Kauf
  Abgrenzung Pachtvertrag **Vorbem 581** 40
Kauf bricht nicht Miete
  Grundstückserwerb **585a** 3
Kauf bricht nicht Pacht
  Abdingbarkeit **593b** 5
  Bestandsschutz **593b** 1
  Eintritt des Erwerbers **581** 115, 126; **593b** 3 ff.
  Grundstückspacht **581** 10, 116 f
    Grundstück mit weiteren Gegenständen **581** 117 f
  Inventarübernahme **581** 127
  Raumpacht **581** 116
Kaufpreisherabsetzung
  Pachtentrichtung **581** 243
Kaution
  Anlage, getrennte **581** 309
  Anlageform **581** 309
  Aufrechnung **581** 309
  Bürgschaft **581** 309
  Endabrechnung **581** 309
  Fälligkeit **581** 309
  Fondsanlage **581** 308

Kaution (Forts)
  Geldbetrag **581** 308
  Nichtleistung **581** 309
    Kündigungsrecht **581** 309, 449
  Parteivereinbarung **581** 307
  Rückzahlungsanspruch **581** 309
  Schadensersatz, pauschalierter **581** 309
  Sicherungsübereignung **581** 308
  Verfall **581** 309
  Verpächterpfandrecht **592** 6, 37
  Verpfändung beweglicher Sachen **581** 308
  Vertragsstrafe **581** 309
  Verzinsungspflicht **581** 309
  Wertpapiere **581** 308
Kennzeichenrechte
  Nutzungsrecht **581** 339
KG
  Pachtvertrag, Schriftform **581** 158
Kiesabbau
  Grundstückspacht **Vorbem 581** 41
Kino
  Pachtvertrag **Vorbem 581** 51
  Unternehmenspacht **581** 66
Klärschlamm
  Bewirtschaftung, ordnungsgemäße **586** 37; **596** 11
  Landpacht **585** 27
Kleingarten
  Bebauung **581** 14
  Bestandsschutz **581** 14
  Definition **581** 14
  Größe **581** 14
Kleingartenanlage
  Definition **581** 14
Kleingartenpacht
  Anpflanzungen, Entfernung **581** 455a
  Aufwendungsersatz **596a** 28
  Bebauungsplan, übergeleiteter **581** 455
  Bedeutung, wirtschaftliche **Vorbem 581** 19
  Beendigung **581** 14, 455
  auf bestimmte Zeit eingegangenes Pachtverhältnis **581** 427
  Bundeskleingartengesetz **Vorbem 581** 23, 30, 62; **585** 14
  Dauerkleingarten **581** 151
  Eigentumsschutz **Vorbem 581** 61
  Einrichtungen, Entfernung **581** 455a
  Erholungswert **Vorbem 581** 60
  Erholungszweck **581** 14
  Fortsetzung des Pachtverhältnisses **581** 455
  Freizeitgestaltung **585** 14
  Freizeitwert **Vorbem 581** 60
  Gemeinschaftsarbeiten **581** 299
  Gesundheitsschutz **Vorbem 581** 60
  Kündigung **581** 434, 455 f
    wegen Nutzungsänderung **581** 455
    ordentliche Kündigung **581** 455
    Schriftform **581** 455
  Kündigungsschutz **Vorbem 581** 60 ff

Kleingartenpacht (Forts)
  Lasten, öffentlich-rechtliche **581** 239
  Nahrungsmittelversorgung **Vorbem 581** 60
  Nutzungsverhältnisse, Bestandsschutz
    Vorbem 581 28, 30
  Pachtdauer **Vorbem 581** 62; **581** 427
  Pachthöhe **Vorbem 581** 60, 62; **581** 14, 265
  Pachtrecht **Vorbem 581** 14, 23, 60; **581** 9
  Pächterschutz **Vorbem 581** 60 f
  Privatautonomie, Einschränkungen
    581 14, 151
  Rückgabepflicht **581** 455a
  Störung der Geschäftsgrundlage **581** 281
  Tod des Pächters **581** 143, 473
  auf unbestimmte Zeit eingegangenes
    Pachtverhältnis **581** 455
  Vertragsdauer **581** 151
  Zuständigkeitsstreitwert **581** 424
  Zwischenpachtvertrag **581** 14, 456
Klempnerei
  Unternehmenspacht **581** 66
Know-how-Vertrag
  Beendigung **581** 461
  Erhaltungspflicht **581** 292
  Gebrauchsgewährung **581** 214
  Geheimhaltungspflicht **581** 106, 237, 292
  Kartellrecht **581** 184
  Kündigung **581** 461
  Loyalitätspflicht **581** 237
  Mangel **581** 358
  Pachtgegenstand **581** 106
  Pachtrecht **Vorbem 581** 17, 86; **581** 63, 106
  Privatautonomie, Einschränkungen
    581 184
  Rechtsmängelhaftung **581** 106, 383
  Rechtspacht **581** 106, 461
  Rücksichtnahmepflicht **581** 237
  Rückübertragungspflicht **581** 106
  Vertrag sui generis **Vorbem 581** 86
Körperschaftsteuer
  Betriebsaufspaltung **581** 98
Kohleabbau
  Grundstückspacht **Vorbem 581** 41
Kolonat
  Landpacht **Vorbem 581** 4
Konditorei
  Unternehmenspacht **581** 22
Konkurrenzschutz
  Apothekenpacht **581** 181
  Grundstücksüberlassung **Vorbem 581** 35
  Kartellrecht **581** 223
  Kündigung des Pachtvertrags, fristlose
    581 222
  Pachtvertrag **581** 181
  Primäranspruch **581** 222
  Privatautonomie, Einschränkungen
    581 223
  Schadensersatz **581** 222
  Störungsabwehr **581** 217, 220 ff

Konkurrenzschutz (Forts)
  Unterlassungsklage **581** 222
Konkurrenzunternehmen
  Schadensersatz **581** 402
Konkurrenzverbot
  Pachtrecht **Vorbem 581** 35
Konsolidation
  Verpächterpfandrecht **581** 416; **592** 18
Konzertprogramm
  Rechtspacht **Vorbem 581** 81
Kostenelementeklauseln
  Pachtvertrag **581** 276
Krankheit
  Nutzungsverhinderung **587** 20
  Vertragsanpassung **593** 11
Kreispachtvertrag
  s DDR
Kündigung
  von allen an alle **585** 39; **593b** 6
  Aufhebung **594f** 6
  Aufhebung, einvernehmliche **581** 452
  Aufhebungsvereinbarung **584** 26
  außerordentliche Kündigung **581** 429,
    441 ff; **594** 7
  außerordentliche befristete Kündigung **581** 429, 441 f, 451; **584a** 1, 11
  – Ausschluss **581** 443; **584a** 11 ff
  – Tod des Pächters **581** 443
  – Vertrag über mehr als dreißig
    Jahre **581** 442
  außerordentliche fristlose Kündigung **581** 429, 441, 444 ff, 481; **594e** 1
  – Abhilfefrist **581** 445
  – Abmahnung **581** 447
  – Aufrechnung **581** 448
  – Auslauffrist **581** 451
  – Ausschluss **581** 445
  – Beschimpfungen **581** 449
  – Formularvertrag **581** 448
  – Frist, angemessene **581** 449
  – Gefährdung des Pachtgegenstands,
    erhebliche **581** 447
  – Gesundheitsgefährdung **581** 446, 449
  – grundlose Kündigung **581** 453
  – Kapital, Umqualifizierung **581** 449
  – mietvertragsrechtliche Vorschriften,
    Verweisung auf **584** 1
  – Misshandlungen **581** 449
  – Rechtsmängelgewährleistung **581** 380
  – Sachmängelgewährleistung **581** 369,
    375
  – Umdeutung **581** 451
  – unzulässige Rechtsausübung **581** 448
  – Verhalten, vertragswidriges **581** 449
  – Vertragsdurchführung, erhebliche
    Gefährdung **581** 449
  – wichtiger Grund **581** 444 f, 449, 481;
    594e 2
  – Wirkung, sofortige **581** 451

Kündigung

Kündigung (Forts)
– Zerrüttung des Vertragsverhältnisses **581** 449
Parteivereinbarung **581** 441
Störung der Geschäftsgrundlage **581** 429, 450
Tod einer Vertragspartei **585** 39
bedingte Kündigung **581** 436
Beendigungswille **581** 435, 451
Bevollmächtigungsklausel **594f** 5
Bezeichnung **581** 435
Entschädigungspflicht **594b** 4
wegen Formnichtigkeit **581** 159
Formverstoß **594f** 10
fristlose Kündigung **596a** 9
Geschäftsfähigkeit **594f** 5
Landpachtvertrag **594** 1
Leihvertrag **Vorbem 598 ff** 23
mietvertragsrechtliche Vorschriften, Verweisung auf **581** 480
ordentliche Kündigung **581** 429, 437 ff, 451; **594a** 3 ff
Ausschluss **584** 17
Pachtverhältnis **581** 429 f
Beendigung **581** 451; **584** 26; **584b** 8; **595** 20
– vorzeitige Beendigung **596a** 9
Neubegründung **584** 26
Pachtverhältnis, Beendigung **594** 1
Pachtvertrag **581** 113
Parteivereinbarung **581** 432, 448
Parteiwechsel **594a** 7
Rücknahme **594f** 7
Schadensersatzansprüche **581** 453
Schriftform **581** 434; **594a** 12; **594f** 5
Unabdingbarkeit **594f** 11
Schriftsatz, prozessualer **581** 434 f; **594f** 5
Teilkündigung **581** 436; **594a** 8; **594e** 12, 14; **594f** 9
Treu und Glauben **581** 431; **594e** 25; **594f** 10
Treupflichtverletzung **585a** 21 f
Umdeutung **594a** 11; **594e** 10; **594f** 11
Unterzeichnung **594f** 5
unzulässige Rechtsausübung **581** 431, 448; **584** 21
Verfahren, streitiges **594f** 12
Verhalten, vertragswidriges **581** 425
verspätete Kündigung **584** 26
Vertrag, gemischter **581** 434
vorzeitige Kündigung **593a** 1; **594a** 13 ff; **595** 11
Widerruf **581** 452; **584** 26; **594f** 7
Wirkung **584** 26
Zahlungsaufforderung, schriftliche **581** 448
Kündigungserklärung
Einschreiben **584** 22; **594f** 11
Form **581** 434
Formularvertrag **584** 22

Kündigungserklärung (Forts)
Formzwang, vereinbarter **584** 22; **594f** 11
konkludente Erklärung **581** 434
Kündigung, außerordentliche fristlose **581** 444
Kündigung, ordentliche **581** 437
Kündigungswille **594e** 33; **594f** 7
Schriftform, vereinbarte **584** 22
Stellvertretung **581** 433; **584** 22
Umdeutung **581** 466
Willenserklärung, einseitige empfangsbedürftige **581** 433; **584** 22
Zugang **581** 433, 451; **594e** 30, 32; **594f** 7
Kündigungstag **584** 24
Kündigungsfolgenschaden
Schadensersatzpflicht **581** 453
Kündigungsfrist
Betriebsübergabe **593a** 1
Fristberechnung **594d** 13
Fristlauf **594d** 13
Fristversäumung **594d** 15
gesetzliche Kündigungsfrist **584** 18
Grundstückspacht **584** 1 ff
Halbjahresfrist **584** 24 f
Kündigung, außerordentliche befristete **581** 429, 441; **584** 18 ff
Kündigung, ordentliche **581** 429, 437
Landpacht **584** 4 f; **594a** 1, 9 ff
Zwei-Jahres-Frist **594a** 2
mietvertragsrechtliche Vorschriften, Verweisung auf **581** 481
Nichteinhaltung **581** 451
Pachtverhältnis **581** 423 ff
Pachtzeit, bestimmte **584** 16
Pachtzeit, unbestimmte **584** 15
Parteivereinbarung **581** 437; **584** 7
Raumpacht **584** 8 f
Rechtspacht **584** 1 ff
Tod des Pächters **594d** 13
Unternehmenspacht **584** 14
Kündigungsgrund
Kenntniserlangung **581** 444
Kündigung, außerordentliche **581** 441; **594f** 7
außerordentliche befristete Kündigung **581** 429
außerordentliche fristlose Kündigung **581** 444
Kündigung, ordentliche **581** 429
Vorschieben von Kündigungsgründen **581** 431
Kündigungsrecht
Ausschluss **581** 431 f
Verwirkung **594a** 8a
Kündigungstag
Feiertag **584** 24
Kündigungserklärung, Zugang **584** 24
Kündigungsfrist **584** 25
Landpacht **594a** 1

Kündigungstag (Forts)
  Verkürzung 594a 2
  Sonntag **584** 24
  Werktag **584** 24
Kündigungstermin
  Kalenderjahr **584** 3
  Kündigungsfrist **584** 25
  Landpacht **594f** 8
  Pachtjahr **584** 4, 23
  Parteivereinbarung **584** 3, 7
  Tod des Pächters **594d** 14
  Unrichtigkeit **584** 26
  Wirtschaftsjahr **584** 3 f
Kundenstamm
  Unternehmenspacht **581** 5, 27
Kunstwerk
  Dauerleihgabe **598** 5 f

Ladenräume
  Pachtvertrag **Vorbem 581** 36
Lärm
  Störungsabwehr **581** 218
Landgut
  Pacht **Vorbem 581** 9
  Rücklassungspflicht **596b** 2
  Unterverpachtung **584a** 2
Landpacht
  Abänderung von Amts wegen **593** 6
  Abdingbarkeit **585** 47
  Abgrenzung **Vorbem 581** 34, 53; **585** 5 ff
    hobbymäßige Nutzung **585** 26
  Abwicklung vorzeitig beendeter Verträge **595a** 2, 5, 8
  Änderungsbegehren **593** 9 ff
  Allgemeine Geschäftsbedingungen **585a** 17 f
  alternativer Landbau **586** 7, 37
  Angehörige, nahe **593** 9
  Anpassung **593** 1 ff
  Anzeigebefreiung **585** 46; **593** 9; **593a** 6; **595** 7
  Anzeigepflicht **Vorbem 581** 14, 19; **585** 46; **585a** 10; **593** 6; **593b** 4 f; **595** 13
    Änderungsvereinbarung **587** 10
  Ausbesserungen der Pachtsache
    s dort
  Auslegung **585a** 14
  Beanstandungsverfahren **585** 46
  Bedeutung, wirtschaftliche **Vorbem 581** 19
  Begriff **Vorbem 581** 53; **585** 1
  Beschreibung der Pachtsache **585a** 8; **585b** 1
  Besitzschutz **586** 14
  Besitzverschaffung **586** 12
  Betriebsgrößen **585** 32
  Betriebspacht **585** 2, 8, 19 ff; **588** 3; **590** 2; **591** 5
    Beschreibung der Pachtsache **585b** 3

Landpacht (Forts)
  Leistungsfähigkeit des Betriebes **585** 19, 26; **591** 1
  Mischbetrieb **585** 20
  Nebenbetrieb **585** 21
  Betriebsübergabe **585** 39; **593a** 4
  Beurkundungszwang **585a** 11
  Bewirtschaftung der Pachtsache **590** 1
  Bewirtschaftung, höchstpersönliche **594c** 2
  Bewirtschaftung, ordnungsgemäße **586** 4, 7, 32 ff; **594e** 15; **596** 3
  biologischer Landbau **585** 27; **591** 12; **596** 14, 33
  Bodenfrüchte **586** 15
  Bodenveränderungen **585** 27
  Dauerschuldverhältnis **587** 8; **593** 1
  Doppelbetrieb **585** 22; **594f** 3
  Ehegatten **581** 131; **585** 46
  Eigenschaftszusicherung **586** 22
  Eignung **586** 8 ff
  Einheit des Pachtvertrages **585** 39
  Einheitstheorie **593b** 6
  Einzelpacht **585** 11
  eiserne Verpachtung **585** 4, 8, 29; **585b** 2, 7; **586** 30; **596** 4, 38a
  Erbengemeinschaft **585a** 12
  Erbfolge, vorweggenommene **585** 8, 39
  Erfüllungsanspruch **586** 8
  Erfüllungsgehilfen **589** 3; **594c** 2
  Erhaltungspflicht **586** 1 f, 7 f, 25 ff, 32
  Erzeugnisse, Zurücklassung **585** 8
  Familienpacht **585** 15
  Flächenaufstellung **585a** 12, 21
  Flächenpacht **585** 8
  Flächenstilllegung **585** 24
  Form **585** 42; **585a** 1 ff, 12 f, 15 f, 25 f
    s a Schriftform
    Beweissicherung **585a** 3
    Einheitlichkeit des Dokuments **585a** 16
    elektronische Form **585a** 19
    Seitenaustausch **585a** 16
  Formverstoß **585a** 2, 11, 24; **594a** 3
    Heilung **585a** 21
    Treu und Glauben **585a** 21 f
  Forstflächen **585** 3, 28
  Freiwillige Gerichtsbarkeit **585** 49
  Fremdpacht **585** 15
  Fruchtfolge **586** 7
  Gebäude, Mitverpachtung **585** 19
  Gebrauch, vertragswidriger **590a** 1 ff
  Gebrauchsgewährung **586** 25
  Gebrauchsüberlassung **586** 1 f, 7
  Genehmigungserfordernis **585** 45
  Genehmigungspflicht **Vorbem 581** 14
  Gesundheitsgefährdung **594e** 14
  Gewährleistung **586** 20 ff
    Ausschluss **586** 23 f
  Gewinnerzielungsabsicht **585** 3
  Gleichheitsgrundsatz **593** 4

Landpacht (Forts)
  Grundstücke **581** 24; **585** 2
  Grundstücksbegriff **585** 18
  Grundstücksbelastung **593b** 1 f
  Grundstückspacht **585** 2, 8, 17 f, 26
  Nutzung, gemischte **585** 23
  Grundstücksveräußerung **593b** 1 f
  Hauptpacht **585** 9
  Haustürgeschäft **585** 41
  Heuerlingsvertrag **585** 13
  Hobbybetrieb **585** 19, 26; **595** 7
  Instanzenzug **585** 49
  Inventar **Vorbem 582 ff** 2, 7; **585** 4, 8; **586** 32
    Mitverpachtung **585** 29
    Verfügungsbeschränkungen **583a** 3
  Inventarerhaltung **581** 224
  Inventarübernahme zum Schätzwert, Pächterpfandrecht **583** 3
  Inventarübernahme zum Schätzwert, Wertausgleich **582a** 42
  Inventarverzeichnis **582** 16
  Kartellrecht **585** 43
  Kontrahierungszwang **585** 43
  Kündigung **585a** 18; **594** 1; **594a** 31
    Abmahnung **594e** 22, 31
    Aufhebung **585a** 6
    außerordentliche Kündigung **585** 39; **586** 7; **587** 21
    – außerordentliche befristete Kündigung **581** 443
    – außerordentliche fristlose Kündigung **594e** 1 ff
    – Kündigungsgrund **594a** 5
    Bevollmächtigung **594a** 6
    Form **584** 22; **594a** 12, 17; **594f** 1 ff
    fristlose Kündigung **586** 6, 43; **594e** 1 ff
    ordentliche Kündigung **594a** 3 ff
    Parteiwechsel **594a** 7
    Schriftform **594f** 1 ff, 5
    Teilkündigung **594a** 8; **594e** 12; **594f** 9
    Verwirkung **594a** 8a
    vorzeitige Kündigung **594a** 13 ff; **595** 11; **595a** 2, 7
    – Abdingbarkeit **595a** 10
    – Verfahren, streitiges **594a** 19
  Kündigungserklärung **594a** 6
  Kündigungsfrist **584** 4 f; **585a** 1, 3; **594a** 1, 9 ff; **594e** 30
    Fristberechnung **594a** 11
    Verkürzung **585a** 3; **594a** 18
    Verlängerung **594a** 18
  Kündigungstag **594a** 1
  Kündigungstermin **594a** 5
  kurzfristige Verträge **585a** 3
  Landpachtgesetz **Vorbem 581** 14
  Lasten **586** 3; **586a** 1 ff
  Laufzeit, mehr als dreißigjährige **585a** 9
  Laufzeit, mehr als zweijährige **585a** 1 ff, 7, 25

Landpacht (Forts)
  Leistungsstörungen **586** 16 ff
  Mängelgewährleistung **586** 20 f
  Mangel, Kenntnis **586** 22
  Mangelhaftigkeit **586** 9
  Minderung **593** 5
  Mindestinhalt **585a** 12
  Mischbetriebe **585** 20; **594f** 3
  Nebenpflichten **586** 12
  Nutzung der Pachtsache **586** 1, 7, 10 f
  Nutzung, landwirtschaftliche **585** 24; **596** 37
  Nutzungsarten **586** 7
  Nutzungsentschädigung **584b** 7
  öffentliches Recht **585** 44
  ökologische Wirtschaftsweise **585** 27
  Optionsvereinbarung **585a** 5, 7
  Pacht, Fälligkeit **587** 1
  Pachterhöhung **588** 20 ff
  Pachtgegenstand **585** 2, 17 ff; **585a** 12, 14; **586** 7
  Pachthöhe **585a** 12
  Pachtjahr **584** 23; **587** 3
  Pachtoption **585** 7
  Pachtschutz **585** 8; **585a** 18
  Pachtsenkung **585a** 20
  Pachtvertrag **585** 1 ff
  Pachtvorrang **585** 6
  Pachtvorvertrag **585** 5
  Pachtzeit **585a** 12
  Pächterpfandrecht **592** 2
  Pächterpflichten **586** 4, 7, 32 ff
  Pächterwechsel **585a** 5
  Parteivereinbarung **585** 27
  Parteiwechsel **585** 39; **585a** 5
    kraft Gesetzes **585** 39
  Pflichten der Vertragsparteien **585** 40
  Pflugtausch **585** 10; **585a** 5; **589** 4
  Re-Integration ins BGB **Vorbem 581** 14, 16
  Rechte der Vertragsparteien **585** 40
  Rechtsbeschwerde **585** 49
  Rechtsmängelgewährleistung **586** 5
  Rechtspacht **585** 30
  römisches Recht **Vorbem 581** 4
  Rückabwicklung **596** 2 ff, 6 ff
  Rückgabepflicht **586** 35; **596** 2 f
  Sachen, bewegliche **581** 24
  Sachen, unbewegliche **Vorbem 581** 21
  Sachmängelgewährleistung **586** 5
  Sammelpacht **585** 11
  Schlechtbewirtschaftung **586** 7
  Schriftform **585** 42; **585a** 15 f
    s a Form
    Beweislast **585a** 26
    Unterschrift **585a** 12, 15
    vereinbarte Schriftform **585a** 11, 23, 25 f
  Schriftformheilungsklausel **585a** 21
  Sonderkündigungsrecht **585a** 18
  Sonderrecht, landwirtschaftliches **585** 3, 26

Landpacht (Forts)
  Spaltungstheorie **585** 39; **593b** 6
  Stellvertretung **585** 41
  Steuerrecht **585** 48
    Betriebsaufgabe, steuerliche **585** 48
    Selbstbewirtschaftung **585** 48
    stille Reserven **585** 48
    Veräußerungsgewinn **585** 48
    Wahlrecht des Verpächters **585** 48
  Störung der Geschäftsgrundlage **581** 280; **586** 19; **593** 1, 7
  Stücklandpacht **587** 14; **588** 3, 20; **590** 2; **591** 5; **595** 72
  Subventionen **585** 32
    s a dort
  Teilflächenverkauf **585** 39; **593b** 6
  Tierfrüchte **586** 15
  Tod des Pächters **581** 443; **589** 25; **594d** 1 ff
  Überlassung der Pachtsache **586** 8, 12 ff
  Unterpacht **585** 9; **585a** 5
  Veränderung der Pachtsache **586** 10
  Veräußerung des Pachtgegenstands **585a** 18
  Verbesserung der Pachtsache **586** 7
  Verfahrensrecht **585** 49
  Verjährung **590** 11; **591b** 1 ff, 4 ff
  Verkehrssicherungspflicht **586** 25
  Verlängerungsklausel **585a** 7
  Verpächter nicht mit Eigentümer identisch **593b** 3a
  Verpächtergemeinschaft **585** 39
  Verpächterpfandrecht **592** 2, 5, 8
  Verpächterpflichten **586** 7 ff
  Verpächterstellung **585** 39
  Verträge, langfristige **585a** 18
  Vertrag, gemischter **585a** 5
  Vertrag, schuldrechtlicher **585** 41
  Vertrag über mehr als dreißig Jahre **594b** 1
    Kündigungsfrist **594b** 7 f
    Kündigungsrecht, Ausschluss **594b** 9
    Verfahren, streitiges **594b** 10
  Vertragsänderung **585a** 3, 5, 20
    Entscheidung, gerichtliche **585a** 9
    Formfreiheit **585a** 8 f
  Vertragsanpassung **585** 32; **593** 9 ff
  Vertragsaufhebung **585a** 6; **595a** 8
  Vertragsdauer **585a** 1 ff
    Übergangsrecht **585a** 4
  Vertragsergänzung **585a** 5
  Vertragsgemäßheit **586** 7, 9
  Vertragshilfe, richterliche **595a** 5, 8 f
  Vertragsinhalt **585a** 12
  Vertragsparteien **585** 36 ff; **585a** 12
    juristische Personen **585** 37
    Tod einer Vertragspartei **585** 39
  Vertragsschluss **585** 41; **585a** 12
  Vertragsstrafe **585a** 18
  Vertragsüberleitung **585** 8
  Vertragsverlängerung **585a** 5, 20

Landpacht (Forts)
  Ausschluss **585a** 18
  Vertragsverletzung **586** 18
  Verwaltungsprivatrecht **585** 44
  Verwandte, nahe **585** 46
  Verwendungsersatz **590b** 1 ff
  Verwendungsrisiko **586** 19
  Verzug **586** 17
  Vorhand **585** 6
  Vorleistungspflicht **586** 13; **587** 3
  Vorpachtrecht **585a** 18
  Vorpachtvertrag **585** 5
  vorübergehende Verpachtung **594f** 4; **595** 45
  Vorvertrag **585a** 5
  Widerrufsrecht **585** 41
  Wiederherstellungspflichten **586** 31
  Wirtschaftsgebäude, Mitverpachtung **585** 19
  Wirtschaftsräume **581** 24
  Wohngebäude, Mitverpachtung **585** 19
  Wohnräume **581** 24
  Zahlungsverzug des Pächters **594e** 18 ff
  ZPO-Verfahren **585** 49
  Zupacht einzelner Grundstücke **581** 12; **585** 2, 8, 26
  Zurückbehaltungsrecht **586** 13
  Zustand, geeigneter
    s Eignung
  Zweckbestimmung **586** 7
Landpachtnovelle
  Beschreibung der Pachtsache **585b** 1, 3
  Betriebsübergabe **593a** 3
  Dränungen **586** 47
  Formzwang **585a** 4
  Forstflächen **585** 28
  Grundstücksveräußerung **593b** 1
  Nutzungsüberlassung an Dritte **589** 2
  Pachtfortsetzung **595** 1
  Pachtverlängerung **594** 1
  Sozialklausel **595** 4
  Verpächterpfandrecht **592** 1
  Vertrag über mehr als dreißig Jahre **594b** 1
  Vertragsfortsetzung, wiederholte **595** 32
  Verwendungen, nützliche **591** 1
  Wegnahmerecht **591a** 1 f
Landpachtsachen
  streitige Landpachtsachen **585** 49; **586a** 12
  Zuständigkeit, funktionelle **591** 60
Landpachtvertrag
  s Landpacht
Landschaftsschutzgebiet
  Nutzungsverhinderung **587** 20
Landwirtschaft
  Begriff **585** 24
  Ökologisierung **585** 32
Landwirtschaftliche Bestimmung der Pachtsache
  Änderung **590** 5, 11 ff, 37

**Landwirtschaftliche Bestimmung der Pacht-
sache** (Forts)
  Anfrage **590** 38
  Ausbeute der Pachtsache **590** 5
  Beweislast **590** 41
  Erlaubnis des Verpächters **590** 2 f, 7 ff
  – Erteilung **590** 12
  – Fehlen der Erlaubnis **590** 11 ff
  – Schriftform **590** 38
  – Verweigerung der Erlaub-
    nis **590** 10, 42
  – Widerrufsvorbehalt **590** 9
  – Zustimmung, vorherige **590** 3
  Flächenstilllegung **590** 6
  Intensivierung **590** 5
  Kündigung, fristlose **590** 11, 15
  Nichtbewirtschaftung **590** 6
  Nutzung, gewerbliche **590** 5
  Schadensersatz **590** 11
  Teil der Pachtsache **590** 5
  Unterlassen, Veränderung durch **590** 6
  Unterlassungsanspruch **590** 11
  Beschreibung der Pachtsache **590** 4, 13, 37
  Beweislast **590** 41 f
  biologischer Landbau **596** 11
  Verfahren **590** 40
  Widmung **590** 4
Landwirtschaftskammerbeiträge
  Lastentragung **586a** 5
Lasten
  Abdingbarkeit **581** 238, 243
  Abschlagszahlungen **587** 15
  Äquivalenzstörungen **586a** 8
  Begriff **586a** 4
  Fälligkeit **587** 15
  Formularvertrag **586a** 10 f
  Gebäude **586a** 11
  Landpacht **586** 3; **586a** 1 ff
  Landpachtsachen, streitige **586a** 12
  mietvertragsrechtliche Vorschriften,
    Verweisung auf **581** 481
  Pachtgegenstand **581** 238
  Pachtzeit **586a** 8
  persönliche Lasten **586a** 7
  Übernahme **587** 4
  Verbrauchskosten **587** 15
  Vereinbarung, vertragliche **586a** 1 f, 9 ff
  Anzeige **586a** 2
Lastenausgleich
  Vermögensabgabe **586a** 7
Lastkraftwagen
  Sachpacht **581** 28
Laufzeit
  Pachtvertrag **Vorbem 581** 1
Lavaabbau
  Pachtvertrag, Sittenwidrigkeit **581** 179
Leasing
  Abgrenzung Pachtvertrag **Vorbem 581** 38

Lebenshaltungskosten
  Pachthöhe **587** 5
Leihe
  Abgrenzung **Vorbem 581** 39; **Vorbem
    598 ff** 1 ff; **603** 6
  Abnutzungsschaden **602** 2
  Beendigung **604** 3
  Beendigung des Leihverhältnisses **Vorbem
    598 ff** 1; **604** 7 ff, 10 f
  Begriff **Vorbem 598 ff** 1, 23; **598** 1
  Besitzschutz
    Widerklage des Verleihers **604** 9
  Besitzschutzklage **604** 9
  Besitzüberlassung **598** 14
  Besitzverhältnisse **Vorbem 598 ff** 22
  Betriebskosten **598** 2
  Beweislast **602** 5
  Deliktshaftung **599** 3
  Eigentumsübertragung während der Leih-
    zeit **598** 14
  Eingriffskondiktion **604** 1
  Entleiherschutz **604** 9
  Erhaltung der Sache **Vorbem 598 ff** 23
  Erhaltungsmaßnahmen, außergewöhn-
    liche **601** 4
  Erhaltungsmaßnahmen, gewöhnliche
    601 2
  Erhaltungspflicht **601** 1 ff
  Ersatzansprüche, Verjährung **606** 1, 4 ff
  Form **Vorbem 598 ff** 6
  Fruchtziehungspflicht **598** 12
  Fruchtziehungsrecht **598** 12
  Gebrauch **598** 11 ff
    Fortsetzung des Gebrauchs **602** 2
    vertragsgemäßer Gebrauch **Vorbem
      598 ff** 23; **602** 1 f
    – Veränderungen der Sache **602** 1;
      606 1 f, 8 f
    – Verschlechterung der Sache **602** 1;
      606 1 f, 8 f
    vertragswidriger Gebrauch **Vorbem
      598 ff** 23; **602** 3
    – Abmahnung **603** 1; **605** 6
    – Drittschadensliquidation **602** 4
    – Kündigungsrecht **603** 1; **605** 6
    – Personenverschiedenheit Verleiher/
      Eigentümer **602** 4; **606** 11
    – Rückforderung der Leihsache **603** 1
    – Unterlassungsklage **603** 1
  Gebrauchsgestattung **Vorbem 581** 39;
    Vorbem 598 ff 18; **598** 14; **601** 1
  Gebrauchsüberlassung **Vorbem 598 ff** 1;
    598 7
    vorübergehende Gebrauchsüberlas-
      sung **Vorbem 598 ff** 2; **604** 1
  Gebrauchsüberlassung an Dritte **581** 316,
    343; **602** 3; **603** 2
    Auswahlverschulden **603** 5
    Erlaubnis des Verleihers **603** 2 ff

Leihe (Forts)
  Haftung **603** 5
  Rückgabeanspruch **604** 10 f
  – Schuldbeitritt, gesetzlicher **604** 10
  – unzulässige Rechtsausübung **604** 12
  Schadensersatz **603** 5 f
  Gefälligkeitsverhältnis **605** 2
  Gefälligkeitsvertrag **Vorbem 598 ff** 8
  gemischte Leihe **598** 3
  Gestattungspflicht **598** 14
  Haftungsbeschränkung **Vorbem 598 ff** 16
  Haftungsmilderung **599** 1 f
  Handleihe **Vorbem 598 ff** 6
  Herausgabeanspruch aus dinglichem Recht **604** 13
  Hilfspersonen des Entleihers **598** 15
  Holschuld **598** 14
  Konsensualvertrag **Vorbem 598 ff** 6 f; **598** 1
  Kündigung **Vorbem 598 ff** 23; **604** 7, 9
    außerordentliche Kündigung **604** 8; **605** 1
    Eigenbedarfskündigung **605** 2 ff
    vorzeitige Kündigung **604** 3
    wichtiger Grund **605** 1 f
  Landübernahme **587** 6
  auf Lebenszeit **605** 1
  Mängelhaftung **600** 1 ff
    Interesse, negatives **600** 5
  Mangelfolgeschaden **600** 3, 5
  Mangelschaden **600** 3
  Nebenansprüche, Verjährung **Vorbem 598 ff** 23
  Nebenleistung, atypische **Vorbem 598 ff** 3; **598** 16
  Nutzungsüberlassung an Dritte **589** 4
  Realvertrag **Vorbem 598 ff** 6; **598** 1
  Recht zum Besitz **598** 14
  Rechtsnatur **Vorbem 598 ff** 5 f
  Rückforderung **604** 3, 7, 9 f; **605** 1
    Eigenmacht, verbotene **604** 9
    Handlung, geschäftsähnliche **604** 10
  Rückgabe der Leihsache **Vorbem 598 ff** 1, 3; **604** 3
  Rückgabeanspruch **604** 1 ff
    Fälligkeit **604** 13
    Verjährung **604** 13
  Rückgabepflicht **Vorbem 598 ff** 2, 23; **598** 11; **604** 1
    Bringschuld **604** 2
    dolo agit, qui petit quod statim redditurus est **604** 6
    einseitige Pflicht **604** 4
    Entstehung **604** 3
    Früchte **604** 1
    mehrere Entleiher **604** 2
    Personenverschiedenheit Verleiher/Eigentümer **604** 5 f
    Zubehör **604** 1
    Zuwachs **604** 1

Leihe (Forts)
  Sachen **598** 7
    verbrauchbare Sachen **598** 11
  Tiere **598** 7
  Überlassungspflicht **Vorbem 598 ff** 6
  auf unbestimmte Zeit **604** 9
  Unentgeltlichkeit **Vorbem 581** 39; **Vorbem 598 ff** 1, 8; **598** 2 ff
    Anerkennungsgebühr **598** 2
    Einigung über die Unentgeltlichkeit **598** 2
    Vorteil des Verleihers **598** 5
  Verjährungsbeginn **606** 2
  Vernichtung der Leihsache **606** 12
  Vertrag mit Schutzwirkung zugunsten Dritter **598** 15; **606** 10
  Vertrag, unvollkommen zweiseitiger **Vorbem 598 ff** 6; **598** 15
  Vertragsbeendigung **Vorbem 581** 39
  Vertragsschluss **Vorbem 598 ff** 6
  Vertragstyp **Vorbem 581** 18
  Verwahrung der Leihsache **602** 2
  Verwaltungshandeln **Vorbem 598 ff** 21
  Verwendungsersatz **Vorbem 598 ff** 23; **601** 4, 6
    Verjährung **606** 1
  Vorvertrag **Vorbem 598 ff** 6 f
  Wegnahmegestattung, Verjährung **606** 1
  Zeitablauf **604** 3, 8
  Zeitbefristung **605** 1
  Zufallshaftung **599** 4; **602** 3; **603** 5 f
  Zurückbehaltungsrecht des Entleihers **604** 4
  Zweckbefristung **605** 1
  Zweckerfüllung **604** 8
  Zweckvereinbarung **604** 9
Leihversprechen
  Überlassungspflicht **Vorbem 598 ff** 6
Leihvertrag
  s Leihe
Leihzeit
  Ablauf **604** 3
    Zeitangabe **604** 3, 8
    Zweckangabe **604** 3, 8
Leistungsvorbehaltsklauseln
  Pachtvertrag **581** 275
Lichtspieltheater
  s Kino
Lieferquoten
  Rechtspacht **581** 60
Lieferrechte
  Beschreibung der Pachtsache **585b** 6
  Bewirtschaftungspflicht **596** 37
  Informationspflicht **586** 43
  Kontingente **596** 34
  Milchquotenpacht
    s dort
  Mitverpachtung **585a** 14
  Vertragsende **585a** 14; **596** 35 ff

Lieferrechte (Forts)
  Zuckerproduktion **586** 38
  Zuckerrübenlieferrechte
    s dort
Lizenzvertrag
  Abgrenzung Pachtvertrag **Vorbem 581** 39
  ausschließliche Lizenz **581** 288, 327
  Ausübungspflicht **581** 327
  Beendigung **581** 459 f
  Erlöschen **581** 475
  Erstverwertung **Vorbem 581** 85
  Gebrauchsgewährung **581** 213
  Gebrauchspflicht **581** 288
  Geheimhaltungspflicht **581** 327
  Handelsvertreterrecht **581** 196
  Insolvenzfestigkeit **Vorbem 581** 124
  Kaufvertrag **Vorbem 581** 44
  Lizenz, alleinige **581** 213
  Lizenz, ausschließliche **581** 213
  Lizenz, einfache **581** 213
  Lizenz, semi-ausschließliche **581** 213
  Mängelgewährleistung **581** 363
  Nebenpflichten **581** 237, 327
  Nichtangriffspflicht **581** 327
  Nichterteilung des Schutzrechts **581** 382
  Nutzungsrecht, Rückruf **581** 475
  Pachtbemessung **581** 255
  Pachtrecht **Vorbem 581** 17, 19, 83 ff, 135
  Pachtvertrag **Vorbem 581** 44
  Rechtsmängelgewährleistung **581** 382
  Rechtspacht **581** 46; **584** 13
  Schutzfrist, Ablauf **581** 459
  Schutzrecht, Erlöschen **581** 459
  Schutzrechte, gewerbliche **Vorbem 581** 84; **581** 47
    Wettbewerbsbeschränkungen **581** 183
  Schutzrechtsanmeldung, Aufrechterhaltung **581** 237
  Tochterrechte **581** 475
  Urheberrecht **Vorbem 581** 85; **581** 183, 460
  Vorbenutzungsrechte **581** 382
  Wettbewerbsverbote **581** 327
  Zweitverwertung **Vorbem 581** 85
locatio conductio
  Pacht **Vorbem 581** 3 f, 6
locatio conductio rei
  Pacht **Vorbem 581** 4, 7
Lohnunternehmer
  Bewirtschaftung, ordnungsgemäße **594e** 16
Loyalitätspflichten
  Erhaltungspflicht **581** 237
  nachvertragliche Pflichten **581** 240, 339
  Nebenpflichten **581** 237
  Pflichtverletzung **581** 400
Lugano-Übereinkommen
  s Europäisches Zivilprozessrecht
  Pachtvertrag **Vorbem 581** 130 f

Mängelanzeige
  Sachmängelgewährleistung **581** 364
  Unterlassung **581** 419
Mängelbeseitigung
  Aufwendungsersatz **581** 373 f
  Verzug **581** 371, 373
Mängelgewährleistung
  s a Rechtsmängelgewährleistung; s a Sachmängelgewährleistung
  Landpacht **586** 20 f
  mietvertragsrechtliche Vorschriften, Verweisung auf **581** 481
  Pacht **581** 26
  Pachtgegenstand **581** 356 ff
  Pachtherabsetzung **581** 283
  Unternehmenspacht
    s dort
  Unterpachtvertrag **581** 352
Malzfabrik
  Unternehmenspacht **581** 66
Mangel
  Anzeigepflicht **581** 296
  Beschaffenheit des Pachtgegenstands **581** 357 f
  Kenntnis **586** 22
  Pachtgegenstand **581** 357
  subjektiver Mangelbegriff **581** 357, 360
  Tauglichkeit zum vertragsgemäßen Gebrauch **581** 357, 370
    Aufhebung **581** 370
    Minderung der Tauglichkeit **581** 370
  verdeckter Mangel **581** 367
  Vertragsschluss **581** 371
Mangelfolgeschaden
  Leihe **600** 3, 5
  Sachmängelgewährleistung **581** 372
Mangelschaden
  Leihe **600** 3
  Sachmängelgewährleistung **581** 372
Marken
  Nutzungsrecht **581** 339
Marktrisiko
  Wertersatzanspruch **596a** 16
Maschinen
  Einrichtungen des Pächters **591a** 3
  Sachpacht **581** 28
Maschinengemeinschaften
  Beteiligung des Pächters **589** 7
Maßnahmen, bauliche
  s Bauliche Maßnahmen
Maul- und Klauenseuche
  Ausbesserungen, gewöhnliche **586** 46
Mehrwegverpackung
  Direktvertrieb **598** 16
  Gebrauchsüberlassungsvertrag **598** 16 f
  Pfandgeld **598** 16 f
  Vertrieb, mehrstufiger **598** 16
Mehrwertbestimmung
  Verfahren **591** 60

Mehrwertbestimmung (Forts)
  Verjährung **591** 58
  Verwendungen, nützliche **591** 50 ff
Mehrwertersatz
  Pachtfortsetzung **591** 57
  Verwendungen, nützliche **591** 50 f
Merchandisingvertrag
  Haftungsausschluss, konkludenter **581** 381
  Pachtrecht **Vorbem 581** 82; **581** 51
  Persönlichkeitsrechte **581** 51
  Rechtsmängelgewährleistung **581** 381
  Rechtspacht **581** 51
  Vertrag, gemischter **Vorbem 581** 82
Messefläche
  Pachtvertrag **581** 55
Messestand
  Pachtvertrag **581** 55
Metzgerei
  Pachtvertrag **Vorbem 581** 36
  Unternehmenspacht **581** 66
Miete
  Abgrenzung Pachtvertrag **Vorbem 581** 34; **581** 228
  Entgeltlichkeit **Vorbem 581** 39
  Ersatzansprüche, Verjährung **606** 1
  Fortsetzung des Gebrauchs **584b** 4
  Gebrauchsgestattungsvertrag, entgeltlicher **Vorbem 581** 34
  Gebrauchsgewährung **581** 228
  Gebrauchsüberlassung an Dritte **581** 343
  Lastentragung **586a** 1
  Nutzungsüberlassung an Dritte **589** 4
  Unterverpachtung **584a** 16
  Vertragstyp **Vorbem 581** 18
Mieterschutz
  Pachtverhältnis, Kündigung **581** 430
Mietrecht
  Unanwendbarkeit **581** 483
  Verweisung auf mietvertragsrechtliche Vorschriften **Vorbem 581** 22; **581** 1, 480 ff
  Wohnraummiete **581** 480
Mietrechtsreformgesetz
  Pachtrecht **Vorbem 581** 15
Milchaufgabevergütung
  Verjährung **591b** 4
  Verpächterzustimmung **590** 15; **594e** 16
Milchquotenpacht
  s a Subventionen
  Altfälle **586** 38 ff; **596** 36, 38a
  Auslaufen der europäischen Milchquotenregelung **Vorbem 581** 76; **581** 207; **585** 33; **586** 38; **596** 35
  Berufsunfähigkeit des Pächters **581** 464; **594c** 1
  Bewirtschaftung, ordnungsgemäße **586** 39
  Eigentumsgrundrecht **581** 60
  Form **581** 157
  Formerfordernis **581** 166
  Landpacht **581** 60

Milchquotenpacht (Forts)
  Pachtende **591** 13
  Pachtrecht **Vorbem 581** 76, 135
  Rechtspacht **581** 60
  Rückgabepflicht **581** 330
  Verjährung **591b** 4
  Vertragsende **596** 35
Milchrente
  Aufgabe der Milchproduktion **590** 11
  Bewirtschaftung, ordnungsgemäße **586** 39
  Weideland, Umwidmung **590** 15; **594e** 16
Milchvieh
  Inventar **Vorbem 582 ff** 7
Minderjährigkeit
  Pachtvertrag **581** 155
Minderung
  Mangel, verdeckter **581** 367
  Rechtsmängelgewährleistung **581** 380
  Sachmängelgewährleistung **581** 369 f
Mischbetrieb
  Landpacht **585** 20
  Kündigung, Schriftform **594f** 3
  Pachtschutz **595** 6
Mitpächter
  BGB-Gesellschaft **581** 131 f
  Gestaltungsrechte **581** 131
  Schriftformerfordernis **581** 131
Mitverpächter
  Ermächtigung **581** 113
  Herausgabe des Pachtgegenstands **581** 113
  Kündigung des Pachtvertrags **581** 113
  Mitgläubigerschaft **581** 113
  Personenmehrheit **581** 113
Modernisierung der Pachträume
  Kündigung, außerordentliche befristete **584** 19, 21
Moorland
  Pachtschutzversagung **595** 43
Mühle
  Unternehmenspacht **581** 66
Musiklautstärke
  Mangel **581** 360

Nacheile
  Verpächterpfandrecht **592** 27
Nacherbe
  Kündigung des Pachtvertrags, außerordentliche befristete **584** 19; **594a** 14
Nacherbfall
  Herausgabepflicht **596a** 28
Nachfolgepächter
  Besichtigungsrecht **581** 304
  Tod des Pächters **589** 25
Nachvertragliche Pflichten
  Pächter **581** 339
  Pflichtverletzung **581** 403
  Verpächter **581** 240
Nationalsozialismus
  Pachtrecht **Vorbem 581** 14

Natürliche Personen
  Pachtschutz **595** 7
  Pachtvertragspartei **581** 109
  Tod des Pächters **594d** 6
Naturalien
  Pacht **581** 256; **587** 4
Naturrecht
  Pacht **Vorbem 581** 7
Naturschutzgebiet
  Nutzungsverhinderung **587** 20
Nebenbetrieb
  Landpacht **585** 21
    Kündigung, Schriftform **594f** 3
    Pachtschutz **595** 27
  Zupacht **595** 27
Nebenkosten
  Abdingbarkeit **587** 29
  Lastentragung **581** 238; **586a** 7
  Verhalten, vertragswidriges **581** 449
  Verpächterpfandrecht **592** 6
  Verwirkung **581** 285
  Zahlungsverzug **581** 448; **594e** 18, 20 f
Nebenpflichten
  Landpacht **586** 12
  Pachtvertrag **Vorbem 581** 35
  Pächter **581** 294 ff
  Pflichtverletzung **581** 399 ff
  Schadensersatz **581** 399 ff
  Vereinbarung, vertragliche **581** 237
  Verpächter **581** 237 ff
Netzpacht
  Arbeitnehmerschutz **581** 101
  Betriebsübergang **581** 101
  Entflechtung **581** 101 f
  Grunderwerbsteuer **581** 102
  Kartellrecht **581** 101
  Ownership Unbundling **581** 101
  Pachtbemessung **581** 268
  Pachtrecht **Vorbem 581** 74, 135; **581** 5
  Steuerrecht **581** 102
  Störung der Geschäftsgrundlage **581** 450
  Unbundling **Vorbem 581** 74; **581** 101
  Unternehmenspacht **581** 101
  Vertragsdauer **581** 101
  Vertragsverlängerungsoption **581** 101
Neubegründung
  Pachtverhältnis **581** 452; **584** 26
Neuverpachtung
  Verzögerung **581** 453
Nießbrauch
  Abgrenzung Pachtvertrag **Vorbem 581** 54
  Ausübungsüberlassung **581** 41
  Einverleibung in das Inventar **582a** 21
  Ersatzansprüche, Verjährung **606** 1
  Grundstücksbelastung **593b** 1
  Kündigung des Pachtvertrags, außerordentliche befristete **584** 19
  Kündigung des Pachtvertrags, ordentliche **581** 471

Nießbrauch (Forts)
  landwirtschaftliche Flächen **585** 15
  Lastentragung **586a** 1
  Recht, dingliches **Vorbem 581** 18, 54
  Rechtspacht **581** 41; **584** 11
  Rückgabepflicht **596a** 28
  Rücklassungspflicht **596b** 2
  Unübertragbarkeit **Vorbem 581** 54
  Unvererblichkeit **Vorbem 581** 54
  Verdinglichung der Rechtsstellung **Vorbem 581** 2, 54
  Verpachtung durch Nießbraucher **593b** 3
    Kündigungsrecht **594a** 14
  Verzicht **581** 471
Nießbrauchsgegenstand
  Verpachtung **581** 41
Nießbrauchsvorbehalt
  Grundstückserwerb durch Minderjährigen **581** 155
Novation
  Pachtvertrag **581** 145a
Nutzungsänderung
  s a Landwirtschaftliche Bestimmung der Pachtsache
  Abdingbarkeit **590** 36 ff
  Änderung **590** 15
  Anschlussbewirtschaftung **590** 16
  Ausgleichsanspruch **590** 32 ff
  Beschreibung der Pachtsache **590** 37
  Beweislast **590** 41 f
  eiserne Verpachtung **590** 32
  Erlaubnis des Verpächters **591** 34
  Erlaubnisfreiheit **590** 16
  innerhalb der Pachtzeit **590** 16 f
  Inventarverminderung **590** 32 ff
  Investitionen des Pächters **590** 15
  landwirtschaftliche Bestimmung der Pachtsache, Beibehaltung **590** 14
  Rentabilität, Erhaltung/Verbesserung **590** 23, 42
  Rückgabe der Pachtsache **596** 11, 14
  Rückgabepflicht **590** 31
  Umstellung der Bewirtschaftung **590** 15
  Verfahren **590** 40
  Verwendungsersatz **590** 31; **590b** 3
  Vornahmezeitpunkt **590** 15
  Wiederherstellungspflicht **590** 16, 24, 31
  Zumutbarkeit **590** 24
  Zustimmung des Verpächters, vorherige **590** 18 ff
  Zustimmungsersetzung **590** 21 ff, 27 f
    Auflagen des Landwirtschaftsgerichts **590** 27, 29
    Beweislast **590** 42
    Entscheidung, gerichtliche **590** 26
    Sicherheitsleistung **590** 30
    Versagung der Ersetzung **590** 27
  Zustimmungsverweigerung **590** 21 f

Nutzungsbeschränkungen, baurechtliche
  Mangel **581** 360
Nutzungsentschädigung
  Abdingbarkeit **584b** 3
  Anpassungsklausel **597** 9
  Bemessung **584b** 1 f, 19
  Bereicherung, ungerechtfertigte **584b** 29
  Eigentümer-Besitzer-Verhältnis **584b** 29
  Erhöhung **584b** 19
  Fälligkeit **597** 9; **584b** 21
  Firmenfortführung **584b** 18
  Formularvertrag **584b** 3
  Früchte **584b** 20
  Gebrauchsvorteile **584b** 20
  Konkurrenzen **584b** 29 ff
  Landpacht **584b** 7
  Mindestentschädigung **584b** 2 f
  Pacht, geminderte **584b** 19
  Pacht, vereinbarte **584b** 19
    Umsatzsteuer **584b** 19
  Pachtverhältnis **584b** 7
    Beendigung **584b** 8 f, 17
  Rechtsnatur **584b** 18
  Rückgabe der Pachtsache **597** 10
  Schadensersatz, weitergehender **584b** 30
  Teilpacht **584b** 20
  Unmöglichkeit der Rückgabe **597** 10
  Verhältnis gezogene/zu ziehende Nutzungen **584b** 1 f, 4, 17, 19 f
  Verjährung **584b** 22, 31
  verschiedenartige Nutzungen **584b** 20
  Verzug **584b** 21
  Vorenthaltung der Pachtsache **597** 2 ff, 9; **584b** 1 f, 10, 13 f
    Beginn **584b** 17
    Begriff **584b** 10
    Besitz, unmittelbarer **584b** 11
    Dauer **584b** 3, 17, 20
    Erhaltungspflichten **584b** 25
    Gewalt, tatsächliche **584b** 11
    Grundstückspacht **584b** 24
    Hauptpachtverhältnis, Beendigung **584b** 15
    Landpacht **596** 4
    Raumpacht **584b** 24
    Rückgabe, verspätete **596** 27
    Rückgabeanspruch, Nichterfüllung **596** 25
    Rückgabemöglichkeit **584b** 15
    Rückgabeverpflichtung, Umfang **584b** 12
    Rücknahmewille **584b** 16
    Schuldverhältnis, gesetzliches **584b** 18, 23 ff
    Teilleistungen **584b** 13
    Unmöglichkeit der Rückgabe **584b** 15
    Verschulden **584b** 3
    – mitwirkendes Verschulden **584b** 18
    Versorgungsleistungen **584b** 24

Nutzungsentschädigung (Forts)
    Zugang, gefahrloser **584b** 24
    Zurückhaltung der Pachtsache **584b** 11
Nutzungspfandrecht
  Rechtspacht **581** 43
  Verpachtung **581** 44
Nutzungsrecht
  Einrichtung, in größere Organisation integrierte **581** 55
  Pachtgegenstand **581** 52 ff
  Rechtspacht **581** 31, 55 ff; **584** 10
  Regalien
    s dort
  Zwangsvollstreckung **Vorbem 581** 117, 119
Nutzungsstilllegung
  Anrechnungspflicht **587** 23
  Aufwendungen, ersparte **587** 23
Nutzungsüberlassung an Dritte
  Abdingbarkeit **589** 38
  Abtretung von Pächterrechten **589** 13, 29
  Alleingebrauch, abgeleiteter **589** 13
  Auskunftsanspruch **589** 14
  Berufsunfähigkeit des Pächters **589** 22
  Betriebsveräußerung durch Insolvenzverwalter **589** 12
  Entgeltlichkeit **589** 5
  Erlaubnis des Verpächters **589** 2 f, 19
    Erteilung **589** 16 f
    – Ermessen, freies **589** 18
    Fehlen **589** 20
    Form **589** 16 f
    Kündigung, außerordentliche **589** 20
    Vorbehalt der Erlaubnis **589** 20 f
    Widerruf **589** 21
    Willenserklärung, einseitige empfangsbedürftige **589** 15
  Erlaubnisfreiheit **589** 7
  gesellschaftsrechtliche Einbringung **589** 6 f
  Haftung des Pächters **589** 37
  Insolvenz des Pächters **589** 12
  Landpacht **589** 1
  Leihe **589** 4
  Miete **589** 4
  Mitgebrauch, abgeleiteter **589** 13
  Nutzungsverhinderung **587** 24 ff
  Pächter-Rechtsform, Änderung **589** 8
  Pflugtausch **589** 4
  Tierhaltung **589** 5
  Unentgeltlichkeit **589** 5
  Unterpacht **589** 4
  Verfahrensrecht **589** 39
  Zufallshaftung **589** 37
Nutzungsuntersagung
  Bedingung, auflösende **584** 17
  Kündigung, außerordentliche fristlose **581** 445
  Pachtvertrag, auflösend bedingter **581** 427
Nutzungsverbote
  Entschädigungslosigkeit **587** 20

Nutzungsverhältnisse im Beitrittsgebiet
  Bestandsschutz **Vorbem 581** 28 ff
  Entschädigung **Vorbem 581** 32
  Kündigungsschutzfrist, Ablauf **Vorbem 581** 32
Nutzungsverhinderung
  Anrechnungspflicht **587** 22 ff
  Beweislast **587** 32
  Bundesbodenschutzgesetz **587** 20
  Ersatzpächter **587** 22
  Fehlbewirtschaftung **587** 20
  Krankheit **587** 20
  Naturereignisse **587** 20 f
  Nutzungsüberlassung an Dritte **587** 24 ff
  Pacht **587** 20 ff, 24 ff
  persönliche Hinderungsgründe **587** 20
  Produktionsbeschränkungen **587** 20
  Umweltschutz **587** 20
  Verfahrensrecht **587** 31
  Verpächterpflichten **587** 22
  Verschulden **587** 20
  Witterung **587** 20

Obhutspflichten
  Gebrauch, vertragsgemäßer **581** 297
  Inhalt **581** 297
  Kündigung, außerordentliche fristlose **581** 401
  Pächter **581** 296, 401
  Pflichtverletzung **582** 15
  Schadensersatz **581** 401; **582** 15
  Unterlassungsanspruch **581** 401
  Vorenthaltung der Pachtsache **584b** 25; **597** 11
Obstbau
  Landwirtschaft **585** 24
Ödland
  Pachtschutzversagung **595** 43
Österreich
  Pachtrecht **Vorbem 581** 17
Offerte an jedermann
  Leihvertrag **Vorbem 598 ff** 18
Omnibus
  Sachpacht **581** 28
Operatingleasing
  Abgrenzung Pachtvertrag **Vorbem 581** 38
Opernglas
  Leihe **Vorbem 598 ff** 8, 22
Optionsrecht
  Erlöschen **594** 5
  Landpacht **585** 7; **585a** 5, 7
  Pachtvertrag, Beendigung **584** 16; **594** 5
  Pachtvertragsbegründung **581** 203 f
  Verlängerung, konkludente **594** 5

Pacht
  Abänderung **587** 8
  Abdingbarkeit **587** 29 f
  Altenteilsleistungen **587** 4

Pacht (Forts)
  Anpassung **581** 253, 281; **587** 8
  Aufrechnung **587** 17
  Begriff **587** 4
  Bemessung **581** 253
  Bestimmtheit **581** 146
  Bestimmungsrecht **581** 259, 272
  Betrag, fester **581** 253 f
  Betrag, variabler **581** 253, 255, 293
  Beweislast **587** 32
  Dienstleistung **581** 242 f; **587** 4
  Einmalzahlung **581** 248, 254
  EOP-Methode **581** 176
  Ersetzungsbefugnis **581** 244
  Ertragslage **587** 5, 16
  Erzeugerpreise **587** 5
  essentialia negotii **581** 259
  Fälligkeit **581** 249 f, 481; **587** 1, 11
  Geldleistung **581** 256; **587** 4
  geldwerte Leistungen **587** 4
  gewinnbezogene Pacht **581** 288, 301
  Gewinngrenze **581** 253
  Hauptleistungspflicht **581** 241
  Herabsetzung **581** 282 f
  Heraufsetzung **581** 281
  Höhe **587** 5 f
    minimale Höhe **587** 6
  Höhe **581** 146, 259 ff
    Veränderung **581** 270 ff
  Lasten **581** 238
  Lebenshaltungskosten **587** 5
  Leistung, wiederkehrende **581** 248, 254
  Mindestpacht **581** 253
  Naturalien **581** 256; **587** 4
  Nichtzahlung **596a** 9
  Nutzungsentgelt **587** 4
  Nutzungsverhinderung **587** 2, 20 ff
  Parteiautonomie **581** 270 ff
  Pfändungsschutz **Vorbem 581** 116
  Sachleistung **581** 242, 256; **587** 4
  Schickschuld **587** 16
  Sittenwidrigkeit **581** 174, 176
  Terminologie **Vorbem 581** 15; **581** 4
  Treu und Glauben **581** 269, 281
  Üblichkeit **587** 7
  umsatzbezogene Pacht **581** 288, 301; **587** 5
  Umsatzgrenze **581** 253
  Umsatzsteuer **581** 260
  Vergleichspacht, ortsübliche **581** 176
  Vergleichswertmethode, indirekte **581** 176
  Verhinderung, persönliche **581** 481
  Verjährung **581** 285, 406; **587** 27
  Versorgungsbedarf **587** 5
  Vertragsdauer **581** 284
  Verwirkung **581** 285; **587** 28
  Verzug **581** 448; **587** 18
  Vollstreckungsschutz **Vorbem 581** 116
  Vorausleistung **581** 248
  Vorausverfügung **581** 248

Pacht (Forts)
  Wahlschuld **581** 244
  Werkleistungen **581** 243; **587** 4
  Zahlung, bargeldlose **587** 16
  Zahlung, wiederholte unpünktliche **581** 448 f; **594e** 18
  Zahlungsaufforderung, schriftliche **581** 448
  Zurückbehaltungsrecht **587** 17
  Zwangsvollstreckung **Vorbem 581** 110, 112, 116
Pacht bricht nicht Miete
  Raumpacht **581** 16
Pachtanpassung
  Deckungsbeitragsrechnung **593** 16
  Missverhältnis, grobes **593** 15
  Vertragsanpassung **593** 11, 16
Pachtausfallschaden
  kündigungsbedingter Pachtausfall **581** 453
  Rückgabepflicht, Schlechterfüllung **596** 28; **597** 12
  Rücknahmeverweigerung **596** 29
  Schadensersatzansprüche **581** 453; **596** 28; **597** 12
  Schadensminderungspflicht **581** 247
Pachtbeschreibung
  s Beschreibung der Pachtsache
Pachtdauer
  s Vertragsdauer
Pachtende
  vorzeitiges Pachtende **596a** 1 f
  Bestellungskosten **596a** 3 f, 10
  Ersatzanspruch **596a** 2, 6 f, 10 ff
  – Arbeitsleistung **596a** 18
  – Ernterisiko **596a** 15
  – Fälligkeit **596a** 17
  – Marktrisiko **596a** 16
  – Produktionskosten **596a** 18
  – Sachfrüchte **596a** 10
  – Wert, gemeiner **596a** 13, 16
  im Laufe des Pachtjahrs **596a** 8 f
Pachterhöhung
  Änderungsvereinbarung **588** 21
  Angemessenheit **588** 22
  Einwilligungsersetzung **588** 28 f
  Erhöhungsverlangen **588** 21
  Ertragssteigerung **588** 20, 22
  Flurbereinigung **588** 7
  Unzumutbarkeit **588** 23
  Verbesserungsmaßnahmen **588** 1, 20 ff
  Zuständigkeit des Landwirtschaftgerichts **588** 27
Pachtfortsetzung
  Insolvenz des Pächters **594e** 21
  Mehrwertersatz **591** 57
  Zumutbarkeit **593** 5; **594e** 27
Pachtfortsetzungsbeschluss
  Pachtbeendigung, vertragsmäßige **595** 20
Pachtgegenstand
  Beeinträchtigung durch Dritte **581** 404

Pachtgegenstand (Forts)
  Besichtigung **581** 219, 302 ff
  Bestimmtheit **581** 146
  Eigentum **581** 110
  Einwirkungen Dritter **Vorbem 581** 16
  Fruchtziehung, Eignung zur **581** 7 f
  Gebrauch, vertragswidriger **581** 394 ff
  Gebrauchsgewährung **581** 206 ff
  Gefährdung, erhebliche **581** 447
  Grundstück **585** 18
  Herausgabe **581** 113
  Lasten **581** 238
  Nichtgebrauch **581** 288
  Obhutspflicht **581** 297
  Pachtvertrag **581** 5 ff
  Rechte **581** 31
  Rückgabe **581** 284, 478
  Rückgabepflicht **581** 328
  Schriftform **581** 158
  Tauglichkeit **581** 208, 357, 370
  Überlassung an Dritte, unbefugte **581** 447
  Untergang **581** 246
  Veränderung **581** 219, 298, 391, 394, 405, 407
  Veräußerung **Vorbem 581** 16; **581** 115 ff
    Eigentumserwerb **581** 124
    Überlassung des Pachtgegenstands vor Veräußerung **581** 125
    Verjährungsfrist **581** 411
  Verkauf **581** 219
  Verkaufsabsicht **581** 304
  Verschlechterung **581** 328, 394, 405, 407, 481
  Verwendungsrisiko **581** 176
  Zerstörung **581** 207, 227, 246
  Zwangsversteigerung **581** 207
  Zwangsvollstreckung **Vorbem 581** 110, 112 ff, 117 f
Pachtjahr
  Beweislast **594a** 19
  Grundstückspacht **584** 23
  Kalenderjahr **594a** 10; **596a** 8
  Kündigungstermin **584** 4, 23
  Landpacht **584** 23; **587** 3; **594a** 10; **596a** 8
  Pachtende im Laufe des Pachtjahrs **596a** 8 f
  Rechtspacht **584** 23
  Vertragsanpassung **593** 17
  Vertragsbeginn **596a** 8
Pachtkreditgesetz
  Pachtrecht **Vorbem 581** 14, 99
Pachtkreditrecht
  Befriedigung **Vorbem 581** 108
  Grundstücke, landwirtschaftliche **Vorbem 581** 98 ff
  Pachtstelle, Wechsel **Vorbem 581** 105
Pachtrückstand
  Erheblichkeit **594e** 21, 24

Pachtrückstand (Forts)
  Kündigungsrecht des Verpächters
    594e 18 ff
Pachtsache
  Beschreibung der Pachtsache
    s dort
Pachtschlichtungsstellen
  Pachtschutzverzicht **595** 91
Pachtschutz
  Anzeige, unterlassene **595** 13
  Fortsetzungsanspruch **595** 1 f
    s a Vertragsfortsetzung
  Grundstückspacht **595** 28
  Härte, unzumutbare **595** 4, 22 f
    Lebensgrundlage des Pächters **595** 23, 25
    Nachteile, persönliche **595** 23, 25
    Nachteile, wirtschaftliche **595** 23, 26
  Hobbybetrieb **595** 7
  Interessenabwägung **595** 22 ff
  Investitionen **595** 26
  juristische Personen **595** 7, 24
  Kündigung **593a** 24
  Kündigung, außerordentliche **595** 19
  Landpacht **585** 8; **585a** 18; **595** 6, 16
    Anzeigebefreiung **595** 7
    Eintritt eines Erwerbers **593b** 4
  Laufzeit, Ablauf **595** 4
  Lebensgrundlage des Betriebes **595** 4
  Mischbetrieb **595** 6
  natürliche Personen **595** 7
  Nebenerwerbslandwirt **595** 7
  Pachtbeendigung, vertragsmäßige **595** 19 f
  Pachtermäßigung bei Nicht-Geltendmachung **595** 86
  Pachtvertrag, auflösend bedingter **595** 8
  Pachtvertrag, laufender **595** 8 f, 18
  Personengesellschaft **595** 7, 24
  Treu und Glauben **595** 12
  Übergangsrecht **595** 10
  Unabdingbarkeit **595** 2, 14
  Unterpächter **595** 7, 9, 31
  Veräußerung des Pachtobjekts **595** 11
  Verträge, langfristige **595** 13
  Vertragsdauer **595** 13
  Vertragsfortsetzung **595** 5
  Vertragswirksamkeit **595** 17
  Verzicht, Unzulässigkeit **593b** 5
  Vollerwerbslandwirt **595** 7
  Vorverfahren **595** 2, 5
  Zupacht **595** 28
  Zupachtfläche, Notwendigkeit **595** 4
Pachtschutzordnung 1920
  Pachtrecht **Vorbem 581** 14
Pachtschutzordnung 1925
  Pachtrecht **Vorbem 581** 14
Pachtschutzverfahren
  Ablehnung des Pachtschutzantrags **595** 62, 64

Pachtschutzverfahren (Forts)
  Amtsermittlungsgrundsatz **595** 74
  Antrag **595** 65 ff
  Form **595** 68
  Frist **595** 71, 82
  Härte, unbillige **595** 73, 82
  Inhalt **595** 69
  nachträgliche Antragstellung **595** 73
  Pachtfortsetzung **595** 69
  Schlüssigkeit **595** 50, 74
  Antragsbefugnis **595** 65 f
  Beschluss **595** 74, 79 f
  Beschwerde, sofortige **595** 74
  Beweislast **595** 64, 74
  Darlegungspflicht **595** 74
  Feststellungsantrag, negativer **595** 66, 70
  freiwillige Gerichtsbarkeit **595** 74
  Fristversäumung **595** 73
  Mehrheit von Beteiligten **595** 67
  Rechtskraft **595** 75
  Rechtsschutzbedürfnis **595** 66
  Sammelpachtvertrag **595** 67
  Stücklandpacht **595** 72
  Verfahrensrecht **595** 74
  Vergleich **595** 80
Pachtschutzverzicht
  Anzeigebefreiung **595** 92
  Pachtstreit, Beilegung **595** 88 f
  Pächter **595** 83
  Schriftform **595** 92
  Stelle, kompetente **595** 90 f
  Vertragsaufhebung **595** 82
  Verzichtsverbot **595** 2, 81 ff
  Zulässigkeit **595** 87 ff
  Zuständigkeit **595** 90 f
Pachtsenkung
  Landpacht **585a** 20
Pachtverbot
  Apothekenpacht **Vorbem 581** 34; **581** 103
Pachtverhältnis
  Beendigung **581** 423 ff, 477 ff
    Bereicherungsausgleich **581** 479a
    Rückabwicklung ex nunc **581** 477
    Zuständigkeitsstreitwert **581** 424
  auf bestimmte Zeit **581** 149, 426 f
  Terminologie **Vorbem 581** 15
Pachtverlängerung
  s Vertragsfortsetzung; s Vertragsverlängerung
Pachtvertrag
  Abgrenzung **Vorbem 581** 33 ff; **581** 228
  Beendigung **581** 465 ff
  Dauerschuldverhältnis **581** 248, 294
  Einheit des Pachtvertrages **585** 39; **594a** 7 f; **594e** 12
  Entgeltlichkeit **Vorbem 581** 1, 33 f, 39
  Flexibilität **Vorbem 581** 135; **581** 1
  Fruchtgenuss **Vorbem 581** 33

Pachtvertrag (Forts)
  Gebrauchsüberlassungsvertrag **Vorbem 581** 1, 34
  Gestattungsvertrag **Vorbem 581** 1, 34
  Hauptpflichten **581** 1 f, 206
  Nebenpflichten **581** 237 ff
  partiarischer Pachtvertrag
    s dort
  Terminologie **Vorbem 581** 15
  Verpflichtungsgeschäft **Vorbem 581** 56
  Vertrag, schuldrechtlicher **Vorbem 581** 1, 13, 54
  Vertragstypus, Zweifel an Sachnotwendigkeit **Vorbem 581** 18, 34
  Zustandekommen **581** 144 ff
Pachtvorauszahlung
  Erstattungspflicht **581** 479, 481
Pachtvorrang
  Begriff **585** 6
Pachtvorvertrag
  Formfreiheit **585a** 6
  Grundstücksveräußerung/-belastung **593b** 3
  Landpacht **585** 5
  Vertrag über mehr als dreißig Jahre **594b** 4
Pachtzahlung
  Mitgläubigerschaft **581** 113
Pachtzins
  Terminologie **Vorbem 581** 15
  Pacht
    s dort
Pachtzinserhöhung
  Sittenwidrigkeit **581** 176
pacta sunt servanda
  Vertragsanpassung **593** 11, 16
Pächter
  Berufsunfähigkeit **581** 464; **587** 20; **589** 22; **593** 12; **594c** 1 ff
  Berufsunfähigkeit des Pächters **594a** 14
  Hauptleistungspflicht **581** 241
  Mitpächter **581** 131
  Pfändungsschutz **Vorbem 581** 121
  Rechtsformänderung **589** 8
  Rechtsstellung **Vorbem 581** 16
  Tod des Pächters **581** 141 ff
    s a dort
  Tüchtigkeit, persönliche **584a** 2
  Vertragspartei **581** 131 ff
Pächter-Investitionen
  Amortisation **590** 1
  Nutzungsänderung **590** 15
Pächtererben
  Kündigungsrecht **594d** 5, 9
  s a Tod des Pächters
  Zustimmung zur Betriebsübertragung **594d** 30
Pächtergemeinschaft
  Landpacht **585** 36
  Teilflächenverkauf **593b** 6

Pächterpfandrecht
  Betriebsübergabe **593a** 14
  Früchte, ungetrennte **596a** 27
  Grundstückspacht **581** 422
  Inventar **583** 1 ff
  Inventarübernahme zum Schätzwert, Ausgleichsanspruch **582a** 52; **583** 4
  Landpacht **592** 2
  mietvertragsrechtliche Vorschriften, Verweisung auf **581** 480
  Raumpacht **581** 422
  Verwendungen, nützliche **591** 35
  Verwendungsersatz **590b** 18
Pächterwechsel
  Abgrenzung **589** 28
  Betriebsübergabe **593a** 3, 5
  Haftung **589** 28
  Kündigung aus wichtigem Grund **593a** 22
  Zupachtvertrag **589** 26
  Zustimmung des Verpächters **589** 28
Pächterwohnung
  Kündigungsfrist **584** 9
  Pachtschutz **595** 11
  Versorgungsleistungen **584b** 24
Parken auf Privatgrundstück
  Leihe **Vorbem 598 ff** 8, 22
Parkhaus
  Unternehmenspacht **581** 66
Parkplatz
  Grundstückspacht **581** 12
Parteiwechsel
  Haftung des früheren Verpächters **581** 128
  Landpacht **585** 39
  Pächter **581** 131 ff, 137 ff
  Schriftformerfordernis **581** 159
  Sicherheitsleistung **581** 129
  Unterverpachtung **581** 138
  Vereinbarung, abweichende **581** 130
  Verpächter **581** 114 ff
Partiarischer Pachtvertrag
  Pacht **Vorbem 581** 50
  Pachtbemessung **581** 255; **587** 13
  Vertrag, gemischter **Vorbem 581** 50
Parzellenpacht
  Mindestdauer **595** 42
Patent
  Rechtsmängelhaftung **581** 382
Pensionat
  Pachtvertrag **581** 22
Personalsicherheiten
  Sittenwidrigkeit **581** 174
Personenbeförderungsrechte
  s Beförderungsrechte
Personengesellschaft
  Pachtschutz **595** 7, 24
  Tod eines Gesellschafters **594d** 7
Personenhandelsgesellschaft
  Betriebspacht **581** 83, 171
  Betriebsüberlassung **581** 171

Pfändungsschutz
  Pacht **Vorbem 581** 116
  Pächter **Vorbem 581** 121
Pfandflaschen
  Leihvertrag **598** 16
Pfandgeld
  Rückgabeverpflichtung **598** 16 f
Pfandrecht
  Leihe **598** 12
  Verpachtung **581** 44
Pfandrecht, besitzloses
  Pachtkreditrecht **Vorbem 581** 99 ff
Pfandrecht, gesetzliches
  Düngemittelsicherungsgesetz **Vorbem 581** 106
    Ausscheidungsrecht **Vorbem 581** 108
    Erlöschen **Vorbem 581** 109
  Verpächterpfandrecht
    s dort
Pflanzenschutzmittel
  Betriebsmittel **596b** 4
  Bewirtschaftung, ordnungsgemäße **586** 37
  Rückgabe der Pachtsache **596** 11
Pflanzgut
  gentechnisch verändertes Pflanzgut **586** 41
Pflegeheim
  Pachtvertrag **Vorbem 581** 36
  Mangel **581** 360
Pflichten, nachvertragliche
  s Nachvertragliche Pflichten
Pflichten, vorvertragliche
  s Vorvertragliche Pflichten
Pflugtausch
  Arrondierung **589** 4
  Formzwang **585a** 5
  Gebrauchsüberlassung an Dritte **585** 10
  Nutzungsüberlassung an Dritte **589** 4
Photovoltaikanlagen
  Dachnutzungsrecht **581** 57
  Pachtvertrag **581** 450
  Verbesserungsmaßnahmen **588** 13
  Wegfall der Förderung **581** 450
  Zustimmung des Verpächters **590** 19
Plattformen
  Überlassungsverträge **Vorbem 581** 93; **581** 108
Prämienansprüche
  s Subventionen
  Beschreibung der Pachtsache **585b** 6
  Pachtende **593** 11
Praxis, freiberufliche
  Unternehmenspacht **581** 64
  Vertragseinordnung **Vorbem 581** 35
precarium
  Leihe **Vorbem 598 ff** 6 f
Preisklauseln
  AGB-Kontrolle **581** 279
  Benachteiligung, unangemessene **581** 276, 279

Preisklauseln (Forts)
  Bestimmtheit **581** 276
  Ermäßigungsklauseln **581** 275
  Feststellungsklage **581** 278
  Gebietsfremde **581** 277
  Gleitklauseln, echte **581** 273
  Kostenelementeklauseln **581** 276
  Leistungsvorbehaltsklauseln **581** 275
  Pacht **581** 244
  Preisindices **581** 276
  salvatorische Klausel **581** 277
  Schriftform **581** 276
  Schwebezustand **581** 278
  Spannungsklauseln **581** 275 f
  Umdeutung in Leistungsvorbehalt **581** 277
  Unwirksamkeit **581** 278
  Verbot **581** 273 f
  Verbraucherpreisindex **581** 276
  Vertragsauslegung, ergänzende **581** 278
  Zehnjahreszeitraum **581** 276
  Zulässigkeit **581** 275
Preußisches Allgemeines Landrecht
  Pachtvertrag **Vorbem 581** 11
  Remissionsrechte **Vorbem 581** 11
Privatautonomie
  Apothekenpacht **581** 103
  Franchisevertrag **Vorbem 581** 95; **581** 186, 194 f
  Kartellrecht **581** 181 ff
  Kleingartenpacht **581** 14, 151
  Know-how-Vertrag **581** 184
  Konkurrenzschutz **581** 223
  Pachtbemessung **581** 263
  Pachtrecht **Vorbem 581** 22, 24
  Vertrag, gemischter **Vorbem 581** 97
  Wettbewerbsverbot **581** 312
Privatisierungsverkauf
  Vertragsverlängerungsanspruch, Ausschluss **595** 49
Probefahrt
  Handleihe **603** 2
  Rechtsnatur **Vorbem 598 ff** 4
Probestücke
  Gebrauchsüberlassung **598** 18
Produktionskosten
  Pachtende, vorzeitiges **596a** 18
Produktionsquoten
  Bewirtschaftungspflicht **591** 13
  Gefährdung der Pachtsache **594e** 16
  Pachtende **596b** 4
  Pachtverlängerungsanspruch **595** 26
  Produktionsbeschränkungen **596b** 4
  Verwendungen, nützliche **591** 13
Programmsperre
  Kündigung, außerordentliche fristlose **581** 445
Prokurist
  Pachtvertrag, Schriftform **581** 158

Prozessrecht
  Landpacht **585** 49
Prüfungspflicht
  Instandhaltungspflicht **581** 225

Quarzabbau
  Grundstückspacht **Vorbem 581** 41
Quellwasserentnahme
  Kauf bricht nicht Pacht **581** 117

Räumungsfrist
  Schadensersatz **581** 398
  Wohnräume **581** 398
Räumungsklage
  Aussetzung des Verfahrens **596** 43
  Mitpächter **581** 131
Raubbau
  Fruchtgenuss **581** 229
  Fruchtziehungsrecht **581** 229
  Landpacht **586** 15
Rauchverbot
  Mangel **581** 360
Raum
  Begriff **584** 8
  zum Aufenthalt von Menschen bestimmter Raum **581** 446; **584** 8
Raummiete
  Abgrenzung **Vorbem 581** 35
Raumpacht
  Abgrenzung **Vorbem 581** 35; **581** 17 ff, 25
  Duldungspflicht des Pächters **581** 482
  Duldungspflichten **581** 305
  Form **581** 158
  Gebäudeteile **581** 17
  Grundstückspachtrecht **581** 15; **584** 8
  Inventarerhaltung **581** 224
  Kündigung **581** 438
    außerordentliche befristete Kündigung **581** 429, 482
    ordentliche Kündigung **581** 429
  Kündigungsfrist **581** 16; **584** 8 f; **584a** 17
  Kündigungstermin **584a** 17
  Mangel **581** 358
  Pacht bricht nicht Miete **581** 16
  Pachtentrichtung **581** 250
  Pachtgegenstand **581** 17 f
  Pachtvertrag **581** 9, 15
  Pächterpfandrecht **581** 422
  Räume in beweglichen Sachen **581** 19
  Räumungspflicht **581** 305
  Raumbegriff **581** 17
  Rückgabe, verspätete **581** 16
  Rückgabepflicht **581** 329
  Schlüssel **581** 210
  Schriftform **581** 16, 150, 158, 482
  Umsatzsteuerbefreiung **581** 260
  Veräußerung der Räume **581** 472
  Veräußerung des Pachtgegenstands **581** 411, 482

Raumpacht (Forts)
  Verpächterpfandrecht **581** 413 ff, 482
  Vertrag über mehr als ein Jahr **581** 16, 158
  Vorenthaltung der Pachtsache **584b** 12, 24
  Wegnahmerecht **581** 392, 482
  Zurückbehaltungsrecht **581** 337
  Zuständigkeit, internationale **Vorbem 581** 130, 132
  Zuständigkeit, örtliche **Vorbem 581** 132
Realgewerbeberechtigung
  Landesrecht **581** 54
  Pachtgegenstand **581** 54
  Pächter **581** 136
  Rechtspacht **581** 54
  Unternehmenspacht **581** 54
Reallast
  Recht, subjektiv-persönliches **581** 43
  Rechtspacht **581** 43; **584** 11
  subjektiv-dingliche Reallast **581** 43
Rechenleistung
  Überlassungsverträge **Vorbem 581** 92; **581** 108
Rechenschaftspflicht
  Dienstvertrag **Vorbem 581** 45
Recht
  beschränkte dingliche Rechte
    s dort
  grundstücksgleiche Rechte
    s dort
  Pachtgegenstand **581** 31; **584** 10
    s a Rechtspacht
  Überlassung von Rechten **Vorbem 581** 39; **581** 31
Recht am Unternehmen
  Schaden, kündigungsbedingter **581** 453
Recht zum Besitz
  Leihe **598** 14
Rechtsausübung, unzulässige
  s Unzulässige Rechtsausübung
Rechtsfrüchte
  Erträge **581** 229
  Fruchtgenuss **581** 228
  Verpächterpfandrecht **592** 9, 12
Rechtsleihe
  Gebrauchsüberlassung, unentgeltliche **598** 10
Rechtsmängelgewährleistung
  s a Mängelgewährleistung
  Aufwendungsersatz **581** 380
  beschränkte dingliche Rechte **581** 378
  Doppelverpachtung **581** 378
  Eigentum **581** 378
  Entziehung des vertragsgemäßen Gebrauchs **581** 377, 379
  Eviktionshaftung **581** 377 f
  Kündigung, außerordentliche fristlose **581** 380, 445
  Landpacht **586** 5
  Minderung **581** 380

Rechtsmängelgewährleistung (Forts)
   Rechte Dritter **581** 378
   Schadensersatz **581** 380
Rechtspacht
   Abgrenzung **581** 20, 26, 29 f
   Aneignungsrechte **584** 10
   Anzeige der Überlassung **581** 211
   Ausübungsermächtigung **581** 211, 233
   Ausübungsüberlassung **584** 10
   Bedeutung, wirtschaftliche **Vorbem 581** 19
   Begriff **584** 10
   Bergwerkspacht **Vorbem 581** 66
   beschränkte dingliche Rechte **584** 10 f
   beschränkte persönliche Dienstbarkeit **581** 42; **584** 11
   Besitzüberlassung **581** 211
   Dienstbarkeiten **584** 11
   Drittwiderspruchsklage **Vorbem 581** 118
   Einrichtung, in größere Organisation integrierte **581** 20, 55, 65, 119; **584** 11
   Fruchterwerb, unmittelbarer **581** 39
   Fruchtziehung **581** 31, 48; **584** 10
   Gebrauchsgewährung **581** 211
   Gebrauchsüberlassung an Dritte **581** 315, 342
   Gestattungsvertrag **Vorbem 581** 1
   Grunddienstbarkeit **581** 40; **584** 11
   Grundstücksüberlassung
      Verbindung mit Ehevertrag **581** 117
   Grundstücksüberlassung, Verbindung mit **581** 119
   Immaterialgüterrechte **581** 31, 46 f; **584** 10, 13
   Insolvenz des Verpächters **Vorbem 581** 123
   Kündigung **581** 438
      ordentliche Kündigung **584** 21
   Kündigungserklärung **584** 22, 23
   Kündigungsfrist **581** 437, 440; **584** 1 ff, 10 ff, 21; **584a** 17
   Kündigungstag **584** 24
   Kündigungstermin **584** 23; **584a** 17
   Lizenzvertrag **Vorbem 581** 44; **581** 46; **584** 13
   Mangel **581** 358
   Nießbrauch **581** 41; **584** 11
   Nutzungspfandrechte **581** 43
   Nutzungsrechte **581** 31, 55 ff; **584** 10
   öffentlich-rechtliche Rechte **581** 31; **584** 10
   Pachtjahr **584** 23
   Pachtrecht **Vorbem 581** 21; **581** 5, 29 ff
   Privatrecht **581** 31
   Reallast **581** 43; **584** 11
   Rückgabepflicht **581** 330
      Zurückbehaltungsrecht **581** 337
   Übergabepflicht **581** 211
   Überlassung von Rechten **Vorbem 581** 34, 39
   Urkunden **581** 211
   Werberechte **584** 10

Rechtspacht (Forts)
   Zugangsgewährung **581** 211
   Zuständigkeit, internationale **Vorbem 581** 131
Rechtsverfolgungskosten
   Verpächterpfandrecht **592** 6
Rechtswahl
   Pachtvertrag **Vorbem 581** 134
Regalien
   Aneignungsrechte **581** 38
   Landesrecht **581** 38
   Nutzungsrechte **581** 38
   wasserrechtliche Regalien **581** 38
Rehabilitationsklinik
   Unternehmenspacht **581** 66
Reisebüro
   Umsatzmiete **Vorbem 581** 51
Remissionsrecht
   Ausschluss **Vorbem 581** 16; **581** 283
   Pachtvertrag **Vorbem 581** 11
   Ernte, außergewöhnlich schlechte **Vorbem 581** 7
Renditerisiko
   Pachtvertrag **581** 249
Renovierung
   Pacht **587** 4
Renovierungskosten
   Kostentragung **581** 243
Renovierungsregelung
   Schriftform **581** 159
Rentabilitätsrisiko
   Pachtgegenstand **581** 234, 254
Rentnergesellschaft
   Betriebspacht **581** 71, 101
   GmbH **581** 170
Reparaturen
   Ausbesserungen der Pachtsache **586** 46
   Besichtigungsrecht **581** 304
Reparaturkosten
   Inventarerhaltung **582** 10
Reparaturpflicht
   Vereinbarung **581** 224
Rheinische Bucht
   Pachtjahr-Vereinbarung **587** 14
Rheinische Hofübergabe
   Nießbrauch **585a** 11; **593a** 13
Römisches Recht
   actio conducti **Vorbem 581** 4
   colonia partiaria **Vorbem 581** 4
   Dauerpacht **Vorbem 581** 5
   Emphyteuse **Vorbem 581** 5
   Erbbaurecht **Vorbem 581** 5
   Erbpacht **Vorbem 581** 4, 6
   ius perpetuum **Vorbem 581** 5
   Kolonat **Vorbem 581** 4
   Landpacht **Vorbem 581** 4
   locatio conductio **Vorbem 581** 3 f, 6
   locatio conductio rei **Vorbem 581** 4
   Nießbrauch **Vorbem 581** 4 f

Römisches Recht (Forts)
　Pacht **Vorbem 581** 4 ff, 13
　　naturalis possessio **Vorbem 581** 4
　　Rechte **Vorbem 581** 4
　　Sachen **Vorbem 581** 4
　　Sklaven **Vorbem 581** 4
　　Tiere **Vorbem 581** 4
　　Unternehmen **Vorbem 581** 4
　remissio mercedis **Vorbem 581** 4
　Teilpacht **Vorbem 581** 4
　usus fructus **Vorbem 581** 4 f
Rom I-VO
　Pachtvertrag **Vorbem 581** 134
Rübenlieferrechte
　s Zuckerrübenlieferrechte
Rückerstattung vorausbezahlter Pacht
　Vertragsbeendigung **581** 479
Rückgabe der Pachtsache
　Ersatzansprüche **591b** 5
Rückgabeanspruch
　Fälligkeit **596** 17 ff
　gegenüber Dritten **596** 39 ff
　Nichterfüllung **596** 25; **597** 6
　Verjährung **591b** 4; **596** 23
　ZPO-Verfahren **596** 43; **596a** 29
　Zurückbehaltungsrecht **596** 22
　Zuständigkeit, gerichtliche **596** 43
Rückgabehandlung
　Aufgabe der Bewirtschaftung **596** 7
　Besitzeinräumung **596** 7 f
　Zustand, vertragsgemäßer **596** 9 ff
Rückgabepflicht
　Auskunftsansprüche **596** 16
　Bereicherung, ungerechtfertigte **597** 13
　Beschreibung der Pachtsache **596** 9
　Besitzverschaffung **597** 6
　Eigentümer-Besitzer-Verhältnis **597** 13
　Erfüllung, vorzeitige **581** 328; **596** 18
　Gerichtsstand **596** 21
　Kleingartenpacht **581** 455a
　Landpacht **586** 35; **596** 2 f, 5
　Leihe **Vorbem 598 ff** 2, 23; **598** 11; **604** 1 ff
　Leistungsort **596** 21
　Leistungsstörungen **596** 26
　mehrstufige Überlassung **581** 328
　Nichterfüllung **596** 25; **597** 6
　Nichtrückgabe **584b** 1; **597** 2
　Nutzungsentschädigung **597** 2
　Pachtgegenstand **581** 328, 478; **584b** 1
　　Verschlechterungen **581** 328
　Pflichtverletzung **581** 398
　Räumung von Pächterinventar **596** 8
　　teilweise Räumung **596** 30
　Rechtspacht **581** 330
　Rückgabehandlung **596** 7
　Sachen, bewegliche **581** 329
　Sachen, unbewegliche **581** 329
　Schadensersatz **581** 338, 398; **596** 28; **597** 12
　Schlechterfüllung **596** 28

Rückgabepflicht (Forts)
　Schlüsselübergabe **581** 329; **596** 8
　Teilleistung **596** 30
　Teilleistungen **581** 328
　Treu und Glauben **581** 336
　Unternehmenspacht **581** 328, 331
　Verjährung **581** 406
　verspätete Rückgabe **581** 338, 398, 480; **597** 2; **584b** 1; **596** 27
　Warenbestand **581** 331
　Wiederherstellungsaufwand **581** 328
　Zurückbehaltungsrecht **581** 337
Rückgewährpflicht
　s Rückgabepflicht
Rücklassungspflicht
　Abdingbarkeit **596b** 10
　Betriebspacht **596b** 2
　Bewirtschaftung, ordnungsgemäße **596b** 1
　Eigentumsverschaffungspflicht **596b** 1
　Ernteanschluss **596b** 1, 5
　Erzeugnisse **596b** 1
　　vorhandene Erzeugnisse **596b** 5
　Futter **596b** 5
　Jungvieh **596b** 5
　Landpachtvertrag **596b** 2
　　Rückabwicklung **596** 4; **596b** 1
　Schadensersatzpflicht **596b** 5 f
　Schriftform **596b** 10
　Stroh **596b** 5
　Verfahren **596b** 11
　Wertersatzanspruch des Pächters **596b** 7 ff
Rücknahmeverweigerung
　Pachtausfallschaden **596** 29
　Zustand der Pachtsache, vertragswidriger **596** 29
Rücksichtnahmepflichten
　nachvertragliche Rücksichtnahmepflichten **581** 240, 339
　Pächter **581** 294
　Pflichtverletzung **581** 400
　Verpächter **581** 237
　vorvertragliche Rücksichtnahmepflichten **581** 240
Rücktritt
　Pachtverhältnis **581** 467
Rücktrittserklärung
　Formfreiheit **594f** 6
　Umdeutung **594f** 6
Rücktrittsvorbehalt
　Vertragsbeendigung **594** 7

SaaS
　Softwareüberlassungsvertrag **Vorbem 581** 94
Saatgut
　Aufwendungsersatz **596a** 20
　gentechnisch verändertes Saatgut **586** 41
　Handelssaatgut **Vorbem 581** 106
　Pfandrecht, gesetzliches **Vorbem 581** 106

Saatgut (Forts)
  Zuckerrübensamen **Vorbem 581** 107
  Zulassung, sortenrechtliche **586** 41
Sachen
  Leihe **598** 7
Sachen, bewegliche
  Rückgabepflicht **581** 329
  Zurückbehaltungsrecht **581** 337
Sachen, unbewegliche
  Rückgabepflicht **581** 329
Sachfrüchte
  Fruchtgenuss **581** 228
Sachgesamtheit
  Pacht/Miete, Abgrenzung **Vorbem 581** 37
Sachleistung
  Pacht **581** 242, 256; **587** 4
Sachmängelgewährleistung
  s a Mängelgewährleistung
  Abdingbarkeit **581** 367
  Aufwendungsersatz **581** 369, 373 f
  Benachteiligung, unangemessene **581** 367
  Beschaffenheit des Pachtgegenstands **581** 357 f
  Beziehungen des Pachtgegenstands zu seiner Umwelt **581** 357, 359
  Eigenschaften, zugesicherte **581** 361
  Garantiehaftung **581** 371
  Haftungsausschluss **581** 367 f
  Haftungseinschränkung **581** 367
  Kenntnis des Pächters **581** 365 f
  Kündigung, außerordentliche fristlose **581** 369, 375, 445
  Landpacht **586** 5
  Mängelanzeige **581** 364
  Minderung **581** 369 f
  öffentlich-rechtliche Beschränkungen **581** 357, 360
  Sachmangel **581** 357
  anfänglicher Sachmangel **581** 368
  Schadensersatz **581** 369, 371 f
    Gesundheitsschaden **581** 372
    Sachschaden **581** 372
    Vermögensschaden **581** 372
  Unternehmenspacht **581** 358
  Vertretenmüssen des Mangels **581** 371
Sachpacht
  Abgrenzung **581** 25 f
  Kündigungsfrist **581** 439; **584** 12
  Pachtentrichtung **581** 250
  Pachtrecht **Vorbem 581** 21; **581** 5, 23 f
  Sachen, bewegliche **Vorbem 581** 21
  Sachen, unbewegliche **Vorbem 581** 21; **581** 9 f
  Zuständigkeit, internationale **Vorbem 581** 131
Sachverständigenbeschreibung
  Beschreibung der Pachtsache **585b** 9, 12 ff
  Klage **585b** 17
  Kosten **585b** 18

Sachverständigenbeschreibung (Forts)
  Sachverständigenernennung **585b** 15
  Antrag **585b** 15
  Beschluss **585b** 16
  Beschwerde, sofortige **585b** 16
  Ermessen **585b** 16
Säcke
  Leihvertrag **598** 16
Sägewerk
  Unternehmenspacht **581** 66
Salvatorische Klausel
  Preisklauseln **581** 277
Sammelpacht
  Begriff **585** 11
  Pachtschutzverfahren **595** 67
Sand
  Grundstückspacht **Vorbem 581** 41
Sanierungsverfahren
  Pachtverhältnis, Aufhebung **581** 476
Schadensersatz
  Kündigung, Schaden infolge **581** 453
  Nachfrist **596** 28
  Pachtausfall **581** 453
  Pächterpflichten **586** 43
  Pflichtverletzung, schuldhafte **581** 453
  Rechtsmängelgewährleistung **581** 380
  Sachmängelgewährleistung **581** 369, 371 f
  Verhalten, vertragswidriges **581** 425
  Verpächterpfandrecht **592** 6
  Vorenthaltung der Pachtsache **584b** 1, 27 ff
    Dauer **584b** 1, 3
    Landpacht **596** 4
    Verjährung **584b** 31
    Verschulden **584b** 3
Schadensminderungspflicht
  Pachtausfallschaden **581** 247
Schätzungsordnung
  Inventarübernahme zum Schätzwert **582a** 41 f, 44 f
Schankerlaubnis
  Mangel **581** 360
Schankwirtschaft
  Pachtvertrag **Vorbem 581** 36
Scheck
  Verpächterpfandrecht **592** 9
Scheingeschäft
  Pachtvertrag **581** 145
  Strohmanngeschäft **581** 164
Schenkung
  Abgrenzung **Vorbem 598 ff** 2
Schiedsgutachten
  Vertragsanpassung **593** 29
Schiffe
  Pachtentrichtung **581** 250
  Sachpacht **581** 28
Schiffspacht
  Eintritt des Erwerbers **581** 115, 120
Schlüssel
  Raumpacht **581** 210

Schlüssel (Forts)
  Rückgabepflicht **581** 329; **596** 8
Schönheitsreparaturen
  Ausbesserungen, gewöhnliche **586** 46
  Geldausgleich **581** 328
Schönheitsreparaturklauseln
  Pachtvertrag **581** 328
Schriftform
  Auflockerungsrechtsprechung **581** 159
  Bezugnahme **581** 159, 163
  Eigenschaftszusicherung **581** 158
  gesetzliche Schriftform **581** 160
  gewillkürte Schriftform **581** 160
  Inventarverzeichnis **581** 158
  Kündigung **581** 434; **594a** 12
  Nichtbeachtung **581** 160, 164
  Pachtgegenstand **581** 158
  Unterzeichnung der Vertragsurkunde **581** 158
  Vertrag über mehr als ein Jahr **581** 10, 16, 158, 160 f
  Vertragsänderung **581** 159
Schriftformheilungsklausel
  Landpachtvertrag **585a** 21
  Kündigungsrecht **585a** 21
  Pachtvertrag **581** 159, 276
Schuldnerverzug
  Dauer **581** 448
  Vorenthaltung der Pachtsache **584b** 27
Schuldrechtsanpassungsgesetz
  Nutzungsverhältnisse, Bestandsschutz **Vorbem 581** 28 ff
Schuldrechtsmodernisierung
  Pachtrecht **Vorbem 581** 15; **581** 4
Schuldübernahme
  Pachtentrichtung **581** 243
  Verpächterwechsel **581** 114
Schutzpflichten
  Erhaltungspflicht **581** 237
  Fürsorgepflicht **581** 300
  Gefälligkeitsverhältnis **Vorbem 598 ff** 11 f
Schutzrechte, gewerbliche
  Gebrauchsüberlassung, unentgeltliche **598** 10
  Pachtrecht **Vorbem 581** 84; **598** 10
  Rechtsmängelhaftung **581** 382
  Rechtspacht **581** 47
  Unternehmenspacht **581** 21
  Wettbewerbsbeschränkungen **581** 183
Schweiz
  Pachtrecht **Vorbem 581** 17
See
  Grundstückspacht **581** 12, 117
  Rechtspacht **581** 56
Sekundäransprüche
  Pachtvertrag **581** 356 ff
Selbsthilferecht
  Ausübung, schonende **592** 26
  Beweislast **592** 32

Selbsthilferecht (Forts)
  Entfernung von Sachen vom Grundstück **592** 27
  Auskunftsanspruch **592** 30
  Herausgabeanspruch **592** 30 f
  Kenntniserlangung **592** 31
  Verhinderung **592** 28, 30
  Inbesitznahme **592** 29
  Nacheile **592** 27
  Verpächterpfandrecht **581** 420; **592** 4, 26 ff
Server
  Überlassungsverträge **Vorbem 581** 90, 93
Sharing
  Gebrauchsüberlassung **Vorbem 581** 34
Shopping-Center
  Einrichtung, in größere Organisation integrierte **581** 55
Sicherheitsleistung
  Bürgenstellung **583** 6; **592** 35
  Nutzungsänderung, Zustimmungsersetzung **590** 30
  Pächterpfandrecht **583** 6
  Rückgabe **590** 30
  Verpächterpfandrecht **581** 421; **592** 33 ff
  Verpächterwechsel **581** 129
  Wertpapiere **592** 35
Sicherungspacht
  Begriff **Vorbem 581** 78 f
  Grundstücke, landwirtschaftliche **Vorbem 581** 78
  Nichtigkeit **Vorbem 581** 79
Sicherungspfandrecht
  Verpachtung **581** 44
Sicherungsrechte
  Rechtspacht **581** 39
Sicherungsübereignung
  Entfernung eingebrachter Sachen **581** 417
Siedlerpachtvertrag
  Begriff **Vorbem 581** 64
Sittenwidrigkeit
  Franchisevertrag **581** 180
  Gesinnung, verwerfliche **581** 176
  Missverhältnis, auffälliges **581** 176
    Erkennbarkeit **581** 176
  Pachthöhe **581** 263
  Pachtvertrag **581** 174 ff
    Angehörige, nahe **581** 174
    Folgeverträge **581** 178
    Gläubigerrechte, Vereitelung **581** 174
    Knebelung **581** 179
    Pachtdauer **581** 174 f
    Pachtgegenstand **581** 178
    Pachthöhe **581** 174, 176
    Personalsicherheiten **581** 174
    Umgehungsgeschäfte **581** 174, 177
    Umstände, sonstige **581** 179
    Wettbewerbsverbot **581** 312 f
Skizze
  Beschreibung der Pachtsache **585** 18

Soforthilfeabgabe
Lastentragung **586a** 7
Software
Gebrauchsgewährung **581** 214
Leasing **Vorbem 581** 94
Pachtgegenstand **581** 63, 107
Rechtspacht **581** 107
Verpachtung **581** 26
Softwareüberlassungsvertrag
ASP-Vertrag **Vorbem 581** 94
Ausschließlichkeitsbindung **581** 185
Mängelgewährleistung **581** 371
Rechtsmängelhaftung **581** 384
Rechtsnatur **Vorbem 581** 94
Rückgabepflicht **581** 334
Software as a Service **Vorbem 581** 94
Weiterveräußerungsverbot **581** 185
Wettbewerbsverbot **581** 185
Sondernutzung
Nutzung öffentlicher Sachen **Vorbem 598 ff** 18
Sozialschutz
Landpacht **595** 3, 14
Spannungsklauseln
Pachtvertrag **581** 275 f
Speicherplatz
Daten **Vorbem 581** 90
Speisenkonzession
Mangel **581** 360
Spektrumspacht
Bundesnetzagentur, Mitwirkungserfordernis **581** 154
Fruchtgenuss **581** 230
Vertragsgegenstand **Vorbem 581** 75; **581** 59
Spendenbetrug
Kündigung, außerordentliche fristlose **581** 449
Sperrstundenvorverlegung
Mangel **581** 360
Sponsoringvertrag
Immaterialgüterrechte **581** 46
Pachtrecht **Vorbem 581** 17, 96; **581** 106
Rechtsmängelgewährleistung **581** 381
Vertrag sui generis **Vorbem 581** 96
Sportstudio
Unternehmenspacht **581** 66
Ställe
Ausbesserungen, gewöhnliche **586** 46
Verbesserungsmaßnahmen **588** 13, 20
Staffelpacht
Pachtbemessung **581** 271
Stempelabgabe
Pachtrecht **Vorbem 581** 34
Steuerberaterkanzlei
Unternehmenspacht **581** 66
Steuerbilanz
Pachtbemessung **581** 258
Steuern
Lastentragung **581** 243

Steuerrecht
Absetzung für Abnutzung **581** 258
Betriebsaufspaltung
s dort
Landpacht
s dort
Netzpacht
s dort
Pachtrecht **Vorbem 581** 34, 40
Pachtvertrag **581** 147
Unternehmenspacht
s dort
Störung der Geschäftsgrundlage
Äquivalenzstörung **581** 450
Kleingartenpacht **581** 281
Kündigung, außerordentliche **581** 450
Kündigung, außerordentliche befristete **581** 429
Landpacht **581** 280; **586** 19; **593** 1, 7
Pacht **580** ff
Pachtvertrag, Beendigung **594** 7
Umsatzrückgang **581** 450
Vertragsanpassung **581** 450
Störungsabwehr
Duldungspflichten **581** 218
Fruchtgenuss **581** 232
Gebrauchserhaltung **581** 217 ff
Konkurrenzschutz **581** 217, 220 ff
Störungen des Verpächters **581** 219
Unterpacht **589** 30
Streitgegenstand
Verjährungshemmung **591b** 5
Streitgenossenschaft, notwendige
Mitpächter **581** 131
Strohmanngeschäft
Pachtvertrag **581** 145
Scheingeschäft **581** 164
Stromerzeugung, Anlagen zur
Pachtvertrag **581** 57
Stücklandpacht
Erhaltungsmaßnahmen **588** 3
Kündigungstag **594a** 1
landwirtschaftliche Bestimmung der Pachtsache, Änderung **590** 2
Pachtjahr-Vereinbarung **587** 14
Pachtschutzverfahren **595** 72
Teilkündigung **594a** 8
Verbesserungsmaßnahmen **588** 3, 20
Verwendungsersatz **591** 5
Substantiierung
Änderungsverlangen **593** 18 f, 25 f
Ersatzansprüche **591b** 5
Pflichtverletzung **594e** 10
Substanzschaden
Verantwortungsbereich **581** 224
Subventionen
Agrarmarkt **585** 31 f
Basisprämie **585** 32 f
Cross-Compliance **585** 32; **586** 36

Subventionen (Forts)
  Degression **585** 32
  Direktzahlungen **585** 32 ff
  GAP-Reformen **585** 32
  Greening **585** 32
  Integriertes Verwaltungs- und Kontrollsystem **585** 32
  Kombimodell **585** 32
  Ökologisierung landwirtschaftlicher Produktion **585** 32
  Prämienansprüche **585** 32; **585a** 14
  Übertragungspflicht **593** 11
  Vertragsanpassung **593** 11
  Weiterleitung an Verpächter **585** 32b
  Zahlungsansprüche **585** 32 ff, 35; **586** 12
    Aktivierung **585** 32
    Handelbarkeit **585** 32 f; **586** 12
    Nutzungsüberlassung **585** 32a
    Rotation **585** 32
    Rückübertragung **585** 32a, 35
    Übertragung **585** 32a f; **585a** 18
    Verpachtung **585** 32a
    Vertragsende **585** 32a; **585a** 18; **596** 38

Tankstellenpacht
  Pachtvertrag **Vorbem 581** 51; **581** 21 f, 55
  Unternehmenspacht **581** 66
  Verhalten, vertragswidriges **581** 449
  Wettbewerbsbeschränkungen **581** 182

Tankstellenvertrag
  Handelsvertreterrecht **581** 196

Tankstellenverwaltervertrag
  Handelsvertreterrecht **581** 196

Teichablauf
  Ausbesserungen, gewöhnliche **586** 46

Teilflächenverkauf
  Einheit des Pachtvertrages **594a** 7
  Einheitstheorie **593b** 6
  Kündigung von allen an alle **585** 39; **593b** 6; **594a** 7
  Landpacht **585** 39; **593b** 6
  Spaltungstheorie **593b** 6

Teilkündigung
  Landpachtvertrag **594a** 8; **594e** 12, 14; **594f** 9

Teilpacht
  Nutzungsentschädigung **584b** 20
  Pacht **Vorbem 581** 50
  Pachtrecht **Vorbem 581** 9

Telekommunikation
  Spektrumspacht **Vorbem 581** 75; **581** 59

Terminologie
  Pachtrecht **Vorbem 581** 15

Textileinzelhandel
  Unternehmenspacht **581** 66

Theater
  Inventar, Mitverpachtung **Vorbem 582 ff** 2
  Pachtvertrag **Vorbem 581** 36

Theaterprogramm
  Rechtspacht **Vorbem 581** 81; **581** 50

Tiefgarage
  Leihvertrag **598** 7

Tiere
  Einverleibung in das Inventar **582a** 24
  Ergänzungspflicht **582** 11 ff
    Abgang, gewöhnlicher **582** 11, 13
    Eigentumserwerb **582** 14
    – Beweislast **582** 14
  Inventar **582** 11 ff
  Kurkosten **582** 10
  Leihe **598** 7
  Sachpacht **581** 28
  Schätzung **582a** 45
  Wartungskosten **582** 10

Tierfütterung
  Inventarerhaltung **582** 10

Tierhaltung
  Landpachtrecht **581** 11, 24
  Nutzungsüberlassung an Dritte **589** 5

Tierjunge
  Ergänzungspflicht **582** 11 ff

Tierseuche
  Ergänzungspflicht des Pächters **582** 13
  Kündigung, außerordentliche fristlose **581** 445
  Vertragsanpassung **593** 11

Tierzucht
  Werkvertrag **Vorbem 581** 48, 59

Tod des Entleihers
  Kündigungsrecht **605** 7
  Leihvertrag **605** 7

Tod des Mieters
  Kündigung, außerordentliche befristete **584a** 17

Tod des Pächters
  Fortsetzungsverlangen **589** 39; **595** 11
  Jagdpacht **581** 142, 473 f
  juristische Personen **594d** 8
  Kleingartenpacht **581** 143, 473
  Kündigung, außerordentliche befristete **584** 19 f; **584a** 1, 3 f, 7, 17
    Parteivereinbarung **584a** 4
    Schutz der Erben **584a** 3, 17
  Kündigungsrecht **594d** 1 ff
    Ablehnungsrecht des Verpächters **594d** 22 f
    Fortsetzungsanspruch, Ausschluss **594d** 28
    Landwirtschaftsgericht, Anrufung **594d** 24 ff
    Pächtererben **594d** 5, 9
    Personenmehrheit **594d** 11
    Testamentsvollstrecker **594d** 12
    Verpächter **594d** 10
    Widerspruchsrecht der Erben **594d** 16 ff
    – Benachrichtigung **594d** 20 f

Tod des Pächters (Forts)
– Wirtschaftsführung, Übertragung **594d** 19
Landpacht **581** 443; **589** 25; **594a** 14; **594d** 1 ff
Nachfolgepächter, Auswahl **589** 25
natürliche Personen **594d** 6
Pachtverhältnis, Beendigung **581** 141 ff, 443, 473
Pachtverhältnis, vorzeitige Beendigung **596a** 9
Personengesellschaft **594d** 7
Sonderkündigungsrecht **587** 20
Todeserklärung **594d** 6
Tod des Verpächters
Pachtverhältnis, Fortsetzung **594d** 1
Tod einer Vertragspartei
Pachtverhältnis, Fortsetzung mit den Erben **585** 39
Tonabbau
Grundstückspacht **Vorbem 581** 41
Torfabbau
Grundstückspacht **Vorbem 581** 41
Totalschaden
Ersatzansprüche, Verjährung **606** 12
Tränke
Ausbesserungen, gewöhnliche **586** 46
Treibstoff
Betriebsmittel **596b** 4
Treu und Glauben
Betriebspflicht **581** 291
Gebrauchspflicht **581** 291
Kündigung **581** 431
Pacht **581** 269, 281
Rückgabepflicht **581** 336
Treuepflicht
Pächter **581** 310
Wettbewerbsverbot **581** 311
Treuhand-Nachfolgeorganisationen
Landpacht **585** 43; **585a** 17 f
Treuhandanstalt
Privatisierungsauftrag **595** 49
Typenkombinationsvertrag
Pachtvertrag **581** 242

Übergabeprotokoll
Rückgabe der Pachtsache **596** 24
Übergabeverhandlung
Rückgabe der Pachtsache **596** 24
Vergleichscharakter **596** 24
Übergabevertrag
Betriebsübergabe
s dort
Übergangsrecht
Pachtrecht **Vorbem 581** 25 ff
Übermaßfrüchte
Fruchtgenuss **581** 229
Übernahmepflicht
Einrichtungen des Pächters **591a** 16

Übernahmerecht
Einrichtungen des Pächters **591a** 12
Erklärung **591a** 12 f
Übernahmebereitschaft **591a** 12
Verfahren **591a** 19
Verjährung **591a** 18
Zahlungsbereitschaft **591a** 12
Übersetzervertrag
Auswertungspflicht **581** 287
Überwachungspflicht
Pächter **581** 318
Umbaumaßnahmen
Zustimmung des Verpächters **590** 19
Umdeutung
Anfechtung **594f** 6
Kündigung, außerordentliche fristlose **581** 451; **594e** 33
Kündigung, mündliche **594f** 11
Kündigung, verfrühte **594e** 10
Kündigungserklärung **581** 466
Preisklauseln **581** 277
Rücktrittserklärung **594f** 6
Umgehungsgeschäfte
Apothekenpacht **581** 104
Betriebspacht **581** 78, 80
Jagdpacht **581** 35
Sittenwidrigkeit **581** 174, 177
Vertragsfortsetzung **595** 81, 85 f
Umlagen
Zahlungsverzug **581** 448; **594e** 18, 20
Umlegungsverfahren
Pachtverhältnis, Aufhebung **581** 476
Umsatz
Pachtbemessung **581** 257
Umsatzpacht
Abrechnungsverweigerung **581** 449
Kündigungsrecht **581** 396, 449
Minderung **581** 370
Pachthöhe **587** 5
Schadensersatz **581** 396
Umsatzsteuer
Kauf **Vorbem 581** 40
Pacht **Vorbem 581** 40; **581** 260
Pachtbemessung **581** 257
Umwandlung, identitätswahrende
Pächter **581** 137
Umwandlungsrecht
Kündigung, fristlose **589** 8
Landpacht **589** 8
Umweltschutz
Nutzungsverhinderung **587** 20
Unbundling
Netzpacht **Vorbem 581** 74; **581** 101
Ownership Unbundling **581** 101
Unmöglichkeit
Gebrauchsüberlassung **581** 356
Unterhaltsverbände
Beiträge, Lastentragung **586a** 6

Sachregister

Unternehmenspacht

Unterhaltungskosten
  Kostentragung **581** 243
Unterhaltungsmaßnahmen
  Schadensersatz **596** 28
Unterlassungsklage
  Erhaltungspflicht, Erfüllung **601** 1
  Gebrauch der Leihsache, vertragswidriger **603** 1
  Pächterpflichten **586** 43
Unterleihe
  Erlaubnis des Verleihers **603** 2 ff
    Unwiderruflichkeit **603** 4
Unternehmenspacht
  Abbaugerechtigkeit
    Raumpacht **581** 21
  Abgrenzung **Vorbem 581** 53; **581** 27
    Rechtspacht **581** 65
  Anlagevermögen **581** 214; **Vorbem 582 ff** 6
  Arbeitnehmerschutz **581** 70, 105
  Aufklärungspflicht **581** 237
  Außenhaftung **581** 69
  Beendigung **581** 423
  Begriff **Vorbem 581** 65; **581** 64
  Bergwerkspacht **Vorbem 581** 66
  Bestandssicherung **581** 67
  Bestimmbarkeit **581** 214
  Betriebsaufspaltung **581** 85, 93 f
    s a dort
  Betriebspflicht **581** 288 f
    Sorgfaltsmaßstab **581** 289
  Betriebsübergang **581** 70, 105, 322 ff
    Anzeigepflicht **581** 325
    Betriebsfortführung **581** 323
    Betriebsteil **581** 323
    Einheit, organisatorische **581** 323
    Einheit, wirtschaftliche **581** 323, 325
    Handelsvertreterverhältnisse **581** 325
    Pächterwechsel **581** 323 f
    Rechtsgeschäft **581** 325
  Bilanz **581** 214
  Dezentralisierung **581** 67
  Eigenschaftszusicherung **581** 387
  Einkommensteuer **581** 86
  Einnahmen aus Gewerbebetrieb **581** 90
  Einweisung des Pächters **581** 214
  Erhaltung des Unternehmens **581** 289
  Eröffnungsbilanz **581** 68
  Eröffnungsinventar **581** 68
  Existenzvernichtungshaftung **581** 67
  Firma **582a** 42
  Firmenfortführung **581** 69, 105, 214, 321, 332
    Klagerecht **581** 397
  Form **581** 68, 157 f, 167
  Fruchtgenuss **581** 230
  Fusionskontrolle **581** 187 ff
  Gaststättenpacht **Vorbem 581** 36
  Gebrauch, vertragswidriger **581** 396
  Gebrauchsgewährung **581** 214

Unternehmenspacht (Forts)
  Gewerbesteuer **581** 86, 90, 105
  Gläubigerschutz **581** 105
  Goodwill **581** 5, 21, 27
  Haftpflichtversicherung **581** 317
  Haftung gegenüber Dritten **581** 321
    Außenverhältnis **581** 321
    Innenverhältnis **581** 321
    Parteivereinbarung **581** 321
  Handelsgeschäft **581** 66, 69
  Informationspflichten **581** 301
  Inhaberwechsel **581** 323 f
  Inventar **Vorbem 582 ff** 2, 7
  Inventarerhaltung **582** 1
  Inventarerrichtung **581** 214
  Inventarübernahme zum Schätzwert **582a** 4, 36
    Ergänzungsinvestitionen, Zustimmungsvorbehalt **582a** 4, 36
    Pächterpfandrecht **583** 3
  Inventarübernahme zum Schätzwert, Wertausgleich **582a** 42
  Kapitalaufwand **581** 67
  Kartellrecht **581** 84, 105, 187 ff
  Kauf bricht nicht Pacht **581** 118
  Konzernrecht **581** 71 f, 105
  Kündigung, außerordentliche fristlose **581** 448
  Kündigungsfrist **584** 14
  Kunden **581** 214
  Kundenstamm **581** 5, 27
  Lastentragung, Abdingbarkeit **581** 238
  Lieferanten **581** 214
  Mängelgewährleistung **581** 385 ff
    Garantiehaftung **581** 388
  Mangel **581** 358, 387
    Erheblichkeit **581** 387
    Rechtsmangel **581** 387 f
    Sachmangel **581** 387 f
    subjektiver Mangelbegriff **581** 387
    Unternehmensbestandteil **581** 387
  Mitbestimmung **581** 67
  Netzpacht
    s dort
  Pachtentrichtung **581** 448
  Pachtgegenstand **581** 68, 387
    Erhaltung **581** 288
    sonstiger Gegenstand **581** 64, 386
  Pachtrecht **Vorbem 581** 24, 35 f; **581** 5, 7, 63 f
  Pachtvertragspartei **581** 109
  Pachtvertragsschluss **581** 146
  Produktionskosten **581** 67
  Rückgabepflicht **581** 328, 331
    Goodwill **581** 331
    Zubehör **581** 331
  Zurückbehaltungsrecht **581** 337
  Sachmangel **581** 358
  Schutzrechte, gewerbliche **582a** 42

Unternehmenspacht

Unternehmenspacht (Forts)
Schutzvorschriften **581** 68
Steuerrecht **581** 85 ff, 100, 105
  Betriebsaufgabe **581** 86 f, 89, 105
  Betriebsfortführung **581** 88
  Teilbetrieb **581** 91
  Unterverpachtung **581** 91
  Verpachtung unter Familienangehörigen **581** 91
Synergieeffekte **581** 67
Transportmittel **581** 27
Treuepflicht **581** 310
Umlaufvermögen **581** 214
Umstrukturierung **581** 85, 105
Unternehmensbegriff **581** 188
Unternehmensfortführung **581** 67
Unternehmensteil **581** 65
Unternehmensüberlassungsvertrag **581** 105
Urheberrechte **582a** 42
Verhalten, vertragswidriges **581** 449
Vertrag sui generis **581** 386
Vertragsgestaltung **581** 389
Vorvertrag **581** 197
Weiterentwicklung des Unternehmens **581** 289
Wettbewerbsverbot **581** 311
  nachvertragliches Wettbewerbsverbot **581** 331
Zahlungsverzug **581** 448
Zusicherung von Unternehmenseigenschaften **581** 358
Zuständigkeit, internationale **Vorbem 581** 129 ff
Zuständigkeit, örtliche **Vorbem 581** 132
Zustimmungserfordernis **581** 75, 154, 168
Unternehmensüberlassungsvertrag
Unternehmenspacht **581** 105
Unterpachtvertrag
s a Unterverpachtung
Abgrenzung **589** 28
Anzeigeerfordernis **581** 350
arglistige Täuschung **581** 352
Bedingung **589** 36
  auflösende Bedingung **581** 350
Beendigung **581** 355
Erlaubnis des Verpächters
  Kündigungsrecht des Pächters **581** 445
  Verweigerung der Erlaubnis **581** 445; **589** 36
erlaubte Unterpacht **589** 30 f
Formerfordernis **581** 350
Gebrauchsüberlassung an Dritte **581** 349; **589** 27
  s a dort
Haftung des Hauptpächters **589** 36
Hauptverpächter **589** 35
Hauptvertrag
  Beendigung **589** 35

Unterpachtvertrag (Forts)
Herausgabe des Pachtgegenstands **589** 31, 36
Kündigung, außerordentliche fristlose **581** 445, 447
Kündigung, fristlose **581** 354
Landpacht **585** 9; **589** 27
  Formzwang **585a** 5
Mängelgewährleistung **581** 352
Nutzungsüberlassung an Dritte **589** 4
Pachtvertrag **581** 352; **589** 36
Pflichtenumfang **581** 352
Schriftform **589** 27
unerlaubte Unterpacht **589** 32 ff
  Zufallshaftung **589** 34
Vertragsdauer **581** 350
Zustandekommen **581** 350
Zustimmungserfordernis **581** 350
Unterpachtzuschlag
Unterpacht, erlaubte **589** 30
Unterpächter
Erfüllungsgehilfeneigenschaft **589** 30
Untervermietung
Raumpacht **581** 22
Unterverpachtung
Bewirtschaftung, ordnungsgemäße **594e** 10
Erlaubnis des Verpächters **581** 342, 345 ff; **584a** 6
  Anspruch auf Erteilung **581** 346; **584a** 13 ff
  Auslegung **581** 347
  Formfreiheit **581** 345
  konkludente Erlaubnis **581** 347
  Kündigungsrecht des Pächters **581** 346; **584a** 1
  – Ausschluss **584a** 11 ff
  Parteivereinbarung **581** 346
  Umfang **581** 347
  Unwiderruflichkeit **581** 348
  Verweigerung der Erlaubnis **581** 346; **584** 20; **584a** 1
  – Kündigungsrecht des Pächters, Ausschluss **584a** 12 ff
  Widerrufsvorbehalt **581** 348
  Willenserklärung, empfangsbedürftige **581** 345, 348
  Zeitpunkt **581** 345
  Zugang **581** 345, 348
Früchte, mittelbare **581** 228
Gebrauchsfortsetzung **581** 428
Gebrauchsüberlassung an Dritte **581** 349
  s a dort
Grundstücksveräußerung/-belastung **593b** 3
Hauptpachtvertrag, Schutzbereich **581** 354
Hauptvertrag **581** 350
  Beendigung **584b** 15
  Mietvertrag **584a** 16

Unterverpachtung (Forts)
 Herausgabe des Pachtgegenstands
  581 352, 354 f
 Herausgabeanspruch **581** 395
 Investitionsschutz **581** 355
 Pachtschutz **595** 7
 Pächter, Rechtsstellung **Vorbem 581** 16
 Parteiwechsel **581** 138
 Schadensersatz **581** 353
 unberechtigte Unterverpachtung **581** 352 f
 unerlaubte Unterverpachtung **594e** 10
 Unterpachtvertrag **581** 349
  s a dort
 Unzulässigkeit **584a** 2
 Verbot **581** 350
 Verpächterpfandrecht **592** 16
 Verschulden des Unterpächters **581** 353
 Vertrag über mehr als ein Jahr **581** 158
 Vertragsanpassung **593** 9
 Vertretenmüssen des Hauptpächters
  581 353
 Verwendungsersatz **581** 354; **590b** 20
 Verwendungsersatz, Verzicht auf **581** 393
 Wegnahmerecht **581** 354
 Zustimmung des Verpächters **581** 138, 154
Unzulässige Rechtsausübung
 Kündigung **581** 431; **584** 21
  außerordentliche fristlose Kündigung **581** 448
 Leihe **604** 12
 Verjährungseinrede **596** 23
Urheberrecht
 Erstverwertung **Vorbem 581** 85
 Nichtausübung **581** 475
 Nutzungsrechte, Einräumung **581** 48,
  183, 266
  Vergütung **581** 183
 Nutzungsrechte, Weiterübertragung
  581 48
 Pachtbemessung **581** 266
 Pachtrecht **Vorbem 581** 85
 Rechtspacht **581** 48
 Softwareurheberrecht **581** 183
 Zweitverwertung **Vorbem 581** 85
Urkundenprozess
 Pachtentrichtung **581** 244
Usus modernus
 Pacht **Vorbem 581** 7

Verbesserungsmaßnahmen
 Abdingbarkeit **588** 26
 Anpassung des Landpachtvertrages **593** 5
 Beeinträchtigung, geringstmögliche **588** 10
 Betriebspacht **588** 20
 Bewirtschaftung, ordnungsgemäße **596** 31
 Duldungspflicht **581** 302, 305; **588** 13 ff
 Härtefall **588** 14 ff
 Landpachtvertrag **586** 45; **588** 1 ff, 6, 9
 Mitteilungspflicht **588** 10

Verbesserungsmaßnahmen (Forts)
 Pachterhöhung **588** 1, 20 ff
 Produktivitätsverminderung **588** 13, 15
 Schadensersatz **588** 25
 Umweltverträglichkeit, Erhöhung
  588 13, 15
 Zumutbarkeit **588** 14
 Zuständigkeit des Landwirtschaftgerichts
  588 27
Verbot, gesetzliches
 Pachtvertrag **581** 173
Verbraucherpreisindex
 Pachtvertrag **581** 276
Verbrauchskosten
 Lastentragung **587** 15
Verdinglichung
 Erbpacht **Vorbem 581** 10
 Gewere **Vorbem 581** 9
 Nießbrauch **Vorbem 581** 2, 54
 Pacht **Vorbem 581** 6, 10 f, 16, 54
Verfolgungsrecht
 Verpächterpfandrecht **592** 4
Verfügungsgeschäft
 Aneignungsgestattung **Vorbem 581** 56
Vergleich
 Anzeigepflicht **595** 80; **595a** 9
Vergleichspacht
 Ortsüblichkeit **581** 176
Verhalten, vertragswidriges
 Kündigung **581** 425
  außerordentliche fristlose Kündigung **581** 449
 Schadensersatz **581** 425
Verhinderung, persönliche
 Pachtentrichtung **581** 481
Verjährung
 Abwendungsrecht **591a** 18
 Aufwendungsersatz **581** 405, 409 ff
 Ersatzansprüche **585b** 14; **591b** 1 ff; **606** 1 f,
  4 ff
 Gebrauchsgewährung **581** 236
 Inventarkauf **Vorbem 582 ff** 11
 Landpacht **590** 11; **591b** 1 ff, 4 ff
 mietvertragsrechtliche Vorschriften,
  Verweisung auf **581** 481
 Nutzungsentschädigung **584b** 22
 Pachtforderung **581** 285, 406; **587** 27
 Pachtvertrag **581** 405 ff
 Parteieinbarung **581** 412
 Rückgabeanspruch **591b** 4; **596** 23
 Schadensersatzansprüche **581** 408
 Übernahmerecht **591a** 18
 Veränderung des Pachtgegenstands
  581 405, 407
 Verfahrensrecht **591b** 5
 Verschlechterung des Pachtgegenstands
  581 405, 407
 Verwendungsersatz **590b** 19
 Wegnahmerecht **581** 405, 409 ff; **591a** 6, 18

Verjährungseinrede
Rechtsausübung, unzulässige **596** 23
Verjährungshemmung
Klageerhebung **591b** 5
Verkaufsfrüchte
Früchtepfandrecht **592** 15
Pfandrecht, gesetzliches **Vorbem 581** 106
Verkaufsräume
Pachtvertrag **581** 21
Verkaufswagen
Pachtvertrag **581** 19, 28
Verkehrsmittel
Sachpacht **581** 28
Verkehrssicherungspflicht
Landpacht **586** 25
Pächter **581** 318
Übertragung auf den Pächter **581** 318
Verlängerungsklausel
Ablehnungserklärung **594** 6
Landpacht **585a** 7
Pachtbeendigung, vertragsmäßige **595** 20
Pachtvertrag, Beendigung **584** 16
Vertragsverlängerung **594** 6
Verlängerungsoption
Pachtvertrag **581** 199, 205, 427
Verlagsvertrag
Beendigung **581** 460
Pachtrecht **581** 286
Pachtvertrag **581** 49
Rechtspacht **Vorbem 581** 87
Verleiher
Haftung **Vorbem 598 ff** 23; **599** 1 ff
Vermächtniserfüllung
Landpachtvertrag **585a** 5
Vermögensgesetz
Vertragsverlängerung **594e** 36
Ausschluss **595** 49
Vermögensteuer
Lastentragung **586a** 7
Verpackungsmaterial
Ersetzungsbefugnis **598** 16
Leihe **Vorbem 598 ff** 3; **598** 16
Verpächter
Begriff **581** 110
Eigentümer **593b** 3a
Hauptleistungspflichten **581** 206 ff
Mitverpächter **581** 113
Parteiwechsel **581** 114
Störungen, Unterlassung **581** 219
Tod des Verpächters **594d** 1
Verpächtergemeinschaft
Kündigung des Pachtverhältnisses **585** 39
Landpacht **585** 39; **594a** 7
Verpächterpfandrecht
Abdingbarkeit **592** 37
Abwendungsrecht **581** 421; **592** 33 ff
Aufhebung **581** 416; **592** 18
Auszug des Pächters **581** 420
Befriedigungsrecht **592** 4

Verpächterpfandrecht (Forts)
Beschränkungen **592** 37
besitzloses Pfandrecht **592** 3, 18 f
Betriebsübergabe **593a** 14
Beweislast **592** 32
Darlehen **592** 6
Dispositivität **592** 37
Drittgläubiger, Pfändung durch **592** 4
Dünger **592** 8
Duldungspflichten **581** 306
Eigentum Dritter **581** 415
Eigentumsverletzung **581** 420
Einbringung von Sachen **592** 10
Eigentumsvorbehalt **592** 11
Geschäftsfähigkeit **592** 10
Pächter-Eigentum **592** 11
– auflösend bedingtes Eigentum **592** 11
– BGB-Außengesellschaft **592** 11
– KG **592** 11
– Miteigentum **592** 11
– OHG **592** 11
– Vorerbe **592** 11
Entfernung der Sache vom Grundstück **592** 19 f
Beweislast **592** 25
Duldungspflicht **592** 24
Gerichtsvollzieher **592** 20
Kenntnis, positive **592** 21 f
Wegschaffen, willentliches **592** 20
Widerspruch des Verpächters **592** 21, 23
– Ausschluss des Widerspruchsrechts **592** 24
Entfernung eingebrachter Sachen **581** 417, 420; **592** 9
Kenntniserlangung **581** 418
Widerspruchsrecht **581** 417, 420
Entschädigungsforderungen, künftige **592** 7
Erlöschen **581** 416 ff; **592** 18
Erwerb, gutgläubiger **581** 415; **592** 3
Erzeugnisse **581** 415
Erzeugnisse, landwirtschaftliche **592** 8
Familiengesellschaften, landwirtschaftliche **592** 17
Forderungen, gesicherte **581** 419; **592** 6 f
Erlöschen **592** 18
Forderungsabtretung **592** 18
Forderungsübertragung **581** 416
Früchte der Pachtsache **592** 2
Früchte der Pfandsache **592** 12
Gerät, zum Wirtschaftsbetrieb erforderliches **592** 8
gesetzliches Pfandrecht **581** 419; **592** 2 f, 18
Grundstückspacht **581** 413 f, 482
Haftung, deliktische **592** 2
Herausgabeanspruch **592** 30 f
Holzeinschlag **596a** 26
Inventar **581** 415
Inventarübernahme **592** 6

Verpächterpfandrecht (Forts)
  Kaution **592** 6, 37
  Klagerecht **592** 4
  Konsolidation **581** 416; **592** 18
  Kooperationen, landwirtschaftliche **592** 17
  Landpacht **592** 2, 5, 8
  Mängelanzeige, Unterlassung **581** 419
  Nacheile **592** 27
  Nebenkosten **581** 419; **592** 6
  Pachtforderung **592** 6
  Pachtrückstände **592** 2
  Pfändung für anderen Gläubiger **581** 419
  der Pfändung nicht unterworfene Sachen **592** 2
  Pfändungspfand **592** 2
  Pfandgegenstand **592** 8 f
  Pfandherausgabe **592** 4
  Pfandrechtskonkurrenzen **592** 13 ff
  Pfandrechtsschutz **592** 3
  Pfandragsübergang, Ausschluss **592** 18
  Pfandrechtsverhaftung **592** 3
  Pfandrückgabe **592** 18
  Pfandveräußerung **581** 416, 420; **592** 18
  Pfandverkauf **592** 36
  Prioritätsprinzip **592** 13
  Rang **592** 13, 15
  Raumpacht **581** 413 f, 482
  Rechtsfrüchte **592** 9, 12
  rechtsgeschäftliches Pfandrecht **592** 2
  Rechtsverfolgungskosten **592** 6
  Rückgabeanspruch **581** 419
  Sachen, eingebrachte **581** 415; **592** 8
  Sachen, pfändbare **581** 415
  Schadensersatzansprüche **581** 419; **592** 6
  Selbsthilferecht **581** 420; **592** 4, 26 ff
  Sicherheitsleistung **581** 421; **592** 33 ff
  Tilgung **581** 416
  Unterverpachtung **592** 16
  Veräußerung eingebrachter Sachen **592** 4
  Verfahren **592** 38
  Verfolgungsrecht **592** 4
  Versicherungsansprüche **592** 9
  Versteigerung **592** 36
  Verwertung **592** 36
  Vieh **592** 8
  Vorrang vor Wegnahmerecht **592** 2
  Waren **581** 415
  Wegschaffung eingebrachter Sachen **592** 4
  Wertpapiere **592** 9
  Wirtschaftsfrüchte **592** 14
  Zerstörung der Sache **592** 4
  Zurückbehaltungsrecht **592** 4
Verpflichtungsgeschäft
  Pachtvertrag **Vorbem 581** 56
Verschmelzung
  Landpacht **589** 8
Versetzung
  Kündigungsrecht, Ausschluss **584a** 8

Versicherungsbeiträge
  Kostentragung **587** 29
Versicherungspflicht
  Inventarerhaltung **582** 10
Versorgungsleistungen
  Pächterwohnung **584b** 24
Versorgungsleitungen
  Duldungspflicht **598** 7
  Grundstücksleihe **598** 7
Vertrag, gemischter
  Gebrauchsgewährung **581** 214
  Kündigung **581** 434
  Landpacht **585a** 5
  Pachtrecht **Vorbem 581** 97
  Privatautonomie, Einschränkungen **Vorbem 581** 97
  Wohnraumüberlassung **581** 430
Vertrag mit Schutzwirkung zugunsten Dritter
  Leihe **598** 15; **606** 10
Vertragsänderung
  Bezugnahme **581** 159
  Formerfordernis **581** 159
  Kautionsverwendung **581** 159
  Landpacht **585a** 3, 5, 20
    Eintritt eines Erwerbers **593b** 4
    Entscheidung, gerichtliche **585a** 9
    Formfreiheit **585a** 8 f
  Pachtvertrag **581** 145a
  Schriftformwahrung **581** 159
Vertragsanpassung
  Änderungsverfahren, gerichtliches **593** 20 ff, 26
  Antrag **593** 21, 25
  – Form **593** 24
  – Sachantrag **593** 21, 25
  Antragsberechtigung **593** 22
  – Grundstückserwerber **593** 22
  – Personenmehrheit **593** 22
  Darlegungspflicht **593** 25
  freiwillige Gerichtsbarkeit **593** 26
  Zuständigkeit **593** 26
  Änderungsverlangen **593** 19 ff
  Substantiierung **593** 18 f, 25 f
  Zugang **593** 17
  Fortsetzungsanspruch **595** 36 f
  Geldentwertung **593** 11
  Kontingentierung **593** 11
  Krankheit **593** 11
  Kündigungsrechte, außerordentliche **593** 28; **595a** 2
  Landpacht **593** 9 ff
  Lenkungsmaßnahmen, wirtschaftspolitische **593** 11
  Missverhältnis, grobes **593** 15
  Pachtjahr, laufendes **593** 17
  Pachtpreisentwicklung **593** 11
  Kaufpreis, gestiegener **593** 11
  Neuverpachtung **593** 11, 16

Vertragsanpassung

Vertragsanpassung (Forts)
  unterdurchschnittlicher Pacht-
    preis **593** 16
  pacta sunt servanda **593** 11, 16
  Prämienansprüche, Degression **593** 11
  Preisindex **593** 29
  Rücktrittsrecht **593** 28
  Rückwirkung **593** 18 f
  Schiedsgutachten **593** 29
  Steuererhöhungen **593** 11
  Tierseuchen **593** 11
  Unabdingbarkeit **595a** 10
  Unfall **593** 11
  Unwirksamkeit **593** 27 f
  Unzumutbarkeit der Vertragsfortsetzung
    593 10
  Vereinbarung, vertragliche **593** 29
  Verhältnisse, Änderung **593** 2, 11 ff
    Betriebsbezogenheit **593** 11
    Nachhaltigkeit **593** 13
    persönliche Verhältnisse **593** 3, 12
  Vertragsstrafe **593** 28
  Verzicht **593** 28
  Wegfall der Geschäftsgrundlage **593** 15
  Witterungsverhältnisse **593** 11
  Zeitpunkt, maßgeblicher **593** 10
  Zwei-Jahres-Frist **593** 17
  zwingendes Recht **593** 27
Vertragsauslegung, ergänzende
  Pachtvertrag **581** 147
Vertragsbeendigung
  Dienstvertrag **Vorbem 581** 45
  Jagdpacht **Vorbem 581** 70
  Leihe **Vorbem 581** 39
  Pacht **Vorbem 581** 9
  Pachtvertrag **581** 465 ff
  Verwahrungsvertrag **Vorbem 581** 49
Vertragsdauer
  Abänderung **593** 12
  auf bestimmte Zeit eingegangenes Pacht-
    verhältnis **581** 149, 426 f; **584b** 8; **594** 4 ff
  Bestimmtheit **581** 146
  auf Lebenszeit **594b** 4, 9
  Parteiautonomie **581** 148
  Rentenalter **594b** 4
  Sittenwidrigkeit **581** 174 f
  auf unbestimmte Zeit eingegangener
    Pachtvertrag **581** 150, 158; **584b** 8
  Vertrag über mehr als dreißig Jahre
    581 432, 481
    Kündigung, außerordentliche befriste-
      te **581** 442; **584** 19
    Kündigungsfrist **594b** 1 ff
    Landpacht **585a** 9; **594a** 14; **594b** 1 ff
  Vertrag über mehr als ein Jahr **581** 10, 16,
    158, 160 f
  Vertrag über mehr als zwei Jahre **585a** 1 ff
  Zahlungspflicht **581** 284

Vertragsfortsetzung
  s a Pachtschutz
  Anordnungen des Landwirtschaftsgerichts
    595a 4
  Anzeigepflicht **595** 13
  Betriebspacht **595** 5
  Dauer **595** 76
  Einigungsversuch, erfolgloser **595** 2, 5,
    33, 50
  Endtermin **595** 76
  Entscheidungskompetenz **595** 74 ff
  Fortsetzungsanspruch **595** 1 f
    Aufgabe des Anspruchs **595** 81
    Ausschluss **594d** 28; **595** 2, 38 ff
    – Aufgaben, gesetzliche **595** 49
    – Aufgaben, öffentliche **595** 49
    – Betriebsübergabe **595** 40
    – Eigennutzung, beabsichtigte **595** 45 ff
    – Eigennutzung, teilweise **595** 48
    – Maximalfrist, erreichte **595** 42 ff
    – Pächter-Kündigung, vorherige **595** 39
    – Privatisierungsverkauf **595** 49
    – Verpächter-Kündigung **595** 40 f
    – vorübergehende Verpach-
      tung **595** 45, 49
    Vertragsänderungen **595** 33, 36 f
    Verzicht **595** 2, 81
  Fortsetzungsbedingungen **595** 77 f
  Fortsetzungsbeschluss **595** 74, 79 f
  Fortsetzungsdauer **595** 33 f
  Fortsetzungsentscheidung **595** 74 ff
  Fortsetzungsvereinbarung **595** 55
  Fortsetzungsverlangen **595** 21, 50 ff
    Ablehnung **595** 60 ff
    – Ablehnungsgründe **595** 60
    – Einrede **595** 60
    – Form **595** 61
    – Frist **595** 61
    – Rücknahme **595** 60
    – Teil des Pachtobjekts **595** 63
    – Wirkung **595** 62
    Auskunftspflichten **595** 56 f
    Begründung **595** 54
    Entbehrlichkeit **595** 50
    Frist **595** 54
    Inhalt **595** 55
    Personenmehrheit **595** 52
    Rechtsnatur **595** 51
    Schriftform **585a** 8; **595** 33, 53
    Verfristung **595** 60
  Grundstückspacht **595** 5
  Höchstdauer **595** 76
  Interessenabwägung **595** 22 ff
  Kündigung, vorzeitige **595a** 2
  Pachtfestsetzung **595a** 3
  Pachtschutz **595** 5
  Pächteranspruch **595** 5
  Schiedsgericht **595** 82, 90
  Sozialschutz **595** 3, 14

Vertragsfortsetzung (Forts)
Teil der Pachtsache **595** 77 f; **595a** 3, 8
Teilverzicht **595** 82
teilweise Fortsetzung **594f** 9; **595** 35
Umgehungsgeschäfte **595** 81, 85 f
Unabdingbarkeit **595** 2; **595a** 10
auf unbestimmte Zeit **595** 76
Unverzichtbarkeit **595** 81
Unzumutbarkeit **595** 77
Verfahren, landwirtschaftsgerichtliches **595** 64 ff
s a Pachtschutzverfahren
Verlängerungszeit **595** 76
Verträge, langfristige **595** 42 ff
Vertragsaufhebung, spätere **595** 82
Vertragsbedingungen **595** 77 f
Änderung, inhaltliche **595** 77, 79
Verzicht
s Pachtschutzverzicht
Vorverfahren **595** 33, 50 ff, 74
Erklärung des Verpächters **595** 58 f
wiederholte Vertragsfortsetzung **595** 31 f, 44, 77
Vertragsgestaltung
Pachtrecht **Vorbem 581** 135
Unternehmenspacht **581** 389
Vertragshilfe, richterliche
freiwillige Gerichtsbarkeit **595a** 11
Landpachtvertrag **595a** 5, 8 f
teilweise beendeter Vertrag **595a** 8
Vergleich **595a** 9
Vertragsaufhebung **595a** 8
– teilweise Vertragsaufhebung **595a** 8 f
Vertragslaufzeit
Kündigungsfrist **594a** 18
Vertragsparteien
Pachtvertrag **581** 109 ff
Vertragsschluss
Pachtvertrag **581** 145
Vertragsstrafe
Kaution **581** 309
Landpacht **585a** 18
Vertragsübernahme
Verpächterwechsel **581** 114
Vertragsverhandlungen
Gebrauchsüberlassung **Vorbem 598 ff** 4; **598** 18
Vertragsverlängerung
Abdingbarkeit **594** 19
Anfechtung **594** 18
Anfrage **594** 12 ff
Ablehnung der Anfrage **594** 15
Anzeigepflicht **594** 3
ausdrückliche Verlängerung **594** 8 f
Entscheidung, landwirtschaftsgerichtliche **594** 9
essentialia negotii **581** 159
Formmangel **581** 160
Fortsetzung des Gebrauchs **581** 452

Vertragsverlängerung (Forts)
stillschweigende Fortsetzung **594** 8
Gebrauchsfortsetzung **581** 428
konkludente Vertragsverlängerung **594** 5, 6, 10
Landpacht **585a** 5, 20; **591** 1; **594** 1 ff
Pachtvertrag **581** 428
Parteivereinbarung **594** 8
Schriftform **581** 159; **585a** 5, 20
stillschweigende Verlängerung **581** 428, 481; **594** 6
Optionsrecht **594** 5
Verfahren, streitiges **594** 20
Verlängerungsfiktion **594** 10 ff; **594a** 3
Weiterbewirtschaftung **594** 10, 19
Vertragsverletzung
Kündigungsrecht **594e** 27
Landpacht **586** 18
Verwahrungsvertrag
Abgrenzung Pachtvertrag **Vorbem 581** 49
Kostentragung **Vorbem 581** 49
Vertragsbeendigung **Vorbem 581** 49
Verwaltungshandeln
Leihvertrag **Vorbem 598 ff** 21
Verwaltungsprivatrecht
Demokratieprinzip **585** 44
Gleichbehandlungsgebot **585** 44
Grundrechtsbindung **585** 44
Landpacht **585** 44
Rechtsstaatsprinzip **585** 44
Verweisung auf mietvertragsrechtliche Vorschriften
s Mietrecht
Verwendungsersatz
Abdingbarkeit **590b** 21
Arbeitsleistungen **590b** 7
Bereicherung, ungerechtfertigte **590b** 5
Betriebspacht **591** 5
Betriebsübergabe **593a** 14
Beweislast **590b** 22
Ersatzanspruch **590b** 7, 15 f; **591** 1
Gläubiger **590b** 16
Umfang **590b** 17
Gefahr im Verzug **590b** 15
Geldanspruch **590b** 17
geldwerte Leistungen **590b** 7
Inventarveräußerung, Reinvestition **590** 34
Landpacht **590b** 6
Leihe **Vorbem 598 ff** 23; **601** 4, 6
Luxusausführung **590b** 9
notwendige Verwendungen **590b** 1 f, 7 ff; **591** 34; **596** 32
Begriff **590b** 8
Verschlechterung, Gefahr unmittelbar bevorstehender **590b** 8
nützliche Verwendungen **590b** 2, 10; **591** 1, 34; **596** 33
andere als notwendige Verwendungen **591** 10 ff

Verwendungsersatz (Forts)
Anspruchskonkurrenz **591** 34
Anzeigepflicht **591** 8
Bereicherungsausgleich,
  Ausschluss **591** 34
Betriebserhaltung **591** 11 f
Betriebsverbesserung, nachhaltige **591** 11 f
Eigentümer-Besitzer-Verhältnis **591** 34
Einigungsversuch, fehlgeschlagener **591** 2
Einrichtungen des Pächters **591** 6; **591a** 3
Entscheidung, gerichtliche **591** 4
Interessenausgleich **591** 1
Luxusverwendungen **591** 12
Mehrwertabgeltung **591** 57
Mehrwertbestimmung **591** 50 ff
Mehrwertersatzpflicht **591** 1 ff, 17, 26 ff, 50 f; **596** 33
– Abtretung **591** 32, 56
– Betriebsveräußerung **591** 29
– Fälligkeit **591** 28
– Gläubiger **591** 32
– Höhe **591** 31
– Rückgabe des Pachtobjekts **591** 30
– Schuldner **591** 33
– Teilleistungen **591** 56
– Unterpacht **591** 32
– Verjährung **591** 30
Mehrwertverfahren **591** 8
Pachtsache **591** 15
Pachtverhältnis, Fortsetzung **591** 1
Pachtzeit **591** 5, 16
Pächterpfandrecht **591** 35
Vertragsfortsetzung **591** 35
Zumutbarkeit **591** 43
Zustimmung des Verpächters **591** 1, 4, 17 ff
– Auflagen **591** 19, 44 ff, 48
– Bedingungen **591** 19, 44 ff
– Ersuchen des Pächters **591** 20, 23
– Inhalt **591** 17
– Schriftform **591** 20
– Unterpacht **591** 24
– Vertragslaufzeit, kurze **591** 25
– Willenserklärung, einseitige empfangsbedürftige **591** 17
Zustimmungsersetzung **591** 1, 23, 25, 36 ff
– Antrag **591** 37, 49
– Antragsbegründung **591** 37
– Betriebserhaltung **591** 40, 42
– Rentabilitätsverbesserung, nachhaltige **591** 40 ff
– Vertragsdauer **591** 38
Zustimmungsverweigerung **591** 1, 21 f, 39
Nutzungsänderung **590** 31; **590b** 3
Pachtgegenstand **590b** 13

Verwendungsersatz (Forts)
Pächterpfandrecht **590b** 18
Produktionsquoten, Erwerb **591** 13
Rechte, mitgepachtete **590b** 14
Stücklandpacht **591** 5
Übergangsrecht **590b** 2
Unterverpachtung **590b** 20
Verfahren **590b** 22
Verjährung **590b** 19; **591** 58
Verwendungsbegriff **590b** 7; **591** 9
  gewerbliche Zwecke **590b** 11
  nichtlandwirtschaftliche Zwecke **590b** 11
  Produktionskontingente **590b** 12
  Referenzmengen **590b** 12
Verwendungszweck **590b** 8, 11
Verwirkung **590b** 19
Vorschussanspruch **590b** 15
wertverbessernde Verwendungen
  s nützliche Verwendungen
Verwendungsrisiko
Pachtgegenstand **581** 176; **587** 2
Verwertungspfandrecht
Verpachtung **581** 44
Verwirkung
Kündigungsrecht **594a** 8a
Pachtforderung **581** 285; **587** 28
Umstandsmoment **594a** 8a
Verwendungsersatz **590b** 19
Zeitmoment **594a** 8a
Verzinnerei
  s Zinnerei
Verzug
Kündigungsrecht **587** 18
Landpacht **586** 17; **587** 18
Mängelbeseitigung **581** 371, 373
Nebenkosten **581** 448
Nutzungsentschädigung **584b** 21
Pachtentrichtung **581** 448
Rückgabe, verspätete **596** 27
Rücktrittsrecht **587** 18
Umlagen **581** 448
Verzugsschaden **587** 18
Vieh
Pacht **Vorbem 581** 9
Verpächterpfandrecht **592** 8
Viehgräsungsvertrag
Abgrenzung **Vorbem 581** 49, 59
Viehhaltung
Rücklassungspflicht **596b** 5
Viehmast
Werkvertrag **Vorbem 581** 48, 59
Viehverstellung
Dresdner Entwurf **Vorbem 581** 12
Verpachtung zum Schätzwert **582a** 5
Volksernährung
  s Ernährung
Vollstreckungsschutz
Pacht **Vorbem 581** 116

Vollstreckungsschutz (Forts)
  Pächter **Vorbem 581** 110
Vorausverfügungen
  Verpächterwechsel **581** 129
Vorenthaltung der Pachtsache
  Vorenthaltung des Gebrauchs
  s dort
  Nutzungsentschädigung
  s dort
  Schadensersatz
  s dort
Vorenthaltung des Gebrauchs
  Erheblichkeit **594e** 9
  Kündigungsrecht des Pächters **594e** 3 ff
    Abmahnung **594e** 10
    Ausschluss **594e** 11
    Beweislast **594e** 13
    Fristsetzung **594e** 10
    Teilkündigung **594e** 12, 14
  Nichtgewähren **594e** 5 ff
  Nutzungsentschädigung
  s dort
  Schadensersatz
  s dort
  Wiederentziehen des Gebrauchs **594e** 8
Vorenthaltungsschaden
  Rückgabe der Pachtsache **597** 3 ff
Vorerbschaft
  Einverleibung in das Inventar **582a** 21
  Grundstücksbelastung **593b** 3
  Grundstücksveräußerung **593b** 3
  Herausgabepflicht **596a** 28
  Landgut **596b** 2
Vorfälligkeitsklauseln
  AGB-Kontrolle **587** 30
Vorhand
  Begriff **585** 6
Vorkaufsrecht
  Pachtvertrag, Formerfordernis **581** 162
Vorkaufsrecht, subjektiv-persönliches
  Pachtvertrag **581** 199
Vorleistungspflicht
  Abdingbarkeit **587** 29 f
  Gebrauchsgewährung **581** 215; **586** 13; **587** 3
  Landpacht **586** 13; **587** 3, 11 f
Vorpachtrecht
  Abgrenzung **581** 199
  Allgemeine Geschäftsbedingungen **581** 199; **585** 5
  Ausübung **581** 200 f; **585a** 5
  Ausübungsfrist **581** 200
  Landpacht **585a** 18
  Parteiautonomie **581** 199
  Schriftform **585a** 5
    Nichtbeachtung **581** 160
  Vertragskündigung **585a** 6
  Vorkaufsrecht **581** 200
  Vorpachtfall **581** 199

Vorpachtvertrag
  Eintritt in Pachtvertrag **585** 5
  Formfreiheit **585a** 6
  Transparenzgebot **585** 5
Vorschuss
  Pacht **588** 19
Vorvertrag
  Formerfordernis **581** 197
  Klageantrag **581** 197
  Leihe **Vorbem 598 ff** 6 f
  Pachtvertrag **581** 197 f
Vorvertragliche Pflichten
  Pächter **581** 339
  Pflichtverletzung **581** 403
  Verpächter **581** 240

Wäscherei
  Unternehmenspacht **581** 66
Wahlschuld
  Pacht **581** 244
Warenbestand
  Rückgabepflicht **581** 331
Warenmuster
  Gebrauchsüberlassung **598** 18
Wasserkosten
  Lastentragung **586a** 7
Wasserleitung
  Ausbesserungen, gewöhnliche **586** 46
Wasserrechtliche Regalien
  Pachtvertrag **581** 38
Wasserschutzgebiet
  Nutzungsverhinderung **587** 20
Wasserverbandsbeitrag
  Lastentragung **586a** 6
Wasserwerk
  Unternehmenspacht **581** 66
Website-Hosting
  Pachtrecht **Vorbem 581** 90; **581** 108
Wechsel
  Verpächterpfandrecht **592** 9
Wechselstube
  Pachtvertrag **Vorbem 581** 36; **581** 55
Wege
  Ausbesserungen, gewöhnliche **596** 31
Wegfall der Geschäftsgrundlage
  s Störung der Geschäftsgrundlage
Wegnahmepflicht
  Einrichtungen des Pächters **591a** 10
Wegnahmerecht
  Abdingbarkeit **581** 393; **591a** 9, 17
  Abtretbarkeit **591a** 6
  Abwendungsrecht des Verpächters **591a** 8, 11 ff
  AGB-Kontrolle **591a** 17
  Anzeigepflicht **591a** 8, 13
  Ausschluss **591a** 9, 17
  Ausübungszeitpunkt **591a** 7
  Betriebsübergabe **593a** 14

Wegnahmerecht (Forts)
  dolo agit, qui petit quod statim reddiurus est **591a** 7
  Duldungsanspruch **581** 410
  Duldungspflicht des Verpächters **591a** 6
  Einrichtungen des Pächters **581** 392; **591a** 1 ff, 6
  Unbrauchbarkeit **591a** 9
  Zerstörung **591a** 9
  Interesse, berechtigtes **591a** 14
  Landpacht **586** 45; **591a** 4
  Leihe **601** 5 f
  Mehrwert-Ansprüche, Geltendmachung **591a** 9
  Pächter **581** 390
  Schadensersatzpflicht **591a** 8
  Vereinbarung, vertragliche **591a** 9
  Verfahren **591a** 19
  Verjährung **581** 405, 409 ff; **591a** 6, 18
  Verzicht **581** 393
  Wiederherstellungspflicht **591a** 6
Weideland
  Umwidmung **590** 15; **594e** 16
Weidepfähle
  Ausbesserungen, gewöhnliche **586** 46
Weidewirtschaft
  Landwirtschaft **585** 24
  Pachtjahr-Vereinbarung **587** 14
Weinbau
  Bewirtschaftungspflicht **586** 35
  Landwirtschaft **585** 24
  Pachtjahr-Vereinbarung **587** 14
Weiterbewirtschaftung
  Vertragsverlängerung **594** 10, 19
Weiterveräußerungsverbot
  Softwareüberlassungsvertrag **581** 185
Weitervermietung
  Gebrauchsüberlassung an Dritte **581** 316
Weiterverpachtung
  Gebrauchsüberlassung an Dritte **581** 316
  Unternehmenspacht **581** 333
Werbeanlage
  Aufstellung **581** 50
  Rechtspacht **581** 50 f
Werbefilm
  Werkvertrag **Vorbem 581** 48
Werbefläche
  Pachtvertrag **Vorbem 581** 81; **581** 50
Werberechte
  Rechtspacht **581** 31; **584** 10
Werbevertrag
  Pachtrecht **Vorbem 581** 19, 81 f
Werkleistungen
  Pacht **581** 243; **587** 4
Werksbücherverleih
  Entgeltlichkeit **598** 18
Werkskantine
  s Kantinenpacht

Werkstatt
  Einrichtungen des Pächters **591a** 3
Werkvertrag
  Abgrenzung Pachtvertrag **Vorbem 581** 48
  Pachtvertrag **581** 337
Werkzeug
  Betriebsmittel **596b** 4
Wertpapiere
  Gebrauchsüberlassung, unentgeltliche **598** 11
  Sicherheitsleistung **592** 35
  Verpächterpfandrecht **592** 9
Wertpapierleihe
  Börsentermingeschäfte **598** 11
Wertsicherungsklauseln
  Pachtvertrag **587** 9
Wettbewerbsbeschränkungen
  Freistellung **581** 182 ff
  Pachtvertrag **581** 182
  Stellung, marktbeherrschende **581** 182
Wettbewerbsverbot
  Austauschvertrag **581** 223
  Freistellung
    s Kartellrecht
  konkludentes Wettbewerbsverbot **581** 311
  nachvertragliches Wettbewerbsverbot **581** 331
  Pachtvertrag **581** 182
  Privatautonomie, Einschränkungen **581** 312
  Sittenwidrigkeit **581** 312 f
  Softwareüberlassungsvertrag **581** 185
  Treuepflicht **581** 311
  Verbotsgesetz **581** 314
Wichtiger Grund
  Kündigung, außerordentliche fristlose **581** 444 f
Wiederherstellungspflicht
  Einrichtungen des Pächters, Wegnahme **591a** 6
  Erhaltungsmaßnahmen **588** 12
  Landpacht **586** 31
Wiedervereinigung
  Pachtrecht **Vorbem 581** 25 ff
Wieseninventar
  Inventarbegriff **Vorbem 582 ff** 6
Wiesenwirtschaft
  Landwirtschaft **585** 24
Windbruch
  Fruchtgenuss **581** 229
  Fruchtziehungsrecht **581** 229
  Landpacht **586** 15
Windkraftanlagen
  Flächennutzungsvertrag **581** 57
  Jagdpacht **581** 362
  Zustimmung des Verpächters **590** 19
Windschutzanlage
  Ausbesserungen, gewöhnliche **586** 46

Sachregister

Wirtschaftsfrüchte
Inventarpfandrecht **592** 15
Verpächterpfandrecht **Vorbem 581** 100, 106; **592** 14

Wirtschaftsgebäude
Ausbesserungen, gewöhnliche **586** 46; **596** 31
Mitverpachtung **585** 19
Verwendungen, notwendige **590b** 9

Wochenendhäuser
Nutzungsverhältnisse, Bestandsschutz **Vorbem 581** 29, 32

Wohngebäude
Ausbesserungen, gewöhnliche **586** 46; **596** 31
Mitverpachtung **585** 19

Wohnraumüberlassung
Gesundheitsgefährdung **581** 446
Grundstückspacht **584** 9
Kündigungsfrist **584** 9
Kündigungsschutz **584** 9
Landpachtrecht **589** 24; **594f** 4
Pachtverhältnis, Kündigung **581** 430, 434
Pächterwohnung **584** 9
Räumungsschutz **596** 20
Rückgabepflicht **581** 398
Sozialklausel **584** 9
Untervermietung, Erlaubnis zur **589** 24
Vertrag, gemischter **581** 430
Vorenthaltung der Pachtsache **584b** 3, 13

Wohnungseigentum
Leihvertrag **Vorbem 598 ff** 4

Wohnungsrecht
Grundstücksveräußerung/-belastung **593b** 3

Wohnungsüberlassung
Eigenbedarfskündigung **598** 8 f
Leihe **598** 8 f
Rückforderungsrecht **598** 8
Schenkungsrecht **598** 8 f

Wurstfabrik
Unternehmenspacht **581** 66

Zahlungsansprüche
Landpachtverhältnisse **585** 32; **585a** 14; **586** 12; **596** 36 ff
s a Subventionen
Vertragsende **596** 38
Wertausgleichsklausel **596** 38

Zahlungsaufforderung
Pachtentrichtung **581** 448

Zahlungsverzug des Pächters
Abdingbarkeit **594e** 35 f
Abmahnungserfordernis **594e** 22, 31
Beweislast **594e** 26
Insolvenz des Pächters **594e** 21
Kündigung **594e** 29 ff
Pachtverhältnis, Beendigung **594e** 32
Schriftform **594e** 29

Zuckerrübenlieferrechte

Zahlungsverzug des Pächters (Forts)
Umdeutung **594e** 33
Zugang **594e** 30, 32
Kündigungserklärung **594e** 30
Kündigungsfrist **594e** 30
Kündigungsgrund **594e** 30 ff
Kündigungsrecht des Verpächters **594e** 10, 18 ff, 30
Aufrechnungsrecht **594e** 25
Ausschluss **594e** 25
Treu und Glauben **594e** 25
3-Monatsfrist **594e** 23
Nebenkosten **594e** 18, 20 f
Pachtfälligkeit, jährliche **594e** 19 ff
Pachtfälligkeit, kürzere **594e** 24
Pachtrückstand, Erheblichkeit **594e** 21, 24
Schadensersatz **594e** 33 f
Umlagen **594e** 20
Unterlassungsanspruch **594e** 33
Verfahren, streitiges **594e** 37

Zahnarztpraxis
Unternehmenspacht **581** 66

Zaun
Ausbesserungen, gewöhnliche **586** 46

Zeitablauf
Pachtverhältnis, Beendigung **581** 426 ff; **594** 1; **595** 20

Zinnerei
Unternehmenspacht **581** 22, 66

ZPO-Pachtstreit
Pachtanpassung **587** 31

Zubehör
Beschreibung der Pachtsache **585b** 6
Gebrauchsgewährung **581** 210
Grundstückspacht **584** 7
Rückgabepflicht **581** 329, 331

Zuckerrübenanbau
Auslaufen der europäischen Quotenregelungen **585** 34; **586** 38; **596** 35
Bewirtschaftungpflicht **596** 37
Branchenvereinbarungen **585** 34
Mengen, freie **585** 34; **596** 35
Rübenlieferungsverträge **585** 34; **596** 35

Zuckerrübenlieferansprüche
Abtretung **585** 34; **596** 35
Abtretungsanzeige **596** 35
Aktienleihgeschäft **585** 34; **596** 35
Mitverpachtung **585a** 14

Zuckerrübenlieferrechte
Altfälle **586** 38 ff; **596** 36, 38a
Ausgleichspflicht **591** 13
Beteiligungswerte **585** 34
Bewirtschaftung, ordnungsgemäße **586** 38 ff
Kontingente **596** 34
Kürzung gegen Entschädigung **586** 40
Mitverpachtung **585a** 14
Pachtende **596** 35
Übertragung **585** 34

Zuckerrübenlieferrechte (Forts)
Umstrukturierungsbeihilfen **586** 40
Zuckerrübensamen
Düngemittelsicherungsgesetz **Vorbem 581** 107
Zugang
Kündigungserklärung
s dort
Zugangsbehinderung
Sachmangel **581** 359
Zupachtgrundstück
Besitzübergabe **593a** 10
Betriebsübergabe **593a** 1 f
Übergabe **593a** 8
Benachrichtigung, Unverzüglichkeit **593a** 11, 19
teilweise Übergabe **593a** 9
Zeitpunkt **593a** 10
Zupachtvertrag
Eintritt des Übernehmers **593a** 14 ff
Erbfolge, vorweggenommene **589** 26; **593a** 1
forstwirtschaftliche Grundstücke **585a** 5
Grundstückspacht **595** 28
Landpacht **581** 12; **585** 2, 8, 26
Mindestdauer **595** 43
Pachtschutz **595** 28
Pächterwechsel **589** 26
Zurückbehaltungsrecht
Ausschluss **581** 482
Leihe **604** 4
Pacht **587** 17
Rückgabeanspruch **596** 22
Rückgewähranspruch **581** 337
Verpächterpfandrecht **592** 4
Zurücklassungspflicht
s Rücklassungspflicht
Zusammenschlusskontrolle
s Fusionskontrolle

Zuständigkeit, funktionelle
Landwirtschaftssachen **591** 60
Zuständigkeit, internationale
s Internationale Zuständigkeit
Zuständigkeitsstreitwert
Pachtverhältnis, Beendigung **581** 424
Zustimmungserfordernis
Pachtvertrag **581** 154 f
Zwangsversteigerung
Grundstücksbelastung **593b** 3
Grundstücksveräußerung **593b** 3
Kündigung, außerordentliche befristete **581** 442; **584** 19; **594a** 14
Pachtgegenstand **Vorbem 581** 114; **581** 207
Zwangsverwaltung
Pachtvertrag **Vorbem 581** 114
Vorausverfügungen **Vorbem 581** 114
Zwangsvollstreckung
Aufklärungspflicht **581** 237
Früchte **Vorbem 581** 110
Gebrauchserhaltung **Vorbem 581** 111
Gebrauchsgewährung **Vorbem 581** 111
durch Gläubiger des Verpächters **Vorbem 581** 112 f, 117 f
Informationspflicht **581** 300
Pacht **Vorbem 581** 110
Pachtgegenstand, Herausgabe **Vorbem 581** 110
durch den Pächter **Vorbem 581** 111
Vermögen des Pächters **Vorbem 581** 117, 121
Vermögen des Verpächters **581** 237
Zwischenpachtvertrag
Aufhebungsvereinbarung **581** 456
Kleingartenpacht **581** 14, 456
Kündigung **581** 456
Entschädigung **581** 456

J. von Staudingers Kommentar zum Bürgerlichen Gesetzbuch mit Einführungsgesetz und Nebengesetzen

Übersicht vom 1. 6. 2018

Die Übersicht informiert über die Erscheinungsjahre der Kommentierungen in der 13. Bearbeitung und deren Neubearbeitungen (= Gesamtwerk STAUDINGER). *Kursiv* geschrieben sind die geplanten Erscheinungsjahre.

Die Übersicht ist für die 13. Bearbeitung und für deren Neubearbeitungen zugleich ein Vorschlag für das Aufstellen des „Gesamtwerk STAUDINGER" (insbesondere für solche Bände, die nur eine Sachbezeichnung haben). Es wird empfohlen, die Austauschbände chronologisch neben den überholten Bänden einzusortieren, um bei Querverweisungen auf diese schnell Zugriff zu haben. Bei Platzmangel sollten die ausgetauschten Bände an anderem Ort in gleicher Reihenfolge verwahrt werden.

		Neubearbeitungen		
Buch 1. Allgemeiner Teil				
Einl BGB; §§ 1–14; VerschG	2004	2013		
§§ 21–79	2005			
§§ 80–89	2011	2017		
§§ 90–124; 130–133	2012	2016		
§§ 125–129; BeurkG		2012	2017	
§§ 134–163	2003			
§§ 134–138	2011	2017		
§§ 139–163	2010	2015		
§§ 164–240	2004	2009	2014	
Buch 2. Recht der Schuldverhältnisse				
§§ 241–243	2005	2009	2014	
§§ 244–248	2016			
§§ 249–254	2005	2016		
§§ 255–314	2001			
§§ 255–304	2004	2009	2014	
§§ 305–310; UKlaG	2006	2013		
§§ 311, 311a, 312, 312a–i	2013			
§§ 311, 311a–c		2018		
§§ 311b, 311c	2012			
§§ 313, 314	*2019*			
§§ 315–327	2001	2004	2009	2015
§§ 328–361b	2001			
§§ 328–359		2004		
§§ 328–345			2009	2015
§§ 346–361		2012		
§§ 358–360				2016
§§ 362–396	2000	2006	2011	2016
§§ 397–432	2005	2012	2017	
§§ 433–487; Leasing	2004			
§§ 433–480		2013		
Wiener UN-Kaufrecht (CISG)	1999	2005	2013	2017
§§ 488–490; 607–609	2011	2015		
VerbrKrG; HWiG; § 13a UWG; TzWrG	2001			
§§ 491–512	2004	2012		
§§ 516–534	2005	2013		
§§ 535–562d (Mietrecht 1)	2003	2006	2011	
§§ 563–580a (Mietrecht 2)	2003	2006	2011	
§§ 535–555f (Mietrecht 1)			2014	
§§ 556–561; HeizkostenV; BetrKV (Mietrecht 2)			2014	
§§ 562–580a; Anh AGG (Mietrecht 3)			2014	
§§ 535–556g (Mietrecht 1)				2017
§§ 557–580a; Anh AGG (Mietrecht 2)				2017
Leasing		2014		
§§ 581–606	2005	2013	2018	
§§ 607–610 (siehe §§ 488–490; 607–609)	./.			
§§ 611–615	2005			
§§ 611–613		2011	2015	
§§ 613a–619a		2011	2016	
§§ 616–630	2002			
§§ 620–630		2012	2016	
§§ 631–651	2003	2008	2013	
§§ 651a–651m	2003	2011	2015	
§§ 652–656	2003	2010		
§§ 652–661a			2015	
§§ 657–704	2006			
§§ 662–675b		2017		
§§ 675c–676c		2012		
§§ 677–704		2015		
§§ 741–764	2002	2008	2015	
§§ 765–778	2013			
§§ 779–811	2002	2009	2015	
§§ 812–822	1999	2007		
§§ 823 A–D	2016			
§§ 823 E–I, 824, 825	2009			
§§ 826–829; ProdHaftG	2003	2009	2013	2018
§§ 830–838	2002	2008	2012	2017
§§ 839, 839a	2007	2013		
§§ 840–853	2007	2015		
AGG	2017			
UmweltHR	2002	2010	2017	

Neubearbeitungen

Buch 3. Sachenrecht
§§ 854–882	2000	2007	2012
§§ 883–902	2002	2008	2013
§§ 903–924	2002	2009	2015
§§ 925–984; Anh §§ 929 ff	2004	2011	2016
§§ 985–1011	1999	2006	2013
ErbbauRG; §§ 1018–1112	2002	2009	2016
§§ 1113–1203	2002	2009	2014
§§ 1204–1296; §§ 1–84 SchiffsRG	2002	2009	
§§ 1–19 WEG	2017		
§§ 20–64 WEG	2017		

Buch 4. Familienrecht
§§ 1297–1320; Anh §§ 1297 ff; §§ 1353–1362	2007			
§§ 1297–1352		2012	2015	2018
LPartG	2010			
§§ 1353–1362		2012	2018	
§§ 1363–1563	2000	2007		
§§ 1363–1407		2017		
§§ 1408–1563		2018		
§§ 1564–1568; §§ 1–27 HausratsVO	2004			
§§ 1564–1568; §§ 1568 a+b		2010		
§§ 1569–1586b	2014			
§§ 1587–1588; VAHRG	2004			
§§ 1589–1600d	2000	2004	2011	
§§ 1601–1615n	2000	2018		
§§ 1616–1625	2007	2014		
§§ 1626–1633; §§ 1–11 RKEG	2007	2015		
§§ 1638–1683	2004	2009	2015	
§§ 1684–1717	2006	2013		
§§ 1741–1772	2007			
§§ 1773–1895; Anh §§ 1773–1895 (KJHG)	2004			
§§ 1773–1895		2013		
§§ 1896–1921	2006	2013	2017	

Buch 5. Erbrecht
§§ 1922–1966	2000	2008	2016
§§ 1967–2063	2002	2010	2016
§§ 2064–2196	2003	2013	
§§ 2197–2264	2003		
§§ 2197–2228		2012	2016
§§ 2229–2264		2012	2017
§§ 2265–2338	2006		
§§ 2265–2302		2013	
§§ 2303–2345		2014	
§§ 2339–2385	2004		
§§ 2346–2385		2010	2016

EGBGB
Einl EGBGB; Art 1, 2, 50–218	2005	2013
Art 219–245	2003	
Art 219–232		2015
Art 233–248		2015

EGBGB/Internationales Privatrecht
Einl IPR; Art 3–6	2003			
Einl IPR		2012		
Art 3–6		2013		
Art 7, 9–12, 47, 48	2007	2013		
IntGesR	1998			
Art 13–17b	2003	2011		
Art 18; Vorbem A + B zu Art 19	2003			
Haager Unterhaltsprotokoll		2016		
Vorbem C–H zu Art 19	2009			
EU-VO u Übk z Schutz v Kindern		2018		
IntVerfREhe	2005			
IntVerfREhe 1		2014		
IntVerfREhe 2		2016		
Art 19–24	2002	2008	2014	
Art 25, 26	2000	2007		
Art 1–10 Rom I VO	2011	2016		
Art 11–29 Rom I–VO; Art 46b, c; IntVertrVerfR	2011	2016		
Art 38–42	2001			
IntWirtschR	2006	2010	2015	
Art 43–46	2014			

Eckpfeiler des Zivilrechts	2011	2012	2014	2018

Demnächst erscheinen
Einl BGB; §§ 1–14; VerschG	2004	2013	2018	
Leasing	2014	2018		
§§ 854–882	2000	2007	2012	2018

oHG Dr. Arthur L. Sellier & Co. KG – Walter de Gruyter GmbH, Berlin
Postfach 30 34 21, D-10728 Berlin, Telefon (030) 2 60 05-0, Fax (030) 2 60 05-222